中研院歷史語言研究所集刊論文類編

歷史編・宋遼金元卷

二

中華書局

南宋稻米的生產與運銷

全漢昇

（一）概說

（二）南宋各地稻米生產情况

（三）南宋稻米運銷情况

（1）長江流域稻米運銷情况

（2）海道稻米運銷情况

（四）結論

南宋稻米的生產與運銷

(一) 概 說

世界人口賴以養活的食糧，以小麥爲主，其次則爲稻米。稻米的生產與消費，盛行於亞洲東南部，卽東南季候風區域。南宋的疆域，適處於這個範圍內，故稻米的生產，遠多於其他穀類，而大多數人口賴以養活的食糧，也以稻米爲最重要。稻米在南宋人口的食料中既然佔有這樣重要的地位，故本文特地探究當日各地稻米生產的狀況，及其運銷的情形。

(二) 南宋各地稻米生產情況

南宋最大的產米區域，無疑義的是長江三角洲，卽江蘇及浙西一帶。由唐代以至北宋，這塊地方都是全國最重要的穀倉，每年都有大量的米穀沿運河北上，其中尤以運往唐代首都的長安及北宋首都的汴京爲最多（註一）。到了南宋，這塊地方的稻米，更有鉅額的出產。宋史卷八八地理志云：

兩浙路……有魚鹽布帛秔稻之產。

江南東西路……茗荈冶鑄金帛秔稻之利，歲給縣官用度，蓋半天下之入焉。

其中尤以浙西，卽蘇（平江）湖（吳興）常秀(嘉興)等州，稻米的生產更爲發達。宋史卷四〇七杜範傳云：

浙西，稻米所聚，……

又宋會要食貨一及六一載紹興四年

十一月二十六日，兩浙運副李謨言，『被旨催納湖秀州平江府上供米斛。據平江府具到，……契勘本府村田畝，比之他處，最係肥田。……』

又同書食貨六一載乾道六年

十二月十四日，監行在都進奏院李結言，『蘇湖常秀所產（米），爲兩浙

（註一）如新唐書卷五三食貨志說開元二十一年裴耀卿改良漕運後，由江淮運往長安的米，『凡三歲，漕七百萬石。』又宋史卷一七五食貨志說由江淮運往汴京的米，『大中祥符初，至七百萬石。』

之最。……』

又陸游渭南文集卷二〇常州奔牛閘記云：

語曰，『蘇常（葉紹翁四朝聞見錄乙集及下引吳泳鶴林集卷三九均作「湖」）熟，天下足。』

按長江三角洲的農場所以能夠生產大量的稻米，一方面由於自然的恩惠，他方面又由於人工改進的努力。所謂『自然的恩惠』，是指當地灌溉的便利。如宋會要食貨七云：

（紹興）二十三年七月二十三日，試右見諫議大夫史才言，『浙西諸郡水陸平夷，民田最廣，平時無甚水旱之憂者，太湖之利也。……』(食貨六一同)

因此土壤肥沃，稻米一年可以收成兩次。鶴林集卷三九隆興府勸農文云：

吳中厥壤沃，厥田腴。稻一歲再熟，蠶一年八育。

所謂『人工改進的努力』，約可分為兩點來說：第一，是當地農民的努力開墾與耕種。上引隆興府勸農文說：

吳中之民，開荒墾洼；種粳稻，又種菜麥麻豆；耕無廢圩，刈無遺隴。……所以吳中之農事，專事人力。故諺曰，『蘇湖熟，天下足。』勤所致也。

又范成大吳郡志卷二云：

吳中自昔號繁盛，四郊無曠土，隨高下悉為田。

在南宋初年，政府又利用南渡的人民，把蘇州一帶湖澤卑濕之地開墾成田，以便耕種。宋會要食貨一載紹興三年

四月二十二日，工部侍郎李耀言，『今東北之民，流徙者衆。東南乘（同書食貨六三作『棄』）田疇者多。平江有湖浸相連，塍岸久廢，近或十年，遠或二十年，未嘗有人疏導者；有地力素薄，廢為草萊，漲潦之餘，常若沮洳，未嘗有人耕墾者：悉號逃田。委通判與縣令同往相視，召問父老：為水所居，可以疏導若干？卑薄之地，可以耕墾若干？各開具某處，及頃畝多寡，揭榜以招誘東北流徙之民，入狀請射。縣給種本，與免三歲之租。仍別立租額以寬之。仍委監司覆按，除其舊額。』從之。（同書食貨六三同）

又高斯得恥堂存稿卷五寧國府勸農文說當地農民的努力耕種云：

及來浙間，見浙人治田，比蜀中尤精。土膏既發，地力有餘，深耕熟犂，壤細如麵。故其種入土，堅緻而不疏。苗既茂矣，大暑之時，決去其水，使日曝之，固其根，名曰靠田。根旣固矣，復車水入田，名曰還水。其勞如此。還水之後，苗日以盛，雖遇旱暵，可保無憂。其熟也，上田收五六石。故諺曰，『蘇湖熟，天下足』。雖其田之膏腴，亦由人力之盡也。

復次，在這塊大農場上，稻米種子的選擇，也很注意。北宋眞宗年間，政府曾經從占城輸入能夠耐旱的稻種，以便水量不足的田地也能栽種。李燾續資治通鑑長編卷七七載大中祥符五年五月戊辰，

上以江淮兩浙路稍旱，卽水田不登，乃遣使就福建取占城稻三萬斛分給三路，令擇民田之高仰者蒔之。蓋旱稻也。（宋會要食貨六三略同）

又僧文瑩湘山野錄卷下亦載此事云：

眞宗深念稼穡，聞占城稻耐旱，……遣使以珍貨求其種。占城得種二十石（上引長編作『三萬斛』），至今在處播之。

到了南宋，這種占城稻的生產，在長江三角洲尤爲發達。范成大石湖詩集卷一六勞畬耕云：

吳田黑壤腴，吳米玉粒鮮。……或收虞舜餘，或自占城傳。

沿長江上溯，南宋的第二個重要產米區域，便是江西，卽贛江流域。上引宋史卷八八地理志曾說，江南西路『茗荈冶鑄金帛秔稻之利，歲給縣官用度，蓋半天下之入焉。』復次，由於當日江西水利工程的發展，我們也可以推知該地稻米出產的富庶。宋史卷四三〇李燔傳云：

李燔，……中紹熙五年進士第。……尋添差江西運司幹辦公事。……洪州地下，異時贛江漲而堤壞，久雨輒澇。燔白於漕帥修之。自是田皆沃壤。

又袁燮絜齋集卷一四黃公（犖）行狀云：

除主吉州洲之龍泉簿。吉大邦，田租之輸，累巨萬計。……宰……去，公竟攝之……創大豐陂，溉田二萬頃。慮其久且廢也，買田十畝，山九百畝，以備修築之費。立長若副，分番長之，以均工役之勞。隄防周密，遂爲長利。

至於江西出產的稻米，則以占米爲多。鶴林集卷三九隆興府勸農文云：

豫章所種，占米爲多，有八十占；有百占，有百二十占。

這種占米當卽上述占城稻種傳播的結果，故以『占』爲名。

由江西西往，南宋的第三個重要產米區域，要輪到湖南，卽湘江流域。這裏的土壤很宜於稻米的栽種，同時又有由江西移入的農民從事深耕。宋史卷八八地理志云：

荆湖南北路（註二）……其土宜穀稻，賦入稍多。而南路有袁吉壤接者，其民往往遷徙自占，深耕穊種，率致富饒。

這裏的農民又能利用水車車水，因此就是遇到天旱，也能供給種植中的稻米以充份的水量。張孝祥于湖文集卷四湖湘以竹車激水粇稻如雲書此能仁院壁云：

象龍喚不應，竹龍起行雨。聯綿十車輻，伊軋百舟櫓。轉此大法輪，救汝旱歲苦。橫江鎖巨石，濺瀑疊成鼓。神機日夜運，甘澤高下普。老農用不知，瞬息了千畝；抱孫帶黃犢，但看翠浪舞。餘波及井臼，舂玉飲酡乳。……

因此湖南稻米的產額甚鉅，除供當地人口的食用外，每年都有大量的出口。如葉適水心文集卷一上寧宗皇帝劄子二云：

湖南……地之所產，米最盛，而中家無儲糧。臣嘗細察其故矣。江湖連接，無地不通。一舟出門，萬里惟意，靡有礙隔。民計每歲種食之外，餘米盡以貿易。大商則聚小家之所有，小舟亦附大艦而同營，展轉販糶，以規厚利。父子相襲，老於風波，以爲常俗。

由湖南向西走，南宋的第四個稻米重要產區，便是四川。四川自古號稱『天府之國』，其土壤非常肥沃，而人民又勤於耕作。宋史卷八九地理志說：

川峽四路……地狹而腴，民勤耕作，無寸土之曠。

又高斯得恥堂存稿卷五寧國府勸農文說：

太守，蜀人也，起田中，知農事爲詳，試爲父老言治田之事。方春耕作方興，父老集子弟而教之曰，『田事起矣。一年之命，繫於此時。其毋飲博，

（註二）這裏雖說『荆湖南北路……其土宜穀稻』，但事實上當日湖北產米較盛之地只限於常澧等州，其餘各地均出產有限。故宋史地理志緊跟着說湖南的稻米生產，而把湖北略去。

毋訟訴，毋嬉遊，毋爭鬪，一意於耕』。父兄之教旣先，子弟之聽復謹，莫不盡力以布種。四月草生，同阡共陌之人，通力合作，耘而去之。置漏以定其期，擊鼓以爲之節。怠者有罰，趨者有賞。及至盛夏，烈日如火，田水如湯，薅耨之苦尤甚，農之就功尤力。人事勸盡如此，故其熟也常倍。

同時，當日四川的灌溉事業，又非常發達。如宋史卷三七七李璆傳云：

累遷徽猷閣直學士，四川安撫制置使。……三江有堰，可以灌眉田百萬頃。久廢弗修，田萊以荒。璆率都刺史合力修復。竟受其利。眉人感之，繪像祠於堰所。

又同書卷三八六王剛中傳云：

以龍圖閣待制知成都府。……成都萬歲池廣袤十里，溉三鄉田。歲久淤澱。剛中集三鄉夫共疏之。累土爲防，上植榆柳，表以石柱。州人指曰，『王公之甘棠也。』

又李心傳建炎以來繫年要錄卷一五四云：

初眉州通濟堰，自建安間剏始，溉蜀州之新津，眉州之眉澎三縣田三十四萬餘畝。其後壞於開元，又壞於建炎。隴畝彌望，盡爲荒野。是歲（紹興十五年），守臣句龍庭實貸諸司錢六萬緡，躬相其役，更從江中創造，橫截大江二百八十餘丈，與下流小筒堰一百十有九。於是前日荒野，盡爲沃壤。

又魏了翁鶴山大全文集卷四〇眉山新修蟆頤堰記說蟆頤堰，

水利凡溉眉山青神之田畝七萬二千四百有奇。

因此，四川在當日能成爲重要的稻米產區。上引恥堂存稿卷五寧國府勸農文曾說四川的稻米，『其熟也常倍』。又宋史卷八九地理志也說四川的農產，『歲三四收』。這自然不是指每年稻米收穫的次數，而是說在種稻的前後還另外栽植其他農產品，故一塊地每年能有三四次的收穫；但由此我們也可推知，當日四川稻米的產量是相當可觀的。

上述南宋幾個重要的稻米產區，都屬於長江流域。此外，珠江流域的兩廣，稻米生產也很發達。那裏氣候炎熱，最宜於稻米的生產，故一年能收成兩次。蘇過斜川集卷六志隱說北宋下半期兩廣農業生產的情況云：

天地之氣，冬夏一律。物不凋瘁，生意靡息。冬絺夏葛，稻歲再熟。富者寡求，貧者易足。（註三）

而且，那裏的良田頗多，不過多爲大地主所有。宋會要食貨六云：

（慶元）四年八月二十九日，臣僚言，『二廣之地，廣袤數千里，良田多爲豪猾之所冒占，力不能種。……』

故當日兩廣稻米的產額，也相當的多。這些稻米。除供當日人口的消耗外，多藉珠江船隻的運輸，先集中於廣州，然後由海道販往其他地方。周去非嶺外代答卷四云：

廣西斗米五十錢，穀賤莫甚焉。夫其賤，非誠多穀也，正以生齒不蕃，食穀不多耳。田家自給之外，餘悉糶去，曾無久遠之積。

富商以下價糴之，而舳艫銜尾，運之番禺，以罔市利。

又朱熹朱文公文集卷二五與建寧諸司論賑濟劄子云：

廣南最係米多去處，常歲商賈轉販，舶交海中。

以上各地，都是南宋稻米的重要產區。復次，當日又有好幾個稻米產量不足的地方。就長江流域來說，湖北（包括當日屬京西南路的襄陽府）及兩淮因爲接近金國，常常變作戰場，故田地荒蕪，米糧出產有限。宋會要說：

（紹興五年）八月十六日，都督行府言，『湖北淮南自兵火之後，百姓流亡，田多曠土。……』（食貨一二及六九）

（十年）五月十四日，臣寮言，『淮甸襄漢，曠土彌望。……』（食貨六三）

（嘉定四年正月）二十九日，左司諫鄭昭先言，『竊惟兩淮荊襄，實今日藩籬捍蔽之地。淮東如山陽滁陽，淮西如濠梁安豐，荊襄如德安信陽等郡，流離之民，未盡復業。閒土（田？）曠土，不可以畝計。……』（食貨六。）

關於當日湖北兩淮耕地破壞的情形，記載甚多，茲分別述說如下。

當日湖北人民對於農業大都不感興趣，多改以工商爲業。宋史卷八八地理志云：

（荊湖）北路農作稍惰，多曠土。

（註三）這雖然是北宋下半期的情形，緊接着的南宋想也沒有多大的改變。

又宋會要食貨六云：

（慶元）四年八月二十九日，臣寮言，『……湖北路平原沃壤，十居六七。占者不耕，耕者復相攘奪，故農民多散於末作。……』

同時，由於兵燹的破壞，湖北的水利事業又很落後。如宋會要食貨三載紹興三十二年

十一月二十九日，參知政事督湖北京西路軍馬汪澈言，『……臣今相視得襄陽古有二渠：長渠溉田七千頃，木渠溉田三千頃。自兵火之後，悉已堙廢。……』

又范成大入蜀記卷三云：

（公安）縣（屬荊湖北路江陵府）有五鄉，然共不及二千戶。地曠民寡如此，民耕尤苦。隄防數壞，歲歲增築不止。

因此，當日湖北農業非常落後，荒田甚多。宋會要食貨二載紹興元年五月

二十六日，荊南府歸峽州荊門公安軍鎮撫使兼知荊南府解潛言，『本鎮所管五州軍一十六縣，絕戶甚多。見拘收通舊管諸色官田，不可勝計，今盡荒廢，可惜！……』（食貨六三同）

又同書食貨六及六一云：

（紹興）十四年三月八日，戶部言，『契勘京西州軍，係累經殘破，荒田至多，委是開墾倍費他州。……』

（二十六年）六月十五日，戶部言，『荊湖北路見有荒閑田甚多，亦皆膏腴，佃耕者絕少。……』

（乾道）四年二月二十九日，知鄂州李椿言，『本州荒田甚多。……』

五月一日，湖北運副楊民望言，『諸州荒田，多無人開耕。……』

這都是南宋高宗時代及孝宗初年的情形。直至孝宗下半期，即淳熙年間，努力開墾的結果，湖北墾田較多的地方，也只限於接近湖南的鼎澧等洲（宋屬荊湖北路，今屬湖南），其餘大部份還是荒地。宋史卷一七四食貨志云：

淳熙三年，臣僚言，『……今湖北惟鼎澧地接湖南，墾田稍多。自荊南安復岳鄂漢沔，汙萊彌望，戶口稀少。……』

當日湖北耕地既然多半荒蕪，其稻米的產量自然是有限得很了。

南宋對金幾次作戰，兩淮都是主要的戰場，故農業多被破壞。如宋會要說高宗上半期宋金戰爭對於兩淮耕地的蹂躪云：

> 同日（紹興五年三月二十八日），權發遣泰州邵彪言，『淮南人口逃竄，良田沃土，悉爲茂草……』（食貨二及六三）
>
> （紹興六年三月）二十日，諸路軍事都督行府言，『契勘和州田產兵火，正當水陸之衝，比之他處，殘破至極。……』（食貨六三）
>
> 七年正月一日，無爲軍言，『本軍累遭兵火之後，耕種尚少。……』（食貨七〇）
>
> 十年二月十七日，臣寮言，『淮甸諸州累經兵火。賊馬屯泊，良田爲曠土，……』（食貨一及六三）
>
> 李浩，字德遠，紹興十二年擢進士第，院司農少卿。嘗因面對陳經理兩淮之策。至是爲金使接伴還，奏曰，『臣親見兩淮可耕之田，盡爲廢地，心嘗痛之。……』（食貨六三）
>
> （紹興十六年）十月十四日，知臨安府沈該言，『兩淮之地，昨緣蹂躪，荒棄田疇。……』（食貨六三）

這種耕地荒蕪的情形，直至高宗下半期，還是不能復原。同書食貨六及六一云：

> （紹興）二十九年十二月十六日，直敷文閣淮南東路轉運副使魏安行言，『淮東州縣閑田甚多。……』

到了高宗末年及孝宗初年，由於金主亮南侵，及孝宗與張浚恢復中原的企圖，兩淮農田又復受到蹂躪。同書食貨三及六三云：

> （紹興三十一年）五月七日，中書門下省言，『兩淮諸郡營田官莊，佃戶數少，因多荒廢。……』
>
> 紹興三十二年九月□日，孝宗已即位，未改元，江淮東西路宣撫使司言，『兩淮自經兵火，田萊多荒。……』

又同書食貨五八及六一云：

> 孝宗隆興元年二月十八日，尚書戶部員外郎奉使兩淮馮方言，『據高郵軍百姓狀，自前年金賊犯順，燒毀屋宇農具稻斛無餘。……』

七月十九日，權知盱眙軍周淙言，『泗州盱眙軍，去歲虜人驚移，不曾耕種。……』

（二年正月二十五日）（劉）寶又言，『淮東自經兵火凋殘之後，荒田甚多。……』

又宋史卷四三〇黃榦傳云：

（黃榦）乃復告李珏曰，『……向者輕信人言，爲泗上之役，喪師萬人。……盱眙東西數千里，莽爲丘墟。……』

又葉適水心文集卷二定山爪步石跋三堡塢狀云：

頃自虜寇驚騷，淮人奔迸南渡，生理破壞，田舍荒墟。

再往後，到了孝宗乾道年間，兩淮耕地也是一樣的破壞。宋會要食貨六三載乾道元年

七月五日，權發遣滁州楊由義言，『……本州近緣兩遭北軍侵犯，牛畜農具不存，營田莊客衣食不繼，星散逃移，致所管營田多成荒廢。……』

又同書食貨八及六一云：

（乾道）五年三月二十六日，大理正措置兩淮官田徐子寅言，『兩淮荒蕪之田，一目百里。……』

又同書食貨六及六一云：

（乾道）六年正月十四日，太府少卿總領淮西江東錢粮兼提領屯田葉衡言，『合肥瀕湖有圩田四十里，舊爲沃壤，久廢墾闢。……』

（七年）六月三十日，新除淮南運判向士偉言，『兩淮田畝荒蕪，……』

九月正月十八日，資政殿學士新知揚州王[illegible]奇言，『淮上之田，例多荒棄。……』

其後，到了寧宗時代，兩淮仍有不少的荒田。宋會要云：

（慶元）四年八月二十九日，臣僚言，『……淮西安豐軍田之荒閑者，視光濠爲尤多。……』（食貨六）

嘉定元年八月十三日，御史中丞章良能言，』……兩淮……今胡騎蹂踐，……不耕之田，處處彌望。……』（食貨六三）

又宋史卷四三七眞德秀傳云：

（嘉定年間）充金國賀登位使。及盱眙，聞金人內變而返，言於上曰，『臣自揚之楚，自楚之盱眙，沃壤無際，陂湖相連。……顧田疇不闢，溝洫不治，……』

兩淮田地既然大部份都是荒閑，其米糧出產自然不足了。

上述湖北和兩淮所以米產不足，多半由於軍事的原因，卽因爲接近金國，常作戰爭犧牲品的原故。復次，沿海一帶，當日也有兩個稻米產量不足的區域，卽浙東與福建。

不過這兩個地方所以米產不足，並不如上述湖北兩淮那樣由於軍事的理由，而是由於天然的原因。

就地形上說，浙東山地較多，平原較少，這對於稻米的栽種自然不大適宜。故每遇水旱，稻米卽告失收。如朱熹朱文公文集卷二六上宰相書云：

又以連日不雨，旱勢復作，紹興諸邑，仰水高田，已盡龜拆。而山鄉更有種不及入土之處。明婺台州，皆來告旱，勢甚可憂。

又宋會要食貨一云：

（乾道）九年八月九日，詔，『浙東州軍，間有闕雨去處，不無損傷田畝。……』

九月二十六日，臣僚言，『伏見今夏以來，雨不及期，浙東諸郡，旱者甚衆。……田野之間，以艱食爲慮。……』

以上是旱災對於浙東米產影響的情形。復次，當日浙東沿海的稻田，又常受風災和水災的打擊，以致收成不好，如宋會要食貨六八云：

（乾道二年）九月七日，詔浙東提舉常平宋藻，『前去溫州，將常平義倉米賑濟被水闕食人戶。如本州米不足，通融取撥。』權發遣溫州劉孝韙言，『本州八月十七日風潮，傷害禾稼，漂溺人命。……』

十月一日，詔，『溫州近被大風駕潮，渰死戶口，推倒屋舍，失壞官物，其災異常，合行寬恤。……』繼而唐瑑言，『切見溫州四縣，並皆海邊。今來人戶田畝，被海水衝蕩，鹹鹵浸入土脈，未可耕種。及缺牛具，不能徧耕。……』

（五年十月）六日，權發遣兩浙路轉運副使劉敏士言，『溫台二州，近因風水飄損屋宇禾稼，雖將義倉米賑濟，緣被水丁口至多，竊慮來年秋成尚遠，將何以繼？……』

因此，上引宋史卷八八地理志說兩浙路有『秔稻之產』，事實上只能就浙西來說，對於浙東是不十分合適的。

福建的地形，有如浙東那樣，也是山地多，平原少。那裏的農民，善於把山地開墾成梯田，及利用谿谷的泉水，來灌溉種植中的稻米；同時，對於磽瘠的土地，也設法開闢爲稻田。方勺泊宅編卷中云：

七閩地狹瘠而水源淺遠。其人雖至勤儉，而所以爲生之具，比他處終無有甚富者。墾山壠爲田，層起如階級然。每援引谿谷水以灌溉，中塗必爲之碓，下爲碓，米亦能播精。（播精爲去其糠粃，以水運之，正如人爲。其巧如此也。）

又宋會要瑞異二載嘉定八年

七月二日，臣僚奏，『……臣閩人也。閩地瘠狹，層山之顚，苟可置人力，未有尋丈之地，不坵而爲田。泉溜接續，自上而下，耕墾灌溉，雖不得雨，歲亦倍收。其有平地而非膏腴之田，無陂塘可以灌注，無溪澗（澗？）可以汲引，各於田塍之側，開掘坎井，深及丈餘，停蓄雨潦，以爲旱乾一溉之助，炎雲如灼，桔槔俯仰，不以爲勞。所濟雖微，不猶勝於立視其槁而搏手無策乎？

又宋史卷八九地理志云：

福建路……西北多峻嶺。……川源浸灌，田疇膏沃，無凶年之憂。而土地迫陿，生籍繁夥，雖磽确之地，亦耕耨殆盡。畝直寖貴，故多田訟。

不過，福建農民雖然努力精耕，由於自然環境的不良，收穫并不豐富；而且，因爲該地人口密度甚大，稻米產量更感不足。關於此點，除分見於剛纔所引各文外，趙汝愚趙忠定奏議卷二請支撥和糴米十萬石付泉福興化三州賑糶奏（原題云，『宋孝宗時集英殿修撰帥福建上奏。』）云：

祇緣本路（福建路）地狹人稠，雖上熟之年，猶仰客舟興販二廣及浙西米前來出糶。

又黃榦黃勉齋集卷四建寧社倉利病云：

竊見閩中之俗，建寧最爲難治，山川險峻，故小民好鬬而輕生。土壤狹隘，故大家寡恩而嗇施。米以五六升爲斗，每斗不過五六十錢。其或旱及踰月，增至百金。大家必閉倉以俟高價；小民亦羣起殺人以取其禾。

又眞德秀眞文忠公文集卷一五奏乞撥平江百萬倉米賑糶福建四州狀云：

福與興泉，土產素薄，雖當上熟，僅及半年。

臣所治福州，去秋水澇，下田薄收。蠲減既多，軍餉不足，糴價日踊，民食孔艱。

又同書卷一七知泉州謝表云：

泉雖閩鎮，古號樂郊，其柰近歲以來，浸非昔日之觀。……澇傷相繼，而農畝寡收。……粟生於地者幾何！日伺鄰邦之轉餉。

又同書卷四〇福州勸農文云：

福之爲州，土狹人稠，歲雖大熟，食且不足，田或兩收，號再有秋，其實甚薄，不如一穫。

又宋會要食貨六二云：

（嘉定）七年三月九日，臣僚言，『福建地狹人稠，歲一不登，民便艱食。……』

綜括上述，我們可知南宋各地稻米生產的大概情形。大致說來，南宋的疆域適處於亞洲東南部，即東南季候風流域，雨量豐富，氣候温和，大都宜於稻米的栽種。不過因爲地理環境及軍事上的特殊情形，故南宋各地，除了稻米產量豐富的區域以外，又有米產不足的地方。在長江流域方面，稻米的重要產區有四，即長江三角洲（江南東路及浙西路），江西，湖南及四川。這幾個地方稻米生產所以豐富，多半由於土壤的肥沃，外國種子的輸入，水利灌溉的優良，進步農具的使用，外地勞力的輸入，以及其他原因。此外，在珠江流域方面，兩廣也是當日重要的稻米產區；那裏氣候炎熱，稻米的種植可以一年收成兩次。至於稻米產量不足區域，在長江流域方面，爲湖北及兩淮。這都是與金國接壤的地方，每次宋金戰爭，多半變作戰場，故耕地常受蹂躪，從而米粮的出產遂感不足。復次，沿海一帶，浙東與福建也是米產不足的區域。這兩個地方的地理環境，因爲山地多，平原少，都不宜於稻米的大規模的生產。在另一方面，如福建一帶，人口數量又相當的多。故浙東福建出產的稻米，都不足以養活當地的人口，從而成爲米產不足的地方。

(三) 南宋稻米運銷情況

稻米的運銷情形，與牠在各地的生產狀況有很密切的關係。由上所述，可知南宋時代長江流域的三角洲，江西，湖南和四川，以及珠江流域的兩廣，稻米生產都很豐富。這些稻米產區，其出品除供當地人口的消費外，既然還有大量的剩餘，自然能夠向外輸出，於是成爲稻米的出口地方。在另一方面，長江流域的湖北及兩淮，沿海的浙東及福建，由於軍事方面或地理環境方面的特殊情形，本土所產的稻米都不足以養活當地的人口，不得不取給於外地，遂成爲稻米的入口地方。不過，稻米生產地與消費地間的距離有遠近的不同。其相互間運輸規模的大小也因交通的便利與否而定，故當日稻米運銷的實際情況，有詳加研討的必要。茲爲便利計，分爲長江流域的稻米運銷情況，與沿海的稻米運銷情況，敍述如下。

(1) 長江流域稻米運銷情況

南宋長江流域的稻米運銷情形，大致說來，有如長江水流的方向那樣，其特點爲由上游的生產地運往下游的消費地。現在沿着長江流域，由西往東，順次考察當日稻米的運銷情形。

上面說過，四川是南宋長江流域的稻米產區。在這裏生產的稻米，除供當地人口的食用外，有藉着長江的水道，順流而下，運往湖北銷售的。水心文集卷二六趙公(不息)行狀云：

> 除夔路轉運判官。……夔州在蜀四路尤窮。公既奉使，訪其所疾苦。僚吏皆曰，『夔路銀兩估六千。恭涪忠萬夔，最凋郡也；今以銀絹上供，則五州之困久矣。』公以大寧鹽者，夔路財貨之所出也。……迺出錢市鹽數十萬斤，視恭涪以上米賤而鹽貴大寧數倍，使賣之，得米三萬餘斛。時湖北大飢，以

米至，荆南民歌舞於道。易銀而歸。遂代五郡上供銀一萬五千七百兩，絹一萬二千二百匹，總緡錢十五萬餘。

由四川往東，長江流域的稻米出口地便是湖南。關於湖南稻米的大量輸出，上引水心文集卷一上寧宗皇公劄子已經說過。湖南的米，就是在水旱失收的時候，也輸出頗多。眞文忠公文集卷一〇申朝省借撥和糴米狀云：

竊見湖南一路，今夏一旱甚廣，而潭州爲甚。……徒以般販出境，爲數頗多，今春以來，米價翔踴，甚至無米出糶。

由此我們可以推知，在收成好的時候，湖南稻米的輸出量一定更大有可觀。

由湖南沿長江再東往，江西也是稻米的出口地。湖南與江西的米，都好像長江的水流那樣，運往長江下游出售。這兩生產地的米，藉船隻的運輸，先集中於長江贛江交叉點的南康軍（治今星子縣）。朱文公文集卷二六與漕司書一劄子云：

聞得贛吉諸州及湖北鼎澧諸州（註四）皆熟。得湖南詹憲書云，『湖北米船塡街塞巷，增價招邀，氣象甚可喜。』欲乞更與帥相商度奏乞指揮兩路，不得阻節客販，許下流被害州軍（註五）徑具奏聞，重作行遣。

又同書卷二六與（江東）陳帥書云：

前此屢以上流遏糴利害申稟，未蒙施行。今本軍（南康軍）糴米人船，已爲隆興邀截，不許解離。又凡客販，皆爲阻絕。江西本有得熟州郡，本自不須如此。又况著令及屢降指揮皆有明文？已作書力懇之，恐其未必經意。蓋自初糴，已節次懇之。今乃約束愈峻，其意亦可見矣。切乞早賜移文，仍申朝省，或具奏聞，乞遍下諸路約束。不獨此邦蒙大賜也。頃時劉樞遭旱，首奏此事。其後客船輻湊，米價自減。此最爲救荒之急務。……然贛吉鼎澧湖南諸郡皆熟，若用劉樞舊例請奏，此米皆可致，而一路受賜矣。

其中關於江西稻米之運銷於南康軍，記載更多。同書卷二六與江西張漕劄子云：

比以民飢，告糴隆興，已具曲折懇稟張帥閣學。意必蒙其憐閔，拯此困急。今乃聞其約束愈峻，所遣牙吏得米而不能歸。至於客販，亦復斷絕。竊緣本

（註四）今屬湖南省。

（註五）時朱熹知南康軍，所謂『下流被害州軍』當卽指此。

軍(南康軍)地瘠民貧,雖號熟年,,不免仰食上流諸郡。況今凶儉,事勢可知。然若上流果亦荒旱,則亦不敢固請。今贛吉臨川諸郡及隆興屬邑皆有豐熟去處,則使節所臨江西一路決當不至闕食,而其餘波自可惠及鄰境。是以敢布其私,欲望台慈一言於張帥,早得放行本軍所糴,及弛客販之禁。則台座活人之恩被於鄰道,此邦之人所以感激歸戴者爲何如哉!(與江西錢漕劄子略同)

又同書卷二六與江西張帥劄子一云:

熹以不德,招殃致凶,又無術略,以濟飢饉,已屢伸告糴之請。然小郡貧薄,不能多致儲蓄,遠近軍民,唯仰客販沿流而下,得以餬口。其引領南望朝夕之勤,蓋不啻農夫之望歲也。今乃竊聞督府所臨,南自贛吉,西極袁筠,東被南城,方地數千里,幸蒙德政之餘休,皆有秋成之慶。而任事者私憂過計,未撤津梁之禁。熹愚竊意高明方以天下之重自任,其視鄰道何以異於吾民,願賜一言,俾除其禁!

又朱熹朱文公別集卷九乞行下江西從便客旅興販米穀云:

契勘本軍(南康軍)并管屬諸縣,今歲旱傷,全藉江西豐熟州軍客旅興販米斛出糶,接濟細民。本軍已行散出文榜,招誘興販前來,與免附載雜物稅錢,行下城下稅務約束,及出榜曉示米牙人,不得減尅分文牙錢,令客人自行出糶。切慮向上州軍阻節,不令穀米下河,致使客旅不通,及間有興販米穀舟船州軍,妄以雜物爲名,倚收稅錢,是致商賈不肯搬販米穀前來出糶,細民失望,爲害非輕。欲望鈞慈速賜行下江西豐熟州軍,許令商賈從便興販米穀向下以來出糶,應接民間食用。仍乞嚴行禁戢場務,不得妄作各色收納稅錢,庶得客旅通行,米價不致騰踊。

又同書卷九行下置場不許留滯客旅云:

契勘本軍(南康軍)今歲旱傷,細民闕食,雖移文江西州縣通放到客米舟船,又慮牙鋪解落,及市民日糴數少,阻滯客旅不便,遂行委官置場,支撥官錢,依市價兩平交量收糴客米,以備賑糶,應接細民食用。

又同書卷一〇移文江西通放客米及本軍糴米船事云:

契勘本軍（南康軍）管屬久歲旱傷，細民闕食，及無軍糧支遣，本軍節次借撥官錢五萬三百四十四貫三百七十九文，差撥官吏前去江西得熟州軍，收糴到米共二萬三千五百二十二斗四升五合，回軍賑糶，及支遣軍糧。……遂移文江西轉運司安撫司幷奉新縣等，通放米船，回軍賑糶，支遣軍糧施行。

這些由湖南江西販往南康軍的稻米，除一部份爲當地人士購買外，其餘則轉運往其他下游地方出賣。朱文公別集卷九措置賑卹糶糴事件云：

如遇客販米到岸，欲就軍（南康軍）出糶，仰赴務陳狀看驗稅物訖，令就石寨內捎泊出糶，即與免在城稅錢三分。或有糶不盡之數，欲載往他處，須再經本務出給關引，方得起離前去，庶可關防欺隱透漏之弊。

又同書卷九革住米船隱瞞情弊云：

契勘賑糶場收糴米斛，如遇米船到岸，內過稅船隻收糴三分，住糶米船只糴一分。其住糴米船法格幷與免收稅錢外，訪聞客旅多生奸猾，動是數隻到岸，於內卻將一兩隻作住糶，結計在市米牙人，令其虛解牙錢，稱就市糶訖，卻將在船住糶米斛，夤夜搬傳往過稅船內，隱瞞官司。合行出榜約束。

由湖南江西輸出的稻米，藉長江贛江等水道的運輸，集中於南康軍一帶以後，其中一部份又復順流而下，轉運至長江下游出售。如宋會要食貨五九說這些地方的米販往江浙一帶出賣云：

（隆興二年）九月四日，知鎮江府方滋言，……其後方滋又言，『今歲江東二浙皆是災傷去處，獨湖南廣南江西稍熟。相去既遠，客販亦難，勢當有以誘之。欲乞朝廷多出文榜，疾速行下湖廣諸路州軍，告諭客人：如般販米斛至災傷州縣出糶，仰具數目經所屬陳乞，並依賞格，即與推恩。……』從之。（同書食貨六八同）

又同書食貨一八云：

（淳熙）十四年八月十三日，浙西總領趙汝誼言，『今歲之旱，惟江東兩浙爲甚。而江西湖南北（註六）兩淮，其間多有熟處。今誠能通諸路之米，散之

（註六）上面說過，湖北米產有限，只有靠近湖南的鼎澧等州墾田較多。這裏說湖北稻米豐熟的地方，當即指此而言。

江浙，則民得足食，糴不騰貴。然欲求諸路之米，須免征稅而後可。朝廷於征米之禁，非不切至。州縣每遇米船，則別爲名目，謂之收力勝喝花稅。……如潭州之橋口，隆興府之樵舍，江州之湖口，和州之施團，以類是也。行旅之人，受重征苛取之苦，無所赴愬。乞行下江東西湖南北兩淮守臣，許聽從客人興販米斛赴江浙旱傷州郡；仍約束所在場務，遇有米船經過，不得以力勝喝花稅爲名，時刻留滯。……』……從不。

又同書刑法二云：

（紹熙）五年二月十八日，臣僚言，『遏糴之風近日尤甚。去歲江浙湖南皆有旱傷去處，唯是江東爲甚。而湖南江西所損差多，米價甚賤，足可遠近通流。州縣各顧其私，聽信城市之民，妄言不可放米出界。乞督責兩路監司，約束州縣不便（使）遏糴以惠斯民。』從之。

又同書食貨一七亦說江西稻米運銷於浙中云：

（紹興）十五年八月十三日，上宣諭宰臣曰，『朕謂天下之物，有不當稅者甚多，如柴麵之類是也。』（秦）檜奏曰，『如去歲浙中艱食，陛下令不收米稅，故江西諸處客販俱來，所全活者不可勝計。』（繫年要錄卷一五四紹興十五年八月丙戌條略同）

當日江浙人口密集的都市，如建康鎮江及杭州等，都輸入湖南江西的稻米。朱文公文集卷八八劉公（珙）神道碑云：

淳熙二年，除知建康府，安撫江南東路，留守行宮。會水旱，公奏，……禁上流稅米遏糴，即他路有敢違者，請亦得以名聞，抵其罪。詔皆從之。以是得商人米三百萬斛散之民間。又貸諸司錢合三萬萬，遣官糴米上江，得十四萬九千斛，籍農民當賑貸，客戶當賑濟者，戶以口數給米有差。（同書卷九七劉公行狀略同）

這裏說建康稻米取給地的『上流』，是指湖南江西等地而言。這由於宋會要食貨一七載建炎三年

九月一日，御營使司參議官兼措置軍前財用李迨言，『客人多自江西湖南般運斛㪷竹木前來建康府，……』

可以推知。復次，鎮江在當日也購用荆楚商人販來的稻米。宋史卷四〇六陳居仁傳云：

（嘉定年間）鎮江大旱，又移居仁守鎮江。請以十四萬給兵食。不報。爲書以義撼丞相，然後許發。時密往覘之。間遣糴運於荆楚商人。商人曰，『是陳待制耶！』爭以粟就糴。居仁區畫有方，所存活數萬計。

此外，湖南江西的米又有運銷於杭州的。朱文公文集卷九四李公（椿）墓誌銘云：

京師（註七）月須米十四萬五千石，而省倉之儲多不能過兩月。公請給南庫錢以足歲糴之數，又糴洪吉潭衡軍食之餘，及鄂商船，并取江西湖南諸寄積米，自三總領所送輸，以達中都，常使及二百萬石，爲一歲備。久之不行。

這裏說李椿運湖南江西等地的米入杭的計劃雖然沒有實現，但這兩地稻米在當日之販入杭州，卻是很明顯的事實。上引宋會要食貨一七、一八及五九都曾說這兩地米運銷於江浙，而杭州在當日是江浙中人口最密集的消費都市（註八），當然有輸入這些稻米的需要。

由長江中部各稻米產區販往下游的米，除如上述運銷於江浙外，又有運往兩淮出售的。上面曾經說過，兩淮在當日因爲地接金國，農田常給兵燹破壞，稻米生產不足，故須從湖南江西等地輸入稻米。宋會要食貨一八載淳熙二年

閏九月十八日，詔湖南北江西漕司，『行下沿江州軍，出牓曉諭客人：有願販米往淮東者，卽經州軍陳乞，出給公據，沿路照驗放行。如稅務妄作名色，非理阻節，卽行覺察劾治，仍許客人越訴。』以中書門下省言，『淮東旱傷，訪聞湖南北江西有客旅販米往糴，沿路稅務妄以力勝徵稅邀阻，乞行約束。』

又同書刑法二云：

（嘉定）三年三月二十日，臣僚言，『淮甸旱蝗，江湖中熟，商販不通。乞下諸路監司，嚴戒州縣官，通販米之舟，弛下河出界之禁，無得出稅截糴，或巧作名色，拘留米舟。許客人經所屬陳訴，監司按劾以聞。』從之。

（註七）南宋以杭州爲行都，這裏說的『京師』當卽指此。

（註八）詳見拙著南宋杭州的消費與外地商品之輸入，集刊七本二分。

此外，同書食貨一七亦說這些地方的米販往淮南東路的揚州云：

（建炎二年）六月二十一日，詔，『應荆湖江浙路客販米斛赴行在（註九），而經由稅務，輒於例外增收稅錢，罪輕者徒一年。許詣尙書省越訴。』

自然，亙南宋一代，兩淮并不完全是輸入稻米的地方，有時甚至有稻米出口。如上引宋會要食貨一八所載，淳熙年間，兩淮稻米豐收，也販米往水旱失收的江浙出售。不過，就大體上說，兩淮既常作宋金衝突的戰場，農業時遭破壞，自以輸入稻米的時候爲多。

除長江上游及中部的稻米產區外，『蘇常熟，天下足』的長江三角洲，也有多量稻米出口。這裏出產的米，多販往杭州出售，因爲杭州是南宋中央政府所在的政治中心，在那裏居住的大量人口，最需要這個產區的稻米來養活（註十）。其次，這個產區的稻米，又有販往揚州出賣的。關於此點，已見於剛纔所引的宋會要食貨一七。此外，長江三角州的米又沿着海道交通線，大量的向外輸出。關於此事的詳細情形，當於下文述之。

綜括上述，可知南宋長江流域稻米運銷的特點，大致的說，有如長江水流那樣，其方向爲由西往東。在當日，長江上游的四川，中部的湖南與江西，以及下游的三角洲，因爲稻米產量甚大，每年都有大量稻米的出口。至於與金國接境的湖北與兩淮，因爲常受宋金戰爭的蹂躪，米產不足，則須從上述各重要產區輸入稻米。自然，我們也不否認：當日荆湖北路的鼎澧等州，及稻米豐收時的兩淮，有時也有稻米出口。不過，就大體上說，這兩地以輸入稻米的時候爲多。因爲鼎澧等州，只佔荆湖北路的一小部份而已，其餘湖北的大部份，因爲米產有限，是很需要外地稻米之輸入的。至於兩淮，當日農田破壞得相當利害，事實上豐收的時候并不算多，故稻米的出口量也是遠不及其入口量那麼多的。

（2）　海道稻米運銷情況

南宋時代，一方面因爲政治中心（杭州）的移居海濱，他方面又由於政府當局努力提倡貿易，以助國計（註十一），中國的海上交通，有空前的發展。這時海道

（註九）時宋高宗因與金作戰，駐於揚州，故揚州稱『行在』。

（註十）詳見拙著南宋杭州的消費與外地商品之輸入

運輸的商品，因為海船運輸能力大，運費廉，遂不如以前那樣只限於體積重量小而價值大的奢侈品，而包括那體積重量較大而價值較小的稻米。

上面曾說，南宋沿海地帶有兩個重要的稻米產區，即長江三角洲及珠江流域。這兩個地方的稻米，產量都非常之大；而長江三角洲的人口，除食用本地的米外，又有沿長江順流而下的湖南江西稻米的接濟，米的供給量更大。因此，長江三角洲與珠江流域出產的米，除供當地人口消費外，都有大量的剩餘，從而可以利用海道交通線，向外輸出。復次，南宋沿海區域又有兩個米產不足的地方，即浙東與福建。牠們的地理環境，因為山地多，平原少，都不適於稻米大規模的生產。無論這兩地的農民怎樣努力精耕，注意灌溉，他們每年收穫的稻米都不足以養活當地的人口。因此，遂成為稻米的輸入區域。

現在我們首先考察當日長江三角洲（即浙西一帶）稻米的輸出情形。米產有限的浙東，因為是近水樓臺，自然要輸入浙西的米。這裏的米之販往浙東，固然可以利用內地河流，但也有由海道運往的。朱文公文集卷二一乞禁止遏糴狀云：

> 緣本路（浙東）兩年荐遭水旱，無處收糴。熹今體訪得浙西州軍極有米稔去處，與本路水路相通，最為近便，已行差官雇艦前去收糴，及印榜遣人散於浙西福建（註十二）廣東沿海去處，招邀客販。

又同書卷九九約束糶米及刦掠狀云：

> （浙東）州縣目今米價高貴，止緣早禾旱傷。……兼當司已蒙朝廷給降本錢，及取撥別色官錢，見今廣招廣南福建浙西等處客販，般運米斛前來出糶，準備闕米州縣般運前去出糶。

又樓鑰攻媿集卷八六皇伯祖太師崇憲靖王行狀云：

> （乾道九年）（明州）歲飢，糴價翔踊。王曰，『此富者閉糴以幸災。治之則益甚』。乃出二十萬緡，遣人糴於浙西。閉糴者計窮，爭先出糶。米舟尋亦踵至。其價大平，飢而不害。官無一金之失，而行者又得其利。

（註十一）宋會要職官四四載紹興七年『閏十月三日，上（宋高宗）曰，市舶之利最厚。若措置合宜，所得動以百萬計。豈不勝取之於民？朕所以留意於此，庶幾可以少寬民力爾。』

（註十二）福建稻米產量有限，當地人口食用所需，尚須仰給外來，自然沒有稻米出口。這裏說由福建販往浙東的米，其生產地當為珠江流域，福建不過是這些米的轉運地方而已。

又宋會要食貨六八亦載乾道五年十月

六日，權發遣兩浙路轉運副使劉敏士言，『溫台二州近因風水飄損屋宇禾稼，……竊慮來年秋成尙遠，將何以繼？臣今措置欲令各州勸募上戶，官借其貲，往浙西諸州豐熟去處般販米糧，中價出糶。至來年秋間，卻輸納錢本歸官。庶幾般販既多，米稍停蓄，其價自平。今來溫州已募上戶，借與錢本，見行措置。唯是台州財賦窘迫，無以爲計。臣欲支錢五七萬貫給與台州，令勸募上戶般販米斛，以濟飢民』。詔令兩浙轉運司差撥人船，於近便州軍戶部樁管米及常平義倉米內，收撥三萬石前去台州，委官於被水去處，減價出糶。其糶到錢，令本司拘收撥還元取米去處。

復次，浙西的米又販往福建出賣。趙忠定奏議卷二請支撥和糴米十萬石付泉福興化三州賑糶奏云：

祇緣本路（福建路）地狹人稠，雖上熟之年，猶仰客舟興販二廣及浙西米前來出糶。……臣方欲措置差人於二浙豐熟去處博糴，又聞得浙西日來米價亦自頓長，見今疑惑未敢發遣。

又朱文公文集卷二七與趙帥書云：

又聞浙西來（閩）者頗多，市價頓減，邦人甚喜。而識遠者，慮其將不復來。此一道安危之大機也。謂宜多方招致，稍增市價，官爲收糴，以勸來者。比之溪船海道，官自搬運，糜費損失，所爭決不至多。

又眞文忠公文集卷一五奏乞撥平江百萬倉米賑糶福建四州狀云：

臣所治福州，去秋水潦，下田薄收。蠲減既多，軍餉不足。糴價日踊，民食孔艱。近嘗具申朝廷，乞行下浙西，少寬港禁，容本州給據付商旅前去收糴十萬石回州散糶，以活一郡十二縣百萬生靈之命。仁聖在上，必蒙矜許。

此外，當日長江三角洲出產的米，甚至老遠的販往外國，而且每船所載數量甚多。宋會要食貨三八云：

嘉定十年三月一日，臣僚言，『沿海州縣，如華亭，海鹽，青龍，顧逕，與江陰，鎮江，通，泰等處，姦民豪戶，廣收米斛，販入諸蕃。每一海舟所容，不下一二千斛。或南或北，利獲數倍，穀價安得不昂，民食安得不乏？

又況南北貿易之際，能保其不泄漏事體，以挺釁召變乎？乞下沿海州軍，各勑所屬縣鎮，籍定海舟。應有買販入蕃，先具名件，經官給據，委官檢實，方得出海。巡警官司必看驗公憑，方許放行。如海商過蕃，潛載係禁之物，許令徒黨告首。事涉重害者，以舟中之物與之充賞。至若米斛在舟，只許會計舟人期程公用，不得過數般販入蕃，庶幾姦民知所畏戢。』從之。

又同書刑法二亦載此事云：

（嘉定）十年三月一日，臣僚言，『近因職事，檢繼天府，其間王正國等屢入番國漏舶一事，案牘所供，殊駭觀聽。復聞沿海州縣，如華亭，海鹽，青龍，顧（逕），江陰，鎮江，通，泰等處，姦民豪戶，廣收米斛，販入諸番，此尤利害之切者！……』

在輸入長江三角洲稻米的外國中，其中一個為金國。同書兵二九云：

（建炎）四年八月，樞密院言，『聞海密等州米麥踴貴，通泰蘇秀有海船民戶，貪其厚利，興販前去密州板橋草橋等處貨賣。……』

又同書刑法二云：

（嘉定）十一年四月四日，臣僚言，『朝廷以浙左諸郡去歲小歉，民生艱食，權宜通變，從商販運米過江。救災恤民，不容不爾。夫何乘隙好利之徒，抵冒法禁，一離江岸，蕩無禁止，遵海而往，透入虜界者不一。邇者浙右如華亭，海鹽，江陰，顧逕等處，其為漏泄米斛，不可勝計。且天禍彼國，連年飢饉，猶逞其兇暴。而吾之姦民，趨利玩法，以資盜糧，利害豈小！……』

又文天祥文山文集卷三御試策一道云：

曩聞山東荐飢，有司貪市榷之利，空蘇湖根本以資之。廷紳猶謂互易！

南宋沿海地帶，從長江三角洲算起，由北往南，便是浙東。上文曾說，浙東山多，耕地有限，其出產的米稻絕不足以養活當地的人口。因此，浙東每歲須從外地輸入稻米。這些外來的米，先集中於明州及溫州，然後分配於浙東各地。如陸游渭南文集卷三九蘇君（玭）墓誌銘云：

通判明州。……會歲飢，常平使者朱公元晦檄公，屬以一郡荒政。客米自海道至者多，公請於朱公，請發積鏹廣糴，以爲後備。朱公爲聞於朝，如其請。

又攻媿集卷二一論流民云：

臣試郡永嘉（卽溫州），……近聞有流徙之民，日夜念之。民生豈欲輕去鄉土？自非水旱太甚，何忍散流？……州郡旣爲之減收苗米，招來海商，存撫鎮卹，雖得少定，而去者已多，不得不爲之計也。

又吳泳鶴林集卷二三與馬光祖互奏狀云：

臣守永嘉，光祖守處，溫與處實爲隣境。平時處之麵下而易溫之所無，溫之米上而濟處之所乏。光祖旣嚴麵之禁，不使之下；臣亦防米之泄，不使之上。因此微隙，遂幾積怨。

光祖疏謂，『郡通海道，商舶往來其間，儻能措置招俫，不患米艘不集。泳乃折支度牒，低價敷糴，以致客舟望風奔遁，米不入境』。臣比准朝廷乞降度牒二百道，提舉司一十道，皆是給付諸縣，令自變賣，糴米糶濟。本州原不曾立價敷糴。又嘗出榜曉諭，招誘米客。其來者二十五萬餘桶。流入處州者亦此米也。光祖乃謂客舟奔遁，不知奔遁於何所也？

按浙東入口消耗的稻米，以來自長江三角洲及珠江流域爲最多。關於前者，上文已經說過。關於後者，將於下文述之。

由浙東向南走，便是福建。福建也因本地米產有限，不足以維持當地人口的生存，故須由其他稻米生產地輸入大量的米。如朱文公文集卷九八傅公（自得）行狀云：

復爲福建路轉運副使。……至是泉州大旱，而守利督租，諱之。公奏請募舟廣糴，以助民食。由是米不翔貴。

又眞文忠公文集卷一五奏乞撥平江百萬倉米賑糶福建四州狀云：

福與興泉，土產素薄，雖當上熟，僅及半年。專仰南北之商轉販以給。自冬及春，來者絕少，故其價値日益以昂。

又上引同書卷一七知泉州謝表也說泉州

澇傷相繼，而農畝寡收。……粟生於地者幾何？日伺鄰邦之轉餉。

按上文曾說福建要由浙西輸入稻米。此外，珠江流域的米也運銷於福建。關於此點，下文將有詳細敍述。

由福建向南走，便到兩廣，即珠江流域。珠江流域在當日也是稻米的大生產地，其出產的米多先集中於廣州，然後沿着海道交通線北上，運銷於福建江浙等地（註十三），或向南販往瓊州出賣。如李曾伯可齋續藁後卷六奏乞調兵船戍欽仍行海運之策云：

> 頃歲嘗聞瓊筦飢，仰廣東客糴以給。又如閩浙之間，蓋亦嘗取米於廣。大抵皆海運，雖風濤時乎間作，然商舶涉者如常。旣可以至閩至浙至瓊，則亦可以至欽，明矣。

其中關於兩廣稻米之運銷於福建，趙忠定奏議卷二請支撥和糴米十萬石付泉福興化三州賑糶奏亦云：

> 祇緣本路（福建路）地狹人稠，雖上熟之年，猶仰客舟興販二廣及浙西米前來出糶。今歲適値二廣更旱，米價比常年增及一倍以上，州縣閉糴，客舟至彼者皆空載而返。緣此雖是秋成之際，本州（福州）米價全不甚減，泉州興化其價尤貴。

復次，廣東東部因爲靠近福建，其地出產的米，也多由潮州及惠州轉運到福建出售。朱文公文集卷二五與建甯諸司論賑濟劄子云：

> 般運廣米須得十餘萬石，方可濟用。合從使府兩司及早撥定本錢，選差官員使臣，或募土豪，給與在路錢粮，令及冬前速到地頭趁熟收糴。（潮惠州與本路界相近）。往回別無疏虞，即與支賞。其糴到米數最多之人，仍與別議保奏推賞施行。上件廣米旣到府城（建寧），即城下居人自無闕食之理。

又水心文集卷一六著作正字二劉公墓誌銘云：

> 隆興乾道中，天下稱莆（今福建莆田縣）之賢，曰二劉公。著作諱夙，字賓之。弟正字諱朔，字復之。……著作之還自温，疾有間，莆亦大旱。手爲救

（註十三）關於此點，作者在宋代廣州的國內外貿易（集刊第八本第三分）一文中，曾根據宋史，宋會要，朱文公文集，眞文忠公文集，夢粱錄及寶慶四明志等書，加以詳細的論述。現在爲避免重複起見，凡該文引用過的材料，都不再引用。這裏只舉出該文尚未用過的幾條材料，加以論述。

荒十餘事，率鄉人行之。招潮惠米商，白守免力勝。四集城下，郡以不飢。

其次關於兩廣稻米之販往浙東，記載也很多。如朱文公文集卷一七奏明州乞給降官會及本司乞再給官會度牒狀說兩廣的米，由廣州及潮州轉運往明州，然後分配於浙東各地云：

臣據明州申：契勘本州今歲闕雨，管下六縣皆有旱傷去處。竊慮細民闕食，本州遂於七月十八日具奏，乞支降官會一百貫，下本州循環充本，雇備人船出海，往潮廣豐熟州軍收糴米斛，準備賑糴賑濟。

又同書卷九三轉運判官黃公（洧）墓碣銘說兩廣的米販運往溫州云：

改廣南東路提舉市舶。……更爲轉運判官。……江浙歲飢，有旨發二廣義倉航海詣永嘉。往時嘗有此役，吏並役以擾民，而米不時達。公處之有方，且并西道所發轉致之。不越月，而至永嘉者八萬斛。永嘉之人，焚香迎拜步下曰，『此廣東運使活我也！』

又台州金石錄卷五載石公孺台州臨海縣靈康廟碑說廣東商人販米往台州云：

先是郡大飢。有詣閩廣告其賈客曰，『吾趙氏，台之富人也。台貴糴，儻運而往，將梱載□□□□吾宅也。』不閱旬，海船麇至，訪趙氏，乃□□□王也。

此外，當日珠江流域的米，又有販往大消費中心的杭州（註十四），以養活在該地密集的人口的。建炎以來繫年要錄卷三四載建炎四年六月甲午，

中書門下奏，『行在仰食者衆，倉廩不豐，請委諸路漕臣及秋成和糴。』詔廣東糴十五萬斛，……

又同書卷九〇載紹興五年六月辛未，

左丞議郎値寶文閣知婺州周綱特遷一官。綱，紹興初爲廣東轉運判官，奉詔以本司錢市米十五萬斛，自海道至閩中，復募客舟赴行在，故遷之。

又李心傳建炎以來朝野雜記卷一五亦載此事云：

（紹興）五年，上在臨安，又命廣東漕臣市米至閩中，復募客舟赴行在。

又宋會要食貨四〇更詳載此事云：

（註十四）關於杭州消費米糧及其他商品之鉅，詳見拙著南宋杭州的消費與外地商品之輸入。

（紹興五年六月）二十九日，詔，『前廣南東路轉運判官周綱特轉一官，糴買官各減二年磨勘，選人比類施行，人吏五人令本司犒設一次。』先是有詔差綱措置分委官於沿海產米州縣，隨市價收糴糧斛一十五萬石，逐旋差雇舟船，由海道般運至福泉漳州交割。如能依期糴買起發數足，不致搔擾，當議優與推恩。』至是本路轉運判官章傑言，『其米一十五萬石，並各已收糴了足，分綱差官管押赴行在下卸，別無搔擾，及無陳腐濕惡』。故有是命。

最後，當日甚至有人提議把珠江流域的米販往江淮一帶，以救濟該地的飢民。眞文忠公文集卷二己巳四月上殿奏劄云：

三數年來，生靈窮困，可謂極矣。淮民流離，死者什九。僅存者饘粥弗給；旣斃者亡所蓋藏。陛下軫恤之仁，無往不至，而有司奉行，未得其術，江淮之間，以人爲粮者，猶自若也。……又聞廣南數州，粒米狼戾。臣願斥內帑封椿之儲，及今收糴，以濟其飢。是亦振捄之一端也。

又宋史卷四〇九唐璘傳亦載理宗時，

江淮旱，議下廣右和糴。

由此可見當日珠江流域稻米運銷之遠。

綜括上文，可知南宋海道稻米運銷的發達情況。在當日沿海地帶中，北端的長江三角州，南端的珠江流域，都是稻米的大生產地，其出品除供當地人口的消費外，還有大量的剩餘作爲出口之用。至於沿海地帶的中部，卽浙東與福建，因爲地理環境不適於稻米的大規模的生產，其有限的產額不足以養活當地的人口，故須輸入大量的稻米。因此，南宋沿海稻米運銷的特點，爲由南北兩端的稻米產區輸往中部的稻米消費區域。此外，長江三角州出產的稻米，又沿着海道交通線，大量的運往外國出售，從而成爲當日東亞的穀倉；因此，『蘇常熟，天下足』這一句俗語，就當日長江三角洲稻米產銷的情形來說，實在是最恰當不過的。

(四) 結　論

綜括上述，我們可知南宋稻米產銷的大概情形。當日長江上游的四川，中部的湖南與江西，以及下游的三角州，都是稻米的重要產區，其產品除供當地人口食用外，還有剩餘作輸出之用。至於湖北與兩淮，因爲地接金國，常受戰爭的蹂躪，米產甚少，不足以養活當地的人口，須輸入上述各地的米。復次，沿海一帶，米產豐富的長江三角洲及珠江流域，也大量的把米販往米產不足的浙東與福建。

南宋稻米的產銷概況，已如上述。現在我們要討論的，還有下列數點。

首先，我們要問：南宋稻米在各地間流通得這樣頻繁，在中國經濟史上有什麼意義？據作者看，這是當日交換經濟勢力增大，自足經濟消聲匿跡的表示。當日米產不足的區域，年年都要從外地輸入大量的米，那不是每年都要流出許多金錢嗎？這些地方的居民，那裏有這許多金錢來購買稻米呢？原來這些米產不足區域的人口，雖然不耕田種稻，卻另外從事其他職業，如工，商，運輸等。例如農業落後的湖北，其人口多以工商爲業。宋會要食貨六云：

（慶元）四年八月二十九日，臣僚言，『……湖北路平原沃壤，十居六七。占者不耕，耕者復相攘奪，故農民多散於末作。……』

兩淮的人口多以茶，鹽，紡織，貿易及運輸爲生。宋史卷八八地理志云：

淮南東西路……土壤膏沃，有茶鹽絲帛之利。人性輕揚，善商賈，廛里饒富。多高貲之家。揚壽皆爲巨鎮，而眞州當運路之要，符離，譙亳，臨淮，朐山，皆便水運，而隸淮服。

浙東的人口多以魚，鹽，工，鑛，及海外貿易爲生。宋史卷八八地理志云：

兩浙路……東西際海，……北又濱於海，有魚鹽布帛杭稻之產。人性柔慧，……善進取，急圖利，而奇技之巧出焉。餘杭四明，通蕃互市，珠貝外國之物，頗充於中藏焉。

又宋會要兵三云：

開禧二年三月十六日，臣僚言，『浙東諸郡，瀕海則有販鬻私鹽之利，居山則有趦逐坑場之利。利之所在，民爭趨之。……』

福建的人口多以工，礦，茶，鹽，海產及海外貿易爲生。宋史卷八九地理志云：

福建路……其他東南際海，西北多峻嶺。……有銀銅葛越之產，茶鹽海物之饒。

又宋會要刑法二載嘉定十四年九月十日，明堂赦文，『勘會漳泉福興化四郡瀕海細民，以漁爲業，……』

又宋代福建的泉，福，漳等州，海外貿易都很發達，其中泉州的買賣，在南宋時更其首屈一指（註十五）。總之，這些米產不足區域的居民，雖然不自耕而食，卻從事農業以外的其他職業，以便賺錢來購買外地的稻米。同時，當日各稻米產區，既然大多數人口都從事於農業的生產，其農業以外的其他產業自然不會特別發達，從而有購買米產不足區域出產的工業品及其他商品的必要。這樣一來，當日全國各地人民的經濟生活，不是要發生密切的關係，大有牽一髮而動全身的趨勢嗎？由此可知，當日交換經濟的勢力已經非常雄厚，至於自足經濟的蹤影則已日趨於消滅。

南宋這種稻米大量流通的情形，對於當日國民的經濟生活自然要發生很大的影響。我們試想想：當自足經濟勢力雄厚的時候，如果某地因水旱等災而農產失收，其結果是如何的悲慘！各地既都處於自給自足的狀態下，此地的剩餘米糧自然不能運至彼地，結果收成不好地方的居民自然只好活活的餓死。可是，在南宋時，情形卻大不相同了。當日各地的稻米，除少數特別情形外，多半可以自由流通。某地雖然失收，卻可取給於豐收之地，其人口自能不至於活活的餓死。復次，當自足經濟佔勢力的時候，各地人民既然都忙於爲自己謀充份米糧的供給自然沒有工夫發展其他產業。但到了地域分工發達的南宋，米產不足的區域，爲着要賺錢來購買外地的稻米，自然可以發展農業以外的其他產業。

復次，由於當日海道稻米運銷的發達，我們可以得到當日中國海上交海發達的消息。因爲重量體積大而價值低的稻米之活躍於海上，是以海船運輸能力增大，運費降低爲條件的。這種重量體積大而價值低的稻米既然成爲海道運銷的主要商品，以前海上貿易只限於重量體積小而價值高的奢侈品的局面遂被打破。這不啻是說，此後的海上貿易，已不再專門爲有錢的貴族階級服務，而且要爲一般勞苦大衆服務了。因爲以前由海道運來的珍貴奢侈品，只有那些富有的特殊階級才買得起；如今由海道運來的稻米，價格既遠較奢侈品爲低廉，其需要又普及於一般平民，其主顧當然是要普遍得多了。

（註十五）見桑原隲藏著陳裕菁譯蒲壽庚考頁三四至三七，及藤田豐八著魏重慶譯宋代之市舶司與市舶條例頁五二至六七。

最後，我們可以拿南宋稻米的產銷狀況與現在的情形作一比較。兩者間相同之處甚多。如長江流域各產區稻米產量的豐富，在今日也很相似。不過其中也有不少的異點。第一，南宋時本國出產的稻米，除供本國人口的消費外，還有剩餘輸往外國。現今中國則米產不足，須輸入大量的洋米。第二，當日廣東的廣州，潮州及惠州都是稻米的出口地。如今這些地方都須從本國各稻米產區，及暹羅安南等國，輸入大量的米。第三，蕪湖在今日是全國最大的米市，但在南宋時卻無所聞，其私米貿易并不發達。

民國三十年一月十五日于昆明龍頭村。

出自第十本(一九四八年四月)

天山南路元代設驛之今地

岑仲勉

元代初期曾於天山南路設驛，近世中外人士研究蒙古史者夥頤，惟於此一路驛站及其當今何地，曾未之及。永樂大典卷一九四二六驛站門沙州下亦祇云：「自此至兀端至（至或五之訛）千餘里」，闕舉站名。茲故彙錄而證之，將以求元初西北交通之一斑，而馬哥孛羅來華，蓋正丁至元十一年正月設驛之後，（參本集刊五本四八六頁拙著蒙古史札記）藉此更可為馬哥游記添一類考據資料也。

元史一二一按竺邇傳，「戊子，鎮刪丹州，自敦煌置驛抵玉關，通西域」，同書八至元十一年正月，「立于闐，鴉兒看兩城水驛十三，沙州北陸驛二，」同書一二至元十九年九月，「別速帶請於羅卜，闍里輝立驛，從之，」又同書一四至元二十三年正月，「立羅不、怯台、闍鄽、斡端等驛」，此有元一代天山南路南部站赤可考之大概也。試將至元十九與二十兩年本紀比觀，羅不即羅卜，闍鄽即闍里輝異譯，均無庸疑。斡端（名見玉堂嘉話三）即于闐，亦不待論，西遊錄之五端，元經世大典圖之忽炭，祕史之兀丹，站赤之兀端，明史之阿端，（1）皆其異名也。鴉兒看元史一二〇曷思麥里傳作押兒牽，（2）即今葉爾羌。所待證者羅卜、怯台、闍里輝三地耳。

甲　羅　卜

西域記一二，「從此東北行千餘里至納縛波故國，即樓蘭地也，」吐蕃語稱鄯善大城為 Nob-chen，小城為 Nob-chung，清初人則繙作洛普，（3）後又通寫作羅布。侍行記五云：「又按今呼羅布，乃納縛波之合音也，」其實羅布祇「納縛」兩音之轉變。由元史之羅卜，羅不兩寫法觀之，首音由 n 轉為 l，固自元初已然矣。

肅州新志云：「羅布淖爾在火州之南，由土爾番往南約五百餘里有大澤一區，方圓數百里，塔里木河自西南來，額爾勾河自正西來，海都河自西北來，咸會於此自沙州之哈喇淖爾正西小徑亦可通，計程不及一月，」今觀元史至元十一年方於沙州北立陸驛二，是十九年別速帶所請增設羅卜等驛，蓋將以延長西行之線矣。蒙兀兒史記八云：「卜亦作不，卽今羅布淖爾，」所見大致固不差，但依近來探險所發見，羅布泊元有新舊之分，且泊地甚廣，當日設驛約在某方，屠說亦欠指實，似當作進一步之推測。惟此問題牽涉太廣，非詳徵中外書說加以解辨不可，今印刷滋難，應俟將來再詳論之。

乙　怯　台

新唐書四〇云，「蒲昌……西有七屯城，弩支城，有石城鎭，播仙鎭，」同書四三下引賈耽四夷通道云，「自蒲昌海南岸西經七屯城，漢伊修城也。又西八十里至石城鎭，漢樓蘭國也，亦名鄯善，在蒲昌海南三百里，康豔典爲鎭使以通西域者。又西二百里至新城，亦謂之弩支城，豔典所築。又西經特勒(勤)井，渡且末河，五百里至播仙鎭，故且末城也，高宗上元中更名。」此方沙漠廣延，元人西行，度亦不外斯路，七屯應是古屯之訛。(4) 古屯二字，似因漢書西域傳「國中有伊循城，其地肥美，願漢遣一將屯田積穀，令臣得依其威重」而得名，猶云古代屯田之城也。但假使漢名傳久失眞而「屯」字失去 n 收聲，卽古屯有變爲怯台之可能，(5) 余故謂元之怯台驛，應建於唐代古屯城之地。履之今輿，則侍行記五以爲密阮 (Miran)，斯坦因以卡克里克 (Charkhlik) 當漢伊循，考卡克里克之原音本作 Khadalik，土人或呼曰 Kuduk-Kol，(6) 卽拉施特書之 Katak，西藏文書之 Ka-dag，(7) 凡此諸音，如失去聲尾，均與怯台甚肖，其地爲羅布泊西行所必經，以當元之怯台，唐之古屯，可無疑也。(例如黑韃事略紇忒郡王。元史一二〇朮赤台傳作怯台，見王國維事略箋證，此怯台雖是人名，然可見喉音收聲之忒，同時亦或失去而變台也。)

新五代史七四引高居誨記(晉天福三年)云，「沙州西曰仲雲，其牙帳居胡盧磧，云仲雲者小月支之遺種也，匡鄴等西行入仲雲界，至大屯城，……自仲雲界西始涉鹻磧，……又西渡陷河，」此大屯城應卽賈耽之古屯城，光啓二年(八八六)所寫地理殘本之屯城或小鄯善城，(8) 而吐蕃語所云 Nob-chung 也。惟同書又稱「古屯城在屯城西北，」似中間城址曾經遷移，要相去不遠，於本編考證無大關係，可不具論。

丙　闍里輝或闍鄽

元史一四至元廿四年七月又云，「立闍鄽屯田」。按羅卜，怯台兩名，既得所指，闍鄽今地，可直斷爲卡牆矣。侍行記五云，「六十里布古里克，渡卡牆河，（一作切鏘河，………）沿河西南行，八十里抵敏託海，七十里英蘇，八十里塔得朗，六十里卡牆，（回民四百戶，舊名策爾滿，西北有古城，周十餘里，漢且末國，唐之播仙鎭，）」按卡牆外人稱 Chorchand 或 Cherchen，近譯車爾成，與闍鄽——如今之 Khojend 元史作忽纏 — 對音甚合，余嘗謂唐人翻譯，間以麻、馬等韻字肖外語之 r，此以闍對 cher，則元初尙有其例。若卡牆、且末，在言音上似無聯係，但依前陶氏說，其地舊名策爾滿，考佉盧漢簡有 Calmada，斯坦因證爲大唐西域記之折摩馱那，亦卽且末，(9) 如流音略去，則 Camad 等於且末，如 d 變 n，則 Calman 等於策爾滿。然則西漢且末之稱，至晚近尙未完全喪失也。闍里輝當卽闍鄽之訛轉。

大全文集五〇兀良氏先廟碑銘云，「丙戌年，取撒里畏吾兒，的斤寺門等部」，元史一二一速不台傳云，「帝命度大磧以往，丙戌，攻下撒里畏吾，特勒赤閔等部，及德、順、鎭、戎、蘭、會、洮、河諸州」，兩文比讀，知後之特勒乃特勤訛，而赤閔與寺門爲同一；再從前節觀之，此特勤蓋因地而名，寺門赤閔與策爾滿，皆一音之轉耳。

由全文觀之，則敦煌迤西至于闐，元初固嘗通行，且曾置驛。丁謙漢書西域傳考證乃云，「至魏書西域傳雖言出西域其道有四，而漢時南道諸地，絕不敍及，知此道之亡，實始是時，……觀此，知此道開通之故，始因乾隆之用兵，繼因安夷之侵入」，又云，「前許侍郞景澄著西北邊地考證，謂漢時天山南道，本由羅布淖爾西達和闐，自唐以後，其道遂湮，與余說正合」，則未知元代初期敦煌迤西，固有通道，卽下至明初洪武、洪熙之際，藍玉等亦曾用兵其地，（參拙著明初曲先阿端安定罕東四衞考一六四及一七二頁）許、丁兩家爲失考矣。

三十一年三月下旬，南溪板栗坳。

(1)西遊錄李注云，「明史作阿端，又沿古名作于闐，均非兩地」，是也；顧又云，「憲宗紀作擠端」，則誤人名爲地名，擠端卽太宗子闊端，見譯文證補二。丁謙大典圖考證云，「忽炭……而元史憲宗紀別作擠端，曷思麥里傳作鄂端」，以擠端爲地名，亦沿李氏之誤；又今曷思麥里傳作斡，非作鄂。

(2)布氏中世紀研究下卷四七頁誤以耶律希亮傳之也里虔卽抑兒牽異名，蒙兀兒史記承之，已辨見拙著耶律希亮神道碑之地理人事廿一頁。

(3)見漢書六一齊召南考證及同人水道提綱二八。

(4)輔仁學誌三卷二期樓蘭鄯善問題五頁。

(5)例如漢之柳中，唐之蒲昌、赤亭，後皆訛變而失去聲尾。

(6)斯坦因最閉處的亞洲卷一第一二九頁。

(7)倫敦皇家亞洲協會報一九三一年三〇二頁。

(8)Thomas 以藏文 Rtse-thon 當七屯音驛(倫敦皇家亞洲協會報一九三四年九六頁)，此問題應與羅卜別論之。

(9)古代于闐三一頁。

出自第十本(一九四八年四月)

宋史職官志考正

鄧廣銘

目　錄

序及例言

卷一：　總敍　三師三公　宰執　平章軍國重事　使相　參知政事　門下省　中書省　尚書省

卷二：　樞密院　宣徽院　三司使　翰林學士院　侍讀侍講　崇政殿說書　諸殿學士　諸閣學士　東宮官

卷三：　吏部　戶部　禮部　兵部　刑部　工部　六部架閣

卷四：　御史臺　祕書省　殿中省　太常寺　宗正寺　光祿寺　衛尉寺　太僕寺

卷五：　大理寺　鴻臚寺　司農寺　太府寺　國子監　少府監　將作監　軍器監　都水監　司天監

卷六：　殿前司　環衛官　環衛官皇城司　三衛官三條錯簡　皇城司　客省引進司　東西上閤門　帶御器械　入內內侍省　內侍省　開封府　節度使

卷七：　大都督府　制置使　宣諭使　宣撫使副　總領　經略安撫使　走馬承受　發運使　都轉運使　招討使　撫諭使　鎮撫使　提舉常平　提舉茶鹽　提舉茶馬　提舉坑冶　提舉市舶　提舉學事司至提舉弓箭手　提舉兵馬　提轄兵甲　府州軍監　通判　幕職　諸曹官　教授　縣令丞　主簿　鎮砦官　總管鈐轄　路分都監　諸軍都副統制統領　巡檢　監當官

卷八：　建隆以後合班之制　元豐以後合班之制　流品　皇親　王炳上言　眞宗論尚書省　楊億上疏　眞宗誡諭文臣　孫何上言　紹興以後合班之制　官品

卷九：　內臣特恩遷轉例　入內內侍敍遷之制　選人　諸色入流　文武散官　武選　政和醫官　功臣兼官　南渡後階官

卷十：　導從　三朝志　敍階法　改賜功臣勳官　封爵　功臣　宮觀　贈官　致仕

卷十一：　奉祿　職錢　唐貞元四年　茶酒廚料之給　薪蒿炭鹽諸物之給

卷十二：　增給　南渡後奉祿之制　南渡後料錢職錢　祿粟及隨身傔人　職田

自　序

宋史爲書，近五百卷，部帙之富，居念四史之首位。然其書本倉猝修成，史臣取了目前，潦草將事，故其紕謬疏舛之處，亦視各史爲獨多。明清兩代屢有倡議重修之人，且有已將成書刊布者。然對宋史本書實未能先爲之條分件析，洞察其各部分癥結所在；僅模糊籠統，謂其義例之未善而遽予更改，謂其文字之蕪累而遽予刪除，是則所加諸未能徵信於世人之書者，仍爲不足以取信於世人之道，其果爲功爲罪，正難遽斷，此王洙宋史質、柯維騏宋史新編之所以未能取重於史林也。竊不自揺，欲萃其精力，廣徵天水一代之史册，取與元修宋史相校讎，勘正其謬誤，補苴其疏脫，考論其得失，疏通其晦澀，探索其源流，彙爲宋史校正一書，使宋史之長短利病，畢皆呈露，議改修者庶可就此而得所憑藉。今諸志之讎勘已麤就倫緒，其中之亟須陳獻於方家之前以相商榷者，則官職志之校稿也。

四庫提要於崇文總目下有云:『托克托等作宋史藝文志，紕漏顛倒，瑕隙百出，於諸史志中最爲叢脞。』而不知職官志之於藝文志，其荒謬更爲過之。施國祁嘗謂金史之病有三：曰總裁失檢，曰纂修紕繆，曰寫刊錯誤。執此而論宋史職官志，亦莫不恰中其失。聊舉數證，以實吾言：

晚唐五季，藩鎮亂離，趙宋開國，務懲厥失。其設官分職之際，亦多寓有此意。如樞密院爲襲晚唐制也，然唐之樞密使以宦者爲之，至宋則概用士人，與宰相對稱二府，分持文武之柄，既以分宰相之權，且足使統兵之將不得操行兵之符，而制令之臣又不得統內外之兵，此與唐之用意，區以別矣。諸路州軍，在唐僅一使以臨之者也，至宋則既奪其兵柄，又分其職事於帥、漕、憲、倉四司，且復遍置倅貳以分長吏之權，斯又足使身膺一路之寄者不得有所展布矣。凡此皆所以收相互維制之效，以防大臣擅國及藩鎮陸梁之禍。而其官員之冗濫，政治之因循，即均以此爲基因。舉述此事實而闡發其底蘊，應爲總序之所有事，而宋史職官志總序之中，則未嘗及於此也。

神宗釐革官制，爲新法中之一大節目，雖以元祐諸大臣之力復舊章，對此猶未稍置異詞，知其確爲犂然有當而不可移易者矣。蓋當北宋初葉，官爵秩名，紛錯失序，如尙書、侍郎、給諫、卿監、郎中、員外郎之屬，本皆職事官也，而有其名不任其職，謂之寄祿，僅以爲敍遷之階。幕職令錄本監司之屬官，或州縣之釐務官也，而乃有以某路某縣令爲階官而實任某路轉運司勾當公事者；有以某路某軍節度判官爲階官而實任某州州學教授者；有以某軍判官爲階官而試祕書省校書郎者；舛亂可笑，於斯爲極。神宗於元豐中本唐六典而加以董正，首使中朝百僚，各正厥名，各還所職，宋之官制，至此方納於正軌。宋史職官志總序之中，雖約略涉及此事，而各卷正文則言之極不詳晰，有僅述元豐以前之制者，有但載釐正以後之制者，其宋初諸臣列傳之中，更多誤以尙書侍郎等爲職事官而一概存之，以大夫郎爲散官而強半删之，知其於纂修之際，對當時更改之由，已不深悉，殆所謂不知而作者矣。

然揆厥情勢，實不應爾。蓋兩宋文事極隆，史學尤盛，其記載本朝史事者，有官修之實錄、日曆、會要、起居注、時政記、及各朝正史，私家著述，於表、紀、志、傳諸體之書，更無所不備。洎臨安既陷，史館所儲，悉歸燕都（見元史董文炳傳），末葉三朝，亦均在內（見宋季三朝政要卷首自識語），故歐陽玄於所撰進宋史表中，亦謂「視金源其未遠，紬石室以具存」，是則載筆諸臣，大可曲彙旁通，取作憑藉，非有書闕簡脫，文獻不足之苦也。即或迫於期會之促，苦無從容融鑄之暇，則取前修之所已備，剪裁修潤之使無複沓牴牾之失亦可也；若必舍此而乞討於稗販之手，捃摭於類事之家，則爲事理之所不可解，而宋史職官志固又甘落下乘，而奉類書爲祖禰矣。

自北宋罷詩賦而以經義論策取士，古今典制，爲決科發策之士所必誦習，然而事類浩瀚，獺祭難周，各種「類書」遂乃應時纂輯。當代官制既亦須網羅於內，編纂者乃就列朝正史及會要日曆實錄之屬以爲取材之所。作始者區分彙錄，草剏規模；繼起諸家則修飾潤色，踵事增華；及夫南宋末年之所修，於兩宋官制因革，記載已臻詳備，條貫亦既分明，實已俱備正史志書之規模。元代史臣，苟自審「述作之才有限」，如進書表之所云云者，則選取類書中較爲完善之一家，詳愼比勘而補正之，即以移充正式之史志，則雖不足自解，而爲情終猶可原。顧乃矜於史局之尊嚴，不敢依樣以畫葫蘆，既須剽竊，復圖掩飾，割裂聯綴，僅乃成篇，而復出之以苟且，未肯通全志而加以綜覈，遂至有諸書同載一事，因文字稍有不同而均被採錄者，如卷九卷十複出之勳官、檢校官、功臣號等條是也；有某書徵引舊文有譌，而不知覆按原書，以致因仍其差失者，如文獻通考引朝野雜記而誤薛慶爲許慶、誤朱震以祕少兼侍講爲以祕少兼崇政殿說書是也。其以昧於當時情事而致誤，如名姓之舛誤，年月之譌奪，節次之顚倒，稱謂之違失等，更不知其幾何也。

以上所舉，唯以出於總裁失檢及纂修紕繆者爲限，亦尚未足以概其他失，其刊寫之譌脫更不與也。以史學最盛之朝，其典章制度乃僅得此等拙劣之史志以傳後，斯可憾已。是故宋史之其他部分，儘有稍稍增益或删削即可底於完善者，而以職官志掛漏之獨多，舛誤之特甚，非徹首尾而重修之則不可。吾學未逮而妄欲先試諸此，恐所見之或未當而所言之容有誣也，爰先舉此校讀之稿以爲驗，是爲宋史職官志考正焉。

凡例

一、本書所引職官志之原文，一依涵芬樓印百納本二十四史中之宋史。其書爲配合元至正刊本及明成化刊本而成。凡半葉十行，行二十二字者，元刊本也。半葉十行，行二十字者，明刊本也。職官志十二卷中，唯卷十一爲元刊，餘均明刊。

一、本書所據爲主要參證資料者爲：

宋會要稿（清徐松輯永樂大典本）

李燾續資治通鑑長編（愛日精廬活字本）

楊仲良續通鑑長編紀事本末（廣雅書局本）

李心傳建炎以來繫年要錄，建炎以來朝野雜記

李攸宋朝事實

程俱麟臺故事（以上並聚珍叢書本）

徐自明宋宰輔編年錄（敬鄉樓叢書本）

潛說友咸淳臨安志（錢唐汪氏仿宋本）

葉夢得石林燕語（郎園叢書本）

汪應辰石林燕語辨

程大昌考古編（以上並儒學警悟本）

徐度卻掃編（古書叢刊本）

孫逢吉職官分紀（四庫珍本叢書本）

章如愚山堂先生羣書考索（明正德劉氏愼獨齋刊本）

劉子實翰苑新書（明萬曆金陵周氏仁壽堂本）

謝維新古今合璧事類備要（明嘉靖三衢夏氏刊本）

馬端臨文獻通考（浙江書局本）

其餘隨文而見，茲不備舉。

一、宋代各朝會要，經元迄明，多有散佚。明修永樂大典時，取文淵閣所藏二百零三册之殘本，分門散隸於各韻之中。宣德間文淵閣火，殘存之本乃亦同歸於盡。清嘉慶中大興徐松方自大典各韻中重爲輯出，而以卷帙浩瀚，刊寫兩難，終清之世，唯原輯之稿本孤行，故明清兩代之治宋史者無一人得見此書。今以影印本出，遂亟取以與宋史對讀，本書中所取材料於會要者遂亦視他書爲獨多。然會要之輯錄，實出於匆遽之間，嗣後未曾再經細校，其部類比次，又大體依據宋史各志之門目爲準，坐是而差謬譌奪，隨在不免。本書於徵引之際，倍極審愼，凡有他書可引者，亦一倂引錄，以資佐證。

一、南宋諸家所修類書，大都展轉抄引，其記載宋代官制較詳而流傳至今者，厥唯前舉章如愚，劉子實，謝維新三家之書。章書成於寧宗時，謝書成於理宗時，劉書之成當亦與謝書相先後。三書所載均多雷同，尤以謝書爲甚：所述沿革，所載事目，同者蓋將什九。則似三書之間，應有源流關係存在；然細核其相同各節，章書時次居前，而其所載出典反不及劉書謝書之完備，即劉書謝書之所載，亦多有此具彼闕，此闕彼具者，知其時必尙別有爲各家共同祖述之一書，而今亡矣。馬端臨文獻通考中之職官考，除所附載各家之議論外，其正文同於劉謝二家之書者亦什八九，然劉謝兩書互異之處，如劉書前集(九)太守條引中興會要之文，於「許通差武臣一次」句下有一段云：『紹興元年知越州陳汝錫言：「諸路守臣幷許節制管內軍馬，除逐路遇有緩急事宜依前項指揮聽從本州守臣節制外，合有事干一路軍政，及合隸帥司差發之類，幷令遵依舊法施行」。詔申明行下』。同卷通判條夾注中有『經總制錢舊法守貳通掌而隸提刑司』云云一段，爲謝書太守條及通判條所不載。謝書後集(七六)教授條云：『國初有四書院：廬山白鹿洞、嵩陽書院、嶽麓書院、應天府書院(案：四書院下原各有夾注一段，茲從略。)未建州學也。乾興元年兗州守臣孫奭私建學舍，聚生徒，乞請太學助教楊光輔充本州講書，從之，餘鎭未置學也。景祐四年詔藩鎭始立學，他州勿聽也。寶元元年潁州守臣蔡齊請立學，時大郡始有學，而小郡猶未置也。慶曆四年詔諸路州軍監各令立學，…委運司及長吏於幕職州縣官內薦教授，或本處舉人舉有德藝者充。當時或置教授，或用兼官，或舉士人，委於漕司而未隸朝廷也』，層次極爲清析，而劉書教授條所載則較此大簡。其餘取捨繁簡之不同猶難殫數。而凡此諸處，通考均與謝書相同，因知其淵源所自，蓋爲合璧事類而非翰苑新書也。宋史職官志襲用之書非一，而其逕自通考出者爲數最多。今於校讀之際，於此等源流關係均加探究，故所藉賴於章、劉、謝、馬諸家之書者亦至繁夥。

一、通考所載宋代職官，大體雖與合璧事類相同，而其間亦時有詳略互異之處。今査凡通考所無而爲合璧事類所獨有之條目，宋史苟亦有之，則其內容必多異；凡合璧事類所無而爲通考所獨有之條目，宋史苟亦有之，則其大體必不殊。且凡通考錄用合璧事類之成文，偶因傳寫而有所差失者，宋史亦皆踵謬沿譌，未予是正。據知宋史職官志之與上兩書相雷同者，皆出自通考，與合璧事類並無直接因緣也。故校讀之際，雖取章、謝、劉、馬諸書而並用之，就中實以用馬書之處爲尤多。其有通考改易合璧事類之文而有跡象可尋，或通考有誤而合璧事類本不誤者，卽引錄合璧事類之文以相比證。雖分疏之際不免詞費，顧亦所以明宋史職官志中若干條目之來源在此而不在彼耳。

一、宋史職官志之不出於通考者，亦必出於另一成書。其書爲何，今未能明。其中有行文順序與通考異而記載之謬誤與通考同者，則二者又必同出一源。本書遇此類情形，間亦錄而存之，爲俟異日進而探求其本源也。

一、宋史職官志對宋代官名每多沿用其俗稱或簡稱，如稱觀察支使及節度掌書記而但曰「支掌」之類，初讀極不易曉。遇此等類，本書間亦稍加疏解。

一、昔人校正宋史之著述，四庫總目宋史提要中引有沈世泊宋史就正編內駁正宋史者數條，而其全書則未爲四庫所收錄，故今亦未得見，不知其內容果若何。餘如武英殿本宋史各卷後附載之考證，錢大昕廿二史考異及邵晉涵南江扎記中之考訂宋史部份，均以列傳爲多，關於職官志者寥寥無幾。凡諸書之所已有者，本書不再涉及，其所考論猶有疑文賸義者，則更摘錄而參決之。

一、本書爲求易於徵信起見，取證唯求其充，推考唯求其盡，雖一字、一詞、一年月、一名氏之是正，亦恆反覆辨說，期於無可置疑而後已。文字蕪累，讀者諒之。

一、繼本書而可謀付梓者，爲河渠志、選舉志、食貨志、兵志及一部分列傳之校稿。

一、心未周浹夫全史，功力僅及於飣餖，此固通學之所不屑爲而我則未能優爲之者。考論之所不中，念慮之所不周，讎勘之所疏漏，參照之所未及者，不知凡幾，願受宏雅之指教焉。

三十年九月八日於四川南溪板栗坳

卷一

一、總敍

未聞建官而不任以事，位事而不命以官者。

案「位事」當作「任事」。

宋承唐制，抑又甚焉。三師三公不常置，宰相不專任三省長官。尙書門下並列於外，又別置中書禁中，是爲政事堂，與樞密對掌大政。天下財賦，內庭諸司，中外筦庫，悉隸三司。中書但掌册文，覆奏考帳；門下省主乘輿八寶，朝會版位，流外考校；諸司附奏挾名而已。臺、省、寺、監官，無定員、無專職，悉皆出入分涖庶務。故三省六曹二十四司，類以他官主判，雖有正官，非別敕不治本司事，事之所寄，十亡二三。故中書令、侍中、尙書令、不預朝政，侍郎、給事、不領省職，諫議無言責，起居不記注，中書常闕舍人，門下罕除常侍，司諫、正言、非特旨供職亦不任諫諍。至於僕射、尙書、丞、郎、員外，居其官不知其職者，十常八九。其官人受授之別，則有官、有職、有差遣：官以寓祿秩、敍位著；職以待文學之選；而別爲差遣以治內外之事。其次又有階、有勳、有爵。故仕人以登臺閣、升禁從爲顯宦，而不以官之遲速爲榮滯；以差遣要劇爲貴途，而不以階勳爵邑有無爲輕重。時人語曰：『寧登瀛，不爲卿；寧抱槧，不爲監』。虛名不足以砥礪天下若此。

案：此二段與馬端臨文獻通考卷四十七職官考一官制總序中論宋代官制之文幾於全同。其僅有之異同如下：

通考	宋史

一、宋朝設官之制,名號品秩一切襲用唐舊,然三師三公不常置。	一、宋承唐制,抑又甚焉。三師三公不常置。
二、互以他官典領。	二、類以他官主判。
三、左右諫議無言責,而起居郎、起居舍人、不執記事之筆。	三、諫議無言責,起居不記注。
四、補闕、拾遺、改爲司諫、正言,而非特旨供職亦不任諫諍。	四、司諫、正言、非特旨供職亦不任諫諍。
五、丞、郎、郎中、員外。	五、丞、郎、員外。
六、十常七八。	六、十常八九。
七、其官人授受之別。	七、其官人受授之別。
八、故士人以登臺閣、升禁從爲顯宦。	八、故仕人以登臺閣、升禁從爲顯宦。

就中前四項當均爲有意之更易,後四項則必爲宋史之脫誤,當通考補正。

故自眞宗仁宗以來,議者多以正名爲請。咸平中楊億首言:『文昌會府,有名無實,宜復其舊。』既而言者相繼乞復二十四司之制。至和中吳育亦言:『尙書省天下之大有司,而廢爲閑所,當漸復之』。然朝論異同,未遑釐正。神宗卽位,慨然欲更其制。熙寧末始命館閣校唐六典,元豐三年以摹本賜羣臣,乃置局中書,命翰林學士張操等詳定,八月下詔肇新官制,省臺寺監領空名者一切罷去,而易之以階。九月,詳定所上寄祿格。會明堂禮成,近臣遷秩卽用新制,而省臺寺監之官各還所職矣。

五年,省臺寺監法成。六年,尙書新省成,帝親臨幸,召六曹長貳以下,詢之職事,因誡敕焉。初,新階尙少而轉行者易以及,元祐初,於朝議大夫六階以上始分左右。既又以流品無別,乃詔寄祿官悉分左右:詞人爲左,餘人爲右。紹聖中罷之。崇寧初,以議者有請,自承直至將仕郎凡換選人七階。大觀初,又增宣奉至奉直大夫四階。政和末,自從政至迪功郎又改選人三階,於是文階始備。而武階亦詔易以新名:正使爲大夫,副使爲郎,而橫班十二階使副亦然,故有郎居大夫之上者。繼以新名未具,增置宣正履正大夫郎凡十階,通爲橫班,其文武官制益加詳矣。大抵自元祐以後，漸更元豐之制：二府不分班奏事，樞密加置簽書，戶部則不令右曹專典常平而總於其長，起居郎舍人則通記起居而不分言動，館職則增置校勘黃本，凡此皆與元豐稍異也。其後蔡京當國，率意自用，然動以繼志為言，首更開封守臣為尹牧，由是府分六曹，縣分六案。又內侍省職悉倣機廷之號。已而修六尚局，建三衞郎，又更兩省之長為左輔右弼，易端揆之稱為太宰少宰。是時員既濫冗，名且淆雜。甚者走馬承受，升擬使華；黃冠道流，亦濫朝品。元豐之制，至此大壞。及宣和末王黼用事，方且追咎元祐紛更，乃請設局以修官制格，目為正名，亦何補矣。

案：此二段與通考官制總序亦幾全同，僅後段中略有異文如下：

通　考	宋　史
一、轉行者易以混雜。及元祐初…	一、轉行者易以及。元祐初…
二、樞密則加置簽書，徽省則既罷復建。	二、樞密則加置簽書。
三、悉倣機庭之號。	三、悉倣機廷之號。
四、乃請設局以修官制格目為名，書未成而邊事起矣。	四、乃請設局以修官制格，目為正名，亦何補矣。

其中前三項當均為沿用通考之文而有所脫誤者，均當據以補正。末一項雖出於有意之刪潤，然截取官制格目之「目」字使屬下讀，又增竄一「正」字而強成「目為正名」之句，非特未合，亦且難通。且宋史於本志卷八官品篇內又複出此一段云：

神宗即位，始命館閣校唐六典，以摹本賜羣臣，而置局詳定之。於是凡省臺寺監領空名者一切易之以階。元豐九年，詳定所上寄祿格，會明堂禮成，即用新制遷近臣秩。初，新階尚少而轉行者得以易及，元祐初，朝議大夫六階以上始分左右，紹聖中罷之。崇寧初，自承直至將仕郎凡換選人七階，又增宣奉至奉直大夫四階。政和末，自從政至迪功郎又改選人三階，文階始備。而武階亦易正使為大夫，副使為郎，其橫班十二階使副亦然。繼又增置宣正履正大夫郎凡十階，通為橫班。其後復更開封守臣為尹牧，而內侍省悉倣機廷之號。六尙局之修，三衞郎之建，及左輔、右弼、太宰、少宰之稱，員既濫冗，名益紊雜，由是官有祿秩。元豐之制，至此大壞。及宣和末，王黼復請脩官制格目，而邊事起，訖不果成。

此當仍爲自通考勦用者，然於末句未予改易，「官制格目」一詞亦遂未被割截爲二。即此一事，可知宋史職官志於開宗明義之處，已覺若何其鹵莽滅裂矣。

輯本宋會要稿官制別錄載：

政和二年三月十七日，奉議郎左司諫王甫奏：『臣仰惟神考以堯舜之獨智，拯文武之墜典，出道制法，作新斯裕，皆有成憲；而政事之原莫大於官制。臣聞元豐中官制既行，乃取三省臺寺監凡所上所行之事，張官置吏，講明蒐舉，倣周天地四時之官，辨其掌治，與所統屬，爲官制格目，頒之有司。其書起三省樞密院，次以六部，而九寺五監隨所屬部附焉。分列科指，條析庶事，以類相從，下至一時之務，咸有秩敘，大綱大紀，無不備具。元祐姦臣，欲肆紛更，棄而勿用。遵揚丕謨，實在今日。臣比者欽承聖訓，委臣參照造格目事務，條例元祐紊亂事迹年月，并釐正類成事件，甚盛舉也。臣愚謂當將應該官制格目所載省、曹、寺、監、一切事務，依今來聖旨，悉行照參，及條列廢紊事迹年月，取元豐以後繼述增立之事，並依例補完，釐正成書奏御，斷自淵衷，然後頒之天下，以詔萬世。伏望陛下留神。如上當聖心，即乞特降詔旨，仍乞更不置局，止以「參詳補完官制格目所」爲名，以便文移。除臣合遵依聖訓參詳外，乞差宰執一員總領，選差手分五人，及乞三省密院各差供檢人吏一人，以便報應行遣。除官給紙札之類，并人吏添給外，臣等乞並不支破諸色請給。應今來修書縻費事件，如聚議之類，亦乞更不陳請。仍限一季結絕。伏望聖慈詳酌施行。』詔：『元豐官制，政事本源，上下維持，講究備具，若非元祐姦臣啓例隳紊，紛更至今，則孰敢輒有擬議。近嘗委官參照尙書省格目，悉依官制。甫復有請：應于官制所載及後來增立事件，委官修完；仍乞差宰執總領。可並依所奏。委鄭居中總領，蔡薿王甫參詳。不許添官增吏，只就議禮局人吏，限一季書成，不得展限。依已降指揮疾速行下。』（職官卷五六之三一）

四月十八日，參詳補完官制格目所奏：『臣等恭惟官制格目是爲元豐不刊之典，蓋與周官並傳而無遺。曩緣元祐隳紊，循以積習，寖以違戾，特詔臣等參照釐正，欲以先朝垂裕之成憲，及陛下纘述先志而見於大政事，俾得依倣格目，附爲全書，甚盛舉也。契勘見於（案當作「以」）「參詳補完官制格目所」爲名，竊慮四方萬里妄議臆度，謂於補完有所去取，臣等再詳所名恐有未當，欲乞改以「參照官制格目所」爲名。』從之。（職官卷五六之三二）

據此所載，其委官參照官制格目之事，乃在政和二年，下距宣和之末凡有十四五年之久，而通考謂在宣和之末，一誤也。官制格目爲神宗釐正官制後所創脩，其書內容編制，依會要所載諸事推之，蓋大體依省、曹、寺、監、而類分爲各種部門，如尚書省格目，尚書度支事格目，及比部官制格目（並見會要職官卷五六之三二及三三）等是也。元祐政事多變神宗舊章，故其建官置吏亦多與官制格目所載者相違失，政和中徽宗及王黼諸人，遂目之爲隳紊舊典，乃議取該書與當時「省曹寺監一切事務」相參詳，條列其廢紊之事迹及年月，並取元豐以後紹述新法期內所增立各事，依例補入，故卽以「參詳補完」爲名，通考謂爲創脩，二誤也。王黼奏疏內明有「乞更不置局」之句，通考反謂「乃請設局以脩，」三誤也。會要又載：

〔政和三年〕八月三日詔：『參照官制格目了畢，比舊增立及刪脩事件，功力不少，三經進書，凡九百餘册，官吏應奉有勞，參詳官白時中強淵明王甫各特轉兩官。……』（職官卷五六之四二）

是則參照一年有半卽已增補竣事，而通考謂爲「書未成而邊事起，」四誤也。宋史雖於總敍中改「書未成而邊事起」爲「目爲正名，亦何及矣，」無以見其書之果已脩成與否，而在本志八官品篇複出之一段中，則謂「邊事起訖未果成，」是於通考之文亦唯漫然錄用而毫不加察，故於其所具之舛謬各點亦均踵而襲之。

檢南宋章如愚山堂先生羣書考索後集（七）百官門列曹尙書條及謝維新古今合璧事類備要後集（二六）職官六部門均載「故自眞宗仁宗以來」一段（山堂考索較合璧事類少載「會明堂禮成近臣遷秩卽用新制」二句），然於「各還所職」

句下，均有「神宗嘗論蘇綽建復官制」云云數語，更下則均明著此一大段之出處爲四朝史志。通考删去神宗論蘇綽諸語不載，於「各還所職」句下卽繼以「五年省臺寺監法成」一段。宋史對四朝史志舊文之剪裁與通考同，以「五年省臺寺監法成」云云直承「各還所職」之句，亦與通考同，知二書必非不謀而偶合。然則以上四段必皆自通考勦襲來者，非出於山堂考索翰苑新書及合璧事類等書，更非直接出自四朝國史志也。

又案宋會要稿中書門下省門載：

神宗正史職官志：國朝建官，沿襲五代。太祖太宗監藩鎮之弊，乃以尙書郎曹卿等官出領外寄，三歲一易，坐銷外重分列之勢。故累朝因仍，無所改革。百有餘年，官寖失實：三省長官、尙書中書令，侍中、不與政，僕射、尙書、侍郎、郎中、員外、與九寺五監皆爲空官，特以寓祿秩，序位品而已。神宗初卽位，慨然欲更張之。謂中書政事之本，首開制置中書條例司、設五房檢正官、以淸中書之務。又置制置三司條例司，以理天下之財。置諸路提舉廣惠農田水利差役官，隸於司農，以修農政。簡樞密武選而置審官西院，創民兵保甲法以歸兵部，作軍器監以除戎器，新大理寺以省滯獄，增國子監太學官以大興庠序，復將作監以董百工。十數年之間，自國子、太學、司農、兵部、軍器、大理、將作、各已略循古制，備置官屬，使脩其職業。於是法度明、庠序興、農政脩、武備飭、刑獄淸、器械利，亹亹乎董正治官之實舉矣；然名未正也。熙寧末，上欲正官名，始命館閣校唐六典。元豐三年以摹本賜羣臣，遂下詔命官置局以議制作。上自考求故實，間下手詔，或親臨決，以定其論。凡百司庶務皆以類別，所分之職，所總之務，自位敍、名分、憲令、版圖、文移、案牘、訟訴、期會、總領循行，舉名鉤考，有革有因，有損有益，有舉諸此而施諸彼，有捨諸彼而受諸此，有當警於官，有當布於衆者，自一事以上，本末次第，各區處而科條之。而察官府之治，有正而治之者，有旁而治之者，有統而治之者：省、曹、寺、監、以長治屬，正而治之者也，故其爲法詳。御史非其長而以察爲官，旁而治之者也，故其爲法略。都省無所不總，統而治之者也，故其法當考其成。於是長吏察月，御史察季，都省察歲。五年，三省、六曹、御史臺、祕書省、九寺、五監之法成，即宮城之西以營新省，省成，上親臨幸，召問以執事而訓戒之，省官遷秩有差。自是繼有增損，唯倉庫百司及武臣外官未暇釐正云。（職官卷一之七四至七五）

此當爲神宗正史職官志篇首之一段總論文字，其所舉「命官置局以議制作」之詔旨，見於南宋李燾續資治通鑑長編卷三百七元豐三年八月乙巳日內：

詔中書：朕嘉成周以事建官，以爵制祿，小大詳要，莫不有敍，分職率屬，而萬事條理，監於二代，爲備且隆。逮於末流，道與時降，因革雜駁。無取法焉。惟是宇文造周，旁資碩輔，準古創制，義爲可觀。國家受命百年，四海承德，豈茲官政，尙愧前聞。今將推本制作董正之原，若稽祖述憲章之意，參酌損益，趨時之宜：使臺省寺監之官，實典職事，領空名者一切罷去，而易之以階，因以制祿。凡厥恩數，悉如舊章。不惟朝廷可以循名考正萬事，且使卿士大夫涖官居職，知所責任，而不失寵祿之實，豈不善歟。其應合行事件，中書條具以聞。（職官志篇首云：熙寧末，上欲正官名，始命館閣校唐六典。元豐三年以摹本賜羣臣，遂下此詔云云。）（會要職官五六之一官制別錄亦載此詔，唯無夾注，餘全同。）

會要三省門又載：

神宗正史職官志：中書門下在朝堂西。榜曰「中書」，爲宰相治事之所。印文行敕曰中書門下。尙書中書令。侍中，丞郎以上帶同平章事，並爲宰相。而參知政事爲之貳，與樞密院通謂之執政。又有中書省、門下省者，存其名，列皇城外兩廡，官舍各數楹。中書省但掌册文，覆奏考帳；門下省主乘輿八寶、朝會位版、流外較考；諸司附奏挾名而已。中書令侍中不任職。官制行悉釐正之，遂以實正名，廢中書門下省舍之在皇城外者，併朝堂之西中書堂爲門下中書兩省，以左右僕射兼門下中書侍郎，又以兩侍郎副之。（職官卷一之七）

據此各節，知凡四朝國史志之所云云，多即參取神宗史志之舊文而稍加潤飾者。然將元豐三年前神宗對國子、太學、司農、兵部、軍器、大理、將作、以及中書三司等處職事之調整諸措施。神宗史志所歷歷舉數者，俱删削不載，而以熙寧末校唐六典事直承「神宗即位慨然欲更其制」之句，遂使前此十年內區處規劃之蹟湮沒不彰；而何以「神宗即位後慨然欲更其制」者，須待十三年後方得見之施行，亦使後之考史者疑莫能明，此則南宋與修四朝國史諸臣之過已。宋史職官志沿承此失，蓋以絕未取神宗史志相參稽也。

二、三師三公

凡除授則自司徒遷太保，自太傅遷太尉，檢校官亦如之。

案：史志三師三公條與文獻通考職官考一所載全同。右諸語通考本作夾注，史志改入正文。檢會要三公三少門載：

> 凡三公三師除授，司徒遷太保，太保遷太傅，太傅遷太尉，太尉遷太師，檢校官亦如之。（職官卷一之一）

其「太尉遷太師」句當補入。

熙寧二年，富弼除守司空兼侍中平章事，辭司空侍中。

九年，彥博除守太保兼侍中，辭太保。

案：右二條下通考各有「從之」二字，史志均删去不載，則二人辭免之得遂與否不可知，當補入。

三公自國初以來未嘗備官，獨宣和末三公至十八人。

案「三公」句通考作「三公自祖宗以來罕嘗備官」。「國初」云者，謂國朝初年，本朝人脩本朝史所用之稱謂也，元人脩宋代之史不合作如是稱謂。史志全文所見國朝及國初字樣極多，均沿用舊文而失於改正者。

又案：葉夢得石林燕語卷二載：

> 國朝三公官始未兼備。惟元豐末年文潞公守太尉，雍王曹王守司空，富鄭公曹濟陽守司徒，皆同一時。其後宣和間蔡魯公爲太師，王將明爲太傅，鄭達夫爲太保，方相繼兩見。

史志不載元豐末年兼備三公事，且改通考之「罕嘗備官」爲「未嘗備官」，均非是。

乾道初，楊沂中吳璘並爲太傅。

案：一人而名姓有所更改者，史書通例均從其後所改定者。宋史列傳既作楊存中，此處亦以改作存中爲是。且楊氏之賜名存中乃紹興間事，至乾道初不合更用其舊名也。

紹熙初，史浩爲太師。

案：據會要三公三少門所載，史浩於淳熙十六年三月二十四日特授太師（職官卷一之七），宋史宰輔表同，此云紹熙初，誤也。

三、宰　執

宋承唐制，以同平章事爲眞相之任。無常員，有二人則分日知印。以承郎以上至三師爲之。

案：此與通考全同。「承郎」當從通考作「丞郎」。

乾道八年，詔尙書左右僕射可依漢制改爲左右丞相。

案：此亦錄用通考成文。然檢徐自明宋宰輔編年錄卷十七乾道八年虞允文梁克家分除左右丞相事目下載：

是月乙巳詔改左右僕射爲左右丞相。勑門下：朕惟帝王之世，輔弼之臣，其名雖殊，而相之實一也。在商湯時則有若仲虺，在成王時則有若周召，或左或右，皆見於經。厥後位號定於漢而稱謂汨於唐，以僕臣而長百僚，朕所不取。且丞相者道揆之任也，三省者法守所自出也，今捨其大而舉其細，豈責實之誼虖，肆朕稽古，釐而正之。蓋名正則言順，言順則事成，爲政之先務也。其改尙書左右僕射同中書門下平章爲左右丞相，庶幾採前代之舊，成本朝之制焉，

全詔主旨唯在稽古之制以正今之名，故李心傳朝野雜記甲集卷十丞相條總論建隆至乾道相名更易事，亦唯云『乾道八年，孝宗稽古，改左右僕射爲左右丞相，去侍中兩令之名，遂爲定制。』而不謂爲遵依漢制云云。唯雜記乙集卷十四乾道正丞相官本末條又有云：

虞雍公獨相久，上眷禮極厚。旣又以梁叔子靖重，欲遂相之，而無其端，會

易三省官名，乃議以僕射之名不正，欲采用漢舊制，改爲左右丞相，令學士、禮官、史官、討論，時乾道七年十二月辛酉也。……至八年，……御筆付院云：『尙書左右僕射可依漢制改作左右丞相，學士院降詔。』子充草詔以進。後二日付外施行，二月乙巳也。

是「可依漢制」云云，乃御筆中語，所降詔命則已稍變其語意矣，謂詔曰云云，未合。

四、平章軍國重事

平章軍國重事，元祐中置。以文彥博太師、呂公著守司空相繼爲之。

案：宋會要三公三少門載：

元祐元年四月十五日制以河東節度使守太師開府儀同三司太原尹致仕潞國公文彥博除太師平章軍國重事。（職官卷一之二）

宋史宰輔表所載文彥博除太師平章軍國重事之年月日同，是則當作「元祐初置」，非「元祐中」也。

又案朝野雜記乙集卷十三平章軍國事條載：

國朝舊相特命平章軍國事者凡四人：天禧初王文正公以首相告老，拜太尉兼侍中，五日一朝，遇軍國大事不以時入參決，公懇辭不拜。慶曆初，呂文靖公亦以首相求罷，拜司空平章軍國重事。公卒辭之。元祐初，文忠烈公自太師致仕，除平章軍國重事，未幾呂正獻公以右揆求去，亦除司空同平章軍國事。

宋宰輔編年錄卷九元祐三年四月呂公著加司空同平章軍國事制詞下附載：

公著以年老數辭位，太皇太后實封御札付呂大防曰：『今皇帝冲幼，正要宿德大臣輔佐。』公著乃有平章之命。……草制之夕，上謂翰林學士蘇軾曰：『呂僕射以疾求去，不欲煩以事，故以三公留之。』軾奉詔退而草制。大臣以三公平章軍國事者四人，而二人出公著家（父夷簡），議者榮之。

是則王旦與呂夷簡受平章軍國重事之命後，雖均懇辭未拜，而其時固已建此官名矣。史志以文彥博之除授爲事始，亦非是。

所以處老臣碩德，特命以寵之也。故或稱平章軍國重事，或稱同平章軍國事。五日或兩日一朝。非朝日不至都堂。

案朝野雜記乙集平章軍國事條云：『元祐初文忠烈公自太師致仕，除平章軍國重事，未幾，呂正獻公以右揆求去，亦除司空同平章軍國事。潞公五日一朝，申公兩日一朝，非朝日不至都堂。蓋祖宗所以優待元勳重德之意，非他相比也。王呂二公所平章重事之目不可得而考，潞公所謂重事者則大典禮、大刑政、及進退侍從官、三京尹、三路帥臣已上、乃與聞之。比申公去「重」字，則政事無所不關，第省其常程細務而已。』此當爲史志云云之所從出，然於雜記所舉重事之目删去不載，非是。又查文彥博與呂公著所平章之事目亦不盡同，宋宰輔編年錄卷九元祐三年四月辛巳呂公著加司空同平章軍國事制詞下附載：

三省樞密院以軍國事目當聞呂公著者定爲令：凡與三省同施行者一，曰應差除幷責降敍復等，其目十有二。其與逐省同施行者一，曰省曹寺監所上事，其目十有二。其與樞密院院同施行者一，曰降授差移管軍、三路副都總管以下，其目十有四。初，以太師文彥博平章軍國重事，其所預事目：曰除前執政、尙書、節度使、翰林學士、御史中丞。曰除邊帥、開封留都知府。曰大典禮。曰赦宥。曰要切邊事。曰軍馬河防措置事。及公著平章，乃去「重」字，前此所未有也。詔軍國重事及非常程事，幷臨時合與三省同議取旨，並關預簽書。

史志當參詳二者將平章事目補入以明其職權。

開禧元年韓侂胄拜平章，討論典禮，乃以平章軍國事爲名。

案「拜」字上脫「將」字，當依朝野雜記補入。

蓋省重事則所預者廣，去同字則所任者專。

案雜記作『蓋侂胄繫銜，比申公省「同」字則其體尤尊，比潞公省「重」字則其所與者廣。』史志「重事」當作「重字」。

五、使相

乾德二年范質等三相皆罷，以趙普同平章事，李崇矩樞密使，命下無宰相書敕，使問翰林陶穀，穀謂自昔輔相未嘗虛位。……

案史志使相條全文俱與通考同，唯自乾德二年句起，通考均作夾注，史志則改入正文。「李崇矩」下當依通考增「爲」字。

又查會要中書門下省門載此事云：

太祖乾德二年正月以趙普爲宰相，制旣下，時范質等已罷，綸誥將出，無宰相書敕，太祖令問翰林學士講求故事，承旨陶穀以爲『自古輔相未嘗虛位，唯唐太和中甘露事後數日無宰相，當時僕射令狐楚等奉行制書。今尙書亦南省官，似可書敕。』學士竇儀曰：『穀之所陳，非承平時事，不足援據。今皇弟開封尹同平章事，卽宰相之任也。』帝聞之曰：『儀之言是矣。』卽令太宗書敕以賜之。(職官卷一之六八。續通鑑長編卷五所載略同)

是則當時乃使翰林學士講求故實，故陶穀有所建議卽爲竇儀所糾，非專以問穀一人也。通考及史志俱誤。又陶穀時爲翰林學士承旨，亦不當僅云翰林。

六、參知政事

參知政事掌副宰相，毗大政，參庶務，乾德二年置。

案參知政事須以何種資歷人充，此未載及。檢會要三省門載：

參知政事貳宰相，批(案當作毗)大政，參庶務，以中書舍人以上至尙書爲之。(職官一之一六)

先是，已命趙普爲相，欲置之副而難其名稱，以問翰林學士陶穀曰：『下宰相一等有何官？』對曰：『唐有參知機務參知政事，』故以命之。仍令不押班，不知印，不升政事堂，殿廷別設塼位，敕尾著銜降宰相。月奉雜給半之。

案會要中書門下省門載此事云：

先是已命趙普爲相，將用居正等爲之副，旣而難其名稱，召翰林承旨陶穀問下丞相一等者有何官，對曰：『唐有參知機務參知政事，』故以命之。仍令不宣制，不押班，不知印，不升政事堂，止令就宣徽使廳上視事，殿廷別設塼位於宰相後，敕尾書銜降宰相數字，月薪雜給皆半之。

其「仍令」下「不宜制」三字，「政事堂」下「止令」云云句，「塼位」下「於宰相後」四字，「宰相」下「數字」二字，史志均當補入。

至道元年詔宰相與參政輪班知印，同升政事堂，押敕齊銜，行則並馬。自寇準始，以後不易。

案會要中書門下省門載：

至道元年四月詔曰：『自今參知政事宜與宰相輪日知印，押正衙班，其位甎先易位，宜合而爲一，遇宰相使相視事及商議軍國政事，並得升都堂。』先是，呂端寇準並爲諫議大夫參知政事，至是，端作相，準尙參知政事，端慮準不平，且言：『臣兄餘慶任參知政事日，悉與宰相同。』特從其請以慰其心焉。（職官卷一之七〇）（長編卷三十七繫此事於四月戊子，於詔旨節文下有云：『先是趙普獨相，太祖特置參知政事以佐之，其後普恩替，始均其任，旣而復有釐革』。下接呂端初與寇準同列云云，餘略同。）

（二年）閏七月詔『自今中書門下只令宰相押班知印，其參知政事遇正衙橫行參假，並重行異位，非議軍國政事不得升都堂。祠祭，行香，書敕，並以開寶六年六月二十八日詔書從事。』時旣逐寇準，卽令復舊。（職官卷一之七一。長編卷四十繫此事於閏月辛未，與此略同。）

宋敏求春明退朝錄卷中亦載一條云：

雍熙四年文德殿前始置參政塼位，在宰相之後。至道中寇萊公爲參知政事，復與宰臣輪日知印，正衙押班，其塼位遂與中書門下一班，書勑齊列銜，銜衢並馬，宰相上事並有公事並升都堂。及萊公罷，遂詔止令宰臣押班知印，參政止得輪祠祭行香，正衙塼位次宰臣之下立，凡有公事並與宰臣同升都堂，如宰臣使相上事卽不得升。

是則自寇準罷參知政事後，卽又詔參政不押班不知印，諸事概復舊制，史志謂「以後不易」，誤也。

故事：丞相謁告，參預不得進擬。惟丞相未除，則輪日當筆。然多不踰年，少僅旬月。淳熙初葉衡罷相，龔茂良行相事近三年，亦叛見也。

案此與通考所載全同。查朝野雜記甲集十參知政事條有云：

故事：丞相謁告，則參預政事之臣例不得進擬差除，惟丞相薨罷，上未得人，則參知政事行相事，多不踰年，少者才旬月。獨淳熙初葉夢錫罷相，龔實之行丞相事近三年，言者以爲懷私擅政，遂有英州之禍焉。

此當卽通考之所本。唯查宋史宰輔表，葉衡於淳熙二年九月罷右相，龔茂良於淳熙四年六月罷參政出知鎮江，其間尙不足二年，謂「近三年」，誤也。

七、門下省

凡中書省畫黃錄黃，樞密院錄白，畫旨則留爲底。及尙書省六部所上有法式事，皆奏覆審駁之。給事中讀，侍郎省，侍中審。

案此段與通考職官四門下省門所載全同。檢會要門下省門引神宗正史職官志云：

凡中書省樞密院所被旨，尙書省所上有法式事，皆奏覆審駁之。若制、詔、宣、誥下、與奏鈔、斷案上，則給事中讀之，侍郎省之，侍中審之。(職官卷二之二)

史志當補入「若制詔」云云二句，下文「讀省審」云云方有所承。

覆刑部大理寺所斷獄

案「獄」字下當從通考增「案」字。

侍中……大祭祀則版奏中嚴外辦，導輿輅，詔升降之節，

案此與通考全同。「導」上當依會要增「前」字。

侍郎……大朝賀則授表以奏祥瑞。

案「賀」字當從通考及會要作「會」。

左散騎常侍、左諫議大夫、左司諫、左正言……國初雖置諫院，知院官凡六人，以司諫正言充職，而他官領者謂之知諫院。正言司諫亦有領他職而不預諫諍者。

案會要諫院門引兩朝國史志云：

諫院知院官六人，以兩省官充。……由它官領者帶知諫院，由左右司諫正言供職者則否，正言司諫亦有領它職而不與諫諍者。

史志「雖」字當删，「而它官」當作「由他官」，

元豐八年諫議大夫孫覺言：『據官制格目：諫官之職，凡發令舉事，有不便於時，不合於道，大則廷議，小則上封。……乞依此以脩舉職事。』八月，門下省言：『諫議大夫司諫正言合通爲一。』詔並從之。

案據會要諫院門及續通鑑長編三五九所載，孫覺及門下省所言事均在元豐八年八月：前一事在八月二十二日癸未，後一事在二十八日己丑。是則史志「八月」二字應移冠孫覺言事上。又會要所載後一事云：

二十八日門下省言：『中書省申明：諫議司諫正言合通爲一法，卽諫官以言爲職，凡有所見，並許論奏。欲送中書省申明行下。』從之。（職官卷三之一〇及五四兩見。長編全同。）

史志删去「凡有所見並許論奏」二句，語意已極不明，於「通爲一法」句內又脫去「法」字，則似省併諫議司諫及正言三者爲一矣，當依會要補正。

十月，詔倣六典置諫官員。

案武英殿本宋史本卷末對此條有考證云：『臣開鼎案，下文云：「國家倣近古之制，置諫官六員。」則「員」字上應有「六」字。』今檢會要諫院門載此事云：『十月十二日詔倣六典置諫官，具其所置員以聞。』（職官卷三之五四。長編卷三六〇十月癸酉所載與此全同。）在同年同月之中別無有關此事之詔命，則史志所載亦必卽十二日之詔，然如所云云，殊嫌其簡略過當。殿本校語亦非是，蓋方令具陳所應置之員數以聞，非已立定員額也。「員」字下當從會要及長編增入「具所置員」云云句。

元祐元年二月，詔諫官雖不同省，許二人同上殿。後又從司諫虞策之請，如獨員許與臺官同對。

九月，左右正言久闕。……

十月，司諫王覿言：『自今中書舍人闕，勿以諫官兼權。』從之。

案諫官雖不同省許二人同上殿云云，語意殊欠分曉。檢會要諫院門載：

元祐元年二月二十八日，三省檢按上殿班：御史中丞同侍御史或殿中監察御史一員，諫議大夫同司諫或正言一員。今御史臺見闕侍御史，諫官見闕左諫議大夫。詔御史臺不限御史中丞、侍御史、殿中監察御史，諫官不限同省分

省、諫議大夫、司諫、正言，並許二人同上殿。（職官卷三之五五。長編卷三六七所載同）

蓋以在此之前，臺諫官論事例不得相互通議，故亦只令臺諫官一人上殿而不許二人同上（參長編三六五元祐元年二月三日所載王巖叟奏疏），及是方有所更改也。

又案史志置「從司諫虞策之請」云云於「九月左右正言久闕」及「十月王覿奏言」二事之前，似即爲元祐元年事，今查會要及長編，後二事確在元祐元年之九月及十月內，而虞策之奏則否。會要諫院門載：

〔元祐〕七年七月二十四日，左司諫虞策言：『獨員乞依例與御史臺官一員同上殿，仍乞自後諫官獨員準此』。從之。（職官卷三之五五。長編卷四七五所載全同）

史志插敍於元年諸事之間非是。

十一月巖叟又言：『近降聖旨：兩省諫官各令出入異戶，勿與給事中、中書舍人通。實欲限隔諫官不使在政事之地，恐知本末數論爾。』尋詔諫官直舍仍舊。

案諫止擗截兩省諫官不使與給事中中書舍人相通者，非僅巖叟一人，且史志所節錄之奏章亦非巖叟所上。會要失載此事，長編卷三九二元祐元年十一月已卯載：

侍御史王巖叟言：『伏覩近降聖旨隔截門下中書兩省諫官，別開門出入，不得與給事中中書舍人相通。…………臣愚不諭朝廷此舉之意。若以謂欲絕漏泄之弊，則臣以爲漏泄在人，不在門戶，……何必以隔異門牆爲事哉。所隔異者二三諫官而已，諫官爲陛下耳目，陛下每不惜推赤心以與之，奈何於其所舍反若置疑也？…………今外人皆云非所以嚴制勅院也，乃欲以限隔諫官使不聞省中事耳。此聲流傳，恐非朝廷美事，臣竊爲陛下惜之。……伏望爲國家愛惜大體，以慰衆心，特賜罷隔截兩省指揮，則仍舊幸甚。』

右司諫王覿言：『臣竊聞中書省欲以後省散騎常侍諫議大夫起居舍人正言廳爲制敕院，擗截兩省見今諫官廳出外，別作門出入，以防制敕之漏泄。論者以謂名雖關防制敕，而實不欲諫官在兩省與給舍相見，恐其或聞政事之末而論列之頻數也。何以驗之？苟欲作制敕院而已，則舍人廳後起居舍人廳正言廳及直舍廊廡等屋，以數十間作制敕院自足，不須更取散騎常侍諫議大夫廳以塞絕諫官出入之路而別爲之門也。兼門下後省既無制敕院而亦擗截諫官廳出外，卽知不爲關防制勅之漏泄，而實不欲諫官在兩省與給舍相見，恐其或聞政事之本末而論列之頻數而已。…』

覿又言：『臣近於十一月二十五日有封事言兩省擗截諫官廳出外，隳壞法度，乞行寢罷。及十一月二十七日與諫官鮮于侁朱光庭列狀聞奏，各未蒙施行。……』

尋詔諫官直舍且令依舊，所有前降擗截指揮更不施行。

是則王巖叟所持不當隔截兩省諫官之理由，唯以爲當信任諫官不當疑諫官之漏泄而已；其以此舉用意，乃在限隔諫官使不得與聞政事之本末而致頻有論列者，則司諫王覿也。史志舉覿之言以屬巖叟，非是。王覿力爭此事，疏凡三上，且復與鮮于侁朱光庭合疏論列，史志乃僅舉巖叟，亦非是。

建中靖國元年言者謂諫官論事惟憑詢訪，而百司之事，六曹所報外，皆不得其詳。遂詔諫官案許關臺察。

案此所節錄「諫官案許關臺察」云云，與原詔旨適相反背。會要諫院門載：

徽宗建中靖國元年十月十二日臣僚上言：『契勘言事官職在獻納，合要見中外事件的實，以聞朝廷。緣自來除改事件及差除，許令六曹報諫官案外，卽未有法條許令中外官司取索文字及會問事件，致其間合論列之事無由備知，亦不敢止憑詢訪便以爲實，顯與言職大有妨闕。伏望聖慈特賜指揮，許令兩省諫官於中外官司取索會問事件。』詔今後諫官案許關牒臺察取索文字。

「臺察」者御史中丞，侍御史，殿中侍御史，及監察御史也。臺察有依定期分往中外官司稽核違失之制，所知百司底蘊爲詳，故特許兩省諫官於必要時得移文臺察調閱其案卷，以助其考詳所欲論奏之事，此詔旨本意也。若僅曰「許關臺察」，則是命其將所論之事關報臺察知照，於諫官之盡其言職有何補益哉。史志刪去「取索文字」四字，大謬。

給事中…故事：詔旨皆付銀臺司封駁，官制行，給事中始正其職，而封駁司歸門下。

元豐五年…六月陸佃言：『三省密院文字已讀者尚令封駁，慮失之重複。』詔罷封駁房。

案太宗淳化四年以給事中封駁之職隸屬於通進銀臺司（見長編淳化四年九月乙巳），及神宗釐正官制，使給事中還其所職，於是封駁司又自銀臺司撥歸門下省而爲封駁房（見長編三六〇元豐八年十月庚辰所載劉摯奏疏）。上二條旣云封駁司歸門下，又云元豐五年六月以陸佃之言而罷封駁房，然則所罷者是否卽撥歸門下省之封駁房耶？語意殊欠分曉，檢會要給事中門載：

元豐五年六月二十五日給事中陸佃言：『三省樞密院文字已讀訖皆再送令封駁，慮成重複。』上批『可勘會差案重復進呈』。乃詔罷封駁房。故事：詔旨皆付銀臺司封駁，官制旣行猶循舊，至是始罷（職官二之七）

同書銀臺司門載：

元豐五年六月二十五日詔罷銀臺司封駁房（職官二之四〇）

史志亦當於「封駁房」上冠「銀臺司」三字。

又案北宋初年給事中旣無職事，故只爲所遷官，會要中書省舍人院門載：

神宗正史職官志：中書舍人…國初與給事中爲所遷官，實不任職。（職官卷三之十五）

史志僅於中書舍人條內有「國初爲所遷官」云云二句，本條不載，非是。

起居郎一人，掌記天子言動，御殿則侍立，行幸則從。

案會要起居郎舍人門載：

起居郎，舍人，掌記天子言動，御正殿則俟於門廡外，便殿則侍立，行幸則從。（職官二之二五）

通考起居條所載與會要同，史志「御殿」句當補正。

國朝舊置起居院，命三館校理以上脩起居注。

案「校理」上當依會要起居院門所引兩朝國史志補「祕閣」二字。（職官二之一〇）

故事：左右史雖日侍立，而欲奏事必稟中書俟旨。存因對及之，八月，迺詔雖不隸諫職許直前奏事。蓋存發之也。

案：既曰「存因對及之」，又曰「蓋存發之也」，文義重複，下句當删。

七年詔邇英閣講讀罷，有留身奏事者許侍立。

紹聖元年中丞黃履言：『所奏或干機密，難令旁立。』仍依先朝故事。

案右二條中所謂「許侍立」及「難令旁立」者均指何人，頗欠分曉。會要起居院門載此二事云：

〔元祐〕七年十二月二十四日，起居舍人呂陶言：『邇英閣今後講讀罷，有臣僚再留身奏事，乞並許記注官侍立，所貴操筆不至闕略。』從之。（職官二之一四。長編四七九較詳）

紹聖元年五月十八日翰林侍講學士御史中丞黃履言：『自來經筵講說既畢，遇有臣僚留身奏事，餘官並退，近年乃令修起居注官候奏事畢俱退，竊謂所奏或干機密，難令旁立得聞，乞依先朝故事。』從之。（職官二之一四。長編闕紹聖元年）

史志前條「許」字下須增入「記注官」三字，後條「旁立」下亦須增「得聞」二字，語意方明。

大觀元年，詔事有足以勸善懲惡者，雖秩卑亦書之。

案會要起居院門載此事云：

大觀元年八月七日，宣義郎試起居舍人霍端友劄子奏『臣竊惟記注之職，執筆載事，傳之永久。凡聖訓所及，政令所行，與册命封拜，皆得書之，實國史所資以爲譔述之本也。伏見修起居注式：凡文臣監察御史監司以上，武臣刺史以上，則書其制辭。臣愚，妄意以謂黜陟幽明，初無間於尊卑，而形於制辭者所以明示天下後世也，其或異能高行，忠節顯效，卓然有稱於時，而上之褒嘉特隆於衆，玆臣子之至榮，朝廷之盛美。惟其爵秩職任在監司刺史之下，略而不書，尙爲闕典。欲望聖慈特賜睿旨，應制辭所當書者，不限品位，悉令記述，以爲小大忠良之勸，以昭太平得人之盛。』詔：『制命之詞以著賞罰，秩有高卑，事有大小，限以秩高，則官小而事大者或有所遺；概令收載，則官高而事小者或不足書。可令隨事大小，不限品秩，取其足以勸

善懲惡者，條爲記注。』（職官二之一五）

是則詔旨所指，本爲除授文武臣僚時之制詞，可由記注官斟酌其事之性質以定取捨，不必專以官秩高卑爲準則，初非泛指凡百行事之有關懲勸者言也。史志云云殊含混。「詔」字下當增「文武臣僚除授制詞」諸字方洽。

通進司隸給事中，掌受三省樞密院六曹寺監百司奏牘，文武近臣表疏及章奏房所領天下章奏案牘，具事目進呈而頒於中外。

進奏院隸給事中，……靖康元年詔諸道監司帥守文字，應邊防機密急切事，許進奏院直赴通進司投進。舊制：通進銀臺司知司官二人，兩制以上充。通進司掌受銀臺司所領天下章奏案牘及閤門在京百司奏牘、文武近臣表疏以進御，然後頒布於外。銀臺司掌受天下奏狀案牘，抄錄其目進御，發付勾檢，糾其違失而督其淹緩。發敕司掌受中書樞密院宣敕，著籍以頒下之。

案：上兩段頗凌亂。查當北宋開國之初，銀臺司與通進司均分別設置，隸樞密院，及太宗淳化四年八月命向敏中張詠二人共同點檢銀臺通進二司公事，嗣後乃即合稱爲通進銀臺司。及元豐官制行，並罷銀臺之名，僅以通進司爲稱。今檢核史志「通進司隸給事中」一段，與會要通進司門所載哲宗正史職官志（職官二之二九）之文合，是爲改官制後通進司之職掌也；其「進奏院隸給事中」一段內，自「舊制通進銀臺司知司官二人」以下，迄於「糾其違失而督其淹緩」句，與會要通進司門所載兩朝國史志（職官二之二六）之文合，是則元豐改官制前通進銀臺司之職掌也。當以「舊制」云云直承「通進司隸給事中」段末句「具事目進呈而頒布於中外」之下，其「進奏院隸給事中」至「許進奏院直赴通進司投進」一段，乃獨立之一條，不當夾雜於其間。

又「發敕司」云云，會要亦另爲一門，蓋亦爲釐正官制時所廢罷之一司。會要載其職掌云：

> 發敕司隸銀臺，掌中書樞密院宣敕，著籍而頒下之。中書遣發敕官二人主之，舊有樞密院令史一人，後省。（職官二之四一）

史志亦當提行另作一條，列通進司條後。

進奏院隸給事中，掌受詔敕及三省樞密院宣劄，六曹寺監百司符牒，頒于諸路。凡章奏至則具事目上門下省。

案會要進奏院門載：

哲宗正史職官志：進奏院隸給事中，掌受詔敕及三省樞密院宣劄、六曹寺監百司符牒，頒降於諸路，及州府軍監天下章奏至，則具事目上門下省。（職官二之四六）

史志删「州府軍監天下」諸字，僅曰「凡章奏至」云云，非是。因三省密院及京朝凡百官司之奏牘表疏章劄俱經由通進司奏入，其由進奏院收受者則外路州府軍監之章奏也。若曰「凡章奏至」則似內外臣民莫不包括於內矣。

會要又載：

兩朝國史志：都進奏院，監官二人，以京朝官及三班使臣充。掌受詔敕及諸司符牒，辨其州府軍監以頒下之。并受天下章奏案牘狀牒以奏御分授諸司。進奏官一百二十人。（職官二之四四）

此元豐改制前進奏院之職掌也。史志既於通進司條載入其舊制，此亦當依例補入。（其時每一進奏官僅典掌二三州之進奏事宜，故員額達百二十人也。）

登聞檢院，隸諫議大夫。登聞鼓院，隸司諫正言。掌受文武官及士民章奏表疏。凡言朝政得失，公私利害，軍期機密，陳乞恩賞，理雪寃濫，及奇方異術，改換文資，改正過名，無例通進者，先經鼓院進狀，或爲所抑，則詣檢院。

案此段當亦展轉出自哲宗正史職官志或四朝史志而又有所删改者。輯本會要失載。然依宋史本志之通例，其舊制亦不應從闕，今檢會要登聞院門載兩朝國史志云：

登聞檢院，判院官一人，以帶職郎官以上至兩省充。凡檢有四：東曰崇仁，南曰思諫，西曰申明，北曰招賢。凡機密章奏及上於鼓院而爲所抑者，咸受而達諸朝。令史二人。

登聞鼓院，判院官二人，以帶職官、朝官、或卿監充。凡四方官吏士民寃枉封牘，咸受而奏之於中，以達萬人之情。監鼓內侍一人，書令史二人。（職官三之六七）

上二條當補入「則詣檢院」句下。

又案：檢院鼓院之建置及其名稱之改定，會要登聞院門載：

唐置匭。雍熙元年改匭爲檢：東延恩曰崇仁，南招諫曰思諫，西申寃曰申明，北通玄曰招賢。改匭院爲登聞院。（職官三之六二）

〔眞宗景德〕四年五月九日詔改鼓司爲登聞鼓院，命知制誥周起、直史館路振同判。其登聞院改爲登聞檢院，命樞密直學士張詠判。……文武臣僚閤門無例通進文字者，幷諸色人進狀，並須先經鼓院。除告軍機密事及論訴在京臣僚，卽實封。……（職官三之六四）

史志亦當删潤此文增入條內。又「無例通進者」句上，當補「閤門」二字。

又案：檢鼓二院之職掌，如史志所載「掌受文武官及士民章奏表疏」云云，與所述通進司「掌受三省樞密院六曹寺監百司奏牘，文武近臣表疏及章奏房所領天下章奏案牘」云云，實不免有所混同。查檢鼓二院之設，本所以通達下情，申雪寃濫，凡各地士庶及諸色人有所陳訴而不爲當地州縣監司所申理者，卽可逕向登聞鼓院申訴。其文武臣僚則僅限以閤門無例通進之文字，方可經由兩院進入。所謂閤門無例通進者，謂與各臣僚職任不相干涉之文字也。會要於景德四年五月九日條下又載：

是月張詠言：『……又文武臣僚三司京百司人吏因罪勒停，進狀乞赦敍用者，望令鼓院告示：文官歸刑部投文，使臣卽歸三班院，三司京百司人吏卽歸本屬，檢赦行施。如稱檢赦不盡，方許執判狀經鼓院檢院陳狀。』詔：『所責過犯狀內隱落贓私罪者卽科除名之罪。餘皆從請。』周起等又言：『諸色進狀人皆妄有僥求，自今望除軍機密事、指論在京臣僚、及諸色人贓汚、偸侵官物、幷事干人命、或自己實有屈塞等，其三司公人職掌，並經三司陳狀；中書門下省、京百司人，各經本司；倉場庫務卽經提點諸司庫務及提點倉場所；諸班諸軍各經所管本司；在京幷府界縣鎭諸色人並經開封府或府界提點。』詔：『內有差遣及抽借往別處者，並於元屬司分陳狀，如不知元犯因依，卽與勘會施行。』餘從其請。（職官三之六五）

參此則檢鼓二院所應收受者，各限於何等章奏表疏，極爲明瞭。史志不合分割「文武臣僚」下之「閤門無例通進文字」一項規定，置之於「改正過名」句下。

中興後、檢、鼓、糧、審官、官告、進奏、謂之六院，例以京官知縣有政績者充，亦有自郡守除者，繼即除郎。恩數略視職事官而不入雜壓。紹興十一年胡汝明以料院除監察御史；遂遷侍御史。乾道後相繼入臺者數人，六院彌重，爲察官之儲。淳熙初，班寺監丞之上。紹熙五年詔六院官復入雜壓，在九寺簿之下，六院各隨所隸。

案：於檢鼓二院條內而雜入此段，極爲無當。查此段乃刪削朝野雜記甲集十「六院官」條文字而成，然亦必自通考轉錄者。通考於門下省門末載檢鼓二院事，而別出之於職官考十四「六院四轄」門內，此蓋依南宋之制而類次之者。既彙六院四轄爲一門，亦遂於正文之後採錄朝野雜記之六院官、六院官入雜壓、四提轄各條而附載之。史志既依北宋舊制而列檢鼓二院爲門下省所屬官司之一，何得移通考六院四轄門所附載之文而竄入登聞院條正文之內哉。全段俱當刪除。又查雜記原文首句作『六院官：檢、鼓、糧料、審計、官告、進奏也。』通考所引錄者則於「糧」下省「料」字，「審」下省「計」字，史志「糧」下亦無「料」字，而忽於「審」下增「官」字，則是以爲「審官院」矣，故知其必自通考抄來而非直接引自雜記者。其「爲察官之儲」句，雜記通考原均作「號爲察官之儲」，「紹熙五年」原均作「紹熙二年」，史志俱當改正。

又案：通考於門下省門之末，另有弘文館一條云：

宋改爲昭文館（以弘犯宣祖諱），大學士一人，以宰相充，學士直學士不常置，直館以京朝官充，掌經史子集四庫圖籍修寫校之事。判官一人，以兩省五品以上充。

北宋在元豐釐正官制前，首相既例兼昭文館大學士，則此事須載明方可。

八、中書省

凡命令之禮有七。

案「禮」當從通考作「體」。

元祐以後析兵禮爲二。

案「拆」當從通考作「析」(殿本誤作「折」)。

曰禮房，掌行郊祀陵廟典禮、后妃皇子公主大臣封册、科舉考官、外夷書詔。

案「封册」二字下當依會要中書省門所引神宗正史職官志增「駙馬都尉內命婦官封」句。(職官三之四)

曰兵房，掌行除授諸蕃國王爵官封。

案「王爵」當依會要所引哲宗正史職官志作「爵命」。(職官三之五)

凡尙書省所上奏請□諫所陳章疏。

案「請」字下當依會要所引神宗史志補「臺」字。

曰制誥案，掌書錄制詞，及試吏校其功過。

案會要舍人院門作「曰制誥案，主制詞及試吏，校定錄事以下功過」。與此微異。

元祐元年詔舍人各簽諸房文字，其命詞則輪日分草。

案會要舍人院門載：

〔元豐〕六年九月三日詔中書舍人分領六房，隨所領命詞。(職官三之一六。長編卷三三九所載同)

哲宗元祐元年正月二十八日中書省言：『元豐六年九月勑舍人各隨所領房命詞，今除刑房間有責降牽復，又兵房有蕃官遷轉外，其餘差除並在吏房，以故吏房日常行詞，欲令依舊各簽押逐房文字外，其命詞止依故事，輪日分草。』從之。(職官三之一六。長編三六四所載略同)

是知「輪日分草」乃舊制，至元豐六年冬方改爲「隨所領房命詞」，行之僅二年，察其不便，乃有元祐初復行舊制之詔。非至此始創行「輪日分草」之法也。

紹聖四年蹇序辰請自今命詞以元行遣文書同檢送兩制舍人，從之。

案「兩制」當從會要作「當制」。

起居舍人一人，掌同門下省起居郎。侍立脩注官，元豐前以起居郎舍人寄祿，而更命他官領其事，謂之同修起居注。官制行，以郎舍人爲職任。淳熙十五年羅點自戶部員外郎爲起居舍人，避其祖諱，乃以爲太常少卿兼侍立修注官。其後兩史或闕而用資淺者，則降旨以某人權侍立修注官。

案：起居郎起居舍人職掌全同，故各史多合併敍述。會要總述之於起居院門內，舍壁事類及通考亦合併爲起居一條，而列置門下省門。史志分起居舍人而置之中書省門，然其所述亦僅「掌同門下省起居郎」一句而止，其「侍立修注官」以下云云，乃採錄朝野雜記乙集十三侍立修注官條之文字而稍加删修者，當別爲獨立之一條，今與「掌同門下省起居郎」句相連爲文，非是。又雜記謂因羅點「避曾祖諱，乃以爲太常少卿兼侍立修注官」，史志謂避祖諱，誤也。

右散騎常侍　右諫議大夫　右司諫　右正言　與門下省同。但左屬門下，右屬中書。皆附兩省班籍，通謂之兩省官。元豐既新官制。職事官未有不經除授者，惟御史大夫左右散騎常侍始終未嘗一除人，蓋兩官爲臺諫之長，無有啓之者。中興初，詔諫院不隸兩省。紹興二年，詔並依舊赴三省元置局處。淳熙十五年用林栗言，置左右補闕拾遺，專任諫正，不任糾劾之事。踰年減罷。法司、令史、書令史、守當官、各一人，守闕守當官三人。乾道六年減二人。

案左右散騎常侍本虛而不設，左右諫議及司諫正言則職掌全同，故各史亦均合併左右而總述之。史志仍分左右使各爲獨立之一條，然割裂凌亂，殊無倫緒。查上條所載各節，其「皆附兩省班籍，通謂之兩省官」，則通考散騎常侍條之文也；其「元豐既新官制」以下，迄于「無有啓之者」，則通考散騎常侍條後所附錄石林燕語之文也；其「中興初」及「紹興二年」兩事，及諫院吏額，則應與門下省左散騎諫議司諫正言條內建中靖國云云一則相連爲文，不應以南北宋之分界當左右之分界也；其淳熙末置左右補闕拾遺一事，乃於左司諫正言之外而增置之者，當另爲獨立之一條，否則亦應依左右分述之例而於門下省首著其建置左補闕拾遺一事也。又查所錄石林燕語之文，於「兩官爲臺諫之長」句下原更有「非宰執所利故」六字，史志删除之，遂無以見二官所以不除之故，當補入。又「詔諫官不隸兩省」事在建炎三年六月，會要及繫年要錄所載俱同，亦不當謂爲「中興初」也。

檢正官，五房各一人。掌糾正省務。熙寧三年置，以京朝官充。

案會要檢正門載：

熙寧三年九月一日中書門下言：奉旨議中書擬置士人爲屬官。伏以中書統治百官以佐天子布政事，所置吏屬尙仍舊制，宜高選士人，稍依先王設䢖置輔之意。今欲置檢正五房公事一人，逐房各置檢正公事二人，並以朝官充。……都檢正官並逐房檢正官並依三司判官俸料支給。（職官三之四六。自「並以朝官充」以上長編三一五全同）

元豐元年四月四日檢正中書吏房公事尙書刑部員外郞向宗儒檢正中書五房公事，候一年取旨除館職。以宗儒言五房未便事可采，故寵之。（職官三之四六）

咸淳臨安志卷四檢正左右司門載陳居仁題名記亦有云：

逮我國家，神宗朝置左右司郞中各一人，員外郞各一人。熙寧間始置檢正五房公事一人，逐房仍置檢正公事一人，以檢核釐正中書門下之務。

據知於五房檢正官之上，尙有都檢正官(亦稱檢正五房公事)一員，史志不載，非是。

致朝廷及應報四方行移稽留，無檢舉催促。

案會要檢正門所載都省奏劄節文作「致朝廷及應報四方行移，往往稽留，無官檢舉催促。」史志「無」字下當補「官」字。

中書省錄事主事令史書令史守當官共四十三人。

案會要五房五院門載中書門下省奏劄節文，「四十三」作「四十二」（職官三之三〇）

又案通考於中書省門之末另有集賢殿及史官兩條，其集賢殿條云：

宋爲集賢院，大學士一人，以宰相充。學士以給諫卿監以上充。直學士不常置。修撰以朝官充。直院校理以京官以上充。皆無常員，掌同昭文館。凡昭文史館集賢謂之三館，皆以兩省五品以上官一人判。

其史官條云：

宋制：監修國史一人，以宰相爲之。修撰直館檢討無常員。修撰以朝官充，直館檢討以京官以上充。掌修日曆及典司圖籍之事。……

在元豐釐正官制之前，次相例兼集賢院大學士，三相並置則以一人監修國史。

則其事非載明不可。

九、尙書省

大祭祀則警戒執事官。

案「警戒」當從通考職官考五尙書省條作「誓戒」。會要尙書省門引神宗正史職官志亦作「大祭祀則執事官就受誓戒」。（職官四之四）

紹聖元年詔在京官司所受傳宣內降，隨事申尙書省或樞密院覆奏。二月，詔尙書省都彈奏六察御史糾不當者。

案史志尙書省條全文，起「掌施行制命」，迄「彈奏六察御史糾不當者」，與通考尙書省條全同。然檢會要尙書省門載：

紹聖元年閏四月十八日詔在京官司所受傳宣內降及內中須索及常行應奉，隨事申尙書省或樞密院覆奏（職官四之一二）

宋史哲宗紀紹聖元年亦載：

〔閏月〕戊子詔在京諸司所受傳宣中批並候朝廷覆奏以行。

是則此項指揮在閏四月內爲無疑。然則其下「二月」云云一事，若非先後失序，則必所繫年月有誤。今查宋史哲宗紀，徐乾學資治通鑑後編於紹聖二年均未載此事，唯會要尙書省門載：

〔神宗〕元豐四年十二月十日詔尙書都省彈奏六察御史糾劾不當事。（職官四之六。長編三二一所載同，唯繫丁卯日，較會要稍後）

疑通考所載必卽此事，其「二月」原必爲「十二月」，蓋本與上文「元豐四年詔尙書都省及六曹各輪郎官一員直宿」事相連爲文，其後以傳寫譌脫，更復錯出於紹聖元年之下耳。史志不唯蹈襲其失，且將「都省」二字誤倒，「糾」下又脫去「劾」字，乃使文義更爲難解矣。當補正並移置「元豐四年」條下。

令，掌佐天子議大政。……小事尙書省獨議，則同僕射丞分班論奏。

案宋史尙書令條文字與通考全同，「論奏」當從通考作「輪奏」。

左僕射　右僕射　掌佐天子議大政。……大祭祀則掌百官之警戒，視滌濯，告潔，贊玉幣爵玷之事。

案會要尙書省門引神宗正史職官志，「警戒」作「誓戒」，「贊玉斝」作「奉玉斝」，「爵玷」作「進爵」。

左丞　右丞　……御史言左右丞蒲宗孟王安禮於都堂下馬，違法犯分。安禮爭論帝前，神宗是之。今左右丞於都堂上下馬自此始。南渡後復置參知政事，省左右丞不置。

案此當亦刪削通考左右丞條文字而成。然通考此段原作：

御史言左右丞蒲宗孟王安禮於都堂下馬，違法犯分。安禮爭論帝前，以謂今左右丞爲執政官，不應又有厚薄。左右丞於都堂上下馬自此始。

史志刪去王安禮所云云而易以「神宗是之」句，原無不可，然仍謂「今左右丞」云云，則指何時言耶？「今」字當刪。

左司郎中　右司郎中　左司員外郎　右司員外郎　各一人，掌受六曹之事。

案史志左右司條全文亦俱與通考同。「掌受」下當依通考增「付」字。會要都司左右司門引神宗正史職官志亦作「掌受付六曹諸司出納之事」。（職官四之一九）

而開拆、制敕、御史、催驅、封樁、印房、則通治之。

案「封樁」下當依會要所引神宗史志補「知雜」二字。此亦蹈襲通考而脫。

臺郎宰掾不當目爲官司。

案「目」當從通考及會要作「自」。

二年詔御史臺察六曹稽緩違失者，送左司籍記。

案會要都司左右司門載：

〔紹聖〕二年正月二十三日尙書左右司言：『都省催驅房，御史臺有點檢六曹置乖謬、行遣失當、透枉並住滯三十日已上事件，限五日關送左右司上簿。從之。』（職官四之二一）

是則所請乃爲關送左右司上簿，非謂專送左司也。史志亦沿通考之誤。

乾道七年復添置右司郎官二人。

案上文已有「乾道六年」云云，此不當複出「乾道」二字。又查咸淳臨安志卷四檢正左右司門載陳居仁題名記有云：

皇上御極初元，詔左右司郎官各置一員，後以左司專掌刑房，事任爲劇，乃置兩員。……（淳熙十二年三月）

會要都司左右司門載：

〔乾道〕七年四月詔復置右司郎官一員。（職官四之二五）

檢合璧事類後集一八，三省門左右司條亦載：

隆興元年從右諫議大夫王大寶等議，詔左右司郎官各差一員，減罷二員。二年，詔左司書擬吏戶禮機速房，右司書兵刑工賞功房文字（孝宗會要）。後以右司掌刑房，事任爲劇，乃置二員。（中興題名）

是則所增僅一員，併舊方爲二員，史志謂「添置二人」，誤也。

権貨務都茶場（都司提領）提轄官一員（京朝官充），監場官二員（京選通差），掌鹺茗香礬鈔引之政令，以通商賈，佐國用。舊制置務以通権易，建炎中興又置都茶場給賣茶引，隨行在権貨務置場。

案此條全文皆自朝野雜記乙集十三「四提轄」條採錄。然此處則僅南渡後事，其北宋権貨務則列爲太府寺屬官之一（見本志五），兩處均無一語以相照應，是非。

外置建康鎮江務場，並冠以行在爲名，以都司提領，不係戶部經費。建康鎮江續分隸總領所。

案雜記四提轄條本作：

行在建康鎮江三務場，歲入凡二千四百萬緡，皆以都司提領，不係戶部之經費，而在建康鎮江者分屬總領所焉。

同書甲集十七「権貨務都茶場」條載：

権貨務都茶場者舊東京有之。建炎二年春始置於揚州（正月壬辰），明年又置於江寧（二月乙丑），紹興三年又置於鎮江及吉州。五年冬省吉州務，而行在務場隨移臨安，以都司提領（通考所載與此略同）。

是則建康鎮江二務場並無皆「冠以行在爲名」之說，疑史志云云妄也。「續分隸」句「續」字亦當删。

開禧初，以總領所侵用儲積錢，令徑隸提領所。

案「開禧初」當從雜記四提轄條作「開禧末」。

右提轄官與雜買務雜賣場、文思院、左藏東西庫提轄並稱四轄，外補則爲州，內遷則爲寺監丞簿，亦有徑爲雜監司或入三館乾道間榷務王禋除　市舶左藏王揖除坑冶鑄錢司淳熙間熊克自文思除校書郎紹熙以後往往更遷六院官或出爲添倅，有先後輕重之異焉。

案「三館」下當從雜記補「者」字。其下注文亦有錯簡。雜記原注作：

乾道八年十二月榷貨王禋除福建市舶，左藏王楫除九路鑄錢司。淳熙七年三月熊子復自文思除校書郎。

據知「王揖」當作「王楫」，「乾道間榷」與次行之「務王禋除」當相連屬，直行而下，更與「市舶」云云相連爲文。疑史志原稿中本不誤，蓋適分載於一行之末尾及另一行之上端，前行僅跨注乾道間榷務王禋除八字，餘則均列置次行，及因傳刻行款有所改併，注文均併入一行之內而順序則未加調整，遂致扞格難通。清代據此重刻武英殿本，又因一度改併之故，其注文乃作：

乾道間榷　市舶左藏王揖除阬務王禋除　治鑄錢司淳熙間熊克自文思除校書郎

此眞差謬莫可究詰矣。

左藏封樁庫(都司提領)，監官一員，監門官一員。淳熙九年以都司提領。初猍，非奉親與軍須不支，後或撥入內庫，或以供宮庭諸費，亦以備振恤之用。

案此段當提行另爲獨立之一條，不當與上文相連屬。其中僅謂「淳熙九年以都司提領」而不謂此庫肇建於何時，亦爲疎失。查朝野雜記甲集十七左藏封樁庫條謂「孝宗所創」，不云在何年，宋史孝宗紀亦不見其事，唯會要太府寺供奉門載：

淳熙五年七月九日詔左藏封樁庫取金二千兩供奉德壽宮。(職官二七之五四)

是則至晚當置於淳熙五年之前也。

提舉修敕令：自熙寧初編修三司令式命宰臣王安石提舉，是後皆以宰執爲之。詳定以侍從之通法令者充，舊制二員，宣和中增至七員，靖康初減爲三員。删定官無常員。先是嘗別修一司敕命，大觀三年詔六曹删定官併入詳定一司敕令所爲一局。

案王安石之提舉修敕令事在熙寧三年十二月二十四日（見會要職官四之四三），不當云「熙寧初」。「嘗別脩一司敕命」，疑「命」當作「令」。

又案：會要提舉修敕令門載：

徽宗政和元年四月十三日尚書右僕射何執中奏：『近蒙聖恩差舉重脩敕令，臣以朝限近促，急於條畫叙局，未盡考見久來文字，今歷觀祖宗以來天聖慶曆嘉祐熙寧編敕及元符敕令格式各曾差宰官提舉之例……』（職官四之四

咸淳臨安志卷七敕令所門載陳居仁題名記亦云：

乾道六年秋復置詳定一司敕令所。初，本朝重令甲，每詔諸儒纂修，自天聖熙寧元祐以來，有詳定編敕所，編修諸司敕式所，重修敕令所，其設局不一，最後獨存今名。

是則宰臣之提舉修敕令不以熙寧中王安石之被命爲事始，然會要亦首載安石事。據合璧事類後集四三「史館」門「敕令所」條載：

本朝天聖慶曆嘉祐熙寧編敕及元符敕令格式，各差宰臣提舉（此事見續會要何執中奏。而四朝志乃云：『自熙寧初以修三司令式，命宰臣王安石提舉。』如志所言，是自熙寧始也。修天聖既有提舉之人，則不應自熙寧始，今姑存之，以俟考究。）

是則四朝國史志亦同有此誤，而歷次修史之人竟未加舉正，殊不可解。合璧事類於「詳定官以侍從之通法令者充」句下又載：

政和元年差左僕射（案據宋史宰輔表何執中於大觀三年六月加特進尚書左僕射兼門下侍郎，會要作左僕射，蓋字誤。）何執中提舉重修敕令，執中上章力辭，於是不帶提舉，以兼領爲名（續會要。）建炎四年命宰臣范宗尹提舉重修詳定敕令，至是始設官置局，命大理寺及見在敕局官兼詳定刪定官。（中興會要）

凡此諸事史志俱不載，而乃別於卷二樞密院門之後專立編修敕令所一條，記南宋各次置局廢罷及歷次提舉同提舉之宰臣姓名，然又首自紹興十二年之罷局述起，於建炎四年之初置局事亦竟不載。當將合璧事類所載各事分別插敘於本條

之內，并即以本條與卷二之編修敕令所條删併爲一方妥。

三司會計司：熙寧七年置於中書，以宰相韓絳提舉。先是絳言總天下財賦而無考較盈虛之法，乃置是司。旣而事多濡滯。八年，絳坐此罷相，局亦尋廢。

案，此云韓絳以三司會計司事多濡滯而罷相，非是。長編二六七熙寧八年八月庚戌載：

吏部侍郎平章事監修國史韓絳罷爲禮部尚書觀文殿大學士知許州，仍詔出入如二府儀，大朝會綴中書門下班，絳居相位數與呂惠卿異議，安石復入，論政愈駁，數稱疾固求罷而有是命。（絳本傳但云『絳繼王安石爲相，請置局中書，鈎考用度以均節邦計，事滯留多不決，數月以疾辭。』新舊實錄並如此，可謂疎略矣。今參取別修，存其梗概。）

宋史韓絳傳不謂司事滯留爲絳罷相之因，則必不出於新舊實錄之附傳也。此段云云，合依長編改正。

經撫房專治邊事。宣和四年宰臣王黼主代燕之議。

案：「代燕」當作「伐燕」。

儀禮局：大觀元年詔於尙書省置。

案會要議禮局門載：

大觀元年正月一日手詔：『……宮室之度，器服之用，冠婚之義，祭享之節，……昔在神考，親策多士，命官討論，父作子述，朕敢忽哉。夫治定制禮，百年而興，于兹其時，可以義起，宜令三省依舊置司，差官講求聞奏，朕將親覽。』（職官五之二一）

宋史徽宗紀亦載：

大觀元年春正月戊子朔，……庚子，復置議禮局於尙書省。

是議禮局在神宗時已一度設置，徽宗特復置之，非創設也。又「議」作「儀」亦誤。

應凡禮制本末，皆議定取旨。

案會要載：

十三日御筆：『議禮局依舊於尙書省置局。……應緣禮制可具本末議定進呈取旨，朕將親覽』。

史志云云，蓋亦删削未盡當也。

政和三年五禮議注成，罷局。

案會要議禮局門載：

政和三年二月二十七日特進知樞密院事兼領〔議禮局〕鄭居中崇政殿面奉聖旨：『議禮局新修五禮儀注宜以政和五禮新儀爲名』。（職官五之二二）

是則原定之書名本爲五禮儀注，史志「儀」作議誤。及修書了畢，當其進御之前既已奉旨改名政和五禮新儀，史志仍用五禮儀注之名亦非是。（案政和五禮新儀一書今猶存）

禮制局……政和二年置於編類御筆所，有詳議司詳議官。

案：「司」當依會要禮制局門作「同」。

卷　二

一、樞密院

官制行：隨事分隸六曹，專以本兵爲職，而國信民兵牧馬總領仍舊隸焉。

案：通考職官考十二樞密院條作「元豐改官制，……細務分隸六曹，專以兵機軍政爲職，而契丹國信民兵牧馬猶總領焉。」史志「總領仍舊隸」云云欠妥，當改從通考。

曰支差房，掌行調發軍。

案：「軍」字上或下當脫一字。

曰在京房，掌行殿前步軍司事，支移兵器，川陝路邊防及畿內福建路吏卒軍頭，皇城司衞兵。

案：掌行陝西路諸府州軍吏卒及西界邊防蕃官者已有河西房，疑此條之「川陝」當作「川峽」。

熙寧初。滕甫言：『中書密院議邊事多不合：趙明與西人戰，中書賞功而密院絳約束。郭逵修堡柵，密院方詰之，而中書以下褒詔。願大臣凡戰守除帥，議同而後下。』神宗善之。

案：此段文字與王明清揮麈後錄卷一宰相樞密分合因革條所載全同。會要及通考俱不載此事，長編亦適闕治平四年至熙寧三年諸卷。今檢楊仲良長編紀事本末卷八三「种諤城綏川」篇治平四年九月載：

是月，中書樞密院議邊事多不合：趙明與西人戰，中書賞功而密院降約束；郭逵修堡寨，密院方詰之，而中書已下褒詔。御史中丞滕甫言：『戰守大事也，安危所寄。今中書欲戰，密院欲守，何以令天下？願敕大臣：凡戰守除帥，議同而後下。』上善之。

是其事在治平末年神宗已即位未改元之時，謂在熙寧初，誤也。又「降」作「絳」，「已下」作「以下」，亦俱誤。

靖康元年知樞密院事李綱言：『在祖宗之時，樞院掌兵籍虎符，三衙管諸軍，率臣主兵柄。』

案：「率臣」當爲「帥臣」之誤。

元豐五年將改官制，議者欲廢密院歸兵部，帝曰：『祖宗不以兵柄歸有司，故專命官以統之，互相維制，何可廢也。』於是得不廢。帝又以樞院聯職輔弼，非出使之官，乃定置知院同知院二人，副使悉罷。

案：合璧事類於樞密院門載此事，云出續會要。通考宋史與之全同而抹去出處。長編卷三二五元豐五年夏四月丁丑記呂公著出知定州事，夾註中附載神宗正史職官志一段，亦與此全同，唯於「五年」下有「六月」二字，於「定置知院同知院二人」句下更有數語云：

時有知院事孫固，同知院事呂公著，韓縝，凡三員，官制既行，上欲以禮退公著，逡巡數月，公著始請補外，乃以資政殿學士出知定州。

合璧事類雖刪去此段不載，其餘字句畢同，則其所云出自續會要者，疑即續會要所載神宗史志之文。然神宗史志所載此事亦自有誤，樞密院職事之釐正，實錄實作四年，故長編即依據實錄之說而刪削神宗史志此文，改繫於元豐四年十一月二十二日甲辰（卷三二〇），並於其下附考語云：

志稱五年，誤也。定密院兩員之制恐非事實。「欲以禮退公著，」必史官評詞。公著明年四月丁丑罷，自緣議論不合耳。……志所稱「定置知院同知院二人，」與四年十一月二十二日甲辰實錄所書「樞密院置知院同知院，餘悉罷」蓋不同：實錄初不限員，疑志或有差誤。當是「置知院一人，同知院二人」而志偶脫「一人」字，故於公著遂加誣詞；不然作志者將以此譏公著也。今略删潤其辭，更須詳考。

知院同知院員額若干，李氏既未能考定，其孰是孰非固自難知，然釐正樞密院職事之年份則合依實錄之文而改作「四年」也。

七年……又詔立班序立依宰相例。

案：會要朝儀班序門載：「七年二月九日詔新樞密使秦檜立班序依宰相例」（儀制三之四七）史志「依」上衍「立」字。

都承旨舊用院吏遞遷，熙寧三年始以東上閤門使李評爲之，又以皇城使李綬爲之副。更用四人自評綬始。是月詔都承旨副都承旨見樞密副使如閤門使禮。

案會要樞密院門載：

〔熙寧〕二年八月二十二日樞密都承旨左監門衞將軍元仁政爲左藏庫使，榮州團練使除宮觀差監東上閤門使李評爲樞密都承旨。都承旨舊用閤門使已上或大將軍，其後專用樞密院吏，而更用士人復自評始。

九月一日詔近復以士人爲樞密都承旨，歷年不除，樞密院接遇及所領職事都無可考驗，可令史院檢尋。如無，即中書評定以聞。

是月八日又以皇城端州團練使李綬充樞密副都承旨。尋詔樞密都承旨副都承旨見樞密使副並如閤門使禮。……（以上俱職官六之四）

通考都副承旨條亦載：

熙寧二年始以東上閤門使李評爲樞密都承旨，李綬爲之副。不用院吏而更用士人自評始也，（續會要。初，評受命，文潞公爲樞使，以舊制見，不爲禮，評訴於上，命檢故事，不獲，乃詔都承旨副承旨見樞密使副並如閤門使禮。）

據此則史志之「三年」「四人」及「見樞密副使」，乃「二年」「士人」及「見樞密使副」之誤。

又史志既亦謂更用士人自李評李綬始，而於其前幷未載「舊用閤門使已上或大將軍」之事，則「更」字無所承，當補入其事方合。

又案汪應辰石林燕語辨卷九辨樞密承旨舊用士人條云：

熙寧三年始用李評爲樞密都承旨，評乃武官。五年始以曾孝寬充史館修撰兼都承旨。此止舉李評而云「至今行之，」非也。

其意蓋以爲李評既爲武官，則不得謂都承旨更用士人始於此也。然查合璧事類後集一七樞密門都副承旨條引續會要云：

熙寧五年以尙書比部員外郎集賢校理同修起居注曾孝寬爲起居舍人充史館修撰兼都承旨。先是或用士人亦止於右職中選用，文官兼都承旨自孝寬始也。

其中所謂「或用士人亦止於右職中選用」者，即指李評而言，蓋評所任雖武職而仍不害其爲士人也。汪氏辨正云云，非是。

檢詳官，熙寧四年置。視中書檢正官。元豐初定以三員，及改官制，置之。建炎三年復置檢詳兩員。

案：通考檢詳條作「……元豐三年詔定置三員。及改官制，檢詳官尋罷。建炎三年樞密院請依祖宗朝置檢詳諸房文字兩員。」知史志「置之」爲「罷之」之誤。又檢詳官之立定員額在元豐三年，不應作「元豐初」。

編修官，隨事置，無定員，以本院官兼者不入御。

案：「御」當作「銜」。又咸淳臨安志卷四承旨檢詳編修門載胡渠題名記有云：『檢詳之職掌考核文書，編修之職掌删潤時政，故專用文臣。至於叶贊帷籌，與聞朝論，其責一也。』史志於職掌不載一字，非是。

神宗謂存等皆館職，不欲令承旨提舉，詔改爲管幹。

案「管幹」當作「管勾」。南宋因避高宗嫌名方改「勾」爲「幹」，神宗時未改也。

紹興二年詔置修政局，令百官條具修車馬備器械，命右相秦檜提舉，參知政事同領之。

案：會要、合璧事類及通考俱未載修政局事。檢繫年要錄卷五十四載：

〔紹興二年五月〕丙戌詔置修政局。時尙書左僕射呂頤浩旣督軍於外，右僕射秦檜乃奏設此局。命檜提舉，而參知政事翟汝文同領之。……仍詔侍從、臺省寺監官、監司守令，各書所見，言省費裕國強兵息民之策。

監察御史劉一止言：『宣王內修政事者亦修其車馬器械之政而已。如緩其所急，先後倒置，何修爲哉。今不過簿書獄訟與官吏遷除、土木營造之務，未見所當急也。』

朝野雜記甲集五修政局條云：

紹興二年呂元直秦會之同相，元直督軍於外，會之欲奪其柄，乃置修政局自領之，詔職事官及守令以上言省費裕國強兵息民之策。

據此兩書所載，則當修政局建置之始，所詔中外百官共同講求者，爲「省費裕國強兵息民」之大策，其「修車馬備器械」云云乃劉一止應詔上言時所論及之一事，而史志卽以此爲所降詔旨之內容，非是。

宰相今雖知兵，而財谷出入之原宰相猶未知也。望法李唐之制：委宰相兼領三司使職事，財谷出納之大綱，宰相領之於上而戶部治其凡。

案：會要國用司門載此疏節文，「財谷」作「財穀」，「治其凡」作「治其詳」。（職官六之二〇）

右丞相陳自強兼國用事。

案：「事」字當從會要作「使」。

編修敕令所提舉（宰相兼）同提舉（執政兼）詳定（侍從官兼）刪定官（就職事官內差兼），掌裒集詔旨，纂類成書。紹興十二年罷。乾道六年復置詳定一司敕命所，以右丞相虞允文提舉，參知政事梁克家同提舉。淳熙十五年省罷。紹熙二年復置局。慶元二年復置提舉，以右丞相余端禮兼，同提舉以參知政事京鏜兼，仍以編修敕令所爲名。

案：編修敕令事在北宋時已屢差宰臣提領，事已則罷（參會要職官四之四五所載徐度等言）。紹興十二年所罷者蓋卽紹興某年所建置以編修高宗初年之詔旨敕令者，史志不載其建置而突卽述其廢罷，極爲不合。又編修所之名稱，北宋時已有改易，或爲編修敕令所，或爲詳定一司敕令所（見本志卷一提舉修敕令條所載大觀三年事），非至乾道六年始有詳定之名也。

又案：此條當與本志卷一提舉修敕令條删併爲一。

二、三司使

太平興國八年分置三使。

案會要三部勾院門載：

太宗太平興國五年十月合三勾院爲一，以比部員外郎樊廷讓判。

十一月大理評事陳恕爲右贊善大夫同勾當三司勾院。（職官五之二三。長編卷二十一同）

據此則是宋代設置三司之初原卽分置三使，至興國五年併而爲一，八年又復分而爲三。史志於前此分合略不言及，唯自八年之分置三使說起，非是。

咸平六年罷三部使，復置三司一員。

案長編卷五十五載：

〔咸平六年七月〕甲辰復幷三司鹽鐵度支戶部勾院爲一，命著作郎直史館陳堯咨兼判之，從堯咨所請也。（會要職官五之二四所載略同）

據此則史志「三司」二字上當有「判」字。

又案：史志記三司之分合卽以前條爲止。檢長編八十七載：

〔大中祥符九年六月〕丙申虞部員外郎張懷寶、祕書丞韓庶、戶部判官著作郎直史館梁固、分判三司鹽鐵度支戶部勾院，賜庶緋魚。先是，起居郎樂黃目判三司勾院，三司使馬元方言其不稱職，罷之。上謂王旦等曰：『人言三司官不欲數易，蓋吏人幸其更移，不能盡究曹事之弊𡚁。又勾院乃關防之局，官卑權輕，難舉其職。』旦曰『三部勾院爲一司，實爲繁劇，縱使重官爲之，徒益事勢，於勾稽則愈疎矣。若復分三部設官，選才力俊敏者主之，庶乎分減簿領，稍得精意。』故命懷寶等分領焉。（會要職官五之二四所載略同，惟未出王旦名）

是在咸平末年旣併之後，經十餘年又復分置三使。史志不載，非是。

戶部掌天下戶口稅賦之籍，榷酒工作衣儲之事以佐邦國之用。

案「榷酒」句疑有譌誤。

鹽鐵分掌七案：一曰兵案（掌衙司軍將大將四排岸司兵卒之名籍，……景德二年併度支案爲刑案。）

案：夾註末句「度支案」疑爲「度支院」之誤。

二曰胄案（掌修護河渠，給造軍器之名物，及軍器作坊弓弩院諸務諸李料籍）

案：「諸李」當作「諸季」。

度支分掌八案：一曰賞給案（掌諸給賜賻贈例物……市舶權物務三府公吏）

案「權物務」當作「榷物務」

四曰麴案（掌榷酤官麵）

案：「官麵」當作「官麴」。

催驅司（掌督京城諸司庫務末帳）

案：「末帳」疑當作「季帳」。

衙司……掌大將、軍將名籍，第其勞而均其役使。

案「勞」下疑當有「逸」字。

三、翰林學士院

其餘除授并御札，但用御寶封，遣內侍送學士院鎖門而已。至於赦書德音則中書遣吏持送本院，內侍鎖院如除授焉。凡撰述皆寫畫進入，請印署而出。中書省熟狀亦如之。

案會要翰林門引兩朝國史志云：

其餘除授并御劄，天子不御小殿、不宣學士、但用御寶封中書熟狀，遣內侍送學士院鏁院門而已。至於赦書德音則中書遣吏持送本院，而內侍鎖院如除授焉。（職官六之四六）

史志「御寶封」下亦當依兩朝史志增「中書熟狀」四字。

若已畫旨而未盡及舛誤，則論奏貼正。

案會要引神宗史志（職官六之五一）及通考翰林學士條，「未盡」上俱有「有」字。

有獻納則請對。

案神宗史志及通考「請對」下俱有「或奏對」(「對」疑當作「封」)三字。

靖康元年吳幵等奏:『大禮鎖院麻三道以上係雙學士宿直分撰,乞依故事。』從之。

案通考「雙學士」作「雙宣學士」。會要翰林院門載:

欽宗靖康元年四月二十三日翰林學士吳幵等言:『契勘大禮鎖院麻三道以上,係雙宣學士宿直分撰,今月十六日鎖院麻六道,止係權直院莫儔獨宿,欲乞今後遇三道以上,雙宣二員。』從之。(職官六之五三)

孫覿鴻慶居士集卷三十翰林莫公內外制序亦云:

翰林故事以學士二員分直,朝廷有大除拜過二制而上則併召二員者,謂之「雙宣」。

史志「雙」字下須補入「宣」字。

四、侍讀侍講

宮觀兼侍讀:元豐八年五月資政殿大學士呂公著兼侍讀,提舉中太乙宮兼集禧觀公事……中興以來如朱勝非張浚謝克家趙鼎万俟卨並以萬壽觀使兼侍讀。隆興元年張燾以萬壽觀、湯思退以醴泉觀、並侍讀。乾道五年劉章以佑神觀兼焉。

案此段全出於通考職官考翰林侍讀學士條,通考則抄自合璧事類後集二三經筵門者。其「中興以來」以下諸句,合璧事類原作:

中興以來如王大資□朱丞相勝非張大資浚謝參政克家趙觀文鼎万俟資政卨並以萬壽觀使兼侍讀。隆興元年張大資燾以萬壽、湯大觀思退以醴泉,並兼侍讀。乾道五年劉敷制章以佑神兼侍讀。(係以中興會要修入)

查繫年要錄及宋宰輔編年錄,王綯於建炎四年五月乙卯充資政殿大學士提舉萬壽觀兼侍讀,則合璧事類所舉之第一人必即王綯。然刻本中於「大資」下空一格而未刻「綯」字,通考轉抄此文,不唯未補「綯」字,且併其空格取消,史志再抄通考,因不知王大資本名爲何,遂並「王大資」三字而亦削去矣。又「湯思退」句「並」下脫「兼」字。

臺諫兼侍讀:自慶曆以來臺丞多兼侍讀。諫長未有兼者。紹興十二年春万俟卨以中丞、羅汝檝以諫議、始兼侍讀，自後每除言路必兼經筵矣。

案此本朝野雜記乙集十三「祖宗時臺諫不兼經筵」條中之一段，合璧事類首加引錄，且刪潤之略如上引，通考轉錄合璧事類，史志又自通考轉錄。然雜記謂「紹興十二年万俟中丞卨，羅諫議汝檝並兼講讀」，繫年要錄卷一四四紹興十二年三月庚子亦載御史中丞万俟卨兼侍講，左諫議大夫羅汝檝兼侍讀事，知雜記之所謂「並兼講讀」者即一人兼侍講一人兼侍讀之意，合璧事類於此句幷無改動，通考因輾轉傳寫乃誤「並兼講讀」爲「並兼侍講」，史志亦蹈襲其誤。

又案，雜記又謂：

紹興十二年春万俟中丞卨、羅諫議汝檝，並兼講讀。蓋秦楚材梓是時已兼說書，便於傳導。自後伯陽繼之，每除言路必兼經筵矣。

繫年要錄一五六紹興十七年夏四月辛丑亦載：

監察御史余堯弼進殿中侍御史，右正言巫伋兼崇正殿說書。自秦熺兼侍讀，每除言路必與經筵。朝廷動息，臺諫常與之相表裏焉。

合璧事類等書均節去秦梓秦熺事不載，史志亦未檢原書補入，非是。

又案：「自後每除言路必兼經筵」句下，雜記原有「檜死遂罷兼」句，合璧事類削去不載，通考及史志亦遂闕之。查繫年要錄卷一七一紹興二十六年正月癸丑載：

翰林學士陳誠之兼侍讀，尚書吏部侍郎張綱兼侍講，起居舍人王綸兼崇政殿說書。自秦熺侍經席，講讀說書官多以臺諫兼之。至是悉命從官，如舊制。

此可證「檜死罷兼」之說爲不誤。截去該句則似謂終南宋之世並未改正者然，非是。

翰林侍講學士……故事自兩省臺端以上兼侍講，元祐中司馬康以著作佐郎兼侍講。時朝議以文正公之賢，故特有是命。

案：此段亦間接本之朝野雜記。雜記甲集卷十「庶官兼侍講」條云：

故事：經筵官自兩省臺端以上並兼侍講，若大卿監以下則止兼崇政殿說書。元祐中司馬公休以著作佐郎兼侍講，時朝議以文正公之賢，故特有此命。

「大卿監以下止兼崇政殿說書」句，通考及史志均節去不載，殊無以見司馬康除授之超。雜記爲私家著述，所記又均本朝事，故其稱司馬康則以字，稱司馬光則以謚，史志爲官書，且修於易代之後，對有宋一代臣僚唯有稱名之例，今乃僅改司馬公休爲司馬康，而於文正公則襲用不改，亦非是。

紹興五年范沖以宗卿、朱震以秩少並兼，蓋殊命也。

案：此條起「紹興五年」迄下文「故稍優之」句，均出朝野雜記乙集十三庶官兼侍講條，然亦輾轉引錄者。「秩少」當從雜記及通考作「祕少」。

臺諫兼侍講：慶曆二年召御史中丞賈昌朝侍講邇英閣。故事：臺丞無在經筵者，仁宗以昌朝長於講說，特召之。神宗用呂正獻亦止命時赴講筵，去學士職。中興後王賓爲御史中丞，見請復開經筵，遂命兼講。自後十五年間，繼之者惟王唐徐俯二人，皆出上意。紹興十二年則万俟卨羅汝楫，紹興二十五年則正言王珉殿中侍御史董德元，並兼侍講。

案此段亦出朝野雜記。在雜記中本散見於兩條內，合璧事類首加删併略如上段，通考卽用合璧事類之文，史志又自通考轉錄。雜記乙集（十三）祖宗時臺諫不兼經筵條云：

祖宗時臺諫例不兼講讀，蓋以宰執間侍經席，避嫌也。神宗命呂正獻，亦止命時赴講筵，去學士職。中興後王尚書賓爲御史中丞，建請復開經筵，遂命兼侍講。自後十五年間，繼之者爲王唐公徐師川二人，皆上意也。紹興十二年春万俟中丞卨、羅諫議汝楫，並兼講讀，蓋秦楚材梓是時已兼說書，便於傳導。自後伯陽繼之，每除言路必兼經筵矣。檜死遂罷兼。（自二十五年十月至三十二年臺丞諫長兼經筵者止三人）慶元後臺丞諫長洎副端正言司諫以上無不預經筵者。未及兼者唯張伯子李景和二人云。

同書同卷非臺丞諫長而兼侍講條云：

紹興二十五年春董殿院德元，王正言珉，並兼侍講，非臺丞諫長而以侍講爲稱，又自此始。

合璧事類對此二段僅有删削，無所更改。通考亦一仍合璧事類之舊，幷其所注出典而亦轉載之，讀者猶可據以覆覈原書。史志削去出典，且多所改易，遂平添若干舛誤：一、删去雜記中「宰執間侍經筵，避嫌也」句，遂無以見臺丞例不兼講讀之故。二、前於臺丞兼侍讀條謂「紹興十二年春万俟卨以中丞、羅汝檝以諫議，始兼侍讀」，此條又謂「紹興十二年則万俟卨、羅汝檝……並兼侍講」，前後相隔未及一葉，乃自相矛盾如此。三、改徐師川爲徐俯，以就官史稱名之通例，是已：然「正獻」爲呂公著之謚號，何以仍而未改？「唐公」爲王綯之字，何以删去「公」字？查呂公著於神宗時凡三入經筵，名臣碑傳琬琰集呂公著傳備載其事，其以御史中丞兼則當在熙寧二三年內。宋史公著傳雖不載其兼經筵事，然其於熙寧二年爲中丞，卒後謚號曰正獻，則均明載其事，志中乃不知檢照改正，其殆誤認神宗時另有一姓呂名正獻之臺諫官矣。復查會要翰林院侍讀侍講門載：

紹興元年二月十六日詔刑部尚書胡直孺兼侍讀，以中書門下省言『兼侍講秦檜除參知政事，止有侍讀王綯一員』故也。

四月九日詔賜侍讀王綯胡直孺御書杜詩扇面（職官六之五九）

王綯字唐公，張守爲撰墓銘，收入毘陵集中，所述王氏事歷極詳。外此更有孫覿鴻慶集卷三二跋呂吉甫與外曾孫李𥳑帖云：

明受之亂，頤浩遂相。時余領戶部，工部尚書王綯唐公詣府白事。……

宋凌萬頃玉峯志卷之中人物門亦載：

王綯字唐公，秦正懿王審琦五世孫。建炎己酉爲御史中丞，自建康扈從至鎮江，……後拜參知政事，以和議不合求去。

宋史集不立綯傳，然宰輔表中則載其除罷參知政事諸節，王氏既曾參大政，有關其身世行實之史料亦尚不鮮，乃既已疑及唐公或爲封贈之名號，復不稍加考稽以求其本名，卽無端删去「公」字以彌縫了事，使朝野雜記不幸而早經亡佚，不又將使人誤信果有王唐其人耶。又「見請」當從雜記作「建請」。

諫官自詹元宗，乾道九年十二月。

案此亦出朝野雜記非臺丞諫長而兼侍講條。今本雜記合璧事類及通考亦俱作「詹元宗」，獨會要作「詹亢宗」（職官六之六二）。查南宋館閣錄（七）所載乾道之著作佐郎內有詹亢宗，字道子，會稽人，乾道九年之任侍講者必卽此人，則以從會要作「亢」爲是。

宮觀兼侍講，國初自元豐以來，多以宮觀兼侍讀。乾道七年寶文閣待制胡銓除提舉祐神觀兼侍講。

案此條與通考全同。查合璧事類侍講條「宮觀兼充源流」事目下引中興會要之文與通考所載全同，知通考即出於此。然中興會要原作「國朝自元豐以來」，通考以傳寫之故而誤「朝」爲「初」，史志遂亦蹈襲其誤而致不詞，當改正。又「祐神觀」當從會要及通考作「佑神觀」。

五、崇政殿說書

崇政殿說書：掌進讀書史，講釋經義，備顧問應對。學士侍從有學術者爲侍講侍讀，其秩卑資淺而可備講說者則爲說書。

案：會要、合璧事類、通考俱不載此段，未知史志採自何書。然所謂「進讀書史，講釋經義，備顧問應對」者，實爲侍讀侍講及說書之共同職責，非僅說書之職掌也。應敍入侍讀學士條內。其「學士侍從」以下云云，則與侍讀條重，當删。

仁宗景祐元年正月命賈昌朝趙希言王宗道楊安國並爲崇政殿說書，日輪二員祗候。初，侍講學士孫奭年老乞外，因薦昌朝等，至是特置此職以命之。慶曆二年以趙師民預講官，復爲崇政殿說書，不兼侍講。元祐間程頤以布衣爲之。然范祖禹乃以著作佐郎兼侍講，司馬康又嘗以著作佐郎兼侍講，前此未有也。

案此段與通考全同。通考爲錄用合璧事類之文而稍有改易者。合璧事類述崇政殿說書之沿革一段云：

仁宗景祐元年正月命賈昌朝趙希言爲崇政殿說書。初，侍講學士孫奭年老乞外，因薦昌朝等，至是特置此職以命之(續會要)。慶曆二年以趙師民預講官，復爲崇政殿說書(職官分紀)。蓋秩卑資淺則爲說書，不兼侍講。元祐間程正叔以布衣爲之，然范淳夫乃以著作佐郎兼侍講，司馬公休又嘗以著作佐郎兼侍講，前此未有也。(呂原明家塾廣記)

又於「輪員祗候」事目下別載日曆之文云：

景祐元年命賈昌朝趙希言王宗道楊安國並爲崇政殿說書，日輪二員祗候(日

曆）

通考刪併此二段爲一，其層次則與合璧事類仍同。史志除刪去「蓋秩卑資淺則爲說書」一句外，又與通考不稍異，則其爲勦襲通考絕無可疑。然司馬康事與侍講學士條實嫌重複，當刪去。

蔡密呂瓘仍遂其性，詔以仕服隨班朝謁入侍。

案自雜記至通考「仕服」俱作「士服」，當據改。

近事：侍從以上兼經筵則曰侍講，庶官則曰崇政殿說書，故左史兼亦曰侍講。

案：合璧事類有此段，不載於崇政殿說書沿革文內，而別載之於「庶官曰說書」事目之下，原文作：

近事：侍從以上兼經筵則曰侍講，庶官則曰崇政殿說書。故左史兼亦曰侍講。如程敦厚趙衞是也（周益公集）。

通考僅移此段入於述沿革之正文內，未改易一字。檢周必大二老堂雜誌卷二侍講說書條，原文亦與此不異，唯「左史兼」作「左右史兼」。左史者起居郎，右史者起居舍人也。查繫年要錄一四七紹興十二年十月辛巳載「起居舍人程敦厚兼侍講」事，同書卷一五四紹興十五年九月辛酉載「起居郎趙衞兼侍講」事，是則合璧事類及通考蓋誤脫一「右」字也。通考此段下亦明著其出處，而修史志者乃不知檢照補入。然此猶可說也。至周必大之所謂「近事」者，實即指高宗紹興以來而言，謝維新馬端臨亦皆南宋末人，故不妨承而用之。元人修宋史而亦沿之，則「近事」者果指何時言哉？須改作「南渡後」方可。又史志刪去程敦厚趙衞之名，亦極無當。（疑此必由於不敢確斷通考所載究爲二人本名抑或字號之故。程敦厚字子山，趙衞字幹臣，見南宋館閣錄七八兩卷）

紹興十二年万俟卨羅汝檝並兼講讀。蓋秦梓時已兼說書，便於傳道。秦熺復繼之，每除言路必預經筵。檜死始罷。

案万俟卨羅汝檝事至此已三見矣。然唯此處作「並兼講讀」爲不誤。「每除言路必預經筵」，亦已兩見。

正言兼說書自端明巫伋始，副端兼說書自端明余堯弼始，察官兼說書自少卿陳夔始。

案此亦雜記非臺丞諫長而兼侍講條之文。史志亦自通考轉抄來者。查繫年要錄卷一五六紹興十七年四月辛丑載「右正言巫伋兼崇政殿說書」，九月甲申載「殿中侍御史余堯弼兼崇政殿說書」，卷一五八紹興十八年十月戊午載「監察御史陳夔兼崇政殿說書」。與雜記所載均合，而無「端明」「少卿」等稱謂，蓋「端明」「少卿」乃巫伋余堯弼陳夔所終之官，雜記如此稱之自可。史志則合删去。

修注兼說書自朱震始。修注官多得兼侍講。

案此二句極不成文理。蓋雜記「修注官以史院易經筵非故典」條劈頭卽爲「自朱子發後修注官多得兼侍講」二句，此乃因其於「庶官兼侍講」條內已有「紹興五年閏二月范元長以宗卿、朱子發以祕少並兼之，蓋殊命也」等語，故卽以此遙承之，語意本極明白，謂自朱氏以祕少得兼侍講之後，開祕少兼侍講之端，故以後之修注官遂亦多得兼之，絕非謂朱氏始以修注官而兼崇政殿說書也。通考既已將雜記庶官兼侍講之文載入翰林侍講學士條內，於此乃復漫不加察，妄改「自朱子發後」句爲「修注兼說書自朱子發始」(合璧事類無此句)，與下句文義既格不相通，與事實更復大背。史志除改用朱氏本名外，餘均照抄通考妄改之文。

開禧三年十一月王簡卿知諫院爲左史仍兼崇政殿說書，言者以爲不可，罷之。

案此亦轉抄通考所錄雜記之文。查宋史四〇五王居安傳云：

> 王居安字資道，黃巖人。始名居敬，字簡卿，避祧廟嫌，易之。……誅韓侂胄，居安實贊其決。翼日擢右司諫。……遷起居郎，兼崇政殿說書，於是爲諫官才十有八日。

會要翰林侍讀侍講門亦載：

> 〔開禧三年〕十一月左司諫王居安兼侍講。

史志此條合改用王氏本名。

六、諸殿學士

觀文殿大學士學士之職，資望極峻，無吏守，無職掌，惟出入侍從備顧問而已案此段全自通考抄來。查通考職官考八於觀文殿大學士學士、資政殿大學士學士、端明殿學士諸條之前，冠以總敍一段，題曰總學士。於龍圖閣學士直學士待制、天章閣學士直學士待制、寶文閣學士直學士待制、顯謨閣學士直學士待制……等條之前、冠以總敍二段，其一題曰總閣學士直學士，其二題曰總待制。於集英殿修撰、右文殿修撰、祕閣修撰……等條之前，冠以總敍一段，題曰總閣職。此本全自合璧事類之殿學門抄來。而合璧事類第一段之題名原爲總殿學士，通考中之「殿」字蓋以傳寫而脫，其該段總敍全文云：

宋朝殿學士有觀文殿大學士、學士，資政殿大學士、學士，端明殿學士。殿學士資望極峻，無吏守，無典掌，惟出入侍從備顧問而已。觀文殿大學士，非曾爲宰執不除。觀文殿學士，資政殿大學士及學士，並以寵輔臣之去位者。端明殿學士惟學士久次者始除，近歲以待簽樞云。

其中旣處處以「殿學士」爲言，知其題目中亦斷不得缺一「殿」字。又查會要學士門引兩朝國史志云：

殿學士：觀文殿大學士、學士，資政殿大學士、學士，端明殿學士，資望極峻，無吏守，無典掌，惟出入侍從備顧問而已。觀文殿大學士，非曾爲宰相不除。觀文殿學士，資政殿大學士及學士，並以寵輔臣之去位者。端明殿學士，惟學士久次者始除。（職官七之一）

合璧事類實全錄此文，則通考題中爲誤脫「殿」字更可證明。史志見通考題中旣無「殿」字，遂幷其「殿學士資望極峻」句中之「殿」字亦爲删去，而作「學士之職」云云，是則翰林學士及諸閣學士似莫不包括在內矣，殊爲未合。又案：史志於通考之總閣學士直學士條則照錄而冠於諸閣學士之前，於總待制總閣職二條則槪棄不錄，於總殿學士條則又僅取右錄諸語，是於通考體例似亦未甚明悉也。

熙寧中韓絳宣撫陝西河東，得罪罷守本官。四年用明堂赦授觀文殿學士，宰相不爲大學士自絳始。中興後非宰相而除者自紹興二十年蔡𢢽始。𢢽知樞密院郊祀大禮使，禮成以學士遷，且視儀揆路，非典故也。……曾爲宰相而不爲大學士者，自紹興元年范宗尹始。

案此段全出通考，通考則抄襲合璧事類而又有所增益者。然既云宰相不爲觀文殿大學士自熙寧中之韓絳始，復云自紹興元年之范宗尹始，二者實相牴牾。蓋合璧事類所載即至「宰相不爲大學士自絳始」而止，通考增中興後一段，乃又忽略上文所載韓絳之事，遂成複重。史志竟亦照抄而未加審正。范事當删去或改正。又「蔡熿」當從諸書作「秦熺」。

熙寧中王韶以熙河功，元豐中王陶以官僚，雖未歷二府亦除是職，蓋異恩也。然韶猶兼端明殿龍圖學士云。

案「官僚」當從通考作「宮僚」。「龍圖」下沿通考脫「閣」字，當依會要(職官七之一七熙寧七年五月三日記事)補入。

資政殿大學士 資政殿在龍圖閣之東序。景德二年王欽若罷參政，眞宗特置資政殿學士以寵之。十二月復以欽若爲資政殿大學士。景祐四年王曾罷相復除。二十年間除三人，皆前宰相也。

案：通考於「資政殿大學士」下另疊「學士」二字，蓋此段乃兼敍大學士與學士二者，非專載大學士也。史志於通考文字既無所增删，自亦不合削去其「學士」二字。又查自眞宗景德二年至仁宗景祐四年，爲時逾三十年，「二十年間當從通考作「三十年間」。

康定二年。

案康定二年十一月丙寅改元慶曆，宋史紀年通例均從後來所定，當改作「慶曆元年」。

十六年秦檜弟梓以端明卒於湖州，進大資政致仕。

案繫年要錄卷一四六載：

〔紹興十二年冬十月〕戊申，敷文閣待制提舉萬壽觀兼侍講、資善堂翊善秦梓陞敷文閣直學士、權直學士院。檜言『臣兄老於翰墨，自聖明所知。今茲除授，非臣敢預』

是則梓爲檜兄，史志作檜弟，誤也。同書卷一五五又載：

〔紹興十六年二月〕癸丑，端明殿學士知宣州秦梓移知湖州，未上，卒於建康。辛酉除資政殿大學士，致仕。

是則梓乃卒於建康，謂爲湖州亦誤也。

端明殿學士　端明殿卽西京正衙殿也。後唐天成元年明宗卽位之初，四方書奏命樞密使安重誨進讀，懵於文義，孔循獻議始置端明殿學士，命馮道趙鳳俱以翰林學士充，班在翰林學士上，後有轉改，止於翰林學士內選任，初如三館例，職在官下，趙鳳轉侍郎，諷任圜特移職在官上，後遂爲故事。

案此條亦全抄通考成文。其本源則出於薛居正舊五代史職官志內職門。合璧事類及通考皆通各代而爲考，故於端明殿學士之建置摘錄五代史志之文而著其所始，然此何與於宋代職官之事。而宋史乃亦襲用之哉？右一大段當一概删削。

自明道訖元豐無前執政爲之者，僅以侍學士之久次者。

案：「侍」當作「待」。

七、諸閣學士

總閣學士直學士……直龍圖閣，省寺監掌貳補外，或領監司帥臣則除之。

案：「省寺監掌貳」當從通考作「省郎寺監長貳」。

尙待二年加直學士。

案：「尙待」當從通考作「尙書」。

又案：通考於總閣學士直學士條下另有總待制一條，其文曰：

宋朝景德元年置龍圖閣待制，以杜鎬戚綸充，並依舊充職，祥符二年詔班視知制誥，列其下。元祐令，從四品。掌侍從，備顧問，有所獻納則請對或奏對（案「對」當作封）。劉摯言待制學士之選太濫（見學士門）王巖叟亦言：『待制祖宗之時其選最精，出入朝廷纔一二人，今立法無定員，將一年待制滿朝，必有車載斗量之謠。』

史志記諸閣學士及待制之文字及次第，旣一依通考，則此條亦當補入。

待制，景德元年置，以杜鎬戚綸爲之。

案：「戚綸」當從通考作「戚綸」。

集英殿修撰：國初有集賢殿修撰、直龍圖閣、直祕閣三等。

案上諸語本載在通考總閣職條內，其全文云：

宋朝祖宗以來重之。有集賢殿修撰(後改右文殿)、直龍圖閣、直祕閣三等。政和四年二浙福建諸路監司郡守往往交通內官，多以應奉有勞遷職，遂有未嘗朝覲天子而忽爲待制班從官者，蔡京不樂，六年因增其目，置修撰，與舊爲三等：曰集英殿修撰，右文殿修撰，祕閣修撰。直閣與舊爲六等：曰直龍圖閣、天章、寶文、顯謨、徽猷、祕閣。朝廷除授自此濫矣。舊貼職無雜壓，至是因增置乃定爲雜壓(蔡攸國史外補)。

紹興十年置直敷文閣，淳熙十五年置直煥章閣。淳熙令自集撰至直祕閣爲貼職。中興後直閣爲庶官仕藩閫監司者貼職，各隨高下而等差之。

史志當全段補入，別作一條，置集英殿修撰條前。

右文殿修撰　元祐元年許內外官帶貼職。紹聖二年詔職事官罷帶職。易集賢殿學士爲修撰。政和六年以集賢院無此名，其見任集賢院修撰並改爲右文殿修撰，次於集英殿修撰，爲貼職之高等。

案此段亦全出通考，唯「易集賢殿學士」句通考「殿」原作「院」。查汪應辰石林燕語辨卷五辨集賢端明二學士銜條云：

唐弘文館集賢殿學士，有非宰相而爲之者。…明皇以集仙殿爲集賢殿，麗正書院爲集賢院，殿與院不同，此云集賢院，非也。

此說甚是。宋史宰輔表中所載各宰臣兼領之職亦俱作「集賢殿大學士」，不作集賢院。然所不可解者，凡以學士稱者，則例作集賢院學士，不作集賢殿，如石林燕語辨卷二辨集賢院學士與除待詔沿革條云：

集賢院學士錢若水、陳恕、郭贄皆自前執政除，非獨吳正肅也。呂祐之、呂文仲、李維、盛度皆自翰林學士，晁迥自翰林學士承旨除，非獨劉原甫也。李行簡自龍圖閣待制除，非獨元厚之也。又有自集賢殿學士除待制者：陳升之、李大臨、陳繹、曾布、鄧綰、沈括、豐稷皆是。…

宋史以上諸人傳亦俱作集賢院而無一作集賢殿者。宋代以集賢院與昭文館史館並稱三館，禁內實無以集賢爲名之殿，而此段所載政和六年詔旨反謂『集賢院無此名』，參差錯出，未知果以何者爲正也。

直龍圖閣…凡館閣之久次者必選直龍圖閣。

案：「凡」字下當從通考補「除」字。

故事：外官除館職，如祕閣校理直祕閣者，必先移書在省執事，叙同僚之好，乃即館設盛會宴之。自崇寧以來外官除館職既多，此禮寖廢。

案：宋史直祕閣條全文，起「國初以史館」云云，迄上段末「此禮寖廢」句，均自通考勦襲來者。通考本之合璧事類，合璧事類則删併石林燕語中涉及祕閣之諸條而成。然亦均列作附注，不入正文，以其與祕閣館職之建置沿革等俱不相干也。史志列作正文，極無當。

八、東宮官

參政李昉兼掌賓客，及升首相，遂進少傅。

案：史志東宮官條除增入度宗時數事外，餘與通考職官考十四東宮官條全同，「遂進」下當依通考補「兼」字。

惟少師非經顧命不除。若因遷轉則遞進一官。

案：「若因遷轉」句上，通考有「若本官至尚書即除少傅，丞郎給諫只除少保」等語，史志蓋因上下兩「若」字而致脫去此十八字，當補入。

開禧三年史彌遠自詹事入樞府，乃進兼賓客。已而太子侍立，遂以丞相錢象祖兼太子少傅，明年景憲太子立，象祖兼少師，彌遠以右相兼少傅。未幾彌遠丁內艱，象祖亦去位

案：此段與通考同。然所叙各事前後節次殊淩亂。據宋史寧宗紀、宰輔表、及宋宰輔編年錄，開禧三年十一月丁亥詔立皇子榮王㦸爲皇太子，更名幬，是即景獻太子也。同年十二月乙丑以禮部尚書史彌遠同知樞密院事兼太子賓客。嘉定元年閏四月甲申，詔自今視事令皇太子侍立。乙酉，以錢象祖兼太子少傅。同年冬十月丙子以錢象祖爲左丞相兼太子少師，史彌遠爲右丞相兼太子少傅。同年十一月戊午彌遠丁母憂。十二月戊辰錢象祖罷相。是則起於太子之侍立，迄於錢象祖罷相，無一事不在嘉定元年，其間並無更易太子之事，何得於太子侍立，錢象祖兼少傅之下突出「明年景憲太子立」云云哉。又查太子幬後更名詢，嘉定十三年薨，謚「景獻」，作「景憲」亦非。玆改正其全文如下：

開禧三年景獻太子立，史彌遠自詹事入樞府，乃進兼賓客。明年太子侍立，遂以丞相錢象祖兼太子少傅。已而象祖兼少師，彌遠以右相兼少傅。未幾彌遠丁內艱，象祖亦去位。

又明年彌遠起復，遂兼進少師。

案此所謂「又明年」者，仍承上文之開禧三年而言，卽指嘉定二年也。彌遠以是年五月丙申起復，拜右丞相兼樞密使兼太子少師。前段須如上所改定，此處所舉年限方合。又「兼進」當從通考作「進兼」。

太子賓客……開禧三年景憲太子立。

案「景憲」當作「景獻」。

太子詹事……詔太子詹事過東宮講讀日並往陪侍。

案「過」當從通考及會要（職官七之二六）作「遇」。

太子左庶子……儲闈之建，隨宜制官，以備僚寀，多以他官兼領。

案：此與通考全同。「制官」當從會要所引兩朝史志作「置官」。

太子侍讀侍講……乾道七年禮部太常寺言：『討論東宮開講幷節朔賀慶辭謝禮儀……』

案、「乾道七年」以下一大段。俱非專限於太子侍讀侍講者，當摘出另作「東宮講讀及節朔賀慶辭謝禮儀」專條。通考亦附載於東宮各官員職事之後，不列入太子侍讀侍講條內。

謝辭初如常見之禮，後離位致詞，復位就坐，茶湯罷。

案：此與通考同。「罷」字下當從會要增「退」字（職官七之二八）

詹事初上參見皇太子，拜，皇太子答拜；庶子等初上參見，皇太子受拜。

案「庶子」句當從通考作「庶子等初上參見皇太子，拜，皇太子受拜」。

兼逐日致拜之禮，近例皆已不行。

案「逐日」當從會要及通考作「日逐」。

張士遜言：『臣等日詣資善堂參見皇太子，得令升階列拜，然後跪受，望令皇太子坐受參見』。詔不許。

案「得令」通考作「雖令」，會要作「猶令」，疑以會要爲是。

太子中舍人　舍人　至道天禧各置一人。

案「天禧」下當從通考補「建儲」二字。

親王府……又，皇姪皇孫侍教，南北伴讀，無定數。（大中祥符二年又有侍教之名，自是南北院或有伴讀。）

案長編卷四九載：

咸平四年九月乙亥，以國子監校勘官前知永年縣劉士元爲大理寺丞、南宮侍教。南宮北宅有侍教自此始。（本志云『大中祥符二年又有侍教之名』。按劉士元已見於咸平四年九月矣，本志或誤也。大中祥符二年二月又命李頎、時大雅爲南北宅侍教，非事始矣。）

李氏之所謂「本志」，當指三朝國史之職官志言，史志夾注中云云，當即間接本於該志舊文，於李氏所考論之點則未加參照，故仍沿舊志之失也。

卷　三

一、吏　部

凡文階官之等三十，武選官之等五十有六。

案：會要吏部門引神宗正史職官志，作「文階官之等二十有五」。

其屬有曰司封，曰司勳，曰考功。

案：「有」字下當脫「三」字。

元豐官制行，六曹尚書侍郎爲長貳，郎官理郡守以上資任者爲郎中，通判以下資序者爲員外郎。除授皆視寄祿官：高一品以上者爲行，下一品者爲守，下二品以下者爲試；品同者不用行守試。餘職準此。元祐初，置權尚書，奉賜依守侍郎，班序在試尚書之下，雜壓在左右常侍之下。又置權侍郎，如未歷給事中中書舍人及待制以上者，並帶權字，祿賜比諫議大夫。郎官雖理知州資序，未曾實歷知州及監司開封府推官者，止除員外郎。又詔職事官除去行字一等。

案：此乃總論六部尚書侍郎郎中及員外郎者，不以吏部爲限，則不當夾敍於吏部條內。查此段爲會要通考所不載，據山堂考索及合璧事類知其亦爲四朝國史志之文，然兩書均於六部之前有總敍六部尙書、侍郎、郎中及員外郎之文，此段即散見於各條之內。必如是其層次方覺淸晰。史志亦當移冠六部之前使爲獨立之一條。又「未曾歷知州及監司開封府推官」句，「推」下當從山堂考索及合璧事類增「判」字。

尙書掌文武二選之法，而奉行其制命。凡序位有品，寓祿有階，列爵有等，賜勳有給，分任有職，遷官有格。考其功過，計其歲月，辨其位秩而以序進之。

案：「賜勳有給」「辨其位秩」當從合璧事類後集二七吏部門所引四朝國史志作「賜勳有級」「辨其位次」。

右選分案六，置吏十有六：曰主事令史。

案：「令史」上當脫「曰」字。

紹興三年謝深甫張叔椿兼攝，始有侍左侍郎，侍右侍郎之稱。

案：謝深甫於寧宗慶元中曾任右相數年。「紹興」當爲「紹熙」之誤。

紹興三十一年，李端明正除尙右郎官。

案：「李端明」當從通考吏部郎條作「李端民」。

自是館學侍監臣拘礙資格，遷除不行。

案：「臣」當從通考作「丞」。

司封郎中，員外郎……內命婦之品五：曰貴妃，淑妃，德妃，賢妃　。曰大儀　，貴儀，淑儀，淑容，順儀，順容，婉儀，婉容，昭儀，昭容，昭媛，脩儀，脩容，脩媛，充儀，充容，充媛。曰婕妤。曰美人。曰才人，貴人。外內命婦之號十有四：曰大長公主。曰長公主。曰公主。曰郡主。曰縣主。曰國夫人。曰郡夫人。曰淑人。曰碩人。曰令人。曰恭人。曰宜人。曰孺人。

案；「外內命婦」句，「內」字蓋涉上文而衍。又檢會要司封部引神宗正史職官志，所載內命婦之品五，與此全同，外命婦之號則作九，自「郡夫人」而下，爲「郡君」「縣君」二者，無復「淑人」至「孺人」七種稱號。山堂考索及合璧事類司封郎中條亦俱作「外命婦之號九：自大長公主至縣君」。與此並異。查會要又云：

政和二年十二月二十二日御筆：『古者妻隨其夫之爵服。國家乘襲五代，事不師古，因陋循舊，或未有革。今命婦猶封縣君郡君，昔在元豐，改作未就。小君之稱，雖見於古，而裂郡縣以稱君，蓋非婦道。又等級既少，重輕不倫，全無差次，可依下項：通直郎以上，初封孺人，朝奉郎以上封安人，朝奉大夫以上封宜人，中散大夫以上封恭人，太中大夫以上封令人，侍郎以上封碩人，尚書以上封淑人，執政官以上封夫人，並各隨其夫之官稱封之。武臣準此。……』（職官九之七）

是知考索等書所載，皆北宋開國迄於政和初年之制，而史志所載則政和改定之新制也。然於舊制全不載，亦非是。

敍贈之制：三公宰臣執政節度使，三代。……

案：「敍贈」句當從會要所引神宗史志作「敍贈之制三」。

二年，詔父及嫡母存，不得請所生母封贈。所生母未封，亦不許先及其妻。

案：會要司封部載此詔節文云：

二年九月十五日詔：『父及嫡繼母在，不得封贈所生母，雖亡而未有官封者，不得獨乞封贈所生母。若父及嫡繼母所生母未有邑封者，不得獨乞封贈妻。』從吏部請也。（職官九之四）

此較史志稍詳。又史志「嫡」字下當增「繼」字。

司勳郎中　員外郎：……淳熙元年，復以司農寺丞范仲芑兼司勳，未幾改除，復省。

案：「范仲芑」當作「范仲芑，」仲芑見何異中興百官題名東宮官門。

考功郎中　員外郎：掌文武官選敍、磨勘、資任，考課之政令。凡命官隨所隸遷。以其職事其法於曆，給之於其屬州若司，歲書其功過，應升遷授者，驗曆按法而敍進之，有負殿則正其罪罰。

案：此段原出神宗正史職官志，會要、山堂考索、合璧事類、通考各書均引錄之。然「選敍」作「遷敍」，「隨所隸遷」作「隨所隸選」，「其法於曆」作「具注於曆」，「應升遷授者」作「應升遷選授者」，各書皆同。史志多所譌脫，當據以補正。

通善最分三等：五事爲上，二事爲中，餘爲下。

案：會要考功部引神宗正史職官志「通善最分定三等：五事爲上，三事爲中，餘爲下。」（職官一〇之二一）史志「二」當作「三」。

凡改服色者以勞年計之。

案：「勞年」當從合璧事類作「年勞」。

舊制考課院，其定殿最皆有考辭。元豐官制行，悉罷。

案：「舊制」當從會要及合璧事類所引神宗史志作「舊置」。

凡特恩賜謚命詞給告，除給敕。

案：「除」當作「餘」。

官告院：……元豐五年，官制所重定制受敕授奏授告身式，從之。

案：會要官告院門載此事云：

元豐五年六月十三日，詳定官制所言定到制授、敕授、奏授、告身式，從之。（職官一一之六七）

史志「重定」下當補「到」字，「制受」當作「制授」。

紹興二年，詔四品以下官及職事官監察御史以上官告並用錦標外，其餘官幷封贈權用纈羅代充。

案依會要「四品以下」當作「四品以上」，「錦標」當作「錦褾」（職官一一之六九）

二、戶　部

以受天下上貢，元會陳於庭。

案；「上貢」當從山堂考索後集八戶部門作「土貢」

以稅賦持軍國之歲計。

案：會要戶部門闕。合璧事類後集二八戶部尙書門引神宗史志，「持」作「待」。

增置幹當公事二員。紹聖元年罷戶部幹當公事，置提舉管幹官。……建中靖國元年復幹當公事官二員。

案：「幹當公事」當作「勾當公事」，「管幹官」當作「管勾官」。

尙書：……大饗祀薦饌則尙書奉俎。

案：「祀」上當有「祭」字。

金部郎中，員外郎：參掌天下給納之泉幣。

案：「天下給納」當從山堂考索及合璧事類作「給納天下」。

倉部郎中員外郎：……分案六：曰會場。

案：「會場」當從合璧事類作「倉場」。

三、禮　部

上尚書省册寶及封册命禮亦如之。

案「命禮」會要禮部門及合璧事類後集二九禮部尚書門引神宗史志俱作「禮命」。

掌后妃親王以下推恩，公主以下嫁。

案：會要及合璧事類引神宗史志「公主」下無「以」字，史志蓋涉上文而衍。

掌科舉，補奏太廟郊社齋郎、室掌、長坐、都省集議。

案。會要禮部門作「但掌制科舉人，補奏太廟郊社齋郎、室長、掌坐，都省集議百官」。（職官一三之一）山堂考索合璧事類引續會要同，唯「掌坐」作「掌座」史志掌長二字誤倒。（參本書卷八第四條有關各節）

元祐六年七月兵部言：『兵部格掌蕃夷官授官。主客令蕃官進奉人陳乞轉授官職者取裁。即舊應除轉官者報所屬看詳。舊來無例，炽有陳乞。曹部職掌未一，久遠互失參驗。自今不以曾未貢及例有無，應緣進奉人陳乞授官加恩，令主客關報兵部。』從之。

案：此爲主客郎中員外郎條下所附注文。其中删削過當，致語意不明。長編四六一，元祐六年七月己巳日載此事云：

兵部言：『兵部格：掌蕃夷官授官。主客令：蕃國進奉人陳乞轉授官職者取裁。即舊應除轉官者報所屬看詳。主客止合掌行蕃國進奉陳乞事體。其應緣進奉人乞授官，盡合歸兵部。若舊來無例，創有陳乞，皆令主客取裁，誠恐化外進奉陳乞授官事體，曹部職掌未一，久遠互失參照，欲乞今後不以曾與未曾入貢，舊來有例無例，其應緣進奉人陳乞授官加恩，並令主客關報兵部。』從之。

四、兵　　部

先聯其什伍而教之以戰爲民兵，材不中禁衞而足以執役爲廂軍，就其鄉井募以禦盜爲土軍，以老疾而裁其功力之半爲剩員。

案：會要兵部門引神宗史志云：

凡聯其什伍而教之戰爲民兵，材不中禁衞而力足以充役爲廂軍，就其鄉井募以禦盜爲土軍，廂禁土軍因老疾而裁其功力之半爲剩員。（職官一四之二）

史志「足以」上脫「力」字。「剩員」句上當增「廂禁土軍」四字。

舊判部事一人，以兩制充。掌三駕儀仗、鹵簿圖、春秋釋奠武成王廟、及武舉。歲終以義軍弓箭手戶數上於朝。

案：會要兵部門引兩朝國史志云：

兵部，判部事一人，以兩制充。……但掌車駕儀仗，鹵簿字圖，春秋釋奠昭烈武成王廟及武人科舉之事。歲終以義勇弓箭手寨戶之數上於朝。（職官一四之一）

史志「鹵簿」下當補「字」字，「弓箭手」下當補「寨」字。

紹興改元，詔職方庫部互置郎官一員兼。

案：「紹興」當作「隆興」，孝宗隆興元年從右諫議大夫王大寶等之請，曾大量併省官吏員額也。

侍郎……紹興常置一員。

案：「紹興」亦「隆興」之誤。會要兵部門載：

〔隆興元年〕七月二十六日詔六部長貳除尙書不常置外，置兵部侍郎一員（職官一四之八）

庫部郎中員外郎：……若御大慶文德殿應用鹵簿名數，前期以戒有司。

案：「若御」句疑當作「若遇大慶御文德殿」云云。

五、刑　　部

其一司一路海行所不該者，折而爲專法。

案：「折」當作「析」。

若情可矜憫而法〔不〕中情者，讞之。

案：合璧事類後集（三一）刑部門引神宗史志「而」作「或」。

應詔獄及案劾命官，追命姦盜，程督之。

案：「追命」當作「追捕」。

淳化二年增置審刑院。……凡獄具上，先經大理斷讞，旣定，報審刑，然後知院與詳議官定成文草，奏記上中書，中書以奏，天子論決。

案：會要審刑院門載：

先是天下案牘先定於大理，覆之於刑部。太宗慮法吏舞文，因置審刑院於中書門之西。凡具獄案牘，先經大理斷讞，旣定，關報審刑，知院與詳議官定成文章，奏訖，下丞相府，丞相又以聞，始命論決。蓋重慎之至也。（職官一五之二九）

史志「奏記上中書」當改作「奏訖，下中書」。

大中祥符三年，置糾察刑獄司，糾察官二人，以兩制以上充。凡在京刑禁，徒以上，卽時以報。若理有未盡，或置淹恤，追覆其案，詳正而駁奏之。

案：「三年」，通考職官考六刑部條作「二年」。又檢會要糾察在京刑獄門載：

眞宗大中祥符二年七月四日詔曰：『國家精求化源，明愼刑典，況輦轂之下，斯謂浩穰；獄訟之間，尤爲繁劇。……宜差知制誥周起、侍御史趙湘糾察在京刑獄。其御史臺開封府應在京刑禁之處，幷仰糾察。其逐處斷遣徒已上罪人，旋具供報。內有未盡理及淹延者，並須追取元按看詳，舉駁申奏。……』（職官一五之四四）

是則史志作「三年」爲誤。又「或置」云云二句，亦當從會要作「或淹延者，須追覆其案」。

熙寧三年詔詳議詳斷詳覆官初入以三年爲任，次以三十月爲任，欲出者聽前任滿半年指闕注官。滿三任者堂除。

案：會要刑部門載此詔云：

三年三月二十四日詔：『審刑院大理刑部詳議詳斷詳覆官，初入以三年爲一任，再任以三十月爲一任，仍逐理本資序。欲出卽與先任滿半年指射差遣。

第三任滿出者仍與堂除。』（職官一五之七）

史志削潤此段過簡。又「評斷」當改「詳斷」。

八年，罷詳議詳斷官親書節案，止合節略付吏。

案：「止合」當從會要作「止令」。（職官一五之八）

元豐二年知院安燾言：『天下奏案岀多於往時，自熙寧八年減議官斷官，力旣不足，故事多疎謬。』增詳議官一，刑部增詳斷官一。

案會要刑部門載此事云：

四月十六日，知審刑院安燾言『天下奏案視十年前增倍已上，審刑院刑部詳議詳斷官視舊員數頗減，乞復置詳議官一員。……』詔增審刑院詳議詳斷官各一員，罷刑部檢法官一員。餘如燾請。（職官一五之一〇、長編二九七四月甲子所載全同）

史志「增詳議官一」云云二句，當依會要及長編改正。

三年八月詔省審刑院歸刑部，……審刑議官爲刑部詳議官。

案：「審刑議官」當依會要作「審刑詳議官。」

五月三省言：『舊制糾察在京刑獄……』

案：「舊制」當從會要作「舊置」（職官一五之一三）

四年，併制勘量爲一案。

案：會要刑部門作「制勘體量案併爲一案。」史志「量」字上當補「體」字。

侍郎，舊制：應定奪、審覆、除雪、敍復，移放，尙書專領之；若制勘、體量、奏讞、糾察、錄問，長貳通治之。南渡長貳互置。

案：此段與通考全同。然於「舊制」下卽繼以「南渡」云云，而不載元豐新制，似爲疎失。

用侍郎吳博古之說也。

案：「說」當作「請」。

都官郎中　員外郞：　掌徒流配隸。凡天下役人與在京百司吏職，皆有籍以考其役放及增損廢置之數。

案：「役放」疑當作「移放，」謂對罪人之流移編配等事也。（參會要職官一五之一五，崇寧二年二月二十九日條）

司門郎中　員外郎：……應官吏軍民輦道商販，譏察其冒僞。

案：「輦道」疑當作「輦運」。

六、工　部

凡車輦飭器印記之造，則少府監文思院隸焉。

案：「飭器」疑當作「飾器」。

宰臣議：『戶部以給財爲務，工部以辦事爲能，誠非一體。』欲令戶工部兼領其事，卒未能合。

案：此所謂宰臣乃秦檜也。然突如插敍此一事，亦嫌無端。查繫年要錄卷一五三，紹興十五年正月辛未載：

是日，上因論和買預買之弊，秦檜言：『戶部工部不可不兼隸。在祖宗時皆隸三司。今戶部以給財爲務，工部以辦事爲功，誠非一體。』上甚以爲然。

據知此議乃有爲而發者，史志節去其事由不載，非是。

郎中　員外郎　舊制：凡制作營繕計置採伐材物，按程式以授有司，則參掌之。

案：此段亦僅載「舊制」云云而不及「新制」，其失與刑部郎中員外郎條同。

虞部郎中　員外郎　掌山澤苑囿場冶之事，辨其地產而爲之厲禁。凡金銀銅鐵鉛錫鹽礬，皆計其所入登耗以詔賞罰。

案：會要虞部門引神宗史志云：

虞部郎中員外郎，參掌山澤苑囿場冶之事而舉行其禁令。若地產茶、鹽、礬及金、銀、銅、鐵、鉛、錫，則興置收採，以其課入歸於金部。猛獸毒藥能害人者，皆屏去之（哲宗正史職官志同）。（職官一六之三）

通考職官考六工部門亦載：

虞部掌凡山澤苑囿畋獵取伐木石薪炭藥物之屬。屏絕猛獸毒藥。及茶礬場、鹽池井、金銀銅鐵錫坑冶廢置收採之事。

二者俱較史志所載爲詳，且俱有屏除猛獸毒藥一事，史志亦以參取補入爲是。

七、六部架閣

主管架閣庫，掌儲藏帳籍文案以備用，擇選人有時望者爲之。舊有管幹架閣庫官，宣和罷之。

案：「管幹」當作「管勾」。又檢朝野雜記乙集(十三)六部架閣官條有云：

六部架閣官者，崇寧間始置。迄宣和再置再省。

史志當據此補入六部置架閣官之年份。

又案：史志以此段與上文六部監門條之「從吏部尚書沈與求之請」句相連爲文，非是。當提行另爲「六部架閣」條。

卷　四

一、御史臺

御史臺掌糾察官邪，肅正綱紀，大事則廷辨，小事則奏彈，其屬有三院：一曰臺院，侍御史隸焉。二曰殿院，殿中侍御史隸焉。三曰察院，監察御史隸焉。凡祭祀朝會則率其屬正百官之班序。咸平四年以御史二人充左右巡使，分糾不如法者。文官右巡主之，武官左巡主之。分其職掌，糾其違失，常參班簿祿料假告皆主之。祭祀則兼監祭使，掌受誓戒、致齋、檢視、糾劾。又有廊下使，專掌入閤監食。又有監香使，掌國忌行香。二使臨時充。通稱曰五使。元豐正官名，於是使名悉罷。

案此段蓋間接出於三朝國史志者，其時臺諫尚不實任其職也。史志體例，新舊制度莫不兼載，或開端卽云國初或舊制如何而其下繼之以元豐官制；或開端先敍已經釐定之新制，而於下文追述舊制。而此條則唯載舊章，於元豐改制後御史臺之職掌則未具一字(御史大夫中丞侍御史各子目下亦均未載)，此與自身之體例極爲不合。檢會要御史臺門引神宗史志云：

御史臺，大夫從二品，中丞從三品，侍御史從六品，各一人。大夫掌肅正朝廷綱紀，及以儀法糾治百官之罪失，而中丞御史爲之貳。凡其屬有四：殿中侍御史二人，正七品，掌言事，分糾大朝會及朔望六參官班序。監察御史六人，從七品，掌以吏戶禮兵刑工之事，分京百司而察其謬誤，及監祠祭，定諡。檢法官掌檢詳法律，主簿掌鈎考簿書，各一人，從八品。歲遣御史詣三省樞密院檢察付受稽失，其應彈治事聽長貳或言事官論奏，非吏察官司亦如之。應狀牒並參議連書，惟彈章則否，無所關白。凡察事，小事則舉正，大事則糾劾，各籍記其多寡當否，歲終條具殿最以詔黜陟。大禮儀仗則中丞爲使，中都推鞫命官或重繫，旬以囚由報臺。有詔獄則言察官輪治。文武官卿監防禦使以下到闕、授任、之官，應參謝辭者，引見。御史體驗老疾則試以拜起、書札。凡事經州縣監司寺監省曹不能直者，受其訟焉。……分案十有一，設吏四十有四。（職官一七之三）

元豐正名舉職之實，言事官與察事官之分限，均非此莫由詳悉。且御史一職，歷代均號風霜之任，糾劾不法，百僚震恐，官之雄峻，莫與爲比，若但如史志所載，則亦莫得而知其所由然也。

御史大夫，宋初不除正員，止爲加官

案此段與通考御史臺條所載同。「加官」當從通考作「兼官」。

止以縮爲龍圖閣待制，權御史中丞，不遷諫議大夫自縮始。

案此段與通考中丞條之附注文字全同。唯「權御史中丞」下當從通考疊「中丞」二字。

臺諫例不兼講讀。神宗命呂正獻，亦止命時赴講筵。中興兼者三人：万俟禼羅汝檝皆以秦檜意。

案此仍是朝野雜記祖宗時臺諫不兼經筵條之文，而亦仍是自通考稗販而來者。通考本置之於中丞條「由是言路始兼經筵」句下爲夾注，其全文爲：

祖宗時臺諫例不兼講讀，蓋以宰執間侍經筵，避嫌也。神宗命呂正獻，亦止命時赴經筵。中興後兼者三人，皆出上意。紹興時万俟禼羅汝檝以中丞諫議兼，蓋以秦檜之弟若孫相繼爲說書，便於傳達。檜死遂罷兼。

通考因於職官考八翰林侍講學士條內詳載此事，故於此條僅列作附注。史志於翰林侍講學士條及本條俱入正文，則前後重複。此其一。臺丞之入經筵，以仁宗時賈昌朝爲始，史志侍講學士條內已備載其事，通考因另詳別條，故於此段注文中有所省減，史志既列作正文而亦首自呂公著(正獻)事說起，則前後不合，此其二。通考謂中興後兼者三人，皆出上意，而不云三人者皆爲何人，此亦因將於別條備載之，故注中不妨從簡也。修史志者忘記前卷中已將通考侍講學士全條勦用，且復忘記前此鹵莽改竄王賓王唐公徐師川三人姓名之事，乃復删節通考注文，以万俟卨羅汝檝直承「中興兼者三人」句，是則以爲万俟等二人卽包括於三人之內者，大失雜記及通考文意。此其三。實則此段無須重載，當概從删除。

殿中侍御史二人，掌以儀法糾百官之失。凡大朝會及朔望六參則東西對立，彈其失儀者。

案此所載之職掌亦仍是神宗釐正官制以前者。會要御史臺門載：

元豐七年二月十七日詔御史臺以侍御史知雜事爲侍御史，不帶知雜事。以言事官爲殿中侍御史，六察官爲監察御史。(職官一七之一三)

通考載：

宋制殿中侍御史二人，正七品，掌言事。……元豐八年詔殿中侍御史兼察事，監察御史兼言事。

是在改官制後殿中侍御史最首要之職責爲言事，史志不載，非是。

凡事經郡縣監司省曹不能直者。

案據會要所引神宗史志「監司」下當補「寺監」二字。

官卑而入殿中監察御史者謂之裏行。治平四年中丞王陶言：『奉詔舉臺官，而才行可舉者多以資淺不應格，』乃詔舉三丞以上知縣爲裏行。

案：會要御史臺門載：

官卑而入殿中侍御史監察御史者，謂之裏行。景祐元年置。以三丞以上嘗歷知縣人充。慶曆三年以兩人爲額。(職官一七之一)

是則以三丞以上知縣充御史裏行不始於治平之末。王陶之奏請及所奉詔旨，特遵行故事而已。史志卽以此爲事始，非是。

孫覺薦秀州軍事推官李定，對稱旨，爲太子中允監察御史裏行。

案「對」字上當脫「召」字。

元豐八年裁減察官兩員，餘許盡兼言事。

案此上並未載明言事爲何等御史之職責，於此乃忽云許察官兼言事，不免突兀。又檢長編卷三百一，元豐二年十一月載：

丙午，御史舒亶言：『今法度之在天下，其官吏之賢否猶有監司案視焉，至於京師之官府，乃漫不省治，而御史或莫得行其職也。誠使應在京官局，御史得以檢察按治，一切若監司之於郡縣，俎庶幾人知畏嚮而法度有維持，是亦周官之遺意。詔取編敕所海行在京官司見行條貫並一時指揮並錄送御史臺。如官司有奉行違慢，卽具彈奏。除中書樞密外仍許暫索文字看詳。後御史中丞李定言：『乞依故事復置吏兵戶刑禮工六案，點檢在京官司文字，每案置吏二人，罷推直官二員。』從之。仍增置臺官一員。（職官志以舒亶言繫之熙寧九年，誤也，仍增置臺官一員，當考。三年五月二日增主簿一員。舊紀書：『御史臺隨尙書六曹置六察，糾在京官司。』新紀但書『置御史六察』。）

會要御史臺門亦載此事，正文無一字異，唯其下夾注則作：

職官志：中丞李定言：『故事臺案有內外彈糾事，四推五使六察，〔今六察〕獨廢。〔乞〕復置吏兵戶刑禮工六案，分行檢察』。（職官一七之九）

史志於建置六察之起因及時間均未載及，非是。

元祐元年詔臺諫官許二人同上殿。

案此與本志卷一左散騎常侍左正言條所載「元祐元年二月詔諫官雖不同省許二人同上殿」爲一事，但此處則更爲簡略。詳卷一左散騎常侍條校語。

〔政和〕七年中丞王安石奏，以本臺覺察彈奏事刊爲一書，殿中侍御史以上錄本給付。從之。

案合璧事類及通考俱不載此事。會要御史臺門亦無之。查宋史三五二王安中傳云：

王安中字履道。……政和間天下爭言瑞應，廷臣輒箋表賀，徽宗覩所作，稱爲奇才。他日特出制詔三題使具草，立就，上卽草後批：『可中書舍人。』未幾自祕書少監除中書舍人，擢御史中丞。

依前後節次計之。政和七年正安中任中丞之時，則安石乃安中之誤。

舊臺令：御史上下半年分詣三省樞密院點檢諸房文字，輪詣尚書六曹按察。奉行稽違，付受差失，咸得彈糾。渡江後稍闊不舉，紹興三年始復其舊。

案此段亦勦襲通考而稍加刪削者。通考云：

舊臺令：兩院御史每上下半年分詣三省樞密院取索諸房文字點檢；監察御史輪詣尚書六曹按察。凡奉行稽違，付受差失，咸得糾彈。渡江後稍闕不舉，紹興三年因御史臺主簿陳祖禮有言，始復其舊。

會要御史臺門更詳載此諸事之經過云：

元豐五年八月四日詔三省樞密院、祕書省、殿中、內侍、入內內侍省，聽御史長官言事御史彈糾。先是置監察御史，分六察，隨所隸察省曹寺監，而三省至內侍省無所隸，故以長官言事御史察之。（職官一七之一一）

紹興三年八月二十二日御史臺主簿陳祖禮言：『謹按臺令：兩院御史有分詣三省密院取摘點檢之文；監察御史有輪詣尚書六曹按察之制。凡奉行違稽，付受差失，咸得糾彈。渡江之後，始不克行。孰謂公朝，尚玆闕典。乞依舊例施行。』從之。續本臺申：『檢準令節文：諸上下半年輪兩院御史四人就三省樞密院取摘諸房文簿等點檢。中書尚書省以仲月中旬，門下省樞密院以仲月下旬。本臺勘會：依上條，自來中書省以仲月中旬，門下省以孟月下旬，合輪官兩員詣兩省點檢。今來門下省中書省已并爲一省，本臺卽未敢依上條作兩省輪官前去。』詔依點檢中書省簿書條例施行。（職官一七之一九）

凡會要及通考之所謂兩院者，皆謂臺院與殿院，卽御史中丞、侍御史及殿中侍御史，亦卽所謂言事御史也。監察御史則稱察院，亦卽所謂察事御史也。前者掌分詣三省樞密院以至內內侍省等處點檢其文簿而糾彈其違失；後者則分詣尚書省之吏戶禮兵刑工六部稽核而糾彈之，故稱六察。通觀會要及通考所載，兩者職權之劃分極爲清楚，史志用通考之文，乃刪「兩院御史」爲「御史」。於「輪詣尚書六曹」句上削去監察御史四字，遂使二者混淆莫辨，似不論何等御史均可分詣三省密院或輪詣尚書六曹矣。又「稍闊」應從通考作「稍闕」。

主簿一人，掌受事發辰，勾稽簿書。

案會要御史臺門作：

主簿一人，掌受事發辰，勾檢稽失，兼簿書錢穀之事。（職官一七之一）

通考所載亦同。史志「勾稽簿書」句當改。

二、祕書省

著作郎一人著作佐郎二人，掌修纂日曆。

案會要祕書省門引神宗正史職官志云：

開修時政記、起居注、修纂日曆、祭祀祝辭，則著作郎佐郎主之（職官一八之二）

據此則著作郎及佐郎之所掌非但纂修日曆一事，史志所載稍疏。

宋初置三館長慶門北，謂之西館。太平興國初於昇龍門東北剏立三館書院。三年賜名崇文院，遷西館貯焉。東廊爲集賢書庫，西廊分四部，爲史館書庫。

案會要崇文院門載：

太宗太平興國二年，太宗幸三館，顧左右曰：『是豈足以蓄天下之圖書，待天下之賢俊耶。』卽日詔有司度左昇龍門東北車府地爲三館，命內侍督工徒晨夜兼作。……三年二月丙辰朔成，有司奏功畢。……自梁遷汴都，舊制未備，正明中始於今右長慶門東北小屋數十間爲三館，卽後廢西館是也。湫溢卑痺，僅庇風雨。周廬徼道，出於其旁，衞士騶卒，朝夕喧雜，每受詔撰述，皆移他所，至是故置焉。院旣成，盡遷西館之書分爲兩廊貯焉。以東廊爲昭文書庫，南廊爲集賢書庫，西廊分經史子集四部，爲史館書庫。（職官一八之五〇）

長篇卷十九太平興國三年二月朔所載，及山堂考索後集（六）百官類史館條引錄太宗實錄之文，俱與會要大致相同。據知宋初三館所在乃後梁末帝貞明以來之舊址，史志謂爲剏立，非是。

又「東廊」下當補「爲昭文書庫，南廊」七字。

大中祥符八年剏外院於右掖門外。天禧初，令以三館爲額，置檢討校勘等員。

案程俱麟臺故事省舍篇載:

大中祥符八年榮王宮火,焚及崇文院,命翰林學士陳彭年檢討建置館閣故事。彭年言:『……今欲據祕閣舊屋宇間數,重修爲內院。……至館閣直館校理宿直及抄寫書籍,雕造印版,並就外院。卽於左右掖門外近便處修蓋,仍別置三館書庫。……』從之。

天聖中祠部員外郎直集賢館謝絳言:『……太宗肇修三館,更立祕閣于昇龍門左,……往者延燔之後,……有司引兩省故事,別刱外館以從繕寫考校之便,然直舍卑喧,民欄叢接,……非先朝所以隆儒育才之本意。願開內館以恢景德之制。』從之。

天聖九年十一月徙三館於左昇龍門外。

會要崇文院門亦載:

天聖九年十一月八日詔徙三館於崇文院。舊在左掖門內,左昇龍門外,前則三館,後構祕閣,分藏羣書。自大中祥符四年,宮城延燔,以寫錄編籍權從左掖門外道北,至是,仁宗以逼近市囂,非多士討論之所,命還舊所焉。(職官一八之五二)

是則外院之刱置,原以崇文院遭受火災之故,刱置未久卽復棄而不用,史志旣不載外院刱設之緣由,亦不載其後來之廢棄,均爲疏失。

祕閣係端拱二年就崇文院中堂建閣,以三館書籍眞本並內出古畫墨迹等藏之。淳化元年詔次三館置直閣以朝官充,校理以京朝官充。以諸司三品兩省五品以上官一人判閣事。

案:就崇文院中堂建祕閣藏三館書籍及內出古畫墨跡事,已見本志二直祕閣條,然彼處作端拱元年,此則作二年。檢會要祕閣門載:

端拱元年五月,詔就崇文院中堂建祕閣,擇三館眞本書籍萬餘卷及內出古畫墨跡藏其中。……是月以吏部侍郎李至兼祕書監及提轄祕閣供御圖書,直史館宋泌兼直祕閣,史館檢討杜鎬充校理。此設官之始也。(職官一八之四七)

長編卷二十九端拱元年五月辛酉亦載其事。是則建閣及置官均在端拱元年之五月,史志此條謂建閣在端拱二年,置官在淳化元年,均誤。

崇文院，太平興國三年置。端拱元年建祕閣於院中。昭文館、史館、集賢院、皆沿唐制立名，但有書庫寓於崇文院廡下。三館、祕閣、崇文、各置貼職官。又有集賢殿修撰，直龍圖閣校勘，通謂之館職。

案此為祕閣條內「分案四置吏八」句下夾注之一段，所述各事俱已散見於有關館閣各條之內，實無須一再複出，當删。

初，英宗謂輔臣曰：『館閣所以育雋材，比選數人出使，無可者，豈乏材耶？』歐陽修曰：『今取材路狹，館閣止用選人編校書籍，故進用稍遲。』上曰：『卿等各舉數人，雖親戚世家勿避。』於是宰相琦、公亮、參知政事修、槩，各薦五人。未及試，神宗登極，先召十人，試以詩賦。而開封府界提點陳汝義別以奏封稱旨，預試。於是御史吳申言：『試館職者請策以經史及世務，毋用辭賦。』遂詔自今試館職專用策論。

案：此亦夾注中之一段。檢麟臺故事卷三選任篇載：

英宗嘗謂輔臣曰：『館閣所以育俊才，比欲選數人出使，無可者，豈乏才耶？』參知政事歐陽修曰：『取才路狹，館閣止用編校書籍，選人進用稍遲。當廣任才之路，漸入此職，庶幾可以得人。』……上曰：『公等為朕各舉才行兼善者數人，雖親戚世家勿避，朕當親閱可否。』……於是琦、公亮、修、槩、所舉者凡十餘人，上皆令召試。琦等又以人多難之，上曰：『既委公等舉，苟賢豈患多也。』乃先召尙書度支員外郎蔡延慶、尙書屯田員外郎葉均、太常博士劉攽、夏倚、太子中允張公裕、大理寺丞李常、光祿寺丞胡宗愈、雄成軍節度推官章惇、前密州觀察推官王存等十人。餘須後試。已而召試學士院，夏倚、章惇雖入等，以御史有言，倚得江西轉運判官，惇改著作佐郎而已。以劉攽王存為館閣校勘，張公裕李常為祕閣校理，胡宗愈為集賢校理。治平四年御史吳申言：『先詔十人試館職，漸至冗濫。兼所試止於詩賦，非經國治民之急。欲乞兼用兩制薦舉，仍罷詩賦，試論策三道，問經史時務。……』於是詔自今館職試論一首，策一道。

會要祕書省門亦載：

神宗治平四年（已即位未改元）閏三月御史吳申言：『竊見先朝宰相韓琦等

所薦十人試館職，而開封府界提點陳汝義別以奏對稱旨亦與試，漸至冗濫。兼所試止於詩賦，非經國治民之急，乞參用兩制薦舉，仍策以經史及世務，勿用詩賦。』詔兩制詳定以聞。其後翰林學士王珪等言宜罷詩賦如申言，乃詔自今館職試論一首，策一道。（職官一八之五）

麟臺故事敍召試蔡延慶等十人於治平四年之前，會要所載吳申奏疏更明言韓琦等所薦十人之召試館職爲「先朝」事，則此十人之召試確即在治平三年。史志謂『未及試，神宗登極，先召十人試以詩賦』，誤也。又史志於「比欲選數人出使」句脫「欲」字，「陳汝義」作「陳汝義」，「奏對」，作「奏封」，均誤。

校書郎供職二年除集賢校理，祕書郎著作佐郎比集賢校理，著作郎比集賢院直祕閣，丞及三年除祕閣校理。

案此爲「選人除正字，京官除校書郎」句下夾注，亦卽新立定之試中人館職法也。檢會要祕書省門載：

元祐元年十月十六日詔應試中館職者，內選人除試正字，改官請俸等並依太學博士法。未陞朝官除祕閣校理。正字供職四年除祕閣校理，仍候改寄祿官日除授。校書郎供職二年除集賢校理。祕書郎著作佐郎比集賢祕閣校理，著作郎比直集賢院直祕閣。應校理以上未有兼領職事者並於祕書省供職輪宿。（職官一八之七）

與史志之節文不盡相同，未知孰是。

九月復試賢良於閣下。

案此句當從會要作「復試賢良極諫科於閣下」（職官一八之八）

五年置集賢院學士並校對黃本書籍官員。

案：會要祕書省門載：

元祐二年六月八日祕書省言：『昭文館黃本書籍已編寫了當，撥與祕閣收藏。其史館集賢院未有上件書籍，祕閣定本內名件及卷帙多闕，見今祕閣黃本亦多有闕，有旨令先將定本補足闕少名件，校對無差，卽先補寫祕閣黃本，內有印本者印補充。乞在省官與供職校理分校祕閣所藏黃本書，補完校

正。……』（職官一八之七）

五年六月四日詔祕書省見校對黃本書籍未了，可添一員，以明州定海縣主簿秦觀充。（職官一八之十）

九月十六日詔復置集賢院學士（職官一八之一一）

是則校對黃本書之工作於元祐二年既已開始，至五年以校對未了，復增置校對一員，史志謂置於五年，誤也。又集賢院學士亦是復置，且其事在增置校對黃本書籍官員之後。史志所敍節次未合。

紹聖初罷校對，以編修日曆還本省。

案此爲前條下所附夾注，檢會要載：

紹聖元年閏四月二日詔罷祕書省校對黃本，以元祐所置，故罷之。（職官一八之一二）

史志「還本省」三字下疑有脫文。

政和五年四日。

案「日」當作「月」。

是月駕詣景靈官朝獻。

案「官」當作「宮」。

宣和二年立定祕書省員額：監、少監、丞、並依元豐舊制。著作郎以四員爲額。校書郎二員，正字四員。

案：會要祕書省門載此事甚詳，其關於著作郎之名額，作「著作郎佐郎欲四員爲額」，史志於「著作郎」下當補「佐郎」二字。

紹興五年倣唐人十八學士之制，監、少、丞外置著作郎佐郎、祕書郎各二人，校書郎、正字、通十二人。

案會要載：

紹興五年八月三日詔館職依祖宗故事通以十八人爲額：著作郎二員，祕書郎二員，著作佐郎二員，校書郎正字通一十二員（職官一八之二六）

通考職官考十祕書監條亦云：

元豐正名，以崇文院爲祕書省，旣罷館職，盡以三館職事歸祕書省，置祕書省職事官，自監、少、至正字，不領他局。宣和初，改元豐之制，增定爲十八員，以倣唐登瀛之數。

是則倣行唐十八學士之制乃始於徽宗宣和初年，故紹興中恢復此制之詔有「依祖宗故事」句，史志以紹興五年爲事始，誤也。

紹熙二年館職闕人，上令召試二員。……是時陳傅良上言：『請以右文祕閣脩撰並舊館閣校勘三等爲史官，自校勘供職稍遷祕閣脩撰，又遷右文，在院三五年，如有勞績就遷次對。庶幾有專官之效，無冷局之嫌。』時論韙之，然不果行。

案陳傅良止齋文集載此奏劄，題爲論史官劄子，而未具年月。會要實錄院門載此劄節文，較史志爲詳，繫紹熙五年十一月二十八日（見職官一八之七三）。其時已在寧宗即位之後。史志以「是時」上承紹熙二年，非是。

三、殿中省

殿中省：監、少監、監丞、各一人。

案通考職官考十一殿中省條有云：元豐正官制，置監、少監、丞、各一人。史志「丞」上衍「監」字。

二年蔡京上脩成殿中省六尙局供奉庫務敕令格式並看詳，凡六十卷。

案「二年」當從通考作「三年」。會要殿中省門載蔡京上此奏在崇寧三年二月二十九日。（職官一九之九）

附記：會要職官一九殿中省門首二葉關於殿中省及其所屬官司之記載，起「監少監監丞」迄於朝服法物庫條「崇寧二年併入殿中省」句下注文「舊有裁造院、針線院、雜賣場、後省併之」句，與史志一字不差，其「丞」上衍「監」字亦同。頗疑此本永樂大典所載宋史之文，當淸人輯錄會要時，或大典所載會要殿中省門原文適有殘闕，或輯錄人誤以此段卽會要之文，遂亦錄入。不可以二者之適同而卽認宋史殿中省門全文皆直接出自會要也。至「崇寧三年」云云，會要「三」不誤「二」，則必修大典時所據之宋史猶未誤也。

御藥院勾當官無常員，以入內內侍充。掌按驗祕方，以時劑和藥品以進御及供奉禁中之用。（舊制：勾當御藥院遷官至遙領團練防禦者謂之暗轉）……典八人，藥童十一人，匠七人。（崇寧二年併入殿中省）。

案：此段除「崇寧二年」云云一句注語外，餘與會要御藥院門所引兩朝國史志（職官一九之三）全合，然會要下文復引神宗史志（職官一九之一四），其所述職掌與兩朝史志不盡同，知在元豐釐正官制時亦有所更改也。御藥院之併歸殿中省既爲崇寧二年事，則其職掌當如元豐時所改定者。史志應依神宗史志載入方合。會要又載崇寧二年詔旨節文云：

崇寧二年五月九日詔御藥院可候殿中省六尚建局日，除供到湯藥事釐歸尚藥局，及供應御衣等釐歸尚衣局外，其崇恩宮等處供應及排辦香表，國信禮物，御試舉人，臣僚夏藥，并自來應干事務，並依舊主行。（職官一九之一四）

是則崇寧二年僅將內侍省御藥院中職事之一部份劃歸殿中省之尚藥局管掌，非卽省彼而入此也。因疑史志此條應與本志卷六內侍省御藥院條文字删併爲一，列置彼處。此處只合列一尚藥局名而略載其掌供湯藥諸事卽足。

尚衣庫：使，副使。舊曰尚衣庫，大中祥符二年改。

案：會要無尚衣庫門，長編於大中祥符二年七月戊寅記改內衣庫爲尚衣庫事，知此處之「舊曰尚衣庫」應作「舊曰內衣庫」。

四、太常寺

祭祀有大祠有小祠。

案：「大祠」下應從通考職官考九太常寺條補「有中祠」三字。

祭祀享則分樂而序之。

案「享」上當有薦字。

歲時朝拜陵寢則視法式辨具以授祠官。

案：「辨」當作「辦」

建炎初併省宂職，惟太常大理不能。

案：「不能」當作「不罷」。

曰壇廟，掌行室壇廟城陵寢。

案：疑有誤字。

受兵校錢物者，論如監臨強乞取法，三學生願預者聽受，而禁邀求者。

案：長編作「其受軍營錢物，以監臨強乞取論。其諸學病人願與者聽受。毋得邀求」。「願與」謂願與錢物，作「願預」非是。

大晟府…所典六案：曰大樂，曰鼓吹，曰宴安樂。…

案：會要及通考所載六案之名，其三俱作「宴樂」，史志衍「安」字。

宣和二年詔以大晟府近歲添置冗濫僥幸，並罷不復再置。

案：史志大晟府條起「以大司樂爲長」迄「不復再置」句，全段與通考無一字異。查會要大晟府門載：

宣和七年十二月二十二日詔罷大晟府及教樂所(職官二二之二七)

是在罷遣冗員之後不久卽幷大晟府而亦行廢罷也。通考失載此事，非是。

五、宗正寺

掌奉諸廟諸陵薦享之事。

案：會要宗正寺門引兩朝國史志(職官二〇之一)及通考職官考九宗正寺條俱作「宗廟諸陵」，史志作「諸廟」誤。

大中祥符八年以兵部侍郎趙安易兼卿。

案會要宗正寺門所載大中祥符八年兼宗正卿者爲趙安仁(職官二〇之三)非趙安易。查宋史趙安易傳，安易卒於眞宗景德二年，年七十六。至祥符八年安易卒且十年矣。

郎中以下兼丞，京官主簿。

案：「京官」下當有「兼」字。

置局爲睦親廣親宅

案據會要大宗正寺門熙寧三年二月之記事(職官二〇之七)「爲」當作「於」。

是歲廢管幹睦親廣親宅及提舉郡縣主等宅官。

案「管幹」當作「管勾」

初講議司言『宗室疎屬願居兩京輔郡者，各置敦宗院。其兩京各置外宗正司』。從之。仍詔各擇宗室之賢者一人爲知宗，掌外居宗室。詔復定宗學博士正錄員數。大觀四年罷，政和二年復舊。

案：會要載：

崇寧元年蔡京申請：『宗室旣許分居兩京輔郡，乞於兩京置外宗正司，擇宗室賢者管幹，逐處一人，仍於本州通判職官內選二人經理丞簿。凡外住宗室事不干州縣者外宗正受理。』大觀三年罷，政和三年復置。（外宗正門，職官二〇之三三）

大觀三年三月二十三日詔曰：『比置院于別都，增學于宮邸，…師儒之官殆相倍蓰，而就學者寡；官冗而事煩，宜有裁適（？）以法永久，應兩京敦宗院并官吏並罷（敦宗院門，職官二〇之三五）

政和二年七月八日詔曰：『國家承平日久，宗族蕃衍，…日者有司…廢敦宗，罷學校，流寓輦轂，無室廬以居，失敦敍之意甚矣。應宗室並依大觀三年四月以前處分。其敦宗院屋宇可下所屬速令繕葺』（同上）

是外宗正司及敦宗院之一度廢罷，其事乃在大觀三年，史志謂在四年，誤也。

如大宗宗正司西南外兩司闕知宗…

案：「大宗」下衍「宗」字。

又置紹興府宗正寺

案「寺」當作「司」。

乾道七年嘗欲移紹興府宗司於蜀，不果。

案：「宗司」當從通考作「宗正司」。

玉牒所…大中祥符六年以知制誥劉筠夏竦爲脩玉牒官。

案通考載此事作大中祥符九年。長編及會要脩玉牒官門亦均繫於九年三月，則史志獨作六年，誤也。

元豐官制行，分隸宗正寺官。寺丞王鞏奏：『玉牒十年一進，並以學士典領，自熙寧中范鎮進書之後，神宗玉牒至今未修……』

案以寺丞王鞏奏直承「元豐官制行」爲文，一似王鞏之奏亦在元豐年內者然，然奏中旣有「神宗玉牒」云云，則又絕當在神宗旣歿之後。查會要脩玉牒官門亦載王鞏此奏，而繫以哲宗元祐元年十月二十五日。長編卷三九〇所繫年月日同。史志於「寺丞」句上當補年月。

六、光祿寺

前期飭有司辯具。

案：「辯」當作「辦」。

元豐制行，始歸本寺。

案：「制」上當有「官」字。

若造酒以待供進及祭祀給賜，則法酒庫掌之。

案：會要光祿寺門引神宗史志，「造酒」作「造法酒」。（職官二一之三）

內酒坊惟造酒以待餘用。

案：會要引神宗史志，「惟造酒」作「惟造常酒」。（同上）

七、衞尉寺

大禮，設帷宮，張大次小次。

案：通考職官考九衞尉寺條與此同。會要衞尉寺門引神宗正史職官志作：「大禮則設帷宮帳次」。（職官二二之一）

所隸官司十有三：內弓箭庫，南外庫，軍器弓槍庫，軍器弩劍箭庫，掌藏兵杖器械甲冑，以備軍國之用。

案：通考於「南外庫」下有「軍器衣甲庫」，會要引哲宗正史職官志同。（職官二二之一）史志脫去，當補。「兵杖」亦當從通考作「兵仗」

宣德樓什物庫。

案此與通考同。會要所載神宗哲宗兩史志俱作「宣德門什物庫」，『樓』字誤。

中興後衞尉寺廢，併入工部。

案：史志衞尉寺條全文，起「卿，少卿，丞，主簿，各一人」，迄於「併入工部」句，雖敍事先後間有不同，而文句則與通考不稍異，若非史志勦襲通考，則二者亦必同出一源。然查會要衞尉寺門最末條云：

建炎三年四月十三日詔衞尉寺併歸兵部。（職官二二之四）

繫年要錄卷二二，於同年月日載省併之省，局，寺，監凡十三，亦謂「併衞尉寺歸兵部」，則謂「併入工部」者誤也。

八、太僕寺

卿、少卿、丞、主簿，各一人。掌車輅廐牧之令。少卿爲之貳，丞參領之。

案：「掌」上當有「卿」字。「令」上當有「政」字。

若有事於南北郊，侍中請降輿升輅，則卿授綏。

案：「降輿」當作「降輿」。

本寺但掌天子五輅屬車，后妃王公車駱，給大中小祀羊。

案：「車駱」當從通考作「車輅」。『羊』上當從通考補『牛』字。

元祐二年詔：『…應內外馬軍專隸太僕，直達樞密院』，

案：『馬軍』當從通考作『馬車』。

羣牧司，制置使一人，景德四年置，以樞密使副爲之。至道三年罷而復置。

案：至道當從通考羣牧司條作『明道』。『三年』通考作『二年』，檢會要羣牧司門載：

制置使屢罷而復置。明道二年五月十二日嘗罷而復置。寶元二年五月二十三日又罷而復置。（職官二三之七）

是則史志作『三年』亦誤。

卷　五

一、大理寺

〔熙寧〕九年詔以京師官寺凡有獄皆繫開封府司錄司及左右軍巡三院，囚逮猥多，難於隔訊，又暑多庾死，因緣流滯，動涉歲時。稽參故事，宜屬理官。可復置大理獄。始命崔台符爲知卿事，蹇周輔、楊汲爲少卿，各舉丞及檢法官。初，神宗謂國初廢大理獄非是，以問孫洙，洙對合旨，至是，命官起寺，十七日而成。

案據會要及長編，右諸事無一在熙寧九年內者。長編卷二九五神宗元豐元年十

二月載：

戊午（案爲十八日）以權知審刑院度支郎中崔台符爲右諫議大夫、大理卿，屯田郎中直史館權發遣江淮等路發運副使蹇周輔、太常博士權判都水監楊汲爲少卿，丞及檢法官，令舉官以聞。先是，上以國初廢大理獄非是，以問孫洙，洙對合旨，於是中書言：『奉詔，開封府司錄司左右軍巡院刑獄，皆本府公事，而三司諸寺監等凡有禁繫並送三院，繫囚猥多，難以隔訊，又盛暑疾氣熏染，多致死亡，官司各執所見，吏屬苦於諮稟，因緣留滯，動涉歲時，深爲未便。參稽故事，宜屬理官。今請復置大理獄，應三司及寺監等公事，除本司公人杖笞罪非追究者隨處裁決，餘並送大理獄結斷。其應奏者，並天下奏案，並令刑部審刑院詳斷。…』從之。

會要大理寺門所載同此，而更附敍建寺始末云：

至是命台符等作大理寺，工萬七千，十七日而成。作於元年十二月之戊辰（案爲二十八日），訖於二年正月之甲申。以楹計凡三百六十有三。度地於馳道之西，宋用臣經其制，秦士禹司其役。史臣李清臣爲記（職官二四之六）

是其事之動議及施行均在元豐元二年之交，較史志所載凡遲二年。又案通考職官考十大理寺條文字與史志不同，而亦謂復置大理寺在熙寧九年。

元豐二年手詔：『大理寺近舉墜典，俾治獄事，推輪規摹，皆以義起，不少寬假，必懷顧忌，稽留弊害，無異前日。宜依推制院及御史臺例，不供報糾察司。』三年，詔『依舊供報』。

案：檢長編卷二九六載：

〔元豐二年正月〕戊子手詔：『大理寺日者修舉墜典，釐正職業，俾治官府獄事。前代章程湮滅，歲久不可復知，今所圖畫，皆以義起，椎輪規摹，不少寬假，必難稱辦。苟官吏各懷顧忌，于驅遣之際或致逡巡，則稽留弊害無異前者。其本寺承事勘鞫，可且依推制院及御史臺例，不供報糾察司。斷訖，徒以上旬具犯由申中書樞密院刑房，俟置司及一年別取旨。』其後及一年，乃復詔依開封府例供報糾察司。（會要職官二四之七所載同）

據此知史志「推輪」爲「椎輪」（會要作「推論」，疑亦傳寫之訛）之誤。「必懷」二字之間脫漏凡七字。其餘亦頗有刪削失當處。

三年…又詔糾察司察訪本寺斷徒以上出入不當者索案點檢。

案長編卷三百二載：

〔元豐三年正月〕辛未詔大理寺鞫罪人依開封府例報糾察司。後大理寺乞旬具徒以上事報糾察司，許之。開封府准此。仍詔糾察司：如察訪得雖非徒以上，而出入不當，許索文案點檢。（會要職官二四之八所載同）

大理寺旣旬具徒以上罪報糾察司，則有待糾察司之察訪及索文案點檢者，乃「雖非徒以上而出入不當」諸事，長編會要所載極爲明白可據，史志作「察訪徒以上出入不當者」，誤也。

吏額：胥長一人，胥吏三人，胥佐三十人。

案：會要大理寺門載：

吏額：胥長一人，胥史三人，胥佐二十人。（職官二四之二）

〔孝宗隆興元年〕八月三日大理寺狀：『依指揮條具併省吏額。左斷刑見管人吏：胥長一名，胥史三人，胥佐二十人。…』（職官二四之二五）

兩項記事中「胥史」之名稱俱同，胥佐之額數俱同，知史志之作「胥吏」及「胥佐三十人」者誤也。

二、鴻臚寺

舊置判寺事一人，以朝官以上充，元豐官制行，置卿一人，少卿一人，丞主簿各一人。…其官屬十有二：往來國信所，掌大遼使介交聘之事。

案：往來國信所凡兩見於本志，一爲本條，一爲下卷之內侍省入內內侍省條。通考職官考亦然。然檢會要鴻臚寺門載：

兩朝國史志：鴻臚寺，判寺事一人，以朝官以上充。凡四夷朝貢宴享送迎之事，分隸於往來國信所、都亭懷遠驛、禮賓院，本寺但掌祭祀朝會…（職官二五之一）

神宗正史職官志：鴻臚寺，卿、從四品，少卿、正六品，丞、正八品，主簿、從八品，各一人。…分案三。設吏九。總都亭西驛，同文館，及管勾所

(哲宗正史職官志:都亭西驛掌河西蕃部,同文館掌高麗使命,各有管勾所),禮賓院(哲宗正史職官志:掌回鶻吐蕃党項女眞等國朝貢館設及互市譯語之事),懷遠驛(哲宗正史職官志:掌南蕃交州,西蕃龜茲、大石、于闐、甘沙、宗哥等國),提點寺務司(哲宗正史職官志:在京寺務司及提點所掌諸寺殿宇廟應葺治之事),及建隆醴泉萬壽奉慈中太一集禧觀崇眞資聖宮院提點所(哲宗正史職官志:中太一建隆等宮觀各置提點所,掌殿宇齋宮器用儀物陳設錢幣之事),凡拾有三(哲宗正史職官志:所隸官司十二。別出左右街僧錄司,掌寺院僧尼帳籍及僧官補授之事。傳法院,掌譯經文。餘並同前志)。(職官二五之二)

在兩朝國史志中往來國信所尙列爲鴻臚寺所屬官司之一,至神宗史志及哲宗史志中乃不復列入,因疑神宗釐正官制之時,必省鴻臚寺之國信所而併入內侍省內,若然,則史志於本條內亦不應列入:餘詳下卷內侍省條。

都亭西驛及管幹所

同文館及管勾所

案:南渡後旣廢鴻臚寺不置,則「管幹」當一依北宋之本稱,且旣作「同文館管勾所」矣,於都亭西驛亦以作「管勾所」爲是。

三、司農寺

以兩制朝官以上充。

案:「兩制」下當依會要司農寺門所引兩朝史志增「或」字。

諸路歲運至京師

案:「歲運」下當依會要所引神宗史志增「糧」字。

因出納而受賂刻取者嚴其禁。

案:會要作「若因出納而受賄、盜欺、刻取,揭其禁令,聽人告,雖會赦不宥」。

六年,以司農閒遣屬官,力有不給,乃置幹當公事官,以葉康直等四人爲之。

案:「幹當」當作「勾當」。

司農事舊職務悉歸戸部右曹。

案：「事」當作「寺」。

四、太府寺

若春秋授軍衣則前期進樣，定其頒日，畿內將校營兵支請，月具其數以聞。

案：通考太府寺條作「若頒畿內軍衣則前期進樣，定其頒日。將校部營兵支請，月具數以聞」。（會要太府寺門引神宗史志略同）史志「畿內」二字當移「授」字下。「將校」下當補「部」字。

凡課入以盈虧定課最。

案：「課最」當從會要所引神宗史志作「殿最」（職官二七之二）。通考太府寺條行文順序與史志不盡同，而亦誤作「課最」，則二者疑同出一源也。

茶庫，掌受江浙荊湖建劍茶茗，以給翰林諸司及賞賚出鬻。

案：通考于茶庫下未載其職掌。會要引哲宗史志作「江湖淮浙建劍茶則歸茶庫，以給翰林諸司及賞賚出鬻」（職官二七之三）。與史志稍異。

審計司，掌審其給受之數，以法式驅磨。

案：會要太府寺門引哲宗史志，「審計司」作「專勾司」。其審計司門載：

建炎元年正月十一日詔諸寺專司、諸軍專司、「專」字下犯御名同音者改作諸軍諸寺審計司。

史志各處均不著其改名之由而即將北宋舊名逕予追改，非是。

建炎詔罷太府寺，以其所掌職務撥隸金部。

案：繫年要錄及會要所載，其事在建炎三年四月十三日。「金部」者戸部所屬官司之一，當從要錄作「撥隸戸部」

五、國子監

季終考於學諭，次學錄，次學正，次博士，然後考於長貳。歲終校定注於籍，以俟覆試視其校定之數參驗而序進之。

案：會要國子監門引哲宗史志云：

季終考於學諭，十日考於學錄，二十日考於學正，三十日考於博士，又三十日考驗長貳。歲終，取外舍生百人，內舍三十人，校定奏聞。以俟覆試視其校定之數參驗而敍進之。（職官二八之六）

史志但謂「校定注於籍」而不云「奏聞」當以會要爲是。

學諭二十人，掌以所授經傳諭諸生。

案：會要引哲宗史志於此二語下更有「及專講論語孟子」句。

齋置長諭各一人，掌表率齋生，凡戾規矩者糾以齋規五等之罰。仍月考齋生行藝著於籍。

案會要引哲宗史志云：

每齋置長一人，掌表率齋生，凡戾規矩者糾以齋規五等之罰。其在外有顯過而證驗明者，亦聽糾之。不許以自首赦恩原免。月考齋生行藝著於籍。諭一人，掌佐齋長導諭諸生。（職官二八之六）

史志失載「在外有過」及「不許原免」二事。

元祐元年……又詔置春秋博士一員。

〔元符〕三年復置春秋博士。（崇寧元年省罷）

〔崇寧〕二年罷春秋博士。

案既於元祐元年載置春秋博士，於元符三年又云復置春秋博士，則其間必曾有廢罷之事而史志失載也。又既於元符三年復置條下注云「崇寧元年省罷」，乃於崇寧二年又載罷春秋博士事，前後自相牴牾。會要引哲宗史志云：

元祐初置春秋博士，三年罷。（職官二八之六）

是首次廢罷在元祐三年也（其在何月日，檢長編未得）。當補。

會要又載：

〔元符三年，徽宗即位未改元〕十一月二十七日　詔復置春秋博士。崇寧七年省罷。（職官二八之一四）

宋史徽宗本紀載：

〔崇寧元年秋七月〕辛亥，罷春秋博士。

崇寧紀元盡於五年，則會要「七」字必爲「元」字之誤。是則二次之罷確在元年，其「二年罷春秋博士」條當刪。

仍建外學於國之南。

案：「國」字上當從會要補「王」字。（職官二八之一五）

見爲太學外舍生，依舊在太學。

案：「見爲」當從會要作「見今」。

大觀元年置國子博士四員，國子正錄各二員，太學辟雍博士共置二十員，國子太學每經一員，辟雍二員。從薛昂之請也。

案：會要國子監門載：

大觀元年三月二十四日翰林學士薛昂言：『按唐六典，國子監有博士助教。乞置博士四員，國子正錄各二員，與太學官分掌教導』。從之。

九月十五日又言：『乞國子、太學、辟雍、博士共置二十員，各以易詩書周禮禮記爲定額。國子幷太學每經一員，辟雍二員，幷選元始經登科人』。從之，（職官二八之一七）

是薛昂第二次之奏請，乃乞國子太學辟雍三處共置博士二十員，亦即對其前此所請國子監獨置博士四員一事有所通融變更也。史志合二者爲一，於其第二次之奏請中復刪去「國子」二字。乃成太學辟雍兩處共置博士二十員，與國子博士四員合計則三處共爲二十四員矣，殊爲未合。且薛氏明言各以易詩書周禮禮記五者爲定額，則國子與太學每經一員，是每處各爲五員也；辟雍每經二員，是辟雍一處爲十員也。合之亦恰爲二十員。史志節去所列之經名，亦非是。

四年詔省國子辟雍博士五員。……依紹聖格，毋用謄錄。

案會要載：

〔大觀四年〕八月十二日詔：博士，太學五員，國子五員，辟雍十員。率以二人共講一經。又如國子博士專掌訓導國子生隨行親，生員既少，職事甚簡。兼國子生隨行親並處太學，可就委太學博士兼領。其國子博士幷省併。辟雍博士亦省五員，以五員爲定額。……私試謄錄，起自近歲，元豐紹聖，曾所未聞，太學辟雍月試，可並依紹聖格施行，更不謄錄。（職官二八之一九）

是其所省博士。國子辟雍各爲五員，非二處共省五員也。史志云云欠晰。私試毋用牘錄事，亦須如會要所云，事意方顯。

政和元年詔兩學博士正錄依舊制選試，朝廷除授。

案會要載此事，「舊制」上有「元豐」二字。（職官二八之一九）

或曾充經論以上職掌。

案此爲「仍止試一經」句下夾注所載元豐法中語。「經論」當從會要作「經諭」。

辟雍正額入太學者，擠入額外，依舊制，過塡闕諸內舍。

案「過塡」句當從會要作「遇闕塡國子生及諸內舍」。（職官二八之二二）

又詔國子博士正錄改充太學正錄。

案「太學」下當從會要補「博士」二字。

今學校或主一偏之說，執一偏之見。

案「學校」當從會要作「太學技試」。（職官二八之二三）

建炎三年詔國子監併歸禮部。未幾，詔復養生徒，置博士。

案會要載：

建炎三年四月十三日詔國子監併歸禮部。

紹興三年六月二十四日詔駐蹕所在，因國子監復養生徒，置博士二員。（職官二八之二三）

是其併省與復置中間已踰四年之久，史志僅云「未幾」而不著復置年月，非是。

十二年太學成，增置博士正錄。

案：會要載太學成及增置博士正錄數事，均繫十三年，史志作「十二年」誤。

至隆興以後，正錄不兼權，祭酒司業並置，復書庫官。又定國子博士一員，太學博士三員，正錄共四員。學官之制始定。

案會要載：

〔隆興〕二年十二月四日，詔國子正錄今後正行差官，更不兼權。（職官二八之二五）

〔乾道七年〕二月十三日宰執進呈，上曰：『劉焞兼侍讀，李彥穎卻兼侍講可也』。

因奏曰：『劉焞久在館閣，以拘資格，除郎不行，乞稍遷擢，以重宮僚之選。』上曰：『郎官外更有何官可遷』？允文奏曰：『國子司業見闕，緣隆興指揮不許與祭酒並除』。上曰：『司業乃祭酒之貳，並置何妨，可特除國子司業』。（職官七之二七）

〔乾道〕七年十一月二十三日詔國子監復置書庫官一員。（職官二八之二六）

九年六月十二日中書門下省言：『國子博士舊係一員，太學博士舊三員，今各止一員。正錄見共六員』。詔沈揆梁汝永並改除太學博士，其退下太學正錄闕更不除人。（職官二八之二七）

是各事於前後十年之內方次第施行（隆興中日曾有祭酒司業不並置之指揮），非定於一時也。

淳熙四年置監門官一員，兼管石經閣，以不釐務使臣充。

案會要載：

淳熙四年六月十五日，以國子監新建太上皇帝御書石經閣成，是日監學官赴和寧門外奉迎御書「光堯御書石經之閣」八字碑至國子監，參知政事李彥穎等率文武百官於監門外立班奉迎，至閣安奉。

十月三日國子監言：『乞下臨安府，於本府見任不釐務使臣內踏逐一員充本監監門，兼管石經閣幷本學指使。……』從之。國子監舊有指使一員，係本監長貳奏舉小使臣充，後減罷。至是本監以新建石經閣，故有此請。（職官二八之二七）

國子監中所以又增添「兼管石經閣」之職掌，須參此方覺明白。

武學

案：二字當另起一行，或於二字上空一格。史志與上文相連，非是。

元豐官制行，改教授爲博士。紹興十六年詔修建武學，武博武諭以兵書弓馬武藝誘誨學者。紹興二十六年詔武學博士學諭各置一員。

案史志武學條文字與通考職官考十一武學條同，唯上段敍事次第先後稍異。通考云：

紹興十六年詔修建武學，武博武諭以兵書弓馬武藝誘誨學者。元豐官制行，以博士代教授。紹興二十六年詔武學博士學諭各置一員。

「元豐官制行」二句錯出於紹興十六年及二十六年兩事之間，故於二十六年上復著「紹興」二字。史志既改置「元豐」二句於「紹興十六年」云云之前，則「二十六年」上「紹興」二字當刪。

宗學……崇寧初，立月書季法。

案「季」字下當從通考補「考」字。

書庫官，淳化五年判國子監李志言……

案：史志書庫官條與通考全同。查宋史李至傳謂「淳化五年兼判國子監」，是「李志」乃「李至」之誤也。

又案：書庫官本國子監所屬官員之一，故通考此條列置國子監條之下，史志置之武學宗學各條之後，非是。

六、少府監

元豐官制行，始制少監、丞、主簿各一人。

案：「始制少監」當從通考作「始置監少監」。

其內侍幹當官並罷。

案：「幹當官」當作「勾當官」。

以上並屬少府監。

案史志少府監條即以此句作結，而於少府監後來之省罷則闕載。今查繫年要錄卷二十二載：

〔建炎三年夏四月〕庚申……少府、將作、軍器監歸工部(紹興三年十一月庚戌復將作軍器二監，惟少府監不復)。

通考少府監條亦云：

建炎初。以作將少府監併歸工部。紹興三年復置將作監，少府事總焉。

七、將作監

元符元年三省言：……乞將先到任一員改充幹當公事。

案：「幹當」當作「勾當」。

竹木務，掌修諸路水運材植及抽筭諸河商販竹本。

案：「掌修」當從通考作「掌受」。

窰務，掌陶爲磚瓦以給繕營及缾缶之器。

案：「陶」下當從通考補「土」字。

作坊物料庫第三界，掌儲積材物以備給用。

案：通考「庫」字下無「第三界」三字，

百工器用屬之文思院，以隸工部。

案：通考「院」字下有「上下界」三字（文思院分上下界兩院，上界造作金銀珠玉，下界造作銅鐵竹木雜料。見會要職官二九文思院門）。

本監唯置丞一員，餘官虛而不除。乾道以後，人材甚多，監少丞簿無闕。凡臺省之久次與郡邑之有聲者悉寄徑於此，自是號爲儲材之地，而營繕之事多俾府尹畿漕分任其責焉。

案：上諸語與通考同，唯「甚多」通考原作「盛多」。查通考此段爲合璧事類諸書所不載，蓋刪修京鏜之將作監題名而成者。咸淳臨安志卷八將作監門載京鏜記文有云：

南渡以來，行在所營繕之事，有府尹畿漕分其責，由是職閒無事，監少屢虛，丞簿互兼者久之。比年人才盛多，樂於彙進，監少丞簿無闕員。凡臺省之久次與郡邑之有聲者，悉寄徑於此。今號爲儲才之地。……（淳熙十四年十月朔）

此所云云，乃謂自南渡以後，因有府尹畿漕分任行在營繕之責，將作監遂致空閒無事，故監少久闕不除。史志置「府尹畿漕」云云句於段末，則似是乾道以後方然，而上文「本監唯置丞一員，餘官虛而不除」之故，亦遂難遽察知，刪潤蓋極欠妥。

八、軍器監

隆興初，詔置造軍器已有軍器所，隸工部。

案「置造」當作「製造」。

乾道五年復置少監及簿。

案：「置」下當從通考補「監」字。

是後戎所作坊，已備官於下；宥府起部，並提綱於上。監居其間，事務稀簡，特爲儲才之所焉。

案：通考作「嘉定以後，事最稀簡，特爲儲才之所」，與史志此段當同出一源。「宥府起部」句疑有譌誤。

九、都水監

興役以後月至十月止。

案：「後」字疑誤。

所隸有街道司，掌轄治道路人兵，若車駕行幸，則前期修治，有積水則疏導之。

案：史志所載都水監所屬官司，卽僅以街道一司爲止。查會要都水監門殘闕不全，然所存猶有溝河司及街道司二者（職官三十之一八）通考職官考十一都水監條載：

所隸有：東西四排岸司，監官各以京朝官閤門祗候以上及三班使臣充。掌水運綱船輸納顧直之事。　汴河上下鎖，蔡河上下鎖，各監官一人，以三班使臣充，掌算舟船木筏之事。　天下堰總二十一，監官各一人。渡總六十五，監官各一人。皆以京朝官三班使臣充，亦有以本處監當兼掌者。

此亦可補史志之闕。然其中又不云有溝河司及街道司，亦所不解。

十、司天監

供諸壇祀祭告神名版位畫日。

案：會要司天監門引兩朝國史志，「畫日」作「畫日」(職官三一之三)。「畫日」者亦卽神宗史志「擇所用日」（見會要同門同集）及宋史本志卷四太史局條「選所用日」之意，「畫」字誤。

禮生四人　曆生四人

案：會要司天監及太史局門（職官一八）兩引兩朝國史志，俱作「禮生五人曆生一人」，當無傳寫之譌，史志均作四人，誤。

卷　六

一、殿前司

殿前司　都指揮使　副都指揮使　都虞候各一人。掌殿前諸班直及步騎諸指揮之名籍。凡統制訓練蕃衞戍守遷補賞罰，皆總其政令。而有都點檢副都點檢之名，在都指揮之上，後不復置。……都指揮使以節度使爲之，而副都指揮使、都虞候、以敕史以上充。

案：會要殿前司門載：

兩朝國史志：殿前司都指揮使、副都指揮使、都虞候、副都虞候、掌殿前諸直及步騎諸指揮之名籍及訓練之政令。國初有都點檢副都點檢之名，在都指揮使之上，後不復置。（職官三二之一）

神宗正史職官志：殿前司，侍衞馬軍司，侍衞步軍司。都指揮使、副都指揮使、都虞候，司各一人。以節度使爲都指揮使，而副都指揮使，都虞候，無定員，以刺史以上充。備則通治，闕則互攝。掌禁衞軍之政令。隨其官名所隸而分領之。訓練宿衞戍守及軍事之賞罰，皆行以法而治其獄訟。若情不中法則稟奏聽旨。兼統制四廂軍。（職官三二之三）

哲宗正史職官志：殿前司掌殿前諸班直及步騎諸指揮之名籍。凡統制訓練番衞戍守遷補賞罰，皆總其政令。（職官三二之四）

史志「蕃衞」爲「番衞」之誤。「而有」爲「國初有」之誤。「敕史」爲「刺史」之誤。

諸班有都都虞候、指揮使、都軍使、都知、副都知、押班。

案：會要所引哲宗正史職官志爲：

諸班有都虞候、都虞候指揮使、都知、副都知、押班。

通考五十八職官考十二殿前司條所載與哲宗史志同，史志云云有誤，當據此補正。

紹聖三年詔殿前指揮使、金槍弩手班、龍旗直、所減人額及排定班分，並依元豐詔旨。

案：史志於此段前僅載元祐七年王巖叟奏請以姚麟升步軍副都指揮一事，其所謂元豐詔旨者實闕而未載。會要殿前司門所記元豐中事共四條，亦無與此相涉者，唯於紹聖三年則詳記其事云：

三年五月六日，詔殿前指揮使、金槍弩手班、龍旗直所減人額及排定班分並依元豐七年九月詔旨：殿前司指揮使、左右班槍手，可各以五人爲額，并金槍留七十五人，弩手班、龍旗直各二十人外，餘悉改充弓箭手。仍以弩手班排稱東第四、龍旗直爲第五班，並候將來轉員後施行。（職官三二之六）

史志既不載原詔旨，復於此詔中節去其所舉述之各事，殊爲疏略。

初渡江草瓶，三衞之制未備，稍稍招集，塡制三帥。

案：「三衞」當從通考作「三衙」，「塡制」當從通考作「塡置」。

乾道中，臣僚言：『三衙軍制，名稱不正。以舊制論之，軍職大者凡八等，除都指揮使或不常制外，曰殿前副指揮使，…秩秩有序，若登第然。降此而下，則分營分廂，各置副都指揮使。…所當法祖宗之舊，正三衙之名，改諸軍爲諸廂，改統制以下爲都虞候指揮使。要使宿衞之職，預有差等，士卒之心，明有所係，異時拜將，必無一軍皆驚之舉。』時不果行。

案：此即通考殿前司條所附錄洪邁論三衙軍制將劄子之節文，然亦多譌誤。通考「或不常制」作「或不常置」，「若登第然」作「若登梯然」，「各置副都指揮使」作「各置都副指揮使。」又查錢大昕廿二史考異七十一乾道中臣僚言三衙軍制名稱不正條云：

此洪邁在翰林日所上劄子也。殿前司，侍衞馬軍司，侍衞步軍司，當時謂之三衙。各置都指揮使，副都指揮使，都虞候，皆帥也，故有三帥。殿前、步軍二司題名，今不可考矣；馬軍司題名則景定建康志有之。考其所載，自建炎以後皆稱主管侍衞馬軍司公事；至乾道九年始除趙樽都指揮使，淳熙二年除李川王明皆都虞候，三年除吳拱都指揮使，六年除馬定遠，七年除雷世賢，皆都虞候，十二年世賢遷副都指揮使，紹熙元年除張師顏都虞候。是容齋之議固已見諸施行。開禧以後復有主管馬軍司公事之稱，間有除副都指揮使及都虞候者，不過十之一二耳。

是則史志謂「時不果行」，亦誤。

二、環衛官

左右金吾衛：上將軍、大將軍、將軍、中郎將、郎將。

左右衛：上將軍、大將軍、將軍、中郎將、郎將。

左右驍衛：上將軍、大將軍、將軍。

左右武衛：上將軍、大將軍、將軍。

左右屯衛：上將軍、大將軍、將軍。

左右衛官軍衛：上將軍、大將軍、將軍。

左右監門衛：上將軍、大將軍、將軍。

左右千牛衛：上將軍、大將軍、將軍、中郎將、郎將。

案：此所謂十六衛也。然查「左右衛官軍衛」一項名目，會要職官三三「六軍諸衛」門引哲宗史志作「左右領軍衛」，通考五八環衛官條同，史志誤也。

三、環衛官皇城司三衛官三條錯簡

環衛官……隆興中始命學士洪遵等討論典故，復置十六衛，號環衛官。其法：節度使則領左右金吾衛上將軍，承宣使則領左右衛上將軍。在內則兼帶，在外則不帶。正任爲上將軍，遙郡爲大將軍。正親兄弟子孫試充。又詔祖宗諸后自明肅至欽慈諸后及后妃嬪御之家，各具本宗堪充諸衛官以名銜聞。又詔三衛郎爲三衛侍郎。又詔博士並差文臣。崇寧四年二月置，五年正月罷。

皇城司……政和五年詔皇城司可剏置親從第五指揮，以七百人爲額（親從官舊有四指揮元額共二千二百七十人）。仍以五尺九寸一分六釐，使爲將軍，副使爲中郎將，使臣以下爲左右郎將，通以十員爲額，宗室不在此例。除管軍則解；或領閤門皇城之類則仍帶。雖戚里子弟，非戰功人不除。批書印紙屬殿前司。是時帝諭宰相，以爲如文臣館閣儲才之地。紹熙初嘗欲留闕以儲將才，循初意也。嘉泰中復申明隆興之詔，屏除貪得妄進，以重環尹之官。嘉定二年復以臣僚言，專以曾爲兵將其功績及名將子孫之有才略者充。通前後觀之，可以見環衛儲才之意。

三衛官…翊衛官以卿監正任刺史，遙郡團練使以上，並以爲等。其將校十將節級等應合行事件，比第四指揮及見行條貫。六年三月，應臣僚輒帶售雇人入宮門，罪賞並依宗室法。將帶過數止坐本官；若兼領外局，所定人從非隨本官輒入者，依闌入法。十一月詔嘉王楷差提舉皇城司整肅隨駕禁衛所。靖康元年詔應入皇城門依法服本色，輒衣便服及不裹頭帽入出者並科罪。所隸官屬一：冰井務，掌藏冰以薦獻宗廟，供奉禁庭，及邦國之用，若賜予臣下則以法式頒之。中興初爲行營禁衛所，差主管官掌出入皇城宮殿門等敕號，察其假冒，車駕行幸則糾察導從。紹興元年改稱行在皇城司，提舉官一員，提點官二員，幹當官五員，以諸司副使、內侍都知，押班充。掌皇城宮殿門，給三色牌號，稽驗出入。凡親從親事官五指揮、入內院子、守闕入內院子，指揮總其名籍，均其勞役，察其功過而賞罰之。凡諸門必謹所守，蠲潔齋肅，郊祀大禮則差撥隨從守衛，有宴設則守門約闌。每年春秋按賞親從逐指揮、親事官第一指揮、長行三色武藝、弓弩槍手。皇城周回或有墊陷，移文修整。嘉定間臣僚言：『皇城一司，總率親從，嚴護周廬，參錯禁旅，權亞殿巖，乞專以知閤御帶兼領。仍立定親從員額，以革泛濫。』並從之。

案：武英殿本宋史於本卷之末附有校語云：

> 崇寧四年二月置，五年正月罷〇臣開鼎按：本文上載靖康隆興諸詔，突接崇寧二句，文意不洽，疑有錯。
>
> 六年三月〇臣開鼎按：本文未著年號，下文「十一月詔嘉王楷，」嘉王徽宗子，但政和宣和皆有六年，未知孰是。

是其認爲有問題者僅此兩事而已。實則環衛官條自「正親兄弟子孫試充」云云以下，皇城司條自「使爲將軍、副使爲中郎將」云云以下，三衛官條自「其將校十將節級等應合行事件」云云以下，各與其本段之上文不相銜接，知其相互間必有所錯亂。今檢朝野雜記甲集十有環衛官條，蓋即合璧事類及通考諸書環衛官條之所從出，而史志此段則又删修通考之文者。通考於「遙郡爲大將軍」

句下爲：

正使爲將軍，副使爲中郎將，使臣以下爲左右郎將，通以十員爲額，宗室不在此例。除管軍則解；或領閤門皇城之類則仍帶。雖戚里子弟，非戰功不除。上諭宰相，謂欲以此儲將才、重環衛，如文臣儲才於館閣也。

是知史志皇城司條內自「使爲將軍」至「可以見環衛儲才之意」一段，應移置環衛官條「遙郡爲大將軍」句下，與「正」字相接爲文。

又檢會要職官三四皇城司門載：

政和五年十一月十日詔皇城司親從每遇大禮及行幸出郊，并在內諸門地分，今闕人守把，止差親事官充代窠役。可創置親從第五指揮，以七百人爲額，仍以五尺九寸一分六釐爲等，候來年八月，等揀招塡數足。其將校十節級、曹司、營門子等，并應合行事件，並比親從第四指揮及見行條貫施行。（職官三四之三二）

六年三月三日皇城司奏：『臣僚將帶人從，依格各有定數。其輒帶外借人力，除宗室已立法外，在內供職臣僚亦合一體禁止。今後應臣僚輒帶借請或售雇人力入宮門，罪賞並依宗室法。將帶過數，止坐本官；若兼領外局，所破人從非隨本官輒入者，自依攔入法。』從之。（職官三四之三三）

十一月九日詔嘉王楷差提舉皇城司整肅隨駕禁衛所，兼提舉內東門崇政殿等門（同上）

靖康元年三月十九日內降劄子：『應入皇城門之人，依法服本色，近來多有輒衣便服及不裹頭帽入出，今後如有違犯之人，許守門等地分合干人收領，送所屬科杖一百罪。諸官司每季具知委聞奏。仍報皇城司檢察。』詔依，每名立賞錢五十貫。（同上）

紹興元年二月三日，詔行宮禁衛所改爲行在皇城司稱呼，從幹辦皇城司馮益等請也。（職官三四之三四）

嘉定二年十一月二十六日臣僚言：『皇城一司總率親從，嚴護周廬，參錯禁旅，權亞殿巖。……今隸於中者類多市井烏合，訓齊不素，全藉統攝得人，豈可輕授。自今乞專以知閤御帶兼領，不以畀資望輕淺者。儻更有躁進之

徒，僥踰干請，雖已頒成命，亦許輔臣執奏、給舍繳駁、臺諫論列，不容冒濫，務在必行。』從之。(職官三四之四二)

以上諸條所未涉及者唯所屬之冰井務耳，會要同門載熙寧中事有云：

六年十二月皇城司言：『奉旨爲「今年冰消溶過數，令候瓊林苑金明池收到，依去歲更於冰井務收三井。」本司看詳，乞就本苑更增收貯，不應兩興井窖，欲坼移冰井務磚石，就營造供進。』詔依已降指揮收三井外，並從之。(職官三四之三一)

是冰井務之屬於皇城司爲無可疑。據此諸條云云，則史志三衙官條自「爲等」二字迄於「以革泛濫並從之」一段，應移置皇城司條「仍以五尺九寸一分六釐」句下。

又檢會要職官三三「三衛」門載：

崇寧四年二月十日中書省言：『…今殿庭設仗悉以禁族，而士庶子之法未能如古。欲倣前世，擇賢德之後勳戚之裔以侍軒陛，庶幾先王宿衛之意。今倣古修立：三衛郎一員…。三衛郎直前文武各一員…。博士二員…。主簿一員…。親衛府郎十員…。勳衛府郎十員…。翊衛府郎二十員…。一、親衛官許后妃嬪御之家有服親及翰林學士并管軍正任觀察使以上子孫。一、勳衛官許勳臣之世賢德之後有服親、應大中大夫以上及正任團練使遙郡觀察使以上。一、翊衛官許卿監、正任刺史、遙郡團練使以上，並以親兄弟子孫試充。…』從之。(職官三三之一〇)

二十六日詔三衛郎爲三衛侍郎。

六月一日詔祖宗諸后及妃嬪之家具本宗堪充諸衛官以聞。

八月十六日詔三衛博士今後並差文臣。(以上並職官三三之一一)

據此則環衛官條內「親兄弟子孫試充」以下迄「崇寧五年五月罷」一段，應移置三衛官條，承「遙郡團練使以上，並以」諸語爲文(會要闕載崇寧五年罷三衛事)。其令三衛郎爲三衛侍郎諸詔，史志次第顛倒，亦應據會要改正。

三條文字經乙正之後應爲：

環衛官　…隆興中始命學士洪遵等討論典故，復置十六衛，號環衛官。其法：節度使則領左右金吾衞上將軍，承宣使則領左右衞上將軍。在內則兼帶，在外則不帶。正任爲上將軍，遙郡爲大將軍。正使爲將軍，副使爲中郎將，使臣以下爲左右郎將，通以十員爲額，宗室不在此例。除管軍則解；或領閤門皇城之類則仍帶。雖戚里子弟，非戰功人不除。批書印紙屬殿前司。是時帝諭宰相，以爲如文臣館閣儲才之地。紹熙初，嘗欲留闕以儲將才，循初意也。嘉泰中復申明隆興之詔，屏除貪得妄進，以重環尹之官。嘉定二年復以臣僚言，專以曾爲兵將具（原誤作其）功績及名將子孫之有才略者充。通前後觀之，可以見環衞儲才之意。

皇城司 …政和五年詔皇城司可添置親從第五指揮，以七百人爲額（親從官舊有四指揮，元額共二千二百七十人）。仍以五尺九寸一分六釐爲等。其將校十將節級等應合行事件，比第四指揮及見行條貫。六年三月，詔應臣僚輒帶售雇人入宮門，罪賞並依宗室法。將帶過數，止坐本官；若兼領外局，所破（原誤作「定」）人從非隨本官輒入者，依闌入法。十一月詔嘉王楷差提舉皇城司整肅隨駕禁衞所。靖康元年詔應入皇城門依法服本色，輒衣便服及不裹頭帽入出者並科罪。所隸官屬一：冰井務，掌藏冰以薦獻宗廟，供奉禁庭及邦國之用，若賜予臣下則以法式頒之。中興初爲行營禁衞所，差主管官，掌出入皇城宮殿門等敕號，察其假冒，車駕行幸則糾察導從。紹興元年改稱行在皇城司，提舉官一員，提點官二員，幹當官五員，以諸司使副，（原誤作「副使」，據會要皇城司門改）內侍都知押班充。掌皇城宮殿門，給三色牌號，稽驗出入。凡親從親事官五指揮，入內院子，守闕入內院子，指揮總其名籍、均其勞役、察其功過而賞罰之。凡諸門必謹所守，蠲潔齋肅，郊祀大禮則差撥隨從守衞，有宴設則守門約闌。每年春秋按賞親從逐指揮、親事官第一指揮、長行三色武藝、弓弩槍手。皇城周回或有墊陷，移文修整，嘉定間臣僚言：『皇城一司總率親從，嚴護周廬，參錯禁旅，權亞殿巖，乞專以知閤御帶兼領，仍立定親從員額，以革泛濫』。並從之。

三衞官 …翊衞官以卿監正任刺史遙郡團練使以上，並以親兄弟子孫試充。又詔三衞郎爲三衞侍郎。又詔祖宗諸后及后妃嬪御之家，各具本宗堪充諸衞官以名銜聞。又詔博士並差文臣。崇寧四年二月置，五年正月罷。

又案：史志本卷卷首所列目次中無「三衞官」名目，應補。

四、皇城司

幹當官七人，以武功大夫以上及內侍都知押班充。掌宮城出入之禁令。凡周廬宿衛之事，宮門啓閉之節，皆隸焉。每門給銅符二、鐵牌一，左符留門，右符請鑰。鐵牌則請鑰者自隨，以時參驗而啓閉之。總親從親事官名籍，辨其宿衛之地以均其番直。人物僞冒不應法，則譏察以聞。凡臣僚朝覲，上下馬有定所。自宰相親王以下所帶人從有定數。揭牓以止其喧鬨。

案：此所述皇城司之職掌等事與會要及合璧事類通考諸書俱不同。本條下文於南渡後行在皇城司之職掌既另有敍述，則此處當專指北宋而言，然據會要皇城司門所載：

皇城司在左承天門內北廊，本名武德司，太平興國六年十一月改今名。掌皇城管籥木契、親從親事官名籍、及命婦朝會、頒冰、供內取索物、及入內尼院齋料、國忌齋醮之事。以諸司使、副使、內侍都知押班三人勾當。後或增，差踰舊員。（職官三四之一五）

兩朝國史志：皇城司勾當官三人，以諸司使副、內侍都知押班充。掌宮城管籥木契、親從親事官之名籍、及命婦朝會、伏日頒冰、內中須索、內侍齋料、并國忌修齋設醮之事皆總焉。勾押官、押司官各一人，前行四人，後行六人，契勘官二人。神宗哲宗正史職官志同。（職官三四之一五）

據知北宋一代皇城司之職守并無所變更，而史志所載獨異，不知所據爲何。其改「勾當官」爲「幹當官」，以定額三人爲七人，則顯屬不合。

又案：據咸淳臨安志十四皇城司門所載：親從官任大內諸門諸殿宿衛之事，親事官任皇城內巡鋪守把及景靈宮等處宿衛。

五、客省引進使

大觀元年詔客省、四方館、不隸臺察。政和二年改定武選新階，乃詔客省、四方館、引進司、東西上閤門、所掌職務格法，並令尙書省具上。又詔高麗已稱國信，改隸客省。靖康元年詔客省引進司、四方館、西上閤門、爲殿庭應奉，與東上閤門一同隸中書省，不隸臺察。

案：徽宗大觀元年及欽宗靖康元年兩詔客省引進等司不隸臺察，是必中間曾有改隸臺察之事而史志失載也。會要四方館門載：

靖康元年四月十三日詔客省引進司、四方館、西上閤門、爲殿庭應奉，與東上閤門事體一同，可依祖宗法隸中書省，其隸臺察指揮更不施行。

據末句知改隸臺察事當卽在靖康元年，而實幷未及施行，故其原降指揮，會要亦未收載。

六、東西上閤門

監察御史胡舜陟奏：『閤門之職，祖宗所重，宣贊不過三五人。熙寧間通事舍人十三員，祗候六人，當時議者猶以爲多。今舍人一百八員，祗候七十六員，看班四員，內免職者二百三員，由宦侍恩倖以求財。朱勔父子交買尤多，富商豪子往往得之。眞宗時諸王夫人因聖節乞補閤門，帝曰：「此職非可以恩澤授」，不許。神宗卽位之初，用宮邸直省官郭昭選爲閤門祗候，司馬光言「此祖宗以蓄養賢才，在文武爲館職」。其重如此，今豈可賣以求財？乞賜裁省。』故有是詔。

案：此段注文與通考所載全同。「交買」當從通考作「交賣」，「在文武」當從通考作「在文臣」。又，「祗候六人」通考原作「祗候、看班祗候、六人」，查會要四方館門引神宗史志云：

閤門掌朝會供奉贊相之事。使、副使、承旨稟命，舍人宣辭分，祗候分佐舍人。…而閤門復增看班祗候六人。（職官三五之三）

史志本條內述東西上閤門之組織亦云：

東上閤門、西上閤門、使各三人，副使各二人，宣贊舍人十人，祗候十有二人，…增置看班祗候六人。

長編於熙寧四年秋七月甲辰亦記添置省班祗候六人之事，是則胡舜陟奏疏所載熙寧中閤門人員數目，於「看班祗候六人」句上必爲「祗候十二人」之句，通考云云，蓋偶脫「十有二人」諸字，史志不知檢照補苴，乃逕將「看班祗候」四字删去，非是。

又詳轉對如職事官。

案:「詳」當從通考作「許」。

慶元初申嚴閤門長官選擇其屬之令,非右科前名之士不預召試。

案:此亦抄自通考而沿其誤者。查會要閤門通事舍人門載:

嘉泰元年十二月二十六日詔:『今後召試閤門舍人,必擇右科前名之士,及照已降指揮,履歷考任應格,方許與郡』。先是,淳熙四年三月詔:『閤門舍人依祕省丞例,理親民資序後供職實歷二年,乞補外與知州差遣』。至是臣僚繳奏閤門舍人戴炬潘檉不顧格法僥求郡寄,復有是命。(職官三四之一〇)

是申嚴之令在嘉泰初,非慶元初也。

七、帶御器械

乾道以來詔立班樞密院檢詳之上。

案:此亦沿襲通考之誤。會要帶御器械門載:

乾道六年九月十四日中書門下省勘會已降指揮,帶御器械立班在樞密院檢詳諸房文字之下,其雜壓敍位亦合一體。

十月五日詔帶御器械雜壓敍位依近降指揮,令在樞密院檢詳諸房文字之下。遇合班處依閤門元降指揮立班。(職官三四之一二)

是乾道所定之法,乃令帶御器械立班在樞密院檢詳諸房文字之下,非在其上也。

八、入內內侍省 內侍省

拱侍殿中,備洒掃之職,役使雜品者,隸內侍省。

案:「拱」當從通考作「供」。

內侍省…自供奉官至黃門以二百八十人爲定員。

案:「二百八十人」通考原作「一百八十人」。會要內侍省門亦云:『自供奉官至黃門一百八十人爲定員』,(職官三六之一)史志誤。

御藥院，勾當官四人，以入內內侍省充。掌按驗方書，修合藥劑，以待進御及供奉禁中之用。

案：「以入內內侍省充」句，應作「以入內內侍充」，此亦沿通考之失。

又案：此處所載御藥院之職掌，與本志卷四殿中省所屬官司中之御藥院條相同而較略，亦爲間接出自兩朝史志者，非神宗釐正官制後之制度也。會要御藥院門引神宗史志云：

御藥院，勾當官四人，以入內內侍充。掌制藥以進御及供禁中之用。凡藥嘗而後進。有奏方書則集國醫按驗以聞。饋進膳羞、祭祀、朝會、燕饗、行幸，則扶侍左右。廷試進士則主行其禁令，封印卷首而給納之。歲時酌獻陵園，春夏頒中外藥，及元日生辰致契丹國禮幣，則前期爲之辦具。宮省慶賜亦如之。凡五年進一官。分案三，設吏八。

此中所載御藥院典掌諸事，實遠較兩朝史志爲廣泛，當參取增補。並應即將卷四之一條删併於本條之內，說見該卷該條下。

又案：以御藥院而兼掌禮文貢舉諸事，其事亦極不可解。程大昌考古編卷七御藥院掌禮文條云：

御藥院本以按驗祕方合和御藥爲職，今兼受行典禮及貢舉事，雖會要亦不言所自。按東京記：『大慶殿北崇政殿御藥院，殿東北橫門外有御書院，掌供御筆硯紙墨等物。殿西爲邇英延義二閣，閣講諷之所也。殿西北即後苑，苑有太淸樓龍圖閣所傳書籍』。以此言之，自崇政殿後多藏書講藝之地，或緣御書院與御藥院相比，併命當御內侍掌之耶？

程氏云云，亦終爲一懸擬之說，未知其果與事實相符否也。

內東門司，勾當官四人，以入內內侍省充。

案「省」字衍文。

管勾往來國信所，管勾官二人，以都知、押班充。掌契丹使介交聘之事。

案：此段亦出通考，而通考則輾轉本於兩朝史志者。然當北宋之末，女眞已代契丹而起，洎夫南宋之末，則又有代女眞而興之蒙古，其主管使介交聘之事者，仍此國信所也。會要內侍省門管勾往來國信所條下有云：

主管官二員，以內侍充。……掌行大金賀生辰正且使人到闕應干合排辦事件，及遣發奉使大金賀生辰正且行遣事務，諸官司投下到文字，發放行遣架閣庫案牘並日常書寫文字。（職官三六之三二）

文中已易管勾官之名稱爲主管官，知爲南宋所立定者。史志所敍僅及契丹，殊爲未合。又南渡後以避高宗嫌名改管勾往來國信所爲主管往來國信所，史亦失載。

龍圖天章寶文閣勾當四人，以入內內侍充。

案：「勾當」下當從通考補「官」字。

又案：史志本卷卷首所列目次中無「入內內侍省」名目，應補。

九、開封府

左右廂公事，幹當官四人。

案：南渡後開封府已非宋有，故開封府所屬官員名稱之有「勾當」字樣者，均不應追改。「幹當官」應依會要作「勾當官」或「勾當使臣」。

十、節度使

宣和末　節度使五六十人，議者以爲濫。

案：「五六十人」通考原作「至六十人」。查通考云云，出於朝野雜記甲集十二文臣節度使條，原亦作「至六十人」。雜記於「議者以爲濫」句有下附注云：

親王皇子二十六人，宗室十一人，前宰執二人，大將四人，外戚十人，宦者恩澤七人。

合之恰爲六十人。此項附注史志亦由通考轉引，數亦無誤。知「五」字爲「至」字之譌。

中興，諸州升改節政鎮者凡十有二。是時諸將勳名有兼兩鎮三鎮者，實爲希闊之典，

案：「節政鎮」當從通考作「節鎮」。「諸將勳名」下當從通考補「鼎盛」二字。

宋朝元臣拜兩鎮節度使者才三人：韓琦、文彥博、中興後呂頤浩是也，三公卒辭之。而諸大將若韓、張、呂、岳、楊、劉、之流，率至兩鎮節度使，其後加至三鎮者三人：韓世忠鎮南、武安、寧國、張俊靜江、寧武、靜海，劉錡護國、寧武、保靜。

案：此段爲「希闊之典」句下所附夾注，亦全出通考而稍有改易。通考則出於朝野雜記甲集十二兩鎮三鎮節度使條。雜記於韓文呂三人皆稱其封號而曰韓魏公文潞公呂誠公，蓋對本朝故老示其崇敬之意，其下亦遂承以「三公卒辭之」句，通考於此均因仍未改。史志改稱其名，易代修史，例自應爾，然其下「三公卒辭之」句仍承而用之，則失於審正。然此猶未至於誤也。其下「諸大將若張、韓、呂、岳、楊、劉之流」句，「呂」字雜記及通考俱作「吳」，謂吳玠曾以仙人關敗敵之功，於紹興四年秋拜檢校少師奉寧保定軍節度使也，若作「呂」則何人哉。錢大昕廿二史考異七十一以爲指呂文德言，並謂其次第當在「楊劉」之下，查呂文德以抗蒙古復瀘州之功，於度宗時確曾兼領寧武保康兩鎮節度使，然呂氏旋復爲蒙古所賺而疽發背死，姑不論其功業與韓張劉岳大不侔，其年代亦且遠在李心傳著書之後。又況宋史並呂氏之傳而無之，安得於此廁其名於諸大將之間哉？則「呂」字明誤。然僅此一字之譌，其責或猶在校刊之人而無與於史臣事也。至兼領三鎮之人，雜記亦均稱其封號曰韓蘄王張循王劉安城王，通考亦皆承用未改（但均省去「王」字而作韓蘄張循劉安城，似欠妥），史志改用其名，亦自甚是，然「安城王」者劉光世卒後乾道八年所追贈之封號也，若劉錡則不唯未曾兼領三節鎮，且並未曾兼領兩節鎮，生前身後亦俱未得王封，史志乃易「劉安城王」爲劉琦，殊爲疏謬。

自建炎至嘉泰，宰相特拜者六人（呂頤浩張俊虞允文皆以勳，史浩以舊，趙雄葛邲以恩。）

案：此亦原出雜記文臣節度使條，史志則由通考轉引者，於夾注中所舉各人亦俱改去其封號而直稱其名，然雜記之夾注原作：

呂忠穆張忠獻虞忠肅皆以勳，史會稽王以舊，趙衛公葛文定以恩。

「忠獻」爲張浚之諡，作「張俊」誤。

卷　七

一、大都督府

南渡後以見任宰相充都督。次有同都督、有督視軍馬、多執政爲之。……掌總諸路軍馬，督護諸，將非舊制比也。初，紹興二年呂頤浩首以左僕射出都督江淮兩浙荆湖諸軍事，置司鎮江，其後趙鼎張浚湯思退皆以宰相兼之。頤浩還朝，孟庾始以參知政事爲權同都督代，後落「權」字。

案：呂頤浩之爲都督事在紹興二年四月二十七日戊子，及六月甲寅被召還朝，至八月壬辰卽以孟庾兼權同都督代之。趙鼎張浚之兼都督則在紹興四年及五年，湯思退之兼都督更遠在孝宗隆興中，此在繫年要錄及宋史高宗孝宗紀中均歷歷可考，今乃將趙張湯三人事夾敍於呂頤浩還朝孟庾爲代之前，殊爲顚舛。

未幾，浚獨被旨江上視師，置都督行府，行移文字並依三省體式。其召赴行在，以其事分隸三省樞密院。

案：繫年要錄卷一一四載：

〔紹興七年九月〕庚午張浚言『巳具奏解罷機政，所有都督府職事別無次官交割』詔交與樞密院。

通考職官考十三都督門亦云：

〔紹興〕七年將罷浚，先廢都督府。

是知此次之廢都督府乃因張浚罷相之故，史志謂因浚之召赴行在，誤也。

思退初以左相出都督時，楊存中卽以太傅寧遠軍節度使同都督。思退不行，就以楊存中充都督。非宰執而爲都督自存中始。三十一年葉義問以知樞密院事督視江淮荆襄軍馬，明年汪澈以參知政事湖北京西路都督視軍馬。教政爲督視於是見焉。

案：湯思退於隆興二年九月特授都督江淮東西路建康鎮江府江陰軍江池州屯駐軍馬，見會要職官三九都督府門，其後開府數月而始終未出都門，若云「思退初以左相出都督時」，則似曾一度成行矣。又朝野雜記督視軍馬條云：

督視軍馬者紹興三十一年冬十一月葉審言始以知樞密院事爲之，朝議以審言非相臣，故其名下都督一等，蓋不考趙豐公故事，失之也。隆興初張魏公既爲江淮都督，乃命汪明遠澈以參知政事督視湖北京西軍馬焉。

通考亦採此條入都督門，蓋非此不足以見督視軍馬設置之由。史志置此不取，乃於汪澈督視湖北京西軍馬事下謂「執政爲督視於是見焉」，似欠明晰。又汪澈爲督視句中衍「都」字。

二、制置使

呂頤浩帥湖，皆領制置大使。

案：此爲「加制置大使位宣撫副使上」句下之夾注，「湖」字下當脫「南」字。頤浩於紹興六年任荆湖南路安撫制置大使，見繫年要錄

胡舜陟除沿江都制置使，王義叔副使。趙鼎爲江西制置大使，岳飛爲制置使，每事會議，或急速則施行許報大使照應。

案：此爲「或置副使以貳之」句下夾注。檢會要職官四制置使門及繫年要錄建炎三年閏八月戊寅之記事，其沿江制置副使俱作王羲叔，史志「義」字誤。又會要及要錄於紹興三年九月趙鼎除江南西路安撫制置大使、岳飛除江南西路沿江制置使後，均載樞密院所上措置事件，其一條云：

若江上有軍期急速，會議不及，許岳飛一面隨宜措置，施行訖，報趙鼎照應。

是則史志「施行許」爲「施行訖」之誤也。

議者以守臣既帶安撫，又兼制置，及許便宜，權之要重，議於朝廷。

『議於』當從會要作『擬於』（職官四〇之二）

三、宣諭使

宣諭使掌宣諭德意，不預他事，歸即結罷。紹興元年詔祕書少監傅崧年充淮南東路宣諭使，此其始也。

案：此段全出通考，而通考原實有誤。查繫年要錄五十紹興元年十二月載：

己巳祕書少監傅崧卿權尚書吏部侍郎充淮東宣諭使，且賜諸州守臣銀合茶藥

，仍命崧卿體訪民間利病來上。

又卷五十二紹興二年三月載：

甲寅，祕書少監兼權吏部侍郎傅崧卿宣諭淮東還，入見。

是傅氏名崧卿，作崧年誤。

又查通考宣諭使條文字，大段採自朝野雜記甲集十一之宣諭使條，然雜記該條起首卽云：

宣諭使舊有之，以宣諭德意爲職而已，不與軍事。渡江後所遣尤數。

會要宣諭使門亦載：

宣和七年十二月二十二日詔宇文虛中除保和殿大學士，充河北河東路宣諭使，其請給人從依見任執政例施行，不得辭避。(職官四一之一)

靖康元年二月十七日詔种師道爲河北宣諭使(職官四一之一)

是當北宋時已有此使名，謂紹興元年爲始，誤也。又『不預他事』當從雜記作「不預軍事」。

開熙間薛叔似鄧友龍吳獵皆因饑荒盜賊及平逆亂後，往敷德意。

案「開熙」當作「開禧」。

四、宣撫使

宣撫使不常置，掌宣布威靈，撫綏邊境，及統護將帥，督視軍旅之事。以二府大臣充。治平末命同簽書樞密院郭逵宣撫陝西。

案朝野雜記甲集十一宣撫使條首云：

宣撫使祖宗時不常置，有軍旅大事則命執政大臣爲之。累朝但除向文簡范文正富文忠文忠烈韓獻肅五人。仁宗征儂智高，以狄青爲宣撫使，武臣爲宣撫自此始。

會要宣撫使門亦首載：

咸平三年六月詔曰：『兵威未戢，邊候多虞，王師効攻守之勞，邑民苦餽餉之役，每念及此，予懷惻然。臨遣大臣，特加軫問，宜令參知政事向敏中充河北河東沿邊宣撫大使，樞密直學士馮拯陳堯叟充副大使，按巡郡國，存問

官吏將校僧道耆老百姓等，式宣寬大之恩，副茲惻怛之意』。眞宗御長春殿置宴以遣之。（職官四一之一八）

是不唯宣撫使之設不始於英宗之時，其職任亦前後有異：當眞宗遣向敏中等八時，乃所以存問各地被兵之士庶，所謂「宣佈威靈撫綏邊境」是也。及仁宗慶曆中先後命范仲淹韓琦爲陝西宣撫使，則以總攝對西夏軍事；命富弼爲河北宣撫使，則以經制保州叛變；命文彥博爲河北宣撫使，則以討平貝州軍賊；其職任乃始變爲「統護將帥督視軍旅之事」。及皇祐四年狄青充荆湖北路宣撫使，更爲專任經制征討廣南賊儂智高諸項軍事者。武臣而爲宣撫使亦自此爲始。凡此皆宣撫使設置後之重要故實及沿革，史志乃一切略去而逕從郭逵敍起，非是。

紹興元年詔以淮南守臣多闕，百姓未能復業，分命呂頤浩朱勝非劉光世皆以安撫大使兼宣撫使。武臣非執政而爲宣撫使實自光世始。二年李光又以吏部尙書加端明殿學士爲壽春等州宣撫使。自是韓世忠張浚吳玠岳飛吳璘皆以武臣充使。王似亦以從官由副使而升正使焉。

案：朝野雜記宣撫使條有云：

紹興元年劉光世以使相宣撫淮南，武臣非執政而爲宣撫使自此始。二年李泰發以端明殿學士爲壽春等州宣撫使，文臣非執政而爲宣撫使自此始。然自紹興至嘉泰，武臣止劉光世韓世忠張俊吳玠岳飛吳璘六人，文官止李泰發王伯召二人，蓋重之也。

史志云云，蓋亦間接本諸此段者，則其「李光爲壽春等州宣撫使」句下亦應有「文臣非執政而爲宣撫使實自光始」一句，文義方完，

又「張浚」當作「張俊」。

五、宣撫副使

宣撫副使不常置，掌二使事。宣和末王師伐燕，命少保蔡攸充。靖康初會兵救太原，又以資政殿學士劉韐爲之。

案：據前條所引會要宣撫使門所載，咸平三年以馮拯陳堯叟充河北河東沿邊宣撫副使，又載仁宗慶曆二年以翰林學士丁度充河東路宣撫副使，三年以知制誥

田況爲陝西宣撫使，八年以明鎬爲河北宣撫副使，是宣撫副使之置亦不以宣和末蔡攸爲始。

又「二」當作「貳」。

六、總　　領

其官屬有幹辦公事，準備差使。

案：會要總領所門載：

其官屬有幹辦公事，準備差遣。(職官四一之四四)

乾道元年十月十五日詔許〔江西京西湖北總領所〕復置幹辦公事准備差遣各一員。(職官四一之五二)

三年十二月二十六日戶部郎中四川總領查籥言：『本所屬官元差置主管文字、幹辦公事各二員，準備差遣差使各一員，昨準指揮裁減主管文字一員，準備差遣差使各一員，今欲於元裁減屬官三員內復置一員…』從之。(職官四一之五四)

是在四川總領所中準備差遣與準備差使二者並置，其餘諸所則但置「差遣」一員，史志作『差使』，誤。(準備差遣爲文職，準備差使爲武職)。

四川有分差糧料院，…撥發船運官。

案：「船運」當從合璧事類後集六七總領屬官條所引中興會要作「般運」。

紹熙二年以淮西總領所言，定知州通判展減磨勘法：十分欠二展二年，數足減二年。

案會要總領所門載：

〔乾道四年二月〕二十九日刑部言：『新除司農少卿淮東總領呂擢奏：逐路州軍應有總領所錢米去處，欲乞量立殿最之法，許從本所檢察按治。本部看詳欲令諸路總領所於歲終將所管州軍每州合發本所錢物十分爲率，若拖欠及二分，知通各減二年磨勘；或欠數太多，取旨；如了辦數足，各與減二年磨勘』。從之。(職官四一之五五)

〔紹熙〕三年七月十二日淮西總領所申：『乾道四年淮東總領乞將逐路州軍應

有總領所錢米去處量立殿最之法，本所檢察按治。刑部大理寺看詳，欲令諸路總領所於歲終將所管州軍每月合發本所錢物十分爲率，共拖欠二分，知通各展二年磨勘；或欠數太多，重作施行；如了辦數足，各與減二年磨勘。已得旨依。淮東至今遵奉，每年各有賞罰。獨本所因循弛慢，今欲至歲終檢舉施行』。從之。（職官四一之六三）

是總領所檢察州軍守臣之法，在乾道中已經淮東總領所之奏請而施行矣，非紹熙中方定也。其淮西總領所之申奏，僅欲依照淮東之例而行之耳。且其事乃紹熙三年，史志作「二年」亦誤。

七、經略安撫使

經略安撫司，經略安撫使一人，以直祕閣以上充。掌一路兵民之事，皆帥其屬而聽其獄訟，頒其禁令，定其賞罰，稽其錢穀甲械出納之名籍，而行以法。若事難專決，則具可否具奏。即干機速邊防及士卒抵罪者，聽以便宜裁斷。帥臣任河東陝西嶺南路，職在綏御戎夷，則爲經略安撫使，兼都總管以統制軍旅。有屬官典領要密文書，奏達機事。河北及近地則使事止於安撫而已。

案：會要、山堂考索、合璧事類及通考、其經略使與安撫使均各作獨立之一門。查宋代各路帥臣有但兼經略使者，有但兼安撫使者，而經略使與安撫使之職守實不盡同，故亦間有兼經略安撫兩項使名者，然終以但兼一項者爲常。史志合二者而綜述於一條之內，實有未當。上段所載，起「以直祕閣以上充」，迄「則爲經略安撫使」句，即爲山堂考索合璧事類及通考所載經略使之職掌，乃據續會要及四朝史志參修者（考索及合璧事類均明載其出處）。其安撫使之職守，據合璧事類所載爲：

凡諸路安撫，逐州知州兼，以直祕閣以上充。掌總護諸將，統制軍旅，察治奸宄，以肅清一道，凡兵民之政皆掌焉。帥其屬而聽其獄訟，頒其禁令，定其賞罰，稽其錢穀甲械出納之名籍而行以法。若事難專決，則具可否稟奏。即干機速邊防及士卒抵罪者，聽以便宜裁斷。係邊任則綏御夷狄，撫寧疆圉。若甲兵屯戍芻粟餽運則視其緩急盈虛而移用之。掌凡戰守之事並（會要續會要）。

由堂考索及通考並與此同。若必綜述二者爲一，亦應採取此段所載爲經略使職權所不賅之諸事；如察治奸宄撫寧疆圉等，參修於文内方可，而史志乃止謂「河北及近地則使事止於安撫」，亦極不合。又「具奏」爲「稟奏」之誤。

其屬有幹當公事，主管機宜文字。……元豐四年詔罷經略安撫司幹當官。

案：「幹當」當作「勾當」，「主管」當作「管勾」。（參會要本門）

元祐元年詔陝西河東經略安撫都總管司自元豐四年後應緣軍興添置官屬並罷。

案：史志所敍有關經略安撫司之事實即以此事爲始。然經略使及安撫使或經略安撫使之設置，實不以元祐爲始，亦非始於元豐四年，合璧事類後集（六九）監司門經略使及安撫使二條内均詳載其始末（通考同），應參取修入。

〔崇寧〕五年詔河東同管幹沿邊安撫司公事，許歲赴闕奏事一次。

案自此事以下，迄於本條之末，所載皆關於安撫使事，與經略使無涉，應劃歸安撫使專條内。又「管幹」當作「管勾」。

中興以後，職名稍高者出守皆可兼使。如係二品以上卽稱安撫大使。廣東西荆南襄陽仍舊制加「經略」二字。……

惟廣南東西兩路則帶經略安撫使。紹興五年令襄陽守臣、湖北帥司各帶經略安撫使。後罷，惟二廣如故。

案：上兩段所述爲同一事實，而又同在一條之内，實嫌重複。其故蓋因所據之底本必亦將經略使與安撫使分別敍述，每條之末均載「以經略而兼安撫」或「以安撫而兼經略」之事，史志於刪併之時失於審察，遂卽於一條内兩見其事矣。又所謂「後罷，惟二廣如故」，所罷者亦唯經略使名，其安撫使則襄陽湖北守臣依舊兼帶。史志云云亦欠晰。

又案：合璧事類經略使條亦載紹興五年詔襄陽及湖北守臣兼經略安撫使事，然檢會要所載：

〔紹興〕六年五月十二日詔襄陽府係上流重地，密鄰僞境，依陝西五路例許帶京西南路經略安撫使。（職官四一之一〇八）

六月十六日中書門下省言：『湖北帥司已移還荆南舊治，與襄陽事體一同』。詔王庶許依襄陽府例帶經略安撫使。（同上）。

繫年要錄亦於紹興六年載：

五月己卯寶文閣學士新知襄陽府劉洪道兼京西南路經略安撫使。（卷一百一）

六月甲辰顯謨閣待制新知鄂州王庶知荊南府，兼荊湖北路經略安撫使（卷一百二）

是兩地守臣之兼帶經略與安撫兩使名，乃紹興六年事，各書以及史志均相互蹈襲而作「五年」，實誤。

八、走馬承受

走馬承受，諸路各一員。

案：會要走馬承受公事門載：

崇寧二年二月十七日詔成都府利州路瀘南路各添差內臣一員爲走馬承受。（職官四一之一二五）

〔大觀〕三年五月十九日詔諸路走馬二員處，人給朱記一枚，令禮部鑄造頒付。（同上）

〔政和〕三年七月十四日樞密院言：『勘會走馬承受自來獨員及雙員處，一員入奏或差出隨軍之類，其在本路人遇非次替移，從來並未有交割所管印記案牘人吏，與是何官司收管條約，欲乞立法。』從之。（職官四一之一二八）

徐度卻掃編卷中亦有云：

祖宗時諸路帥司皆有走馬承受公事二員，一使臣，一宦者，屬官也。每季得奏事京師，軍旅之外，他無所預。……

是則諸路走馬承受絕非以一員爲限，史志云云，誤也。又走馬承受之全名爲「走馬承受公事」，史志中乃始終不見「公事」二字，非是。

九、發運使

及專舉刺官吏之事。

案：會要發運使門載：

〔熙寧〕八年九月中書門下言：『欲乞發運使副除所管錢物斛𣂏就賤處入買，

貫處糴賣，或就近便計置點檢綱運鹽礬事，及諸官吏因本司事有違法者許糾舉外，其餘事並不得管勾。……』從之。（職官四二之二二）

是發運使僅能糾舉諸官吏違誤發運司公事各事件，非泛指一切違失也。史志云云欠晰。

發運使實總六路之出入。

案據會要及宋史食貨志均輸門所載制置三司條例司申請之文，皆作「實總六路之賦入」，「出」字誤。

又案：發運使設置於何時，史志闕而未載，合璧事類謂始於太宗太平興國二年置江淮水陸發運於京師事，查會要發運使門載：

太祖乾德二年二月以吏部郎何幼冲充京畿東西水陸發運使。（職官四二之一五）

是則合璧事類之說亦未然也。

十、都轉運使

熙寧初詔河東河北陝西三路漕臣許乘傳起闕。

案「起闕」當爲「赴闕」之誤。

十一、招討使

招討使掌收招討殺盜賊之事，不常置。建炎四年以檢校少保定江招慶軍節度使張俊充江南路招討使。

案：此條全用通考之文而亦沿其誤。查會要招討使門載：

熙寧八年命知延州天章閣待制吏部員外郎趙卨爲安南道馬步軍行營招討使。（職官四二之六四）

宋史神宗紀亦云：

〔熙寧八年〕十二月辛亥天章閣待制趙卨爲安南道招討使，嘉州防禦使李憲副之。

是則招討使之設乃始於熙寧中，非建炎四年也。（朝野雜記謂始於熙寧間命郭逵招討李乾德事，其事猶在趙卨爲招討使之次年。）

又查宋史張俊傳云：

〔建炎四年六月〕除檢校少保定江昭慶軍節度使。十月浙西羣盜悉平，改江南招討使。

「昭慶」史志作「招慶」，誤。蓋通考先以傳刻而誤，而史志又蹈襲之也。昭慶爲湖州軍額，見宋史地理志。（合璧事類後集卷六五帥閫門宣撫使條下附「招討使」之目而於其沿革及事實一字未載。）

十二、撫諭使

傅崧卿以吏部侍郎爲淮東撫諭使，採訪民間利病及措置營田等事。

案：此條亦全抄通考撫諭使條，而通考則又大體出於朝野雜記者。雜記甲集（十一）撫諭使條云：

撫諭使，建炎元年以路公弼耿伯順爲京城撫諭使副，始建使名。……紹興元年以吏部侍郎傅崧卿爲淮東撫諭使，採訪民間利病及措置營田等事，後不復置。

查繫年要錄紹興元年所載唯傅崧卿宣諭淮東一事，已見前引。雜記乃謂爲「撫諭使」非「宣諭使」，李氏實自相牴牾。其所以牴牾之故，蓋亦有由，會要於宣諭使門旣已載傅氏出使之事，而於撫諭使門又載其出使之詔云：

〔紹興元年〕十二月二十一日詔差祕書少監權吏部侍郎傅崧卿充淮東宣諭使，賜淮東州縣撫諭詔曰：『…………比年寇盜相仍，亦唯爾淮甸之間被禍尤酷，蓋十百有一僅獲生存，而又漂蕩零丁，顚頓困苦，日不堪命，朕甚愍之。是宜剗革蠹弊，振拔饕蝨，以加惠一方，俾獲蘇息。就委傅崧卿採訪民間利病，條具來上，卽議罷行。所有人民見今歸業，而官吏多闕，撫存未至，種糧全乏，耕作無資，仰傅崧卿與營田等司及州縣長吏多方措置，期稱朕意。……』

使名「宣諭」，詔曰「撫諭」，雜記遂乃以詔名而誤使名。然此雖與繫年要錄稍違而雜記本身則於宣諭使條之內並未另記傅氏出使之事。通考則於宣諭使條旣誤傅氏之名爲崧年，於撫諭使條復記傅崧卿事，史志不察，遂全沿其誤。

十三、鎭撫使

時劇盜李成在舒蘄，桑仲在襄鄧，郭仲威在揚州，許慶在高郵，皆卽以爲鎭撫使。

案：此條亦均照錄通考之文。通考則引錄朝野雜記甲集（十一）鎭撫使條而稍有增删者。高郵劇盜雜記原作「薛慶」，繫年要錄建炎四年五月乙丑及會要鎭撫使門所載同年五月二十四日之詔命（職官四二之七五）亦俱作「薛慶」。通考以薛許音近而致誤薛爲許，史志亦遂以訛傳訛矣。

十四、提舉常平司　茶鹽司

亦視其執役之重輕雖易以爲之等，

案：「雖易」當爲「難易」之誤。

凡官田產及坊場河渡之入，按額拘納。

案：「凡官」當作「凡係官」。

所掌特義倉水利設法振濟之事。

案據朝野雜記甲集（十一）提舉常平茶鹽條，「設法」當作「役法」。

十五、都大提舉茶馬司

舊制於原渭德順三郡市馬。熙寧七年初復熙河，經略使王韶言：『西人頗以善馬至邊，其所耆唯茶，而乏茶與之爲市，請趣賣茶司買之』。乃命三司幹當公事李杞運蜀茶至熙河，置賣馬場六，而原渭德順更不買馬。

案：此爲「以詔賞罰」句下之夾注。通考亦載之，而字句與此少異。然「所耆」作「所嗜」，「幹當」作「勾當」，「賣馬場」，作「買馬場」，均可正史志之誤。又「賣茶司」通考作「茶馬」，檢長編二五四載：

〔熙寧七年六月〕辛卯熙河路經略使王韶言：『奉詔募買蕃馬，今黑城夷人頗以良馬至邊，乞指揮買茶司速應副』。從之。

會要提舉茶馬司門所載與此全同（職官四三之四七），則通考作「茶馬」非是（時茶司馬司猶未併合），史志作「賣茶司」亦誤。

嘉定三年以所發綱馬不及格式，詔茶馬官各差一員，遂分為兩司。（文臣成都，主茶；武臣興元，主馬。）

案：此事為輯本會要所闕，通考亦不載。檢朝野雜記乙集（十四）川秦茶馬二司分合條云：

川秦搉牧自元豐以來雖各有兩司，（秦司搉茶，秦司買馬，川司搉茶，川司買馬，）大抵川秦皆止除一使，蓋摘山市駿，非相通不可也。紹興初陝西失守，李子公為使，乃奏合四司為一司以省官吏，如是者六十八年矣。有吳總者，………淳熙中以敷文閣待制提舉茶馬。……慶元嘉泰之間總食祠祿，………時胡直閣大成為茶馬司，盡核諸場額外之茶，日損蕃商中馬之直。舊例：買馬必四尺四寸以上，及大成損馬直而馬至益希，所市四尺一寸而已。其至軍中斃者益衆。朝廷苦之。總一日與殿司取馬統制官彭輅謀納賂於蘇師旦，且說之曰：『馬政之積弊，此非西人諳其利病者不能更張，莫若復委吳次對。』師旦然之。命下，後省駁之，乃詔總與郡。朝論方難其選，一日輅與師旦語，因及之，輅自言『世西人，今西蕃多善馬，特茗司損其直，故以駑駘入市，誠以善價招之，當可得』。師旦喜曰：『無踰公者矣』。翌日，召輅至韓府，平原見之，立語少頃。又翌日遂有分司之命。大略以為茶馬司所發綱馬全不及格，積弊極深，宜有更革。自今差文武臣各一員，令三省樞密院條具來上。嘉泰三年八月丁未也。後四日遂命直祕閣和瀘州王大過與輅分領之。大過置司成都，輅置司興元府。

此與史志云云必即一事，然則其事乃在嘉泰三年，史志作「嘉定」，誤也。

十六、提舉坑冶司

舊制一員　元豐初以其通領九路，歲不能周歷所部，始增為二員，分置兩司：在饒者領江東淮浙福建等路，在虔者領江西湖廣等路。至元祐復併為一員。紹興五年以責任不專，職任廢弛，詔將饒州司官吏除留屬官一員外並減罷，併歸虔州司。

案：既云「至元祐復併爲一員」矣，何得至紹興五年又以職責不專而有再度併合之事耶？則其間必又有分置兩司之時而史志失載也。會要坑冶司門載：

紹興二年七月二十日提點江淮荆浙福建廣南路坑冶鑄錢王喚言：『仍乞置虔州提點司，准備差使五員，主管幹運，許本司踏逐校尉以上有物力諳練錢穀士人充選。………』從之。

通考都大坑冶條亦云：

紹興二年置虔州提點司，從提點王喚之請也。

是則雖未恢復元豐初年兩員之制，而虔州司又重行添置，故至紹興五年又將饒州司事務併歸虔州司也。

或病其事權太重，省併歸逐路轉運司措置，仍置提領諸路鑄錢一員於行在，以侍從官充。自此或復或罷不一。乾道六年併歸發運司。

案：罷都大坑冶而併其事於逐路轉運司，事在紹興二十六年十二月，乃出於尚書省之奏請；其由朝廷選差侍從或卿監一員兼領並於行在置司，則在翌年八月。各事並見會要、繫年要錄及通考。自置司行在後至孝宗乾道六年，據會要及繫年要錄所載，其間唯紹興二十九年閏六月十九日左司諫何溥奏請依舊置司饒州，後詔給舍合議，七月十八日中書舍人洪遵等乃上鑄錢司議，亦主何溥之說，遂於是年復置，迄於乾道六年併歸發運司爲止，中間未曾更有廢罷及復置之事，史志謂「自此或罷或復不一」，蓋甚不然。

淳熙二年併贛歸饒，復加「都大」二字，與提刑序官。

案：會要坑冶司門載：

〔淳熙〕五年六月二十七日詔江淮等路提點坑冶鑄錢公事可依景祐元年故事，銜內帶「都大」二字，與提刑序官。（職官四三之一七五）

是提點坑冶銜內之復加「都大」二字，其事猶在「併贛歸饒」後三年，非同爲淳熙二年事也。

其屬有幹辦公事二員，檢踏官六員，稱銅官催綱官各一員。

案：據會要坑冶司門所載，坑冶司前後所置屬官員額大不一致，即如檢踏官數目，多時乃至九員，少時則僅一二人，史志所載額數，並非定制。

十七、提舉市舶司

掌蕃貨船舶征搉貿易之事，以來遠人，通遠物。元祐初，詔福建路於泉州置司。大觀元年復置浙廣福建三路市舶提舉官。

案：劈頭自元祐初設置泉州市舶司敍起，一似此卽事始者然，非是。檢會要市舶司門載：

市舶司掌市易南蕃諸國物貨航舶而至者，初於廣州置司。………又於杭州置司。淳化中徙置於明州定海縣，命監察御史張肅主之。明年肅上言非便，復於杭州置司。咸平中又命杭明州各置司，聽蕃客從便。（職官四四之一）

太祖開寶四年六月命同知廣州潘美尹崇珂並充市舶使，以駕部員外郎通判廣州謝處玭兼市舶判官。（同上）

據知泉州之置司，於北宋所置各地市舶之中爲時幾爲最後。（泉州置司在元祐二年十月六日，元祐三年三月十八日密州板橋鎮亦置司，見會要職官四四之八。）會要又載：

大觀元年三月十七日詔廣南福建兩浙市舶依舊復置提舉官。（職官四四之九）

而於前此市舶提舉官之初置及廢罷則失載，然此當爲輯本之漏脫，而史志亦略不敍及之，乃反無端敍入復置一事，亦極疏漏。

紹興二十九年臣僚言：『福建廣南各置務於一州，兩浙市舶乃分建於五所。』乾道初，臣僚又言兩浙提舉市舶一司抽解搔擾之弊，且言『福建廣南皆有市舶，物貨浩瀚，置官提舉實宜，惟兩浙冗蠹可罷。』從之。

案以上諸事會要所載均甚詳，通考則僅附注於提舉市舶條之末。今就史志所節臣僚奏言觀之，則必自通考轉引者爲無疑。紹興二十九年上言之人，會要及通考俱指明爲張闡，而通考僅就張氏奏疏中節錄其兩句，意義極欠分曉，史志乃亦襲而用之，以證明其時對兩浙市舶已有廢罷之意，而不知張氏用意原不在此，且卽此二語並不足以見兩浙市舶之應行廢罷也。會要市舶司門載：

〔紹興〕二十九年九月二日，………御史臺檢法官張闡言：『比者叨領舶司，僅及二載，竊嘗求其利害之灼然者，無若法令之未修。何者？福建廣南各置務於一州，兩浙市舶務乃分建於五所，三路市舶相去各數千里，初無一定之法：或本於一司之申請而他司有不及知；或出於一時之建明而異時有不可用。………若此之類，不可概舉。故官吏無所遵守，商賈莫知適從。姦吏舞文，遠人被害，其爲患深。欲望有司取前後累降指揮及三路節次申請，釐析删修，著爲一司條制。』(職官四四之二六)

是其用意僅欲修定通行於三路市舶司之條例，非謂兩浙市舶分建五地即應廢罷。至乾道初年之終於廢罷，亦止以其抽解擾擾，既與分設無干，與張氏此議更無干也。

十八、提舉學事司至提舉弓箭手

提舉學事司　提舉制置解鹽司　經制邊防財用司　提舉保甲司　提舉三白渠公事　撥發司　催運司　提舉弓箭手

案以上各條與通考職官考(十六)所載各條文字全同，唯提舉學事司條後史志有提點開封府界諸縣鎮公事一條，爲通考所無。

十九、提舉兵馬　提轄兵甲

提舉兵馬，提轄兵甲，皆守臣兼之。掌按練軍旅，督捕盜賊，以清境內。凡諸營之名籍，較其壯怯而賞罰之。

案：此段當爲「提舉兵馬，提轄兵甲」專條，史志與經制邊防財用司條末之「元祐初罷，崇寧中復置」二句相連爲文，非是。

二十、府州軍監

諸府置知府事一人，州軍監亦如之。

案：合璧事類及通考俱無此句，然上文既有「分命朝臣」云云及「其後文武官參爲知州軍事」等語，實不須更增此一句也。

掌總理軍政，宣布條教，導民以善而糾其姦慝，歲時勸課農桑，旌別孝悌。其賦役錢穀獄訟之事，兵民之政，皆總焉。凡法令條制，悉意奉行，以率所屬。有赦宥則以時宣讀而班告於治境。舉行祀典，察郡吏德義材能而保任之；若疲軟不任事或姦貪冒法，則按劾以聞。遇水旱以法振濟，安集流亡，無使失所。

案：合璧事類於「稱判」之下即載此段，於「無使失所」下注「四朝國史」四字。通考輒錄而削去其所注出典，史志又自通考轉錄之。「歲時勤課」當從合璧事類及通考作「歲時勸課」。

附記

會要判知州府軍監門載有哲宗史志之文，與四朝史志多有異同，茲臚例於下：

哲宗正史職官志（見會要職官四七之一二）	四朝國史志（見合璧事類後集七三守臣門）
一、掌總領郡務，宣布詔條，以教化導民善，而以刑罰糾其姦慝。	一、掌總理郡政，宣布教條，導民以善而糾其姦慝。
二、其戶口賦役錢穀獄訟聽斷之事，率舉以法。	二、其賦役錢穀獄訟之事。
三、兵民之政皆總焉，屬縣令丞所不能決者總而治之。又不能決則稟於所隸監司及申省部。	三、兵民之政皆總焉。
四、凡法令條制，先詳意義注於籍而行下所屬。	四、凡法令條制，悉意奉行以率所屬。
五、若疲軟懈怠或冒法，則隨職事舉劾。	五、若疲軟不任事或姦貪冒法，則按劾以聞。
六、安集流亡。凡郡邑祥瑞及民有孝義可稱者，據事實以聞。	六、安集流亡，無使失所。

其餘大藩府或沿邊州郡或當一道衝要者，並兼兵馬鈐轄巡檢，或帶沿邊安撫提轄兵甲，沿邊溪洞都巡檢。餘州軍則別其地望之高下與職務之繁簡而置之。

案：合璧事類原載此段於守臣門之武臣條內，通考移入太守條內而史志因之。然合璧事類及通考於「鈐轄巡檢」下有「都監」二字，於「餘州軍」下有「則否」二字。合璧事類之文即以「則否」二字爲止。其「地望高下」云云句，則爲通考所獨有。然通考於「則別」二字上猶有「其屬官有無及員數多寡」十字。

凡此皆史志所誤脫，當據補。

建炎初，詔河北京東西路除帥司外，舊差文臣去處許通差武臣一次。

案「帥司」當從合璧事類及通考作「帥臣」。

又要郡文臣一員帶本路兵馬鈐轄，

案：「又」當從合璧事類及通考作「後詔」。

〔紹興〕五年帝以守令皆帶勸農公事，多不奉職，自今有治效顯著者，可令中書省籍記姓名，特加擢用。凡從官出知郡者，特許不避本貫。初除授見闕及自外罷任赴闕，並令引見上殿。

案：從官知郡特許不避本貫事，輯本會要失載，餘二事見會要判知州府軍監門：

〔紹興〕五年七月八日中書門下省言：『應郡守初自行在除授及自外任罷赴闕，並令引見上殿。勘會官員新除郡守，緣有闕期未到，若依已降指揮上殿，切慮難以久待班次。』詔：『新授郡守，徐見闕人外，餘並免上殿。』(職官四七之二四)

十月二十二日，宰臣趙鼎等言：『近來卹民之詔數下，而州縣之吏往往奉行不虔，使百姓不受實惠。』上曰：『守令皆帶勸農公事，多不奉職。農者天下之大本也，可不重乎，然其要當在擇人。如或守令有治效顯著者，可令中書省籍記姓名，特加擢用。』(同上)

史志所敍次第，其先後適與此相顚倒。又通考不載勸農事，餘二事之次第亦與史志相反，疑亦史文顚倒。

〔紹興〕九年詔應守臣以二年爲任。又以武臣作郡往往不曉民事，且多恣橫，詔新復州郡只差文臣。續因臣僚言，極邊控扼去處仍差武臣；其不係極邊，文武臣通差。詔守臣到任半年以上具民間利病或邊防五條聞奏，委都司看詳，有便於民者即與施行。續又詔不拘五條之數。十三年詔依舊制帶提舉或主管學事，

案：據繫年要錄卷六十三載：

〔紹興三年二月〕甲寅詔『自今守臣到任半年，先具民間利害或邊防五事來

上，因以察其材能。』（朝野雜記甲集六，便民五事條亦載此事）

是知史志敍其事於紹興九年之後爲不然。要錄卷一四九又載：

〔紹興十三年六月〕癸丑上謂輔臣曰：『近觀諸郡所奏便民五事，固有法已該載；亦有一方之便朝廷未知者。宜委都司看詳，其便民者卽與施行，無事虛文也。』（會要職官四七之二八亦載此事）

若史志所指亦卽此事，則於十三年前敍之又不合也。至「續詔不拘五條之數」，其事更在此後矣。

乾道二年令非曾任守臣不得爲郎。定諸郡合文武臣通差去處，並依舊制。

案會要判知州府軍監門載：

〔乾道〕二年六月十一日中書門下省言：『勘會已降指揮，非曾任守臣不得除郎官，著人條令。…』（職官四七之三五）

知史志「定」字爲「官」字之誤，應屬上句讀。

二十一、通　判

建隆四年詔知府公事並須長史通判簽議連書，方許行下，

案此事爲長編所不載，疑當爲輯本所遺漏，檢會要通判諸州府軍監門載：

〔建隆四年〕十一月詔應諸道州府公事並須長史通判簽議連書，方得行下。（職官四七之五八）

通考職官考十七通判條已改「諸道州府」爲「知府」，史志乃亦承而用之，初不知其不以知府爲限也，又建隆四年十一月甲子卽改元乾德元年，宋史紀年通例均以後改者爲定，此處仍作「建隆四年」，非是，又「長史」山堂考索合璧事類及通考並作「長吏」，疑會要宋史均誤。

二十二、幕職官、諸曹官、教授

幕職官……其餘冗費，與添差何異。

案「其餘」當從會要作「其爲」。（職官四八之一四）

諸曹官

案此二條所載均南渡以後事，無一字涉及北宋，與合璧事類後集七七及通考所載全不同，不知所據何書。

教授：景祐四年詔藩鎮始立學，他州勿聽。慶曆四年詔諸路州軍監各令立學，學者二百人以上許更置縣學。自是州郡無不有學。

案：合璧事類教授條首自宋初之四大書院敍起，次謂『乾興元年兗州守臣孫奭私建學舍，聚生徒，乞請太學助教楊光輔充本州講書，從之。餘鎮未置學也。』再次方爲景德四年事。通考因之。史志此條則又刪削通考而成者，然「他州勿聽」句下，合璧事類及通考猶有『寶元元年潁州守臣蔡齊請立學，時大郡始有學而小郡猶未置也』，其下方接以『慶曆四年』云云，其『自是州郡無不有學』句則作『於是州郡不置學者鮮矣』。

始置教授，以經術行義訓導諸生，掌其課試之事而糾正不如規者。委運司及長史於幕職州縣內薦，或本處舉人有德藝者充。

案：「長史」亦沿通考之誤，當從合璧事類作「長吏」。「舉人」下當依合璧事類及通考增「舉」字。

二十三、縣令、丞、主簿、鎮砦官

有水旱則有災傷之訴。

案：「則有」當從會要職官四八縣官門所引哲宗史志作「則受」

仍於有出身幕職令錄內選充。

請縣並置丞一員以掌其事。

案：史志縣丞條全文與通考無一字異，唯上二句下通考各有夾注一段，史志不載。

川陝縣五千以上請並置簿。

案：「川陝」當從通考作「川峽」。

諸鎮置於管下人煙繁盛處，設監官，管火禁，或兼酒稅之事。

案：通考職官考(十七)鎮戍關市官條云：

諸鎮監官掌巡邏盜竊及火禁之事。兼征稅榷酤則掌其出納會計。鎮寨凡杖罪以上並解本縣，餘聽決遣。

會要鎮將門引哲宗史志云：

諸鎮監官掌警邏盜竊及煙火之禁，兼征稅榷酤則掌其出納會計，（職官四八之九二）

史志僅云其「管火禁或兼酒稅」，殊爲疏略。又題目中「砦」字疑當作「監」。

二十四、總管鈐轄

總管鈐轄司掌總治軍旅屯戍營房守禦之政令。凡將兵隸屬官訓練教閱賞罰之事皆掌之。

案：合璧事類後集七五將帥門都總管條引哲宗史志與此同，唯「營房」作「營防」，「隸屬官」作「隸屬者」，當從。

又案：「總管」者馬步軍總管，「鈐轄」者兵馬鈐轄也，二者本非一職，故朝野雜記合璧事類及通考各書均分別列爲專條。史志併而爲一，而於二者之區別無一字道及，非是。總管原名都部署，後以避英宗諱改，其事權本極重，迨南宋紹興中於各路各州均次第增設總管，各路由帥臣兼，各州由守臣兼，遂漸成虛名，其副則以處貴游外戚及離軍之人，而無可釐之務。此在雜記合璧事類等書中言之極詳，史志中竟不見其事。又兵馬鈐轄都鈐轄之設置始末及其職權之變遷亦具載於雜記等書之中，史志於本條內不稍參取，乃反闌入下條路分都監文內，使人讀此條竟而茫然莫曉其究竟，亦極無當。

其諸路將官，掌統所隸禁旅，以行陣隊伍金鼓旗幟弓矢擊刺之法而教習訓練之。別其武藝強者待次遷補以激勸士卒。凡兵仗器甲之數，廩祿犒設賞罰約束之禁令，皆掌焉。副將爲之貳。若屯戍防邊則受帥司節制。遇寇敵則審其戰守應援之事。若帥有功，則具馘數籍用命而旌賞之。

案：此在合璧事類及通考中均爲諸路將官條之一段，蓋自續會要轉錄哲宗史志以說明諸路將官之職掌者。此外則兩書猶均詳載諸路將官設置本末。今史志取以隸總管鈐轄司條，使與「靖康元年詔四道副總管並通差文武臣」句相連爲文，不知何所取義。當提出另列爲「諸路將官」專條。其合璧事類及通考所載建置沿革亦當參取修入。又「武藝強者」當從合璧事類及通考作「武藝精強者」,「籍用命」作「籍用命者」。

二十五、路分都監

路分都監掌本路禁旅屯戍邊防訓練之政令,以肅淸所部。州府以下都監皆掌其本城屯駐兵甲訓練差使之事。資淺者爲監押。

案:都監之總名爲兵馬都監,其統轄一路者爲路分都監,統轄一州一府者爲州府都監。會要監押門引兩朝國史志云:

都監有路分、有州府軍監、有縣鎭、有城寨關堡,並以閤門祇候以上充。然亦參用三班使臣。凡監押則專用使臣焉。(職官四九之一)

合璧事類及通考亦均云「國朝兵馬都監有路分…有州都監…」云云,史志以「路分都監」標目,非是。

紹聖三年詔諸路將副序位在路分都監之下。

案:此事當載入「諸路將官」條內。

宣和二年虔州添置都監一員。

案:會要載此事云:

宣和二年四月六日詔虔州地接廣東,江山險阻,私鑄盜販,習以成俗,嘯聚出沒,民被其害,可於江南西路廣南東路添置路分都監各一員。(職官四九之五)

是則史志謂在虔州添置一員者,誤也。

建炎初,分置帥府,以諸路帥臣兼;要郡守臣帶兵馬鈐轄,次要郡帶兵馬都監。並以武臣爲之副,稱副總管,副鈐轄,副都監,許以便宜行軍馬事。辟置僚屬依帥臣法。屯兵皆有等差。遇朝廷起兵,則副總管爲帥,副鈐轄都監各以兵從,聽其節制。

案:合璧事類後集(七五)將帥門都副總管條載:

建炎元年李綱言守備,當於沿河沿淮沿江置帥府要郡次要郡以備捍扼。其帥府,文臣一員,帶安撫使馬步軍都總管,武臣一員充副總管。(通考同)

史志「以諸路帥臣兼」下當補「馬步軍都總管」六字。

又案：此段云云，其綱領實在於「遇朝廷起兵則副總管爲帥，副鈐轄都監各以兵從」一事，是則應如合璧事類及通考之次第，將次段夾敍於都副總管條內；插入路分都監條非是。

其後溫瀘夔廣桂五州牧又皆以都鈐轄爲稱。

案：此事當移入都副鈐轄條內，

四年詔建康府江州路又置副總管一員，於見置帥司處駐劄。

案此事當移入都副總管條內。

其各州鈐轄或省或置不一。

案：此事當移入都副鈐轄條內。

又有逐路兵馬都監兵馬監押，掌煙火公事，捉捕盜賊。

案：所謂「逐路兵馬都監」者，實卽「路分都監」，史志曰「又有」云云，非是。檢會要監押門載：

乾道元年三月二十五日三省樞密院奏：『近降指揮諸路州軍禁軍闕額已行招塡，專任武將各統一路之兵，循環教閱。內一項逐州都監令吏部依格注授。內釐務都監除煙火公事捉捕盜賊外，不得預雜務。』從之。（職官四九之七）

疑史志云云卽與此爲一事。然會要所載乃指逐州之釐務兵馬都監或監押而言，非路分都監也。當改正其文如下：

乾道元年又詔逐州釐務都監監押除煙火公事捉捕盜賊外，不得預別事。

初，守臣能帶兵職，惟江西贛州以多盜仍帶江西兵馬鈐轄。其後武臣爲路鈐者亦無尺籍伍符。每歲諸州按閱，特存故事，間有得旨葺治軍器或訓練禁軍則仍帶入銜。

案：此事當移入都副鈐轄條內。

二十六、諸軍都統制、副都統制、統制、統領

乾道三年帝諭輔臣：『欲今後江上諸軍各置副都統一員，兼領軍事，豈惟諸帥，亦使主將顧忌，不敢專擅。』因言『都副統制禮有隆殺，且爲條約，』上曰：『如此他日不致爭權越禮。』遂行之。然其後都副鮮有並除者。

案：史志都副統制統領全條，大都爲拚合朝野雜記甲集（十一）諸軍都統制、副都統制，統制統領官、三條文字而成。上段云云即出於副都統制條，然雜記原文作：

乾道三年五月…上諭輔臣曰：『朕欲今後江上諸軍各置副都統制一員，令兼領軍事，儲他日統帥；亦使主將顧忌，不敢專擅妄作。』…大臣言：『都副統制禮數宜有隆殺，且爲條約將上。』上曰：『如此庶幾他日不致爭權越禮，誤國家事。』遂行之。然興州自吳挺亡後未嘗除人，蓋重之也。其他軍數少者都副統帥亦不並除。

史志於「各置副都統」下當補「制」字，「因言」上當補「輔臣」二字。又既改「上諭」爲「帝諭」，則下文之「上曰」亦當改爲「帝曰」。

又案合璧事類後集（七五）將帥門副都統制條於命郭剛爲鎮江副都統制、張榮爲建康副都統制之下又載：

三省樞密院定制云：已復置在外副都統制，裨贊主帥，商議軍事，覺察姦弊，所有本司文字與都統制連銜。調發軍馬並聽都統制指揮。月旦亦許上表。（孝宗會要）

此爲雜記所不載。然非此則無以知副都統制之權限若何。史志當補入。

其下有正將、準備將、訓練官、部將、隊將等名，皆偏裨也。

案：此出雜記統制統領官條。「正將」下當依雜記補「副將」二字。又「部將隊將」四字爲雜記所無，不知據何增入。

二十七、巡檢司、監當官

又置水控都巡檢使。

案：「控」當從通考作「陸」。

監當官掌茶鹽酒稅場務征輸及冶鑄之事。諸州軍隨事置官。其征推提務歲有定額。

案：合璧事類後集（八一）監當門引四朝史志云：

監當官掌場務庫藏出納之事。其征榷場務歲有定額。

據知史志「提務」爲「場務」之誤。

又案：史志僅云「諸州軍隨事置官」，而於官名則概未列舉，據合璧事類所載，其名目有州糧料院、錢監、監倉、監鹽、監酒、監鎮、作院、交引、庫務、監門、監茶、監場、監務十三項。其下更載有史志所闕之諸事云：

監當官，……乾道六年詔吏部將監當官闕員依條注識字人。（中興會要）

錢監：國朝自開寶平吳之後。因其舊制，置錢監於番陽，旣而江淮荆浙閩廣之地皆有監。（聖朝職略）

監酒：慶曆四年詔依舊制諸道榷酤滿三萬貫舉官監臨，滿歲而課羸者升奬之。（國朝會要）

史志俱當參取修入，藉以見監當官職事之一般。

淳熙二年詔二萬貫以下庫分，選有才幹存留一員。

案：「存」當作「者」。

指揮諸班直，親從親事官，保義郎以下差充。建炎四年詔每州每以五員爲額。

案：此段與監當官無涉，當有錯簡。又下一「每」字疑當「各」字之誤。

卷　八

一、建隆以來合班之制

建隆以來合班之制。

案：此下所載雜壓之序，與會要朝儀班序門所載仁宗景祐五年八月閤門詳定合班雜壓儀（儀制卷三之一七）大體相同，唯玉清昭應宮景靈宮會靈觀副使及天章閣學士諸名爲會要所不載，其「觀文殿學士」會要作「文明殿學士」。查玉清昭應宮景靈宮等皆眞宗大中祥符中所建，天章閣之置學士在仁宗慶曆七年，文明殿學士之改稱觀文殿學士，在慶曆八年，據知史志所謂「建隆以來合班之制」者，實爲仁宗慶曆以後之制。

舊儀：太師太傅太保爲三師，太尉司徒司空爲三公。太尉在太保下。國朝以來，自太傅除太尉。今依此次序。其三師三公之稱如舊儀制。

案：此爲「司徒司空」下之夾注。會要「次序」作「相壓」。又案：此所謂「舊儀」乃指唐及五代而言，應卽改作「唐」或「五代」，旣爲專述兩宋官制之書，不得闌入它代而稱之爲「舊」也。

參知政事（舊在樞密使下）

案：此所謂「舊」亦當明著其時限。會要「參知政事」下無夾注。

參政以下班，臨時取奏裁。

案：此爲「簽書樞密院事」下之夾注。「奏」字疑衍文。會要夾注作『大中祥符九年九月七日詔自今參知政事樞密副使宣徽使立位並以先後爲次序，同知樞密院事同』。

諸府牧（開封河南應天大名江陵興元眞定江寧京兆鳳翔河中。 又有都護。 大都護今皆領使，無特爲者。）

案會要所載爲：

州府牧（冀州兗州青州徐州揚州荊州豫州梁州雍州開封河南應天大名眞定京兆鳳翔河中江寧江陵興元。又有大都護。大都護今皆領使，無特爲者。）

史志所列諸府名亦頗無序，疑爲抄用舊史而有所紊亂者，當以會要爲正。又沿用「今皆領使」云云亦不合。

防禦使（齊濟沂登萊鄭汝蔡潁均郢懷衛博磁洺棣深瀛雄霸莫代絳解龍和蘄舒復眉象陸果）

案：會要「防禦使」下無夾注。孫逢吉職官分紀卷四十所載北宋諸路節鎭防團刺史州，其河北之磁州不列於防禦州而列於團練州內，陝西防禦州爲解州隴州，京東防禦州無齊州，京西防禦州無蔡州，淮南之舒州亦不列於防禦州而列於團練州內。西川防禦州僅眉州，而陵州（不作陸）果州亦列於團練州內。就中除「龍」「陸」二字爲史志之誤合改正外，其餘異同未詳何故，或後來又有所增改也。

團練使（單濰淮唐祁冀隰忻成鳳海鼎）

案：職官分紀所載河北團練州內無冀州，河東團練州內多慈州，其荊湖之鼎州則不列於團練州內而作「武平軍鼎州」列於節鎭之下。餘詳前條。其與史志之多所異同，蓋亦後來有所增改也。

諸州刺史（淄趙德濱保幷汾澤遼憲嵐石虢坊丹階乾商寧原慶渭儀環楚泰泗濠光滁通

黃眞舒江池饒信太平吉袁撫筠岳澧峽歸辰衡永全郴邵常秀溫台衢睦處南劍汀漳綿漢彭邛蜀嘉簡黎雅維茂資榮昌普渠合戎瀘興劍文集壁巴蓬龍施萬開達涪渝昭循潮連梅英賀封南雄端新康恩春惠韶梧藤龔象潯貴賓橫融化寶高雷南儀欽鬱林廉瓊崖儋萬安）

案：職官分紀所載河北刺史州凡三：趙州、濱州、恩州、無保州、德州。江南刺史州凡十，無舒州而有歙州。廣南刺史州凡四十，無象州安州而有蒙州柳州白州。就中舒州已經史志列入淮南防禦州內(職官分紀列團練州內)，則刺史州內不應復見，知其必爲「歙」字之誤。象州亦已列入廣南防禦州內，此處亦不應復見，知其必爲「蒙」字之誤。其餘異同亦或後來有所改易也。

內殿承制

案：「制」當從會要作「旨」，

二、元豐以後合班之制

管幹殿中省尙舍尙藥尙醞尙輦尙衣尙食局。

案：「管幹」當作「管勾」。

殿中丞（舊祕書丞下，崇寧二年升）。

案：「二年」當作「三年」。

內常待（元豐令：上州通判在此下。）

案「待」字當作「侍」。

幹當左右廂公事。

案：「幹當」當作「勾當」。

三、唐令定流品條

宮苑總副監牧監副

案：此句疑有譌誤。

諸冶諸屯溫湯監及丞。

案：「溫湯」疑當作「諸場」。

唯常命官者載之。

案:「常命官」三字疑有譌脫。

五大都督府長史、中都護、副都護。

案:宋史禮志二十一朝儀班序條「副都護」作「下都護」。其餘異同見錢大昕廿二史考異卷七十二。

仍少退待制在知制誥之下(景德元年初置待制。……大中祥符二年升侍知制誥仍在其下)。

案:「升侍」二字疑有誤。

四、皇親之制

興利州團練使德文言。

案:長編八六大中祥符九年正月己巳載此事,作「興州團練使德文言」。會要朝儀班序門同。(儀制三之一〇)史志「利」字衍文。

詔師德序署位德雍之下。

案:會要朝儀班序門與此同。(儀制卷三之一一)長編卷九五天禧四年五月癸丑載此事作「詔師德署銜於德雍之下」。

五、王炳上言

尙書省國家藏載籍典治教之府。

案:長編卷三九至道二年二月壬申朔載此疏,「典治教」作「興治教」。查下文有「然後可以振舉官守興崇治教」句,則以作「興」爲是。

所以周知天下地理廣袤。

案:「地理」當從長編作「地里」。

自唐末亂雜

案「亂雜」當從長編作「亂離」。

刑部詳覆諸州已決大辟案牘及旬禁奏狀。

案:刑部下當從長編增「有」字,「旬禁」當從長編作「勾禁」。

疆畎封洫之類

案：「畎」當從長編作「畔」。

六、眞宗論尙書省制度條

大中祥符九年眞宗與宰相語及尙書省制，言事者屢請復二十四司之制。楊礪嘗言行之不難，但以郎官諸司使同領一職，則漸可改作。

案：此段敍事層次極不分明。長編八六祥符九年三月辛酉載此事云：

上與輔臣言及尙書省制度，因曰：『…言事者屢請復二十四司之制，楊礪嘗言「行之不難，但以郎中諸司使同領一職則漸可改作」』。

史志於「尙書省制」下亦須補入「度」字及「因曰」二字，文義方洽。

其他留州留使之名皆藩臣所有。

案：長編「留使」作「送使」，「藩臣」作「藩鎭」。

七、楊億上疏

咸平四年左司諫知制誥楊億上疏曰

案：此疏見楊億武夷新集卷十六，原題「次對奏狀」。

且如寺監素司於掌職。

案：「素司」集作「素有」。

施及有唐，六策咸在。

案：「六策」集作「典策」。

若乃員外加置，苟非其材，故竈下羊頭，形者嘲詠。

案：「苟非」當從集作「任非」。「嘲詠」集作「嘲誚」。

竊覩班簿員外郎及三百餘人。

案：「三百」集作「二百」。

率爲常參

案：「爲」集作「預」

以戶口多少置其奉祿

案：「置」當從集作「制」。

品秩之制

案：「制」當從集作「際」。

建廉察之府

案「府」當從集作「使」。

一道署使，唐制可循。

案「署」當從集作「置」。

今郡官於半奉之中已是除陌

案「郡官」當從集作「羣官」。

乃唐虞之制也。

案集作「臣又念唐虞之制也」，乃用以啓下文，非總結上文者。

又官勳之設，名品實繁。

案：「官勳」集作「勳散」

欲乞自今常參官勳散俱至五品者許封。

案「許封」當從集作「許封贈」。

官勳俱至，三品者許立戟，

案「官勳」當從集作「官階勳」

又五等之爵施於賢才

案：「施於賢才」集作「施之於今」。

將相大臣有加至十餘字者，尤非輕遽，不可遵行。

案：「輕遽」當從集作「經據」

封國公者許蔭嫡孫一人襲封。

案：「許蔭嫡孫一人」當從集作「許嫡子嫡孫一人」。

當文化誕敷之際

案「文化」集作「至化」

八、眞宗誡諭文臣七條

文賜京朝官任轉運使提點刑獄知州府軍監通判知縣者。…四曰責實，勿競虛譽。

案：咸淳臨安志四二詔令門載此，其各條均較史志簡略，獨第四條於「責實」下有「謂專求實效」五字，爲史志所無，當據補。

九、孫何上言

眞宗初，右司諫孫何上言。

案：長編四二至道三年九月壬午載此事，作「左正言直史館孫何表獻五議」，此所載則其三「革簿遷轉之議」也。其時孫氏任左正言，史志作「右司諫」誤。

門資入仕亦及百人

案：「亦及百人」長編作「又不在焉」。

下至幕府職掾之微，或自朝廷選補而授。

案：「或」當從長編作「咸」。

況祿稟所賦，皆自地征，所來須從民力。

案：「所來」上當從長編疊「地征」二字。

伏願特降詔書，自今郊祀，羣官一例不得遷陟。

案：「一例不得」當從長編作「不得一例」。

豈俟歷階而升

案：「俟」當從長編作「祇」。

至於省併吏員上繫興奪。

案「上繫」下當從長編增「宸衷」二字

十、紹興以後合班之制

左右驍衞屯衞

案：合璧事類後集（六一）官品門載淳熙重定之官職雜壓作「左右驍騎衞武衞屯衞」。當從。

殿前副都指揮使

案：合璧事類作「殿前都指揮使」，史志「副」字衍文。

團練使諸州刺史

案：合璧事類於「團練使」下有「宣慶使」三字，

內侍省押班，樞密都承旨，樞密副都承旨。

案：「樞密都承旨」已見「通侍大夫」下，此不應複見，當從合璧事類作「樞密承旨」。

武義武經武翼大夫

案：「武義」之序當從合璧事類列「武經」之下，方與下文順序相合。

祕書校書郎

案「祕書」下當從合璧事類增「省」字

十一、官　品

同知樞密院事太尉開國郡公上柱國爲正二品。

案合璧事類官品門官品條於「同知樞密院事」下有「樞密副使」四字。

諸銀靑光祿大夫簽書樞密院事…爲從二品。

案「銀靑光祿大夫」下當從合璧事類疊「光祿大夫」四字。

宣慶宣正昭宣使…爲正六品

案：「宣正」當從本志下卷內臣自皇城使特恩遷轉例條作「宣政」。

太醫局令翰林醫効醫痊武騎尉爲從七品

案「太醫局」下當從合璧事類增「太史局」三字。

太史局五　正…爲正八品

案：「太史局」下當從合璧事類增「正」字。

卷　九

一、入內內侍省內臣敍遷之制

祗候班（雖有轉官法，近年無遷轉之人，惟敍官者一級當一官。內侍省同。）

案：夾注中所謂「近年」未知指何時，蓋沿用舊文而失於釐正者。

二、選　人

選人選京官之制

案：「選京官」疑當作「遷京官。」

支掌防團判官

案：「支」謂觀察支使，「掌」謂節度掌書記，「防」謂防禦使，「團」謂團練使。

三、吏部□內銓諸色入流條

諸科（五經三禮三史三傳今雖無此科，緣見有逐色人。）明法入上州判司，緊縣簿尉。

案：夾注中所謂「今」及「見有」未知指何時，此亦沿用舊文而失於釐正者。

太廟齋郎（舊室長同）下州判司，中縣簿尉。

郊社齋郎（舊長坐同）試銜白衣，送銓注官。……

案：會要禮部門引兩朝國史志云：

本曹但掌制科舉人，補奏太廟郊社齋郎，室長，掌坐，都省集議百官。（職官一三之一）

山堂考索及合璧事類禮部門均引錄此文，唯「掌坐」作「掌座」餘俱與今本會要所載同。此處所舉各官名均與該文相應，知「郊社齋郎」下夾註中之「長坐」當爲「掌坐（或作坐）」之誤。

四　文散官　武散官

文散官二十九……。

武散官三十一……。

右文朝官階上經恩加一階，郎階上京朝官加五階，選人加一階。武散官冠軍大將軍使相節度使起復改授游擊將軍。雖中書主事，諸司吏人加授，亦無累加法。餘不常授。已上，文官三品已上服紫，五品以上服緋，九品已上服綠。

案：「文朝官」當爲「文散官」之誤，其餘亦有譌脫。查本志卷十卷首目錄中未載「官階」，而卷內於使職條下乃有「敍階之法」云云一大段，其中所載與此段大體相同而較詳明，然置之該卷內則全成無謂，當删落此段，移該段入此處。

五，國朝武選條

六年及增置宣正履正…大夫郎凡十階

案：「及」當從通考作「又」

新官：朝議大夫

舊官：太常卿少卿左右司郎中

案：通考職官考十八文散官門載：

宋元豐更官制，以朝議大夫換左右司郎中（侍從），太常少卿（館職），光祿少卿（出身蔭補）。

是知史志「舊官」欄所載有誤。「太常」下之「卿」字當改作「光祿」二字。

翊衞大夫　親衞大夫　拱衞大夫（並政和新置）

案：上文言政和六年又增置宣正履正協忠翊衞親衞大夫郎凡十階，拱衞大夫並不在內，則非政和新置。又檢會要官制別錄（職官五六之三六）及長編紀事本末一二五官制篇所載，並爲「拱衞大夫，舊官四方館使。」知史志云云爲誤，當將「並政和新置」五字移置「親衞大夫」下，并於「拱衞大夫」下，「舊官」欄內增「四方館使」四字方合。

六、政和初改醫官之名十有四階

和安成安成全成和大夫

案：此與通考所載同。查會要（職官五六之三六）長編紀事本末及合璧事類後集（五一）翰林醫官條所載，「成和」俱在「成安成全」上。本志本卷末所載紹興以後醫官之名，云同政和之制，其順序亦「成和」在「成安成全」之上，知此處爲顚倒。

政和三年詔在京執事官依品序帶行守試。

案：「執事」當從通考作「職事」。

故有庶官視從官，視執政，執政視宰相。

案：「視執政」上當依通考疊「從官」二字。

七、功臣

推忠 佐理 協謀 同德……

右賜中書樞密臣僚（宰相初加六字，餘官初加四字，其次並加兩字。舊有功臣者改賜）

推忠 保德 翊戴 守正 ……

右賜皇子皇親文武臣僚外臣……

案：此與通考職官考十八所載全同。唯「樞密」下當從通考補「院」字。又檢職官分紀（四九）功臣門載：

中書樞密則有推忠協謀同德佐理，餘官則推誠保德奉義翊戴。…又有崇仁佐運守正忠亮保順宣德忠正保節宣忠亮節之號，文武迭用焉。……

官品集：見任中書樞密院臣寮，如賜功臣，宰相六字，樞密使參知政事樞密副使等四字，以次加兩字。（如舊有功除入中書樞密院，即依例改賜。）

據知「推忠」之號僅可用以賜中書樞密院臣僚，非餘官所可適用者，則史志「保德」上之「推忠」，當依職官分紀作「推誠」。又「右賜中書樞密院臣僚」句下夾注謂「餘官初加四字」「其次並加兩字」，而未實指「餘官」爲何官，「其次」又爲何官，亦須參照官品集所載云云，方可明瞭。

八、兼官

憲官四：御史大夫 侍御史 殿中侍御史 監察御史

案：本卷卷首目錄本條作「兼官」。職官分紀（四九）有「檢校兼官」一門，本志卷十食實封條後所附三朝志云云一段中亦以御史大夫等爲「兼官」。又本志卷十附錄三朝志之文，其兼官爲「御史大夫，中丞，侍御，殿中，監察御史」五者，職官分紀檢校兼官門亦載有「銀青光祿大夫檢校太子賓客兼御史中丞驍騎，銀青光祿大夫檢校太子賓客兼御史中丞騎都尉」云云，知此處之不載蓋疏漏也。

九、紹興以後階官

紹興舉行元祐之法，分置左右：文臣爲左，餘人爲右。

案：此與通考職官十八所載同，唯「文臣」通考作「詞人」。

朝奉郎（以上係員郎）

案：夾注中「員」字下當依通考補「外」字。

通直郎

案；「郎」下應通考補注「以上係陞朝官」六字。

翊衞大夫　親衞大夫　拱衞大夫（自翊衞至此並政和新置。）　左武大夫　右武大夫（以上爲横行十三階）

案：「拱衞大夫」本爲舊日「四方館使」所易之新名，非政和新置，詳見本卷第六條考語。此處「拱衞大夫」下之夾注當移置「親衞大夫」下。

訓武郎　修武郎（以上爲大使臣）　從義郎　秉節郎……　承節郎　承信郎（以上爲小使臣）

案：通考「訓武郎」作「敦武郎」，蓋以「敦」字犯光宗諱故後來改「敦武」爲「訓武」也。「秉節郎」與本志本卷所載政和寄祿格中名目不同，當從通考作「秉義郎」。

進義副尉　守闕進義副使　進勇副尉　守闕進勇副使

案：二「使」字俱當從通考作「尉」。

醫官：政和旣易武階，而醫官亦更定焉。紹興因之，特損其額。舊額無安大夫至良醫二十員，紹興置五員。和安郎至醫官三十員，置四員。醫效十員，置二員。醫痊十員，置一員。醫念至祇候大方脉一百五十員，置十五員。

案：合璧事類後集（五二）翰林醫官門載此段，云出中興會要，通考不載，不知史志自何處轉錄來也。

卷十

一、導　從

景德三年詔諸行尚書文明殿學士資政殿大學士給從七人。

案：會要導從門載此詔，繫景德二年四月十日（儀制卷四之一三），今檢長編景德二三兩年內均未載此事，不知究在何年。

學士承節六人

案：此句當從會要作「翰林學士、侍讀侍講、樞密直學士、丞郎，各六人。」

皆通官呵止行人（淳化四年令東宮三少尚書丞郎並通官呵止。）

案：夾注云云，已見贊引條，不應重出於此。

大兩省卿監一節，小兩制、御史、郎中、諸司四品、三司開封府判官、推官、二人。

案：「卿監」下當從會要儀制五之八補「待制」二字，「小兩制」當從會要作「小兩省。」

防團事知州都監五十人。

案：「事」上當脫「軍」字。

二、三朝志條

三朝志云：檢校兼試官之制：檢校則三師、三公、僕射、尚書、散騎常侍、賓客、祭酒、卿監、諸行郎中員外郎之類。兼官則御史大夫、中丞、侍御、殿中監察御史。試秩則大理司直、評事、祕書省校書郎。凡武官：內職、軍職、及刺史已上皆有檢校官兼官，內殿崇班初授檢校祭酒兼御史大夫。三班及吏職、蕃官、諸軍副都頭、加恩初授檢校太子賓客兼監察御史。自此累加焉。（廂軍都指揮使止於司徒。軍都指揮使，忠佐馬步都頭，止於司空。親軍都虞候、忠佐副都頭以上，止於僕射。諸軍指揮使，止於吏部尚書。其官止，若遇恩例則或加階爵功臣。）幕職初授則試校書郎。再任如至兩使推官，則試大理評事。掌書記、支使、防禦團練判官以上試大理司直、評事，又加則兼監察御史。亦有至檢校員外郎已上者。行軍副使皆檢校員外已上。朝官階勳高，遇恩亦有加檢校官：郎中則卿監少監，員外郎則郎中，太常博士以下則員外郎，並無兼官。其解褐評事、校書郎、正字、寺監主簿、助教者，謂之試銜。有選集同出身例。

案：史志錄用舊史之文，例均不著出典，而此獨曰三朝志云云，顯與體例不合，檢校官、兼官、試官、均已見於本志卷九，本卷目錄中亦未列入，而乃於食貨封條下突出此一大段，文字雖與卷九各條不盡同，而所述之事則毫無二致，則此一大段全爲贅文也。二十二史考異卷七二僅摘錄自「幕職除授」至「有選集同出身例」一節，謂「已見本志試秩篇」，而於「幕職初授」句以上各節則不謂「已見」，蓋亦因文字之稍不同而爲所曚混矣。今查自「檢校則三師三公」至「諸行郎中員外郎之類」一節，及「內殿崇班初授檢校祭酒」「三班及吏職蕃官諸軍副都頭加恩初授檢校太子賓客」諸句，及夾注中「廂軍都指揮使」云云全段，卽本志卷九檢校官條所已載者也。其「兼官則御史大夫中丞侍御監察御史」，及「內殿崇班兼御史大夫」「三班及吏職蕃官都軍副都頭加恩兼監察御史自此累加」諸語，則本志卷九兼官條所已載者也。其「試秩則大理司直評事祕書省校書郎」句，則與「幕職初授」云云一節同見於本志卷九試秩條者也。此一大段當全刪除。

三、敍階法條

敍階之法：開府儀同三司至將仕郎爲文散官，驃騎大將軍至陪戎副尉爲武散官。(太平興國元年改正議大夫爲正奉，通議大夫爲朝奉，朝議郎爲朝奉，承議郎爲承直，奉議郎爲奉直，宣議郎爲通直。)京朝官幕職自將仕郎至朝奉郎每加五階。至朝散大夫已上每加一階。朝散銀青者須已服緋紫者入。令錄判司簿尉每加一階，並幕職計考。當服緋紫者加金紫階。內殿崇班初授則銀青階。(三班軍職使職，遇恩檢校兼官並除銀青階。)丁憂者起復，使相則授雲麾將軍(使相仍加金吾上將軍同正節度使，大將軍同正留後，以下無之)。其胥吏掌事而至衣緋者則授遊擊將軍。千牛備身則授陪戎副尉以上。

案：本卷卷首目錄中並無「敍階」之目，且文中所述與本志卷九文武散官條下「右文朝官階上經恩加一階」云云一段大體相同。該段所述不及此段詳明，且頗有譌脫，應删落該段而將此段移置其地。

四、改賜功臣勳官條

改賜功臣。勳官：自上柱國至武騎尉。五代以來，初敍勳官卽授柱國。淳化元年詔：自今京官幕職州縣官始武騎尉。朝官始騎都尉。三班及軍員吏職經恩並授武騎尉。又詔：古之勳爵，悉有職奉之蔭贖，宜以今之所授，與散官等，不得用以蔭勳。

案：長編三一淳化元年正月丙申載：

初，殿中丞清豐晁迥通判鄂州，坐失入囚死罪削三任，有司以殿中丞右贊善大夫並上柱國通計之。丙申，詔自今免官者並以職事[illegible]，不得以勳散試[illegible]之類。舊制：勳官自上柱國至武騎尉凡十二等，五代以來初敍勳卽授柱國。於是詔京官幕職州縣官始武騎尉，朝官始騎都尉，歷階而升。又詔：古之勳爵，悉有職奉，以之蔭贖宜矣；今之所授，與散官等，不得用以蔭贖。

史志所載卽「舊制」以下云云之一段也。然於起首處衍「改賜功臣」四字，自「悉有職奉」以下又脫誤迭出，遂致全不可解。又本卷卷首目錄中並無「勳官」之目，文中所述亦有與本志卷九勳官條後所載「右騎都尉已上」云云一段相重複者，當删併入該段內，本卷則刊削不載。

五、封爵之差

封爵之差：唐制：王食邑五千戶。郡王、國公三千戶。開國郡公二千戶。縣公千五百戶。縣侯千戶。伯七百戶。子五百戶。男三百戶。又有食實封者，戶給縑帛。每賜爵遞加一級。唐末及五代始有加邑特戶而罷去實封之給。又去縣公之名，封侯以郡。宋初沿其制：文臣少監少卿以上，武臣副率以上，內職崇班以上，有封爵；丞郎學士刺史大將軍諸司使以上有實封。但以贈戶數爲差，不依爵級。邑過其爵則井進爵焉。止於郡公。每加食邑自千戶至二百戶;實封自六百戶至百戶。親王重臣或特加,有踰千戶者(郡公食邑有累加至萬,餘實封至數千戶者。)皇屬特封郡公縣公或贈侯者,無開國字(侯亦在開國郡公之上)。又采秦制賜爵曰公士(端拱二年賜諸州高年一百二十七人爵公士。景德中福建民有擒獲強盜者,當授鎮將,以遠俗非所樂,並賜公士,自後率爲例)。

案此段亦在「改賜功臣」條下,與「不得用以蔭勳」句相連爲文。然所述均爲封爵之等差,與功臣及勳官皆無干涉,自當摘出爲獨立之一條。但本卷卷首目錄中既無此目,而文中所述與本志卷九封爵條後所載「右封爵。皇子兄弟封國謂之親王」云云一段多有重複處,當删併入該段內,本卷則刊削不載。又「加邑特戶」疑當作「特加邑戶。」

六、功　　臣

功臣者,唐開元間賜號開元功臣,代宗時有寶應功臣,德宗時有奉天定難元從功臣之號。僖宗將相多加功臣美名。五代寖增其制,宋初因之。凡宣制而授者多賜焉。參知政事樞密副使刺史以上,階勳高者亦賜之。中書樞密則推忠協謀,親王則崇仁佐運,餘官則推誠保德翊戴,掌兵則忠果雄勇宣力,外臣則純誠順化。宰相初加卽六字,餘並四字,其累加則二字。中書樞密院所賜,若罷免或出鎮則改之。其諸班直將士禁軍則賜拱衞翊衞等號。遇恩累加,但改其名,不過兩字。

案:職官分紀四九功臣門載:

國朝循唐制,宰相樞密使初拜必賜焉。參知政事樞密副使初除或未賜,遇加恩乃有之。刺史以上階勳高者亦或得賜。(卻掃編卷中功臣號條同,唯「刺史」句作「刺史以止加階勳,勳高者亦或賜。」)

與史志「凡宣制而授者多賜」至「階勳高者亦賜之」諸句,語氣稍有不同,蓋必史志删瀾舊文失之也。又職官分紀於「累加則二字」下有「或四字有至五十餘字」諸語,於「或出鎮則改之」下有「亦有不改者」及「又有官不當賜而特賜者」諸語,各句下且均夾注其事實。其「諸班直將士禁軍」作「諸班直禁軍將校」。卻掃編與職官分紀正文全同,而於「不過兩字」下又有云:

元豐中神宗既累卻羣臣尊號之請，大臣將順，因請並罷功臣之號，詔從之。

近歲始復以賜大將，然皆創爲之名，非復舊制也。

此所謂「近歲」乃指南渡後言。朝野雜記甲集十二功號條亦云：

功號始唐德宗，國朝因之。至元豐乃罷。中興後加賜者三人而已：韓蘄王（世忠）揚武翊運功臣，張循王（俊）安民靜難功臣，劉安城王（光世）和衆輔國功臣。此外惟安南國王初除及經恩亦加功號。

此與徐氏所記全同，可據以考知兩宋賜功臣號一事之演變，均當參修補入。

又案：此中所述「中書樞密則推忠協謀」云云，與本志卷九功臣條重複，且本卷卷首目錄中亦不載「功臣」之目，當刪併此段入卷九該條內，本卷刊削不載。

七、宮　觀

又有提舉提點主管

案：「主管」下當從合璧事類後集（五九）及通考職官（十四）在京宮觀條增「官」字。

置管幹或提舉提點官。……六年詔卿監職司以上提舉，餘官管幹。

案：「管幹」當從合璧事類及通考作「管勾」。

又有以京官爲幹當者

案：「幹當」當作「勾當」。

於是臣僚交章欲罷供給以絕干請，變理任以抑僥倖，嚴按格以去泛濫，上並從之。自是以後，稍復祖宗條法之舊。

案：宋史記事通例，凡遇舊史中稱「上」者多改稱「帝」，遇「祖宗」字樣亦間有改易者，此段則仍曰「上」曰「祖宗」，知其亦爲抄用舊文而失於審正者。

八、贈官致仕

親王贈三官，可贈者贈二官。

案：「可」字疑當作「已」。

凡文武官父任承直郎以下贈官：……儒林郎，支掌防團判官。節度掌書記、觀察支使、防禦判官，團練判官。

案：所謂「支掌防團判官者，即觀察支使，節度掌書記，防禦判官，及團練判官之簡稱也。既有「節度掌書記」云云，則「支掌防團判官」句當删。

又詔致仕官朝失儀勿劾，並著爲令。

案：「朝」字下當有「參」字。

卷十一

一　奉　祿

東宮三司、僕射，九十千。

案：「三司」當從職官分紀（五十）及會要奉祿門(職官五七之一)作「三師」。

東宮三少…御史中丞，五十千。

案：「五十千」當從會要及分紀作「五十五千」。

司天十五千、正十三千

案：此句當從會要及分紀作「司天五官正十三千」。

祕書郎著作佐郎

案：此下脫奉給數目，當依會要及職官分紀補入「十七千」三字。

祕書舊無奉，兼三館職事者給八十千，至道二年令同著作郎給之。

案：此爲「祕書郎著作佐郎」下之夾注。會要亦載此注，然「八十千」作「八千」，「著作郎」作「著作佐郎」。史志蓋有所衍奪也。

防禦使三百千

案：「三百千」當從會要（職官五七之三）作二百千。

率府率副中郎將十三千。

案：「副」下脫「率」字。

內客省使六十千，客省使三十七千。…皇城以下諸司使二十五千。春絹各十匹冬十匹。

案：會要（職官五七之六）作「內客省使，延福宮使，景福殿使，客省使，…皇城已下諸司使，春絹各七匹，冬十匹」。史志謂「春絹各十匹」，誤也。

皇親任諸衞大將軍領刺史八千。

案：「八千」當從會要（職官五十七之二）作「八十千」。

舊志…副使以上下與異姓同，並給實錢。

案：會要作「副使以下與庶姓同而並給實錢」（同上）。史志「上」字衍文。

高班內品一千五百（衣糧帶舊）

案：夾注云云當有譌脫。

主書七千，守當官，書令史，五千。（春冬絹各二匹，主書書令史春錢三千。…）

案，「三千」會要（職官五七之七）作「二千」。

防禦團練官十五千。（兩朝志云：奉給依本州錄事參軍。如無，依倚郭縣令。）

案：史志此後有「元豐制行」云云一大段，知此段所載爲元豐以前之制。會要俸祿門載「防團判官（如本州錄事參軍及依郭令，舊十五千）。」（職官五七之三）與史志夾注所引兩朝志之文合，知會要所載卽爲仁、英兩朝之制，而其所謂「舊十五千」者又正爲史志正文所載之數，則史志此一大段所載者仁宗以前之制。職官分紀卷五十奉祿門已殘闕，然就其僅存者取相比核，除一二譌脫處外，均與史志相同，而其中首冠以「國朝大中祥符五年詔定加文武職官月俸」云云句，知史志此段亦卽祥符中改定之制也。

二、職錢

御史大夫，六曹尙書，行六十千（守五十五千，試五十千。）

案：史志所載職錢之制，卽以此句爲首。其下之記述次第與通考職官十九所載亦多不同，然各官職錢數目二書全同，則所載爲同一時期之制度也。通考於起首處載：

以下職事官並支職錢：開封牧錢一百貫（春服羅一疋，小綾絹各十疋，冬服小綾十疋，絹二十疋，綿五十兩。）太子太師太保太傅職錢二百貫（春服羅一疋，小綾十疋，絹一十五疋，冬服綾絹同，綿五十兩。）少師少傅少保百五十貫(春冬服小綾各七疋，絹各二十疋，春羅一疋，冬綿五十兩)。御史大夫六部尙書（行六十貫，守五十五貫，試五十貫。春服羅一疋，小綾五疋，絹十七疋，冬服綾絹同，綿五十兩）。

其「御史大夫」以上諸條爲史志所無，疑乃誤脫，當據此補入。

翰林學士承旨、翰林學士，五十千。衣賜本官例官小春冬服小綾各三匹。

案：此條夾注云云，疑有譌脫。且其上下文所列各官之下亦唯載其職錢而不載其春冬衣賜之類，則此段注文蓋爲採錄舊文而剪裁未盡者，疑當從删削，否則當如本志卷十二增給門「資政端明一十五千」下之注文，作「衣賜如本官例，大卿依本官例，小卿依逐等」。

三、唐貞元四年條

〔開寶〕四年十二月詔節察防團副使權知州事、節度掌書記自朝廷除授、及判別廳公事者，亦給之。副使非知州掌書記奏授而不釐務者，悉如故，給以折色。

案：此所云云，頗欠分曉。長編卷十二開寶四年十一月庚申載：

詔節察防團軍事判官推官軍判官等並依州縣官例給囘易料錢俸戶。節度防團副使權知州事、節度掌書記自朝廷除授、及判別廳公事者亦給之。副使非知州、掌書記奏授而不釐務者，悉如故，給以折色。

會要俸祿門亦載：

〔開寶四年〕十一月詔曰：『諸道州府幕職及軍判官等，朝廷擇才授任，以祿待人，苟俸給之稍虛，在公淸而何責。向者州縣官亦立定規，而藩郡職寮尙從折色，宜頒條制，用表優恩。自今節度防禦團練副使，節度觀察防團軍事判官推官，節度掌書記判官等，並據逐人所請料錢貫百，依州縣官吏例，差定囘易料錢俸戶。副使不知州、掌書記非朝廷除授、及不判別廳公事者，並依舊折給。（職官五七之二〇）

史志於「詔」字下當補「節察防團軍事判官推官軍判官等並依州縣官例，給囘易料錢俸戶」二十七字。又長編及會要均云此詔在十一月，史志作「十二月」

亦誤。

雍熙三年文武官折支奉錢舊以二分者，自今並給以實價。

案：會要俸祿門載：

〔雍熙四年〕十一月詔內外羣臣并諸道本城軍校兵士所請折色料錢，先因朝臣所請以八分作十分支給者，自今並依實估錢數支給，更不加擡二分。（職官五七之二二）

此與史志所載必即一事，然本謂「以八分作十分支給者」史志乃改作「舊以二分者」，與原意殊不相符。又長編不載此詔，細考會要所載雍熙四年諸事並無錯亂，則此詔所繫年月亦必不誤，史志作「三年」非是。

「咸平」五年七月增川陝路朝官使臣等月給添支。

案：會要俸祿門載：

五年十月詔增川峽路京朝官使臣等支給添支。（職官五七之二四）

史志「陝」當改作「峽」，「朝」上當補「京」字。

且以庶官食貧勸事。

案：「勸事」當從會要作「勤事」。（職官五七之二九）

四、茶酒廚料之給

學士權三司使以上，兼祕書監，日給酒，自五升至一升有四等，法糯酒自一升至二升有二等。

案：會要俸祿門載此，於祕書監下有「及曾任二府，提舉宮觀」九字，「日給酒」下有「者，法酒」三字，「二等」作「三等」（職官五七之一七）。史志蓋有所譌脫。

並有給茶

案：「有」當依會要俸祿門作「月」（職官五之一七）

各給廚料六斗，麵一石二斗。

案：「廚料」下當從會要增「米」字。

五、薪蒿炭鹽諸物之給

宰相樞密使月給薪千二百束。

案：會要此句下又有「樞密使有五百束者」句。(職官五七之一七)

權三司使四百束

案：會要此句下又有「權發遣三百束」句。

樞密副都承旨、中書提點五房，一百束。

案：「樞密副都承旨」下會要又有「諸房副承旨」五字。

宰相樞密使歲給炭，自十月至正月二百秤，餘月一百秤。

案：「正月」下當依會要補「月」字。又「一百秤」下會要又有「樞密使有五十秤者」句。

給鹽：宰相樞密使七石。

案：會要此句下又有「樞密使有三石者」句。

卷十二

一、增　給

進義校尉諸司使至下以三班使臣，自十千至三千凡七等。

案：「至下以」當作「以下至」。

二、南渡後奉祿之制

建炎南渡以後奉祿之制參用元豐政和之舊，少所增損。

案：自此以下全篇文字俱與通考職官十九所載同。

元豐定制，以官寄祿，南渡重加修定。開府儀同三司料錢一百貫。

案：「修定」下當從通考增「文臣請俸」四字。

通議大夫太中大夫中大夫中奉大夫中散大夫(料錢各四十五貫春冬絹各二十五匹小綾三匹春羅一匹冬綿五十兩)

案：夾注中之「春冬絹各二十五匹」，通考作「春冬絹各十五匹」，史志

「二」字當改作「一」。

階衞上將軍（在通奉大夫之下……）

案「通奉大夫」通考作「奉直大夫」。查下文有「諸衞大將軍在中散大夫之下」云云句，據本志卷九所載紹興以後階官，通奉大夫在中散大夫之上，奉直大夫在中散大夫之下，諸衞上將軍官階較諸衞大將軍爲高，則只應在通奉大夫之下，通考作「奉直」，誤也。

諸衞將軍（在朝奉郞之下，料錢二十五貫……）

案：「二十五貫」通考作「二十貫」。查上文諸衞大將軍料錢爲二十五貫，諸衞將軍自當較少，史志「五」字蓋涉上文而衍。

下班祇應（各隨差使理年不等。自三年至十二月，料錢七百文，糧二石五斗，春冬絹各五匹。）

案：「至十二月」通考作「至十二年」。

守闕進義副尉（料錢二貫）

案：「二貫」通考作「三貫」。

三、南渡後料錢職錢

太子詹事（錢衣同賓客，小綾各上三匹。）

案：「各上」當從通考作「各止」。

權六曹侍郞（職錢四十貫，絹同上。）

案：「絹」當從通考作「餘」。

諸王宮大小學教授，太學武學博士，（行二十貫，守十八貫，試十六貫，今諸王府翊善贊讀直講紀室料錢並支見錢）

案此與通考全同。然「今諸王府」云云，乃南宋人記其當時制度之語，史志沿用非是。

太官令（十六貫）

案：「十六貫」通考作「十八貫」。

有特旨添給（……紹興六年指揮：五寺三監祕書大宗正丞………特支米三石，計議編修官一石。)

案:「一石」當從通考作「二石」。會要俸祿門載此詔亦作「二石」。(職官五七之七二)

四、祿粟及隨身傔人 職田

捧日天武左右廂都指揮使遙郡團練使五十石,傔十人(龍神衞右廂都指揮使遙帶遙郡團練使同)

案:夾注「指揮使」下衍「遙」字。又「龍神衞」下疑當有「左」字,此亦踵襲通考而脫者,

其兩京大藩府四十頃。

案:會要職田門作「其兩京大名京兆眞定江陵河中鳳翔及大藩鎭各四十頃」。(職官五八之三)。史志節去兩京下各地名不載似欠妥。

大中祥符九年,殿中侍御史王奇上言,請天下納職田以助振貸。帝曰:『奇未曉給納之理。然朕每覽法寺奏,款外官占田多踰往制,不能自備牛種,水旱之際又不蠲省,致民無告』。遂罷奇奏,因下詔戒飭之。

案:會要職田門載此,「請天下納職田」作「請籍納職田」,「給納之理」作「給田之理」,「款」作「疑」,「外官」作「官屬」。(職官五八之四)

至熙寧間復詔詳定。

案:會要職田門載此事,繫熙寧六年三月二十八日(職官五八之一二),長編二四三所繫年月日同。

凡知大藩府(三京、京兆、成都、太原、荆南、江寧、府延、秦揚杭潭廣州。)

案:「知」下當從會要及長編增「州」字,「府延」當從長編作「鄜延」。

開封府界提點視餘州。

案:「餘州」下當依會要及長編增「知州」二字,

發運司幹當公事,……提舉常平倉司幹當公事,……府界提點司幹當公事。

案:「幹當」俱當依會要作「勾當」。

轉運司管幹文字,……管幹機宜文字。

案：「管幹」當依會要作「管勾」。

諸路州學教授京朝視本州判官。

案：「京朝」下當依會要增「官」字。

又詔成都府路提點刑獄司以本路職田令逐州軍歲以子利稻麥等拘收變錢，從本司以一路所收錢數又紐而爲斛斗價直，然後等第均給，自熙寧三年始。

案：會要職田門繫此詔於熙寧二年三月五日。（職官五八之一一）

都巡檢巡檢以大使臣

案：「以大使臣」當依會要作小字，夾注「巡檢」下，並改「以」作「係」。

監商稅市賈院交子務

案：「市賈」會要作「市買」。

城外巡檢排岸

案：「排岸」上當依會要增「監」字。

簡陵州永嘉軍

案：「永嘉軍」當從會要作「永康軍」。

自知成都府以官屬等第均定。

案：「以」下當依會要增「下」字。

而有是詔

案：自「又詔成都府路」云云以下，迄於「而有是詔」句，均爲熙寧二年三月五日所降詔之內容，及其所附之夾注，史志列敍於熙寧六年三月二十八日詔後，殊失先後之序，當改「又詔」爲「熙寧二年三月詔」，並全段移置「至熙寧間復詔詳定」云云一條之上。

元符三年朝散郎杜子民奏：『職田之法，每患不均。神宗首變兩川之法，均給上下，一路便之。元祐中推廣此意，以限月之法，變而均給，士大夫貪冒者，或窮日之力以赴期會，或交書請屬以倖權攝，奔競之風長，廉恥之節喪。乞復元豐均給之法，以養士廉節』。從之。

案：旣云「神宗行均給之法而一路便之」，又云「元祐中推廣此意而致奔競風長，廉恥節喪」，前後語意殊爲矛盾。今檢會要職田門載：

元符三年九月二十六日工部言朝散郎杜子民奏：『職田之法，每患不均。神宗朝首變兩川之法，均給上下，一路便之。元祐中推廣此意，以限月之法，變而均給。元符新勅，又復限月：士大夫貪冒者，或窮日之力以赴期會，或交書請囑以幸權攝，奔競之風長，廉恥之節喪。欲乞復元祐均給之法，以養士廉節。』從之。(元祐均給及元符限月指揮，檢未獲。)(職官五八之一四)

據知史志之語意矛盾，蓋由刪去「元符新勅又復限月」八字之故，當依會要補入。又「乞復元豐均給之法」，亦當從會要作「乞復元祐均給之法」。

建中靖國元年，知延安府范純粹奏：『昨帥河東日，聞晉州守臣所得職田，因李君卿爲州，諭意屬邑增廣租入，比舊數倍。後襄陵縣令周汲力陳其弊，郡守時彥歲減所入十七八，佃戶始脫苛斂之苦。而晉絳陝三州圭腴素號優厚，多由違法所致：或改易種色，或遣子弟公皁監穫，貪汚猥賤，無所不有，乞下河東陝西監司悉令改正。』從之。

案：會要職田門載此事云：

〔建中靖國元年二月〕十七日知延安府范純粹奏：『近充河東路經略安撫使，訪聞得晉州知州所得職田因李君卿充守臣日諭意管下縣官違法增額，內襄陵一縣有縣令劉可諛悅君卿，抑勒百姓，知州職田所得比舊增五七倍。後守臣張公庠知民間寃抑，略曾裁損一二。今有縣令周汲，不肯循舊，乞行改正，有昨得替知州時彥卽依所申，只襄陵一縣歲減所入約八百貫。周汲者奉公守法，力正姦弊，而時彥不少吝惜，伏望略賜奬擢以勸天下守令之官。除李君卿聞已身亡外，其劉可亦望特賜懲艾，以戒害民之吏。』貼黃稱：『欲乞朝廷下有司立法：凡職田土地，只許依遠年夏秋所種名色租額令佃戶承認送納，不得半種分收及差人監視收穫』。工部勘當欲依范純粹所奏，從之。(職官五八之一五)

其中云云，間有與史志所載不相合處，蓋亦史志刪潤原文失志也。特錄此備參詳。

政和八年臣僚言：『尙書省以縣令之選輕，措置自不滿五千戶至滿萬戶遞增給職田一頃。夫天下圭租多寡不均久矣，縣令所得亦復不齊：多至九百斛如淄州高苑；八百斛如常之江陰；六百斛常之宜興；亦六百斛。自是而降，或四五百，或三二百。凡在河北京東京西荆湖之間，少則有至三二十斛者；二廣福建有自來無圭租處；川峽四路自守倅至簿尉又一路歲入均給；令固不得而獨有。今欲一概增給一頃，豈可得哉。』詔：『應縣令職田頃畝未及條格者催促標撥。

案：會要職田門載：

〔政和〕八年九月十九日臣寮言：『伏覩尚書省近因臣僚上言士大夫皆輕縣令之選，特行措置：自不滿五千戶已上至滿萬戶縣遞增給職田一頃。然臣切見國家太平日久，生齒至衆，邑無曠土，而比年以來，官吏增圭租，往往虛立歲課，勒令村保召佃，地既無所出，則一鄉之民聚而償之。部使者上下交私，恬不爲怪。伏望申詔三省，將天下縣令已有圭租，斷自若干斛已上更不增給。』

又臣僚言:『臣切唯天下圭租多寡不均久矣，縣令所得亦合隨諸路參差不齊。今且以臣所聞言之：其多有至九百斛者，如淄州之高苑是也；有至八百斛者，如常州之江陰是也，有至六百斛者，如常州宜興是也。自是而降，或四五百，或三二百，凡在河北京東京西荆湖之間，其少則有至二三十斛者；二廣福建則多有自來無圭租處；川峽四路自守倅而下至於簿尉，又以一路歲入均給；令固不得而獨有也。天下縣令圭田所賦不同如此，今朝廷乃欲一概增給一頃，豈可得哉』。詔：『應縣令職田頃畝未及條格去處，催促標撥。其措置遞增一頃指揮，更不施行。』（以上俱職官五八之一八）

是則當時臣僚諫阻遞增縣令職田之奏疏凡兩上，方有詔罷行其事，史志綜括爲一，非是。其「六百斛」下當依會要增「如」字，其下之「亦六百斛」爲衍文。催促標撥」下亦當依會要增其「措置遞增一頃指揮更不施行」十三字。

宣和九年詔：『諸路職官各有職田，所以養廉也；縣召客戶稅戶租佃分收，災傷檢覈減放，所以防貪也。諸縣多踰法抑都保正長及中上戶分佃認納，不問所收厚薄，使之必輸，甚至不知田畝所在，虛認租課，聞之惻然。應違法抑勒及詭名委保者，以違詔論；災傷檢放不盡者，計贓以枉法論；入己者以自盜論。』

案：宣和盡七年。會要繫此詔於宣和元年，史志作「九年」誤，又史志刪削詔旨亦有過當處。據會要所載：

宣和元年六月五日詔：『諸路當職官各賜職田，朝廷所以養廉也；縣召客戶或第四等以下稅戶租佃分收，災傷檢覈減放，所以防貪也。訪聞諸縣例多違法勒見役保正長及中上等人戶分佃，認納租課，不問所收厚薄，必輸所認之數；設有水旱，不問有無苗稼，勒令撮收；其甚有至不知田畝下落，虛認送納，習以成例；農桑之家，受弊無告，聞之惻然。可嚴行禁止：諸縣官吏違法以職田令第三等以上人戶及見充役人或用詭名或令委保租佃，許人戶越訴，以違詔論，災傷減放不盡者，計贓以枉法論；已入己者以自盜論。提刑廉訪常切覺察。』

蓋朝廷法令所定，官吏職田止可令第四等以下稅戶租田，而各路官員乃多違法勒令第三等以上人戶租佃者，且多不問所收厚薄，勒令必輸其所認一定之數，此俱農家深以為苦者，故特許其越級控訴。凡此均詔中之要點，而史志均削去不載。又「檢覈」作「檢覆」、「減放不盡」作「檢放不盡」，亦俱誤。

紹興間懼其不均。則詔諸路提刑司依法標撥 傷 官多田少即於鄰近州縣通融須管數足。又詔將空閑之田為他司官屬所占者撥以足之，仍先自籓尉始。其有無職田選人並親民小使臣，每員月支茶湯錢一十貫文，內雖有職田，每月不及十貫，皆與補足，所以厚其養廉之利。懼其病民，則委通判縣令覈實，除其不可力耕之田，損其已定過多之額。

案：起此段首句，迄於本卷末之「監堰二頃」句，與通考職官考十九所載全同，蓋即自通考勦襲者。然通考於「紹興間」云云句上，本猶冠有「乾道間臣僚言：職田所以養廉，亦或啓其不廉。蓋交競於差遣之時，多取於收斂之日，以其所以養廉者為貪也」諸語，知此下云云，即均乾道間臣僚奏疏中語。史志刪削此數語不載，而於通考下文所節錄之奏疏原文反全行照抄，未予更易一字，遂致亦成半篇夾敍夾議之文，與上半篇之專為記事者絕不相稱。又查此段所述各節，據會要職田門所載為：

「紹興」三年四月廿三日工部侍郎李擢言：『圭田之法，皆以逃亡五年以上及絕戶荒田為之，故其膏沃者少，歲收無幾，而有司拘以舊籍已定之數，脅以當官必行之威，民已告病，吏莫之恤。願詔有司將見今職田數委通判同縣令覈實，除其不可力耕之田，損其已定過多之額，使之適平而後已。或以蠲除之後非所以養廉，則乞將空閑之田及往爲大安撫司及他司增置官屬所占者，撥以足數，仍先自簿尉始。』從之。

七月十七日詔諸路提刑司將見任官至擇人小使臣應合得職田依格法標撥。如本州見任官數多，所管田不足，令提刑司於一路鄰近州縣通融標撥，須管數足，即不得挑取膏腴田土及過數標撥，並標撥未歸業人田土。又選人小使臣任外路州縣差遣內有無職田、及雖有職田不曾依格撥足，每月止請錢三五貫，難以養廉，仍令諸路提刑司依格法標撥。切慮行法之初，或標撥未足，夏秋未有所得，仰轉運司權將無職田選人并親民小使臣每員每月支茶湯錢一十貫文。內雖有職田每月不足一十貫處，補足一十貫（如每月細計支得職田計三貫添支七貫之類）。候依格撥到職田，其所收租課細計一十貫文以上即罷。（以上並職官五八之二三）

據知通考宋史所載，雖爲節錄乾道間臣僚疏奏之原文，而其所敍各事之節次實不免於先後淆亂。蓋上疏之人爲行文及發抒意見之方便計，對前朝故事自可以意而爲之離析或綜合，不必盡拘其原來之次第；其在數典之史，則須依序而書。不加釐正，殊爲未合。

凡職租不許輒令保正催納，或抑令折納見錢，或無田平白監租，或以虛數勒民代納，或額外過數多取。皆申嚴禁止之令，察以監司，坐以贓罪，所以防其不廉之害。罷廢未幾而復舊，拘借未久而給還，移充糴本，轉收馬料，旋復免行，皆所以示優恩、厲清操也。

案：此亦綜合紹興中有關職田之措置政令而言之也。其見載於會要職田門者僅以下二事屬紹興中：

七年四月十二日詔今後州縣職田不得輒令保正催納，如違仰提刑司按劾。以侍御史周祕言州縣官職田自來多令保正催納，兵火之後佃戶逃亡，而官猶以其常數責令陪納。故有是命。

十一年十二月十一日詔諸州縣職田令提點刑獄司覈實，使佃民按畝輸租，毋得代納幷抑配。如監司知通失於檢察，與犯人減二等斷罪。（以上並職官五八之二四，繫年要錄均不載）。

其餘所謂「罷廢」「拘借」及「移充糴本，轉收馬料，旋復免行」等，據會要所載均爲乾道間事：

〔乾道六年〕八月四日戶部狀：『臣僚言權借職田三年，今折納馬料，其不通水路及僻遠去處計價折錢，發赴淮南運司收糴，令戶部條具。今具下項：一、浙東福建州軍多無水路，乞令轉運司將職田米或自來折納錢盡行拘收，發赴行在省倉，委官收糴馬料。…』從之。（職官五八之二八）

八年十月二十一日詔『權借職田可自今年十月一日爲始，與免拘借。』（職官五八之二九）

乾道臣僚疏奏云云，當卽指此諸事而言，是則原文於「罷廢」句上必尙標有年限，今通考及史志卽以之上承「紹興間」云云爲文，非是。

若其頃畝多寡，具有成式：知藩府（謂三京穎昌京兆成都太原建康江陵延安興仁隆德開德臨安府秦揚潭廣州）二十頃，…都監發運轉運司主管文字、滿五千戶縣令、副將官、節鎭判官…

案：「副將官」下當依通考增「五頃」二字。

餘州判官，學教授，並謂承務郞以上者。

案：「學」上當依通考增「州」字，「並謂」云云句當依通考作小字，夾注「教授」下。

不滿五千戶縣簿尉、巡轄馬遞鋪、縣鎭砦監當及監堰、二頃。

案：通考、史志所載乾道間臣僚之奏疏及其所述兩宋職田之制，均以上句作結。査自「具有成式」以下，所載職田之分配什九與上文所載熙寧詳定之制相重複，疊林架屋，至爲無謂。且止於「監堰二頃」云云，文義實幷不完，乾道臣僚奏疏之用意何在亦尙不可得知，今檢會要職田門載：

〔乾道〕八年十二月十四日詔：『諸路職田已降指揮與免拘借，尙慮循襲舊例，額外收斂，『自今止理正色，仍不得過數多取。如有違戾，令提刑司按劾以聞。』「初」臣僚上言：『職田所以養廉也，而士大夫取之適以啓其不廉。國朝自咸平以來，始議復興，而杜鎬討論之，有曰：「中才之類可革於貪心，上智之人益興於廉節。」此言爲養廉而興也。至天聖中獻言者乃乞停廢，而晏殊詳定之，有曰：「差遣之間徇於僥競，收歛之際害及人民。」此言適以啓其不廉也。頃者權借三年以助經費，今已與免拘借，德至渥也；尙聞循襲舊例，額外征求，或高爲價直以折錢，每斗有至於五百者；或倍取本色以爲數，每石有取二石者；水旱所當減也而不減；逃亡所當除也而不除。田戶困於輸納，縣道窘於捉辦。欲望睿慈嚴爲之禁：應天下職田，止得收取本色，庶使小民不至重困，縣道亦以少寬，貪心可息而廉節可興矣。』故有是詔，（職官五八之二九）

此疏語意與通考所載頗多髣髴之處，且亦進奏於乾道年中，不知是否卽爲一疏。若其是也，則通考所節錄者實未得其要領，且不載因此疏而降之詔旨，更爲一失；若其非也，則但就通考節錄之一段亦實不能察知其用意所在，亦終是刪修未得其當。今姑錄存會要之節文於上，以俟再考。

又案：會要於此疏下尙載有孝宗淳熙間及光宗寧宗兩朝有關職田之政令多則，亦須參取修入方合。

出自第十本(一九四八年四月)

講史與詠史詩

張政烺

一、宋人關於講史之記載

二、早期講史話本之特徵

三、唐經進周曇詠史詩

四、胡曾詠史詩

五、汪遵，褚載及羅隱

六、孫玄晏及晚唐詠史諸家

七、宋人講史之作

八、宋以來詠史瞥記

九、詠經子

十、結語

講史盛行於宋，在瓦舍諸色伎藝中最爲爾雅。歷元至明，其風彌廣，成書亦愈多。凡今日所見流傳已久之長篇通俗演義如東周列國志，三國演義，隋唐演義，說岳全傳等莫不導源於此。在中國文學史上佔重要之地位，就普及歷史教育一點論之亦有其特殊之價值。

向來學者於講史起源何時，及其最初話本之體製如何，罕言之者。四十年來「敦煌發見唐朝之通俗詩及通俗小說」（王國維有文論之，見東方文庫第七十一種考古學零簡。）既傳布於世，「小說史學」亦漸爲世所注意，於是中外學人抄變文考俗講者多以爲唐代俗講變文「即宋代說話人中講史書一科之先聲」（此引向達唐代俗講考語。）然此實揣測之論，無顯著之證據，今如明其體製察其流傳，知講史與變文平行，各有淵源，初不相涉也。

余早歲逃學喜閱小說，年來涉獵史傳則常注意歷代之小學制度及社會教育，深覺講史一藝蓋出于晚唐之詠史詩，初由童蒙諷誦，既而宮廷進講，以至于走上十字街頭。雖材料尙不充分，書籍亦有知而不可見者，然演化之迹不無可尋，因寫爲此篇，並世同志幸匡教焉。 卅一年九月廿日

一、宋人關於講史之記載

宋代講史爲專門職業，今日所見記載尙夥，而以灌園耐得翁都城紀勝及吳自牧夢粱錄所述爲詳。前者作于理宗端平二年，後者作于度宗咸淳十年，（四庫提要謂夢粱錄乃宋亡以後作，錢大昕十駕齋養新錄卷十四謂是元順帝元統二年作，皆非是，細讀本書自辨。）時間相距約四十年，而所記辭句往往雷同，文義亦各有不貫徹之處，蓋根據同一材料（當如今日各地流行之「遊覽指南」一類小册子）删改以成，皆非自出機杼也。吳自牧增記理宗以後事，今取之。夢粱錄卷二十，小說講經史：

> 說話者謂之舌辯，雖有四家數，各有門庭。且小說名銀字兒，如煙粉、靈怪、傳奇、公案、朴刀桿棒、發發蹤參之事；（按都城紀勝作「及發跡變泰之事」，是也。）有譚淡子、翁三郎、雍燕、王保義、陳良甫、陳郎婦、棗兒余二郞等，談論古今如水之流。談經者（按紀勝作說經）謂演說佛書。說參請者謂賓主參禪悟道等事，有寶庵，管庵、喜然和尙等。又有說諢經者戴忻菴。講史書者謂講說通鑑漢唐歷代書史文傳興廢爭戰之事，有戴書生、周進士、張小娘子、宋小娘子、邱機山，徐宣教。又有王六大夫，元係御前供話，爲幕士。請給講，諸史俱通。於咸淳年間敷演復華篇及中興名將傳，聽者紛紛。蓋講得字眞不俗，記問淵源甚廣耳。但最畏小說人，蓋小說者能講一朝一代故事，頃刻間捏合。（按紀勝作「頃刻間提破」。）

此分說話爲四家，一小說、二談經、三說參請、四講史（都城紀勝不列說諢經，據武林舊事卷六知統于說經也。又自魯迅以降多以「合生商謎」爲說話四家之一，實誤。將詳論之。）可見講史在說話中之地位及其與小說之關係。小說人能講一朝一代故事頃刻間揑合，而講史則否，必其講語漫衍節目繁瑣，而質樸不文無甚新奇可怪之言。講史以記問淵源甚講得字眞不俗爲勝，自以讀書人爲宜，故有戴書生周進士等稱。武林舊事卷六諸色伎藝人條記演史之人二十三，今分類錄之如下：

1 武書生、穆書生、戴書生、喬萬卷。（以上皆讀書人，萬卷極言其記誦之博也。宋史朱昂傳「朱遵度好讀書，人號之爲朱萬卷，目昂爲小萬卷」是其證也。）

2 許貢士、王貢士、張解元、陳進士、陸進士、劉進士。（按宋代有以舉人流落教坊者，如范公稱過庭錄所記之丁石事是也。然此諸人未必皆出科舉，蓋有儒生試而不第者，所謂「免解進士」「白衣秀才」之類也。）

3 林宣教、徐宣教、李郎中、周八官人、陳三官人、鞏八官人。（以上皆官人，蓋嘗供御者。）

4 張小娘子、宋小娘子、陳小娘子（據陳繼儒太平清話卷一，此三人皆嘗在御前應制。然其言未必信，待考。）

5 陳一飛、徐繼先、丘幾山、檀溪子（此四人出身無可考，檀溪或係地名，猶云「福建子」也。）

可見宋末講史者以讀書人爲多，與他藝迥乎不同。（參考武林舊事同卷所記諸色伎藝人自見。）宣教郎中皆官名，疑其人原係御前供話之幕士，與王六大夫相同。馮夢龍古今小說序云：

若通俗演義，不知何所始。南宋供奉局有說話人，如今說書流。其文必通俗，其作者莫可考。

其言大抵可信。惟是否北宋舊制如此則不可考矣。

講史在北宋時已盛，孟元老東京夢華錄卷五京瓦伎藝條記崇寧大觀以來在京瓦肆伎藝有講史，與小說並重。又有「霍四究說三分，尹常賣五代史」近人論者亦多謂是講史。按說三分自是講史無疑，尹常賣五代史是否說話則尚屬疑問。趙彥衛雲麓漫鈔卷七：

朱勔之父朱沖者吳中常賣人，方言以微細物博易於鄉市中自唱曰常賣。一日至虎丘，主僧聽其聲甚驚……

據此知常賣是叫唱一類。東京夢華錄卷六元宵條記正月十五日，「御街兩廊下奇術異能歌舞百戲鱗鱗相切，樂聲嘈雜十餘里」。中有尹常賣五代史而無霍四究說三分，亦無講史小說二藝。蓋尹常賣是唱，故不厭歌樂喧闐，若說話自以場屋安靜爲宜，不能與伎樂百戲競熱鬧也。

說三分在宋仁宗時已有之，高承事物紀原卷九，影戲：

仁宗時，市人有能談三國事者，或採其說加緣飾作影人，始爲魏蜀吳三分戰爭之象。

按張耒明道雜志云：

京師有富家子，少孤專財，羣無賴百方誘導之。而此子甚好看弄影戲，每弄至斬關羽輒爲之泣下，囑弄者且緩之。一日弄者曰，雲長古猛將，今斬之其鬼或能祟，請旣斬而祭之，此子聞甚喜。……

可以證明高承之說。又都城紀勝瓦舍衆伎條云：

凡影戲，乃京師人初以素紙雕鏃，後用彩色裝皮爲之。其話本與講史書者頗同，大抵眞假相半，公忠者雕以正貌，姦邪者與之醜貌，蓋亦「寓褒貶於市俗之眼」戲也。

南宋人稱京師仍指北宋舊都之汴梁。影戲話本與講史書者頗同，則高氏所謂談三國事者必係講史無疑。蓋三國是講史中最精采動人之一部分，（據東坡志林卷一懷古，塗巷小兒聽說三國語條，引見下文。）遂演爲影戲及說三分兩種專門職業也。

洪邁夷堅支丁卷第三，班固入夢條云：

乾道六年冬，呂德卿偕其友王季夷（嵎），魏子正（羔如），上官公祿（仁）往臨安觀南郊，舍於黃氏客邸。王魏俱夢一人，著漢衣冠，通名曰班固，旣相見質問西漢史疑難，臨去云明日暫過家間少款可乎？覺而莫能曉，各道夢中事，大抵略同。適是日案閱五輅，四人同出嘉會門外茶肆中坐，見幅紙用緋帖尾云，今晚講說漢書，相與笑曰，班孟堅豈非在此耶？……

西湖老人繁勝錄瓦舍條云：

惟北瓦大，有勾欄一十三座。常是兩座勾欄專說史書，喬萬卷、許貢士、張解元。

據此兩條知講史人作場常在茶肆及勾欄中，其書名先期預告。至其所講內容就以上所見有通鑑漢唐三國五代等等，大抵皆本史傳敷演成篇。惟王六大夫所講有復華篇及中興名將傳乃本朝事。周密癸辛雜志（後集）賈廖刊書條云：

廖羣玉諸書則始開景福華編，備載江上之功，事雖誇而文可采。江子遠李祥父諸公皆有跋。（此條又見志雅堂雜抄書史門。）

按開慶景定間，賈似道乞和于蒙古，請稱臣納幣，遂解鄂州之圍。及虜去，似道匿和議，上表詭言諸路大捷江漢肅清，是謂江上之功。欺罔速禍，卒亡宋國。故董師謙錢塘懷古云：

歷歷庚申事，分明在眼前。講和如有弊，飛渡定無船。北使三千里，眞州十四年。釀成亡國恨，一部亂華編。（宋詩紀事卷七十六引翰墨大全。）

庚申者景定元年，卽指賈似道江上之事也。先是，劉筍有亂華編，文獻通考經籍考傳記門：

亂華編三十三卷　知盱眙軍東平劉荀子卿編。其前有小序數語云，方石敬塘割幽燕遺契丹之日，孰知爲本朝造禍之原哉。逮王安石創新法爲辟國之謀，又孰知紹述者召禍之酷哉。所集雜史傳記近三十種。荀，忠肅丞相諸孫也。

廖瑩中福華編蓋卽對亂華編而作，謂賈似道禦虜之功造福於中華也。王六大夫所講當卽廖書，乃爲賈似道作民間宣傳，夢粱錄作復華篇者，字之訛也。中興名將傳當與宋朝南渡十將傳相類，演說滋蔓至明未已，本所整理明清內閣大庫檔案，嘗得明刊本「大宋中興通俗演義附會纂宋岳鄂武穆王精忠錄後集」，又稱爲「大宋演義中興英烈傳」者，卽其苗裔也。

二、早期講史話本之特徵

宋人話本存於今者率爲小說，見收于清平山堂話本，雨窗欹枕集，京本通俗小說，及警世通言醒世恆言等書中者篇帙尙夥。諸書所錄如：

老馮唐直諫漢文帝

漢李廣世號飛將軍（皆見欹枕集）

拗相公（京本通俗小說）

雖亦可能是以往講史之遺，而寫成之時代不可知，畸篇零簡亦不足以窺全豹。故今日所見眞正之早期講史話本不得不推下列三書。

1 全相平話殘本　元至治年間建安虞氏書坊所刊，今存五種：

新刊全相平話武王伐紂書

新刊全相平話樂毅圖齊七國春秋後集

新刊全相秦併六國平話

新刊全相平話前漢書續集

至治新刊全相平話三國志

每種皆分上中下三卷。原刻共爲幾種今不可知，然觀後集續集之稱知必有前集正集，又由故事推斷當有講宗周，春秋及後漢事者，惜皆無存。此五種現藏日本內閣文庫，內平話三國志有商務印書館影印本，武王伐紂書，樂毅圖齊，前漢書續集三種由日本書誌學會善本影譜癸酉第七輯（元刊帶圖本專集）亦可窺其涯略。各書版式畫一，每板上列圖相，下爲平話，刻繪皆極精巧。

2 新編五代史平話殘本　五代各自爲史，與薛居正五代史相同。每史皆分上下兩卷，前有目錄。梁史漢史皆闕下卷，梁史目錄全闕，晉史目錄有闕葉。原書舊藏內閣大庫，清末吳縣曹元忠竊出，今歸國立中央圖書館。有武進董氏誦芬室影刊本。曹跋此書謂是宋巾箱本，云：

惟刊自坊肆，每於宋諱不能盡避。其稱魏徵及貞觀處則皆作魏證正觀，要亦當時習慣使然。

原本未見，由影刻本考之，寬邊粗黑口，頗似元代所刻。如周史下

是時宋太祖趙匡胤爲世家宿衞將，厲聲謂同列曰，主上處此危急，正是吾輩拚死力戰之時。

匡胤二字全不避諱，自當在宋亡以後。又此稱宋太祖，以下常稱趙太祖，與宋代話本習慣，稱大宋太祖皇帝或我朝開國武德皇帝者亦不同，故今斷此書爲元本。

3 新編宣和遺事　此書通行有士禮居黃氏叢書本，分前後兩集，卷首有目錄，封面題「宋本重刊」四字。黃丕烈跋云「板刻甚舊，以卷中惇字避諱作惇證之，當出宋刊」然此種諱字在斷代上不能作積極之證據。明胡應麟少室山房筆叢莊嶽委談下云：

世傳宣和遺事極鄙俚，然亦是勝國時閭閻俗說，中有南儒及省元等字面。

此云勝國自指元代而言，因書中有

後來南儒吟詩一首云，……（前集十六葉）

後來呂省元做宣和講篇，說得宣和過失最是的當。……（前集末葉。按呂省元當係講史人，故所作稱講篇，蓋亦武林舊事中張解元許貢士之倫。）

後南儒詠史有一詩云，……(後集十一葉)

胡氏以爲南儒省元皆元人字面，遂認爲元代作品。近人頗有抄襲此說者。今按胡氏之證據亦互有得失，南人誠元人語，省元之稱宋已有之。夷堅丙志卷第十六有王省元，夷堅支甲卷第五有湯省元，皆記省闈事，足爲反證。惟其結論則終不可易耳。此本後集卷尾標題作「新話宣和遺事」，本所別藏有吳郡修綆山房梓本(此本頗罕見。分四卷與也是園書目合。有阿波國文庫印及葉德輝手跋，郎園讀書志著錄。)卷四尾題作「新鐫平話宣和遺事」，以上舉兩種平話體例衡之，知此亦當是平話無疑也。

以上三種平話大體皆當定爲元代之物。講史盛行於宋，雖可師承有自，而累經說話時增改附益，出版家整齊劃一，亦所不免。頗疑平話三國志出於南方(臨安)，五代史平話出於北方(汴梁)，而宣和遺事則混合南北。此由熟讀體會得來，非片言可決，以與本文所討論者無關，姑不著焉。

此三種平話皆文字簡陋，不著撰人名氏。最早以文人致力於講史之作者爲羅貫中，據賈仲明錄鬼簿續編知爲元明間人。其作品流傳確實可信者有商務印書館影印之明弘治本三國志通俗演義(嘉靖元年刻本)，題「晉平陽侯陳壽史傳，後學羅本貫中編次」，凡分卷二十四，目錄二百四十。首有弘治七年(甲寅)金華蔣大器序云：

> …………前代嘗以野史作爲評話，令瞽者演說，其間言辭鄙謬又失之於野，士君子多厭之。若東原羅貫中以平陽陳壽傳考諸國史，自漢靈帝中平元年終於晉太康元年之事，留心損益，目之曰三國志通俗演義。文不甚深，言不甚俗，事紀其實，亦庶幾乎史。蓋欲讀誦者人人得而知之，若詩所謂里巷歌謠之義也。士君子之好事者爭相謄錄以便觀覽，則三國之盛衰治亂，人物之出處臧否，一開卷千百載之事豁然於心胸矣。

此序述評話與通俗演義之別，至爲重要。蓋評話乃講史人之話本，其主要用處在雜記史事以便隨口敷演。講史既以說話爲主，不能專恃背誦了事，話本自亦無須乎文辭優美。故如前舉各種平話皆目錄繁多，文辭簡短，如流水帳簿，無可觀覽。演義乃按照講史之規則寫出以爲一般人之讀物，故如羅氏此書文字通暢記載平實，「非俗非虛，易觀易入，非史氏蒼古之文，去瞽傳詼諧之氣」(明高儒百川書志語)，而目錄皆作七字句，亦頓覺整齊可觀。是已進於撰述之林，而不專爲說話之用矣。此後作者皆沿演義之體，故多巨製，與元人平話繁簡精粗更不相同。此種體製演變在文學史上至爲重要，而即以羅貫中爲之分界，因述早期講史話本故略論之。

細讀上舉三種平話，在體製上可得幾個共同之點，當是講史之舊矩規，其式至明清人所作通俗演義中猶尙沿用，推而上之，來源或甚早也。

1、講通史　三書皆以敍述某一時代之史事爲主，人物衆多，事蹟紛繁，如流水帳簿，大有應接不暇之勢。以是記載皆單簡，描寫不細膩，與宋人小說話本專講一人一事者絕不相同。夢粱錄謂講史者最畏小說人，卽以此也。三書皆保存講全史之痕迹。全相平話五種乃講全史之作自無問題。五代史平話前有極長一段述開闢以來戰爭變亂之大端。宣和遺事首述上下三千餘年間興廢之道，歷代君王荒淫之失，次述北宋新政之行，凡二十餘目始至「徽宗卽位」。此種開演之引子（聞秦併六國平話前亦有之，惜不可見，）當屬講全史之縮影，初僅敍述歷史背景，繼則作歷史哲學之宣傳，上承孟子一治一亂之說，下開李四光先生「戰國後中國內戰的統計和治亂的週期」（見集刊外編第一種）一文，在中國社會中發生極大力量。

2、多七絕　講史以說話爲本，非娛樂戲劇之比，而話本常有詩甚多，事至可異。此三書每一卷之開端結尾殆無不有詩。凡敍述中遇有論斷及形容之處亦多以詩爲證。「詩曰」二字常刻作黑地白字，非常醒目。可見詩在講史中占極重要之地位。詩之中以七言絕句爲多，七律次之，他體間一二見而已。

3、有目錄　此三種平話皆戔戔薄册，文字簡陋已極，而目錄則甚多。五代史平話宣和遺事皆冠於册首，可開卷瞭然。三國志平話卷端無總目，然由全相二字卽可考知。全相云者卽每一目必有一相之謂。故相旁之題榜卽話本之目錄也。

普通每目佔一板，下部之話必與上部之相相應。其有話文過長過短者，或一目佔兩板。（如卷上六及七葉皆刻「桃園結義」之相，）或兩目佔一板。（如卷中二葉刻「曹操勸吉平」及「關公襲車冑」兩相。）亦時有話與相參差及有話無相之處，則其目必用黑地白字標明於行間。（如卷上廿二葉「水浸下邳擒呂布」外又有「侯成盜馬」「張飛捉呂布」兩目。）如此細心稽考，全目皆可錄出。（每卷約二十八目）然其目視五代史平話宣和遺事爲少，蓋此書旣以全相標題，而相又受刻板上之限制，其目與話遂不免爲出板人任意删削也。（此書今有兩種排印本，有話無相，目亦完全不可見矣。）今列舉此三種平話之字數及所有目錄，七絕，七律之數於下，作一比較。

平　話	字數	目錄	七絕	七律
三國志	54800	84	15	4
梁史卷上	15000	闕	6	3
唐　史	27750	107	5	1
晉　史	23350	86	3	1
漢史卷上	8250	41	3	2
周　史	31500	94	3	3
宣和遺事	59100	293	30	9

以上三點，以第二點爲尤重要。講全史自是講史之最初體式，逐漸進步始畸形發展。分立篇目亦自然之勢，伎藝人謀朝夕之利。尤不得不靳惜其說。然如此支離破碎，已可驚異。惟詩多則無可解釋，何以講史必取證於詩，且多爲七言絕句，是不得不於此藝之歷史演變上求之也。

平話一詞習用已久，然向來於此皆無解說。按平卽評論之義，永樂大典目錄卷一萬七千六百三十六以下共收評話二十六卷，明弘治本三國志通俗演義序云「前代嘗以野史作爲評話」，皆作評字，是其證也。所謂評者果何所指？如細讀之，知卽以詩爲評也。此三種平話中之詩皆在開端結尾及文字緊要處，凡有兩種用法：1、作論斷之根據，2、狀事物之形容。此兩者皆是品評之意，故可以平字賅之，第二種用法至少，如漢史平話上。

……只有那叔叔李敬業廝認得知遠，帶他去廳上坐定，喝令屋內點出茶來。古人有詩說茶，道是；

玉蘂旗槍眞絕品　　僧家造化極工夫
兔毫盞內香雲白　　蟹眼湯前細浪腴
斷送睡魔離几席　　增添淸氣入肌膚
幽叢自好岩溪畔　　不許移根傍上都

茶罷，盞托歸臺。敬業問知遠道…………

又如宣和遺事形容李師師云：

眞箇是：…………

鞸肩鸞髻垂雲碧　　眼入明眸秋水溢

鳳鞋半折小弓弓　　鶯語一聲嬌滴滴

裁雲翦霧製衫穿　　束素纖腰恰一搦

桃花爲臉玉爲肌　　費卻丹靑描不得

這箇佳人是兩京詩酒客，煙花帳子頭，京師上亭行首，姓李名做師師。……

此等例不多見，皆與史事無關，蓋說話人隨習慣插入，可以不論。前一種用法，卽以詩爲史評者，則甚多，或褒或貶，其例不可勝舉，有先評而後話者，如唐史平話卷下：

詩曰：

稱尊享御讜君臨　　辜負當年告廟心

身死伶人優戲手　　祇緣批頰縱慆淫

話說李存勗晉位爲晉王已經一十三年。當嗣位之時年踰弱冠。麾下諸將皆是白首行陣之人，晉王結以恩信，斷以英武，故能服眞定，並山東，囊括漁陽，包舉魏博。策馬渡河而朱溫殄滅。偏師入蜀而王衍就擒。如此所爲不負當年三矢告先王廟的素願，使聽張承業苦口之諫，卻僧傳眞之佞說，遲遲歲月俟梁寇削平復唐社稷，不然滅梁之後進承唐統，庶有以自別於一時僭竊之徒盜於大位的，可惜着志小氣驕，誇功自大，用宦官做監軍，用伶人做刺史，酷好伶人倡優之戲，狎侮褻慢無君之度。故門高之弒，樂器之焚，亦是自取之禍也。且說晉王從那天祐十八年正月……

有先話而後評者，如平話三國志卷中赤壁鏖兵：

卻說黃蓋多裝糧草，外有三隻舡。當日周瑜數十個官人引水軍都奔夏口城外。黃蓋舡至夏口，人告曹操黃蓋將糧軍以赴其寨，曹操笑而迎。後說軍師度量衆軍到夏口。諸葛上臺望見西北火起。卻說諸葛披着黃衣，披頭跣足，左手提劍，叩牙作法，其風大作。詩曰　赤壁鏖兵自古雄，時人皆恁畏周公。天知鼎足三分後，盡在區區黃蓋忠。（煨按此書，目與話皆有刪節，故文義不連貫。此節蓋合若干目以成也。）

可見在平話中，詩與話有同等重要。此三書中詩雖多而與目錄相較則頗懸殊，然其初未必如此，疑原始平話每一目必有一詩，講史者率鄙俚不文，目錄可無限增加，詩評則補充不給，頓能衰落，始成後來之式耳。

此三種平話中之詩率本前人舊作，雖不盡說明，仍有可考，（如胡曾詠史詩之類，詳下。）至若

平話三國志（下12）　　有史官詩曰……（七律）（恨按其詩鄙俚，史官者蓋卽講史之官，亦王六大夫之流也。）

唐史平話（上1）　　曾有一詩詠道……（七絕）

同上（上20）　　後人有一詩詠史道是……（七律）

同上（下13）　　曾有一詩詠道……（七絕）

晉史平話（上15）　　近來有詠史一詩道是……（七絕）

周史平話（上13）　　後有人詠道……（七絕）

上同（上22）　　有人詠一首詩道……（七絕）

宣和遺　（上16）　　後來南儒吟詩一首云……（七絕）

同上（上18）　　後有人吟詩一首云……（七絕）

同上（下11）　　後南儒詠史有一詩云……（七律）

同上（下45）　　故劉後村有詠史詩一首云……（七律）

可見多出于詠史詩，其云吟詩者乃詠史之別稱，將於下文論之。

平話之體製必有詩評，講史之習慣不忘詠史，然則講史平話之興，必與所謂詠史詩者有相當關係耶？是可注意也。

三、唐經進周曇詠史詩

詠史之風盛於晚唐，排比七絕動逾百首，其有分以門類附之講語如周曇經進詠史詩者，與平話之體尤爲相近，實可斷爲講史之祖也。

周曇詠史詩今日所知凡有四本：

1.八卷本　　見崇文總目，通志藝文略，宋史藝文志及焦竑國史經籍志。當是

原本。今佚。

2.三卷本，存詩二百三首，有講語。清代流傳有宋刊本及景宋抄本，見延令季氏宋板書目，天祿琳瑯書目，知聖道齋讀書跋，及開有益齋讀書志，今日有傳本，惜未見。

3.三卷本，存詩一百九十五首，無講語。百川書志，繡谷亭薰習錄集部著錄，疑是明刻唐百家詩本。唐音戊籤全唐詩所收皆卽此本，全唐詩更改編爲二卷。

4.唐詩類苑（卷六十八）古今圖書集成（經籍典第四百十七卷）所錄，皆存詩一百四十六首，亦無講語，蓋節略之本也。

以上四本，繁簡不一，蓋累經删削，遞有缺佚。第一本卷數特多，必存原式，惟久佚絕不可考。第二本雖所未見，而由各家著錄。猶可見其概略。天祿琳瑯書目後編卷六，宋板集部。

經進周曇詠史詩（一函一册）

唐周曇撰。書三卷。揭銜「守國子直講臣周曇撰進」。分八門，自唐虞至隋以人系題得七言絕句二百三首。每首題下注大意，詩下引史而以己意論斷之，謂之講語。當時進講體式如此。槧式與審儀相似，宋本之最佳者。册尾墨書泰興季振宜滄葦氏珍藏。（煨按天祿琳瑯著錄司馬氏書儀僅一部，見後編卷二，乃紹熙壬子傳授書堂葛氏刊本。今有雍正三年汪亮采翻刻本，猶可識其面目。）

知聖道齋讀書跋卷二，周曇詠史詩

此書晁氏陳氏俱不著錄，惟焦氏經籍志載云八卷。此從項藥師，朱錫鬯舊鈔本錄得。唐人文字單行者甚少，全唐詩僅採其詩而無講語，觀此亦可見當時體格也。續得宋本再校。究多不可通，奈何奈何。本乃季滄葦所藏，極工雅。（煨按彭元瑞嘗與修天祿琳瑯後編，此云宋板，卽指內府所藏也。又此知聖道齋鈔本今藏于所謂北京人文科學研究所，上卷已缺佚，僅存中下二卷。俟蔵收京之日當設法配齊刊行之。）

觀兩處所記，知此書乃周曇官國子直講時所作，爲進講之用者。當時進講體式，每詩題下皆注大意，詩後又引史文而以己意加以論斷，謂之講語。是其書有詩評有話本與平話之體例最爲近似，彭氏再校究多不可通，疑是講語俚俗不堪，致譌謬特甚。今據全唐詩錄其門目如下：

吟敍

閑吟

唐虞門　唐堯　虞舜　舜妃　再吟

三代門　夏禹　再吟　太康　后稷　文王　武王　太公　再吟　又吟　子牙妻　周公　夷齊　管蔡　成王　幽王　平王

春秋戰國門　祭足　再吟　隱公　莊公　哀公　再吟　平公　文公　景公　衞靈公　陳靈公　陳蔡君　楚惠王　楚懷王　再吟　韓惠王　頃襄王　武公　華元　臧孫　公叔　莊辛　孫臏　靈輒　郭開　樂羊　虞卿　豫讓　毛遂　再吟　田文　再吟　馮讙　章子　卞和　季札　孫武　夫差　少孺　蘇厲　鬻拳　荆軻　再吟　陳軫　田饒　鮑叔　晏嬰　再吟　又吟　叔向　鉏麑　智伯　再吟　襄子　楊囘　顏囘　子貢　再吟　鄭袖　子產　管仲　再吟　范蠡　屈原　黃歇　王后　樊姬（按以上戊籤分爲春秋戰國之上，以下爲春秋戰國之下。

齊桓公　中山君　趙簡子　再吟　趙宣子　韓昭侯　魏文侯　郄成子　秦武陽　田子方　淳于髡　再吟　再吟（按此當作又吟）　田子奇　百里奚　孫叔敖　魯仲連　宋子罕　宮之奇　王孫滿　顏叔子　張孟譚　公子無忌　再吟　侯嬴朱亥　再吟

秦門　胡亥　再吟　趙高　陳涉　項籍　范增

前漢門　高祖　再吟　周苛紀信　酈侯　曲逆侯　薛公　條侯　平津侯　博陸侯　夏賀良　王莽　再吟　又吟　毛延壽　劉聖公　樊崇徐宣　僭號公孫述

後漢門　光武　明帝　桓帝　靈帝　廢帝　獻帝　再吟　子密　羊續　楊震　趙孝　馬后　魏博妻　曹娥　周都妻　鮑宣妻　呂母

三國門　蜀先主　再吟　後主　吳後主　王表　魯肅

晉門　晉武帝　再吟　惠帝　賈后　懷帝　愍帝　郭欽　王夷甫　王茂弘　吳隱之　再吟

六朝門　前趙劉聰　前涼張軌　後魏武帝　三廢帝　苻堅　再吟　又吟　宋武帝　二廢帝　齊廢帝東昏侯　梁武帝　再吟　簡文帝　元帝　謝擧　朱異

傅昭　宣帝　李果

隋門　隋文帝　獨孤后　煬帝　賀若弼

天祿琳瑯書目云分八門，而此則分爲十門，(唐音戊籤則分十一門)何併何分今不可定，然觀詩題已可知其內容之大概。所詠雖屬人名而實以事爲主，故有二名合爲一題者，(如夷齊，管蔡，陳蔡君，侯嬴朱亥，等等)其詠一人而至再至三，尤不勝纏綿往復之致。(如舜妃，太公等等)此書乃爲進講而作，在形式上各詩題雖似獨立不相關連，然當其進講時，于詩與詩之間，自必加以適當接續之語，使成爲一歷史敍述，而不至于有支離突兀之嫌，如此講演蟬連不絕便成一部平話。唐末人作通史多止于隋，姚思廉通史馬總通曆是也。可證此詩雖至賀若弼而止，所講必是全史也。

更選錄數詩於下：

吟敍

歷代興亡億萬心，聖人觀古貴知今。古今成敗無多事，月殿花臺幸一吟。

閑吟

考摭妍蚩用破心，翦裁千古獻當今。閑吟不是閑吟事，事有閑思閑要吟。

可見所謂進講者，乃月殿花臺消閑之事，固主上之所戲弄，倡優所蓄，與南宋供話幕士竟無大異。其首論歷代興亡古今成敗，已開五代史平話宣和遺事一類引子之端，則又可考一種體裁上之沿變矣。

太公又吟

千妖萬態逞妍姿，破國亡家更是誰。匡政必能除苟媚，去邪當斷勿狐疑。

此當指太公斬妲己事，惜講語不存，其詳不可曉。按梁李暹注千字文「周發殷湯」云妲己變作九尾狐狸，(見經籍訪古志卷二)是妲己爲妖邪之傳說當時已有之矣。(參考新雕注胡曾詠史詩卷一鉅橋注。)

子牙妻

陵柏無心竹變秋，不能同戚擬同休。歲寒焉在空垂涕。覆水如何欲再收！

唐代奉姜子牙爲武神，立武成王廟，與文宣王廟比重。故傳說其故事甚多，周氏亦詠之再三。後來之武王伐紂書，封神演義，卽淵源于此。姜牙見逐老婦見戰國策秦策，說苑尊賢篇及抱扑子逸民篇，然此所講則不知其出於何典也。

平津侯

儒素逢時得自媒，忽從徒步列公台，北辰如不延吾輩，東閤何由逐汝開。

自來儒生不遇，流落江湖爲伎藝人，常借古人得意事發舒憤慨，今日讀此詩，猶想見周氏之揚眉吐氣時也。

靈帝

榜懸金價鬻官爲，千萬爲公五百卿。公瑾孔明窮退者，安知高臥遇雄英。

蜀先主

豫州軍敗信途窮，徐庶推能薦臥龍。不是卑詞三訪謁，誰令玄德主巴邛。

此等詩中之議論皆似三國演義。

賀若弼

破敵將軍意氣豪，請除傾國斬妖嬈。紅綃忍染嬌春雪，瞪目看行切玉刀。

此種輕艷而浮淺之絕句常爲流俗所諧悅，後世講史之作大抵似此，蓋轉相倣效也。然周氏終是唐人，故詩不盡鄙俚，如

唐堯

祆氛不起瑞煙輕，端拱垂衣日月明。傳事四方無外役，茅茨深處土階平。

齊廢帝東昏侯

定策誰扶捕鼠兒，不憂蕭衍畏潘妃。長圍既合刀臨項，猶惜金錢對落暉。

猶不失晚唐風格。胡震亨曰「其詩拙惡不成句，殆不幸而猶傳者。」其論未免太過。此書自唐以後疑卽流行于講史人之手，故得保存至今日也。

明弘治本三國志通俗演義卷一，董卓議立陳留王

此是中平六年八月二十四日，城中誅殺宦官，二帝夜臥荒草，軍馬四散去趕，不知帝之所在。二帝伏至四更，露水又下，腹中飢餒，相抱而哭。又怕人知，吞聲草莽之中，淚如雨墜。陳留王曰，在此不宜久戀，去尋活路。帝曰路暗難行，如之奈何。陳留王與帝以衣相結，爬上岸邊，滿地荊棘，不見行路，仰天嘆曰，劉辯休矣。但有流螢千百成羣，光芒照耀，只在帝前，陳留王曰，此天助吾兄弟也。隨螢火而行，漸漸見路，二帝相扶，一步一跌，奔出山路而走。後史官有詩曰：

亂兵如蟻走王師，社稷傾危孰爲持。夜逐火螢尋道路，漢家天子步歸時。

此所引詩即周曇詠史詩後漢門廢帝一首，可見周曇詩元明人講史尙猶沿用。各本「傾危」作「顚危」，「火螢」作「螢光」，此有誤字，蓋據舊傳三國話本展轉祖述，未必卽出于本集。周曇官守國子直講而此稱之爲史官者，蓋說話人例稱講史之官爲史官也。明刊講史話本引周曇詩者諒不僅此一處，惜此時覓書不易，無可翻檢，他日倘有所見，當續記之。周曇詠史詩自來著錄皆列「晚唐」，與五代人相雜廁，然曇究仕于何朝則無言之者。考唐末累經喪亂，乘輿播遷，國子監鞠爲荒圃，其設官進講之制未聞，故當在後唐明宗之世。于時天下粗定，欲振發文教，重興國學，分設諸官，以宰臣兼判國子祭酒。而承大亂之後事多創製，如刻九經印板，詳定書儀，著五服之介，皆通約便俗爲後世法。明宗出自行伍目不知書，而樂聞儒生道古事，尤好作詩。今選錄此類記載如下

五代史記卷二十八唐臣傳，趙鳳

明宗武君不通文字，四方章奏常使安重誨讀之。重誨亦不知書，奏讀多不能稱旨。孔循教重誨求儒者置之左右，而兩人皆不知唐故事，于是置端明殿學士，以馮道及鳳爲之。

又卷五十四雜傳，馮道

明宗問曰，天下雖豐百姓濟否？道曰，穀貴餓農，穀賤傷農。因誦文士聶夷中田家詩，其言近而易曉，明宗顧左右錄其詩，常以自誦。水運軍將于臨河縣得一玉盃，有文曰傳國寶萬歲盃，明宗甚愛之，以示道。道曰此前世有形之寶爾，王者固有無形之寶也。明宗問之，道曰仁義者帝王之寶也，故曰大寶曰位，何以守位曰仁。明宗武君不曉其言，道巳去，召侍臣講說其義，嘉納之。

北夢瑣言卷十九

明宗戒秦王重榮曰，吾少鍾喪亂，馬上取功名，不暇留心經籍。在藩邸時見判官論說經義，雖不深達其旨，大約令人開悟。今朝廷有正人端士，可親附之，庶幾有益。吾見先皇在藩時愛自作歌詩，將家子文非素習，未能盡妙，諷于人口恐被諸儒竊笑。吾老矣不能勉強于此，唯書義尙欲耳裏頻聞。時從榮方聚雜進士浮薄子弟以歌詩吟詠爲事，上道此言規諷之。或一日秦王進詩，上說于俳

優敬新磨，新磨贊美而曰勿訝秦王詩好，他阿爺平生愛作詩。上大笑。

周曇詩既不工，識尤淺薄，在唐人中自無足稱，然當朱三作天子以後，金戈鐵馬迄無寧時，賢人隱迹斯文掃地，曇意在通知古今，未始非一時之彥，故得竊裁千古以進獻于天子也。新唐書百官志。

國子監……直講四人，掌佐博士助教以經術講授。

按唐室天子自有內殿侍讀講書之制，直講卑微非侍從臣，且亦無講詠史詩之說，周曇以守國子直講進講詠史，斯亦後唐君臣不知唐故事之一徵歟？

四、胡曾詠史詩

胡曾，唐邵陽人，嘗于咸通中舉進士不第，後入路巖高駢諸人幕府。其事蹟何光遠鑑誡錄，孫光憲北夢瑣言等書中時有記載。宋計有功唐詩紀事，元辛文房唐才子傳，所述頗詳。道光寶慶府志，光緒邵陽縣志，列傳亦間有考訂。曾所作有安定集十卷，今佚。（見新唐書藝文志）詠史詩以地名爲題，凡七言絕句一百五十首。今日流傳之本頗多以與下文所討論者有關，姑就所知略述如次。

1 新雕注胡曾詠史詩三卷　卷首題「前進士胡曾著述并序，邵陽叟陳蓋注詩，京兆郡米崇吉評注續序」三行。有自序及米公續序。分上中下三卷，每卷詩五十首，總一百五十首，目錄分列于三卷之前，與正文連接，款式頗古。各詩未按史事先後排次，猶是胡氏原式。宋本遞藏于石研齋秦氏，士禮居黃氏，藝芸精舍汪氏，琳瑯書室胡氏及近人顧某處。商務印書館據影抄本印入四部叢刊三編中。按唐才子傳云「今詠史詩一卷有咸通中人陳蓋註」，似陳註有舊單行本，惜不可見矣。

2 新板增廣附音釋文胡曾詩註　卷端標目如上式，次行上題「詠史詩」三字，下題「廬陵胡元質注」，（據金澤文庫本圖錄卷上）無序跋。胡元質宋人，事迹無考，宋史藝文志小學類有胡元質西漢字類五卷，醫書類有胡元質總效方十卷，或卽同人所作。各詩按年歷改編，係舊本如此抑卽出于胡氏之手今不可知。此書盛行于日本，如經籍訪古志。成簣堂善本書目，高木文庫古活字板目錄，等書目中著錄頗夥。（因分卷不甚顯明，各家著錄時有三卷一卷之異，實卽一書。）有古抄本，古刊本，古活字本，等等常與註千字文，（梁周興嗣次韻，李暹註）蒙求（唐李翰撰）或蒙求集註（宋徐子光注）合刻，稱爲「明本排字增廣附音釋文三注。」蓋三者皆訓蒙之書，性質相近，故合刻之。此風氣不知起于何時，疑明代始傳入日本，故標目冠明本二字。持靜齋續增書目有明人大字精鈔本胡曾詠史詩二卷與千字文註，蒙求集註同册，當卽此本，明宦官劉若愚酌中志卷十八內版經書紀略中有釋文三註，云「千字文七十一葉，胡曾詩九十九葉，蒙求一百四十四葉」，亦卽此書，（故宮善本書目卷二有明內府刻本釋文三注，蒙求是宋徐子光集註本，千字文詠史詩皆不著作注名氏，蓋經人有意刊落。）唐音戊籤編胡曾詩爲三卷，云「內府注釋本載一百四十九首，查有廣武山一首失載，補入」。是內版缺詩一首，經廠刻書委之閹宦，致有此失也。

3 南宋無名氏註本　卽上本，經後人展轉翻刻，刊落註者名氏，卷數亦有分合之異。四庫箸錄，提要云「自共工之不周山，迄于隋之汴水，凡一百五十首。每首之下鈔撮史書各爲之註。前後無序跋，亦不載註者名氏，觀所引證似出南宋人手。」皕宋樓藏書續志所收亦是此本。繡谷亭薰習錄集部，善本書室藏書志箸錄者有詩一百五十二首，溢出二首，則不知將何人之作混入也。

4 節本　唐人萬首絕句，唐詩類苑所錄僅一百首，乃據上列第一種本節出，次第相合。全唐詩則據此節本，更用第三種本補出五十首以附于末，次第顚倒錯亂，最無足觀。

詠史起于漢魏，文選所登（卷二十一）篇什燦爛，自後代有作者，然皆轉相仿效，自具風格，與晚唐諸家體製旣殊，運思各異，絕無淵源可言。晚唐詠史之風今可考者創自胡曾，曾自序云：

夫詩者，蓋美盛德之形容，刺衰政之荒怠，非徒尙綺麗□瑰琦而已，故言之者無罪，讀之者足以自戒。觀乎漢□□（魏才）子，晉宋詩人，佳句名篇雖則妙絕，而發言指要亦已疎□。齊代旣失軌範，梁朝又加穿鑿，八病興而六義壞，聲律僭□□（而風）雅崩，良不能也。曾不揣庸陋，轉采前王得失，古今短□，□（長詠）成一百五十首，爲上中下三卷。便以首唱相次，不以年□□（代爲）先。雖則譏諷古人，實欲裨補當代，庶幾與大雅相近者也。（恒按此序孤本僅存無可校對，缺字姑以臆補。)

讀此序可知胡曾詠史旨在評古今得失以裨補當代，非偶然感興而作。乃以議論爲主，詩之工拙抑又其次。故專門勒成一書，在安定集之外，別序而行之。惜其于取裁由來，成書經過，未嘗說明。按其詩，詠史而以地名爲題，事至可異。唐才子傳卷八胡曾傳。

> 曾天分高爽，意度不凡，視人間富貴亦悠悠，遨遊四方馬蹟窮歲月，所在必公卿館穀，上交不諂，下交不瀆，奇士也。嘗爲漢南節度從事。作詠史詩皆題古君臣爭戰廢興塵跡，經覽形勝，關山亭障，江海深阻，一一可賞。人事雖非，風景猶昨，每感輒賦。俱能使人奮飛。至今庸夫孺子亦知傳誦，後有擬効者不逮矣。至於近體律絕等，哀怨清楚曲盡幽情，擢居中品不過也。惜其才茂而身未穎脫，痛哉。

此所述不知根據何書，疑不免揣度之辭，只可視爲一種解釋。唐人最好題壁，山川形勝往往留詠。七絕易作易寫，可以播之樂府吟詠于藝妓走卒之口，騰揚于達官貴人之間，故題壁之作尤以此爲夥。唐人小說中記此類事，其例不可勝舉。此種「壁報文學」在當時旣已風行一世，疑卽有輯錄成册者，今日如就萬首唐人絕句摘錄，亦可見其製作之盛也。胡曾詠史以地爲題，不按史事先後編次，與題壁詩最爲相似，宜卽承此種風氣而來，然其中不盡登臨題詠之作，亦至明顯。如不周山（胡元質註）

> 共工爭帝力窮秋，因此捐生觸不周。遂使世間多感客，至今哀怨水東流。（共，居容切。列子湯問篇昔者女媧氏鍊五色石以補天闕，斷鰲足以立四極。其後共工氏與顓頊爭爲帝，怒觸不周之山，天柱折，地維絕。故天傾西北，日月星辰就焉。地不滿東南，百川水潦歸焉。不周，山名。）

此山在虛無飄渺間，自共工以後未聞有至者，胡曾果何緣而至此！此外如涿鹿，瑤池，流沙，夾谷，長城，平城，迴中，居延，李陵臺，銅柱，玉門關，瀘水等等，料亦非曾所能盡至。或其詠懷古迹積稿頗多，最後按史籍加以補充，而爲求體例精純，不得不語氣畫一，遂雜擬作之篇。觀曾判木夾一牒，知其歷史知識亦至俚薄，如云：

王莽不識天時，苻堅不知歷數，妄恃強富，爭帝乾坤。莽以百萬銳師來襲後漢，光武以五千之衆破于昆陽。苻以六十萬精兵寇于東晉，謝玄以八千之卒敗于壽春。豈不爲欺天罔地所致者也。國富兵強何足恃也。……旣識三略，便可七擒，不唯喝倒不周，亦可擘開太華。……涉蔦弔民，渡瀘會獵，繼齊魯之夾谷，紹秦趙之澠池。……(鑒誡錄卷二)

不外已作昆陽，東晉，八公山，圯橋，不周山，瀘水，夾谷，澠池諸篇。合而觀之，可增加一分了解。舊五代史唐書胡裝傳

胡裝禮部尚書曾之孫。……裝學書無師法，工詩非作者，僻於題壁，所至宮亭寺觀必書爵里，人或譏之，不以爲愧。

裝之世系無考，與詠史作者之關係今不敢確定，然氣味則非常相近，如非繩其祖武，亦可以有二難之目矣。

胡曾詠史詩興寄頗淺，格調亦卑而盛行數百年，刻本甚多，析而論之，約有兩種用途。

1 用爲訓蒙課本　咸通間邵陽叟陳蓋首爲胡曾詠史詩作注，蓋與曾同時同里，疑卽其鄉之老塾師也。米崇吉續序云：

余聞玉就琢而成器，人從學以方知。是乃車胤聚螢，孫康映雪。每思百氏，爰及九流，皆由博識於一時，故得馨香於千古。余非士族，跡本私門，徒堅暗昧之材，謬積討論之志，莫不采尋往策，歷覽前書。黃帝方立史官，蒼頡始爲文字，旣有墳籍，可得而言。近代前進士胡公名曾，著詠史律詩一百五十篇，分爲三卷。余自丱歲以來備嘗諷誦，可爲是非罔墜，褒貶合儀。酷究佳篇，實深降歎。管窺天而智小，蠡測海而理乖，敢課顓愚，逐篇評解。用顯前賢之旨，粗裨當代之聞，取誚高明，庶幾奉古云爾。

米氏乃西域米國歸化人，卽昭武九姓之一。崇吉蓋胡兵之子弟，故云「余非士族，跡本私門」。孫星衍曰，「其續序云近代胡曾，是米倶唐人也」，(平津館鑒藏書籍記內編卷上)今按至遲亦當在後唐之世。是胡曾詠史在當代已用爲兒童讀物。按年代改排之本不知始于何時，然觀與注古千文，蒙求合刻，則至明代猶爲訓蒙之書。程敏政詠史絕句序(篁墩集卷二十三)

詩美刺與春秋褒貶同一扶世立教之意，後世詞人遂有以詩詠史者。唐杜少陵之作妙絕古今，號詩史，第其所識者皆唐事，且多長篇，讀者未能遽了。胡江東有詠史絕句，則自上古以至南朝，分題紀要，殆庶幾矣。顧其詞意併弱，作者未有取焉。予家居見塾師以小詩訓童子，乃首以市本無稽韻語，意甚不樂。因以所記古七言絕句詠及史者手書授之。上自三代下及宋元，凡二千餘年，以時比次，得數百篇，又以其猥雜而不便于一覽也，加汰之，存者二百篇。其間世之治亂，政之得失，人才之賢正邪否，大抵略備。然以其不出於一人一時之手也，故或婉詞以寓意，或正言以示警，蓋有一事而史更數十百言記之不足，詠以二十八字發之有餘者，徐考之亦不獨可教童子也。觀者諷詠而有得于美刺褒貶之間，感于意，創于惡，其於經學世教豈不小有所益哉。

此云「胡江東」殊誤，羅隱自號「江東生」，胡曾無江東之稱，然其所指必即胡曾詠史之改編本，固可無疑。程氏舉詠史詩爲胡曾詩風行中之一種反動力量，乃集多人之美以代一家之作，故其體製篇數，皆略相似。觀其云蓋有一事而史更數十百言記之不足，詩以二十八字發之有餘，亦可以瞭然胡曾詠史盛行于蒙塾之故矣。

2 用爲講史話本　胡曾詠史詩之陳注米評與平話體製已甚接近。陳注多援村書俗說，如所謂爾雅史記之類，皆非古本。（史記與孟子正義所常引者是一書將別論之。）引用春秋後語，漢書，三國志等亦皆雜以俚語不盡原文。每條長者至千餘言，以說明史事爲主，已不專爲注釋詩中辭句。米氏更從而逐篇評解，引申詩義以論注中所述史事之臧否。今選錄三首如下：

渭濱

岸草青青渭水流，子牙曾此獨垂鈎，當時未入非熊兆，幾向斜陽歎白頭。史曰，姜子牙即呂望也，隱迹於渭濱垂鈎，周文王因夜夢見獵得一熊，王出果於渭濱遇逢，文王子牙以車載而同歸，拜爲太公，後用謀伐殷也。帝王略論曰，呂望王佐之奇才，師曠之資之德明也。余觀說命之書，一千年一聖人出，五百年一賢人生。若夫有賢聖所生即有命世之才，其姜子牙實謂命世之才矣。孔聖曰，後生可畏，焉知來者不如今。又曰冠年如日出之光，壯年如日中之光，暮年如日入之光，天命之年矣。呂望八十方遇文王，莫不色衰力敗，心意神疲，縱令食廟乘車，入師出相，任成大事，焉能久長。若不一篇有徵，豈不百年虛度，雖胤後人成爲已有也。（烜按此引帝王略論乃虞世南在唐初教諸王子而作，一名公子先生論，實唐人之普通歷史教科書。敦煌日本嘗出殘本，陸心源唐文拾遺卷　三輯得若干條，惜未搜及此書也。）

息城

息亡身入楚王家，迴首春風一面花，感舊不言長掩淚，秖應翻恨有容華。　春秋云，昔息侯被楚王滅，擄其妻納爲嬪，終身不伏笑語，感舊夫之意也。又烈女傳曰，楚擄息國君使守門，欲納夫人，夫人作記曰，生則同室，死則同穴，謂我深言，其如皎月。遂自殺也，息君聞之，亦自殺矣。又近代才子之句，息夫人爲楚王生二子，其理難明，蓋學淺未周也。夫上古結繩而治，軒轅文字而興以立史官，相其褒貶，莫不懲惡勸善以激將來，諷詠之中尤宜小細，若成大謬有誤後人，根究其源，實難盡美者矣。

五丈原

蜀相西驅十万來，秋風原下久徘徊。長星不爲英雄住，半夜流光落九垓。　志云，武侯諸葛亮將蜀軍曰北伐魏，魏明帝遣司馬仲達拒之。仲達蜀軍於五丈蜀原下營，即死地也，遂關城不出戰。武侯患之，居歲，夜有長星墜落於原，武侯病卒而歸，臨終爲□□□儀曰，吾死之後可以米七粒并水於口中，手把筆并兵書，心前安鏡，□下以土，明燈其頭坐昇而歸。仲達占之云未死，有百姓告武侯病死，仲達又占之云未死，竟不取趁之，遂全軍歸蜀也。夫諸葛孔明者佐時國□立事持名，有金石不朽之功，實鍾鼎名勳之望，而又威揚四海，責盛而朝，數盡善終可謂美也。

綜觀詩，注，評三者可見其與前舉元人講史平話非常相似，竊意此即平話之祖。平話一詞中之「平」字即由米崇吉「評解」一類作品而來。唐詩紀事卷七十一。胡曾

王衍五年宴飲無度。衍自唱韓琮柳枝詞曰，梁苑隋堤事已空，萬條猶舞舊春風。何如思想千年事。誰見楊花入漢宮。內侍宋光溥詠曾詩曰，吳王恃霸棄雄才，貪向姑蘇醉綠醅。不覺錢塘江上月，一宵西送越兵來。衍怒罷宴。曾有詠史詩百篇行于世。（烜按全唐詩話卷五同，又此稱詠史百篇與萬首唐人絕句合，蓋據節本言也。

監前蜀宮廷已藉曾詩爲諷諫之資。鑑誡錄卷七，亡國音：

王後主，咸康年……數塗脂粉，頻作戎裝。又內臣嚴凝月等競唱後庭花，思越人，及搜求名公艷麗絕句，隱爲柳枝詞。君臣同座悉去朝衣，以晝連宵，絃管喉舌相應……是時淫風大行，遂亡其國。後庭花者亡陳之曲，故杜牧舍人宿秦淮有詩曰，……又胡曾詠史詩曰，鄰國機權未可涯，如何後主恣驕奢。不知卽入宮前井，猶自聽歌玉樹花。思越人者亡吳之曲，故胡曾詠史詩曰，吳王恃霸棄雄才，貪向姑蘇醉淥醅。不覺錢塘江上月，一宵西送越兵來。柳枝者亡隋之曲，煬帝將幸江都，開汴河種柳。至今號曰隋堤，有是曲也。胡曾詠史詩曰，萬里長江一旦開，岸邊楊柳幾千栽。錦帆未落干戈起，惆悵龍舟更不迴。……

何光遠嘗仕後蜀，是在五代時已習用胡曾詩爲評論史事之根據。曾詩改按年代排次乃勢不容已之事，疑在宋代已有用爲講史話本者，金刊本劉知遠諸宮調開端有商調迴戈樂引子一首，云：

悶向閑窗檢文典，曾披攬，把一十七代看。自古及今都總有罹亂。共工當日征於不周，蚩尤播塵寰。湯伐桀，周武動兵取了紂江山。

卽本改編本胡曾詠史詩卷首不周山，涿鹿，商郊，孟津，四詩也。蓋當時通行于瓦舍，故說唱諸宮調者亦援用之。宣和遺事前集

……武王伐之，享國日久。傳位至周幽王，寵褒姒之色，爲不得褒姒言笑，千方百計取媚他，因向驪山上把與諸侯爲號的烽火燒起，諸侯皆道是幽王有難。舉兵來救，及到幽王殿下，卻無他事，只是要取褒姒一笑。後來貶了太子，廢了申后，申后怒，會犬戎之兵來伐幽王，諸侯不來相救，遂喪其國。有詩爲證：

詩曰　恃寵嬌多得自由　　驪山舉火戲諸侯
　　　衹知一笑傾人國　　不覺胡塵滿玉樓

又楚國靈王寵嬪嬙之色，起章華之臺，苦虐黎庶，遭平王所追，遂死於野人申亥之家。有詩爲證：

詩曰　茫茫春草沒章華　　因笑靈王苦好奢
　　　臺土未乾簫管絕　　可憐身死野人家

後來陳後主也寵張麗華孔貴嬪之色，沉湎淫逸不理國事，被隋兵所追無處躲藏，遂同二妃投入井中，隋兵搜出亦遭其虜，其國卽亡。有詩爲證：

詩曰　陳國機權未有涯　如何後主姿驕奢

不知卽入宮前井　猶自聽吹玉樹花

當時有隋煬帝也無道，殺父誅兄奸妹無所不至。寵蕭妃之色，蕭妃要看揚州景致，帝用麻胡爲帥，起天下百萬民夫開一千丹八百里汴河，從汴入淮，從淮直至揚州，役死人夫無數，死了相枕。復造龍鳳船，使宮女牽之，兩岸簫韶樂奏，聞百十里之遠。更兼連歲災蝗，餓死人徧地，盜賊蜂起，六十四處煙塵。一十八處擅改年號。李密袒臂一呼，聚雄師百萬，占了中原。煬帝全無顧念，被宇文化及造變江都，斬煬帝於吳公臺下。隋國遂亡。有詩爲證：

詩曰　千里長河一旦開　亡隋波浪九天來

錦帆未落干戈起　惆悵龍舟更不迴

此段在宣和遺事篇首，敍歷代君王荒淫之失，必是宋人講史之老套語，非元人創作。其所講之詩卽胡曾之褒城，章華臺，陳宮，汴水四篇也。全相平話五種中大抵每種皆有胡曾詩，如武王伐紂書卷中

每日紂王共妲己在摘星樓上取樂無休。萬民皆怨不仁無道之君寵信妲己之言，不聽忠臣之諫，損害人民之命。紂王今天下變震黎民廣聚糧草，在朝歌廣有三十年糧，盡底成塵，有胡曾詩爲證：

詩曰　積粟成塵竟不開　誰知拒諫剖賢才

武王兵起無人敵　遂作商郊一聚灰

此所引卽鉅橋一詩。平話三國志卷中嘗引檀溪南陽兩首，惟未出胡曾之名。明弘治本三國志通俗演義中引「胡曾先生詠史詩」江夏、官渡、檀溪、渭濱、七里灘、南陽、田橫墓、赤壁、瀘水、五丈原、峴山、武昌等十二首，如卷八定三分亮出茅廬

玄德等在莊中共宿一宵，次日收拾同出茅廬。昔日文王夜夢非熊。往渭濱請姜子牙，同車載立成天下，後胡曾先生有詩曰：

岸草青青渭水流，子牙曾此獨垂鈎。當時未入非熊兆，幾向斜陽嘆白頭。

漢光武曾三宣嚴子陵，胡曾先生有詩曰：

七里清灘映石層，九天星象感嚴陵。釣魚臺上無絲竹，不是高人誰解登。

今玄德三請孔明出茅廬，胡曾先生有詩曰：

亂世英雄百戰餘，孔明方此樂耕鋤。蜀王若不垂三顧，爭得先生出舊廬。

此直似專講胡曾詠史詩，蓋承襲講史之規矩而來，故不厭其煩瑣也。田横墓一首引見卷九諸葛亮智激孫權注中，尤可見演史人之歷史知識不過如此。此外如雨窗欹枕集卷下，漢李廣世號飛將軍，結尾「胡曾先生有四句詩」云云，即胡曾灞陵一首。醒世恆言第二十四卷，隋煬帝逸遊召譴，結尾「後人有詩」云云，即胡曾汴水一首。此種講史零篇雖視爲專講此二詩之講語，殆無不可也。

以上所舉胡曾詠史詩之兩種用法推究其本當係一事，即說平話一道乃由蒙師講解而興。周曇進講詠史由其官爲守國子直講觀之猶是訓蒙之業，而月殿閒吟，已在倡優戲弄之間。周曇自作新詩，不用胡曾舊本，翻陳出新，當屬職業競爭問題，其必因胡曾詠史詩風行而產生，可無疑也。

晚唐詠史因新舊不同約分兩派，可以胡曾周曇爲之代表，今大略比較如下

胡曾詠史詩	周曇詠史詩
1 以地名爲題	1 以人名爲題
2 不以年歷爲先	2 按時代區分門類
3 無講語	3 有講語

由以上三點可見一顯然演變之痕迹。胡曾詠史脫胎題壁，以地爲題，如一盤散沙彼此殊不相貫，且除歷史上極有名之遺迹，不易爲一般人所了解，故周曇改用人名爲題。而按史編次亦自然之趨勢。胡曾詩後來有改按年代排比之本，當即彌補其固有之缺憾。胡曾詩雖無講語而一時陳蓋爲之註，米崇吉爲之逐篇評解，可見當時流俗對於此類講語有迫切之要求，周曇進講既應運而興，則其詩中自附講語乃當然之事。嘗謂講史一科胡曾布其種子，周曇發其萌芽，而孕育滋長之者則爲晚唐之社會與宮廷，觀此種演變可以了然矣。

關於進講詠史之制史無記述，聊嘗爲一種推測，姑略述之。宋史張昭傳：

張昭字潛夫，本名昭遠，避漢祖諱止稱昭。……昭始十歲能誦古樂府詠史詩百餘篇。……後至贊皇，遇程生者專史學，以爲專究經旨不通今古，率多拘滯，

繁而寡要，若極談王霸，經緯治亂，非史不可。因出班范漢書十餘義商榷，乃授昭荀紀國志等。後又盡得十三史，五七年間能馳騁上下數千百年事，又注十代興亡論。……

昭于開寶五年卒，年七十九，以此上推十歲時在唐昭宗天復天祐之間。其所誦詠史詩疑是胡曾之作。昭幼誦詠史長爲五代間史學大家，其一生于詠史教育宜有提創之力，册府元龜卷五百三十三

漢張昭遠後唐天成中爲左補闕。上言曰，……臣竊見先帝時皇弟皇子盡喜俳優，聞無稽玩物之言則娛心悅耳，告致理經邦之說則俯首顰眉。入則務飾姬姜，出則思參僕馬。親賓滿座無非優笑之徒，食客盈門罕有賢能之士。以此知識，以此宗師，必若託以維城，付之主鬯，無難亡之國，無不破之家。其則非遙，可謂殷鑒。臣請諸皇子各依古議置師傅之官，如陛下厚之以渥恩，課之以訓導，令皇子屈身師事，每日講說善道，一日之中但記一事，一歲之內所記漸中多，每至月中令師傅具錄聞奏，或皇子上謁之時，陛下更令侍臣面問，十中得五，爲益良多，何必讀書，自然博識。既達安危之理，兼知成敗之由，主鬯維城，何往不可。臣雖短識，事繫遠圖，伏乞陛下詢于公卿，以爲可否。……

天成乃明宗親政之初元，曰何必讀書自然博識，其結果疑卽以講史代優戲也。周曇進講詠史或卽由昭奏每至月中令師傅具錄聞奏之法而來，惜無顯明證據，不敢斷言，附識於此，以俟知者。

五、汪遵褚載與羅隱

汪遵，唐宣州涇縣人，舉咸通七年進士第。(據唐摭言卷八)善爲絕句詩。崇文總目，通志藝文略，宋史藝文志皆著錄有汪遵詠史詩一卷。(宋志唐人宋人中兩見，首作王遵者字之訛也)，惜今無單行本，僅見于

1. 萬首唐人絕句(寒山堂刊本)卷三十五　　詠史與他作雜廁，共詩五十九首。

2. 唐音戊籤四十二(統籤卷六百四十四)　　此本從宋志題作王遵。凡錄七言絕句詩六十首，首戰城南等七首，第八首蒼頡臺題下有「以下詠史」四字。其詠史按史事先後排次　共五十三首。內長城一首萬首唐人絕句所無，乃胡震亨

據鑒誡錄補入，已于題下注明。是其篇數與萬首唐人絕句完全相同，是否根據舊本如此，抑即胡震亨用萬首唐人絕句甄別編次，今不可考矣。

3. 全唐詩第九函第八册　此與萬首唐人絕句是一本，惟將其前半（題李太尉平泉莊至叢頭臺）移于後，將其後半（彭澤至斑竹祠）移于前耳。蓋其所據即出萬首唐人絕句，惟分訂兩册，遂致上下互易也。長城一首則據鑒誡錄或唐音戊籤補入，故附于末。

以上三本編次不同，無可斷爲汪氏原書者。姑依唐音戊籤本論之。其詠史詩題與胡曾同者凡二十餘篇，如

箕山　息國（胡作息城）　吳坂（胡作虞坂）　五湖　細腰宮　澠池　夷門　杜郵館　函谷關　易水　東海　烏江　望思臺　銅雀臺　南陽　延平津　金谷　彭澤　陳宮　汴河（胡作汴水）

在五十餘篇中題之相同竟二十篇，似非偶然之事。惟汪遵詠史雖大體以地名爲題而不盡如此，亦間有詠人名史事者，斯微異耳。如

采桑婦　越女　漁父　白頭吟　昭君　綠珠　破陳

蓋已開後來演變之漸矣。汪遵詠史其遣辭命意與胡曾幾無一不肖，舉例如

函谷關

脫禍東奔壯氣摧，馬如飛電轂如雷。當時若不聽彈鋏，那得關門半夜開。（胡曾函谷關：寂寂函關鎖未開，田文車馬出秦來。朱門不養三千客，誰爲雞鳴得放迴。）

南陽

陸困泥蟠未適從，豈妨耕稼隱高蹤。若非先主垂三顧，誰識茅廬一臥龍。（胡曾南陽：世亂英雄百戰餘，孔明方此樂耕鋤。蜀王不自垂三顧，爭得先生出舊廬。）

綠珠

大抵花顏最怕秋，南家歌歇北家愁。從來幾許如春貌，不肯如君墜玉樓。（胡曾金谷園：一自佳人墜玉樓，繁華東逐洛河流，惟餘金谷園中樹，殘日蟬聲送客愁。）

破陳

獵獵朱旗映彩霞，紛紛白刃入陳家。看看打破東平苑，猶舞庭前玉樹花。（胡曾陳宮：隣國攙槍未有涯，如何後主自驕奢。不知即入宮前井，猶自聽吹玉樹花。）

可見其必爲同一風氣下之作品。胡曾與汪遵約略同時，而閱世較早，游踪既廣，得名亦盛。汪遵幼爲小吏，混迹胥徒，雖善爲歌詩而深晦密，其詩名殊非胡曾之比。故疑汪遵詠史乃效胡曾之體而來。宋代著錄汪遵詠史詩皆爲一卷，以胡曾詠史每卷五十首衡之，知今之所見尙無缺佚。其詩最初殆亦如胡曾詩不以年代爲先，按史事排次當出後人之手，然在唐宋間固亦有用作訓蒙課本及講史話本之可能也。

鑒誡錄卷九，卓絕篇

陳羽秀才題破吳王夫差廟，汪遵先輩詠絕萬里長城，……巳上名公稱爲卓絕，千百集中無以如此，陳秀才題夫差廟云，姑蘇臺上千年木，刻作夫差廟裏神。幡蓋寂寥塵土滿，不知簫鼓樂何人。汪先輩詠史詩曰，秦築長城比鐵牢，蕃戎不敢過臨洮。雖然萬里連雲際，不及堯階三尺高。……

此稱汪遵詠絕萬里長城一首，萬首唐人絕句錄遵詩無此篇，而列入褚載諸作中。唐音戊籤全唐詩雖據鑒誡錄補入汪遵詩中，而于褚載詩中仍列入並未刊落，蓋以舊日流傳如此，不敢妄易。故此詩究爲何人之作，今不可考，意者，何光遠容有記憶之誤，舊集或無竄易之失，此篇當是褚載之詩也。

褚載，唐乾寧五年進士（據唐書藝文志及唐才子傳），時代較胡曾汪遵爲後。崇文總目，通志藝文略皆著錄有褚載詠史詩三卷。唐書藝文志有褚載詩三卷，宋史藝文志有褚載詩一卷，直齋書錄解題有褚載集一卷，唐才子傳云「集三卷今傳」，而皆不著錄詠史詩，蓋亦本集詠史各自爲書，遂互有存佚歟。葉廷珪海錄碎事中引褚載詩甚多，（見唐音戊籤九十三所輯斷句）是其詩與詠史在北宋末猶存。洪邁編萬首唐人絕句時似卽未見，故其所收寥寥無幾（卷之三十六），其可斷爲詠史之作者除長城外僅下列兩篇：

定鼎門

郟鄏城高門倚天，九重蹤跡尙依然。須知道德無關鎖，一閉乾坤一萬年。

陳倉驛

錦翼花冠安在哉，雄飛雌伏盡塵埃。一雙童子應惆悵，不見眞人更獵來。

又海錄碎事所引有「除卻洛陽才子後　更誰封恨弔長沙」兩句，殆亦詠史，此外則無可考矣。

舊五代史卷二十四，羅隱傳

羅隱，餘杭人，詩名于天下，尤長于詠史，然多所譏諷，以故不中第。……

是羅隱詠史有名于當時，然未專成一書，故詩題亦不畫一，皆散見本集中與他作雜廁，不易分辨。今就唐音戊籤(統籤卷八百)摘錄其詠史各題如下

圌城偶作　宿紀南驛　許由廟　八駿圖　姑蘇臺　西施　秦紀　焚書坑　始皇陵　四皓廟　書淮陰侯傳　韓信廟　董仲舒　望思臺　嚴陵灘　銅雀臺二首　王濬墓　王夷甫　江南　煬帝陵　江都　故都　羅敷水　青山廟　華清宮　馬嵬坡　孟浩然墓　淮口軍葬　題磻溪垂釣圖　隋堤柳

以上皆是七言絕句，由此詩題可見其成詩經過極不一致。隱詩視胡曾汪遵周曇等爲工，然其風趣則頗相似，今錄兩首。

西施

家國興亡自有時，吳人何苦進西施。西施若解傾吳國，越國亡來又是誰。

題磻溪垂釣圖

呂望當年展廟謨，直鈎釣國更誰如。若教生在西湖上，也是須供使宅魚。(按此詩乃爲諷錢武肅王而作，見蘇耆閒談錄。)

羅隱又常以七律之體詠史，凡二十餘首。(見統籤卷七百九十六)如：

覽齊史(原註：張翰思吳中鱸膾蓴羹)

齊王僚屬好男兒，偶覓東歸便得歸。滿目路岐抛似夢，一船風雨去如飛。盤擎紫線蓴初熟，筯撥紅絲膾正肥。惆悵中途無限事，與君千載兩亡機。

題籌筆驛

抛擲南陽爲主憂，北征東討盡良籌。時來天地雖同力，運去英雄不自由。千里山河輕孺子，兩朝冠劍恨譙周。惟餘巖下多情水，猶解年年傍驛流。

以上所舉羅隱詠史之七絕七律，皆散篇，詩題亂雜，漫無統紀。唐人集中類此者習見不鮮，殊非胡曾周曇之比。以其有名于時，且在後代講史之書中時見引用，故特著之。宋胡仔苕溪漁隱叢話卷二十四(前集)，羅隱

蔡寬夫詩話云，潤州甘露寺有塊石，狀如伏羊，形製略具，號狠石。相傳孫權嘗據其上，與劉備論曹公。壁間舊有羅隱詩板云，紫髯桑蓋兩沉吟，狠石空

存事莫尋。漢鼎未分聊把手，楚醪雖美肯同心。英雄已往時難問，苔蘚何知日漸深。還有市廛沽酒客，雀喧鳩聚話蹄涔。……元符末，寺經火，詩板不復存，而石亦毀剝矣。

此稱隱詩卽「題潤州妙善寺前石羊」一首，明弘治本三國志通俗演義卷十一，劉玄德娶孫夫人一節中嘗演此故事，「後宋賢觀此勝跡，作詩讚曰」云云卽隱此詩，惟經展轉講說不稽本集，文字訛謬，遂多不可通矣。又演義卷四白門曹操斬呂布

操送下樓，布與玄德見，曰公爲坐上客，布爲堦下虜，何不發一言而相寬乎？玄德點頭。……操回顧玄德曰，呂布欲如何？玄德答曰，明公不見事丁健陽董卓乎？操頷之。布目視玄德曰，是兒最無信者。操遂令牽布下樓縊之。布回首曰，大耳兒不記轅門射戟時。操大笑。……羅隱有一絕句責玄德，詩曰

傷人餓虎縛休寬，董卓丁原血未乾。玄德既知能啖父，爭如留取養曹瞞。

此引羅隱絕句一首不見本集，是否可信，殊不敢定，然觀鑒誡錄卷八錢塘秀記隱詩有「張華謾出如丹語，不及劉侯一紙書」兩句，吳越備史卷一記隱夏口詩有「一個禰衡容不得，思量黃祖謾英雄」之句，今皆不見於本集，知隱詠史之作亡佚者多矣。

六、孫玄晏及晚唐詠史諸家

孫玄晏爵里無考，各家著錄其詩皆次于周曇之後，蓋亦五代時人也。宋史藝文志有孫玄晏六朝詠史詩一卷，孫玄晏覽北史三卷。六朝詠史詩今無單行本，存詩七十五首，見收于

萬首唐人絕句卷三十六

唐音戊籤一百十一（統籤卷七百五十三）

全唐詩第十一函第七册

三本相同，殆出于一源。胡震亨云「北史絕句三卷今亡」，是覽北史一書明人已不得而見之矣。

今錄六朝詠史詩之門目如下：

吳黃金車　赤壁　魯肅指囷　甘寧斫營　徐盛　魯肅　武昌　顧雍　呂蒙　介

象　濡須塢　周泰　張紘　太史慈　孫堅后　陸績　青蓋

晉七寶鞭　庾悅炙鵝　謝玄　謝混　陸玩　王坦之　蒲葵扇　王郎　劉毅　王恭　謝公賭墅　苻堅投鞭　衞玠　郭璞脫襦　庾樓　新亭

宋大峴　放宮人　借南苑　謝澹雲霞友　烏衣巷　袁粲　劉伯龍　王方平　黄羅襦　謝朏　羊玄保

齊謝朏　小兒執燭　王僧祐　王僧虔　明帝褒蒸　鬱林王　何氏小山　王倫之　潘妃　王亮

梁分宮女　馬仙琕　勍敵　蔡撙　楚祠　謝朏小輿　八關齋　庾信

陳王僧辨　武帝蚌盤　虞居士　姚察　宣帝傷將卒　臨春閣　綺閣　望仙閣　三閣　狎客　淮水　江令宅　後庭舞

觀此知孫玄晏詠史視周曇尤爲進步，除以人名地名爲題外又兼以史事爲題，去講史之道愈近。如魯肅指囷，甘寧斫營，苻堅投箠，宣帝傷將卒諸題與元人平話中之目錄非常相似。玄晏詩頗以神韻勝，風格在胡曾周曇之上。今錄兩首。

黄金車

分擘山河卽漸開，許昌基業已傾頽。黄金車與斑爛耳，早箇須知入讖來。

庾信

苦心詞賦向誰談，淪落周朝志豈甘。可惜多才庾開府，一生惆悵憶江南。

孫玄晏詠史與周曇詠史體裁相似，今所見本雖無講語，疑其初亦必有之，特久佚耳。如宋門中有謝朏一首云：

謝家諸子盡蘭香，各震芳名滿帝鄉。惟有千金更堪重，只將高臥向齊王。

而齊門中又有謝朏一首云：

解璽傳呼詔侍中，卻來高臥豈疏慵。此時忠節還希有，堪羡君王特地容。

今無講語，竟不知兩首所詠有何分別也。

周曇詠史詩首冠以吟敍閑吟兩篇，云月殿花臺幸一吟，云閑吟不是閑吟事，事有閑思閑要吟。蓋當時進講除說話以敍述史事外，于詩必動聲長言以吟之。後世說書者猶大抵如此。孫玄晏詠史詩中時見吟字，皆就此種講史技藝言，如郭璞脫襦

吟坐因思郭景純，每言窮達似通神。到頭分命難移改，解脫靑襦與別人。

吟坐當即吟座，乃指講史之場所而言。又烏衣巷

古迹荒基好歎嗟，滿川吟景只煙霞。烏衣巷在何人住，回首令人憶謝家。

云滿川吟景只煙霞，疑當時講史有圖畫以佐解說，惜材料缺乏無可稽考也。

晚唐詠史，作者輩出，今見于宋史藝文志者除上舉諸家外尙有：

龔訪詠史十卷

杜輦詠唐史十卷 (按此當是五代時人。)

閻承琬詠史三卷六朝詠史六卷

童汝爲詠史一卷

惜其書皆不傳，內容絕不可考。以當時風氣推之，大抵皆是七言絕句體也。宋志又有崔道融申唐詩三卷，今亦不存，陳振孫直齋書錄解題卷十九

唐詩三卷 崔道融撰。皆四言詩，述唐中世以前事實。事爲一篇，篇各有小序。凡六十九篇。

當即其書(書名上脫一申字)，則又詠史之變體矣。晁公武郡齋讀書志衢州本卷十八

鼎國詩三卷 右後唐李雄撰。雄，洛鞏人，莊宗同光甲申歲游金陵，成都，鄴下，各爲詠古詩三十章。以三國鼎峙，故曰鼎國。

此當是三國詠史詩，蓋以地名爲題，晁公武遂以爲客游詠古之作。一年之內游金陵成都鄴下三地非絕不可能之事，然當五代擾亂之世，東西南北果何爲者，故疑是晁氏出於誤會也。

七、宋人講史之作

詠絕興于晚唐，始則兒童諷誦，繼以宮廷進講，已著于篇，信而有徵矣。平話與詠史之關係旣甚明顯，則溯講史之源于此，當可不謬。宋太祖革命之日市不易肆，故北宋之社會習俗多與五代相似，而講史一藝亦饒有唐風。蘇軾東坡志林卷一，懷古，塗巷小兒聽說三國語：

王彭嘗云，塗巷中小兒薄劣，爲其家所厭苦，輒與錢令聚坐聽說古話。至說三國事，聞劉玄德敗，顰蹙有出涕者。聞曹操敗，卽喜唱快，以是知君子小人之澤百世不斬。彭，愷之子。爲武吏頗知文章，余嘗爲作哀辭。字大年。

此云說古話即講史，近人治小說史者已多言之。惟今已考知講史起源于兒童教育，則於此一段記載益可深切了解。云奎說三國事，則其所講必不止三國可知。必斂錢聚坐而後聽講，疑當時講史猶是巡迴街頭逢場作戲，無一定之所。據東坡王大年哀詞(三蘇全集本東坡集卷六十)知其識大年在嘉祐之末，則此所記當是宋仁宗哲宗時事，上距五代僅百年，以此推想講史初興時其情形或即如此。疑最初在街頭講史者乃失業之小學教員，惜關于此類記載缺乏，不足以證明之也。

武林舊事所記南宋之講史人多爲書生及御前供話之官人，與他種伎藝人來歷迥乎不同，此亦可由詠史之演變上求其解釋。蓋書生之本業爲訓蒙，而御前供話則淵源於進講也。旣辨其由來，知波瀾莫二，益信講史之必出於談史也。

宋人講史話本，其體裁當介于評注詠史詩與平話之間。話文雖不可見　詩評則猶有可考。散見于元人平話明人通俗演義中者無論矣。古今圖書集成理學彙編經籍典第四百十七卷史學部載宋金朋說詠史二十九首，殆卽講史之作，今略論之。

先錄其詩題于下

秦始皇帝　漢武帝　陳後主　隋陽帝　(按以上七律四首)　朱雲　漢黨錮　諸葛武侯　荀彧　周瑜　司馬昭　司馬溫公帝魏　苻堅　李密　東晉六朝　唐太宗　武則天　張忠靖　唐憲宗　裴垍　李絳裴度　唐穆宗　唐敬宗　唐文宗　又詠唐宣　宗歐後宰相　唐閹臣　五季梁主　馮道　(按以上七絕二十五首)

金朋說之事蹟無考。觀司馬溫公帝魏一首云：

春秋大義經中史，司馬當年失董狐。昭烈本爲炎漢後，何書僭國列於吳！

又李密一首云：

烏鳥私情孝自眞，諛人貌主豈忠誠。堂堂大漢天潢派，何爲陳情以僞名！

皆帝蜀而貶魏，疑當在朱熹通鑑綱目通行以後。其詩押韻太寬泛，如陳後主

沉檀殿閣寶妝成，玉翠金珠耀日明。宰輔媚諛爲狎客，嬪妃寵異作優人。民間膏血悲將竭，耳畔絲篁醉不醒。一曲後庭猶未罷，北來天馬渡江津。（按人，津，眞韻。明，庚韻。成，清韻。醒，青韻)。

漢黨錮

坑士焚書已促秦，前途覆轍又因循。范滂一命何須惜，可歎顛危漢室傾。(按

秦，眞韻。循，諄韻。傾。清韻)。

馮道

歷代成規知謹守，五朝八姓誥封新，改辭易面何無恥，視古夷齊不愧心。(按新，眞韻。心，侵韻)。

前二首眞，諄與庚，清，青韻合押，後一首眞與侵合押，此種混亂押韻情形，除平話，通俗演義，通俗小說外尙罕見其例。宋代官修韻書有廣韻，集韻，禮部韻略等，皆頒行天下，著爲功令。兒童當初學作詩時卽遵依官韻避免方音，故眞正讀書人作詩絕對不會有此種現象發生。眞諄與庚青不分，今浙江及江蘇南部方音如此，疑自宋代已然。故斷金朋說詠史爲南宋臨安講史人中講通鑑之作，殆可無疑問也。

金朋說詠史二十九首中以詠三國及唐史爲多，蓋說三分在宋代最爲風行，而唐史則晚唐詠史諸家多未及，無舊本可講，不得不多詠幾首也。

八、宋以來詠史瞥記

自晚唐至明人常用詠史七言絕句爲小學課本。學者童而諷誦不免沾染其習氣，故在此時期仿而作者頗多。大抵展轉摹擬程式相因，旣無當于文藝，亦無裨于史學。以自來學者對于此類作品多不注意，爰就涉獵所及，識其梗概，庶覽者有考焉。

王十朋梅溪先生文集卷十爲詠史詩一卷。以人爲題，凡七言絕句一百一十首。首詠歷代帝王，起伏犧至周世宗，次詠古今名賢及春秋戰國之君，起許由至徐有功。春秋戰國策爲學人必讀之書，故其所詠以此爲詳也。十朋詩本甚工，而此作風格卑下議論平庸，乃與胡曾周曇相似，蓋當時猶識詠史一體自有源淵，故與他作氣味不同也。選錄數詩，以見一斑。

魏武帝

董呂袁劉電掃空，阿瞞獨步騁姦雄。豈知權備皆人傑，未肯全將鼎付公。

吳大帝

拔刀斫案氣如虹，獨倚周郎立雋功。一戰果擒曹孟德，不妨高枕霸江東。

蜀先主

曹公姦黠世無雙，玄德雄才肯見容。誰把荆州資霸業，一朝雲雨起蛟龍。（按十朋在朱子之前，故猶以魏爲正統。）

唐莊宗

十年征戰不知勞，三矢功成意氣豪。自咤身爲李天下，焉知禍起郭門高。

十朋作此詩未說明用途，其人未必肯爲講史者寫話本，或是教育兒童之作也。

周必大平園續稿卷三十三，率齋王居士伯芻墓誌銘（嘉泰元年）

君諱伯芻，駒父字也。……家故貧，藉售文教學養生送死，他未嘗一介取諸人。……自縣教諭升州學錄，能舉其職。……自號率齋，雅好著述。時事可紀每加撰次。其敍淳熙初茶寇起湖北擾江西，有史法。雜著十卷，詩詞十卷，五代詠史詩二百篇，雜紀一篇……

此云五代詠史詩二百首，未說明其內容。今從書名推測當是七言絕句，從職業推測當是教育作品，惜久佚不可見矣。

阮元研經室外集（四庫未收書提要）卷三

史詠集二卷　宋徐鈞撰：鈞字秉國，蘭谿人，與金履祥友善。履祥嘗延致以教授諸子。是編卷首載許謙序，末有張樞，黃溍及其子津後序。謙溍並稱鈞取通鑑所載君相事實人爲一詩，總一千五百三十首。此本所存僅三之一，止于唐而不及五季，卽唐以前諸詠逸失已多。然意存勸戒，隱發姦諛之旨，溢于言表。雖殘闕之餘，猶爲藝林所重也。

按此書今收入續金華叢書，雖卽殘缺之本，尙可觀其大略。許謙黃溍並稱鈞取通鑑所載君相事實人爲一詩，今覈其內容，殊不盡然。書中列「續後漢」一朝，人君則昭烈帝，人臣則孔明，而以「曹魏孫吳」之文帝，陳思王植，大帝權，周瑜四首次于後，是已帝蜀貶魏，承紫陽綱目之說，與通鑑不同。又唐朝人臣中有文人甚多，如李白，杜甫，賀知章，李翺，張籍，皇甫湜，盧仝，孟郊，賈島，李漢，張志和之流，似通鑑亦不盡載。特其所詠之時代與通鑑相爲終始，非限于一書也。其成書之經過與目的，序跋各篇略有所論，黃溍云：

……後之君子有作，其文則史，其義則於春秋無取焉。仁人志士覽其事而有慨於心，莫不爲之發憤抑鬱，嗟嘆而詠歌之。然或因一人，或因一事以爲言，若王仲宣曹子建之於三良，張景陽之于二疏，謝宣遠之於張子房，盧子陽之於霍將軍，是已。惟左太冲所賦頗及戰國秦漢事。未有窮搜極討上下古今備究其得失而無遺者。唐之詩人間有興懷陳迹，章聯句續至於累百而止，顧其言多卑近，徒以資兒童之口耳，於名教何預乎？金華蘭谿徐章林先生夙有聞家庭所傳先儒道德性命之說，而猶精於史學，凡司馬氏資治通鑑所記君臣事實可以寓褒貶而存勸戒者，人爲一詩，總一千五百三十首，命之曰史詠。其大義炳然一本乎聖經之旨，誠有功於名教者也。

此云「唐之詩人」即指胡曾詠史詩之節本而言，蓋當時盛行于小學，徐鈞有作欲以代之也。許謙云：

今觀是詩，分類立名已凜凜乎大義。如孟子鄒衍史記同傳，今則別諸子於諸儒。登豫讓於節義之首。名曹丕父子無異於諸臣。又如謂漢高爲義帝發喪而宴樂於彭城，孝文惜露臺之百金而不愛銅山之巨萬，光武之量不及伯升，昭烈之賢過於光武，邵陵厲公高貴鄉公本非凡主，特迫於大權之已移，若此者皆顯微闡幽之意。協之於音韻，播之於聲歌，殆將使人詠之繹之，自興起其善善惡惡之意，於詩書春秋之遺法蓋一舉而兼得矣。

此序頗能得作者之甘苦。茲選錄數詩于下。

紀信

詭楚言降樂受烹，重圍得脫漢基成。論封無爵死無傳，幸有唐碑爲發明。

馬成

保塞平淮亦效勤，當時佐命幾元臣。不知誰紊雲臺次，卻作中興第二人。

孔融

客滿樽中酒不空，眼高四海眇姦雄。才疏意廣終無就，已兆清虛西晉風。

崔浩

智謀斷國灼蓍龜，自比略侯果是非。一死人言緣史事，誰知謀泄爲南歸。

自來作詠史詩者皆好爲議論，而此則兼道學問，雖就文學論似不免隔越，要不失爲一部用心之作也。

鄭所南一百二十圖詩集(附鄭菊山先生清雋集後)凡七言絕句一百二十首，與詠史詩

極相似，試錄數首爲例

黃帝洞庭張樂圖

天水相涵萬象清，咸池眞樂妙無垠。太音豈在九霄外，有意聽時卻不聞。

堯民擊壤圖

百姓相忘堯帝春，耕田鑿井澹無情。只今正是何年月，日日月從東向生。

巢父洗耳圖

萬事喧喧雜響中，細參巢父意無窮。須還半掬溪邊水，方始教君耳不聾。

所南翁自序云「今或遇圖而作，或遇事而作，而或者又欲俱圖之」，是其詩初不盡有圖，乃爲求體裁整齊遂從一律。宋元人刻通俗教育書籍多附圖，如繪圖古列女傳（有文選樓叢書仿刻本）新刊全相成齋孝經直解（有來薰閣影印本）等是，（又有新刊全相大字孝經，全相二十四孝詩選，新刊出相千文等書，未見。）鄭氏此書疑亦其類也。

宋人又常以一方之古迹爲題吟成七絕百餘首，其體亦演自晚唐之詠史詩。大抵皆于題下注明史事，勒成專書，與地志圖經並行。今略選數家：

楊備姑蘇百題　　此書今不傳，范成大吳郡志往往引之。如

姑蘇臺

山花野草一荒邱，雲裏驕奢舊跡留。珠翠管絃人不見，上頭麋鹿至今遊。（吳郡志卷八，古蹟。）

按龔明之中吳紀聞卷五謂楊氏作此詩「每題箋釋其事，」是原書有自注，今已不可見矣。

楊備金陵覽古詩　　此書亦不傳，張敦頤六朝事迹類編引之頗多，間及其注。張書于援證楊詩之處頗肯平話口脗，今錄兩則。

新宮

晉謝安作新宮，造太極殿，欠一梁。忽有梅木流至石頭城下，因取爲梁。殿成乃畫梅花於其上，以表嘉瑞。楊修之有詩云，玉案金罏對玉牀，巋然應是魯靈光。螭頭直上雙魚尾，不讓西京舊柏梁。

靈和殿

齊武帝時殿下柳木蜀郡所獻，條如絲縷。帝曰，此柳風流可愛，似張緒少年

時。緒字思曼。在臺城內。楊修之有詩曰，得地恩深雨露偏，丹墀左右玉階前。君王屬意君知否，好似風流一少年。(並見卷一)

修之者備之字。此種以詠史爲詩之文體，與平話言有詩爲證者極似，蓋皆依傍詠史詩註以成，故不免氣味相同也。

華鎮會稽覽古詩　今亦不傳。厲鶚宋詩紀事卷二十七緝錄之，云出會稽志，覆檢不可得，未識果出何書，姑錄一首。

秦望山　秦始皇東巡，登高歷覽，刻石紀功，故曰秦望。

秦人兩世盡東游，輦輅曾臨到上頭。睫在眼前終不見，不知登望竟何求。

鎮事迹見寶慶續會稽志卷五，云「嘗爲會稽覽古詩，凡百餘篇。山川人物，上自虞夏至於五季，爰及國朝，苟可傳者皆序而詠歌之。歷按史策，旁考傳記，以及稗官瑣語之所載，咸見採摭」。是其原著亦一地方之史矣。

方信孺南海百詠　有琳琅祕室叢書本。葉孝錫序云「詩境方君來尉番山，剜苔剔蘚，訪秦漢以來數百年莽蒼之迹可考者百，而綴以詩」。可見其成書之經過。題下有說明，詩後有箋釋，如

劉氏銅像　昔劉鋹及二子各範銅爲像，少不肖似即殺冶工，凡再三乃成。今尙在天慶觀中東廡。

霸業淒涼一炬休，鑄金爲像亦狂謀。五湖但說鴟夷子，千古誰知恩赦侯。

(按劉氏興亡錄云，宋開寶四年二月辛未，僞劉少主迎大軍於城北七里。潘美令中貴宣赦釋罪。是日天地黯慘，兵火四焚，六十餘年基業一旦煨燼。鋹後歸朝敕封爲恩赦侯)

他篇多類此，今可藉以考史。

曾極金陵百詠　存九十一首，有葉氏觀古堂刊本、茲錄兩首：

樂官山　南唐初下時，諸將置酒，樂人大慟，殺之聚瘞此山，故名。

城破轅門宴賞頻，伶倫執樾淚橫巾。駢頭就戮緣家國，愧死南歸結綬人。

新亭　在城南十五里。金陵覽古在江寧縣十里。洛陽四山圍，伊洛瀍澗在中。建康亦四山圍，秦淮直瀆在中。故云風景不殊，舉目有山河之異。李白云，山似洛陽多，許渾云，只有青山似洛中，謂此也。蔡嶷作天津橋亦以此。

青山四合遶天津，風景依然似洛濱。江左于今成樂土，新亭垂淚亦無人。

朱存楊備皆有金陵覽古詩，朱詩見宋史藝文志，(唐宋兩見)今無可考，此處所引之金陵覽古疑卽楊備詩中之註語也。

以上所舉楊備，華鎭，方信孺，曾極四家凡詩五種，皆與胡曾諸人之詠史詩風格相似，自註史事亦晚唐遺法，此種作品在宋人詠史中爲一大宗，又如阮閱郴江百詠，陳巖九華詩集之屬，詩亦類此，惟以名勝爲主，非關史迹，則又其變體矣。

金人詠史流傳甚少，李俊民莊靖先生遺集卷之六有襄陽詠史五十二首，皆以地名爲題，題下序史迹，詩後注典故。今錄兩首如下

三顧門　世傳襄陽小西門爲三顧門，先主自此三往見武侯。張參議「水西門外公來處」。

將軍命駕出門西，想見門從向日題。山下臥龍誰說破，賞音元直在檀溪。

注：徐庶宅在檀溪之陽，檀溪在襄陽西四里。

的顱溪　本名檀溪，在襄陽西四里。劉表因會取劉備。備潛遁，所乘馬名的顱走墮檀溪中，備急曰，的顱可努力。的顱一踊三丈。渡中流而追者至。

得雨蛟龍未易圖，枉勞木偶用計謀。死生畢竟誰堪託，今日纔方見的顱。

按東漢劉表本傳云，表欲臥收天運，其猶木偶之於人也。

注云：如刻木爲人，無所知也。前書有木偶龍，音義云，偶，寄也。寄形於木。元具反。張參議云，垓下衆傾騅不逝，合肥橋徹騎能飛。孫權征合肥爲張遼所襲，權乘駿馬上津橋，橋已徹板，着鞭超渡。至今合肥名曰飛騎橋。

此種作書體裁與上舉方信孺曾極諸家相似，與經進周曇詠史詩之「每首題下注大意詩下引史」者尤近，惟以非講說之作故篇末無評解論斷之語耳。

李汾有感寓述史雜詩五十首，原作不存，元好問翰苑名賢中州集(癸集第十)選其蘇客卿秦，韓淮陰信，叔孫奉常通，馬中令周，遠祖雁門武皇五首，前錄其小引，云：

緬維先哲，凡所以進退出處之際，窮達榮辱之分，立身行道，建功立事，關諸人事者，竊有所感焉。於是始自騷人屈平以來，下逮漢晉隋唐諸公，終之以遠祖鴈門武皇，作爲述史詩五十首，以自慰其羈旅流落之懷。述近代則恐涉時事，故斷自唐，以下不論。

此以詠史寄其憤慨者也。今選錄詩二首

蘇客卿秦

游說諸侯獲上卿，賈人唇舌事縱横。可憐一世癡男女，爭羨腰間六印榮。

馬中令周

脚踏長安陌上塵，布衣西上欲誰親。君王不省常何策，憔悴新豐一旅人。

讀之，知其深有得于晚唐詠史之作也。

元人詠史如

張慶之續胡曾詠史詩(錢大昕補元史藝文志)

陳普詠史詩(見盧文弨補遼金元藝文志)

其書今皆不可見。四庫全書總目別集類存目一，

唫囈集一卷　元宋无撰，无有寒翠集已著錄。是集始於禹鼎，終於留夢炎。每事爲七言絕句一章，凡一百一首，各敍其始末於詩後，如自註然，詠史詩肇於班固，厥後詞人間作，往往一唱三歎，託意於語言之外。至周曇胡曾詞旨淺近，古法遂微。无詩頗可觀，而此集亦不免以論爲詩之病。其中如金明池鼈，胡琴婢勝兒之類，旁摭小說，亦殊泛濫也。

此集今亦未見，惟宋人百家小說(在馮夢龍編五朝小說內)第五十帙收有此書數條，乃自自註中摘出，詩則一首未錄。楊愼藝林伐山卷十八，宋子虛詠史

宋子虛詠史凡百餘首。其佳者如詠甘羅云，幽谷關中富列侯，黃童亦僭上卿謀。當年園綺猶年少，甘隱商山到白頭。詠綠珠云，紅粉捐軀爲主家，明珠六斛委泥沙。年來金谷園中燕，銜取香泥葬落花。詠張果云，滄溟幾度見揚塵，曾醉堯家丙子春。近日喜無天使至。蹇驢留得載閒身。詠徐左卿化鶴云，化作遼東羽翼回，適逢沙苑獵弦開。寧知萬里青城客，眞待他年箭主來。詠陸贄云，詔下東山感泣來，謫歸門巷鎖蒼苔。奉天以後誰持筆，不用當時陸九才。詠宋宮人王婉容云，貞烈那堪黠虜求，玉顏甘沒塞垣秋。孤墳若是鄰青冢，地下昭君見亦羞。王婉容隨徽欽北去，粘罕見之求爲子婦。婉容自刎車中，虜人葬之道旁。可謂英烈矣。

子虛乃无之字，此云詠史百餘首當卽指唫囈集而言。楊愼錄此六首必是選其最工

者，然亦無以度越前人。蓋於二十八字之中欲使文詞議論兼收其美，其技能止乎此耳。

楊維楨鐵崖詩已集鐵史（誦芬室刊本）爲詠女史十八首，其目如下

李夫人　鉤弋夫人　伏生女　班婕妤　趙昭儀　王皇后　賈南風　綠珠　馮小憐　獨孤后　武后　楊太眞　王凝妻李氏　張建封盼盼　韓蘄王夫人　宋度宗女嬪　青峯廟王氏　女貞木楊氏

每首題下皆有簡短之說明，試錄兩詩。

李夫人　李延年歌北方有佳人事。

金屋君王獨有情，少翁魂魄夜將燈。可堪一死禍猶烈，身覺胡塵到李陵。

張建封盼盼　唐張建封節制武寧，納妓盼盼於燕子樓，公薨不他適。

塚上白楊今十年，樓頭燕子尙流連。銅臺多少丁寧恨，誰向西陵望墓田。

按維楨詠女史三字之義或是詠「女士」，然其體裁倣自詠史固無疑也。

明代詠史猶盛而傳本未見，嘉靖間高儒作百川書志，史部有史詠一門，可見當時人視詠史之書自成一類。今摘錄數條以見其概。

雪湖詠史錄二卷　皇明姚江馮蘭著

按此書名末有錄字必係自註史事之體。

詠史繼編一卷　大明清源王懶雲，繼胡曾之作也。自出一意，凡百四十九首。

明內府刊本胡曾詠史詩共一百四十九首（缺廣武山一首），故此繼作亦一百四十九首。

止菴觀感詩四卷　皇明開化施敏政著。自西周迄宋凡七言詩一百八十六律。

通史補遺二卷　皇明九峯山人鄒璧辰甫考著。錫山人也。凡八十五事，各具出處詩評，成周底唐粗備。

此兩書未必便是七絕，然其體裁則仿自詠史無疑，又傳記門

香臺集三卷　皇明錢

塘存齋瞿佑宗吉著。纂言紀事得百一十題。事關閨閤，辭切勸懲，仍以本事附於題後，傍詩係於詩下，資人吟詠之趣，而廣見聞之方，庶幾詠史之作也。

此書當與楊維楨詠女史相似，而註解則加詳。以上五書大抵鄙陋不堪，其作者皆無聞，其詩今亦無可徵考也。

淸初黃鵬揚有讀史吟評一書，首伍員終謝枋得，凡七言絕句六十餘首。雜詠史事，不盡以人爲題，每詩之後附以論斷，今引一首。

魯仲連

新垣屈膝奴顏厚，季子貲多濁氣豪。不肯帝秦忠義重，千金卻贈豈云高。

魯仲連義不帝秦，古今獨絕。惟關壯繆不肯事曹，可與同稱。戰國三國，兩人而已。孔斌許仲連爲高士徒辨之強作不已之間，余以爲猶經生之論也。夫義激於中，廉著于行，豈可強而作哉。

黃氏此書自吟自評頗似周曇，而詩之庸俗，識之鄙俚，殆尤過之。詠史詩盛行于小學者七八百年，講習摹擬之最大成績亦不過如此而已。

以上所舉自宋以來詠史諸家，其詩有工拙，其學有高下，總而論之，皆非超絕之作。傳者如此，其佚亡者可知。蓋詠史以議論爲宗，而吟詠與議論又本不相容，含此內在之矛盾，遂無一成功之作。此種情形自其始創者胡曾周曇諸作已然，何況後出之仿效者乎。

詠史本一極平凡之文體，簡陋單調，殊不足以動人。雖有新奇可喜之意，瑰麗俊偉之筆，于此無所施其技。然而流行數百年延綿不絕，雖始終未成功亦未卽衰歇者，則教育之力有以維續之也。向日小學課程偏重保守，有其舉之，莫敢廢也。詠史就教育兒童論亦有其優點，易解易習，詞句簡短而不迫促，可以學史事詩筆議論，故數百年間沿襲不替。若薰習既深轉相摹擬，揣摩于兩韻之中，積累至百篇以上，固不足異也。

九、詠經子

宋代鄉校盛行詠史，風氣所被遂有詠經詠子之作。其初大抵皆是教育作品，而末流亦或演爲游戲，趙與時賓退錄卷二

古今詠史之作多矣，以經子被之聲詩者蓋鮮。張橫渠始爲解詩十三章，葛覃曰，葛蔓靑長谷鳥遷，女功興念憶歸安。不將貴盛驕門族，容使親心得盡歡。卷耳曰，閨閫誠難與國防，默嗟徒御困高岡，觥罍欲解痛瘏恨，采耳元因備酒漿。

張子文集，明以來久無傳本，通行之張子全書（有朱軾刊本）卷十三爲文集抄一卷，出于後人選錄，不載此解詩十三章而有題解詩後一首。今錄如下：

置心平易始通詩，逆志從容自解頤。文害可嗟高叟固，十年聊用勉經師。

觀此題後知原作旨在發明詩教，惜已不可見矣。賓退錄又云：

洪忠宣著春秋紀詠三十卷，凡六百餘篇。石碏大義滅親曰，惡吁及厚篤忠純，大義無私遂滅親。後代姦邪殘骨肉，屢援斯語陷良臣。鄭人來渝平曰，鄭人來魯請渝平，姑欲脩和不結盟。使宛歸祊平可驗，二家何誤作墮成。

忠宣者洪皓之謚。春秋紀詠今亦不傳。皖南洪氏晦木齋輯本鄱陽集拾遺錄此兩詩，下附按語云：

案賓退錄稱春秋紀詠三十卷凡六百餘篇，景定建康志稱春秋紀詠四百九十三版，參核篇數版數，疑每詩之前當別有紀述，今不傳爾。

此說甚是。紀詠即附自註之詠史體，紀者指自註而言，詠者指七絕而言。宋人作書以此名者甚多，宋史藝文志有岳陽紀詠一卷（陳與義撰），直齋書錄解題有東陽記詠四卷，（不知集者）會稽紀詠六卷，（洪㻫撰「每事爲一絕。」）大抵皆南海百詠，金陵百詠之類也。洪邁容齋隨筆卷七，檀弓誤字條

……忠宣公作春秋詩，引斯事亦嘗辨正云。

是春秋紀詠非惟紀述史事，且附辨正之語也。春秋乃學子必讀之書，其史實爲人所周知，故胡曾周曇王十朋諸家詠此之作特多。洪氏撰爲專書，吟成六百餘首，益覺洋洋大觀。清顧楝高春秋大事表卷九爲春秋列國地形口號一百一十七首，卷十九爲春秋五禮源流口號等四十五首，皆就研究所得括爲七絕，後附註語，以便學者諷詠。雖無益于經義，倘有助于肄習，斯亦春秋紀詠之亞矣。賓退錄又云：

張無垢亦有論語絕句百篇。夫子之文章可得而聞也，夫子之言性與天道不可得而聞也，曰，「既是文章可得聞，不應此外尙云云。如何夫子言天道，肯把文章兩處分。」顏子簞瓢曰，「貧卽無聊富卽驕，回心獨爾樂簞瓢。個中得趣無人會，惆悵遺風久寂寥。」

張九成號無垢居士。其論語絕句見橫浦心傳錄卷下，又有藝海珠塵本。大抵敷演經旨，發明理學，亦教育作品也。詩皆鄙俚不成句，旣入論宗，復著理障，較之詠史

諸家，抑又不如。敢詠史猶可上下其議論，而此則否。元劉因靜修先生文集卷之十二有

講學而首章二首

講八佾首章二首

講周而不比章

講人之生也直章

講求仁得仁章二首

又卷之十四有

答問目執其兩端章

皆是詠論語之七言絕句。按劉氏晚年嘗自焚文稿，卒後門人故友捃拾殘賸，即今所傳之本。故疑其詠論語之作不止此數，或如張九成之自成一書，未可知也。今錄講學而首章二首。

有樂如從天外來，春風過處百花開，政教萬木夜儇立，何害孤根暖獨迴。

人將知我亦何從，天在吾家度量中。此語誤人君勿信，我心無慍本冲融。

詞意淺顯而春容有餘味，與張九成之一味敷衍經旨者不同，在講學家中此其上選也。賓退錄又云：

近歲嘗見紀孟十詩，題張孝祥作。于湖集中無之，必依託者。如「爭地爭城立霸基，焉能一統混華夷。力期行政急求艾，深欲爲王愧折枝。」「緣木求魚何及計，爲叢驅雀失深思，是宜孟氏諄諄誨。不嗜殺人能一之。」「異端邪說日交馳，聖哲攻之必費辭。深詆並耕排許子，極言二本闢夷之。」「復明陳仲廉無取，力斥楊朱義不爲。寄語外人非好辯，欲令大道日星垂。」又有黃次伋者不知何許人，賦評孟詩十九篇，極詆孟子，且及子思，漫記一二。首篇傳道八句云，「此道曾參得最眞，寥寥千載付何人。所傳伋也亦無母，誰覺軻乎唱不臣。」「忠孝缺來今已久，中庸到此盍惟新。願言爲子爲臣者，勿據悠悠紙上塵。」文王之囿方七十里一絕云，「庇民德莫大文王，西伯都來百里強。園囿盤游方七十，斯民何處事耕桑。」蚍蜉撼大木，多見不知量也。

此所引詠孟子者兩家，七律三首七絕一首，皆近於游戲之作。孟子好辯，取譬多妙

解人頤，于是後之作游戲文字者常借以爲題，如賈鳧西蒲松齡諸人所作之鼓兒詞是其最著者也。東京夢華錄卷五京瓦伎藝條記崇觀以來在京瓦肆伎藝，首舉張廷叟孟子書，惜其詳無可考，疑卽仿效詠史而興者，果如此耶？則當時此類詠孟子之詩必甚多矣。

十、結語

此文本以探究講史之起源爲主旨，詠史詩爲講史之祖，考證遂專重于此。宋以來詠史詠經子諸作皆出展轉仿效，雖與講史之關係已微，以其淵源有自，亦復敍及。各節考訂煩鎖敍述零亂，今總括大意著之於下：

1 詠史詩始于胡曾，前無所承，與漢魏人之詠史絕無關係。懷古題壁本詩人習氣，（觀羅隱諸作可見，）大量作七言絕句亦晚唐諸家之共同趨向，（如王建宮詞，曹唐小游仙，王渙惆悵詞，羅虬比紅兒之類是也。）胡曾詠史詩卽匯合此兩種風氣而生。

2 胡曾詠史詩在當時或略後卽已用爲兒童讀物，蒙師教授，講語遂興，而米崇吉逐篇評解實開平話之端。

3 周曇進講詠史詩爲講史之祖。其詩每首題下注大意，詩下引史而以己意論斷之，乃兼有胡曾詩陳蓋註米崇吉評註三者之善，已樹立平話之規模。若孫玄晏金朋說之詠史詩皆當是講史作品，雖講語已佚可推而知也。

4 平話卽由詠史詩演變而來，平者詩評，話者講語也。故必是講史人之話本始有此稱，小說中無詠史詩，亦不稱平話也。通俗演義始于羅貫中，乃仿平話而作之大衆讀物，不專爲說話之用矣。

出自第十本（一九四八年四月）

北宋物價的變動

全漢昇

(一)概說
(二)宋初物價的下落
(三)西夏戰爭爆發後物價的上漲
(四)王荆公新法實行後物價的下落
(1)引言
(2)物價下落的原因
(甲)王荆公新法的實行
(乙)貨幣的緊縮
(丙)物品供給的增加
(3)物價下落的情況
(4)物價下落的影響
(五)北宋末年物價的上漲
(1)物價上漲的原因
(甲)貨幣的貶值
(乙)物品供給的不足
(2)物價上漲的情況
(3)物價上漲的影響
(六)結論

一 概說

物價一漲一落的變動，對於人民經濟生活有很密切的關係。物價上升時，出賣商品的商人，生產商品的農民和工業者，莫不喜氣揚揚，因爲這是他們發財的機會；同樣，隨物價上漲而工資上漲的不固定收入者，當然也很高興。在另一方面，一般消費者及固定收入者可要困難了；因爲物價的上升，足以迫使他們降低原來的生活程度，以致過去能夠享用的物品，以後不能享用，或須大量的減少。　反之，如果物價下降，在一般消費者和固定收入者看來，這是最好不過的現象；因爲他們可趁着這個價廉物美的機會，買到許多物價上漲時所不能購買的物品，在日常生活上自然要寬裕得多了。　至於運銷商品的商人，生產商品的農民和工業者，當物價低落的時候，不特無利可圖，有時甚至要虧本，可要愁眉不展了。　物價升降既然給予人民經濟生活以這樣深刻的影響，牠在經濟史上的重要性是不應被忽略的。

在北宋一百六十多年的時期(960—1127)中，從大體上看，物價的變動可分爲四個時期：(1)宋初的物價下降期，約由北宋開國至眞宗末年(960—1022)；(2)西夏戰事發生後的物價上漲期，約略相當於仁、英二宗時代(1023—1067)；(3)王荆公新法實行後的物價下降期，約略相當於神、哲二宗時代(1068—1100)；(4)北宋末年的物價上漲期，約略相當於徽、欽二宗時代(1101—1127)。　現在分別敍述如下。

二　宋初物價的下落

在北宋開國以後的六十多年內，物價有長期間的下降。　這時物價所以下降，我們可從物品的供求狀況及貨幣的流通數量來加以觀察。

就物品的供求關係說，宋初各地市場多半呈現出供過於求的狀態。　這時承繼着五代亂離之後，人口比較稀少，對於物品的需要自然不大。　如范仲淹范文正公政府奏議卷上答手詔條陳十事說：

皇朝之初，承五代亂離之後，民庶凋弊，時物至賤。

又宋會要稿(註一)食貨四載熙寧二年十一月十九日司馬光的話云：

昔太宗平河東(註二)，……當是時，人希物賤(註三)。

這時因需要減小而下降的物價，由於物品供給的增大，下降得更爲利害。　宋初的皇帝，如太宗及眞宗等，都很努力於農業生產的發展。　如宋史卷一七三食貨志說太宗對於農事的注意云：

初農時，太宗嘗令取畿內青苗觀之。　聽政之次，出示近臣。　是歲畿內菽粟苗皆長數尺。帝顧謂左右曰，『朕每念耕稼之艱。……』端拱初(988)，親耕籍田，以勸農事。

按親耕籍田之禮，自中唐以來，即已廢止。如今宋太宗把牠恢復過來，這在農業生產的獎勵上頗有意義。太宗皇帝實錄卷四三載雍熙五年(988)正月

甲戌，次東郊。是夜宿於齋室。乙亥，日未明三刻，上親饗神農氏壇，以后稷氏配焉。次詣耕耤田，行三推之禮。有司板奏禮畢。上顧謂侍臣曰，『朕志在勸農，恨不能終千畝，豈止以三推爲限乎？』遂耕數十步。侍臣固請乃止。……舊制：天子孟春吉亥饗先農於東郊，親耕耤田。東晉南遷，此禮廢墜。唐貞觀中，太宗始耤於千畝。至元和五年，憲宗以河朔師旅之後，物力凋耗，將行而復止。自是歷五代二百餘祀，不復舉行。上以承平既久，乃詔有司參酌典故，行三推之禮，所以示勸農而興墜典也。

此外下引一故事也可看出太宗對於農事的注意。太平治蹟統類卷三載淳化二年(991)

三月己巳，上以歲旱蝗，手詔呂蒙正等曰，『天譴如是，蓋朕不德之所致也。卿等當於文德殿前築一臺，朕將暴露其上。三日不雨，卿等共焚朕，以答天譴』。蒙正等匿詔書。翌日而雨，蝗盡死。

還可以與唐太宗吞吃蝗蟲的故事(註四)前後互相輝映！其次，說到宋眞宗對於農業生產發展的努力，我們可從兩方面來看：第一是耕地面積的增加。當日有許多曠土都被開闢爲耕地。如宋史卷一七三食貨志云：

自景德(1004—8)以來，四方無事，百姓康樂，戶口蕃庶，田野日闢。

又續資治通鑑長編(註五)卷六七載景德四年十一月戊寅，

上謂(王)欽若等曰，『近有西北使還者，言順安軍西至定州，曠土盡墾闢，苗稼豐茂，民無差擾，物價甚賤。……』(註六)

第二是耐旱的外國稻種之輸入，以便旱時也能生長。宋會要食貨一載

大中祥符五年(1012)五月，遣使福建州，取占城稻三萬斛分給江、淮、兩浙三路轉運使，幷出種法，令(令)擇民田之高仰者，分給種之。……眞宗以三路微旱，稻悉不登，故以爲賜。仍揭榜示民(註七)。

由於上述政府種種的努力，宋初各地的農業生產非常豐富。 太平治蹟統類卷二載端拱元年（988）二月丙午，

> 上（太宗）謂宰相曰，『累年以來，百物豐阜。 自京師達於四方，並無災沴，五穀順成。 ……』

又續通鑑長編卷七七載大中祥符五年正月乙酉，

> 上曰，『河東仍歲豐穰，儲蓄尤廣。 ……』

又同書卷七八載同年八月丙午，

> 河東轉運使言，『所部大稔。』

又同書卷八五載大中祥符八年八月，

> 庚寅，知汝州祕書監楊億言，『部內秋稼甚盛，粟一本至四十穗，麻一本至九百角。』

此外，下引各文關於農產豐收的記載也很多。 當日各地物品既然供過於求，其價格自然要下降了。

除上述外，宋初各地貨幣的緊縮，也是當日物價下落的原因。 如宋會要食貨三九說：

> （景德四年）八月十四日，出內庫錢五十萬貫付三司市菽麥。 時宰相言，『今歲豐稔，菽麥甚賤，錢多爲富民所蓄，穀賤傷農，請官爲斂糴以惠民，』故也(註八)。
>
> （大中祥符）五年五月，出內藏庫錢百萬貫付三司斂糴軍糧，以實邊郡。是歲諸州言歲豐穀賤，咸請博糴。 帝慮傷農，卽詔三司使丁謂規畫以聞。謂言莫若和市，而諸州積鏹數少，故出禁錢以佐用度(註九)。

由於上述的原因，宋初物價非常低廉。 王栐燕翼貽謀錄卷二說：

> 國初……物價甚廉，……

又范文正公政府奏議卷上答手詔條陳十事說：

> 皇朝之初，……時物至賤。 ……當物價至賤之時，……

這都是剛開國時的情形。 及太宗時代，物價也是一樣的下降。 宋會要食貨五三說：

太宗淳化三年（992）六月，詔，『京畿大穰，物價至賤。……』

又續通鑑長編卷三三載淳化三年

六月庚申，有蝗自東北來，蔽天，經西南而去。……是夕大雨，蝗盡殪。時京畿大穰，物價至賤（註一〇）。

再往後，到了眞宗時代，物價也很便宜。宋會要食貨三九說：

眞宗咸平四年（1001）五月，詔，『陝西今歲物價甚賤，……』

（大中祥符五年）六月十七日，帝謂宰臣王旦等，『環、慶等州言，物價皆減賤。』

二十日，帝謂王旦等曰，『諸道皆奏豐稔，京東州郡物價尤賤。……』

九年七月，令陝西州軍秋稼登稔去處，官糴粮斛，無使傷農。初……宰臣奏曰，『物賤傷農，請行平糴，』故也。

又同書刑法二載大中祥符九年

六月二十七日，詔以物價至賤，令小民無得輕棄食物；違者重寘其罪。

又續通鑑長編說：

（大中祥符元年十月）乙卯，次回鑾驛。京東西、河北、陝西、淮南、江南等轉運司並言，『……物價至賤。』（卷七〇）

（三年四月丁巳）上曰，『數歲豐稔，物價甚賤。……』（卷七三）

（九年八月丁亥）王旦等曰，『今稍沾時雨，亦未妨農事，物價甚賤。……』（卷八七）

當宋初一般物價因農產豐收等原因而下落的時候，穀米的價格尤爲低廉。宋會要食貨三九說：

太祖建隆元年（960）正月，詔，『河北頻年豐稔，穀價甚賤。……』

又同書食貨四一說：

太祖建隆中，河北穀賤，添價散糴，以惠貧民。

又續通鑑長編卷一載建隆元年正月丁未，

又以河北仍歲豐稔，穀價彌賤，命高其價以糴之（註一一）。

這都是太祖時的情形。及眞宗時代，穀價也很便宜。宋會要食貨三九說：

（景德三年八月）十六日，……帝以歲稔，穀糴頗賤，議優其價値，以時收斂，庶惠農民，……

（大中祥符二年）十月，江、淮發運使言，『淮南、江、浙、荊湖諸州軍年穀大稔，穀食至賤。』　詔委所在吏增價收糴，以惠農民。

又同書食貨五四及六二載大中祥符六年，

十一月三日，帝謂王旦等，『言事者云：江、淮大稔，所在積稻粟，倉庾不能儲。』　旦等請下州郡與蓋廪舍。　帝曰，『近聞民間粒食愈賤，可依例增價收糴，以惠農民。　……』

又續通鑑長編說：

（咸平四年五月戊子）詔，『陝西歲稔，穀價甚平。　……』（卷四八）

是歲（景德二年）江、浙大穰，穀價尤賤。　（卷六一）

（大中祥符五年六月）諸州言歲豐穀賤，咸請博糴。　（卷七八）

這種穀價低廉的狀況，直至仁宗初年仍舊存在。　宋會要食貨三九說：

（天聖）六年（1028）六月，詔令三司於在京榷貨務支撥錢二十萬貫與京西轉運司分擘收糴斛斗；以歲豐穀賤故也。

又續通鑑長編卷一一七載景祐二年（1035）十月辛亥，

詔，『河北比歲大稔，穀賤傷農。　……』

又同書卷一一九載景祐三年十一月

壬辰，詔諸路轉運司，『今歲豐穀賤，……』

除穀價外，當日其他農產品的價格也很低廉。　續通鑑長編卷四九載咸平四年十月己亥，

上（眞宗）又曰，『……環、慶今秋大熟，薪芻尤賤，差慰意也！』

又同書卷六六載景德四年八月丁未，

時宰臣言，『今歲豐稔，菽麥甚賤，……』

現在讓我們看看宋初以貨幣表示出來的物價低落的情況。　就米價說，太宗時代的河東（相當於今之陝西）只賣十餘文一斗。　宋會要食貨四載司馬光的話云：

昔太宗平河東，輕民租稅。　而戍兵益衆，命和糴糧草以給之。　當是時，

人希物賤，米一斗十餘錢，草一圍八錢。民皆樂與官爲市，不以爲病(註一二)。

嶺南一帶的米價更爲便宜，只賣四五文錢一斗。宋會要食貨五七說：

（淳化）二年四月，詔，『嶺南管內諸州官倉米，先每歲糶之，斗爲錢四五，無所直。……』

四川米價比較貴些，但也不過賣三十六文一斗；這想是四川行使鐵錢，錢値較低的原故。韓琦安陽集卷五〇張公（詠）神道碑銘說：

時(註一三)米蚪直錢三十六。

又范鎮東齋記事卷三也說：

張尙書詠在蜀時，米蚪三十六文，……

及眞宗時代，各地米價每斗賤時只賣七八文，貴時也不過二三十文。宋史卷七眞宗紀說：

（景德四年十二月）諸路豐稔，淮、蔡間麥斗十錢，粳米斛二百(註一四)。

是歲（大中祥符元年）……諸路言歲稔，米斗七八錢。

又續通鑑長編卷六九說：

是月（大中祥符元年七月）襄、許、荆南、夔、歸、峽等州，米斛錢三百，麥斗錢十二。

至於河東的米價，也較太宗時便宜，每斛只賣一百文，卽每斗十文。宋會要三九載大中祥符五年

十二月十二日，遣常參官於麟、府州置場和市軍糧。時河東豐稔，米斛百錢，……故有是命。

其次，說到麥及粟的價格。在太宗端拱年間（988—990），汴京只賣十文錢一斗。續通鑑長編卷三〇載端拱二年

夏四月，國子博士李覺上言曰，『……近歲以來，都下粟麥至賤，倉庫充牣，露積紅腐，陳陳相因，或以充賞給，蚪直十錢。……』

在眞宗時代，每斗約賣數文至三十文，這要因時因地而異。續通鑑長編說：

是月（大中祥符元年正月），襄、鄧州粟斛錢三百，菽麥三十錢。（卷六

八)

(十月丙午)行在三司使丁謂言,『自京至泰山,金帛糧草,咸有羡餘。又民間以官司無所配率,芻藁每圍不及三五錢,粟麥每斗不及十錢。』(卷七〇)

(十一月)癸未,上謂王旦等曰,『近覽邊奏,皆言今歲物價甚賤,芻藁三錢易兩圍,麥粟斛百餘錢。……』(卷七〇)

是(二年)秋,……京師粟斗錢三十。(卷七二)

(四年正月)癸未,代州言,『粟斗十餘錢。』(卷七五)

又上引宋史眞宗紀曾說,『淮、蔡間麥斗十錢;』續通鑑長編卷六九曾說,『襄、許、荊南、夔、歸、峽等州,……麥斗錢十二。』

復次,我們要說到穀價。在眞宗末年及仁宗初年,京西(今河南西部)一斗穀只賣十文錢。宋會要食貨三九載乾興元年(1022)

十一月,京西轉運司言,『穀價每斗十錢,恐太賤傷農。乞下三司及早市糴。』

又宋史卷九仁宗紀載天聖六年(1028)

十一月戊午,京西言,『穀斗十錢。』(註一五)

最後,關於宋初用作牲畜飼料的草的價格,也可考見一二;大約以每圍賣三五文的時候爲多,最賤時三文可買兩圍。續通鑑長編說:

(大中祥符二年四月己亥)鎭、定州言,『芻藁圍直五錢,……』(卷七一)

(三年八月)癸酉,陳堯叟言,『河中府管內秋苗茂盛,穀價至賤,芻一圍四錢。』(卷七四)

又上引宋會要食貨四曾說,太宗時,河東『草一圍八錢』;續通鑑長編卷七〇說,眞宗時汴京泰山間『芻藁每圍不及三五錢』,邊地『芻藁三錢易兩圍』。

以上都是北宋最初幾十年農產物價格低廉的狀況。復次,關於當日布帛價格低廉的情形,我們也可考見一二。當日山東絹價爲每匹只賣八百文,紬則六百文一匹。宋會要食貨六四說:

大中祥符九年，內帑發下三司預市紬絹。時青、齊間絹匹直八百，紬六百。官給錢率增二百，民甚便之(註一六)。

四川絹價更為便宜，每匹只賣三百文。東齋記事卷三說：

張尚書詠在蜀時(註一七)，……絹匹三百文。

又建炎以來朝野雜記甲集卷一四說：

聞諸父老，川陝四路大抵以稅錢三百文折絹料一匹，此咸平間實直也。

關於北宋初年物價下落的情況，已如上述。這裏，作者還要討論的是在當日一般物價下落的時候，國民生計要受到什麼影響？對於此點，須分兩方面來說。首先，就消費者方面說，這是最好不過的事情，因為物價便宜，大家都可以豐衣足食。如范文正公政府奏議卷上答手詔條陳十事說：

皇朝之初，……當物價至賤之時，俸祿不輟，士人之家，無不自足。

就是收入有限的人，也可以養家，而不至於凍餒。王梾燕翼貽謀錄卷二說：

國初士大夫俸入甚微薄。簿尉月給三貫五百七十而已。縣令不滿十千，而三之二又復折支茶鹽酒等，所入能幾何！所幸物價甚廉，粗給妻孥，未至凍餒，然艱窘甚矣。

可是，就生產者方面說，這卻應該是最『不景氣』的事情，因為物價下落時，生產者出賣物品，無利可圖，有時甚至要虧本。上引各文多有穀賤傷農的記載，便是例證。但，上述太祖、太宗、眞宗三朝之物賤時代，卻為史書稱為民豐物阜者，大概因為五代十國紛亂之局面粗定，比較地曠人稀，干戈既弭，墾田遂廣，物雖廉而產量多，故買者雖覺其樂，生產者亦不過覺其苦。例如上次大戰結束二三年後英法物價之下落，形成英國之恢復金本位，法國之大量吸收黃金，自美國源源而來，卽物賤而民豐國富之實例。

三　西夏戰爭爆發後物價的上漲

北宋物價的變動，到了仁宗時代（1023—1063），過去幾十年物價低落的時期便宣告終止，而改換為物價上漲的時期了。這時物價所以上漲，西夏戰事的爆發是其中一個主要的原因。

西夏趙元昊於景祐元年(1034—1)背叛中國，於康定(1040—1)慶曆(1041—9)間在西北邊大舉入寇。結果，當日國內物資的供求狀況，以及貨幣的發行數量，都發生激劇的變化。

本來，在西夏戰事爆發的前幾年，由於旱災的嚴重，農產常常失收，物品的供給已不很充份。如續通鑑長編卷一〇五載天聖五年(1027)九月庚戌，

> 太常博士祕閣校理國史院編修官謝絳上疏曰，『……今年苦旱，百姓疲死，田穀焦稿，秋成絕望。……』

又同書卷一一二明道二年(1033)二月庚子條說：

> 先是南方大旱，種餉皆絕，人多流亡困飢，……

及西夏戰事爆發，這種物品供給不足的狀況更爲嚴重。在陝西方面，因爲直接受到戰爭的破壞，物品出產自然有限，從而影響到物價的昂貴。如包孝肅奏議卷七請出內庫錢帛經逐路糴糧草云：

> 臣今蒙恩，改授陝西。緣西鄙用事以來，關中生聚，凋殘尤甚，物貨踴貴(註一八)。

復次，在當日的大後方，即國內各地，因爲戰時的需要，人民多去農爲兵，農業生產更要大受打擊。宋史卷一七三食貨志說：

> 景祐初，患百姓多去農爲兵，詔大臣條上兵農得失。

又續通鑑長編卷一六一載慶曆七年，

> 三司使張方平言，『……向因夏戎阻命，始籍民兵。俄命刺之，以補軍籍。遂於陝西、河北、京東西增置保捷，武衛、宣毅等軍。既而又置宣毅於江、淮、荊湖、福建等路。凡內外增置禁軍約四十二萬餘人，通三朝舊兵且百萬；鄉軍、義勇、州郡廂軍、諸軍小分剩員等，不列於數。連營之士日增，連畝之民日減。邇來七年之間，民力大困。天下耕夫織婦，莫能給其衣食。……』

除此以外，再加上當日水旱等天災，物品的供給更要因農產失收而大減。如包孝肅公奏議卷一七事云：

> 臣伏見近歲以來，災異備至，天象謫見，地理傾震，蝗蟲爲孽，水旱作沴，

連綿三數年未已。而河北最甚，其次利州、江東西、兩浙、河東路，循環皆被大患矣。

又同書卷五請速除京東盜賊云：

臣竊見江、淮、兩浙、京東、河北，累年以來，旱澇相繼，物價湧貴，民食艱阻。

其中尤以旱災爲最嚴重。忠獻韓魏王家傳（不著撰人）卷四云：

是（慶曆三年）冬大旱，河中、同、華等十餘州軍，物價翔貴，飢民相率東徙出關(註一九)。

又歐陽修河東奉使奏草卷上再乞減配銀狀(註二〇)云：

伏緣河東州軍，昨來只是澤、潞兩州二麥大熟，晉、絳、并、汾、石、隰等處係種麥地分，並只熟及三五分，其秋稼尋遭夏旱，垂欲焦死。近方得雨，只可救得四五分。見今物價甚高，民間窘急，無異凶歲。

又宋祁景文集卷二八乞開治鄆河(註二一)云：

臣自到任後，併值二年乾旱。去年自六月放竭陂水，只是救灌得側近一二千頃。是以壽州米價踴貴，官私妨闕。

又胡宿文恭集卷七論罷上元放燈(註二二)云：

今東南數路，災旱甚廣，穀價翔踊，民食飢乏。

又包孝肅公奏議卷七請支義倉米賑給百姓云：

臣訪聞江、淛、荆湖等路，自去秋亢旱，田苗一例災傷，即目米價甚高，民食不足。

總之，自西夏戰事爆發後，位於前方的陝西直接受到戰爭的影響，大後方的百姓則多去農爲兵，再加以水旱等天災的打擊，各地市場上物品的供給自然要大減了。這當然是要影響到物價的上漲的。

其次，就需求方面說，因爲戰爭本來就是對於物資的大消耗，戰事發生後市場上對於物品的需要自然增大。當日政府往往以徵發或課税的形式來吸取物資，以滿足戰爭的要求；這自然要影響到物品需要的增大，從而促使物價上漲。如呂陶淨德集卷三三送張昇亓詩序說：

舉天下財賦之出，蜀最多焉。……數十年間，供億日益繁，泉幣日益輕，物估日益湧。而乃務足經費者，以半價市繒帛，按戶而斂，歲無慮四十萬。康定中，兵興於西，饋軍之費又三十餘萬。地產有常，而賦重於昔。物值日湧，而半價之斂增。齊民無聊，竊自憤歎。間或乘以飢旱，則溝壑之委，可爲寒心！

又范文正公政府奏議卷上答手詔條陳十事(註二三)云：

貧弱之民，困於賦斂，歲伐桑棗，鬻而爲薪。勸課之方，有名無實。故粟帛常貴，府庫日虛。

又包孝肅公奏議卷七請差災傷路分安撫云：

兼又官中配糴，民間之蓄，盡輸入官。官糴既多，……米價斗一百文。……今則民間之蓄盡爲軍儲矣。

不特如此，當日國內的人口又有不少的增加。如文彥博文潞公文集卷一四乞選差川峽州郡知州（慶曆六年）云：

臣竊以西川近年以來，生齒繁庶，比祥符中數倍。

人口增加，市場上對物品的需要自亦增加。因此當日物價要向上升漲。

上述仁宗時代物價上漲的原因，是專從物品的供求方面說的。復次，當日戰時貨幣政策的實施，也影響到物價的上漲。自西夏戰事爆發後，國家經費的開支很大。爲着要籌措龐大的戰費，政府遂實行貨幣貶值政策。這政策的內容是：(1)鑄大銅錢，以一文當小銅錢十文行使；(2)鑄大鐵錢，亦當十文行使；(3)鑄小鐵錢。可是大銅錢法定的價值（卽面值）雖然是十文，事實上只消用三文小銅錢的原料便可製造。人們看見銷毁小銅錢來改鑄大銅錢，可得鉅額的利潤，遂多私鑄。大小鐵錢所用的原料，較銅錢爲賤，私鑄更有利，故私鑄的數量也不比大銅錢爲少。這時公私所鑄的錢既多，錢值大跌，物價遂上漲。復次，從另一方面說，大錢的面值既然與牠的實值相差太遠，錢的價值便要大跌，從而以這種價值低跌的錢表示出來的物價，自然亦要增漲了。續通鑑長編卷一六四慶曆八年六月條說：

初陝西軍興，移用不足。知商州皮仲容（康定元年十二月）始獻議采洛南縣紅崖山、虢州青水冶青銅，置阜民、朱陽二監以鑄錢。既而陝西都轉運使張奎（慶曆元年五月，奎爲陝西都漕），知永興軍范雍（慶曆元年五月，雍知永興軍兼漕事）請鑄大（宋史食貨志多一『銅』字）錢，與小錢兼行，大錢一當小錢十。奎等又請因晉州積鐵鑄小錢（元年九月）。及奎徙河東（二年十月），又鑄大鐵錢於晉、澤二州，亦以一當十，以助關中軍費。未幾，三司奏罷河東鑄鐵錢。而陝西復采儀州竹尖嶺黃銅，置博濟監，鑄大錢（據實錄，在四年）。朝廷因敕江南鑄大銅錢，而江、池、饒、虢州又鑄小鐵錢，悉輦致關中（江、池、饒三州，見元年十一月；虢州未見，當是范雍所議）。數州錢雜行。大約小銅錢三，可鑄當十大銅錢一，以故民間盜鑄者衆。錢文大亂，物價翔踊，公私患之。於是奎復奏晉、澤、石三州及威勝軍（實錄云在五年）日鑄小鐵錢，獨留用河東。而河東鐵錢既行，盜鑄錢者獲利十之六，錢輕貨重，其患如陝西（註二四）。

其中關於大錢行使後對於物價的影響，蘇轍欒城三集卷六策問論亦云：

問：大泉直十行於世，僅十年矣。物重而泉輕，私鑄如故，百物踴貴，民病之久矣。

復次，關於鐵錢之影響到物價的上漲，記載尤多。宋史卷三〇四曹穎叔傳云：

爲陝西都轉運使。自慶曆鑄大鐵錢行陝西，民盜鑄不已。……穎叔曰，『鐵錢輕而貨重，……』

又王鞏隨手雜錄云：

陝西……家家收蓄銅錢，輕用鐵錢。由是錢賤而物加貴（註二五）。

又文潞公文集卷一七奏陝西鐵錢事（至和二年 1055—6）云：

陝西私鑄鐵錢，雖嚴行禁捕，抵法者甚衆，終不能止絕。蓋以鐵本至賤，獲利甚厚。以致見行錢貨，薄惡者多，物價增長。

又河東奉使奏草卷上乞罷鐵錢劄子云：

臣今相度大小鐵錢，其可廢者有五。……用之旣久，幣輕物貴。惟姦民盜鑄者獲利。而良民與官中常以高價市貴物。是官私久遠害深，其可罷四也。

由於上述物品的求過於供，及戰時貨幣貶值政策的實行，仁宗時代的物價遂一反過去的低落狀況而向上升漲。當仁宗初年，西夏戰事還未爆發的時候，由於上述農產失收的原因，物價已呈現出上漲的趨勢。續通鑑長編云：

(天聖元年正月癸未)鹽鐵判官俞獻卿亦言，『天下穀帛日益耗，物價日益高，欲民力之不屈，不可得也。今天下穀帛之直，比祥符初增數倍矣。……是以物價益高，民力益困也。……』(卷一〇〇)

(四年十二月)丁丑，詔，『京城物價翔貴，……』(卷一〇四)

(明道二年十二月)戊申，……呂夷簡曰，『……民間物貴，……』(卷一一三)

及西夏戰事爆發後，這種物價上漲的趨勢更爲明顯。當時全國各地的物價，或糧價，都莫不上漲。如關於汴京物價及糧價的上漲，太平治蹟統類卷三九載康定元年十二月，

丙辰，詔，『以京城穀貴，發廩粟一百萬斛，減價出糶，以濟貧民。』

又續通鑑長編卷一六五載慶曆八年十一月，

壬戌，以畿內物價翔貴，於新城外置十二場，出米，裁其價以濟貧民。

又歐陽文忠公文集卷一一一乞罷上元放燈劄子(嘉祐四年，1059—1060)云：

今自立春以來，陰寒雨雪，小民失業，坊市寂寥。寒凍之人，死損不少。薪炭食物，其價增倍(註二六)。

復次，關於山東物價的上漲，董煟救荒活民書卷三富弼青州賑濟行遣條載曉示流民許令諸般採取營運事指揮云：

今年……諸郡物價數倍於常時。……兼日來累據諸處申報，以斛斗不住增長價例，乞當司指揮當州縣城郭鄉村百姓，不得私下擅添物價，所貴飢民易得糧食。……慶曆八年十月日告諭。

關於河北物價的昂貴，范文正公尺牘卷中與韓魏公云：

歲飢物貴，河朔流民，尚在村落，因須救濟。

關於陝西穀價的昂貴，宋會要食貨五三云：

慶曆四年正月，詔，『陝西穀價翔貴，其令轉運司出常平倉米減價以市貧民。』(註二七)

關於廣西物價的昂貴，續通鑑長編卷一七四載皇祐五年(1053)五月丁巳，

詔，『邕州……物價翔貴。其下戶，令轉運司戶貸米一石以濟之。』

現在讓我們進一步看看當日物價實際上漲的情形。爲便利計，先說米價。這時米的價格，因地而異。在江、淮一帶，當仁宗天聖年間的時候，每斗賣錢七十文至一百文。宋會要云：

(天聖四年 1026)閏五月二日，三司言，『荊湖、江、淮南四路州軍米價，每斗或七十至百文足。……』(食貨三九)

閏五月，臣僚上言，『經過荊湖、江、淮四路州軍，體問逐州在市米價，或七八十，有至百文足者。……』(食貨四二及四六)

這和眞宗時代每斗低跌到七八文的米價比較起來，當然是昂貴得多了。但這還不算是最貴的，在明道元年(1032)江、淮間因旱蝗失收，其中一些地方更上漲至幾百文一斗。劉敞公是集卷五一先考益州府君行狀云：

明道元年，江、淮大旱，蝗蟲起，揚、楚間尤甚。……是歲米一斗數百錢。

及慶曆三年，江、淮米價比前低廉，但每斗仍賣六七十文至一百文省(註二八)。范文正公政府奏議卷上答手詔條陳十事云：

今江、浙之米，石不下六七百文足，至一貫文省(註二九)。

包孝肅公奏議卷七請差災傷路分安撫亦說此時前後江、淮的米賣一百文一斗，但沒有註明詳確年月：

臣竊聞江、淮、兩浙、荊湖南北路，近歲旱澇相繼，粒食踴貴。……迨今五月不雨，秋苗悉已枯槁，米價斗一百文。

到了皇祐二年(1050—1)，兩浙的米價騰貴到一百二十文一斗。吳曾能改齋漫錄卷二云：

范蜀公記：范文正治杭州，二浙阻飢，穀價方湧，斗錢百二十。公遂增至斗百八十。衆不知所爲。公仍命多出牓沿江，具述杭飢及米價所增之數。於是商賈聞之，晨夜爭進唯恐後，且虞後者繼來。米既輻湊，遂減

價還至百二十(註三〇)。

又救荒活民書卷二亦云：

昔范仲淹知杭州，二浙阻飢，穀價方湧，斗計百二十文。

再過兩年，到了皇祐四年，東南各地（亦卽江、淮一帶）的米價，據李覯李直講文集卷二八寄上孫安撫書所載，有低至五十文一斗的，也有貴至二百三十文一斗的，大約因地而異：

皇祐四年十一月十三日，丁憂人李覯謹再拜奉書安撫密學諫議節下。……大抵東南土田美田，雖其飢饉之歲，亦有豐熟之地。比來諸郡各自爲謀，縱有餘糧，不令出境。昨見十程之內，或一斗米糶五六十價，或八九十，或一百二三十，或二百二三十價。雞犬之聲相聞，而舟楫不許上下，是使賤處農不得錢，貴處人不得食，此非計也。

復次，當日河北的米價，上漲得更爲利害，每斗賣錢七百文至一千文。皇朝類苑卷二一引東齋記事(註三一)云：

河北入中糧草，舊用見錢。慶歷八年後，以茶、鹽、香藥、見錢爲四說（下引忠獻韓魏王家傳作『稅』，待考），緣邊用之；茶、鹽、香藥爲三說，近裏州軍用之。商旅不時得錢，賤市交鈔，而貴糴糧斛。由是物價翔貴，米斗七百，甚者至千錢。

又忠獻韓魏王家傳卷四亦云：

河北自慶曆八年，沿邊始廢見錢入中，而以茶、鹽、香藥、見錢作四稅，近裏州郡卽依康定二年勑作三稅。由是便糴州軍積滯文（上引東齋記事作『交』）鈔至多，商賈不行；又爲富室賤價收畜，轉取厚利。以至穀價增貴，米斗七百，甚至千錢。

其次，我們要說到麥價。當日河南一帶的小麥，以賣五六十文一斗的時候爲多。包孝肅公奏議卷七請免陳州添折見錢云：

見今市上小麥，每斗實價五十文。

又陳襄古靈先生文集卷一六知河陽縣乞拋降和糴小麥價錢狀(註三二)云：

臣竊見本州每歲拋降和糴小麥萬數，多是過時收糴。每一㪷官支價錢不下九十文以上，至一百二十文，比之民間麥熟之時所直市價，常多三四十文。……每小麥一㪷，依麥熟時民間價例，止於六十文。

這固然比當日的米價便宜，但如果和眞宗時代曾一度下降至幾文錢一斗的麥價比較起來，可說是騰貴得多了。

復次，關於當日的粟價，也可考見一二。據范文正公政府奏議卷上奏乞差官陝西祈雨，知陝西粟價爲百五十文一斗：

今來關中大旱，永興、同、華、陝、虢以來無二三分秋苗，粟米每斗一百五十文足。

在杭州方面，詩人甚至有『百金易斗粟』的記錄。強至祠部集卷一聞杭飢（皇祐二年）云：

客從吾鄉來，告我歲大歉。百金易斗粟，……

此外，當日軍需品的價格，由於戰時需要的增大，上漲的程度也很利害。范文正公政府奏議卷上奏爲置官專管每年上供軍須雜物云：

臣竊見兵興以來，天下科率，如牛皮、筋、角、弓弩材料、箭幹、鎗幹、膠鰾、翎毛、漆、蠟一切之物，皆出於民，謂之和買。多非土產之處，素已難得。旣稱軍須，動加刑憲。物價十倍，吏辱百端。……

又宋會要食貨二三云：

皇祐元年十月，遣三司戶部副使包拯往陝西與轉運司議鹽法。後拯權三司使，乃言，『……方軍興之際，至於翎（翎）、毛、筋、角、膠、漆、鐵、炭、瓦、木、石、灰之類，並得博易。猾商貪賈，乘時射利，與官吏通爲弊，以邀厚價。凡椽木一對，定價一千，取鹽一席。……』

這都是就軍用器材的價格說的。又當日軍服所用的羊皮，價格也很昂貴。續通鑑長編卷一二八載康定元年九月辛酉，

賜陝西軍士羊裘。初言者以塞下苦寒，請以羊裘賜戰士。三司計一裘用五羊皮，聽軍士自製；其薄毛者給次邊。旣而配率諸路，每一羊皮至直五六千，督取嚴急，民甚苦之。

復次，當日軍用馬匹食用的草料，價格也向上漲。河東奉使奏草卷下乞減放逃戶

和糴劄子云：

自兵興數年，糧草之價，數倍踴貴。

又范文正公政府奏議卷下奏乞免關中支移二稅卻乞於次邊入中斛㪷云：

臣竊見陝西數年以來，……一路食物草料，時常踴貴。

又續通鑑長編卷一四六慶曆四年二月乙未條云：

並邊務誘人入中芻粟，皆爲虛估，騰踊至數倍。

又宋史卷一八四食貨志云：

皇祐二年，……乃下詔曰，『比食貨法壞，芻粟價益倍。……』

最後，當日鹽、銀、紬、絹的價格也隨着一般物價的上漲而上漲。如續通鑑長編卷一五八慶曆六年五月戊子條說四川的情形云：

初鹽課聽以五分折銀、紬、絹。鹽一斤，計錢二十至三十。銀一兩，紬絹一匹，折錢九百至一千二百。後嘗詔以課利折金帛者從時估，於是梓州路轉運司請增銀、紬、絹之直。下三司議。以爲銀、紬、絹直視舊雖增至三千以上，然鹽直亦非舊比，鬻於市，斤爲錢百四十。……

關於仁宗時代物價騰貴的情形，已如上述。至於仁宗以後的英宗時代(1064—7)，因爲時間甚短，而社會上又不見發生什麽足以促使物價一反過去變動趨勢的因素，物價的升降想仍以繼續仁宗時代的趨勢爲多。

除此以外，作者還要略加討論的，是當日物價上漲下國民生計的情形。在當日物價騰貴的時候，以固定收入爲生的公務員及一般消費者，因爲他們手中持有的貨幣的購買力要大大降低，生活非常艱苦，連衣食也不得溫飽。如范仲淹范文正公集補編論職田不可罷(天聖八年)云：

今物貴與昔不同，……官吏衣食不足。

又祠部集卷一聞杭飢云：

客從吾鄉來，告我歲大歉。百金易斗粟，富者頭屢撼。餓殍相枕藉，億口盡虛頷。……

又歐陽文忠公文集卷一一一乞罷上元放燈劄子云：

今自立春以來，……寒凍之人，死損不少。薪炭食物，其價增倍。民憂凍餓，何暇遨遊？

可是，就一般出賣貨物的商人說，卻非常有利，因為他們可以趁着這個物價上漲的機會來大發其財。 如上引宋會要食貨二三曾說，『猾商貪賈，乘時射利，與官吏通為弊，以邀厚價，』便是例證。

四 王荆公新法實行後物價的下落

(1)引言

北宋物價的變動，到了神宗熙寧年間（1068—1078），便一反西夏戰事爆發以來上漲的趨勢，而另外改換一個相反的方向，即向下跌落。 如蘇轍欒城集卷二〇私試進士策問說：

問：古者為貨泉以權物之輕重。 今所在鑄錢，數日益多，制日益少，可謂錢輕矣。 然而金、帛、米、粟，價日益賤，而錢之行於市者日益少，有錢重之弊。 夫當重者反輕，而當輕者反重，其說安在？將救其失，其術何以？

這種錢重物輕的情形，是西夏戰爭以來所沒有的。

(2)物價下落的原因

(甲)王荆公新法的實行

這時物價所以下跌，原因有種種的不同，其中最重要的一個是王荆公募役及青苗等新法的實行。 因此，現在先要把這兩種新法的內容略述一下，然後纔進一步討論牠們與當日物價下落的關係。

北宋人民對於國家的義務，除繳納賦稅外，還要提供徭役。 徭役的名稱及職務，以下列四類為主：(1)衙前——主管官物；(2)里正、戶長、鄉書手——課督賦稅；(3)耆長、弓手、壯丁——逐捕盜賊；(4)承符、人力、手力、散從——官給使令。 至於徭役負擔的種類與輕重，則按照人戶等第的高低來規定。 這種差役制度，從北宋初年即開始推行；但時間久了，在實行上便發生不少的流弊。例如社會上有權有勢的人，可以免除全部的或部份的徭役；投機取巧的人，則可以設法避役：

承平既久，姦僞滋生。 命官形勢，占田無限，皆得復(註三三)役衙前；將吏得免里正、戶長。 而應役之戶，困於繁數，僞爲券售田於形勢之家，假佃戶之名，以避徭役。……民避役者，或竄名浮圖籍，號爲出家，趙州至千餘人。

但剩下的無權無勢的老百姓，可要大倒其霉了。 國家的徭役是有一定的，當日社會上既然有好些人免役或避役，這些老百姓所負擔的徭役遂無形中繁重起來：

先是三司使韓絳言，『聞京東民有父子二丁將爲衙前役者，其父告其子曰，「吾當求死，使汝曹免於凍餒。」 遂自縊而死。 又聞江南有嫁其祖母，及其母析居，以避役者。 又有鬻田減其戶等者，田歸官戶不役之家，而役并於同等見存之戶。 ……』

爲着要革除這種徭役負擔的不公平，及提供徭役的麻煩，在宋神宗推心置腹的信任下，王荆公遂於熙寧二年頒佈他的著名的募役法，其要點如下：

凡當役人戶，以等第出錢，名免役錢。 其坊郭等第戶，及未成丁、單丁、女戶、寺觀、品官之家，舊無色役，而出錢者，名助役錢。 凡敷錢，先視州若縣應用雇直多少，隨戶等均取。 雇直旣已用足，又率其數增取二分，以備水旱欠閣；雖增，毋得過二分；謂之免役寬剩錢(註三四)。

復次，在北宋中葉，當每年春天青黃不接人民需款甚急的時候，兼并之家便乘機大做其高利貸的買賣，以吮吸民衆的膏血。 爲着要減除這些高利貸壓迫下的民衆的痛苦，王荆公遂於同年制定青苗法，規定以諸路常平廣惠倉錢穀作資本，於每歲春天青黃不接的時候貸給民衆，而分別於夏秋農產收成時由借者歸還，取息二分。 宋史卷一七六食貨志云：

熙寧二年，制置三司條例司言，『諸路常平廣惠倉錢穀，略計貫石可及千五百萬以上，斂散未得其宜，故爲利未博。 今欲……以見錢依陝西青苗錢例，願預借者，給之。 隨稅輸納斛斗，半爲夏料，半爲秋料。 內有請本色，或納時價貴，願納錢者，皆從其便。 如遇災傷，許展至次料豐熟日納。 非惟足以待凶荒之患，民既受貸，則兼并之家不得乘新陳不接以邀倍息。 ……』詔可。

又鄭俠西塘先生文集卷六上王荆公書云：

> 青苗之法，本以民之窮乏，嘗以新陳不接之際，每倍其息，以貸於人，故官爲出常平錢以貸之，而只取二分之息。所以抑兼并而蘇貧乏，莫善於此。

王荆公所創立的募役、青苗兩法的內容，已如上述。現在我們要進而探討牠們對於當日物價的影響。

募役法之影響於物價的變動，我們可從兩方面觀察：第一，過去政府向人民徵取徭役，如今不要徭役，改徵錢幣來代替。這種由徭役改爲錢幣的變動，實是人類經濟生活史上的一種進步，因爲這是由自然經濟演化爲貨幣經濟的主要特徵。可是，事實上，當日的貨幣經濟除在一些大都市佔有勢力外，在好些偏僻的農村中實在沒有什麼地位，因爲那裏貨幣的流通是很少的：

> 窮鄉荒野，下戶細民，冬至節臘，荷薪芻入城市，往來數十里，得五七十錢，買葱茹鹽醯，老稚以爲甘美，平日何嘗識一錢？（註三五）

如今王荆公卻要全國一律的以錢幣代替徭役來繳納給政府，結果市場上的錢幣便因需要增大而價值提高，從而物價便相反的下降。復次，政府向人民徵收的錢幣，除足夠用來另外雇人充役外，又加徵十分之二，稱爲免役寬剩錢。這種免役寬剩錢之蓄積於國庫內，數量越來越多；反之，在外面流通的錢幣，則越來越少。因此，貨幣緊縮的結果，錢幣便因流通數量減少而價值增大，從而影響到物價的下降。

其次，青苗法的實行，和當日物價的下跌也很有關係。固然，當青黃不接，政府貸款給民衆的時候，市場上錢幣的流通量反而增加，是不至於促使物價下降的。但當夏秋間農產收成，一般民衆都急着要把青苗錢本息歸還給政府的時候，情形可完全不同了。這時正是農產品剛剛收成之後，人民只有農產品，并沒有錢，因此都要把農產品轉賣出去，以便換錢來歸還青苗錢的本息。大家既然都爭着出售農產品，農產品的市價便要因供給的激增而大爲跌落。此外，政府因貸款而得到的息錢，大量的蓄積起來，也足以影響到市面上錢幣流通的減少，和物品價格的下降。

關於上述的說明，例證甚多。如司馬光溫國文正公文集卷四五應詔言朝政闕失事云：

此六者之中，青苗免役錢爲害尤大。夫力者民之所生而有也，穀帛者民可耕桑而得也；至於錢者，縣官之所鑄，民不得私爲也。自未行新法之時，民間之錢固已少矣。富商大賈藏鏹者或有之。彼農民之富者，……未嘗有積錢巨萬於家者也。其貧者，……亦有未嘗識錢者矣。是以古之用民者，各因其所有而取之，農民之役不過出力，稅不過穀帛。及唐末兵興，始有稅錢者。故白居易譏之曰，『私家無錢鑪，平地無銅山。』言責民以所無也。今有司爲法則不然。無問市井田野之民，由中及外，自朝至暮，唯錢是求。農民值豐歲，賤糶其所收之穀以輸官，比常歲之價或三分減二，於斗斛之數或十分加二，以求售於人。若值凶年，無穀可糶，吏責其錢不已，欲賣田則家家賣田，欲賣屋則家家賣屋，欲賣牛則家家賣牛。無田可售，不免伐桑棗，撤屋材賣其薪，或殺牛賣其肉，得錢以輸官。……今貨益重，物益輕，年雖飢，穀不甚貴，而民倍困。爲國計者，豈可不思其故哉，此皆斂錢之咎也。(註三六)

又同書卷四七乞罷免役狀云：

又農家所有，不過穀帛與力。自古賦役，無出三者。自行新法以來，青苗、免役及賦斂多責見錢。錢非私家所鑄，要須貿易外求。豐歲穀賤，已自傷農。況迫於期限，不得半價；盡糶所收，未能充數；家之糇糧，不暇更留。……此農民所以重困也。又錢者流通之物，故謂之泉布。比年以來，物價愈賤，而閭閻益困。所以然者，錢皆聚於官中，民間乏錢，貨重物輕，借使有人鬻薪糴米，米價雖賤，薪價亦賤，故也(註三七)。

又張方平樂全集卷二六論錢禁銅法事云：

自比年以來，公私上下，並苦乏錢，百貨不通，萬商束手。又緣青苗助役之法，農民皆變轉穀帛，輸納見錢，錢既難得，穀帛益賤。人情窘迫，謂之錢荒(註三八)。

又同書卷二六論率錢募役事云：

伏見近制募役之法，令人戶等第輸錢。夫錢者人君之所操，不與民共之者也。……率錢募役一法，爲天下害實深。……且舉應天府爲例。……大體古今賦役之制，自三代至於唐末五代，未有輸錢之法也。今乃歲納役錢七萬五千；散青苗錢八萬三千六百餘貫，計息錢一萬六千六百有零貫。此乃歲輸實錢九萬二千餘貫。每年兩限，家至戶到，科校督迫，無有已時。天下謂之錢荒，搜索殆盡。……錢不可得，穀帛益賤(註三九)。

又同書卷二五論免役錢劄子云：

自古田稅，穀帛而已。……今以一陳州言之，……乃歲支苗錢六萬七千餘貫，計息錢一萬三千三百貫有零；歲納役錢四萬七千餘貫。此乃常賦之外，歲輸實錢六萬餘千。以陳之戶口，不敵諸州之一縣。率是以准天下之所輸，可見爾。……民間貨布之豐寡，視官錢所出之少多。官錢出少，民用已乏，則是常賦之外，錢將安出？……故天下之民，皇皇無所措手足，謂之錢荒(註四〇)。

又蘇轍欒城集卷三五書一狀云：

且夫錢者官之所爲，米、粟、布、帛者民之所生也。……今青苗、免役皆責民出錢，是以百物皆賤，而惟錢最貴。欲民之無貧，不可得也。

又同書卷三五陳州爲張安道論時事云：

青苗、助役、保甲三者之弊，臣不復言矣。何也？言事者論其不可，非一人也。百姓……賤賣田宅，……非一家也。陛下其亦知之矣。

又蘇軾經進東坡文集事略卷三一乞不給散青苗錢斛狀云：

元祐元年（1086）八月四日，朝奉郎試中書舍人蘇軾狀：……臣伏見熙寧以來，行青苗、免役二法，至今二十餘年，法日益弊，民日益貧，刑日益煩，盜日益熾，田日益賤，穀帛日益輕。細數其害，有不可勝言者(註四一)。

上引關於王荆公新法促使物價下落的記載，是就募役、青苗二法一同說的。復次，當日又有好些專門討論募役法影響到物價下降的文字，玆引述於下。陳襄古靈先生文集卷一三論役法狀(註四二)云：

臣聞方今政有害於民者，無甚於役法，使民歲出傭錢，以資應募之人。……出錢人戶，非是樂輸。行之數年，民力已困。上等厚有貲力之家，猶可出備。自餘中產已下，多是農民，惟以薄業爲生，別無營入，能自足於衣食者，蓋有數矣。今來戶戶率緡，既有定額，無由蠲免，歲時輸入，官司敦迫，穀益賤而錢益貴，常有逋負督責之憂。

又劉摯忠肅集卷三論助役十害疏云：

夏秋二熟，農人惟有絲、絹、麥、粟之類。而助法皆用見錢，故須隨時貨易，逼於期會，價必大賤(註四三)。

又同書卷五論役法疏云：

始者以繇役不得其平，農民勞費，故命有司議所以均弛之。而有司不深惟其故，乃一刬祖宗差役舊敕，爲官自雇人之法，率戶賦錢以充雇直，曰助役，又曰免役。……古人有言，『平地無銅鑛，農家無錢鑪。』今所輸必用錢，而地土所出，惟是帛、絲、穀、粟。幸歲豐收成，而州縣逼迫，不免賤價售之，無以養其私。……今天下錢日益重，貨日益輕，民日益困矣。若之何坐視而不卹也哉？(註四四)

又溫國文正公文集卷四九乞罷免役錢依舊差役劄子云：

自古農民所有，不過穀帛與力。凡所以供公賦役，無出三者，皆取諸其身而無窮盡。今朝廷立法曰，『我不用汝力，輸我錢；我自雇人。』殊不知農民出錢難於出力。何則？錢非民間所鑄，皆出於官。上農之家，所多有者，不過莊田、穀、帛、牛具、桑、柘而已，無積錢數百貫者。自古豐歲穀賤，已自傷農，官中更以免役及諸色錢督之，則穀愈賤矣(註四五)。

又續通鑑長編卷二二四載熙寧四年六月庚申，

楊繪又言，『助役之法，朝廷之意甚善，其法亦甚均，但亦有難行之說。……民難得錢，一也。……且農民惟知種田爾，而錢非出於田者也。民寧出力，而憚出錢者，錢，所無也。今乃歲限其出錢之數。苟遇豐歲，雖穫多，而賤賣，猶未足輸官也。……』

又宋會要食貨六五載熙寧四年，

七月六日，詔御史中丞楊繪、御史劉摯分析所奏差役利害以聞。先是繪言，……至是檢正中書五房公事同判司農寺曾布言，『……言者則以謂納見錢則絲、帛、粟、麥必賤。 ……』故有是詔。

及元祐初年，司馬光執政，盡罷熙寧新法，但募役法卻沒有完全廢除，事實上政府仍舊准許人民出錢免役。文獻通考卷一二云：

按元祐初溫公入相，諸賢並進用，革新法之病民者如救眉燃。青苗免役其尤也。然……至於役法，則諸賢之是熙寧而主僱募者居其半，故差僱二者之法雜然並行，免役六色之錢又復徵取。

又續通鑑長編卷三九七載元祐二年三月辛巳，

殿中侍御史孫升言，『……伏惟陛下自臨御以來，……深知免役法困民，而爲害於天下，故自元祐之初，發德音詔四方，復行祖宗百年舊法，罷去出錢免役，盡依熙寧元年以前條貫施行。令下之日，四方民庶莫不鼓舞。然自去年九月中旬以來，復議城郭五等以上出錢；今年正月以後，又使鄉村三百貫以上，減半免役。一年之間，詔令凡三易矣。……』

故元祐初年以後，物價仍因役錢的徵收而下降。如續通鑑長編卷四三五載元祐四年十一月壬申，

龍圖閣學士知杭州蘇軾言，『……雇役之法，自第二等以上人戶，歲出役錢至多。行之數年，錢愈重而穀帛愈輕，田宅愈賤。……』

上引各種記載，主要目的在證明募役法中以錢代役的規定，曾令到錢的需要增大，價值提高，從而影響到物價的下降。復次，由於政府之蓄積多量的免役寬剩錢及青苗息錢(註四六)，錢在市面上的流通量遂大爲減少，同時物價則隨之下跌。如欒城集卷三七乞借常平錢置上供及諸州軍糧狀云：

臣聞自古經制國用之術，以爲穀帛民之所生也，故斂而藏之於官；錢幣國之所爲也，故發而散之於民。其意常以其所有，易其所無，有無相交，而國用足焉。……自熙寧以來，民間出錢免役，又出常平息錢。官庫之錢，貫朽而不可較。民間官錢，搜索殆盡。市井所用，多私鑄小錢，有無不交，田夫蠶婦力作而無所售。常平役錢山積，而無救飢饉。蓋自十餘年間，積成此弊，於今極矣。朝廷近日雖已減損常平，罷放免役，使民休息；然而積錢於官，無宣洩之道，民無見錢，百物益賤(註四七)。

又續通鑑長編卷三八四載元祐元年八月丁亥，

戶部尙書李常建言，『伏見現今常平坊場免役積剩錢共五千餘萬貫，散在天下州縣，貫朽不用，利不及物。竊緣泉貨流通，乃有所濟。平民業作，常苦幣重。方夏蠶畢功，秋稼初斂，絲、帛、米、粟，充滿廛市，而坐賈蓄家，巧以賤價取之，曾不足以酬其終歲之勤苦，未免飢寒之患，良可愍也！……今積錢至五千萬貫，而坐視農夫紅女，賤易穀帛，而未免飢寒，殆非仁術也。……』

其中關於役錢蓄積之影響於物價的下落，記載尤多。呂陶淨德集卷一奏乞放免寬剩役錢狀云：

自熙寧六年施行役法以來，至今四年，臣本州四縣已有寬剩錢四萬八千七百餘貫，今歲又須科納一萬餘貫。以成都一路計之，無慮五六十(註四八)萬。推之天下，現今約有六七百萬貫文。寬剩在官，歲歲如此。科出不已，民間何以送納？況今泉幣絕乏，貨法不通，商旅農夫，最受其弊。蓋是現錢大半入官，市井少有轉用。

貼黃：臣伏見二年以來，川中見錢絕少，物價減半(註四九)。

又華鎮(註五〇)雲溪居士集卷一八役法論云：

免役之弊，皆曰：……役用之外，更謀寬剩。百物不用，必收見緡。布帛、米、粟，賤貨速售，利失倍蓰。

又經進東坡文集事略卷三一辯試館職策問劄子云：

元祐二年正月十七日，翰林學士朝奉郎知制誥蘇軾劄子奏，『……免役之害，掊斂民財，十室九空，錢聚於上，而下有錢荒之患。』(註五一)

又宋會要食貨一三及六五載元祐元年

二月初一日，中書舍人蘇軾言，『……臣伏見熙寧中嘗行募役法，其法以係官田，如退灘戶絕役納之類，及寬剩錢，買民田，以募役人，大略如邊郡弓箭手。……曾未半年，此法復罷。……臣謂此法之行，有五利。……今者穀賤傷農，民賣田常苦不售。若官與買，田穀皆重，農可少舒，其利三也。錢積於官，常苦幣重。若散以買田，則貨幣稍均，其利四也。

……』

又續通鑑長編卷三九三載元祐元年十二月戊申，

詔諸路元豐七年已前坊場免役剩錢，除三路全留外，諸路許留一半，餘召人入便，……先是侍御史王岩叟言，『……國家自聚斂之吏倚法以削天下緡錢，出私室而歸公府者，蓋十分而九。故物日益以輕，錢日益以重，而民日益以困。……緡錢一入於公，而無復通流於外，故……物輕之弊，天下猶共以爲病也。今四方之遠，又有甚者焉。臣聞福建一路羨餘免役錢，見在一百八十餘萬。夫以區區八州之地，窮陋狹隘，而十餘歲間，斂而藏之官者，積數如此。則民之有無，不問可知矣。旣民之所有者已空，又官之所藏者不出，而羣衆相生養之道則必待乎此，則勢將何如？……』貼黃稱，『臣舉福建一路以爲言，則諸路所藏，大約可見。如以臣言爲可采，伏望詔有司幷議之，以救天下錢重物輕之弊。』於是從其言而降此詔。

又同書卷三九四載元祐二年正月辛巳，

殿中侍御史孫升言，『……爲國者不取民之力，而取民以錢，則貨殖百物無以售，而民至於困極也。……錢蓄積於上，則終無所蕃滋。爲國者不藏於民，而聚之於府庫，此財力所以耗竭，上下所以怨也。……今東南民間所用無完錢，皆烏舊缺邊；而鄉村所出穀帛，賤無人售；城郭人戶比十五年前破家者十七八，皆因納錢免役之患。此上下所共知，非臣一人之私言也。……』

又同書卷四六二載元祐六年七月辛巳，

御史中丞趙君錫言，『……比歲以來，物力凋弊，……諸路錢貨在官者，大抵數千萬貫，率常壅滯不發。……民間錢貨無從而得。所以艱難困匱，反甚於前，不足怪也。況穀賤則貴糴，……矧當今日錢重物輕之際，行之尤切時宜。……』

此外，關於青苗法之影響於價物的下落，記載尚多。茲引述於下。

鄭俠西塘先生文集卷六上王荆公書云：

青苗之法，本以……抑兼并而蘇貧乏，……及貪暴之吏，急於散而取賞，則……至於收成之際，又不稍緩其期。 穀米未及乾，促之已急，而賤糶於市。

又淨德集卷三奏乞權罷俵散青苗一年以寬民力狀云：

臣伏以青苗之法，……及至斂納，……雞、犬、牛、羊，賤鬻於市。

又欒城集卷三八申三省請罷青苗狀云：

小民無知，不計後患，聞官中支散青苗，競欲請領。 ……及至納官，賤賣米粟，浸及田宅，以致破家(註五二)。

又欒城後集卷一五民賦敍云：

至於熙寧青苗之法，凡主客戶得相保任，而貸其息，歲取十二。 出入之際，吏緣爲姦。 請納之勞，民費自倍。 凡自官而及私者，率取二而得一。自私而入公者，率輸十而得五。 錢積於上，布帛、米、粟，賤不可售。

又溫國文正公文集卷五四乞趁時收糴常平斛斗白劄子云：

熙寧之初，執政以舊常平法爲不善，更糶本作青苗錢散與人戶，令出息二分，置提舉官以督之。 豐歲則農夫糶穀，十不得四五之價。 ……錢貨愈重，穀直愈輕(註五三)。

又續通鑑長編云：

（元祐元年五月）乙酉，監察御史上官均言，『……自行（青苗）法以來，錢幣日寡，民用日困。 ……及其斂也，迫於期會，必至賤賣穀帛，而苟免刑責。 ……』（卷三七八）

（六月）乙卯，監察御史上官均言，『……無知之民，恃青苗之散，誘一時之利，往往侈用妄費，不圖難償之後患。 迫而斂之，賤賣穀帛，破產失業者，固非一二。 前日之弊是也。 ……』（卷三八一）

綜括上述，可知自熙寧年間王荆公的募役、青苗等新法實行後，錢在各地市場上的流通量便日見減少，以致影響到物價的下落。

(乙)貨幣的緊縮

本來自熙寧初年王荆公新法實行後，當日的流通界即已呈現貨幣緊縮的狀態。關於此點，上面已經說過。 這種因募役、青苗等新法而生的貨幣緊縮，當加上其他因素的影響的時候，情形更爲嚴重。　現在要討論的貨幣緊縮，是就新法以外其他因素所引起的情形說的。

當時的貨幣緊縮，有一專門名詞來表示，叫做『錢荒』。　據當時人的意見，錢荒情形所以發生，主要原因爲(1)錢幣的流出國外，和(2)錢幣的銷毀作器。當日有好些外國商品輸入中國，故錢幣有大量的流出；同時，人們如果利用錢幣中所含的銅作原料來製造工業品，可以賺到鉅額的利潤，故錢多被銷毀作器。　如樂全集卷二六論錢禁銅法事云：

國朝故事，諸監所鑄錢悉入於王府，歲出其奇羨，給之三司，方流布於天下。　然自太祖平江南，江、池、饒、建置鑪鼓鑄，歲至百萬緡。　積百年之所入，宜乎貫朽於中藏，充足於民間矣。　乃自比年以來，公私上下，並苦乏錢，百貨不通，萬商束手。　……錢既難得，穀帛益賤。　人情窘迫，謂之錢荒。　府庫例皆空虛，人戶又無居積。　不知歲所鑄錢，今將安在？此事實繫安危之體，宜明利害之原。　夫鑄錢禁銅之法舊矣，累朝所行，令勑具載。　錢出中國界及一貫文，罪處死。　……而自熙寧七年頒行新勑，删去舊條，削除錢禁。　以此邊關重車而出，海舶飽載而回。　聞緣邊州軍錢出外界，但每貫量收稅錢而已，……今自廣南、福建、兩浙、山東，恣其所往，所在官司公爲隱庇，諸係禁物私行買賣，莫不載錢而去。　錢本中國寶貨，今乃與四夷共用。　又自廢罷銅禁，民間銷毀，無復可辨，銷鎔十錢，得精銅一兩，造作器物，獲利五倍。　如此，則逐州置鑪，每鑪增課。是猶畎澮之益，而供尾閭之泄也。　大爲之防，民猶踰焉。　若又廢之，將何憚矣？蓋自弛禁，數年之內，中國之錢日以耗散。　更積歲月，外則盡入四夷，內則恣爲銷毀，壞法亂紀，傷財害民，其極不可勝言矣(註五四)。

又同書卷二六論率錢募役事云：

天下謂之錢荒，……而又弛邊關之禁，開賣銅之法。　外則泄於四夷，內則恣行銷毀。　鼓鑄有限，坏散無節。　錢不可得，穀帛益賤(註五五)。

又忠肅集卷五乞復錢禁疏云：

天下諸路監冶所鑄，入於王府，歲亡慮數十百萬緡。　自國朝以來，積而至此，其數幾何？謂宜公私沛然有餘裕矣。然今都內之藏，旣不聞於貫朽，而民間乏匱時，或謂之錢荒，此何謂也？其故大者，在泄於四夷而已。……而又至於銷毁法錢。……然則旣泄之，又坏之，欲錢之充溢不可校，如古之盛，理宜無有也。

沈括則更加上第三個原因，卽人民於不信任鹽鈔之後，改藏多量的錢，無形中降低了錢的流通速度。續通鑑長編卷二八三熙寧十年六月條說：

上(宋神宗)嘗問公私錢幣皆虛，錢之所以耗者安在？(沈)括對曰，『……銅禁旣開，銷錢以爲器者，利至於十倍。則錢之在者，幾何其不必器也。臣以謂銅不禁，錢且盡，不獨耗而已。異日富家備寇攘水火之敗，惟畜鹽鈔，而以藏鏹爲不利；鈔之在民者以萬計。今鈔法數易，民不堅信；不得已而售鈔者，朝得則夕貿之。故鈔不留，而錢益不出。臣以謂鈔法不可不堅，使民不疑於鈔，則鈔可以爲幣，而錢不待益而自輕矣。……錢利於流借。十室之邑，有錢十萬，而聚於一人之家，雖百歲，故十萬也。貿而遷之，使人饗十萬之利，遍於十室，則利百萬矣。遷而不已，錢不可勝計。……四夷皆仰中國之銅幣，歲闌出塞外者不貲。議者欲榷河北之鹽，鹽重則外鹽日至，而中國之錢日北。京師百官之饔餼，他日取羊牛於私市者，惟以百貨易之；近歲以疥疾乾沒之爲蠹，一切募民之餼，牽於京師。雖革芻牧之勞，而牛羊之來於外國，皆私易以中國之實錢。如此之比，洩中國之錢於北者，歲不知其幾何。……』

由於上述的原因，神宗、哲宗時代各地遂發生錢荒的現象。關於各地錢荒的情形，除分見於上引各文外，欒全集卷二六論討嶺南利害九事亦云：

東南六路……農民困於輸錢，工商窘於射利，謂之錢荒，人情日急。

其中尤以兩浙的錢荒爲最利害。鄭獬鄖溪集卷一二乞罷兩浙路增和買狀(註五六)云：

兩浙累年以來，大乏泉貨，民間爲之錢荒。

又續通鑑長編卷四三五載元祐四年十一月甲午，

(蘇)軾又言，『……浙中自來號稱錢荒，今者尤甚。百姓持銀、絹、絲、綿入市，莫有顧者。 質庫人戶，往往晝閉。 ……』

復次，關於江南、荊湖各地錢荒的情形，欒城集卷三七論發運司以羅糴米代諸路上供狀云：

江、湖諸路自來皆係出米地分，而難得見錢。 舊日官歲糴米，錢散於民，故農不大傷，無錢荒之弊。 今發運司以所糴米代供，而責錢於諸路，諸路米無所售，而斂錢以償發運司，則錢日益荒，而農民最病。 此東南之大患也。

關於嶺南的錢荒狀況，費袞梁谿漫志卷四云：

其（蘇軾）在惠州也(註五七)，……坡以爲嶺南錢荒，乞令人戶納錢與米，並從其便。

總之，除募役及青苗等新法的實行外，由於錢幣的流出國外，銷毀作器，及大量收藏，錢在市場上的流通量遂告銳減，形成貨幣緊縮的現象。 根據貨幣數量學說，這當然要影響到物價的下落。

(丙)物品供給的增加

神宗熙寧年間以後物價下落的第三個原因是物品供給的增加。 關於此點，可分兩項來說：

第一是耕地面積的增加。 如宋會要食貨七〇載政和三年（1113），

九月二十八日，京西路計度轉運使王璹言，『本路唐、鄧、襄、汝等州，治平以前，地多山林，人少耕殖。 自熙寧中，四方之民輻湊，開墾環數千里，並爲良田。 ……』

好些土地既然被開墾成良田，物品的生產額自要大爲增加。

第二是農產的豐收。 在神宗、哲宗兩代，各地農業的生產，好些年都是豐收，失收的次數甚少；因此，物品便因供給的增大而價格下降。 如宋會要食貨三九云：

（熙寧十年）十一月十五日，三司言，『陝西以今歲秋田倍豐，物斛至賤。 ……』

（元豐五年）七月二十四日，河東轉運司言，『歲事甚豐，糧草價賤。

……』(註五八)

(紹聖四年)九月四日,三省言,『聞懷衞州今歲豐稔,米穀價賤,……』(註五九)

又續通鑑長編云:

(熙寧四年十二月)辛酉,上批,『河北便糴司滅軍糧數至多。當此豐年物賤之際,實爲可惜。……』(卷二二八)

(六年十二月)戊寅,新權發遣淮南西路提點刑獄陳樞言,『熙寧五年,蘇、湖大稔,米價視淮南纔十之五。……』(卷二四八)

(九年十月)戊子,陝西轉運使皮公弼言,『本路今歲極豐,而常平多積錢。願借百萬緡,乘賤計置。……』(卷二七八)

(元豐元年九月)丙戌,環慶路計議措置邊防徐禧言,『陝西路至並邊,豐稔異常,物價至賤。……』(卷二九二)

(二年十月)辛丑,權發遣司農寺都丞吳雍言,『淮、浙連歲豐稔,穀賤。……』(卷三〇〇)

(三年八月乙卯)司農寺言,『近差主簿韓宗良往淮、浙起發糧斛。緣逐路今歲秋熟,物價甚賤。……』(卷三〇七)

(五年六月)乙亥,發運司奏,『夏麥大稔,……』上批,『……趁麥價賤,沿河收糴充用。……』(卷三二七)

(六年八月)丁亥,權河北緣邊安撫司李諒言,『今歲沿邊秋稼倍稔,宜乘此價賤,廣儲蓄實邊。……』詔措置河北糴便司,『如比去歲糴價賤三分之一,即於緣邊以時廣糴。』(卷三三八)

(元祐二年六月壬辰)戶部言,『淮南、河北、京東、京西府界,今歲夏麥豐熟,穀價甚賤。……』(卷四〇二)

(四年六月癸亥)御史中丞傅堯俞言,『臣伏見今歲諸路蠶麥並熟處甚多,其價隨而過賤。……』(卷四二九)

又呂南公(註六〇)灌園集卷四山中卽事寄上知縣宣德云:

一錢重丘山,斗粟輕糞土。昔聞豐年樂,今識豐年苦。東家米粒白如銀，西家稻束大如鼓，再三入市又負歸，慇懃減價無售主。……但願令尹住三年，錢重物輕猶可過。

又同書卷一初釀云：

歲稔穀價卑，家家有新釀。

又洋德集卷三奏爲繳連先知彭州日三次論奏榷買川茶不便并條述今來利害事狀(註六一)云：

幸而屢歲豐熟，糧食頓賤，可以度日。

又同書卷一〇與十弟書云：

歲稔物賤，不覺食貧。

又范祖禹范太史集卷一五論常平劄子(註六二)云：

臣愚欲乞速降指揮：諸路提刑司，乘今秋豐稔穀賤之時，盡以所有之錢增價收糴，使不至於甚賤傷農。

又同書卷同再論常平劄子云：

臣訪聞諸路，今秋可望大熟。民間不唯速欲得錢，必至甚賤。又小民不爲遠慮，一熟則輕賤五穀，粒米狼戾。

總之，神宗及哲宗時代物品的供給，由於耕地面積的擴大，和連年農產的豐收，要比前代增加得多。當日市場上物品的供給既然增加，物價自要下跌。

(3)物價下落的情況

由於上述募役、青苗等新法實行後錢幣價值的增大，貨幣的緊縮，以及物品供給的增加，熙寧初年以後物價的變動，遂一反西夏戰爭以來物價上漲的趨勢，而向下跌落。

關於當日物價下落的情形，讓我們先看看米價的變動。在江、淮一帶，熙寧八年蘇州米價爲每斗五十文。續通鑑長編卷二六七載熙寧八年八月戊午，呂惠卿說：

……蘇州，臣等皆有田，在彼一貫錢典得一畝，歲收米四五斗。然常有拖缺。如兩歲一收，上田得米三斗。斗五十文，不過百五十文。

在同一時間，江、淮有些地方的米價，因爲失收，曾上漲至八十文上下一斗。同

書同卷載熙寧八年八月丙申，

詔，『聞淮南、江東、兩浙路災傷州軍，米價踴貴。其令發運司勸會斗錢八十以上處，留上供米，毋過百萬石；減市價於民，斗毋過八十。』

其後，到了元豐二年，黃州的米只賣二十文一斗。經進東坡文集事略卷四五答秦太虛書云：

（黃州）外縣米斗二十，有水路可致。……魚蟹不論錢(註六三)。

及元祐元年，各地米價仍只賣二十至五十文一斗。溫國文正公文集卷四九乞罷免役錢依舊差役劄子云：

平時一斗直錢者不過直四五十，更急則直三二十矣(註六四)。

及元祐四年，浙江一帶水旱失收，曾貴至八九十文一斗。續通鑑長編卷四五一元祐五年十一月條說：

先是浙西鈐轄蘇軾言，『……去年浙西數郡，先水後旱，……去歲杭州米價每斗至八九十。……』

又同書卷四三五載元祐四年十一月甲午

（蘇）軾又言，『浙西七州軍冬春積水，不種早稻。及五六月水退，方插晚秧，又遭乾旱，早晚俱損，高下共傷。民之艱食，無甚今歲。見今米斗九十足錢。小民方冬，已有飢者。……』

再後一年，蘇、杭米價每斗賣錢六十文至一百文。續通鑑長編卷四五一說：

（元祐五年）九月戊辰，（蘇）軾又言，『本司勸會八九月間，杭州在市米價每斗六十文足。至十一月，長至九十五文足。其勢方踊貴間，因朝旨寬減轉運司上供額斛三分之一，即時米價減落。……今來在市米，見今已是七十五文足。……』

戊寅，軾又言，『……蘇、湖、常、秀，大段災傷。……見今訪聞蘇州在市米價已是九十五文足。……』

十月壬子，軾又言，『見今浙西諸郡，米價雖貴，然不過七十文足。……』

是月壬午，軾又言，『……見今蘇、湖、杭、秀等州米價日長。杭州……每斗不下六十七至七十足錢。……』

（十一月）先是浙西鈐轄蘇軾言，『……至五六月間，浙西數郡大雨不止，太湖泛溢，所在害稼。 六月初間，米價復長。 七月間，斗及百錢足陌。……』

及元祐六年，在江、淮間米價最高的地方，米一斗賣錢七十文至七十七文。 續通鑑長編卷四五六載元祐六年三月乙酉，

龍圖閣學士前知杭州蘇軾言，『……淮南、宿、亳等州災傷，米價高處七十七文。 江東米價高處七十文。 ……』

可見當日江、淮一帶的米價，雖在失收的時候，也以每斗賣錢百文以下的時候為多；至於低廉時節，每斗更只賣錢二三十文。 復次，當日四川的米價，也有下降的趨勢。 在熙寧年間，每斗賣錢一百多文。 淨德集卷一奏乞放免寬剩役錢狀(註六五)云：

臣伏見二年以來，川中見錢絕少，物價減半。 ……米每石一貫二三百文。

又趙抃趙清獻公集卷一奏狀乞減省益州路民間科買云：

近歲米賤，每一斗只直大錢二百至一百三四十文以下。

及元祐年間，更低跌到六七十文或七八十文一斗。 淨德集卷四奉使回奏十事狀(註六六)云：

蜀中比年米穀極賤，……米一石直七八百文，……

又忠肅集卷五乞體量成都漕司折科稅米奏（元祐年間）云：

臣風聞成都路……民間米每斗六七十文，……

再次，在汴京方面，熙寧年間每斗米價也多半在一百文以內，超過一百文的時候甚少。 鄭俠西塘先生文集卷一開倉糶米云：

自（熙寧六年）三月初十日以來，聞知市易司抵當米往支。 十一日以後，聞米價日有增長，自八十五文一斗，增至二十五日，米一斗一百五文。 濵三月二十七日勅，京城差官，於諸寺舍糶米，當日米價頓減。 至三月三十日，在市米價斗七十五文。

又續通鑑長編卷二五一載熙寧七年三月甲子，

時米價斗錢百五十，已詔司農寺以常平米三十二萬斛，三司米百九十萬斛，

平其價至斗百錢，至是又減十錢，並至官場出糶。民甚便之(註六七)。

又同書卷二六五引呂惠卿日錄云：

(熙寧)八年九月十六日，進呈罷運米令市易俵放文字。余曰，『元初只見在京八十價糴了米，司農寺以一百價賒糴了米。……』

此外，當日河北及陝西的米價也相當平穩，每斗多半賣錢一百文以下。如忠獻韓魏王家傳卷八云：

至是(熙寧三年)秋，……公慨然上疏曰，『……兼去歲河朔豐熟，常平倉所糴白米，每斗不過七十五文至八十五文省以來，自前年分，少有似此價賤之時。……』(註六八)

又宋史卷一七六食貨志云：

(熙寧)三年，判大名府韓琦言，『……去歲河朔豐稔，米斗不過七八十錢。……』

這和西夏戰事爆發後每斗賣錢七百甚至一千的河北米價比較起來，當然是便宜得多了。其次，陝西的米價也曾貴至一百文一斗。溫國文正公文集卷四三乞不添屯軍馬云：

況去年(熙寧三年)陝西經夏大旱，入秋霖雨，五穀例皆不熟。……即今每㪷白米價錢一百文足，……

但在平時則以七十餘文一斗的時候爲多，同書卷四四奏爲乞不將米折青苗狀云：

(陝西)向去夏秋五穀，有豐有儉，其穀麥之價，固難豫定。今將陳色白米，每斗細作見錢七十五文。

其次，當日的麥價也很低廉。在元豐年間京西(今河南西部一帶)的麥只賣三十文一斗。續通鑑長編卷三四八載元豐七年八月戊辰，

御史蹇序辰言，『聞京西麥斗錢不過三十，……』

至於陝西，則『小麥每斗四十文足』(註六九)。

復次，我們要說到當日銀、絹的價格。在四川，銀一兩，絹一匹，都賣錢一千五百文左右。呂陶淨德集卷一奏乞放免寬剩役錢狀云：

臣伏見二年以來，川中見錢絕少，物價減半。銀每兩，絹每匹，各只值一

貫四五百文。

其中關於銀價，同書同卷奏具置場買茶旋行出賣遠方不便事狀云：

臣竊聞蜀州熙寧八年銀每兩……市價一貫六百文；九年銀每兩……市價一貫四百文。

關於絹價，同書卷四奉使回奏十事狀云：

蜀中比年……絹一疋乃爲錢千四五百。

又忠肅集卷五乞體量成都漕司折科稅米奏云：

臣風聞成都……絹價每匹一貫七八百文。

這和慶曆年間每匹三千文以上的四川絹價比較起來，實在便宜得多。 至於兩浙的絹，每匹約賣錢一千文至一千二三百文左右。 鄭獬鄖溪集卷一二乞罷兩浙路增和買狀(註七〇)云：

今民間輸絹一匹，費錢一貫二三百文足。

又續通鑑長編卷四三二載元祐四年八月乙丑，

知杭州蘇軾言，『……續據右司理院勘到：顏章、顏益招爲本家有和買紬絹三十七匹。 章等爲見遞年例，只是將輕疏糊藥紬絹納官。 今年本州爲綱運估剝數多，以此指揮，要納好絹。 章等既請和買官錢，每匹一貫，不合將低價收買昌化縣疏糊藥紬絹納官。 ……』

由此可知當日銀、絹的價格都比慶曆年間便宜得多。

最後，當日土地的價格也和其他物價那樣，有下落的趨勢。 淨德集卷二奏乞相度逐界坊場放免欠錢狀云：

承買場務之家，抵產物業，元價高大。 爲近年物輕幣重，田宅既減價，今雖拘收在官，出賣之際，必不依得元估。 官司仍於欠人身上，理納餘錢，極爲騷擾。 謂如抵產一處，元估一千貫，今只直七百貫，即更令納三百貫之類(註七一)。

至於實在的價格，在熙寧年間蘇州一帶的田地，大約一貫錢可以典得一畝(註七二)。

(4)物價下落的影響

這裏我們要討論一下：當神宗及哲宗時代物價低落的時候，國民生計要受到什麼影響？

在當日物價低落的情形下，一般消費者都很喜歡；因爲他們用很少的貨幣便可買到許多物品，在日常生活上是最舒適不過的。如上引淨德集卷三奏爲繳連先知彭州日三次論奏榷買川茶不便幷條述今來利害事狀云：

幸而屢歲豐熟，糧食頓賤，可以度日。

又灌園集卷一初釀云：

歲稔穀價卑，家家有新釀。

物價便宜到家家都有酒喝，一般消費者自然是非常高興的。

可是，在生產者方面，物價下落的影響卻非常之壞。如上引樂全集卷二六論討嶺南利害九事云：

東南六路……農民困於輸錢，工商窘於射利，謂之錢荒，人情日急。

又黃裳(註七三)演山集卷四六錢重物輕云：

錢重而物輕，在粟帛也傷農，在器械也傷工。……惟工與農，獨受其弊焉。……下貽工農之戚戚。

可見在當日物價低落的情形下，無論是工商業者，或是農民，都要因爲利潤降低而收入大減，或甚至要虧本。而在當時人的文字中，關於農民因物價低落而受苦的記載尤多，茲抄錄如下。上引西塘先生文集卷六上王荆公書云：

至於收成之際，……賤糶於市。而曩之利十，今不售其五六。質錢於坊郭，則不典而解。其甚者至於無衣褐而典解。

又雲溪居士集卷一八役法論云：

布、帛、米、粟，賤貨速售，利失倍蓰。

又灌園集卷四山中卽事寄上知縣宣德云：

一錢重丘山，斗粟輕糞土。昔聞豐年樂，今識豐年苦。東家米粒白如銀，西家稻束大如鼓，再三入市又負歸，慇懃減價無售主。刀機縱在屠伯瘦，盃勺長閑墟婦去。了無蹊徑近甘肥，只有呻吟厭寒暑。相傳城邑尙牢落，村野蕭然安足數。鄙夫自分爲儒生，坎壈薄佑來躬耕。言章自昔枉用力，債簿幾許能除名？連旬暴露顏面黑，彌月菜茹腸肚青。原田常恐不渦歲，及此過矣倘何成？昨日鄰翁諸種播，相與竹下團團坐，共嗟衰暮值艱難，未覺豐登勝飢餓。……

又文獻通考卷一四載元祐八年，

兵部尚書蘇軾上言，『……臣頃在黃州，親見累歲穀熟，農夫連車載米入市，不了鹽酪之費。所蓄之家，日夜禱祠，願逢飢荒。……』

又續通鑑長編卷三八四載元祐元年八月丁亥，

戶部尚書李常建言，『……農夫紅女，賤易穀帛，而未免飢寒。……』

此外，上引各文中常有穀賤傷農的記載，茲從略。

五 北宋末年物價的上漲

(1)物價上漲的原因

神宗熙寧初年，新法實行後物價下降的趨勢，到了哲宗晚年(即元符年間，1098—1100)漸漸終止；及徽、欽兩宗時代，物價遂改為向上升漲。這時物價所以上漲，主要原因約有兩個，即貨幣的貶值，與物品供給的不足。茲分述如下。

(甲)貨幣的貶值

北宋末年，政府因為要補救經費開支的不足，採取貨幣貶值政策。最先是在陝西一帶發行鐵錢，其後則在各地發行當十錢及夾錫錢。關於這三種錢幣發行的經過及其對於物價的影響，茲分別敍述於下。

當熙寧、元豐年間，在陝西各地市場上，鐵錢與銅錢一樣流通，二者的價值也沒有多大差別。及元祐年間政府在陝西多鑄鐵錢結果，陝西銅錢日少，鐵錢日多，從而鐵錢的價值遂日漸低落。茲將元祐年間以後每千銅錢換得的鐵錢數量，列表如下：

年　　　月	每千銅錢換得的鐵錢數量
元祐三年(1088—9)	1020 文
元祐六年(1091—2)	1200 文
紹聖元年(1094—5)	1250 文

紹聖四年(1097—8)	1400 文
元符二年(1099)二月至七月	1600 文(註七四)

當日鐵錢的價值既日漸低落,以鐵錢表示出來的物價遂相反的上漲。續通鑑長編卷五一二元符二年七月癸卯條說:

(呂)惠卿言,『……自元祐、紹聖以來,鐵錢日益輕,故米價日長。……』

尙書省劄子,『勘會陝西路每歲所鑄鐵錢貫數不少。近歲以來,銅錢太重,鐵錢太輕。……竊慮歲久,轉更錢輕物重。須議指揮,令諸路經略安撫司,限半月密切具利害合如何措置,可以稱提鐵錢稍重,物價稍輕。……』

到了徽宗崇寧二年(1103)二月,由於左僕射蔡京的提議,政府令陝西鑄當十錢,以一文當小錢十文,行使於陝西、四川及河東以外的其他地方。其後,不獨陝西,江、淮、荊、浙、汴京、徐州、衢州、韶州、梧州及福建等地,也普遍鑄造當十錢(註七五)。這種錢雖然在市場上等於十文錢行用,牠的成色卻很低,只有三文小錢那麼重。通鑑長編紀事本末卷一三六說:

(崇寧)四年四月癸酉,尙書省言,『崇寧監鑄御書當十錢,每貫重一十四斤十兩,用銅九斤七兩二錢,鉛四斤一十一兩六錢,錫一斤九兩二錢。除火耗一斤五兩,每錢重三錢,十錢重三兩。』

又朱彧萍州可談卷二云:

崇寧初,行當十大錢,秤重三小錢。

因此,當日政府的鑄造當十錢,因面值與實值的差額而得的利潤,約在兩倍以上。通鑑長編紀事本末卷一三六云:

(崇寧二年)十二月癸卯,初令江、池、饒、建、舒、睦、衡、鄂州八錢監依陝西樣鑄當十錢。江、淮、荊、浙等六路發運司言,『……目今諸州軍官庫見管當二大錢甚多。乞將當二大錢改鑄當十大錢,四文可得三文,約四十萬貫實計三百萬貫。……』從之。

(三年)四月丙寅,戶部言,『舒、衡、睦、鄂、韶、梧州六監,歲鑄小錢共額一百五十三萬。……今欲並行改鑄當十錢。除一切費用外，可得見錢四百八十萬五千餘貫，以助本部經費。仍自崇寧四年爲始。』詔從所乞。

這種因鑄錢而得的超額的利潤，對於人們是一個很大的誘惑；故政府鼓鑄不久以後，私人便大規模的私鑄起來。結果，一方面因爲錢幣數量的激增，他方面因爲錢幣成色的低下，錢值便一天比一天下跌，物價則相反的一天比一天上漲。通鑑長編紀事本末卷一三六云：

（崇寧四年）十一月丙辰，尙書省言，『私鑄當十錢，利重，不可禁。深慮民間物重錢濫，……』

（五年春）監察御史沈畸言，『……誰爲當十之議？不知事有召禍，法有起姦。游手之民，一朝鼓鑄，無故有數倍之息，何憚而不爲？雖日斬之，其勢不可遏也。往往鼓鑄不獨閭巷細民，而多出於富民士大夫之家。曾未期歲，而東南之小錢盡矣。錢輕故物重，物重則貧下之民愈困。……』

十月丁丑，詔，『訪聞當十錢私錢甚多，蓋是官司禁戢不謹，公然容縱，物價暴長，細民不易。……』

（政和元年，1111）五月丁卯，降劄子，『累據臣僚上言錢法之弊，內一項：其當十錢，官鑄例重三錢，私鑄率皆鍥薄沙鑞。既作當十錢行使，卽有虛錢，幾及兩倍。遂致物價高，姦民冒禁。公私受弊，首尾十年。……』

戊辰，手詔，『……比者建議之臣，不深計利病，輕於變法(註七六)。行之數年，錢益輕；物益重，公私受害，不可勝言。……』

又宋史卷一八〇食貨志云：

政和元年，詔，『錢重則物輕，錢輕則物重，其勢然也。……往歲圖利之臣，鼓鑄當十錢，苟濟目前，不究悠久，公私爲害。用之幾十年，其法日弊而不勝。姦猾之民規利，冒法銷毀當二小平錢，所在盜鑄。濫錢益多，百物增價。……』

又周行己(註七七)浮沚集卷一上皇帝書云：

臣竊計自行當十以來，國之鑄者一，民之鑄者十；錢之利一倍，物之貴兩倍。是國家操一分之柄，失十分之利；以一倍之利，當兩倍之物。……是以比歲以來，物價愈重，而國用愈屈。……夫盜鑄當十，得兩倍之利。利之所在，法不能禁也。自行法以來，官鑄幾何，私鑄幾何矣。官鑄雖罷，私鑄不已也。私鑄不已，則物價益貴，刑禁益煩。

又朱翌猗覺寮雜記卷下云：

崇寧鑄當十錢，……自此盜鑄徧天下，不可禁。物價踊貴。

與當十錢同時發行的，還有夾錫錢。這也是蔡京執政時開始鑄造的。最初造於陝西，其後廣、惠、康、賀、衡、鄂、舒等州也相繼鑄造。其成色遠不如過去的銅錢那麼好(註七八)，但在市場上行使的時候，夾錫錢一文卻等於銅錢二文使用(註七九)。因此，實値與面値既然相差太遠，夾錫錢的價値自要下跌。看見夾錫錢被人拒用或低折行使，政府遂以法律懲治。如宋史卷一八〇食貨志云：

夾錫錢既復通行，錢輕不與銅等，而法必欲其重，乃嚴擅易擡減之令。凡以金、銀、絲、帛等物貿易，有弗受夾錫，須要銅錢者，聽人告論，以法懲治。市井細民朝夕鬻餅餌熟食以自給者，或不免於告罰。

知閿鄉縣論九齡俄坐以銅錢一估夾錫錢七八，并知州王寀，轉運副使張深俱被劾。

可是，單靠法律來維持成色低下的錢幣的價値，實在沒有多大的効果；故夾錫錢的價値還是下跌，物價則相反的上漲。宋史卷一八〇食貨志云：

時(政和元年)關中錢甚輕，夾錫欲以重之，其實與鐵錢等。物價日增，患甚於當十。

又宋會要職官四三載政和六年，

四月二十六日，詔，『推行夾錫錢，本以惠四方。行之累年，制作不精，加雜錯易坏，公私病之。遂使惡錢流布，錢輕物重，不勝其弊。……』

又浮沚集卷一上皇帝書云：

又況夾錫未有一分之利，而物已三倍之貴。是以比歲以來，物價愈重，而國用愈屈。

其後東南各地的夾錫錢都運往陝西，結果陝西錢值更輕，物價更貴。李綱梁谿全集卷一四四禦戎論云：

自東南夾錫錢罷不行，悉運於陝西，物價翔踊，而錢益輕，凡二十而當一。……不為之制，則物重錢輕，其弊無窮。

由此可知，北宋末年貨幣貶值政策的具體表現爲鐵錢，當十錢及夾錫錢的發行。這三種錢幣開始發行的時間，和流通的地點，雖然并不相同，但其足以影響到物價的上漲，則完全一樣；因爲牠們的實值與面值都相差很遠，而私鑄的數量也很多。

(乙)物品供給的不足

北宋末年物價上漲的第二個原因，是物品供給的不足。當日物品供給所以不足，主要原因是農產的失收。這時全國各地農產的收成都不很好，故價格很貴。如續通鑑長編卷五一八載元符二年十一月辛未，

涇原路經略使章楶既應詔發遣兵將赴熙河，卽具奏曰，『……今來自關以西，以至沿邊鄜延、環慶、涇原、秦鳳路，連値夏秋不熟，斛斗不收，價比舊日三四倍高貴。……』

這是西北的情形。又宋會要食貨五九云：

(崇寧二年)十月十四日，詔，『兩浙、杭、越、溫、婺等州秋田不收，……致人戶漸至逃移，賊盜滋多，物價增長(註八〇)，細民不易。……』(註八一)

(大觀三年)九月六日，詔，『東南路比聞例有災傷，斛㪷踊貴。……』

這是東南的情形。又宋會要食貨一七云：

(宣和)七年正月二日，詔，『在京小民日用之物，多自外販。比緣外方荒歉流移，物來稍小，其價甚貴，細民艱食。……』

這是中原的情形。至於當日促使物價上漲的農產失收之所以發生，有由於水災的。如宋會要食貨五九云：

(政和六年)十一月三日，詔，『兩浙州軍秋水害田，物價翔踊。……』

同日(八年七月二十九日)，鎮江府言，『自六月以來，霖雨連綿，渰沒民

田，米價踴貴。……』

(宣和六年)八月十九日，詔，『兩浙路州縣違法閉糴，邀阻客人，米價翔踴。仰提刑廉訪體究水災去處，令常平司賑濟；州縣閉糴邀阻，速令禁止。』

又同書食貨五七云：

宣和元年二月十八日，尙書左丞范致虛言，『……竊以災傷路分廣遠，自江、淮、荆、湖、兩川，各被水患，物價騰踴。……』

(六年)十月二十七日，詔，『浙西諸郡夏秋水災，穀貴艱食，民戶流移。……』

又方勺泊宅編卷七云：

政和六年，江、浙大水，秋糴貴，餓莩盈路。

又李新跨鼇集卷一九上皇帝萬言書云：

元符三年五月十一日，興元府南鄭縣丞李新謹昧死百拜，上書皇帝陛下。……頃者河北水災，豁地千里。……自雍以西，米斗千錢。而京東西物價翔湧。

又同書卷二〇再上家提舉手書云：

自去歲霖雨，雖薄害稼，而上戶所入，仍蹈故常，場圃未畢，而穀價已小涌矣。

又同書卷二八謝雨文云：

去歲淫雨，而秋亡所斂，故自春徂夏，物價軒涌，迨今不少低。

復次，有由於旱災的。如孫覿鴻慶居士文集卷四二霍公(端友)行狀云：

(大觀)三年，除大司成，兼實錄修撰，遷禮部侍郎。……公……又言，『伏讀明詔，以荆湖、江、淮、閩、浙七路人罹旱災，穀價翔踴，詔州縣發倉廩振貧乏，甚大惠也。……』

又李朴豐清敏公遺事云：

改守越(註八二)。適歲蝗，穀價騰踴。民病食。公發廩振之。

此外，又有由於兵災的。如晁說之嵩山文集卷一元符三年應詔封事云：

關中兵不解甲，今又七八年矣。 飢饉相仍，米斗千錢不可得。

又范純仁范侍郎公遺文(註八三)議進築非便（建中靖國元年五月）云：

竊惟兩路（河東、陝西）凋殘，困於進築。……大兵之後，洊有凶年。雖去歲夏秋，兩經豐穰，而物價未甚減小。

除農產失收外，當欽宗靖康元年，汴京爲金兵圍攻的時候，因爲對外交通斷絕，物品供給更爲不足，從而物價更爲昂貴。 如徐夢莘三朝北盟會編卷三〇載靖康元年正月

十八日甲申，大風雪。 時圍閉旬日，城中食物貴倍平時。

又宋會要食貨一七及職官二七云：

欽宗靖康元年四月十四日，詔，『都城物價未平，來者尙少。 ……』

(2)物價上漲的情況

由於上述貨幣的貶值，和物品供給的不足，北宋末年物價便向上高漲。 人們所以反對蔡京的政治設施，當日物價的上漲是其中一個主要原因。 三朝北盟會編卷五〇靖康元年七月二十一日條說：

陳朝老書曰，『……以蔡京之所爲，求其所欲，其爲害豈特一方與當年，蓋將徧四方之廣，亘萬世之遠而未艾也。 厥今天下何如哉？……錢與物俱重，而無術以平之。 其他害國蠹民，誤上罔君，未可以指數。 ……』

而汴京物價的昂貴，大約也是在蔡京執政的時候開始的。 萍洲可談卷一云：

興國賈公自京師歸，余問物價貴賤。 賈曰，『百物踴貴，只一味士大夫賤。』 蓋指奔競者。 嘗聞蔡元長因閱門下見客簿，有一朝士每日皆第一名到。 如此累月，元長異之。 召與語，可聽，遂荐用至大官。

在北宋末年一般物價上漲聲中，糧價的上漲更是普遍於各地。 如宋會要食貨二〇云：

宣和七年二月七日，尙書省言，『……諸路……米麥近來價高，……』

其中關於江南米價的昂貴，宋會要食貨五七亦云：

（大觀）三年八月十七日，詔，『常、潤州米價踴貴，可量發常平斛斗賑濟

人民。』

關於四川米價的上漲，宋會要食貨五七及五九云：

（宣和）五年正月四日，臣僚言，『聞蜀……比年……米直漸增。 ……』

關於嶺南米價的騰貴，蘇軾東坡志林卷一云：

元符二年，儋耳米貴，吾方有絕糧之憂。

至於各地米價上漲的實在情形，兹就一時所能考見的，分述如下：

（1）淮南——在宣和年間，每斗米約賣錢二百五十文至三百文。

宋會要食貨四載宣和四年

六月二十三日，榷貨務奏，『伏見……內外米斛價例比舊增添數倍，……熙、豐以前，每碩米價不過六七百，……今來價每碩二貫五至三貫，……幷據提舉淮南等路鹽事朱百樂等狀，……比年以來，柴米價貴，……』

現在把北宋初年以來江、淮一帶的米價列表於下，幷繪圖，以示北宋江、淮米價變動的大概情形(註八四)：

年　月	每斗米價	地　點
景德四年(1008)十二月	20	淮、蔡
大中祥符元年(1008)七月	30	襄、許、荆南、夔、歸、峽
同年九月	7—8	諸路(自然包括江、淮在內)
天聖四年(1026)五月	70—100	荆、湖、江、淮
慶曆三年(1043)九月	60—77	江、浙
皇祐二年(1050—1)	120	浙
皇祐四年(1052)十一月	50—230	東南
熙寧八年(1075)八月	50—80	蘇州 50，江、淮、浙 80。
元豐二年(1079—1080)	20	黄州
元祐元年(1083—7)	20—50	各地
元祐四年(1089—1090)	80—90	杭州
元祐五年(1090—1)	66—100	蘇、杭
元祐六年(1091—2)	70—77	江、淮
宣和四年(1022—3)	250—300	淮

（2）西北——在哲宗元符二年左右，陝西渭州及延安府等地的米價爲每斗數百

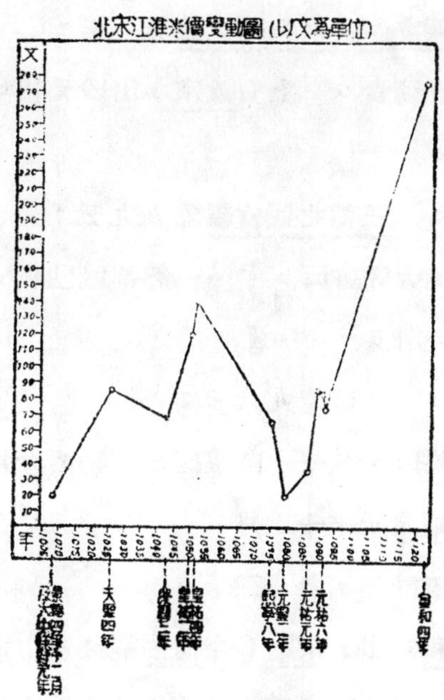

文。 續通鑑長編卷五一二元符二年七月癸卯條說：

今且以渭州言之。 昔日米麥每斗不過百錢，今日每斗三百文以上。 新邊城寨收糴，有至五六百文者。

見今延安府官糴米價五百二十文足，市新米七百八十文足，陳米七百二十文足。

其後每斗更貴至一千文，或一千文以上。 上引跨鼇集卷一九上皇帝萬言書曾說，『自雍以西，米斗千錢。』 嵩山文集卷一元符三年應詔封事曾說關中『米斗千錢不可得。』 又范侍郎公遺文議進築非便說：

如鄜延路新城堡砦，今（建中靖國元年）春糴買米，猶有至一貫四百文省。 則一方艱食，可以概見。

又續通鑑長編拾補卷二三崇寧三年四月辛酉條引趙挺之手記云：

然當時（崇寧初）運糧入中，不計價值之貴。 鄜廊米斗不下三四貫足。

（3）汴京——當靖康年間，金兵圍攻汴京及汴京陷落的時候，當地與外面交通斷絕，米價飛漲，有時賣一千二百文一斗。 三朝北盟會編卷七六靖康二年正月十八日條說：

自帝蒙塵以來，雪雨不止，物價日翔。 米斗一千二百。

有時賣二千文一斗。 陳東靖炎兩朝聞見錄卷上云：

先自城陷日，物直踴貴。 上（欽宗）出城又甚。 小民餓死道路，動以千計。 米斗二千。

有時賣二千四百文一斗。 三朝北盟會編卷九九云：

祕書少監趙暘與姚太守書曰，『……然都城已破，斂城中凍餓死者不可計。米麥至二十四貫一斛。 ……』

有時更貴到三千文一斗。 同書卷九六云：

吳興沈良靖康遺錄曰，『……自城破後，物價大貴。 米升三百，……』

又辛棄疾南燼紀聞錄載靖康元年十二月

十九日，京師雪深數尺，米斗三千。

(4)京東——在宣和年間，京東（今河南東部及山東一帶）的米價賣至一千文一斗。 陳東陳修撰集卷一登聞檢院上欽宗書（宣和七年十二月二十七日）云：

去歲京東(註八五)盜起，斗米千錢。 民兵缺食，中外憂之。

(5)河北——在徽宗初即位時，米每斗約賣三四百文左右。 宋會要食貨五九載元符三年

十二月三日（時徽宗已即位），臣寮言，『河北濱□等數州，昨經河決，連亘千里，爲之一空，……是以至今米斟不下三四百錢。 ……』

除米價外，當日麥、粟的價格也很昂貴。 如通鑑長編紀事本末卷一四三載宣和五年二月丙戌，

（趙）良嗣曰，『承平時，年（斗字之誤）粟不過百錢。 今兵火凋殘之餘，蓋十倍矣。 ……』

這是粟價上漲的情形。 至於麥價，在大觀、政和間，河南一帶約賣百多文一斗。宋會要食貨七〇云：

同日（政和元年三月二十九日），戶部奏，『京西路……數年以來，物價滋長。 ……大觀以來，小麥孟州溫縣實直爲錢一千二百，……潁川汝陰縣爲錢一百一十二，……』

及靖康年間，金國兵臨城下時，麥價更貴，有時賣一千文一斗(註八六)，有時更上漲

至二千四百文一斗(註八七)。

隨着糧價的增貴，用米糧製造的酒也因成本的提高而價格上漲。宋會要食貨四九載政和三年

二月十七日，淮南轉運司奏，『近來本路米斛價高，糯米尤甚，至少利息。竊見提舉學事司於酒價上增添錢收充學費，乞比附於見今酒價上，每升更添二文。……』從之。

此外，其他食料的價高，在靖康年間的汴京，騰貴得更爲利害。如三朝北盟會編云：

自帝蒙塵以來，雪雨不止，物價日翔。……驢肉一斤一千五百，羊肉一斤四千，猪肉一斤三千。（卷七六）

吳興沈良靖康遺錄曰，『……自城破後，物價大貴。……猪肉一斤六貫，羊肉一斤八貫，牛馬肉至二萬，亦無得者。……』（卷九六）

祕書少監趙暘與姚太守書曰，『……都城……肉一斤兩貫三百，菜數莖三四百文。……』（卷九九）

復次，當日服用品的價格也上漲。如宋會要食貨三八云：

（大觀）二年三月四日，上批，『……方今絹價倍高，……』

至於實在的絹價，我們只知道崇寧二年常州的絹每匹爲一千文多點。宋會要食貨二六云：

（紹興）八年二月二十八日，尚書省送到知常州無錫縣李德鄰劄子，『竊見本縣每歲起發夏稅紬絹一萬五千四百八匹，除諸鄉稅產戶下合納紬絹一寸以上，幷稅戶鹽錢折納，並催本色，計一萬一千五百一疋外，有三千九百七疋，係崇寧二年本州均敷下本縣認納。蓋當時縣令不謹其始，卻將下戶募脚鹽錢每二百二十文折納絹九尺(註八八)。……』

無爲軍則每匹賣一千四五百文。納逋鑑長編拾補卷一八建中靖國元年八月壬子條引九朝編年備要云：

且以無爲軍言之，民間買絹一疋，須用一貫四五百文足。

此外，北宋末年金銀的價格也一樣的上漲。在徽宗時代，銀的產量漸漸減

少。 宋會要食貨六四云：

（建炎）四年正月二十九日，詔，……戶部侍郎葉份言，『福建路……寶瑞場……自崇、觀以來，坑井漸降，銀價又高。 ……』

但人們對金銀的需要卻日漸增加。 燕翼貽謀錄卷二云：

祖宗立國之初，崇尙儉素，金銀爲服用者鮮，……金銀之價甚賤。 ……況承平日久，侈費益甚，沿襲至於宣、政之間乎？是宜價日增而未已也。

故金銀便因求過於供而價格上漲。 及欽宗靖康年間，金人圍汴，大規模的搜索金銀，金銀價格更爲昂貴。 這時金每兩約賣錢二萬文至三萬五千文；銀則賣一千五百文至二千五百文。 三朝北盟會編卷三二載靖康元年正月二十七日，

聖旨，『朝廷近爲大金國攻京國，方講議和，須犒金銀幣帛數目，金銀最爲緊急。 ……可自今月二十七日爲始，應京城畜金之家所有之數，或以埋藏，或以寄附，並限兩日盡數赴元豐庫、大觀庫、左藏庫、榷貨市易務、都茶場送納。 金每兩價錢二十貫，銀每兩一貫五百文。 先次出給憑由公據，候事定支還。 ……』

又同書卷八三靖康二年二月二十四日條云：

遺史曰，『……開封府……又以官錢高價收買，置十數場。 金每兩三十五貫，銀每兩五(註八九)貫五百文。 ……』

又靖炎兩朝聞見錄卷上載靖康元年十二月

十九日，督金銀甚緊。 ……又詔許納金銀人計直給還茶鹽鈔，金每兩準三十千，銀每兩準兩貫三百文(註九〇)。

又同書卷上云：

是日（靖康二年二月二十一日）督責金銀尤峻。 ……官司猶懼其未能多集，乃於四壁置場數十處，堆垛官錢以收買。 金每兩三十五貫，銀每兩二千五百。 多有赴場賣者。 ……官司收所買金銀，日不下千萬兩，並節次解赴軍中(註九一)。

又丁特起靖康紀聞載靖康二年正月十三日榜云：

金每兩三十五千，銀每兩二千五百省，……官爲收買。

最後，我們還要提及的，是當日房租、運費及工資變動的情形。這時一般物價既然上漲，房租、運費及工資等自然要跟着上漲。關於此點，我們雖然沒有得到詳細記載的材料，但其上漲的趨勢卻可在下引兩段文字中得到證明。宋會要刑法二載大觀元年

八月十二日，詔，『在京有房廊屋業之家，近來多以翻修為名，增添房錢，往往過倍。日來尤甚。使編戶細民，難以出辦。……』

又續通鑑長編卷五一二元符二年七月癸卯條說：

（呂）惠卿言，『……鑄錢鐵、炭、人工、糧食增貴，……芻粟百物既貴，故官中和顧脚乘人工之直，比舊亦皆數倍。……今鐵錢脚乘貴，雖鑄得錢般運至邊上，不足償脚乘之費。……』

由此可知，在北宋末年一般物價上漲聲中，食料、服用品及金銀的價格都莫不上漲，而房租、運費及工資等也隨着昂貴起來。固然，各種物價上漲的程度，由於地點及物品種類的不同，差別很大；但牠們都要比以前昂貴，卻是我們可以斷言的。

（3）物價上漲的影響

現在我們要進而探討北宋末年物價上漲的影響。

當日的生產者，尤其是售賣貨物的商人，在這個物價上漲的時候，利潤最大，正好乘機大發其財。如續通鑑長編拾補卷二三崇寧三年四月辛酉條引趙挺之手記云：

然當時入中，不計價值之貴。……富商大室，坐收百倍之利。

又同書卷二五載崇寧四年十一月

癸亥，詔付王仲千，『陝西……物重錢輕，遂致富商坐邀厚利。芻粟踊貴，職此之由。……』

又同書卷五一載宣和七年十二月甲子，

太學生陳東等伏闕上書，乞誅蔡京、王黼、童貫、梁師成、李邦彥、朱勔六賊曰，『……李邦彥據有西城所錢物。去歲京東盜起，米斗千錢，兵民闕食，中外憂之。彥乃發錢數千萬往淮、浙買米，運至京東，以規厚利。

……』

可是，在這個物價上漲的時候，受苦的人卻遠較上述得利的人爲多。第一，當日靠固定收入爲生的人，如公務員與軍人等，因爲薪俸所得的錢幣數量並沒有隨物價的上漲而按比例的增加，好些日用必需品都買不起，生活非常之苦。如梁谿全集卷一四四禦戎論云：

……陝西，物價翔踊，而錢益輕，凡二十而當一。官兵之俸，其數如是。月得俸一千者，纔可以爲銅錢之數五十。欲其衣食足而勇於公鬬，不可得也。

又續通鑑長編卷五一二載元符二年七月癸卯，

(呂)惠卿言，『……今一貫只當五百文用，……官員軍人所得俸入亦然，則是無罪而月常奪半俸。祿重者固不足言，使臣選人，無以自給，豈無怨咨。此錢輕之害七也。……』

又同書卷五一六載元符二年閏九月戊子，

呂惠卿言，『……窮邊物貴地寒，戍兵已skip敝襟拙絮以自給。』

又宋會要職官五八載靖康元年

七月十五日，詔，『近降指揮，外任官職田權借一年。如聞三路物重錢輕，妻孥不得溫飽，難以養廉，河北、河東、陝西路可並免借。』

復次，當日一般消費者，由於錢幣購買力的降低，好些商品都無法買來享用，生活程度要大大降低，有時甚至要捱飢抵餓。續通鑑長編卷五一八載元符二年十一月辛未，

章楶……奏曰，『…… 今來自關以西，……斛斗不收，價比舊日三四倍高貴。人民飢餓，不免流移，漸有遺棄兒女，道路之間，往往有之。……』

又宋史卷一八〇食貨志說：

政和元年，錢輕物重，細民艱食。

又泊宅編卷七說：

政和六年，江、浙大水，秋糴貴，餓莩盈路。

又宋會要食貨五七及五九說：

宣和元年二月十八日，尙書左丞范致虛言，『……江、淮、荆、湖、兩川，……物價騰踴，方春正多飢殍，……』

（六年）十月二十七日，詔，『浙西諸郡……穀貴艱食，民戶流移。……』

又三朝北盟會編卷三〇載靖康元年正月

十八日甲申，……（汴京）城中食物貴倍平時。窮民無所得食，凍餓死者相藉。

又南燼紀聞錄載靖康元年十二月

十九日，京師……米斗三千。貧民飢餓，布滿街巷，死者盈路。

此外，當日政府因稅收而得的錢幣，在物價上漲的時候，其購買力遠較以前爲低；因此，政府稅收所得的錢幣數量雖然仍舊一樣，其眞正的收入實要銳減。如續通鑑長編卷五一二載元符二年七月癸卯，

（呂）惠卿言，『……茶、鹽、酒稅之類，每歲所得錢有定額。今一貫只當五百文用，則見稅額暗虧其半。此錢輕之害六也。……』

總之，當北宋末年物價上漲的時候，從事物品買賣的商人固然有利；但靠固定收入爲生的公務員與軍人，一般消費者，以及政府本身，卻蒙受到不少的弊害。

六 結論

總括上述，我們可知北宋一百六十多年物價的變動，約可分爲四個時期：

第一個時期是宋初的六十多年，卽太祖、太宗及眞宗時代。這時由於物品的供過於求，及貨幣的緊縮，物價非常低廉。當日物價最低的紀錄載於宋史眞宗紀，內說大中祥符元年諸路米價便宜到七八文錢一斗；又宋會要食貨五七也說，淳化年間嶺南的米只賣四五文錢一斗。

第二個時期約略相當於仁、英二宗時代，一共四十多年。這時物價所以一反過去下降的趨勢而向上高漲，主要原因是西夏戰爭的爆發。仁宗、康定、慶曆年間，由於西夏趙元昊的大舉寇邊，陝西前線的耕地直接受到戰爭的破壞，大後方的國內各地則因民衆多去農爲兵，物品的生產量亦告大減。在另一方面，因爲戰爭

本來就是對於物資的大消耗，物品的需要卻大大增加。因此，當日各地市場上的物品有求過於供的現象。復次，自戰事爆發後，政府戰費開支很大；爲着補救收支的不平衡，政府遂實行貨幣貶值政策，卽大規模的鑄造大銅錢，大鐵錢及小鐵錢，利用這些錢幣面值與實值的差別來從中取利。可是，這種因鑄錢而得的超額的利潤，卻無形中引誘人們從事私鑄。這樣一來，一方面由於物品的求過於供。他方面由於錢幣的貶值與增多，當日物價遂向上升漲。根據當時人的記載，可知當日米糧、絹、銀及軍需品的價格都很昂貴。至於騰貴得最利害的物品，當推河北沿邊的米，在慶曆年間曾貴到一千文錢一斗。

第三個時期相當於神、哲二宗時代，約共三十多年。這時各地的物價，和西夏戰事爆發以來上漲的情形完全不同，其變動的趨勢爲向下降落。當日物價所以下降，主要原因爲王荊公募役、青苗等新法的實行。這兩種新法都開始實行於熙寧二年。前者規定政府不復要人民直接提供徭役，而改徵錢幣來代替。後者規定政府在每年青黃不接的時候貸款於民，而由人民於夏秋收成時歸還本利，利息爲二分。這兩種改革在當日社會上都是很激劇的變動。因爲在當日佔人口絕大多數的農民，只有農產品，沒有錢，如今他們都要以農產品換錢來繳納給政府，結果農產品充斥市上，因供過於求而價格大跌。同樣，當農產收成的時候，曾向政府借青苗錢的民衆，都須急於以農產品換錢來歸還本利，這當然也要影響到農產品價格的下落。復次，就錢幣流通數量上說，因爲政府的府庫中蓄積着多量的免役寬剩錢及青苗息錢，錢在市場上的流通量自要大減，從而物價遂跟着下降。此外，當日因錢流出國外，銷毀作器及被人蓄藏而發生的錢荒現象，以及因耕地墾闢和農產豐收而發生的物品過剩現象，也是神、哲二宗時代物價下落的因素。

第四個時期爲北宋末葉徽、欽二宗時代，約共二十多年。這時物價又一反王荊公新法實行以來下降的趨勢，而向上升漲。當日政府因爲要籌措經費，實行貨幣貶值的政策，卽先後大量的鑄造實值遠趕不上面值的鐵錢，當十錢及夾錫錢。政府因鑄這些錢而得的鉅額的利潤，很容易引起人們的貪婪，結果私鑄的錢便激增起來。因此，錢幣便因實值的遠不及面值與數量的增加而價值下跌，從而影響到物價的上漲。復次，當日因水旱之災而發生的農產失收，以及汴京被金人圍攻時對外交通的斷絕，也足以令到物價昂貴。 至於物價上漲的情形，除西北邊境因供求關係及錢幣增多而特別上漲外，靖康年間金人兵臨城下時的汴京，由於與外地交通的隔絕，物價更貴得驚人。

以上都是北宋物價變動的情形及其原因。 復次，每次變動對於人民生活的影響，我們也可以看見一二。 在宋初及王荆公新法實行後兩個物價下落的時期中，消費者自然是最高興不過的，因爲他們可以只花很少的錢幣便買到多量的物品。同樣，靠固定收入爲生的人，生活也過得很舒服，不至於要捱飢抵餓。 可是，在另一方面，我們卻常常聽見工商業者的訴苦，和穀賤傷農的怨聲。 至於在西夏戰事爆發後及北宋末年兩個物價上漲的時期內，一般生產者，尤其是出售貨物的商人，自然乘機大發其財。 可是，大多數的消費者，和靠固定收入爲生的公務員與軍人，因爲手中持有的錢幣的購買力大減，好些物品都買不起，生活非常清苦，有時甚至有凍餒之虞。

民二十九年十月初稿。 三十一年五月重寫。

(註一)以下簡稱宋會要。

(註二)事在太平興國四年（979—980），參考宋史卷四太宗紀。

(註三)續資治通鑑長編拾補卷六同。

(註四)見拙著唐代物價的變動，集刊第十一本第一分。

(註五)以下簡稱續通鑑長編。

(註六)太平治蹟統類卷五同。

(註七)詳見拙著南宋稻米的生產與運銷，集刊第十本第三分。

(註八)續通鑑長編卷六六同。

(註九)續通鑑長編卷七八略同。

(註一〇)太平治蹟統類卷三，文獻通考卷二一略同。

(註一一)曾鞏元豐類稿卷四九邊糴略同。

(註一二)續通鑑長編拾補卷六同。

(註一三)指太宗咸平年間（998—1004）張詠知益州時。

(註一四)續通鑑長編卷六六及太平治蹟統類卷五略同。

(註一五)續通鑑長編卷一〇六同。

(註一六)續通鑑長編卷八六，李心傳建炎以來朝野雜記甲集卷一四略同。

(註一七)咸平年間。

(註一八)續通鑑長編卷一六〇系此文於慶曆七年四月庚戌條。

(註一九)續通鑑長編卷一四五，太平治蹟統類卷九同。

(註二〇)慶曆四年歐陽修奉使河東時所作。　文載歐陽文忠公文集卷一一五。

(註二一)原註，『案歷代名臣奏議，係慶曆二年祁知陳州時上。』

(註二二)約在仁宗時，參考宋史卷三一八本傳。

(註二三)續通鑑長編卷一四三系於慶曆三年九月丁卯條。

(註二四)宋史卷一八〇食貨志，太平事蹟統類卷二九及文獻通考卷九略同。

(註二五)四庫全書總目提要卷二七云：『隨手雜錄凡三十三條，中惟周世宗事一條，南唐事一條，吳越事一條，餘皆宋事，止於英宗之初。』

(註二六)續通鑑長編卷一八九嘉祐四年正月丁酉條同。

(註二七)續通鑑長編卷一四六慶曆四年正月丁丑條略同。

(註二八)即七十七文。　羅大經鶴林玉露卷一云，『五代史：漢王章爲三司使，徵利剝下。　緡錢出入元以八十爲陌。　章每出錢伯必減其三。　至今七十七爲官省錢者，自章始。』

(註二九)續通鑑長編卷一四三系於慶歷三年九月丁卯條。

(註三〇)據沈括夢溪筆談卷一一，知此飢年爲皇祐二年。

(註三一)東齋記事有墨海金壺本及守山閣叢書本，但二者關於此事的記載，都不及皇朝類苑所引那麼完備。

(註三二)同書卷二六載葉祖洽古靈先生行狀云，『皇祐三年，改著作佐郎，知孟州河陽縣。』

(註三三)『復』是『免』的意思。

(註三四)以上所述，均據宋史卷一七七食貨志。

(註三五)張方平樂全集卷二五論免役錢劄子，續通鑑長編卷二七七熙寧九年秋條。

(註三六)續通鑑長編卷二五二熙寧七年四月甲申條同。

(註三七)續通鑑長編卷二五五元豐四年四月庚寅條，宋會要食貨六五，宋史卷一七七食貨志略同。

(註三八)續通鑑長編卷二六九熙寧八年十月壬辰條同。

(註三九)續通鑑長編卷二七七熙寧九年秋條略同。

(註四〇)同上註。

(註四一)續通鑑長編卷三八四元祐元年八月己丑條及宋會要食貨五同。

(註四二)上於熙寧年間。　見四庫全書總目提要卷二九。

(註四三)續通鑑長編卷二二四熙寧四年六月庚申條同。

(註四四)續通鑑長編卷三六四元祐元年正月戊戌條同。

(註四五)續通鑑長編卷三六五元祐元年二月乙丑條，宋會要食貨一三及六五略同。

(註四六)又名常平息錢，因爲政府是以諸路常平廣惠倉錢穀作資本，來貸放青苗錢的。

(註四七)續通鑑長編卷三七七元祐元年五月乙丑條同。

(註四八)原作『千』，茲從宋史食貨志改正。

(註四九)宋史卷一七七食貨志略同。

(註五〇)元豐二年(1078—9)進士。

(註五一)續通鑑長編卷三九四元祐二年正月庚午條同。

(註五二)續通鑑長編卷三八四元祐元年八月庚寅條同。

(註五三)續通鑑長編卷三八四元祐元年八月丁亥條同。

(註五四)續通鑑長編卷二六九熙寧八年十月壬辰條同,宋史卷一八〇食貨志節錄此文。

(註五五)續通鑑長編卷二七七熙寧九年秋條同。

(註五六)內言上於知杭州時,知作於熙寧年間。 參考宋史卷三二一本傳。

(註五七)蘇軾於哲宗紹聖年間(1094—8) 知惠州。 見宋史卷三三八本傳。

(註五八)續通鑑長編卷三三七元豐五年七月丁卯條同。

(註五九)續通鑑長編卷四九一紹聖四年九月甲寅條同。

(註六〇)熙寧元祐間人。 見滹園集卷首提要。

(註六一)作者呂陶於熙寧十年知彭州。 見本文。

(註六二)續通鑑長編卷四三〇系於元祐四年七月丙申條。

(註六三)蘇軾於元豐二年被貶爲黃州團練副使。 見陳均編皇朝編年綱目備要卷二〇。

(註六四)續通鑑長編卷三六五元祐元年二月乙丑條,宋會要食貨一三及六五同。

(註六五)原註:熙寧十年二月十日。

(註六六)作於元祐年間。 見宋史卷三四六呂陶傳。

(註六七)太平治蹟統類卷一二略同。

(註六八)宋會要食貨四略同。

(註六九)溫國文正公文集卷四四奏乞不將米折青苗狀。

(註七〇)鄭氏於熙寧年間知杭州時所上。 參考宋史卷三二一本傳。

(註七一)續通鑑長編卷三九四元祐二年正月辛酉條同。

(註七二)見前引續通鑑長編卷二六七熙寧八年八月戊午呂惠卿語。

(註七三)元豐五年進士。

(註七四)以上均據續通鑑長編卷五一二元符二年七月癸卯條。

(註七五)楊仲良通鑑長編紀事本末一三六,文獻通考,卷九。

(註七六)按卽指鑄當十錢而言。

(註七七)元祐六年進士。

(註七八)每緡用銅八斤,黑錫四斤,白錫二斤。

(註七九)以上據通鑑長編紀事本末卷一三六,宋史卷一八〇食貨志。

(註八〇)宋會要食貨七〇作『倍』。

(註八一)同書食貨七〇略同。

(註八二)事在徽宗時。 參考宋史卷三二一豐稷傳。

(註八三)見范忠宣公集。

(註八四)表中米價所根據的文獻，已分見於本文各章節，兹從略。

(註八五)原作『東京』，兹從續通鑑長編拾補卷五一宣和七年十二月甲子條所引陳東書改正。

(註八六)三朝北盟會編卷七六靖康二年正月十八日條。

(註八七)上引三朝北盟會編卷九九。

(註八八)按當日四十二尺爲一匹。 以此推算，知一匹絹賣錢一〇二七文左右。

(註八九)疑是『二』字之誤。 參考下引各文。

(註九〇)靖康紀聞略同。

(註九一)同上註。

出自第十一本(一九四四年九月初版,一九四七年七月再版)

南宋初年物價的大變動

全漢昇

(一)引言

(二)物價變動的原因

(三)物價變動的情形

(1)概說

(2)糧價的上漲

(3)飲食品價格的上漲

(4)服用品價格的上漲

(5)其他各種物價的上漲

(四)物價變動的影響

(五)結論

一 引言

宋代的物價，到了北宋末葉，已經呈現着上漲的趨勢。 但事實上，除却一些特殊的地方，如金人圍攻下的汴京，物價特別高漲以外，其餘各地物價上漲的程度還不算特別利害（註一）。 可是，自從在黃河流域對金作戰失利，宋室南渡以後，隨着宋、金戰爭的擴大，物價便一天比一天向上飛漲，不再像以前那麼緩和了。當南宋初年，即宋高宗時代(1127—1162)的上半期，各地物價都發生激劇的變動，其上漲的程度爲趙宋開國以來，一百六十多年所沒有。 現擬先把當日物價上漲的原因分析一下，然後再進而討論物價上漲的情形及其影響。

二 物價變動的原因

南宋初年，物價所以發生大波動，宋、金戰爭之大規模的開展，是其中根本的原因。因爲南宋政府要與金國作戰，國內各地遂直接的或間接的產生下列幾種現象，以致影響到物價的上漲，從而成爲這次物價變動的主要原因。

第一是物品需要的增大。這又可分爲下列兩點來說：

(1)當南北宋間，北方各地多變爲戰場，在那裏的人口爲着避免金兵鐵蹄的踩躪，多跟着政府渡江遷往南方各地，以求安全。例如京本小說第十六卷馮玉梅團圓說，『延至靖康(1126—7)，金虜淩城，擄以徽、欽二帝北去。康王泥馬渡江，棄了汴京，偏安一隅，改元建炎。其時東京一路百姓，俱怕韃虜，都跟隨車駕南渡。』宋會要刑法二，『紹興四年四月十二日，大理寺丞韓仲綺言，「……契勘江、湖、閩、廣之遠，西北士民流寓者衆。……」』又同書食貨三八載紹興二十六年『七月十八日，起居舍人淩景夏言，「臨安府……西北人以駐蹕之地，輻湊駢集，數倍土著。……」』(註二)又李心傳建炎以來繫年要錄卷二六載建炎三年八月乙丑，東京『副留守郭仲荀亦引餘兵歸行在。……仲荀既行，都人從之來者以萬數。』又卷五六紹興二年七月甲申條，『時江北士大夫多避地嶺南者。』又卷六三紹興三年三月癸未條，『時中原士大夫避難者，多在嶺南。』又卷三五建炎四年七月乙卯條，『至是宋室避難入蜀者多』(註三)。此外，如果我們把宋史地理志所載崇寧年間及紹興末年南方各地的戶口比較一下，我們也可發見自南渡以後，南方各地戶口都有大量的增加，其中兩浙和四川的戶口增加得更爲利害。當日南方各地既然增加了大批由北方遷來的人口，對於各種日用必需品的消耗自然大增(註四)。尤其是人們賴以養活的糧食，人口多了，需要自然增大，從而刺激糧價的上漲。糧價既漲，靠糧食來供給的勞力的價格，即工資，自亦隨之上漲。工資既漲，一切商品的生產成本自要提高，從而商品的價格自然跟着昂貴起來。這是糧價領導物價論，在南宋初年已經有人發揮過。范浚范香溪文集卷一五議錢云：

今錢貨既乏，而百貨皆翔貴。豈今之錢貨與古之錢貨異哉？蓋穀甚貴之所致也。東南播殖之利不加於舊，而西北之人寓食於東南者益衆，此穀之所以甚貴而未平也。夫人視食爲命，其於穀粟不可一日不求。今也地之殖不加舊，而食者益衆。且穀所儲積，皆豪民大家，乘時徼利，閉廩索價，價脫不高，廩終不發，則穀不得不甚貴。彼市百物者，皆非不飢之人，固將量食賫以取百物之直，則百物亦不得不甚貴。此鑄雖乏，而物不爲賤，所以與前世異也。今欲百物賤，則當平穀直。穀直平，則民費省矣。……

此外，當日其他人士也看出糧價或物價的上漲，是由於人口南渡者多，需要增大所致。如雞肋編卷上云：

建炎之後，江、浙、湖、湘、閩、廣，西北流寓之人徧滿。紹興初，麥一斛至萬二千錢。

又鐵圍山叢談卷六云：

嶺右頃俗淳物賤。吾以靖康歲丙午遷博白……十年之後，北方流寓者日益衆，……百物踴貴。……

（2）戰爭本來是對於物資的一種大消耗。當日宋、金間既然發生大規模的戰事，物資方面自然有鉅額的消耗，從而對物資的需求自要增大。需求增大，物價遂跟着騰貴起來。這在軍需品價格的變動上表現得尤爲顯著。關於這方面的材料，容於說軍需品的價格時述之。

第二是物品供給的不足。南宋立國所在的地方是東南財賦之區，物資的供給本來不虞缺乏。可是，當日因爲宋、金間的戰事遍及於兩淮、江、浙等地，鍾相、楊么等盜賊也在荊湖一帶乘機騷動，情形便完全不同了。各地戰亂頻仍的結果，廣大的膏腴土地變作荒田，繁榮的工商業城市淪爲廢墟。如宋會要食貨一二紹興五年八月十六日條說，『湖北、淮南自兵火之後，百姓流亡，田多曠土。』繫年要錄卷一〇七紹興六年十二月壬子條說，『淮南自兵火之後，肥饒之地，今多荒蕪。』宋史卷一七三食貨志說，『建炎以來，內外用兵，所在多逃絕之田。』又卷三七九韓肖胄傳說建炎、紹興間『淮南、江東西荒田至多，』『沃野千里，近多荒廢。』由此可見當時江、淮、湖北等地農業生產破壞之烈。又繫年要錄卷三一建炎四年二月甲午條，『是日鼎州人鍾相作亂，自稱楚王。……賊遂焚官府城市寺觀及豪右之家。』卷三四載建炎四年六月乙酉，汪藻說，『東南遭戎馬之禍，生靈塗炭，城郭邱墟。……重以羣盜竊發，官軍所至焚殘，無以制之。』

又洪邁夷堅支甲卷一〇說，『湖北罹兵戎燒殘之餘，通都大邑，翦爲茂草。』又王明清玉照新志卷三載胡舜申己酉避亂錄說他於建炎間『過平江（今蘇州），望入吳江城市，並無一屋存者，但見人家宅後林木而已。菜園中間有屋，亦只半間許。』城市是當日的工商業中心，城市既然破壞得那麼利害，工商業自要衰落，從而貨物的供給自要不足了。

在另一方面，由於戰亂的關係，各地交通梗塞，就是有些生產地不被戰爭破壞，仍舊出產貨物，也因不易運銷至消費地，致消費地物資供給銳減，形成物價昂貴的現象。如宇文懋昭大金國志卷六說，『時（金天會八年，宋建炎四年）山東、河朔已爲金師所取，京西、京南，盜賊大起，四方路阻，米斗二百千，人民相食。』又宋會要食貨二六紹興二年二月五日條，『大江久緣盜賊阻隔，客販不通，江南、荊湖、淮南、京西州軍鹽價，每斤有貫及兩貫以上去處。』

此外，南宋初年物品的供給所以不足，農產收成的不好也很有關係。當日各地旱災相當嚴重，以致農產失收，糧食因供給不足而價格上漲。如徐夢莘三朝北盟會編卷一三〇載建炎三年六月十六日詔，『京東兩路旱蝗相繼，斗米萬錢。』又張孝祥于湖文集卷二九汪文舉墓誌銘，『紹興初，江西旱，米斗數千。』又宋會要食貨五七，五九及六八載紹興二年八月十一日詔，『福建路亢旱，米價翔貴。』又食貨四〇紹興十三年九月九日條，『浙西州縣去歲亢旱，傷損禾稼，……因此粒米踊貴，民之艱食甚矣。』又宋史卷三七九章誼傳說紹興五年溫州『適歲大旱，米斗千錢。』又范香溪文集卷六饒州浮梁程公生祠堂記說饒州於『紹興九年，歲適甚旱，粒米翔貴。』復次，又有因水災而農產失收，價格昂貴的。如宋會要食貨六三紹興六年三月二十五日條說，『去秋西川水潦，東川旱暵，卽今粒食昂貴，斗米錢兩貫。』（註五）又食貨五九及六八紹興六年七月十八日條，『廣西欽、廉、邕州緣去歲大水，卽今米價踊貴，細民艱食。』（註六）

第三是租稅負擔的加重。南宋初年政府因爲要和金人作戰，經費的開支很大，故不得不增加人民租稅的負擔，以平衡收支。增稅的結果，物價便向上升漲，因爲商人多藉提高物價的方法，把政府所課的稅轉嫁於消費者身上。如陳淵默堂文集卷一二（紹興九年）十二月上殿劄子云：

臣觀國家見行條法，凡課利場務，視元額多寡趁辦，不及者罰之。若增之過倍，卽有減年之賞。應賞而有餘者，十分之一以給官吏。凡所以籠絡而督責之，亦可謂盡其術矣。而任其事者，往往猶以爲未足。則商旅安得而不困乎？故比年以來，物價騰踴，日甚一日，貧民下戶，尤爲不易。皆由征商太重之所致也。臣不敢悉以所聞爲言，姑及近地之可見者。只如是衢州至臨安，水陸之所經由，應稅者凡七處。使其每處只於三十而稅一，不爲多矣。比及臨安，於其所販，已加二分之費，而負載糧食之用，又不在是。是非得三分之息，不可爲也。借使善幹，其能於十日之間，數百里之內，致三分之息乎？如是，則所聚之處誠不可以賤售。所聚之處旣貴，則所出之處益不可以賤得。此商旅所以不通，百貨之直所以久而不能平也。……故米麥之稅，臣願權與除免，使商旅轉販，得之私相接濟；久之價平，則人人可與備豫，不至重貽宵旰之憂矣。……自餘可稅之物，縱未能盡如祖宗之舊，亦當明諭有司，視其所販之直，惟務蠲減，不求甚增，宜足以救目前物貴之弊也。

又如宋會要刑法二，『紹興元年三月十九日詔：比來行在米價騰踴，或重稅以困其興販，……』又食貨一七建炎二年九月二十二日條，『京城物斛湧貴，客販鹽米多被沿河口岸邀難，大納力勝稅錢。』又紹興十年九月十日，明堂赦，『訪聞諸路州軍縣鎮稅務，……倍有掊取客旅，因致暗增物價。』又建炎年間，政府特別加重酒稅，其主要理由是『酒價雖增，未嘗驅民使飲』（註七）。可見租稅增加的結果，物價是要跟着上漲的。

除上述三個原因外，當日物價所以騰貴，又由於地主及商人的操縱價格。當日好些擁有大量的糧食的地主，販賣貨物的商人，往往利用物品求過於供的機會，大規模的屯積居奇，把商品的價格盡量提高，其中尤以糧價的操縱爲最利害。如宋會要刑法二載建炎『四年二月二十三日德音：禁米穀鋪戶停米邀勒高價；如違，杖一百。』又范香溪文集卷一五議錢云，『且穀所儲積，皆豪民大家，乘時徼利，閉廩索價，價脫不高，廩終不發，則穀不得不甚貴。』又平糴云，『蓋聞食貨有輕重斂散之權，有司失之，則姦人得以乘人急而專其利。故曰：民有飢餓者，穀有所藏也。又曰：歲有凶穰，故穀有貴賤；令有緩急，故物有輕重。人君不理，則蓄賈游於市，乘民之不給，百倍其本矣。……今莫若依倣李悝之平糴，耿壽昌之常平，收斂散之權而制於有司，使豪民足穀者欲索高價而不可得，則臣所謂平穀直之說也。……如此則斂散之權盡歸公上，豪奪者不得固閉困靡，挾所蓄以邀重利，穀直豈復甚貴而不平乎？』至於其他商品，乘機發財的商人，也從自利的觀點出發，把價格擡得很高，遠出於生產成本之上。下述宗澤在開封平定物價的故事，可以爲例。何薳春渚紀聞卷四云：

金寇犯闕，鑾輿南幸。賊退，以公(宗澤)尹開封(註八)。初至而物價騰貴，至有十倍於前者。公謂參佐曰，『此易事耳。都人率以食飲爲先，當治其所先，則所緩者不憂不平也。』密使人問米麪之直，且市之，計其直與前此太平時初無甚增。乃呼庖人取麪，令准市肆籠餅大小爲之；及取糯米一斛，令監庫使臣如市酤醞酒。各估其值，而籠餅枚六錢，酒每角七十足。出勘市價，則餅二十，酒二百也。公先呼作坊餅師至，訊之曰，『自我爲舉子時，來往京師，今三十年矣，籠餅枚七錢，今二十，何也？豈麥價高倍乎？』餅師曰，『自都城離亂以來，米麥起落，初無定價，因襲至此。某不能違衆獨減，使賤市也。』公卽出兵廚所作餅示之，且語之曰，『此餅與汝所市，重輕一等，而我以日下市直會計新麪工直之費，枚止六錢。若市八錢，則已有兩錢之息。今爲將出令，止作八錢。敢擅增此價而市者，罪應處斬。且借汝頭以行吾令也。』卽斬以狥。明日餅價仍舊，亦無敢閉肆者。次日，呼買撲正店任修武至，訊之曰，『今都城糯價不增，而酒値三倍，何也？』熟視久之曰，『且寄汝曹頸上，出率汝曹，卽換招榜，一角止作百錢足。……』……數日之間，酒與餅直旣並復舊，其他物價不令而次第自減。

總括上述，可知南宋初年物價所以上漲，根本上是因爲宋、金戰爭的原故。南宋因爲要全面的或大規模的對金作戰，物品的需要便因人口南渡之多及戰爭消耗之大而特別增大，在供給方面則因生產事業的破壞及水陸交通的阻塞而感到不足，同時人民租稅的負擔亦因軍費開支的龐大而特別加重。這樣一來，物價自要因供求關係的失却均衡和苛捐雜稅的轉嫁而上漲起來。 這時物價的上漲，當加上商人地主趁火打刼，屯積居奇的行爲以後，情形更爲嚴重（註九）。

三　物價變動的情形

（1）概說

由於上述的原因，南宋初年各地物價都發生激劇的變動。 當日一般物價水準都遠較從前爲高。 在當時人的記載中，我們常常發見他們討論物價高漲問題的文字。 如方勺泊宅編（註一〇）卷中云：

> 江、湖間米直，比二十年前倍貴；他物稱是。 所以致此，豈無說？必有能言之者矣！

不過，因爲我們一時不能考證出方勺寫作的實在年月，故不能根據這幾句話來確切的肯定當日物價水準要比以前增高多少。 可是，在紹興三年（1133）七月，宋高宗曾說，『今飲食衣帛之直，比宣和（1119—1125）不啻三倍』（註一一）。 由此可知紹興三年七月的物價水準，要比宣和年間增高三倍。 當然，這只是就紹興三年七月的物價說的；在此以外的其他時間，物價自然還有變動。 不過，無論如何，關於當日一般物價上漲的程度，我們總算能夠看出一些眉目來了。

（2）糧價的上漲

現在讓我們先看看南宋初年糧價變動的情況。 當日各地的米價，都很昂貴。關於此事，宋會要記載至多；茲按年月的先後，抄錄如下：

> （建炎）三年七月二十日，詔，『太平、池州及南康、饒州管下浮梁等縣，經賊燒刼，居民逃避，又以去秋災傷，米價踴貴。 ……』（食貨六三）
>
> （紹興元年）三月十五日，……上曰，『聞近日米價翔貴，細民極不易。……』（食貨三八）
>
> 紹興元年五月十四日，詔，『諸路見今米價踴貴，細民闕食。 ……』（食貨五七，五九及六八）
>
> 二年八月十一日，詔，『福建路亢旱，米價翔貴，……』（同上）
>
> （五年）四月三日，總領司言，『……近緣明州申請，米價踴貴，細民闕

食，乞將義倉米出糶。……』(職官四三)

五年四月十四日，中書門下省言，『勘會民間米斛踴貴。』(食貨五七，五九及六八)

五月十日，江南東路轉運判官俞俟言，『……近歲米麥高貴，……』(食貨二〇)

十二年五月二十三日，詔，『衢州米貴，細民不易。……』(食貨五三及六二)

又繫年要錄卷一三三載，紹興九年十一月癸未胡世將的話云，『今來糴價極貴於川蜀。』又卷一四一載紹興十一年九月庚戌胡氏云，『米價增長，糴之難。』又范香溪文集卷二二右朝請郎致仕范公墓誌銘說，紹興初年，『淮東西歲大侵，米騰貴甚。』可見當日南宋疆域內，東至閩、浙西至四川，米價都有上漲的趨勢。

這裏我們要問：當日各地的米價究竟貴到多少錢一斗？對於這個問題的解答，要因時因地而異。現分爲下列各地敍述於下：

(1)山東、河南一帶——這些地方的米，在建炎年間，由於戰亂和旱災的影響，價格貴得特別利害，每斗賣錢一萬文，二萬文，甚至數萬文。如三朝北盟會編卷一三〇載建炎三年六月十六日詔，『京東兩路旱蝗相繼，斗米萬錢。』又大金國志卷六載建炎四年，『京西、京南，盜賊大起，四方路阻，米㪷二百千，人民相食。』又雞肋編卷中說，『自靖康丙午歲金狄亂華，六七年間，山東、京西、淮南等路荆榛千里，斗米至數十千，且不可得。』其中汴京一城的米價，更是飛躍的上漲。在建炎元年，還只賣三千文錢一斗；

建炎元年，汴京大飢，米升錢三百(註一二)。

及建炎三年，却飛漲到四五萬文一斗。繫年要錄卷二五云：

時(建炎三年七月)東京米升四五千。

又三朝北盟會編卷一三二云：

郭仲荀之爲京城留守(註一三)也，人皆缺食。糲米一升，糴錢四五千，雖有錢而無米。

（2）兩浙——兩浙各地的米價，在南宋初年波動得相當利害。在建炎四年，浙西平江『米斗錢五百』（註一四），浙東越州則糯米一斗爲錢八百，秔米爲錢四百（註一五）。其後，浙西米價曾上漲至一千二百文一斗，但到紹興元年七月又復下降爲六百文一斗。宋會要食貨四〇云：

紹興元年七月三日，宰執奏事。上問，『昨夕聞已糴新米，莫少減價否？』張守奏，『有人自浙西來，前此每斗一千二百者，今減作六百。』上大喜曰，『不但軍不乏食，自此可免餓殍，在細民豈小補！……』

但到了紹興二年春，當青黃不接的時候，兩浙米價又上漲至一千文一斗。宋史卷六七五行志云：

（紹興）二年春，兩浙……飢，米斗千錢。時餉饋緊急，民益艱食。

及紹興五年，兩浙米價爲每斗賣錢七百文。繫年要錄卷八八載紹興五年四月庚戌，

顯謨閣待制知湖州李光言，『……近來兩浙米價例長，街市每斗已七百文。……』

這是就一般說的，其中溫州却因『歲大旱，米斗千錢』（註一六）。以後兩浙米價漸漸下降，到了紹興八年秋天收成的時候，浙西每斗米只賣錢三百文左右。宋會要食貨四〇說：

（紹興）八年九月四日，侍御史蕭振言，『竊見近日除經制發運使，朝廷支降糴本，收糴米斛樁留，以待急闕之用。臣嘗詢浙西，凡秋成米賤之時，其價概以官斗，每一斗民間率用錢三百足，亦有三百已下。今來收糴，須是量增價直。（如民間每斗用錢三百足，官中須用錢三百三十至四十文足。）其價隨時低昂，爲之增減，常使官中比民間價十分中多一二分。……』詔令戶部申嚴行下。

但浙東方面，在紹興九年又復飢荒，『米斗千錢』（註一七）。

（3）江西——于湖文集卷二九汪文舉墓誌銘云，『紹興初，江西旱，米斗錢千。』這是南宋初年江西米價最高的紀錄。其後江西米價雖然漸漸下降，但在紹興五年及九年每斗米仍賣錢一千文。盤洲文集卷七六徐府君墓誌云：

饒之樂平徐君……歲乙卯(紹興五年)大飢，米石至萬錢。皆閉糴。君傾囷不少靳，又輸粟郡邪，聚餓者於僧坊哺之。

又宋史卷六七五行志云：

(紹興)九年，江東西……飢，米斗千錢，饒、信州尤甚。

(4)荆湖——在紹興元年，湖北鄂州的米價曾高漲至三千五百文一斗。三朝北盟會編卷一四七云：

時(紹興元年)鄂州大飢，米一升三百五十文，民多飢死。(孔)彥舟括軍中米出糶於市，每升二百文。人得少蘇，皆翕然稱揚彥舟之惠。

至於湖南的米價，我們不知道最貴時曾賣到多少錢一斗，但到紹興十一、二年米價下落時，每斗還要賣錢一百文或百餘文。宋會要食貨四〇云：

(紹興)十一年八月十三日，臣僚言，『荆湖之南，卽今米斗百餘錢，穀價之賤，未有如此時者。今日錢荒之弊，無甚於湖南。……』

十二年十一月十六日詔令……先是臣僚言，『湖南北兩路二年之間，雨暘時若，年穀順成。今米價每斗止於百錢。……』

荆湖當日這種因農產豐收及貨幣緊縮而下降的米價，實爲南渡後十餘年以來所未有，但和北宋低廉到幾文錢一斗的米價(註一八)比較起來，仍舊昂貴得多。

(5)四川——四川的米價，在紹興五六年，因農產歉收，上漲得最爲利害，每斗賣錢二千文至四千文不等。宋史卷六七五行志云：

(紹興五年)夏，潼川路飢，米斗二千，人食糟糠。

(六年)夏，蜀亦大飢，米斗二千，利路倍之，道殣枕藉。

又宋會要食貨六三載紹興六年三月

二十五日，成都潼川府、夔州、利州路安撫制置大使兼知成都府席益言，『四川去秋旱傷，田畝所收多者不過四五分，少者纔及一二分，又緣官中糴買壅遏，米穀價例踴貴，無從得實。又去秋西川水潦，東川旱暵，卽今粒食昂貴，斗米錢兩貫；利路近邊去處又增一倍。卽今人民飢流死者，相枕藉於道。……』(註一九)

又職官七〇載紹興七年

二月二十四日，……吏部侍郎兼權禮部侍郎晏敦復等言，『紹興六年，四川飢饉，米斗價錢至二千或三千，細民流殍，十室而五。……』(註二〇)

(6)廣西——廣西的米價，在紹興七年也因農產失收而特別上漲，計每斗賣錢一千文。繫年要錄卷一〇九云：

是(紹興七年)春，廣西大飢，斗米千錢，人多餓死。

又蔡條鐵圍山叢談卷四云：

紹興歲丙辰(六年)，廣右大歉，瀕海尤告病。迄丁巳(七年)之春，斗米千錢，人多莩亡。

以上是南宋初年各地米價上漲的情形。復次，當日麥價也非常昂貴。原來當時南渡的人口，在北方時多以麥作主要食糧，南來後一時舊習尚未能改，故麥便因需要增大而價格特別上漲起來。雞肋編卷上云：

建炎之後，江、浙、湖、湘、閩、廣，西北流寓之人徧滿。紹興初，麥一斛至萬二千錢。

總括上述，可知南宋初年各地糧價都發生激劇的變動。這十多年中的糧價，雖然因時因地而異，但其上漲的趨勢却是一致的。

(3)飲食品價格的上漲

當南宋初年，隨着米糧價格的變動，其他飲食品的價格也發生很大的變動。因爲米糧貴了，以米糧作原料來製造的飲食品，自要因成本的增加而價格上漲。就是不用米糧作原料的食物，也因米貴影響到工資上漲而成本增高，從而價格騰貴起來。

現在先說酒價。製酒的主要原料是米糧；米價旣貴，酒價自然跟着昂貴。何況製酒工人的工資又因米價上漲而上漲呢？宋史卷一八五食貨志云：

(建炎)四年，以米麴價高，詔上等酒升增二十文，下等升增十八文。

又宋會要食貨二〇云：

(建炎四年)十一月十二日，兩浙轉運副司曾紆言，『本路近年以來，米麴高貴，其見賣官酒尙依舊價會計，所得淨利十無一二，其間亦有反折官本去處。……今相度欲將諸州縣出賣價內和酒每勝權添三十文足，常酒二十文足。…… 若明降指揮，量添價直，不唯於朝廷財計有助，亦實杜絕姦弊。』權依所乞增添，上等每勝添錢二十四文足，下等每勝添錢一十八文足。

(紹興元年)十二月十八日，權戶部侍郎柳約言，『諸路近言，造酒米麴柴薪物料，比之上年踊貴數倍。 昨曾紓起請，不得擅增酒價。 雖(惟?)近降指揮，却許隨宜增添。 今來紹興府在城酒稅，每造一碩，除本外全無利息，餘外更有監專請給，計之所得不償所費。 今欲乞將諸路州軍官監酒稅，見今每勝上等權添錢二十文足，下等添錢十文足。……』 從之。

(三年)十一月二十三日，詔令兩浙、江東西提舉司轉運司，……其官務若管酒價錢，而拍戶沽賣私價，大段高貴，贏落厚利，自合隨宜增添。

可見當日的酒價曾經幾度上漲。

其次，我們要說到鹽價。 當日長江流域的鹽價，由於交通梗阻，供不應求，曾經貴到二千多文一斤。 宋會要食貨二六載紹興二年

二月五日，戶部侍郎兼提領榷貨務都茶場柳約言，『大江久緣盜賊阻隔，客販不通，江南、荆湖、淮南、京西州軍鹽價，每斤有賣及兩貫以上去處。……』

福建的鹽價亦因生產成本的增貴而增貴。 宋會要食貨二五云：

其後紹興八年十一月十日，都省批下福建路提刑司提舉茶鹽事司申，『……昨自建炎四年承准朝旨，推行鈔法。 彼時官支本錢每斤六文，小鈔每斤客人納錢三十二文五分。 續以薪米價貴，鹽本每斤增至一十七文，比建炎四年增價三倍。……』(註二一)

此外，兩廣的鹽價也向上升漲。宋會要食貨二六云：

(紹興三年三月)二十三日，尚書省言，『廣東鹽官買舊價每斤七文。 昨緣柴米高貴，恐亭戶盤費不足，節次增添，見今每斤一十二文，增錢幾倍。……』

(九月)十八日，廣南東西路宣諭明橐言，『二廣比年以來，鹽貨通流，其價倍增，自合隨時措置。 竊見廣東西路轉運司每歲於廣州都鹽倉， 於廉

州石康縣鹽場，支撥各路諸州郡歲額鹽；諸路州郡各差衙前來般取所受之數。其鹽，朝廷累降指揮，增添價錢，每斤至官收錢四十七文足；每籮計一百斤，收錢四貫七十文足。廣東如南雄等州，官賣實價每籮至十千，廣州亦自至八九千。……』

（十二年）九月八日，臣僚言，『……臣竊見欽州係產鹽地分，……紹興四年官賣，……紹興八年改法，客賣鈔鹽。……已前官賣鹽每斤四十七文，今來客販鹽每斤一百二十文足。……』

總之，當日各地的鹽價雖有不同，但却都一樣的向上升漲。

除酒鹽的價格外，其他飲食品的價格也很貴。例如三朝北盟會編卷一三二說，建炎年間汴京食料昂貴的情形云：

郭仲荀爲京城留守也，人皆缺食。……有以米煮稀粥賣者，置於高屋之上，先約錢二百文，許之上屋，然後以稀粥湯少許與之；不然，則爲衆人所奪矣。麻碎如三指闊，賣錢二百文，非強者不能買也。

（4）服用品價格的上漲

隨着當日一般物價水準的提高，南宋初年的服用品，如綿絹紬等，價格也向上高漲。宋會要食貨一二及六六云：

高宗建炎三年十一月三日，德音，『訪聞兩浙人戶歲出丁鹽錢，每丁納錢二百二十七文。後來並令折納絹一尺，綿一兩，已是太重。近年以來，……加以近歲綿絹價高，比之納錢，暗增數倍。……』

又食貨三八載紹興四年

九月十五日，明堂赦，『契勘近年以來，紬絹之價，比舊增貴數倍。……』

關於當日服用品價格變動的情形，我們對於絹價的變動知道得較爲詳細。現在先說江、浙一帶絹價變動的情形。在北宋熙寧年間（1068—1078），兩浙絹一匹賣錢一千二三百文（註二二）。及元祐四年（1089）八月，絹價下降爲一千文一匹（註二三）。再往後，到了崇寧二年（1103—4），絹每匹値錢一千零二十七文左右（註二四）。總之，自北宋中葉以後，江、浙的絹價都盤旋於每疋一千文之間，沒有特別大的變動（註二五）。這種情形，一到了南宋，便完全不同。在紹興元年

八月，江南東路的絹價已上漲爲二千文一匹。宋會要食貨三五及六四載紹興元

> 八月二十九日，詔令宣州將未起上供紬絹三萬匹并納本色。以本州言，『奉敕上供紬絹一半折價，每匹三貫文，而江東時値止兩貫，下戶反有倍費』，故也。

過了一年，到紹興二年七月，江西絹價上漲至五千文一匹。宋會要食貨九及七〇載紹興二年

> 七月十八日，江南西路安撫大使兼知洪州李光言，『前嘗具奏江西路人戶惟以納和買及夏稅本色爲重賦。今州縣催納一年本色，絹遂至五貫文足一匹，綿增至六百文足一兩。綿絹之價既日增……』

及紹興三年九月，各地絹價仍賣四五千文一匹。宋會要刑法二云：

> 紹興三年九月八日，詔曰『……目今絹價不下四五貫……』。

及紹興四年，江西絹價飛躍似的上漲，有些地方賣錢八千五百文一匹，有些地方則更昂貴至一萬文以上一匹。宋會要食貨六四云：

> （紹興）四年八月十九日，胡世將申，『洪州在市一絹之直，已增長八貫五百文足，自餘州軍有至十貫足以上去（處）。……』

又食貨六四乾道四年十二月甲辰條云：

> 中興之初，絹價暴增，匹至十貫。

又水心文集卷四財總論二云：

> 折帛之始，以兵興絹價太踊，至十餘千，而朝廷又方乏用，於是計臣始創爲折帛。

這兩條材料雖然沒有明記年月，但時間當爲紹興四年左右無疑。其後，到了紹興八年二月，絹價已經陸續下降，可是仍賣八千四百文一疋。宋會要食貨二六云：

> （紹興）八年二月十八日，尚書省送到知常州無錫縣李德鄰劄子，『……崇寧二年……當時縣令不謹其始，却將下戶募脚鹽錢每二百二十文折納絹九尺，計目今價直一貫八百文(註二六)，比之納錢計高七倍。……』

再往後，到了紹興二十六年，絹價更爲下降，每匹賣錢四千文至五千五百文不等。

繫年要錄卷一七一載紹興二十六年二月

甲午，國子司業兼崇政殿說書王大寶言，『竊見江南諸州有……折帛錢者，艱難之初，物價踴貴，令下戶折納，務以之優也。今（絹）市價每匹不過四貫，乃令下戶增納六貫。……』

又宋會要食貨九及六八載紹興二十六年

八月四日，上諭輔臣曰，『訪聞臨安府受納稅絹，多是乞覓阻節。近有一百姓送納本戶絹一疋，被退回。詢之。云官中不經攬納人，不肯收給。朕令人以錢五貫五百文買到，却是堪好衣絹。已令韓仲通根治。……』

茲將上述各種絹價列表如下，幷繪圖以示當日江、浙絹價的變動：

年月	絹價
熙寧年間(1068—1078)	1,200—1,300
元祐四年(1089)八月	1,000
崇寧二年(1103—4)	1,027
紹興元年(1131)正月	2,000
紹興二年(1132)七月	5,000
紹興三年(1133)九月	4,000—5,000
紹興四年(1134)八月	10,000
紹興八年(1138)二月	8,400
紹興二十六年(1156)二月	4,000
同年八月	5,500

除江、浙的絹價外，當日四川服用品價格的變動，現在也能考見一二。四川的縑(註二七)，在北宋時不過二千文一匹，及南宋初年却貴至一萬文一匹。宋會要食貨七〇載淳熙五年

三月二十七日詔……先是四川安撫制置使胡元質言，『西蜀……當承平時，每縑不過二貫。兵興以來，每縑乃至十貫。……』

至於絹價，在南宋初年漲至五千文一匹。宋會要食貨三八載權發遣遂寧府杜莘老的話云：

軍興以來，更增添激賞絹一項，當時係於省司錢內撥錢置場，依時價收買，

每匹不下五貫。

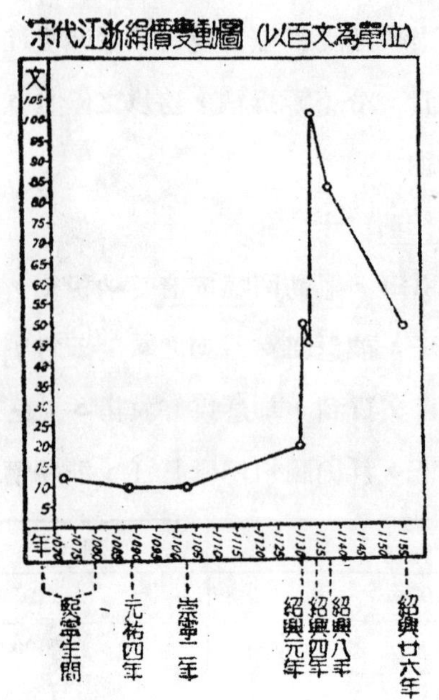

其後四川絹價漸漸跌落，每匹賣錢五千文以下。宋會要食貨一〇及七〇載紹興二十六年八月

> 二十四日，上宣諭輔臣曰，『前日景度上殿，論川中折帛錢太重。絹一匹之直，私下不及五千，……』(註二八)

上述服用品價格的變動，是專就市價說的。復次，當日政府的收支，除錢幣外，還有不少的紬絹等物。政府在收支紬絹時，每定有官價，以便與錢幣折算。我們現在從紬絹等官價的變動上，也可看出當日服用品價格上漲的情形。

在建炎三年，政府規定人民納紬或絹一疋，可改納錢二千文，即紬絹的官價爲二千文一疋。宋會要食貨三八云：

> (建炎)三年三月十四日，兩浙轉運副使王琮等言，『昨乞將本路逐州今年合起發上供和買夏稅紬絹共計一百一十七萬八千八百四匹，令人戶每匹折納價錢二貫文足，……』。

又食貨六四云：

> 高宗建炎三年，……兩浙運副王琮言，『本路上供和買紬絹，歲爲一百一十七萬匹，每匹折納錢兩千，計三百五十萬緡省，以助國用。』詔許之

(註二九)。

及紹興元年初，二千文一疋的官價仍舊沒有變動。同書食貨三八云：

紹興元年正月二十二日，戶部侍郎孟庾言，『乞將紹興元年兩浙合發夏稅和買紬絹，除減免并進奉外，紬絹本色共一百六萬四千五十匹，并一半依例折納價錢，每匹兩貫文足。……』從之。

到了這一年的八月，紬絹的官價改爲三千文省(註三〇)一匹。同書食貨九及七〇載紹興元年

八月二十三日，臣僚言，『折帛錢，昨降指揮，每匹折錢三貫文省。訪聞諸路州縣紬絹價例高下不等，……』

又食貨三五及六四載同年

八月二十九日，詔令宣州將未起上供紬絹三萬匹并納本色。以本州言，『奉勅上供紬絹一半折價，每匹三貫文，而江東時値止兩貫，下戶反有倍費，』故也。

及紹興二年，政府把絹價提高到四千五百文省一匹，紬則仍舊。同書食貨九及七〇載紹興二年七月十八日，

詔，『江南西路人戶合納一半本色和預買并上供紬絹，及洪州合起催衣紬四千一百餘匹，絹二萬五百餘匹，將截日未納數，並特許折納價錢一次，依已立定折充糴本錢數。絹每匹作四貫五百文省，紬每疋作三貫文省。……』

到了紹興四年八月，隨着市價的上漲，紬絹的官價更提高到六千文省一匹。同書食貨六四云：

(紹興)四年八月十九日，殿中侍御史張致遠言，『伏覩鎮南軍申，乞以本州(洪州)和買絹紬合起八分本色，更將二分許人戶折納價錢，每匹六貫文省。又胡世將申……乞每匹折錢五貫或六貫文足，……戶部勘當，乞將江西八分本色絹內令三分依洪州所乞折納價錢，每匹作六貫文足。……切以江西殘破之餘，軍旅轉餉殆無虛日。鎮南軍和預買絹，自起催至六月，纔納及一分。民力不易，自可想見。每匹令納錢六千省，比之舊折三司價例，已增一半。……』詔依已降指揮折納價錢，每匹減作六貫文省；如人

戶願納本色者聽。

又繫年要錄卷七九載紹興四年八月丙申，

詔江西和買絹折納錢，每匹減作六千省；人戶願輸正色者聽。舊洪州和買，其八分輸正色，二分每匹折省錢三千。至是帥臣胡世將請以其三分折六千省；又言絹直踊貴，請每匹增爲五千足。戶部定爲六千。殿中侍御史張致遠言，……故有是旨(註三一)。

這是八月間的事情。到了同年十月，政府規定每匹六千文，沒有『省』字，大約是用足錢了。宋會要食貨三八載紹興四年

十月十九日，戶部侍郞梁汝嘉言，『每月經費合用錢一百餘萬貫，兼調發軍馬，所用倍多，理當權宜措置。今相度以江、浙合納夏秋和買紬並行折納，內二分每匹折錢四貫，餘八分折錢六貫；絹以十分爲率，折納三分，內二分每匹折錢四貫，三分折錢六貫。……』從之。

及紹興五年，臨安府官價仍要五千五百文一匹。宋會要食貨六四載紹興五年

四月十九日，尙書省言，『今來諸路合納上供和買絹數，昨降指揮將五分折納價錢，以便民戶。其臨安府係車駕駐蹕去處，當更行優恤。』詔臨安府合發淮衣并三分上供和買□，除別指揮已減放二分外，將其餘數目，以三分爲率，更以一分折納價錢，每匹作五貫五百文足。

其後絹的官價更提高至七千文，八千文或甚至一萬文。宋會要食貨六四乾道四年十二月甲辰條云：

中興之初，絹價暴增，匹至十貫。高宗念下戶重困，乃令上戶輸絹，下戶輸錢。於是有折帛之名，匹折六貫或七貫。

又棃洲文集卷七七羅尙書(汝楫)墓誌銘云：

戶部符□郡折民戶紬絹，一縑八千(註三二)。

又繫年要錄卷一二七紹興九年三月戊子條云：

軍興以來，官中無本可俵，名爲預買，其實白著。其後戶部又令折錢，每匹爲十千或八千。比歲絹直稍平，而折錢不減。江、浙之民，深以爲患。

這種每匹萬文的官價，到紹興十七年二月仍然存在。宋會要食貨九及六八云：

（紹興）十七年二月四日，上諭輔臣曰，『昨日有人言，州縣折納稅絹，每匹有至十千者。　恐傷民力，可令戶部措置。』

但自紹興十八年起，隨着紬絹市價的下降，官價亦分別下降爲六千文，六千五百文及七千文一匹。　同書食貨九，三八及七〇云：

是月（紹興十七年九月）二十六日，尙書省言，『江、浙州軍見輸納折帛錢，舊立價錢比之時價稍高，兼逐路土產物帛不一，竊慮民戶難於出辦。乃詔兩浙紬絹每匹減作七貫文，內和買減作六貫五百文，……江南東西路紬絹每匹並減作六貫文，……自紹興十八年爲始。

當日江南每匹六千文的官價，直至紹興二十六年還是一樣。　繫年要錄卷一七一載紹興二十六年二月

甲午，國子司業兼崇政殿說書王大寶言，『竊見江南諸州有……折帛錢者，……今市價每匹不過四貫，乃令下戶增納六貫。　……』

上述紬絹的官價的變動，是專就政府收入方面說的。　復次，當日政府支出的絹，其官價也隨市價的上漲而上漲。　如宋會要食貨五一載紹興三年

十一月十日，詔，『應折支絹，江南作五貫文，兩浙作六貫五百文。　如遇無漬汚絹，即將好絹遞增一貫文給。』　今以戶部狀，『勘會支賜錢，不言見錢，依法以絹折支。　宣和左藏庫格，浙絹漬汚每疋五貫一百文，江南漬汚每疋三貫九百一十文。　竊緣近歲諸路綱運地里不遠，卽無大段漬汚，又街市價例高貴，理當權行增價。』　故有是詔。

除政府因收支而定的絹價外，當日司法界計算贓罪的大小，因爲以絹爲標準，對於絹價也另有規定。　在建炎元年，隨着市價的上升，司法界遂把每疋一千三百文的絹價提高到一千五百文，以至於二千文。　宋會要刑法三云：

高宗建炎元年六月七日，大理正權尙書刑部郎中朱端友言，『看詳見今犯罪計絹定罪者，舊法以一貫三百文足準絹一匹。　後以四方絹價增貴，遂增至一貫五百足。　州縣絹價比日前例皆增貴，其直高下不一。　欲應州縣犯贓合計絹定罪者，隨當時在市實直價計貫伯紐計數科罪。　……』詔自今計絹定罪並以二貫爲準。

又繫年要錄卷六載建炎元年六月乙丑，

詔自今以絹定罪，並以二千爲準。舊制以絹計贓者，千三百爲一匹。至是大理正權尚書刑部郎中朱端友言所在絹直高，乃有是命。

其後到了紹興三年，由於絹的市價的上漲，司法界又把絹價提高爲三千文一匹。同書卷六八載紹興三年九月

已未，手詔以絹計贓者三千爲一匹。舊法千三百爲一匹。建炎初增爲二千。至是……上以絹直高，故有是旨。

又宋史卷二〇〇刑法志云：

舊以絹計贓者，千三百爲一匹，竊盜至二十貫者徒。至是又加優減，以二千爲一匹，盜至三貫者徒一年。（紹興）三年，復詔以三千爲一匹，竊盜及凡以錢定罪，遞增五分。

又宋會要刑法三云：

紹興三年九月八日，詔曰，『……復思紐絹之法，與祖宗立意大不相侔。是時絹值不滿千錢，故以一貫三百計疋。是官估比市價幾過半矣。其後嘗因論例，遂增至二貫足。目今絹價不下四五貫，豈可尙守舊制耶？可每疋計增一貫，通作三貫足。……』

上述南宋初年服用品的價格，偏於紬絹方面。此外，當日綿的價格也可考見一二。紹興元年，政府規定人民繳納的綿，每兩折錢二百文省(註三三)。及紹興二年七月，江西的『綿增至六百文足一兩』(註三四)。以後，到了紹興十八年，隨着市價的下降，政府規定人民如果折錢納給政府，『綿每兩減作三百文』(註三五)。

總括上述，可知南宋初年的服用品，無論是市價或是官價，都較前昂貴得多。在紹興四五年左右，絹一匹甚至賣錢一萬文以上，比諸北宋一千文左右一匹的絹價，實上漲十倍有多。

(5)其他各種物價的上漲

(a)軍需品的價格——南宋政府在當日因爲要與金作戰，對軍需品的消耗甚大，其價格遂因需要激增而上漲。如宋會要兵二二說馬價比以前增貴四五倍云：

（紹興）二年六月四日，廣西經略安撫司言，『……近年以來，馬價踊貴，

比年（平）時已過四五倍。 承平之時，修立馬價，卽與今日不同。 乞於逐等元立價上，從本司酌度，隨目今時價量添錢數收買。』 從之。

又繫年要錄卷一〇六紹興六年十月辛丑條說，軍馬食用的草料昂貴到數百文一束云：

時淮、泗大軍所須芻芻甚夥，……每束有至五六百錢者。

又楊時龜山語錄後錄卷下說當日須防金人自海道入寇，大造兵船，造船材料因之騰貴云：

張（𡪇）後爲某州縣丞，到任卽知虜人入寇，必有自海道至者。 於是買木爲造船之備。 踰時果然虜自海入寇。 科州縣造舟，倉卒擾擾，油灰木材莫不踊貴。 獨張公素有備，不勞而辦。

（b）金銀價——隨着當日一般物價水準的上漲，金銀的價格也較前昂貴。 如三朝北盟會編卷一二一引維揚巡幸記說揚州金銀價的騰貴云：

是日（建炎三年正月十三日）行在遣兵自西門出赴淮口禦敵，……維揚居民挈妻孥而走者十室而八，……金銀價驟長至數倍。 ……初二日，居民般挈如前，金銀愈貴。

又宋會要食貨六四及三五說廣東銀價的昂貴云：

同日（紹興四年二月二十七日），左朝散郎王縉言，『廣南東路每歲上供，例買銀輕齎。 而近年坑場不發，銀價騰貴。 ……』

又繫年要錄卷一四六紹興十二年八月壬申條說杭州金銀價格增長云：

右諫議大夫羅汝楫奏，『太后還闕有期，普天同慶；而（江）少齊方悒然不樂，每謂金銀價值增長，居民日以遷移，……』

可是，當日金銀的價格究竟昂貴到怎樣的程度呢？關於此點，我們只知道銀價上漲的情形。 在紹興四年，杭州銀一兩賣錢二千三百文。 岳珂金佗續編卷五云：

今（紹興四年）於行在榷貨務支銀一十萬兩，每兩二貫三百文。

廣東較爲昂貴，每兩賣錢三千多文。 宋會要食貨二六載紹興四年

四月二十一日，臣僚言，『廣東上供白金，近歲每一兩率爲錢三千有畸。 比至輸於太府，准價以給官吏軍旅，則爲錢二千有畸。 大約歲輸十萬兩，

幷其輦致之費，所失不啻十萬緡。 ……』

及紹興三十年，廣西銀價更爲上漲，每兩賣錢三四千文以上。 宋會要食貨二七載紹興三十年

九月二日，臣寮言，『……廣西……用本路諸州上供錢買銀，每兩三貫或四貫以上……』(註三六)。

(c)柴價與木價——關於南宋初年柴薪價格的上漲，本章第三節所引宋會要食貨二〇，二五及二六已經提及，玆從略。 其次，當日木材的價格也因需要增大而上漲。 洪邁夷堅甲志卷一六云：

鄭畯字敏叔……建炎初，自提舉湖南茶鹽罷官，買巨杉數十枚如維揚。 時方營行在官府，木價踊貴，獲息十倍。

(d)地價與房租——隨着米價的高漲，生產米糧的土地的價格也向上高漲。如宋會要食貨六一載紹興二年

八月二十九日，臣僚言『……近年以來，米價旣高，田價亦貴。 ……』

又同書刑法三載紹興五年

閏四月十日，戶部言，『……邇來田價增高於往昔。 ……』

又繫年要錄卷一六一載紹興二十年九月辛巳，

左朝散大夫楊師錫知資州代還，論今田價比昔倍貴，……

同時，房屋的租金也因南渡人口衆多，需要增大而非常昂貴。 宋會要刑法二載紹興三年七月

二十七日，詔，『江北流寓之人，賃屋居住，多被業主騷擾，添搭房錢，坐致窮困。 又豪右兼并之家，占據官地，起蓋房廊，重賃與人，錢數增多，小人重困。 ……』

又雲麓漫鈔卷四云：

紹興旣講和，務與民休息，禁網疏闊，富家巨室，競造房廊，賃金日增。

(e)墨價——葉夢得石林避暑錄話卷二云：

宣和初，有潘衡者賣墨江西，自言嘗爲子瞻造墨海上，得其祕法，故人爭趨之。 ……衡今(註三七)在錢塘，竟以子瞻故，售墨價數倍於前。

這裏說潘氏墨價所以增貴數倍，由於蘇東坡大名所致，自然有一部份理由；但當日一般物價水準既然都較前提高，潘氏的墨自也不能例外。

（f）礬價——如宋會要食貨三四說政府提高礬的收買價格云：

（紹興）十四年十一月十九日，戶部言，『淮南西路提舉茶鹽司申：乞無爲軍崑山礬場收買新礬，於舊價二十文上，增添一十五文省，通作三十五文省收買。 榷貨務勘當：欲權依本司申到事理，於舊價每斤二十文上，增添錢一十文，通作三十文省收買。 ……』從之。

由此可知，在南宋初年一般物價水準上升的情形下，各種物品的價格都免不了向上升漲，雖然上漲的程度并不完全一樣。

四 物價變動的影響

南宋初年物價變動的情形，已如上述。 這裏我們還要探討一下，在當日物價激劇變動的情形下，國民生計要受到什麼影響？對於此點，現擬分別論述如下。

首先，就商人及生產者方面說，物價上漲的結果，利潤便跟着作激劇的增加。這樣一來，他們因販運商品或生產貨物而賺得的金錢便有大量的增加。 如上引夷堅甲志卷一六曾說鄭畯販運杉木至揚州，因『木價踊貴，獲息十倍』。 又同書卷五說：

林勛明甫言：紹興六年寓居江陰，時淮上桑葉價翔踊。 有村民居江之洲中，去泰州如皐縣絕近，……載見葉貨之如皐，……而享厚利。

又魯應龍閑窗括異志云：

紹興兵火之變，所在荒涼。 盱眙有市人儲醬一瓮，獲利已多，……所得十倍。

又莊季裕雞肋編卷中云：

建炎後俚語，有見當時之事者。 如……云，『欲得官，殺人放火受招安；欲得富，趕著行在賣酒醋。』

又繫年要錄卷一二建炎二年正月壬辰條云：

（黃）潛厚在維揚，率遣人於近州村坊市酒，入都城鬻之，得息至倍。

當日經營商業既然可因物價上漲而獲大利,怪不得『二十年間,披堅執銳之士,化爲行商坐賈者。不知其幾』(註三八)了。以上都是在當日物價變動下商人獲利的情形。復次,物價高漲又可促進生產,因爲生產者也可因物貴而獲利。例如上引鷄肋編卷上云:

建炎之後,江、浙、湖、湘、閩、廣,西北流寓之人徧滿。紹興初,麥一斛至萬二千錢。農獲其利,倍於種稻。而佃戶輸租,只有秋課。而種麥之利,獨爲客戶。於是競種,春稼極目,不減淮北。

可是,在另一方面,當日因物價激劇變動而受苦者,也大有人在。當日一般消費者,因物價高漲,貨幣的購買力降低,結果好些商品都無力購買,只好降低自己的生活程度,有時甚至連米糧都吃不飽,而活活的餓死!如繫年要錄卷一〇〇紹興六年四月甲子條說『諸處米穀皆貴,錢亦難得,是以小民重困』;卷一〇九說紹興七年『春廣西大飢,斛米千錢,人多餓死』;又說『四川飢饉,米斛價錢三千,細民艱食,流爲餓殍者十室而五。』又宋會要食貨六三說紹興六年『秋西川水潦,東川旱暵,卽今粒食昂貴,……人民飢流死者,相枕藉於道』。又宋史卷六七五行志說紹興『二年春,兩浙,福建飢,米斗千錢,……民益艱食』;五年『夏潼川路飢,米斗二千,人食糟糠』;六年『夏蜀亦大飢,米斗二千,利路倍之,道殣枕藉』。又三朝北盟會編卷一四七說『鄂州大飢,米一升三百五十文,民多餓死。』又揮塵後錄卷一〇說平江『米斗錢五百,有自賊中逃歸者,多困餓僵仆,或驟得食而死。』又鐵圍山叢談卷四說廣西『斗米千錢,人多莩亡。』此外,鷄肋編卷中描寫當日山東、河南及淮南等地因物貴而人吃人的慘狀,更爲可怕:

自靖康丙午歲金狄亂華,六七年間,山東、京西、淮南等路荆榛千里,斗米至數十千,且不可得。盜賊官兵,以至居民,更互相食。人肉之價,賤於犬豕。肥壯者一枚不過十五千,全軀暴以爲臘。登州范溫率忠義之人,紹興癸丑歲泛海到錢塘,有持至行在猶食者!老瘦男子,庾詞謂之『饒把火』;婦人少艾者,名爲『不羨羊』;小兒呼爲『和骨爛』;又通目爲『兩脚羊』。

除消費者外，當日的固定收入者也因薪俸所得不能跟着物價增長而受苦。如宋會要職官四五說公務員收入有限，生活艱苦云：

(建炎)三年二月十八日，知平江府湯東野言，『……諸發運監司因點檢或議公事，……而又廨宇所在合得供給，例皆微薄。見今物價踊貴，既不足以糊口，……』

又同書帝系六云：

同日(紹興五年六月十七日)尚書省言，『……今行在物價稍貴，其見在不帶遙郡南班宗室，日赴朝參，每月用度不足，……』

當日物價上漲的影響，除如上述外，又令到工資方面發生激劇的變動。這時公務員的薪俸，雖然不能按比例的隨物價的上升而上升，但爲維持最低限度的生活計，也較前增加許多。如繫年要錄卷六七載紹興三年七月

庚午，詔無職田選人及親民小使臣，並月給茶湯錢十千，職田少者通計增給。先是御筆，『增選人小使臣俸以養廉』。輔臣進呈。上諭以『今飲食衣帛之直，比宣和不啻三倍。衣食不給，而責以廉節，難矣。惟變舊法，以權一時之宜。』戶部尚書黃叔敖言，『文武官料錢各有格法，不可獨增選人小使臣。乞令提刑司均州縣職田，於一路通融應副，無職田及職田少者增支。』從之。

又同書卷一七四載紹興二十六年九月

丙寅，上謂沈該曰，『大理寺人命所繫。近聞吏多受賕，深爲不便。不知請給比京師如何？若祿薄，須量增，然後可以責其守法。』該奏，『今吏祿比京師已添。』上曰，『不然，此間物貴，雖已增，未必足用。』已而戶部言，『欲據見請十分爲率，量增二分。』上可之。

因此，南宋一般官吏薪俸的水準，都遠較北宋爲高。洪邁容齋四筆卷七『小官受俸』條說：

黃亞夫皇祐間自序其所爲伐檀集云，『歷佐一府三州，皆爲從事。……然月廩於官，粟麥常兩斛，錢常七千。……』予謂今(註三九)之仕宦，雖主簿尉，蓋或七八倍於此，然常有不足之嘆。若兩斛七千，祇可祿一書吏小

校耳。　豈非……物價日以滋，致於不能贍足乎！

除薪俸外，當日在政府機關服務的公務員及公役等，又可隨物價的升漲而領到食錢（相當於現今的米貼），以減除他們因物貴而受到的生活上的壓迫。　關於此點，宋會要記述甚詳，茲錄之於下：

高宗建炎三年七月四日，詔，『行在諸軍糧料院人吏，依諸司糧料院例，每日添破食錢二百文。　……』（職官二七）

（紹興元年）六月二十六日，臣僚言，『契勘請給各有定格。　今局所官吏每月除請添給數項外，更請御廚折食錢。　昨以東京物價低賤，逐時減落，每月旋估支折。　今來時物踴貴，尙循舊例，其所折錢往往增過數倍，暗侵財計。』　詔裁定則例永爲定法。　（職官五七）

元年十二月一日，詔，『修內司工匠，已降指揮，每日添支食錢一百文，可每日更添一百文，仍自除降指揮日起支。』　（職官三〇）

十年三月二十三日，詔，『熟藥所監官，依編估局，每月各添給錢一十貫，於本部一文息錢內支給。』　（職官二七）

十二年十一月二十一日，詔，『醫官局生員額並依舊制，內局生請給，令戶部措置量行增添，申尙書省。』　戶部尋取到糧料院狀，具到，『太醫局局生，見勘在京請給則例，并依應措置量行增添錢數。　大方脈科，風科，每月各請食錢二貫文，……今欲量增添食錢二貫文，通共食錢四貫文。　產科、瘡腫科兼傷折科、小方脈科、鍼科、炙科、眼科、口齒科兼咽喉科、金喉科兼書禁科，每月各食錢一貫二百文，……今欲量行增添食錢一貫八百文，通共食錢三貫文。』　並從之。　（職官二二）

以上都是公務員的薪津因物價上漲而發生變動的情形。　復次，當日一般勞動者的工資，也隨物價的上升而上升。　如宋會要食貨三四說冶鐵匠工資的增貴云：

（紹興）十三年，臣僚言，『伏覩東南諸路舊來所管坑冶雖多，其間有名無實者固亦不少。　加以近年人工物料種種高貴，比之昔日，增加數倍。　是致爐戶難以興工。　……』

又雞肋編卷下說採茶工匠工資的提高云：

建谿茶場……採茶工匠幾千人，日支錢七十足。舊米價賤，水芽一䏃猶費五千。如紹興六年，一䏃十二千足，尙未能造也。

總括上述，我們可知南宋初年物價變動對於人民生活的影響之一斑。就商人及農業生產者說，物價的高漲是一種很好的福音，因爲他們可以乘機獲得鉅額的利潤。但就一般消費者及靠固定收入爲生的公務員說，當日物價的上漲却是最可詛咒的一回事，因爲他們因此而吃不飽，穿不暖，有時甚至於要餓死！此外，隨着當日物價的升漲，工資方面也發生劇烈的變動，卽向上升漲。至於上漲的程度，自要因職業而異，從而生活的甘苦也因職業而不同。

五　結論

總括上文，我們可以知道宋代的物價，到了南宋初年，曾經發生激劇的變動。關於這時期物價變動的原因、情形與影響，現在綜述如下。

南宋初年物價所以發生劇烈的波動，宋、金戰爭是其中基本的原因。由於金兵的騷擾，北方人口多避亂南渡，南方人口多了，物品的需要大增；而且，戰爭本來又是一種對物資的大消耗，物資消耗多了，其需要自然更加增大。可是，在另一方面，隨着宋、金戰爭的擴大，各地生產事業多被破壞，交通亦被阻塞，市場上遂形成物品供給減少的現象。同時，政府因爲要籌措龐大的戰費，不得不加重人民租稅的負擔；這一筆鉅額的租稅，商人多藉提高物價的方法來轉稼於消費者的身上。除此以外，再加人爲的原因，卽商人地主們的操縱籠斷，屯積居奇，當日各地的物價遂向上升漲起來。

至於物價變動的情形，可要因時因地而異，但其上漲的趨勢却是一致的。在極端缺乏的情形下，有些地方的米價曾上漲至幾萬文一斗；這和北宋平時不過三四十文一斗的米價比較起來，當然是昂貴得多了。當日一般人衣着所用的絹，由於供需的失卻均衡，也由一二千文一匹的價格上漲至一萬文或一萬多文一匹。米價的上漲，影響到工資的增加；工資旣增，物品的生產成本遂跟着增加，從而各種物品的價格遂騰貴起來。至於軍用器材，因戰時有大量的消耗，需要特別增大，價格自然更爲昂貴。

最後，說到當日物價變動對於人民生計的影響，無論是好的或是壞的，都非常深刻。在當日物價高漲的情形下，販運貨物的商人和出產貨物的生產者都莫不抓住這個千載一時的機會來大發其財；他們都可藉物品價格與成本的懸殊來賺取鉅額的利潤。可是，同時却苦了一大批消費者和靠固定收入爲生的人；因爲當物價上漲的時候，他們手中持有的貨幣的購買力便大大降低，許多從前能夠享用的物品都不復能買得起。自然跟着物價的上漲，當日各種職業者的工資也上升了不少。可是，事實上，當日仍有不少的人，收入的增加遠趕不及物價的升漲，他們的生活都過得非常之苦，實是物價高漲下的犧牲者。

民國二十八年夏，脫稿於昆明。三十一年夏，重寫於重慶。

(註一)參考拙著北宋物價的變動。

(註二)繫年要錄卷一七三略同。

(註三)南北宋間由中原避難入蜀的人口，數量甚多。關於這方面的記載，因篇幅關係，不能盡述，現只記其書名卷數於下：宋史卷四二七邵雍傳，卷四三三邵伯溫傳，邵伯溫邵氏聞見錄卷一八及二〇，陸游渭南文集卷二三，姚平仲小傳，宣和遺事卷三，周密齊東野語卷八，周煇清波雜志卷六，蔡條鐵圍山叢談卷二及三，洪邁夷堅甲志卷一七，乙志卷一四，丙志卷四，丁志卷一四，支庚卷三，志補卷二三。

(註四)例如莊季裕雞肋編卷中說燃料消耗之大云：『今駐蹕吳、越，山林之廣，不足以供樵蘇。雖佳花美竹，墳墓之松楸，歲月之間，盡成赤地。根枿之微，斫撅皆徧，芽櫱無復可生。思石炭之利，而不可得。東坡已呼爲遺寶，況使見於今日乎？』又張邦基墨莊漫錄卷五云，『建炎己酉冬涖庚戌春，宣撫使周望留姑蘇，諸將之斧斤日往(平江山林)樵斫俱盡。棟梁之材，梯而爲薪，莫敢誰何。諸山皆童矣！亦草木一時之厄耶！』

(註五)繫年要錄卷九九同。

(註六)繫年要錄卷一一一略同。

(註七)繫年要錄卷一八建炎二年九月癸亥條。葉適水心文集卷四財總論二作『酒雖貴，未有能強之而使飲。』宋會要食貨三五作『酒價雖高，未有驅之使必趣飲者也。』

(註八)事在建炎年間。參考宋史卷三六〇宗澤傳。

(註九)關於南宋初年物價上漲的原因，除這裏所提出的四種以外，我們應該從貨幣方面來加以觀察。不過，當時太常少卿陳槱說過，『今日之弊，物貴而錢少。』(繫年要錄卷七九紹興四年八月癸巳條)同時，當日紙幣發行的數量也不算多(參考宋史卷一八一食貨志)。可見這時物價的昂貴，并不是由於貨幣的膨脹。但當日錢幣的品質很壞，貨幣貶值的政策是被政府採用着的。如宋史卷一八〇食貨志說，『紹興以來，……比歲所權，十無二三。鑄當二錢千，重四斤五兩，小平錢千，重四斤十三兩，視舊制銅少鉛多，錢愈輕薄矣。』 這自然要促使物價上漲。 但因關於這方面的記載甚少，故一時只好從略。

(註一〇)書中有『建炎』年號，而宋史卷二〇六藝文志又把牠放在洪皓松漠紀聞（南宋初年著作）之後，當爲南宋初年著作無疑。

(註一一)繫年要錄卷六七。

(註一二)宋史卷六七五行志。

(註一三)事在建炎三年。

(註一四)王明清揮麈後錄卷一〇。

(註一五)宋會要食貨九及七〇建炎四年十月七日條。

(註一六)宋史卷三七九章誼傳。

(註一七)宋史卷六七五行志。

(註一八)參考拙著北宋物價的變動。

(註一九)繫年要錄卷九九略同。

(註二〇)繫年要錄卷一〇九略同。

(註二一)繫年要錄卷一二三略同。

(註二二)鄭獬鄖溪集卷一二乞罷兩浙路增和買狀。

(註二三)續通鑑長編卷四三二元祐四年八月乙丑條。

(註二四)宋會要食貨二六紹興八年二月二十八日條。

(註二五)關於北宋江、浙絹價變動的詳細記載，參考拙著北宋物價的變動。

(註二六)按一匹爲四丈二尺推算，知每匹賣錢八千四百文。

(註二七)縑是厚絹，價格應較普通的絹爲貴。

(註二八)繫年要錄卷一七四略同。

(註二九)宋史卷一七五食貨志同。

(註三〇)即每千文以七百七十文計算。

(註三一)宋史卷一七五食貨志略同。

(註三二)事在南宋初年，詳細年月待考。

(註三三)宋會要食貨六四紹興元年四月二十五日條。

(註三四)宋會要食貨九及七〇紹興二年七月十八日條。

(註三五)宋會要食貨九、三八及七〇紹興十七年九月二十六日條。

(註三六)繫年要錄卷一八六紹興三十年九月丙子條略同。

(註三七)此書序言作於紹興五年。

(註三八)繫年要錄卷一八九紹興三十一年三月己卯條。

(註三九)按容齋四筆作於慶元三年(1197——8)。

出自第十一本(一九四四年九月初版,一九四七年七月再版)

宋金間的走私貿易

全漢昇

(一)概說
(二)飲食品的走私貿易
(1)糧食的走私貿易
(2)茶葉的走私貿易
(3)食鹽的走私貿易
(4)鬻的走私貿易
(三)軍需品的走私貿易
(四)金銀銅錢的走私貿易
(1)概況
(2)銀的走私貿易
(3)銅錢的走私貿易
(五)其他各種物品的走私貿易
(六)結論

一 概說

日本經濟史學者加藤繁氏曾撰宋金貿易論一文，刊登於史學雜誌（註一）上。文中對於宋、金間正常貿易的情形，說得相當詳盡；但因牠所根據的宋會要的材料，只限於食貨三八榷場一項，故對於宋、金間的走私貿易，語焉不詳。事實上，在宋會要一書中，除食貨三八以外，還有不少關於宋、金貿易的材料。作者現擬根據這些材料來探討宋、金間走私貿易的情形，以補加藤氏論文的不足。

宋、金以淮河爲界，在淮河流域及其以西各地都設立了兩國貿易的市場，名叫『榷場』。這些榷場的所在地，在南宋爲盱眙軍、楚州的北神鎮、楊家寨、淮陰縣的磨盤，安豐軍的水寨，霍邱縣的封家渡，信陽軍的齊冒鎮、棗陽軍及光州等

(註二)；在金國爲密、壽、潁、蔡、泗、唐、鄧、秦、鞏、洮諸州及鳳翔府(註三)。這許多榷場廢置不常，大小不一，其中最重要的當推盱眙及泗州兩榷場。盱眙軍位於淮河南岸，與北岸的泗州遙遙相對，是南北交通的要衝。當時的人曾說，『南舟必自盱眙絕淮，乃能入汴。北舟亦自是入楚之洪澤，以達大江。則盱眙實梁、宋、吳、楚之衝，爲天下重地尙矣。』(註四)因此，當紹興二十九年，兩國各地的榷場多半廢罷的時候，南宋獨保留盱眙榷場，金國獨保留泗州榷場，幷各自添建房屋二百間，以供集中於此的客商之用(註五)。當南宋的商人和貨物抵達盱眙以後，榷場的官吏便一一加以管理。官吏首先把客商的貨物估量一下，按照他們販運貨物價值的大小，來分爲『大客』及『小客』。凡貨物價值在一百貫以上者爲大客；在一百貫以下者爲小客。小客須每十人互相擔保，登記姓名，留下貨物的一半，然後以一半貨物販運過河，到泗州榷場與金人交易。及買到北貨歸來，暫時停放於盱眙榷場的堆棧內，復以其餘一半運往泗州出售。大客一律不准過河，只能留在盱眙榷場，等候金國商人前來交易。在買賣的時候，兩國商人各處一廊，以貨呈主管官牙人，往來評議，不許相見(註六)。交易成功以後，商人須按照買賣貨物的價值，每貫繳納息錢二百文，牙錢二十文，及脚錢四文。牙錢中十分之九歸官，十分之一均給牙人。脚錢則完全給與脚戶(註七)。此外，商人的被嚴密檢查，以免違禁物品的夾帶買賣，自然不在話下(註八)。

宋、金間榷場貿易的情形，已略如上述。這裏要問：除了兩國間的正常貿易以外，爲什麼當日還有走私貿易的存在？據作者的意見，當日人們所以大規模的走私，主因爲賺取鉅額的利潤。走私者所以能獲得鉅額的利潤，一方面由於逃稅的行爲，他方面由於違禁品貿易的經營。自然，走私中的一部份物品——如軍需品及糧食——的輸入，兩國政府都採取獎勵政策，也是當日走私貿易盛行的一因素。關於此點，下文當分別論述，暫時從略。現在且進而看看當日兩國間走私的路線。

宋、金間最大的走私路線是淮河流域。當日兩國間的疆土旣然大部份以淮河爲界，淮河沿岸的走私貿易自然最爲發達。例如宋會要食貨三八說：

(紹興十二年五月)十七日，左朝散大夫直祕閣知盱眙軍措置榷場沈該言，

『竊惟朝廷創置榷場，以通南北之貨，嚴私渡之禁，不許私相貿易。然沿淮上下，東自揚、楚，西際光、壽，無慮千餘里，其間窮僻無人之處，則私得以渡，水落石出之時，則淺可以涉。不惟有害榷場課利，亦恐寖起弊端。……』

（二十九年）九月七日，右正言王淮言，『臣伏覩去年勅書累降指揮，禁止沿淮私渡博易物色。訪聞兩淮之間，尚多私相貿易之弊。如楚州之北神鎮、淮陰縣之磨盤、安豐軍之水寨、霍邱縣之封家渡、信陽軍之齊冒鎮及花靨、棗陽舊有榷場去處，不可勝數。其間爲害最大，天下之所共知，商賈之所輻湊，唯蔣州之西，地名鄭莊，號爲最盛。……』

其次一條走私路線是海道。宋會要刑法二載乾道二年

七月一日，三省樞密院言，『勘會已降指揮，沿海州軍私販物貨往山東者，已立定罪賞，非不詳備。訪聞尚有冒法之人，公然興販。……』（註九）

此外，川、陝間的走私貿易也很發達。關於此點，下文將要提及，茲不贅。

最後，當日走私貿易的經營者也有種種的不同。商人固然是其中最活躍的人物；但事實上却不限於商人，商人以外還有三種人專門利用他們特有的機會來走私。第一種是邊疆的官吏，他們服務的地方，與金接境，最便於經營走私貿易。他們或者派遣部屬來走私，如知盱眙軍楊抗『私遣監渡官郭貫之等夜渡淮爲商，所得金錢，動以萬計』（註一〇）；或者與商人勾結來圖利，如光州光山縣尉兼主簿鄧飛虎『受商人貨物，縱令渡淮』（註一一）。第二種是沿邊的軍人，他們往往憑藉武力來走私。例如擁衆數百人，自稱制置司前軍的忠義人魏勝，常常私渡淮爲商（註一二）；復次，如下文所說，當日駐防邊區的軍隊更是大規模的偷運銅錢出境。第三種是出使金國的外交官吏與隨員，他們往往利用出國的機會來私販貨物。如繫年要錄卷一五二說万俟允中『從使金國日，以禁物博厚利』；卷一六六說吳㮚『銜命出疆，公肆哀掠，並與北貨厚載而歸；』卷一八〇載『左正言何溥言：比歲奉使所辟官屬，多募人代行。市井狡獪之徒，冒法私販。』總之，因爲利之所在，故當日有不少的人從事走私貿易。

宋、金間走私貿易的商品，種類頗多。現在爲便利起見，分類敍述如下。

二　飲食品的走私貿易

(1)　糧食的走私貿易

宋、金間走私貿易的飲食品，有種種的不同。　茲請先述糧食的走私貿易。

自唐至宋，長江三角洲是全國最重要的穀倉，每年都有大量的穀米沿運河向北輸送，分配於首都及其他各地。　及宋、金對立，這種穀米運銷情形，發生激劇的變動。　因為這時運河流域分別隸屬於兩個敵對的政治組織之下，不能如以前那樣暢通無阻，再加以南宋政府的禁米出口政策，長江三角洲一帶的糧食便不復能和唐及北宋那樣大量的販運至北方各地了。　這樣一來，由於供給的銳減，北方糧價便遠較南方為貴。　南北糧價既然相差很遠，鉅額的利潤遂引起人們大規模走私的行為；同時，因為當日運河不能暢通，走私者遂把南方的米糧經海道北運。　繫年要錄卷三五載建炎四年七月

> 己未，詔明、越州禁山東之游手來販糴者。　時淮、密諸州米麥貴踴，明州進士林秉德言，『積粟之家，利其高價，皆傾廩以糶之。　正恐因緣為姦，以泄中國之機；又且耗吾國計，以資寇糧，不可不慮。』　乃命禁止焉。

又同書卷三六載建炎四年八月

> 壬申，詔福建、溫、台、明、越、通、泰、蘇、秀等州，有海船民戶，及權作水手之人，權行籍定五家為保，毋得發船往京東，犯者並行軍法。　以山東米麥踴貴故也。

又同書卷五二載紹興二年三月庚子，

> 言者奏，『山東艱食，……商人多市米……轉海而東，……』

又宋會要刑法二云：

> 紹興二年三月九日，禁江、浙之民販米入京東……
>
> 四年七月十九日，禁明、越州山東游手來販糴。

以上是南宋糧食由海道私販往金國的情形。復次，在川、陝間，金國的米麵也有秘密販往南宋的；因為南宋軍隊在那裏駐防，糧食需要增大，而由內地運往又很困難，故政府獎勵其秘密入口。　繫年要錄卷一三九云：

是月（紹興十一年正月）川、陝宣撫副使胡世將言，『……鳳翔百姓忠義，不負朝廷。自金人侵犯以來，尙猶賫糧赴楊從儀送納。後金人禁止，然亦不住有興販米麵之人。臣先行措置，將銀絹錢引二十萬緡，遣官屬前往，同楊從儀令以高價招誘興販者。剩獲利息，必須趨利而來。比之般運，尤爲省費。……』

不過，就大體上看，由金國私販入宋的糧食當然遠不及由宋私販赴金那樣多。

（2）茶葉的走私貿易

我國人士飲茶的風氣，在唐代已很盛行；陸羽之作茶經，便是一個明顯的例證。茶葉的生產區域，均在南方(註一三)。在唐代，南方各地出產的茶葉，多先集中於揚州，然後沿運河北上，銷售於北方各地(註一四)。及宋、金對立，金國統治下的人民多把茶當作日常生活必需品來飲用，那時『上下競啜，農民尤甚，市井茶肆相屬』(註一五)。因此，金國每年都要自南宋購入大量的茶葉。這樣一來，漏卮的增大引起了朝野上下的注意。他們反對以價值鉅大的『絲、綿、錦、絹有益之物』來交換『宋土草芽』的茶。金國政府遂規定七品以上官吏的家庭方許飲茶，但不准出賣及餽獻；不應留者，按照斤兩的多少論罪。*同時又設立官署，在河南等地種茶，以供人民飲用。但結果失敗，因爲土壤氣候既不合適，自製的茶葉味道不好，強迫人民飲用是無濟於事的(註一六)。

金國本土旣然不能出產茶葉，而一般人民日常又非飲用不可，遂只好向南宋購買。就南宋政府方面說，這是一個增加財政上的收入的好機會；因爲金國消費的茶葉旣非取給於宋不可，宋就是提高茶葉的賣價，金國也只好忍受。在這種情形下，南宋政府實行臘茶（福建出產的好茶）出口的國營政策(註一七)，同時對於其他各種的茶葉則課以重稅，然後准其由榷場轉賣與金國(註一八)。這樣一來，在金國市場上的茶價自然要比南宋昂貴得多。宋、金間茶價的懸殊，對於走私的人們是一個很大的引誘，因爲他們這種買賣的利潤是很優厚的。如宋會要食貨三一載紹興十四年三月

二十六日，戶部言，『據淮南東路提舉茶鹽司申，客販所以冒法私渡淮河，一則獲利至優，二則避免榷場貼納官錢。……如獲到私渡茶貨，欲乞比附

紹興路獲私茶，以一斤比二斤推賞。』　從之。

又繫年要錄卷一七七載紹興二十七年七月

庚午，給事中王師心言，『鼎、澧、歸、峽產茶，民私販入北境，利數倍。』

又宋史卷一八四食貨志云：

孝宗隆興二年，淮東宣諭錢端禮言，『商販長引茶，水路不許過高郵，陸路不許過天長。　……』當是時，商販自榷場轉入虜中，其利至博。　譏禁雖嚴，而民之犯法者自若也。

由宋祕密販茶赴金者所得的利潤，是在兩種情形下實現的：第一是茶稅的逃避。　當日出口須納的茶稅名叫翻引錢及通貨牙(或作儈)息錢，不經由榷場輸出的私茶自然可以偸漏不納。　宋會要食貨三一云：

(乾道)三年三月二十五日，戶部侍郎李若川言，『客販草末茶小引，……改榷場折博者，每引再納翻引錢十貫五百文；其引(？)榷場，又合納通貨牙息錢十一貫五百。　今聞客人規避，多私渡淮，不唯走失翻引錢，又失榷場所收之數。　……』

(六年)四月二十四日，戶部侍郎江、浙、荆湖、淮、廣　福建等路都大發運使史正志言，『訪聞販茶客人避納翻引錢，往往私販過淮折博，暗失課入。　……』

第二是臘茶的私販。　臘茶既專由政府販運出口，在獨佔的情形下，其售價可以定得很高。　臘茶的獨佔價格既然特別的高，走私者祕密運往，自然可獲大利。　宋會要食貨三一載紹興十二年九月

二十三日，戶部言，『……契勘客販(福建)臘茶，輒裝上海船，經由海道。　雖已承指揮，依紹興五年正月二十七日指揮，販物人並船主稍工並皆處斬，……訪聞日來尚有不畏法禁規利之徒，依前般載臘茶，經由海道販賣。　蓋緣州縣當職官吏坐視，全不用意禁戢，是致客販違法公行。　……』

文中雖然沒有明說經海道祕密運出的臘茶之目的地，但由於下引宋史卷一八四食貨志所載，我們可以推知牠們是販往金國的：

(紹興)十二年，與榷場，遂取臘茶爲榷場本。凡胯截片鋌，不以高下多少，官盡榷之。嚴私販入海之禁。

說到茶葉的走私路線，當以淮河流域爲最重要。由南宋祕密販往金國的茶葉，多半取道於此。關於此點，除分見於上引各文外，宋會要刑法二說：

(紹興)十二年八月三日，禁客旅私販茶貨，私渡淮河，與北客私相博易。

(淳熙五年十二月)十八日，臣僚言，『沿淮州軍多有透漏……茶貨……等物。其最甚者莫若正陽之水寨。……』

又同書職官四八云：

(嘉定)七年八月五日，淮西提舉喬行簡言，『……訪聞淮河兩渡，非特北鹽過界，近來本界私茶渡淮而北，亦復不少。……』

又繫年要錄卷一八六載紹興三十年九月

壬午，右正言王淮言，『兩淮間多私相貿易之弊。如茶……國家利源所在，而皆巧立收稅，肆行莫禁。茶於蔣州私渡，貨與北客者既多，而榷場通貨之茶少矣。……』

其次一條走私路線是在川、陝間。宋會要食貨三八云：

孝宗隆興二年二月二十一日，詔令四川(原文作『州』，誤)總領所措置樁辦錢一百萬貫，招誘商販乾姜(薑)、絹、布、茶貨、絲、麻之類，增直收買，仍委宣撫司同本所措置於近邊置場博易軍須等物應副支用，……中書門下言，『西北必用之物，而本處所無，如乾姜、絹、布、茶貨、絲、麻之類，訪聞有商旅私相博易，不惟失陷稅課，兼恐漏泄事宜』。故有是命。

又繫年要錄卷九五載紹興五年十一月壬辰，

詔私販川茶至僞界十里內捉獲犯人，並從軍法。

此外，福建臘茶的私販往金國，是利用海道交通線的。關於此點，上文已經提及，茲不贅。

(3)食鹽的走私貿易

上述走私貿易中的米茶兩物，均以由宋私販赴金爲多。這裏說的食鹽，却正正相反，是由金國私販入宋的。

在金國解州(在今山西南部)出產的池鹽(即解鹽),產量甚富,除金人消費之外還有剩餘,故政府准許其出口,以換取南宋的產品(註一一九)。可是,南宋政府爲保護本國產鹽的市場計,却禁止解鹽的進口。解鹽在金國既然供過於求,價格自然低廉;反之,在南宋四川一帶行銷的官鹽却價高而味淡。雙方鹽價懸殊的結果,人們遂私販大量的解鹽入宋,因爲國法的森嚴究竟敵不過鉅額利潤的吸引,何況金國政府又在背後策動牠的輸出呢?宋會要食貨二七載,乾道七年

> 四月二十二日,臣僚言,『利(州)路關外諸州,連接敵境。軍興以來,歸正忠義之人,與逃亡惡少之徒,皆興販解鹽爲業,比之官(鹽)價廉而味重。人競販賣,嘯聚邊境,動輒成羣。……』

又同書食貨二八載淳熙八年

> 八月九日,臣僚言,『近來邊備不嚴,沿邊之人,多自虜境盜販解鹽私入川界,侵射鹽利。』

除四川外,人們又把解鹽私販往湖北西北部;原來在那裏銷售的鹽,須老遠的由淮南運來,價格因負擔昂貴的運費而提高,着實和由金國偸運入來的私鹽競爭不過,結果被驅逐出當地市場之外。宋會要食貨二八載淳熙五年,

> 二月十二日,京西漕司主管官張廷筠言,『京西盜販解鹽,唯光化軍、均、房州有小路可通北界,私販甚多。緣此人戶全食解鹽,淮鹽絕無到者。……(解)鹽之至境,有數倍之利。……』

復次,解鹽又經由光州(今河南南部潢川縣)一帶私販入湖北東北部。宋會要職官四八云:

> (嘉定)七年八月五日,淮西提舉喬行簡言,『訪聞兩淮州縣榷場商旅般運物貨過淮,却打博北界鈔鹽回歸。其弊皆緣州郡利於收稅,更不覺察禁戢,却將捕到北鹽,拘沒入官,置鋪出賣,或分與鹽鋪戶發泄。合行措置。本司近準指揮,今後兩淮榷場監渡官選差見任官兼管,令提舉司常切覺察。遂行下光州、安豐軍,其花靨鎮、中渡兩榷場不得差補攝公吏去。……訪聞淮河兩渡,非特北鹽過界,近來本界私茶渡淮而北,亦復不少,尤當謹嚴。亦何愛一二差遣,不使之專一管幹。今欲乞將中渡、花靨兩渡

監官創置員闕，選差曾經任有舉主人充。應內有補（應作『捕』，『補』誤）獲到茶鹽，與照巡尉格推賞。其透漏者，罰亦如之。……』詔從之(註二〇)。

因爲『鹽之至境，有數倍之利』，故當日好些人都做這種買賣。上面曾說，『沿邊之人，多自虜境盜販解鹽』；又說，『歸正忠義之人，與逃亡惡少之徒，皆興販解鹽爲業』。此外，沿邊的官吏與軍人，更是憑恃勢力來販運私鹽。宋會要食貨二八云：

（淳熙九年）八月七日，右諫議大夫黃洽言，『解鹽之禁，今日所當嚴。乞自今凡在官敢以解鹽自行中賣及以相饋遺者，不論斤兩多少，必當重寘典憲無赦。仍令逐路監司嚴行覺察。』從之。

（十一年五月）十九日，詔殿前馬步軍司及江上諸軍及都大提舉茶馬司，『約束取押馬綱官兵，不得將帶解鹽私販。如有違犯，從條斷罪。』從知均州何惟青之請也。

（4）薑的走私貿易

薑在金國非常稀罕珍貴，被目爲飲食中的異品，價格高昂。洪皓松漠紀聞續云：

女眞……無生薑，至燕方有之。每兩價至千二百。金人珍甚，不肯妄設。遇大賓至，縷切數絲寘楪中，以爲異品，不以雜之飲食中也。

在金國市場上的薑價旣然這樣昂貴，人們遂多由南宋逃稅運往，以賺取鉅額的利潤。宋會要食貨三八云：

孝宗興隆二年二月二十一日，詔令四川總領所……中書門下言，『西北必用之物，而本處所無，如乾薑……之類，訪聞有商旅私相博易，不惟失陷稅課，兼恐漏泄事宜。』故有是命。

（十二月八日）淮東安撫司周淙，知盱眙軍胡昉言，『……客人販薑貨雜物至場博易，多至楚州北神鎭私渡過淮。……』

三　軍需品的走私貿易

除飲食品外，軍需品在宋、金走私貿易中也佔重要的位置。這時戰爭消耗的軍用器材，多產於南方各地，甚爲金國所需要；但南宋政府却禁止其出口，以免資敵。爲滿足軍事上的需要起見，金國政府遂大規模的高價收買，以獎勵其祕密由宋輸入。走私者以有利可圖，遂大量的經營販運。他們私販軍需品所走的路線，就文書記載上看，約有三條：第一條是海道。當日金國政府在山東沿海各口岸都設有通貨場，以收買走私者由南宋用海船運來的軍需品。如繫年要錄云：

（紹興四年九月乙丑）又金人於沿海州縣，置通貨場，以市金、漆、皮革、羽毛之可爲戎器者，以厚直償，所積甚衆。（卷八〇）

（五年二月乙酉）侍御史張致遠言，『銅、鐵利源也，而大賈擅之，比屋鬻器，取直十倍，海舟販運，遠出山東。雖有提點兩司，何嘗料理？……』（卷八五）

（五月壬辰）詔諸路沿海州縣，應有海船人戶，以五家爲一保，不許透漏海舟出界；犯者籍其貲，同保人減一等。時金、齊於沿海諸州置通貨場，以市南物之可爲戎器者。商人往者甚衆，多自平江之黃魚垛頭易水手以去。故譏察之。（卷八九）

又宋會要刑法二云：

（紹興）三年二月一日，禁販箭簳往山東。其有透漏，并元裝發州縣當職官吏並流三千里，各不以宜赦降原減。

（乾道七年）六月十八日，知興州（紹興？）府兩浙東路安撫使蔣芾言，『據本司參議官高敞劄子：頃在北方，備知中原利害。如山東沿海一帶登、萊、沂、密、濰、濱、滄、霸等州，多有東南海船，興販銅、鐵、水牛皮、鰾、膠等物。虜人所造海船器甲，仰給於此。……』

第二條是淮河流域。如宋會要刑法二云：

（紹興）三年十月二日，禁客人以箬葉重龍及於茶籠中藏筋、鰾、漆貨過淮，前往外界貨賣。許人告，並行軍法(註二一)。

淳熙元年五月十五日，盱眙軍守臣言，『……軍須違禁之物，不許透漏過界，法令甚嚴。本軍係與泗州對境，逐時客販過淮博易，射利之徒，殊不知畏。且本軍與泗州以淮河中流爲界，渡船既已離岸，無由敗獲。……』

又同書食貨三八載乾道元年

七月三日，淮南東路盱眙軍榷場言，『據客人薛太販到沙魚皮二百二十五箇到場通貨，慮是違禁之物。元降指揮，不曾該載。緣可以裹馬鞍，裝飾刀劍，係堪造軍器之物，理宜禁止。』詔今後客人販沙魚皮過界，依販犬馬皮等斷罪，仍申明行下。

第三條是漢水流域，即由荆、襄一帶私運出口。宋會要刑法二云：

（乾道七年）六月十八日，知興州（紹興？）府兩浙東路安撫使蔣芾言，『據本司參議官高敞劄子：頃在北方，備知中原利害。如……唐、鄧州收買水牛皮、竹箭桿、漆貨，係荆、襄客人販入北界。緣北方少水牛，皮厚，可以造甲。至如竹箭桿、漆貨，皆北所無。……』

（嘉泰四年五月）十六日，臣僚言，『牛皮、筋、角，惟兩淮、荆、襄最多者；蓋其地空曠，便於水草，其民用之不恤，所以多斃。姑以臣前任安豐一郡言之，每歲官收皮、角，不下千餘件，尋常皆係姦民計會所屬估賣，却行轉賣與北人。……膠、　、翎毛，載在令甲，禁止甚嚴。比年公私過界，累有敗獲。甚至見任官親戚僕從等，專以此爲優潤之資。蓋緣外借應副民間使用之名，其實在於過界，獲利數倍。……』

說到由宋私販赴金的軍需品的種類，就上引各文所載，可知包括金、銅、鐵、皮革、筋、角、箭簳（一作『竹箭桿』）、羽毛、膠、鰾、漆及沙魚皮等物。還都是製造刀、劍、弓、箭以及其他各種武器所必需的原料。復次，當日製造軍服所用的絹，也有由宋私運入金的。宋會要刑法二云：

（紹興）四年二月十九日，禁客人收買諸軍春衣絹往僞界貨賣；罪賞並依透漏筋鰾條法。

此外，南宋軍用的戰馬也有私販赴金的。宋會要刑法二云、

（淳熙）五年六月二十日詔，『湖北京西路沿邊州縣，自今客人輒以耕牛幷戰馬負茶過北界者，並依軍法。其知情引領停藏乘載之人，及透漏州縣官

吏公人兵級，並依與販軍須物斷罪。……』

又同書兵二六云：

(嘉泰)二年正月二十七日，鎮江府副總管劉忠言，『伏見頻年以來，北界用兵，日在兩淮、漢上用銀收買淮馬。貪利冒禁者紛紛。我空彼盈，利害不細。……』

上述軍需品的走私貿易，都是就由宋私販赴金說的。至於由金私販入宋的軍需品，爲數較少，只有戰馬一種。在北宋，優良的馬匹多取給於西北一帶。及宋室南渡，北方爲金佔領，政府不復能在西北購買戰馬，戰馬自要因缺乏而價格昂貴。故南宋政府不顧金國的禁止出口，暗中高價收買金國的馬，以獎勵其祕密輸入。繫年要錄云：

(紹興二十七年二月)己未，敷文閣待制知荆南府王師心試尙書戶部侍郎。師心嘗言，『鄂渚戍兵，市馬北境，宜禁止以窒邊釁。』上然之。(卷一七六)

(二十九年十月)乙亥詔，『禁止沿淮私渡，盜買鞍馬，博買物色，已是嚴切。尙慮冒利之人，或假託貴要，或作軍中名目，往來買賣。……』(卷一八三)

(三十一年六月甲寅)同知樞密院事充大金起居稱賀使周麟之上疏曰，『……秦檜死，孽芽浸生，屢詰牙人以買馬渡淮之禁，至罷榷場以絕南北貿易。……』(卷一九〇)

又陳傅良止齋文集卷五一薛公(季宣)行狀云：

(孝宗時)公益口疏治邊非是曰，『買馬亡幾，習至盜馬。虜將寄聲問故，卒索歸之。國家何至乏此，而自傷體若是！』詔即罷買。

四 金銀銅錢的走私貿易

(1)概況

除上述各種物品外，南宋的金、銀、銅錢也大量的走私販運往金國。如宋會要刑法二說走私者違法營運金、銀、銅錢赴金以取利，及南宋政府防範他們偸漏的辦法云：

淳熙元年五月十五日，盱眙軍守臣言，『銅錢、金、銀……之物，不許透漏過界，法令甚嚴。本軍係與泗州對境，逐時客旅過淮博易，射利之徒，殊不知畏。且本軍與泗州以淮河中流爲界，渡船既已離岸，無由敗獲。今欲自客旅往渡口正路本軍西門外立爲禁約地分，遇有違犯之人，分別輕重斷遣，庶幾有所畏憚。今條畫如後：一，照應榷場逐時發客過淮博易，係經由本軍西門出入。今欲每遇榷場發客，令搜檢官先就西門搜檢。如無藏帶金、銀、銅錢幷違禁之物，方得通放。若客人經由西門搜檢之後，於西門外未至淮河渡口搜獲藏帶金、銀、銅錢者，欲將犯人比附越州城未過，減一等斷遣，仍將搜獲到金、銀、銅錢物貨盡數充賞。一，今欲於淮河渡口築土墻，置門戶，以爲禁約地分。如客旅或諸色人藏帶金、銀、銅錢，輒過所置墻門，雖未上船，或已上船而未離岸，即與已過界事體無異，欲並依已出界法斷罪。犯人應有錢物，盡數給與所獲之人充賞。』從之。

可是，禁止偸漏的法律儘管嚴密，由於鉅額利潤的引誘，走私者還是大規模的祕密販運，其中尤以銀及銅錢爲甚。玆分述如下。

(2)銀的走私貿易

銀在宋代多產於南方(註二二)。宋室南渡後，在南方發見不少的銀礦，從而大事開採，結果銀因供給增加而價格低廉(註二三)。在金國方面，因北方銀鑛較少，其產額不足以滿足國內的需要，銀價自遠較南宋爲高。兩國銀價既然相差很遠，由銀價低的南宋販銀往銀價高的金國，自然可獲大利。但銀兩的出口，當重商主義在有形無形中支配着當日人們的時候，却爲南宋政府所禁止，故欲販銀取利的人只好祕密偸漏出口。如宋會要食貨三八載乾道九年

三月二日，知揚州王之奇言，『準朝旨令措置禁止北界博易銀絹。聞泗州榷場廣將北絹低價易銀。客人以厚利多，於江浙州軍販銀，從建康府界東陽過渡至眞州，取小路徑至盱眙軍過河博易；致鎭江府街市鋪戶茶鹽客人闕銀請納鹽鈔茶引等。……』

這裏把當日人們私販銀兩出口的動機，和走私的路線，都說得很清楚了。此外在

宋會要中還有不少銀兩透漏出口的記載，玆抄錄如下：

(乾道)八年十一月十四日，中書門下言，『已降指揮，令淮南、京西安撫轉運司鈐束榷場客人，不得以銀兩過淮博易。聞沿邊州軍全不約束。』(食貨三八)

(淳熙元年)十二月十五日，盱眙軍守臣言，『乞自今有蔭應贖之人，並不許通放過淮博易。如有透漏錢銀事發到官，並不許引用蔭贖，止依無蔭人例斷遣。』從之。(刑法二)

(五年十二月)十八日，臣僚言，『沿淮州軍多有透漏錢銀……等物。其最甚者莫若正陽之水寨。蓋水寨每發一船，其管事將官各有常例。……』(同上)

(十六年)六月五日詔諭，『前不曾差人往榷場幷海外去處收買物貨。深慮或有假作名色，夾帶銅錢銀兩過界。仰沿邊官司密切機(譏?)察。如有似此之人，先次拘管，即時具奏聽旨。』(同上)

(十一月)十七日，宰執進呈，『盱眙守臣霍箎捕獲趙興等透漏銀兩甚多，不可不略與旗(旌?)賞。』上曰，『與轉一秩，以爲沿邊官吏稱職者之勸。』

由上述，可知宋孝宗時代銀兩私販赴金之多。這裏我們還要討論一下，這許多銀兩偸漏入金後，對於金國貨幣制度的影響。在中國歷史上，把銀兩正式鑄造成貨幣來流通使用，以金承安二年(1197—9)『承安寶貨』的鑄造(註二四)爲最早。可是，當日金國產銀究竟有限，怎麽會有這許多銀來作鑄造銀幣之用呢？關於此點，作者以爲除因爲金國每年由宋收到大量的銀作爲歲幣外，南宋銀兩之大規模的走私入金，是其中一個很重要的原因。上引銀兩透漏入金的記載，終於宋淳熙十六年，卽公元 1189—1190 年。而金國正式鑄造『承安寶貨』，事在金承安二年，卽公元 1197—8 年。總之，銀兩的透漏在前，銀幣的鑄造在後，兩事在時間上的因果關係是很明顯的。可見金國在鑄造銀幣以前，每年都由宋祕密輸入大量的銀兩。結果，銀在金國的流通量一天比一天的增多起來。等到銀的供給充足了，金國政府遂正式把牠鑄成『承安寶貨』來行用。因爲這種銀幣的鑄造，足以表示自然經濟的衰落，和貨幣經濟的興起，在中國經濟史上着實是一件重要的事，故作者特地在這裏把牠發生的原因附帶解說一下。

（3）銅錢的走私貿易

在唐、宋時代，中國銅礦的產額，南方遠較北方爲多；從而當日鑄錢的工業，也是南方遠較北方爲發達（註二五）。當唐及北宋全國統一的時候，在北方流通行用的錢，多由南方製好運往（註二六）。可是，這種情形，自宋、金對立，在政治上把南北分割爲兩個國家以後，便發生激劇的變動了。這時重商主義的經濟思想彌漫全國，朝野上下都認爲銅錢外漏足以減損本國的財富，故南宋政府嚴禁銅錢出口（註二七），嘗與金國在榷場上貿易的時候，只准以各種貨物來償付入口貨的價值，即實行物物交換的辦法（註二八）。金國既然不能公開的由宋輸入銅錢，只好設法在她佔領下的北方開採銅礦，鑄造銅錢，以謀自給之道。可是，北方銅礦產額本來不多，鑄錢工業又不發達，故政府雖然努力在各地開礦採銅，立監鑄錢，結果還是無濟於事，因爲成本太大，所得不償所失（註二九）。因此，在當日金國的市場上，銅錢流通稀少，交易籌碼至感不足（註三〇）。在這種情形下，金國政府遂以種種貨物來高價收買宋錢，以獎勵宋錢的祕密輸入。如宋會要食貨三八載乾道三年

> 閏七月十二日，尚書度支郎中唐瑑言，『……北界商人未有一人過襄陽榷場者。聞於光州棗陽私相交易，每將貨來，多欲見錢，仍短其陌，意在招誘。嗜利奔湊者衆。……』

又同書食貨二八載淳熙五年

> 二月十二日，京西漕司主管官張廷筠言，『京西盜販解鹽，唯光化軍、均、房州有小路可通北界，私販甚多。……然易鹽皆中國之錢。聞唐、鄧間錢陌，以一二十數當百。鹽之至境，有數倍之利。……』

由此可知，金國爲着要增加國內銅錢的流通量，遂以食鹽等物產（註三一）販往南宋，以便祕密換取宋錢。同時，金國國內銅錢數量既然很少，市場上銅錢的行用遂採用『短陌』的辦法，即在交易的時候，人們只拿出一二十文（或多些）的銅錢便當作一百文來使用。這樣一來，錢值無形中自然增貴，從而把宋錢私販赴金自然可獲大利。關於此點，繫年要錄卷一八六亦載紹興三十年九月

壬午,右正言王淮言,『兩淮多私相貿易之弊。……若錢寶則有甚焉。蓋對境例用短錢,南客以一緡過淮,則爲數緡之用。況公然收買頭錢而過淮者,日數十人,其透漏可概見矣。……』

又宋會要刑法二亦云:

(乾道)三年三月二日,臣僚言,『伏見錢寶(原誤作實)之禁,非不嚴切。而沿淮冒利之徒,不畏條法,公然般盜出界,不可禁止。……』

當日宋錢的走私貿易,既然可產生鉅額的利潤,經營的人自然很多。除一般客商外,當日在邊境一帶駐防的軍隊更是憑恃勢力,大規模的偷運銅錢出口;而被派遣赴金的外交人員,也常常乘機私販銅錢以取利。如宋會要刑法二云:

(乾道六年)十月二十八日,權發遣盱眙軍龔鋈言,『每歲津發歲幣(原誤作弊)過淮交割,其隨綱軍兵及使臣等日(目?)不下四五十人,往往循習年例,私傳錢寶出界,并夾帶私商,不容搜檢。……』

(淳熙十六年)七月三日,詔鎮江、建康都統制司,『嚴行約束今後修城軍人,并搬運輒灰等人,將帶銅錢至沿邊諸州。或因事敗露,其統兵官或管押將副使臣等,並仰逐州取會名銜,具申朝廷取旨施行。如州郡或行容庇,一例行遣。』以臣僚言,『楚州修築城壁,鎮江萬兵往來更替,并隨行親屬裝載船隻,因而藏匿銅錢過江。又本軍與建康軍中津發輒灰官船,動以百計,經從揚州、高郵管下,乃至楚州。逐處雖行禁戢,勢力不加,誰敢向邇?兼聞近來軍人結黨,遞相提防,負錢於前,持梃於後。間有掩捕,公然搶奪,雖死不顧。乞行禁止。』故有是詔。

按南宋自紹興末年以來,『淮、楚屯兵,月費五千萬,見緡居其半。南北貿易,緡錢之入敵境者,不知其幾!』(註三二)可見當日軍人私運銅錢赴金的數量是相當可觀的。

五 其他各種物品的走私貿易

(1)書籍——宋代的印刷中心有四,即汴京、杭州、福建及四川(註三三);其中三個均在南方,只有一個在北方。金國佔領下的北方既然只有一個印刷中心,對於當日在南方大量生產的書籍自然非常需要。 尤其內容與軍事政治有關的出版品，金國政府爲着要探知敵情，更是不惜重金來一一搜求收買。 由於鉅額利潤的吸引，走私者遂不顧南宋政府法令的禁止，把這些書籍私販入金。 如宋會要刑法二載嘉泰二年

> 七月九日，詔令諸路帥憲司行下逐州軍，『應有書坊去處，將事干國體及邊機軍政利害文籍，委官看詳。 如委是不許私下雕印，有違見行條法指揮，並仰拘收，繳申國子監；所有板本，日下並行毁劈，不得稍有隱漏，及憑藉騷擾。 仍仰沿（原誤作江）邊州軍常切措置關防。 或因事發露，卽將興販經由地分及（原誤作乃）印造州軍不覺察官吏根究，重作施行。 委自帥憲司嚴立賞牓，許人告捉，月具有無違戾聞奏。』 以盱眙軍獲到戴十六等，輒將本朝事實等文字，欲行過界，故也。

下述偸漏出境的書籍，雖然沒有明言販往金國，事實上也以販往金國爲多。 同上：

> （淳熙）二年二月十二日詔，『自今將舉人程文并江程地里圖籍興（原誤作輿）販過外界貨賣或博易者，依與化外人私相交易條法施行。 ……』
>
> 九年三月二十一日，詔諸路轉運司行下所部州軍，將見賣舉人時務策并印板日下拘收焚毁。 令禮部檢坐見行條法，申嚴禁約，延致違戾。 以給事中施師點言，『文字過界，法禁甚嚴。 人爲利回，多所抵冒。 竊見書坊所印時文，……至於策試，莫非時務。 而臨軒親試，又皆深自貶損，以求直言。 所宜禁止印賣。』 故有是命。
>
> （嘉定六年）十月二十八日，臣僚言，『國朝令甲，雕印言時政邊機文書者皆有罪。 近日書肆（坊？）有北征讜議治安藥石等書，乃龔日章、華岳投進。 書劄所言，間涉邊機，乃筆之書，鋟之木，鬻之市，泄之外夷！事若甚微，所關甚大。 ……』

（2）布帛——當南宋初年，在金國佔領下的北方，布帛價格非常昂貴（註三四）。 這對於走私者是一個很大的引誘，因爲由宋私販前往，可得鉅額的利潤。 他們偸運布帛赴金的路線，以經由海道爲多。 繫年要錄卷五二載紹興二年三月庚子

言者奏，『山東艱食，而帛踴貴。 商人多市江、浙米帛，轉海而東，一縑有至三十千者。』

又宋會要刑法二云：

紹興二年三月九日，禁江、浙之民販米入京東及販易縑帛者。

此外，又有由川、陝間販往的。 宋會要食貨三八云：

孝宗隆興二年二月二十一日，詔令四川……中書門下言，『西北必用之物，而本處所無，如……絹、布……絲、麻之類，訪聞有商旅私相博易，不惟失陷稅課，兼恐漏泄事宜。』 故是有命。

(3)耕牛——大約因爲北方耕牛遠較南方爲少，故當日走私者常把宋牛販運赴金。 如繫年要錄卷一八六載紹興三十年九月

壬午，右正言王淮言，『兩淮間多私相貿易之弊。 如……牛……國家利源所在，而皆巧立收稅，肆行莫禁。 ……牛於鄭莊私渡，每歲春秋三綱，至七八萬頭，所收稅錢固無幾矣。 ……』

又宋會要刑法二云：

(淳熙四年)八月二十七日詔，『累降指揮立法禁止私販耕牛過界。 如聞近來邊界多有客旅依前私販，顯是沿邊州軍奉行滅裂！……』

五年六月二十日詔，『湖北、京西路沿邊州縣，自今客人輒以耕牛并戰馬負茶過北界者，並依軍法。 ……』

七月十二日，濠州言，『隆興元年二月十三日敕興販耕牛過界罪賞，與乾道編類指揮不同。 緣本州乃是極邊，慮奉行牴牾不便。』 詔自今興販過淮，知情引領停藏負載之人并透漏去處，賞罰並依隆興元年五月九日鰾膠過淮已得指揮。

(4)人口——當日四川的人口，有被誘私販往金國的。 如宋會要刑法二云：

同日(隆興二年九月十九日)，戶部言，『準送下寧江軍申：四川近日多有浮浪不逞之人，規圖厚利，於恭、涪、瀘州與生口牙人通同誘略良民婦女，或於江邊用船津載，每船不下數十人。 其劍門關卽自鳳州興販入對境州

軍。……』

六 結論

綜括上述，我們可知宋、金在軍事上互相對立，把中國分割爲南北兩個政治組織的時候，相互間除了兩國法令准許的在榷場上舉行的正常貿易外，還有違背兩國法令的走私貿易的存在。走私貿易的商品，種類甚多。由宋私販赴金的，以糧食、茶葉、軍用器材、銀兩、銅錢、書籍……等物爲主；由金私販入宋的，以食鹽、麥麪等物爲主。走私的路線，以淮河流域爲最盛，因爲這是宋、金兩國大部份土地接界的地方；其次如漢水流域、川、陝間及海道，走私貿易也很發達。走私的主要動機是鉅額利潤的賺取；當日南北貨運因政治對立而不能暢通，兩方的物品每因供需失調而價格相差很遠，故走私販往可得鉅額的利潤。由於重利的吸引，經營這種買賣的人很多，除來往南北的商人外，邊境的官吏，出使的外交人員，以及駐防邊境的軍人，都利用他們特有的機會，大規模的從事走私貿易。可見我們對於當日宋、金間商業關係的探討，着實不能如加藤繁氏那樣只限於榷場貿易，因爲除此以外，在兩國間祕密走私的貿易量也是非常可觀的。

這裏我們要進一步的問，爲什麼宋、金間除了正常貿易以外，還有大規模的走私貿易的存在？欲答覆這個問題，我們先要知道中國商業發展的大概情形。中國幾條重要的河流，都取東西方向，而不取南北方向，這對於交換經濟的發展妨礙頗大。如長江，其流經各地雖經度并不相同，緯度却差不多一樣，結果沿流各地物產沒有多大差别，不能促進交換的發達。可是，如果河流取南北方向，情形便不同了；因爲流經各地的緯度既然不同，物產的差異自然很大，從而各地商品的交換遂因特别需要而大大發達。從這個觀點來看，隋煬帝的開鑿運河，着實是中國經濟史上的一件大事。因爲自運河開鑿以後，南北水道交通發達，南方富庶的物產，如長江三角洲的糧食，東南各地的茶葉，以及由沿海商埠輸入的外貨，都可大量的供給北方；而北方物產的南運，也跟着較前發達。這樣一來，雙方物產交換發達，互相倚賴的結果，南北經濟上的連繫便較以前加倍密切，差不多構成一體。

我們如果由這種南北經濟密切聯繫的形勢去看取中國政治史上的統一與分裂，更覺饒有意義。　中國自漢末至隋，除中經西晉五十年的比較統一以外，政治上有三百多年的分裂。　但自運河促成南北經濟統一後，大體上說，統一在中國政治上是常態，分裂是變態。　其間最明顯的分裂，要數到宋、金的對立（約共一百多年）；在此以前的唐及北宋，在此以後的元、明、清，都可以說是長期的統一。　這樣一來，自隋、唐以後，中國政治既然需要長期的統一，以適應當日客觀存在的經濟統一的形勢，當宋、金對立的時候，南北分裂的政治組織既不能滿足全國經濟密切連繫的要求，自然要另謀所以補救之道了。　因此，當日南北貨物的交換，在榷場內雖然受到宋、金兩國種種法令的束縛，在榷場以外却發生了擺脫這種束縛來經營的大規模的走私貿易，以適應自隋、唐以後南北經濟構成一體的形勢。　這可說是宋、金間走私貿易發生的基本原因。

民國二十八年初稿。三十一年十月，重寫於重慶。

(註一)原文刊於史學雜誌昭和十二年一月號。　周乾濚譯文刊於食貨半月刊第五卷第九期。

(註二)宋會要食貨三八紹興二十九年九月七日條。　參考加藤繁文。

(註三)李心傳建炎以來繫年要錄卷一四五紹興十二年五月乙丑條。　參考加藤繁文。

(註四)陸游渭南文集卷二〇盱眙軍翠屏堂記。

(註五)繫年要錄卷一八一紹興二十九年二月丙戌條。　但宋會要食貨三八作『添蓋一百二十間』，待考。

(註六)宋會要食貨三八紹興十二年八月七日條，及繫年要錄卷一四五紹興十二年五月乙巳條。

(註七)宋會要食貨三八隆興二年十二月十八日條。

(註八)宋會要職官四四淳熙十五年十一月二十二日條。

(註九)由於當日禁止海道走私詔令之多，我們也可推知海道走私貿易的繁盛。　如宋史卷二六高宗紀載建炎四年七月『己未，禁閩、廣、淮、浙海舶商販山東，慮爲金人鄉導。』　又繫年要錄卷五四載紹興二年五月壬午，『詔泛海往山東者行軍法。　……論者恐賈舟爲僞地所拘，則梢工柁師悉爲賊用，故有是旨。』　又卷一八一載紹興二十九年二月『己丑，詔海商假託風潮輒往北界者，依軍法。』　又宋會要刑法二載紹興『五年九月十九日，以沿海人戶五家爲一保，不許透漏舟船出北界。　如違，將所販物貨盡給充賞外，仍將應有家財田產並籍沒入官。』　又淳熙五年『九月九日詔：沿江船戶五家結爲一甲。　如有透漏奸細盜賊及違禁之物，甲內人一等科罪。』

(註一〇)繫年要錄卷一八四紹興三十年三月戊子條。

(註一一)同書卷一六一紹興二十年正月庚子條。

(註一二)同書卷一九二紹興三十一年八月辛丑條。

(註一三)宋史卷一八三食貨志說，『茶貨在淮南則蘄、黃、廬、舒、光、壽六州。……在江南則宣、歙、江、池、饒、信、洪、撫、筠、袁十州，廣德、興國、臨江、建昌、南康五軍。兩浙則杭、蘇、明、越、婺、處、溫、台、湖、常、衢、睦十二州。荆湖則潭、澧、鼎、鄂、岳、歸、峽七州，荆門軍。福建則建、劍二州。……天下茶皆禁，唯川峽、廣南聽民自買賣，禁其出境。』

(註一四)參考拙著唐宋時代揚州經濟景況的繁榮與衰落，集刊第十一本第一分。

(註一五)金史卷四九食貨志。

(註一六)同上。

(註一七)繫年要錄卷一四七紹興十二年十月丁亥條說，『及興販榷場，遂取臘茶爲榷場本(原註：今年六月)。凡禁私販，官盡榷之。』『榷』是專賣的意思。

(註一八)如宋史卷一八四食貨志云，『乾道二年，戶部言，商販(茶)至淮北榷場折博，除輸翻引錢(十貫五百文)，更輸通貨偹息錢十一緡五百文。』

(註一九)如金史卷四九食貨志云，『(泰和)八年七月，言事者以茶乃宋土草芽，而易中國絲、綿、錦、絹有益之物，不可也。國家之鹽課出於鹵水，歲取不竭，可令易茶。』又云，『(泰和)八年七月，詔，沿淮諸榷場，聽官民以鹽市易。』

(註二〇)文中雖說兩淮州縣都由金國販入私鹽，但淮南東路是南宋食鹽的重要產區，人民就地食用，並沒有私買金鹽的必要。故文中雖泛說兩淮，事實上只是經由淮西光州一帶私販入湖北東北部而已。

(註二一)繫年要錄卷六九作，『(紹興三年十月癸未)樞密院言：近聞商人有持膠、鰾、漆貨，匿於茶籠中，以售於北境者。詔禁止，犯者行軍法。』

(註二二)宋史卷一八五食貨志云，『銀產鳳、建、桂陽三州，有三監；饒、信、虔、越、衢、處、道、福、汀、漳、南劍、韶、廣、英、連、恩、春十七州，建昌、邵武、南安三軍，有五十一場；秦、隴、興元三州，有三務。』

(註二三)宋會要食貨五六載乾道六年『五月二日，臣寮言：比年以來，……仰福聖神臨御，地不愛寶，銀坑興發。如松溪縣瑞應場及政和縣赤石、松溪一帶，近於(？)發泄。諸路收買管發銀數，每歲萬數浩瀚。左藏南庫儲積頗多。……當今國家閑暇之時，銀價低平，……』又趙彥衞雲麓漫鈔卷二云，『建寧府松溪縣瑞應場去郡二百四十餘里，在深山中。紹興間，鄉民識其有銀脈，取之，得其利。在隆興初，巡幹馬遐鋪朱姓者言於府。府俾措置，大有所得。事不可掩，聞於朝，賜名瑞應場，置監官。……初，場之左右，皆大林木，不二十年，去場四十里。』

(註二四)金史卷四八食貨志。

(註二五)新唐書卷五四食貨志，宋史卷一八〇食貨志。

(註二六)如新唐書卷五四食貨志云，『(劉)晏以江嶺諸州任土所出皆重粗賤弱之貨，輸京師，不足以供道路之直，於是積之江淮，易銅鉛薪炭，廣鑄錢。歲得十餘萬緡，輸京師及荆揚二州。』又宋史卷一八一食貨志載慶曆年間『因敕江南鑄大銅錢，而江、池、饒、儀、虢又鑄小鐵錢，悉輦至關中。』

(註二七)如繫年要錄卷一七〇載紹興二十五年十二月丙申，鍾世明言，『又近來錢寳，多有流入外界，蓋緣場務官司利於收息博易。今欲嚴行禁止，如有透漏，其巡尉兼場務官司知而不覺者，以違制論，仍行放罷。』又卷一七七載王珪言，『又今錢多闌出外夷，不知嚴禁。』又宋史卷三七三洪皓傳載乾道元年，『林安宅以銅錢多入北境，請禁之。』這都是當日士大夫反對銅錢外漏的情形。至於政府嚴禁銅錢出口的命令，記載更多，除分見於文中所引外，茲舉一例如下：繫年要錄卷一五〇載紹興十三年，『初申嚴淮、海銅錢出界之禁。』

(註二八)南宋用來與金博易的物品，除南方各種物產外，以由海外輸入的香藥、象牙、玳瑁等外貨爲主。宋會要食貨三八載隆興二年『十二月十八日詔：盱眙軍依舊建置榷場。於是淮東安撫司周淙，知盱眙軍胡昉言：紹興十二年艰置榷場，降到本錢十六萬五千八百餘貫，係以香藥雜物等紐計作本。今欲從朝廷斟量支降。[……]』又乾道元年『九月十五日，詔光州光山縣界中渡市建置榷場。於是知光州郭均申請：乞從朝廷支降本錢，或用虔布、木綿、象牙、玳瑁等物折計降下。……從之。』又『九年二月七日，臣僚言：昨來朝廷曾差使臣般發檀香前去安豐軍同本軍知軍措置博易絲絹。今乞將庫管檀香依昨來體例般發，委本軍措置。詔於左藏庫支給三分以上檀香三十斤，吏部差短使一員管押前去。』

(註二九)關於此事，金史卷四八食貨志記載至多。如世宗大定『十二年正月，以銅少，命尚書省遣使諸路，規措銅貨；能指坑冶得實者賞。上與宰臣議鼓鑄之術。宰臣曰：其言所在有金銀坑冶，皆可採以鑄錢。臣竊謂工費過於所得數倍，恐不可行。上曰：……所費雖多，俱在民間，而新錢日增爾。其遣能吏經營之。』『十五年十一月，上謂宰臣曰：或言鑄錢無益，所得不償所費。』『十八年，代州立監鑄錢，命震武軍節度使李天吉，知保德軍事高季孫往監之。而所鑄斑駁黑澁不可用。詔削天吉、季孫等官兩階解職，仍杖季孫八十。』『章宗大定二十九年十二月，雁門五臺民劉完等訴：自立監鑄錢以來，有銅礦之地，雖曰官運，其顧直不足，則令民共償。乞與本州司縣均爲差配。遂命甄官署丞丁用楫往審其利病。還言：所運銅鑛，民以物力科差濟之，非所願也。其顧直旣低，又有刻剝之弊，而相視苗脈工匠，妄指人之垣屋及寺觀，謂當開採，因以取賄。又隨冶夫匠日辦冶銅四兩，多不及數，復銷銅器及舊錢送官以足之。今阜通利用兩監歲鑄錢十四萬餘貫，而歲所費乃至八十餘萬貫。病民而多費，未見其利便也。宰臣以聞。遂罷代州、曲陽二監。』

(註三〇)如金史卷四八食貨志云，『(大定)二十六年，上曰：中外皆言錢難。……太尉丞相克寧曰：民間錢固已艱得。』又云，『泰和三年，……乃謂宰臣曰：大定間錢至足，今民間錢少，而又不在官，何耶？』

(註三一)金國有時甚至准許糧食出口，以換取宋錢。如宋史卷六七五行志載乾道七年，『淮郡亦荐饑，金人運麥於淮北岸，易南岸銅鏹，斗錢八千。江西饑，流光、濠、安豐間，皆放淮人私糴。錢爲之耗。』

(註三二)宋史卷一八〇食貨志。

(註三三)葉夢得石林燕語卷八。

(註三四)宇文懋昭大金國志卷五云，『后韓常守慶源，耿守忠知解縣，見小民有衣犢鼻者，亦責以漢服，斬之。 時（金天會七年，宋建炎三年，公元 1129——1130）復布帛大貴，細民無力，坐困於家，莫敢出焉。』 又下引繫年要錄也說，『一縑有至三十千者。』

出自第十一本(一九四四年九月初版,一九四七年七月再版)

宣和博古圖撰人

岑仲勉

衢本郡齋讀書志四云：

「博古圖二十卷，右皇朝王楚集三代、秦、漢彝器，繪其形範，辨其款識，增多呂氏考古十倍矣」。

讀書敏求記二則云：

「宣和重修博古圖錄三十卷，……凡臣王黼撰云云，元板都爲削去，殆以人廢書歟」。

蓋據宋刻有王黼撰等字，故所言如是，四庫提要（一一五）主錢說，遂爲

「或是書實王黼撰，楚字爲傳寫之譌矣」、

之判定。清末吉金著述，如孫詒讓古籀拾遺凡引博古時，俱以爲王楚，未詳其說。近人余嘉錫氏著四庫提要辨證，其子四卷內力主王楚是而王黼非，說長不克備引，唯最要之論據云：

「蓋楚旣撰博古圖，因集其文字分韻編次之，猶之薛尙功旣撰鍾鼎款識，復作鍾鼎篆韻，洪适旣撰隸釋、隸續，復作隸韻也，此亦可證此書之爲王楚作，非王黼之誤矣」。

此種推論，殊非確乎不拔。余氏又云：

「謹案此書惟著錄於讀書志者作王楚撰，（見衢州本卷四、袁州本卷一下）。他若中興書目、（玉海引，見後。）通志卷七十二圖譜略、書錄解題卷八、宋史藝文志小學類著錄，均不著姓名，則宋時自有不題撰人之本，元時據以重刻耳，未必因惡王黼之爲人而特削其名也。錢曾長於賞鑒版本而疏於考證，倏見所藏宋本題王黼撰，因深信此書爲宋史佞幸傳中之王黼所作，而以元本之不題姓名者爲以人廢書，提要據之，遂以讀書志作王楚者爲傳寫之

譌。其實此書之爲王黼撰，除版本外，不見於他書，錢曾之說，雖有宋本可據，然考宋刻袁州本讀書志及元刻本皆作王楚撰，則無以見黼之必是而作楚之必非也」。

余按玉海五六之王楚，係引晁志文，祇能證明晁志之原作王楚，不能證明晁志作王楚之不誤；故玉海一條，可剔去不論。此外宋人著錄四家中，三家均不言撰人，言撰人王楚者唯晁志，應考慮者一。

題王黼撰者余氏亦已信爲宋刻，苟無絲毫影響，刻書者何苦假奸佞爲名，應考慮者二。

敏求記及提要疑元時削去黼名，以人廢書，余氏又以宋時官本本不題撰人爲辨，考敏求記云：

「博古圖成於宣和年間，而謂之重脩者，蔡絛曰，蓋以采取李公麟考古圖說在前也。至大翻雕⑴而仍謂重脩宣和博古圖，未知所脩何事，循名責實，豈不可笑」。(按此段非盡錢氏本文，參下文及注3)。

錢氏之意，蓋認重脩兩字爲原本所有。然(甲)鐵圍山叢談四云：

「公麟字伯時，最善畫，性喜古，則又取平生有得暨其聞睹者作爲圖狀，說其所以，而名之曰考古圖，……及大觀初，乃倣公麟之考古，作宣和殿博古圖」。

絛祇言倣作，不云重脩。余氏所徵著錄數家，晁志、通志、館閣稱博古圖，解題稱宣和博古圖，都不曰重脩。拙所知者遂初堂書目稱博古圖，復齋款識引稱博古，亦不見重脩字樣。籀史上云：

「徽宗聖文仁德顯孝皇帝宣和博古圖三十卷；帝文武生知，聖神天縱，酷好三代鐘鼎書，集羣臣家所畜舊器，萃之天府，選通籀學之士，策名禮局，追跡古文，親御翰墨，討論訓釋，以成此書。後世之士，識眘彝犧象之制，瑚璉眘罍之美，發明禮器之所以爲用，與六經相表裏，以數遺後學，可謂丕顯文王之謨也」。

(1)校證注云，「鈺案與目注宋板互異」，余按此章鈺誤讀錢書也。錢曾所藏是宋板，自應如述古所注，若「至大翻雕」四字，乃別指通行元本言之，非謂曾自藏之本，夫何「互異」之有。

又云：

「維紹興十有二年二月，帝命臣耆年紀實十有二，帝曰，……肆余命汝仿商戈之書，著茲重器，錫汝先帝博古訓、象圭暨筆墨若茶，藥物惟旅」。

翟固得賜是書者，而其所題竟無重脩字。況（乙）李公麟書名考古圖，（據蔡條、翟耆年。金石錄作古器圖，遂初堂書目同；薛識作古器錄。）此名博古圖，則名不盡同。（丙）李書祇五卷，此乃三十，（或作二十）則大小不類。（丁）李祇采私人所聞睹，博古則出天府之藏器，兩者亦非倫比。夫何取而命曰重修；抑既曰重修，又何爲別夫李氏之目，凡此種種，都予人以難解。或謂薛識一、月魚基鼎，同書卷三卦象卣、執匕父丁卣，卷十晉姜鼎下，均引稱重脩博古圖錄，又卷一〇穆公鼎下且引稱宣和重脩博古圖錄，則此名爲原題不足疑；但考薛識引是書數不勝舉，他皆稱曰博古錄或省稱博古，其異者唯寥寥五條，今本之考古、博古兩書，都曾經後人改竄，薛書亦安見其獨完？再考玉海五六宣和博古圖條下：

「徽宗道兼三皇，萬古之器並出，會於天府，品之多五十有九，數之多五百三十有七，舟車所貢又百倍此。淸燕之閒，條其時物，繪其形制，識其名款，各有次第，凡禮之器，鼎爲先，簠簋次之；樂之器，律爲先，鐘磬次之。有典制之器，有征伐之器，有常用之器，有燕閒之器，既成，召輔臣親王御崇政殿觀之」。

謂博古一書徽宗始其事，說與前引籀史略同。玉海同條下又云：

「政和二年，七月，己亥，置禮制局。三年、六月，庚申，因中丞王甫乞頒宣和殿博古圖，令儒臣考古制度，遂詔討論三代古器及壇壝之制，改作俎豆籩篚之屬。十月十四日、手詔云，裒集三代盤匜罍鼎，稽考取法，以作郊廟禋祀之器，煥然大備」。

「紹興十三年、二月二十七日，臣僚請放宣和博古圖於太常，俾禮官討論釐正，改造祭器，從之」。

觀此兩條，一知王黼（甫爲黼原名。）與博古未必完全無關，二則此書名稱亦無重修字樣，三則疑政和三年六月頒書之後，或再有修補。涉於修補之疑問，似可即由玉海五八所言證之，其辭曰：

「宣和重修博古圖錄(又見圖類) 三十卷 鼎 尊 罍 彝 舟 卣 瓶 壺 爵 斝 觚 斗 卮 觶 角 杯 敦 簠簋 豆 鋪 甗 錠 鬲 鍑 盉 盦 鐎斗 瓿 罌 冰鑑 冰斗 匜 匜盤 洗 盆 鋗 杅 鐘 磬 錞 鐸 鉦 鐃 戚 弩機 鐓 奩 錢 硯滴 托轅 承轅 漢輿輅 飾 周雙螭表座 漢表座旂鈴 刀筆杖頭 唐蹲龍 漢□車 六朝鳩車 漢 龍提梁 鑑 □鐵鑑□ 始於□ 於鑑」

右據康熙二十六年丁卯補刊本轉錄,杅、杅訛,弩、弩訛,今本鐵鑑後無他器,依浙局本「始於□□於鑑」乃「始於鑑終於鑑」之訛泐,漢下所空是鳩字,局本訛鸞鳥。六朝鳩車與漢鳩車不應分為兩類,刀筆、杖頭不應合為一類,又今本目錄罍附於尊,舟附於彝,如此刪併,卽略符玉海五六所謂五十九品之數。至器數是否相合,試以今本每卷所載器數列表徵之:

卷一	二六	卷十六	二四
卷二	一八	卷十七	一七
卷三	二〇	卷十八	二六
卷四	三一	卷十九	三二
卷五	三一	卷二十	二三
卷六	一八	卷二十一	一九
卷七	二三	卷二十二	一七
卷八	二七	卷二十三	四〇
卷九	一五	卷二十四	三一
卷十	一八	卷二十五	三〇
卷十一	二〇	卷二十六	三八
卷十二	二九	卷二十七	四〇
卷十三	二八	卷二十八	三六
卷十四	三五	卷二十九	三九
卷十五	五一	卷三十	三八

合計八百四十,視玉海所謂五百三十有七者乃餘三百。唯是書錄解題八又云:

「博古圖說十一卷,祕書郎邵武黃伯思、長睿撰,有序,凡諸器五十九品,其數五百二十七;印章十七品,其數二百四十五。案李丞相伯紀為長睿志墓，言所著古器說四百二十六篇，悉載博古圖；今以圖說考之，固多出於伯思，亦有不盡然者。又其名物亦頗不同，錢、鑑二品至多，此所載二錢二鑑而已；博古不載印章，而此印章最夥。蓋長睿沒於政和八年，其後修博古圖頗采用之，而亦有所刪改云爾」。

其言器品五十九，器數五百二十七，（玉海稱五百三十七，按二、三字近，兩本中必有傳訛。）乃恰與玉海記徽宗之書相同。復檢李忠定公（綱）文集一六祕書省祕書郎黃公（伯思）墓誌銘云：

「又好古文奇字，官洛下，得名公卿家所蓄商、周、秦、漢鐘鼎彝器欵識，字畫體製，悉能了達，辨正是非，道其本末，遂以古文名家。在館閣時，當天下承平無事，詔講明前世典章文物，修輿地圖，集鼎彝古器，考訂眞贋，公以素學，與議論，發明居多，館閣諸公皆自以爲莫能及也」。

誌中並未明言伯思之古器說悉采入博古圖，如振孫所引，然固謂「與議論，發明居多」，則徽宗之博古圖初本，縱非全出伯思手筆，當亦采用不少，故品器兩相脗合。黃書除振孫曾見外，南宋目錄學家如晁、如尤，皆未之及，余由是恍然於解題之博古圖說，實卽徽宗宣和博古圖之底稿，(2) 博古已經增修，斯初稿不復通行，此他家未著黃書之眞因也。更申言之，博古圖之初創，其意係倣李公麟考古圖，蔡絛叢談之說，不爲妄也。博古圖之初稿，全部或大部出自黃伯思手筆，振孫解題所記，亦事實也。蔡、陳兩說，絕不相妨，唯提要誤駁書錄解題，（其詳說引見後文。）正所謂天下本無事，庸人自擾之者矣。明乎此，則知徽宗朝博古圖頒出後，曾經諸臣一度增益，重修兩字，渙然而解。至大翻雕，未知重修何事，誠不值錢氏一哂，然宋曰宣和重修博古圖錄，元曰重修宣和博古圖錄，重修字之或上或下，意義負乎不同矣。是故博古圖之初修，黃伯思其主要人也，博古圖之重修，王黼未必其局外也，今乃專諸王楚，應考慮者三。

(2)黃伯思誌，「洛陽故都，素號衣冠藪澤，公以餘暇與賢士大夫游，從容翰墨間，相得甚適。秩滿當受代，故資政殿學士鄧公洵武實司留鑰，惜公之去，辟知若軍巡院，公亦樂其山水人物之勝，因留不辭，蓋留者又二年。朝廷有知公者，除詳定九域圖志所編修官兼六典簡閱文字，改京秩」。據宋史二〇徽宗紀及三二九洵武傳，洵武知河南府在大觀中，則伯思登朝約在政和初。

籀史著錄，直以博古圖爲御撰，此一說也。然又謂選通籀之士以成此書，則明當日與修有人，且當不止一人，余氏亦言：

「徽宗時所編宣和書譜、畫譜，皆無撰人姓名，與此書同例」，

此又一說也。按官書纂修斷不止一員，可於列朝政制見之，政和頃黼方嚮用，復居翰林學士、宣和殿學士諸淸要，（宋史四七〇本傳）謂黼與其役，事屬可信。且敕修之書，嘗有恭進表疏，黼或當日領銜上表，如新唐書曾公亮例，人因號爲黼撰，未可定也。煌煌卅卷，楚縱參修，要不過諸員之一耳，應考慮者四。

抑諸家往復辨論，亦徒勞耳，曾未有就其書爲「本地風光」之設想者。考卷六商龍鳳方尊末云：

「王黼曰，龍鳳方尊製作純古，其上爲龍角，虬然下卷，四廉爲鳳，遍鏤黃目、饕餮、雲雷之文，蓋商器也」。

卷十商持干父癸卣末云：

「王黼曰，商持干父癸卣，今所傳商器有持戈、持刀、持戟，獨無持干者，干以自衞，與舞干同義，敷文德之器也。大抵上古彝器凡持五兵者皆著伐功云」。

卷一七周兕敦三末云：

「王黼曰，周兕敦款識一，上爲屋室之狀，下一字曰兕，蓋宗廟之器，御府所藏與近獲於長安水中者，其制度、款識，與此一同，蹇周敦云」。

又卷二六周埶馬錞末云：

「王黼云，古金錞重一十五斤十有四兩，上爲埶馬。齊書始興王鑑傳，廣漢什邡人段祚以錞于獻，上有銅馬，以繩繫馬，去地尺餘，灌之以水；又以器盛水於下，以芒當心跪注錞于，以手振芒，則如雷淸響；此錞與段祚所獻無少異。今樂府金錞就擊於地，灌水之制，不復考矣」。

凡此四條，俱比原釋文低兩格，略有類乎淸刻諸史考證中「臣召南」、「臣酉」等之附標名字。按册府元龜凡有注釋，均標臣欽若等云云，疑上引數條，原本亦題「臣」字如錢曾所見，而爲後人削去者。果至大翻雕時惡黼奸而沒其名，何獨於此王黼曰四節，猶留遺迹，是黼與修博古，證佐甚明。苟其信晁志之空文，（晁志於

楚之與修，未舉證佐，曰「空」者與下文「實」字對言，非謂晁志純空文也。）無寧信本書之實證矣。

總言之，黼之與修，於博古本書見之，楚之與修，事亦可信，而博古本書未見之，故苟此書必題撰人者，似用「宋王黼等撰」爲無背於事證也。

語夫此書卷數，籀史、袁本晁志、中興書目、直齋解題、玉海五八及宋史藝文志均作三十卷，唯衢本晁志作二十，至大翻刊，卷容可信其無多變動，作二十者誤也。

語夫成書之年，亦堪討論；敏求記以爲宣和，具詳前引，提要辨之云：

「曾又稱博古圖成於宣和年間，而謂之重修者，蓋以採取黃長睿博古圖說在前也。考陳振孫書錄解題曰，博古圖說十一卷，祕書郎昭（邵）武黃伯思、長睿撰，……其後修博古圖，頗採用之，而亦有刪改云云；錢曾所說良信。然考蔡絛鐵圍山叢談曰，……及大觀初，乃倣公麟之考古，作宣和殿博古圖，則此書踵李公麟而作，非踵黃伯思而作，且作於大觀初，不作於宣和中。絛、蔡京之子，所說皆其目睹，當必不誤，陳氏蓋考之未審。……自洪邁容齋隨筆始誤稱政和、宣和間，朝廷置書局以數十計，其荒陋而可笑，莫若博古圖云云；錢曾遂沿以立說，亦失考也」。

余按海山本敏求記二，「蔡絛曰，蓋以采取李公麟考古圖說在前也」，與提要所引「黃長睿博古圖說」異。錢苟引蔡絛，必應稱李公麟，此爲（1）提要誤駁。（2）抑提要所見敏求記本有誤，（3）或海山本因經提要之駁而由後人改易，(3) 今且不論。唯玉海五六既稱政和三年六月、王甫議頒宣和殿博古圖，則其成書應在是時以前。顧據金石錄言，安州六器出土於重和戊戌，（即薛識一五召夫尊下之政和八年。）而今博古二已著錄六器中之南宮中鼎三器；錄又言齊鐘出土於宣和五年，而今博古二二已著錄齊鍾五器。此斷非至大翻雕增入者，（參閱拙著四庫提要古器物銘非金石錄辨）何著錄之器之出土，竟後於王甫請頒書者十年？欲融會而溝通

(3) 繼檢管庭芬校證云，「刊本作蓋以採取黃長睿博古圖」，章鈺補云，「阮本同管校，鈺案提要引此記仍作黃長睿博四字，此李公麟考四字乃後來改正，但不知出何人之手」，由是知提要並非誤駁，亦非所見本誤，而由後人改正也。然是否海山館創改，亦未能詳；又「蔡絛曰」三字，校證云，「刊本此句缺，阮本有上三字」，則亦後人所增也。

之，自非如拙說博古圖在徽宗朝曾一度增修，無可解釋。唯依此釋而後宋刻重修兩字可以通，諸家記載不相杵，陳振孫、錢曾宣和中成書之說，絕未可厚非也。申言之，初稱宣和殿博古圖，殿名也，後稱宣和重修博古圖，年號也，提要謂「實以殿名、不以年號名」者，恐亦知一未知二也。

王楚事迹，無多可考，唯解題三云：

「鍾鼎篆韻一卷，不著名氏。案館閣書目此書有二家，其一七卷，其一一卷；七卷者紹興中通直郎薛尙功所廣，一卷者政和中主管衡州露仙觀王楚也，則未知此書之爲王楚否」。

按崇禎癸酉朱謀垔刻薛識敍云：

「南宋薛尙功集鐘鼎彝器款識二十卷，鐘鼎韻七卷，韻有刻本傳世」，

以七卷者屬薛，則一卷者當屬王。復考宋會要職官五四任宮觀項下云：

「（宣和二年）五月五日，中書省言奉御筆、宮觀並依元豐法，其後來新置創添差兼領等員闕，並合先次放罷，……一政和二年七月五日勅添下項，……衡州露仙觀」。

略知楚出管衡觀，在政和二年七月後。(4) 楚之韻書雖不傳，然薛識所引，尙存數條。玆幷彙列如次：

「王楚云，彝以虎蜼爲文，𠫓象虎首」。（卷二言父癸彝下）

「按王楚集韻以立戈、橫戈並釋爲子孫字」。（卷三子孫父癸卣下）

「銘一字曰單，考古云，單、姓也；王楚云，是觶爾」。（卷四單爵下）。

「右銘作立戈，王楚云，是子字，子者商之國姓也，立戈所以銘武功耳」。（卷五立戈觶下）

「按䜌於經傳無所見，……女者欒之女也，王楚釋作子字，恐未然」。（卷九䜌女鼎下）

「王楚釋虔爲虞字」。（卷一三周虔敦二下）

「王楚云，皃象嘉穀之實，㫃象黍稷馨香之氣」。（卷一五叔高父簋下）

凡上所舉，或其器博古未經著錄，或薛書先引博古而復引王楚，（如周虔敦）足徵

(4)檢湖南通志職官類，未見楚名。

其本自王楚篆韻者。抑由子孫父癸卣之引文觀之，則薛固稱王書曰集韻，非丁、度之集韻也。此外薛書卷一夏琱戈下有云：

「江西漕使蔣宣卿云，後三字乃作琱戈，王仲庚以琱爲用，誤矣」。

仲庚之名，全書祇一見；按莊子有庚桑楚，則庚與楚字面相切，詮釋單字，亦合乎篆韻之體，仲庚即楚字，殆可無疑。

民國二十八年十一月下旬，草於昆明龍頭村。

宋遼聘使表稿

傅樂煥

（一）序例
（二）宋遼聘使表稿
（三）附考
（甲）聘使統計
（乙）遼帝后生卒考
（丙）遼帝后生辰改期受賀考
（丁）遼史所記宋賀使糾謬
（戊）遼史長編聘使異名異職考
（巳）遼史長編使名誤字表
（庚）宋遼泛使表
（四）使名索引

（一）序例

（一）昔趙甌北有云：「遼史最簡略，二百年人物，列傳僅百餘篇，其脫漏必多矣。然其體例亦有最善者，在乎立表之多，表多則傳自可少。惟與宋和戰交際之事，則得之本紀，而不復立表，蓋以夏高麗女眞之類，皆入於屬國表，宋則隣國，不便列入也。然金史特立交聘表，凡與宋交涉之事，一覽瞭如。遼史雖舊無底本，而元人修史時旣於金史立此表，獨不可於遼史立此表乎？」（註一）茲表之作，欲以略彌此憾。惟歷年搜討雖不無微獲，以言完備，不逮遠甚。先成草稿，以俟後日之補苴焉。

（註一）廿二史劄記卷二七

（二）宋遼二史記錄聘使，或略而不書，或書而不詳。惟李燾續資治通鑑長編記載較備。清錢大昕已迻錄宋使部分，作宋諸臣奉使年表（註二）厥後楊復吉作遼史拾遺補，竟未見長編，亦不知錢表所自，僅將錢表轉錄，散入逐年之下，而於長編所記，遼使，未收一人，亦已陋矣。是表仍以長編爲主要資料。惜今存長編，已非完本，非特失去熙甯紹聖間七年事蹟，而徽欽兩代復全部亡佚，殊爲可惜。長編而外，最要者爲遼史，宋會要宋史。他如宋人筆記文集之屬，亦多所採摘。

（三）今日通行長編共有二本，一爲嘉慶間張氏愛日精廬活字排印本，一爲光緒間浙江書局刊本。浙局本出自張本，張本則本之四庫全書本。三者於遼人名氏均已改譯。曩在北平時聞北平圖書館某君言館中藏有未改之本　。時書已南運未獲一見。本表所據爲浙局本。所據遼史爲武英殿未改本，而以局刊已改本校注於其下。

（四）是表初擬分作四欄。首欄爲『公元及干支』，二欄爲『宋遼年號』，三欄爲『聘使』，末欄爲『備註』。『聘使』一欄據長編爲底本，以遼史等書之異於長編者增入。繼見長編遼史異點過多，不特譯名互異，職銜不同，而使臣派遣之年月，尤多糾紛，注不勝注，亦且非短注所可明瞭。乃變更原計，長編遼史各闢專欄，每欄逕錄兩書原文。凡他書之異於或增於兩書者仍歸『備註』。

（五）是表以中曆一年爲一格，上冠相當公元，俾便參照。中曆之十一、十二兩月恆當公元翌年之一二月，事難切合，讀者鑒焉。

（六）長編遼史所書聘使，本國者爲派遣之日，到達敵國當在一月或數月之後，敵國者爲到達之時，其派遣也，當在此一月或數月之先。

（七）金史交聘表除常年禮聘使節而外，兼載戰爭之事，是表以聘使名，所收亦以聘使爲限。

（八）表末附考若干篇，申論表中不便論及之事。

（九）表末附刊使名索引，俾便檢索。

（註二）載廿二史考異卷八三

(二) 宋遼聘使表

	年號	續資治通鑑長編	遼史	備註
庚申九六〇	宋太祖建隆元年 遼穆宗應歷一年			宋太祖始建國。時去遼太祖稱帝已五十四年。
甲戌 九七四	宋太祖開寶七年 遼景宗保寧六年	十一月，契丹涿州刺史耶律琮致書於權知雄州內園使孫全興請通好。辛丑，全興以琮書來上。上命全興答書，并修好焉。(一)	三月，宋遣使請和。以涿州刺史耶律昌朮(二)加侍中與宋議和。	(一)宋人記載皆以琮來書爲通好之始，據遼史則本年三月宋已遣使使遼。 (二)局本作「耶律昌珠」：按遼史八六耶律合住(改本作和卓)傳：拜涿州刺史。宋數遣人結歡合住表聞。帝許議和云云，所記情節與昌朮事蹟合。又聖宗紀：「統和廿三年遣太保合住(改本作和卓」使宋。是年續長編記耶律昌主來使；是昌主合住(和卓)確爲一人。契丹語昌朮鐵也，故昌朮當爲曷朮之誤。
乙亥 九七五	宋太祖開寶八年 遼景宗保寧七年	三月(一)己亥，契丹遣使克卜茂固舒蘇(二)奉書來聘。 七月庚辰，遣西上閤門使郝崇信，太常丞呂端使於契丹。 八月壬戌，契丹遣左衛大將軍耶律霸德，弓箭庫使雅勒呼(三)通事左監門衛將軍王英來聘。(四) 十一月丙戌，命校書郎直史館宋準賀契丹正旦，殿直邢文度副之。 十二月甲子，契丹遣右衛大將軍耶律烏鎮(五)禮賓使爲呼嚕固(六)通事舍人左千牛衛將軍陳延正來賀明年正旦。	正月甲戌朔，宋遣使來賀(七) 四月，遣郎君矧思(八)使宋。	(一)宋史作「四月」。 (二)長編云：「先是涿州遣孫全興書云遣使克卜茂固舒蘇，至是發書但云克舒蘇」。據此遼國書中僅作「克舒蘇」。宋會要蕃夷門作「克愼思」，蓋未改時面目。又其全名宋史作「克沙骨愼思」，宋會要作「克妙骨愼思」東都事略太平治蹟統類作「克沙骨謹思」。 (三)宋會要蕃夷門作「堯盧骨」 (四)王英及十二月之陳延正均爲「通事」猶今之翻譯，非聘使。 (五)宋史及宋會要皆作「耶律烏正」 (六)宋會要作「蕭護里國」 (七)此次宋使當遣於去冬，長編及宋史均不載。 (八)局本作「舒蘇」

丙子 九七六	宋太祖開寶九年（太宗於十月即位十二月即改元） 遼景宗保寧八年	二月辛亥，契丹遣太僕卿耶律延寧（一）等來賀長春節（二） 五月甲申，以東上閤門副使田守奇賀契丹生辰，右贊善大夫房彥均副之。 十月癸丑，太祖皇帝崩。 十一月壬午，（三）遣著作郎馮正著作佐郎張玘使契丹，告終稱嗣。 十二月戊午，契丹使鞍轡庫使蕭巴固濟（四）來修賻禮。	正月癸酉，宋遣使來聘。 七月辛未，宋遣使來賀天清節（五）。 十一月丙子，宋主匡胤殂；其弟炅自立，遣使來告。辛卯，遣郎君王六撻馬撻木古（六）等使宋弔慰。 十二月壬寅，遣蕭只古(七)馬替賀宋即位。	(一)宋史宋會要皆作「耶律延穎」。 (二)宋太祖生辰節名，二月十六日也。 (三)宋史作「己丑」。 (四)宋會要蕃夷門作「蕭蒲骨只」。 (五)遼景宗生辰節名。七月二十五日。 (六)「王六」「撻枯」局本作「旺祿」「訥默庫」。 (七)局本作「蕭哲庫」。
丁丑 九七七	宋太宗太平興國二年 遼景宗保寧九年	二月甲午，契丹遣使蕭蒲尼禮王英等賀太宗登極并賀正（一）。 四月甲寅（二），契丹遣鴻臚少卿耶律敞等來助葬。 五月庚午，命起居舍人辛仲甫使於契丹，右贊善大夫穆被（三）副之。 十月辛酉，契丹遣使耶律阿穆爾（四）來賀乾明節（五） 十一月甲午，命監察御史李瀆閤門祇候鄭偉爲契丹正旦使。 十二月壬午，契丹遣太僕卿耶律特爾格（七）禮賓副使王英來賀明年正。	二月庚子，宋遣使致其先帝遺物。 七月甲子，宋遣使來聘。 十一月乙巳遣太保迭烈割（六）等使宋。	(一)長編僅記遼使來賀，未詳使名。蕭王二人係據會要補。又會要繫二人來在正月，未知孰是。 (二)宋史作「丁酉」。 (三)契丹國志誤作「穆波」 (四)宋會要作「耶律阿沒里」 (五)宋太宗生辰節名，十月十七日。 (六)局本作「塔喇噶」 (七)宋會要作「耶律迭烈」
戊寅 九七八	宋太宗太平興國三年 遼景宗保寧十年	五月癸巳，遣左補闕李吉（一）使契丹，通事舍人薛文寶（二）副之。 十月癸丑，朔，契丹遣太僕卿耶律諧理（三）茶酒庫副使王琛來賀乾明節。 十一月丁亥，遣供奉官閤門祇候吳元載，太常寺太祝毋賓古爲契丹賀正使。 十二月戊寅，契丹遣使蕭巴固濟（五）等來賀來年新正。	遣耶律虎古使宋（四）	(一)宋史作「李從吉」 (二)宋史二七四王文寶傳謂太平興國初嘗使契丹，與此文寶事蹟相合，未知孰是。 (三)會要作「耶律諧」 (四)據遼史八二虎古傳補 (五)會要作「蕭蒲骨只」
己卯 九七九	宋太宗太平興國四年 遼景宗乾亨元年（十一月改）	二月丙子：契丹遣使尚書耶律伊埒囉哩（一）奉書問起居。丁丑，見於臨城縣。（樂煥案：時宋太宗親征北漢，駐次臨城）。	正月乙酉，遣撻馬長壽使宋，問興師伐劉繼元之故	(一)長編一三七慶歷二年七月富弼答劉六符語作「拽剌梅里」劉敞公是集五一王開府行狀作「剌梅里」宋會要作「耶律尚書拽剌梅里」
九八〇——一〇〇三	宋太宗太平興國五年至眞宗咸平六年 遼景宗乾亨二年至聖宗統和二十一年	樂煥案：太平興國四年宋太宗親征北漢，遼出兵援漢，宋遼絕和。自此以迄澶淵之盟，二十五年兩國未通使介。 又案：遼史聖宗紀「乾亨四年十二月辛酉，南京留守荆王道隱奏，宋遣使獻犀帶請和。詔以無書却之」。又「統和十二年八月乙酉，宋遣使求和。不許。……九月辛酉，宋復遣使求和。不許。」又宋史二七七韓國華傳「淳化二年契丹請和，朝議疑其非實，遣國華使河朔以察之。既至，盡得其詐以聞」。		

		以上三者均爲此期間事。惟前兩條不見宋方記載，後一條亦無遼籍爲之證明，眞僞若何，莫可詳考。姑附於此，以備參考。		
甲辰　一〇〇四	宋眞宗景德元年 遼聖宗統和二十二年	十月丙午，以閤門祇候曹利用假崇儀使使契丹。（利用至天雄，王欽若留之不遣。後始與張皓（一）同往） 十一月戊寅，契丹遣左飛龍使韓杞持國書與利用俱還。 十二月癸未，曹利用與韓杞至契丹寨。 甲申，曹利用偕契丹右監門衛大將軍姚東之持其國主書俱還。 丙戌，命西京左藏庫使樊州刺使李繼昌假左衛大將軍持誓書與東之聘契丹主寨。李繼昌至契丹主寨，契丹卽遣其西上閤門使丁振奉誓書來上。丁酉，車駕頓陳橋。振謁見行在。	十一月丁丑，宋遣崇儀副使曹利用請和。卽遣飛龍使韓杞報聘。 十二月癸未，宋復遣曹利用來。遣監門衛大將軍姚東之往報。 戊子，宋遣李繼昌請和……許之。卽遣閤門使丁振持書報聘。	（一）長編云「上（眞宗）前賜王繼忠詔許遣使，繼忠復具奏附石普以達。普自貝州遣指使散直張皓持詣行闕，道出敵寨爲所得。契丹主及其母引皓至車帳前，問勞久之，因令抵天雄以詔促曹利用。王欽若等疑不敢遣，皓獨還。契丹主及其母賜皓袍帶，館設加等，使繼忠具奏，且請自澶州別遣使速議和好事。於是皓以其奏入。上復賜欽若詔又令參知政事王旦與欽若手書俾皓持赴天雄，督利用同北去……」皓非正式使節，然頗有關兩國和好，附著其始末於此。
乙巳　一〇〇五	宋眞宗景德二年 遼聖宗統和二十三年	二月癸卯，命開封府推官太子中允直集賢院孫僅爲契丹國母生辰使，右侍禁閤門祇候康宗元副之。 十月丙戌，遣度支判官太常博士周漸爲契丹國主生辰使，侍禁閤門祇候郭盛副之，職方郎中直昭文館韓國華爲契丹國母正旦使，衣庫副使兼通事舍人焦守節副之。鹽鐵判官祕書丞張若谷爲國主正旦使，內殿崇班閤門祇候郭允恭副之 十一月癸酉，契丹國母遣使左金吾衛上將軍耶律留寧，副使崇祿卿劉經，國主遣使左武衛上將軍耶律烏延（一）副使衛尉卿張肅來賀承天節（二） 十二月庚子，契丹遣使保靜軍節度使耶律乾寧，左衛大將軍耶律昌主，副使宗正卿高正，右金吾衛將軍韓橁（三）奉書來賀來年正旦。	五月戊申朔，宋遣孫僅等來賀皇太后生辰。 九月甲戌，遣太尉阿里，太傅楊六（四）賀宋主生辰。 十一月戊申，上賀太保合住（五）頒給使韓簡（三），太后遣太師盆奴（六），政事舍人高正使宋賀正旦。 十二月丙申，宋遣周漸等來賀千齡節（七）。丁酉，復遣張若谷等來賀正旦。	（一）宋會要蕃夷門作「耶律委演」。 （二）宋眞宗生辰節名，十二月十二日。 （三）遼使作「韓簡」。按近年熱河朝陽發見橁墓志。遼史誤。 （四）局本作「楊督」 （五）局本作「和卓」 （六）局本作「博諾」 （七）遼聖宗生辰節名：十二月二十七日。
丙午　一〇〇六	宋眞宗景德三年 遼聖宗統和二十四年	三月乙巳，命兵部員外郎直史館任中正爲契丹母生辰使，西上閤門使樊州刺使李繼昌副之。 十月乙亥，以太常博士王曙（一）爲契丹國主生辰使內殿崇班閤門祇候高維忠副之，戶部員外郎直集賢院李維爲國母正旦使，崇儀使雅州刺史張利涉副之，太常博士段煜（二）爲國母正旦使，如京副使孫正辭副之。 十一月丁卯，契丹遣使左監門衛將軍耶律阿古（三）啓聖軍節度使耶律堯寧，副使太常少卿石用中，祕書少監馬保佐來賀承天節。		（一）楊復吉遼史拾遺補壽隆元年下據長編元符二年蹇序辰奏，知有王曉者曾使遼。按宋英宗名曙，宋人自英宗後皆改曙爲曉，王曉實卽王曙。曙曾兩使契丹，一在本年，一在大中祥符二年，楊氏繫之壽隆元年（紹聖二年）亦誤。

		十二月甲午，契丹遣使右威衛將軍蕭和尼（四）廣德節度使耶律留寧，副使宗正少卿吳克昌，右金吾衛將軍王式來賀明年正旦。		(二)錢表作「段曄」參一〇二二注（五）。 (三)宋會要蕃夷門作「耶律阿括」 (四)宋會要蕃夷門作「蕭漢寧」
丁未 一〇〇七	宋眞宗景德四年 遼聖宗統和二十五年	三月乙巳，以戶部副使水部員外郎崔端爲契丹國母生辰國信使，侍禁閤門祇候張利用副之。 九月甲申，命戶部副使祠部郎中宋搏（一）爲契丹國母正旦使，供奉官閤門祇候馮若拙副之，戶部判官殿中丞滕涉爲國主生辰使，侍禁閤門祇候劉煦副之，著作郎直史館陳知微爲國主正旦使，供奉官閤門祇候王承僎副之。 十一月辛卯，契丹遣使左領軍衛上將軍耶律元，昭德節度使耶律譜里，副使左威衛大將軍李琮，殿中少監李操來賀承天節。 十二月戊午，契丹遣使左威衛上將軍蕭留寧，彰武節度使耶律信寧，副使崇祿少卿邢詳，右威衛大將軍耶律遂正來賀明年正旦。		(一)錢表誤作「宋傳」
戊申 一〇〇八	宋眞宗大中祥符元年 遼聖宗統和二十六年	三月戊辰，前部官員外郎裔希顏爲契丹國母生辰使，供奉官閤門祇候侯景元副之。 六月甲午，命都官員外郎孫奭至契丹境，告以將有事於泰山。 九月甲申，以御史馬亮爲契丹國母正旦使西京作坊使魏昭易副之，都官員外郎孫奭爲契丹國主正旦使侍禁閤門祇候薛貽廓副之。 （補）以知制誥路振爲賀契丹國主生辰使（一） 十一月壬午，契丹使左武衛上將軍蕭永，啓聖節度使耶律留寧副使左驍衛大將軍蕭繼澄，衛尉少卿楊又元來賀承天節。 十二月壬子，契丹使左武衛上將軍蕭知可（二），興國節度使蕭留寧，副使崇祿卿成永，少府監徐備來賀明年正旦。		(一)長編失齊本年賀遼主生辰使副，茲據路振乘軺錄補。副使不詳。 (二)宋史及會要皆作「蕭智可」
己酉 一〇〇九	宋眞宗大中祥符二年 遼聖宗統和二十七年	二月壬寅，命太常博士直史館王隨爲契丹國母生辰使，供奉官閤門祇候王承璡副之。 九月甲子，命工部侍郎馮起爲契丹國母正旦使，南作坊使李繼源副之，殿中侍御史趙稹（一）爲契丹國主正旦使，六宅使嘉州團練使杜守元副之，太常博士直史館樂黃目爲契丹國主生辰使，東染院使溥州刺史潘惟吉副之。 十一月甲戌，契丹遣使右衛上將軍蕭塔喇噶，崇義節度使耶律阿固達木，副使給事中裴元感，將作監張文來賀承天節。 十二月，契丹遣使右武衛上將軍耶律圖嚕庫（二）廣德軍節度使耶律錫爾寧，副使右驍衛大將軍寇卿，太常少卿邢祐來賀明年正旦。 戊申，契丹遣天成軍節度使耶律信寧來告哀。 命太常博士直史館王隨，內殿承制閤門祇候郭允恭爲祭奠使，太常博士判三司催欠憑由司王曙（三）供奉閤門祇候王承璡爲弔慰使。	十二月辛卯，太后蕭氏崩。 壬辰，遣使告哀於宋。	(一)趙稹原作趙鎮。此據宋史四六三杜守元傳（百衲本）改。 (二)宋會要禮門外國致喪目作「耶律突昝姑」 (三)王曙遼史作王儒。按宋英宗名曙。疑元人易曙爲儒。

庚戌 一〇一〇	宋眞宗大中祥符三年 遼聖宗統和二十八年	九月丙戌，契丹主遣臨海節度使蕭嗚琳（一）給事中李程泰其母遺物來上，又遣左威衛上將軍蕭善寧，左領衛大將軍張崇濟獻御衣文犀帶名馬等謝賻禮。 十月辛亥，雄州言，契丹以將征高麗，遣右監門衛將軍耶律寧奉書來告。（十一月辛巳，寧到闕）（二） 丁卯，命右司諫直史館李迪爲契丹主生辰使，六宅使合州團練使白守素副之，監察御史乞伏矩爲正旦使，供奉官閤門祗候郭繼恩副之。（嗣又以內園使譚可道代白守素）。 十一月壬寅，契丹遣使右武衛上將軍耶律登牧，副使祕書少監馬翼來賀承天節。 十二月庚午，契丹遣使保安節度使耶律德部，副使崇祿少卿吉德謙來賀明年正旦。	二月，宋遣王隨王儒（三）等來弔祭。 遣左龍虎衛上將軍蕭合卓（四）饋太后遺物於宋。仍遣臨海軍節度使蕭虛列（五），左領軍衛上將軍張崇濟謝宋弔祭。 三月，宋遣使來會葬。 八月丁卯，自將伐高麗遣使報宋。	（一）宋會要蕃夷門作「蕭曷領」 （二）長編僅記其初到雄州，到闕時日乃據會要補書。 （三）參去年註（三） （四）局本作「和卓」 （五）局本作「蕭民剌」。
辛亥 一〇一十	宋眞宗大中祥符四年 遼聖宗統和二十九年	九月己丑，以工部郎中龍圖閣待制張知白爲契丹國主生辰使，崇儀副使薛惟正副之，兵部員外郎兼侍御史知雜事趙湘爲正旦使，供奉官閤門祗候符成翰副之。 十一月甲午，契丹國主遣使右威衛上將軍蕭昌琬，副使衛尉卿王寧來賀承天節。 十二月甲子，契丹遣使長寧節度使耶律叛寧，副使太常少卿莊儉來賀明年正旦。		
壬子 一〇一二	宋眞宗大中祥符五年 遼聖宗開泰元年	十月己酉，以主客郎中知制誥王曾爲契丹國主生辰使，宮苑使榮州刺史高繼勳副之，屯田郎中兼侍御史知雜事李士龍爲正旦使，內殿崇班閤門祗候李餘懿副之。 十一月戊午，契丹遣使昭德軍節度使耶律寧，副使大理少卿李道紀來賀承天節。 十二月戊子，契丹遣使彰德軍節度使蕭袞副使左衛大將軍齊存來賀明年正旦。	正月己巳，朔，宋遣趙湘符成翰來賀。 七月，命耶律釋身奴（一）李操充賀宋生辰使副，蕭涅袞（二）齊泰賀使正旦宋副。 遣蕭和尙使宋（三）。	（一）局本作「耶律釋紳努」。 （二）局本作「蕭尼古」 （三）遼史八六蕭和尙傳「開泰初……使宋賀正」不知確在何年，附註於此備考。
癸丑 一〇一三	宋眞宗大中祥符六年 遼聖宗開泰二年	九月乙卯，以翰林學士晁迥爲契丹國主生辰使，崇儀副使王希縂副之，龍圖閣待制查道爲正旦使，供奉官閤門祗候蔚信副之。 十一月甲寅，契丹遣使長寧軍節度使耶律阿果，副使左衛大將軍石弼來賀承天節。 十二月口口，契丹遣使始平軍節度使耶律遠寧，副使起居舍人趙爲鎮來賀明年正旦。	十月己未，命耶律阿營等使宋賀生辰。	
甲寅 一〇一四	宋眞宗大中祥符七年 遼聖宗開泰三年	九月乙巳，以殿中侍御史周實爲契丹國主生辰使，西京作坊副使段守倫副之，屯田員外郎孟世長爲正旦使內殿崇班閤門祗候張彝臣副之。 十一月戊申，契丹遣使左林牙工部尙書蕭延寧，副使衛尉卿張翌來賀承天節。 十二月丁丑，契丹使臨海節度使耶律少寧，副使永州防禦使耿寧來賀明年正旦。		
乙卯	宋眞宗大中祥符八年	九月壬戌，命左司諫知制誥劉筠爲契丹國主生辰國信使，供奉官閤門祗候宋德文副之，戶部副使，吏部員外郎李及爲正旦國信使，侍禁閤門祗候李居中副之。		

一〇一五	遼聖宗開泰四年	十一月壬申，契丹遣使左林牙工部尙書耶律珍，副使翰林士承旨工部侍郎簽署樞密院公事呂德懋來賀承天節。 十二月庚子，契丹遣使監門衞大將軍蕭日新，副使衞尉少卿田文來賀明年正旦。		
丙辰 一〇一六	宋眞宗大中祥符九年 遼聖宗開泰五年	九月己酉，命樞密直學士工部侍郎薛映爲契丹國主生辰使，東染院使劉承宗副之，壽春郡王友戶部郎中，昭文館張士遜爲正旦使，供備庫使王承德副之。 十一月丙寅，契丹遣使右千牛衞上將軍耶律延寧，副使崇祿卿張歧來賀承天節。 十二月乙未，契丹遣使右林牙刑部尙書蕭延寧，副使衞尉卿李可舉來賀明年正旦。	十二月丁酉，宋遣張遜，王承德來賀千齡節。	
丁巳 一〇一七	宋眞宗天禧元年 遼聖宗開泰六年	九月甲寅，以兵部員外郎龍圖閣待制李行簡爲契丹國主生辰使，左騏驥使宜州刺史張信（一）副之，太子中允直龍圖閣馮元爲正旦使，內殿崇班閤門祇候張綸副之。 十一月壬戌，契丹遣使右監門衞上將軍耶律漁，副使刑部郎中知制誥仇正巳來賀承天節。 十二月己丑，契丹遣使長寧節度使蕭寶，副使禮部侍郎知制誥楊佶來賀明年正旦。	九月丁未，以駙馬蕭璉，節度使化哥(二)知制誥仇正巳楊佶，充賀宋生辰正旦使副。 十二月戊子宋遣李行簡張信來賀千齡節 翌日宋馮元張綸來賀正旦。	(一)信宋史三〇八有傳，遼史作「張信」誤。 (二)局本作「驊格」。
戊午 一〇一八	宋眞宗天禧二年 遼聖宗開泰七年 遼聖宗太平三年	九月甲申，起居舍人呂夷簡爲契丹國主生辰使，供奉官閤門祇候曹琮（一）副之，工部郎中直史館陳堯佐爲正旦使，侍禁閤門祇候張君平（二）副之。 十一月丙戌，契丹遣使右衞上將軍耶律留寧，副使翰林天士起居舍人知制誥吳叔達（三）來賀承天節。 十二月癸丑，契丹遣使左林牙工部尙書蕭留寧，副使諫議大夫馬貽謀來賀明年正旦。	八月庚申，以耶律留寧吳守達使宋賀生辰，蕭高九（四）馬貽謀宋賀正旦。 十二月丁酉，宋遣呂夷簡曹璋來賀千齡節。	(一)琮宋史二五八有傳，遼使誤作「曹璋」。 (二)君平宋史三二六有傳，遼史作「張羣」誤。 (三)吳叔達遼史作吳守達。按叔達嘗爲翰林學士參知政事宋開另有守達其人，遼史誤。 (四)局本作「謝嘻濟」。
己未 一〇一九	宋眞宗天禧三年 遼聖宗開泰八年	九月壬戌，命吏部郎中直史館兼太子左諭德崔遵度爲契丹生辰國信使，西京左藏庫使王應昌副之，三司鹽鐵判官監察御史劉平爲正旦使，供奉官閤門祇候張元普副之。 十一月庚辰，契丹遣使工部尙書蕭吉哩，副使尙書左丞馬翼來賀承天節。 十二月戊申，契丹遣使左藏武衞上將軍耶律饑宗，副使衞尉卿鄭去瑕來賀明年正旦。	正月，宋遣陳堯佐張羣（一）來賀。 七月命解寧馬翼充賀宋生辰使副。 九月，宋遣崔遵度王應昌來賀千齡節。 十月戊子，遣耶律饑崇鄭去瑕賀宋正旦。	（一）參去年注（二）
庚申 一〇二〇	宋眞宗天禧四年 遼聖宗開泰九年	九月辛酉，命知制誥宋綬爲契丹國主生辰使，閤門祇候譚倫（一）副之，太子左諭德魯宗道爲正旦使，閤門祇候侯成吉副之。 十一月壬申，契丹遣使霸州節度使蕭阿括，副使利州觀察使耿元吉來賀承天節。 閏十二月庚午，契丹遣使保靜軍節度使蕭俔，副使政事舍人直樞密院宋璋來賀明年正旦。	正月，宋遣劉平張元普來賀。 七月，以杳剌（二）耿元吉韓九（三）宋璋爲來年賀宋生辰正旦使。 九月，宋遣宋綬騎饑倫，賀千齡節。	(一)譚倫遼史作「騎饑倫」兩名迥異。按宋史二七五譚延美傳，有子饑倫。然則是編脫一饑字，而遼史又誤譚爲騎 (二)局本作「察喇」 (三)局本作「哈濟」

辛酉 一〇二一	宋眞宗天禧五年 遼聖宗太平元年	九月甲申，命翰林學士李諮（一）爲契丹國主生辰使，內殿崇班閤門祗候王仲寶（二）副之，太常博士蘇耆爲正旦使，侍禁閤門祗候周鼎副之。（耆辭遣母喪不行改命兵部員外郎蘇維甫代）。 十一月丁酉，契丹遣左監門衛上將軍蕭善，副使給事中程翥來賀承天節。 十二月戊子，契丹遣使保安軍節度使蕭曉袞，副使利州觀察使韓紹昇來賀明年正旦。	春正月丁丑朔，宋遣使昝宗道，成吉來。 十月甲子（三），宋使李懿王仲賓來賀千齡節，及蘇維甫周鼎來賀元正。即遣蕭善程翥報聘。 宋遣使來聘（四）	(一)諮宋史二九一有傳遼史作「李懿」誤。 (二)仲寶宋史三二五有傳，遼史作仲賓誤。 (三)百衲本作壬子。據馮家昇遼史初校，南監本亦作「壬子」。按此後有「己未」「庚申」事則壬子是。 (四)此條繫十一月下，未書來聘使名。按長編本年除正旦生辰使外未遣他人，此條當爲衍文。
壬戌 一〇二二	宋眞宗乾興元年 遼聖宗太平二年	二月戊午。眞宗崩。遣內殿承制閤門祗候薛貽廓告哀契丹。 甲子，遣度支副使禮部郎中薛田（一）爲契丹遺留禮信使，供備庫副使李餘懿副之。 四月壬子，命兵部員外郎判鹽鐵勾院任中行，崇儀副使曹琦使契丹，告皇帝初登寶位也。 六月丁巳，契丹主差殿前都點檢崇義節度使耶律僧隱（二）翰林學士工部侍郎知制誥馬貽謀來祭奠，右金吾衛上將軍耶律寧，引進使姚居信來弔慰，左金吾衛上將軍蕭日新利州觀察使馮延休弔慰皇太后。 七月乙亥，戶部郎中直史館劉鍇爲皇后回謝契丹使，客省使曹儀（三）副之，工部郎中趙賀爲皇帝回謝使，內殿承制閤門祗候楊承吉副之。 八月壬寅，以禮部郎中知制誥張師德爲契丹妻蕭氏生辰國信使，西京左藏庫副使趙忠輔副之（四） 癸亥，命吏部員外郎劉煜（五）西京作坊副使郭志言，屯田員外郎王臻，西頭供奉官閤門祗候劉懷德使契丹，賀其主生辰及正旦。 十月壬寅，契丹遣左伊勒希巴刑部尚書耶律僧隱，高州觀察使韓格來賀上登極。 十二月庚申（六），契丹遣右伊勒希巴兵部尚書耶律仙寧給事中知制誥史克忠來賀正旦。	三月丁丑，宋使薛貽廓來告宋主恒殂，子禎嗣位。 遣都點檢耶律僧隱等充宋祭奠使副林牙蕭日新觀察馮延休充宋后弔慰使副。 戊寅，遣金吾耶律諧領，引進姚居信，充宋主弔慰使副。 六月乙未，宋使薛由等來饋其先帝遺物。 九月癸巳，遣尚書僧隱，韓格賀宋主即位。 壬寅，遣耶律掃古（七）韓王充賀宋太后生辰使副，耶律仙寧，史克忠充賀宋正旦使副。 十一月丙戌，宋遣使來謝。 十二月甲寅，宋遣劉燁郭志言來賀千齡節。	(一)田宋史三〇一有傳，遼史作由誤。 (二)宋史禮志及會要皆作「耶律三隱」。 (三)「曹儀」會要作「曹曦」 (四)長編此條下注云「契丹妻生辰遣使始此」 (五)「劉煜」遼史作「劉燁」宋史二六二有劉燁傳，當爲一人。清人避聖祖諱，改燁爲煜耳。又景德三年聘使中有段煜而錢表所引作段曄，或錢表所據長編尚爲未改之本也。 (六)宋史作「壬戌」。 (七)局本作「耶律綽古」。
癸亥 一〇二三	宋仁宗天聖元年	正月庚午，契丹遣鎮安節度使蕭師古，成州觀察使韓玉來賀皇太后長寧節（一） 四月甲辰，契丹遣彰武節度使耶律唐古特，寧州防禦使成昭文來賀乾元節（二） 七月丙戌，龍圖閣待制知開封府薛奎爲契丹妻蕭氏生辰使，西上閤門使郭盛副之。 九月戊午，以度支副使戶部員外郎王臻爲賀契丹生辰使，內殿承制閤門祗候蘇容惟素副之，權戶部判官太常博士直集賢院同修起居注程琳爲正旦使，右侍禁閤門祗候丁保衡副之。 十二月甲申，契丹遣彰武節度使蕭昭古，饒州觀察使劉[illegible]絚來賀明年正旦。	閏月壬辰，以蕭伯達韓紹雍充賀宋正旦使副，耶律骨德（三）程昭文賀宋生辰使副。 十月庚辰，宋遣薛奎郭盛來賀順天節（四）王臻蘇容惟素賀千齡節。	(一)宋章獻明肅后生辰節名，一月八日。 (二)仁宗生辰節名，四月十四日。 (三)局本作「唐古特」。 (四)遼聖宗后齊天后生辰節名，確日不詳。參附考（丙）

甲子 一〇二四	宋仁宗天聖二年 遼聖宗太平五年	四月戊辰，契丹遣左監門衛上將軍蕭侼，右監門衛上將軍鄭琦來賀乾元節。 七月丁未，刑部郎中判戶部勾院李若谷爲契丹妻生辰使，內殿承制閤門祗候范守慶副之。（若谷等辭日失儀，改命刑部郎中直史館章得象，供奉官閤門祗候馮克忠代爲）。 九月癸卯，以度支副使禮部員外郎蔡齊爲契丹生辰使，供奉官閤門祗候李用和副之，鹽鐵判官兵部員外郎張嵩爲正旦使，供奉官閤門祗候張士禹副之。 十二月己卯，契丹遣右監門衛上將軍蕭侼，高州觀察使李延來賀正旦。	正月庚寅朔，宋遣張傳，張士禹，程琳，丁保衡（一）來賀。 十月，宋遣蔡齊李用和來賀千齡節。 十二月，以蕭從政爲歸義軍節度使，康筠監門衛，充賀宋正旦使副。	按長編失書本年契丹賀宋皇太后生辰使副。 (一)參附考（丁）
乙丑 一〇二五	宋仁宗天聖三年 遼聖宗太平五年	正月戊子，契丹遣宣徽南院使朔方節度使蕭從順，樞密直學士給事中韓紹芳來賀長寧節。 四月壬戌，契丹遣臨海軍節度使耶律守寧，衛尉少卿劉四端來賀乾元節。 七月乙未，翰林學士承旨李維爲契丹妻蕭氏生辰使，莊宅副使張綸副之。 九月庚辰朔，以戶部郎中知制誥夏竦爲契丹生辰使，內殿承制閤門祗候史方副之，度支副使兵部郎中姜遵爲正旦使，內殿承制閤門祗候許懷信副之，右正言直史館張觀爲契丹妻正旦使（一），東頭供奉官閤門祗候趙應副之。（竦辭，以工部郎中龍圖閣待制馬宗元代之。(二) 十二月癸酉，契丹遣彰勝軍節度使蕭穆古，濬州觀察使鄭文囿來賀皇太后正旦。 甲戌，契丹遣右監門衛上將軍蕭從古右諫議大夫仇道衡來賀正旦。	九月己亥，以蕭迪烈，李紹琪充賀宋太后生辰使副，耶律守寧，劉四端充賀宋主生辰使副。 十月辛未，宋太后遣馮元宗，史方來賀順天節。 十二月己巳，遣蕭諧，李琪充賀宋正旦使副。 乙亥，宋使李維，張綸來賀千齡節。	(一)長編於此下注云：「專使賀契丹妻（正旦）始此」又云「契丹使賀太后始此」。按雙方前已遣使互賀國母生辰今又賀及正旦也。 (二)「馬宗元」遼史作「馮元宗」。考宋史二九四有馮元傳，元字道宗，仁宗初爲戶部員外郎直學士兼侍講龍圖閣學士等職，似卽此人，然則長編遼史均誤。
丙寅 一〇二六	宋仁宗天聖四年 遼聖宗太平六年	正月癸未，契丹遣樞密副使彰武節度使蕭迪烈，歸義節度使康筠來賀長寧節。（一） 三月戊寅朔，以翰林學士承旨兼侍讀學士工部尚書李維爲相州觀察使使契丹(二) 四月丁巳，契丹遣啓聖軍節度使蕭諧，利州觀察使李紹琪來賀乾元節。 七月乙丑，工部郎中龍圖閣待制韓億爲契丹妻生辰使，崇儀副使田承說副之。（詔億名犯北朝諱權改名意）。 八月（四）乙未，以右諫議大夫權三司使范雍爲契丹生辰使，東染院使帶御器械侯繼隆副之，起居郎知制誥徐奭爲正旦使，供奉官閤門祗候裴繼起副之，淮南江浙荊湖制置發運使，刑部郎中張若谷爲契丹妻正旦使，右侍禁閤門祗候狎準副之。 十二月丙申，契丹遣崇義節度使蕭從寧兵部郎中知制誥趙節來賀皇太后正旦。丁酉，遣左千牛衛上將軍蕭信，沙州觀察使石宇來賀正旦。	正月己卯朔，宋遣徐奭，裴繼起，張若谷，狎準來賀。（四） 十月己丑，宋遣韓翼田承說賀順天節。 十二月戊戌，遣杜防，蕭蘊充賀宋生辰使副。	(一)「蕭迪烈」遼史十七考證引永樂大典作「蕭迪里」。 (二)按此次非例使。長編云「初寨下訛言契丹將絕盟，故遣維闞之」。 (三)錢表作「九月」 (四)參附考（丁）
丁卯 一〇二七	宋仁宗天聖五年 遼聖宗太平七年	正月丙午，契丹遣左監門衛上將軍蕭道寧，給事中知制誥張克恭來賀長寧節。 四月辛巳，契丹遣林牙昭德節度使蕭蘊，政事舍人杜防賀乾元節。 八月癸酉，以戶部副使兵部員外郎王博文爲賀契丹妻生辰使，六宅使王準副之。 九月庚子，以吏部郎中知制誥石中立爲契丹賀生辰使，崇儀使石貽孫副之，戶部判官職方員外郎楊保維爲正旦使，崇儀副使孫繼鄴（二）副之，左正言直使館孔道輔爲契丹妻正旦使，左侍禁閤門祗	正月壬寅朔，宋遣易保維，孫繼業，孔道輔，馬崇至來賀（一）。 十一月，宋遣石中立，石貽孫來賀千齡節。王博文，王雙來賀順天節。 十二月丁卯，遣	( )參附考（丁） (三)[illegible]本作「耶律[illegible]」。 (四)[illegible]本作「蕭速色」。 (二)繼鄴宋史二九〇有傳，遼史作「繼業」誤。

		候馬崇副之。 十二月壬辰，契丹遣保寧軍節度使耶律寧，衞尉少卿元化來賀太后正旦。 甲午，契丹遣安東節度使耶律筌，大理少卿王用保來賀正旦。	耶律遂英(三)王承錫，充賀宋太后生辰；蕭[illegible]撒，(四)馬保永充賀宋正旦使副。	
戊辰 一〇二八	宋仁宗天聖六年 遼聖宗太平八年	正月辛丑，契丹遣左千牛衛上將軍耶律阿果，起居郎知制誥李壄來賀長寧節。 四月丙子，契丹遣安東軍節度使耶律錫利州觀察使劉雙美來賀乾元節。 七月己亥，度支副使工部郎中唐肅爲契丹妻生辰使，內殿承制閤門祗候葛懷敏副之。 八月戊寅，樞密直學士給事中寇瑊爲契丹生辰使，內殿崇班閤門祗候康德輿(一)副之，殿中侍御史判三司開拆司朱諫爲正旦使，供奉官閤門祗候曹榮副之，開封府判官殿中侍御史郭逸爲契丹妻正旦使，內侍禁閤門劉永釗(三)副之(榮改名英)。(四) 十二月乙酉，契丹遣保安軍節度使耶律遂英，衞尉少卿王承錫來賀太后正旦。 丙戌，契丹遣彰聖軍節度使蕭素，右千牛衛大將軍馬保永來賀正旦。	六月，以韓寧(二)劉湘充賀宋太后生使副。 十月，宋遣唐肅，葛懷敏來賀順天節。 十二月丁亥，宋遣寇瑊，康德來賀千齡節，朱諫，曹英，郭逸，劉永釗賀來歲兩宮正旦。	(一)德輿宋史三三六有傳，遼史作「康德」，蓋脫一輿字。 (二)局本作「哈納」。 (三)長編於釗字上衍一「劉」字 (四)原注：英改名當是避契丹諱，更考之。
己巳 一〇二九	宋仁宗天聖七年 遼聖宗太平九年	正月乙未，契丹遣伊勒巴左千牛衛上將軍耶律漢寧少府監劉湘來賀長寧節。 四月己亥，契丹遣興國節度使耶律袞大理少卿張霆來賀乾元節。 七月甲子刑部郎中狄棐爲契丹妻生辰使，作坊使陳宗燾副之。 八月癸卯，禮部員外郎兼侍御史知雜事鞠詠(一)爲契丹主生辰使，供奉官閤門祗候王永錫副之，職方員外郎三司理欠司張寶爲正旦使，如京副使石元孫副之 戶部判官度支員外郎蘇耆爲契丹妻正旦使，內殿承制閤門祗候王德明(二)副之。 十二月己酉 契丹遣泰國軍節度使耶律高，崇祿少卿韓知白來賀皇太后正旦。 庚戌，契丹遣中興軍節度使耶律倚，寶州防禦使韓昭一，來賀正旦。	六月，以耶律思忠，耶律荷，耶律諒，遙輦謝佛留(三)陳覬，韓紹一，韓知白，張霆充賀宋兩宮生辰及來歲正旦。 十二月丁未，宋遣仇永，韓錫來賀千齡節。命耶律育，吳克荷，蕭可舠，趙利用充賀宋生辰使副，耶律元吉，崔閏，蕭昭古寶振(四)充來歲賀宋正旦使。	(三)「遙輦謝佛留」局本改作「約尼色佛將」 (一)詠宋史二九七有傳，遼史作「仇詠」，誤。按仇鞠二字相差極遠，筆誤當不至此。考中國自唐初輸入波斯波羅毬之戲擊球或稱擊鞠。遼本紀及遊幸表中見擊鞠處甚多。毬仇同音，鞠之誤仇，或以此故。(一〇二三，長編有成昭文遼史作程昭文。一〇三一長編有蕭德順遼史作高德順。成程蕭高可爲音同字差之例)。 (二)王德明錢表脫明字 (四)蕭昭古局本作「蕭珠克」又「寶振」誤作「寶振」
庚午 一〇三〇	宋仁宗天聖八年 遼聖宗太平十年	正月己未，契丹遣左監門衛上將軍耶律忠，禮部郎中知制誥陳邈來賀長寧節。 四月癸巳，契丹遣左千牛衛上將軍耶律仁、都官郎中知制誥吳克荷來賀乾元節。 七月癸酉，以鹽鐵判官兵部員外郎直史館張宗象爲契丹后生辰使，香藥庫使李溶副之。 八月戊申，工部郎中龍圖閣待制梅詢爲契丹生辰使，供備庫副使王令傑副之，度支員外郎祕閣校理戶部勾院王夷簡爲契丹正旦使，西染院使竇處約副之，開封府判官侍御史張億(一)爲契丹后正旦使，禮賓副使張士宜副之。 十二月癸卯、契丹遣天德軍節度使蕭昭古	正月己卯朔，宋遣王夷簡，竇處約，張易，張士宣來賀。(二) 十二月乙巳，宋遣梅詢，王令傑，來賀千齡節。	(一)按天聖四年韓億使遼又慶曆三年丁億使遼均以避契丹諱改億爲意；張億亦應改張意。 (二)參附考(丁)

		引進使寶振來賀皇太后正旦。 甲辰，遣啓聖軍節度使耶律元吉，少府推調來賀正旦。		
辛未 一〇三一	宋仁宗天聖九年 遼興宗景福元年	正月癸丑，契丹遣左監門衛上將軍蕭可親，右散騎常侍趙利用來賀長寧節。 四月丁亥，契丹遣左千牛衛上將軍蕭昇，鎮國軍節度使姚居信來賀乾元節。 六月辛丑，命御史中丞王隨爲祭奠使西上閤門使曹儀副之，龍圖閣待制孔道輔爲賀登位使，崇儀副使孫繼鄴副之，龍圖閣待制梅詢爲國母弔慰使，昭州刺史張綸副之，鹽鐵副使司封員外郎王臻爲國主弔慰使，內殿承制閤門祗候許懷信副之。 七月丙午朔，契丹遣泰陵軍節度使耶律克實（一）來告哀。戊午，命樞密直學士寇瑊爲賀契丹登位使，改賀登位使孔道輔爲契丹母册禮使，西染院使魏昭文副之。（八月辛巳以天章閣待制范諷爲賀契丹登位使，寇瑊病不能行故也。） 十月乙酉，以度支員外郎知制誥鄭向爲契丹生辰使，供備庫使郭遵範副之；淮南江浙荆湖制置發運使祠部郎中任布爲契丹母正旦使，左藏庫副使王遵範，度支判官殿中侍御使陳炎（二）爲契丹正旦使，西染院副使閤門宣事舍人王克忠（三）副之。 閏十月己酉，契丹遣工部尚書蕭德順，崇祿卿牛可封以隆緒遺留物來獻。 十二月丙午，契丹遣廣德軍節度使耶律勵，四方館使高惟翰來賀册禮。 丙寅，契丹遣昭信軍節度使耶律郁，西上閤門使馬保來賀皇太后正旦。 丁卯，又遣彰武軍節度使蕭格左監門衛大將軍趙果來賀正旦。	六月己卯，聖宗崩。壬辰，（四）遣使告哀於宋。 九月辛亥，宋遣王隨，曹儀致祭，王臻，許懷信，梅詢，張綸來慰兩宮，范諷，孫繼業賀即位，孔道輔魏昭文賀皇太后册禮。 甲戌，遣御史中丞耶律翰，司農卿張准，詳穩（五）耶律勸，四方館使高惟翰謝宋弔慰。 十月丙戌，遣工部尚書蕭德順，崇祿卿牛可封致先帝遺物于宋。 以右領軍衛上將軍耶律遜，少府監馬惟充皇太后謝宋使，右監門衛上將軍耶律元載，引進使魏永充皇帝謝宋使。 戊戌，以蕭革（六）趙爲果，耶律郁，馬保業並來歲賀宋正旦使。	（一）宋史禮志作「耶律乞石」宋會要禮志外國發喪門同。 （二）陳炎遼史作陳琰，案宋史三〇一有陳琰傳當爲一人，清人避仁宗諱改琰爲炎耳。 （三）宋史二五〇王承衍傳有子克忠嘗爲西染院副使閤門通事舍人等職，當爲一人，遼史作「王克善」誤。 （四）局本作甲申 （五）局本作「詳袞」。 （六）局本作『蕭格』
壬申 一〇三二	宋仁宗明道元年 遼興宗重熙元年	正月丙子，契丹遣左千牛衛上將軍耶律順，衛尉卿王義府來賀長寧節。 四月辛亥，契丹遣安東軍節度使蕭好古，太僕卿王永孚來賀乾元節。 八月壬子，以鹽鐵副使刑部員外郎劉隨爲契丹國母生辰使，內殿承制閤門祗候王德基副之，開封府判官職方員外郎楊日嚴爲國主生辰使，客省副使王克基副之，太常博士直集賢院同修起居注晉偃爲國母正旦使，閤門宣事舍人王從益副之，監察御史推院爲國主正旦使，東染院副使趙振副之，（尋命內殿崇班閤門祗候張懷志代振）。 十二月壬戌，契丹遣奉先軍節度蕭式，少府監張惟保來賀皇太后正旦。 癸亥，契丹遣左驍衛上將軍蕭寧，安東節度使夏亭謐來賀正旦。	正月，宋遣任布王遵範陳琰王克善來賀。乙亥，宋遣鄭向，郭遵範，來賀永壽節（一） 七月，以蕭遂溥，王英秀蕭褫，張素羽充來歲賀宋正旦生辰使。 十一月癸未，宋遣劉隨，王德本來賀應聖節（二）。 十二月庚戌，宋遣晉偃，王從益，楊偕，張懷志來賀來歲正旦。 又遣楊日嚴王克基來賀永壽節。	（一）遼興宗生辰節名。生辰實日爲二月二十日，改於正月受賀。詳參附考（丙） （二）遼興宗生母法天皇太后生辰。法天本爲聖宗宮人，以子而貴。興宗即位，法天自立爲皇太后，攝政。誣齊天太后（聖宗元后）謀逆，徙之上京害焉。故自本年起宋不賀順天節（齊太后生辰）改賀「應聖節」。又按，法天生辰日實爲三月初五日改於十二月初五日受賀，詳參附考（乙）（丙）。

癸酉 一〇三三	宋仁宗明道二年 遼興宗重熙二年	正月壬申，契丹遣右金吾衛上將軍耶律錫，昭德軍節度使韓橁來賀長寧節。 三月甲午，皇太后崩。 四月丙申，遣東上閤門使曹琮告哀於契丹。 庚子，又命翰林學士章得象爲大行皇太后遺留契丹國信使，崇儀使安繼昌副之。 戊申，召對契丹賀乾元節使，崇儀節度使蕭達，客省使劉日省，罷乾元節上壽。 八月甲午朔，契丹國母及國主遣天德軍節度使耶律信寧，大理卿和道亨，河西節度使耶律嵩，引進使馮世卿來弔慰，興聖宮使耶律寧，知制誥李奎祭奠。 丁未，命度支判官刑部郎中劉夷西染院副使兼閤門通事舍人符惟忠（二）度支判官司封員外郎李昭述，東染院副使張茂實使契丹謝國母及國主來弔慰祭奠。 戊午，命兵部員外郎知制誥丁度，右騏驥使王繼凝爲契丹國母生辰使，度支副使兵部員外郎李紘，禮賓副使李繼一爲國母生辰使，度支判官刑部郎中章頻，禮賓副使李遵懿爲國母正旦，開封府推官金部員外郎王仲睦，供奉官閤門祇候郭崇爲國主正旦使，（崇留不行，以供備庫副使張緯代之）。 十二月丁巳，契丹國母遣彰信節度使蕭傳，東上閤門使王秀英，國主遣歸義節度使蕭穆，將作少監張素羽來賀正旦。	春四月，宋遣曹琮來告母后劉氏哀，章得象，安繼昌來饋母后遺物。遣延昌宮（一）使耶律壽寧，給事中知制誥李奎充祭奠使，天德軍節度使耶律寧，大理卿和道亨，河西軍節度使耶律嵩，引進使馬世卿，充兩宮弔慰使。 七月甲子朔，以耶律楚（三），耶律迪，王維元充兩宮賀宋生辰使副。以耶律師古，劉五常充賀宋來歲正旦副使。 十一月甲申，宋遣劉夷，符忠，李昭述，張茂實等來賀慰奠。 十二月乙未，宋遣丁度王繼凝來賀恩聖節。甲寅，宋遣章頻，李懿，王仲睦，張緯，李紘（四）李繼一來賀永壽節及來歲正旦。	（一）延昌宮使百衲本作興聖宮使是。 （二）惟忠宋史四六三有傳，曾載此次使事。遼史作「符忠」蓋脫「惟」字。 （三）局本遼史十八考異引永樂大典作「耶律寘」，百衲本亦作「耶律寘」。 （四）局本遼史十八考異引永樂大典作「李紘」百衲本亦作「李紘」。
甲戌 一〇三四	宋仁宗景祐元年 遼興宗重熙三年	四月庚子，契丹國母遣右威衛上將軍耶律迪，利州觀察使王惟永，國主遣崇德節度使耶律述，永州觀察使高昇來賀乾元節。 八月壬申，度支判官兵部員外郎直集賢院謝絳爲契丹生辰使，內殿承制閤門祇候李守忠副之，度支判官刑部員外郎直集賢院段少連爲正旦使，供奉官閤門祇候杜贇副之。（十月癸未，戶部員外郎兼侍御史知雜事楊偕爲契丹生辰使，謝絳以父疾辭也。） 十二月辛巳，契丹遣左千牛衛上將軍耶律師古，東上閤門使劉五常來賀正旦。	七月，以耶律庶徵（一）劉六符，耶律喹，蒲可久充賀宋來歲正旦使副。 十二月，宋遣段少連，杜仁贇，來賀來歲正旦。楊偕，李守忠來賀永壽節。	本年遼興宗逐其母法天太后，自此迄重熙八年，宋停遣契丹國母生辰正旦賀使。 （一）庶徵長編作庶幾。按遼史全書中除此一處外，未再見庶徵一名。而卷八九有耶律庶成及弟庶箴傳，疑庶徵爲庶箴之誤，徵箴音近，而宋史又以形似，誤庶箴爲庶幾也。熙寧九年一〇七六長編載耶律庶箴來使，宋史作庶幾可爲一旁證。
乙亥 一〇三五	宋仁宗景祐二年 遼興宗重熙四年	四月甲子，契丹遣林牙保大節度使耶律庶幾，政事舍人劉六符來賀乾元節。 八月戊辰，以鹽鐵判官度支郎楊日華爲契丹生辰使，禮賓副使張士禹副之，太常博士直史館修起居注鄭戩爲正旦使，供奉官閤門祇候柴貽範副之。 十二月乙亥，契丹遣利州觀察使耶律睦，大理少卿蒲可久來賀正旦。	六月，以耶律信，呂士宗，蕭袞，郭揆充賀宋生辰及來歲正旦使副。 十二月庚申，宋遣鄭戩，柴貽範，楊日華，張士禹來賀永壽節及正旦。	

丙子 一〇三六	宋仁宗景祐三年 遼興宗重熙五年	四月己未，契丹遣 國節度使耶律信，政事舍人呂士宗來賀乾元節。 八月丙辰，左正言知制誥史館修撰宋祁（一）為契丹生辰使，禮賓副使王世文副之，工部郎中判戶部勾院李宗詠為正旦使，供奉官閤門祇候崔準（二）副之。 十二月己巳，契丹遣遂州觀察使耶律[illegible]西上閤門使郭揆來賀正旦。	十月，宋遣宋郯，王世文來賀永壽節。 以耶律祥，張素民，耶律信，王澤充賀宋生辰正旦使副。（三）。	（一）宋祁遼史作「宋郯」誤。 （二）錢準誤作「崔準」，楊復吉遼史拾遺補據以轉錄，未加改正。 （三）按此兩條雖皆次於「十月」下，但中間尚隔數條其後亦無十一月或十二月字樣，或本為十一、二月事，偶將月份佚去也。
丁丑 一〇三七	宋仁宗景祐四年 遼興宗重熙六年	四月癸丑，契丹遣[illegible]節度使耶律祥，崇祿少卿張素民來賀乾元節。 八月丙子，兵部員外郎知制誥謝絳為契丹生辰使，供備庫使忠州刺史帶御器械張茂實副之，起居舍人直史館知諫院高若訥為正旦使，西京左藏庫使兼閤門通事舍人夏元正副之。 十二月癸未，契丹遣始平節度使耶律信，衛尉卿王澤來賀正旦。	十二月，遣耶律翰，蔡儀，耶律德，崔禹芳賀宋生辰及正副。 遣蕭滴洌使宋。（一）	（一）據遼史九五蕭滴洌傳補。
戊寅 一〇三八	宋仁宗寶元元年 遼興宗重熙七年	四月丁丑，契丹遣保安節度使耶律幹，崇祿少卿秦鑑來賀乾元節。 八月丙子，工部郎中知制誥王舉正為契丹生辰使，禮賓副使張士禹副之，右司諫直集賢院韓琦為正旦使，左藏庫使高繼嵩副之。（庚辰，以西染院副使兼閤門通事舍人王從益代繼嵩）。 十二月丁亥，契丹遣高州觀察使耶律德，廣州團練使崔禹芳來賀正旦。	正月戊戌朔，宋遣高若訥，夏元正，謝絳，張茂實來賀正旦及永壽節。 十一月癸巳朔，以耶律元方，張泥，韓玉德，蕭傅充賀宋生辰正旦使副。 十二月癸未，宋遣王舉正，張士禹來賀永壽節。	
己卯 一〇三九	宋仁宗寶元二年 遼興宗重熙八年	四月辛未，契丹遣彰聖軍節度使耶律九方，政事舍人張渥賀乾元節。 八月乙酉，刑部員外郎天章閣待制龐籍為契丹生辰使，內殿崇班閤門祇候杜贊副之，右正言直集賢院判部磨勘司王拱辰為正旦使，西京左藏庫副使彭再問副之。（十一月戊戌以兵部郎中知制誥聶冠卿為生辰使代龐籍）。（一） 閏十二月辛亥，契丹遣天德軍節度使蕭溥，太僕少卿韓志德來賀正旦（二）	正月壬辰朔，宋遣韓琦 王從益來賀。 十二月，宋遣龐籍（一）杜贊來賀永壽節。	（一）按是時龐籍受代，而遼史仍有籍名，未知孰是。 （二）蕭溥韓志德遼史作「蕭傅」「韓玉德」，按宋庠元憲集廿七，有賜蕭傅韓志德茶藥詔，是遼史各誤一名。
庚辰 一〇四〇	宋仁宗康定元年 遼興宗重熙九年	四月乙未，契丹母（一）遣始平節度使耶律元方，□（原脫）州觀察使王惟吉，契丹主遣左千牛衛上將軍蕭迪右諫議大夫知制誥劉三嘏來賀乾元節。 七月乙丑，遣刑部員外郎集賢校理同修起居注郭稹，（二）供備庫副使夏防使契丹，告以方用兵西邊也。 八月乙未，刑部員外郎知制誥蘇紳（三）為契丹國母生辰使，西京左藏庫副使向傳範副之，右正言知制誥吳育為契丹主生辰使，東頭供奉官閤門祇候馮載副之 右正言梁適為契丹國母正旦使，西染院副使張從一副之，太常丞史館修撰富弼為契丹國主正旦使，供備庫副使趙日	正月丙辰朔，宋遣王拱辰彭再思來賀。 七月癸酉，宋遣郭禎以伐夏來報，遣樞密使杜防報聘。 十一月 宋遣蘇仲向傳範來賀應聖節，以蕭迪，劉三嘏，耶律元方，王惟吉耶律庶忠，孫文昭，蕭	（一）重熙三年遼法天皇太后被逐，宋停遣賀遼國母諸使。去年興宗復迎還法天，宋又遣使如故。 （二）郭稹宋史三〇一有傳遼史作郭禎誤 （三）蘇紳宋史二九四有傳，遼史作仲誤 （四）原注云「杜防攝副使當考。」

		宣副之，（據富弼日錄，副使乃張從一非趙日宣也）。 十二月己丑，契丹遣工部尚書修國史杜防（四）來聘，報郭稹也。 丙午，契丹國母遣左千牛衛上將軍耶律庶忠，崇祿卿徐文昭，契丹主遣崇儀節度使蕭紹筠，西上閤門使維州刺史秦德昌來賀正旦。	紹筠秦德昌充賀宋生辰及來歲正旦使副。	
辛巳 一〇四一	宋仁宗慶曆元年 遼興宗重熙十年	四月己丑，契丹國母遣林牙臨海軍節度使耶律仁先，吏部郎中知制誥史館修撰劉六符，契丹主遣右監門衛上將軍蕭福靜，光祿少卿崇祿館直學士王綱來賀乾元節。 八月戊子，右正言知制誥劉沆爲契丹國母生辰使，崇儀副使王整副之，禮賓員外郎兼侍御史知雜事施昌言（一）爲國主生辰使，左侍禁閤門祗候柯九齡副之，鹽鐵判官工部員外郎中張沔爲國母正旦使，內殿崇班侯宗亮副之，度支判官兵部員外郎王球爲國主正旦使，內殿崇班閤門祗候侍其濬副之。 十二月庚子，契丹國母遣左監門衛上將軍耶律元德，寧州觀察使韓永錫，契丹遣長寧節度使耶律福，太常卿韓保衡來賀正旦。	正月辛亥朔，宋遣梁適，張從一，富弼，趙日宣來賀。 甲子，復遣吳育，馮戴來賀永壽節。 六月戊寅，以蕭寧，耶律坦，崔禹稱，馬世長，耶律仁先，劉六符（二）充賀宋生辰使副，耶律庶成，趙成，耶律烈，張旦充來歲賀宋正旦使。 十二月丙子朔，宋遣劉沆，王整來賀應聖節。 聞宋設關河治壕塹恐爲邊患，又謀取宋舊割關南十縣地，遂遣蕭英劉六符使宋（三） 庚寅，宋遣張沔，侯宗亮，蘇中，侍其濬，施昌，潘永照，來賀永壽節及來歲正旦。	（一）昌言宋史二九九有傳，遼史作施昌，蓋脫一「言」字。 （二）仁先六符二名衍。蓋賀生辰使例只四人，無需六人，且仁先於本年方使宋賀生辰，決不致再受命，而六符於明年正月使宋議關南事，亦非賀生辰使。 （三）按明年正月遼史又載蕭特末劉六符使宋，此段當係始議派遣，尚未成行也。
壬午 一〇四二	宋仁宗慶曆二年 遼興宗重熙十一年	二月己巳，契丹遣宣徽南院使歸義節度使蕭英，翰林學士右諫議大夫知制誥同修國史劉六符來求關南之地。 四月庚辰，以右正言知制誥富弼爲回謝契丹國信使，西上閤門使符惟忠副之。（五月，癸丑，命知貝州供備庫使恩州團練使張茂實（二）爲回謝契丹國信使副使，代符惟忠。因惟忠行至武強病卒也。） 甲申，契丹國母遣保寧節度使耶律坦，左監門衛上將軍蕭寧，契丹遣崇州防禦使馬世長，東上閤門使崔禹稱來賀乾元節。 七月癸亥，富弼張茂實再使契丹。 八月壬辰，以兵部員外郎兼侍御史知雜事程戡爲契丹國母生辰使，西上閤門副使張得一副之，太常丞直集賢院張方平爲國主生辰使，東頭供奉官閤門祗候劉舜臣副之，兵部員外郎集賢院校理判三司開拆司楊偉爲國母正旦使，禮賓副使王仁旭副之，鹽鐵判官兵部員外郎方偕爲國主正旦使，禮賓副使王易副之。 九月乙丑，契丹樞密副使保大節度使耶律	正月庚戌，遣南院宣徽使蕭特末（一）翰林學士劉六符，使宋，取晉陽及瓦橋以南十縣地，且問興師伐夏，及沿邊濬疏水澤增益兵戍之故。 六月乙亥，宋遣富弼張茂實奉書來聘。 八月丙申，宋復遣富弼，張茂實奉書來聘，乞增歲幣銀絹，以書答之。 九月壬寅，遣北院樞密副使耶律仁先，漢人行宮副部署劉六符使宋約和	（一）南本改作「蕭特默」 （二）茂實後以避英宗舊名改名孜，宋史本傳（三二四）即以「張孜」名 （四）宋史作「耶律仁思」 （五）參明年註（一） （六）劉敞公是集五十一作「蕭特」

		仁先（四）樞密使禮部侍郎同修國史劉六符持誓書來。 十月丙辰，命左正言知制誥梁適同謝契丹國信使。（五）丙寅，契丹遣林牙保大節度使蕭偕（六）來報撤兵。 十二月乙丑，契丹國母林牙河西節度使耶律庶成，崇祿卿周成，契丹遣[illegible]維節度使耶律寧，少府監張旦等來賀正旦。	。 閏十月辛卯，仁先劉六符還進宋國誓書。 十二月己未，宋遣賀正旦及永壽節，使居邸，帝微服往觀。	
癸未 一〇四三	宋仁宗慶歷三年 遼興宗重熙十二年	(補)二月遣梁適使於契丹(一) 四月戊申，契丹國國母歸義節度使耶律希烈，威衛大將軍馬貽慶，契丹遣朔方節度使蕭日休，鄜州觀察使趙　節，來賀乾元節。 八月己酉，起居舍人知制誥孫抃爲契丹國母生辰使，洛苑副使馮行已副之　鹽鐵副使工部郎中張昷之爲契丹生辰使，西頭供奉官閤門祗候丁億副之，戶部員外郎兼侍御史知雜事魚周詢爲契丹國母正旦使，閤門通事舍人李惟賢副之，工部郎中李鉞爲契丹正旦使東頭供奉官閤門祗候趙牧副之。（詔惟賢檝改名寶臣，億[illegible]名意以避契丹諱。（十月丁未，以右正言集賢校理余靖爲契丹國母正旦使代張昷之，昷之另有任命也。 十二月己未，契丹國母遣彰國軍節度使蕭運左諫議大夫李坤，契丹主遣崇德節度使耶律順左諫議大夫郭瑋來賀正旦。	正月辛未，遣同知析津府事耶律敵烈，樞密院都承旨王惟吉，諭夏國與宋和。 二月甲寅，耶律敵烈等使夏國還，奏元昊罷兵。即遣使報宋。（榮煥按報宋者即敵烈等抑另遣他人不詳）(二)	(一)北宋東部事略，長編載去年十月適受命北使當爲一事。兩書應有一誤。 (二)長編及宋史皆未提及此次遼使事。
甲申 一〇四四	宋仁宗慶歷四年 遼興宗重熙十三年	四月壬寅，契丹國母遣左監門衛上將軍蕭忠孝，利州觀察使劉從順，契丹主遣始平節度使蕭諂，高州觀察使趙東之來賀乾元節。 七月癸未，契丹遣延慶宮使耶律元衡(一)來告將伐元昊。 八月戊戌，右正言集賢校理同修起居注余靖假右諫議大夫史館修撰爲回謝契丹使。壬子，右正言祕閣校理孫甫爲契丹國母生辰使，如京使夏防副之，太常少卿直史館劉夔爲契丹生辰使，崇儀使楊宗誨副之，鹽鐵判官祠部員外郎祕閣校理張瓌爲契丹國母正旦使，內園副使焦從約副之，開封府推官監察御史劉湜爲契丹正旦使，東頭供奉官閤門祗候李士勳副之。 十二月癸丑，契丹國母遣右監門衛上將軍耶律[illegible]，寧州觀察使崔齊，契丹遣正義軍節度使蕭玖，太常少卿史館修撰姚景禧來賀正旦。	六月，以將伐夏遣延昌宮使耶律高家奴(二)告宋。 九月戊辰，宋以親征夏國，遣余靖年[illegible]禮。	(一)宋會要蕃夷門誤爲十月事，元衡亦誤爲元衙 (二)局本作「耶律高家努」
乙酉 一〇四五	宋仁宗慶歷五年 遼興宗重熙十四年	正月丙子，契丹遣林牙彰聖軍節度使耶律宗睦來告討夏人回。 庚辰，右正言知制誥史館修撰余靖爲回謝契丹使，引進使恩州刺史王克基副之。 四月丁酉，契丹國母遣左監門衛大將軍耶律祐，崇祿卿劉積善，契丹主遣臨海軍節度使耶律運，少府監楊哲來賀乾元節。 八月甲子，右正言知制誥楊察爲契丹國母生辰使，東上閤門使新州刺史王克忠副之，戶部判官祠部郎中張堯臣（二）爲契丹主生辰使，西上閤門副使張希一副之，度支判官祠部員外郎集賢校理李昭遘爲契丹國母正旦使，供備庫副使閤門	三月己卯，宋以伐夏師還，遣使來賀。 遣耶律合里只使宋賀生辰(一)	(一)遼史八六耶律合里只傳：重熙中只充賀宋生辰使，宋宴勞者嘲燕蕭河西之敗云云。按蕭惠之敗在重熙十三年，合里只之使當在本年或本年後，姑附於此。 (二)錢裴作「張堯佐」 (三)原注云：契丹附傳正傳並不載耶律翰等來使，惟實錄本紀會要載。亦不知報聘者誰也。

		通事舍人李璋副之，監察御史包拯爲契丹正旦使，閤門通事舍人郭琮副之。 十月乙卯，契丹遣林牙保靜軍節度使耶律翰，樞密直學士中書舍人史館修撰王綱來獻西征所獲馬三百匹，羊二萬口，又獻九龍車一乘。(三) 十二月丁丑，契丹國母遣左領軍衛　將軍耶律觀，祕書少監趙瑜，契丹遣左千牛衛上將軍耶律同，崇祿少卿馬公諒來賀正旦。		
丙戌　一〇四六	宋仁宗慶歷六年 遼興宗重熙十五年	四月辛酉，契丹國母遣保安節度使蕭德，嚴州團練使姚居化　契丹遣左千牛衛上將軍蕭仲，太僕卿李雲從來賀乾元節。 八月己未，刑部員外郎知制誥王琦（一）爲契丹國母生辰使，六宅使嘉州刺史錢晦副之，右司諫知制誥錢明逸爲契丹生辰使，內園副使閤門通事舍人楊宗正副之，戶部判官侍御史王平爲契丹國母正旦使，左班殿直閤門祗候王道恭副之，金部郎中判三司勾院許宗壽爲契丹正旦使，內殿承制夏元吉副之。 十二月辛未，契丹國母遣懷化軍節度使耶律洞，崇祿卿石右，契丹遣昭德軍留後耶律宜少府韓運來賀正旦。		(一)錢表作「王琪」
丁亥　一〇四七	宋仁宗慶歷七年 遼興宗重熙十六年	四月乙卯，契丹國母遣安爾軍節度使蕭德潤，給事中韓紹文，契丹遣彰信軍留後耶律寶右諫議大夫知制誥陳詠來賀乾元節。 八月丙辰，刑部員外郎知諫院吳鼎臣爲契丹國母生辰使，崇儀副使柴貽慶副之，太常博士集賢校理同修起居注判度支勾院韓綜爲契丹生辰使，供備庫副使柳涉副之，戶部判官刑部郎中崔嶧爲契丹國母正旦使，內殿崇班閤門祗候侍其濱副之，鹽鐵判官司勳員外郎劉立之爲契丹正旦使，內殿崇班李中祐（一）副之。（尋命內殿承制閤門祗候夏佺代柴貽慶）。 十二月乙丑，契丹國母遣安福軍留後耶律壽，西上閤門使鄭全節　契丹遣左千牛衛上將軍耶律防（二）右諫議大夫知制誥韓迥來賀正旦。		(一)錢表作「李中佑」 (二)防此行外，尙於重和二年賀宋生辰，嘉祐二年，求仁宗像。按宋史王洙傳嘗使契丹，契丹命劉六符來伴宴。且言，耶律防善畫，向持禮南朝，寫聖容以歸，欲持至館中。洙曰「此非瞻拜之地」云云。考王洙使遼在皇祐二年，防畫仁宗像當在皇祐三年前，知卽爲此行事矣。又按遼史八六耶律褭履傳「以寫眞召拜同知南院宣徽事，使宋賀正，寫宋主容以歸。清寧間復使宋，宋主賜宴，瓶花隔面，未得其眞，及境以像示餞者，駭其神妙。」其事蹟與防全合，必爲一人無疑。然則褭履實爲防之本名。
戊子　一〇四八	宋仁宗慶歷八年 遼興宗重熙十七年	四月己卯，契丹國母遣左監門衛上將軍蕭惟信，寧州觀察使趙爲航，契丹遣安遠節度使耶律章，起居舍人知制誥史館修撰吳湛來賀乾元節。 八月庚辰，太常丞直集賢院同修起居注李絢爲契丹國母生辰使，如京副使兼閤門通事舍人李珣副之，度支判官太常博士集賢校理何中立爲契丹生辰使，內殿承制閤門祗候郝餘懿副之，工部郎中判度支勾院李仲偃爲契丹國母正旦使，左侍禁閤門祗候孫世京副之，司勳郎中判理		

		欠恐由司李永德爲契丹正旦使，左侍禁閤門祇候康遵度副之。(既而絢辭不行，改命祠部員外郎集賢校理同修起居注胡宿)。 十二月己丑，契丹國母遣保安軍節度使蕭佀，永州觀察使馬泳　契丹遣彰信軍留後耶律湜，崇祿少卿王元基來賀正旦。		
己丑 一〇四九	宋仁宗皇祐元年 遼興宗重熙十八年	三月己未，契丹遣樞密副使遼興軍節度使蕭惟信復來告西征。 庚申，翰林學士權知開封府錢明逸爲回謝契丹使，西上閤門使榮州刺使向傳範副之。 四月癸酉，契丹國母遣林牙保靜軍節度使蕭祐，起居舍人知制誥姚景禧，契丹遣昭德節度使耶律遂，衞尉少卿李仁友來賀乾元節。 八月己卯，右正言知制誥李絢爲契丹國母生辰使，供備庫副使曹佾副之。度支副使戶部員外郎梅摯爲契丹生辰使內殿承制閤門祇候李永寶使之，禮部員外郎兼侍御使知雜事何郯爲契丹國母正旦使，內殿崇班閤門祇候柴貽範副之，著作佐郎直集賢院同修起居注呂溱爲契丹正旦使。右班殿直閤門祇候魏公佐副之，(九月甲寅，改命閤門通事舍人侯宗亮代公佐)。 十二月甲午，契丹國母遣始平節度使耶律瑛，衞尉少卿昭文館直學士那熙年，契丹遣歸德留後蕭能，榮州團練常守整來賀正旦。	正月己亥，遣北院樞密副使蕭惟信以伐夏告宋。 六月己巳，宋以遼師伐夏遣錢逸致賻禮。	
庚寅 一〇五〇	宋仁宗皇祐二年 遼興宗重熙十九年	三月庚子，契丹遣殿前副點檢忠正節度使耶律益(一)，彰德節度使趙東之來告伐夏國還。 己酉，翰林學士刑部郎中知制誥楊概爲回謝契丹國信使，西上閤門使貴州團練使錢晦副之。 四月丁卯，契丹國母遣安遠留後耶律可久，給事中劉湜，契丹遣泰國節度使耶律霸，右諫議大夫李輌來賀乾元節。 八月壬午，工部郎中天章閣待制李東之爲契丹國母生辰使西京左藏庫副使李綬副之，戶部員外郎兼侍御史知雜事陳穎李兌爲契丹生辰使，供備庫副使李筑副之，鹽鐵判官司封員外郎崇文院檢討孫瑜爲契丹國母正旦使，閤門通事舍人王道恭副之，司勳員外判三司開拆司寇平爲契丹正旦使內殿崇班閤門祇候鄭餘慶副之。 十二月戊申，契丹國母遣崇儀節度使蕭慥，四方館使檢州團練使劉從正，契丹遣昭德節度使耶律考，太常少卿李翰等來賀正旦，		(一)宋會要蕃夷門以此條誤繫於去年，耶律益亦誤作耶律荅。
辛卯 一〇五一	宋仁宗皇祐三年 遼興宗重熙二十年	四月辛卯，契丹國母遣忠順節度使左金吾衞將軍耶律純，利州觀察留後曹昌，契丹遣懷德節度使蕭果，崇祿少卿劉永端來賀乾元節。 八月乙未，翰林學士刑部郎中知制誥兼侍讀史館修撰曾公亮爲契丹國母生辰使，西京左藏庫使郭廷珍副之，工部郎中知制誥史館修撰兼侍講王洙爲契丹生辰使，閤門通事舍人李惟賢副之，戶部判官屯田郎中燕度爲契丹國母正旦使，內殿崇班閤門祇候張克己副之，太常博士直集賢院同修起居注王珪爲契丹正旦使，	六月，以伐夏所獲物遣使遺宋(一)	(一)按去年三月長編載耶律益等告伐夏還，未悉是否一事。

		東頭供奉官閤門祗候曹搵副之。 十二月癸卯，契丹國母遣成德節度使左千牛衛上將軍耶律昭，衛尉卿荊詩言，契丹遣彰信節度使蕭述，廣州防禦使吳昌穆來賀正旦。		
壬辰 一〇五二	宋仁宗皇祐四年 遼興宗重熙二十一年	四月丙戌，契丹國母遣順義節度使右監門衛上將軍蕭昌有，諫議大夫劉嗣復，契丹遣彰信節度使蕭昱，錦州防禦使劉士方來賀乾元節。 八月癸巳，戶部副使兵部郎中傅永為契丹國母生辰使，文思副使潘永嗣（一）副之，殿部員外郎兼侍御史知雜事吳中復為契丹生辰使，西染院副使兼閤門通事舍人夏備副之；權鹽鐵判官都官員外郎蔣貫為契丹國母正旦使，內殿承制閤門祗候李中諶副之；太常博士直集賢院同修起居注判鹽鐵勾院韓絳為契丹正旦，東頭供奉官閤門祗候王易副之。 十二月丁酉，契丹國母遣保安節度使左領軍衛上將軍耶律元甫，寧州觀察使劉霈，契丹遣泰國節度使蕭貫德，衛尉卿陸孚來賀正旦。		(一)錢表作「潘承嗣」
癸巳 一〇五三	宋仁宗皇祐五年 遼興宗重熙二十二年	四月庚辰，契丹國母遣天武節度使左千牛衛上將軍蕭全，錦州觀察使王守道，契丹遣瑞聖節度使耶律述，崇祿少卿田文炳來賀乾元節。 八月辛亥，度支副使工部郎中周沆為契丹國母生辰使，左藏庫副使錢晰副之，起居舍人知諫院韓贄為契丹生辰使，供備庫副使彭再昇副之，戶部判官刑部員外郎張去惑為契丹國母正旦使，內殿崇班夏偕副之；右正言直集賢院賈黯為契丹正旦使，左侍禁閤門祗候王成位（一）副之。 十二月辛酉，契丹國母遣林牙臨海節度使左衛大將軍耶律庶忠，夏州觀察使兼東上閤門使李仲僖，契丹遣始平節度使耶律祁，崇祿卿周白來賀正旦。		(一)此據浙局本，張本及錢表皆作「王成宜」。
甲午 一〇五四	宋仁宗至和元年 遼興宗重熙二十三年	四月甲辰，契丹國母遣崇儀節度使左驍衛上將軍耶律桊，衛尉卿趙翊，契丹遣昭德節度使蕭璉，殿中監趙徽來賀乾元節。 八月壬寅，起居舍人直集賢院同修起居注吳奎為契丹國母生辰使，禮賓副使知鎮戎軍郭逵副之，鹽鐵判官主客郎中宋選為契丹生辰使，供備庫副使定州路都監王士全副之，開封府判官殿中侍御史俞希孟為契丹國母正旦使，閤門通事舍人夏仲副之，司封員外郎直龍圖閣兼天章閣侍講盧士宗為契丹正旦使，西頭供奉官閤門祗候李惟賓副之。 九月乙亥，契丹遣忠正節度使同平章事蕭德，翰林學士左諫議大夫知制誥史館修撰吳湛，來告與夏國平，且求御容。（一） 辛巳，三司使吏部侍郎王拱辰為回謝契丹使，德州刺史李珣副之。 壬午，送契丹國馴象二。（二） 十二月乙卯契丹國母遣始平節度使左監門衛上將軍耶律昌世，寧州觀察使馮見善，契丹遣彰聖節度使右監門衛上將軍蕭福延，崇祿卿（三）劉九言來賀正旦。		(一)此條宋會要蕃夷門誤繫於皇祐四年 (二)長編未詳贈象原委，按宋史三二九王陶傳載管言「契丹……求馴象，可拒而不拒，嘗求樂章可與而不與。」 (三)「崇祿卿」下原註云「按原本作崇福卿誤。今據遼史百官志改正。」

乙未 一〇五五	宋仁宗至和二年 遼道宗清寧元年	四月己亥，契丹國母遣歸德節度使左驍衛上將軍蕭知微，永州留後王澤，契丹主遣崇安節度使左監門衛上將軍耶律防殿中監王懿（一）等來賀乾元節，幷獻契丹主繪像。 八月辛丑，翰林學士吏部郎中知制誥史館修撰歐陽修爲契丹國母生辰使，四方館使果州團練使向傳範副之，右正言知制誥劉敞爲契丹生辰使，文思副使竇舜卿副之，起居舍人直祕閣知諫院范鎮爲契丹國母正旦使，內殿承制閤門祗候王光祖副之，權度支判官刑部員外郎李復圭爲契丹正旦使，內殿崇班閤門祗候李克忠副之。（九月癸酉，以御史趙抃之言，命染院副使兼閤門通事舍人柴貽範代克忠。）（樂煥按遼興宗雖卒，宋猶不知，故遣使如故也）。 癸丑，改命歐陽修向傳範爲賀契丹登寶位使，龍圖閣直學士兵部郎中呂公弼爲契丹祭奠使，西上閤門使，英州刺史郭懿（三）副之，鹽鐵副使工部郎中李參爲契丹弔慰使，內藏使兼閤門通事人舍夏佺副之。 甲寅，改命劉敞竇舜卿爲契丹國母生辰使，戶部副使工部郎中張揆爲契丹生辰使，西染院副使兼閤門通事舍人王道恭副之。 九月戊午，契丹遣右宣徽使忠順節度使左金吾衛上將軍耶律元亨來告哀。 十二月庚子，契丹遣右宣徽使左金吾衛上將軍蕭運（四）翰林學士給事中史館修撰史運來獻遺留物。 己酉，契丹國母遣林牙保靜節度使蕭袞，文州觀察使知客省使杜宗鄂，契丹遣崇儀節度使耶律逵，翁州觀察留後劉日亨來賀正旦，又遣林牙右領軍衛上將軍蕭鏐，歸州觀察使寇忠來謝册立。	正月辛巳，宋遣使來賀，饋馴象。 八月己丑，興宗崩。癸巳，遣使報哀於宋。 九月辛未，遣左夷離畢蕭謨魯（二）翰林學士韓運以先帝遺物遺宋。 癸酉，遣使以即位報宋。 十一月甲子，葬興宗於慶陵。宋遣使來會葬。 十二月丙申，宋遣歐陽修等來賀即位。	（一）宋會要蕃夷門誤將此條繫於去年「王懿」亦誤作「王總」 （二）「左夷離畢蕭謨魯」局本改作「左伊勒希巴蕭穆嚕」。 （三）此從張本，浙局本誤作「郭諮」。按宋史三二有郭諮傳。 （四）宋會要蕃夷門作「韓運」
丙申 一〇五六	宋仁宗嘉祐元年 遼興宗清寧二年	三月癸酉，契丹遣順義節度使右監門衛上將軍蕭信（一），右諫議大夫王行已來謝。（契丹王以朝廷屢遣使恤其喪，因名信等爲「部謝使」）。 八月丙寅，刑部員外郎知制誥石揚休爲契丹國母生辰使，文思使廉州刺史沈惟恭副之，刑部員外郎直史館同修起居注唐詢爲契丹生辰使，東頭供奉官閤門祗候王錯副之，侍御史范師道爲契丹國母正旦使，供備庫副使劉孝孫副之，右司諫馬遵爲契丹正旦使，內殿崇班閤門祗候陳永圖副之，（旋因師道被疾，以祠部員外郎判度支勾院集賢校理刁約代師道）。 十二月癸酉，契丹國母遣東國節度使驍衛上將軍蕭啟，起居郎中知制誥史館修撰韓孚，契丹遣懷德節度使耶律煜，廣州防禦使韓惟良來賀正旦。		長編失書本年契丹賀宋乾元節使。 （一）宋會要蕃夷門及歐陽文忠公集（八四）均作蕭信。
丁酉 一〇五七	宋仁宗嘉祐二年 遼興宗清寧三年	三月乙未，契丹遣使林牙左監門衛大將軍耶律防，樞密直學士給事中陳顗（一）來求聖容。 戊戌，右諫議大夫權御史中丞張昇（二）爲回謝契丹使，單州防禦使劉永平副之。 四月丙辰，契丹國母遣昭德節度使右監門衛上將軍耶律昌禧，右諫議大夫知制誥劉雲，契丹遣武安節度使蕭矩，引進使泰州團練使劉從備來賀乾元節。		（一）宋史作「陳覲」 （二）錢袠誤作「張昇」 （三）此以耶律初利一爲賀道宗生辰使，按歐陽文忠公集有所擬賀遼儀天太皇太后正旦國書，以耶律初利一爲賀使，兩者互異，當以歐集爲是。

		八月己巳，鹽鐵副使刑部員外郎郭申錫爲契丹國母生辰使，西京左藏庫副使王世延副之，右司諫呂景初爲契丹生辰使，西京左藏庫副使張利一（三）副之，度支判官祠部郎中直祕閣王疇爲契丹國母正旦使，西染院使李誠副之，殿侍御史吳中復爲契丹正旦使，東頭供奉閤門祗候宋孟孫副之。 九月庚子，契丹遣樞密使右金吾衛上將軍蕭匡，宣政殿學士禮部尚書吳湛來求御容，且言當致洪基像。 十月己酉（四）翰林學士兼侍讀學士工部郎中知制誥史館修撰胡宿爲回謝契丹使，禮賓使李綬副之，且許以御容，約因賀正使置衣襆中交致焉。 十二月丁卯，契丹國母遣左千牛衛上將軍耶律世遷，諫議大夫知制誥張嗣復，契丹主遣臨海節度使耶律袞引進使張嶷來賀正旦。	十二月己巳，太皇太后崩。	(四)宋史作「乙酉」是
戊戌 一〇五八	宋仁宗嘉祐三年 遼道宗清寧四年	正月己亥，雄州言契丹國母之喪，詔侍御史朱處約爲祭奠使，宮苑使潘若沖副之，度支判官兵部員外郎集賢校理李仲師爲弔慰使，六宅副使雍規副之。 二月癸卯，契丹遣林牙懷德軍節度使蕭福延來告其祖母喪。 四月辛亥，契丹遣崇儀節度使蕭度，給事中李輌來賀乾元節。 五月甲午，契丹遣林牙歸德節度使耶律嗣臣，右諫議大夫劉伸，來獻其國母遺留物。 八月辛亥，度支副使右諫議大夫周湛(一)爲契丹國母（二）生辰使，閤門通事舍人王成有副之，開封府判官度支郎中李及之爲契丹生辰使，內殿崇班閤門祗候王希甫副之，度支判官刑部郎中朱壽隆爲契丹國母正旦使，禮賓使王知和副之，太常博士直集賢院判戶部勾院祖無擇爲契丹正旦使，內殿承制閤門祗候王懷玉副之。（湛辭不行，改命戶部副使吏部員外郎楊畋，畋又辭，乃命權鹽鐵副使工部郎中王鼎代往。） 九月己丑，契丹遣長寧節度使蕭翥，衛尉卿郭竦來謝慰賀。 十二月辛卯，契丹國母遣林牙天德節度使耶律通左諫議大夫史館修撰馬佑，契丹遣保靜節度使耶律維新，右諫議大夫史館修撰王寶來賀正旦。	正月壬申朔，遣使報哀於宋。 癸酉，宋遣使奉宋主繪像來。 四月丁卯，宋遣使弔祭。	(一)「周湛」應作「周堪」。堪宋史卷三百有傳。 (二)按去年十二月契丹國母崩，茲又記賀契丹國母，蓋去年崩者爲道宗祖母法天太皇太后，本年賀者爲道宗母宗天皇太后（卽興宗妻）。
己亥 一〇五九	宋仁宗嘉祐四年 遼道宗清寧五年	四月乙亥，契丹國母遣右監門衛上將軍耶律偘，起居郎知制誥正觀，契丹遣彰聖軍節度使蕭拱（一）崇祿卿馬堯吝來賀乾元節。 八月乙酉，戶部員外郎天章閣待制唐介爲契丹國母生辰使，六宅使梅州刺史桑宗盈副之，侍御史丁翊爲契丹生辰使，左藏庫副使劉進勳副之，開封府判官工部郎中張中庸爲契丹國母正旦使，左藏庫副使馮文顯副之，太常博士集賢校理判理欠憑由司沈遘爲契丹正旦使，供備庫副使高繼芳副之。（遣戶部判官沈立奉使契丹）（二） 十二月丙戌，契丹國母遣歸德軍節度使耶律思齊，泰州觀察留後韓造，契丹遣衡化軍節度使耶律嘏，起居舍人知制誥史館修撰王棠來賀元旦。		(一)「蕭拱」歐陽文忠公集八十七作「蕭供」 (二)宋史三三三沈立傳「立著茶法要覽，乞行通商法，三司使張方平上其議，後罷榷法，如所請，立召爲戶部判官，奉使契丹，適行册禮」云云。按茶禁之弛在嘉祐四年二月。是年遼道宗行大典禮，立出使爲本年事。長編所記本年聘使原不闕，立當係代某人前往，長編失書。

庚子 一〇六〇	宋仁宗嘉祐五年 遼道宗清寧六年	四月己巳，契丹國母遣林牙左驍衞上將軍耶律格，崇祿卿呂士林，契丹遣崇聖節度使耶律素，東上閤門使張戩來賀乾元節。 八月庚辰，刑部郎中天章閣待制兼侍讀錢象先爲契丹國母生辰使，西染院副使兼閤門通事舍人艾偉副之，侍御史陳經爲契丹主生辰使，東頭供奉官閤門祗候郭鼐副之。鹽鐵判官刑部郎中謝詢爲契丹國母正旦使，西京左藏庫副使劉禧副之，度支判官祠部員外郎直集賢院王安石爲契丹正旦使，西頭供奉官閤門祗候趙元中副之。（既而安石辭行，改命戶部判官兵部郎中祕閣校理王緯代之）。 十二月庚辰，契丹國母遣林牙右衞上將軍耶律道，太常少卿昭文館直學士柴德滋，契丹遣懷化軍節度使耶律嘏起居舍人知制誥史館修撰王棠來賀正旦。（一）		（一）耶律嘏王棠二人去年來賀，今又同來，似有一誤。
辛丑 一〇六一	宋仁宗嘉祐六年 遼道宗清寧七年	四月甲子，契丹國母遣林牙左威衞上將軍蕭展，四方館使瀛州防禦使韓站孫，契丹遣始平節度使蕭嗣，崇祿卿李府來賀乾元節。 閏八月己丑，戶部郎中知制誥張瓌爲契丹國母生辰使如京使宋克明副之，度支判官刑部員外郎集賢校理宋敏求爲契丹生辰使，西染院副使閤門通事舍人張山甫副之，司封郎中楊佐爲契丹國母正旦使，供備庫副使李宗副之，鹽鐵判官度支員外郎集賢校理王益柔爲契丹正旦使，內殿崇班閤門祗候王渭副之。 十二月甲辰，契丹國母遣林雅左領軍衞大將軍蕭陟，益州觀察留後谷昌裔，契丹主遣長寧節度使蕭煥崇祿卿王正辭來賀正旦。		
壬寅 一〇六二	宋仁宗嘉祐七年 遼道宗清寧八年	〔補〕□月□日遣鄭獬使遼（一）		（一）據鄖溪集，知嘗使遼，見遼主於西京，年代不詳。按本年道宗駐西京，長編本年失書聘使，獬北使或即在本年。
癸卯 一〇六三	宋仁宗嘉祐八年 遼道宗清寧九年	三月辛未，仁宗崩。 四月癸酉，命引進副使王道恭告哀契丹。 (補)乙亥，遣韓贄等告即位於契丹（一） 辛巳，命契丹賀乾元節使保靜軍節度使耶律穀等進書梓宮（二） (補)七月丁巳，契丹國母遣林牙左金吾衞上將軍蕭福延，觀書殿學士尚書禮部侍郎知制誥同修國史張嗣復；國主遣昭德軍節度使蕭遜，給事中王籍爲祭奠使，左驍騎上將軍耶律達，衞尉卿昭文館學士劉霖，安東軍節度使耶律衍，四方館使韓貽慶爲弔慰使（三） (補)□月□日遣李受等賀契丹生辰（四）又遣三司度支判官邵亢（五）度支副使趙抃（六）使契丹 (補)十月辛亥，契丹遣蕭素等來賀即位（七）。		（一）據宋史英宗紀 （二）長編原註「前此使介並書，惟此但書耶律穀等今因之」。 （三）長編僅記契丹使來祭，未書使名。茲據宋會要禮大行喪禮門補。宋史英宗紀以福延等來祭於六月辛卯。 （四）據長編三五九元豐八年九月乙巳條。 （五）據王珪華陽集三七，邵安簡公（亢）墓志。 （六）據東坡集十八趙清獻（抃）神道碑。 （七）據宋史英宗紀。
甲辰	宋英宗治平元年	(補)正月壽聖節（一）……宰臣文武百官大遼國使詣紫宸殿上壽（二）		（一）英宗生辰節名，正月三日。

一〇六四	遼道宗清寧十年	八月乙卯，遣兵部員外郎呂誨等四人充賀契丹太后生辰正旦使，刑部郎中章岷等四人充賀契丹主生辰正旦使（三） 十二月丙辰，契丹耶律烈（四）等來賀壽節蕭禧（四）韓近（五）等來賀明年正旦。		(二)宋會要禮謎聖節門。 (三)宋史英宗紀。 (四)宋史英宗紀。 (五)陳襄使遼語錄。
乙巳 一〇六五	宋英宗治平二年 遼道宗咸雍元年	(補)六月口口詔遣官與契丹定疆界（一） 八月壬子，以工部郎中蔡抗（二）御史趙鼎（三）起居舍人同知諫院傅堯俞（四）侍御史趙瞻（六）王巖（七）等爲賀契丹生辰正旦使。 十二月口口契丹遣使耶律仲違等來賀明年正旦蕭維輔等來賀壽聖節（八）。	衛希道（五） 命蕭迂魯（九）使宋議邊事（十）	(一)(二)(三)宋史英宗紀。 (四)(六)長編治平三年三月辛酉條及宋史三四一堯俞傳。 (五)范純仁忠宣集十五。希道乃字，其名不詳。 (七)遼史明年正月記嚴卒，則嚴當於本年出使。 (八)宋史英宗紀原繫於明年正月，其到達實在本月。茲從長編例，改繫本年。 (九)局本作「蕭頁嚕 (十)遼史九三迂魯傳。
丙午 一〇六六	宋英宗治平三年 遼道宗咸雍二年	(補)八月庚午，遣傅卞張師顏（一）邵必盧戡（二）蔡寀（三）龍圖閣直學士韓縝供備庫使段繼文（四）爲賀遼生辰正旦使。 十二月遼遣蕭靖等來賀正旦壽聖節（五）		按遼自太祖建號，至聖宗統和元年復稱大契丹，本年一月癸酉又改號大遼。遼史均失載。長編記載則區別甚明。 (一)宋史英宗紀。 (二)宋會要蕃夷門。 (三)宋史三三一寀傳「使遼還，道聞英宗晏駕」。則寀應於本年出使。 (四)據張師正括異志。原作治平中，確年未詳。 (五)宋史英宗紀。
一〇六七	宋英宗治平四年 遼道宗咸雍三年	(補)正月丁巳，英宗崩。 戊午，遣馮行巳告哀於遼（一）。 口口遣史炤周孟陽李評李琦等爲遺留北朝禮信使副（二） 辛酉，遣陳襄口咸融充皇帝登寶位告北朝皇太后國信使副，孫坦口愈充告北朝皇帝使副（三）。 六月己酉遼祭奠弔慰使泰寧軍節度使蕭禧，永州觀察使蕭餘慶安遠軍節度使蕭輔，潮州觀察使蕭福慶，副使右諫議大夫知制誥陳覺，太常少卿充乾文閣待制王言敷，成州團練使柴好問，太常少卿充史館修撰劉詵進入獻大行皇帝神御于皇儀殿（四） 九月，遣孫思恭等報謝於遼（五）。 又遣劉庠等賀遼生辰（六）。 甲午，遼遣彰信軍節度使蕭恭順，廣州防禦使耶律好謀，副使衛尉少卿董庠來賀皇帝登極（七）。 十二月己巳，遼遣蕭傑等來賀正旦。（八） (補)遼遣蕭林牙楊興公來聘（十二）。	三月癸亥，宋主曙殂，子頊嗣位；遣使告哀。即遣右護衛太保蕭撻不也（九）翰林學士陳覲等弔祭。 六月庚戌，宋遣使饋其先帝遺物。辛亥宋以即位遣陳襄來報，即遣知黃龍府事蕭嗣古辭（十）中書舍人馬鉉往賀。 又遣楊遵勖賀宋正旦(十一)。	(一)宋史神宗紀。 (二)陳襄使遼語錄。又按宋史三三三楊佐傳「英宗升遐，奉遺留物再往使（遼）；卒于道。」是遺留使中仍尚有楊佐。 (三)陳襄使遼語錄。 (四)宋會要禮歷代大行喪儀門。 (五)宋史神宗紀。 (六)呂陶淨德集二一樞密劉公墓志英宗崩……是年秋奉使大遼……將還度以正月八日至白溝」，其時賀生辰使例以正月七八日還雄州，故知庠爲生辰使。 (七)宋使神宗紀及宋會要蕃夷門。 (八)宋史神宗紀。

				(九)局本作「蕭托卜嘉」。 (十)局本作「蕭特古斯」。 (十一)遼史一〇五蕭筋傳。 (十二)據東坡集十六滕公(甫)墓志。林牙官稱，其名不詳。
戊申 一〇六八	宋神宗熙寧元年 遼道宗咸雍四年	(補)四月辛亥，同天節(一)羣臣及遼使初上壽於紫宸殿。 八月丁卯，遣張宗益蘇頌齊[門口]賀遼主生辰正旦。(　) 十二月甲子，遼遣耶律公質等來賀(三)。		(一)宋神宗生辰節名，四月十四日。 (二)據宋史神宗紀及蘇頌魏公集。 (三)據宋史神宗紀。
己酉 一〇六九	宋神宗熙寧二年 遼道宗咸雍五年	(補)四月壬寅，遼遣耶律昌等來賀同天節。 九月丁丑，遣孫固等賀遼主生辰正旦。 十二月戊子，遼遣蕭惟禧來賀正旦。		本年各條均據宋史神宗紀。
庚戌 一〇七〇	宋神宗熙寧三年 遼道宗咸雍六年	四月丙寅，遼主遣永州觀察使耶律琉，衛尉少卿程冀，其母遣懷德節度使蕭禧，太常少卿張覺來賀同天節。 八月戊寅，司勳郎中權戶部副使張景憲爲遼主生辰使，供備庫副使劉昌祚副之，主客郎中戶部判官李立之爲正旦使，內殿承制劉鎮副之，天章閣待制孫永爲遼母生辰使，供備庫副使楊宗禮副之，度支員外郎直舍人院呂大防爲正旦使，供備庫副使張述副之。(既而呂大防辭，改命禮部郎中開封府判官趙瞻)。(原註：瞻十二月四日又以府判除知鄧州，豈瞻亦辭行乎？不知又以何人代瞻)。 十二月壬午，遼主遣泰州觀察使蕭遵道，太常少卿直乾文閣楊規訓，其國遣泰國軍節度使耶律寧，起居郎知制誥成堯錫(一)來賀正旦。		(一)韓魏公家傳作成禹錫。
辛亥 一〇七一	宋神宗熙寧四年 遼道宗咸雍七年	四月辛酉，遼主遣利州觀察使蕭廣，太常少卿張道度，其母遣懷化節度使耶律棐，起居郎知制誥張少微來賀同天節。 八月癸酉，度支副使兵部郎中楚建中爲遼主生辰使，西京左藏庫副使夏倈(一)副之，開封府判官太常博士祕閣校理韓忠彥爲正旦使，西染院副使閤門通事舍人李惟賓副之，兵部員外郎知制誥陳繹爲遼國母生辰使，皇城使忠州團練使馬備副之，度支判官司勳郎中王誨爲正旦使，文思使郭宗古副之。(備辭行，改命文思副使梁交代之)。 十二月丙子，遼主遣高州觀察使耶律紀，崇祿少卿史館修撰邢希古，其母遣安復軍節度使耶律德誠，海州團練使馬謹來賀正旦。		(一)錢表誤作「夏球」
壬子	宋神宗熙寧五年 遼道宗咸雍八年	四月乙卯，遼主遣歸州觀察使耶律適，衛尉少卿張䛊，其母遣安遠軍節度使蕭利民，太常少卿王經來賀同天節。 八月己巳(一)司勳員外郎崔台符爲遼國主生辰使，皇城副使田經副之，比部員		(一)宋史作癸巳，是。

〇七二		外郎沈希顏爲正旦使，西作坊副使閤門通事舍人王文郁副之，龍圖閣待制權御史中丞鄧綰爲遼國母生辰使，皇城使曹偃副之，權發遣鹽鐵副使度支郎中王克臣爲正旦使，皇城副使劉舜卿副之。（既而綰克臣辭行，以權發遣度支副使工部郎中集賢殿修撰沈起，起居舍人直集賢院章衡代之，又以田謹另有任用，仍以供備庫副使任懷政代之）。 十二月己亥，遼主遣高州觀察使蕭瑜，廣州防禦使王惟穀，其母遣安東軍節使耶律什，太常卿史館修撰韓煜來賀正旦。		
癸丑 一〇七三	宋神宗熙寧六年 遼道宗咸雍九年	四月己卯（一）遼主遣寧州觀察使耶律寧，海州防禦使馬永昌，其母遣彰聖節度使耶律昌，太常少卿乾文閣學士梁穎來賀同天節。 八月癸未（二）權戶部副使太常少卿賈昌衡爲遼國主生辰使，左藏庫使許成吉副之，太子中允權監察御史裏行蔡確爲正旦使，供備庫使李諒副之，龍圖閣直學士張詵爲遼國母生辰使，西上閤門使种古副之，金部員外郎判將作監范子奇爲正旦使，文思使夏元象副之。 十二月，遼主遣益州觀察留後耶律洞，崇祿少卿賈鼎庸，其母遣左千牛衛上將軍耶律榮，太常少卿乾文閣待制梁授來賀正旦（三）		（一）宋史作「丁丑」 （二）宋史作「壬申」 （三）長編本條下注云「賀正旦使副四人實錄失不記，今依國信名銜補書」。
甲寅 一〇七四	宋神宗熙寧七年 遼道宗咸雍十年	三月丙辰，遼主遣林牙興復軍節度使蕭禧來求劃界。 甲子，以兵部郎中天章閣待制韓縝假龍圖閣直學士給事中爲回謝遼國使。張誠一副之。（一） 四月癸酉，遼主遣利州觀察使耶律永寧，祁州團練使韓宗範，其母遣奉國軍節度使耶律和，衛尉卿趙孝傑來賀同天節。 八月丁丑，兵部郎中集賢殿修撰張芻爲遼主生辰使，皇城使忠州刺史石鑑副之，屯田郎中權管勾三司開拆使韓鐸爲正旦使，內殿崇班王謹初（二）副之，知制誥章惇爲遼國母生辰使，引進使忠州團練使苗綬副之，衛尉少卿宋昌言爲正旦使，西京左藏庫副使郭若虛副之。（綬辭疾，改命引進使周永清，永清又辭母病，改命東上閤門使李評，既而以惇察訪河北，命知制誥許將代之）。（三） 十二月己丑，遼主遣益州觀察使耶律寧，太常少卿史館修撰李貽訓，其母遣安遠軍節度使耶律用政，衛尉少尉乾文閣待制李之才來賀正旦。		（一）長編本條原失書副使。誠一爲副據長編二六二熙寧八年四月丙寅條注補。 （二）錢表作「士謹」 （三）長編註云「時敵以兵二十萬壓代州境，遣使請地，歲聘使多憚行」，故辭者特多也。
乙卯 一〇七五	宋神宗熙寧八年 遼道宗太康元年	三月庚子，遼主再遣林牙興復軍節度使蕭禧來致書理界（一）。 癸丑，右正言知制誥沈括假翰林院侍讀學士爲回謝遼國使，西上閤門使榮州刺史李評假四方館使副之。 四月丁卯，遼主遣永州觀察使耶律昳熙，崇祿少卿韓詵，其母遣廣德軍節度使耶律達，廣州防禦使劉從祐來賀同天節。 八月丙申，工部郎中直龍圖閣判將作監謝景溫爲遼主生辰使，文思使高遵路副之，太常丞集賢校理直舍人院李定爲正旦使，皇城使兼閤門通事舍人李惟賓副之，太常丞集賢殿修撰侍御史知雜事張琥爲遼國母生辰使，皇城使姚麟副之 刑部員外郎集賢校理同修起居注寶便（二		（一）宋會要蕃夷門誤以此條繫於去年 （二）錢表作「寶卞」，按書錄解題作「寶卞奉使語錄」，宋史有寶卞傳，未聞另有寶便其人，錢作是。 （三）錢表誤作「向緯」. （四）擧拯代遵路錢表脫。

		)正旦使,皇城使曹誦副之。(後定免行,以祠部員外郎集賢校理孫洙代之,辭遭母喪 以東作坊使向緈(三)代之,又因當路知豐州 不宜輕離,改命文思使王崇拯代之。(四) 十二月癸丑,遼主遣安東軍節度使耶律世通,太常少卿昭文館直學士李仲容,遼國母遣奉國軍節度使蕭達、給事中王耕來賀正旦。		
丙辰 一〇七六	宋神宗熙寧九年 遼道宗太康二年	四月辛卯,遼主遣興復軍節度使耶律庶箴(一)太常少卿史館修撰韓君授遼國母遣崇義軍節度使耶律測,太常少卿乾文閣待制史館修撰杜君謂來賀同天節。 丙午,戶部副使度支郎中王克臣爲遼國母祭奠使,西上閤門副使張山甫副之,太常丞集賢校理蒲宗孟爲遼國母弔慰使,西上閤門副使王淵副之。 甲寅,遼主遣林牙臨海軍節度使耶律孝淳來告國母之喪。 八月己丑,(二)命給事中程師孟爲遼主生辰使,皇城使嘉州團練使劉永壽副之,度支員外郎祕閣校理安燾爲正旦使,文思使高遵治副之。壬辰,遼國主遣留使林牙懷化軍節度使蕭質,翰林侍讀學士右諫議大夫知制誥同修國史成堯錫來見。 九月己卯,遼國回謝使長寧軍節度使耶律英太常少卿韓君儀見於紫宸殿。 十二月丁未,遼主遣左監門衛上將軍耶律運,西上閤門使李逵來賀正旦。	三月辛酉,皇太后崩。 壬戌,遣殿前副點檢耶律轄古(三)報哀於宋。 戊寅,以皇太后遺物遣使遺宋。	(一)宋史作耶律庶幾,誤。參一〇三四註(二)。 (二)張本作「乙丑」誤 (三)局本作「耶律轄呼」。
丁巳 一〇七七	宋神宗熙寧十年 遼道宗太康三年	四月乙酉,遼主遣奉國軍節度使蕭儀,副使崇祿少卿鄭士雅來賀同天節。 八月己丑,祕書監集賢院學士蘇頌爲遼主生辰國信使,西上閤門使英州刺史姚麟副之,太常博士集賢校理劉奉世爲正旦國信使,內藏庫副使張世矩副之。 十二月辛丑,遼主遣賀正旦國信使長寧軍節度使耶律孝淳,副使太常少卿史館修撰李儼來賀正旦。		
戊午 一〇七八	宋神宗元豐元年 遼道宗太康四年	四月己酉,遼主遣崇義軍節度使耶律永寧,副使太常少卿乾文閣待制劉霂來賀同天節。 八月甲寅,知制誥兼侍講黃履爲遼主生辰使,皇城使雅州刺史姚兕副之,太常博士周有孺爲正旦使,西京左藏庫副使楊從先副之,(既而經略司留兕防秋,乃以東上閤門榮州刺使狄諮代之)。 十二月丙寅,遼主遣寧昌軍節度使耶律隆,太常少卿史館修撰王安朗等來賀正旦。		
己未 一〇七九	宋神宗元豐二年 遼道宗太康五年	四月甲辰,遼主遣琳雅懷化軍節度使蕭晟,左諫議大夫知制誥張蘊來賀同天節。 八月甲辰,知制誥李清臣爲遼主生辰使,西上閤門使曹評副之,主客郎中范子淵爲正旦使,皇城使雅州刺史姚兕副之。(後子淵免行,以太常丞檢正中書戶房公事舉仲衍代之。十月丁巳又以西京左藏庫副使兼閤門通事舍人河北沿邊安撫副使劉琯代曹評,以慈聖光獻皇后崩故也。)(一) 十二月庚申,遼主遣長寧軍節度使蕭寧,太常少卿史館修撰韓君俞來賀正旦。		(一)劉琯代曹評一條據長編卷三一六。

庚申 一〇八〇	宋神宗元豐三年 遼道宗太康六年	四月己亥，遼主遣端聖軍節度使耶律永芳，太常少卿乾文閣待制劉彥先來賀同天。 八月癸丑，知制誥王存爲遼主生辰使，皇城使濟州防禦使劉永保副之，太子中允集賢校理兼同修起居注舒亶爲正旦使，西京左藏庫副使王景仁副之。（已而亶辭不行，以榷發遣提舉三司帳司司門員外郎錢勰代之。） 十二月甲申，遼主遣長寧軍節度使蕭緯太常少卿乾文閣待制石宗同來賀正旦。		
辛酉 一〇八一	宋神宗元豐四年 遼道宗太康七年	四月癸亥，遼主遣安復軍節度使耶律祐，客省使韓昭恩來賀同天節。 （補）八月口口遣觀元英，文口口爲賀遼主正旦使副。（一） 十二戊寅，遼主遣寧昌軍節度使蕭福全太常少卿乾文閣待制鄭顓來賀正旦。		（一）長編失書本年賀遼生辰及正旦使，茲據元英文昌雜錄補。據元英記云副使爲「文供備」，其名不詳。
壬戌 一〇八二	宋神宗元豐五年 遼道宗太康八年	四月丁巳，遼主遣懷遠軍節度使耶律永端，太常少卿乾文閣待制韓資讓來賀同天節。 八月辛未，知瀛州承議郎寶文閣待制韓忠彥爲遼主生辰使，引進使榮州團練使曹評副之，朝奉郎守禮部中劉贄（一）爲正旦使，內殿承制張訛副之。 十二月壬申，遼主遣長寧軍節度使耶律儼，太常少卿乾文閣待制趙庭睦來賀正旦。		（一）錢表作「劉贄」是
癸亥 一〇八三	宋神宗元豐六年 遼道宗太康九年	四月辛亥，遼主遣崇儀軍節度使蕭固，衛尉卿乾文閣待制楊執中來賀同天節。 八月乙酉，奉議郎試起居郎蔡京爲遼主生辰使，西上閤門使狄詠副之，承議郎駕部郎中吳安持爲正旦使，供備庫使趙思明副之。 （補）十二月口口，遼主遣王師儒等來賀。（一）		（一）長編失書今年遼來賀正旦使。按晁補之雞肋集六五梁彥通墓銘云：元豐時虜使王師儒入覲云云。前後數年聘使不闕，師儒甫來或即本年事。
甲子 一〇八四	宋神宗元豐七年 遼道宗太康十年	四月乙亥，遼主遣寧州觀察使蕭浹，太常少卿乾文閣待制侯庠來賀同天節。 八月辛巳，鴻臚卿陳睦爲遼主生辰使，西上閤門使曹誘副之，奉議郎試左司員外郎范純粹爲正旦使，文思副使侍其瑗副之。 十二月辛卯，遼主遣永州觀察使耶律襄，太常少卿史館修撰賈師訓來賀正旦。		
乙丑 一〇八五	宋神宗元豐八年 遼道宗大安元年	三月戊戌，神宗崩。 己亥，命閤門通事舍人宋球（一）告哀於遼，俅改名淵。 四月辛巳，遣承議郎試中書舍人王震爲大行皇帝遺留北朝禮信使，內殿承制寨斉副之。遣承議郎左司郎中滿中行充皇帝登寶位北朝國信使，左班殿直閤門祗候焦顏叔副之。 七月丙午，遼國遣泰國軍節度使耶律琚、起居郎知制誥充史館修撰王師儒來祭奠，又遣寧州觀察使蕭傑，客省使海州防禦使韓昭恩來弔慰。 八月癸酉，刑部侍郎楊汲爲太皇太后(二)賀遼主生辰使，皇城使高州刺使王澤副之，朝請大夫戶部郎中韓宗道爲皇帝賀遼主生辰使，崇儀使嘉州刺史帶御器械劉承緒副之，光祿卿呂嘉問爲太皇太后	四月乙酉，宋主頊殂，子煦嗣位，使來告哀。 六月丁丑，遣使弔祭於宋。 戊寅，宋遣王眞，甄祐等饋其先帝遺物。 七月乙巳，遣使賀宋主卽位。 十二月甲戌，宋遣蔡卞來謝弔祭。	（一）錢表作「宋求」，。 （二）神宗崩，哲宗沖幼，哲宗祖母高太皇太后臨朝，遣使賀遼，遼亦遣使來賀。 （二）錢表作「高士毅」誤 （三）哲宗生辰節名。哲宗本生十二月七日以避禧祖忌，改後一日，卽十二月八日也。 （四）宋史作「蕭睦」

		賀遼主正旦使，左藏庫使劉永淵副之，朝請郎衛尉少卿陳偁爲皇帝賀遼主正旦使、西京左藏庫使高遵治副之。 九月壬寅，遼國弔慰太皇太后使長寧軍節度使耶律仲，副使太常少卿充乾文閣直學士呂頤浩等見於大行皇帝神座前。 己酉，承議郎龍圖閣直學士蔡卞爲太皇太后回謝遼國使，客省使沂州防禦使曹評副之，中書舍人范百祿爲皇帝回謝遼國使，左藏庫副使兼閤門通事舍人高士敦(二)副之。（十月癸未，士敦以疾辭，以左藏庫副使知冀州劉惟簡代之）。 十一月己酉，遼國賀登寶位使琳雅崇義軍節度使耶律白，副使朝議大夫守光祿少卿充史館修撰牛溫舒入見。 甲子，遼國賀興龍節（三）使崇昌軍節度使蕭忠順，副使中大夫行起居郎知制誥充史館修撰趙孝嚴入見。 十二月乙酉，遼國賀正旦使永州觀察使蕭裕（四）和州觀察使蕭[illegible]，副使中散大夫守太常卿充史館修撰李炎，朝議大夫守衛尉少卿趙企入見。		
丙寅 一〇八六	宋哲宗元祐元年 遼道宗大安二年	七月丙寅，遼國遣使保安軍節度使耶律純嘏，副使太中大夫守光祿卿充乾文閣待制呂嗣立來賀坤成節（一）。 八月己亥，給事中胡宗愈爲太皇太后賀遼國生辰使，客省副使李琮副之，中書舍人蘇軾爲皇帝賀遼國生辰使，西京左藏庫副使兼閤門通事舍人高士敦副之，朝奉郎直龍圖閣守太僕少卿高遵惠爲太皇太后賀遼國正旦使，左藏庫使李嗣徽副之，朝散大夫司勳郎中晁端彥爲皇帝賀遼國正旦使，供備庫使楊安立副之。（注云軾辭行，實錄乃不書，當檢）。 十二月戊子，遼國遣寧遠軍節度使耶律永昌，太中大夫中書舍人充史館修撰劉霄（二）來賀興龍節。 己酉，遼國遣使利州觀察使蕭睦，高州觀察使耶律度，副使朝議大夫太常少卿史館修撰趙微，客省使廣州防禦使劉彥溫來賀正旦。		(一)哲宗祖母太皇太后高氏生辰節名，七月十六日。 (二)按宋史文彥博傳：「元祐間契丹使耶律永昌劉霄來聘」……又蘇軾東坡續集德威堂銘述云「公（文彥博）之在朝也，契丹使耶律永昌劉霄來聘」。
丁卯 一〇八七	宋哲宗元祐二年 遼道宗大安三年	七月戊午，遼國遣崇儀軍節度使蕭德崇，中散大夫守太常少卿充乾文閣待制張琳來賀坤成節。 八月乙未，兵部侍郎[illegible]爲太皇太后賀遼生辰使，皇城使楊永節副之，中書舍人曾肇爲皇帝賀遼主生辰使，皇城使向綽副之，太僕少卿王欽臣爲太皇太后賀遼國正旦使，西作坊使劉用賓副之，工部郎中盛陶爲皇帝賀遼國正旦使，西頭供奉官閤門祗候趙希[illegible]副之。 十二月壬午，遼主遣寧昌軍節度使耶律洪辰，客省使海州防禦使韓懿來賀興龍節。 甲辰，遼主遣崇聖軍節度使耶律仲宜，泰州觀察使耶律淨，正議大夫守崇祿卿郭攸，中散大夫守太常少卿充史館修撰姚企程來賀正旦。		
戊辰 一〇八八	宋哲宗元祐三年 遼道宗大安四年	七月癸丑，遼主遣使長寧軍節度使蕭孝恭，副使中大夫守太常少卿充乾文閣待制劉陞孫來賀坤成節。 八月辛卯，龍圖閣直學士工部侍郎蔡延慶，爲太皇太后賀遼國生辰使，皇城使海州防禦使劉永壽副之，給事中顧臨充皇		(一)宋史哲宗紀「遼使耶律等賀興龍節」爲脫一「迪」字。

		帝賀遼國主生辰使，文思副使段縡副之，司農少卿向宗旦充太皇太后賀遼正旦使，西京左藏庫使高遵禮副之，戶部郎中王同老充皇帝賀遼國正旦使，內殿崇班閤門祗候賈裕副之。 十二月丙子，遼國遣使長寧軍節度使耶律迪（一）副使中散大夫守太常少卿充史館修撰鄧中舉來賀興龍節。 閏十二月丁卯，遼國遣使興復軍節度使蕭京，永州管內觀察使耶律腌，副使中大夫守衛尉卿劉泳，東上閤門使海州防禦使劉彥昇來賀正旦。		
己巳 一〇八九	宋哲宗元祐四年 遼道宗大安五年	七月丁丑，遼國遣使保静軍節度使蕭寅（一）副使朝議大夫太常少卿充乾文閣待制牛溫仁來賀坤成節。 八月癸丑，刑部侍郎趙君錫，翰林學士蘇轍爲賀遼國生辰使，閤門通事舍人高遵固，朱伯材副之，少府監韓正彥，光祿卿范純禮爲正旦使，閤門祗候賈裕，曹曊（二）副之。（純禮辭疾，九月二十二日改命太府少卿練紘）。 十二月庚子，遼國遣使泰國軍節度使耶律常，副使中大夫太常少卿充史館修撰耆利來賀興龍節。 壬戌，遼國遣使保安軍節度使蕭永誨，長寧軍節度使耶律寬，副使朝議大夫守祕書少監劉從誨，磁州防禦使姚景初來賀正旦。	九月辛卯遣使遣宋庇臚	(一)蘇頌蘇魏公集作蕭宜 (二)蘇頌集作曹曊
庚午 一〇九〇	宋哲宗元祐五年 遼道宗大安六年	七月壬申，遼國遣使崇義軍節度使耶律永孚，副使中散大夫太常少卿充乾文閣待制劉儒來賀坤成節。 八月庚戌，龍圖閣待制樞密部承旨王巖叟，權兵部侍郎范純禮爲賀遼主生辰使，引進副使王舜封，莊宅使閻佺副之，吏部郎中蘇注，戶部郎中劉昱爲正旦使，供備庫使郭宗顏，西京左藏庫副使郟可濟副之。（岩叟以親老，純禮以病辭。廿四日，改命中書舍人鄭雍，權工部侍郎馬默，默又以病辭，廿八日改命吏部侍郎天章閣待制劉奉世，奉世復辭，九月一日又改命太僕卿林旦，最後郭宗顏亦病，十月廿六日，又命西頭供奉官閤門祗候陸孝立代往）。 十二月甲午，遼國遣使崇義軍節度使蕭固，副使朝議大夫守太常少卿充史館修撰閻之翰來賀興龍節。 丙辰，遼國遣使興復軍節度使耶律慶先，利州觀察使蕭忠孝，副使朝議大夫守太常少卿充乾文閣待制趙圭延，東上閤門使海州防禦使韓寀來賀正旦。		
辛未 一〇九一	宋哲宗元祐六年 遼道宗大安七年	七月丙寅，遼國遣使長寧節度使耶律純嘏，副使朝議大夫守太常少卿充乾文閣待制韓資睦來賀坤成節。 八月乙巳，中書舍人韓川爲太皇太后賀遼主生辰使，皇城使隰州刺史訾虎副之，刑部侍郎彭汝礪爲皇帝使遼主生辰使，左藏庫使曹譜副之，吏部郎中趙偁爲太皇太后賀遼主正旦使，西京左藏庫使王鑒副之，司農少卿程博文爲皇帝賀遼主正旦使，左藏庫副使康喬副之。（其後虎辭不行閏八月八日以西上閤門副使宋球代之，川辭不行，閏月十八日以樞密都承旨劉安世代之，安世辭，閏月二十四日，以中書舍人孫升代之，升辭，閏		

		月二十三日以戶部侍郎韓宗道代之。汝勵辭，閏月二十四日以鴻臚卿高遵惠代之，宗道又辭，九月二十四日，復以命汝勵)。 十二月戊午，遼國遣使保靜軍節度使蕭僩副使中大夫守太常少卿史館修撰王矽來賀興龍節。 已卯，遼國遣使寧昌軍節度使耶律迪，泰州觀察使蕭仲奇，副使中散大夫守太常少卿充乾文閣待制高端禮，東上閤門使廣寧防禦劉彥國來賀正旦。		
壬申 一〇九二	宋哲宗元祐七年 遼道宗大安八年	七月庚寅，遼國遣使崇義軍節度使蕭迪，副使中大夫守太常少卿充乾文閣待制王可見來賀坤成節。 八月丁卯，以權兵部郎中杜純充皇帝賀遼國生辰使，六宅使郝惟幾(一)副之，權刑部侍郎王覿充太皇太后賀生辰使，皇城使忠州刺史張濟(二)副之，殿中侍御史吳立禮充皇帝賀正旦使，內殿承制閤門祇候向綽副之，太常少卿宇文昌齡充太皇太后賀正旦使，供備庫使曹譓副之。(純以目疾辭，廿二日以權戶部侍郎范子奇代之，子奇又以足疾辭行，二十六日以太府卿劉忱代之，忱尋另有任命，九月二日以刑部侍郎豐稷代之)。 十二月壬子，遼國賀興龍節使泰國軍節度使耶律可睾，副使太常少卿乾文閣待制鄭頊入見。 甲戌，遼國遣使長寧軍節度使蕭昌祐益州觀察使蕭福，副使中散大夫守太常少卿充史館修撰劉嗣昌海州防禦使韓造來賀正旦。	十月庚戌朔副使遣宋庇補	(一)長編注云：「更名惟微，避其國諱也」。 (二)當作「張璪」。據張舜民畫墁錄，璪實爲宇文昌齡之副；未知孰是。
癸酉 一〇九三	宋哲宗元祐八年 遼道宗大安九年	(補)口月遣左朝散大夫呂希績供備庫使李昌世充賀遼正旦使副(一)又遣東上閤門使成州團練使王湛(二)吏部右司員外郎太常少卿王古(三)使遼 (補)九月戊寅太皇太后崩 庚辰遣使告哀於遼(四) 十月遣中書舍人呂陶，西京左藏庫使郝惟立於遺留禮信使副(五)。 十二月丁巳遼國祭奠弔慰使副到闕入奠於慶壽殿(六) 口口月遼遣泰州觀察使蕭禮等來賀正旦(七)	十月甲子宋遣使告其母曹氏(八)哀，即遣使弔祭 十二月丙辰宋遣使以母后遺留物來饋	(一)范太史集有希績昌世所齎國書稿，就其中稱謂考之，二人出使，當在本年。 (二)宋會要國信使門「紹聖元年正月……詔……王湛奉使遼國與館伴妄爭……罷所居官」湛當爲本年使臣。 (三)宋史三二〇王古傳「歷工部戶部員外郎太府少卿奉使契丹……紹聖初遷戶部侍郎。」古出使當在紹聖略前，本年聘使關爲獨多，或即在本年，姑附此。 (四)宋史哲宗紀 (五)宋會要凶禮后喪門及范祖禹太史集。 (六)宋會要禮后喪門。 (七)范太史集有宋答遼國書稿。就集中他書考之禮使宋，當在本年。 (八)按崩者爲哲宗祖母宣仁高后，遼史誤。

甲戌 一〇九四	宋哲宗紹聖元年 遼道宗大安十年	(補)口月口口命祕書少監張舜民爲回謝大遼弔祭宣仁皇太后禮信使，鄭价副之(一) 口月口口遣中書舍人朱服(二)井亮采等使遼賀生辰正旦		(一)據宋會要國信使門，張舜民畫墁錄及書錄解題。 (二)宋史三四七朱服傳「紹聖初使遼」，未詳何年。宋會要凶禮賻贈門「紹聖二年……朱服使遼，未還，其母歿。」云云，服當於本年出使。
乙亥 一〇九五	宋哲宗紹聖二年 遼道宗壽隆(昌)元年			
丙子 一〇九六	宋哲宗紹聖三年 遼道宗壽隆(昌)二年	(補)口月口口遣右司員外郎時彥供備庫使曹曦爲賀遼正旦使副(一) 又遣余中使遼(二)		(一)宋史三五四時彥傳「紹聖中使遼，坐曦。」未詳出使的年。按宋會要國信使門「紹聖四年三月八日，開封府言，賀北朝正旦使副時彥曹曦云云知彥於本年出使；其副爲曹曦。 (二)據錢表引毗陵志，余中紹聖中北使，未詳的年，姑附此。
丁丑 一〇九七	宋哲宗紹聖四年 遼道宗壽隆(昌)三年	八月口口遣禮部侍郎范鏜，左藏庫使兼閤門通事舍人向綽賀北朝生辰，太常少卿林郜供備庫使兼閤門通事舍人張宗高賀北朝正旦(一)。 十二月甲申，遼國遣使保靜軍節度使耶律永芳，副使中散大夫守太常少卿充史館修撰張商英來賀興龍節。 乙巳，遼國遣使益州管內觀察使蕭括副使東上閤門使海州防禦使張撝來賀正旦	六月辛丑，夏人來告宋城要地遼使之宋諭與夏和。	(一)長編本條下注云此據國信名銜錄實錄無之。又長編五〇七元符二年三月丁巳條注謂鏜爲紹聖三年生辰使，與此不同。
戊寅 一〇九八	宋哲宗元符元年 遼道宗壽隆(昌)四年	八月丁亥，朝請郎權禮部尚書權侍讀蹇序辰(權改名授之)爲賀北朝生辰使皇城使秦州團練使李嗣徽(一)副之，朝散郎度支郎中王紹(二)爲正旦使，西京左藏庫副使曹曒副之。 十二月戊寅，遼國遣使泰國軍節度使蕭昭彥副使中散大夫守太常少卿充乾文閣待制王宗度來賀興龍節。 己亥遼國遣使泰州管內觀察使耶律遵禮副使朝議大夫守祕書少監充史館修撰邢秩來賀正旦。	春宋遣使來饋錦綺。 十一月乙巳朔知右夾離畢事蕭藥師奴(三)樞密直學士耶律儼使宋諷與夏和。	(一)錢表作「李嗣徽」 (二)長編五〇七引作「王詔」 (三)局本作「知右伊勒希巴蕭藥師努」
己卯 一〇九九	宋哲宗元符二年 遼道宗壽隆(昌)五年	三月丙辰，遼國遣泛使左金吾衛上將軍簽書樞密院事蕭德崇，副使樞密直學士尚書禮部侍郎李儼(一)來爲夏國遊說，及請息兵還故地。 四月癸巳，朝散郎中書舍人郭知章充回謝北朝國信使，東上閤門使文州刺史曹誘副之。(已而誘不行，四月二十一日癸巳，改差東作坊使兼閤門通事舍人宋深(二)閏九月十二日辛巳知章等乃行。) (補)口月口口以試給事中兼侍讀趙挺之(	五月壬戌藥師奴等使宋過奏宋罷兵。 十月丁卯，宋遣郭知章曹平來聘	(一)遼史九八耶律儼傳「本姓李氏，咸雍六年賜國姓，壽隆初，授樞密直學士。宋攻夏，李乾順遣使求和解帝命儼爲宋平之」此仍用其本姓。 (二)宋史四六四曹評傳「使契丹者四，館

		三）等爲賀北朝生辰使副，又以尚書司勳員外郎韓粹彥文思副使賈裕賀遼正旦使副（四） 十二月辛丑，遼國遣使臨海軍節度使耶律應，副使中散大夫守祕書少監充乾文閣待制王衡來賀興龍節 癸亥遼國遣使高州觀察使蕭括，副使朝議大夫守大理少卿王慶臣來賀正旦		作者十二」。按評嘗於元豐二，五，八年三次北使，已見前錄第四次不知在何時，豈宋深未行，改差評往，故遼史中見『曹平』之名歟？ (三)續長編[illegible]一六本年閏九月乙亥條。 (四)宋會要國信使門「元符三年二月二十一日詔國信使韓粹彥賈裕回至白溝聞國哀，不別送作，皆罰金」粹彥裕應於本年出使。挺之等既爲生辰使，則粹彥等當爲正旦使。
庚辰 一一〇〇	宋哲宗元符三年 遼道宗壽隆（昌）六年	正月己卯哲宗崩。 庚辰，遣閤門通事舍人宋淵告哀于遼國 今本續長編自此以下闕 (補)二月丙寅以尚書工部侍郎杜常爲大行皇帝遺留遼國禮信使，閤門通事舍人宋孝孫副之（三月丙子以河北路計定轉運副使吳安憲代杜常以常至滄州稱疾而回故也）（一） 三月庚午遣韓治曹譜告即位於遼，（二） 六月丙申朔遼國遣臨海軍節度使蕭安世太常少卿乾文閣學士姚企貞來祭奠；利州觀察使蕭進忠客省使勝州防禦使耿欽愈來弔慰（三） 七月癸未遣陸佃李嗣徽報謝於遼(四) 八月丙午遣黃敦逸賀遼主生辰，呂仲甫賀正旦（五） 九月丙寅遼遣蕭穆來賀即位（六） 十二月戊午遼人來賀正旦（七） 遼遣蕭喜張從約來賀正旦（八）	二月宋遣使告宋主煦殂弟佶嗣立，卽日遣使弔祭。 五月辛卯宋遣使饋先帝遺物。 六月庚子，遣使賀宋主。 十二月宋遣使來謝。	(一)據宋會要禮門國信使類。 (二)據宋史徽宗紀。 (三)據宋會要禮門國信使類。 (四)（五）（六）（七）均據宋史徽宗紀 (八)據畢仲游西臺集（十五）韓忠彥行狀。喜等賀正旦，來宋應在去年末，而去年遼使並不闕姑附此，待更改。
辛巳 一一〇一	宋徽宗建中靖國元年 遼天祚乾統元年	(補)二月乙巳以尚書吏部侍郎張舜民爲遼國賀登位國信使西上閤門副使閻仁武副之，中書舍人謝文瓘爲遼國祭奠國信使皇城副使王漸副之，尚書工部侍郎賈易爲遼國弔慰國信使左藏庫使兼閤門通事舍人劉商副之（易以目疾辭，改命給事中上官均代之，又命朝散大夫淮南江浙等路發運副使黃實代張舜民）（一） 三月乙丑遼使蕭恭來告其主洪基殂（二） 口月口口以右司諫陳次升等使遼(三) 十月丁酉天寧節（四）羣臣及遼使初上壽於垂拱殿（五） 是歲遼人來獻遺留物（六）	正月甲戌道宗崩 二月乙未遣使告哀于宋 六月甲午宋遣王潛等來弔祭 十二月癸巳宋遣黃實來賀卽位	(一)宋史徽宗紀以文瓘等之命繫於三月乙丑。茲據宋會要職官門國信使類。 (二)據宋史徽宗紀 (三)據次升所著讜論集。 (四)徽宗生辰十月十日。 (五)（六）均據宋史徽宗紀
壬午 一一〇二	宋徽宗崇寧元年 遼天祚帝乾統二年			

癸未 一一〇三	宋徽宗崇寧二年 遼天祚帝乾統三年			
甲申 一一〇四	宋徽宗崇寧三年 遼天祚帝乾統四年			
乙酉 一一〇五	宋徽宗崇寧四年 遼天祚帝乾統五年	(補)四月辛未遼遣簽書樞密院蕭良高端禮來爲夏人求還地及退兵(一) 五月壬子遣龍圖閣直學士林攄爲遼國回謝使客省使高俅副之(二) [illegible]月遣刑部侍郎馬防使遼(三)	正月丁酉遣樞密直學士高端禮等諷宋罷伐夏兵。 五月壬子宋遣曾孝廣王戩報聘(四) 十二月癸酉宋遣林洙來議與夏約和	(一)據宋十朝綱要及宋九朝編年綱目備要。 (二)按遼史本年十二月林洙來議與夏約和。林洙當爲林攄之誤，則攄於十二月始到遼。然據宋方記載，八月間正廷已悉林攄在遼失儀，因派劉正夫再往(參明年注二)則攄到遼正在八月之前，兩者不合。又洪皓松漠紀聞謂攄北使在大觀中誤。 (三)據宋會要職官國信使門。 (四)孝廣王戩在宋受命當在今春或去冬。宋史三一二孝寬傳云，以聘契丹失禮云云，當即此次事。 又按通考三四六「崇寧中朝廷討西夏，夏人求救於遼，遼遣使來，蔡京爲相，預度所以來之意，先遣使往乞師，以塞其請。延禧(遼天祚帝)得乞師之書，怒曰，我本先遣人往南朝和解，今番來借兵，用相玩爾。五年，又遣使來議夏國疆界」。孝廣王戩出使，恰在遼第一次聘使到宋之前，當即一事。
丙戌 一一〇六	宋徽宗崇寧五年 遼天祚帝乾統六年	(補)三月戊申，遼復遣泛使同平章事蕭保先牛温舒來爲夏請元符講和以後所侵西夏地(一) 遣禮部侍郎劉正夫爲北朝國信使(二)	正月辛丑，遣知北院樞密使蕭得里底(三)，知南院樞密使事牛温舒(四)使宋，諷歸所侵夏地。 十月己亥，宋與夏通好，遣劉正符(五)曹穆來告。	(一)據宋十朝綱要及宋九朝編年綱目備要。 (二)此據宋十朝綱要。按宋會要，宋九朝綱目備要，契丹國志均以正夫出使繫去年八月下。十朝綱要去年八月下亦載丁韶禮部侍郎劉正夫充北朝國信使

				，以林攄銜命未還，虜繼遣使至，故先命正夫報聘』。乃知正夫受命去秋，今春始啓行也。 (三)局本作「廝堵喇台」。 (四)遼史八六牛溫舒傳謂出使於乾統五年
丁亥 一一〇七	宋徽宗大觀元年 遼天祚帝乾統七年			
戊子 一一〇八	宋徽宗大觀二年 遼天祚帝乾統八年	(補)□月□□遣左司員外郎張叔夜使遼		(一)宋史三五三叔夜傳「大觀中爲庫部員外郎，開封少尹，遷右司員外郎，使遼……還。從弟克公彈蔡京，京遷怒叔夜云云。按克公彈蔡京在大觀二年，三年六月京罷相，叔夜出使當爲本年事。
己丑 一一〇九	宋徽宗大觀三年 遼天祚帝乾統九年	(補)□月□□遣郭隨等使遼(一)		(一)蔡夢弼杜工部草堂詩箋一「送從弟亞赴安西判官」注有云：「大觀三年郭隨使虜」。
庚寅 一一一〇	宋徽宗大觀四年 遼天祚帝乾統十年			
辛卯 一一一一	宋徽宗政和元年 遼天祚帝天慶元年	(補)九月□□遣端明殿學士鄭允中武康節度使童貫爲賀遼生辰使副(一)		(一)據宋史徽宗紀及北盟會編。鄭允中鐵圍山叢談作鄭居中。
壬辰 一一一二	宋徽宗政和二年 遼天祚帝天慶二年			
癸巳	宋徽宗政和三年	(補)□月□□遼遣柴誼等來賀(一)		(一)周煇清波別志下「政和間和詵接伴遼使至刑台，使柴誼指呼左右」云云。

一一一三	遼天祚帝天慶三年			謂使宋確年不可考，姑附於此。
甲午 一一一四	宋徽宗政和四年 遼天祚帝天慶四年	（補）□月□□遣吏部右司員外郎陳過庭使契丹。（一）		（一）宋史三五三陳過庭傳，「何執中侯蒙器其才，荐之，擢祠部吏部右司員外郎，使契丹。」錢表引會稽志謂過庭使遼在政和中，今附此。
乙亥 一一一五	宋徽宗政和五年 遼天祚帝天慶五年	（補）□月□□遣羅選侍從等詣遼充賀生辰及正旦使。入國，道梗中京，阻程兩月，不得見天祚而回。（一）		（一）據契丹國志天祚紀宋九朝編年備要及北盟會編二一，引亡遼錄
丙申 一一一六	宋徽宗政和六年 遼天祚帝天慶六年	（補）□月□□遣司封員外郎陶悅，知霸州李邈爲賀遼生辰使副（一）又遣朝請大夫杜充，武顯郎宣贊舍人狄讜使遼（二）		（一）據北盟會編卷六，及繫年要錄卷一。 （二）宋會要職官國信使門：政和七年二月十二日詔朝請大夫杜充降授……，武顯郎狄讜降授……坐奉使輕紊典章故也」充等當于本年北使
丁酉 一一一七	宋徽宗政和七年 遼天祚帝天慶七年	（補）□月□□遣監察御史李彌大爲賀契丹正旦使。（一） 又遣王漢之使遼（二）		（一）宋史李彌大傳：「登崇寧三年進士第，遷監察御史充契丹賀正旦使。時傳燕民欲歸漢，徽宗遣彌大視之。使還奏，所聞有二，或謂彼主淫刑滅親，種類畔離，女眞侵迫，國勢危殆云云，彌大出使當在此數年，姑附此。 （二）宋史三四七王漢之傳：入爲工部侍郎奉使契丹。還言其主不恤民政，而培克荒淫，亡可跋而待也。徽宗悅。以知定州。久之從江寧，方臘之亂以功加龍圖閣直學士云云按方臘作亂在宣和二年漢之北使當在其前數年，姑定之在本年。又漢之亦言遼敗象，與李彌大之言大同，或二人同時奉使
戊戌	宋徽宗重和元年 遼天祚帝天慶八年	（補）□月□□遣衛尉少卿韓肖胄賀遼主生辰。（一）		（一）宋史三七九韓肖胄傳：賜同上舍出身，除衛尉少卿，尋假給事中使遼。既還知相州，代其父

一一一八				在。在相四年王師傳燕云云。按宋攻燕在宣和四年，竹背北使，應在本年。
己亥 一一一九	宋徽宗宣和元年 遼天祚帝天慶九年	(補)□月□□遼遣耶律懽義留嗣卿來賀。 □月□□遼遣李處能等來賀(二)		(一)楊時龜山先生集卅六周武仲墓志。 (二)商務本說郛四八引侯延慶退齋雅聞錄「劉拱衛遵宣和初仕祁州嘗接伴北使，有李處能者，北朝之最以文學著者」云云，處能何印來使，不可確考，姑附於此。
庚子 一一二〇	宋徽宗宣和二年 遼天祚帝天慶十年	(補)□月□□遣國子司業權邦彥使遼(一)又以尚書比部員外郎周武仲爲賀遼正旦使(二)		(一)宋史三九六本傳。 (二)楊時龜山先生集卅六周武仲墓誌。
辛丑 一一二一	宋徽宗宣和三年 遼天祚帝保大元年	(補)□月□□遣朝奉大夫宋孝先使遼(一)又遣水部員外郎陳堯臣等使遼(二)		(一)宋會要職官國信使門「宣和四年正月二十四日詔朝奉大夫宋孝先降一官勒停坐奉使遼國傲慢失職也。」孝先當於本年北使。 (二)王明清揮麈後錄云，宣和初，徽宗有意征遼。課者謂天祚貌有亡國之相或言陳堯臣精人倫令銜命以視之。擢堯臣水部員外郎以將使事。使還對曰，虜主以相法言亡在旦夕，幸速進兵徽宗大喜，燕雲之役遂決。按明年有燕雲之役，堯臣北使當在本年或略早。
壬寅 一一二二	宋徽宗宣和四年 遼天祚帝保大二年	樂燕案：本年正月金人破遼中京　遼天祚帝出走夾山。三月金人約宋攻遼，宋命童貫爲河北河東路宣撫使屯兵于邊以應金人，宋遼和好於是乎絕。 附錄(一) 三月丙子，遼宰相李處溫立燕王耶律淳爲天錫皇帝，廢天祚爲湘陰王，遣知宣徽南院事蕭撻勃也，樞密副都承旨王居元(二)充大宋告謝使副。宋以天祚尚在夾山，燕王擅立，不受，還之。 五月童貫次雄州，議進兵，草書令歸朝官張寶趙忠論淳禍福，寶等入燕均被殺。貫另募馬擴入燕。 丁亥，燕王遣祕書郎王介儒，都官員外郎王仲孫齎書同往雄州宣撫司		(一)以下四條據北盟會編。 (二)會要蕃夷門作王裾

		九月癸未，遼蕭后遣永昌宮使蕭容，乾文閣直學士韓昉等納款，奉表稱臣。 十月甲午蕭容韓昉至雄州。童貫蔡攸以其所上表不納土，止納款稱臣，麾而去之。 以上數人均非正式使臣，附著以備稽考。		
附錄		以下若干人奉使年代不詳，附著於此，更待詳考： （1）盧法原 宋史三七七盧法原傳：「自知雍丘縣積官太府少卿，賜同上舍出身，使遼，遷遷司農卿，爲吏尙書」。按法原出使當在徽宗末。 （2）陸經 蘇東坡題跋「書北虜墨」一則云：「雲庵有墨，銘云：陽嵓鎮造。云是北虜墨，陸子履奉使得之者。」按子履名經，嘗歷嘉祐間嘗爲館職，與歐陽修友善，使遼當在仁宗時。 （3）劉跂 劉跂學易集三有「使遼詩｜四首」。知跂嘗北使，年代不詳。 （4）李章 孫宗鑑東皐雜錄：李章奉使北庭，遼館伴致一詔云云。知章嘗北使，年代不詳。 （5）李罕 陳振孫書錄解題七傳記類：使遼見聞記二卷，尙書膳部郎中李罕撰。則罕嘗北使，年代不詳。 （6）劉涇 黄鑑楊文公談苑云：契丹通事舍人劉涇奉使洛中云云。涇何時來使，不可考。		

（三） 附考

（甲）聘使統計

宋遼約和自澶淵之盟（1005）迄燕雲之役（1122）凡一百十八年，益以開寶迄太平興國間之和平（974—979，凡六年），綜凡一百二十四年。估計全部聘使約一千六百餘人。長編遼史所載者約一千一百五十人，以其他文籍補苴者一百四十餘人，待考者尙有三百二三十人。

長編熙寧六年十二月條，注云：「賀正使四人，實錄失不記，今以國信名銜補書」。又紹聖四年八月條，注云：「此據國信名銜，實錄無之。」可知長編記錄聘使，實本實錄，實錄之闕漏部分，乃以所謂國信名銜者補之。國信名銜不見宋志，各家書錄，亦無所載。雖宋神宗時命蘇頌修華戎魯衛信錄，以誌兩國之盟誓，聘使，禮幣儀式等。蘇頌魏公集（六六）載其序文一篇，中有云：

前後遣使名式非一，職秩不同，南北羣臣，交相禮接，年月次序，散而不齊，既爲信書，不可無紀，故作名銜表。

此名銜表疑卽長編屢次引用之『國信名銜』。今長編既殘闕不完，宋實錄與僞衞信錄，更早亡佚，致其聘使竟無從補苴，惜哉。

（乙）遼帝后生卒考

自唐玄宗以誕日肇立嘉名，布告天下咸使慶祝後，歷朝諸帝遞行之，迄於宋遼，沿而未變。宋史禮志於諸帝慶節特闢專目，詳加記敍，遼史亦散書本紀之中。比將遼史記載裒輯比核，始悉不獨頗有遺漏，尤多矛盾。往往一帝有兩個甚至兩個以上不同之生日。此於聘使考證關係甚大。今試將遼諸帝生辰（附將卒日）先加考定。按遼自景宗以後始與宋發生交涉，景宗前原非本文所應包括。玆以連類之故，其景宗前諸帝一並加以考定。而遼后宋亦遣賀使，故亦敍及。

（一）太祖 （以下引用符內文字，除特別標出者外，均見各帝本紀）

『唐咸通十三年生。』

『天顯元年七月辛巳（廿七）上崩，年五十五。』

據此，太祖生唐咸通十三年（872）卒天顯元年七月二十七日（926）。誕日及節名，史均未載，不可詳考。或太祖初創業，兵馬倥傯，尙未遑立節名也。

（二）太宗

『唐天復二年生。』

『天顯三年，有司請以上生日爲天授節。………冬十月癸卯朔，甲子，天授節。上御五鸞殿受羣臣及諸國使賀。（案：癸卯朔則甲子爲廿二日。據陳氏二十史朔閏表本年十月朔爲壬寅，則甲子爲廿三日。下條亦繫廿三日，當以陳表爲正。』

『會同七年十月（庚子朔）（註三）壬戌（廿三）天授節。諸國進賀，惟晉不至。』

『大同元年四月丁丑（廿二）崩，年四十六。』

據此，太宗生唐天復二年十月二十三日（902），卒大同元年四月二十二日(947)。

（註三）凡此帶括號者均係本紀不載，以曆象志補入者。

誕節名『天授』。

（三）世宗

太祖紀『神册三年十二月庚子朔，甲子（廿五）皇孫隈欲（即世宗 ，下倣此。）生。

天祿五年九月癸亥（初四）遇弒，年三十四。』

據此，世宗生神册三年十二月廿五日（ 919 ）卒天祿五年九月初四日（ 951 ）。

（四）穆宗

太祖紀『天顯六年八月丙辰朔，庚申（初五）皇子述律生。』

應歷二年十二月癸未朔，辛卯（初九）以生日飯僧，釋繫囚。』

應歷三年八月（戊申朔）壬子（初五）以生日釋囚。』

應歷十三年八月（庚申朔），甲子（初五），以生日縱五坊鷹鶻。』

應歷十四年八月（甲辰朔）戊申（初五）以生日値天赦，不受賀。曲赦京師囚。』

『應歷十七年八月（丁巳朔），辛酉（初五），生日，以政事令阿不底病亟，不受賀。』

『應歷十九年三（當作二，詳後）月己巳，帝遇弒。年三十九。』

（按：三月朔爲戊寅，己巳去戊寅凡五十二日，不合。本條前尙有甲寅，辛酉，癸亥數條，去戊寅均在三十日以上。故知『三月』必有誤。景宗紀云『穆宗崩二月己巳』乃知『三』爲『二』字之誤。二月朔據歷象志爲己酉，則己巳爲廿一，據陳氏朔閏表爲戊申，則己巳爲廿二。）

據此知穆宗生天顯六年，卒應歷十九年（ 969 ）。生日據太宗紀及應歷三年，十三年，十四年，十七年各條均繫八月初五日，，當可憑信，而二年一條獨繫十二月初九，與前說異。如生八月當西元 931 如生十二月當西元 932 ，節名維何，史失載。

（五）景宗

世宗紀：「天祿二年七月（戊申朔），壬申（廿五）皇子賢生。』

保寧元年有司請以帝生日爲天淸節從之。』

乾亨四年九月壬子（廿四）次焦山。崩於行在，年三十五。』

據此，景宗生天祿二年七月廿五日（947），卒乾亨四年九月二十四日（982），誕節名『天清』。

（六）聖宗

景宗紀『保寧三年十二月癸亥朔，己丑（廿七）皇子隆緒生。』

『統和元年九月辛未，有司請以帝生日爲千齡節。從之。……十二月（壬午朔），戊申（廿七），千齡節，祭日月，禮畢，百僚稱賀。

『太平四年三月戊子（朔）千齡節，詔賜諸宮分耆老食。』

『太平十一年六月己卯（初三），帝崩於行宮，年六十一。（新出土之聖宗哀册與此合）。

興宗紀『重熙十五年十二月（丙午朔），壬申（廿七），赦徒以下罪。是日爲聖宗在時生辰。』

道宗紀『清寧元年十二月（甲申朔），庚戌（廿七），以聖宗在時生辰，曲赦上京囚。』

宋路振乘軺錄『（十二月）廿八日，復宴武功殿，卽虜主（聖宗）生辰也。（按路氏於大中祥符元年，卽統和二十六年受命賀聖宗生辰。）

據上引各條，知聖宗生保寧三年（972），卒太平十一年六月初三日（1031）。其生日據保寧三年，統和元年，重熙十五年，清寧元年諸條在十二月二十七，應無誤，唯太平四年一條，繫之三月初一，不可解。又路振親身賀聖宗生辰，記作二十八日，較實期遲一日。宋遼曆法時有一日之差，豈路氏所記從宋曆歟？又聖宗誕節，名曰『千齡』。

（七）興宗

聖宗紀『開泰五年二月（丙子朔），戊戌（廿三）皇子宗眞生。』

『景福元年閏十月，有司請以生日爲永壽節。』

重熙二十四年八月己丑（初四）帝崩於行宮，年四十。』

道宗紀『清寧二年二月（癸未朔），乙巳（廿三），以興宗在時生辰，宴羣臣。命各賦詩。』

據此，興宗生開泰五年二月廿三（1016），卒重熙二十四年八月初四日（1055），誕節名『永壽』。

（八）道宗

興宗紀『重熙元年八月（庚子朔），丙午（初七），駐蹕剌河源。皇子洪基生』。

『清寧元年十月丁亥，有司請以帝生日爲天安節，從之』。

『壽隆七年正月甲戌（十三）上崩於行宮，年七十』。（道宗哀册與此合）。

據此，道宗生重熙元年八月初七日（1032），卒壽隆七年正月十三日（1101），誕節名『天安』。

（九）天祚帝

道宗紀『大康元年閏四月（壬辰朔），庚戌（十九），皇孫延禧生』。

三朝北盟會編（廿一）引范仲熊北記云『延禧乙卯歲四月二十九日生』。按大康元年恰值乙卯，四月亦與本紀合，唯會編作二十九日，本紀作十九日，恰爲浹旬之差。如會編不誤，則天祚應生四月乙丑。

『乾統二年十一月壬寅，有司請以帝生日爲天興節』。

『保大五年八月癸卯至金。丙午，降封海濱王。以疾終。年五十有四』。

樂煥案：天祚生大康元年（1075）下推五十四年爲1128，則其卒當在金天會六年，宋建炎二年，亦即天祚入金後之第三年也。北盟會編（廿一）引馬擴茆齋自敍云『（天祚入金）削封海濱王，置諸東海隅，踰年而死』。大金國志三『天會三年……遼主天祚竄入陰夾山，國兵擒之。削封海濱王。送長白山東，築城居之，踰年而卒。遼國遂亡』。似天祚死於入金後之次年，即天會四年，則年止五十有二。（金史三太宗紀載，『天會四年二月丁已，海濱王家奴誣其主欲亡去，詔誅其首惡，餘並杖之』。可知天會四年二月間天祚尚在，然於天祚究卒四年或六年，仍無法證明）（註四）。

據以上所考，知天祚生大康元年（1075）四月十九日（或廿九日），卒於金天會四年或六年，誕節名『天興』。

（註四）又案續資治通鑑長編（?）謂天祚死於金海陵帝正隆六年，卽宋高宗紹興三十一年，續資治（?）乃僞書，說不足據。

（十）應天太后

太宗紀『天顯三年九月，有司請以皇太后生日爲永寧節。冬十月癸卯朔，以永寧節，上率羣臣上壽於延和宮』。『天顯十二年冬十月庚辰，皇太后永寧節。晉及回鶻燉煌諸國皆遣使來賀』。

穆宗紀『應歷三年六月丁卯，應天皇太后崩。（案陳氏朔閏表是年六月己酉朔，丁卯爲十九日）。

后妃傳『太祖淳欽皇后述律氏（卽應天）應歷三年崩。年七十五』。

據此，應天崩應歷三年六月十九日（953）年七十五，自此逆推七十五年，當生於879，卽唐僖宗廣明元年。生日爲十月初一日，節名永寧。

（十一）承天太后

聖宗紀『統和四年五月（戊辰朔），（宋）挽漕數萬人，匿岐溝空城中，圍之。壬申，（初五）以皇太后生辰，縱還』。

『統和二十七年十二月辛卯，（十一）皇太后崩於行宮』。

據此，承天生五月五日，卒統和二十七年十二月一日（1009），生年歲數及節名均不詳。

（十二）齊天太后

聖宗紀『太平三年七月丙戌，以皇后生辰爲順天節』。

興宗紀『重熙元年春……齊天后崩』。

后妃傳『聖宗仁德皇后蕭氏（卽齊天）崩，年五十。』

以崩重熙元年（1032）年五十推之，則齊天當生於983，卽聖宗統和三年。生日卒日，不可詳考。

（十三）法天太后

興宗紀『景福元年閏十月，有司請以皇太后生辰爲應聖節，從之』。

『重熙九年三月（乙卯朔）辛未（十七），以應聖節，大赦』。

『重熙十五年三月（辛已朔）乙酉（初五），以應聖節，減死罪。釋徒以下囚』。

『重熙二十二年十二月（丙申朔），庚子（初五），應聖節，曲赦徒以下罪』。

道宗紀『清寧元年十二月（甲申朔），戊子（初五）應聖節。上太皇太后壽宴。』

『清寧二年三月（癸丑朔），丁巳（初五），應聖節，曲赦百里內囚』。

『清寧三年十二月己巳（二十七）太皇太后崩』。（新出土聖宗欽愛皇后哀册與此合）

據重熙九年，十五年及清寧二年三條，法天生於三月，據重熙二十二年及清寧元年二條則在十二月。其主三月之三條中兩繫於初五日，一繫於十七日，又互相矛盾。卒年未著歲數，亦無從推知生在何年矣。

（十四）宗天太后 （道宗母）

道宗紀『咸雍六年十二月（丁巳朔），己未（初三），以坤寧節，赦徒罪以下』。

『咸雍八年十二月（乙亥朔），丁丑（初三）以坤寧節大赦』。

『大康二年三月辛酉（初六），皇太后崩』。

按『坤寧節』一名遼史未明言爲宗天生辰，然遼代只帝后生辰稱節，玆節以坤寧名，當爲母后節名。此時僅宗天足以當之。然則宗天生十二月初三日。生年已不可考，卒日則爲大康二年三月初六日（1076）也。

綜合以上所得，列爲下表：

帝后	生年	卒年	節名	歲數
太祖	唐懿宗咸通十三年壬辰（872）	天顯元年丙戌七月辛巳（廿七）（926）		五十五
太宗	唐昭宗天復二年壬戌十月甲子（廿三）（902）	大同元年丁未四月丁丑（廿七）（947）	天授	四十六
世宗	太祖神册三年戊寅十二月甲子（廿五）	天祿五年辛亥九月癸亥（初四）（951）		三十四
穆宗	太宗天顯六年辛卯八月庚申（初五）（931）？十二月初九？	應曆十九年己巳二月己巳（廿一）（969）		三十九
景宗	世宗天祿二年戊申七月壬申（廿五）（948）	乾亨四年壬午九月壬子（廿四）（982）	天清	三十五
聖宗	景宗保寧三年十二月己丑（廿七）（972）？三月初一（971）？	太平十一年辛未六月己卯（初三）（1031）	千齡	六十一

興宗	景宗開泰五年丙辰二月戊戌(廿三)(1916)	重熙廿四年乙未八月己丑(初四)(1055)	永慶	四十
道宗	興宗重熙元年壬申八月丙午(初七)(1032)	壽隆七年辛巳正月甲戌(十三)(1101)	天安	七十
天祚	道宗大康元年乙卯閏四月乙卯(十九)或廿九。(1075)	金太宗天會六年戊申(1128)或四年丙午(1126)	天興	五十四(二)?
應天	唐僖宗廣明元年庚子十月癸卯(初一)879	穆宗應曆三年六月(十九)(953)	永寧	七十五
承天	?年五月初五日	聖宗統和廿七年己酉十二月辛卯(十一)(1009)		
齊天	聖宗統和三年癸未(983)	興宗重熙元年壬申(1032)	順天	五十
法天	?　年三月初五(十七)十二月初五?	道宗清寧三年丁酉十二月己巳(廿七)(1058)	應聖	
宗天	?　年十二月初三日	道宗大康二年丙辰三月辛酉(初六)(1076)	坤寧	

表中矛盾之點，一部分於下節中得其解決，詳見後文，茲不細論(註五)

(丙)遼帝后生辰改期受賀考

宋遼互賀，雙方遣使，例在賀期前三二月。如賀正旦使，例遣於九月左右。大體命既下後，受命者尚準備一二月，期前一月許始啓行。其時使臣逗留敵國都城例在十日左右(註六)，而沿途行程預有規定，無遲滯之虞，故無需早行也。考長編

(註五)天祚生辰梁廷燦歷代名人生卒年表及姜亮夫歷代名人年里碑傳總表均誤爲大安元年乙丑(1085)，較實年遲十年。姜志後出，當係襲梁而誤。又姜表以爲穆宗生天顯七年，景宗卒乾亨五年，聖宗生保寧四年，皆誤。

(註六)長編二六二記熙寧八年四月遼使蕭禧在宋久留不行云『故事：使者留京不過十日。禧至以三月庚子，既入辭，猶不行……留京師幾一月』。此爲遼使在宋故事，宋使在遼當亦類此。宋會要載『大中祥符四年四月十二日，入契丹使李迪言今月廿日間至雄州，緣契丹國主親督兵伐高麗，以是久駐中京。四月十二日迪到闕上奏，所謂今月廿日到雄州，當係三月二十日，則迪等離遼廷在二月末或三月初，視常時遲兩月。契丹國志記天慶五年宋使羅選侯益來賀，因天祚親征女眞，『道梗中京，阻程兩月，不得見天祚而回』。後兩事與蕭禧之在宋，均以居留時日較長，特有記載，可反證平時絕無久留之事。大中祥符元年路振使遼，十二月廿四日到遼，正月九日離去，凡留十五日，治平四年陳襄使遼，六月十五日到，二十一日返，僅留六日耳。

所記賀遼生辰聘使，自興宗之後，統命遣於八，九月間，與賀正旦使同時。則到遼亦應在十二月一月之間。初疑遼諸帝后生辰何以均在此兩月之內，於是轉而求諸帝生辰確日。由前表可見除聖宗確生十二月外，餘如興宗生二月，天祚生四月，而道宗生八月，揆以事理，宋廷決不能在期前一年即行遣使。繼見長編所載此期生辰使不獨與正旦使同遣，且確於十二月或一月與正旦使先後抵遼。尤可異者遼史記宋賀生辰使之到達，亦多在十二月一月，（詳見後文所引），換言之即與長編合，而與其本身所載諸帝生辰不相符。此一問題久久不能決，後讀金史（三八）禮志云：

大定二十九年………右丞相襄言：伏見熙宗聖誕七月七日，以景宗忌辰，避之，更爲翌日，復用正月十七日受外國賀。今聖誕節若依期令外方人使過界，恐爲雨潦所滯。設能到闕，或值陰雨，亦難行禮。乞以正月十一日，或三月十五日爲聖節，定宋人過界之期。平章政事張汝霖，參知政事劉瑋等言：帝王當示信，以雨潦路阻輒改之，或恐失信。且宋帝生日，亦五月也，是時都在會寧，上國遣使賜生日，萬里渡越江河，尙不避霖潦，如期而至，今久與宋好，不可以小阻示以不實。彼若過界，多作程頓，亦不至留滯。縱使雨水衍期而入見，猶勝更用他日也。……上初從之。旣而竟用襄議。令有司移報，使明知聖誕之實，特改其日以示優待行人之意。

據此，金宋通好時，金帝生辰嘗改期以受宋賀。改期之原因，則以避免雨水霖潦，以便行人。頗疑金人未必有此雅量，其所以改期或別有原由，而遼帝生辰長編遼史記載之牴牾，亦或與之有關。乃檢金史章宗紀及交聘表俱載章宗生辰受賀之期改爲九月一日，未詳原委。復檢內族襄傳（卷九四）張汝霖（卷八三）諸傳，襄傳不載其事，汝霖傳載之，與禮志全同。又檢熙宗本紀，則載：

天會十四年正月乙酉，萬壽節。高麗夏遣使來賀。上本七月七日生，以同皇考忌日，改用正月十七日。

皇統三年正月，宋賀萬壽節。（按去年金宋始議和）

此於改期之故，仍無說明。皇統三年當宋高宗紹興十三年，皇統三年正月宋使已抵金，則宋使之遣在去年，即紹興十二年秋冬。乃復檢是年宋史高宗紀及建炎以來繫年要錄。高宗紀中仍無所得，要錄中則有下列之記載：

紹興十二年五月，命戶部侍郎沈昭遠假禮部尚書爲大金賀生辰使，福州觀察使知閤門使王公亮假保信軍承宣使副之。金主亶（卽熙宗）以七日生，以其國忌，故錫燕諸路用次日。……金主循契丹舊例，不欲兩接使人，因就以正月受禮，自是歲以爲例。（註七）

是則金熙宗之改期受賀確實原因乃在避免兩接使人。按所改之期在一月十七日，可知不兩接使人者，並非生辰正旦同時招待，只將生辰改至與正旦相隣之時日。如此則沿途之供應，在京之招待，可一次準備，免除兩番之煩。所謂不欲兩接使人之正確之解釋，當不外此。

金改期受賀與否，非本文討論主旨所在，本無詳考必要。然藉此知宋遼通和時遼已有改期受賀之制，則與本文關係甚大。此自爲宋遼外交史上一重要習慣。洪皓松漠紀聞云：

女直舊絕小，正朔所不及。其民皆不知紀年，問之，則曰我見草青幾度矣。蓋以草一青爲一歲也。自興兵後，浸染華風，酋長生朝皆自擇佳辰。……金主生七月七日，以國忌，用次日。今朝廷遣賀使以正月至彼，蓋循契丹故事，不欲使人兩至也。

與要錄之記錄相應。然遼史及宋史，均失載其事。

長編（六五）記景德四年四月章穆郭后崩後，眞宗與朝臣論應否遣使赴告契丹云：

上謂王旦等：后崩合遣使赴告契丹否？旦等曰：命使赴告或邊臣錄詔告之，皆可。上曰：於禮宜有赴告。然每歲命使，頗聞供億勤至，今又專使，卽自玆兩國凡有大故，各須軺傳交馳，益增煩擾矣。

又記大中祥符元年六月眞宗將封禪泰山，以大軍從行，恐契丹驚擾，擬遣孫奭往報云：

帝曰：如聞朝廷每使持禮，彼皆自界首差使副接伴，逐程每命使人專備館

（註七）金熙宗改期始於天會十四年，宋金之和在皇統二年，卽天會十四年之後六年，故金改期非特對宋而設，亦對西夏與高麗也。又章宗改期九月初一日；生辰正旦不能合一，則確係爲使人之方便矣。

穀，國主必自遠而至，躬親延接，頗爲勤至勞費。

孫奭抵契丹界首，果遭謝絕，即在界首交授書函而返。由是窺知使臣供應之煩擾，兩國均視以爲畏途。在中國重禮儀尙虛文，對此尙可安之，生活質樸簡單之塞外民族，自感不耐。而『國主自遠而至，躬親延接』一點，當亦爲改期一大原因。蓋遼帝等終年遊獵，居處無定所。今爲接待異國使人，須趕往三數地點，坐待無謂禮儀之舉行，其爲苦事，可想像而知也。蘇轍虜帳詩云：

虜帳冬住沙陀中，索羊織葦稱行宮。從官星散依冢阜，氈廬窟室欺霜風。春粱煮雪安得飽，擊兎射鹿夸強雄。朝廷經略窮海宇，歲遺繒絮消頑凶。我來致命適寒苦，積雪向日堅不融。聯翩歲旦有來使，屈指已復過奚封。禮成即日卷廬帳，鉤魚射鵝滄海東。秋山既罷復來此，往返歲歲如旋蓬。彎弓射獵本天性，拱手朝會愁心胸。甘心五餌墮吾術，勢類畜馬遊樊籠。祥符聖人會天意，至今燕趙常耕農。爾曹飲食自謂得，豈知圖霸光和戎。（欒城集一六）

是使臣之蒞臨，打斷其『鉤魚射鵝』之樂，加之以『拱手朝會』之苦，改賀之制在以上種種局勢下產生，事甚自然也。道宗紀：「大康六年十二月丁亥，豫行正旦禮。戊子，如混同江」。是遼帝有時幷改正旦之賀期也。

今知遼帝生辰改期受賀，遼史長編所記諸帝后生辰之矛盾，大半得其解釋。茲輯錄遼史記宋賀生辰使到達諸條，持此定則，爲之疏記如下：

（以下所錄均出各帝本紀，不再於逐條前標明。除特有用除者外，僅錄到達時日，不書使名。）

（一）聖宗

統和二十三年二月（乙亥朔）丙申（二十二）

開泰五年十二月（辛未朔）丁酉（二十七）

開泰六年十二月（乙丑朔）戊子（二十四）

開泰七年十二月（己丑朔）丁酉（初九）

開泰八年九月（甲寅朔）……宋遣崔遵度王應昌來賀千齡節。壬申（十九），錄囚』。（宋遵度等到達的日史文失載，但旣列於九日之前，至遲當在十八日）。

開泰九年九月……是日駐蹕金餅濼。宋遣宋綬駙繼倫賀千齡節。(綬等到遼的日，史亦失載，當在九月內)。

太平元年十月(癸卯朔)，壬子(初十)。

太平二年十二月(丙申朔)，甲寅(十九)。

太平三年十月(辛酉朔)，庚辰(二十)。

太平四年十月駐蹕遼河。宋遣……來賀千齡節(按遼史本年本月僅載此一事，不知確到何日也)。

太平五年十二月(己酉朔)，乙亥(二十七)。

太平七年十一月(乙酉朔)，宋遣石中立石貽孫來賀千齡節。……乙未……(按本月不應有乙未，或爲己未之誤。己未當二十五日)。

太平八年十二月(辛酉朔)，乙亥(二十七)。

太平九年十二月(己卯朔)，乙巳(二十七)。

按聖宗生辰在十二月二十七日，與正旦時日相去不遠，本無改期之需要。然察此數項記載，覺別有問題發生，卽所志到期之不一是也。計十五條中，記十二月者九次，十一月者一次，十月者三次，九月者亦有兩次。前已言之，使臣留對方京都例在十日左右，卽使偶或破例略長，終應在十二月之內。今所記竟有五條在十二月之前，夫契丹爲避免兩接使人，嘗合生辰以就正旦，則生辰原隣正旦者，決無分而二之之理。故凡記十二月以前到者均誤。

或以爲遼史記十二月前到遼者若是之多，且逐條日期不同，似不致全屬錯誤。茲請以到期最早之開泰八年，九年兩條證之。八年條記崔遵度王應昌到於九月十八日之前。考長編遵度應昌在宋受命於九月壬子，卽初九日，由九日迄十八日，爲期僅十日，藉令遵度等受命後卽時起程，尙不能出宋境，遑論到遼。九年條謂宋綬等到於九月內(無確期，姑假定在月底)，按長編則綬等受命於九月辛酉，卽十三日，亦絕不能於月內到遼。此兩條之誤，殆無可疑。同理，十月十一月條亦誤。

(二)興宗

重熙元年正月(壬申朔)，乙亥(初四)。

重熙元年十二月(戊戌朔)，庚戌(十三)。

重熙二年十二月（癸巳朔），甲寅（廿二）。

重熙三年十二月宋遣……來賀永壽節（日期不詳）。

重熙四年十二月（辛亥朔），庚申（初七）。

重熙五年宋遣……來賀永壽節（是條次年終，日期未詳。）

重熙七年正月戊戌朔宋遣……來賀正旦及永壽節。

重熙八年閏十二月（丁亥朔），壬辰（初六）。

重熙十年正月辛亥朔，甲子（十四）。

重熙十年十二月（丙子朔），庚寅（十五）。

重熙十一年十二月（庚子朔），己未（二十）。

按興宗本生二月二十三日。以上十一條記十二月者八條，記正月者三條，故已改期受賀。然十一條中無一日期相同，究改至何日不可考。月份亦不可確知，大致當在正月，蓋如在十二月，則正月所到各使均遲誤矣。

（三）道宗

道宗在位達五十年，然遼史於其在位時來賀宋使，竟未一載。故僅就遼史本身考察，道宗受賀是否改期，殆不可能。依前考知其誕日爲八月初七日。按元祐四年蘇轍嘗充賀道宗生辰使。蘇氏欒城集保存此行紀事詩不少。中有贈知雄州王崇極二首，註云『生辰使例以八日還至雄州』，可知宋賀道宗生辰使例以正月七日回至雄州。子由卽見道宗於木葉山（卽廣平淀）。余前考宋臣使遼行程（載國學季刊五卷四期）由雄州至木葉山凡二十七程。卽約須行廿七日可到。子由旣以八日返抵雄州，其自遼出發當在十二月初旬。詩中又有十日南歸馬上口占呈同事一首，此十日必爲十二月十日，卽子由離遼之期在十二月十日。再以聘使留對方首都不過十日之例推之，則道宗受禮之期應在十二月五日左右矣。

宋韋驤錢唐集（卷十二）有代楊侍郎使北表奏書狀，代鴻臚陳卿使北表及代衞尉陳卿使北表奏啓狀各若干件。代楊侍郎一目下注云『賀十二月七日生辰。』所謂楊侍郎爲誰何，十二月七日生辰爲誰人之生辰，韋氏均無說明。今知道宗生辰受宋賀在十二月五日左右，疑七日卽道宗受賀之的期，楊侍郎等卽賀道宗生辰之使。循此檢長編所記宋賀道宗生辰諸使，果得如下之記載：

元豐七年八月辛巳，鴻臚卿陳睦爲賀遼主生辰使（卷三四八）。

元豐八年八月癸酉以刑部侍郎楊汲爲太皇太后賀遼主生辰使……衛尉少卿陳侗爲皇帝賀遼主正旦使（卷三五九）

以三人職銜及時代證之，此陳睦即葦集中之鴻臚陳卿，陳侗即衛尉陳少卿，而楊汲即楊侍郎，毫無可疑。然則道宗生辰受賀之期爲十二月初七日。

（四）天祚帝

遼史於天祚一代宋方來賀生辰使臣，亦未一記，契丹國志（卷一〇）天祚紀天慶五年下云：

是歲，宋遣羅選侯益等詣遼充賀生辰及正旦使。入國道梗中京，阻程兩月，不得見天祚而回。

知宋賀天祚生辰使如非與正旦使同時派遣，相去亦不遠，否則不致同時受阻。天祚實生四月，受賀亦改期無疑。

（五）承天太后

聖宗紀：『統和廿三年五月戊申朔，宋遣孫僅等來賀皇太后生辰』。

按承天生五月初五日，此記初一到，早於生日四日，乃賀實日，未改。檢長編僅等受命在是年二月，亦合。

（六）齊天后

聖宗紀『太平三年十月（辛酉朔），庚辰（二十）』。

太平五年十月（己酉朔），辛未（廿二）。

太平六年十月（甲戌朔），乙丑（？）』（按遼史朔閏表本月宋甲戌朔，自甲戌下數五十二日始爲乙丑。據陳氏朔閏表，本月朔酉癸，自癸酉迄乙丑亦五十三日。遼史此條當有誤。是條前有丙子，庚辰，辛巳，庚寅數條，乙丑或係乙未之誤，乙未當二十二日，與前兩條時間相隣）

太平七年十一月宋遣……王博文王雙賀順天節。辛亥……（此條次於十一月之後，辛亥日之前，當爲十一月辛亥前事。十一月朔丁酉，辛亥爲十五日。）

太平八年十月，宋遣……來賀順天節（日期未詳）。

案齊天生辰確日不詳。以上記宋賀使到者五條，除太平三年，五年兩條外，餘三條或所記有誤，或原未記日期，故受賀之期未易確定。唯以下數點應行注意：第一長編記宋方遣使均在七月，到遼應在十月左右，第二，五條中四條繫於十月，第三，三年五年兩條一記十月廿日，一記十月廿二日（六年條中之乙丑如確爲乙未之誤，則亦到廿二日）時日相鄰。合此數事觀之，齊天生日豈卽在十月下旬歟？

（七）法天太后

興宗紀『重熙元年十一月（己巳朔），癸未（十五）。

重熙二年十二月（癸巳朔），乙未（初二）。

重熙九年十一月（壬子朔），甲子（十三）女直侵邊……宋遣……來賀應聖節。（此條次甲子條後，然未必卽爲甲子事。

重熙十年十二月甲子朔。

以上遼史記宋使賀應聖節者四條。第一條繫十一月十五日，第二條繫十二月初二，第三條僅注十一月，日期不詳，第四條繫十二月初一日。按法天生辰依上節所考，計有三月初五，三月十七，十二月初五，三種不同記錄。此中之第二·四兩條與十二月初五日一說合。而三月五日，三月十七日兩說，恰爲浹日之差，準以前文道宗生八月七日，改於十二月七日（改月未改日）之例，不難推想法天實生三月初五，改於十二月五日受賀，而興宗紀重熙九年三月『辛未』（十七）應爲『己未』（初五）之誤，亦可想見也。

（八）宗天太后

宗天生辰據前考知爲十二月三日，無改期必要。王安石臨川集（四八）有所草神宗於宗天生辰時問候道宗之書，中有語云『華歲幾終』可爲宗天受賀在歲末之一證。

綜合上論作下列遼帝后生辰及受賀日期表：

遼帝	生辰	受賀日期	改或未改
聖宗	十二月廿七日	十二月廿七日	未改
興宗	二月廿三日	正月?	改期
道宗	八月初七日	十二月初七日	改期

天祚帝	四月十九或廿九日	十二月?	改期
承天	五月五日	五月五日	未改
齊天	?	十一月	未改
法天	三月初五日	十二月初五日	改期
宗天	十二月初三日	?	未改?

細玩上表，可見聖宗承天齊天三人未改期，而興宗以後均改。(宗天生十二月三日，無改期需要)。按聖宗崩後，興宗繼位，同時興宗生母法天亦代聖宗元后齊天而為皇太后。今改賀之制，恰以聖宗齊天與興宗法天為斷限，則其制始於興宗，可顯然見也。

(丁)遼史所記宋賀使糾謬

廿四史中遼史最疏謬，前人論之詳矣。其於對宋聘使之記載，可為疏謬之明證。百餘年通和期中，僅三十餘年有不完之記載，而此僅有之不完記載中，顛倒錯亂，出人想像。上文所論，僅為一端而已。此外倘有更重要者在。今分別論述於下：

聖宗紀云：

太平六年正月己卯朔，宋遣徐奭裴繼起張若谷崔準來賀。……十月乙丑，宋遣韓翼，田承說賀順天節。……十二月戊戌，遣杜防蕭蘊充賀宋生辰使副。

太平六年當宋天聖四年，徐奭等既賀六年正旦，其在宋受命必須在去年，即天聖三年，韓翼等到於十月，應遣於本年內，而杜防蕭蘊受命於十二月，到宋應在明年，即天聖五年。考長編有關數人之記載，則與此推論不甚脗合。

天聖三年九月庚辰朔，命姜遵許懷信為賀契丹正旦使副，張觀趙應為賀契丹妻正旦使副(卷一〇三)

天聖四年七月乙丑，以韓億田承說為契丹生辰使副。…… 八月乙未，遣徐奭裴繼巳為契丹正旦使副，張若谷崔準為契丹妻正旦使副。(卷一〇四)

天聖五年四月，契丹遣蕭蘊杜防來賀乾元節(卷一〇五)

兩相比較，可獲以下之結果(甲)假定遼史不誤，則：(一)長編所記天聖三年九月派遣之姜遵許懷信張觀趙應應移置他年，四年派遣之徐奭裴繼巳張若谷崔準應移三年；（二）長編所記賀契丹妻生辰使之派遣，及契丹所遣賀乾元節使蕭蘊杜防之到遼，均不誤。（乙）假定長編不誤，則：（一）遼史所載徐奭裴繼已等到達應後移一年，（二）宋遣賀順天節使韓翼田承說及遼遣賀宋生辰使杜防等均不誤。由是觀之，所成問題者，僅為正旦使徐奭等四人。如四人果遣於天聖三年，則長編誤，如遣於四年，則遼史誤。此種情形不獨以本年為然，他如太平四年之張傳張士禹，七年之張保雍孫繼鄴孔道輔馬崇至，十年之王夷簡寶處約張易張士宣亦同此式。大體自太平四年迄十年，除八年之朱諫曹英張逸劉永釗而外，遼史長編於宋賀契丹正旦使之記載完全矛盾。是不可不考也。

此矛盾現象最早見於太平四年。四年遼史云：

正月庚寅朔。宋遣張傳張士禹程琳丁保衡來賀。

太平四年當天聖二年，張傳等於元正到，當遣於去年，卽天聖元年，天聖元年長編記云：

九月戊子，以程琳為賀契丹正旦使，丁保衡副之。（卷一〇一）

此僅見程丁二人，而張傳張士禹二人反見之明年：

天聖二年九月癸卯，以張傳為賀契丹正旦使，張士禹副之（卷一〇二）

遼史所載同時到遼者，今長編竟分繫兩年。問題因此更為複雜。然解決之線索，亦正在於此。按前引長編天聖三年九月朔條，命姜遵許懷信賀契丹正旦，張觀道應賀契丹妻正旦使副下註云：

專使賀契丹妻（正旦）始此。

同年長編載「十二月癸酉，契丹遣蕭從古鄭文囿來賀皇太后正旦」。下註云：

契丹賀太后正旦始此。

雙方同年開始互賀母后正旦。可見此舉係預行商妥，非出偶然。此時遼當國者為聖宗，所謂『契丹妻』為齊天后。宋當國者為仁宗，太后為章獻太后。澶淵盟時眞宗聖宗為兄弟行，承天太后以聖宗母后，為眞宗之嬸。每年眞宗亦遣生辰及正旦賀使。及眞宗崩，仁宗繼位，聖宗為仁宗之『叔』，聖宗妻齊天亦從而為仁宗之『嬸』。（承天於眞宗時死去，不然將為仁宗之『叔祖母』矣）。同時眞宗章獻后亦因仁宗之卽位而為皇太后。然齊天雖為仁宗嬸，但為聖宗妻，章獻雖為太后，而與聖宗為平雅，均與承天之爲太后同時又爲『嬸』者不同。故仁宗初卽位時，雙方僅互賀母后生辰。(當時視生辰較正旦爲重)，至本年乃同意正旦亦遣使也。

據此，則聖宗仁宗之賀章獻齊天正旦，不能早於太平五年，或天聖三年。今遼史於太平四年記張傳張士禹程琳丁保衡四人來賀，雖未明著有賀齊天之使在內，然常年國君正旦賀使止二人，玆爲四人，中當有賀齊天二人，無疑。故此點遼史必誤。張傳張士禹本遣於程琳丁保衡後一年，今遼史躐之程丁之上，是亦大可注意，應特加研討之點。

前已言之，自太平四年迄十年遼史長編於宋賀契丹正旦使之派遣除八年一年外，全相牴牾。細審八年一條與其他諸條有一差異之處，卽八年條獨繫賀使於十二月，其餘諸條則均繫正月。乃悟錯誤關鍵，或卽在此：大致遼史原本(元人修史依據之本)於太平四年正月記程琳丁保衡來賀，又於同年十二月記張傳張士禹(一年兩書，一書賀本年，一書賀明年，雖有遼史家書法，尙不誤)。六年十二月記徐奭裴繼起等，七年十二月記朱諫曹英等，十年十二月記王夷簡竇處約等。元人修遼史時見太平四年正月十二月各記宋賀正旦使二人，而此後每年均爲四人，未加細考，遽疑遼史(原本)誤將程琳丁保衡張傳張士禹分繫兩處，乃將十二月之張傳張士禹提而置之程琳丁保衡之前，以足四人之數，於是原本在程丁後之二張。躐居程丁之前，自後更將每年賀正使由年底提至元旦，致造成此矛盾現象。八年一條仍舊未動，致吾人尙可藉之考得究竟，亦不幸中之幸也。

如以上推測不誤，則遼史此數年記正旦使各條，應作如下之改動：

太平四年正月，庚寅朔。宋遣程琳丁保衡來賀。……十二月，宋遣張傳張士禹來賀明年正旦。

太平七年十二月，宋遣張保雍孫繼鄴孔道輔馬崇至來賀明年正旦。

太平十年十二月，宋遣王夷簡竇處約張易張士宜來賀明年正旦。

× × ×

自太平三年起遼史所記遼賀宋生辰正旦聘使(上文所論爲宋賀遼正旦使)與長編記載尤爲紛亂矛盾。爲便說明起見，玆取此數年遼史長編列表對照於下。是表以遼史爲主，列之首欄，長編有關各條列之次欄。

(1023)太平三年閏九月，以蕭伯達韓紹雍充賀宋正旦使副，唐骨德程昭文賀宋生辰使副。	(1023)天聖元年四月，契丹遣唐古特成昭文來賀乾元節。 (1025)天聖三年正月，契丹遣蕭從順韓紹芳來賀長寧節。
(1024)太平四年十二月以蕭從政爲歸義節度使，康筠監門衛充賀宋正旦使副。	(1026)天聖四年正月，契丹遣樞密副使彰武軍節度使蕭迪烈歸義節度使康筠賀長寧節
(1025)太平五年九月，以蕭迪烈李紹琪充賀宋太后生辰使副，耶律守寧劉四端充賀宋主生辰使副，十二月遣蕭諧李琪充賀宋正旦使副。	(1025)天聖三年四月，契丹遣耶律守寧劉四端來賀乾元節。 (1026)天聖四年正月，契丹遣蕭迪烈康筠賀長寧節。 四月，契丹遣蕭諧李紹琪賀乾元節。
(1026)太平六年十二月遣杜防蕭蘊充賀宋生辰使。	(1027)天聖五年四月，契丹遣杜防蕭蘊賀乾元節。
(1027)太平七年十二月遣耶律遂英王永錫充賀宋太后生辰，蕭速撒馬保永充宋正旦使副。	(1028)天聖六年十二月，契丹遣耶律遂英王承錫來賀太后正旦，蕭素馬保永賀（皇帝）正旦。
(1028)太平八年六月以韓寧劉湘充賀宋太后生辰使副。	(1029)天聖七年正月，契丹遣耶律洪寧劉湘賀長寧節。
(1029)太平九年六月，以耶律思忠，（甲）耶律倚，（乙）耶律浩，（丙）遙輦謝佛留，（丁）陳邈，（戊）韓紹一，（已）韓知白，（庚）張霞，（辛）充賀宋兩宮生辰及來歲正旦。 十二月，命耶律育，（一）吳克荷，（二）蕭可觀，（三）趙利用，（四）充賀宋生辰使副，耶律元吉，（五）崔潤，（六）蕭昭古，（七）竇振，（八）充來歲賀宋正旦使。	(1029)天聖七年四月契丹遣耶律袞，（丁？）的張霞，（辛）來賀乾元節。 十二月契丹遣耶律高，（丙）韓知白（庚），來賀皇太后正旦，耶律倚，（乙？）韓昭一，（巳）賀（皇帝）正旦。 (1030)天聖八年正月，契丹遣耶律忠，（甲）陳邈，（戊）來賀長寧節。 四月契丹遣耶律育，（一）吳克荷，（二）來賀乾元節耶潤。 十二月契丹遣蕭昭古，（七）竇振，（八）賀皇太后正旦，耶律元吉，（五）崔潤，（六）賀正旦。 (1031)天聖九年正月，契丹遣蕭可親，（三）趙利川，（四）來賀長寧節。
(1030)太平十年（無記載）	

以上數年遼史長編幾無年不相牴牾，而牴牾之辦法，各有不同，致其錯誤之由，不易覓得。今僅就牴牾之實，分年指陳如下：

(1023)據遼史本年九月（1）遣蕭伯達韓紹雍賀宋正旦，（2）遣唐骨德程昭文賀宋生辰。伯達所賀自爲明年正旦，到宋應在本年之末，骨德等賀生辰，卽仁宗乾元節，（四月十四日），到宋應在明春。按之長編則（1）本年底遼賀正旦使中無蕭伯達韓紹雍，而 1025 遼賀長寧節（宋太后生辰）使臣中有蕭從順韓紹芳。如韓紹芳韓紹雍之誤，蕭伯達應卽蕭從順。然明年遼史賀宋正旦使中有蕭從政，與蕭從順之名又相近。（2）本年四月長編已載唐古特成昭文賀乾元節。卽在遼史書派遣之前五個月，長編已書到達。

(1024)據遼史『十二月以蕭從政爲歸義節度使，康筠監門衛賀宋正旦。』（歸義節度使自爲從政職銜，監門衛亦自爲康筠職銜），此於十二月始遣使賀正旦，如係賀明年似嫌過晚，如係賀後年又失之過早。按之長編本年及明年賀遼正旦使中無從政康筠。而明年（1025）賀太后生辰使中有蕭從順，又後年（1026）賀太后生辰使爲蕭迪烈康筠。兩康筠自爲一人。然年代既不切合，任務亦差異。而長編之康筠之職銜爲歸義節度使，又與遼史所載與筠同時派遣之蕭從政同職。不特此也，明年（1025）遼史賀宋太后使有蕭迪烈，是長編所書同時到宋之康筠蕭迪烈，遼史分繫兩年。

(1025)本年紊亂現象略如上兩年，不細述。

(1026)本年遼史十二月遣杜防等，長編明年四月見，不誤。

(1027)本年遼史十二月遣耶律遂英等四人，長編明年十二月見。雖嫌派遣過早，尙稱相合。唯遼史記遂英及王永錫賀太后，長編記賀正旦，任務又異。

(1028)本年遼史六月遣韓寧等，長編明年正月見，相合。

(1029)本年遼史兩記遣使而明年無所書，紊亂情形亦如 1023，1024，1025 諸年，閱者可自得之，玆不贅敍。爲便參照，每使名下注以干支或數字。一點可指出者，即六月條所錄使名先正使四人繼副使四人，換言之，即一五，二六……各爲正副一組，而十二月所錄者則一二，三四……各爲一組。同年書法尙有此不同，欲其所書不紊難矣。

總上以觀，關於此數年使臣記載，不獨年代之糾紛不可解，而任務職銜復錯亂至不可想像。此問題橫亙胸中久不能決。博雅君子如有以敎之，無任欣幸者也。

（戊）遼史長編聘使異名異職考

本文所據之長編所有遼人名字，已經改譯，此點已於篇首敍例中言及。然則長編所記遼名應與局本遼史，即遼史已改本相合，而未改本之長編應與殿本即未改本遼史一致。事實上亦儘有其例，如長編（一〇〇）載：

天聖元年……契丹遣……耶律唐古特……成昭文來賀乾元節。

局本遼史聖宗紀云：

『太平三年閏（九月）以唐古特程昭文充賀宋生辰使副』。

省去耶律二字，唐古特之名恰相合。檢殿本遼史則作唐骨德成昭文，此唐骨德蓋爲唐古德未改時面目，則未改本長編必作耶律唐骨德可以推知。顧此等符合現象雖不乏其例，然亦多有雙方名字，似全然無干者。姑括以下諸事爲例，非所有異點悉備也於此。

年代	長編	局本遼史	殿本遼史
974	蕭律琮	耶律昌珠	耶律昌朮
1010	蕭啲琳	蕭和卓	蕭合卓
1010	蕭善寧	蕭實喇	蕭盧列
1018	蕭留寧	蕭啲濟	蕭高九
1020	蕭 侃	哈 濟	韓 九
1042	蕭 英	蕭特默	蕭特末
1044	蕭律元衡	耶律高家努	蕭律高家奴
1055	蕭 運	蕭穆呼	蕭謨魯
1076	耶律孝淳	耶律轄呼	耶律轄古
1098	蕭德崇	蕭藥師努	蕭藥師奴

就理論言，此表長編一欄應與局本遼史一欄完全相合，局本遼史欄與殿本遼史欄應有改譯之迹。今遼史兩欄確見改譯痕跡，而長編與局本遼史兩欄竟全不相干。按清乾隆時改譯三史名稱，大體有兩種辦法。一爲另譯，如阿保機改按巴堅，夷離菫改伊勒希巴，是；一爲改字面，如『奴』易『努』，『兎』易『圖』是。另譯者雖用字與前不同，甚或字數有所增損，吾人終可識得其間關係，僅改字面者自更無論。此表長編局本遼史兩欄無絲毫改譯之迹，若非以官爵職務等證知之，殆難識爲一人。此顯示二名來源或各有所自。欲證明此點，只取未改本長編加以核對卽可解決。第未改本長編，竟不能見，不得已乃於已改本長編本書中覓得下列線索，足證此假定尙屬不誤。今通行本長編（二〇）太平興國四年二月丙子條載：

契丹遣使尙書耶律伊埒龐哩奉書問起居。

而卷一三七載慶曆二年七月富弼答劉六符語中引此事作拽剌梅里，宋會要作『耶律尙書拽剌梅里』（『耶律』『尙書』二詞互倒）。劉敞公是集（五十一）王開府行狀作剌梅里（剌上蓋脫一『拽』字），可知拽剌梅里爲伊埒龐哩之本來面目。此改譯之跡甚顯。檢遼史記此事則作長壽（此名殿本局本同未改譯）。可見長編遼史名字，有時確不出同源矣。以下取遼名見之長編，亦見之會要者若干事，加以對照，其系統之關係，愈矣顯明矣。

年　代	長　編	會　要
975	雅勃呼	堯盧骨
976	耶律延鄉	耶律五顆
976	蕭巴固濟	蕭蒲骨只
977	耶律阿穆爾	耶律阿歷里
1006	耶律阿古	耶律阿果
1009	耶律圖谷庫	耶律突骨姑
1022	耶律僧隱	耶律三隱（宋史同）

錢大昕氏嘗云：

金人多二名，一從本國名，一取漢語。……交聘表所載賀正旦生辰諸臣，以宋史本紀證之，往往姓同名異。金表多國語，宋紀則其漢名也。（十駕齋養新錄八）

實則不僅金人如此，遼人已然。愚以爲此等二名者，以聘使爲特多。蓋聘使傳遞兩主國書，書中例舉其名。遼金遣使或覺沿用舊名有所不雅，乃特立一名。宋代記載自據國書中名字書寫，而遼金國史亦自就本名記錄。長編襲宋官方記載，遼金史各本其國史，故有此歧異象也。

×　　×　　×

長編遼史所記遼方聘使不僅名字不同，職銜亦異。如聖宗紀載：

『統和二十三年十一月戊申，上遣太保合住頒給使韓簡，太后遣太師盆奴政事舍人高正使宋賀正旦』。

同年，景德二年，長編云：

十二月庚子，契丹遣使保靜軍節度使耶律乾寧，左衛大將軍耶律昌(當作曷)主，副使宗正卿高正，右金吾將軍韓樒奉書來賀來年正旦。

合住前已考知卽耶律昌朮，韓簡爲韓樒之訛（兩事均見1005年注）然則盆奴卽耶律乾寧矣。審此四人官職竟無一合。又如1022遼史有林牙蕭日新，長編作左金吾衛上將軍蕭日新，1031遼史有詳隱耶律勵，長編作廣德軍節度使耶律勵，1042遼史有漢入行宮副部署劉六符，長編作樞密使禮部侍郎同修國史劉六符。如此之例倘多，不能遍舉也。

（己）長編遼史使名誤字表

茲裒集長編遼史所記聘使異名之僅以轉錄抄胥致誤者，作下表，已獲解決者注明誤者，未解決者注問號。年代僅標長編相當之西元，遼史相當年歲，在同年或在去年或在明年。

年代	長編	遼史	誤者	備註
1005	韓構	韓簡	遼史	
1009	王曙	王儒	遼史	
1017	張佶	張信	遼史	
10:8	曹琮	曹琼	遼史	
1018	張君平	張綮	遼史	
1018	吳叔達	吳守達	遼史	
1019	鄭去瑕	鄭支瑕	?	
1021	李諮	李[illegible]	遼史	
1022	薛田	薛由	遼史	
1023	韓玉	韓王	?	
1023	成昭文	程昭文	?	
1025	馮宗元	馮元宗	兩書均誤	應作馮元
1025	韓紹芳	韓紹雍	遼史	
1027	張保雍	張保維	?	
1027	王準	王雙	?	
1027	孫繼鄴	孫繼鄴	遼史	
1028	王承錫	王永錫	?	
1029	王永錫	韓永錫	?	
1029	鞠詠	仇詠	遼史	
1029	耶律倚	耶律衜	?	
1029	耶律高	耶律喦	?	
1029	韓昭一	韓昭一	?	
1030	崔潤	崔閏	?	
1031	孫繼鄴	孫繼業	遼史	

1031	蕭可親	蕭可觀	?	
1031	蕭德順	高德順	?	
1031	王克忠	王克善	?	
1033	王秀英	王英秀	?	
1033	馮世卿	馬世卿	?	
1033	蕭　麗	蕭　蘢	?	
1033	劉　褒	劉　寶	?	
1033	王仲睦	王冲睦	?	
1034	高　昇	高　升	?	
1034	王惟永	王惟允	?	
1036	宋　郝	宋　郊	遼　史	
1039	耶律九元	耶律元方	長　編	
1039	張　泥	張　泥	?	
1039	蕭　溥	蕭　傅	長　編	
1039	韓志德	韓至德	遼　史	
1040	蘇　紳	蘇　仲	遼　史	
1040	馮　載	馮　戩	?	
1040	郭　稹	郭　禎	遼　史	
1040	向傳範	向傳範	長　編	
1035	王　震	王　眞	?	
1020	譚　倫	駱繼倫	兩書均誤	應作譚繼倫
1026	侯成吉	成　吉	?	
1027	李紹琪	李　琪	?	
1028	馬　宗	馬崇至	?	
1031	康德輿	康　德	遼　史	
1031	馬　保	馬保業	?	
1033	趙　果	趙爲果	?	
1033	符惟忠	符　忠	遼　史	
1033	李運懿	李　懿	?	
1034	杜　贊	杜仁贊	?	
1041	施昌言	施　昌	遼　史	
1042	崔　禹	崔禹稱	?	

上表前半爲字誤之例，後半爲脫漏之例，辨之甚易，故未再作顯著之區別。就中不乏饒有興趣者，如譚繼倫之誤爲駱繼倫譚倫，馮元之誤作馬宗元馮元宗。又如成昭文柳詠蕭德順馮世卿，錯任姓氏，脫無旁證參照，不特眞僞難定，抑且不易認爲一人也。就已決諸項言，遼史誤者廿三處，長編誤者四處。未決諸項中若干使名本爲習見名字，亦均同長編，一時未能覓得出處，姑兩存之。

（庚）宋遼泛使表

宋遼通好期間遇有特殊事故，另遣專使，特名泛使以達意。故欲知百餘年來兩國常年禮聘外交涉之事，止求得其全部泛使卽可曉。今鉤稽通好期間全部泛使作下表：

派遣或到達年月		遣使國	使名	任務	備考
大中祥符元年六月	（1008）	宋	孫奭	告封禪泰山	僅及契丹境交授書函而返
大中符祥三年（到）	（1010）	契丹	耶律寧	告征高麗	是爲第一次泛使
天聖四年三月	（1026）	宋	李維	時傳言契丹將絕盟，遣維覘之	
康定元年七月	（1040）	宋	郭稹 夏防	告用兵西夏	
康定元年十二月（到）	（1041）	契丹	杜防	報郭稹之使	
慶歷二年二月（到）	（1042）	契丹	蕭英 劉六符	索關南十縣地	
慶歷二年四月	（1042）	宋	富弼 張茂實	報蕭英等之使	
慶歷二年七月	（1042）	宋	富弼 張茂實	再議關南地事	
慶歷二年九月（到）	（1042）	契丹	耶律仁先 劉六符	送關南誓事	
慶歷二年十月	（1042）	宋	梁適	報蕭偕之使	
慶歷二年十月（到）	（1042）	契丹	蕭偕	報撤兵	
慶歷四年七月（到）	（1044）	契丹	耶律元衡	告伐西夏	
慶歷四年八月	（1044）	宋	余靖	報耶律衡元之使	
慶歷五年正月（到）	（1045）	契丹	耶律宗睦	告討西夏間	
慶歷五年十月（到）	（1045）	契丹	耶律翰 王綱	贈西征所獲	
皇祐元年三月（到）	（1049）	契丹	蕭惟信	復告西征	
皇祐元年三月	（1049）	宋	錢明逸 向傳範	報蕭惟信之使	
皇祐二年三月（到）	（1050）	契丹	耶律益 趙東之	告伐夏還	
皇祐二年三月	（1050）	宋	趙槩 錢晦	報耶律益等之使	

至和元年九月（到）	（1054）	契丹	蕭　德 吳　湛	告與西夏平且求仁宗像	
至和元年九月	（1054）	宋	王拱辰 李　絢	報蕭德之使	
嘉祐二年三月（到）	（1057）	契丹	耶律防 陳　顗	求仁宗像	
嘉祐二年三月	（1057）	宋	張　昪 劉永年	報耶律防之使	
嘉祐二年九月（到）	（1057）	契丹	蕭　扈 吳　湛	再求仁宗像	
嘉祐二年十月	（1057）	宋	胡　宿 李　綬	報蕭扈等之使	
治平二年六月	（1065）	宋		與契丹議界	使名未詳
咸雍元年	（1065）	遼	蕭迂晉	使宋議邊事	此據遼史，用遼年號
熙寧七年三月（到）	（1074）	遼	蕭　禧	求劃河東地界	
熙寧七年三月	（1074）	宋	韓　縝	報蕭禧之使	
熙寧八年三月（到）	（1075）	遼	蕭　禧	再來理河東地界	
熙寧八年三月	（1075）	宋	沈　括 李　評	報蕭禧之使	
大安五年九月	（1089）	遼		遺宋鹿脯	此據遼史，用遼年號。使名不詳。又此或即由正旦使攜往，以遼史特加記載，故錄入。
大安八年十月	（1092）	遼		遺宋鹿脯	仝　上
壽隆三年六月	（1097）	遼		調停宋夏	此據遼史，用遼年號，，使名不詳
壽隆四年春（到）	（1098）	宋		饋遼錦綺	仝　上
元符二年三月（到）	（1099）	遼	蕭德崇 代　儼	爲夏國請綏師	
元符二年四月	（1099）	宋	郭知章 宋　深	報蕭德崇之使	
崇寧四年四月（到）	（1105）	遼	蕭　良	爲夏國請侵地	
崇寧四年五月	（1105）	宋	林　攄	報蕭良之使	
崇寧四年八月	（1105）	宋	劉正夫	林攄使事未畢，正夫再往	
乾統五年五月（到）	（1105）	宋	曾孝廣 王　戩	（不詳）	此據遼史，用遼年號
崇寧五年三月（到）	（1106）	遼	蕭保先 牛溫舒	再爲夏國求還侵地	
天慶五年七月（到）	（1115）	宋		饋遼銀絹	此據遼史，用遼年號

(四)使名索引

略例

(一)凡本文第二部聘使表稿中所見名字，均見此索引。

(二)排列次序以姓氏字畫多寡爲準。同畫者更依通行字典部首先後排列之。複姓取第一字。

(三)使名出自長編者用宋年號，出自遼史者用遼年號。各附以相當公元。其見之注中者亦用宋年號。

(四)是索引倉卒作成，計『畫』恐多未核。而部首次序，亦僅憑記憶，未加細考，疏謬之處閱者諒之。

	二畫		
丁	～度	明道二	1033
	～度	重熙二	1033
	～保衡	天聖元	1023
	～保衡	太平四	1024
	～振(兩見)	景德元	1004
	～振	統和廿二	1004
	～[illegible]	嘉祐四	1059
	～意	慶曆三	1043
	～億	慶曆三	1043
刁	～約	嘉祐元	1056
	三畫		
上官	～均	建中靖國元	1101
	四畫		
乞伏	矩	太中祥符三	1010
仇	～永	太平九	1029
	～正巳	天禧元	1017
	～正巳	開泰六	1017
	～道衡	天聖三	1025
化	～哥	開泰六	1017
元	～化	天聖五	1027
孔	～道輔	天聖五	1027
	～道輔	太平七	1027
	～道輔(兩見)	天聖九	1031
	～道輔	景福元	1031
方	～偕	慶曆二	1042
毌	～賓古	太平興國三	978
牛	～溫仁	元祐四	1089
	～溫舒	元豐八	1085
	～溫舒	崇寧五	1106
	～溫舒	乾統六	1106
王 3	～士全	至和元	1054
	～六	保寧八	976
4	～仁旭	慶曆二	1042
	～文郁	熙寧五	1072
	～文寶	太平興國三	978
	～元基	慶曆八	1048
	～古	元祐八	1093
5	～可見	元祐七	1092
	～永孚	明道元	1032
	～用保	天聖五	1027
	～合傑	天聖八	1030
	～合傑	太平十	1030
	～平	慶曆六	1046
	～永錫	太平七	1027
	～永錫	天聖七	1029
	～正辭	嘉祐六	1061
6	～行巳	嘉祐元	1056
	～存	元豐三	1080
	～式	景德三	1006
	～世文	重熙五	1036
	～世文	景祐三	1036
	～安石	嘉祐五	1060
	～同老	元祐三	1088
	～世延	嘉祐二	1057
	～夷簡	天聖八	1030
	～夷簡	太平十	1030

王			
6.	～光祖	至和二	1055
	～安期	元豐元	1078
	～安道	皇祐五	1053
	～仲賓	太平元	1021
	～仲寶	天禧五	1021
	～仲睦	明道二	1033
	～仲睦	重熙二	1033
	～初	元祐六	1091
	～克臣	熙寧五	1072
7	～克臣	熙寧九	1076
	～克忠	天聖九	1031
	～克忠	慶曆五	1045
	～克善	重熙元	1032
	～克基	明道元	1032
	～克基	慶曆五	1045
	～希甫	嘉祐三	1058
	～希範	大中祥符六	1013
	～克恭	重熙元	1032
	～言敷	治平四	1067
8	～易	慶曆二	1042
	～易	皇祐四	1052
	～知和	嘉祐三	1058
	～宗度	元符元	1098
	～秀英	明道二	1033
	～承傑	景德四	1007
	～承德	大中祥符九	1016
	～承德	開泰五	1016
	～承璡(二見)	大中祥符二	1009
	～承錫	天聖六	1828
9	～誅	皇祐三	1051
	～英	開寶八	1975
	～英	太平興國二	1977
	～成有	嘉祐三	1058
	～成宜	皇祐五	1053
	～成宣	皇祐五	1053
	～英秀	重熙元	1032
	～拱辰	寶元二	1039
	～拱辰	重熙九	1040
	～拱辰	至和元	1054
10	～益柔	嘉祐六	1061
	～珪	皇祐三	1051
	～師儒	元豐八	1085
11	～紹	元符元	1098
	～球	慶曆元	1041
	～惟允	重熙二	1033
	～惟永	景祐元	1034
	～惟吉	康定元	1040
	～惟吉	重熙九	1040
	～崇拯	熙寧八	1075
	～從益	明道元	1032
	～從益	重熙元	1032
	～從益	寶元元	1038
	～從益	重熙八	1039
	～準	天聖五	1027
	～惟敏	熙寧五	1072
12	～雩	大中祥符四	1011
	～湛	元祐八	1093
	～曾	大中祥符五	1012
	～棠	嘉祐四	1059
	～棠	嘉祐五	1060
	～琛	太平興國三	1978
	～琪	慶曆六	1046
	～景仁	元豐三	1080
	～博文	天聖五	1027
	～博文	太平七	1027
	～詔	元符元	1098

王			
12	～欽臣	元祐二	1037
13	～鼎	嘉祐三	1058
	～琦	慶曆六	1046
	～韶	宣和四	1122
	～經	熙寧五	1072
	～淵	嘉祐六	1061
	～淵	熙寧九	1076
	～義府	明道元	1032
	～舜封	元祐五	1090
	～道恭	慶曆六	1046
	～道恭	皇祐二	1050
	～道恭	至和二	1055
	～道恭	嘉祐八	1063
14	～漢之	政和七	1117
	～漸	建中靖國元	1101
	～綱	慶曆元	1041
	～綱	慶曆五	1045
	～戩	乾統五	1105
	～誨	熙寧四	1071
15	～實	嘉祐三	1058
	～潛	乾統元	1101
	～霆	元豐八	1085
	～德	天聖七	1029
	～德本	重熙元	1032
	～德明	天聖七	1029
	～德基	明道元	1032
	～慶臣	元符二	1099
	～儒	大中祥符三	1010
16	～衡	元符二	1099
	～澤	重熙五	1036
	～澤	景祐四	1037
	～澤	至和二	1055
	～澤	元豐八	1035
	～曉	景德三年(附)	1006
	～整	慶曆元	1041
	～整	重熙十	1041
	～臻	天聖元	1023
	～臻	太平三	1023
	～隨(二見)	大中祥符二	1009
	～隨	統和廿八	1010
	～遵	天聖九	1031
	～遵	景福元	1031
	～學正	寶元元	1038
	～學正	重熙七	1038
	～遵義	元豐六	1083
	～遵範	天聖九	1031
	～遵範	重熙元	1032
17	～曙	景德三	1006
	～曙	大中祥符二	1009
	～駿	乾興元	1022
	～鍇	嘉祐元	1056
	～應昌	開泰八	1019
	～應昌	天禧三	1019
18	～雙	太平七	1027
	～謹	熙寧七	1074
	～謹初	熙寧七	1074
19	～繹	嘉祐五	1060
	～譙	至和二	1055
	～曠	嘉祐二	1057
	～懷玄	嘉祐三	1058
20	～籍	嘉祐八	1063
	～籍	熙寧八	1075
21	～繼凝	明道二	1033
	～繼凝	重熙二	1033
	～露	至和二	1055
	～鑒	元祐六	1091

王	～覲	元祐七	1092
	～巖	治平二	1065
	～巖	咸雍二	1066
	～巖叟	元祐五	1090
23	～鬷	天聖九	1031
	～鬷	景福元	1031
25	～覲	嘉祐四	1059
	五　畫		
包	拯	慶曆五	1045
史	～方	天聖三	1025
	～方	太平五	1025
	～元忠	太平二	1022
	～克忠	乾興元	1022
	～炤	治平四	1067
	～善利	元祐四	1089
	～運	至和二	1055
田	～文	大中祥符八	1015
	～文炳	皇祐五	1053
	～守奇	開寶九	1976
	～承說	天聖四	1026
	～承說	太平六	1026
	～諲	熙寧五	1072
白	～守素	大中祥符三	1010
石	～中立	天聖五	1027
	～中立	太平七	1027
	～元孫	天聖七	1029
	～用中	景德三	1006
	～右	慶曆六	1046
	～宇	天聖四	1026
	～宗回	元豐三	1080
	～弼	大中祥符六	1013
	～揚休	嘉祐元	1056
	～貽孫	天聖五	1027
	～貽孫	太平七	1027
	～鑑	熙寧七	1074
	六　畫		
任	～中正	景德三	1006
	～中行	乾興元	1022
	～布	天聖九	1031
	～布	重熙元	1032
	～懷政	熙寧五	1072
合	～住	統和廿三	1005
向	～宗旦	元祐三	1038
	～傳範	康定元	1040
	～傳範	重熙九	1040
	～傳範	皇祐元	1049
	～傳範(二見)	至和二	1055
	～綽	熙寧八	1075
	～綽	熙寧八	1075
	～綽	元祐二	1087
	～繹	元祐七	1092
	～繹	紹聖四	1097
色	～佛呼	太平九	1029
宇	～文昌齡	元祐七	1092
安	～燾	熙寧九	1076
	～繼昌	重熙二	1033
	～繼昌	明道二	1033
成	～[illegible]	大中祥符元	1008
	～青	太平元	1021
朱	～昭文	天聖元	1023
	～禹錫	熙寧三	1079
	～堯錫	熙寧三	1070
	～堯錫	熙寧九	1076
	～伯材	元祐四	1039
	～克明	嘉祐六	1061
	～孝孫	元符三	1100
	～服顯	天聖元	1094
	～處約	嘉祐三	1058
	～壽隆	嘉祐三	1053
	～諫	天聖六	1028
	～諫	太平八	1028
	七　畫		
何	～九齡	慶曆元	1041
	～中立	慶曆八	1048
	～郯	皇祐元	1049
余	～中	紹聖三	1096
	～靖	慶曆三	1043
	～靖	慶曆四	1044
	～靖	重熙十三	1044
	～靖	慶曆五	1045
克	～舒蘇	開寶八	975
	～愼思	開寶八	975
	～卜茂固舒蘇	開寶八	975
	～沙骨愼思	開寶八	975
	～妙骨愼思	開寶八	975
	～妙骨謹思	開寶八	975
呂	～大防	熙寧三	1070
	～士宗	重熙四	1035
	～士宗	景祐三	1036
	～士林	嘉祐五	1060
	～公弼	至和二	1055
	～仲甫	元符三	1100
	～夷簡	天禧二	1018
	～夷簡	開泰七	1018
	～希績	元符八	1093
	～陶	元祐八	1093
	～景初	嘉祐二	1057
	～溱	皇祐元	1049
	～嗣立	元祐元	1086
	～誨	治平元	1064

呂			
	～端	開寶八	975
	～嘉問	元豐八	1085
	～憲懋	大中祥符三	1010
	～德懋	大中祥符八	1015
	～頤浩	元豐八	1085
吳			
	～中復	嘉祐二	1057
	～元載	太平興國三	978
	～立禮	元祐七	1092
	～安持	元豐六	1083
	～守達	開泰七	1018
	～安憲	元符三	1100
	～克昌	景德三	1006
	～克脩	太平九	1029
	～克脩	天聖八	1030
	～育	康定元	1040
	～育	重熙十	1041
	～叔達	天禧元	1018
	～昌稷	皇祐三	1051
	～奎	至和元	1054
	～湛	慶曆八	1048
	～湛	至和元	1054
	～湛	嘉祐二	1057
	～鼎臣	慶曆七	1047
宋			
7	～求	元豐八	1085
	～郁	景祐三	1036
8	～昌言	熙寧七	1074
	～孟孫	嘉祐二	1057
9	～郊	重熙五	1036
11	～深	元符二	1099
	～球	元豐八	1085
	～求	元祐六	1091
	～敏求	嘉祐六	1061
12	～準	開寶八	975
	～傅	景德四	1007
13	～淵	元豐八	1085
	～淵	元符三	1100
14	～摶	景德四	1007
	～綬	開泰九	1020
	～綬	天禧四	1020
15	～璋	天禧四	1020
	～璋	開泰九	1020
	～德文	大中祥符八	1015
16	～選	至和元	1054
李			
3	～之才	熙寧七	1074
	～士勳	慶曆四	1044
	～士龍	大中祥符五	1012
4	～及	大中祥符八	1015
	～及之	嘉祐三	1058
	～仁友	皇祐元	1049
	～中佑	慶曆七	1047
	～中祐	慶曆七	1047
	～中謹	皇祐四	1052
5	～立之	熙寧三	1070
	～用和	天聖二	1024
	～用和	太平四	1024
	～可封	景祐元	1031
	～可封	天聖九	1031
	～永德	慶曆八	1048
	～可舉	大中祥符九	1016
	～永資	皇祐元	1049
6	～吉	太平興國三	978
	～守忠	景祐元	1034
李			
6	～守忠	重熙三	1034
	～仲容	熙熙八	1075
	～仲師	嘉祐三	1058
	～仲偃	慶曆八	1048
	～仲僖	皇祐五	1053
	～行簡	天禧元	1017
	～行簡	開泰六	1017
	～孚	表末附錄	
7	～定	熙寧八	1075
	～兌	皇祐二	1050
	～克忠	至和二	1055
8	～宗	嘉祐六	1061
	～坤	慶曆三	1043
	～延	天聖二	1024
	～受	嘉祐八	1063
	～昌世	元祐八	1093
	～炎	元豐八	1085
	～東之	皇祐二	1050
	～居中	大中祥符八	1015
	～宗詠	景祐三	1036
9	～垂	天聖六	1028
	～垂	明道二	1033
	～垂	重熙二	1033
	～迪	大中祥符三	1010
	～若谷	天聖二	1024
	～昭述	明道二	1033
	～昭述	重熙二	1033
	～昭遘	慶曆五	1045
10	～珣	慶曆八	1048
	～珣	至和元	1054
	～紘	明道二	1033
11	～庸	嘉祐六	1061
	～參	至和二	1055
	～清臣	元豐二	1079
	～章	表末附錄	
	～紹琪	太平五	1025
	～紹琪	天聖四	1026
	～惟賓	至和元	1054
	～惟賓	熙寧四	1071
	～惟賓	熙曆八	1075
	～惟賢	慶曆三	1043
	～惟賢	皇祐三	1051
	～從吉	太平興國三	978
	～處能	宣和元	1119
	～處溫	宣和元	1119
	～紘	重熙二	1033
12	～渭	天聖八	1030
	～琪	太平五	1025
	～琮	景德四	1007
	～琮	元祐元	1086
	～絢	慶祐八	1048
	～絢	皇祐元	1049
	～淵	皇祐二	1050
	～淵	嘉祐三	1058
	～評	治平四	1067
	～評	熙寧七	1074
	～評	熙寧八	1075
	～遠	熙寧九	1076
	～復圭	至和二	1055
	～舜訓	熙寧七	1074
	～巽從	慶曆六	1046
13	～琦	治平四	1067
	～瑊	嘉祐二	1057
	～誠	慶曆三	1043
	～嗣徽	元祐元	1086
	～嗣徽	元符三	1100

李			
14	～綬	皇祐二	1050
	～綬	嘉祐二	1057
	～維	景德三	1006
	～維	天聖三	1025
	～維	太平五	1025
	～維	天聖四	1026
15	～璋	慶曆五	1045
	～璋	表末附錄	
	～諒	熙寧六	1073
	～[illegible]	皇祐二	1050
	～餘懿	大中祥符五	1012
	～餘懿	乾興元	1022
16	～操	景德四	1007
	～操	開泰元	1012
	～諮	天禧五	1021
	～諮	至和二	1055
	～遵勗	明道二	1033
17	～邈	政和六	1116
	～彌大	政和七	1117
18	～瀆	太平興國二	977
	～韓	皇祐二	1050
	～寶臣	慶曆三	1043
21	～繼一	明道二	1033
	～繼	重熙二	1033
	～繼昌(二見)	景德元	1004
	～繼昌	統和廿二	1004
	～繼昌	景德三	1006
	～繼源	大中祥符二	1009
	～[illegible]	熙寧十	1077
	～[illegible]	元符二	1099
	～懿	太平元	1021
	～懿	重熙二	1033
杜			
	～仁贊	重熙三	1034
	～充	政和六	1116
	～承元	大中祥符二	1009
	～防	太平六	1026
	～防	天聖五	1027
	～防	康定元	1040
	～防	重熙九	1040
	～君謂	熙寧九	1076
	～宗鄂	至和二	1055
	～純	元祐七	1092
	～常	元祐三	1109
	～[illegible]	景祐元	1034
	～贊	重熙八	1039
	～贊	寶元二	1039
沈			
	～立	嘉祐四	1059
	～括	熙寧八	1075
	～起	熙寧五	1072
	～維恭	嘉祐元	1056
	～遘	嘉祐四	1059
	～希顏	熙寧五	1072
狄			
	～棐	天聖七	1029
	～詠	元豐六	1083
	～諮	元豐元	1078
	～獻	政和六	1116
辛			
	～仲甫	太平興國二	977

八　畫

侍			
	～其演	慶曆七	1047
	～其[illegible]	元豐七	1084
	～其濬	慶曆元	1041
	～其濬	重熙十	1041
剌			
	～梅里	太平興國四	979
周			
	～白來	皇祐五	1053
	～永清	熙寧七	1074
	～有孺	元豐元	1078
	～沆	皇祐五	1053
	～武仲	宣和二	1120
	～孟陽	治平四	1067
	～湛	嘉祐三	1058
	～堪	嘉祐三	1058
	～漸	景德二	1005
	～漸	統和二十三	1005
	～鼎	天禧五	1021
	～鼎	太平元	1021
	～貴	大中祥符七	1014
和			
	～[illegible]	統和廿三	1005
	～道亨	重熙二	1033
	～道亨	明道二	1033
岸			
	～準	景祐三	1036
季			
	～道紀	大中祥符五	1012
	～嗣徽	元符元	1098
房			
	～彥均	開寶九	976
旺			
	～祿	保寧八	976
林			
	～旦	元祐五	1090
	～郜	紹聖四	1097
	～洙	乾寧五	1105
	～攄	崇統四	1105
邵			
	～亢	嘉祐八	1063
	～必	治平三	1066
阿			
	～里	統和廿三	1005
長			
	～[illegible]	乾亨元	979

九　畫

侯			
	～成吉	天禧四	1020
	～宗亮	慶曆元	1041
	～宗亮	重熙十	1041
	～宗亮	皇祐元	1049
	～庠	元豐七	1084
	～益	政和五	1115
	～景元	大中祥符元	1008
	～繼隆	天聖四	1026
俞			
	～希孟	至和元	1054

哈	～濟	開泰九	1020
	～納	太平八	1028
姚	～企賢	元符三	1100
	～企程	元祐二	1087
	～兕	元豐元	1078
	～兕	元豐二	1079
	～東之	景德元	1004
	～東之	統和廿二	1004
	～居化	慶曆六	1046
	～居信	太平二	1022
	～居信	乾興元	1022
	～居信	天聖九	1031
	～景初	元祐四	1089
	～景禧	慶曆四	1044
	～景禧	皇祐元	1049
	～麟	熙寧八	1075
	～麟	熙寧十	1077
姜	～遵	天聖三	1025
室	～程	大中祥符三	1010
拽	～剌梅里	太平興國四	979
施	～昌	重熙十	1041
	～昌言	慶熙元	1041
星	～齊	慶曆四	1044
柳	～涉	慶曆七	1047
柴	～好問	治平四	1067
	～貽範	景祐二	1035
	～貽範	重熙四	1035
	～貽範	皇祐元	1049
	～貽範	至和二	1055
	～貽遜	慶曆七	1047
	～德滋	嘉祐五	1060
	～詡	政和三	1113
査	～道	大中祥符六	1013
	～則	開泰九	1020
段	～少連	景祐元	1034
	～少連	重熙三	1034
	～希倫	大中七	1014
	～煜	景德三	1006
	～曄	景德三	1006
	～緯	元祐三	1088
	～繼文	治平三	1066
盆	～奴	統和廿三	1005
祖	～無擇	嘉祐三	1058
矧	～思	保寧七	975
种	～古	熙寧六	1073
胡	～宗愈	元祐元	1086
胡	～宿	慶曆八	1048
	～宿	嘉祐二	1057
胥	～偃	明道元	1032
	～偃	重熙元	1032
苗	～綬	熙寧七	1074
范	～子奇	熙寧六	1073
	～子奇	元祐七	1092
	～子淵	元豐二	1079
	～仲淹	天聖二	1024
	～百祿	元豐八	1085
	～師道	嘉祐元	1056
	～純粹	元豐七	1084
	～純禮	元祐四	1089
	～純禮	元祐五	1090
	～雍	元聖四	1026
	～諷	景福元	1031
	～諷	天聖九	1031
	～鎮	至和二	1055
	～鏜	紹聖四	1097
迭	～列割	保寧九	977
邢	～文度	開寶八	975
	～希古	熙寧四	1071
	～祐	大中祥符二	1009
	～昳	元符元	1098
	～祥	景德四	1007
	～熙年	皇祐元	1049
耶律			
2	～九方	寶元二	1039
3	～乞石	景福元	1031
	～三隱	乾興元	1022
4	～什	熙寧五	1072
	～仁先	慶曆元	1041
	～仁先	重熙十	1041
	～仁先	慶曆二	1042
	～仁先	重熙十一	1042
	～仁超	慶曆二	1042
	～元	景德四	1007
	～元方	康定元	1040
	～元方	重熙七	1038
	～元方	重熙九	1040
	～元吉	太平九	1029
	～元吉	天聖八	1030
	～元亨	至和二	1055
	～元肅	皇祐四	1052
	～元載	景福元	1031
	～元德	慶曆元	1041
	～元衡	慶曆四	1044
	～少寧	熙中祥符七	1014
	～介賀	熙寧元	1068
5	～白	元豐八	1085
	～可久	皇祐二	1050
	～可舉	元祐七	1092
	～永孚	元祐五	1090
	～永芳	元豐三	1080
	～永芳	紹聖四	1097
	～永昌	元祐元	1086
	～永寧	熙寧七	1074
	～永寧	元豐元	1078

耶律			
5	～永端	元豐五	1082
	～仙寧	乾興元	1022
	～仙寧	太平二	1022
	～用政	熙寧七	1074
6	～同	慶曆五	1045
	～合住	開寶七	974
	～仝里只	重熙十四	1045
	～仲	元豐八	1085
	～仲宣	元祐二	1087
	～伊埒嚕里	太平興國四	979
	～世通	熙寧八	1075
	～仲達	治平二	1065
	～世達	嘉祐二	1057
	～守寧	天聖三	1025
	～守寧	太平五	1025
	～守寧	明道二	1033
	～好謀	治平四	1067
7	～孚	天聖五	1027
	～郁	皇祐五	1053
	～甫	重熙五	1036
	～甫	景祐四	1037
	～防	慶曆七	1047
	～防	至和二	1055
	～防	嘉祐二	1057
	～□烈	慶曆三	1043
	～孝淳	熙寧九	1076
	～孝淳	熙寧十	1077
	～克實	天聖九	1031
8	～宜	慶曆六	1046
	～宛	景祐三	1036
	～宛	嘉祐二	1057
	～坦	重熙十	1041
	～坦	慶曆二	1042
	～忠	天聖八	1030
	～和	熙寧七	1074
	～和卓	開寶七	974
	～虎	保寧十	978
	～育	太平九	1029
	～育	天聖八	1030
	～昌	熙寧二	1069
	～昌	熙寧六	1073
	～昌朮	保寧六	974
	～昌主	景德二	1005
	～昌世	致和元	1054
	～昌珠	保寧六	974
	～昌福	嘉祐二	1057
	～阿古	景德三	1006
	～阿果	大中祥符六	1013
	～阿果	天聖六	1028
	～阿固達木	大中祥符二	1009
	～阿括	景德三	1006
	～阿嚕里	太平興國二	977
	～阿營	開泰二	1013
	～阿穆耳	太平興國二	977
	～宗睦	慶曆五	1045
	～秀演	景德二	1005
	～延寧	開寶九	976
	～延寧	大中祥符九	1016
	～延穎	開寶九	976
9	～信	重熙四	1035
	～信	景祐三	1036
	～信寧	景德四	1007
	～信寧	大中祥符二	1009
	～信寧	明道二	1033
	～度	元祐元	1086
耶律			
9	～洞	慶曆六	1046
	～突呂姑	大中祥符二	1009
	～洞	熙寧六	1073
	～參	大中祥符八	1015
	～祐	慶曆五	1045
	～祐	元豐四	1081
	～衍	嘉祐八	1063
	～紹	熙寧四	1071
	～英	熙寧九	1076
	～述	景祐元	1034
	～述	皇祐五	1053
	～迪	重熙二	1033
	～迪	景祐元	1034
	～迪	元祐三	1088
	～迪	元祐六	1091
	～迪里	重熙十二	1043
	～郁	天聖九	1031
	～郁	景福元	1031
	～洪辰	元祐二	1087
	～思忠	太平九	1029
	～思寧	嘉祐四	1059
	～迭烈	太平興國二	977
10	～桑	至和元	1054
	～素	皇祐二	1050
	～素	嘉祐五	1060
	～純	皇祐三	1051
	～益	皇祐二	1050
	～烈	重熙十	1041
	～烈	治平元	1064
	～格	嘉祐五	1060
	～祥	重熙五	1036
	～祥	景祐四	1037
	～高	天聖七	1029
	～師古	重熙二	1033
	～師古	景祐元	1034
	～烏正	開寶八	975
	～烏領	開寶八	975
	～烏延	景德二	1005
	～唐古特	天聖元	1023
	～高家奴	重熙十三	1044
	～卿寧	重熙二	1033
	～特附格	太平興國二	977
	～純嘏	元祐元	1086
	～純嘏	元祐六	1091
	～留寧	景德二	1005
	～留寧	景德三	1006
	～留寧	大中祥符元	1008
	～留寧	天禧二	1018
	～留寧	開泰七	1018
11	～晶	嘉祐四	1059
	～倚	天聖七	1029
	～淨	元祐二	1087
	～常	元祐四	1089
	～章	慶曆八	1048
	～商	太平九	1029
	～通	嘉祐三	1058
	～袞	天聖七	1029
	～掃古	太平二	1022
	～庶成	重熙十	1041
	～庶成	慶曆二	1042
	～庶忠	康定元	1040
	～庶忠	重熙九	1040
	～庶忠	皇祐五	1053
	～庶幾	景祐二	1035
	～庶幾	熙寧九	1076

耶律			
11	～庶徵	重熙三	1034
	～庶箴	熙寧九	1076
	～乾寧	景德二	1005
12	～寧	大中祥符三	1010
	～寧	大中祥符五	1012
	～寧	乾興元	1022
	～寧	天聖五	1027
	～寧	慶曆二	1042
	～寧	熙寧三	1070
	～寧	熙寧六	1073
	～寧	熙寧七	1074
	～敞	太平興國二	977
	～準	天禧元	1017
	～測	熙寧九	1076
	～琮	開寶七	974
	～瑶	元豐八	1085
	～答	皇祐二	1050
	～達	皇祐元	1049
	～達	至和二	1055
	～達	嘉祐八	1063
	～達	熙寧八	1075
	～順	明道元	1032
	～順	慶曆三	1043
	～隆	元豐元	1078
	～發政	大中祥符三	1010
	～堯寧	景德三	1006
	～景熙	熙寧八	1075
13	～幹	寶元元	1038
	～寬	熙寧三	1070
	～寬	元祐四	1089
	～嵩	明道二	1033
	～嵩	重熙二	1033
	～楚	重熙二	1033
	～煜	嘉祐元	1056
	～頎	皇祐三	1051
	～瑛	皇祐元	1049
	～福	慶曆元	1041
	～睹	重熙三	1034
	～睹	景祐二	1035
	～睹	元祐三	1088
	～道	嘉祐五	1060
	～運	慶曆五	1045
	～運	熙寧九	1076
	～遂正	景德四	1007
	～遂英	太平七	1027
	～遂英	天聖六	1028
	～嗣臣	嘉祐三	1058
	～維新	嘉祐三	1058
14	～[illegible]	太平九	1029
	～榮	熙寧六	1073
	～嘏	嘉祐四	1059
	～嘏	嘉祐五	1060
	～蒙	景福元	1031
	～斡	重熙六	1037
	～遜	景福元	1031
	～壽	慶曆七	1047
	～壽寧	重熙二	1033
	～遠寧	大中祥符六	1013
	～漢寧	大中祥符四	1011
	～漢寧	天聖七	1029
	～[illegible]隱	太平二	1022
	～[illegible]隱(二見)	乾興元	1022
	～圖魯庶	大中祥符二	1009
15	～儀	元豐五	1082
	～褒	慶曆四	1044

耶律			
15	～適	熙寧二	1072
	～敵烈	重熙十二	1043
	～毅	嘉祐八	1063
	～罷	熙寧四	1071
	～質	慶曆七	1047
	～瑩	慶曆八	1048
	～瑩先	元祐五	1090
	～德	重熙六	1037
	～德	寶元元	1038
	～德誠	熙寧四	1071
	～德壽	大中祥符三	1010
	～[illegible]	重熙二	1033
	～錫	天聖六	1028
16	～諭	慶曆五	1045
	～霓履	重熙十六	1047
	～諧里	太平興國三	978
	～諧理	太平興國三	978
	～諧[illegible]	景德四	1007
	～諧領	太平二	1022
	～錫隣寧	大中祥符二	1009
17	～[illegible]	元符二	1099
	～襄	元豐七	1084
	～勤	景福元	1031
	～勤	天聖九	1031
	～襯古	太平二	1022
	～轄古	太康二	1076
	～轄呼	太康二	1076
	～遵禮	元符元	1098
	～[illegible]義	宣和元	119
20	～釋身奴	開泰元	1012
	～釋伸努	開泰元	1012
	～蘇栗	太平七	1027
21	～[illegible]	明道二	1033
	～霸	皇祐二	1050
	～[illegible]德	開寶八	1975
	～鐵宗	天禧三	1019
	～鐵崇	開泰八	1019
22	～儼	壽昌四	1098
25	～觀	慶曆五	1045

十畫

唐			
	～介	嘉祐四	1059
	～古特	太平三	1023
	～骨特	太平三	1023
	～詢	嘉祐元	1056
	～肅	天聖六	1028
	～肅	太平八	1028
時			
	～彥	紹聖三	1096
孫			
	～升	元祐六	1091
	～文昭	康定元	1040
	～文昭	重熙九	1040
	～永	熙寧三	1070
	～正辭	景德三	1006
	～世京	慶曆八	1048
	～全興	開寶七	974
	～抃	慶曆三	1043
	～甫	慶曆四	1044
	～坦	治平四	1067
	～固	熙寧二	1069

孫			
	～洙	熙寧八	1075
	～思恭	治平四	1067
	～僅	統和廿三	1005
	～蓮	景德二	1005
	～瑜	皇祐二	1050
	～奭（二見）	大中祥符元	1008
	～繼業	太平七	1027
	～繼業	景福元	1031
	～繼鄴	天聖五	1027
	～繼鄴	天聖九	1031
徐			
	～蒒	大中祥符元	1008
	～奭	天聖四	1026
	～奭	太平六	1026
夏			
	～元正	景祐四	1037
	～元正	重熙七	1038
	～元吉	慶曆六	1046
	～元象	熙寧六	1073
	～防	康定元	1040
	～防	慶曆四	1044
	～伸	至和元	1054
	～亨讜	明道元	1032
	～佺	慶曆七	1047
	～佺	至和二	1055
	～倈	熙寧四	1071
	～球	熙寧四	1071
	～偦	皇祐四	1052
	～竦	天聖三	1025
	～偉	嘉祐五	1060
	～僖	皇祐五	1053
晁			
	～迥	大中祥符六	1013
	～端彥	元祐元	1086
桑			
	～宗望	嘉祐四	1059
畢			
	～可濟	元祐五	1090
	～仲衍	元豐二	1079
秦			
	～德昌	康定元	1040
	～德昌	重熙九	1040
	～鑑	重熙六	1037
	～鑑	寶元元	1038
留			
	～嗣卿	宣和元	1119
耿			
	～元吉	天禧四	1020
	～元吉	開泰九	1020
	～欽愈	元符三	1100
	～學	大中祥符七	1014
訥			
	～默庫	保寧八	976
郝			
	～崇信	開寶八	975
	～惟立	元祐八	1093
	～惟幾	元祐七	1092
	～惟徵	元祐七	1092
馬			
4	～公壽	慶曆五	1045
5	～永昌	熙寧六	1073
	～世良	重熙十	1041
	～世長	慶曆二	1042
6	～世卿	重熙二	1033
	～防	崇寧四	1105
7	～佑	嘉祐三	1058
	～宗元	天聖三	1025
8	～泳	慶曆八	1048
9	～亮	大中祥符元	1008
	～保	天聖九	1031
	～保永	太平七	1027
	～保永	天聖六	1028
	～保佐	景德三	1005
	～保業	景福元	1031
10	～晉	保寧八	976
	～僻	熙寧四	1071
	～崇	天聖五	1027
	～崇至	太平七	1027
12	～貽謀	開泰七	1018
	～貽謀	乾興元	1022
	～貽謀	天禧元	1018
	～貽䂓	慶曆三	1043
13	～鉉	咸雍三	1067
14	～堯杏	嘉祐四	1059
	～𩇕	景福元	1031
16	～默	元祐五	1090
	～翼	大中祥符三	1010
	～翼	天禧三	1019
	～翼	開泰八	1019
	～諲	熙寧四	1071
	～遵	嘉祐元	1056
高			
3	～上敦	元豐八	1085
	～士敦	元祐元	1086
	～士毅	元豐八	1085
	～升	重熙二	1033
5	～正	統和廿三	1005
	～正	景德二	1005
	～俅	崇寧四	1105
9	～若訥	景祐四	1037
	～若訥	重熙七	1038
	～昇	景祐元	1034
	～惟翰	天聖九	1031
14	～維忠	景德三	1006
	～維翰	景福元	1031
	～端禮	元祐六	1091
	～端禮	崇寧四	1105
	～端禮	乾統五	1105
	～德順	景福元	1031
	～遵固	元祐四	1089
16	～遵治	熙寧九	1076
	～遵治	元豐八	1085
	～遵惠	元祐元	1086
	～遵惠	元祐六	1091
	～遵路	熙寧八	1075
	～遵禮	元祐三	1038
	～繼芳	嘉祐四	1059
	～繼嵩	寶元元	1038
	～繼勳	大中祥符五	1012
十一畫			
寇			
	～平	皇祐二	1050
	～忠	至和二	1055
	～卿	大中祥符二	1009

十一畫　寇崔常華康張

寇			
	～瑊	天聖六	1028
	～瑊	太平八	1028
	～瑊	天聖九	1031
崔			
	～台符	熙寧五	1072
	～可道	大中祥符三	1010
	～禹	慶曆二	1042
	～禹稱	重熙十	1041
	～準	天聖四	1026
	～準	太平六	1026
	～準	景祐三	1036
	～閏	太平九	1029
	～端	景德四	1007
	～嶷	明道元	1032
	～[illegible]	重熙元	1032
	～潤	天聖八	1030
	～嶧	慶曆七	1047
	～遵度	開泰八	1019
	～遵度	天禧三	1019
	～繼芳	重熙六	1037
	～繼芳	寶元元	1038
常			
	～守整	皇祐元	1049
華			
	～哥	開泰六	1017
康			
	～宗元	景德二	1005
	～昺	元祐六	1091
	～筠	太平四	1024
	～筠	天聖四	1026
	～德	天聖六	1028
	～德輿	太平八	1023
	～遵度	慶曆八	1048
張			
3	～山甫	嘉祐六	1061
	～山甫	熙寧九	1076
	～士宜	太平十	1030
	～士宜	天聖八	1030
	～士禹	天聖二	1024
	～士禹	太平四	1024
	～士禹	景祐二	1035
	～士禹	重熙四	1035
	～士禹	寶元元	1038
	～士禹	重熙七	1038
	～士遜	大中祥符九	1016
4	～文	大中祥符二	1009
	～方平	慶曆二	1042
	～中庸	嘉祐四	1059
	～元普	天禧三	1019
	～元普	開泰九	1020
	～少微	熙寧四	1071
5	～旦	重熙十	1041
	～旦	慶曆二	1042
	～去惑	皇祐五	1053
	～世矩	熙寧十	1077
7	～佑	元祐五	1090
	～孜	大中祥符九	1016
	～沔	慶曆元	1041
	～沔	重熙十	1041
	～孜	慶祐二	1042
	～玘	太平興國元	976
	～利	嘉祐二	1057
	～希	慶曆五	1045
	～克己	皇祐三	1051
張			
	～利用	景德四	1007
	～利涉	景德三	1006
	～君平	天禧二	1018
	～克恭	天聖五	1027
8	～佶	天僖元	1017
	～叔	大觀二	1108
	～泥	重熙七	1038
	～昇	嘉祐二	1057
	～易	太平十	1030
	～知白	大中祥符四	1011
	～宗益	寧熙元	1068
	～宗高	紹聖四	1097
	～宗象	天聖八	1030
6	～信	開泰六	1017
	～宥	慶曆元	1041
	～昇	慶祐二	1057
	～述	熙寧三	1070
	～赴	元豐五	1082
	～昷之	慶曆三	1043
	～若谷	統和廿三	1005
	～若谷	景德二	1005
	～若谷	天聖四	1026
	～若谷	太平六	1026
	～保雍	天聖五	1027
	～保維	太平七	1027
	～茂實	明道二	1033
	～茂實	重熙二	1033
	～茂實	景祐四	1037
	～茂實	重熙七	1038
	～茂實(二見)	慶曆二	1042
	～茂實(二見)	重熙十一	1042
10	～倫	天聖三	1025
	～鋋	嘉祐二	1057
	～芻	熙寧七	1074
	～素民	重熙五	1036
	～素民	景祐四	1037
	～素羽	重熙元	1032
	～素羽	明道二	1033
	～師德	乾興元	1022
	～師顏	咸雍二	1066
	～景憲	熙寧三	1070
11	～掞	至和二	1055
	～璪	元豐二	1079
	～埛	大中祥符七	1014
	～得	慶曆二	1042
	～從	康定元	1040
	～從	重熙十	1041
	～從約	元符三	1100
	～商英	紹聖四	1097
	～唯保	明道元	1032
	～崇濟	大中祥符三	1010
	～崇濟	統和二十八	1010
12	～湜	寶元二	1039
	～皓	景德元	1004
	～琳	元祐二	1087
	～琥	熙寧八	1075
	～堯佐	慶曆五	1045
	～堯臣	慶曆五	1045
13	～傳	天聖二	1024
	～傳	太平四	1024
	逸	天聖六	1028
	～逸	太平八	1028
	～堅	開泰八	1019
	～堅	天聖七	1029
	～撝	紹聖四	1097

張			
13	～舜臣	大中祥符七	1014
	～舜民	紹聖元	1094
	～舜民	建中靖國元	1101
	～嗣復	嘉祐二	1057
	～嗣復	嘉祐八	1063
	～誠一	熙寧七	1074
14	～戩	嘉祐五	1060
	～綸	天禧元	1017
	～綸	開泰六	1017
	～綸	太平五	1025
	～綸	天聖九	1031
	～綸	景福元	1031
	～遜	開泰五	1016
	～肅	景德二	1005
15	～儉	大中祥符四	1011
	～億	天聖八	1030
	～雍	景福元	1031
	～震	天聖七	1029
	～震	太平九	1029
	～頡	元祐二	1087
	～冀	熙寧三	1070
	～緯	重熙二	1033
	～緯	明道二	1033
	～擇行	皇祐四	1052
16	～遵度	熙寧四	1071
	～燾	熙寧六	1073
	～璪	元祐七	1092
18	～懷志	明道元	1032
	～懷志	重熙元	1032
20	～[illegible]	慶曆四	1044
	～瓌	嘉祐六	1061
	～藻	元祐七	1092
	～藹	熙寧五	1072
	～觀	天聖三	1025
曹			
5	～平	元符二	1099
8	～利用(四見)	景德元	1004
	～利用(二見)	統和廿二	1004
	～昌	皇祐三	1051
9	～英	天聖六	1028
	～英	太平八	1028
10	～珣	乾興元	1022
	～偓	皇祐三	1051
	～偕	皇祐元	1049
	～脛	紹聖三	1096
12	～琮	天禧二	1018
	～琮	明道二	1033
	～琮	重熙三	1033
	～僩	熙寧五	1072
	～評	元豐二	1079
	～評	元豐五	1082
	～評	元豐八	1085
	～評	元符二	1099
13	～奐	元祐四	1089
	～瑛	元祐四	1089
	～誦	熙寧八	1075
	～榮	天聖六	1028
15	～儀	乾興元	1022
	～儀	天聖九	1031
	～儀	景福元	1031
	～瑋	開泰七	1018
	～稷	元祐七	1092
	～誘	元豐七	1084
	～誘	元符二	1099
16	～諧	元祐六	1091

曹			
16	～穆	乾統六	1106
	～曚	元符元	1098
	～譜	元符三	1100
21	～灦	乾興元	1022
22	～[illegible]	元祐七	1092
梅			
	～摯	皇祐元	1049
	～詢	天聖八	1030
	～詢	太平十	1030
	～詢	景　元	1031
	～詢	天聖九	1031
梁			
	～交	熙寧四	1071
	～[illegible]	熙寧六	1073
	～適	康定元	1040
	～適	重熙十	1041
	～適	慶曆二	1042
	～穎	熙寧六	1073
章			
	～岷	治平元	1064
	～惇	熙寧七	1074
	～得象	天聖二	1024
	～得象	明道二	1033
	～得象	重熙二	1033
	～衡	熙寧五	1072
	～頻	明道二	1033
	～頻	重熙二	1033
符			
	～忠	重熙二	1033
	～惟忠	明道二	1033
	～惟忠	慶曆二	1042
	～成翰	開泰元	1012
	～承翰	大中祥符四	1011
許			
	～宗壽	慶曆六	1046
	～咸吉	熙寧六	1073
	～將	熙寧七	1074
	～懷信	天聖三	1025
	～懷信	天聖九	1031
	～懷信	景福元	1031
郭			
	～允恭	景德二	1005
	～允恭	大中祥符二	1009
	～申錫	嘉祐二	1057
	～志言	乾興元	1022
	～志言	太平二	1022
	～延珍	皇祐三	1051
	～攸	元祐二	1087
	～宗古	熙寧四	1071
	～知章	元符二	1099
	～知章	壽昌五	1099
	～宗顏	元祐五	1090
	～若虛	熙寧七	1074
	～崇	明道二	1033
	～盛	景德二	1005
	～盛	太平三	1023
	～盛	天聖元	1023
	～竦	嘉祐三	1058
	～揆	重熙四	1035
	～揆	景祐三	1036
	～琮	慶曆五	1045
	～逵	至和元	1054
	～稹	重熙九	1040
	～瑋	慶曆三	1043

郭			
	～稹	康定元	1040
	～諮	至和二	1055
	～遵	重熙元	1032
	～遵範	天聖九	1031
	～諴	嘉祐五	1060
陳			
	～永圖	嘉祐元	1056
	～次升	建中靖國元	1101
	～知微	景德四	1007
	～侗	元豐八	1085
	～炎	天聖九	1031
	～宗憲	天聖七	1029
	～紘	元祐四	1089
	～琰	重熙元	1032
	～詠	慶曆七	1047
	～堯臣	宣和三	1121
	～堯佐	天禧二	1018
	～堯佐	開泰八	1019
	～諤	元豐七	1084
	～過庭	政和四	1114
	～經	嘉祐五	1060
	～襄	治平四	1067
	～襄	咸雍三	1067
	～覬	嘉祐二	1057
	～邈	太平九	1029
	～邈	天聖八	1030
	～繹	熙寧四	1071
	～顗	嘉祐二	1057
	～覺	咸雍三	1067
	～覺	治平四	1067
陸			
	～佃	元符三	1100
	～孚	皇祐四	1052
	～孝立	元祐五	1090
	～經	表末附錄	
陶			
	～悅	政和六	1116
魚			
	～周詢	慶曆三	1043

十二畫

傅			
	～卞	治平三	1066
	～永	皇祐四	1052
	～堯俞	治平二	1065
博			
	～諾	統和廿三	1005
喬			
	～希顏	大中祥符元	1008
堯			
	～盧骨	開寶八	975
富			
	～弼	康定元	1040
	～弼	重熙十	1041
	～弼(二見)	慶曆二	1042
	～弼(二見)	重熙十一	1042
彭			
	～再思	重熙九	1040
	～再昇	皇祐五	1053
	～再問	寶元二	1039
	～汝礪	元祐六	1091
曾			
	～公亮	皇祐三	1051
	～鞏	元祐二	1087
	～孝廣	乾統五	1105
捏			
	～木古	保寧八	976
焦			
	～守節	景德二	1005
	～從約	慶曆四	1044
	～蹈叔	元豐八	1085
盛			
	～陶	元祐二	1087
程			
	～昭文	太平三	1023
	～師孟	熙寧九	1076
	～琳	天聖元	1023
	～琳	太平四	1024
	～博文	元祐六	1091
	～戡	慶曆二	1042
	～羲	天禧五	1021
	～羲	太平二	1021
	～龔	熙寧三	1070
荆			
	～詩言	皇祐三	1051
訾			
	～沈	元祐六	1091
雅			
	～勉呼	開寶八	975
童			
	～貫	政和元	1111
舒			
	～亶	元豐三	1080
	～蘇	保寧七	975
馮			
	～元	天禧元	1017
	～元	開泰六	1017
	～元宗	太平五	1025
	～文顯	嘉祐四	1059
	～正	太平興國元	976
	～行已	慶曆三	1043
	～行已	治平四	1067
	～世卿	明道二	1033
	～克忠	天聖二	1024
	～見善	至和元	1054
	～延休	乾興元	1022
	～延休	太平二	1022
	～若拙	景德四	1007
	～起	大中祥符二	1009
	～戢	康定元	1040
	～浚	重熙十	1041
黃			
	～寔	建中靖國元	1101
	～實	乾統元	1101
	～履	元豐元	1078

十三畫

塔			
	～瑪	保寧八	976
	～瑪	乾亨元	979
	～喇嘛	保寧九	977

楊			
	～又元	大中祥符元	1008
	～六	統和二十三	1005
	～日華	景祐二	1035
	～日華	重熙四	1035
	～日嚴	重熙元	1032
	～日嚴	明道元	1032
	～永節	元祐二	1087
	～安立	元祐元	1086
	～佐	嘉祐六	1061
	～佐	治平四	1067
	～綬	元豐八	1085
	～佶	開泰六	1017
	～佶	天禧元	1017
	～承吉	乾興元	1022
	～宗說	慶曆六	1046
	～宗禮	熙寧三	1070
	～宗讓	慶曆四	1044
	～畋	嘉祐三	1058
	～濟	慶曆五	1045
	～規訓	熙寧三	1070
	～偕	景祐元	1034
	～偕	重熙三	1034
	～執中	元豐六	1083
	～從先	元豐元	1078
	～倞	慶曆二	1042
	～察	慶曆五	1045
	～興公	治平四	1067
	～遵勗	咸雍三	1067
	～佶	統和廿三	1005
葛			
	～懷敏	天聖六	1028
	～懷敏	太平八	1028
蕭			
	～[illegible]	治平四	1067
	～敦逸	元符三	1100
楚			
	～建中	熙寧四	1071
解			
	～寧	開泰八	1019
賈			
	～易	建中靖國元	1101
	～昌衡	熙寧六	1073
	～青	元祐三	1088
	～師訓	元豐七	1084
	～黯	皇祐五	1053
	～裕	元祐四	1089
	～裕	元符二	1099
路			
	～振	大中祥符元	1008
雍			
	～規	嘉祐三	1058

十四畫

僧		～[illegible]	太平二	1022
察		～剌	開泰九	1020
滿		～中行	元豐八	1085
翟		～[illegible]思	大中祥符三	1010
蒲		～宗孟	熙寧九	1076
裴		～元感	大中祥符二	1009
		～[illegible]巳	天聖四	1026
		～[illegible]超	太平六	1026
趙				
	4	～元中	嘉祐五	1060
		～日宣	康定元	1040
		～日宣	重熙十	1041
		～成	重熙十	1041
	6	～成	慶曆二	1042
		～[illegible]延	元祐五	1090
		～世長	大中祥符七	1014
		～利用	太平九	1029
	7	～利用	天聖九	1031
		～孝傑	熙寧七	1074
		～希[illegible]	元祐二	1087
		～[illegible]錫	元祐四	1089
		～孝嚴	元豐八	1085
		～抃	嘉祐八	1063
		～攸	慶曆三	1043
	8	～[illegible]	天聖九	1031
		～企	元豐八	1085
		～忠輔	乾興元	1022
		～柬之	慶曆四	1044
	9	～柬之	皇祐二	1050
		～爲果	景祐元	1031
		～思明	元豐六	1083
		～爲航	慶曆八	1048
		～爲節	慶曆三	1043
		～爲戩	大中祥符六	1013
		～偁	元祐六	1091
	10	～挺之	元符二	1099
		～[illegible]曦	元豐五	1082
		～振	明道元	1032
		～[illegible]	至和元	1054
	11	～湘	大中祥符四	1011
	12	～湘	開泰元	1012
		～[illegible]	治平二	1065
		～賀	乾興元	1022
	13	～槩	皇祐二	1050
		～微	元祐元	1036
		～[illegible]	至和元	1054
	15	～徽	大中祥符二	1009
	17	～[illegible]	天聖三	1025
	18	～瞻	治平二	1065
		～[illegible]	熙寧三	1070
		～鎮	大中祥符二	1009
	24	～[illegible]鵬	慶曆五	1045
齊				
		～泰	開泰元	1012
		～泰	大中祥符五	1012

十五畫

劉				
	2	～九言	至和元	1054
	3	～六方	皇祐四	1052
		～三嘏	康定元	1040
		～三嘏	重熙九	1040

劉				
	4	～日亨	至和二	1055
		～日省	明道二	1033
		～五常	重熙二	1033
		～五常	景祐元	1034
		～六符	重熙三	1034
		～六符	景祐二	1035
		～六符	重熙十	1041
		～六符(兩見)	重熙十一	1042
		～六符(兩見)	慶曆二	1042
	5	～平	天禧三	1019
		～平	開泰九	1020
		～立之	慶曆七	1047
		～正夫	崇寧五	1106
		～正符	乾統六	1106
		～永年	嘉祐二	1057
		～永保	元豐三	1080
		～永釗	天聖六	1028
		～永釗	太平八	1028
		～永淵	元豐八	1085
		～四端	天聖三	1025
		～四端	太平五	1025
		～永端	皇祐三	1051
		～永壽	熙寧九	1076
		～永壽	元祐三	1088
		～用賓	元祐二	1087
	6	～安世	元祐六	1091
	7	～伸	嘉祐三	1058
		～沈	元祐七	1092
		～沆	慶曆元	1041
		～沆	重熙十	1041
		～孝孫	嘉祐元	1056
	8	～泰世	熙寧十	1077
		～泰世	元祐五	1090
		～泳	元祐三	1088
		～承宗	大中祥符九	1016
		～昌祚	熙寧三	1070
		～承緒	元豐八	1085
	9	～宥	元祐元	1086
		～庠	熙寧元	1068
		～昱	元祐五	1090
		～彥沿	元豐三	1080
		～彥昇	元祐三	1088
		～彥國	元祐六	1091
		～彥溫	元祐元	1086
		～彥儒	元祐五	1090
		～述勳	嘉祐四	1059
		～湮	表末附錄	
	11	～從正	皇祐二	1050
		～從祐	熙寧八	1075
		～從順	慶曆四	1044
		～從備	嘉祐二	1057
		～從諤	元祐四	1089
		～惟清	元豐八	1085
		～跂	表末附錄	
	12	～敞(兩見)	至和二	1055
		～湜	慶曆四	1044
		～湘	太平八	1028
		～湘	天聖七	1029
		～宜	嘉祐二	1057
		～舜臣	慶曆二	1042
		～寔	元豐二	1079
	13	嗣昌	元祐七	1092
		～舜卿	熙寧五	1072
		～嗣復	皇祐四	1052
		～煜	乾興元	1022
		～煦	景德四	1007
劉	13	～經	景德二	1005
		～爵	建中靖國元	1101
		～篤	大中祥符八	1015
		～諮	皇祐四	1052
		～詵	治平四	1067
	15	～燁	太平二	1022
		～霄	元祐元	1085
		～凝孫	元祐三	1088
	1	～禧	嘉祐五	1060
		～霖	嘉祐八	1063
		～璟	元豐元	1078
		～遵	明道元	1032
		～隨	重熙元	1032
		～璟諲	慶曆五	1045
		～錯	乾興元	1022
		～擊	元豐五	1082
		～覺	元豐五	1082
		～巍	大中祥符二	1009
		～鎮	熙寧三	1070
		～雙癸	天聖六	1028
		～寶	熙重二	1033
		～鑠鏡	太平三	1023
		～懷德	乾興元	1022
		～燮	慶曆四	1044
慕容				
		～惟素	天聖元	1023
		～惟素	太平三	1023
樂				
		～黃目	大中祥符二	1009
歐陽				
		～修	清寧元	1055
		～修(兩見)	至和二	1055
滕				
		～涉	景德四	1007
潘				
		～永頤	重熙十	1041
		～永錫	嘉祐四	1052
		～永嗣	嘉祐四	1052
		～□冲	嘉祐三	1058
		～惟吉	大中祥符二	1009
蔚				
		～宿	大中祥符六	1013
蔡				
		～卞	元豐八	1085
		～抗	治平二	1065
		～京	元豐六	1083
		～延慶	元祐三	1038
		～齊	天聖二	1024
		～齊	太平四	1024
		～確	熙寧六	1073
蔣				
		～貫	皇祐四	1052
魯				
		～宗道	天禧四	1020
		～宗道	太平元	1021
		～昌裔	嘉祐六	1061
鄧				
		～中舉	元祐三	1038
		～綰	熙寧五	1072
鄭				
		～士彝	熙寧十	1077
		～介	紹聖元	1094

鄭			
	～允中	政和元	1111
	～居中	政和元	1111
	～文囿	天聖三	1025
	～元瑕	開泰八	1019
	～去瑕	天禧三	1019
	～玄瑕	開泰八	1019
	～向	天聖九	1031
	～向	重熙元	1032
	～全節	慶曆七	1047
	～偉	太平興國二	977
	～琦	天聖二	1024
	～節	天聖四	1026
	～雍	元祐五	1090
	～戩	景祐二	1035
	～戩	重熙四	1035
	～頑	元祐七	1092
	～獬	嘉祐七	1062
	～餘慶	皇祐二	1050
	～餘懿	慶曆八	1048
	～顗	元豐四	1081
十六畫			
燕	～度	皇祐三	1051
穆	～波	太平興國	977
	～彼	太平興國	977
盧	～士宗	至和元	1054
	～戩	治平三	1066
	～法原	表末附錄	
衞	～充	太平四	1024
	～希道	治平二	1065
錢	～丙	皇祐五	1053
	～明逸	慶曆六	1046
	～明逸	皇祐元	1049
	～海	慶曆六	1046
	～海	皇祐二	1050
	～象先	嘉祐五	1060
	～逸	重熙十八	1049
	～勰	元豐三	1080
駱	～濬倫	開泰九	1020
十七畫			
蹇	～序辰	元符元	1098
	～受之	元符元	1098
薄	～可久	重熙三	1034
	～可久	景祐二	1035
薛	～文寶	太平興國三	978
	～田	乾興元	1022
	～由	太平二	1022
	～中	重熙十	1041
	～奎	天聖元	1023
	～奎	太平三	1023
	～映	大中祥符九	1016
	～惟正	大中祥符四	1011
	～貽廓	大中祥符元	1008
	～貽廓	太平二	1022
	～貽廓	乾興元	1022
謝	～文瓘	建中靖國元	1101
	～仲留	太平九	1029
	～景溫	熙寧八	1075
	～絳	景祐元	1034
	～絳	景祐四	1037
	～絳	重熙七	1038
韓			
2	～九	開泰九	1020
3	～川	元祐六	1091
4	～玉	太平二	1022
5	～正彥	元祐六	1089
	～永錫	太平九	1029
	～永錫	慶曆元	1041
	～玉	天聖元	1023
6	～至德	重熙七	1038
7	～孚	嘉祐元	1056
	～杞	景德元	1004
	～杞	統和廿二	1004
	～君俞	元豐二	1079
	～君授	熙寧九	1076
	～君儀	熙寧九	1076
	～志德	寶元二	1039
	～肖胄	重和元	1118
8	～治	元符三	1100
	～昉	宣和四	1122
	～知白	天聖七	1029
	～知白	太平九	1029
	～忠彥	寧熙四	1071
	～忠彥	元豐五	1082
	～宗道	元豐八	1085
	～宗道	元祐六	1091
	～宗範	熙寧七	1074
	～近	治平元	1064
9	～昭一	天聖七	1029
	～昭懿	元豐四	1081
	～昭懿	元豐八	1085
	～保衡	慶曆元	1041
10	～洛	乾興元	1022
	～格	太平二	1022
	～迥	慶曆七	1047
	～近	元祐七	1092
11	～宋	元祐五	1090
	～造	嘉祐四	1059
	～紹一	太平九	1029
	～紹文	慶曆七	1049
	～紹芳	天聖三	1025
	～紹昇	天禧五	1021
	～惟良	嘉祐元	1056
	～國華	景德二	1005
	～紹雍	太平三	1023
12	～貽孫	嘉祐六	1061
	～貽慶	嘉祐八	1063
13	～煜	熙寧五	1072
	～琦	寶元元	1038
	～琦	重熙八	1039
	～絳	皇祐四	1052
	～運	慶曆六	1046
	～運	至和二	1055

韓				
	13	〜迺	清寧元	1055
		〜詵	熙寧八	1075
		〜資睦	元祐六	1091
		〜資讓	元豐五	1082
	14	〜樂	太平八	1028
		〜粹彥	元符二	1099
		〜綜	慶曆七	1047
		〜億	天聖四	1026
		〜橁	景德二	1005
		〜橁	明道二	1033
		〜絪	治平三	1066
		〜絪	熙寧七	1074
		〜翼	太平六	1026
		〜濟	統和廿三	1005
		〜贊	皇祐五	1053
		〜贊	慶祐八	1063
		〜鐸	熙寧七	1074
		〜德	元祐二	1087
鞠				
		〜詠	天聖七	1029

十八畫

豐				
		〜稷	元祐七	1092
聶				
		〜冠卿	寶元二	1039
蕭				
	4	〜日休	慶曆三	1043
		〜日新	大中祥符八	1015
		〜日新	太平二	1022
		〜日新	乾興元	1022
		〜巴固濟	太平興國元	976
		〜巴固濟	太平興國三	978
	5	〜永	大中祥符元	1008
		〜永請	元祐四	1089
		〜匹古	開泰元	1012
		〜只古	保寧八	976
		〜可親	天聖九	1031
		〜可觀	太平九	1029
	6	〜式	明道元	1032
		〜全	皇祐五	1053
		〜扎卜嘉	咸雍三	1067
		〜好古	明道元	1032
		〜合卓	統和廿八	1010
		〜安全	元符三	1100
		〜仲奇	元祐六	1091
		〜吉哩	天禧三	1019
	7	〜良	建中靖國元	1105
		〜伸	慶曆六	1046
		〜玖	慶曆四	1044
		〜利民	熙寧五	1072
		〜孝恭	元祐三	1088
		〜伯達	太平三	1023
		〜良德	皇祐四	1052
		〜迂魯	咸雍元	1065
	8	〜京	元祐三	1088
		〜侃	天禧四	1020
		〜供	嘉祐四	1059
		〜佶	嘉祐元	1058
		〜固	元豐六	1083
		〜固	元祐五	1090
		〜昇	天聖九	1031
蕭				
	8	〜昌	皇祐四	1052
		〜昌祐	元祐七	1092
		〜昌瑰	大中祥符四	1011
		〜林	天聖二	1024
		〜林牙	治平四	1067
		〜朴	皇祐三	1051
		〜知可	大中祥符元	1008
		〜和卓	統和廿八	1010
		〜和泥	景德三	1006
		〜和尚	開泰元	1012
		〜忠孝	慶曆四	1044
		〜忠孝	元祐五	1090
		〜阿括	天禧四	1020
		〜忠順	元豐八	1085
		〜知微	至和二	1055
		〜延寧	大中祥符七	1014
		〜延寧	大中祥符九	1016
		〜呼嚕固	開寶八	975
	9	〜律	天聖二	1024
		〜信	天聖四	1026
		〜信	嘉祐元	1056
		〜昱	皇祐四	1052
		〜宣	元祐四	1039
		〜拱	嘉祐四	1059
		〜括	紹聖四	1097
		〜括	元符二	1099
		〜洽	元豐八	1085
		〜英	慶曆二	1042
		〜祐	皇祐元	1049
		〜迪	康定元	1040
		〜迪	重熙九	1040
		〜迪	元祐七	1092
		〜述	皇祐三	1051
		〜革	景福元	1031
		〜昭古	天聖元	1023
		〜昭古	太平九	1029
		〜昭古	天聖八	1030
		〜昭彥	元符元	1098
		〜保先	崇寧五	1106
		〜迪里	太平六	1026
		〜迪烈	太平五	1025
		〜迪烈	天聖四	1026
		〜曷領	大中祥符三	1010
	10	〜倜	元祐六	1091
		〜侶	慶曆八	1048
		〜頁嚕	咸雍元	1065
		〜浹	元豐七	1084
		〜容	宣和四	1122
		〜恭	建中靖國元	1101
		〜格	天聖九	1031
		〜格	景福元	1031
		〜晟	元豐二	1079
		〜珠克	太平九	1029
		〜矩	嘉祐二	1057
		〜展	嘉祐六	1061
		〜素	天聖六	1028
		〜素	嘉祐八	1063
		〜能	皇祐元	1049
		〜碧庫	保寧八	976
		〜高九	開泰七	1018
		〜特末	重熙十一	1042
		〜特默	重熙十一	1042
		〜特古斯	咸雍三	1067
		〜師古	天聖元	1023
		〜留寧	景德四	1007
		〜留寧	大中祥符六	1008

十七畫 韓鞠 十八畫 蕭

蕭			
10	〜留寧	天禧元	1018
	〜速撒	太平七	1027
11	〜偕	慶曆二	1042
	〜寅	元祐四	1089
	〜述	祐嘉元	1056
	〜述	嘉祐二	1057
	〜袞	大中祥符五	1012
	〜袞	重熙四	1035
	〜袞	至和二	1055
	〜[illegible]古	天聖三	1025
	〜[illegible]列	統和廿八	1010
	〜得里底	乾統六	1105
	〜惟信	慶曆八	1048
	〜惟信	重熙十八	1049
	〜惟信	皇祐元	1049
	〜從政	太平四	1024
	〜從順	天聖三	1025
	〜恭順	治平四	1067
	〜紹筠	重熙九	1040
	〜紹筠	康定元	1040
	〜惟輔	咸雍二	1068
	〜惟禧	熙寧二	1069
12	〜傅	明道二	1033
	〜傅	重熙七	1038
	〜智可	大中祥符元	1008
	〜善	天禧五	1021
	〜渙	太平二	1021
	〜蕃	元符三	1100
	〜逢	明道二	1033
	〜逢	熙寧八	1075
	〜進忠	元符三	1100
	〜[illegible]袞	天禧五	1021
	〜湜袞	開泰元	1012
	〜[illegible]淳	重熙元	1032
	〜善寧	大中祥符三	1010
	〜階	慶曆二	1042
13	〜傑	治平四	1067
	〜傑	元豐八	1035
	〜傑	元豐三	1680
	〜系	明道二	1033
	〜傳	嘉祐六	1061
	〜源	寶元二	1039
	〜業	皇祐二	1050
	〜嗣	熙寧五	1072
	〜靖	治平三	1066
	〜隆	元豐八	1085
	〜[illegible]	元祐元	1086
	〜運	慶曆三	1043
	〜運	至和二	1055
	〜福	元祐七	1092
	〜福全	元豐四	1081
	〜福延	至和元	1054
	〜福延	嘉祐三	1058
	〜福延	嘉祐八	1063
	〜福善	慶曆元	1041
	〜福[illegible]	治平四	1067
	〜塔喇嗎	大中祥符二	1009
	〜塔喇台	統乾六	1106
	〜道寧	天聖五	1027
14	〜[illegible]	熙寧四	1071
	〜寧	重熙十	1041
	〜寧	慶曆二	1042
	〜寧	元豐二	1079
	〜寀	明道元	1032
	〜[illegible]喇	統和廿八	1010
	〜[illegible]	元豐八	1085
蕭			
14	〜維信	治平二	1065
	〜遜	嘉祐八	1063
	〜翥	嘉祐三	1058
	〜諧	慶曆四	1044
	〜蒲尼禮	太平興國二	977
	〜蒲骨只	太平興國元	976
	〜蒲骨只	保寧十	978
	〜圖古辭	咸雍三	1067
	〜瑜洌	重熙六	1037
	〜漢寧	景德三	1006
	〜漢寧	天聖四	1026
	〜輔	治平四	1067
15	〜儀	熙寧十	1077
	〜慶	嘉祐三	1058
	〜慮	慶曆六	1046
	〜德	至和元	1054
	〜質	天禧元	1017
	〜質	熙寧九	1076
	〜適	開泰六	1017
	〜遜	至和元	1054
	〜潛	嘉祐六	1061
	〜德崇	元祐二	1087
	〜德崇	元符二	1099
	〜德順	天聖九	1031
	〜德潤	慶曆七	1047
	〜餘慶	治平四	1067
	〜撻不也	咸雍三	1067
	〜撻勃也	宣和四	1122
16	〜禧	治平元	1064
	〜禧	治平四	1067
	〜禧	熙寧三	1070
	〜禧	熙寧七	1074
	〜禧	熙寧八	1075
	〜諧	太平五	1025
	〜諧	天聖四	1026
	〜穆	元符三	1100
	〜穆古	天聖三	1025
	〜穆嚕	清寧元	1055
	〜噶琳	大中祥符三	1010
	〜噶濟	開泰七	1018
	〜遵道	熙寧三	1070
	〜禮	元祐八	1093
18	〜謨晉	清寧元	1055
19	〜蘊	太平六	1020
	〜蘊	天聖五	1027
	〜鐸	至和二	1055
	〜寵	重熙元	1032
	〜寵	明道二	1033
	〜藥師奴	壽昌四	1098
	〜藥師努	壽昌四	1098
	〜藥師奴	壽昌五	1099
	〜藥師努	壽昌五	1099
20	〜[illegible]	嘉祐六	1061
	蘇色	太平七	1027
21	〜護里國	開寶八	975
	〜[illegible]澄	大中祥符元	1088
闍			
	〜之翰	元祐五	1090
	〜仁武	建中靖國元	1060
	〜詢	嘉祐五	1101
魏			
	〜公佐	皇祐元	1049
	〜永	景福元	1031
	〜昭文	天聖九	1031
	〜昭文	景福元	1031

魏	～昭易	大中祥符元	1008
豐	～稷	元祐七	1092
十九畫			
羅	～遵	政和五	1115
譚	～綸	天祐四	1020
二十畫			
竇	～卞	熙寧八	1075
	～頌	熙寧八	1075
	～掁	太平九	1029
	～振	天聖八	1030
	～處約	太平十	1030
	～處約	天聖八	1030
	～景庸	熙寧六	1073
	～舜卿(兩見)	至和二	1055
褻	～育	元豐八	1085
龐	～元英	元豐四	1081
	～籍	寶元二	1038
	～籍	重熙八	1039
蘇	～伸	重熙九	1040
	～注	元祐五	1090
	～耆	天禧五	1021
	～耆	天聖七	1029
	～紳	康定元	1040
	～寀	治平三	1066
	～軾	元祐元	1086
	～頌	熙寧元	1068
	～頌	熙寧十	1077
	～維甫	元禧五	1021
	～維甫	太平元	1021
	～轍	元祐四	10[illegible]9
顧	～臨	元祐三	1088
廿二畫			
權	～邦彥	宜和二	1120
龔	～湜	皇祐二	1050

出自第十四本(一九四八年六月付印,一九五九年十一月重印)

元代的紙幣

全漢昇

第一章　緒論　第二章　元初紙幣價值的昂貴　第三章　世祖末葉以後紙幣價值的下跌——（一）下跌的原因——（二）下跌的情形　第四章　元末的通貨膨脹　第五章　結論

第一章　緒論

中國的紙幣，開始於宋眞宗時（998—1022）四川一地的發行，中經宋、金政府分別在南北印造流通以後，到了蒙古開始統治中國的時候，已經有二百多年的歷史了。積累了過去長期間發行紙幣的經驗，元代政府的紙幣制度比較以前改進許多。其中最重要的一個特點，是不像宋、金那樣准許金屬貨幣（銀兩及銅錢等）伴着紙幣來流通，而只以紙幣爲當日的本位幣，剝奪了銀與錢的貨幣的資格。這時紙幣，在法律上有強制流通的力量；凡人民買賣貨物，都須以紙幣爲價值的單位，和交易的工具。如元史卷五世祖紀載中統三年（1262）七月，

敕，「私市金銀，應支錢物，止以鈔爲准」（註一）。

又元典章卷二〇載至元二十四年(1287)三月的法令云：

應典賣田宅，並以寶鈔爲則，無得該寫解（穀？）粟絲綿等物，低昂鈔法；如違治罪。

又馬可波羅遊記云：

大汗令這種紙幣普遍流通於他所有的各王國、各省、各地、以及他權力所及的地方。無論何人，雖然自己以爲怎樣權要，都不敢冒死拒絕使用。事實上，人們都樂於用牠，因爲一個人不論到達大汗領域內的什麼地方，他都發

（註一）續通考卷九圓。

見紙幣通用，可以拿來做各種貨物買賣的媒介，有如純金的貨幣那樣（註二）。

又 Ibn Batuta 遊記云：

中國人不用金銀鑄成的錢幣來交易。……他們買賣所用的媒介，是一種大如手掌，上面印有皇帝玉璽的紙幣。這種紙幣二十五張稱爲-balisht（註三），約等於我們的一個 dinar。……如果某人拿金銀到市上購買東西，人們是不會收受的；等到他把金銀換成 balisht 以後，人們才予以注意，他才買到他想要買的物品（註四）。

紙幣的流通區域，據上引馬可波羅遊記所載，實與大汗的領域相等。這是不錯的，因爲當日的紙幣，絕不限於中國本部，就是漠北的和林（在今外蒙古庫倫西南），和西北的畏吾兒（今天山南路一帶），也一樣的流通使用。元史世祖紀說：

（至元九年，1272）五月戊午朔，立和林轉運司，以小雲失別爲使，兼提舉交鈔使。（卷七）

（十七年三月）辛未，立畏吾境內交鈔提舉司。（卷一一）

（二十年三月）辛巳，立畏吾兒四處驛及交鈔庫。（卷一二）

又新元史卷七四食貨志說：

（至元十七年）立畏兀兒交鈔提舉司。先是至元九年，立和林轉運使兼提舉交鈔。至是畏兀兒亦置提舉司。二十年，又立畏兀兒交鈔庫。蓋鈔法通行西北邊矣。

除此以外，甚至在南洋各國，元代政府發行的紙幣也可以通用；因爲在當日的海外

（註二）Yule and Cordier, Travels of Marco Polo, I, p. 424. 按馬可波羅於 1275 年（元世祖至元十二年）五月抵上都（又稱開平府，在今察哈爾多倫縣東南），於 1292 年初（至元二十八年末）離泉州西返。參考同書同卷 pp. 21—23.

（註三）Samuel Couling, The Encyclopaedia Sinica, p. 42 云，"Balis, Palishi, 或其他拼法，是中古著作用來指某種數量的中國貨幣的名詞。這個字大約源於波斯語稱鞋或拖鞋的 Balik。因此無疑的，牠是指一錠的金，銀，或價值相當的紙幣。"按元代的紙幣通常以錠的多少來計算，當日來華外人所說的 Balisht 當卽一錠鈔幣的意思。Ibn Batuta 於至正五年(1345)左右來華，這時行用的至元鈔，價值最高者二貫一張，二十五張便是五十貫，卽一錠，與他的計算正合。

（註四）Yule, Cathay and the Way Thither, VI, p. 112—3.

貿易中，中國有大量的貨物出口，(註五)可用來支持在國外流通的紙幣的價值。元史卷一三世祖紀載至元二十二年(1285)六月

丙辰，遣馬速忽、阿里齎鈔千錠，往馬八圖求奇寶。賜馬速忽虎符，阿里金符。

又同書卷三二文宗紀載致和元年(1328)九月，

中書左丞相別不花言，「回回人哈哈的，自至治間(1321—4)貸官鈔，違制別往番邦，得寶貨無算。法當沒官。……」

又島夷志略「羅斛」(註六)條云：

以肌子代錢流通行使，每一萬準中統鈔二十四兩，甚便民(註七)。

又同書「烏爹」(註八)條云：

每箇銀錢重二錢八分(原註：即『朋加剌』條所謂唐加)，准中統鈔一十兩，易肌子計一萬一千五百二十餘。

又同書「交阯」條云：

流通使用銅錢，民間以六十七錢折中統銀(註九)壹兩。

由此可知，元代的紙幣着實是當日最重要的一種貨幣，其流通狀況是很值得我們注意的(註一〇)。

(註五)參考汪大淵島夷志略各條，及元典章卷二二市舶。

(註六)即今之 Lophuri.在暹羅南部眉南河上。參考藤田豐八島夷志略校注。

(註七)到了明代，暹羅還使 元代的中統鈔。明費信星槎勝覽卷一『暹羅國』條說，『以海肌代錢，每一萬箇准中統鈔二十貫。』

(註八)烏爹之說有二：一說謂即西域記的烏荼(Udra)，後世的 Orissa；一說謂等於烏土，即今緬甸一帶。見藤田豐八島夷志略校注。

(註九)銀字當是『鈔』字之誤，因元代無『中統銀』，只有『中統鈔』；參看上引同書各條，當可推知。

(註一〇)固然，我們也不否認，元代除紙幣外，銀錢及肌子(一種貝的名稱，參考元史卷九世祖紀至元十三年正月丁亥條，卷二一大德九年十一月丁未條，卷一二五賽典赤贍思丁傳，及通制條格卷一八至元十三年四月十三日條)都曾以貨幣的資格出現於市場上。可是，銀兩之作貨幣，只限於元初紙幣尚未獨佔及元末不能獨佔流通界的時候；銅錢的流通，只限於至大二年至四年(1309—1311)及元末至正十年(1350)以後；至於肌子的流通，則只限於雲南一地。故就流通的時間及空間方面說，紙幣的重要性都遠在當日其他各種貨幣之上。

當蒙古族僻處漠北，尙未在成吉思汗的領導下，擴展版圖，組成帝國的時候，他們還滯留在游牧社會的階段，生活簡單，雖然相互間偶然也發生商業買賣的行爲，但只限於物物交換，並沒有像他們南邊的隣居金國或南宋那樣的使用紙幣。元朝祕史說：

朵奔篾兒干將得的鹿肉馱着回去，路間遇着一個窮乏的人，引着一個兒子行來。朵奔篾兒干問他，『你是什麼人？』其人說，『我是馬阿里黑伯牙兀歹人氏。我而今窮乏，你那鹿肉將與我，我把這兒子與你去』。朵奔篾兒干將鹿一隻後腿的肉與了，將那人的兒子換去家裏做使喚的了。（卷一）

帖木眞、札木合兩箇到豁兒豁納黑主不兒地面，一同下了，想着在前契合時交換物的意思，又重新親愛咱，共說了。初做安答時，帖木眞十一歲，于斡難河冰上打髀石時，札木合將一箇麆子髀石與帖木眞，帖木眞卻將一箇銅灌的髀石回與札木合，做了安答。在後春間，帖木眞、札木合各用大小木弓射箭時，札木合將一箇小牛的角，粘做響髏頭，與了帖木眞；帖木眞也將一箇柏木頂的髏頭與了札木合。（卷三）

帖木眞將篾兒乞惕處擄得的金帶與札木合繫了，又將擄得數年不生駒的馬與了。札木合也將篾兒乞惕歹亦兒兀孫處擄得的金帶與了帖木眞，又將擄得有角的白馬與了。（卷三）

成吉思隨卽起去，至巴泐渚納海子(註一一)行住了。那裏正遇着……阿三名字的回回，自汪古惕種的阿剌忽失的吉惕忽里處來，有羯羊一千，白駝一箇，順着額洏古湼河易換貂鼠靑鼠，來至巴泐塔納海子，飲羊時遇着成吉思。（卷六）

其後，大約因爲與隣近文化較高的民族接觸的結果，始知使用銀兩作貨幣，以銀來買賣商品，或交給回回來經營高利貸和商業。李志常長春眞人西遊記卷一云：

（太祖辛巳年六月，1221）二十八日，泊窩里朵之東（此卽和林，今在土謝圖汗之內）。……黍米斗白金十兩。

（壬午年，1222—3）路逢征西人回，多獲珊瑚。有從官以白金二鎰易之，

(註一一)在俄國赤塔以南，斡難河以北。參考那河通世譯註成吉思汗實錄卷六。

近五十株，高者尺餘。

又宋彭大雅徐霆黑韃事略云：

其賈販則自韃主以至僞諸王僞太子僞公主等，皆付回回以銀，或貸之民，而衍其息。一錠之本，展轉十年後，其息一千二百四十錠。或市百貨而貿遷，或托夜偸而責償於民。

霆見韃人只是撒花，無一人理會得賈販。自韃主以下，只以銀與回回，令其自去賈販以納息。回回或自轉貸與人，或自多方賈販，……

同時，中國北部自金末政府濫發紙幣，致紙幣價值狂跌以後，人民遂改用銀來交易(註一二)。因此，當蒙古政權最初出現於中國的時候，銀兩是在市場上最通用的貨幣。如元史卷一五〇張榮傳說：

（太祖丙戌年，1226—7)授金紫光祿大夫，山東行尙書省，兼兵馬都元帥，知濟南府事。時貿易用銀，民爭發墓刼取。榮下令禁絕。

銀兩並沒有使用多久。因爲過去有宋、金長期間使用紙幣的歷史背景，蒙古的統治者君臨中土不久以後，便學會了中國以前發行紙幣的辦法。結果，紙幣的流通越來越普遍，銀兩在流通界中的地位便被排擠出來。

關於元代紙幣流通的狀況，自世祖中統元年（1260）十月發行中統元寶交鈔以後，始有比較詳細的記載。但事實上，在此以前，蒙古統治下的中國之發行鈔幣，已有三十多年的歷史了。在這個時期內，據蘇天爵元文類卷四〇經世大典序錄所載，諸路有行用鈔的流通，但『行用鈔之法，文牘莫稽』(註一三)。不過，根據各種史實，我們還可以約略知道一些中統鈔發行以前紙幣流通的狀況。

遠在太祖丁亥年（1227—8），當蒙古軍隊還沒有把金國全部佔領的時候，何實卽已在博州（今山東聊城縣）以絲爲準備金，發行會子，以便人民交易之用。元史卷一五〇何實傳云：

丁亥，賜金虎符，便宜行元帥府事。……博值兵火後，物貨不通。實以絲數

(註一二)金史卷四八食貨志。

(註一三)根據經世大典來修的元史食貨志也說『元初倣唐宋金之法，有行用鈔，其制無文籍可考。』（卷九三）

（註一四）印置會子，權行一方。民獲貿遷之利（註一五）。

其後，到了太宗八年（1236）正月，政府又復印造交鈔來流通使用。元史卷二太宗紀云：

八年丙申春正月，……詔印造交鈔行之。

又同書卷一四六耶律楚材傳云：

丙申春，……有于元者奏行交鈔。楚材曰，『金章宗時，初行交鈔，與錢通行。有司以出鈔爲利，收鈔爲諱，謂之老鈔。至以二萬貫唯易一餅。民力困竭，國用匱乏。當爲鑒戒。今印造交鈔，宜不過萬錠』。從之。

再往後，到了憲宗三年（1253）夏，政府又印鈔以增加收入。元史卷四世祖紀說：

歲癸丑（憲宗三年）……夏……又立交鈔提舉司，印鈔以佐經用。

又 Rubruck 遊記說：

在契丹境內通用的貨幣是一種棉質的紙，（註一六）大如手掌，上面蓋有像蒙哥汗玉璽上那般的印紋。（註一七）

這時紙幣流通的狀況，有兩個特點：第一是流通的數量不大。如上引元史耶律楚材傳所說，太宗八年紙幣的流通量不過一萬錠。其後，發行額究竟一共多少，因爲文獻有闕，我們不得而知。不過，到了憲宗末年，中統鈔將要開始發行的時候，以眞

（註一四）按博州在金時屬東平府，而東平府『產……絲、綿、綾、錦、絹』（金史卷二五地理志）。可見何實在博州印行會子，是利用當地比較豐富而又有價値的物資來支持牠的價値的。

（註一五）新元史卷七四食貨志略同，下加『是爲用交鈔之始』一語。

（註一六）Rockhill 譯註 Rubruck 遊記時，因見元代來華的其他外人如（Marco Polo 及 Odoric 等）都說元鈔所用的紙由桑樹纖維造成，對於 Rubruck 以棉製的紙來作鈔票的說法，頗表懷疑（見 W. W. Rockhill, The Journey of William of Rubruck, p. 201）。按元代最初的紙幣，多以棉質的紙充用。這有實物可以爲證。王樹枏新疆訪古錄『元中統元寶交鈔』條云，『曾炳熿云：宣統紀元春正，吐魯番伊拉里克戶民入山掘薪，憩于沙磧水溝石坦中，有纖金綢袱，敗絮重疊，隱隱有字，獻諸廳署。啓視爲元世祖中統元寶交鈔，棉質，印文漫漶破裂。』『右元中統元寶交鈔，紙質純棉，……』在中統元年（1260）發行的紙幣既然以棉質的紙造成，比牠約早六七年印造的紙幣自然也是以棉質的紙造成了。故 Rubruck 的說法是很對的。

（註一七）Rockhill (tr. and ed) The Journey of William of Rubruck, p. 201。按 Rubruck 於 1253—5（憲宗三年至五年）東來。

定（今河北正定縣）爲發行中心，而一直流通至河北的燕、趙和河南的唐、鄧的銀鈔，一共也不過八千餘貫(註一八)而已。第二是各道有各道行用的紙幣，不得出境。元史卷一四七史楫傳云：

以楫爲眞定兵馬都總管，佩金虎符。辛亥（1251—2）……各道以楮幣相貿易，不得出境，二三歲輒一易。鈔本日耗，商旅不通。楫請立銀鈔相權法。人以爲便。

又王惲秋澗先生大全文集卷五四史公（楫）神道碑銘云：

辛亥歲……各道發楮幣貿遷，例不越境。所司較固取息，二三歲一更易。致虛耗元胎，商旅不通。公騰奏皇太后，立銀鈔相權法，度低昂而爲重輕，變澁滯而爲通便。

把這兩段材料合併起來考察，我們可以推知：當日政府的發行紙幣，以銀作準備金（鈔本）來維持牠的價值。因爲各道有各道通用的紙幣，不能越界行使，人民如果要往他道貿易，必須預先在本道把紙幣兌換爲現銀才成。這樣一來，因爲使用頻繁的結果，鈔本的銀自然越來越少，有如上引文字所說。這種情形，自憲宗辛亥年（即元年）史楫請立銀鈔相權法後，便漸漸發生變動；故到了憲宗末年，眞定行用銀鈔之流通於燕、趙、唐、鄧之間者，已有八千餘貫之多。

上述是元代中統鈔發行前紙幣流通的狀況。這時期紙幣的流通，到了中統元年左右漸漸發生流弊。爲着要改革這種流弊，(註一九)元世祖即位不久以後，便於是年七月，倣效何實以前在博州發行會子的辦法，以絲爲本，印造交鈔，規定絲鈔一千兩易銀五十兩(註二〇)。這種絲鈔的重要性，不久以後，便漸漸減小；因爲政府又於同年十月，另外發行一種紙幣，名叫『中統元寶交鈔』，(註二一)規定諸路一律流

(註一八)蘇天爵元朝名臣事略卷一〇『尙書劉文獻公』條，元史卷一六〇劉肅傳。

(註一九)元文類卷四〇經世大典序錄云，『世祖皇帝中統元年七月，創造通行交鈔，以革諸路行用鈔法之弊也』。但『行用鈔法之弊』究竟怎樣，現已不能詳細知道。

(註二〇)元文類卷四〇經世大典序錄，元史卷九三食貨志。新元史卷七四食貨志更多加一句，『蓋猶沿(何)實之辦法。』

(註二一)以下簡稱中統鈔。宣統元年（1909）正月，吐魯番伊拉里克戶民曾於沙磧水濇石坦中發見一張二貫文的中統鈔，其樣式見於王樹枏的新疆訪古錄『元中統元寶交鈔』條。王氏云。『右元中統元寶交鈔，紙質純棉，破裂不完，而字跡尙可辨識，印文尤鮮豔如新，其緣即以纖金絲裱褙而飾之。古色照人洵收藏家所僅見也！』參考註一六。

通，每一貫同交鈔一兩，兩貫同白銀一兩行用。按照面值的大小，分爲二貫文、一貫文、五白文、三百文、(註二二)，二百文、一百文、五十文、三十文、二十文、一十文，凡十等；其後，又添造五文、三文、二文三種釐鈔。中統鈔在最初發行的二十年內，價值昂貴，流通狀況至爲良好。及世祖末葉以後(約自至元十八九年起)，價值漸漸下跌。到了至元二十四年（1287）三月，爲着要提高紙幣的價值，政府另外發行一種面值較高的紙幣，名叫『至元通行寶鈔』，(註二三)自二貫至五文，凡十一等，以一貫準中統鈔五貫，與中統鈔一同行使。再往後，隨着時日的推移，價值又復下跌。到了武宗至大二年(1309)九月，政府又另外印造一種面值較高的紙幣，名叫『至大銀鈔』，自二兩至二釐，凡十三等，每一兩準至元鈔五貫，白銀一兩，赤金一錢，并恢復銅錢的行使。但爲期不夠兩年，到了至大四年四月，又復停罷。自此以後，到了順帝至正十年(1350-1)，因鈔法虛弊，加以內亂迭起，開支大增，政府又改發大量的『至正交鈔』，又名『中統交鈔』，以一貫準至元鈔二貫，權銅錢一千文，同時並恢復銅錢的貨幣的資格。可是因爲發行數量太多，價值狂跌，各地多拒絕使用，以至於亡(註二四)。

上述元代紙幣流通的歷史，爲便利計，我們可以把牠劃分爲三個時期：第一個時期爲中統鈔最初發行的二十年，即約由中統元年（1260—8）起，至至元十六七年(1279—80)止。這時鈔幣價值昂貴，流通狀況至爲良好。第二個時期包括的時間較長，約由至元十八九年起，至至正十年（1350—1）止，中經至元鈔及至大銀鈔的發行，前後約共七十年。這時紙幣價值逐漸下跌，但因爲時間較長，故下跌的速度還

(註二二)新舊元史食貨志均無『三百文』一種，玆據王惲中堂事記卷上(秋澗先生大全文集卷八〇)補入。

(註二三)以下簡稱至元鈔。現存的至元鈔有二貫文，壹伯文及參拾文三種，樣式均見於羅振玉四朝鈔幣圖錄。羅氏並考釋云，『右至元二貫寶鈔銅版，近年出土』。『右至元壹伯文及參拾文寶鈔二種，今藏俄京亞細亞博物館，乃得之我國甘肅，東友狩野博士直喜以影照本示予者。照時已縮小，其尺寸初不可知矣。其式與二貫寶鈔同。衡闌上有印文，已不可辨。右側斜捺合同印，亦漫漶，當是支錢路名。其制亦與金交鈔無殊也。……此鈔陰面初不知有無印記文字。東友羽田學士亨昨至俄京歸，言曾見博物館所藏至元二貫鈔，其陰實無文字印記云。』

(註二四)元史卷九三食貨志，元典章卷二〇，續文獻通考卷九。

不算快，我們可以稱爲輕微的通貨膨脹時期。第三個時期自至正十年起，以至於亡(1268)，前後約共十八年。這時紙幣數量大增，價值一落千丈。假如前一時期是輕微的通貨膨脹時期的話，這一時期便應稱爲惡性的通貨膨脹時期了。現在按照時間的先後，把這三個時期紙幣流通的狀況分別探討如下。

第二章 元初紙幣價値的昂貴

當世祖中統元年十月，中統鈔最初發行的時候，中國的北部，即原來金國的疆域，早已完全爲蒙古族所統治。因此，配合着當日政治上的統一，中統鈔的發行便統一了各地行用的貨幣。爲着要保護舊鈔持有人的利益，政府以新鈔如數收換不再行用的舊鈔。王惲中堂事記卷上云：

> 省府爲發下中統元寶交鈔榜省諭諸路，其文曰，『……各路元行舊鈔並白帖子，止勒元發官司庫官人等依數收倒，毋致虧損百姓；須管日近收倒盡絕，再不行使。』

又元朝名臣事略卷一〇『尙書劉文獻公』條云：

> 上（世祖）卽位，勵精爲治，置十路宣撫司，以總天下之政。公治眞定。眞定行用銀鈔，奉太后旨交通燕、趙以及唐、鄧之間，數計八千餘。中統新鈔將行，銀鈔之價頓虧。公私囂然，不知措手。公言救之之術有三：舊鈔不行，下損民財，上廢天子仁孝之名，依舊行用，一也；新舊兼用，二也；必欲全行新鈔，直須如數收換，庶幾小民不致虛損，三也。省議是之，從其第三策（註一）。

其後，世祖滅宋，下令禁用南宋舊有的銅錢，（註二）並以一與五〇的比價把南宋會子收回，換發中統鈔。元文類卷四〇經世大典序錄云：

> （至元）十三年，江南平，左丞呂文煥首以主茶稅爲言，以宋會五十貫準中統鈔一貫（註三）。

(註一)元史卷一六〇劉肅傳略同。

(註二)元史卷九及一一世祖紀。

(註三)元史卷九四食貨志，略同。長谷眞逸輯農田餘話卷上云，『前元印造中統交鈔，……得江南初，以一貫準宋朝里（舊？）會三十五貫』。所說比價不同，疑誤。

又陸友研北雜志卷下云：

宋會五十貫，准中統鈔一貫。

貨幣統一工作既告完成，中統鈔遂暢通於全國各地。

雖然元初人民還沒有忘掉金末政府濫發紙幣，以致價值狂跌的事實，(註四)中統鈔自發行以後，卻能在各地暢通無阻，長期間的保持着價值的穩定。當日中統鈔的發行，為什麽能夠有這樣優良的成績？對於此點，王惲在中堂事記卷上曾列舉四個原因：

時(中統二年二月)鈔法初行，惟恐澁滯，公私不便，省官日與提舉司官，及採衆議，深為講究利病所在。其法大約：(1)隨路設立鈔庫，如發鈔若干，隨降銀貨，即同見銀流轉。據倒到課銀，不以多寡，即裝垜各庫作本，使子母相權，准平物估。鈔有多少，銀本常不虧欠。至互易銀鈔，及以昏換新，除工墨出入正法外，並無增減。又中間關防庫司，略無少弊。(2)所納酒醋稅鹽引等課程大小一切差發，一以元寶(按即『中統元寶交鈔』之省稱)為則。其出納者，雖昏爛，併令收受。(3)七道宣撫司管限三日午前，將彼中鈔法有無底滯，及物價低昂，與鈔相礙，於民有損者，晝時規措，有法以制之。(4)在都總庫印到料鈔，不以多寡，除支備隨路庫司關用外，一切經費雖緩急不許動支借貸。……又當時鈔法有甚便數事：艱得，一也；經費省，二也；銀本常足不動，三也；僞造者少，四也；視鈔重於金銀，五也；日實不虛，六也；百貨價平，七也。

文中很扼要的舉出當日鈔法健全的原因，共有四個：(1)用作準備金的銀，常達鈔額百分之百，以供人民兌現之用；(2)各種稅收均須用鈔繳納，以增加鈔幣的需要或價值；(3)注意物價的變動而加以管制，以免因漲價而反映出鈔值的下降；(4)控制鈔幣流通的數量，以免因過多而價跌。末尾說到對於當日鈔法有利的數事中，『艱得』，『經費省』及『僞造者少』三事都與流通量有關，可歸併入(4)來討論；『銀本常足不動』一事，與準備金有關，可歸併入(1)來討論；『百貨價平』一事，

(註四)參考金史卷四八食貨志。當元初發行中統鈔於北方時，在南宋方面，正是通貨膨脹達到最嚴重的階段的時候。見拙著宋末通貨膨脹及其對於物價的影響，集刊十本二分。

與(3)有關，亦可合併來看。現在再根據其他史料，把這四點詳加探討如下。

第一，元初紙幣的發行，不像宋、金末年紙幣那樣的欠缺準備金，而由政府預先存貯充份的金銀及其他有價值的物品——其中尤以銀爲最主要——來作鈔母或鈔本，以支持牠的價值。如古今治平略(註五)云：

> 成宗時，(1294-1307)鄭介夫議曰，『……國初以中統鈔五十兩爲一錠者，蓋則乎銀錠也，以銀爲母，中統爲子。……』

又元史卷一七二趙孟頫傳云：

> 孟頫曰，『始造鈔時，以銀爲本，虛實相權。……』(註六)

又同書卷一二五布魯海牙傳云：

> 中統鈔法行，以金銀爲本，本至乃降新鈔。時莊聖太后已命取眞定金銀，由是眞定無本，鈔不可得。布魯海牙遣幕僚邢澤往謂平章王文統曰，『昔奉太后旨，金銀悉送至上京。眞定南北要衝之地，居民商賈甚多。今舊鈔既罷，新鈔不降，何以爲政？且以金銀爲本，豈若以民爲本？又太后之取金帛，以賞推戴之功也。其爲本不亦大乎？』文統不能奪，立降鈔五千錠。民賴以便(註七)。

這些因發鈔而存貯於平準行用庫的準備金，專供鈔票持有人兌現之用。人民如果持鈔要求兌現，只消扣除百分之三的手續費，便可換到現銀或其他物品。如中堂事記卷上載中統二年正月，

> 省府爲發下中統元寶交鈔榜省諭隨路，其文曰，『……如有諸人賫元寶交鈔從便卻行赴庫倒換白銀物貨，即便依數支發，并不得停滯，每兩止納工墨鈔三分外，別無尅減添答錢數，照依下項擬定元寶交鈔例行用。如有阻壞鈔法之人，依條究治施行。……』

其後，人民以鈔易銀所付的手續費減爲百分之二上下。元典章卷二〇載有至元十九

(註五)引自圖書集成經濟彙編食貨典卷三五六『錢鈔部』。新元史卷一九四鄭介夫傳同。

(註六)趙孟頫松雪齋文集附錄楊載趙公行狀，及歐陽玄圭齋文集卷九趙文敏公神道碑同。

(註七)文中說『以金銀爲本，本至乃降新鈔』，可見當時發鈔的愼重。至於執政者王文統因布魯海牙的特別要求而發鈔，只是一種臨時變通的權宜辦法，不能當作常例來看。

年十月頒佈的『倒換金銀價例』，其中規定出入庫價相差的數目就是手續費：

課銀每定(原作『疋』，誤) 入庫價鈔一百二兩五錢；出庫價鈔一百三兩。

白銀每兩 入庫價鈔一兩九錢五分；出庫價鈔二兩。

花銀每兩 入庫價鈔二兩；出庫價鈔二兩五錢(分？)。

赤銀每兩 入庫價鈔一十四兩八錢；出庫價鈔一十五兩。

此外，關於以鈔兌換金銀或其他物品的記載，元典章卷二〇亦云：

至元十九年九月，御史臺承奉中書省劄付，『……照勘自至元十三年以後，倒詑金銀人等姓名，除百姓客旅依理倒換之數，不須追理外，……』

又馬可波羅遊記云：

凡王公貴人或其他人等需要金銀珠寶來製造器皿，腰帶或其他物品，可往造幣廠以紙幣照所開列者購買(註八)。

又魏源元史新編卷八七食貨志云：

中統建元，王文統執政，盡罷諸路交鈔，印造中統元寶，以錢爲準，每鈔二貫倒白銀一兩，十五貫倒赤金一兩。稍有壅滯，出銀收鈔。恐民疑惑，隨路椿積元本金銀，分文不動。

當日這些預備給持鈔人兌換的準備金，在保管方面，關防至爲嚴密。至元三年(1266—7)，因平準行用庫的銀兩出入有偸濫之弊，由於諸路交鈔都提舉楊湜的提議，政府把牠鑄造爲錠來使用，計重五十兩，文曰元寶(註九)。同時，『有賈胡恃制國用使阿合馬，欲貿交鈔本，私平準之利，以增歲課爲辭』，結果因戶部尙書馬亨的抗議而沒有實行(註一〇)。

第二，元初政府既然要發行紙幣，命令人民一律行使，便不得不以身作則，自己首先收受，以增加紙幣的需要或價值。因此，政府特地規定人民可以鈔繳納各種

(註八)Yule and Cordier. Travels of Marco Polo, I, p. 425. 文中所說的造幣廠，當卽指平準行用庫而言。

(註九)元史卷一七〇楊湜傳。

(註一〇)元史卷一六三馬亨傳。這個外國商人活動的目的，很明顯的，在把當日國家發鈔之權移到他們手裏。

租稅。關於此點，除見於上引中堂事記外，同書卷上亦載中統二年正月，

省府爲發下中統元寶交鈔榜省諭隨路，其文曰，『省府欽依印造到中統元寶交鈔，擬於隨路宣撫司所轄諸路，不限年月，通行流轉。應據酒稅醋鹽鐵等課程，並不以是何諸科名差發內，並行收受。……』

又元史世祖紀云：

（中統四年三月）己亥，諸路包銀以鈔輸納，其絲料入本色；非產絲之地，亦聽以鈔輸入。凡當差戶，包銀鈔四兩，每十戶輸絲十四斤；漏籍老幼鈔三兩，絲一斤。（卷五）

（至元十七年十一月）戊申，中書省臣議通鈔法：凡賞賜宜多給幣帛，課程宜多收鈔。制曰可。（卷一一）

又同書卷二〇六王文統傳云：

是年（中統元年）冬，初行中統交鈔，自十文至二貫文，凡十等，不限年月，諸路通行，稅賦並聽收受。

第三，因爲物價的升降足以反映出紙幣價值的高下，故元初政府一方面發行紙幣，他方面又同時設法管制物價，以謀幣值的穩定。上引中堂事記曾說，當中統鈔初發行時，政府命令各地方長官限期『將彼中鈔法有無底滯，及物價低昂，與鈔相礙，於民有損者，晝時規措，有法以制之。』到了中統四年五月，政府『詔立燕京平準庫，以均平物價，通利鈔法』(註一一)。次年正月，又『設各路平準庫，主平物價，使相依準，不至低昂』(註一二)。因爲在各種物價中，尤以糧價爲最重要，故政府又立常平倉(註一三)，在平時收買大量的糧食，存貯起來，以備糧價上漲時控制糧價之用。王惲烏臺筆補（秋澗先生大全文集卷八八）論鈔息復立常平倉事云：

參詳合無亦將隨路平準行用鈔庫工墨鈔息增餘見在等鈔，分標州郡，作常平粟本，就令本路轉運司兼以提舉收糴勾當；續用逐年所得錢數，源源不已。則三年之間，百萬石之粟，可不勞而辦。是常有一年之蓄矣。……歲稍不

(註一一)元史卷五世祖紀。

(註一二)元史卷九三食貨志『鈔法』條，卷五世祖紀。

(註一三)元史卷九六食貨志『常平義倉』條。

豐，平價出糶，鈔本不失，人賴以安。

又同書爲蝗旱救治事狀云：

隨路交鈔庫鉄冶所，卽目若有見在物斛去處，亦宜取會見數，仰所在運司出榜，照依元價糶賣。

由於這兩段文字記載常平倉與發鈔機關聯繫的密切，我們可以想見當日政府管制物價以維持紙幣價值的情形。

最後，然而並不是最不重要的一點，當日紙幣價值所以昂貴，由於流通數量的不大。根據貨幣數量學說，貨幣價值的大小，與流通量的多寡成反比例。由於金末通貨膨脹的教訓，元初政府深悉此中道理，故很努力來控制紙幣流通的數量。上引中堂事記曾說，『在都總庫印到料鈔，不以多寡，除支備隨路庫司闕用外，一切經費雖緩急不許動支借貸』。又秋澗先生大全文集卷九〇論鈔法云：

其鈔法初立時，將印到料鈔，止是發下隨路庫司換易爛鈔以新行用外，據一切差發課程內支使。故印造有數，儉而不溢，得權其輕重，令內外相制，以通流錢法爲本。致鈔常艱得，物必待鈔而後行。如此，鈔寧得不重哉？

又元史新編卷八七食貨志云：

中統建元，……印造中統元寶，……當時支出無本寶鈔未多，易爲權治。諸老講究扶持，日夜戰兢，如捧破釜，惟恐失墜。

說到流通的數量，遠在太宗八年，由於耶律楚材的提議，鈔幣的發行額不過一萬錠左右(註一四)。其後，越來印造越多，到了至元六年(1269—1270)，總共爲七十餘萬錠。王惲玉堂嘉話卷四云：

至元六年，行用元寶鈔止七十餘萬錠(註一五)。於時爲御史，曾照刷提舉司文按，故知。

按一錠爲五十貫，此數合算起來，不過三千五百多萬貫。這和宋末淳祐六年(1246-

(註一四)元史卷一四六耶律楚材傳，參考第一章。

(註一五)把元史卷九三食貨志所載自中統元年至至元六年歲印鈔數加在一起，與此數恰恰相等。參考第三章第一節元代歲印鈔數表。

—7)紙幣流通量高達六萬五千萬貫(註一六)比較起來，眞是渺乎其小了。自此以後，直至至元十三年，印造的數量也不算多，每年少者不過數萬錠，多者不過二三十萬錠(註一七)而已。物以少爲貴，元初紙幣的流通量既然比較的小，價值自然比較昂貴。

總括上述，我們可知元初政府於發行中統鈔的時候，爲着要免蹈金末政府和同時間的南宋政府濫發紙幣，以致價值狂落的覆轍，對於鈔幣價值的維持曾作過種種的努力：第一，貯備着充分的金銀及其他有價值的物品來作準備金，以供持鈔人兌換之用；第二，准許人民用鈔納稅，以增加鈔幣的需要或價值；第三，注意管制物價，以免鈔值因物價上漲而反映出下跌的現象；第四，控制發行數量，以防因流通過多而價值下跌。結果，由於政府在這幾方面的措施得當，中統鈔在最初發行的十多二十年內，流通狀況非常之好，價值也很昂貴。上引中堂事記曾說，當中統鈔初發行的時候，一般人士『視鈔重於金銀』。又元史新編卷八七食貨志亦說：

中統建元，……印造中統元寶，……行之十七八年，鈔法無少低昂。

鈔值昂貴在物價方面的反映，是一般物價的低廉，即鈔幣購買力的強大。上引中堂事記曾說，中統年間，『百貨價平』。又元典章卷一九說：

大德元年(1297)六月，江西行省據龍興路申，『……江南歸附之初(註一八)，行使中統鈔兩，百物價直低微。……』

又大元海運記(註一九)卷上載至大四年(1311—2)中書奏云：

三十年前海運創始之初(註二〇)，鈔法貴重，百物價平。

(註一六)見拙著宋末通貨膨脹及其對於物價的影響。

(註一七)元史卷九三食貨志『鈔法』條。

(註一八)按至元十三年二月元兵入臨安，十六年二月陸秀夫負帝昺溺海死，宋遂亡。

(註一九)羅以智跋文云，「大元海運記二卷，胡書農學士輯自永樂大典本，蓋即經世大典之海運一門也。按天曆二年九月，勅翰林國史院官同奎章閣學士采輯本朝典故，準唐宋會要，著爲經世大典八一卷。今已佚，僅散見永樂大典中。……海運爲有元一朝規制。……幸學士輯存是編，俾傳抄行世，尙可參考而得其崖略云。」

(註二〇)按元海運創始於至元十九年(1282—3)(見元史卷九三食貨志『海運』條)，下距至大四年恰爲三十年。

第三章 世祖末葉以後紙幣價值的下跌

(一)下跌的原因

根據上述，我們可知在元世祖掌握政權(1260—2294)的最初二十年內，由於鈔值維持的努力，中統鈔流通的狀況至為良好，價值非常穩定。可是，這二十年來發行鈔幣的成績並沒有永遠保持下去，從世祖末葉（約自至元十八九年算起，包括他在位的最後十二三年）以後，鈔幣的價值便日漸下跌了(註一)。這時紙幣價值所以不能再像過去二十年那樣的穩定，主要原因是政府發鈔政策的轉變，或原來鈔值維持辦法的沒有繼續執行。為什麼自世祖末葉以後，政府漸漸放棄過去維持鈔值的政策？這與當日的財政問題有很密切的關係。因此，在說明世祖末葉以後發鈔政策的改變之前，我們先要把這幾十年的財政收支情形檢討一下。

元自世祖末葉以後，由於經費開支的增大，所入不敷所出，收支的不均衡遂成為在財政上日趨嚴重的問題。當日開支所以增大，最重要的一個原因是軍事費用的激烈增加。世祖自平定南宋，統一中國以後，即屢次從事於海外的遠征，其中規模較大者約有五次：(1)至元十八年，(1281—2)命阿塔海、范文虎、忻都、洪茶邱等率兵十萬渡海征日本，遇颶風破舟，喪師而回。其後仍擬再征，到至元二十三年，以安南寇邊，須集中兵力應付，乃止。(2)至元十九年至二十一年，先後以索多、脫歡等征占城。(3)及至元二十一年，以伐占城須假道安南，脫歡又舉兵擊之，凡三征，至三十一年始罷兵。(4)至元十九年起，又征緬國，至二十四年緬始平。(5)此外，又於至元二十九年遣史弼、亦黑迷失、高興等發舟千艘征爪哇，至次年始已。當日連年海外用兵的結果，戰費開支自然要激增起來。

當世祖下半葉的海外遠征告一段落以後，元室的財政又因諸王賞賜的激增和佛事用費的膨脹而開支大增。元帝對諸王貴族常有賜與，自中葉起賜與的金、銀、鈔、帛尤其增多。例如『武宗即位(1307)，命中書省臣議諸王朝會賜與，依成宗(1294—1307)例，比世祖所賜金五十兩者增至二百五十兩，銀五十兩者增至百五十

(註一)自世祖末葉開始的鈔值下跌時期，我們暫時規定至至正十年(1350—1)為止；因為自此以後，鈔幣特別濫發，踏入惡性的通貨膨脹時期，和至正十年以前的情形又復不同。

兩。以金二千七百五十兩，銀十二萬九千二百兩，鈔萬錠，幣帛二萬二千二百八十匹奉興聖宮。賜皇太子亦如之。賜越王秃剌鈔萬錠。至大元年（1308—9），中書省臣言：朝會應賜者總三百五十萬錠，已給者百七十萬，未給者猶百八十餘萬，兩都所儲已罄。……』其後，『仁宗卽位(1311)，以諸王朝會，普賜金三萬九千六百五十兩，銀百八十四萬九千五十兩，鈔二十二萬三千二百七十九錠，幣帛四十七萬二千四百八十八匹』（註二）。故許有壬說，『至大以來，賞賜不貲，造作不節，與夫一切蠹財之事，不可枚舉，而經費始有不足之患矣』（註三）。復次，元代崇奉佛教（註四），從中葉以後，政府因佛事而花的費用也着實不小。如泰定元年(1324)六月，張珪說，『且以至元三十年（1293—4）言之，醮祠佛事之目，止百有二。大德七年（1303—4），再立功德使司，積五百有餘。今年一增其目，明年卽指爲例，已倍四之上矣。……所需金銀鈔幣不可數計，歲用鈔數千萬錠，數倍於至元間矣』（註五）。又天曆二年（1329）正月，中書省臣說，『又佛事歲費，以今較舊，增多金千一百五十兩，銀六千二百兩，鈔五萬六千二百錠，幣帛三萬四千餘匹』（註六）。又元統二年（1334）四月，中書省臣說，『佛事布施，費用太廣。以世祖時較之，歲增金三十八錠，銀二百三錠四十兩，繒帛六萬一千六百餘匹，鈔二萬九千二百五十餘錠』（註七）。總之，元自世祖逝世以後，雖然軍費因海外遠征的終結而減少，政府經費的開支卻因諸王賞賜和佛事用費的增加而特別龐大。

由於上述的三個原因，世祖末葉以後的財政遂常常發生收支不能相抵的問題。例如至元二十九年(1292)十月，完澤等說，『一歲天下所入，凡二百九十七萬八千三百五錠。今歲已辦者纔一百八十九萬三千九百九十三錠，其中有未至京師而在道者，有就給軍旅及織造物料館傳俸祿者。自春至今凡出三百六十三萬八千五百四

(註二)新元史卷七八食貨志，元史卷二二武宗紀，卷二四仁宗紀。

(註三)許有壬至正集卷七七正始十事。

(註四)關於元代崇奉佛教的情形，參考趙翼陔餘叢考卷一九『元時崇奉釋教之濫』條。

(註五)元史卷一七五張珪傳。

(註六)元史卷三三文宗紀。

(註七)元史卷三八順帝紀。

十三錠，出數已逾入數六十六萬二百三十八錠矣』(註八)。又大德十一年(1307)九月，中書省臣說，『帑藏空竭，常賦歲鈔四百萬錠，各省備用之外，入京師者二百八十萬錠。常年所支，止二百七十餘萬錠。自陛下(武宗)即位以來，已支四百二十萬錠，又應求而未支者一百萬錠。臣等慮財用不給，……』(註九)又至大四年(1311)十一月，李孟奏，『今每歲支鈔六百餘萬錠；又土木營繕百餘處，計用數百萬錠；內降旨賞賜復用三百餘萬錠；北邊軍需又六七百萬錠。今帑藏見貯止十一萬餘錠。若此安能周給？』(註一〇)又天曆二年七月，監察御史把的千思說，『若以歲入經賦較之，則其所出已過數倍。況今諸王朝會，舊制一切供億，俱尚未給』(註一一)。又至順二年(1331)九年，陳思謙說，『一切泛支，以至元三十年以前較之，動增數十倍。至順經費缺二百三十九萬餘錠』。(註一二)因此，對於元中葉以來財政上的危機，柯劭忞在新元史卷六八食貨志中很扼要的說，『元中葉以後，課稅所入，視世祖時增二十餘倍，……而國用日患其不足。……夫承平無事之日，而出入之懸絕如此。若飢饉荐臻，盜賊猝發，何以應之？是故元之亡，亡於飢饉盜賊。蓋民窮財盡，公私困竭，未有不危且亂者也。』

元自世祖末葉以後入不敷出的情形，已如上述。當日政府彌補財政虧空的辦法，除卻增稅(註一三)和借債(註一四)以外，便是發鈔政策的改變，即漸漸放棄過去

(註八)元史卷一七世祖紀。

(註九)元史卷二二武宗紀。

(註一〇)元史卷二四仁宗紀。

(註一一)元史卷三一明宗紀。

(註一二)元史卷一八四陳思謙傳。

(註一三)如元史卷九三食貨志云，『自時厥後，國用浸廣，除稅糧科差二者之外，凡課之入日增月益。文宗天曆之際視至元大德之數，蓋增二十倍矣。』此外，關於茶鹽稅及商契本的增加情形，參考元史卷九四食貨志，元典章卷二二及蘇天爵滋溪文稿卷二八書[illegible]淮鹽運司使傅公去思詩後。

(註一四)當日政府借債的辦法是『豫賣鹽引』，即以未來的鹽稅爲抵押來借款應用；預買的人因已得到鹽引，屆時便不必因販鹽而納稅。如元史卷二二武宗紀載至大元年(1306)二月，中書省臣說，『陛下登極以來，錫賞諸王，恤軍力，賑百姓，及殊恩泛賜，帑藏空竭，豫賣鹽引。』又卷二〇五鐵木眞兒傳載他於延祐元年(1314—5)提議『預買(按當作賣)山東，河間來歲鹽引及各冶鐵貨，庶可以足本歲之用』，仁宗從之。

二十年來維持鈔值的辦法，以謀收入的增加。關於政府在這方面措施的情形，玆分別論述如下。

第一是紙幣準備金的動用。上面曾說，元初中統鈔的發行，有充份的金銀及其他物品作準備，以供持鈔人兌現之用；結果鈔値昂貴，人民甚至『視鈔重於金銀』。可是，自世祖至元十三年起，政府卻漸漸把存貯於各地平準行用庫的金銀撥作他用，以後增發的紙幣當然不會給牠預先存貯好準備金了。如秋澗先生大全文集卷九〇論鈔法云：

竊見元寶交鈔，民間流轉不爲澁滯，但物重鈔輕，謂如今用一貫，纔當往日一百，其虛至此，可謂極矣。究其所以，法壞故也，其事有四。自至元十三年以後，據各處平準行用庫倒到金銀，並元發下鈔本課銀，節次盡行起訖：是自廢相權大法，此致虛一也。

又元史新編卷八七食貨志云：

後阿合馬專政，……將隨路平準庫金銀、盡數起赴大都，以要功能。是以大失民信，鈔法日虛。每歲支遣，又踰累者。所行皆無本之鈔，以至物價騰踊，奚止十倍。

同時，官豪之家又恃勢倒換平準行用庫的金銀。元典章卷二〇說：

至元十九年九月，御史臺承奉中書省劄付，『近爲各路平準行用庫元關鈔本買到金銀，倒下昏鈔並工墨息錢，不見起納，誠恐埋沒；及知窺利之人，倚賴權勢，將買下金銀，倒換出庫，中間作弊。爲此於至元十九年四月十六日，奏准都省樞密院御史臺差官前去……照勘自至元十三年以後，倒訖金銀人等姓名。除百姓客旅依理倒換之數，不須追理外，官豪之家恃勢倒訖金銀，追徵本物納官，元買價折依數給主。若有阿合馬親戚奴婢人等買訖數目，其價錢不給。……』

結果，鈔幣的準備金越來越少，以致影響到牠的價值。元史卷一六八劉宣傳云：

(至元)二十三年十二月，中書傳旨議更鈔用錢。宣獻議曰，『原交鈔所起，……日增月益，其法浸弊。欲求目前速效，未見良策。新鈔必欲創造，用權舊鈔，只是改換名目，無金銀作本稱提，軍國支用不復抑損，三數年後亦如元寶矣。宋、金之弊，足爲殷鑒。……』

爲着要補救這種流弊，當至元二十四年另發至元鈔的時候，政府對於鈔幣準備金的籌劃也很注意。元史卷二〇五桑哥傳云：

世祖嘗召桑哥謂曰，『朕以葉李言，更至元鈔，所用者法，所貴者信。汝無以楮視之，其本不可失。汝宜識之！』

同時又『依中統之初，隨路設立官庫，貿易金銀，平準鈔法。每花銀一兩，入庫其價至元鈔二貫，出庫二貫五分，赤金一兩，入庫二十貫，出庫二十貫五百文』(註一五)。可是，曾幾何時，到了至元三十一年八月，政府又下令把各地鈔幣準備金的絕大部份運往首都，移作他用。元史卷一八成宗紀載至元三十一年八月，

詔諸路平準交鈔庫所貯銀九十三萬六千九百五十兩，除留十九萬二千四百五十兩爲鈔母，餘悉運至京師。

續通考作者在這段文字底下附按語云：

臣等謹按：銀悉歛而歸之上，而徒藉鈔爲流轉之資，此罔利愚民之隱痼，鈔所以日虛日輕，法所以屢變而不勝其弊也。

從此以後，金銀便有入而無出，人民不復能够持鈔向發行機關兌換到現銀了。劉壎隱居通議卷三一云：

元貞(1295—7)新政，有北士奥助教陳定本十六策，其言雖若泛濫，至其條例時弊處，沈著痛快。今摘其要以示後，『今……金銀有入而無出，不在乎鈔之舊新。……布帛翔湧，而號寒者滋甚。米粟漸平，而啼飢者愈多。……窮則變，變則通，楮幣失母子相權之道。……』

當鈔幣因準備金的不足而價值下跌的時候，朝野上下曾提議由政府籌措大量的金銀來收回過多的鈔幣，以穩定鈔值。如張之翰西巖集卷一三楮幣議云：

天下之患，莫患於財用之不足。財用之患，莫患於楮幣之不實。夫楮幣裁方寸爲飛錢，敵百千之實利。制之以權，權非不重也；行之以法，法非不巧也。然未有久而不澀滯者，惟在救之何如爾。自中統至今二十餘年，……楮日多而日賤，金帛珠玉等日少而日貴；蓋不知稱提所致也。問：稱提有策

(註一五)元史卷九三食貨志。

乎？曰：有。今南北混一，此楮必用，不過自上貴信之爾。如出金以兌換，使之通行，一策也。……愚見若此，未審可否？惟詳擇焉。

又秋澗先生大全文集卷九〇論鈔法(註一六)云：

□謂救其虛，莫若用銀收鈔。大路止用得課銀一□□餘錠，小處一二百錠。民間鈔儉，必須將銀赴庫□倒鈔貨。是鈔自加重，銀復歸於官矣。今卻以鈔回□，則愈致子虛矣。何是(？)又官止重銀，不重其鈔，此復□虛一也。

但事實上，政府那裏有這許多金銀呢？結果，如上引秋澗集所說，只是發行新鈔來收回舊鈔而已。此外，當日又有人提議恢復銅錢的行用，以便用錢作鈔幣準備金來補金銀之不足的。如程鉅夫雪樓集卷一〇銅錢云：

今國家雖以寶鈔爲幣，未嘗不以銅錢貫百爲數。然則鈔乃錢之子，錢乃鈔之母也；子母相權，乃可經久。實廢其母，而虛用其子，所以鈔愈多而物愈貴也。……今……合收拾民間見有銅錢，量宜立價，官爲收買見數，與寶鈔相權並行，庶使利權歸一，不啓僥倖之心，其於鈔法亦有補益。又兼即日行用庫皆以平準爲名，以官庫金銀與寶鈔相準立價故也。今旣開禁(註一七)，民間金銀價愈騰踊，若不收拾銅錢爲鈔之平準，誠恐將來日久弊深，猝難整治。愚見如此，取自集議聞奏施行。

又黃溍黃學士文集卷二〇國學蒙古色目人策問(註一八)云：

問：錢出於古，而交會創於近代。然所謂交會者，必以錢爲之本。蓋合劵所以取錢，非以彼易此，使之捨實錢而守虛劵也。方今鈔法獨行，而錢遂積於無用之地。立法之初，固有因有革。及其旣久，亦宜有變通之道焉。請試言之，以待執事者之財擇。

可是，因爲元初以來不用銅錢，原有的錢多輸出海外，或銷毀作器(註一九)；如重新

(註一六)作於至元二十八年，見同書卷末附錄王公神道碑銘。

(註一七)金銀的開禁，事在至元二十二年正月，詳見後。

(註一八)約作於順帝初年(1333)，參考同書卷末附錄金華黃先生行狀。

(註一九)如雪樓集卷一〇銅錢云，『民間爲見公家不用銅錢，所在凡有窖藏錢寶之家，往往充私立價，販賣與下海商船，及爐冶之家銷鑄什器。』其中關於銅錢的出口，元史卷二〇八日本傳亦載至元「十四年日本遣商人持金來易銅錢。許之」。又同書卷九四食貨志云，『至元十九年，又用耿左丞言，以鈔易銅錢，令市舶司以錢易海外金珠貨物。』

鑄造，又因技術和原料等條件的不完備，以致成本太大，產額有限(註二〇)。結果，復行銅錢之議遂因事實上的困難而作罷。這樣一來，元初以來能够兌換的紙幣，自世祖末葉以後便漸漸變爲不兌換紙幣了。這實是元代紙幣的一大變動。

當日政府擁有的金銀既因經費開支的龐大而動用了去，以致影響到鈔幣的價值，政府便於至元十九年十月開始下令禁止民間金銀的自由買賣，規定人民買賣金銀，須以官價與政府交易，以便集中金銀來支持鈔法。新元史卷七四食貨志云：

> 至元十九年，中書省奏，『準治鈔法（元典章原文作准下項整治鈔法，較易明瞭）其通行條畫凡九事：……一、買賣金銀，付官庫依價倒換；私自買賣者金銀斷沒，一半給告捉人充賞（原作價，茲據元典章改正），十兩以下決杖有差。一、賣金銀者自首免本罪，官收給價；買主自首者，依上施行。一、金銀匠開張打造之家，憑諸人將金銀打造，鑿記名姓於上，不許自用金銀造賣；違者依私倒金銀例斷罪。一、拏獲買賣金銀人等私行買放者，依例追沒斷罪；放者罪與同科。……一、鈔庫官吏將倒下金銀添價倒出，更將本庫金銀揑合買者姓名，用鈔換出，暗地轉賣與人者，無論多寡，處死。一、諸人將金銀到庫，不得添減殊色，非理刁蹬；違者杖五十七罷職。然法雖嚴密，行之既久，物重鈔輕，不勝其弊也(註二一)。

又元史世祖紀云：

> （至元二十年）六月丙戌，申嚴私易金銀之禁（卷一二）。
>
> （二十一年十一月）勑中書省整治鈔法，定金銀價，禁私自回易，官吏奉行不虔者罪之（卷一三）。

初時政府向民間收買金銀所定的官價，據馬可波羅遊記所說，大約與市價相等，或甚至高些：

> 而且，由印度或他國來此的商人，他們帶來的金銀珠寶，一律不准售與任何

(註二〇)雪樓集卷一〇銅錢説，『鑄錢事重費多』。元史卷一六八劉宣傳説，『國朝廢錢已久，一旦行用功費不貲，非爲遠計。』其後到了至大二年，雖然一度恢復銅錢的行用，但過了一年多，『以貯藏弗給』，又復廢罷不行（元史卷九三食貨志）。

(註二一)此文節取自元典章卷二〇「整治鈔法」條。因元典章文字過於冗長，故引此文作代。

人，只能售給皇帝。他派十二個精明熟練的人來主持這種買賣；他們評定這些物品的價格，便以紙幣支付貨款。商人們都樂於接受，因為他們不能從他人得到那樣合適的價格，而且貨款又可立刻到手。他們在帝國各地都可以拿這種紙幣來購買任何想要買的物品，而且旅途攜帶這種紙幣又很輕便。……復次，政府每年數次向城中宣佈：凡藏有金銀珠寶的人，如賣給造幣廠，都可獲得善價。物主都樂於出售，因為他們找不到其他主顧會給那樣高的價格。雖然不願出售的人並不勉強，每年因此而換到的金銀珠寶，數量是很可觀的。這樣一來，全國的金銀珠寶便幾乎全部集中在大汗的府庫中了(註二二)。

經過相當時日以後，集中於政府的金銀越來越多，藏於民間的金銀便越來越少。結果，金銀的市價便因民間存有量的減少而上漲；於是除官價以外。當日金銀還發生遠較官價為高的黑市價格(註二三)。這樣一來，鈔幣與金銀原有一定的比價（官價）便因黑市價格的發生而被破壞，從而影響到鈔幣的價值。因此，金銀自由買賣的禁令不過實行兩年多。到了至元二十二年正月，政府又復解除禁令，准許民間自由買賣金銀。元史卷一三世祖紀云：

（至元）二十二年春正月，以命相，詔天下民間買賣金銀。

又同書卷二〇五盧世榮傳云：

世榮既驟被顯用，即日奉旨中書，整治鈔法，遍行中外，官吏奉法不虔者加以罪。……世祖……乃下詔云，『金銀係民間通行之物，自立平準庫，禁百姓私相買賣。今後聽民間從便交易。……』(註二四)

(註二二)Yule and Cordier, op, cit, pp. 424—5。

(註二三)參考下引元典章卷二〇至大四年四月聖旨。

(註二四)趙翼根據此文，說元代民間用金銀作貨幣（廿二史劄記卷三〇云，『然有元一代，民間究以何市易？案……盧世榮傳：立平準庫，禁民間以金銀私相買賣。世祖詔，金銀乃民間通用之物，今後使民從便交易。是朝廷原未禁金銀也。既造交鈔，欲其流通，則賦稅不得不收鈔。而民間自用金銀。則貴者常在下，而賤者常在上，於國計亦何補哉？』），大誤。按文中說准許民間買賣的金銀，只是一種貨物的性質，并不是交易的媒介，因為當日人民交易用鈔不用銀。關於此點，一看下列兩個例子，便可明瞭。楊瑀山居新話云，『應中甫……取出，皆白銀也。往三橋銀鋪貨得鈔三十兩，以為祭物用。』又元口國寶羅李郎大鬧相國寺云，『（銀匠上）自個是個銀匠，清早起來開開鋪兒，看有什麼人來？（外上）一路上將盤纏馬疋都使盡了，則有這兩個銀子，拿去銀匠鋪裏換些錢鈔使用。（見科）哥哥，作揖。（匠）你待怎地？（外）我有一錠銀子，換些盤纏使用，你要也不要？（匠）將來我看！……』（見元明雜劇）

又續通考卷九云：

至元二十二年正月，詔民間買賣金銀弛其禁。

其後，政府因爲另發新鈔，須集中金銀來穩定鈔值，民間自由買賣金銀的禁令還頒佈了兩次：第一次頒佈於至元二十四年三月，當至元鈔初發行的時候。元典章卷二〇云：

至元二十四年三月，尙書省奏奉聖旨定到至元寶鈔通行條劃，開具於後……一、依中統之初，隨路設立官庫，買賣金銀，平准鈔法。私租（自？）買賣，並行禁斷。……今後若有人私下買賣金銀者，許諸人首告，金銀價値沒官，於內一半付告人充賞。

此次禁令實行起來非常擾民。如李存魯翀菊潭集卷二平章政事致仕尙公神道碑云：

（至元）二十四年，置尙書省。……時至元鈔始行，置寶鈔提舉司，隸都省，金與銀禁私易。小民挾威，張罟擭，餉饕餮，摧破民產，動再年。……或誣熊氏子買藏金尺，訊則無之。訊益酷，乞輸直，不聽。聚貸欝珥作新尺符其妄，迺已。劉氏子誣其弟貸利潛易金銀，獄久不絕。事皆類此。

故到了大德八年，又復准許人民買賣金銀。元典章卷二一云：

大德八年七月，江浙行省准中書省咨，戶部呈，諸路寶鈔都提舉司備光熙行用庫申，『……湖廣行省咨，欽奉詔書內一款節該：金銀開禁，聽從民便買賣，欽此。……』

第二次頒佈於至大二年九月，當至大銀鈔初發行的時候；此次除嚴禁金銀的自由買賣外，並明令禁止金銀的出口，以便集中金銀來支持鈔法。元史卷二三武宗紀載至大二年

九月庚辰朔，……頒行至大銀鈔詔曰，『……隨路立平準行用庫，買賣金銀，……金銀私相買賣，及海舶興販金銀銅錢綿絲布帛下海者，並禁之。……』

可是，實行不到兩年，到了至大四年四月，因金銀黑市價格高漲，又復解除金銀自由買賣的禁令，但仍舊禁止金銀出口。元典章卷二〇載至大四年四月聖旨云：

確（榷？）禁金銀，本以權衡鈔法。條令雖設，其價益增，民實弗便。自今

權宜開禁，聽從買賣。其商舶收買下番者，依例科斷(註二五)。

由此可知，當日政府集中金銀，禁止自由買賣，以便支持鈔法的政策，雖然前後頒佈了三次，並沒有長期間的實行過；因為實行以後，除了金銀的官價以外，還要發生黑市價格，以致破壞原來金銀與鈔幣的比價，從而影響到鈔幣的價值。本來，這時政府如果能拋出已經集中的金銀來收回過多的鈔幣，金銀的黑市價格是可以消滅的。但事實上，當日政府因財政上龐大的支出，連原來用作發鈔準備的金銀都動用了去，這些因自由買賣的禁令而集中來的金銀自然也被動用，而不能充當鈔幣的準備金了。

第二是紙幣發行額的增加。上面說過，當世祖上半期中統鈔初發行的時候，紙幣的發行額不大，價值至為穩定。可是，自至元十三年財政大臣阿合馬增發大量的紙幣以後，情形便發生激劇的變化了。這時政府經費開支大增，所入不敷所出，故增發紙幣以資彌補。元文類卷五八李謙中書左丞張公神道碑云：

阿合馬當國，剏立宣慰司、行戶部於東平、大名，不與民事，惟印楮幣是務(註二六)。

又元史新編卷八七食貨志云：

後阿合馬專政，不究公私利害，出納多寡，每一支貼，有十有餘萬錠者。

又西巖集卷一三楮幣議云：

自中統至今二十餘年，中間姦臣柄國，惟聚斂貿易是務，其數十倍於初。楮日多而日賤，金帛珠玉等日少而日貴。

又秋澗先生大全文集卷九〇論鈔法云：

今……印造無算。一切支度，雖千萬錠，一於新印料鈔內支發，可謂有出而無入也。其無本鈔數，民間既多而易得，物因踴貴而難買。此致虛二也。

因此，到了至元二十五年，當中統鈔行用將及三十年的時候，由於連年發行的增加，鈔幣多到中書『省官皆不知其數』(註二七)。自此以後，因為各種費用的浩繁，

(註二五)通制條格卷二七同。

(註二六)事在至元十三年，見元史卷九世祖紀。

(註二七)元史卷一五世祖紀，續通考卷九。

政府還是不斷的增發鈔幣。如張養浩歸田類稿卷二時政疏(至大三年)云:

近年以來,稽厥廟謨,無一不與世祖皇帝時異者。……世祖皇帝時楮幣有常數,今則隨所費以造之。

又陸文圭牆東類藁卷四流民貪吏鹽鈔法四弊(註二八)云:

稱鈔法之策三:一曰住印造;二曰節用度;三曰禁奢侈。……今中統之造,五十餘年矣。物以少而貴,多而賤,賤則折閱,貴則寶重,此勢然也。易之以至元,以五準一,猶云可也。更之以至大,低昂太驟,民間惶惑,已行輒罷,亦勢然也。故慮楮之輕,莫若住造。民間鮮得,市價自平。取數既多,後何以繼?或慮經用之闕,則又有說矣。此印造不可不住也。……江南既平,……外而四方之朝聘,內而千官之俸秩,近而諸司之侍衛,遠而邊庭之供億,日增月盛,時異事殊。而況賞賜濫及於俳優,營繕力殫乎土木。商舶市寶,價莫能名。藏室翻經,費不勝計。山林莫供於野燒,海水終泄於尾閭。桑穀漸空,工役方急。楮輕物重,職此之由。眞人踐阼,履躬節儉,力改前非;然財散不可復收,弊久未能損革,此用度不可不節也。

又元史卷三二文宗紀載天曆元年十月庚午,

監察御史言,『……邇者倒刺沙以上都經費不足,命有司刻板印鈔。……』(註二九)

又 Oderic 遊記云:

人們不必驚奇大汗怎能應付這樣大的開支;因爲在他國內交易不用金錢,只用紙幣,當紙幣印發後無數的金銀財寶便流入他的手裏(註三〇)。

又 Soltania 大主教的著作云:

皇帝財庫的富裕,至爲可觀,這是因爲發行紙幣的原故(註三一)。

又蘇天爵滋溪文稿卷二六災異建白十事(約作於順帝初)云:

(註二八)奏於延祐年間(1314—1320),參考新元史卷二三七本傳。

(註二九)續通考卷九略同。

(註三〇)Yule, Cathay and the Way Thither, II, p. 240。按 Oderic 於 1321(至治元年)至 1328(天曆元年)來華。

(註三一)Yule, op. cit, III, p. 98。按 Soltania 大主教的著作,約撰於 1330,即至順元年。

鈔法之行，歲久不能無弊。……爰稽造鈔以來元額已踰數倍，以致鈔日益輕，物日益貴。

茲根據元史卷九三食貨志，並參考元史各本紀，把元代每年所印鈔數，列表如下：

年份	鈔名	印鈔數(以錠爲單位)	累積數	根據文獻
世祖中統元年(1260—1)	中統(下同)	73,352	同前項(下同)	元史食貨志(下同)
二年		39,139		
三年		80,000		
四年		74,000		
至元元年(1264—5)		89,208		
二年		116,208		
三年		77,252		
四年		109,488		
五年		29,880		
六年		22,896		
七年		96,768		
八年		47,000		
九年		86,256		
十年		110,192		
十一年		247,440		
十二年		398,194		
十三年		1,419,665		
十四年		1,021,645		
十五年		1,023,400		
十六年		788,320		
十七年		1,135,800		
十八年		1,094,800		
十九年		969,444		
二十年		610,620		
二十一年		629,904		
二十二年		2,043,080		
二十三年		2,181,600		
二十四年		83,200		
	至元(下同)	1,001,017	5,005,085	

年份	鈔名	印鈔數(以錠爲單位)	累積數	根據文獻
二十五年		921,612	4,608,060	
二十六年		1,780,093	8,900,465	
二十七年		500,250	2,501,250	
二十八年		500,000	2,500,000	
二十九年		500,000	2,500,000	
三十年		260,000	1,300,000	
三十一年		193,706	968,530	
成宗元貞元年(1295—6)		310,000	1,550 000	
二年		400,000	2,000,000	
大德元年(1297—8)		400,000	2,000,000	
二年		299,910	1,499,550	
三年		900,075	4,500,375	
四年		600,000	3,000 000	
五年		500,000	2,500,000	
六年		2,000,000	10,000,000	
七年		1,500,000	7,500,000	
八年		500,000	2,500,000	
九年		500,000	2,500,000	
十年		1,000,000	5,000,000	
十一年		1,000,000	5,000,000	
成宗至大元年(1308—9)		1,000,000	5,000,000	
二年		1,000,000	5,000,000	
三年	至大銀鈔	1,450,368	36,259,200	
四年	至元	2,150,000		
	中統	150,000	10,900,000	
仁宗皇慶元年(1312—3)	至元	2,222,336		
	中統	100,000	11,211,680	
二年	至元	2,000,000		
	中統	200,000	10,200,000	
延祐元年(1314—5)	至元	2,000,000		
	中統	100,000	10,100,000	
二年	至元	1,000,000		
	中統	100,000	5,100,000	

年　　份	鈔　名	印鈔數(以錠爲單位)	累　積　數	根據文獻
三年	至元	400,000		
	中統	100,000	2,100,000	
四年	至元	480,000		
	中統	100,000	2,500,000	
五年	至元	400,000		
	中統	100,000	2,100,000	
六年	至元	1,480,000		
	中統	100,000	7,500,000	
七年	至元	1,480,000		
	中統	100,000	7,500,000	
英宗至治元年(1321—2)	至元	1,000,000		
	中統	50,000	5,050,000	
二年	至元	800,000		
	中統	50,000	4,050,000	
三年	至元	700,000		
	中統	50,000	3,550,000	
泰定帝泰定元年(1324—5)	至元	600,000		
	中統	150,000	3,150,000	
二年	至元	400,000		
	中統	100,000	2,100,000	
三年	至元	400,000		
	中統	100,100	2,100,000	
四年	至元	400,000		
	中統	100,000	2,100,000	
明宗天曆元年(1328—9)	至元	310,920		
	中統	30,500	1,585,100	
二年	至元	1,192,000		
	中統	40,000	6,000,000	
文宗至順元年(1330—1)	至元	450,000		元史卷三三文宗紀
	中統	50,000	2,300,000	
二年	至元	890,050		元史卷三五文宗紀
	中統	5,000	4,455,250	
三年	至元	996,000		元史卷三六文宗紀

年　　份	鈔　名	印鈔數(以錠爲單位)	累　積　數	根據文獻
	中統	4,000	4,984,000	
順帝至元三年(1337—8)	至元	2,700,000	13,500,000	元史卷三九順帝紀
至正元年(1341—2)	至元	990,000		元史卷四〇順帝紀
	中統	10,000	4,960,000	
十二年(1352—3)	至正	1,900,000		元史卷四二順帝紀
	至元	100,000	19,500,000	
十三年	至正	1,900,000		元史卷四三順帝紀
	至元	100,000	19,500,000	
十六年	至正	6,000,000	60,000,000	元史卷四四順帝紀

我們在參考這個表時，有兩點應加注意：(1)除第一年外，某年所印鈔數，并不等於某年鈔幣的流通量，因爲除卻某年所印外，還有過去各年印造的鈔幣在流通着；(2)某年鈔幣的流通量，又不等於過去各年印造鈔數的總額，因爲鈔幣流通較久，便因昏爛而不能行用，或由政府收回燒燬去了。不過，隨着時間的推移，鈔幣的流通量要因印造的增加而越來越多，卻是可以斷言的。

如果光是由於政府的大量印造，世祖末葉以後紙幣的流通量還不至於增加得太大。除此以外，當日私人的印造紙幣，又大大的增加了紙幣流通的數量，以致影響到牠的價值。私人的印造紙幣，有合法的，有非法的，但同樣可以增加紙幣的流通量。合法的私人印鈔，可以朱清和張瑄爲例。朱，張因爲創造海運，有功于元，政府特許他們自己印鈔流通，以賺取大量的財富。明葉子奇草木子云：

> 元海運自朱瑄張璧(註三二)始。……朝廷以二人之功，立海運萬戶府以官之，賜鈔印，職其自印。鈔色比官造加黑，印碌加紅。富旣埒國，慮其爲變，以法誅之（卷三）。
>
> 國朝初，朱、張二萬戶以通海運功，上寵之，詔賜鈔印，令自造行用。自是富倍王室。及事敗，死於京。（卷四）

又續通考卷九云：

(註三二)當改爲『朱清張瑄』。按元史卷一六六羅璧傳云，「(至元)十九年，……立運糧萬戶三，而以璧與朱清張瑄爲之。」葉氏大約因此誤記。

（至元）二十三年(1286)十一月，以張瑄朱清並爲海道運糧萬戶，賜鈔印。

按朱清的自殺，張瑄的棄市，事在大德七年(1303—4)(註三三)。他們的印造鈔幣，始於至元二十三年十一月，直至大德七年死時爲止，約共十七年左右。印鈔行用的時間既然那麼長，所印的鈔自然很多，怪不得他們能夠『富倍王室』了。朱、張死後，私人的印鈔行用並不因而停止，不過由合法變爲非法而已。當日人們違法印造僞鈔，可以得到鉅額的利潤。滋溪文稿卷六六災異建白十事云：

昔者世祖皇帝始立法制，遂行中統交鈔；其後又行至元寶鈔。夫行之既久，眞僞不無。坐罪雖曰匪輕，獲利自是甚重。

故僞鈔的印造甚多。古今治平略載成宗時鄭介夫說：

惟鈔用本之輕，故僞造者紛然。立法雖嚴，終莫能戢。

又元史卷九七食貨志云：

至正十年，……左司都事武祺嘗建言云，『……比年以來，……僞鈔滋多。』……偰哲篤武祺又曰，『至元鈔多僞，故更之爾』。思誠曰，『至元鈔非僞，人爲僞爾。交鈔若出，亦有僞者矣。……』

這些僞造的紙幣與眞鈔無異，連平準行用庫的官吏也不易辨識。至正集卷六二羅公（文煥）神道碑云：

（約順帝初）除膠州判官。……行用庫胥歲率偏擾，應者必破產。擇精識楮幣者十餘家，以次應求。

故江西鉛山人民僞造的鈔幣，當加上嚴密的組織後，曾經長期間流通於江、淮、河北一帶。元史卷一九二林興祖傳云：

鉛山素多僞造鈔者，豪民吳友文爲之魁。遠至江、淮、燕、薊，莫不行使。友文奸黠悍驁，因僞造致富，乃分遣惡少四五十人爲吏於有司，伺有欲告之者，輒先事戕之。前後殺人甚衆，奪人妻女十一人爲妾。民罹其毒，銜冤不敢訴者十餘年。

除鉛山外，其他地方多大規模的僞造紙幣來行用。如虞集道園學古錄卷四一建寧路崇安縣尹鄒君去思之碑說福建山地的人民製造僞鈔云：

(註三三)元史卷二一成宗紀，新元史卷一八二張瑄傳。

國家立鈔法以通天下之利，幾百年矣。……而山谷之民，愚不知法，僨而狃利，僞造者滋多，亦四方之通患也。君之未至崇安也，民有阻險以爲奸，衹利刃以拒逮，大張聲勢，以恐公私。莫之勝者，或反爲之用。不測之憂，幾在旦夕，蓋六七年矣。

又同書卷三五新喻州重修宣聖廟儒學記說廣東海寇在海船上僞造紙幣云：

李侯……嘗至南海上（約順帝初），……沿海有大寇，維十數舟，近在岸谷，交結豪横，私鹽僞鈔，汗漫不可收拾。復引小寇爲耳目，出入不可極。

此外，在仁宗時代，浙江諸暨『奸民以僞鈔鈎結黨與，脅攘人財』(註三四)。同時，在安徽，『徽州民僞造紙幣於僧舍』(註三五)。

第三是管制物價的疏忽。因爲物價的變動足以反映出紙幣的價值，元初政府發行中統鈔時，對於物價的管制非常注意，曾先後在首都及各路設立平準庫以均平物價，同時又創辦常平倉以控制糧價。可是，政府在這方面的措施，大約因財政上的困難，自世祖末葉以後便漸漸疏忽起來了。盧世榮在至元二十二年正月的奏疏中，曾說到當日常平倉及平準庫有名無實的情形：

今國家雖有常平倉，實無所畜。臣將……糴粟積於倉，待貴時糶之，必能使物價恆賤而獲厚利。國家雖立平準，然無曉規運者，以致鈔法虛弊，諸物踊貴。……(註三六)

盧世榮雖然說要充實常平倉以穩定物價，但事實上過了幾年常平倉還是一樣的空虛，故王惲復作充實常平倉的提議云：

常平倉設自至元八年，隨路收貯斛粟約八十餘萬。今倉廩具存，起運久空，甚非朝廷救荒恤民本意。……如往年定時估以平物價，竟不克行，殊不若常平之有粟也；蓋低昂權在有司，兼併利無專擅故也。若復實常平，倘遇凶歉，出糶三二千石，穀價自平，楮幣亦復加重。(註三七)

(註三四)元史卷一八一黃溍傳。

(註三五)黃學士文集卷二六揭公(傒斯)神道碑。

(註三六)元史卷二〇五盧世榮傳。

(註三七)秋澗先生大全文集卷三五上世祖皇帝論政事書。內言世祖在位三十年，知約作於至元二十六年左右。

這時政府人員不獨疏忽物價的管制，當鈔賤物貴的時候，他們的投機行爲更加促使物價上漲，鈔值下跌。秋澗先生大全文集卷九〇論鈔法云：

又總庫行錢人等，物未收成，預先定買，惟恐或者先取，故視鈔輕易添買。物重幣輕，多此之由。此致虛三也。

總括上述，可知元自世祖末葉以後，初時由於戰費的龐大，後來由於諸王賞賜和佛事用費的激增，經費開支浩繁，以致收支不能相抵。政府彌補財政虧空的一個主要辦法，是改變過去的發鈔政策，以增加收入：第一，元初發鈔有充份的金銀作準備金；此後卻因經費支絀而被動用了去。第二，元初紙幣的發行額非常有限；此後卻因財政上的困難而發行大增。第三，因爲物價的上升足以反映出紙幣價值的下降，元初政府特地設立常平倉來存貯大量的物資，以控制物價；此後卻因開支太大而把這些物資撥作他用，總之，自世祖末葉以後，由於財政收支的不均衡，政府在紙幣政策方面的措施，與元初維持鈔值的辦法完全相反，故此後紙幣的價值便不能再像過去二十年那樣穩定，而日漸下跌了。

（二）下跌的情形

由於維持鈔值政策的沒有繼續執行，自世祖末葉以後，紙幣的價值便一反過去長期穩定的情形而向下跌落。如上述，自至元十三年伐宋時起，阿合馬即已大發紙幣及動用紙幣的準備金，紙幣價值的下跌當亦始於此時。故新元史卷一八五王磐傳云：

詔集百官問鈔輕物貴事。磐言，「物貴則不足，物賤則有餘。要以節用而不妄費，庶鈔貨可平。」時方伐宋，……磐所奏每稱上意。

不過因元滅宋後，中統鈔流通的區域大增，多發一些也不要緊，故鈔值一時還不至於下跌得太利害，但下跌的趨勢卻已經開始了。以後再經過數年的變動，到了至元二十一年十一月，當盧世榮開始執政的時候，鈔賤物貴的問題已相當嚴重；他上臺時宣言以解決這個問題爲己任，可是結果卻大大失敗，鈔值下跌的問題不獨沒有解決，反而愈加嚴重起來。元史卷二〇五盧世榮傳載至元二十二年四月，

監察御史陳天祥上章劾之，大概言，「……考其所行與所言者，已不相副。始言能令鈔法如舊，弊今愈甚（元文類及元史陳天祥傳均作『鈔今愈虛』）。

始言能令百物自賤，今百物愈貴。……」（註一）

丞相安童言，「世榮昔奏能……令鈔復實，諸物悉賤，民得休息，數月即有成效。今已四閱月，所行不符所言。……」

再往後，鈔值更爲低落，以致須另外發行面值較中統鈔高五倍的至元鈔。松雪齋文集附錄楊載趙公行狀載至元二十三年，

詔集百官於刑部議法。公（趙孟頫）適侍立左右，上命公往共議。衆欲以至元鈔二百貫贓滿處死。公曰，「始造鈔時，以銀爲本，虛實相權。今二十餘年間，輕重相去至數十倍。雖改中統爲至元，歷二十年後，則至元必復如中統。使民計鈔抵法，疑於太重。……欲以此斷人死命，似不足深取」。……刑部郎中楊某作色而起讓公曰，「今朝廷行至元鈔，故犯法者以之計贓。公以爲非，豈欲沮至元鈔耶？……」公曰，「……中統鈔虛，改至元鈔。謂至元鈔終無虛時，豈有是理哉？……」（註二）

又元典章卷一云：

至元二十四年閏二月，欽奉皇帝聖旨，「鈔法之行，二十餘載，官吏奉法不虔，以致物重鈔輕，公私俱弊。比者廷臣奏請，謂法弊必更，古之道也。朕思嘉之，其造至元寶鈔頒行天下，中統寶鈔通行如故；率至元寶鈔一貫文，當中統寶鈔五貫文。……」

至元鈔發行後，果然不出趙孟頫所預料，鈔值還是一樣的低跌下去。在至元二十八年，王惲說，「物重鈔輕，謂如今用一貫，纔當往日一百，其虛至此，可謂極矣」（註三）。當成宗時，鄭介夫說，「今鈔中明具錢貫，即是銅錢之形。古者懷十文而出，可以飽醉而歸，民安得而不富？今則懷十文鈔而出，雖買冰救渴亦不能敷，民安得而不貧？」（註四）因此，到了至大二年，當至元鈔值下跌得太利害的時候，政府只好又另外發行面值較至元鈔高五倍的至大銀鈔。元史卷二三武宗紀載至大二

(註一)元文類卷一四陳天祥論盧世榮姦邪狀及元史卷一六八陳天祥傳略同。

(註二)圭齋文集卷九趙文敏公神道碑，元史卷一七二趙孟頫傳略同。

(註三)秋澗先生大全文集卷九〇論鈔法。

(註四)古今治平略。

年

九月庚辰朔，……頒行至大銀鈔詔曰，「昔我世祖皇帝既登大寶，始造中統交鈔，以便民用。歲久法隳，亦既更張，印造至元寶鈔。逮今復二十三年，物重鈔輕，不能無弊。迺循舊典，改造至大銀鈔頒行天下。至大銀鈔一兩，準至元鈔五貫，……」（註五）

又滋溪文稿卷一一高公（昉）神道碑銘云：

特拜中奉大夫中書參知政事。……至大……二年，尙書省立，議更鈔法。公言，「鈔今已虛數倍。若復抑之，則鈔愈虛而物愈貴，非法之善也」。時不能用其言，出公爲浙江行省參知政事。

可是，鈔幣制度雖然改革，鈔輕物貴的問題還是一樣的嚴重，故過了一年多，政府又下令將至大銀鈔廢罷，仍舊行用中統至元二鈔。元史卷二四仁宗紀載至大四年四月

丁卯，詔曰，「我世祖皇帝參酌古今，立中統至元鈔法，天下流行，公私蒙利，五十年於玆矣。比者尙書省不究利病，輒意變更，旣創至大銀鈔，……鈔以倍數太多，輕重失宜。……曾未再期，其弊滋甚。爰咨廷議，允協輿言，皆願變通，以復舊制。……」鬪帝（仁宗）御便殿，李孟進曰，「陛下御極，物價頓減。方知聖人神化之速，敢以爲賀。」帝蹙然曰「……至於秋成，尙未敢必。今朕踐阼，曾未踰月，寧有物價頓減之理？……」孟愧謝。

又農田餘話卷上云：

至大中，行銅錢：印造至大鈔，一貫爲錢一千文，準銀一兩，當中統二十五貫。數太多，物價騰踊，期年乃罷。

自此以後，直至至正十年，民間交易仍以中統，至元二鈔爲主。但因鈔值下跌之勢已成，故交易時鈔幣不免折閱，或甚至澀滯而不能暢通。如吳師道吳禮部文集卷一九又擬（策問）二道（註六）云：

國朝始行楮幣，一再變法，幣益輕而姦益衆。

（註五）續通考卷九略同。

（註六）按吳師道爲至治元年進士，由此推算，此策問約作於天曆至順間。參考元史卷一九〇本傳。

又孛朮魯翀菊潭集卷二大都鄉試策問(註七)云：

鈔法久墮，農末交病，市擾不測，有無俱艱，儌倖者公私相欺，折閱者上下莫愬，其何術以平之？

又黃學士文集卷二四亦輦眞公神道碑云：

(順帝初)遷山東東西道宣慰使。鈔法之不通……者，悉建白而更張之。

又同卷二七揑古解公神道碑云：

(至正初)授大中大夫，濟南路總管。鈔法滯不行，首爲立變通之方。公私咸便之。

鈔値下跌在物價方面的表現是鈔幣購買力的低落，或物價水準的上升。元初自中統鈔開始發行後，由於維持鈔値政策的實施，物價曾經長期間的下降。可是，自至元十三年鈔値漸漸下跌以後，物價變動的曲線便一反過去下落的方向而慢慢開始向上升高；以後再經過相當時期的變動，到了世祖末葉，物價便較以前上漲許多。松雪齋文集附錄楊載趙公行狀云：

丁亥(至元二十四年)六月，授奉訓大夫兵部郎中。公總天下驛置使客飲食之費，一歲之中，不過中統鈔二千定。此數乃至元十三年所定。計今物直高下，與是時相去幾十餘倍。……請於中書，增至二萬定(註八)。

自此以後，物價雖或有漲有落，但一般物價水準總遠較世祖中葉爲高。如元典章卷一九說成宗大德元年物價較初平宋時增高數倍云：

大德元年六月，江西行省據龍興路申，「……江南歸附之初，行使中統鈔兩，百物價直低微。……目今百物踴貴，買賣房舍，價增數倍。……」

又大元海運記說武宗至大四年物價較至元十九年創辦海運時昂貴十倍云：

(至大四年中書奏)三十年前，海運創始之初，鈔法貴重，百物價平，……今則物重鈔輕，造船物料十倍價高。

再往後，到了仁宗時代，物價也是較前高漲得多。元典章卷二二云：

皇慶元年二月初十日，中書省奏過事內一件，「……如今比在前物價增了數

(註七)同書卷四蘇天爵朮魯公神道碑銘說他於『至順元年，同知禮部貢舉』。本策問當作於此時。

(註八)圭齋文集卷九趙文敏公神道碑略同。

倍……」

皇慶元年五月，江西行省准中書省咨，戶部備主事片呈，「……照得近年以來，物價湧貴，比之向日，增添數十餘倍。……」

這都是世祖末葉以後鈔幣購買力低落，或一般物價上漲的情形。現在再把當日各種物價，運費和工資上升的狀況分述於後：

(1) 米價——農田餘話卷上說自滅宋至世祖末葉江南米價上漲的情形云：

前元印造中統交鈔，……得江南初，以一貫準宋朝舊（原誤作里）會三十五貫，時米（原誤作來）沽一貫一石。後造至元鈔兼行，以一當五，……至是米值十倍於前。以其中統言之，十餘貫矣。

自此以後，到大德年間，江南平時米價爲十貫（卽十兩）中統鈔一石，貴時更上漲至三十多貫一石。劉壎水雲村泯稿卷一四呈州轉申廉訪分司救荒狀云：

大德十年丙午歲春夏間，江浙大饑。……常年米碩價止中統鈔一十兩，糴戶猶曰艱難。今則價値日增，倍而又倍，……每碩乃成三十兩之上。

再往後，到了文宗天曆二年，江南米價又因饑荒而上漲，武昌城中曾貴至斗米萬文，卽一百貫一石。揭傒斯揭文安公文集卷七董公（守中）神道碑云：

明年（天曆二年）天下大飢，武昌羣豪控諸米商閉糴，以徼大利。城中斗米至萬錢。

這固然是飢荒時特別貴的價格，但平時米價仍賣三四十貫一石。如杉村勇造元公牘拾零（註九）說至正六年五月的米價云：

粳米　上等每石（中統）鈔肆拾兩：中等每石鈔叁拾柒兩伍錢；下等每石鈔叁拾伍兩。

占米　上等每石鈔叁拾柒兩伍錢；中等每石叁拾伍兩；下等每石鈔叁拾二兩。

(2) 田宅價——世祖末葉以後，各種田土和房屋的價格都一天比一天上漲。上引元典章卷一九曾說大德元年「買賣房舍，價增數倍」。又同書云：

(註九)服部先生古稀祝賀記念論文集第五七一至五八三頁。按文中材料原記於元大字刊本大學或問及論語集注的紙背。

至元二十一年五月，中書戶部承奉中書省劄付，「該東平路申，楊介等啜老百戶男三哥，強占原賣田業，議擬施行間，據御史臺，已前年份典賣田產房舍，其房親人等不曾畫字，爲物價均平，不行爭告。今比年添十倍之上，其尊長卑幼親隣人等乃以不親畫字，爲辭爭競(競？)，致令詞訟不能杜絕。……」(卷一九)

大德六年二月□日，湖州路承奉江浙行省劄付來申，「陳天得告潘萬七，至元二十七年買訖卑幼田土，……即目地價比之往日陡高數倍，……今經一十餘年，田土價高，……」(卷一五)

大德七年三月，湖廣行省准中書省咨來海北海南道宣慰司呈，「雷州路申吳龔狀告：至元二十四年，兄吳秋來將田四畝五分賣與唐政爲主，價錢三十兩。至元三十年，唐政添價一百兩，賣與王馮孫爲主。大德元年，王馮孫添價一百二十五兩，賣與韓二十爲主。……」(卷一九)

大德八年八月，欽奉恤隱省刑詔書內一款，「近年以來，田宅增價，……」(卷三)

至大四年四月，欽奉住罷銀鈔銅錢詔書一款，「近年田宅增價，……」(卷三)

(3) 金銀價——前引元典章卷二〇曾說至元十九年十月政府規定，「花銀每兩，入庫價鈔二兩，出庫價鈔二兩五錢(分？)」。又引元史卷九三食貨志說至元二十四年規定，「每花銀一兩，入庫其價至元鈔二貫，出庫二貫五分；赤金一兩，入庫二十貫，出庫二十貫五百文」。如以中統鈔折算，則此時政府收買金銀價格爲花銀十貫一兩，赤金一百貫(或二錠)一兩。這雖是官定的價格，但據上引馬可波羅遊記第四二四至四二五頁所說，當日金銀的市價也差不了多少，并不比官價爲高。其後經過五十多年的變動，到了至正五六年，金銀市價都比以前上漲兩倍多至三倍。鄭玉師山集卷四頌葉縣丞平金課時估詩序云：

至正五年，市中金價兩以鈔計，才五錠有奇。

又杉村勇造元公牘拾零說至正六年五月的金銀價云：

金　赤色金每兩(中統)鈔陸定；九成色每兩鈔伍定貳拾兩；七成色每兩肆定貳拾兩。

銀　花銀每兩鈔參拾兩；九成色每兩鈔貳拾柒兩；七成色每兩鈔貳拾壹兩。

(4) 運費——隨着一般物價水準的上升，自世祖末葉以後，各地水陸運費也不斷的上漲。如元典章卷二六云：

> 至元三十一年正月，湖廣行省爲起運鎮州糧一十五萬石事，移准江西行省咨，『先爲年例攢運鎮州米糧舊例，每石下水百里，支鈔三分，船戶楬用不敷。本省議得每米一石，量添三分，通作六分。……相應依上添支去訖。又照得至元二十九年淮東米糧五萬石，三十年起運鎮州糧二十萬石，亦依前項脚力體例放支了當。……』

> 大德五年十二月，江浙行省准中書省咨兵部呈奉省判本部呈伯顏簽省言擾民不便事，內一件，『東平路起運諸物，元定千觔百里，中統鈔一十兩。草料湧貴，官吏脚價不敷。目今街下顧脚，千觔百里，該鈔一十七兩。若依街下脚價中統鈔一十七兩顧覓，不致擾民。曹州申：今後千觔百里脚價例，量添一倍。汀州路申：如蒙照依街市，兩平和顧相應。河南省咨河南府申：和顧脚力，元定千觔百里，山路一十二兩，平川一十兩。近來諸物湧貴，其得脚價不敷，合無照依目今各路車杖實該價錢，預爲支發，兩平和顧，似不擾民。……本部議得：山路脚錢一十二兩，平川一十兩，雖是在先已定通例，卻緣比年諸物湧貴，遞運額數，止循舊例，實是虧民。參除大都至上都並五臺脚價外，其餘諸路今後應有遞運諸物水脚價錢，比附行省所擬，上水添一兩，下水止依舊例六錢，旱脚山路作十五兩，平川一十二兩，於不以是何錢內隨即放支。……』

其中關於海道運費的增貴，大元海運記記載得更爲詳細：

> 至大元年四月初十日奏過，『海運糧脚價每石六兩五錢。如今糧食諸物湧貴，量添五錢，爲七兩。已後不與照依先體例與六兩五錢。』（卷下）

> 至大三年，准尚書省咨該本省咨，『至大三年，海運糧斛，差官召顧海船。即日諸物湧貴，春運脚價每石添作至元鈔一兩六錢。……今夏運糧船戶依准所擬，照依春運例，每石添支至元鈔三錢。咨請照驗本年脚價，糙白粳每石至元鈔一兩六錢，香糯每石至元鈔一兩七錢。』（卷下）

至大四年，准中書省咨該倘書省准本省咨，『講究拯治海運，至大三年十月二十九日奏准運糧脚價，每石支至元鈔一兩六錢，如今添爲二兩；稻穀一石支至元鈔一兩，如今添爲一兩四錢至元鈔。本年爲頭脚價，糙白糧每石至元鈔二兩，香糯每石至元鈔二兩八錢，稻穀每石一兩四錢』（卷下）

（中書奏）三十年前海運創始之初，……運糧一石，支脚鈔（中統）八兩五錢，……今……雖蒙每石添作至元鈔二兩，其物價愈翔，不敷其用。……今量擬遠者溫台慶元船隻運糧，每石帶耗添至元鈔一兩，通作三兩；其餘船隻裝運糙白糧，每石添鈔六錢，通作二兩六錢；稻穀每石添鈔六錢，通作二兩。（卷上）

仁宗皇帝皇慶二年十月，增海運糧脚價浙東每石中統鈔一兩五錢，其餘處所每石一兩。中書省奏，『江浙行省言：今歲……造船物料，比之往歲，價增數倍。臣等議量其地理遠近，比元脚價之上，除浙東每石添中統鈔一兩五錢，其餘處所每石添一兩。』奏可。（卷上）

(5) 工資——由於各種生活費用的昂貴，世祖末葉以後的工資也跟着上漲。現因材料的方便，姑以公務員的薪俸爲例。據王士點、商企翁編元祕書監志（學術叢編）卷二，自至元二十年七月起，由於物價的騰貴，一部份低級公務員的薪俸卽已增加百份之五十。計『令史月俸二十兩，今添一十兩；典書奏差月俸一十兩，今添五兩；公使人月俸五兩，今添二兩五錢』。到了二十二年二月，這種加薪的辦法更普及於一切內外官吏。元典章卷一五云：

至元二十二年二月，欽奉詔條內一款，『設官頒俸，民(?)近年諸物增價，俸祿不能養廉，以致侵漁百姓，公私俱不便益。自今內外官吏俸給，以十分爲率，添支五分。仰中書省依上施行。』

其後，到了大德七年，因物貴俸薄，政府又按官吏薪俸的多寡來增給俸米。元祕書監志卷二云：

大德七年閏五月二十二日，准中書戶部關奉中書省劄付，『欽奉聖旨節該：官吏俸薄，不能養廉，增給俸米，欽此！都省與集賢大學士商議中書省事，一同議得：無職田官吏俸米，……內外官吏俸一十兩以下人員，依大德三年添支小吏俸米例，每一兩給米一斗；十兩以上至二十五兩，每員支米一石；餘上之數，每俸一兩爲米一升扣算給付。……』奉聖旨，『依着恁商量來的與者，欽此！……』(註一〇)

再往後，到了至大三年，因薪俸又復趕不上當日高漲的物價，乃按官階的高下，把原來俸額的一部或全部改發至元鈔，同時俸米方面亦有一翻調整。南臺備要『行御史臺官吏俸給』條云：

至大三年二月初七日，准御史臺咨該奉尙書省劄付，『欽奉詔書內一款節該：官吏俸薄，不能養廉，以致侵漁百姓，治效不修。尙書省從長計議頒給，欽此！』送戶部照議到各項事理。至大二年十二月二十八日奏，『天下諸衙門官吏俸錢不敷的上頭，交俺商量了添與者，么道行了詔書來。俺衆人商量來，隨朝衙門官員幷軍官每，如今見請的俸錢內減了加五，改換與至元鈔，住支俸米。外任有職田的官員，三品的每年與祿米一百石，四品的六十石，五品的五十石，六品的四十五石，七品以下的四十石，俸錢改支至元鈔，將職田拘收入官。又外任宣慰司軍官雜職等官，俸錢十分中減去三分，餘上七分改支至元鈔兩。隨朝衙門行省宣慰司的吏員，俸鈔減去加五，其餘鈔數與至元鈔。至元鈔十兩以下，每月與俸米五斗。外任行的小吏每的俸鈔，依數改作至元鈔，俸米依舊與呵。』怎生奏呵，奉聖旨，『那般者，欽此！』(註一一)

總括上述，可知自世祖末葉以後，因爲政府不再像元初那樣維持鈔值，鈔幣價值遂長期的低落下去。隨着鈔值的低落，各種物價，運費及工資等便向上升漲，處處都表現着鈔幣購買力的薄弱。固然我們也不忽視物品供求失調一因素，對於這幾十年物價上漲的影響，但鈔幣旣是當日最主要的貨幣，牠的價值的下跌自然要反映於物價的變動上。

第四章　元末的通貨膨脹

(註一〇)南臺備要『行御史臺官吏祿米』條，元典章卷一五略同。

(註一一)通制條格卷一三，元祕書監志卷二，元典章卷一五略同。

世祖末葉以後鈔值下跌的情形，已如上述。當日鈔幣的價值，有時雖然下跌得很快，但因經過的時間約有七十年那麼久，當和這個長時期配合起來，也就顯出下跌的速度是相當的慢了。這種鈔值變動的情形，從元末順帝至正十年後卻發生激劇的變動，因為自此時起，惡性的通貨膨脹時期就要開始了。

元代貨幣理論有兩大派別：其中一派主張專用紙幣，不用銅錢，這可以劉秉忠(註一)來作代表，元代的執政者多採用之。另外一派主張錢鈔並用，其代表在世祖時為程鉅夫，成宗時為鄭介夫，仁宗時為楊朶兒只，順帝初年為黃溍及揭傒斯。(註二)他們的主要理由是『以實濟虛』，或『輕重相權』，換句話說，是使實在貨幣的銅錢與鈔幣一同行使，以補救鈔法的虛弊。這一派的主張在武宗至大二年曾實行過，但實行不到兩年，因用錢的條件不完備(註三)，到了至大四年又復廢罷。其後，到了至正十年，因鈔賤物貴問題的急待解決，這一派的理論反復抬頭，終於見諸實行。這時幣制改革的內容包括兩點：第一，恢復銅錢的行用；第二，除至元鈔仍舊流通外，又另外發行一種新鈔，名叫中統交鈔(註四)，以新鈔一貫等於至元鈔二貫或銅錢一千文來行使。元史卷九七食貨志載至正十年，

> 下詔云，『朕聞帝王之治，因時制宜，損益之方，在乎通變。惟我世祖皇帝建元之初，頒行中統交鈔，以錢為文，雖皷鑄之規未遑，而錢幣兼行之意已具。厥後印造至元寶鈔，以一當五，名曰子母相權，而錢實未用。歷歲滋久，鈔法偏虛，物價騰踊，姦偽日萌，民用匱乏。爰詢廷臣博采輿論，僉謂拯弊必合更張。其以中統交鈔一貫文省權銅錢一千文，准至元寶鈔二貫。仍鑄至正通寶錢，與歷代銅錢並用，以實鈔法。至元寶鈔通行如故。子母相權，新舊相濟，上副世祖立法之初意。』

可是這種錢鈔兼用的辦法實行以後，鈔值不獨不能穩定，反而狂跌起來。

(註一)陶宗儀輟耕錄卷二「錢幣」條。

(註二)雪樓集卷一〇銅錢及江南買賣微細宜許用銅錢或多置零鈔，古今治平略，元史卷一七九楊朶兒只傳，黃學士文集卷二〇國學蒙古色目人策問，卷二六揭公(傒斯)神道碑，圭齋文集卷一〇揭公墓誌銘，及元史卷一八一揭傒斯傳。

(註三)參考第三章第一節。

(註四)元史卷一三八脫脫傳，卷一八四韓元善傳，續通考卷九及草木子卷三均作「至正交鈔」。

本來在幣制改革的前夕，呂思誠已經大加反對，深恐錢鈔並行後，人民『藏其實而棄其虛』，結果反爲不美。元史卷九七食貨志云：

> 至正十年，右丞相脫脫欲更鈔法，乃會中書省樞密院御史臺及集賢翰林兩院官共議之。……吏部尚書……偰哲篤言，『更鈔法，以楮幣一貫文省權銅錢一千文爲母，而錢爲子。』衆人皆唯唯，不敢出一語。惟集賢大學士兼國子祭酒呂思誠獨奮然曰，『中統至元，自有母子，上料爲母，下料爲子。比之達達人乞養漢人爲子，是終爲漢人之子而已。豈有故紙爲父，而以銅爲過房兒子者乎？』一坐皆笑。思誠又曰，『錢鈔用法，以虛換實，其致一也。今歷代錢及至正錢，中統鈔及至元鈔、交鈔，分爲五項，若下民知之，藏其實而棄其虛，恐非國之利也。』（註五）

然而當日的執政者並沒有注意到這一點，仍舊實行錢鈔兼用的辦法。實行以後，其流弊果然不出呂思誠的預料；在有實在價值的銅錢之反映下，再加上當日鈔幣的濫發與無準備，鈔值一落千丈，結果人民要錢不要鈔，以至於亡。

在至正交鈔發行的前兩年（至正八年），方國珍即已起兵於浙東。及發鈔的次年（至正十一年），劉福通、韓林兒、芝蔴李、徐壽輝等紅軍領袖開始大規模的作亂於潁州、徐州及湖廣一帶。其後郭子興、朱元璋、張士誠、明玉珍、陳友諒等亦相繼割據稱雄，把元代的河山弄得四分五裂。這時軍費開支大增，政府爲謀收支的均衡，遂印造大量的面值較至元鈔高一倍的至正交鈔。如元史卷九七食貨志云：

> 行之（指至正鈔）未久，又值海內大亂，軍儲供給，賞賜犒勞，每日印造不可數計。舟車相運，軸轤相接，交料之散滿人間者，無處無之。

又朱德潤存復齋續集送張德平序云：

> 邇者（至正年間）軍旅數起，鈔幣倍出，物重鈔輕，而官民困矣。

又草木子卷三云：

> 至正間，丞相脫脫……別立至正交鈔，……及兵亂，國用不足，多印鈔以賈（續通考卷九引作賞）兵，鈔賤物貴。無所於授，其法遂廢。

又農田餘話卷上云：

（註五）元史卷一八五呂思誠傳略同。

至至正庚寅，……印造中統交鈔，……後用兵，率印造以買軍需和糴米。

說到印造的實在數量，在初時每年還只限於數百萬錠(註六)。但其後因爲軍事費用激劇增加，『每日印造不可數計』，每年的發行額也就多到不可勝數了。印行既多，連鈔幣所用的紙張也惡劣起來，草木子卷三云：

至正交鈔，料既窳惡易敗，難以倒換，遂澀滯不行。

先是至正庚寅間，……造至正交鈔，楮幣窳惡， 用未久， 輒腐爛， 不堪倒換，遂與至元寶鈔俱澀滯不行。物價騰貴。

元末紙幣的發行，不獨數量太多，而且又絕無準備金。自世祖末葉以後，因爲財政困難，政府已經漸漸把紙幣的準備金動用了去。到了元末，當羣雄在各地割據，收支差額特別大的時候，政府大量增發的紙幣當然更談不到準備金了。關於此點，明人已經詳細指出。葉子奇在草木子卷三說：

元之鈔法，即周、漢之質劑，唐之錢引，宋之交會，金之交鈔。當其盛時，皆用鈔以權錢。及當衰叔，財貨不足， 止廣造楮幣以爲費。 楮幣不足以權變，百貨遂澀而不行，職此之由也。必也欲立鈔法，須使錢貨爲之本。如鹽之有引，茶之有引，引至則茶鹽立得；鈔法如此，烏有不行之患哉？當今變法，宜於府縣各立錢庫，貯錢若干，置鈔準錢引之制，如張詠四川行交子之比，使富室主之，引至錢出，引出錢入，以錢爲母，以引爲子，子母相權，以制天下百貨，出之於貨輕之時，收之於貨重之日，權衡輕重，與時宜之，未有不可行之理也。譬之池水，所入之溝與所出之溝相等，則一池之水動蕩流通，而血脈常活也。借使所入之溝雖通，所出之溝既塞，則水死而不動，惟有漲滿浸淫而有濫觴之患矣。此其理也，當時不知，徒知嚴刑驅窮民以必行，刑愈嚴而鈔愈不行。此元之所以卒於無術而亡也。

又如富人糶穀以給批，行批得穀，其批行矣。貧人給批，以無穀，批乃虛文，又何以行之哉？

又丘濬銅楮之弊(黃訓皇明名臣經濟錄卷二四)云：

自宋人爲交會，而金、元承之以爲鈔。所謂鈔者，所費之直不過三五錢，而

(註六)參攷第三章第一節元代歲印鈔數表。

以售人千錢之物。嗚呼！世間之物，雖生於天地，然皆必資於人力而後能成其用；其體有大小精粗，其功力有淺深，其價有多少。直而至於千錢，其體非大則精，必非一日之功所成也；乃以方尺之楮直三五錢者而售之，可不可乎？下之人有以計取人如是者，上之人不能禁之，固已失上之職矣；況上之人自爲之哉？民初受其欺，繼而畏其威，不得已而黽勉從之。行之既久，天定人勝，終莫之行。非徒不得千錢之息，併與其所費三五錢之本而失之。且因之以失人心，虧國用，而致亂亡之禍。如元人者，可鑒也已。

元末一貫的紙幣既然只是花三五文錢的成本來造成的東西，自然沒有準備金之可言了。

由於上述的原因，元末紙幣的價值遂越來越低跌，以至於不可收拾；結果人民拒絕使用，改以銅錢或物貨來交易。孔齊（靜齋）至正直記卷一「楮幣之患」條云：

至正壬辰（十二年），天下大亂，鈔法頗艱。癸巳（十三年）又艱澀。至於乙未年（十五年），將絕於用。遂有觀音鈔、畫鈔、折腰鈔、波鈔、熝不爛之說。觀音鈔，描不成，畫不就，如觀音美貌也。畫者，如畫也。折腰者，折半用也。波者，俗言急走，謂不樂受即走去也。熝不爛，如碎絮筋查也。丙申（十六年）絕不用，交易惟用銅錢耳。

又元史卷九七食貨志云：

既而所在郡縣皆以物貨相貿易。公私所積之鈔，遂俱不行，人視之若弊楮。而國用由是遂乏矣。

又農田餘話卷上也說當日的紙幣，「民間貿易，不復顧視；至羣雄割據，遂無用矣。」

元末鈔值狂跌在物價方面的反映是物價的暴漲。關於元末物價暴漲的記載，除已見於上引各文外，元史卷九七食貨志亦說至正鈔「行之未久，物價騰湧，價逾十倍。」

又王禮麟原前集卷五送王錄判補憲掾序云：

至正十五年正月，……當今時弊，……宜先楮幣（原誤作弊）通行，官民利賴。窒而不流，自上壞之。物價翔踴，民不聊生。

其中關於米糧價格的飛漲，記載更多。陳基夷白齋稿補遺吳儂謠（至正十四年）云：

遂令斗米如斗珠，不貫楮幣貫青蚨。

又袁彥章書林外集卷一糴糧嘆云：

至正十七載，丁酉夏六月，江淮尙干戈，歲久未休息。……顧茲田野間，靑黃曾未接。米船久無來，楮幣不堪糴。

又同書卷五丙申歲（至正十六年）云：

華髮鬖鬖五十餘，此生那見此艱虞！人情世上賤如土，米價年來貴似珠。

至於米糧的實在價格，卻因時因地而異，但都較前高漲得多。如至正十年，江南「米石價舊鈔六十七貫，至是六十七倍於國初」。（註七）十九年冬，杭州「城中米價湧貴，一斗直二十五緡」（註八）。差不多在這個時候，「京師料鈔十錠，易斗粟不可得」（註九）。此外，柴、鹽、雞及豬肉的價格，也都較前昂貴得多。如吳皋（註一〇）吾吾類稿卷二正初始晴忽雪卽事云：

束薪涌高價，無論桂與珠。

又周霆震石初集卷五紀事云：

萬斛北鹽局海隅，還來商販競南趨。去年（至正壬辰）今日城中價，一貫文纔十四銖。

山村肉價何須問，近日雞豚倍北羊。（當年北羊二貫一斤，今豬雞四貫一斤。）

當日各種物品價格所以高漲，一部分固然由於供求的失調，但鈔值的狂跌仍不失爲其中一個主要的原因。

由上述，我們可知元末的紙幣，在有實在價值的銅錢之反映下，再由於發行額的激增，和準備金的缺乏，價值狂跌，從而物價暴漲，造成惡性的通貨膨脹的局面。紙幣旣然越來越沒有價值，最後人們遂不復過問，而改用銅錢或物貨來交易。

第五章　結論

總括上文，我們可知元代紙幣的流通，差不多與元代的政權相終始。元代的統

(註七)農田餘話卷上。

(註八)輟耕錄卷一一。

(註九)元史卷九七食貨志。

(註一〇)元末人。

治者雖然原來是僻處漠北習慣於物物交換的游牧民族，入主中國後，由於過去宋、金長期間使用紙幣的影響，在太祖晚年，即開始在他們佔領下的山東博州一帶發行紙幣。往後，隨着版圖的擴張，紙幣流通的區域也漸漸擴大。過了三十多年，當元世祖即位以後，配合着當日政治上的逐漸統一，政府遂開始發行中統元寶交鈔來統一各地的貨幣。自此以後，因爲政府很努力來充實紙幣的準備金，控制紙幣的流通量，注意物價的管制，及准許以鈔納稅，紙幣的價值非常昂貴，人民甚至「視鈔重於金銀。」結果物價下落，紙幣在市場上有很高強的購買力，流通狀況至爲良好。

可是，元初紙幣價值昂貴的時期不過二十年左右，自世祖末葉以後，由於紙幣政策的轉變，牠的價值便漸漸下跌了。這時紙幣政策所以轉變，主要由於財政收支的不均衡。原來自世祖末葉以後，初時由於海外戰爭用費的激增，後來由於諸王賞賜和佛事用費的龐大，政府經費開支大增，差不多年年收支都不能相抵。政府解決財政困難的一個主要辦法是紙幣政策的轉變，即漸漸放棄以前維持鈔值的辦法，而作與此相反的措施。例如政府因爲經費支出的龐大，便逐漸把元初非常充實的紙幣準備金動用了去，把因管制物價而存貯好的物資撥作他用，同時又不再像元初那樣的控制紙幣的流通量，而發行大量的紙幣。總之，自世祖末葉以後，由於財政收支的不均衡，政府在紙幣政策方面的措施，實在與元初維持鈔值的辦法完全相反。結果紙幣價值不再像過去那樣的昂貴而向下跌落，物價則相反的向上升漲。但因經過的時間約有七十年那麼久，當和這一段長時間配合起來，鈔值下跌和物價上漲的程度也就不見得如何的利害了。故這七十年雖然已經顯示出通貨膨脹的徵候，也只是輕微的通貨膨脹時期而已。

世祖末葉以後輕微的通貨膨脹時期，到了至正十年即告終止，自此以後便踏入惡性的通貨膨脹時期了。這時因爲各地羣雄並起，把元代的河山弄得四分五裂，政府收支差額越來越大。爲着要彌補收支的差額，政府不惜採用飲酖止渴的辦法，無限制的發行沒有準備的紙幣。結果鈔值狂跌，物價暴漲，人民用錢不用鈔，以至於亡。由此可知，元末政權所以終被推翻，最後固然直接由於軍事上的崩潰，初時實種因於統治者在財政經濟奮鬬上的失敗。

三十二年二月二十六日，李莊栗峯。

元代歲印鈔數圖（以萬錠為單位）

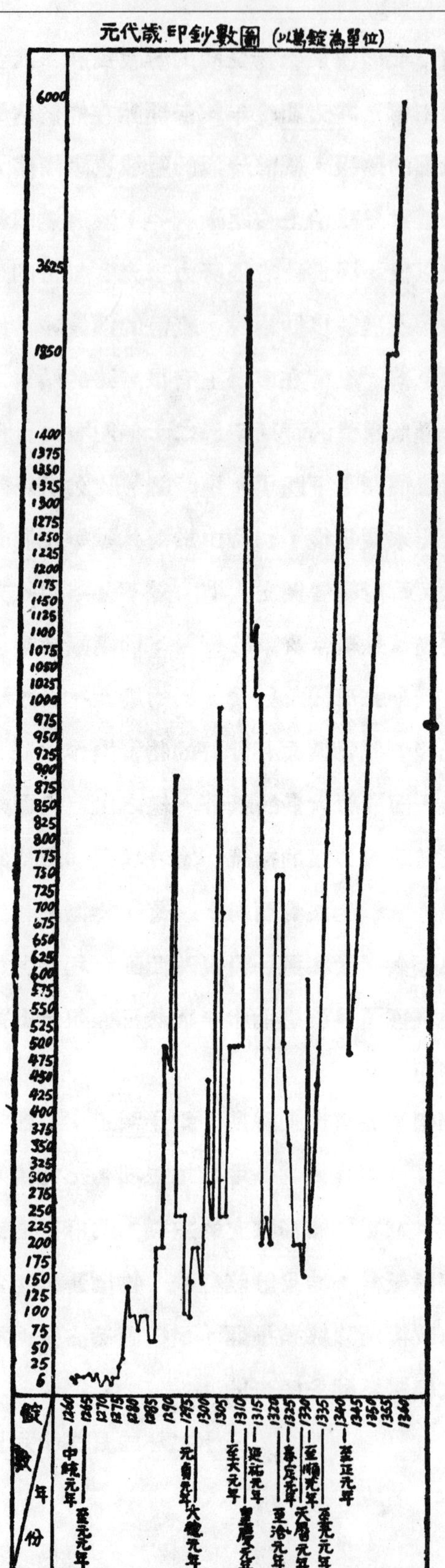

出自第十五本(一九四八年)

跋南窗紀談

岑仲勉

南窗紀談一卷，四庫全書提要一四一云，「不著撰人名氏，多記北宋時事，淳熙中袁文作甕牖閒評，已引其書，則作於孝宗以前，而中有葉夢得問章惇濟一條，又有近傳嵇卿給事餽冰云云，……嵇卿爲政和五年進士，高宗時終中書舍人給事中，則是書尙在南北宋間也」。按嵇卿旣以高宗時所終給事中見稱，則其書最早不過高宗時完成，提要又謂在南北宋間，殊犯語病。

以書爲徐度著者，淸人有勞格，其讀書雜識一一云。「格案是徐度撰，施元之注東坡先生詩（十五）送顏復兼寄王鞏詩，鞏大父文正公居牛行街，見徐度南窗紀談，（邵脫，翁馮補）。可證」。陸心源皕宋樓藏書志六三，「南窗紀譚一卷，舊抄本，葉石君舊藏，宋徐度著。南窗紀談一卷，舊抄本，勞季言舊藏，宋徐度著」。（光緒八年壬午刻）附考亦引施注蘇詩，蓋襲勞說而隱其名者。越八年庚寅，劉氏復刻儀顧堂題跋，其卷九南窗紀談跋云，「書中有石林與徐敦濟問答語，疑卽敦濟所著；考徐度字敦立，徽宗時大宰處仁子，南渡後寓居湖州，著有卻掃編，敦濟疑卽敦立弟兄也」。連系敦濟，敦立，非爲無見，但苟敦濟所作，何以今本不云葉石林問於予而曰「葉石林問於徐惇濟」，是陸之放棄前說，反覺毫無憑藉。

「葉石林問於徐惇濟」，四庫提要作章惇濟，（知不足齋所載提要作徐）。曲洧舊聞一〇作「石林公嘗問予兄惇濟」，余嘉錫氏提要辨證子七云，「是惇濟當姓朱，此書改爲葉石林問於徐惇濟，則以著書者爲徐度，並惇濟亦變爲姓徐矣」，其說予殊不謂然。考朱弁兄惇濟，並無所聞，而梁谿漫志九則有徐敦濟康，敦、惇字通，濟、康意貼。又書錄解題四云，「國紀五十八卷，吏部侍郞睢陽徐度敦立撰，度、丞相處仁擇之之子也」，度、康同部首，敦立、敦濟又同排。宋史三七一處仁傳，南都受圍時，都人殺其長子庚，幼子度，吏部侍郎，似處仁不止二子，庚、康亦同部。況處仁之子，正與夢得同時；嘉定鎮江志一九總領所云，「徐康，右朝請大夫戶部員外郎，紹興三十二年三月到，四月主管台州崇道觀」，（總領所，繫年要錄稱淮東總領）。又建炎以來繫年要錄一九八紹興三十二年閏二月癸巳下云，「左朝奉大夫提舉兩浙西路常平茶鹽公事徐康，行尙書戶部員外郎總領淮東財賦軍馬錢糧，戶部郎中總領淮東財賦軍馬錢糧林安宅令赴本部供職」，記康之前官，與鎮江志異，又志作康承朱夏卿，要錄則康承林安宅而林承朱，疑皆要錄近是。又要錄一九九同年四月甲戌下云，「左朝奉大夫提舉江南東路常平茶鹽公事洪适行尙書戶部員外郎總領淮東財賦軍馬錢糧，（适乃代徐康，康五月甲寅致仕），」依此，

康實於紹興三十二年致仕，古人七十致政，假令相近，是北宋之末，康年已三十許，得友夢得，可無疑問。但如此說，則今曲洧舊聞何以不作嘗問徐惇濟而作「嘗問予兄惇濟」，今南窗紀談何以不作問於予兄惇濟而作「問於徐惇濟」，竟兩者易位，至是乃不得不論及孰創孰襲之問題。

提要辨證云，「以兩書對勘，大抵舊聞詳而此書略，又間有數字不同，其删節竄改之跡，顯然可見。蓋徐度所著之南窗紀談，原書已亡，後人從他說部中抄取二十許條，僞題此名，託之徐度，其不題撰人姓名，疑是傳寫佚脫也」。謂徐度之南窗紀談全亡，殆因今本不載牛行街事，然此祇可備一說，未得爲必定如是。涉兩書相同問題，更得有下列數疑問，

甲、曲洧舊聞原襲紀談。

乙、南窗紀談原襲舊聞。

丙、紀談之文，被後人誤混於舊聞。

抗戰軍興，本所遷湘，余因便旋里，鄉居一月，翻先人手澤，偶及南窗紀談，則覺其書凡二十三條，而別見於曲洧舊聞祇詞句大同小異者，占十一條；

1. 蔡寬夫侍郎在金陵　　舊聞九。

2. 歐陽文忠公雖作一二十字小柬　同上。

3. 唐以身言書判設科　同上。

4. 葉石林問於徐惇濟曰　舊聞一〇。

5. 韓玉汝丞相喜事口腹　同上。

6. 丈人本父友之稱　同上。

7. 爲帥守而踵父祖於所居　同上。

8. 凡以節度使兼中書令　同上。

9. 特進起於西漢　同上。

10 王文正公遺事　舊聞九。

11 彭資器尙書汝礪　舊聞一〇。

因比較同異，成一短篇，閱一歲入滇，承友人示以余氏新著，乃知所計條數相合。余引皕宋樓藏書志，「內有二十二條與曲洧舊聞同」，且附註云，「此不知爲陸氏誤記，抑爲余檢查尙有遺漏，俟再考」。按今紀談身言書判一條，舊聞分爲兩條，同是論習書事，併之未嘗不可，然今知不足齋，學海類編兩本紀談「勢使之然也」句恰到脚，（墨海本不然。）則謂「歐陽文集載與石公操推官書」已下別爲一條亦通，（知不足齋本俱頂行，故爲一爲二，幾於無別，若學海本每條第一行頂行，餘低一格，則已併作一條矣。）由是同乎舊聞者有十二條，蓋陸氏原文當作「十二」，抄刻時誤爲「二十二」，非檢勘比陸有遺漏也。

宋史三七三朱弁傳，弁建炎初北使，被金人淹留，紹興十三年歸朝，十四年卽卒，其著述或當在陷虜之日，同時南方作品，以譏禁嚴密，未必輸入北邊。如謂著於歸朝之後，則甫歲而終，亦難得勦襲機會。況弁性伉直，尤不類剽竊之流，此（甲）疑舊聞襲紀談者未必然也。

徐度所著卻掃編上有云，「石林公言吳中俚語若等人易得久，瞋人易得醜，雖鄙亦甚有理」，亦嘗敍夢得之語，若記「夢得問於予兄惇濟」，則與其謂出自朱弁，毋寧謂出自徐度爲較順，此（乙）疑紀談襲舊聞者尙待酌也。

宋史四四五夢得傳，卒紹興十八年，則朱弁之沒，先於夢得。考今本舊聞除卷十仇悆徽猷一條外，（悆卒比弁先後，尙待考證。）他所言均北宋舊人，唯石林一條，全涉現代人物，殊爲可異。四庫提要云，「文獻通考載弁曲洧舊聞一卷，……此本獨曲洧舊聞已十卷，然此本從宋槧影鈔，不應有誤，必通考譌十卷爲一卷也」，余嘉錫辨證子五云，「（晦庵集九八朱弁）行狀又云，曲洧舊聞三卷，……

與通考及書錄解題所載卷數又不同，疑卷帙有分合耳」。今按宋史弁本傳亦言「曲洧舊聞三卷」，與行狀同，則通考之「一卷」，不定爲「十卷」之訛。抑舊聞卷一至卷四，初敍宋之列祖，繼敍宋之名臣，又敍各地物產，頗整整有條，唯自卷四去鉅鹿郡西北一舍有泉條已後，露貂續痕，是非挾成見而云然也，請以數事證之。

（1）紀談與舊聞同者皆在舊聞九、十兩卷，前卷無之。（見前文）

（2）舊聞卷一俱稱太祖皇帝或太祖，如

a. 太祖皇帝在周朝，……太祖已踐祚矣，

b. 太祖皇帝抱帝王，……太祖有二十事。

c. 太祖皇帝龍潛時，……太祖覽之。

d. 太祖皇帝卽位後。

e. 太祖批其狀曰。

f. 太祖親見所在場務。

g. 與太祖俱北面事周。

h. 至太祖一天下。

i. 世傳太祖將禪位……太祖以重違太母之約。

j. 相傳太祖皇帝……太祖至此卷……太祖惻然。

k. 太祖微時。

稱謂一律。顧卷九不然，如

l. 藝祖平定天下。

m. 藝祖養兵止二十萬。

苟前後出一手者，何以對列祖稱謂，如是參差。

（3）卷四、「筆談載淡竹葉，……豈存中未之見耶」，卷六又云，「沈括字存中，爲內翰」，在前條之意，似以爲存中筆談，人所熟知，無待詳舉，苟兩卷同是一書，何至卷六始出其名，復複其字耶。

（4）卷一因太祖而涉太宗者止一條，下卽接眞宗，所云「太祖以重違太母之約，不聽……先帝若聽臣言，則今日不睹聖明，然先帝已錯，陛下不得再錯，太宗首肯者久之，韓王由是復用」，於太宗，趙普，深致貶詞，弁性之剛直然也。顧今

卷七書太宗三元不禁夜後，閱兩條又記太宗求治甚切，太宗不以言事罪人，中間眞宗，太祖各二事，復接太宗知王禹偁，太宗倚任寇萊公，敍次旣不倫，尤異乎弁深惡太宗之微意。

（5）宋人說部夥頤，弗暇一一勘，然觀知不足齋本卷七上元張燈條注云，「又見春明退朝錄，大同小異」，成都府散花樓條注云，「又見退朝錄」，與他書複者恐尙不止此數，余固言弁非苟剽竊者，是則羼混之跡也。

（6）卷四達活泉云，「熙寧壬子歲，泉忽淪伏不見，後五年元豐改元之初，太守王慥率郡僚禱於泉上，不越月而復出，……因易名爲再來泉，至今六七十年」，按自元豐元戊午（一〇七八）數至紹興十四甲子弁卒之年，（一一四四）共六十七年，果足七十年者，則此條可疑。

總之今舊聞卷四已下，許有原文，（如卷八予書定光佛事一條，與卷一太祖爲定光佛後身相對照。）然亦許被羼亂，故生上舉諸疑點及「予兄惇濟」之遺痕。若今傳本南窗紀談，當是南宋時金，元人所抄撮，爲其爲敵國著作，故闕去撰人，但仍知撰者徐度，故改予兄惇濟作徐惇濟。所可旁證者，身言書判設科條，舊聞作「本朝此科廢」，仍入宋人口氣，紀談作「宋朝此科廢」，則入敵人口氣矣。又蔡寬夫侍郎條，舊聞作「舊聞其子擇言親道之」，係得自親聞，紀談此句全省。又特進起西漢條，舊聞「官亞開府」句下尙有「國朝常以侍從貼職」云云八十餘言，今紀談亦全省。都足徵抄撮者似非宋人，此本行世旣久，撰人不復知，於是徐惇濟一句，無復回校爲予兄惇濟，凡斯語氣易位，與夫舊聞卷數之弗符，體例之駁雜，紀談文字之删削，撰人之失傳等，其可能的解釋，斷以本節所擬議爲適合自然。若徒曰卷帙或有分合，囫圇放過，殊未足以釋疑，此（丙）疑紀談混入舊聞者大可考慮也。

徐度官歷，宋史祇以一句了之，四庫提要卻掃編下亦無詳敍，今依瀏覽所及，撮記數條如下，讀書附志五上謂度字中立者訛。

景定建康志二六，「徐度，左朝請郎運判，紹興二十八年三月二十四日到任」。建炎以來繫年要錄一九六紹興三十二年正月丙子，「尙書左司郎中徐度權戶部侍郎。」同書一九八閏二月癸己，「權尙書吏部侍郎汪應辰與權戶部侍郎徐度兩易。」

同卷同年十月庚午下又載編類聖政所詳定官徐度劄子。

紀談條數，提要辨證有云，「此書各本皆作二十三條，惟知不足齋本分特進起於西漢一條爲二，則爲二十四條，……合之者非也」，按學海類編本與知不足齋同，余氏殆未檢及，抑依前引陸氏十二條說，則且有二十五條矣。

今本紀談爲不全之書，且曾經後人删改，是顯而易見，其中脫誤可藉舊聞以校正者，如

2. 此靈碁也　碁下當補經字。

3. 其強項不服下　「下」字似衍。

8. 驃騎車騎將尉軍　將尉軍應作衞將軍。

11. 彭賫器　賫器乙。

兩公少從學　應作兩公少相從爲學。

然可藉以校正舊聞者亦不少，如

2. 一二十字小柬　舊聞脫「十」字。

3. 又設爲高論　又、舊聞作義，殆涉草寫而訛。

7. 授淮南節度　南、舊聞誤西。

8. 以鄧騭爲　已下舊聞奪「車騎將軍儀同三司儀同之名起於此魏黃權以車騎」二十一字，恰一行。

元豐官制旣罷　已下舊聞奪「同平章事遂以節度使加開府爲使相」十五字。

10題曰齋誠密記　題曰、舊聞誤是日、

已上相校兩項，係專就知不足齋本而言，其學海及墨海本互有出入，平均究不如鮑本，墨海錯誤尤多也。

中華民國二十六年九月，初寫於敝居桂洲裏村鄉，三十一年四月，修正於四川南溪板栗坳。

稿成，同事傅君樂煥見告，徐自明宰輔編年錄引紀談，似有出見本外者，亟獵一過，約得六條，皆涉官制事，其五條云：

慶歷二年，二邊用兵，富文忠公爲制誥，建言邊事繫國安危，不當專委樞

密，周宰相魏仁浦兼樞密使，國初范質，王溥爲宰相，兼參知樞密院事，今兵興宜使宰相以故事兼領。仁宗然之，遂降制以宰相呂夷簡兼判樞密院事，章得象兼樞密使。（卷一建隆元年）。

國朝中書，樞密先後上所言，兩不相知，以故多成疑貳，然祖宗亦賴此以聞異同之論，用分宰相之權。（同上乾德二年）。

太祖始命參政與宰相互知印，時議者謂（陶）穀爲失，然唐參知政事固宰相之任，曾何以爲百王不易之制，殆稱謂適同爾，官制輕重因時，蓋可見矣。（同上）

國初沿唐故事，尙書令、侍中、中書令爲三省長官，未改官制前、異姓未有兼中書令者，惟贈官有之。（卷二淳化元年，國史並紀談）。

國朝待遇大臣，終始恩禮，前執政苟不以罪去，有復爲三司使者，御史中丞知通進銀臺司者，兼祕書監者。（卷三至道三年）。

均不見今本紀談或舊聞。唯一條云：

舊制二府侍從薄責，多以本官歸班，奉朝請而已，初無職掌，然班著請給，並只從見存官，初不以嘗經歷爲高下也。（卷一乾德五年）

不見於紀談而見於舊聞卷九，（責作罪，缺奉字，見存作見在，「不以」下多所字，奪高字）。余前謂後人以紀談混入舊聞，且在九、十兩卷，得此則幸而言中矣。據寶祐五年陳昉序，徐書約撰於嘉定末葉，上距徐度僅六十年，其引書之初條，有著撰人者，（如王禹稱東都事略，李燾通鑑長編等。）亦有不著者：（如官制沿革，揮麈錄等。）則所引紀談之不著撰人，弗能據爲撰人已佚之證也。同年八月念一日仲勉再識。

出自第十五本(一九四八年)

遼金糺軍史料試釋

谷霽光

（一）糺軍研究
（二）糺之本字
（三）糺之音釋
（四）糺之訓釋上
（五）糺之訓釋下
（六）糺軍組織

（一）

日人箭內亘作「遼金時代乣軍之研究，」載日本史學雜誌二十六編七號。後又續成「再研究遼金時代之乣軍」及「再答羽田學士論乣軍」二文，均見同一雜誌。數年前陳捷陳清泉二氏譯爲中文，並加譯同一作者之「金代兵制之研究，」（原刊滿鮮地理歷史研究報告第三號）合成「遼金乣軍及金代兵制考」小册，列爲商務印書館史地小叢書之一。至現時止，已經再版印行。此外箭內著「元代官制與兵制」一文，亦略有論列，大抵敷陳舊說，無甚新見。

箭內糺軍研究，除羽田藤田松井諸氏爲文與之討論外，未見其他著作。箭內提供之論證，實多商榷餘地。現雖限於史料，扞於語言，不能作肯定之斷語。然願一抒所見，以爲再事探討之開端，兼爲探討方式之擬議。

（二）

糺亦作乣，乣漢字所無。箭內認乣字爲正，原本契丹字。此問題如專從校讎方面着手，不易予以完滿之解答。按現存之重要資料遼金史，遼史均作糺，金史均作乣，涵芬樓影元刊本及通行本均同。孰者爲是，頗難判決。通常認乣爲正之理由：一因契丹大字，雜用漢字隸書，則乣有爲契丹國字之可能。一因糺爲古今通用之字，乣則自元以後，絕跡不用，故易誤乣爲糺。此見解固不失爲歷史研究中之一種可能推度。但字形紛歧，既不易由版本方面直接求得正確解答，吾人作理想推度時，即不能不注意於全部史實及譯名關係。否則片面推論，殊有陷於錯誤之可能。

契丹部族軍隊及人名官名，除改從漢名外，均爲漢譯。有直譯其全音者，有僅譯其主音者，亦有翻譯其音兼顧其義者。今就遼史四六百官志二所舉諸軍名分類例示如下：

(甲)美名　漢名，如飛龍軍威勝軍是。譯名中，如皮室，堅固之意也(註一)。屬珊，鐵鑿之意也(註二)：舍利，拔選之意也(註三)。鐵林整齊之意也(註四)。漢名雖不能指示其意，然譯語字義，仍多自相連屬。

(乙)動物名　軍之以動物名者，亦多美稱。漢名中，如龍鳳熊虎鐵鷂子是。譯名中，如墨離爲馬，特滿爲駝是。(註五)

(丙)部落名　渤海軍等屬之。

(丁)職官名　職名中，漢名如禁軍以職掌言，礮首以任務言。音譯，如拽剌，走卒之意(註六)。官名中，漢名如郎君，掌著帳郎君之軍事。音譯，如

(註一)遼史語解：「堅固之意也」。又作北室，遼史拾遺一三：「契丹謂金剛爲北室，取其堅利之名也。」

(註二)遼史語解：「舒新，滿洲語，鐵鑿也，」卷三五作屬珊。至遼史三七地理志儀坤州下云：「俘掠有技藝者歸之帳下，謂之屬珊」。四六官志云：「選蕃漢精兵珍美如屬珊故名」。為均未得其義。

(註三)遼史語解：「錫里，蒙古語，拔選也。卷十二作舍利」。

(註四)遼史語解云：「特哩，蒙古語，整齊也。卷十二作鐵林」。

(註五)墨離爲馬，特滿爲駝，均見遼史語解。

(註六)拽剌，遼史語解無釋。遼史四六百官志：「走卒謂之拽剌」。遼史拾遺十三：「巡警者呼拽剌族部份。」遼史一一聖宗紀：「分遣拽剌，沿邊偵候。」或即以巡警爲主要任務之走卒軍。其中分旗鼓拽剌，千拽剌，猛拽剌。又有「祗候郎君拽剌」之官，則由職轉官名耳。

尅，掌尅部之軍事。(註七)

軍名不出於上述四例，則糺以契丹國字獨存，似無可能。如更從遼史與其他記載，詳加考校，亦知原本應作糺字。按遼史三四兵衞志上：

天贊元年，以戶口滋繁，糺轄疏遠，分北大濃兀爲二部，立兩節度以統之。(註八)

仝上五九食貨志上：

太祖平諸弟之亂，弭兵輕賦，專意於農。嘗以戶口滋繁，糺轄疏遠，分北大濃兀爲二部，程以樹藝，諸部效之。兵衞志與食貨志，均有「糺轄疏遠」之文，其卷一一六國語解爲之注云：

糺軍名，轄者管束（百衲本作速）之義。

余頗疑遼史注文，或爲附會其詞。按分大濃兀爲二部，立兩節度者：其一在提高其職權便於管轄，其一在充實其行政組織俾督耕戰。則「糺轄」合釋爲「管束，」於文義史實，兩爲允當。今考之遼史三三營衞志部族下，太祖聖宗之世，部族中因戶寡役重，合數部爲一者有之。但以戶口滋繁分置或特設爲多。其中材料，可用以說明上述文義與史實關係者，有三：

（1）「撒里葛部奚，有三營：曰撒里葛，曰窈介，曰耨盌爪。太祖伐奚，乞降，願爲著帳子弟，籍於宮分，皆設夷離堇，聖宗各置爲部，改設節度使，皆隸南府，以備畋獵之役，」設部以備畋獵，與分部以課樹藝，情形略同。撒里葛之設部，亦必因戶口蕃息籍於宮分統轄不便故也。此與大濃兀之分部，理由相近。

(註七)尅之原義，已不可考。亦作克，見遼史九二蕭惠傳。據遼史四六百官志：「諸帳並有尅官爲長」，則尅似爲官名。然同書一一六國語解，一則曰尅官名，再則曰尅掌軍官名，三則曰尅統軍官名，猶云帥也。是尅爲官長之義。又同書九四耶律那也「爲遙輦尅」，九九耶律撻不也「遷遙輦尅」，則尅爲官長之義，殊無可疑，又同書三三地理志：「奚王府六部，……聖宗合奧里梅只墮塊三部爲一，特設二尅部以足六部之數。此云尅部，當係因官名部，所謂奚王南尅軍，奚王北尅軍，亦必此尅部之軍，爲部族軍中之特具有殊意義者。

(註八)按遼史四六百官志，諸部族中有北大濃兀部，是知大濃兀分爲南北，非北大濃兀分爲二部。遼史紀志中，雖三見分北大濃兀爲二部之文，疑同出一源，作史者未之深考，致有錯誤。

（2）「品部，其先曰拏女阻午可汗，以其營爲部。太祖更諸部夷離菫爲令穩。統和中又改節度使，隸北府，屬西北路招討司，司徒居太子墳。凡戍軍隸節度使，留後戶隸司徒。」按全書四六百官志二，小部族有司徒府，有節度使司，則司徒掌民，節度掌兵，其事至顯。至大濃兀之督促生產，應亦司徒職掌。所云「糺轄疏遠，」亦應指留後戶而言。如以之指節度使司系統下之糺軍，當於文義不協。

（3）「特里特勉部，初於八部各析二十戶以戍奚，偵候落馬河及速魯河側，置二十詳穩。聖宗以戶口蕃息，置爲部，設節度使，隸南府，戍倒塌嶺，居橐駞崗。」此云二十詳穩，不知係指各地特種詳穩司，抑糺軍詳穩司。卽假定二十詳穩爲糺軍，則置部建節度使，正爲擴大組織與統一事權而已。

余意糺有督察之義，轄有管束之義，「糺轄」合用，不能釋同「軍管，」而當釋爲「督察」或「管束。」此或遼史國語解撰人，一時疏忽，見「糺轄疏遠」之糺，同於糺軍之糺，遽下斷語，致有此誤。國語解之錯誤問題，可勿詳論，然於此可得板本上糺字爲正之堅強證據，卽遼史撰人，所見史料中糺軍之糺，與「糺轄疏遠」之糺，同爲一字。如此論斷爲不誤，則遼史原本爲糺之問題，可以解決。

從遼史本書推求之外，宋人記載與宋刊史籍，亦可證糺軍之糺以糺爲正。劉時舉續宋編年資治通鑑（學津討原本）卷一四，兩記糺軍，均不作糺。元初人宇文懋昭所撰大金國志亦同。據王國維氏考證，上述二書，多本於李心傳建炎以來朝野雜記之說，（南華學報四卷一期南宋人所傳蒙古史料考）今考之朝野雜記乙集一九所載，亦均作糺。又武英殿聚珍本朝野雜記，末附校勘記五卷，係據影宋本所作，聚珍本與影宋本異同之處，舉凡片言隻字，無不登錄，孫星華跋文中曾述及之。其中無糺字或與糺字有關之文，則知影宋本朝野雜記，本亦作糺。此亦殊足以釋元刊本遼史糺訛爲糺之疑。

元史之紀糺軍，字均作糺。然亦有例外，卽直接記載糺軍者作糺，其記載糺軍人士之地望則否。如卷一八八石抹宜孫傳：

石抹宜孫字申之，其先遼之迪烈糺人。

按此云迪烈糺人，卽其先世原隸迪烈糺。此種書法，在金史爲常見，其意義亦與書作某猛安人者相同。又元史一五二石抹阿辛傳：

石抹阿辛，迪烈紇氏。

紇應爲糺之誤，推其致誤之由，恐因糺亦作紏（見遼史，）紏紇形近，易於轉訛。（註九）則元史作者，雖認爲乣字爲正，而所據之史料，固自作糺。改易之跡，倘可窺見，此吾人所當深切注意者。惟欽定元史語解卷三部族條有云：

德爾吉，滿洲語上也。卷一百八十八作迪烈乣，部名。

查與元史一八八石抹宜孫傳字形不合。（見上引）如迪烈本糺名，糺又軍名，恐亦不能釋同「德爾吉」殆爲誤解也。此外國立北平圖書館影印宋會要稿卷八二一〇兵一七之一八凡幾記糺降人，均書作糺，陶九成北游志續編引郝北使記，記大石林牙之部下，亦云羣糺。皆可作糺字爲正之有力旁證。

今人多認元刊本遼史，極爲草率，此固不易之論。（東方雜誌二十八卷二十二號張元濟氏遼史跋）然刻本不精之原因，殊難稽考。余疑遼史原稿本，未經精校，刻本隨之訛誤。如蕭訛爲簫，自恆理言之，簫必刻本誤字。而金石萃編一五三涿州雲居寺四大部經記中有簫惟平其名，簫卽作簫。依金石所見，當時俗字極多，遼史根據原料修撰，如不經精校，刻本當有依舊訛誤之可能。此點雖不能斷定遼史刻本保守眞相之足資信賴，然吾人亦不能因遼史付印草率，而斷定糺爲誤字。特附及之，以供討論遼史板本問題時參考。

(三)

糺同糾，其音應同。惟箭內斷定糺應作乣，本契丹字，復斷定乣之原音，近於tə tu。茲爲便利起見，略述其所持之理由於下：（1）宋徐霆彭大雅黑韃事略，有蒙古五十騎爲一糾之說，糾應爲乣之譌，原注都由切。（2）金史羣牧名號中，有

（註九）遼史百官志，糺有別作紏者。紏乃易誤爲紇，或誤爲紀。蒙韃備覽云：「葛相公乃紀家人」，海寧王氏箋證；「紀家當作乣家，遼史天祚紀之糺軍，部族表作紀而軍，其證也」。再從箋證進一步言之，知其致誤之由，必非從乣，而爲從紏。此又可補助元史糺誤爲紇爲紀之論證。

廸斡亦可通作乣斡。(3)遼金史中之蕭乣里蕭敵里，同爲一人。(4)元史類編注，「乣音冥遼東君也。」續弘簡錄注，「乣音杳遼東軍也。」冥與杳，或均查之誤字。根據上述理由，乃推定乣有迪敵查一類之音。(註一〇)

音譯問題，頗爲複雜。其易於致誤或不確者，如轉訛，如切音，如方言，如以音就義，如以義改字，類此情形，指不勝屈。考證時能指出其變化之跡與其關係，自無問題，否則益滋紛歧，終於無法解決。今按欽定遼史語解欽定金史語解，知乣糺通用，音釋亦繁。

(1)吉勒扎，亦作乣者，原意恕也。

吉勒展亦作糾里闌，原意恕也。

(2)嘉里，亦作扎里，亦作乣里，原意巡察也。

乣里，亦作扎里，亦作楂里，原意茅藤子也。

(3)濟色亦作乣舍，原意底稿也。

博濟，亦作孛極，白進，孛吉，原意文券也。

凡此諸例，足示音譯紛歧之一斑。而音近之多種變譯，又足示一人一譯，一地一譯，與一字轉譯之諸字，但能求其近似，不能求其一致。非獨此爲特例，他亦何莫不然。如遼史語解徹辰郭勒條：

蒙古語，徹辰聰明也。郭勒河也。卷三一，作楚凡眞果。

諸如此例，不勝枚舉，其旨易明，無容詳述。

如更進一步，從翻譯之通例言之，固亦大有分辨，轉訛與異譯，乃屬變體。今就遼史語解言，凡有嘉吉結奇糾之音自爲一類。

嘉們，滿洲語釋站也，亦作戛陌。

(註一〇)從遼史中已斷定糺爲漢字，則此漢字總與糾通用，無容另爲考證。然或者不免假定糺爲契丹字，契丹中形同漢字，而音義全異，如杏之義爲丑，水之義爲時是。(參閱王靜如氏：「遼道宗及宣懿皇后契丹國字哀册初釋」及「契丹國字再釋」。中央研究院歷史語言研究所集刊第三本第四分及第五本第四分)。故應博證，以袪羣疑。至於新製漢字之假定，其說殊難成立。一因遼史原本作糺，而糺又爲與糾通用，今無法證明遼史爲誤，即無由作此假定。一因遼史均從音譯，音譯時極易獲得相近之字或數字以叶原音，亦無須新置一字或其他符號。

嘉哩，滿洲語巡察也。亦作糺野里。

吉勒展，恕也。亦作糾里闌，

糾堅，滿洲語身緊束也。亦作休堅，亦作九斤。

吉達，滿洲語槍也，亦作頡的。

凡有濟之音自爲一類。

濟古爾蒙古語羽翼也。亦作質古。

濟里，亦作厥里。

蒙古語，濟勒年也。亦作紀而，亦作糺而。

凡有扎查之音，又爲一類。

哲琳，滿洲語邊也。亦作折立。

扎拉，蒙古語帽纓也。亦作查剌。

扎蘭，滿洲語世代，亦作閘獵。

扎里，滿洲語茅藤也，亦作糺里。

凡有特迭之音，又爲一類。

特爾格，蒙古語車也。亦作迭烈哥。

特默，蒙古語駱駝也。亦作特末特免。

特徹布，滿洲語令其同坐之謂，亦作鐵勒不。

凡有迪敵達之音，又爲一類。

托里，蒙古語鏡也，亦作撻里。

達年，滿洲語遮蔽處也。亦作敵輦。

迪里，頭也。亦作敵烈。

可知異譯雖多，轉訛雖衆，仍有一種通例存乎其中。吾人不能因變例抹殺已存通例，更不可因特例而傅會其詞也。

黑韃事略所云糾都由切，無法引以考證糺之原音。一因蒙古五十騎爲一糾之組織，不必同於金遼之糺。一因糾都由切，本不作糾，(註一一)則未足引以爲據。續弘

(註一一)玉篇：「糾他口切，亦作斢字」。則黑韃事略之糾都由切，或爲都口切之訛，亦或都口切之轉，均有可能。姑誌於此以待板本方面之校對。

簡錄元史新編之注，又如此紛歧，卽吾人假定冥杳均查字之誤，(註一二)亦無由斷定其必爲可信。至紏之轉訛爲迪爲敵，此仍有之，應非通例。余意紏爲漢字，則此漢字必卽糾字。玉篇糾居黝切，高本漢注糾古音亦作 Kier ，(註一三)應與上述之裹吉結奇諸音，自爲一類。

施國祁金史詳校二，章宗條；「東至胡烈公，公元本作么是。案獨吉思忠傳作么，或卽兵志之移剌乣。」胡烈應非移剌，玆不必論。但金史章宗紀之公，獨吉思忠傳之么，均爲紏之轉訛，似無疑義。大抵紏爲音譯，可別寫作紏，亦可別寫作幺，幺字簡略，從其主音，此則又訛爲么而已。金史之紀紏軍，均書作乣，如從此例推之，則乣或卽么之譌，而幺乃爲紏之別譯。如此益知紏之原音，其語根本爲幺，(ieu) 自以糾音爲近。而其正譯，亦自以紏爲是。此點俟下節討論紏之原義時。當更明瞭。

(四)

箭內根據黑韃事略與遼史國語解，斷定乣之爲義，相當於軍，有蒙古語 Sagor Sari, Cherig 諸義，卽包含軍戰兵諸義。引伸爲軍中之軍，勇於戰鬬之軍，由精兵組織之軍，以爲軍名。此說殊多牽強，羽田曾加辯證。今增論於次。

(1)黑韃事略，雖有五十騎爲一糾之說，當指蒙古騎軍而言，不能以之指遼金紏軍組織。假定糾本作紏。而紏軍組織亦本如此，似未能以之作爲名稱來源根據。軍隊組織中之五進十進法，本爲各民族之普徧方式。如據此以名軍，殊未能充

(註一二)遼史中，紏亦別譯爲祖爲俎，已見「遼金紏軍及金代兵制考」中，故不重錄。於此足知紏之尊有迪敵等音，乃爲非是。又續弘簡注：「乣音杳，遼東軍也」。元史類編注：「乣音冥遼東君也」。二者差異之原因，可有兩種解釋：(一)杳爲查之誤，而冥又爲查之轉訛，但此爲作者誤書，抑爲校者失檢，已不可知。(二)乣音杳音冥，非誤字，乃作者音註新見，因乣從幺，音同 ieu，作者或據此以爲乣之正音，乃注爲杳。(ieu) 至元史類編之作冥，或因冥字開口音之轉，近於杳。孰者爲是，不易判斷。余意續弘簡錄與元史類編之說，均不重要，如依第一說，必係作者根據紏裹查諸音之轉，雖爲近是，然在遼史中已可見之。依第二說，則直以乣爲新字，音從幺而不從 ㇄，此或有其根據，(參本節末段)但此新字出現，旣無板本上之堅強證明，從事實推論亦覺不能成立，殊難置信。

(註一三)Karlgren B: Analytic Dictionary of Chinese, Paris 1923

分指示其軍隊之特點，其假定不易成立。卽如蒙古軍隊中有五十騎爲一糺之組織，亦不稱爲糺軍，而稱八都魯軍。八都魯勇也，勇乃指示其軍隊精神，且爲美名，亦符於上述通例。

（2）遼史一四六國語解：「糺軍名」，「遙輦糺遙輦帳下軍也。」箭內以此應釋作「糺音軍之意。」余以爲應釋作「軍隊之一種名稱，」或「軍隊中之一種。」按遼史國語解，凡稱官名地名國名，均示「官之一種名稱，」「地名之一，」「國名之一。」非謂「官之意也，」「地之意也，」「國之意也，」其例至顯，易於意會。又如釋鷹軍云：「鷹鷙以之名軍，取捷速之義。」釋大小鶻軍云：「二室韋軍號也。」以之比較，其義更顯。此外釋女古「金也，」孤穩「玉也，」沙里「郎君，」意義不同，措詞亦異，殊少混亂。至通行本金史一三六國語解有云：「諸糺詳穩，邊戍之官，糺卽軍字，詳穩卽長官。」似認糺同於軍。然元刊本金史，則僅「諸糺詳穩邊戍之官」八字。通行本多從乾隆較正本，知「糺卽軍字，」乃清人之說，未可引爲定論。（註一四）

（3）宋王易重編燕北錄有云：「清寧四年，……大小禁圍，……旗上錯成番畫旧字。」原注，旧「漢語正軍字。」卽知契丹大字，軍本作旧，與糺形絕不相類。亦知箭內之假定、不易成立。

除箭內主張「糺卽軍字」外，古籍中尙有一種解釋，爲箭內原著所未提及者。清厲鶚遼史拾遺一八女眞國條，所引宋無名氏北風揚沙錄，其文云：

> 官之等者，以九曜二十八宿爲號，職皆曰勃極列，猶中國總管，皆糺官也。自五戶勃極列推而上之，至萬戶，皆自統兵，緩則射獵，急則出戰。……（註一五）

按北風揚沙錄所紀，其材料價値遠在黑韃事略之上。一因女眞早期軍政組織，與契

（註一四）金史卷末，有乾隆十二年上諭云：「近因校閱金史所附國語解一篇，其中訛舛甚多，金源卽滿洲也，其官制，其人名，用本朝語譯之，歷歷可見。……爰命大學士訥親張廷玉：用國朝校定切音，詳爲辯正。……並註清文。以便考證」。糺字一條，僅增註清文，未加辯正，亦無清文附註。可見所增之文，非有語音上之根據，不能輕易置信。

（註一五）北風揚沙錄原見說郛，經校對後，知與拾遺所錄相符，徐夢莘三朝北盟會編亦載此事，與北風揚沙錄所紀略同，字亦無別，足資參證。

丹關係較爲密切。一因糺不作糾，字形字音亦較接近。故此段史料，吾人殊有提出討論之必要。茲無論北風揚沙錄所紀爲正確否，仍當先求糾之意義。如以全部文意繹之，糾不爲「軍」，而當釋爲「部族」。考之金史官志兵志，大小官皆稱勃極烈，上冠他字以別尊卑。但此勃極烈官，乃兼管軍民，非徒軍政而已。故北風揚沙錄所云「皆糾官也」，意卽「皆部族官也」。此就金史與北風揚沙錄參照讀之，可以斷定而無疑。

今考證遼代兵制，仍當以遼史材料爲主，如北風揚沙錄所云，果能與遼史所紀相符，則吾人或能於此得一可能假定以解決糺之原義問題。然此種理想，亦易宣告失敗。卽釋糾爲部族與遼軍制之糺，不能相同。換言之，依北風揚沙錄文意，轉以釋糺，難於與遼史所紀一一契合也。

糺之能否釋作部族，當視部族軍是否相同於糺軍而定。箭內會云：所謂各部族糺軍者，爲部族軍隊之全部抑爲其一部亦不明」。是彼於此亦有所致疑。考之遼史，其紀載與事實頗多簡略，今不欲先出己見，遽下斷語，用將部族軍與糺軍之關係分析於下。

（1）部族軍相當於糺軍之記載與事實　遼史三二營衞志部族上：「契丹之初，草居野次，靡有定所。至湼里始制部族，各有分地。……勝兵甲者，卽着軍籍，分隸諸路詳穩統軍招討司。番居內地者，歲時田牧平莽間，邊防糺戶，生生之資，仰給畜牧。……各安舊風。狃習勞事」。自全部文義觀之，部族之中，實包括番居內地與邊防糺戶，而以糺戶爲主。細閱上文，不難知之，如更合營衞志序所云：「分鎮邊圉，謂之部族」。互相參證，尤易明晰。此其一。遼史四五百官志遙輦九帳下，有「遙輦帳節度使司」，「遙輦糺詳穩司」。大部族下，有「某部節度使司」，「某部族詳穩司」。小部族同。兩相參考，則部族詳穩司，似卽糺詳穩司，此其二。同上百官志十二宮分下，不載糺詳穩司。而西北路諸司下，有宮分軍詳穩司，羣牧亦然。似此宮分軍同於宮分糺，羣牧軍亦同於羣牧糺，此其三。遼史八二耶律隆運傳：「宋兵取河東侵燕，五院糺詳穩奚底，統軍蕭討古等敗歸」。同上八三耶律休哥傳：「乾亨元年，宋侵燕，北院大王奚底，統軍使蕭討古等敗績。南京被圍，帝命休哥代奚底，將五院軍往救」。五院糺似卽五院軍，此其四。所舉四例，要爲認定部族軍相當於糺軍之可能證據，正確與否，容後述之。

（２）部族軍非卽糺軍之記載與事實　上述遼史營衞志部族上所云，雖以糺戶爲主，然番居內地與邊防糺戶對稱，究難混爲一談，此其一。遙輦糺亦有遙輦乣，則遙輦部族軍，至少有糺軍乣軍二種，此其二。又遼史三五兵衞志，大首領部族軍條，「遼親王大臣，體國如家，征伐之際，往往置私甲以從王事，大者千餘騎，小者數百人，著籍皇府。國有戎政，量借三五千騎，常留餘兵爲部族根本」。此云私甲，亦卽部族中之家兵，則部族中亦不僅止糺軍，此其三。(註一六)又部族節度之下，亦有非任鎮戍者，如撒里葛部僅備畋獵，稍瓦部專掌羅捕，似不能與糺軍混爲一談，此其四。凡此四例，又吾人不能認定部族軍同於糺軍之堅強理由。

此種紀述與事實不侔之處，其眞相爲何，關鍵何在，必須尋求解答，而亦必能獲得解答者也。按部族軍職責在於分鎮邊圉，然亦時與征伐，此參與征伐與專備邊防之部族軍，以糺軍爲主，殊無疑義。(註一七)因此之故，二名易於混用，讀者不察，因亦以疑似爲正。如吾人明乎部族軍與糺軍之辨，則遼史矛盾之處，盡可迎刃而解。

（１）遼史營衞志序與部族上，均就部族軍言之。但部族上言及糺戶，顯示部族中糺軍之主要地位，故特別提出。

（２）遼史百官志西北路諸司下，有宮分軍羣牧軍詳穩司，或其組織大於宮分糺羣牧糺。遼史本紀列傳中，亦多分記宮分軍宮分糺羣牧軍羣牧糺之史實，知仍不能混爲一談。(註一八)

（３）遼史百官志，「某部族詳穩司」或爲「某部族糺詳穩司」之省文。亦猶「遙輦糺詳穩司」，本爲「遙輦帳糺詳穩司」之省文。(註一九)此種省文，例證非

(註一六)遼史一七聖宗紀：「時國舅詳穩……率本管及家兵，據其要害。」此應同於私甲之意。又一一聖宗紀：「梯里請置二校，領散卒」，亦知部族軍中組織之繁複。

(註一七)從官制言之，節度使司之下，卽爲詳穩司。而節度使所統出征之軍，均以糺軍爲主。參閱遼史七三耶律海里傳，八二耶律德威傳，八三耶律休哥傳，九〇耶律義光傳等。

(註一八)遼史七穆宗紀二，有「撻凜蘇二羣牧兵」之文。按羣牧中無撻凜蘇其名，或卽羣牧糺之一，尙待考訂

(註一九)遼史一二五高麗外紀，有「遙輦帳詳穩」之文，知亦省糺字。按遼史史料缺乏，修撰亦極草率，官志中卽多「未詳」之注，宜其易於致誤，而亦簡略不全。

一。如卷四六百官志有「咸州兵馬詳穩司」，卷二七天祚記作「咸州詳穩司」。又如百官志有「某部族詳穩司詳穩都監」等，卷一一九興宗紀僅云「置回跋部詳穩都監」。此外百官志左皮室詳穩司省軍字，黄皮室軍則否，均其例也。

（4）前述耶律隆運傳，奚底所統之五院糺敗歸，與耶律休哥傳休哥代奚底將五院軍往救，所云五院糺五院軍。或有分別，無法證明爲一。

部族軍不卽同於糺軍，則釋糺爲部族，今無旁證，當亦無法置信。宋人記外族事，多由傳聞，余頗疑北風揚沙錄作者傅會其詞耳。

(五)

如上所述，釋糺爲軍與部族之説，均不成立。今就已知之契丹字書中，又未能直接獲得糺之訓釋。則解決之望，仍在重新考訂。余意重新考訂，亦不易獲得史料中之直接啓示，則試探方式，自不能不紆迴於遼兵制研究，糺任務研究等。此種試探，誠爲曲折不易，然較之專據意義不顯之語解，及時代不同之史料，以爲詮釋，猶云切當。

遼之軍名，通例已於第一段所述，求之四例中，糺非部族名，亦非美名與動物名。案糺非部族名。凡知糺軍性質者，均能瞭解。又其所以不爲美名者，因美名如皮室屬珊可冠以方位部族等形容詞，無再冠美名之例，糺軍則否。此示普通軍名尙無重疊冠以美名之例。動物名稱亦同，因動物名稱實亦美名之一故也。職是之故，則糺軍名稱來源，或有由於職官可能。魯尅之名官，但曰某尅，糺之名官，必曰某糺詳穩，或某糺都監，則又知糺名軍，或卽由於職掌，非由官號。此種假定，能否成立。於下述糺之任務時，可以見之。

糺之任務，除征戰外，似有特殊專責，此卽「鎭守邊圉」是也。玆摘錄可知資料於下：

「分鎭邊圉者，謂之部族」。遼史三一營衞志上

「邊防糺戶生生之資，仰給畜牧……部族實爲之爪牙云」。遼史三二營衞志部族上

「諸糺詳穩邊戍之官」。金史一三六國語解

「世宗大定十八年，命糺族分番守邊」。金史四六兵志

「糺雖異類，亦我之邊民」。金史九四內族襄傳

再考之遼史營衞志部族下，諸部多有固定防戍，如賓舉部戍隗烏古部。突呂不部戍泰州東北。涅刺拏古部戍黑山北，部民居慶州南。特里特勉部戍倒塌嶺，部民居橐駞岡。諸如此例，不勝枚舉。(註二〇)即遙輦帳無固定鎭防，亦在番戍之列。(註二一)大抵部族，多處衝要，(註二二)自以防守爲重，於是着籍部族之人戶，或稱邊民，或稱「邊防糺戶」，亦猶北鎭時北鎭之「鎭人」或「府戶」，自成一特殊單位也。金承遼後，糺軍猶有存者，世宗大定十八年詔令，亦責以「分番守邊」，殆爲一遵舊制。(註二三)

部族軍以糺軍爲主體，而糺軍任務，在平時當以游防爲要職。(註二四)北魏鎭軍之游防，在糺軍中似亦有之。(註二五)鎭防之意，爲內部治安之維持，與外部疆境之保守，引伸之可有巡察偵候諸義。(註二六)依此，則與拽剌軍略相似，惟拽剌軍之設置，不若糺軍普遍，且以步卒爲主，性質仍屬有別。(註二七)

糺之職務，有與拽剌軍相似之處，今從欽定遼史語解中，亦可獲得糺之原音，以爲佐證。「糺里」「嘉里」巡察也，滿文作　，其音實爲「基鴉里」。(註二八)

(註二〇)遼史三五兵衞志中，「衆部族分隸南北府中，守衞四邊」，北府凡二十八部。南府十六部。

(註二一)遼史一九興中紀二：重熙十五年夏四月戊午，「罷遙輦帳戍軍。」

(註二二)仝上二六道德紀六壽隆二年九月戊午，「徙烏古敵烈部于烏納水，以扼北邊之衝」。

(註二三)按金史四四兵志，世宗謂宰臣曰；「北邊番戍之人，歲冒寒暑，往來千里，甚爲勞苦。……故嘗命卿等議，以何術得罷其役。」世宗爲此，屢與大臣計議，故有十八年此詔。

(註二四)遼史金史記及糺軍，以鎭戍爲主要職掌，殆均指平時而言。亦猶府兵稱爲衞士，兵志中多言番上宿衞諸事，少及征戰。以戰時規制，多因時制宜，非同宿衞之固定不變也。

(註二五)遼史卷一〇〇耶律朮者傳。

(註二六)如南面方州官，某州某軍節度使之下，有節度副使，又有同知節度使事。此同知節度使事，即主巡警。故遼史二四道宗紀四太康六年：「冬十月朔，省同知廣德軍節度使事，命奉先軍節度使兼巡警，」此云巡警，或與職司司法之契丹巡警院或巡警使相似，其爲治安維持亦一。以此例之各部族，應知巡警偵候之重要。

(註二七)拽剌爲中央軍之一，遼史四六百官志有「西南面拽剌詳穩司」，乃駐西南面管理拽剌軍機關。至一二聖宗紀，「諦居部下拽剌解里。」七三耶律欲穩傳爲「北邊拽剌」乃均官名。

(註二八)遼史語解四：「滿洲語，令其巡察也。卷三十一作糺雅里，山名。卷五十九作諧里，卷三十九作解里，河名」金史語解八：「巡察也卷二作糺里」。二者均作

大抵翻譯時，去其尾音，而存「基鴉」乃有糺之譯音。(註二九)其他人名，乃別譯爲祖里迪里，或亦可能。(註三〇)

糺與糾通用，其譯爲糺，恐非獨聲音相近，譯且兼顧其義。糺有糾舉督察之義，引伸之乃有鎮防巡察諸義。故「基鴉」之音，不譯爲嘉爲吉，則此鎮守邊圉巡察內外之糺軍，漢譯方爲明切，且足昭示部族軍隊中之特殊地位，此可云翻譯之恰到好處，亦可云兩種文字中之偶然湊合處。(註三一)

(六)

糺之職官，見於遼史四六百官志者，有詳穩都監將軍小將軍，而統屬於節度使，此其大略也。惟遼史四六百官志有云：「諸糺并有司徒，餘同詳穩司」。箭內均從其說。余疑泛言「諸糺」仍有商榷餘地。按遙輦九帳下，有遙輦司徒，遙輦糺詳穩司，則知司徒不屬糺軍組織之下。大小部族亦同。又司徒本名惕隱，「典族屬官，即宗政職也」。其與節度使之區別，一爲掌兵，一爲掌民，一爲從行，一爲居守。知司徒爲部族下重要職官之一，不能隸於糺軍詳穩司。故遼史記蕭阿魯帶與耶律歐里爲司徒，均不曰糺，而云本部。

唯一特例，有如遼史九二耶律獨攧傳云：「授十二行糺司徒」。此云「行糺司徒」，則司徒似又屬於糺軍之內。但十二行糺之組織與性質應有異於部族糺軍，此或與西路十二班軍相近，官制中有「領西北路十二班軍使司」，疑十二行糺亦有

(註二九)元祕史：「以此成吉思狗兒年，再征金國。……金主聞知，命亦列等三人領兵守關，以忽剌安迭格列軍人，做頭鋒把住關」。祕史原文注：「忽剌安迭格列」爲「穩」。余疑乃糺軍之一，即金史二四之「耶剌都糺」也。「忽剌安迭」或即「耶剌都」之別譯，「格列」或即「糺」（嘉里）之別譯。按金之先鋒，有黃頭女眞，所謂硬軍者，否則即契丹軍（糺軍）。從洪鈞元史釋文證補及宇文懋昭大金國志觀之，當時「做頭鋒把住關者」，必糺軍，則元祕史之「忽剌安迭格列軍」，殊有爲「耶剌都糺軍」之可能。

(註三〇)人名地名部族名等，別譯最多，如拓拔可作托拔拓拔，而徽號別譯爲豆伐，部名別譯爲禿髮鐵弗人，名別譯爲洛拔等。糺字亦然，遼史除改易他字外，亦作「糺」以別之。

(註三一)翻譯之音義兼顧者，如羣牧是。按金史四四兵志：「金初因遼諸抹而置羣牧，抹之爲言，無蚊蚋美水草之地也。」則知遼時之抹，專譯其音，金時之牧，乃兼顧其義。金史語解六茂條下云：「樹木也。卷十作抹，軍名。卷二四作咩，糺名」。則牧乃抹茂咩之別譯，本義爲樹木，引伸之乃爲水草優美處，更引伸爲牧場。故改譯爲牧，亦云巧合，

「使司」之組織，而司徒屬之。耶律獨攧傳所云，殆省文也，未敢判斷，姑誌於此。

自職掌言之，部族軍以糺軍爲主，故糺軍詳穩亦目爲「方面之寄」。(註三二)部監則謹勒所部，各守營伍，毋相錯雜。(註三三)糺戶則耕守並重。遼史一〇四耶律昭傳：

撻凜問曰？今軍旅甫罷，三邊晏然，惟阻卜伺隙而動，討之則路遠難至，縱之則邊民被掠，增戍兵則餽餉不給，欲苟一時之安，不能終保無變，計將安出？昭以書答曰：竊聞治得其要，則仇敵爲一家，失其術，則部曲爲行路。夫西北諸部，每當農時，一夫爲偵候，一夫治公田，二夫給糺官之役。大率四丁無一室處，芻牧之事，仰給妻孥。……且畜牧者富國之本，有司防其隱沒，聚之一所，不得各就水草便地。兼以逋亡戍卒，隨時補調，不習風土，故日瘠月損，馴至耗竭。爲今之計，莫若振窮薄賦，給以牛種，使遂耕獲。置游兵以防盜掠，頒俘獲以助伏臘，散畜牧以就便地。期以數年，富彊可望。然後練簡精兵，以備行伍，何守之不固，何動而不克哉。

耶律昭所言，大抵指邊防糺戶。按此久居邊圉之糺戶，實有其傳統優點，遼史三二營衛志中部族上云：

始置部族，各有分地。……勝兵甲者，卽着軍籍，分隸諸路詳穩統軍招討司。番居內地者，歲時田牧平莽間。邊防糺戶，生生之資，仰給畜牧，績毛飲湩，以爲衣食。各安舊風，狃習勞事，不見紛華異物而遷，故家給人足，戎備完整。卒之虎視四方，強朝弱附。東踰蟠木，西越流沙，莫不率服。部族實爲之爪牙云。

糺戶有此精神，此殆糺軍所以重要之主要原因。

糺軍設置，極爲普徧，據遼史四六百官志，糺有七種：（１）遙輦糺，（２）各宮分糺，（３）各部族糺，（４）十一行糺，（５）羣牧十二糺。此外可知者，尙有二種：（６）黃皮室糺，遼史八五耶律奴辰傳：「爲黃皮室糺都監，……遷黃

(註三二)遼史八八耶律盆奴傳。

(註三三)遼史一一聖宗紀二。

皮室詳穩。」據同書四六百官志云:「黃皮室屬國名」。則黃皮室非屬左右南北皮室系統之內，而爲屬國軍具有糺軍者也。(7)咸州糺。遼史百官志，咸州兵馬詳穩司之下，有「咸州糺將」。又卷一〇〇耶律朮者傳「徙咸州糺軍」。余初疑回跋(亦作回霸)女真，隸咸州兵馬詳穩司，或即回跋部兵所組成。但遼史一九興宗紀重熙十二年，置回跋部詳穩都監，而天慶中耶律朮者仍爲咸州糺將，則知二者未可相混。

金糺軍多承遼舊，惟數目大見減少，除東北路部族糺軍外西北西南二部，見於金史兵志與地理志者有九。但兵志有萌骨糺而無移典糺，地理志有移典而無萌骨，此必廢置不常，致有差誤。(註三四)按地理志九糺中，貞祐四年一改猛安，二改謀克，卽知其數之日趨減少矣。金史五七百官志，記糺之職官與職掌云:

諸糺詳穩一員，從五品，掌守戍邊堡，餘同謀克。皇統八年六月，設本班左右詳穩，定爲從五品，麼忽一員從八品，掌貳詳穩。

掌「守戍邊堡」與金史國語解「諸糺詳穩邊戍之官」，均指平時而言。其武藝訓練與出外征伐，正同謀克。金之大舉征戰，必徵糺軍，此固糺軍之所以多叛，而金之所由失勢也。(註三五)

金糺軍爲承契丹之舊，故其兵卒多爲契丹及前此臣屬契丹之人民。至於女真人，則多隸新組織——猛安謀克——之下。因直以曩類目糺軍。其實女真軍隊中極多契丹及諸色人，非但糺軍如此，特以糺軍較爲純粹而已。

元時仍保存糺軍舊制，初亦用之征戍，後乃專駐遼東，成爲鄉兵之一種。(註三六)

其他詳「遼金糺軍及金代兵制考」中，讀者可參考，不復述。此外羽田藤田諸氏之文，均無法獲得一閱，至引爲憾。據箭內亙氏所引論，則諸家說法，鄙意均未能贊同。今未獲讀原文，故不徵引，亦暫不予置辯。

(註三四)金史五七百官志三，諸糺詳穩下注。

(註三五)宇文懋昭大金國志，卷二一至二四各紀年。

(註三六)元史卷一太祖紀，及九八兵志一。

遼史複文舉例

傅樂煥

引　言

（一）劉晟　劉愼行

（二）蕭惠　管寧

（三）蕭英　蕭特末

（四）鴨子河　混同江

（五）耶律章奴　耶律張家奴

（六）蕭奉先　蕭得里底

（七）契丹北樞密院　契丹南樞密院　漢人樞密院

（八）耶律七部審密五部　「八部」

引　言

元脫脫等修遼史百十五卷，潦草成編，疏略最甚，而疏略之外，復有一極大缺失，即多有重文是已。蓋脫脫修史，乃因儼陳舊史（1），兼採南朝記錄（2）而成。儼陳兩家，一作於本朝，一成於後代，已多有異同，而南人記錄所誌北事，與北系之儼陳舊史，尤多參差。三者所用契丹人地名稱，或據本名，或從漢稱，故有同人異名，一事歧說者。然修史者如能參互比證，亦不難明其原委。脫脫率爾成書，兼

（1）遼史（九八）耶律儼傳：「（壽隆）六年，駕幸鴛鴦濼，召至內殿，訪以政事。……遷知樞密院事。……修皇朝實錄七十卷。」又，天祚紀：「乾統三年十一月乙巳，召監修國史耶律儼纂太祖諸帝實錄」。是儼實錄初纂於道宗末，又續修於天祚初也。其書下限，不可詳考，初纂時當止於道宗之前，續修時應括及道宗一代。儼於天慶中卒，今遼史曆象志引儼書，保大四年（天祚末，儼卒已十年）尙有之，是儼卒後又經續修至遼末也。故儼實錄可視爲一部完整的遼編年史。

又，金章宗初命移剌履等刊修遼史，太和六年七月，更命翰林直學士陳大任專其事，七年十二月書成：即所謂陳大任遼史。今遼史所據，以大任書爲多。

（2）包括趙宋，及宋以前中國方面記載。

收並采，致今遼史中每有初視之若二人二事，而考其究竟，實乃一事一人者，治史如不加細察，尠不爲所欺，今摘取若干事，合成本篇，聊以示例，不能遍詳也。

(一)劉晟　劉愼行

遼史(一六)聖宗記

開泰七年十一月壬戌，以劉晟爲霸州節度使。北府宰相劉愼行爲彰武軍節度使。

按：劉晟，劉愼行二人同日受命，一爲霸州節度使，一爲彰武軍節度使，晟，愼行自爲二人。考遼史地理志：「興中府，本霸州，彰武軍節度。」是「彰武」乃霸州軍號，卽「霸州節度使」與「彰武軍節度使」實二而一者，然則聖宗同時任二人充同職矣。遼史(八六)劉六符傳：

父愼行，由膳部員外郎累遷至北府宰相，監修國史。……爲都統伐高麗。以失軍期，下吏議貴(責?)，乃免。出爲彰武軍節度使。

知愼行嘗爲伐高麗統帥，其由北府宰相出爲彰武軍節度，卽因伐高麗失軍期之故。遼史(一一五)高麗傳云：「開泰四年，命北府宰相劉愼行爲都統，樞密使耶律世良爲副。……愼行挈家邊上，致緩師期，追還之」。又(九四)耶律世良傳：「開泰四年伐高麗，爲副部署。都統劉愼行逗留失期，執還京師」。可知愼行失期乃因攜家同行之故，其伐高麗在開泰四年。檢聖宗記誌此次用兵事云：

開泰四年五月，辛巳，命北府宰相劉晟爲都統，樞密使耶律世良爲副……以伐高麗。晟先攜家置邊郡，致緩師期，追還之。

則劉晟，劉愼行二名亦猶霸州之與彰武軍，實二而一者。按金太祖名晟，金人避諱甚謹，故作劉晟者必非陳大任舊史。今可作一推論曰：遼史中作劉晟者，源出耶律儼實錄，作劉愼行者，源出陳大任遼史。

(二)蕭惠　管寧

興宗紀：

重熙六年十一月辛亥，以契丹行宮都部署蕭惠爲南院樞密使。壬子，以管寧為南院樞密使。

據此，興宗初命蕭惠為南院樞密院，翌日復以管寧為南院樞密使也，蕭惠遼史（九三）有傳。傳云：

興宗即位。……加開府儀同三司，檢校太師，兼侍中，封鄭王。重熙六年復為契丹行宮都部署，加守太師，徙王趙，拜南院樞密使。

可證惠拜南樞密使確在重熙六年，並知其拜樞密使前嘗任侍中，契丹行宮都部署等職。今按興宗紀云：

重熙六年五月癸亥，以侍中管寧為行宮都部署。

此管寧之職位又與蕭惠者合，疑管寧即蕭貫寧，亦即蕭惠。按蕭惠傳又云：

是時帝欲一天下，謀取三關，集羣臣議。惠曰：「兩國強弱，聖慮所悉，宋人西征有年，師老民疲，陛下親率六軍臨之，其勝必矣。」蕭孝穆曰：「我先朝與宋和好，無罪伐之，其曲在我，況勝敗未可逆料，願陛下熟察」。帝從惠言。迺遣使索宋十城。

據此，興宗擬索宋關南十城，惠曾力贊其議。同時持反對之論者，則有蕭孝穆。孝穆遼史（八七）亦有傳。傳云：

重熙六年，進封吳國王，拜北院樞密使……九年，徙王楚。時天下無事，戶口蕃息，上富於春秋，每言及周取十縣，慨然有南伐之志。羣臣多順旨。孝穆諫曰：「……宋人無罪，陛下不宜棄先帝盟約。時上意已決，書奏，不報。」

是孝穆時為北院樞密使，北南兩樞密使為遼最高大臣，故興宗召與議論也。而興宗紀誌此事則云：

重熙十年十二月，上聞宋設關河，治壕塹，恐為邊患，與南北樞密吳國王蕭孝穆，趙國王蕭貫寧，謀取宋舊割關南十縣地。

是蕭貫寧確即蕭惠，管寧為蕭貫寧更無疑問。然則上引興宗紀「以管寧為樞密使」條，即其前一條「以蕭惠為南院樞密使」之複出。

（三）蕭英　蕭特末

興宗紀：

重熙十年十二月，謀取宋舊割關南十縣地，遂遣蕭英劉六符使宋。十一年正月庚戌，遣南院宣徽使蕭特末，翰林學士劉六符使宋取晉陽及瓦橋以南十縣地。

此記重熙十一年十二月蕭英劉六符使宋，次年正月蕭特末劉六符使宋，似是興宗初命蕭英劉六符，後又改派蕭特末代蕭英也。考遼史(八六)蕭和尙傳附弟特末傳云：

重熙十年，累遷北院宣徽使。(偕)劉六符使宋，索十縣故地。

又：同卷劉六符傳云：

重熙十一年與宣徽使蕭特末使宋，索十縣地。

則與劉六符同時使宋者爲「蕭特末」，而非「蕭英」。重熙十一年當宋仁宗慶曆二年，李燾續通鑑長編(一三五)記六符等使事云：

三月己巳，契丹遣宣徽南院使歸義節度使蕭英，翰林學士右諫議大夫知制誥同修國史劉六符來(索關南地)。

是知「蕭英」乃「蕭特末」之別名，故上引興宗紀兩條實屬重複。疑十一年條爲舊史所有，十年條則爲元人所增。

(四)鴨子河　混同江

天祚帝紀：

天慶二年，春正月己未，朔，如鴨子河。丁丑，五國部長來貢。二月丁酉，如春州。幸混同江鈎魚。界外生女直酋長在千里內者以故事皆來朝。適遇頭魚宴，酒半酣，上臨軒，命諸酋次第起舞，獨阿骨打辭以不能，諭之再三，終不從。他日，上密謂樞密使蕭奉先曰：「前日之宴，阿骨打意氣雄豪，顧視不常，可託以邊事誅之，否則必貽後患。」奉先曰：「麁人不知禮義，無大過而殺之，恐傷向化之心，假有異志，又何能爲？」其弟吳乞買，粘罕，胡舍等嘗從獵，能呼鹿刺虎搏熊，上喜，輒加官爵。

此記天祚於正月赴鴨子河，二月赴混同江，鴨子河，混同江顯爲兩河流名稱。今按聖宗紀云：

太平四年二月己未，獵撻魯河。詔改鴨子河曰混同江。

是鴨子河，混同江乃一河之兩名，然則上條謂天祚正月如鴨子河，二月如春州，復由春州再如鴨子河（混同江）矣。此在事理上，雖不無可能，然有遼諸帝每春赴鴨子河（混同江）之目的在鈎魚，而鈎魚之時令在正月，不在二月，（遼史中記諸帝赴鴨子河［混同江］鈎魚，均在正月），故此二月一條，疑非所應有。按契丹國志云：

天慶二年春，天祚如混同江鈎魚。界外生女眞諸將在千里內者以故事皆來會，適遇頭魚筵，別具宴勞。酒半酣，天祚臨軒，使諸將次第歌舞爲樂，次至阿骨打，端立直視，辭以不能，諭之再三，終不從。天祚密謂樞密使蕭奉先曰，「阿骨打意氣雄豪，顧視不常，當以事誅之，不然恐貽後患。」奉先曰：「阿骨打誠服本朝，殺之傷向化之心，設有異志，蕞爾小國，何能爲？」阿骨打有弟姪曰吳乞馬，粘罕，胡捨輩，天祚歲入秋山，數人必從行，善作鹿鳴，呼鹿使天祚射之，或刺虎，或搏熊，天祚喜，輒加官爵，後至圍場司差遣者有之。

詳遼史本紀二月下「幸混同江鈞魚」一段，與國志此段文字全合，當係元人據國志補入。國志原文本作「二年春」，其所指應卽遼史「正月如鴨子河」事，元人見混同，鴨子兩名不同，誤爲兩事，更酌取春月之中，次於二月之下，乃致重複。

（五）耶律張家奴　耶律章奴

天祚紀云：

天慶五年八月丙寅，以圍場使阿不爲中軍都統，耶律張家奴爲都監。率番漢兵十萬，蕭奉先充御營都統，諸行營都部署耶律章奴爲副，以精兵二萬爲先鋒，餘分五部，爲正軍，貴族子弟千人爲硬軍，扈從百司爲護衞軍，北出駱駝口；以都點檢蕭胡覩姑爲都統，樞密直學士柴誼爲副，將漢步騎三萬南出寧江州，自長春州分道而進，發數月糧，期必滅女直。

按「耶律張家奴」，「耶律章奴」實爲一人，說見拙撰論遼史天祚帝紀來源篇，（載本所集刊十本二分）茲不贅述。是條並見張家奴章奴兩名，顯有重複。按契丹國志天祚紀，天慶五年下云：

八月，天祚下詔親征女眞，率蕃漢兵十餘萬出長春路。命樞密使蕭奉先爲御營都統，耶律章奴副之，以精兵二萬爲先鋒，餘分五部，爲正兵，諸大臣貴族子弟千餘人爲硬軍。扈從百司護衞軍，北出駱駝口，車騎亙百里，鼓角旌旗，震耀原野，別以漢軍步騎三萬，命都檢點蕭胡覩姑爲都統，樞密直學士柴誼副之，南出寧江州路，自長春州分路而進，齎數月之糧，期必滅女眞。

始悉遼史一段，自「率番漢兵十萬」以下，又係節取契丹國志補入者。餘數語則當爲舊史固有。疑「張家奴爲都監」以下，原有「以伐女眞」四字，爲元人割去，換言之，舊史此條之原文應作：

天慶五年八月丙寅，以圍場使阿不爲中軍都統，耶律張家奴爲都監，以伐女直。

遼制，每用兵例先派都統與都監，無役不然。姑舉一、二事爲例，如聖宗紀：「統和三年八月，命樞密使耶律斜軫爲都統，駙馬都尉蕭懇德爲監軍，以兵討女直」。「開泰四年五月，命北府宰相劉晟爲都統，樞密使耶律世良爲副，殿前都點檢蕭屈烈爲都監，以伐高麗。」故天慶五年八月條以阿不，張家奴爲都統，都監，其下初必有「以伐女直」，（或「以兵伐女直」）之語。元人見國志一段記載較悉，乃割去「以伐女直」一語，逕以國志一段補入，致有今日重複現象也。

如作更進一步考索，可知不獨章奴爲張家奴一名之複出，此源出國志之全段記載，實又爲本紀十一月下所誌天祚親征女眞事之重見。按本紀本年十一月載云：

冬，十一月，遣駙馬蕭特末，林牙蕭察剌等將騎兵五萬，步卒四十萬，親軍七十萬至駝門。十二月乙巳，耶律張家奴叛。戊申，親戰於護步答岡，敗績。盡亡其輜重。

此中所記將帥姓名，雖與八月條（即國志）不同，「駝門」，「駱駝口」似指一地，而就其動員人數之衆，戰爭規模之大，以及天祚親征諸特點觀之，此與八月條所記之役，不容爲兩事。更以金史證之，是年秋冬對遼亦只有一次大戰。金史太祖紀：

十一月，遼主……自將七十萬至䮾門。駙馬蕭特末，林牙蕭查剌等將騎五萬，步四十萬。至斡鄰濼。自將禦之。十二月……丁未，上以騎兵親候遼軍。獲督餉者，知遼主以張奴叛西還二日矣。……追及遼主於護步答岡。是役也……遼兵大潰，我師馳之，横出其中，遼師敗績，死者相屬百餘里，獲輿輦帟幄兵械軍資，他寶物，馬牛，不可勝計。

與遼史十一，十二兩月下記載相合，則天祚親征，確在是時，不在八月。大致天祚於八月遣帥，十一月親抵前線，十二月敗北，舊本遼史分紀於八月，十一月，十二月下，國志連書於八月下，元人據國志悉錄入八月下，致有此失也。

天祚紀尚有涉及張家奴，章奴事，亦重複。天慶五年九月條云：

天慶五年九月乙巳，耶律章奴反，奔上京。謀迎立魏國王淳。上遣駙馬蕭昱，領兵詣廣平淀護后妃行宮，小底乙信持書馳報魏國王。時章奴先遣王妃親弟蕭諦里以所謀說魏國王。王曰：「此非細事，主上自有諸王當立，北南面大臣不來而汝言及此，何也？」密令左右拘之。有頃，乙信等齎御札至，備言章奴等欲廢立事。魏國王立斬蕭諦里等首以獻。單騎間道詣廣平淀待罪，上遇之如初。章奴知魏國王不聽，率麾下掠慶、饒、懷、祖、等州，結渤海羣盜，衆至數萬。趨廣平淀犯行宮。順國女直阿鶻產以三百騎一戰而勝，擒其貴族二百餘人，並斬首以徇。其妻子配役繡院，或散諸近侍爲婢，餘得脱者皆奔女直。章奴詐爲使者欲奔女直，爲邏者所獲，縛送行在。腰斬於市，剖其心以獻祖廟，支解以徇五路。

此記耶律章奴作亂事，別於十一月及明年春記耶律張家奴作亂事云：

冬十二月乙巳，耶律張家奴叛。

六年二月戊辰，侍御司徒撻不也等討張家奴，戰於祖州，敗績。乙酉，遣漢人行宮都部署蕭特末率諸將討張家奴。戊子，張家奴誘饒州渤海及中京賊侯槩等萬餘人攻陷高州。三月，東面行軍副統酬斡等擒侯槩於川州。夏四月戊辰，親征張家奴。癸酉，敗之。甲戌，誅叛黨，饒州渤海平。

如略加比勘，卽可發見前段關於章奴作亂之記載，實卽後段所誌張家奴反叛事之另一說明。按契丹國志天慶五年末記云：

耶律章奴係大横帳，與衆謀曰：「天祚失道，皇叔燕王淳親賢，若廢天祚，而迎燕王判燕京留守事，女眞可不戰而服也。章奴與同謀人二千餘騎夜半奔上京，迎立燕王。是日，有燕王妃父蕭唐骨德告其事。天祚詔遣長公主駙馬蕭昱，領精騎千餘詣廣平甸，防護后妃諸王行宮。別遣帳前親信乙信賚御札馳報燕王。時章奴先遣燕王二妃親弟蕭諦里，外甥蕭延留說之曰：「前日御營兵爲女眞所敗，天祚不知所在。今天下無主，諸王幼弱，請王權知軍國事，失此機會，姦雄竊發，未易圖也。」燕王曰：「此非細事，天祚自有諸王當立，南北面大臣不來，而汝等來，何也？」。密令左右拘之。少頃，乙信持天祚御札至，備言章奴等欲行廢立之事，燕王對使者號泣，斬蕭諦里，蕭延留首級以獻，單騎由間道，避章奴賊衆趨廣平甸待罪。天祚待之如初。章奴知燕王不聽，領麾下掠慶、饒、懷、祖等州，嘯聚渤海盜衆數萬，直趨廣平甸，犯天祚行闕索戰。賴順國女眞阿鶻產等三百餘騎一戰而勝，擒其貴族二百餘人，並斬以徇。妻女配役繡院，或給散近幸爲婢，餘得脫者奔女眞。章奴僞作使人，帶牌走馬，奔女眞。近境至秦(泰？)州，爲識者所獲，以送天祚。天祚命腰斬於市，割其心獻祖廟，分送五路號令。

始悉關於章奴記載，實源出國志。國志此段，原次於天慶五年末，其前一條爲十一月事(但十一月字樣，見是條中段，故初視之，似無月份者)，更前一條爲八月事。元人大致未加細察，見其在八月條之後，妄指爲九月事，次之於遼史九月下，不圖時日既乖謬抑又重複也。

(六)蕭奉先　蕭得里底

天祚帝紀：

保大二年三月，丙寅，上至女古底倉。聞金兵將近，計不知所出。乘輕騎入夾山，方悟(樞密使蕭)奉先之不忠。怒曰：「汝父子誤我至此，今欲誅汝，何益於事？恐軍心忿怨爾曹避敵苟安，禍必及我，其勿從行！」奉先下馬哭拜而去。行未數里，左右執其父子縛送金兵。金人斬其長子昂，以奉先及其次子昱械送金主。道遇遼軍，奪以歸國，遂並賜死。逐樞密使蕭得里底。

此記天祚於同時逐樞密使蕭奉先及樞密使蕭得里底，兩名之爲二人自不待言。考遼史（一〇二）蕭奉先傳：

蕭奉先天祚元妃之兄也。外寬內忌，因元妃爲上眷倚。累官樞密使，封蘭陵郡王。天慶二年，上幸混同江鉤魚。故事，生女直酋長在千里內者皆朝行在。適頭魚宴，上使諸酋次弟歌舞爲樂。至阿骨打，但端立直視，辭以不能，再三旨諭，不從。上密謂奉先曰：「阿骨打跋扈若此，可託以邊事誅之。」奉先曰：彼麤人不知禮義，且無大過，殺之傷向化心，設有異志，蕞爾小國，亦何能爲！」上乃止。四年，阿骨打起兵犯寧江州。東北路統軍使蕭撻不也戰失利。上命奉先弟嗣先爲都統，將番漢兵往討，屯出河店。女直乃潛渡混同江，乘我師未備，擊之。嗣先敗績，軍將往往遁去。奉先懼弟被誅，乃奏東征潰軍逃罪，所至刼掠，若不肆赦，將嘯聚爲患，從之。嗣先詣闕待罪，止免官而已。由是士無鬬志，遇敵輒潰，郡縣所失日多。初，奉先誣耶律余覩結駙馬蕭昱謀立其甥晉王。事覺，殺昱，余覩在軍中，聞之，懼，奔女直。保大二年，余覩爲女直監軍，引兵奄至。上憂甚。奉先曰：「余覩乃王子班之苗裔，此來實無亡遼心，欲立晉王耳。若以社稷計，不惜一子誅之，可不戰而退。」遂賜晉王死。中外莫不流涕，人心益解體。當女直之兵未至也，奉先逢迎天祚，言女直雖能攻我上京，終不能遠離巢穴，而一旦越三千里直擣雲中，計無所出，惟請播遷夾山。天祚方悟。顧謂奉先曰，「汝父子誤我至此，殺之何益？汝去，毋從我行！恐軍心忿怨，禍必及我。」奉先父子慟哭而去。爲左右執送女直兵，女直兵斬其長子昂，送奉先及次子昱於其國主。道遇我兵奪歸，天祚並賜死。

歸納傳文所載奉先事蹟，可得以下數端．

（１）爲天祚元妃之兄，

（２）累官至樞密使，封蘭陵郡王，

（３）阿骨打初起，天祚欲誅之，爲奉先諫止。

（４）阿骨打初兵，奉先弟嗣先統兵往討失利，奉先不罰，由是士無鬬志。

(5)讒殺晉王。

(6)女眞兵盛,勸天祚西遷,爲天祚所逐。

(7)被逐後,爲女眞兵所執,旋逃歸,天祚賜之死。

蕭得里底遼史(一〇〇)亦有傳,云:

蕭得里底字紇鄰,晉王孝先之孫,父撒鉢,歷宫使相。得里底短而僂,外謹內倨。大康中,補祗候郎君,稍遷興聖宮副使,兼同知中丞司事。大安中,燕王妃生子,得里底以妃叔故歷寧遠軍節度使,長寧宮使。壽隆二年,監討達里得,拔思母二部,多俘而還,改同知南京留守事。乾統元年,爲北面林牙,同知北院樞密事,受詔與北院樞密使耶律阿思治乙辛餘黨。阿思納賄,多出其罪,得里底不能制,亦附會之。四年,知北樞密院事。夏王李乾順爲宋所攻,遣使請和解。詔得里底與南院樞密使牛溫舒使宋平之。宋既許,得里底受書之日,乃曰:「始奉命取要約歸,不見書辭,豈敢徒還?」遂對宋主發函而讀。既還,朝議爲是。天慶三年,加守司徒,封蘭陵郡王。女直初起,廷臣多欲乘其未備,舉兵往討。得里底獨沮之,以至敗衂。天祚以得里底不合人望,出爲西南面招討使。八年,召爲北院樞密使,寵任彌篤。是時諸路大亂,飛章告急者絡繹而至,得里底不即上聞,有功者亦無甄別,由是將校怨怒,人無鬬志。保大二年,金兵至嶺東,會耶律撒八,習騎撒跋等謀立晉王敖盧斡,事泄,上召得里底議曰:「反者必以此兒爲名,若不除去何以獲安?」得里底唯唯,竟無一言申理。王旣死,人心益離。金兵踰嶺,天祚率衞兵西遁。元妃蕭氏得里底之姪,謂得里底曰:「爾任國政,致君至此,何以生爲?」得里底但謝罪不能對。明日,天祚怒逐得里底與其子麽撒。得里底旣去,爲耶律高山奴執送金兵。得里底伺守者怠,脫身亡歸,復爲耶律九斤所得,送之耶律淳。時淳已僭號,得里底自知不免,詭曰:吾不能事僭竊之君。不食,數日卒。子麽撒爲金兵所殺。

得里底之事蹟,亦可歸納爲以下數端:

(1)爲天祚元妃之叔(天祚卽位前嘗封燕王。)

(2)天祚時,累官至知北院樞密使事,嘗與南院樞密使牛溫舒使宋,天慶中封蘭陵郡王(1)。

（３）女眞初起，朝臣多主討伐，得里底沮之，以致日後敗衂。

（４）一度出爲西南面招討使，旋爲北院樞密使。

（５）諸路大亂，得里底應付失宜，且賞罰不明，以至人無鬭志。

（６）或謀立晉王敖盧斡，天祚擬殺晉王，得里底未諫止。

（７）天祚西遁，逐得里底及其子麽撒。

（８）被逐後爲人執送金兵，乘隙脫歸，復爲遼人所得，送之耶律淳，得里底知不免，絕食而死。

詳按二人事蹟，雖細目上有參差，而大節全合，吾人不免疑兩名爲一人矣。金史（七七）撻懶傳云：

宗翰襲遼主於鴛鴦濼，……宗翰使達懶追擊之，不及。而獲遼樞密使得里底及其子麽哥那野以還。

又（卷二）太祖紀云：

收國六年五月辛酉，……先是獲遼樞密使得里底等。都統杲使阿鄰護送赴闕，得里底道亡，阿鄰坐誅。

所記與蕭得里底傳相應，未聞別有樞密使蕭保先見獲之事。金史（一三三）耶律余覩傳：

（余覩）又言：樞密使得里底本無材能，但阿諛取容。其子磨哥任以軍事。又言：文妃長子晉王素係人望，宜爲儲副，得里底以元妃諸子己所自出，使晉王出繼文妃。又言：晉王與駙馬乙信，謀復其樞密使，來告余覩，共定大計，而所圖不成。

又與蕭奉先傳所記晉王事合。（遼史一〇二有余覩傳，記晉王事尤詳，亦作蕭奉先）。故蕭奉先，蕭得里底實爲一人。然則本節首段所引天祚紀文，其前半所記蕭

(1)按得里底傳載嘗與牛溫舒使宋。天祚紀亦記其事云：「乾統六年正月辛丑，遣知北院樞密使蕭得里底，知南院樞密使牛溫舒使宋，諷歸所侵夏地。」乾統六年當宋徽宗崇寧五年。陳均宋九朝編年備要（二十九）云：「崇寧五年三月戊申，遼復遣泛使同平章事蕭保先牛溫舒來爲夏請元符講和以後所得侵西夏地。」是蕭得里底宋作蕭保先。按奉先有弟名保先，此何以出保先名，頗可怪。但得里底卽蕭奉先，絕無可疑。

奉先被逐事，即最末句「逐樞密使蕭得里底」一語之複出，而遼史卷一〇〇蕭得里底傳與卷一〇二蕭奉先傳，亦係重文。

（七）契丹北樞密院　契丹南樞密院　漢人樞密院

遼史（四五）北面官「北面朝官」(1)條：

契丹北樞密院。掌兵機武銓羣牧之政，凡契丹軍馬皆屬焉。以其牙帳居大內帳殿之北，故名北院。元好問所謂北衙不理民是也。

北院樞密使。

知北院樞密使事。

知樞密院事。

北院樞密副使。

知北院樞密副使事。

同知北院樞密使事。

簽書北樞密院事。

（下略）

契丹南樞密院，掌文銓部族丁賦之政，凡契丹人民皆屬焉。以其牙帳居大內之南，故名南院，元好問所謂南衙不主兵是也。

南院樞密使

（下同北院各目，略）

又（四七，南面官「南面朝官」

漢人樞密院，本兵部之職，在周爲大司馬，漢爲太尉，唐季宦官用事，內置樞密院，後改用士人，晉天福中廢。開運元年，復置。太祖初，有漢兒司韓知古，總知漢兒司事。太宗入汴，因晉置樞密院，掌漢人兵馬之政，初兼尚書省。

樞密使　太宗大同元年見樞密使李崧。

知樞密使事。

(1)按：今遼史無此目，應補。卷四七南面官下有「南面朝官」可證。

知樞密院事。

樞密副使　楊遵勗咸雍中爲樞密副使

同知樞密院事　聖宗太平六年見同知樞密院事耶律迷離己。

知樞密院副使事　楊晳興宗重熙十二年知樞密院副使事。

（下略）

以上記載，可簡括爲下式：

（北面）{ 契丹北樞密院——北院樞密使
契丹南樞密院——南院樞密使 } 掌契丹事

（南面）漢人樞密院——樞密使　　　　掌漢人事

然而考之事實，遼史中習見者，僅有「北樞密院」及「南樞密院」。「北樞密院」乃北面官（卽契丹官）最高官衙，「南樞密院」乃南面面官（卽漢官）最高官衙。「契丹樞密院」「漢人樞密院」兩名遼史中絕少見，當非官稱，而爲「北樞密院」「南樞密院」之俗呼。詳參拙撰遼代四時捺鉢考第三篇第一節，論捺鉢與遼政治條（載本所集刊十本二分）。玆不贅論。

故實際上遼北南兩樞院之形勢，有如下表：

（北面）北樞密院＝（契丹樞密院）掌契丹事

（南面）南樞密院＝（漢人樞密院）掌漢人事

持此以較上表，可見百官志之記載，實有重大錯誤。至其何以錯誤至此，疑與本文一再申述之遼史多重文有關。

今遼史百官志分「北面官」（卷四五、四六）「南面官」（卷四七、四八）兩大部門，愚疑此兩部門非出同源。北面官門當爲舊本遼史所有，南面官則爲元人新撰。南面官門總序云：

凡唐官可考見者，具列於篇，無徵者不書。

可證南面全爲元人新作。遼南面官大體沿襲唐制，元人修史時取唐官制以爲式，摘取其見之遼史者分繫於下，實爲一篇「遼史中所見唐官考」，非根據官書或舊檔著成之詳明遼官志也。故近年來出土之遼代墓志，爲數雖不多，而其間所見官稱，已多爲百官志所不載。

至北面官門，整齊畫一，敍述詳明，與南面之拉雜成章者，絕不相類，可斷爲舊本遼史所有（其間自亦有元人增删處）。

北面官爲契丹政治之核心，遼人重視，遠過南面。余更疑今百官志北面官門，實爲舊百官志之「全文」。其篇首之契丹南樞密契丹北樞密院兩目（「契丹」頭銜乃元人妄加）亦係舊志固有。蓋北南兩樞密院爲北南官僚之最高衙門，乃弁之篇首。然以不重南面官，故僅列南樞密院一目，另未細載。依此推測，則舊百官志最初數目，應如下式：

北樞密院

南樞密院

北宰相府

南宰相府

北大王院

南大王院

北宣徽院

南宣徽院

（下略）

以上各目中，「宰相府」，「大王院」，「宣徽院」（以至略去之林牙，郎君，護衛等），雖各分北南，但所治皆北面（契丹部族）之事，北南兩樞密院，列於其上，元人誤以爲兩樞密亦治北面也。由此錯誤觀念乃有今百官志總序之語，曰：

> 初，太祖分迭剌部夷離堇爲北南二大王，謂之北南院，宰相，樞密，宣徽，林牙，下至郎君護衛，皆分南北，其實所治皆北面之事，語遼官制者，不可不辨。

然遼固有專治漢人之樞密院，元人不容不知，乃別作南面官門漢人樞密院條，更於原有之北樞密院南樞密院兩目，妄加「契丹」頭銜於上，乃成今日之局。

如以上之推測不誤，則今百官志南面官兩卷，乃北面「（契丹）南樞密院」一條之複出。

（八）耶律七部　審密五部　八部

遼史（三二）營衞志部族門：（按：部族門乃根據舊史部族志而作，今爲敍述方便起見，簡稱曰「部族志」）

遙輦阻午可汗二十部：

耶律七部

審密五部

八部

涅里相阻午可汗，分三耶律爲七，二審密爲五，并前八部爲二十部。三耶律一曰大賀，二曰遙輦，三曰世里，卽皇族也。二審密一曰乙室已，二曰拔里，卽國舅也。其分部皆未詳，可知者曰迭剌，曰乙室，曰品，曰楮特，曰烏隗，曰突呂不，曰捏剌，曰突舉；又有右大部，左大部，凡十，逸其二。（下略）

按：此中所謂「八部」，「前八部」者，指其原文之前一條「遙輦氏八部」而言。遙輦八部爲旦利皆部，乙室活部，實活部，納尾部，頻沒部，納會鷄部，集解部，奚嗢部等，蓋原出新五代史，至耶律審密十二部部名則據舊部族志而來。「八部」部名雖與十二部不同，然應卽在十二部之內。今遼史以「十二部」「八部」並列，實屬重複。部族爲契丹帝國之根本，而此段關係遼始興時史事者尤大，不可不爲訂正之。欲說明此點，非就部族志作一全盤考察，不易明瞭。玆不憚費辭，具述於下。

今部族志分上下兩卷。上卷所述者有：(一)古八部，(二)隋契丹十部，（三）唐大賀氏八部，（四）遙輦氏八部，(五)遙輦阻午可汗二十部等。下卷所述者有：（一）太祖二十部，（二）聖宗三十四部等。愚謂，其上卷之「古八部」，「隋十部」，「大賀八部」，「遙輦八部」諸項乃雜抄諸史契丹傳而成，下卷之太祖諸部，聖宗諸部乃據舊部族志而作，今部族志卷下有序云：

遼起松漠，經營撫納，竟有唐晉帝王之器，典章文物，施及潢海之區，作史者尚可以故俗語耶？舊史有部族志，歷代之所無也。古者巡守於方岳，五服之君各述其職，遼之部族實似之，故以部族置宮衛，行營之後云。

此直是「部族志」之總序，而今則次之部族志卷下，（卽專誌太祖以下部族，亦卽源出舊部族志部分）之前，愚疑元人作部族志，初或僅據舊志，成今部族志下卷，卽今部族志下，爲第一次所修部族志之全文，故以上序語，冠於其前，後則又根據諸史成上卷，而以先成之部分，改爲下卷。今部族志上卷另有序文，中有云：

> 舊志曰：契丹之初，草居野次，靡有定所。至涅里始制部族，各有分地。太祖之興，以迭剌部強熾，析爲五院六院，奚六部以下多因俘降而置，勝兵甲者卽著軍籍，分隸諸路詳穩統軍招討司，番居內地者歲時田牧平莽間。邊防糺戶生生之資，仰給畜牧，績毛飲湩，以爲衣食，各安舊風，狃習勞事，不見紛華異物而遷，故家給人足，戎備整完，卒之虎視四方，強朝弱附，東踰蟠木，西越流沙，莫不率服，部族實爲之爪牙云。

此當爲舊部族志之序文，經元人移置今所者。據此亦可知舊志敍部族，溯至涅里，所謂「古八部」等非舊志所有。至本節首段所引遙輦阻午可汗二十部一條（原次部族志上末），則係合抄新唐書契丹傳（八部名稱），及一部分舊部族志文（關於涅里之事實）而成。以下就部族志所誌部族，逐段考其來源，所謂「耶律七部」，「審密五部」，「八部」之重複問題，不待辨而明矣。

古八部

悉萬丹部	何大何部	伏佛郁部	羽陵部
日連部	匹絜部	黎部	吐六于部

> 契丹之先曰奇首可汗，生八子，其後族屬漸盛，分爲八部，居松漠之間，今永州木葉山有契丹始祖廟，奇首可汗，可敦，幷八子像在焉。潢河之西，土河之北，奇首可汗故壤也。

案：此段乃合魏書契丹傳記載，及契丹民族固有傳說而成。魏書（八八）契丹傳云：

> 眞君以來，（契丹）求朝獻，歲貢名馬，顯祖時使莫弗紇何辰奉獻，得班饗於諸國之末，歸而相謂，言國家之美，心皆忻慕，於是東北羣狄聞之莫不思

服。悉萬丹部，何大何部，伏弗郁部，羽陵部，日連部，匹絜部，黎部，吐六干部等，各以其名馬文皮，入獻天府，遂求爲常，皆得交市於和龍密雲之間，貢獻不絕。

此八部部名之所出也。遼史（三七）地理志永州條：

有木葉山。上建契丹始祖廟，奇首可汗在南廟，可敦在北廟，繪塑二聖并八子神像。相傳有神人乘白馬自馬盂山浮土河而東，有天女駕青牛車由平地松林泛潢河而下，至木葉山二水合流處相遇爲配偶，生八子，其後族屬漸盛，分爲八部，每行軍及春秋時祭必用白馬青牛，示不忘本云。

此關於奇首記載之所出也。宋范鎮東齋紀事（五）云：

契丹之先，有一男子乘白馬，一女子駕灰牛，相遇於遼水之上，遂爲夫婦，生八男子，則前史所謂迭相君長者也。此事得之於趙志忠，志忠嘗爲契丹史官，必其眞也，前史雖載八男子而不及白馬灰牛事。契丹祀天至今用灰牛白馬，予嘗書其事於實錄契丹傳，王禹玉恐其非實，删去之。予在陳州時，志忠知扶溝縣，嘗以書問其八男子迭相君長時爲中原何代，志忠亦不能答，而云約是秦漢時，恐非也。

與地理志所誌奇首事相應。趙志忠本遼境漢人，宋仁宗時歸宋，在遼嘗爲史官，熟悉契丹掌故，入宋後著虜庭雜記，爲宋人對遼知識最要來源之一。奇首及八子爲契丹民族傳說中之始祖，自無問題，但其與魏書契丹傳所誌之八部，究有若何關係，現存史料不能說明。元人遽相牽連，未免鹵莽。

隋契丹十部

元魏末，莫弗賀勿于畏高麗蠕蠕侵逼，率車三千乘，衆萬口內附。乃去奇首可汗故壤，居白狼水東。北齊文宣帝自平州三道來侵，虜男女十餘萬口，分置諸州，又爲突厥所逼，以萬家寄高麗境內。隋開皇四年，諸莫弗賀悉衆款塞，聽居白狼故地，又別部寄處高麗者，曰出伏等率衆內附，詔置獨奚那頡之北。又別部臣附突厥者四千餘戶來降，詔給糧遣還，固辭不去，部落漸衆，徙逐水草，依紇臣水而居，在遼西正北二百里，其地東西亙五百里，南北三百里，分爲十部，逸其名。

按：此段乃合魏書，北史，隋書三史之契丹傳而成。魏書契丹傳云：

> 太和三年高句麗竊與蠕蠕謀欲取地豆于以分之，契丹懼其侵軼，其莫弗賀勿于率其部落車三千乘，衆萬餘口，驅徙雜畜，求入內附，止於白狼水東。自此歲常朝貢。

此卽上引志文「元魏末」迄「居白狼水東」一段所自出。志文「乃去奇首可汗故壤」一語則元人所加也。北史（九四）契丹傳云：

> 天保四年九月，契丹犯塞，文帝親戎北討，至平州，遂西趣長塹。詔司徒潘相樂帥精騎五千，自東道趣青山，復詔安德王韓軌帥精騎四千，東趣斷契丹走路。帝親踰山嶺，奮擊大破之，虜十餘萬口，雜畜數十萬頭。相樂又於青山大破契丹別部，所虜生口皆分置諸州，其後復爲突厥所逼，又以萬家寄於高麗。

此卽部族志文「北齊文宣帝」迄「以萬家寄處高麗」一段所自出。隋書（八四）契丹傳云：

> 開皇四年，率諸莫賀弗來謁，五年悉其衆款塞，高祖納之，聽居其故地。六年，其諸部相攻擊久不止，又與突厥相侵，高祖使使責讓之，其國遣使詣闕，頓顙謝罪。其後契丹別部出伏等背高麗率家內附，高祖納之，安置於獨奚那頡之北。開皇末，其別部四千餘家背突厥來降，上方與突厥和好，重失遠人之心，悉令給糧還本（本下疑有脫文），勑突厥撫納之。固辭不去，部落漸衆，遂北徙逐水草，當遼西北二百里，依託紇臣水而居，東西亙五百里，南北三百里，分爲十部。

此卽部族志「隋開皇四年」迄「分爲十部」一段所自出。十部部名原文失載，元人無從抄襲，乃以「逸其名」了之。

唐大賀氏八部

達稽部：峭落州　紇便部：彈汗州　獨活部：無逢州

芬問部：羽陵州　突便部：日連州　芮奚部：徒河州

墜斤部：萬丹州　伏部：州二，匹黎，赤山。

唐太宗置玄州，以契丹大帥據曲爲刺史，又置松漠都督，分八部，幷玄州爲十州，則十部在其中矣。

按，此節則全據新唐書。新唐書（二一九）契丹傳：

契丹……其君大賀氏，有勝兵四萬，析八部。……帝（太宗）伐高麗，悉發酋長與奚首領從軍。帝還過營州，盡召其長窟哥及老人，差賜繒綵，以窟哥爲左武衞將軍。大酋辱紇主曲據又率衆歸，卽其部爲玄州，拜曲據刺史，隸營州都督府，未幾窟哥舉部內屬，乃置松漠都督府，以窟哥爲使持節十州諸軍事，松漠都督，封無極男，賜氏李。以達稽部爲峭落州，紇便部爲彈汗州，獨活部爲無逢州，芬問部爲羽陵州，突便部爲日連州，芮奚部爲徒河州，墜斤部爲萬丹州。伏部爲匹黎，赤山二州，俱隸松漠府，卽以辱紇主爲之刺史。

部族志末句「十部在其中」乃承其上文「隋十部」而言。實則隋十部與大賀之八部究有若何關係，尙待其他史料證明也。

遙輦氏八部

日利皆部　　乙室活部　　實活部　　納尾部

頻沒部　　納會鷄部　　集解部　　奚嗢部

當唐開元天寶間，大賀氏旣微，遼始祖涅里立迪輦祖里爲阻午可汗，時契丹因萬榮之敗，部落凋散，卽故有族衆，爲分八部，涅里所統迭剌部自爲別部，不與其列，幷遙輦迭剌亦十部也。

按：此節乃合新五代史四夷附錄及新唐書契丹傳而成。新五代史（七二）四夷附錄云：

契丹自後魏以來，名見中國。……其部族之大者曰大賀氏，後分爲八部，其一曰但利皆部，二曰乙室活部，三曰實活部，四曰納尾部，五曰頻沒部，六曰內會鷄部，七曰集解部，八曰奚嗢部。部之長號大人，而常推一大人建鼓以統八部，至其歲久或其國有災疾而畜牧衰，則八部聚議，以旗鼓立其次而代之，被代者以爲約本如此，不敢爭。某部大人遙輦次立（按：歐公似以爲大賀八部與遙輦八部同名）。

此卽部族志遙輦八部部名所自出。新唐書（二一九）契丹傳云：

窟哥有二孫曰枯莫離，……曰盡忠，爲武衞大將軍，松漠都督。而敖曹有孫曰萬榮，爲歸誠州刺史。於是營州都督趙文翽驕沓，數侵侮其下，盡忠等皆怨望。萬榮本以侍子入朝，知中國險易，挾亂不疑，卽共舉兵殺文翽，盜營州，反。……武后怒，詔鷹揚將軍曹仁師……等二十八將擊之。以梁王武三思爲榆關道安撫大使，納言姚璹爲之副，更號萬榮曰萬斬，盡忠曰盡滅。諸將戰西硤石，黃麞谷，王師敗績。……敗書聞，后乃以右武衞大將軍達安王武攸宜爲淸邊道大總管，擊契丹。募天下人奴有勇者，官畀主直，悉發以擊虜。萬榮銜枚夜襲檀州，淸邊道副總管張九節募死亡數百薄戰，萬榮敗而走山。俄而盡忠死，突厥默啜襲破其部，萬榮收散兵復振，使別將駱務整何阿小入冀州，殺刺史陸寶積，掠數千人。武后聞盡忠死，更詔夏官尙書王孝傑等……率兵十七萬討契丹，戰東硤石。師敗，孝傑死之。萬榮席已勝，遂屠幽州。攸宜遣將討捕不能克，乃命右金吾衞大將軍河內郡王武懿宗爲神兵道大總管……兵凡二十萬擊賊。萬榮銳甚，鼓而南，殘瀛州屬縣，恣肆無所憚，於是神兵道總管楊玄基率奚軍掩其尾，契丹大敗，獲何阿小，降別將李楷固，駱務整，收仗械如積，萬榮委軍走，殘隊復合，與奚搏。奚四面攻，乃大潰。萬榮左馳，張九節爲三伏伺之。萬榮窮，與家奴輕騎走潞河東，憊甚，臥林下。奴斬其首，九節傳之東都，餘衆潰。攸宜凱而還，后喜，爲赦天下，改元爲神功。契丹不能立，遂附突厥。

此卽部族志「萬榮之敗，部落凋散」諸語之所出。至志文中關於涅里數語，則又採自舊史。涅里爲阿保機始祖，爲迭剌部夷離堇，立遙輦阻午可汗。契丹民族自有信史，自阻午涅里始。阻午時代約當唐之中世，舊唐書契丹傳載開元中契丹酋有名泥禮者，元人取以比附涅里，更以新書所見之八部部名，作爲阻午卽位前舊有之部衆。然涅里自統迭剌部，載在遼史，不容懷疑，而其名不見八部之內，乃造爲「自爲別部，不與其列」之語，以圖彌縫。末更謂有「遙輦迭剌」，實則涅里所統之迭剌部，卽遙輦迭剌。元人強作解人，致一誤再誤，殊可哂已。

遙輦阻午阻汗二十部：

耶律七部　　審密五部　　八部

> 涅里相阻午可汗，分三耶律爲七，二審密爲五，並前八部爲二十部。三耶律一曰大賀，二曰遙輦，三曰世里，卽皇族也。二審密一曰乙室已，二曰拔里，卽國舅也。其分部皆未詳，可知者曰迭剌，曰乙室，曰品，曰楮特，曰烏隗，曰突呂不，曰捏剌，曰突舉。又有右大部，左大部，凡十，逸其二。大賀，遙輦析爲六，而世里合爲一，茲所以迭剌部終遙輦之世，強不可制云。

此卽本節首段所引，茲爲閱者方便起見，重引於此。此中所謂「八部」者指遙輦八部而言。依此條所述則阻午二十部應如下表：

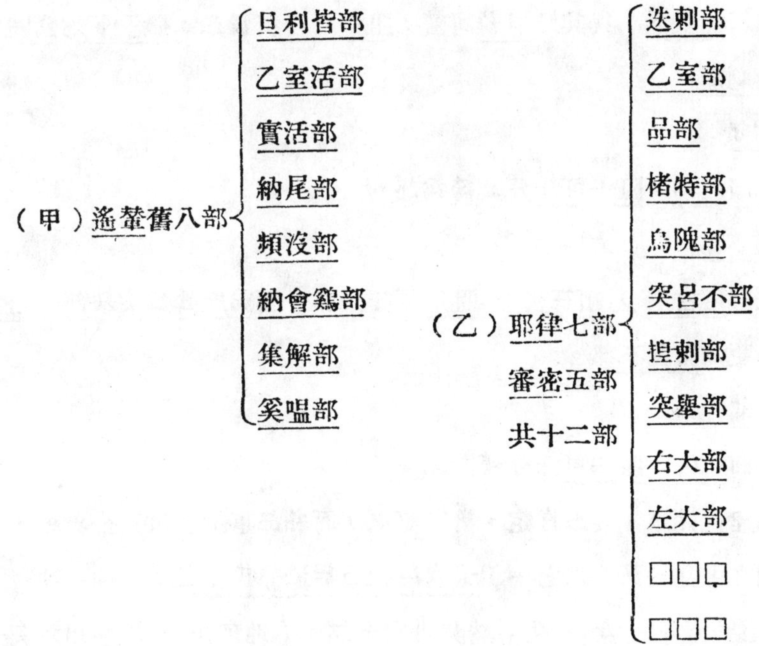

愚謂此殆全出元人之誤解。阻午可汗所轄者應只十二部，非二十部，表（甲）之遙輦八部，應卽在表（乙）耶律審密十二部之內。何以言之？如表（甲）之八部，與表（乙）之十二部確爲平行並存的部族，則此八部部名以及其事蹟遼史中不應無所載，而今遼史中，除此一地外竟不見踪蹟。反之，表(乙)之十二部中則記載綦詳。部族志下記太祖十八部，曾述及此中八部之源流，具引如下：

> 五院部　　六院部　　（迭剌部）
>
> 其先曰益古，凡六營，阻午可汗時與弟撒里本領之，曰迭剌部。傳至太祖，

以夷離堇卽位。天贊元年以彊大難制，析五石烈爲五院，六爪爲六院。

乙室部

其先曰撒里本，阻午可汗之世與其兄益古分營而領之，曰乙室部。

品部

其先曰拏女，阻午可汗以其營爲部。

楮特部

其先曰洼，阻午可汗以其營爲部。

烏隗部

其先曰撒里卜，與其兄涅勒同營，阻午可汗析爲二，撒里卜爲烏隗部，涅勒爲涅剌部。

涅剌部

其先曰涅勒，阻午可汗分其營爲部。

突呂不部

其先曰塔古里，領三營，阻午可汗分其一與弟航斡爲突舉部，塔古里得其二，更爲突呂不部。

突舉部

其先曰航斡，阻午可汗分營置部。

此段誌各部建置始末，委悉肯定，當出舊史，而各部事蹟復散見全史中，尤足證其爲契丹王國之中堅。又（卷七一）太祖淳欽皇后述律氏傳云：

婆姑娶匀德恝王女，生后於契丹右大部。（地理志：儀坤州本契丹右大部地。）

「右大部」之名，當源於此。「左大部」名史中未再見，疑係據右大部推測得之，非別有依據。至其他二部，原「逸其名」，無從考索矣。（參本節末括號中註語。）

部族志云：「分三耶律爲七，二審密爲五，並前八部爲二十部。三耶律：一曰大賀，二曰遙輦，三曰世里，卽皇族也；二審密：一曰乙室已，二曰拔里，卽國舅也。」又云：「大賀遙輦析爲六，而世里合爲一，玆所以迭剌部終遙輦之世，強不可制云」。尋繹文義則涅里重整部族之時，契丹「皇族」「國舅」之對峙局勢如下：

（一）皇族……三耶律：大賀氏、遙輦氏——共分六部；世里氏——一部（涅里自統之部，卽阿保機一系所自出）

（二）國舅……二審密：乙室已氏、拔里氏——共分五部

更加「舊八部」適爲二十部之數。然所謂「舊八部」者，旣爲涅里重定部族前遙輦可汗之領衆，則涅里改編之後，必倂之於大賀遙輦諸部之中，不容別有遙輦八部存在，其理至明，無待詳論。總之，元人見舊史所著之十二部族，與五代史八部名稱，全然不合，乃據五代史先成「遙輦氏八部」一條，復合舊史記載，再成「遙輦阻午可汗二十部」一條。是爲余對此兩條成因之推測，自信或不過遠於事實也。（按：關於阿保機前契丹部族，遼史所述殊不明悉。今所可確言者，僅爲元人雜糅舊史記錄及南朝傳說一點。至阻午究有若干部，甚難考定。所謂耶律審密十二部名，僅迭剌，乙室，品，楮特，烏隗，突舉，突呂不，揑剌等八部見於太祖十八部中者可確信必有，至所謂右大部，左大部是否與八部爲平行的部族，不敢確言。部族志下云：太祖二十部，拔里，乙室已二國舅升帳，餘十八部，是拔里，乙室已不在十二部之中，與審密分部之說，又相抵牾，文獻不足徵，亦莫可明其究竟矣）。

民國三十四年十二月十五日南溪李莊。

後記：

頃檢陳漢章遼史索隱，卷二劉晟爲霸州節度使條，已知劉晟劉愼行爲一人。又馮家昇遼史初校：「（聖宗開泰九年）五月庚午，耶律資忠使高麗還；王詢表請稱藩納貢，歸所留王人只剌里，只剌里在高麗六年，忠節不屈，以爲林牙」條云：

按：耶律資忠傳，資忠小字札剌。「初，高麗內屬，取女直六部地以賜，至是貢獻不時至。詔資忠往問故，高麗無歸地意。……四年，再使高麗，留弗遣。……九年，高麗上表謝罪，始送資忠還。」帝欲資忠爲

樞密，固辭不受，乃以爲林牙。則只剌里爲札剌之異譯，資忠小字也。可爲本文增一例。（王詢表請稱藩以下，當爲資忠使高麗還一語之複出）。憶金史某人傳云，「札剌」女眞語行人之意，女眞此語當又襲自契丹，故札剌或原非資忠字。

三十五年二月補記

出自第十六本(一九四八年一月)

阿保機卽位考辨

楊志玖

一、兩種不同的說法

二、阿保機卽位前契丹的部族

三、阿保機以前契丹的可汗

四、阿保機的家世

五、結論

一、兩種不同的說法

公元九〇七年後梁太祖開平元年，阿保機作了契丹人的皇帝。關於他得位的記載，據我們現在所知，一共保存在兩組史料裏。兩組的記載，極不相同，茲一一轉錄如下，以便比較。

甲組　新唐書卷二百十九北狄列傳，舊五代史卷一百三十七外國列傳，新五代史卷七十二四夷附錄，資治通鑑等書的記載。❶

上舉諸書，通鑑審愼，歐史詳贍，紀事雖有詳略，卻無大衝突，故定爲一組。今先錄新五代史所述如次：

「契丹……當唐之世……其部族之大者曰大賀氏，後分爲八部……部之長號大人，而常推一大人建旗鼓以統八部。至其歲久，或其國有災疾而畜牧衰，則八部聚議，以旗鼓立其次而代之，被代者以爲約本如此，不敢爭。某部大人遙輦次立；時劉仁恭據有幽州，數出兵摘星嶺攻之，每歲秋霜落則燒其野草，契丹馬多飢死。卽以良馬賂仁恭求市牧地，請聽盟約甚謹。八部之人以爲遙輦不任事，選於其衆，以阿保機代之。阿保機亦不知其何部人也，爲人多智勇而善騎射。是時劉守光暴虐，幽涿之人多亡入契丹，阿保機乘間入

❶ 南宋葉隆禮所著契丹國志記此事亦同上述諸書，蓋卽採摭諸書而成，史料價值不高，今不取。

塞，攻陷城邑，俘其人民，依唐州縣，置城以居之。漢人教阿保機曰：中國之王無代立者。由是阿保機益以威制諸部而不肯代。其立九年，諸部以其久不代，共責誚之。阿保機不得已，傳其旗鼓，而謂諸部曰：吾立九年，所得漢人多矣，吾欲自爲一部，以治漢城，可乎？諸部許之。漢城在炭山東南灤河上，乃後魏滑鹽縣也，其地可植五穀。阿保機率漢人耕種，爲治城郭邑屋廛市，如幽州制度，漢人安之，不復思歸。阿保機知衆可用，用其妻述律策，使人告諸部大人曰：我有鹽池，諸部所食，然諸部知食鹽之利，而不知鹽有主人可乎？當來犒我！諸部以爲然，共以牛酒會鹽池，阿保機伏兵其旁，酒酣伏發，盡殺諸部大人，遂立不復代。」新五代史卷七十二四夷附錄第一

通鑑所述，較歐史爲略，但也有點重要的增益。併錄如下：

「初契丹有八部，部各有大人，相與約推一人爲王，建旗鼓以號令諸部，每三年則以次相代。咸通末，有習爾者爲王，土宇始大。其後欽德爲王，乘中原多故，時入盜邊。及阿保機爲王，尤雄勇，五姓奚及七姓室韋，達靼咸役屬之。阿保機姓耶律氏，恃其彊不肯受代。久之，阿保機擊黃頭室韋還，七部劫之於境上，求如約。阿保機不得已，傳旗鼓，且曰：我爲王九年，得漢人多，請帥種落，居古漢城，與漢人守之，別自爲一部。七部許之。漢城故後魏滑鹽縣也，地宜五穀，有鹽池之利。其後阿保機稍以兵擊滅七部，復併爲一國。」通鑑卷二百六十六後梁紀一，開平元年五月丁丑條紀事。

這裏增加了「三年一代」之說，對於阿保機滅諸部的事，只簡略的一提，大概溫公不相信「鹽池伏兵」的故事。在此段的考異中，溫公所引諸書，如蘇逢吉漢高祖實錄，賈緯備史等，都有「三年一代」的記載，但溫公不相信阿保機的「不受代」是漢人所教的。新唐書和舊五代史也有「三年一代」之說。這些小的差異，並無妨礙他們的共同性。從歐溫兩書所述，我們可得如下結語，即：

(1)阿保機時代，契丹共分八部，八部各有首領大人，而推一人爲共主王，統帥八部。

(2)這個王的地位不是永久的，每隔三年或若干年，或遇特別事故，便須更代。

(3)阿保機的爲王，是由於八部的推舉。因其久不受代，被迫退位；遂用暴力

或詐術把諸部消滅，統一契丹，自爲國王。

乙組　遼史的記載　遼史卷一太祖本紀說：

「唐天復元年，歲辛酉 公元九〇一，痕德堇可汗立，以太祖爲本部夷離堇，專征討……冬十月授大迭烈府夷離堇……明年 天復三年，公元九〇三拜太祖于越，總知軍國事……明年 唐天祐三年，公元九〇六 十二月，痕德堇可汗殂，羣臣奉遺命請立太祖，曷魯等勸進，太祖三讓從之。」

同書卷七十三耶律曷魯傳說：

「會遙輦痕德堇可汗歿，羣臣奉遺命請立太祖。太祖辭曰：昔吾祖夷離堇雅里嘗以不當立而辭，今若等復爲是言，何歟？曷魯進曰：曩吾祖之辭，遺命弗及，符瑞未見，第爲國人所推戴耳。今先君言猶在耳，天人所與，若合符契，天不可逆，人不可拂，而君命不可違也。太祖曰：遺命固然，汝焉知天道？曷魯曰：聞于越之生也，神光屬天，異香盈幄，夢受神誨，龍錫金佩。天道無私，必應有德。我國削弱，齮齕於隣部日久，以故生聖人以興起之。可汗知天意，故有是命。且遙輦九營棊布，非無可立者，小大臣民，屬心于越，天也。昔者于越伯父釋魯嘗曰：吾猶蛇，兒猶龍也。天時人事，幾不可失。太祖猶未許。是夜獨召曷魯責曰：衆以遺命迫我，汝不明吾心，而亦俛隨耶？曷魯曰：在昔夷離堇雅里，雖推戴者衆，辭之而立阻午爲可汗，相傳十餘世，君臣之分亂，紀綱之統隳，委質他國，若綴斿然。羽檄蠭午，民疲奔命，興王之運，實在今日。應天順人，以荅顧命，不可失也。太祖乃許。」

據這兩處所說，則阿保機的得位，是由於前任可汗死後，受其遺命，代爲國君。遼史尚有許多零星記錄，說明此事。如卷三十四兵衞志上說：「遙輦耶瀾可汗 十五年 按應是痕德堇可汗六年，遙輦可汗卒，遺命遜位于太祖。」卷十五兵衞志中說：「太祖以迭刺部受禪。」卷四十五百官志一說：「太祖以遙輦氏于越受禪。」卷一百三蕭韓家奴傳說：「昔我太祖代遙輦卽位。」卷一百十二逆臣轄底傳說：「太祖將卽位，讓轄底，轄底曰：皇帝聖人，由天所命，臣豈敢當。」這些記載都直接或間接的說明阿保機的帝位得自前任皇帝的禪讓；都沒有說不受代以及用武力取得皇位的事。

只有一處記載和上面所引諸說相反，而和甲組之說相合，那就是同書卷六十三世表之說。

「契丹王欽德，習爾之族也，是爲痕德菫可汗……晚年政衰。八部大人，法常三歲代；迭剌部耶律阿保機建鼓旗自爲一部，不肯受代，自號爲王，盡有契丹國，遙輦氏遂亡。」

這個說法和本書其他記載牴觸，初看甚爲奇怪。但此段之下有一句說：「今以唐史遼史參考，則是此段所記乃與唐書有關。查新唐書卷二百十九北狄契丹傳有這樣一段記載：

「習爾之死，族人欽德嗣……欽德晚節政不競，其八部大人，法常三歲代；時耶律阿保機建鼓旗爲一部，不肯代，自號爲王而有國，大賀氏遂亡。」

比較二書所記，可知遼史所謂「今以唐史遼史參考」者，乃元人修遼史世表時，曾參考了新唐書契丹傳和耶律儼所修的遼帝實錄和陳大任的遼史❶。世表所述，實襲自唐書，不過又根據耶律儼和陳大任的書，知道阿保機是迭剌部，他所代的不是大賀氏而是遙輦氏，才略有更易。遼史這段文字旣是源於唐書，全書除此外又無其他相似的記載，經過我們此番探明後，便可不必再重視了。現在我們可以下這個結語，卽：

阿保機的得位，遼史的記載和唐書，五代史，通鑑等書的記載迥不相同。他們是出於兩個源頭的。

清代史學家趙翼對此有個解釋：他說遼史所以不載阿保機併呑八部的原因，乃由於「耶律儼修實錄時爲其先世隱諱，陳大任修史亦遂因之，不復勘對唐書及歐史也。」❷但我覺得這問題不見得這樣簡單。我們應當把阿保機卽位前契丹的情勢加以探討和分析，瞭解其實況後，才可以判明這兩組史料的得失。

二、阿保機卽位前契丹的部族

---

❶ 參看趙翼廿二史劄記卷二十七「遼史」條，習爾唐書本作習爾之，修世表者以「之」字爲虛辭，聯下讀，誤。

❶ 廿二史劄記卷二十七「遼史二」條。

甲組的史料說阿保機由八部推戴為王，我們先來考查一下；阿保機即位前，契丹是不是只分八部？

遼史卷三十七地理志一永州條說：

「永州……有木葉山，上建契丹始祖廟；奇首可汗在南廟，可敦在北廟，繪塑二聖幷八子神像。相傳有神人乘白馬自馬盂山浮土河而東，有天女駕青牛車由平地松林泛潢河而下，至木葉山二水合流相遇，爲配偶，生八子，其後族屬漸盛，分爲八部。」

這是關於契丹八部由來的傳說。這傳說表示契丹之分八部，由來甚久。但這八部卻隨着時代，經過了許多分總離合。遼史卷三十二營衛志中列「部族」一門，記敘自奇首可汗至遼興宗以來契丹部族的名稱及分合由來甚爲清晰，玆錄有關諸文於下：

「奇首八部爲高麗蠕蠕所侵，僅以萬口附于元魏。生聚未幾，北齊見侵，掠男女十餘萬口；繼爲突厥所逼，寄處高麗，不過萬家，部落離散，非復古八部矣。別部有臣附突厥者，內附于隋者，依紇臣水而居，部落漸衆，分爲十部。」

唐世大賀氏仍爲八部，而松漠玄州別出，亦十部也。遙輦氏承萬榮可突于散敗之餘，更爲八部，然遙輦迭剌別出，又十部也。

阻午可汗析爲二十部，契丹始大。」

由此可知契丹的所謂八部，經過了幾代的離亂，發生了許多變遷，到阿保機即位以前，已經是二十部了。營衛志此下又說明遙輦氏十部和阻午可汗二十部的由來，說：

「唐當開元天寶間，大賀氏既微，遼始祖涅里立迪輦祖里爲阻午可汗。時契丹因萬榮之敗，部落凋散，卽故有族衆分爲八部。涅里所統迭剌部自爲別部，不與其列，幷遙輦，迭剌，亦十部也。

涅里相阻午可汗，分三耶律爲七，二審密爲五，幷前八部爲二十部。三耶律：一曰大賀，二曰遙輦，三曰世里，卽皇族也。二審密：一曰乙室已，二曰拔里，卽國舅也。其分部皆未詳……大賀遙輦析爲六，而世里合爲一，玆所以迭剌部終遙輦之世，強不可制云。」

根據上面這些材料，可知：

(1)契丹的部族雖曾分過八部，但不一定只有八部。

(2)在阿保機即位前，契丹已經分爲二十部。

(3)分這二十部的是涅里；他是世里氏，統帥迭剌部。大賀氏衰微以後，他把遙輦氏的迪輦祖里立爲阻午可汗，就原有族衆分成八部；又把大賀氏和遙輦氏本部族分成六部；他自已所統領的迭剌部卻自成一部，未再分支，迭剌部因此便成了最強的一部。這一點很重要，以後我們還要提到。

總之，甲組史料的契丹分八部之說，與阿保機即位前契丹的實情不合。

三、阿保機以前的契丹可汗

阿保機的王位是不是由八部推舉而來？在任王期滿後有沒有「不受代」的故事？那要看「王位推舉制」和「三年一代」或若干年相代是不是契丹人的「憲法」。要解決這個問題並不難，只要把阿保機以前契丹國王的身世加以考查就夠了。

先從近處說起：阿保機的王位，據我們在第一章所引遼史諸說，是得自遙輦氏的痕德堇可汗。遼史卷一載明痕德堇立於唐天復元年公元九〇一，死於唐天祐三年公元九〇六十二月，在位將近六年，可見契丹可汗並非任期三年。

而且痕德堇之立實在天復元年以前；新唐書卷二百十九北狄契丹傳說：

「咸通中公元八六〇——八七三其王習爾之再遣使者入朝，部落寖彊。習爾之死，族人欽德嗣。光啓時公元八八五——八八八方天下盜興，北疆多故，乃鈔奚室韋小小部種，皆役服之。」

這個欽德便是痕德堇可汗。❶據此則最遲在光啓四年公元八八八痕德堇已爲可汗，到他死時公元九〇六，已近二十年了。新舊五代史所記與唐書同，應不誤。遼史所說「天復元年痕德堇可汗立」，當是涉下文「以太祖爲本部夷離堇」而誤：主要的是記明阿保機在這一年作的夷離堇，這時可汗是痕德堇，遂連帶的提了一句。因此我們可以斷定：阿保機的前任可汗，在位幾二十年之久。

❶ 參看遼史卷六十三世表。欽德當是本名，痕德堇是作可汗後的稱號；習爾之世表以爲巴剌可汗，迪輦俎里爲阻午可汗。

痕德堇以前遙輦氏的可汗尚有八個：遼史卷四十五百官志記他們的名次是：

一，洼可汗　二，阻午可汗　三，胡剌可汗　四，蘇可汗　五，鮮質可汗

六，昭古可汗　七，耶瀾可汗　八，巴剌可汗

連痕德堇共稱爲「遙輦九帳」。他們都是「遙輦」這一族的人，雖然未必是父子相承，但決不像是從「八部」中隨便推選出來的；因爲若「八部」可以推選，不應當單選「遙輦」這一族的人，旁的部族也應當有一份。

這些可汗個別的在位年代雖不可考，但阻午可汗的即位時代卻有線索可尋；兩唐書關於契丹的記載便供給我們一個門徑——遙輦氏以前契丹可汗的世系也須於其中求之——舊唐書卷一九九下北狄契丹傳說：

「開元三年公元七一五（新書作二年）其首領李失活……率種落內附……六年公元七一八失活死……失活從父弟娑固代統其衆，遣使册立，仍令襲其兄官爵。娑固大臣可突于驍勇頗得衆心，娑固謀欲除之，可突于反攻娑固，娑固奔營州，都督許欽澹令薛泰帥驍勇五百人，又徵奚王李大輔者及娑固合衆以討可突于；官軍不利，娑固大輔臨陣皆爲可突于所殺……可突于立娑固從父弟鬱于爲主，俄又遣使請罪。上乃令册立鬱于，令襲娑固官爵，仍赦可突于之罪……十年公元七二二鬱于入朝請婚……明年十一年鬱于病死，弟吐于代統其衆，襲兄官爵……與可突于復相猜阻。十三年公元七二五攜公主來奔，便不敢還……可突于立李盡忠弟邵固爲王……十八年公元七三〇可突于殺邵固新書此下云：立屈烈爲王率部落并脅奚衆降于突厥……時契丹衙官李過折與可突于分掌兵馬，情不叶，每潛誘之，過折夜勒兵斬可突于及其支黨數十人。二十三年公元七三五正月，傳首東都，詔封過折爲北平郡王……其年過折爲可突于餘黨泥禮所殺，并其諸子，唯一子剌乾走投安東得免……」

這裏的泥禮就是阿保機的始祖涅里一作雅里，遼史卷六十三世表說：

「泥禮，耶律儼遼史書爲涅里；陳大任書爲雅里，蓋遼太祖之始祖也。」

可證。根據前面所引遼史耶律曷魯傳及營衛志所記，我們知道他是立阻午可汗的人。據上引舊唐書，可知他立阻午可汗最早應在他殺死李過折以後，即開元二十三年公元七三五；新唐書卷二一九北狄契丹傳說：

「天寶四載，公元七四五 契丹大酋李懷秀降。」

這個李懷秀卽是阻午可汗：遼史世表說：

「李懷秀，唐賜姓名；契丹名迪輦組里，本八部大帥，天寶四年降唐……則懷秀固遙輦氏之首君爲阻午可汗明矣。」

據此則阻午之立最遲應在天寶四年以前，從這年到痕德堇可汗之死年 天祐三年，公元九〇六 共一百六十一年，中經八個可汗，則每人在位至少應二十年，這和我們推測的痕德堇在位年數相符。

又從舊唐書所記，可知契丹新君之立，一定在舊君死後，因此我們便可斷定：契丹可汗的任期是終身的，並沒有年限。

再從舊唐書所記邵固以前契丹君主的關係來看，可知他們多半是兄弟相繼。他們當是大賀氏一族的人 可突于是握有實權的人，但他始終不敢自立，一定立與前任君主有關係的人，可見契丹可汗的地位是在一族甚或一家的手裏，不是隨便推舉一個人便可作的。

以上是我們考查唐代契丹歷史所得的結果；由此可知推舉制和三年一代制不是唐代契丹人的法制了。唐以前契丹人是否曾行過這種制度呢？魏書和隋書契丹傳都不能給我們以肯定或否定的答覆。三國志魏志卷三十烏丸傳注引魏書云：

「烏丸者東胡也…… 常推募勇健能理決鬬訟相侵犯者爲大人，邑落各有小帥，不世繼也。」後漢書卷一百二十烏桓傳略同

據此則推舉制確曾在東胡民族中行過。同書同卷鮮卑傳注引魏書云：

「鮮卑亦東胡之餘也 ……檀石槐長大勇健智略絕衆……遂推以爲大人……檀石槐年四十五死，子和連代立…… 和連死 其子騫曼小，兄子魁頭代立。魁頭既立後，騫曼長大，與魁頭爭國，衆遂離散。魁頭死，弟步度根代立。自檀石槐死後，諸大人遂世相襲也。」後漢書卷一百二十鮮卑傳略同

可見世襲制在東胡族中最晚在後漢靈帝光和中 公元一七八——一八三❶ 便已有了。契丹先世出自鮮卑❷，推舉制雖然可能有過，但由推舉制變爲世襲制也一定是很早期的

❶ 後漢書卷一百二十鮮卑傳稱「光和中，檀石槐死」。

❷ 遼史卷六十三世表云：「炎帝之裔曰葛烏菟者，世雄朔陲，後爲冒頓可汗所襲，保鮮卑山以居。號鮮卑氏。既而慕容燕破之，析其衆曰宇文，曰庫莫奚，曰契丹。」

事。唐代契丹人既然沒有推舉制的事例，阿保機的王位之非由推舉而來，更有何疑？

四、阿保機的家世

阿保機的王位是怎樣得來的呢？我以爲應把他的家世加以考查。

阿保機的先世，有事蹟可考者，始自雅里，遼史卷二太祖本紀贊說：

「遼之先出自炎帝，世爲審吉國。其可知者，蓋自奇首云。奇首生都菴山，徙潢河之濱。傳至雅里，始立制度，置官屬，刻木爲契，穴地爲牢，讓阻午而不肯自立。」

這個雅里便是舊唐書契丹傳上的泥禮。他是契丹權臣可突于的餘黨。可突于的兵力一定大部爲他所承有，所以在可突于被殺後，能替他報仇。據前引遼史耶律曷魯傳，可知當時有很多人推戴他作可汗，他卻辭而不爲，扶立了遙輦氏的阻午可汗。他所以被推戴，當是因爲握有兵權；他的辭讓，應和可突于的不作可汗有同樣原因，阿保機說他是「以不當立而辭」，似非諛語。❶他雖未作可汗，但卻作了執掌兵馬大權的「夷離堇」官。❷他把契丹族衆分成二十部，自統迭刺一部，這一部「終遙輦之世，強不可制」，❸他實在是契丹人的「無冕之王」。

他以後的世系，據上引遼史太祖本紀贊說：

「雅里生毗牒；毗牒生頦領；頦領生耨里思，大度寡欲，令不嚴而人化，是爲肅祖；肅祖生薩剌德，嘗與黃室韋挑戰，矢貫數札，是爲懿祖；懿祖生勻德實，始教民稼穡，善畜牧，國以殷富，是爲玄祖；玄祖生撒剌的，仁民愛物，始置鐵冶，教民鼓鑄，是爲德祖，卽太祖之父也。世爲契丹遙輦氏之夷離堇，執其政柄。德祖之弟述瀾，北征于厥室韋，南略易定奚霫，始興板

❶ 據遼史卷四十五百官志，阻午可汗之前尚有洼可汗，遼史世表以爲卽可突于所立之屈烈，想不誤。阻午前契丹可汗之位既爲遙輦氏所有，故雅里雖有功有勢，終以「不當立而辭」，由此可見契丹的可汗不是任人推舉便可作的。

❷ 遼史卷一百十六國語解……「夷离堇，統軍馬大官。」雅里嘗爲夷离堇，見前引遼史耶律曷魯傳。

❸ 見第二章所引遼史卷三十二營衛志。

築，置城邑，教民種桑麻，習織組，已有廣土衆民之志。

從這段記載，可知雅里的後人，在契丹政府裏全都是很重要的人物；實際上契丹的政權全操在這些「夷離菫」手裏，所謂遙輦氏的可汗，不過徒擁虛名而已。遼史卷一太祖本紀說阿保機幼時：

「伯父當國，疑輒咨焉。」

這個伯父便是前引本紀贊上的述瀾；據遼史卷六十四皇子表「玄祖四子：釋魯字述瀾行三，德祖行四」，所以是阿保機的伯父，本紀贊稱述瀾爲德祖之弟是錯了的。遼史說他『當國』，說他「有廣土衆民之志」，假定他進一步想作契丹可汗，那應不是很難的事吧。

五、結論

阿保機繼承了自他七世祖雅里以來他們這一家所世掌的職位：夷离菫。❶憑藉了顯赫的家世，統領着強有力的迭剌部，再加以個人的才智，契丹的實權早已操在他們一家手裏了，就只差「可汗」這個虛名還爲遙輦氏所有，現在把這個名義也拿過來，那自然不是難事：這是我們對於阿保機得位由來的推斷。

現在可以討論我們在第一章所引兩組史料的得失了。甲組的記載，經我們以契丹史事考核的結果，可以斷定牠所說的前提——卽契丹的分部和帝位推舉制——的不可靠，因此對於牠所記述的阿保機不受代和併呑八部自立爲王的事，也只能認爲是不可靠的傳說。

至於乙組卽遼史太祖本紀和耶律曷魯傳所記阿保機卽位前的情況也許是實有其事，那卽是說，耶律曷魯確曾向阿保機勸進過，但單憑這一點，並不能使我們對於阿保機的得位有眞實的瞭解。遼史之可貴，乃在除了這兩處的記載外，另給我們一

❶ 遼史卷一太祖本紀：「唐天復元年歲辛酉，痕德菫可汗立，以太祖爲本部夷离菫……冬十月，授大迭烈府夷离菫……明年……拜太祖于越，總知軍國事。」是太祖卽位前，官凡三遷：初爲迭剌部夷离菫，嗣爲大迭烈府夷离菫，最後以于越受禪。「大迭烈府」義不詳，按情事揣測，「大迭烈府夷离菫」當爲統領契丹全部兵馬大官。「于越」，遼史卷四十五百官志稱「大于越府，無職掌，班百僚之上，非有大功德者不授，遼國尊官，猶南面之有三公。」是于越爲榮譽虛銜。阿保機因先爲夷离菫，得掌兵馬大權，始能有此尊榮，故夷离菫一職乃彼得位之階梯。

些材料，最重要的是關於阿保機家世的記載，憑此我們才明白阿保機得位的由來。至如耶律曷魯的勸進，阿保機的謙讓，卽令實有其事，也只是表面上的扮演，和中國歷代權臣篡位時所扮演的禪讓故事當是一樣，無足重視。

甲組記載所根據的史源，倒是很早期的東西。舊五代史所記皆本五代實錄❶；通鑑考異所引關於阿保機不受代及倂呑八部的記載，有莊宗列傳，漢高祖實錄賈緯備史等書。莊宗列傳爲唐末帝淸泰元年公元九三四史官張昭遠所上❷；漢高祖實錄是漢乾祐二年公元九四九蘇逢吉和賈緯所修❸；賈緯的備史當亦在此前後數年內修成。張賈二人都精於史學，他們的時代和阿保機極近❹；他們的紀錄應當有很高的史料價値了。但我們應該注意的是：他們所記述的不是漢人的事而是契丹人的事，以漢人記非漢人的事，因爲語言，國情等的隔閡，常不免發生錯訛，何況他們都沒有直接參與其事，他們的記載仍是得自傳聞，其中卽令有幾許事實作爲核心，但經過傳述人的誇張，遺漏，改編，遂至以訛傳訛，越來越非本來面目了。

我們說他們的記載可能有幾許事實作爲核心者，因爲遼史卷七十三耶律海里傳記阿保機初卽位的情勢說：

「太祖初受命，屬籍比局蒙覬覦，而遙輦故族尤觖望。」

可知阿保機初卽位時，契丹內部應當有一度騷動。因爲阿保機的帝位是取自遙輦氏，這一族的人當然不平。由此可證同卷耶律曷魯傳曷魯所說天人歸心，小大臣民一定要推戴阿保機的話之爲飾詞。甲組史料所記契丹八部迫阿保機退位及阿保機倂

❶ 參看廿二史劄記卷二十一，薛史全採各朝實錄條。

❷ 仝❶

❸ 仝❶

❹ 宋史卷二六三張昭傳（按卽張昭遠）謂昭曾從程生受史學。後唐天成三年「時以武王莊宗實錄未修」，何瓚上言：「昭有史材，嘗私撰同光實錄十二卷」云云，足見昭有史才，且最留意其當代史事。同傳又言昭以宋太祖開寶五年（公元九七二）卒，年七十九，則昭當以唐昭宗乾寧元年（公元八九四）生，阿保機卽位時（公元九〇七）彼方十四歲。

舊五代史卷一百三十一賈緯傳稱緯「唐末擧進士不第」，則阿保機卽位時，緯當在壯年。又云：「緯勤于撰述，以唐代諸帝實錄，自武宗以下闕而不紀，乃採綴近代傳聞之事，及諸家小說，第其年月，編爲唐年補錄凡六十五卷，識者賞之。」又云：「晉天福中入爲監察御史，改太常博士，緯常以史才自負，銳于編述，不樂曲臺之任。」足見緯之精心史學。

呑八部的事，當係此一事實之擴大和故事化的結果。又册府元龜卷九七二說：

「梁太祖開平二年公元九〇八五月，契丹王阿保機遣使貢良馬十四……前國王欽德亦進馬。」

前引通鑑考異中所引編遺錄也有同樣的記事❶。如據此說則痕德堇可汗即欽德在阿保機卽位以後還沒有死，這似乎可以證明甲組史料所說八部大人以遙輦爲不任事，乃選阿保機代之的話是正確的。我們雖然不能根據遼史來反駁册府元龜和編遺錄，以爲他們記載錯誤，但開平二年到梁廷來進貢的契丹人不是阿保機，也不是欽德，而是他們所派的使臣，因此欽德是否尚在人間，還是問題。據前引遼史耶律海里傳所說，阿保機卽位後，遙輦故族甚爲觖望，我疑心這次可能是遙輦族人假欽德之名而來的，其目的當是想聯絡梁朝，欲藉其力以恢復遙輦氏的帝位。這個揣測雖未必全對，但根據以上所引的種種記載，我們總可以得到一種折衷的論斷卽：阿保機憑藉強大的迭剌部卽位以後，遙輦氏這一族當然很怨憤，因爲無論痕德堇可汗其時是否活着，根據契丹舊例，這個可汗位子應當仍歸遙輦氏族人，不應落在阿保機手裏，因此遙輦這一族和其他不平的人應當有反抗的行動，而阿保機當然會用武力壓平這些反抗。這足以解釋甲組史料所記八部要求阿保機退位及阿保機併呑八部這傳說的由來，也足以證明遼史耶律曷魯傳中曷魯的話之不合當時實情，而甲組史料所說阿保機由八部推舉爲王之事也可靠其不可靠。這是我們對於這兩組史料的見解和評價。

在上面所引甲組史料之外，新五代史另有一處記載，似乎可以證明阿保機之「不受代」之確爲事實，很值得辨正。該書卷七十二四夷附錄記後唐莊宗死後，明宗遣供奉官姚坤告哀於契丹，見阿保機。阿保機對於明宗之立，頗不謂然，姚坤則爲明宗辯解，他同阿保機的兒子突欲有下面一段對話：

「其子突欲在側曰：使者無多言，蹊田奪牛，豈不爲過？坤曰：應天順人，豈比匹夫之事，至如天皇王得國而不代，豈彊取之邪？

---

❶ 考異云：「編遺錄：開平二年五月契丹王阿保機及前國王欽德貢方物」。按編遺錄卽大梁編遺錄，梁末年貞明中（公元九一五——九二〇）敬翔所著，見舊五代史卷十八敬翔傳。考異此處所引恐非原文。

這裏說阿保機「得國而不代」，恰與該卷上面所述阿保機立九年而不受代的故事相照應，若姚坤確曾說過這句話，則阿保機的不受代便是確無可疑，甲組史料所說的便都可以相信，我們的結論就得推翻。但姚坤的話是否這樣說的卻很可懷疑。按舊五代史卷一百三十七外國列傳記此事云：

> 「其子托雲 按即突欲 在側，謂坤曰：漢使勿多談！因引左氏牽牛蹊田之說以折坤。坤曰：應天順人，不同匹夫之義，祇如天皇初領國事，豈是強取之耶？」

又通鑑卷二百七十五後唐紀記此事云：

> 「突欲侍側曰：牽牛以蹊人之田，而奪之牛，可乎？坤曰：中國無主，唐天子不得已而立，亦猶天皇王初有國，豈強取之乎？

這兩部書一在新五代史之前，一在其後，都沒有提到「不受代」的話。通鑑此處的考異說姚坤「漢高祖實錄作苗紳，今從莊宗列傳」，可推知漢高祖實錄和莊宗列傳都不載姚坤曾說「不受代」的事。溫公也是相信阿保機不受代的人，假如姚坤確曾面對阿保機說他「得國而不代」，通鑑豈肯捨而不書？正因姚坤沒提「不代」的字眼，所以通鑑不能書，這是溫公的謹慎處。新五代史所云，當是歐公先相信阿保機不受代的故事，遂於錄姚坤對話時，安插上這兩個字，使與其前面所記阿保機不受代事相應，文章雖好，惜非實錄。

三十六年元月三十一日，脫稿於天津。

出自第十七本(一九四八年四月)

宋范祖禹書古文孝經石刻校釋

馬　衡

孝經有今文古文二本。漢興，河間人顏芝之子貞所藏；長孫氏，江翁，后蒼，翼奉，張禹所傳者，今文本也。魯恭王壞孔子宅所得，昭帝時魯國三老所獻者，古文本也。今文舊傳有鄭氏註，亡於五代之亂。古文舊傳有孔安國傳，亡於梁亂，隋開皇間，王逸得之，因與王劭而轉示劉炫，炫因序其得喪，講於民間，漸聞朝廷。儒者皆云炫自作之，非孔舊本。今文凡十八章，古文則以「庶人」章分爲二，「曾子敢問」章分爲三，又多「閨門」一章，凡二十二章。唐開元七年三月，詔令羣儒質定今古。右庶子劉知幾主古文，立十二驗以駁鄭。國子祭酒司馬貞主今文，摘「閨門」章文句凡鄙，「庶人」章割裂舊文，妄加「子曰」字及註中「脫衣就功」諸語，以駁孔。相爭不決。玄宗乃參會六家（韋昭，王肅，虞翻，劉劭，劉炫，陸澄）以爲之註，經本今文，章凡十八。開元十年頒行天下，天寶二年五月，重註，亦頒天下，至天寶四載九月，以御註刻石於太學，今謂之石臺孝經。至是今文行而古文廢矣。宋時祕閣所藏孝經，有鄭氏，（此鄭註疑即咸平中日本僧所獻）明皇及古文三家。古文有經無傳，司馬光據以作古文孝經指解，范祖禹又作古文孝經說，至南宋，朱熹復刪定古文經爲經一章，傳十四章，謂之孝經刊誤。元吳澄深韙朱子之分經傳，而不以專據古文爲然，乃用古文今文及刊誤本參校，今文古文有不同者，定從所長，所不從者，附註於下，刊誤本所塗之字並刪去之。傳文章次，亦更定先後，分爲經一章，傳十二章，謂之孝經定本，亦稱草廬孝經。元董鼎之孝經大義，朱申之孝經註解，則皆祖述朱子之書。古文孝經傳本，略具於此矣。知不足齋叢書所收日本舊傳古文孝經及古文孝經傳，楊守敬觀海堂舊藏日本古抄本古文孝經二種，（一白文，一孔傳本，今並藏故宮）皆不足據，不錄。

宋范祖禹書古文孝經，摩崖刻於四川大足縣北山，始著錄於宋王象之輿地碑記目(滂喜齋叢書本)卷四昌州條，而不著書人名氏。淸朱彝尊經義考引之而以爲已佚。淸嘉慶間，武威張澍令斯邑，嘗游此山，猶及見之，見所著游北山記。(養素堂集卷八)而著錄石刻之書未有收及者。蓋自象之著錄以後，湮沒無聞者七百年矣。三十四年四月大足縣修志委員會陳習刪先生約游大足，首至北山。山爲唐末昌州刺史韋君靖所建之永昌寨，寨中多摩崖或石窟造像，自唐乾寧以後，歷五代宋初皆有增刻，知其地爲歷來名勝之區。中有一窟，深不及三尺，高約丈餘，就崖石鑿一碑於其中，爲宋趙懿簡公神道碑，范祖禹撰，蔡京書並篆額，碑兩旁石壁，則刻古文孝經，末署「范祖禹敬書」五字。字大三寸許，列於神道碑左右壁上各三十三行，行二十八字，雖漫漶百餘字，而大體完整，不禁爲之驚喜讚歎。蓋孝經石刻，如唐玄宗之石臺孝經及見存唐淸兩代之石經，紹興府學之宋謝景初書孝經，杭州之宋高宗御書孝經等，皆爲今文。古文孝經向惟北京國子監之明蔡毅中集註，爲天啓三年監丞金維基等所刻。不分章，小注雙行列於各句之下，末署「唐著作郎太子中舍人虞世南書，」或集虞字所成。今存歷史博物館。此刻署范祖禹書，可稱唯一最早之古文本。且范爲擁護古文人，著有古文孝經說，所據之本，當卽其時秘閣所藏。此刻不亡，卽秘閣本至今存在。其可寶貴，豈在敦煌新出之北魏和平二年寫本(見東方雜誌第四十卷第三號)下耶？顧范爲華陽人，距大足六七百里，何以大書深刻於此山？趙懿簡名瞻，陝之盩厔人，旣曰「神道碑」，當樹之墓道，瞻墓不應在大足，窟之上下前後，又無冢墓遺跡，皆不無疑問。意者此窟爲范之門生故吏所鑿，以誌其景仰之私。遂以趙瞻墓前范撰碑文複刻於此，又以其手寫或他處刻石之孝經模勒其旁歟？顏魯公中興頌，蜀中有二本，干祿字書原刻毀於吳興墨妙亭，而蜀中存複刻本，元祐黨人碑廣西有二本，皆其例也。

宋陳振孫直齋書錄解題載司馬光古文孝經指解一卷，范祖禹古文孝經說亦爲一卷。而四庫所收，則以范說合於指解。通志堂經解所收，則以司馬指解范說合於唐玄宗之今文注，謂之孝經注解。皆不知誰氏所合併者。今校此刻，自應以范校范，范說旣無單行本，則惟有取四庫及通志堂之二合編本校之，而參之以朱子刊誤本，其餘自刊誤本出者，則無取焉。蔡氏集註晚出，且有脫字，(聿修厥德之「聿」民具爾瞻之「瞻」衍字，(然後能守其守宗廟之「守」字)誤字，(然後能保其壽祿之「肅」字是以其孝不肅而成之「孝」字）亦不足據。

古文二十二章，原無異說，而分章之處，則碑本與合編本（指四庫與通志堂本）小有出入。碑本第六章「此庶人之孝也」下，即接「故自天子」一段二十三字，又下接「曾子曰」九字，通爲一章。而合編本則「故自天子」一段別爲第七章，而以「曾子曰」以下九字屬下章。朱子刊誤以「仲尼閒居」至「故自天子」一段止爲經，而以「曾子曰」以下爲傳，謂後人妄分以爲六七章。並註云：「今文作六章，古文作七章。」是朱子所見之本與合編本同而與碑本異也。碑本「先王見教之可以化民也」以下別爲第八章，合編本及刊誤本則皆屬上爲一章。故章數雖同，而分章小異也。碑本第三第四第五第八章首各有「子曰」二字，而合編本無之。碑本「昔者明王之以孝治天下也」，合編本無「之」字。碑本「非聖人者無法」，合編本無「人」字。范說曰：「聖人者，法之所自出也，而非之，是無法」。是明有「人」字也。碑本「先之以博愛」「先之以敬讓」二「以」字，爲通志堂本所無，證以「陳之以德義」「導之以禮樂」「示之以好惡」等句，知通志堂本之誤奪也。碑本「然後能保其錄位」及「卜其宅兆而安厝之」，並與今文同，而合編本之經與說及刊誤本，「祿位」並作「爵祿」，「厝」作「措」。碑本「則天之明」「治家者不敢失於臣妾」「恐辱先也」諸句，並與今文及刊誤本同，合編本「則天」作「因天」，（說中亦作「因」）「失」作「侮」，「先」作「親」。合編本「是何言與」下有「言之不通也」五字，碑本刊誤本及今文並無之。（蔡註本亦無此句）明胡爌拾遺錄嘗譏祖禹所說，以光註「言之不通也」句誤爲經文。今范書此碑無此句，正可爲祖禹辨誣矣。碑本「皆在於凶德」與刊誤本同，合編本「皆」上有「而」字，同於今文，但說中亦無「而」字，可知碑本與說符合。碑本「而名立於後矣」，合編本，刊誤本並作「後世」，與今文同。碑中孝悌之「悌」凡四見。前二字作「弟」，與合編本同，後二字作「悌」，與今文同。惟刊誤本前一字作「弟」，後三字作「悌」。碑本「豈弟君子」不從心旁作「愷悌」，與古今文諸本異，而同於詩大雅泂酌原文。「德義可尊」，碑作「遵」，亦與古今文諸本異。至「㬪參」「于於」「灾災」「槨椁」「踴踊」等字，或與諸本不同，則爲古今字，不足異也。其有避諱字，則空格不書，如二十一行「讓」字，避英宗父諱，六十行「匡」

字避太祖諱，是也。五十行「慎」字，（今石已泐舊拓本空格）避孝宗諱，祖禹卒於哲宗元符元年，下逮孝宗卽位，相距六十五年，不應避諱。然因此益可證明爲後人景仰祖禹而補刻者，且補刻之年代，當在孝宗以後。惟「喪」字凡三見，亦皆空格不書，不避「死」字而避「喪」字，似非偶然者。意者避其家諱之嫌名歟？司馬光父諱「池」，每與韓持國書，改持爲秉，是其例也。碑中「敬」字凡二十餘，獨不避翼祖諱，亦可異也。碑本合編本同而刊誤本異者，第一章「夫孝德之本」下有「也」字，第六章「因天之道」因作「用」，第十七章「宗廟致敬不忘親也」致作「至」）至今古文之異同，前賢考之者詳矣，宋黃震日鈔云：「孝經一爾，特所傳微有不同。」其說可謂持平之論。然如今文「各以其職來祭」，古文作「來助祭」；「言思可道，行思可樂」，二「思」字，古文作「斯」。則似較今文爲長。今附錄碑文，（拓本篇幅太大，不便影印），而以四庫通志堂二合編本所校異同識於各字之右方：凡碑本有而校本無者爲⊙，碑本無而校本有者爲○，字有異文者爲●，分章有異者爲△，其碑文泐者代以口，以便觀覽，經文凡千八百一十五字，（中有空格不書者六字）標題及書款九字，已泐者六十三字，（據舊拓本）都計存字千七百六十有一。每章之首，以點間之，猶存漢石經之遺制，惟其點特大耳。

古文孝經●仲尼閒口口子侍坐子曰參先王有至德要道以順天下口 | 用和睦上下
無怨女口口乎曾子避席曰參不敏何足以知之子曰夫口 | 德之本教之所由生口口
吾語女身體髮膚受之父母不敢毀傷孝之口 | 口立身行道揚名口口口以顯父母孝
之終也夫孝始於事親中於事口 | 口於立身大雅云無口口祖聿修厥德●子曰愛親
者不敢惡於人敬口 | 者不敢慢於人愛敬口口事親而德教加於百姓刑于四海蓋天
子之口 | 甫刑云一人有慶兆口賴之●子曰在上不驕高而不危制節謹度滿口 | 不
溢高而不危所以口守貴滿而不溢所以長守富富貴不離其身然後 | 口保其社稷而
和其口人蓋諸侯之孝詩云戰戰兢兢如臨深淵如履薄 | 口●子曰非先王之口服不
敢服非先王之法言不敢道非先王之德行 | 口口行是故非法不口非道不行口無擇
言身無擇行言滿天下無口過 | 行滿天下無怨惡三者備矣然後能守其宗廟蓋卿大
夫之孝也詩云口 | 夜匪懈以事一人●子曰資於事父以事母而愛同資於事父以事
君而 | 敬同故母取其愛而君取其敬兼之者父也故以孝事君則忠以敬事長 | 則順

忠順不失以事其上然後能保其祿位而守其祭祀蓋士之孝也詩云夙興夜寐毋忝爾所生●子曰因天之道因地之利謹身節用以養父母此庶人之孝也故自天子已下至于庶人孝無終始而患不及者未之有也曾子曰甚哉孝之大也●子曰夫孝天之經地之義民之行天地之經而民是則之則天之明因地之義以順天下是以其教不肅而成其政不嚴而治●子曰先王見教之可以化民也是故先之以博愛而民莫遺其親陳之以德義而民興行先之以敬而民不爭導之以禮樂而民和睦示之以好惡而民知禁詩云赫赫師尹民具爾瞻●子曰昔者明□之以孝治天下也不敢遺小國之臣而況於公侯伯子男乎故得萬國之□心以事其先王治國者不敢侮於鰥寡而況於士民乎故得百姓之□□以事其先君□家者不敢失於臣妾而況於妻子乎故得人之懽心以事其親夫然故□則親安之祭則鬼享之是以□□和平災害不生禍亂不作故明王之以孝治天下如此詩云有覺德□四國順之●曾子曰敢問聖人之德其無以加□□□子曰天地之性□爲貴人之行莫大於孝孝莫大於嚴父嚴父莫大於配天則周公其人□昔者周公郊祀后稷以配天宗祀文王於明堂□配上帝是以四海之□□以其職來助祭夫聖人之德又何以加於□□□□□之膝下以養□□日嚴聖人因嚴以教敬因親以教愛聖人之教不肅而成其政不嚴□治其所因者本也●子曰父子之道天□君臣之義父母生之續莫大焉君親臨之厚莫重焉●子曰不愛其親而愛他人者謂之悖德不敬其親而敬他人者謂之悖禮以順則逆民無則焉不在於善皆在於凶德雖得之君子所不貴君子則不然言斯可道行斯可樂德義可尊作事可法容止可觀進退可度以臨其民是以其民畏而愛之則而象之故能成其德教而行政令詩云淑人君子其儀不忒●子曰孝子之事親居則致其敬養則致其樂病則致其憂喪則致其哀祭則致其嚴五者備矣然後能事親事親者居上不驕爲下不亂在醜不爭居上而驕則亡爲下而亂則刑在醜而爭則兵此三者不除雖日用三牲之□猶爲不孝也●子曰五刑□屬三千而罪莫大於不孝要君者無上非聖人者無法非孝者無親此大亂之道也●子曰教民親愛莫善於孝教民禮順莫善於弟移風易俗莫善於樂安上治民莫善於禮禮者敬而已矣故敬其父則子悦敬其兄則弟悦敬其君則臣悦敬一人而千萬人悦所敬者寡而悦者衆此之謂要道●子曰君子之教以孝也非家至而日見之也教以孝所以敬天下之爲人父

者教以弟所以｜敬天下之爲人兄者教以臣所以敬天下之爲人君者詩云豈弟君子
民｜之父母非至德其孰能順民如此其大者乎●子曰昔者明王事父孝故｜事天明
事母孝故事地察長幼順故上下治天地明察神明彰矣故雖天｜子必有尊也言有父
也必有先也言有兄也宗廟致敬不忘親也修身｜行恐辱先也宗廟致敬鬼神著矣孝
悌之至通於神明光于四海無所不｜通詩云自西自東自南自北無思不服●子曰君
子之事親孝故忠可移｜於君事兄悌故順可移於長居家理故治可移於官是故行成
於內口名｜立於後矣●子曰閨門之內具禮已乎嚴父嚴兄妻子臣妾猶百姓口役｜
也●曾子曰若夫慈愛恭敬安親揚名鬖聞命矣敢問從父之令可謂孝｜乎子曰是何
言與是何言與昔者天子有爭臣七人雖無道不失其天下｜諸侯有爭臣五人雖無道
不失其國大夫有爭臣三人雖無道不失其家｜士有爭友則身不離於令名父有爭子
則身不陷於不義故當不義則子｜不可以弗爭於父臣不可以弗爭於君故當不義則
爭之從父之令焉得｜爲孝乎●子曰君子事上進思盡忠退思補過將順其美　救其
惡故上｜下能相親詩云心乎愛矣遐不謂矣中心藏之何日忘之●子曰孝子之　｜親
哭不偯禮無容言不文服美不安聞樂不樂食旨不甘此哀戚之情｜三日而食教民無
以死傷生毀不滅性此聖人之政　不過三年示民有｜終爲之棺槨衣衾而舉之陳其
簠簋而哀戚之擗踴哭泣哀以送之卜其｜宅兆而安厝之爲之宗廟口鬼享之春秋祭
祀以時思之生事愛敬死事｜哀戚生民之本盡矣生死之義備矣孝子之事親終
矣　范祖禹敬書

余初校時，假大足修志會新拓本，以爲除此外蓋無第二本。以劉喜海搜錄蜀刻之勤，而所著三巴金石目錄（存古書局刊本）猶未之及，遑論其他。不意是年冬游成都，於市上得一本，較新拓多出四十餘字，猶是百年前拓本，或卽張澍所拓，亦未可知。蓋陸耀遹續金石萃編所收之韋君靖碑，卽爲張所贈也。因據以重爲寫定。如第五十行「修身愼行」之「愼」字，明爲空格，而新拓本已漫漶。由此而證明碑爲孝宗以後所補刻，豈不快哉？

著者附識

宋史刑法志考正

鄧廣銘

自序

宋史中的志凡十五種，共爲一百六十二卷，差不多佔宋史全書總量的三分之一。在整部二十四史當中，不但志的卷數全都沒有這樣多，在一書中志的比例數達到這樣高的，也再沒有第二種了。

在宋史的十五種志當中，刑法志共只三卷，是卷數最少的一種，然而在這三卷書中，其有待於我們考索訂補的問題，卻不是各志中爲數最少的一種。

一　宋史刑法志的來源

我對宋史刑法志的淵源力爲探索的結果，在今天，還只能得出以下的三項答案：

第一，宋史刑法志不是直接以宋代國史中的志作藍本，稍加删改而成的。

第二，宋史刑法志當中的一部份記事，是從馬端臨的文獻通考中的刑考抄襲來的。

第三，宋史刑法志的記事，除抄用文獻通考外，還從別的書中採摭了一些。所以它的來源是多元的而不是一元的。

以下，我對這三項答案稍加論證。

在宋史諸志的小序當中，有好幾種都曾說到它自身的淵源。例如天文志的序末說：『今因先後史氏所紀休咎之徵，彙而輯之，作五行志。』禮志的序末說：『今因前史之舊，芟其繁亂，彙爲五禮，以備一代之制。』輿服志的序末說：『今取舊史所載，著於篇，作輿服志。』選擧志的序末說：『今輯舊史所錄，……檃括歸類，作選舉志。』既有這樣的聲明，知其取材必不外乎宋國史的各本志。

在元代設置史局纂修宋史的時候，宋代國史中的上述各志既還都完整可作依據，其中的刑法志斷不會單獨殘缺散失；如不曾殘缺散失，則修撰宋史刑法志的人斷不應不加參考採用的。然而事實卻是非常奇怪，不但在宋史刑法志的小序中沒有說到導源於國史舊志的話，我們把現尙散見於史冊中的宋代國史刑法志的片段文字與宋史本志對比，見其間異同甚大，也適足證明二者間確實沒有直接的源流關係。

李燾的續通鑑長編卷三四四，神宗元豐七年三月乙巳，記『詳定重修編敕所』修元豐編敕成，删定官崔台符、王震等遷官賜銀絹事，其下附載夾注一段說：

> 刑法志云：初議修敕必先置局，詔中外言法之不便與約束之未盡者，議集然後更定。所言可采而行者，賞錄其人。書成，詔中書樞密院及刑法司律官俾參訂可否以聞。
>
> 始咸平敕成，別爲儀制令一卷，天聖中取咸平儀制令約束之，在敕者五百餘條，悉附令後，號曰附令，慶曆嘉祐皆因之。熙寧敕雖更定爲多，然其體制莫辨。至元豐修敕，詳定官請對，上問敕令格式體制如何，對曰：『以重輕分之。』上曰：『非也。禁於已然之謂敕，禁於未然之爲令，設於此以待彼之至之謂格，設於此使彼效之之謂式。修書者要當知此。「有典有則，貽厥子孫，」今之敕令格式則典刑也。若其書備具，政府總之，有司守之，斯無事矣。』

這一段文字，必即是李燾所依據的北宋國史刑法志中的一段。宋史刑法志第一卷中也載神宗和臣僚談論敕令格式的這件事，但文字與此段大不相同，對於敕和令所下的界說，也正和此段互相顚倒。今查宋史本志中的一段，和洪邁容齋隨筆的「敕令格式」條文字完全相同，我們姑不論其爲直接或間接抄自洪氏之書，其與國史刑法志之絕無因緣，卻是可以斷言的。

續通鑑長編於同一年月日又載有更定治盜重法事，首謂『自嘉祐六年始命開封府諸縣盜賊囊橐之家立重法，後稍及曹、濮、澶、滑等州。熙寧中諸郡或請行者，朝廷從之，因著爲令。至元豐更定其法，於是河北、京東、淮南、福建等路用重法郡縣浸益廣矣。』以下便詳載「凡劫盜罪當死者，籍其家貲以賞告人，妻子編置千里」等條文，卽上文所說元豐中更定的治盜重法。條文後有附注說：

刑法志有此，不得其時。因編敕成，附見。須細考之。

宋史刑法志也載「治盜重法」先後的幾次演變，行文和長編不相同，而在「凡劫盜罪」云云句上，首冠「熙寧四年」四字。李燾在國史舊志中「不得其時」，而宋史本志則標舉了的實年份，這使我們又可斷言：宋史刑法志的這一段，一定不是删改國史舊志的文字而成，而必是從另外的史書中採輯來的。然據長編所說，知道「凡劫盜罪當死者，……妻子編置千里」等條文，乃是「元豐更定」的新辦法。宋會要刑法門也載有一事云：

元祐三年四月二十一日，監院御史趙屼言：『元豐敕，重法地分劫盜者，妻子編管。元祐新敕一切削去，前此編管者宜不少，請令從便。』從之。（刑法四之三〇及六之二〇凡兩見。）

這是一條極有力的佐證，可以證明編管盜賊妻子的辦法，確實是在元豐中才立定的。今查史志此段與文獻通考刑考六記載定立治盜重法事的文字全同，通考也正是繫其事於熙寧四年的。兩書對於這件事情爲什麽繫錯了年份，我們雖然不能考知其故，但此項錯誤之首出於通考，宋史本志此段記事必是全自通考照抄而來，卻又是一樁極明顯的事。

就以上兩例推考，自然可以知道：假如在元代修撰宋史之日，負責刑法志的史官曾有宋代國史的刑法志作藍本，他們斷不會棄置上引兩段於不顧，而卻這樣東鱗西爪地去拼湊綴緝的。他們旣不曾用舊史刑法志作底本，則宋史刑法志的全部紀事，不唯與舊史志文相異者是從他書採掇而來，卽其與舊史志文偶同的，也一定不是直接導源於舊史，而是展轉從他書中輯錄來的。

以上是對於第一項答案所提供的論據。至於修宋史刑法志的人們究竟何以棄置舊史本志不用，我對這一問題還是無法加以解說的。

文獻通考之作成，下距宋史之纂修，尙有二十幾年。書成之後，先經王壽衍於元仁宗延祐六年（一三一九）謄寫進呈，到英宗至治二年（一三二二）降詔「校勘刊印」，到順帝至正三年（一三四三）方設局纂修宋、遼、金三史。大約在文獻通考刻成之後，立即列置史局，備修史諸人的參考。因爲其中所載多爲歷代的朝章政典，且多半直到南宋爲止，對於負責修撰宋史諸志的人遂特別重要。故如宋史職官志，其中不但大量地抄襲了通考職官考的記事文字，連其中所載入的諸家以及馬端臨本人的議論，也襲用了很多。宋史刑法志抄襲通考的情形，大致與職官志是相同的。今且摘錄其中抄襲跡狀最顯而易見者數事爲例。

一、宋太宗太平興國中，有安定婦人殺害了其夫前妻的兒媳，朝廷爲此事曾特別降詔立法，原詔見宋大詔令集卷二百刑法類上，其末尾幾句是：

今後繼母殺傷夫前妻之子及其婦，並以殺傷凡人論。

長編所錄節文與此全同。通考刑考九引此數句，改作：

自今繼母殺傷夫前妻子，及姑殺婦者，同凡人論。

一字之差，原意大改。而宋史刑法志所載此詔節文，卻完全和通考相同。

二、通考刑考六記仁宗天聖五年陝西旱災事，其下卻附載司馬光論除淮南京西盜賊事宜的一道奏劄。今查天聖五年司馬光還只是一個八九歲的孩子，而那道奏劄卻是英宗治平元年所上，先後相差幾四十年。這樣明顯的錯誤，史官們竟也漫不加察，宋史刑法志中竟是一字不易地照抄了通考這段記事和司馬光那道奏章。

三、仁宗景祐二年，侍御史龐籍上疏，請求郊祀後不要大赦，通考刑考十二赦宥門把龐籍的奏疏節錄了一段，卻只說「言者以爲」云云，而不著龐籍姓名。於龐疏節文之後，通考中附加一段文字，說明此疏未被採行之故。宋史刑法志的末卷之末，也有龐籍此項奏章的節文，也只說「言者以爲」云云，其下也附說未被採行之故，而整段文字也和通考完全雷同。

四、葉夢得的石林燕語卷二，有一條記蘇頌於元豐中建議「請依古置圜土」以處流罪人事，通考刑考七將此條引入而誤脫「置」字，史志卷三也引入了，而也一樣的漏去了「置」字。

五、通考刑考六於熙寧八年李逢、王廷筠、趙世居、李士寧諸人獄事下，附載一段按語云：

按：凌遲之法，昭陵以前雖兇強殺人之盜亦未嘗經用，自詔獄既興，而以口語狂悖者皆麗此刑矣。詔獄盛於熙豐之間，蓋柄國之權臣藉此以威縉紳。……其置獄之本意自有所謂，故非深竟黨與不能以逞其私憾，而非中以危法則不能以深竟黨與，此所以濫酷之刑至於輕施也。

這段按語是較記事正文低兩格的，故必是馬端臨本人的議論，而在宋史刑法志卷二，於同一獄事之下也同樣有一段議論說：

若凌遲腰斬之法，熙寧以前未嘗用於元凶巨蠹，而自是以口語狂悖致罪者麗於極法矣。蓋詔獄之興，始由柄國之臣藉此以威縉紳，逞其私憾，朋黨之禍遂起，流毒不已。

兩相比較，史志中的斧鑿之痕猶自可見。然則我們斷言史志中的一部份記事是從通考抄襲來的，當不會有絲毫誣枉之處了。

宋史刑法志中的記事，凡其不是照抄或改削文獻通考中的文字的，大部份也可以在現尙傳世的兩宋官私史書中找得一些線索出來。可惜線索只是線索，其因襲的跡狀全不像因襲通考那樣的明白易見，所以我們不能再確指某一種書是修志者確曾從其中採輯了某條記事的「源頭書」。然而像專記南宋史事的幾部書，如熊克的中興小曆，留正的皇宋中興兩朝聖政，以及書坊編刻的宋史全文等等，其中或多或少，總都有一些和宋史刑法志似有源流關係的條目。這些條目卽令不是直接從上舉各書中引錄而來，也必是展轉從另外的一些什麼書上零星稗販來的。這樣自然便又歸結到我的第三項答案：宋史刑法志中的記載，是從許多種書册中漁獵而來，既不是單從文獻通考的刑考各卷中的條目摘抄而成，也不是單就另外的某「一」種尙未被我們發見的刑法史志之類删削潤色而成的。

二 宋史刑法志的疵病及本文的作意

歸納宋史刑法志當中的各種毛病，大致可以區分爲下列幾類：

第一，年代和時次的錯誤。例如太宗淳化中因蔡州的知州張榮和推官江嗣宗寬恤罪人而下詔褒獎，史志誤以爲眞宗時事；欽宗靖康初治誤國害民諸臣僚罪，最先賜死和被殺的是李彥王黼二人，其後爲梁師成，再後才是梁方平，而史志則誤以梁方平爲最先就戮之人。

第二，地名和人名的錯誤。地名如金州誤爲房州，廣安軍誤爲廣定軍之類；人名如陳綱誤爲陳綸，朱巽誤爲朱選，胡思誤爲胡思文之類。

第三，記事自相矛盾。例如設置審刑院事，史志既以爲是太祖時候的事，又以爲是太宗時候的事。又如記訴理所事，本志與安惇傳有出入，記同文館獄事，本志與劉摯傳不盡同。

第四，敍事不能原始要終。例如史志的第一部份本是記述各朝編修和頒行格令諸項經由的，但對宋刑統的修撰卻一字不提，只於敍述新修編敕既成之後，附著「詔與新定刑統並頒天下」一句。又如不載哲宗元祐中施行階官犯贓罪者不帶左右字之制，而於高宗紹興中施行其制卻特加記載。

第五，類例區分不清。宋史刑法志三卷中，只有第一卷開首記格令的部份，第二卷末記詔獄的部份、和第三卷的後半記配役、贖刑、赦宥諸部份，算是分類比較清楚的，此外則全無標題，只是把一些相類甚或不相類的事件籠統敍述下去。我們現時參照輯本宋會要稿，趙汝愚編國朝諸臣奏議、文獻通考和古今合璧事類備要諸書中刑法門的分類，雖也勉強可以把史志三卷區分爲若干門類，然每一類中總不免有出乎其類的事例，而在不同的兩門類中又不免有互相類似的事件。

第六，敍北宋事較詳，敍南宋事太略。宋史的通病之一，是詳於北宋而略於南宋。四庫總目的宋史提要說：『理度兩朝，宋人罕所記載，故史傳亦不具首尾。』並且舉出文苑和循吏兩傳爲例。錢大昕也說：『宋史述南渡七朝事，叢冗無法，不如前九朝之完善。寧宗以後四朝，又不如高、孝、光三朝之詳。』(見十駕齋養新錄卷七，南渡諸臣傳不備條。)刑法志中也正有這項毛病。其對於南宋一代刑政的敍述，屬於南渡初年的則失之於「叢冗無法」，屬於寧宗以後的則失之於「首尾不具」。

第七，刪改舊史文字而失其原意，甚至和原意完全相反。例如引錄陳次升論強盜計贓法的奏狀，而改其「竝增一倍」句爲「竝減一倍」；引錄利州路鈐轄論紐絹估贓的奏狀，而改其「多不至重法」句爲「多至重法」等。

第八，抄襲舊史文字而不稍檢照，遂乃以訛轉訛，甚至愈失愈甚。上文所舉史志襲用通考諸條，均可爲例，這裏不再多舉。

在這八類之外，也還有一些毛病，例如刊寫方面的譌誤，將「紙」誤爲「緡」，「枷」誤爲「加」，「糧」誤爲「量」等。因其不是修撰人的過失，故不列入他們的罪狀。

宋史刑法志的全部記事既都是有所承襲的，則上舉八種疵病必也有一大部份是從舊的書册中沿襲了來，而不是由纂修史志的人製造出來的。事實雖或如此，而在負責纂修史志的人，卻不能以此作爲辭責諉過的藉口。因爲，修志時參考所及的各種書籍，或爲私修，或屬野史，或者爲著作人的學力和成見所拘牽，或者爲著作時的材料和時勢所限制，其記事自難期其不偏不曲，翔實周到；宋史是易代之後的政府設置專局纂修的，各種志書依理是應由各部門的專門學人分別負責的，修成之後又一定是要憑藉政治力量使其必傳於後世的，如此則史臣於秉筆之際必須具有一些責任感，於綴緝任何一條記載時，必先明悉本事之原委，比考諸書之異同，確證某說之是非，須待事狀灼然，方可下筆寫定。而宋史刑法志的撰人卻把這幾項必須經由的手續和步驟概置不顧，只顧鹵莽滅裂地襲用舊說，而又一方面用則不疑，一方面率意改削，遂致歧互紛錯，集諸般瑕纇之大觀，我們如何能不專向史志作者加以指摘呢？

儘管宋史刑法志中可訾議的問題這樣多，過去治宋史的學者們卻都不曾注意及此。柯維騏的宋史新編，把刑法志三卷删併爲一卷，又標明門類，加以區分，又從列傳中鉤出數事移於志中，對於刑法志總算用過一番工夫，然而對於志中所有的各種差謬，卻全未加以補正，一切都照原樣移植在新編當中。清代武英殿刻本的二十四史，在紀志表傳之後大都附有考證文字，而獨於宋史刑法志三卷則不著一字。錢大昕廿二史考異中也僅舉述刑法志與列傳相重複之文字兩段。而譚瑄爲續北宋劉筠的刑法敍略而作的續刑法敍略，也和宋史新編一樣，只是節抄史志之文，毫無考索訂正之功。大約是因爲在他們的時代，得書不似今日之易，彙集資料的工作也不似今日之方便，所以不易引起校讐比勘的動機；再不然便是因爲過去的學人大都還是讀書萬卷不讀律的，所以要特意避開刑法志而不予注意了。

我對於宋史刑法志的考訂工作，本是和考訂宋史中另外的幾種志的工作同時進行的。那時正是抗日戰爭的中期，我隨同中央研究院歷史語言研究所由昆明遷往四川南溪，研究所藏書之富，爲當時後方任何圖書館所不能及，所以我的考訂工作得以順利進行。後來因爲有些圖書是在後方無法得到的，遂只將職官志校稿一種整理付刊，另外的幾種全都沒有完成。前年復員來平，稍得多見一些後方所不可得見之書，便又取未完各稿重加訂補，而因爲刑法志的卷數最少，畢事最易，所以我的訂補工作便又先從刑法志開始。

我先後兩次所翻閱的有關宋代史事的官私書册，其成書大都是在宋史以前的。宋史刑法志中的記事，十之八九都可以在這些書册中找得出來。所以，不論它們和史志之間有無何等因緣，只因其成書均較早，其中的記載較與直接史料相近，故其可以信賴依據的程度均較史志爲高。我藉用這一些較早的記載，將宋史本志的全部記事加以比勘，較量其異同，論證其是非，訂正其譌謬，補苴其疏失。一切都和職官志考正的作法略相似。只有上述第六類的毛病我不曾加以救正，因爲那是重修史志者的工作，已不是我的工作範圍以內的事了。

我很盼望有專精法律的學人，依此考訂結果，更廣採兩宋官私史籍中有關刑政各故實，重訂義例，重行排比，爲宋史重新作出幾卷有條有理的刑法志來。這工作，是可能的，也是需要的。

民國三十七年九月十日廣銘自記於北平東廠胡同一號。

附帶在此聲明三事

一、我所用的宋史，是涵芬樓印百衲本二十四史中的宋史。其中的刑法志三卷，皆半葉十行，行二十字。是明代成化間的刊本。

二、我寫這篇考正文字的初稿時，是用文言寫的，今次重加補正，爲求一致起見，所以依舊用的文言。今後決將其餘各志校稿一律改用白話。

三、爲此考訂工作，先後所用主要參考書籍如下：

宋刑統（民國七年國務院法制局重校天一閣本）

宋大詔令集（北京大學藏舊抄本）

慶元條法事類（影抄鐵琴銅劍樓藏本）

輯本宋會要稿（徐松輯永樂大典本）

趙汝愚編國朝諸臣奏議（宋刻本）

呂祖謙編宋文鑑（四部叢刊本）

黄淮楊士奇編歷代名臣奏議（明刊本）

謝維新古今合璧事類備要

馬端臨文獻通考（浙江書局本）

王應麟玉海（浙江書局本）

孫奭律音義（四部叢刊附刊於唐律疏義之後者）

李燾續通鑑長編（浙江書局本）

楊仲良長編紀事本末（廣雅書局本）

李心傳建炎以來繫年要錄，建炎以來朝野雜記（聚珍版叢書本）

王稱東都事略（覆眉山程舍人宅刊本）

李𡌴十朝綱要（東方學會排印本）

熊克中興小曆（廣雅叢書本）

留正皇宋中興兩朝聖政（宛委別藏本）

中興兩朝編年綱目（元刻本）

宋史全文（元刻本）

兩朝綱目備要（四庫珍本叢書本）

陳均皇朝編年綱目備要（日本靜嘉堂文庫本）

劉時舉續宋編年資治通鑑（東方學會排印本）

司馬光涑水紀聞（商務印書館校印本）

曾布日錄（藕香零拾本）

陳次升讜論集（四庫珍本叢書本）

邵伯溫聞見錄，邵博聞見後錄（商務印書館校印本）

洪邁容齋隨筆（明馬調元刻本）

司馬光溫國文正公文集（四部叢刊本）

卷　一

一　律令制敕

（宋史刑法志三卷，原不區分門類，今參照宋會要稿、國朝諸臣奏議、古今合璧事類備要、文獻通考及宋史新編諸書類例，為分節標目。以下各節標目均係新增。）

宋法制因唐律令格式。

案：宋承五代之後，於五代敝政雖多所革除，其朝章政典之因襲於五代者亦殊不少，而刑法即其一端。輯本宋會要稿格令類一有云：

國初用唐律令格式外，又有元和刪定格後勅，太和新編後勅，開成詳定刑法總要，格勅，後唐同光刑律統類，清泰編勅，天福編勅，周廣順續編勅，顯德刑統，皆參用焉。（刑法一之一）

王應麟玉海卷六十六詔令類律令下亦載會要此段，而刪去元和、太和、開成諸書，以後唐同光直承唐律令格式，其承認宋初參用五代律令之事實，意自可見。史志謂宋之法令專承唐代之律令格式，而略去五代各朝所續修之刑律編勅，非是。

一司一路一州一縣又別有敕。

案：會要刑法門卷一及李燾續通鑑長編，均以一司一務與一州一縣對舉，州縣指地方言，一司一務則猶今之所謂各部院會局署也。「路」當作「務」，或於「一司」下增「一務」二字以與「一路一州一縣」相對亦可。

建隆初，詔判大理寺竇儀等上編敕四卷，凡一百有六條，詔與新定刑統三十卷并頒天下。

案：竇儀奏請重修刑統，事在建隆四年二月五日，未久即編修竣事，遂於同年七月二十九日己卯與所修編敕一同奏進(諸書或作八月二日奏進，茲從長編)。是年十一月甲子改元乾德，故諸書標著此事，或作「建隆末」，或作「乾德初」，俱無不可，史志謂在「建隆初」則誤矣。

又案：史志上文於刑統修撰經過並無一字道及，忽於修撰編敕之下附著「詔與新定刑統並頒天下」一語，亦爲疏失。檢會要刑法門格令類一記其事云：

太祖建隆四年二月五日，工部尚書判大理寺竇儀言：『周刑統科條繁浩，或有未明，請別加詳定。』乃命儀與權大理少卿蘇曉、正奚嶼、丞張希讓、及刑部大理寺法直官陳光乂、馮叔向等同撰集，凡削出令或宣勅一百九條，增入制十五條，又錄律內餘條準此者凡四十四條附於名例之次，幷目錄成三十卷。別取舊削出格令宣勅及後來續降要用者凡一百六條，爲編勅四卷。其釐革一司一務一州一縣之類不在焉。至八月二日上之，詔並模印頒行。

竇儀之進刑統表見呂祖謙編宋文鑑卷六十三（今世所傳宋刑統失載此表），覆按會要所述，除所載進書月日與長編稍不同外，其餘節次俱無不合。是則重定刑統乃宋初刑政措施中一大事，史志固應大筆特書者也。

咸平中增至萬八千五百五十有五條，詔給事中柴成務等芟其繁亂，定可爲敕者二百八十有六條。

案：此段亦見通考刑考六，蓋卽史志之所從出。據會要刑法門卷一之二所載，咸平元年二月詔戶部尚書張齊賢等删定淳化後盡至道末續降宣勅，十一月齊賢等上新勅，又詔柴成務等重詳定，十二月二十三日成務等上删定編勅儀制赦書德音，詔鏤版頒行。長編不載張齊賢删修事，疑爲輯本所漏落者，而於咸平元年十二月丙午亦載柴成務等奏上删定編勅事。是則宣敕之增爲萬八千餘條，乃太宗末年事；其重加删修詳定，乃咸平初年事。謂爲「咸平中」，非是。

天聖七年編敕成，……旣頒行，因下詔曰：『敕令者治世之經，而數動搖，則衆聽滋惑，何以訓迪天下哉。自今有司毋得輒請删改，有未便者，中書樞密院以聞。』

案：長編一一二明道二年（一〇三三）五月己丑載此詔，「自今」句下有「天聖所修敕令旣已頒宣」句，餘俱同。唯查宋大詔令集卷一百九十二政事門四十五誡飭類三亦載此詔，題作誡約不得妄請删改宣敕詔，所注年月日與長編同，文爲：

王言惟命，君舉必書。將信四方之傳，用垂後世之訓。儻數更於成憲，則滋惑於衆聽。自今朝廷所降宣敕，不得妄請删改。如事有未便，即委中書密院奏聽裁。

其爲同一詔旨，自無可疑。然其間幾無一語與長編及史志所載相同，不知何故。

神宗……留意法令，每有司進擬，多所是正。嘗謂法出於道，人能體道則立法足以盡事。又曰：『禁於未然之謂敕，禁於已然之爲令。設於此以待彼之謂格，使彼效之之謂式。修書者要當識此。』

案：洪邁容齋三筆卷十六勅令格式條有云：『神宗聖訓曰，「禁於未然之謂勅，禁於已然之謂令。設於此以待彼之至謂之格，設於此使彼效之謂之式。」』與史志云云略相同。此外各書，如長編、玉海、會要等，則勅令之定義適與史志互倒。會要刑法門格令類一元豐二年六月二十四日記其事云：

左諫議大夫安燾等上諸司敕式，上諭燾等曰：『設於此而逆彼之至曰格，設於此而使彼效之曰式。禁其未然之謂令，治其已然之謂敕。修書者要當知此。有典有則，貽厥子孫，今之格式令敕即典則也。若其書全具，政府總之，有司守之，斯無事矣。』（刑法一之一二）

長編二九八元豐二年六月辛酉及玉海六六元豐諸司敕式編敕條所載與會要無一字異。又，長編三四四，元豐七年三月乙巳條附注引刑法志云：

至元豐修敕，詳定官請對，上問敕令格式體制如何，對曰：『以輕重分之』。上曰：『非也。禁於已然之謂敕，禁於未然之謂令。設於此以待彼之至之謂格，設於此使彼效之之謂式。……』

據此數證，知容齋三筆與史志實誤將令敕二者之定義互倒。

又查通考刑考六亦引錄容齋三筆此段，疑史志即自通考轉抄來者，非直接錄自洪邁之書也。

又有倍全分釐之級凡五等，有等級高下者皆爲格。

案：長編（卷第月日同前）。附注所引刑法志及通考刑考六，「之級」均作「之給」，史志蓋涉下文「級」字而誤，當改。

靖康初，羣臣言：『祖宗有一定之法，……蔡京當國，欲快己私，請降御筆，出於法令之外，前後牴牾，宜令具錄付編修敕令，參用國初以來條法，刪修成書。』

案：會要刑法一之三二及靖康要錄卷十一所載此疏節文均較詳。「付編修敕令」會要作「付敕令所」，要錄作「詔令編修敕令所」，史志須於「敕令」下補入「所」字方合。

然自〔秦〕檜專政，率用都堂批狀指揮行事，雜入吏部續降條册之中，修書者有所畏忌，不敢刪削，至與成法竝立。吏部尙書周麟之言：『非天子不議禮，不制度，不考文，』乃詔削去之。

案：不標著周麟之進言之年月，卽以承上「秦檜專政」而言，則似當秦檜勢焰薰灼之日，麟之獨敢抗章論奏其僭妄者然；實則麟之之論列此事，已在權姦殂歿數年之後矣。李心傳建炎以來繫年要錄一八五繫其事於紹興三十年七月乙未，史志當據以補入的實年月。

至乾道時，臣僚言：紹興以來，續降指揮無慮數千，牴牾難以考據。

案：會要刑法一之四八載此項奏疏節文，繫乾道四年三月二十三日。

當是時，法令雖具，然吏一切以例從事，法當然而無例，則事皆泥而不行。甚至隱例以壞法，賄賂旣行，乃爲具例。

案：此亦節錄當時臣僚奏疏中語。會要刑法一之四九載：

臣僚言：今之有司，旣問法之當否，又問例之有無。法旣當然，而例或無之，則事皆沮而不行。夫法之當否人所共知，而例之有無多出吏手，往往隱匿其例以沮壞良法。甚者俟賄賂旣行乃爲具例，爲患不一。

史志「泥而不行」當爲「沮而不行」之誤。

帝復以其書散漫，用法之際，官不暇徧閱，吏因得以容姦，令敕令所分門編類爲一書名，曰淳熙條法事類，前此法令之所未有也。四年七月頒之。

案：皇宋中興兩朝聖政五十七，孝宗淳熙六年二月癸卯載：

進呈淳熙海行新法。上曰：『朕欲將見行條法令勅令所分門類編，如律與刑統、勅令格式及續降指揮，每事皆聚載於一處，開卷則盡見之，庶使胥吏不得舞文。』……乃詔勅令所將見行勅令格式申明，體倣吏部七司條法總類，隨事分門修纂，別爲一書，若數事共條，卽隨門釐入。仍冠以淳熙條法事類爲名。

會要格令類孝宗淳熙七年五月載：

二十八日，右丞相趙雄等上淳熙條法事類四百二十卷，目錄二卷。先是，淳熙六年二月十六日，都省言：『海行新法凡五千餘條，檢閱之際難以備見。』詔敕令所將見行敕令格式申明，體倣吏部七司條法總類，分門修纂，別爲一書。……至是，書成，上之。（刑法一之五二）

玉海六六淳熙條法事類條載：

〔淳熙〕六年正月庚午，趙雄奏：士大夫罕通法律，吏得舞文。……乃詔敕局取敕令格式……分門纂爲一書。七年五月二十八日成書（四百二十卷），爲總門三十三，別門四百二十。以明年三月一日頒行，賜名條法事類。

是則淳熙條法事類之纂修，經始於淳熙六年正月或二月，蕆功於七年五月，八年三月方明令頒降。史志謂「四年七月頒之」，誤也。

淳熙末，議者猶以新書尚多遺闕，有司引用間有便於人情者，復令刑部詳定，迄光宗之世未成。

案：此段語意不甚了了。會要刑法門格令類一載臣僚此項奏疏節文，今迻錄於後，稍資參照：

〔淳熙〕十六年八月二十五日臣僚言：『……州縣之間往往雜取向來申請續降指揮……與成法參用，……蓋向來續降指揮，其間或有便於人情，至今合用，而新舊申明闕遺不載，是以相循錯雜，悉至引用。……弄文舞法皆起乎此。乞明詔有司，……令各條具，斷自今日以前，淳熙新書以後，凡經引用續降指揮，隨敕申明不曾收載者，並行置册編錄，供申刑部，候齊足日繳申朝廷，委官詳與參訂，取其新書闕遺者附於隨勅申明之末，鏤版頒行；其已經改者，悉從刪削，不許更有引用。……』從之。（刑法一之五五）

慶元四年，右丞相京鏜始上其書，爲百二十卷，號慶元敕令格式。

案：直齋書錄解題卷七法令類著錄『慶元勅十二卷，令五十卷，格三十卷，式三十卷，目錄一百二十二卷，隨勅申明十二卷，總二百五十六卷。』合敕令格式四者計之，與目錄卷數適相等，故玉海六六慶元重修敕令格式條謂『敕令格式及目錄各百二十二卷。』宋史藝文志三刑法類著錄慶元重修敕令格式及隨敕申明二百五十六卷，與書錄解題同。是則敕令格式必爲一百二十二卷，史志此條作百二十卷，非是。

又案：淳熙敕令格式成書之後，繼卽奉詔分門編類，別爲一書，名曰淳熙條法事類，史志上文已備敍其事。慶元敕令格式修成之後，亦曾依仿淳熙條法事類而另修一書，於嘉泰二年成書，宰相謝深甫等表上。是卽書錄解題所著錄之嘉泰條法事類八十卷，亦卽宋史藝文志及玉海所著錄之慶元條法事類也。其書今尙有殘本傳世，稱慶元而不稱嘉泰，蓋爲奉詔修纂時所定名也。史志於慶元敕後不敍及其事，殊爲疏失。

〔淳祐〕十一年，又取慶元法與淳祐新書刪潤，其間脩改者百四十條，紐入者四百條，增入者五十條，删去者十七條，爲四百三十卷。

案：此次修成之書，史志不著其名，亦極疏失。宋史全文卷三十四淳祐十一年四月己酉載：

詔敕令所進呈淳祐條法事類，禮畢，鄭淸之，謝方叔，吳潛各進二秩。

玉海六六亦載淳祐十一年上「條法事類」事。史志當補入書名。

二　用刑

太祖受禪，始定折杖之制。凡流刑四，……凡徒刑五，……凡杖刑五，……凡笞刑五，……。

建隆三年，令諸州奏大辟案須刑部詳覆。尋如舊制，大理寺詳斷而後覆於刑部。凡諸州獄則錄事參軍與司法掾參斷之。……

又懼刑部大理寺用法之失，別置審刑院讞之。吏一坐深或終身不進。……

唐建中令，竊盜贓滿三匹者死。……帝獨以其太重，嘗增爲錢三千，陌以八十爲限。旣而詔曰：『……自今竊盜贓滿五貫足陌者死。」……

令諸州獲盜，非狀驗明白，未得掠治；其當訊者，先具白長吏，得判乃訊之。……

時天下甫定，刑典廢弛，吏不明習律令，牧守又多武人，率意用法。金州防禦使仇超等坐故入死罪，除名流海島，自是人知奉法矣。

案：以上計可分爲六目，就中有一目不止一事者，史志以類相從，通貫敍述，不盡依每一事實之時次爲先後之序，是誠當然；然此六目之序列，則應依每一目中最先一事以爲準則，而史志實未遵依此原則。今查：

太祖建隆二年（九六一）二月二十五日詔竊盜贓滿三貫者坐死，其錢以八十爲陌。次年二月改定爲滿五貫足陌者死。（見會要刑法三之一。後一事又見宋大詔令集卷二百、政事五十二、刑法類上，及長編卷三。）

建隆二年五月，金州防禦使仇超等坐故入死罪，竝除名杖流海島。（見長編卷二及陳均皇朝編年綱目備要卷一。）

建隆三年（九六二）三月丁卯，令諸州決大辟訖，錄案聞奏，委刑部詳覆。（見長編卷三。）乾德二年（九六四）正月甲辰詔諸道奏案並下大理寺檢斷，刑部詳覆，如舊制。（見長編卷五。）乾德三年（九六五）七月令諸州錄事參軍與司法掾同斷獄。（見長編卷六。）

建隆三年十二月六日，令諸道州府，凡有賊盜刑獄，如未見爲惡蹤緒，即須設法多方辯聽，不得便行鞭拷。如證狀分明及贓驗見在，公然抗拒不招情款者，方得依法拷掠，仍須先申取本處長吏指揮。（見宋刑統卷二十九。）

建隆四年（即乾德元年——九六三）三月癸酉定折杖之法。（見長編四及皇朝編年一。）

太宗淳化二年（九九一）八月己卯，置審刑院於禁中。（見長編三十二及會要職官一五之二九。）

史志列敍諸事，須照以上順序重爲排比方合。然在仇超等事件之下，史志仍繼述太祖開寶年內之刑政措施，而太宗淳化中置審刑院於禁中，本卷下文重出其事，此處應加刪除。

旣而詔曰：『禁民爲非，乃設法令；臨下以簡，必務哀矜。竊盜之生，本非巨蠹，近朝立制，重於律文，非愛人之旨也。自今竊盜贓滿五貫足陌者死。』

案：此卽前引六項事目中關於改定竊盜計贓法之詔令。史志之節文較通考刑考五所載更略，文字則無異同。會要刑法三之一亦載此詔節文，無「禁民」云云四句。宋大詔令集卷二百、政事五十三、刑法上載此詔全文，題爲「改竊盜贓計錢詔」，題下跨注「建隆三年二月己亥」八字。其全文云：

王者禁人爲非，莫先於法令；議事以制，必務於哀矜。世屬亂離則糾之以猛；人知恥格宜濟之以寬。盜竊之徒，本非巨蠹；奸生不足，罪抵嚴科。今條法重於律文，財賄輕於人命，俾寬禁網，庶合舊章。今後犯盜竊贓滿五貫文者處死，其錢以一百文足爲陌，不滿者降罪有差。

通考及史志之節文，「禁人」均改作「禁民」，「莫先」均改作「乃設」，「議事以制」均改作「臨下以簡」，「徒」均改作「生」，「今條法」均改作「近朝立制」，「律文」下又均竄入「非愛人之旨也」句，遂致詔旨面目全非。史志既與通考畢同，則此段必即抄自通考而又稍加刪削者也。

開寶二年五月，帝以暑氣方盛，深念縲繫之苦，乃下手詔：兩京諸州令長吏督獄掾五日一檢視，灑掃獄戶，洗滌杻械，貧不能自存者給飲食，病者給醫藥，輕繫即時決遣，毋淹滯。

案：此段與通考刑考五所載從同。「輕繫」下通考有「小罪」二字，「毋」作「無得」，疑均史志所脫誤。長編卷十載此事於五月末，文字與通考全同。查宋大詔令集卷二百及會要刑法六之五一均載此詔全文，其後半段云：

宜令有司，限詔到，其囚人枷械囹圄戶庭，長吏每五日一次檢視，灑掃蕩洗，務在清潔，貧無所自給者供給飲食，病者給醫藥，小罪即時決遣，重繫無得淹滯。

詔中無「督獄掾」字樣，不知長編以次諸書何來此三字。又，詔末以「小罪」與「重繫」相對爲文，諸書均略去「重繫」二字，非是。

不他逮捕而易決者，毋過三日。

案：「他」當從長編二十三太平興國六年三月末及通考刑考五之記事作「須」。

然州縣禁繫，往往猶以根窮爲名，追擾輒至破家。因江西轉運副使張齊賢言，令外縣罪人五日一具禁放數白州，……會兩浙運使亦言部內州繫囚滿獄，長吏輒隱落，妄言獄空，蓋懼朝廷詰其淹滯。乃詔：妄奏獄空及隱落囚數，必加深譴，募告者賞之。

先是，諸州流罪人皆錮送闕下，所在或寅緣細微，道路非理死者十恆六七。張齊賢又請：凡罪人至京，擇清強官慮問，若顯負沈屈，致罷官吏。且令只遣正身，家屬俟旨，其干繫者免錮送。迺詔：諸犯徒流罪，並配所在牢城，勿復轉送闕下。

案：以上數事，亦嫌頗錯失序。今查：

一、張齊賢之奏請外縣罪人具禁放敷白州，及其論列錮送諸州流罪人事，長編二十二均次之於太平興國六年（九八一）之末，僅於其下總結云：「詔悉從之」；不謂其與史志所載兩詔有關涉也。

二、兩浙轉運使高冕論諸州隱落罪囚數目，虛奏獄空，會要刑法四之八五載其奏章節文，繫太平興國七年（九八二）八月十五日。長編二十三所繫月日同，並於其下載禁諸州妄奏獄空之詔。是則此疏此詔應依其奏降時次另行排比，不應夾敍於張齊賢兩次奏章之間也。

三、會要刑法門配隸類載：〔太平興國〕七年閏十二月八日詔曰：『……應諸道州府犯徒流罪人等，並配隸所在牢城禁錮，不須傳送闕下。……』（刑法四之二。）長編二十三所繫月日同，其下載知桐廬縣刁衎奏疏，疏後附有李燾考語云：『去年秋詔百官言事，衎疏必因此而上，不知的在何時，附見丁酉詔後，恐此詔實因刁衎也。』此詔與刁衎奏章有無相關，姑不具論，其與張齊賢奏疏之全無干涉則斷然也。

史志合依此順序將以上數事重爲排定。又，張齊賢奏疏節文內「致罷官吏」句意殊不明，當從長編作「則量罰本州官吏」。

開封女子李嘗擊登聞鼓，……〔帝〕即日遣殿中侍御史李範等十四人分往江南兩浙四川荆湖嶺南，審決刑獄。

案：因開封女子訴請裁處家業而遣使按察諸路獄訟，事在太平興國九年六月八日，宋史太宗本紀、會要刑法五之一六、皇朝編年卷三、及通考刑考五均載其事，長編無之，想係輯本失收。會要及皇朝編年俱作「李範等八人」，疑史志之作「十四人」及通考之作「四十人」者均誤也。

太祝刁衎上疏言……帝覽疏甚悅，降詔褒答，然不能從也。

案：長編繫刁衎疏於太平興國八年十二月，其下附注謂：「去年秋詔百官言事，衎疏必因此而上，不知的在何時，附見丁酉詔後。」黃淮、楊士奇編歷代名臣奏議二一六愼刑門載此疏，亦謂「宋太宗太平興國中詔羣臣言事，知睦州桐廬縣刁衎上諫」云云。史志列此疏於雍熙二年，非是。又，長編於刁氏奏議後亦謂「上覽疏甚悅，降詔褒答焉。」而所附案語則謂興國七年十二月令諸州流徙罪人配所在牢城之詔，恐卽因刁氏此章而降；史志則謂「不能從」，未知孰是。

申覆裁決訖，以付中書省。

案：申覆，長編三十二淳化二年八月己卯記事作「中覆」，玉海六六及皇朝編年並同，當從。

咸平元年，從黃州守王禹偁之請，諸路置病囚院，徒流以上有疾者處之，餘責保於外。

案：長編四八繫此事於咸平四年二月末，「諸路」上有「令」字，「徒流」上有「持仗刼賊」四字，餘悉與史志同。通考刑考五亦繫四年而不著何月，餘悉與長編同。今查王禹偁以修太祖實錄獲罪，於咸平元年十二月末落職知黃州，則其論病囚院事必不在元年，當以長編通考所著年份爲是。

會要禁囚類繫王氏此疏於四年二月二十六日，其所錄原疏節文云：

病囚院每有患時疾者，互相浸染，或致死亡，請自今持仗刼賊徒流以上有疾，卽於病牢將治，其鬬訟戶婚，杖以下得情款者，許在外責保看醫，俟痊日區分，從之。

詳其詞意，蓋在論述病囚院一遇時疾則轉相傳染，於病囚極爲不宜，故建請除情節較重犯人外，餘均準其保外就醫。是則病囚院之設置，旣絕不由於王氏之建請，亦且必在咸平四年之前。長編於王氏奏疏節文下附考語云：

此從本志，與實錄不同。據實錄則去年四月已置病囚院。

頗疑病囚院之設置以實錄所著年月爲正。蓋設置將及一年，其弊已自可見，故王禹偁從而論列之。若然，則長編、通考、史志所摘錄王疏諸語，均與原意相違，當依會要加以改正。

景德三年詔：諸道州軍斷獄，內有宣敕不定刑名，止言「當行極斷」者，所在卽寘大辟，頗乖平允。自今凡言處斷、重斷、極斷、決配、朝典之類，未得論決，具獄以聞。

案:通考刑考五亦載此詔,文字全同。唯「三年」作「元年」。長編五十七亦繫此詔於元年八月辛酉。史志作「三年」誤。

帝出筆記六事,其一曰:「勤恤民隱,遴柬庶官,朕無日不念也。所慮四方刑獄官未盡得人,一夫受冤,卽召災沴。今軍民事務雖有轉運使,且地遠無由周知。先帝嘗選朝臣爲諸路提點刑獄,今可復置,仍以使臣副之,命中書樞密院擇官。」又曰:「河北、陜西地控邊要,尤必得人,須性度和平有執守者。」親選太常博士陳綸、李及,自餘擬名以聞。

案:長編六六咸平四年七月癸巳載此事,「其一曰」作「指其一謂王旦曰」。是則起「勤卹民隱」迄「先命樞密院擇官」,並非筆記六事之一,史志改作「其一曰」,非是。「又曰」長編作「上曰」,則其下云云亦非筆記六事之一。「陳綸、李及」長編作「陳綱、李權、李及」,會要刑法六之七七及長編六七景德四年十二月辛酉均載「河北提點刑獄司陳綱上言」云云,則「綱」字不誤,史志作「陳綸」,非是。又「遴柬」亦當從長編作「遴揀」。

知審刑院朱選上言。

案:通考刑考五亦載朱氏上言事,作朱巽。查長編六二、六三各卷屢見朱氏之名,其論官吏枉法受財疏見卷六六,亦俱作「巽」。史志作選,非是。

入內供奉官楊守珍使陜西,督捕盜賊,因請「擒獲強盜至死者望以付臣凌遲,用戒凶惡。」詔捕賊送所屬依法論決,毋用凌遲。

案:此與通考所載略同。查宋大詔令集卷二百二、政事五五、刑法下,載「不許楊守珍等乞凌遲合死強盜詔」,下注「大中祥符八年九月己未」。末數語云:

今楊守珍等捉到賊盜內累曾爲惡者,送所屬州府照證指實奏裁,自餘並送所屬依法論決。

長編八五載此事,所繫年月日與詔令集同,亦謂「乃詔守珍等捕捉盜賊送所屬依法論決,情理切害者奏裁。」通考與史志僅謂「送所屬依法論決」,不載「累惡奏裁」事,稍疏。

每遇十二月權住區斷，遇天慶節卽決之。

案：此天禧四年詔中語也。宋大詔令集二百二載此詔，題爲「令劫殺等死罪十二月權住區斷詔」，此兩句作「每遇十二月權住區斷，過正月天慶節依舊行刑。」長編（九五）五月丙寅所載同。史志第二「遇」字蓋涉上文而誤，當改。（眞宗大中祥符元年十一月降詔，以正月初三天書降日爲天慶節，休假五日。）

刑部侍郎燕肅奏曰：『唐大辟罪令尙書九卿讞之。……貞觀四年斷死罪二十九，開元二十五年財五十八。今……京師大辟雖一覆奏，而州郡獄疑上請，法寺多所舉駁，率得「不應奏」之罪，往往增飾事狀，移情就法，失朝廷欽恤之意。望準唐故事，天下死罪皆得覆奏。議者必曰「待報淹延」，漢律皆以秋季論囚，唐自立春至秋分不決死刑，未聞淹留以害漢唐之治也。』下其章中書，王曾謂：『天下皆一覆奏，則必死之人徒充滿狴犴而久不得決，諸獄疑若情可矜者聽上請。』天聖四年遂下詔曰：『朕念生齒之蕃，抵冒者衆，法有高下，情有輕重。……』

案：趙汝愚編國朝諸臣奏議卷九九，刑賞門恤刑類載燕肅此疏，題作「上仁宗乞天下死罪皆得一覆奏疏」，下注「天聖四年上，時判刑部。」長編一〇四上疏事繫天聖四年五月己卯，降詔繫壬午，僅二三日之隔，是則史志「天聖四年」字様應移置燕肅上疏前，否則讀者將誤以其事在此年之前矣。「財五十八」、「雖一覆奏」，長編及通考刑考九俱同，獨諸臣奏議作「斷五十八」，「雖待覆奏」。「而州郡」云云四句，諸書俱作「而州郡之獄有疑及情可憫者至上請，而法寺多所舉駁，官吏率得不應奏之罪，故多增飾事狀」；「皆得覆奏」俱作「皆得一覆奏」；「漢律」上俱有「臣則以爲」四字；「諸獄疑」俱作「請獄疑」。史志均當據以補正。詔旨節文唯「輕重」二字通考及諸臣奏議作「重輕」，餘與諸書俱同。

又案：宋大詔令集二百二政事五十五刑法下亦載此詔，與諸書及史志所載詞句大不相同，未詳何故。

其後雖法不應奏、吏當坐罪者，審刑院貼奏，率以恩釋爲例，名曰貼放，吏始無所牽制，請讞者多得减死矣。

案：通考刑考九載此事，其文爲：

其後雖法不應奏，吏當坐罪者，審刑院貼奏草，率以恩釋。著爲例，名曰貼放。於是吏無所牽制，請讞者率多爲減死，賴以生者蓋莫勝數焉。

頗疑史志此段卽本諸通考，然脫漏極多，當依通考補正。

是歲改強盜法：不持杖，不得財，徒二年；得財爲錢萬，及傷人者，死。持杖而不得財，流三千里；得財爲錢五千者，死；傷人者，殊死。不持杖得財爲錢六千，若持杖罪不至死者，仍刺隸二千里外牢城。

案：此段與長編一一七景祐二年八月朔及通考刑考六所載全同。唯「二千里外牢城」兩書俱無「二」字。查宋大詔令集二百二亦收此詔，題作「定強盜刑詔」，末云：

自今強寇不持杖、不得財，徒二年；每千加一等，十千及傷人者，絞。持杖不得財，流三千里；流滿五千里者絞；傷人者斬，仍不分首從。不持杖滿千、及持杖罪不至死，並論如法，配千里外牢城。

知史志「二」字必爲衍文。詔令集此段與各書所載均有歧異，疑以詔令集爲正。

嘉祐五年，判刑部李綖言：「一歲之中，死刑無慮二千餘，夫風俗之薄無甚於骨肉相殘，衣食之窮莫急於盜賊。……」

案：史志此項節文過簡。通考刑考六載李綖此疏，首數句爲：

一歲之中，死刑無慮二千五百六十，其殺父母、叔伯父母、兄弟、兄弟之妻，夫殺妻、殺妻之父母，妻殺夫，凡百四十；故謀鬬殺千有三百；刼盜九百七十；姦亡命一百十。

以下方接「風俗之薄」諸句，長編一九一嘉祐五年四月庚申所載略同。必如此，李疏文義方明。史志應據補數語。

凡在京諸班直請量斗斛不足。

案：「量」字當從長編二一四熙寧三年八月癸未及通考刑考六之記事作「糧」，謂所請月糧也。

千錢流二千里，每千錢則加一等，罪止流三千里。

案：此神宗熙寧三年八月所立「丐倉法」中之一項也。「千錢流二千里」，當從長編(二一四)八月癸未之記事（長編紀事本末七十五增吏祿篇同），作「千錢流一千里」。

其行貨及過致者減首罪二等。

案：此亦「丐倉法」中之一項。史志丐倉法全文與通考刑考六所載畢同，唯本句中「過致」通考作「過制」。查長編（二一四）八月癸未之記事，本句作「其過致並與者減首罪二等」，其下又有「若許賕未受，其取與過致人各減本罪一等」之條。則「過致」不當作「過制」，通考偶誤。宋會要食貨門京諸倉類亦載此法，本句作「其引領過度并行用錢者，於首罪下減二等。」其下亦有「若許賕未受，其取與引領過度人各減本罪一等」之條，是知「過致」意卽「過度」。宋刑統卷二八「部內容止逃亡」門「過致資給」句下注云：「謂指授道途，送過險處，助其運致，并資給衣糧。」意亦相近。「行貨」二字疑亦當從會要作「行用者」爲是。（宋初所修刑統及南宋中葉所修慶元條法事類中，俱不見「行貨」字樣。）

呂嘉問嘗請行貨者宜止以「不應爲」坐之。

案：長編三四九元豐七年十月丁丑載呂氏奏疏節文有云：

乞定河倉法斷遣刑名，自陳告首之賞與引領過度一切如舊外，其行用者止以「不應得爲」坐之。

史志「行貨」二字亦以改作「行用」爲宜。

熙寧四年，立盜賊重法，凡刼盜罪當死者，籍其家貲以賞告人，妻子編置千里。遇赦若災傷減等者，配遠惡地。罪當徒流者配嶺表，流罪會降者配三千里，籍其家貲之半爲賞，妻子遞降等有差。

案：此段與通考刑考六所載全同，必卽抄自通考者。長編三四四載此事，係因元豐七年三月乙巳修元豐編敕成而附載者，不著立法之的實年份及月日。所載治盜及編管妻子諸條制與史志並同，唯於條文之上首著此法之演變云：

自嘉祐六年始命開封府諸縣盜賊囊橐之家立重法，後稍及曹、濮、澶、滑等州。熙寧中諸郡或請行者，朝廷從之，因著爲令。至元豐更定其法，於是河北、京東、淮南、福建等路用重法郡縣寖益廣矣。

於條文之後又附注云：

刑法志有此，不得其時，因編敕成，附見。須細考之。

其所謂「至元豐更定」之法，必即指「刼盜罪當死者籍其家貲以賞告人，妻子編置千里」等條而言，故雖云於刑法志中「不得其時」，而其爲元豐某年所重定，要無可疑。會要刑法門配隸類亦載一事云：

〔元祐三年〕四月二十一日，監察御史趙屼言：『元豐敕，重法地分刼盜者妻子編管，元祐新敕一切削去，前此編管者宜不少，請令從便。』從之。（刑法四之三〇）

此亦可證治盜重法中妻子編管之條文確爲元豐中所立定者。通考及史志之繫年均誤。

元豐敕：重法地分，刼盜五人以上、凶惡者、方論以重法。

案：長編四七八元祐七年十一月載：

乙酉詔：應重法地分，刼盜五人以上、或凶惡者、行重法，餘依常法。窩藏人準此。

合上段所引趙屼之言觀之，知自元祐以來，漸寬治盜之法，初則削去編管妻孥之條，繼又令重法地分刼盜須五人以上或凶惡者方以重法治罪，餘則全依常法。史志所載正爲元祐寬法之令，謂爲「元豐」者誤也。

紹聖後有犯即坐，不計人數，復立妻孥編管法。至元符三年，因刑部有請，詔改依舊敕。

案：此段爲直承「元豐敕」云云一段之文。元符三年之詔，史志不稍著其文，但云「改依舊敕」，亦使考史者莫明所謂。通考刑考六載此詔節文云：

〔元符〕三年詔強盜計贓應絞者，贓數並增一倍。贓滿不傷人而情輕者奏裁。其用兵杖湯火之類傷人及殘虐主家情狀酷毒，或汚辱良家，或入州縣鎮寨行刼，不在奏裁之限。若驅虜官吏巡防人等，罪不至死，仍奏裁。

史志當補入此項節文。

侍御史陳次升言：『……近朝廷改法詔，以強盜計贓應絞者並減一倍，贓滿不傷人及雖傷人而情輕者奏裁。法行之後，民受其弊，被害之家，以盜無必死之理，不敢告官，而鄰里亦不爲之擒捕，恐怨讐報復，故賊益逞，重法地分尤甚。恐養成大寇以貽國家之患。請復行舊法。』

案：陳次升此疏，見讜論集卷三及通考刑考六。讜論集題作「上徽宗奏論強盜法第一狀」。通考則附載於元符三年改強盜計贓法詔令（見前條）之後。史志不先載該項詔令，節次嫌不明備。「並減一倍」，讜論集作「並增一倍」。通考所載詔旨及陳疏節文並同。今查會要刑法門定贓罪類亦有追述此詔之文：

〔建中靖國元年九月〕二十二日，中書省檢會元符三年十一月七日指揮：強盜計贓應絞者，贓數並增一倍。（刑法三之四。）

皇朝編年卷二十五，元符三年末「輕強盜刑名」目下所載全同，知史志「減」字必改作「增」方合。倍增其計贓之數，適所以輕減強盜罪刑也。「被害之家」，亦當從諸書作「被苦之家」。

又案：「恐怨讐報復，故賊益逞」及「恐養成大寇」諸語，均爲後來所刪改，非陳次升原疏語句，此外被削去之語句尚多。而凡經刪改諸處，史志俱與通考從同，則史志亦必襲用通考成文也。

乃詔如舊法，前詔勿行。

案：此所謂前詔仍指元符三年輕強盜計贓法之詔。然史志於元符三年則謂「詔改依舊敕」，於此又曰「詔如舊法」，語意殊含混不明。

元豐二年，成都府利路鈐轄言：『往時川陝絹匹爲錢二千六百，以此估贓，兩鐵錢得比銅錢之一，近絹匹不過千三百，估贓二匹乃得一匹之罪，多至重法。』

案：通考刑考六亦載此段，「利路」作「利州路」，「以此」下有「編敕」二字，餘與史志全同。查會要刑法門定贓罪類載：

元豐二年十二月四日成都府利州路鈐轄司言：往時川峽絹匹爲二千六百，以此編敕估贓兩鐵錢得銅錢之一，近歲絹匹不過千三百，估贓二匹乃得一匹之罪，多不至重法，盜賊寖多。（刑法三之三。）

長編三一所載與會要同。史志「利」下當補「州」字，「陝」當作「峽」，「多」下當補「不」字。脫一「不」字，文意全錯。史志既與通考同有此失，則此條又必襲用通考之文也。

元祐二年，刑部大理寺定制：凡斷讞奏獄，每二十緡以上爲大事，十緡以上爲中事，不滿十緡爲小事。

案：刑部大理寺所受獄訟，不以涉及產業財務者爲限，其區分獄事之大小亦斷不得一以緡錢之多少以爲準。今查長編四〇五元祐二年九月庚戌朔載：

刑部大理寺言：應限奏獄二百紙已上爲大事，十二日；十紙已上爲中事，九日；不滿十紙爲小事，四日。……又公案二百紙已上爲大事，限三十五日；十紙已上爲中事，限二十五日；不滿十紙爲小事，限十日。

會要不載此事，疑爲輯本失收。然職官門卷二四之二八載紹興二十一年刑部所定斷案日限，亦以滿二百張以上爲大案，二百張以下爲中案，不滿十張爲小案。是則獄案大小之區分，乃依其鋪敍事狀所用紙張之多寡以爲斷，史志數「緡」字當俱爲「紙」字之誤。

中丞蘇轍……請竝歸三省，其事干邊防軍政者，令樞密院同進取旨。

案：蘇轍奏疏見欒城集四十六，「進」字下當據集補「呈」字。

六年，……刑部論佃客犯主，加凡人一等；主犯之，杖以下勿論，徒以上減凡人一等。

案：長編四四五繫此事於元祐五年七月己亥，史志作六年，非是。應移此條於「五年」二字下，「詔命官犯罪」云云一事之前。

政和間詔：品官犯罪，三問不承卽奏請追攝。若情理重害而拒隱，方許加訊。邇來有司廢法，不原輕重，加訊與常人無異。

案：會要刑法三之七〇及通考刑考六均載此詔節文，繫政和七年八月二十五日，「加訊」均作「枷訊」，當從。

中書省言：『律，「在官犯罪，去官勿論」，蓋爲命官立文；其後相因，掌典去官亦用去官免罪，有犯則解役歸農，幸免重罪。』詔改政和敕「掌典解役從去官法」。

案：中書省於何時上言，改法詔於何時降下，史志均未標明，甚疏。會要刑法一之三〇載此事云：

〔政和六年〕八月九日，中書省言：『檢會律文，「在官犯罪，去官事發，犯公罪流以下勿論。」蓋爲命官立文。後來敕文相因修立，掌典解役（原注：謂出職歸農，已離本司，及勒停永不收叙。）亦用去官免罪。如此則犯罪之後，則（更？）生姦弊，解役歸農，僥免重罪。兼與命官犯罪去官不同。』詔政和敕內「掌典解役者聽從去官法」一節刪去不行。

史志當據此補入年月。又查慶元條法事類卷九，職制門六，省員併廢類載名例敕云：

諸公罪，因所犯替移，……若主典解役者，聽從去官法。

此卽政和六年明令「刪去不行」之敕條，不知何以南宋中葉猶復施行也。

卷　二

一　恤刑

開寶三年，董元吉守英州，月餘受贓七十餘萬，帝以嶺表初平，欲懲掊克之吏，特詔棄市。

案：通考不載此事。長編卷十二繫此事於開寶四年十月庚午，宋史太祖本紀同，此作三年，誤也。守英州者長編及本紀俱作「王元吉」，此作「董元吉」，亦誤也。又，長編紀事全文作『太子洗馬王元吉棄市，坐知英州受贓不法也。』李燾於其下附有考語云：

本志及祖宗故事云：『元吉知英州，月餘受贓七十萬，上以嶺表初定，懲姦吏掊克，特詔棄市。』按，受贓棄市者多矣，不但元吉也。又不緣嶺表初定乃有特詔。今不取。

史志記此事，與李氏所引「本志」及「祖宗故事」之文略相同，然必非直接本之二書之一也。

太平興國六年，……有涇州安定婦人怒夫前妻之子婦，絕其吭而殺之。乃下詔曰：『自今繼母殺傷夫前妻子，及姑殺婦者，同凡人論。』

案：通考刑考九載此事，作太平興國五年。查宋大詔令集卷二百、政事五十三、刑法上，載「繼母殺傷夫前妻子及婦以殺傷凡人論詔」，卽爲安定婦人而降之詔，其下注太平興國二年五月丙寅，長編卷十八載此事，所繫年月日與詔令集同，是則通考及史志之繫年均誤。又，史志所節詔中數語，與通考全同，疑卽自通考轉載者。今查詔令集作：

今後繼母殺傷夫前妻之子及其婦，並以殺傷凡人論。

長編所載節文與此全同。知詔旨所指，專爲繼母殺傷夫前妻之子及其婦而言，通考及史志改作「姑殺婦者」，與詔旨本意頗相失。

雍熙元年，開封寡婦劉使婢詣府，訴其夫前室子王元吉毒己將死。……元吉之繫左軍巡，卒繫縛搒治，謂之鼠彈箏，極其慘毒。帝令以其法縛獄卒，宛轉號叫求速死，及解縛，兩手良久不能動。帝謂宰相曰：「京邑之內乃復寃酷如此，況四方乎！』

案：長編、皇朝編年、通考刑考俱不載此事。會要刑法五之二繫其事於雍熙元年六月二十六日，作『其子王元吉」，不謂「前室子」，未知孰是。又，宋大詔令集卷二百有「禁鼠彈箏詔」，下注「端拱元年正月乙酉」，其時上距王元吉獄事已隔三年有半，亦不知其何以遲遲至斯也。

眞宗時，蔡州民三百一十八人有罪皆當死，知州張榮，推官江嗣宗議取爲首者杖脊，餘悉論杖罪，帝下詔褒之。遣使巡撫諸道，因諭之曰：『平民艱食，強取餱糧以圖活命爾，不可從盜法科之。』

案：皇朝編年卷五，太宗淳化五年正月「寬饑民罪」事目下注云：

時饑民多相率持棒投劵富家取其粟，坐強盜棄市者甚衆。蔡州民張潴等三百一十八人皆抵死，知州張榮、推官江嗣宗共議取其爲首者杖脊，餘悉從杖。以其事上聞，上感悟，下詔褒之，令本州大發廩振饑民。遣使分詣諸道巡撫，上親臨遣，謂之曰：『彼皆平民，因饑取餱糧以圖活命爾，若其情非巨蠹，悉爲末減，不可從強盜之科。其兇狠頭制，爲患閭里者，可便宜從事。』

宋史太宗紀淳化五年正月己巳亦記此事云：

遣使振宋、亳、陳、潁州饑民，別遣決諸路刑獄，應因饑劫藏粟，誅爲首者，餘減死。

史志此段所襲用之舊文，「眞宗」必原作「太宗」，修志者以上文已載及咸平間事，且有「眞宗察其詐」云云之句，遂改此處之「太宗」爲「眞宗」，而不知舊文亦用「類敍」之法，自此以下數事均盜劫倉廩之類也。（通考刑考五載此事；「五年」作「三年」，「三百」作「二百」，「張榮」作「張策」，均字誤。）

天聖初，有司嘗奏盜劫米傷主，仁宗曰：『饑劫米可哀，盜傷主可疾。雖然，無知迫於食不足耳。』命貸之。

案：長編一七一皇祐三年八月載：

甲申，大理寺言：信州民有劫米而傷主者，法當死。上謂輔臣曰：『饑而劫米則可哀，盜而傷主則難恕。然細民無知，終緣於飢爾。』遂貸之。

此與史志所載爲同一事，必無可疑。然「天聖初」（一〇二三）者仁宗初卽位，章獻明肅太后同聽政之日也；及皇祐三年（一〇五一）則仁宗親政已近二十年矣。史志將其事錯出於二十九年之前，大誤。

〔天聖〕五年，陝西旱，因詔：『民劫倉廩，非傷主者，減死刺隸他州。非首謀又減一等。』自是諸路災傷卽降敕，饑民爲盜多蒙矜減，賴以全活者甚衆。司馬光時知諫院，言曰：『臣聞勅下京東西災傷州軍，如貧戶以饑偸盜斛斗因而盜財者，與減等斷放。……意在活人而殺人更多也。』

案：此段與通考刑考六所載略同，必卽抄用通考之文而稍有刪改者。然據長編及宋史仁宗紀，因陝西旱災而降詔云云，爲天聖四年三月事。長編一〇三載其事云：

戊寅，詔陝西災傷州軍，持仗劫人倉廩，非傷主者，減死刺配鄰州牢城，非首謀者又減一等。仍令長吏密以詔書從事。自是諸路災傷卽降下有司敕，而民饑盜取穀食多蒙矜減，賴以全活者甚衆。

宋史仁宗紀天聖四年三月戊寅亦載「詔陝西災傷州軍，盜廩穀傷主者刺配鄰州牢城，徒減一等。」是則史志及通考之繫年俱誤。

又査顧棟高編司馬溫公年譜，溫公生於眞宗天禧三年己未（一〇一九），仁宗天聖四年（一〇二六）八歲，五年九歲。寶元元年二十歲，舉進士甲第。嘉祐六年辛丑（一〇六一），年四十三，遷起居舍人同知諫院。至英宗治平二年（一〇六五），年四十七，除龍圖閣直學士，改右諫議大夫，其間供職諫院達四年之久。其論列不當輕減京東西劫盜倉廩刑名疏，見溫公文集三十一，不載奏進月日，趙汝愚編國朝諸臣奏議一百六財賦門荒政類收此疏，改題「上英宗論災傷除盜疏」，下注「治平元年十月上，時知諫院。」年譜繫治平元年（一〇六四）十月十日，當均有所本。是則史志此段凡有三失：天聖五年溫公年方九歲，而謂其已知諫院，一誤也。奏章所論爲京東西饑盜取穀事，而編次於輕減陝西諸路盜劫倉廩刑名之後，二誤也。奏章上於治平元年，而謂在天聖五年，三誤也。須將此段全部移入下文英宗與盧士宗論和欽罪罰之後方合。

帝嘗御邇英閣，經筵講周禮大荒大禮薄征緩刑，楊安國曰：『緩刑者乃過誤之民耳，……一切寬之恐不足以禁姦。』帝曰：『不然，……饑莩所迫，遂至爲盜，又捕而殺之，不亦甚乎。』

仁宗聽斷尤以忠厚爲主。隴安縣民誣平民五人爲劫盜，尉悉執之，一人掠死，四人遂引服。其家辨於州，州不爲理，悉論死。未幾，秦州捕得眞盜，隴州吏當坐法而會赦，帝怒，特貶知州孫濟爲雷州參軍，餘皆除名流嶺南。賜錢粟五家，復其役三年。因下詔戒勅州縣。

廣州司理參軍陳仲約誤入人死，有司言仲約公罪應贖，帝謂審刑院張揆曰：『死者不可復生，而獄吏雖廢，復得敍官。』命特治之，會赦勿敍用。

尙書比部員外郎師仲說請老，自言恩得任子，帝以仲說嘗失入人死罪，不與。

案：以上四事，史志之編次亦極失序。今查：

因隴安縣民寃獄而貶黜孫濟等人，長編一一〇及宋史仁宗紀均繫其事於天聖九年（一〇三一）四月戊寅。其戒勅州縣之詔，見宋大詔令集卷二百二，題作「誡獄吏詔」，所注年月日亦同。

陳仲約、師仲說事，通考刑考六附載於嘉祐七年記事之下，其文字及順序與史志全同。然兩事相隔凡十七年，長編卷一二一寶元元年（一〇三八）正月丁卯載：『比部員外郎師仲說致仕。故事當有一子官，上以仲說嘗知金州失入死罪，特罷之。』

楊安國在經筵與仁宗面論災荒緩刑事，見長編卷一七七，繫至和二年（一〇五四）九月己巳。

治陳仲約誤入人死罪事，長編卷一七八及會要刑法四之七四均載之，同繫至和二年（一〇五五）二月癸巳。

史志應依此順序將以上四事重爲排比方合。若須參用「類敍」之法，則楊安國論凶年緩刑事當提移於上文天聖四年因陝西旱災而頒詔減刑一事之後，餘三事另作如上之排比。

宣州民葉元有同居兄亂其妻，縊殺之，又殺兄子，強其父與嫂爲約契不訟，鄰里發其事，州爲上請，帝曰：『罪人已死，姦亂之事特出葉元之口，不足以定罪。……宜以毆兄至死律論。』

案：容齋三筆卷十六載此事，通考刑考九引錄之，所稱宣州民姓名與史志同。唯查長編三〇三，元豐三年四月庚戌載其事，首句作「宣州民葉元有爲同居兄亂其妻」，下文載神宗批，亦作「罪人今皆已死，則二者同出於葉元有一口，不足用以定罪。」會要刑法五之一亦載其事，首句與長編同，所錄神宗批則作「葉元」，蓋偶脫「有」字。頗疑史志此條即由通考轉錄容齋三筆之文而沿其誤者，宣州民之名姓實應爲葉元有也。

崇寧五年詔曰：『出令制法，重輕予奪在上，……自今應有特旨處分，……如或以常法格沮不行，以大不恭論。』

案：皇朝編年備要二十七，大觀三年五月「制違御筆法」事目下載：

詔中外官司輒敢申明衝改御筆處分者，以大不恭論。

此與史志所載當即一事，然則其事並不在崇寧五年也。

又定令：凡應承受御筆官府，稽滯一時杖一百，一日徒二年，……三日以大不恭論。

案：皇朝編年備要二十七亦載此事，謂在政和三年。

高宗性仁柔，其於用法每從寬厚。……知常州周杞擅殺人，帝……卽命削杞籍。……

吏部員外郎劉大中奉使江南回，遷左司諫，帝……謂宰臣朱勝非曰：「大中奉使，頗多興獄，今使爲諫官，恐四方觀望耳。」……

當建、紹間，天下盜起，……同知樞密院事李回嘗奏強盜之數，帝曰：『皆吾赤子也，……』

至待貪吏則極嚴。應受贓者不許堂除及親民。犯枉法自盜者，籍其名中書，罪至徒卽不赦，至死者籍其貲。

諸文臣寄祿官竝帶左右字，贓罪人則去之。

是年，申嚴眞決贓吏法，令三省取具祖宗故事。……

案：以上諸事乃用以證明高宗用心之忠厚及懲貪之嚴厲者。其間無一事標著的實年月，其編次亦極錯雜，而最後突出「是年」字樣，究不知指何年而言。今查：

枉法自盜者籍名中書，事在建炎二年（一一二八）正月乙未，見繫年要錄卷十二、會要刑法三之五、及中興兩朝聖政卷三。

李回奏強盜之數，事在建炎四年（一一三〇）十二月丙戌，見要錄四十及中興聖政八。

贓罪人不帶左右字，事在紹興元年（一一三一）九月己亥，見要錄四七及中興聖政十。

申嚴眞決贓吏法，事在紹興元年（一一三一）十二月丁丑，見要錄五十及中興聖政十。

周杞因濫刑削籍，事在紹興二年（一一三二）正月庚辰，見要錄五一及中興聖政十。

劉大中奉使江南回，高宗謂其頗多興獄，事在紹興四年（一一三四）三月丁巳，見要錄七四及中興聖政十五。

據此，知「申嚴眞決贓吏法」與「贓罪人不帶左右字」確爲同一年事，然首須於贓罪人不帶左右字一事之上標著的實年月，其下「是年」字樣方有所承。

又，史志編次各事，如用類敍之法，亦當先敍懲貪諸事，依次而及於寬刑諸事，庶前後節次不致相紊。

又案：宋史全文卷二十六孝宗淳熙元年三月末載：

初，祖宗因唐舊，分別流品，不相混淆，故有出身、無出身、及進士上三名、賢良方正、曾任館閣省府之類、遷轉皆不同。犯贓及流外納粟，尤不使汙士流。蓋不待分左右也。元豐官制行，始一之，然猶有一官而分左右者，徒以少優進士出身而已。至元祐中，遂自金紫光祿大夫至承務郎、皆以有出身無出身分左右，至贓犯則併去左右字，論者尤以為當。紹聖以後復去之。紹興初，方務興元祐故事，故左右之制亦復行。至是，有趙善俊者建言，以為本范純仁偏蔽之論，請復省去，從之。

中興兩朝編年綱目卷三，紹興元年末「文階繫銜復分左右」事目下亦云：

『有出身人帶左字，無出身人帶右字，贓罪人更不帶，如舊制。』

是則犯贓官吏不帶左右字，本元祐中所定之制，紹興初年乃舉舊典、行故事者。至孝宗淳熙元年（一一七四）又因趙善俊之奏請，階官並去左右字（宋史職官志亦載此事）。計第二度施行此制，為時凡四十四年。史志於上文不著元祐中之創行，則讀者易誤以紹興為事始；於下文不著淳熙罷階官帶左右字之制，則更易令讀者誤以其後階官均為曾犯贓罪之人矣。

州縣月具繫囚存亡之數申提刑司，歲終比較，死囚最多者當職官黜責，其最少者褒賞之。

舊以絹計贓者千三百為一匹，竊盜至二十貫者徒，至是又加優減，以二千為一匹，盜至三貫者徒一年。

案：優減紐絹計贓之法，以二千為一匹，事在建炎元年（一一二七）六月七日，見會要刑法三之五及繫年要錄卷六；令郡邑月具禁囚存亡之數申提刑司，歲終較其多寡以為賞罰，事在紹興二年（一一三二）十二月二十六日壬子，見會要刑法六之六四及繫年要錄卷六十一。史志如為行文之便，須將有關「以絹計贓」諸條連類敘及，則於「州縣月具繫囚存亡數」及「優減以絹計贓法」兩事之上，均須分別標明其降詔或施行之的實年月，庶時次明析，今以紹興二年之事編次於前，以建炎元年之事承接於後，而曰「至是」云云，文意殊駁。

又案：改以三千爲一匹，事在紹興三年(一一三三)九月八日己未，見會要刑法三之六、繫年要錄卷六十八及中興兩朝編年綱目卷五。史志於此條之前未曾一見建炎紹興之名，則此條「三年」上須標明紹興年號方合。

十三年詔：禁囚無供飯者，臨安日支錢二十文，外路十五文。

案：會要刑法六之六六所載此詔節文較詳，繫紹興十二年九月十三日，爲是日大赦文中之一段。要錄一四六僅載是日大赦天下事，所載詔旨則較史志更略，但終可藉知會要之繫年不誤。史志作「十三年」，非是。

二十七年，詔四川以錢引科罪者，準銅錢。

案：史志此條適與原詔旨意相反。會要刑法三之八載：

二十七年三月七日，權尚書刑部侍郎張杓奏言：『法者天下之平，今泉貨之用，銅鐵相準，在法有制。然四川郡縣俗行錢引，以引定價，準之銅錢以定罪犯，遂致不侔：則有自笞入杖入徒，或應徒而流，或應流而死者。謂如強盜持杖，銅錢五貫，鐵錢十貫，俱坐絞刑；若盜錢引十道，便以十貫爲罪，市價止八貫，比之銅錢止是四貫，少一貫遂處以死。又如枉法二十疋絞，計銅錢六十貫，鐵錢一百二十貫；若受錢引一百二十道，便以一百二十貫計罪，市價止計九十六貫，比之銅錢止是四十八貫，少一十二貫，亦處以死。由是言之，四川之法偏重，極可憫恤。欲望行下四川州縣，凡以錢引定價科罪者，並依犯處市價爲數。』從之。

是知經張杓之奏請而明令改變者，正爲「以引定價，準之銅錢以定罪犯」之法，史志謂奏請之後方如此施行，大謬。

乃以內侍陳瑜、李宗回等付大理獄，究其賂狀，獄成，決配之。

案：中興聖政卷四十六及宋史全文卷二十四，於乾道三年八月均載此事，「陳瑜」均作「陳瑤」，未知孰是。

乾道二年下詔曰：『獄重事也，……比年以來，治獄之吏巧持多端，隨意輕重之，朕甚患焉。……』

案：宋史全文卷二十四，繫此詔於乾道二年三月壬子。其「治獄」云云數語作：

治獄之吏大率巧持多端，隨意援引而重輕之，故有罪者與邪而不幸者罹酷，朕甚患焉。

三年詔曰：『獄重事也，稽者有律，當者有比，疑者有讞。比年顧以獄情白於執政，探取旨意，以輕爲重，甚亡謂也。……吾將大寘於獄，罔攸赦。』

案：中興兩朝聖政四十六及宋史全文二十四，均繫此詔於乾道三年正月甲辰，所載詔旨節文均同。「疑者有讞」句下均有「持巧心設貳端者有禁」句，此亦詔旨中重點之一，史志節去不載，非是。「以輕爲重」兩書俱作「以爲輕重」，「罔攸赦」俱作「罔有攸赦」，史志均當據以改正。

議者又言：『犯盜以勅計錢，定罪以律計絹，今律以絹定罪者遞增一千；勅內以錢定罪者亦合例增一千。』從之。

案：中興兩朝聖政四十八及宋史全文二五均於乾道六年閏五月載：

甲申，刑部狀：『據建康府司法參軍趙善寅申，準敕節文，今後權將勅律內應以絹定罪之法更遞增一貫，通四貫足斷罪。外有勅內以錢數定罪，擬欲一例遞增一貫。乞備申朝廷。』

又刑部狀：「據太平州申，亦爲上件事，並送部看詳。本部乞將應紐絹定罪更增一貫，通作四貫，其以錢定罪者亦合一體更與遞增一貫。』詔從之。

史志所載諸語不甚清晰，須參此方明。

淳熙初，浙西提刑鄭興裔上「檢驗格目」，詔頒之諸路提刑司。凡檢覆必給三本：一申所屬，一申本司，一給被害之家。

案：李心傳建炎以來朝野雜記乙集卷十一「檢驗格目」條，記鄭興裔創製「檢驗格目」之事因極詳，謂其事在淳熙元年五月十七日。會要刑法門檢驗類亦載其事，所繫年月日同，且詳記鄭興裔所上「格目」全文。均可供參證。

嘉定四年詔：『以絹計贓定罪者，江北鐵錢依四川法，二當銅錢一。』

案：會要刑法門計贓罪類載此事云：

〔嘉定〕五年十月八日，知通州喬行簡言：『竊觀見行條法，計贓定罪，……今江北專用鐵錢，……而犯贓者以絹定罪，亦如銅錢，以四貫爲疋，贓輕罪重，犯者易入，深可憫惻。』事下大理寺申：『四川專法，以錢計贓定罪者，鐵錢二文當銅錢一文，今兩淮用鐵錢與川郡事體一同，合行下應用鐵錢去處，並照應四川專法施行。』刑部以聞，從之。(刑法一之五九。)

是則行用鐵錢區域改依四川計贓之法，乃嘉定五年事，史志作「四年」者誤也。

理宗起自民間，具知刑獄之弊，初即位即詔天下恤刑，又親制審刑銘以警有位。

案：宋史全文卷三十一，寶慶二年四月庚子載有恤刑詔節文。又，同書卷三十三淳祐四年正月壬寅載：

御製訓廉謹刑二銘戒飭中外曰：……民吾同胞，疾痛猶己。報虐以威，刑非得已。仰惟祖宗，若保赤子。明謹庶獄，惻怛溫旨。金科玉條，毫析銖累。夫何大吏，蔑棄法理。逮于郡邑，濫用笞箠。典聽朕言，式克欽止。

理宗初即位改元寶慶元年，爲西元一二二五；謹刑銘作於淳祐四年，爲西元一二四四，已在理宗即位後之二十年，非即位之初也。

二　詔獄

沂州民朱唐告前餘姚主簿李逢謀反，提典刑獄王庭筠言其無迹，但謗讟，語涉指斥，及妄說休咎，請編配。

案：長編二五九及通考刑考六均載此事，「謗讟」下均有「朝政」二字，當從。

若凌遲腰斬之法，熙寧以前未嘗用於元凶巨蠹，而自是以口語狂悖致罪者麗于極法矣。蓋詔獄之興，始由柄國之臣藉此以威縉紳，逞其私憾。

案：此段與通考刑考六李士寧獄事後所附載之案語略同，必即自通考抄來而稍加改易者。

最後起同文館詔，將悉誅元祐舊臣。時太府寺主簿蔡渭奏：臣叔父碩嘗於邢恕處見文及甫元祐中所寄恕書，……自謂畢禫當求外，入廟之計未可必。……俗稱駙馬都尉爲粉侯，人以王師約故，呼其父堯臣爲粉父。……京惇言事涉不順，……望別差官審問。乃獄中書舍人蹇序辰審問，仍差內侍一員同往。……會星變，上怒稍息，……曰：『……其釋勿治。』

案：史志此段，起「太府寺主簿蔡渭」，迄「其釋勿治」，與通考刑考六及皇朝編年卷二十四紹聖四年「治同文館獄」事目下所載全同。唯兩書「畢禰」均作「畢禮」，「入廟」均作「入朝」，此當俱爲史志轉寫致誤。王師約之父名克臣，不名堯臣，見長編四九〇紹聖四年八月丙申，及長編紀事本末一〇七，兩書則與史志同其譌誤。餘如「太府寺主簿」，長編、長編紀事本末及會要職官六七之二〇俱作「少府監主簿」，未知孰是；「與恕書請補外」則當從長編於「補」字上加「論」字，因文及甫卽願補外官，亦不能乞諸邢恕也；「粉昆指王巖叟」下當從長編及長編紀事本末補入「梁燾」，因文及甫置對時乃以「粉」與「昆」爲影射王梁二人也；「京、惇乞別差官審問」，當從長編於「審問」上加「同」字，非此後京惇卽不預其事也。凡此皆通考、史志與皇朝編年從同者。蓋史志此條抄自通考，通考抄自皇朝編年，而皇朝編年則出自長編紀事本末者也。

又案：宋史三四〇劉摯傳亦載此事，全文爲：

初，摯與呂大防爲相，文及甫居喪在洛，怨望，服除恐不得京官，抵書邢恕曰『改月遂除，入朝之計未可必。當塗猜怨於鷹揚者益深，其徒實繁，司馬昭之心路人所知也。濟之以粉昆，必欲以眇躬爲甘心快意之地，可爲寒心。』其謂司馬昭者，指呂大防獨當國久；粉昆者，世以駙馬都尉爲粉侯，韓嘉彥尙主，以兄忠彥爲粉昆也。恕以書示蔡碩、蔡渭，渭上書訟摯及大防等十餘人陷其父確，謀危宗社，引及甫書爲證。時章惇蔡卞誣造元祐諸人事不已，因是欲殺摯及梁燾、王巖叟等，以爲摯有廢立之意，遂起同文館獄，用蔡京、安惇雜治，逮問及甫，及甫元祐末復德大防除權侍郎，又忠彥雖罷，哲宗眷之未衰，乃託其亡父嘗說司馬昭指劉摯，粉謂王巖叟面白如粉，昆謂梁燾字況之，況猶兄也。又問實狀，但云疑其事勢如此。會摯卒，京奏不及考驗，遂免其子官，與家屬徙英州。

此較本志所載，情節較爲詳盡。據長編紹聖四年八月丙申附注，知必本諸劉防諸人所爲劉摯行實者。行實中以王師約尙主、父克臣遂稱「粉爹」，與韓嘉彥尙主、兄忠彥遂稱「粉昆」事竝舉，各書僅摘錄王師約事而遺韓嘉彥尙主事不載，致文義不洽，須參此方明。

中丞安惇言：『……陛下未親政時，姦臣置訴理所，凡得罪熙寧元豐之間者咸爲雪除，歸怨先朝，收恩私室。乞取公案看詳從初加罪之意，復依元斷施行。』……卽日置局，命蹇序辰同安惇看詳案內文狀陳述，及訴理所看詳於先朝言語不順者，具名以聞。自是以伸雪復改正，重得罪者八百三十家。

案：長編四九九元符元年六月壬寅及會要刑法三之二一俱載安惇此疏節文，「熙寧元豐」句中均無「熙寧」二字。皇朝編年備要二十五則作「熙豐之間」。「八百三十家」句，皇朝編年亦同，長編正文作「自後緣訴理被禍者凡七八百人」，下文引載曾布自敍則作「旣而取索到理訴者凡八百九十七人」。宋史四七一安惇傳則謂「踵蹇序辰初議，閱訴理書牘，被禍者七八百人，天下怨疾。」不知當時因此重陷罪戾者究爲若干家若干人也。至如通考作「八十三家」，則當係字有脫誤矣。

靖康初元，旣戮梁方平，太傅王黼責授崇信軍節度副使，永州安置，言者論黼欺君罔上，……遣吏追至雍丘殺之。……

又詔賜拱衛大夫安德軍承宣使李彥死。……

暴少保梁師成朋比王黼之罪，責彰化軍節度副使，行一日，追殺之。

臺諫極論朱勔肆行姦惡，……三月，竄勔廣南，尋賜死。

趙良嗣者，……至是伏誅。

七月，暴童貫十罪，遣人卽所至斬之。

案：以上數事，史志之編次亦舛錯失序。今據宋會要職官門黜降官六、長編紀事本末一四八「誅六賊」篇、與靖康要錄及宋史欽宗本紀所載，將上列諸人之竄黜誅戮月日備載如下：

靖康元年（一一二六）

正月　初二日　梁方平師潰。

初三日　王黼責授崇信軍節度使，永州安置。（言者論其欺君罔上等罪，猶在此日以前。）

李彥賜死。

朱勔放歸田里。

二十四日　殺王黼於雍丘。

二十九日　貶梁師成爲彰化軍節府副使，行及八角鎮，賜死。

二月　二十五日（一作二十三日）　誅梁方平。

三月　二十八日（一作十六日）　籍朱勔家，安置衡州。

四月　十六日　安置朱勔於韶州。

二十九日　朱勔移循州安置。

七月　二十七日　差監察御史張澂追童貫，隨所至州軍行刑。

令廣西轉運副使李昇之誅趙良嗣。

九月　初九日　蔡攸移萬安軍，尋與弟翛及朱勔皆賜死。

十九日　張澂奏至南雄州將童貫已行刑了畢。

史志於李彥、王黼、梁師成諸人被誅戮之前，首著以「既戮梁方平」一語，殊爲不合。餘諸人事亦須依行遣先後重爲排定。

洪芻、余大均、陳冲、張卿材、李彝、王及之、周懿文、胡思文並下御史臺獄。……思文於推擇張邦昌狀內添諂奉之詞，罰銅十斤。……上亦新政，重於殺士大夫，乃詔：……懿文、思文並以別駕安置邊郡。

案：會要刑法六之二五及職官七〇之五，俱載此事，「胡思文」並作「胡思」，繫年要錄卷八建炎元年八月朔日記事同。史志作「思文」，誤也。

宋齊愈下臺獄，法寺以犯在五月一日赦前，奏裁。詔齊愈謀立異姓以危宗社，非受僞命臣僚之比，特不赦，腰斬都市。

案：宋齊愈於建炎元年七月十五日腰斬於都市，見繫年要錄卷七及中興聖政卷二，爲時適在洪芻、余大均等人責命之前凡半月，當移置其事之前。

紹興元年，監察御史婁寅亮陳宗社大計，秦檜惡之，十一月使言者論其父死匿不舉哀，下大理寺劾治。

案：婁寅亮以言宗社大計，於紹興元年十一月初六日以宣教郎守監察御史，見繫年要錄四十九及中興聖政卷十，非除監察御史之後方上陳宗社大計也。其爲言官所論而下大理寺劾治，事在十二月十九日，見要錄五十及中興聖政卷十，不在十一月也。

卷　三

一　讞疑獄

端拱初，廣定軍民安崇緒隸禁兵。

案：通考刑考九載安崇緒訟母事，較史志此段為詳。「廣定軍」作「廣安軍」。查宋史地理志五，廣安軍屬潼川府路，開寶二年以合州儂洄新明二鎮建，別無以廣定為軍額者，史志誤也。

熙寧元年八月詔：謀殺已傷，按問欲舉，自首，從謀殺減三等論。…明年…復詔：自今並以去年七月詔書從事。

案：通考刑考九載此事，但云「熙寧元年」，不著月日。「減三等」作「減二等」。長編紀事本末卷七十五試刑法篇作「七月癸酉詔：謀殺已傷，案問欲舉，自首，從謀殺減二等論。」宋史神宗紀同。史志下文亦有「並以去年七月詔書從事」句，知此條之「八月」及「三等」均誤。

會富弼入相，帝令弼議，而以疾病久之弗議，至是乃決，而弼在告不預也。

案：此與長編紀事本末七十五試刑法篇所載全同。通考刑考九作：「時富弼入相，帝令弼與安石議，弼謂安石以謀與殺分為二事以破析律文，盍從衆議？安石不可，弼乃辭以病。」所述較為詳明。

安石言：朝父為從兄所殺，而朝報殺之，罪止加流役，會赦應原。

案：通考刑考九及會要刑法四之七五均載此事，「加流役」均作「加役流」，當從。

三年，中書上刑名未安者五：其一，歲斷死刑幾二千人，比前代殊多。如強劫盜並有死法，其間情狀輕重有絕相遠者，使皆抵死，良亦可哀。若為從情輕之人別立刑，如前代斬右趾之比，足以止惡而除害。

案：史志所載中書劄子節文，起此段，迄下文之「詔付編敕所詳議立法」句，與通考刑考六極少異同。然其間頗有删略過當，致失原奏劄旨意之處。今參詳長編二一四熙寧三年八月戊寅及會要刑法一之七所載，史志「別立刑」，當作「別立刑等」；「除害」句下當補「自餘凶盜，殺之無赦」句。

其二，……編管之人亦迭送他所，量立役作時限，無得髡鉗。

案：長編及通考所載此句，均與史志同。「迭送他所」，意殊不明。疑以會要作「編管之人亦與免送他所」爲是。

八年，洪州民有犯徒而斷杖者。

案：長編卷二六三載此事，繫熙寧八年四月癸丑。通考刑考九作「五年」，非是。

中書堂後官劉袞駁議以謂：『律，「因罪人以致罪，罪人遇恩者準罪人原法。」洪州官吏當原。』又請『自今官司出入人罪皆用此令。』而審刑院大理寺以謂失入人罪乃官司誤致罪於人，難用此令；其失出者宜如袞議。

案：長編二六三載此事，與史志大致從同。唯自「又請」云云，則作：

「緣法寺斷例，官司出入人罪，不用因罪人以致罪之法，乞自今官司失出許用此法。」審刑院、大理寺以謂：「失入人罪卽是官司誤致罪於人，難用因罪人致罪之法；其失出人罪宜如袞議。」從之。

據知劉袞之所建請及審刑院、大理寺之所贊同者，均爲「官司失出許用此法」，史志改劉袞奏請爲「出入人罪皆有此令」，大誤。

邵武軍奏讞：婦與人姦，謀殺其夫，已而夫醉歸，姦者自殺之。……

案：史志此事不載年月，長編三三五繫元豐六年六月壬申。通考刑考九作熙寧六年，非是。

〔元豐〕八年，……司馬光爲相，……乃詔強盜按問欲舉自首者不用減等。旣而給事中范純仁言：『熙寧按問欲舉條並得原減，元豐八年別立條制。……請於法不首者自不得原減，其餘取嘉祐編敕定斷，則用法當情。……』從之。

又詔：諸州鞫訊強盜，情理無可憫，刑名無疑慮，而輒奏請，許刑部舉駁，重行朝典，無得用例破條。從司馬光之請也。

光之上言：『殺人不死，傷人不刑，堯舜不能以致治。……請自今諸州所奏大辟，情理無可憫，刑名無可疑，令刑部還之，使依法處斷。若實有可憫疑慮，即令刑部具其實於奏鈔，先擬處斷，門下省審覆，如或不當，及用例破條，即駁奏取旨勘之。』

元祐元年，純仁又言：……

案：以上數事，自「既而給事中范純仁言」至「光又上言」云云，既均繫諸「元祐元年」(一〇八六)之前，是必以爲均係元豐八年(一〇八五)事也。考之他書，殊不盡然。且元豐八年內事，史志之排比亦極爲紊雜。今査：

司馬光因曹州民趙倩等劫殺人事，於元豐八年七月乞請「自今後天下州軍勘到強盜情理無可愍，刑名無疑慮，輒敢奏聞者，並令刑部舉駁，重行典憲，更不得似前日用例破條」。原劄見溫公文集卷四十八，題作「乞不貸強盜白劄子」。其後遂有史志所載「諸州鞫訊強盜」云云之詔，長編三五八繫八年七月二十二日甲寅。

司馬光因秦寧軍人姜齊等毆人至死，又乞請「今後應諸州奏大辟罪人，並委大理寺依法定斷，如非情理可憫，刑名疑慮，即仰刑部退回本州，令依法施行。如委見有可憫及疑慮，即仰刑部於奏鈔後……擬如何施行，……如有不當及用例破條，即仰門下省駁奏，乞行取勘。」原劄亦見溫公集四八，題作「乞不貸故鬬殺劄子」。長編三五九繫元豐八年八月十二日癸酉。

元豐八年十一月初三日癸巳詔：強盜按問欲舉自首者不減等。長編三六一及宋史哲宗紀所繫年月日全同。

范純仁奏請「除於法不首，不得原減外，其餘並取嘉祐編敕定斷，」事在元祐元年二月末，見長編三七〇。范氏疏中有論及元豐八年四月及十一月所立條例之語，明非元豐八年所奏進者。

史志所載「元祐元年，純仁又言」云云之奏劄，長編三七〇繫閏二月辛亥，與奏進前疏之日相去猶未久也。

史志敍述諸事之順序，合依此改正。

宜州民葉全二盜檀偕窖錢，偕令佃人阮授、阮捷殺全二等五人，棄屍水中，有司以「屍不經驗」奏，侍御史辛炳言：『偕係故殺，衆證分明，以近降法不應奏。諸獄不當奏而奏者雖不論罪，今宣州覬望，欲併罪之。』

案：繫年要錄七十二紹興四年正月戊午載此事，「葉全二」作「葉全三」，會要刑法四之八〇同。通考刑考九則又與史志同，未知孰是。又，當時預議其事者不僅辛炳一人，史志所載討論之詞亦非辛炳一人之言。據要錄所載：

侍御史辛炳等言：『僧係故殺，衆證分明，又已經委官審問，以近降申明條法，不應奏裁。』

輔臣進呈，朱勝非言曰：『疑獄不當奏而輒奏者，法不論罪。』而孫近以宣州有覬望，欲併罪之。

通考所載與要錄略同。史志將辛炳、朱勝非、孫近三人之意見併作辛炳一人之言，若非寫刊時所漏落，則史官之剪裁極爲失當也。

二　配役

徒罪非有官當贖銅者，在京師則隸將作監役，兼役之宮之，或輸作左校右校役。開寶五年，御史臺言：『若此者雖有其名，無復役使，遇祠祭，供水火，則有本司供官。望令大理依格斷遣。』於是並送作坊役之。

案：史志此段，意義極不明顯。御史臺奏論此事亦不在開寶五年（九七二）通考刑考七所載御史臺奏劄節文與史志頗有異同，而繫年則同於史志，未審何故。長編卷八繫此事於乾德五年（九六七）八月：

癸酉，御史臺上言：『伏見大理寺斷徒罪人，非官當贖銅之外，送將作監役者。其將作監舊兼充內作使，又有左校右校中校署，比來工役並在此司。今雖有其名，無復役使，或遇祠祭、供水火、則有本司供官。欲望令大理寺依格式斷遣徒罪人役，竝送付作坊應役。』從之。

會要刑法四之一乾德五年二月十四日之記事與此全同，知史志與通考之繫年必誤。大理寺奏劄要旨，亦須參此方明。

豪強難制者隸崇明鎮，懦弱者隸東州市。

案：「東州市」通考刑考七作「東布州」，長編二十一太平興國五年十二月末作「東北洲」，各不相同，未知孰是。

端拱二年，詔免嶺南流配荷校執役。初，婦人有罪至流，亦執鍼配役，至是，詔罷免之。始令雜犯至死貸命者勿流沙門島，止隸諸州牢城。

案：此條凡包括三事，而長編均未載及。通考刑考七載前二事，繫年與史志同。唯查會要刑法門配隸類載：

〔淳化三年〕八月二十八日，詔廣南東西路，先是犯罪配隸人皆荷校執役，自今除之。

四年七月六日，詔凡婦人有罪至流者，免配役。

眞宗咸平元年十二月二十日，詔雜犯至死貸命者，不須配沙門島，並永配諸軍牢城，兇惡情重者審刑院奏裁。（並見刑法四之三）

淳化三年爲西元九九二年，四年爲九九三年，咸平元年爲九九八年，上距端拱二年（九八九）或三四年，或八九年，史志均繫是年內，誤也。

舊制：僮僕有犯，得私黥其面，帝謂僮使受傭，本良民也。詔：盜主財者，杖脊黥面配牢城，勿私黥之。十貫以上配五百里外，二十貫以上奏裁。

案：此段緊接「止隸諸州牢城」句下，旣不云「舊制」爲何時之制，亦不載降詔果在何時，最易令人誤會爲亦係端拱二年內事。今查通考刑考五載此事，繫咸平六年，長編五四謂降詔在六年四月癸酉。須載明降詔之的實月日，「舊制」所指時日方明。又，「僮使」當爲「僮僕」之誤，然自長編已作「僮使」，不知何故。

凡命官犯重罪當配隸，則於外州編管，或隸牙校。其坐死特貸者，多杖黥配遠州牢城，經恩量移始免軍籍。

案：此爲宋初行用之法，見會要刑法四之一及長編卷八乾德五年二月癸酉。

皇祐中旣赦，命知制誥曾公亮、李絇閱所配人罪狀以聞，於是多所寬縱。公亮請著爲故事，且請益、梓、利、夔四路就委轉運鈐轄司閱之。

案：「閱之」下當依會要刑法四之二三皇祐三年十月十三日記事，補入「詔依奏，其益、梓、利、夔路編配人內情理重作干礙條貫者奏裁」句。

吳充建請：流人冬寒被創上道，多凍死。……

案：史志此條不著年月，長編二二七繫熙寧四年十月丙午。通考刑考七作熙寧六年者誤也。

熙寧二年比部郎中知房州張仲宣嘗檄巡檢體究金州金阬，無甚利。……

案：通考刑考六載此事，「知房州」作「知金州」，宋史三四〇蘇頌傳同，當從。

凡犯盜，刺環於耳後，徒流方，杖圓。三犯杖，移於面。徑不過五分。

案：據長編三六二，此爲元豐八年十二月癸酉所降勅命，史志不繫年月，則似自開國以來即如此施行矣。

元祐六年，刑部言：『諸配隸沙門島強盜，……』

後又定令：沙門島以溢額移配瓊州萬安軍、昌化朱崖軍。

紹聖三年，刑部侍郎邢恕等言：「……」詔今後應枉法自盜罪至死，贓數多者，並取旨。

案：史志以「後又定令」條置元祐六年後，紹聖三年前，而不著其的在何年，通考刑考七繫紹聖三年，是則亦當移次「紹聖三年」四字之下。惜輯本長編適缺此年，檢會要亦不獲，不知其與「枉法自盜罪」云云詔命孰爲先後耳。

或患加役流法太重，官有監驅之勞，而道路有奔亡之慮，蘇頌元豐中嘗建議，請依古圜土，取當流者治罪訖，髡首鉗足，晝則居作，夜則置之圜土。……三年不犯乃聽自如。

案：此爲葉夢得石林燕語卷二之一條，通考刑考七曾將全段引入。「依古圜土」燕語原作「依古置圜土」，通考脫「置」字而史志沿其失，知史志此條亦自通考轉抄，非直接採自燕語也。「而道路而奔亡之慮」句，亦當依燕語及通考作「而配隸者有道路奔亡困踣之患」。

崇寧中始從蔡京之請，令諸州築圜土以居強盜貸死者，……許出圜土充軍無過者縱釋。

案：「出圜土充軍」當依會要刑法四之三二崇寧三年三月十四日記事，作「出圜土日充軍」。

南渡後配隸，祥符編敕止四十六條，慶曆中增至百七十餘條，至於淳熙又增至五百七十條，則四倍於慶曆矣。

案：「南渡」句下疑必有大段脫文。自「祥符編敕」以下，則爲淳熙十四年臣僚奏議中語句，別見下條。

淳熙十一年校書郎羅點言其太重，乃詔刑寺集議奏聞。至十四年未有定論，其後臣僚議，以爲：『若止居役，不離鄉井，則幾惠姦不足以懲惡；若盡用配法，不恤黥刺，則面目一壞，誰復顧籍？強民適長威力，有過無由自新。檢照元豐刑部格，諸編配人自有不移不放及移放條限，政和編配格又有情重、稍重、情輕、稍輕四等，若依做舊格，稍加參訂，如入情重則依舊刺面，……知所顧藉，可以自新，省黥徒，銷姦黨，誠天下之切務。』

案：羅點乞減刺配法，中興兩朝聖政卷六十一繫淳熙十一年七月己丑，其後至壬寅日刑部大理寺卽集議奏聞，以孝宗別有意見，遂再論刑寺官子細商量奏進，乃致稽置數年之久。史志謂「至十四年未有定論」，實則中興兩朝聖政六十三於淳熙十四年八月末卽載臣僚言云云，是則並非更在十四年之後也。通考刑考七亦載臣僚奏章節文，較中興聖政爲詳，略爲：

十四年八月，臣僚言：刺配之法始於晉天福間。國初加杖，用貸死罪。其後科禁寖密，刺配日增：考之祥符編敕，止四十六條，至於慶曆，已一百七十餘條。今淳熙配法凡五百七十餘條。配法旣多，犯者自衆。黥隸之人，所至充斥。近臣僚建請改定居役之法，已降指揮看詳，至今未見定論。蓋緣刺配情理稍輕旣欲降居役，則編管乃爲從坐，不應卻令徙鄉。輕重不倫，議乃中格。竊謂前後創立配條，不爲無說，若止令居役，不離鄉井，則幾於惠姦，不足以懲惡。……（自此以下與史志所載節文略同。）

史志前條「祥符編敕」以下數語，均應移至「其後臣僚議」下方合。

三 斷獄

神宗卽位初，詔曰：『……應諸州軍巡司院所禁罪人……』

案：會要刑法六之五六亦載此詔節文，「司院」作「司理院」，當從。

五年，分命少卿左斷刑，右治獄。斷刑則評事、檢法、丞議；正審。

案：「承議」上當依會要職官二四之一五所載官制格目及通考刑考六，補「詳斷」二字，斷刑時須經檢法官詳斷官與評事及丞共議其事也。

〔元祐〕三年，罷大理寺獄。初，大理置獄，本以囚繫淹滯，俾獄事有所統，而大理卿崔臺符等不能奉承德意，……至是，臺符等皆得罪，獄遂罷。

案：此段與通考刑考六所載略同，唯「大理寺獄」通考作爲「大理寺右治獄」，當從。今查罷大理寺右治獄，爲元祐元年正月十日事，會要職官二四之一〇及長編三六四所載並同，通考及史志俱作「三年」誤也。

紹聖二年，戶部如三司故事，置推勘檢法官，應在京諸司事干錢穀當追究者，從杖已下即定斷。

三年，復置大理寺右治獄，官屬視元豐員，仍增置司直一員。

大理卿路昌衡請分大理寺丞爲左右推，若有繫祭，自左移右。……若探報涉虛用情託者，並收坐以聞。

初，法寺斷獄，大辟失入有罰，失出不坐，至是，以失出死罪五人比失入一人，失出徒流罪三名亦如之，著爲令。

案：以上四事，史志之繫年俱誤，今查：

戶部於大理寺右治獄既罷之後，依三司舊例，置推勘檢法官，治在京應干錢穀公事，乃元祐三年（一〇八八）五月二日事，會要職官二四之一〇、刑法三之六八及長編四百十所載並同。通考亦將其事緊接於「罷大理寺右治獄」一事之下。史志謂在紹聖二年（一〇九五），誤也。

著令定失出之罰，事在元祐七年（一〇九二）八月五日，會要刑法四之七八及長編四七六所載並同。史志次其事於「紹聖三年」（一〇九六）之後，而曰「至是」云云，是必以爲即係該年事矣，誤也。

復置大理寺右治獄，事在紹聖二年（一〇九五）七月二十三日，會要職官二四之一二及宋史哲宗紀所載並同，史志謂在紹聖三年（一〇九六），誤也。

路昌衡奏請分大理寺丞爲左右推，爲紹聖二年八月十三日事，見會要職官二四之一二。史志作三年，誤也。

四 贖刑

乾德四年，大理正高繼申上言：

案：會要刑法一之一及長編卷七均載高繼申奏章節文，繫乾德四年（九六六）三月十八日，通考刑考十（上）繫開寶四年（九七一），誤也。

後又定：流內品官任流外職，準律文，徒罪以上當贖法，私罪以決罰論。

案：長編卷二十四載此令，繫太平興國八年三月朔，史志承前「乾德四年」條爲文，不另繫年月，非是。

淳化四年，詔諸州民犯罪，或入金贖，長吏得以任情而輕重之，自今不得以贖論。

案：通考刑考十（上）載此，繫端拱二年。檢會要及長編未獲，未知果在何年。「犯罪」通考作「犯薄罪」，「自今」下有「後並決杖遣之」六字，史志均當據以補正。

仁宗深憫夫民之無知也，欲立贖法以待薄刑，迺詔有司曰：『先王用法簡約，使人知禁而易從。……今之編敕皆出律外，又數改更，官吏且不能曉，百姓安得聞之？……其議科條非著於律者……別爲贖法。……』詔下，論者以爲富人得贖而貧者不能免，非朝廷用法之意。

案：仁宗令「別爲贖法」之詔，宋大詔令集二百二、政事五十五、刑法下載其全文，題作「律外條貫別定贖法」，下注「慶曆三年九月癸巳」。「其議科條」句，詔令集作「其令御史臺、審刑院、大理寺并編勅所同議律外條貫。」長編一四三亦載此詔，所繫年月日與詔令集同，「非朝廷用法之意」句下有「卒不果行」四字，史志亦當據以補入，以明究竟。

五 赦宥

太宗嘗因郊禮議赦，有秦再恩者，上書願勿赦。

案：長編八九天禧元年三月辛酉載眞宗向臣僚追述此事，「秦再恩」作「秦再思」。古今合璧事類備要外集二十五、刑法門赦宥類「三年一赦」事目下所載同。通考刑考十二作「秦思」，非是。

初，太祖將祀南郊，詔兩京諸道自十月後犯強竊盜不得預郊祀之赦，所在長吏告諭，民無冒法。是後將祀必先申明此詔。

案：北宋開國後第一次郊祀爲建隆四年（九六三）十一月甲子，史志此詔則開寶四年（九七一）郊祀前所降者。長編卷十二開寶四年十月甲申載此事，「告諭民無冒法」作「告諭下民，無令冒法」，「將祀」作「將郊祀」，餘與史志全同。李燾於此條下附著考語云：

寶訓載：『王旦言，「太宗時每議郊祀皆前下詔。又慮強盜恃恩犯法，乃詔不以赦原，而史館日曆并言竊盜。竊盜情輕，不可與強盜同科。今立刑法志，宜在酌中，而史官執稱不改日曆舊文。」眞宗曰：「當如何書？」旦曰：「止可言強盜」。上曰：「理雖若此，然不可輕改。當從史官議，庶幾傳信。」』今刑法志所書，實用眞宗聖語云。

據此所云，知長編本條記事蓋本之於太祖太宗兩朝正史刑法志，史志此條與長編不甚相異，蓋亦間接導源於兩朝史志者。（通考刑考十二繫此詔於建隆四年十一月郊祀之下，甚誤。）

天聖五年，馬亮言：『朝廷雖有是詔，而法官斷獄，乃言終是會赦，多所寬貸。惠姦失詔旨。』

案：黄淮楊士奇編歷代名臣奏議卷二一八赦宥門轉載史志此段，末句作「惠姦宄，失詔旨。」必是當時所據宋史爲元代初刻之本，猶未脫去「宄」字也。當據以補入。

因下詔曰：『蓋聞治古，君臣同心，上下協穆而無激訐之俗，……又赦令者所以與天下更始，而有司多舉按赦前之事，殆非信命重刑罰，使人洒心自新之意也。今有上言告人罪，言赦前事者，訊之。……小過細故，勿須察舉。』

案：長編一九一嘉祐五年六月乙丑僅載「詔戒上封告訐人罪或言赦前事、及言事官彈劾小過或不關政體者」，而不錄詔旨。東都事略仁宗紀及通考刑考十二均載詔旨節文，而均較史志此段爲略。查宋大詔令集一九四、政事四十七、誡飭類五載「誡約不得言人赦前事及小過細故詔」，所注年月日與長編同，全文云：

朕觀前代之稱治者，君臣同心，上下和睦，人知禮讓之節，俗無激訐之薄，何其德之盛也。朕雖弗敏，常竊慕焉。故夙興夜寐，罔敢荒逸。冀與公卿大夫同底斯道，而教化未至，澆薄日滋。比者中外臣僚多上封章言人過失，暴揚難驗之罪，告案無證之辭。或外託於公言，實內緣於私憤。事多曖昧，意肆詆欺。苟誣陷於良善，益傷薄於風化。又赦令者所以與天下更始，而有司多舉按赦前之事，殆非信命令、重刑罰、使人洒心自新之意也。宜申警勗，俾務省循。教而不悛，罰必無赦。自今中外臣僚，如有輒上封章告人罪狀，事非干己者，並當鞫劾，重寘於法。及言人赦前事，若有司受而爲理者，並論其罪。以至言事之官，雖許風聞，宜務大體。如事關朝政，而憚極論，以補不逮；自餘小過細故，勿須察舉。咨爾多士，宜體朕懷。

史志「治古」、「協穆」、「信命」、「訊之」等，蓋俱爲删削之失，或刊寫時有所脫誤者，須依原詔改正。

元祐元年，門下省言：『當官以職事墮曠，雖去官不赦，猶可言；至於赦降大恩，與物更始，雖劫盜殺人亦蒙寬宥，豈可以一事差失負罪終身？今刑部所修，不以官赦降原減條，請更删改。』

案：會要刑法一之一四及通考刑考十二均載此事，「不以官赦降原減」均作「不以去官赦降原減」，當從。

六　郊赦

景祐中，言者以爲：『三王歲祀圜丘，未嘗輒赦。自唐興兵以後，事天之禮不常行，因有大赦以蕩亂獄。且有罪者寬之未必自新，被害者抑之未必無怨。不能自新，將復爲惡；不能無怨，將悔爲善。一赦而使民悔善長惡，政教之大患也。願罷三歲一赦，使良民懷惠，凶人知禁。或謂未可盡廢，即請命有司前郊三日理罪人有過誤者引而赦之，州縣須詔到做此。』疏奏，朝廷重其事，第詔罪人情重者毋得以一赦免，然亦未嘗行。

案：此段與通考刑考十二所載全同。唯通考「興兵」作「兵興」，「以一赦免」作「一以赦免」，與史志稍異。今查趙汝愚編國朝諸臣奏議卷一百，載有龐籍「上仁宗乞郊禋更不行赦疏」，下注「景祐元年二月上，時爲侍御史。」通考及史志此條所載「言者以爲」云云，即龐疏之節文也。此所節錄諸語，原疏作：

三王之世，歲親祀昊天上帝於圜丘，……綿代而降，郊祀不暇。至於賞赦，皆未之聞也。有唐兵興以來，事天之祀歲或曠之，迄於五代，三年之行，還必大賞，所以勞衞兵也；必大赦，所以蕩亂獄也。然則所賞既大，不可以歲舉，故必三載而躬祀也。……且有罪者宥之未必自新也，被苦者抑之未必無怨也，……一赦而使民悔善復惡，故以爲政教之大患也。……陛下誠能布發睿旨，昭示天下，今後郊禋之日，除賞賜之外更不行赦，使無敢爲慮，則善儒者懷惠，凶頑者知禁。

龐疏即以「凶頑」句作結，「或謂」云云諸語，不知通考及史志據何書採入。史志所載龐疏之節文及所述後來不得施行之故，與通考全相雷同，其爲襲用通考之成文，必無可疑。其「興兵」「一赦」兩處，則必因傳寫而致誤者也。

乣軍考釋初稿

陳　述

目　錄

壹　緒言
貳　論乣字爲契丹文「圠」作「糺」者爲誤寫或傳會
叁　箭内以下諸家解說之批評
肆　乣字之音義
　甲　契丹字中之消息
　乙　遼史記乣軍爲青幟軍
　丙　契丹重黑色（青）黑讀 Kha-ra
　丁　女眞字中之參證
　戊　乣字意義之演變
　附　乣字輾轉訛歧及乣軍分合表
伍　乣軍之起源及其性質
陸　遼史所見之各種乣軍
　甲　十二行乣
　乙　宮分乣軍
　丙　遙輦乣與各部族乣
　丁　羣牧乣軍
柒　金之乣軍及其官長
捌　金代乣軍之分佈及離叛
玖　遼亡以後未肯降金之乣軍
　甲　北遁之乣軍及其入元以後之世勳及演化
　乙　追隨大石之乣軍
　丙　北遁西遷之分野含有民族之因素
拾　乣之由軍而族及其與塔塔兒之關係
拾壹　乣軍之獨立運動
拾貳　結論

壹 緒言

遼金史中常見乣、乣軍等名目，錢大昕養新餘錄卷中云：「字書無乣字，始見於遼史百官志，有十二行乣軍，各宮分乣軍，遙輦乣軍，各部族乣軍，羣牧二乣軍……金史百官志諸乣詳穩一員掌守禦邊堡，有咩乣唐古乣……」乣軍問題，自竹汀先生以下，有日本箭內亘、羽田亨、藤田豐八、松井、鳥山喜等諸氏，國人則王觀堂（國維），皆有專篇論列，然至今尚無定說，細讀各家所論，間有可取之點，惜是一隅之說，故皆滯塞不得其通，卽就其字而言，果是如何寫法，猶紛紛其議。按今日現存之史料，欲舉此事之各方面，釐然現於眼前，愜心貴當，實感不足，唯關於乣字之寫法，當作乣(圠)及乣字之意義與乣軍之性質職事各端，可以推知梗概，所惜論此事者，或以元事解釋遼史，或以遼初論入金末，復以板本校勘之疏忽，對音譯語之牽泥，遂致晦澀不明，以述之固陋，自不敢謂於此問題有所創獲，不過就粗淺所見，構爲假設，求一可能之通解，因摘遼金諸史中相關之事實，試分三面疏釋之，卽其字其事其人，就時間言，亦是總括遼金元三代，冀得略窺其端緒。非敢謂曰定論，願與同好商榷之。

貳 論乣字爲契丹文「圠」作「糺」者爲誤寫或傅會

乣字散見於遼金元各史，因傳抄板刻之故，亦有不作乣而作糺者，故有乣糺二字之正訛問題，實此字之寫法，當作乣而不作糺。其理由如下：

一、依錢大昕之語，則錢氏所見之遼史作乣不作糺。

二、今傳元祖本金史作乣。

三、今傳元朝人文集作乣。

四、乣字在遼金史中凡百餘見，以漢人寫漢字，如何惡劣之書手，竟皆以漢文糾字糺字，誤爲非漢文之乣，此種可能極少，亦可謂曰無此可能，至於乣字加三點作糺，則爲極易之事，甚或有意之誤改，因乣字不見於字書，而糺爲漢文也。

五、高麗史十九。明宗世家有金遣大宗正丞耶律糺來賀生辰事。祖本金史世宗紀「大定十年十月己酉以大宗正乣爲高麗生日使」，又卷六一交聘表、卷百三五高麗傳，亦并作「乣」不作「糺」，此人是金人奉使高麗，並非金史記高麗入金之人。此點至爲重要。足以說明高麗史之繕寫者或撰人受漢字影響而誤「乣」爲「糺」之實例。

惟今百衲本監本以下遼史作糺不作乣，遂有謂乣爲糺之誤或省者，有謂乣爲「糾」者，然皆無確證以使其說可信。蓋百衲本遼史雖係元時所刻，然非祖本，而金史作乣者爲祖刻本。大體言之，遼金二史，修於同時，纂修同人，故祖本金史之可信程度，較百衲本遼史爲高。且祖本金史字體工整，刻工亦精，百衲本遼史，書寫刻工俱劣，是此字在遼金時代之通行寫法，當以乣字較爲可信。至南宋人記北事者作糺，是固由於傅會（其理由如前第四條）。特元人翻刻之遼史，已以乣作糺，可知其事之晦澀久矣，因其晦澀之久，遂使吾人不能不作更進一步之探求。

第一、嚴格的歷史校勘，在無祖本之時，不能據最古之本，因最古之本，或許爲最劣之本；亦不能據最多之本，因最多之本，可能同出一源，故必須對最古之本，或最多之本，加以縝密之考查，即其本之來源，與他校理校等工事。（此點嫻於考證學者不免偶而疏忽，一般說多不注意於此。）百衲本遼史，在此種情形下，雖未完全失去證人資格，然其不如祖本金史之證人資格更有力。

錢大昕所見之遼史，是否祖本不可知，然其所見之遼史作「乣」不作「糺」。竹汀先生在歷史考證方面，爲清代幾百年中第一人；從任何角度看，亦不失爲第一流，此當爲讀史者所共認。此字爲錢氏特別提出，則錢氏所見之遼史，必確是「乣」字，所仍不愜於意者，卽今日不得錢氏所見之本重讀之，故不能不對錢氏所言作一審查。按錢氏養新餘錄之言，其著筆之情形，係記述其直接觀察所得，並非推理或論斷。推理論斷，以觀點之不同，可能仁者見仁，智者見智，或者千慮之一失；直接觀察之記錄，可以相信其不誣。吾人不能揣測錢氏所見之遼史作糺，而妄曰乣，誣曰乣，因此爲絕無之事。蓋古往今來之作僞者，必各有其所爲，從無毫無所爲而作僞騙人者，以竹汀之博雅，絕無理由揣測其有意的貽誣後學，若揣測其一時之錯感或誤記，以金史爲遼史，又何能言「乣字始見於遼史，百官志有十二行乣，各宮分乣……金史百官志諸乣詳穩一員……」之言，此吾人對錢氏之言，不能不重視也。（學人不當輕信舊說，然無理由而否認舊說，亦爲學者所不取。）

如此，則果得祖本遼史，必皆作乣，縱有一二作糺者，自可視爲筆誤或刊誤。

第二、今祖本金史中雖近百見之乣悉作「乣」，然其記蕭糺里之名作「糺」，蕭糺里爲遼之都統，使不輕信糺字出於板刻之訛，則此字在元人撰史時，已有偶誤或偶寫作糺者，或更推測元人撰史之時，已有兩種寫法，再更進而推測元人修史之時，所見遼之舊史寫作糺，金之實錄寫作乣，元人不知其然或所以然，遂沿仍其舊，然金實錄何以誤糺爲乣或省糺作乣，以(1)金無糺字之忌諱，(此項推測出於蕭糺里之「糺」，因此糺之不作「乣」，可知非有忌諱。)(2)筆畫之不複雜，(3)乣字非漢字。實不得金人寫作乣字之理由，使不以此段討論爲多事，則有兩種可能：

(一)遼舊史爲漢人誤寫，金實錄仍保其舊。

(二)遼人作糺，至金作乣。

如此，則果得祖本遼史當皆作糺，縱或有一二作乣者。

在今日未見祖本遼史或其他更有力之證據，何以釋錢氏直接觀察之記錄也。且有一相反之事實，卽遼釋行均所撰之字書龍龕手鑑，無乣字糺字，僅有糾字糾字，亦未著糺軍之義，行均之書，成於聖宗朝，開國已近百年，不當不著於錄。凡此，皆爲主張乣爲糾糺之誤(省)或乣爲糾者所未及考慮與說明，附著於此，以明究竟，所望好學深思之士，循此求之。

右兩段，如第一所論，則此字固作乣字。如第二所論，而又屬第二項之可能，卽遼人作「糺」，至金作「乣」，更強爲之辯曰，金無糺字之忌諱，筆畫之簡無須省，金人嫉恨糺軍，遂寫乣字不寫糺。不惜其不成漢字，而此問題仍未解決，蓋如何退步以言，假令遼時之人寫作糺，亦當揣其爲契丹治下之漢人所傅會，不能認曰漢字漢義之糺。其理由如下：

(一)契丹之主要軍隊尙未有用漢文漢義取名者。(卽次要之軍名，如鷹軍、虎軍，疑亦是譯義。)

(二)乣軍之制，旣非襲自漢人，而爲其本俗之法，則其事當有較遠之淵源，不能謂見於阿保機之世，卽必起於阿保機之世，如此，則何能取漢字漢義以名其軍。

(三)阿保機謂(後唐使人姚坤)曰：「吾解漢語，歷口不敢言，懼部人效我，令兵士怯弱故也。」(述輯有姚坤奉使錄，著於遼國聞見滙錄，嘗附論阿保機能說漢話事。)能漢語而尙不用，懼兵士效之習爲怯弱，肯以漢字漢義名其軍隊乎？

(四)倘是漢文「糺」字，似當見於遼時人所撰之字書。

此吾人所以認乣字爲正而糺字爲訛。蓋誤爲糺字易，誤爲乣字難，縱令爲有意之改寫，其改作乣字之理由甚薄弱，其可能性小。其改作糺字之理由較明顯，其可能之機會多。縱令正寫是糺字，亦是譯音，乃不能得「查」「敵」之音；令其譯意，則不得單稱「乣」而不綴軍字。

契丹文「乣」字，行書爲「乣」，不論在傳鈔或刻板皆易作乣，而「乣」字若傳鈔間作糺，雖不如乣之更較逼近，亦是彷彿不遠，因「士」旁作「幺」，最近作「糸」亦有可牽附之點。

近者有谷霽光先生撰遼金糺軍史料試釋（見史料與史學下册又重刊於中央研究院歷史語言研究所集刊第十五本）一文，主張糺字爲正，但於右論諸事，則未有討論，乃就遼史兵衛志「乣轄疏遠」之文，與語解「乣、軍名，轄、管束之義。」一條，合併釋之曰：

余意糺有督察之意，轄有管束之義，糺轄合用不能釋同軍管，而當釋爲督察或管束。此或遼史國語解撰人，一時疏忽，見糺轄疏遠之糺，同於糺軍之糺，遂下斷語，致有此誤，國語解之錯誤問題，可毋詳論，然於此可得板本上糺字爲正之堅強證據，卽遼史撰人所見糺軍之糺，與糺轄疏遠之糺同爲一字，如此論斷爲不誤，則遼史原本爲糺之問題，可以解決。

按此種說法，實有以假設證假設之嫌，不但不足爲板本上之堅強證據，實不能依之爲證據。遼史語解，乣轄二字分說，卽釋乣爲軍名，轄爲管束，甚是。所惜過於簡約，不能藉以明白乣軍。

金史百官志云：

諸防禦州……軍轄兼巡捕使從九品。

諸刺史州……軍轄兼巡捕使從九品。

又云：

諸防刺州，軍轄一員，掌同都軍兼巡捕，仍與司候同管城堡。

按金之軍轄，似卽源於遼「乣轄」，卽職乣轄之事，軍轄之名，亦沿遼乣轄而來，惟改契丹字「乣」爲漢字「軍」。然此不可與乾隆金史語解「乣卽軍字」之說相互證，因乣之事爲軍之事，故有此用法，乣字原義，則不如此也。於此有當說明者，即谷文取「乣轄」爲證，謂乣爲糺之訛，並引遼史拾遺一八女眞條所引北風揚沙錄云：

官之等者，以九曜二十八宿爲號，職皆曰勃極列，猶中國總管，皆糺官也。

自五戶勃極列，推而上之，至萬戶，皆自統兵，緩則射獵，急則出戰。

谷文據此謂糺不作糾，按北風揚沙錄有說郛本，而說郛爲節鈔割裂最甚之書，三朝北盟會編所引者較可信據，然北盟會編之袁本許本庫本各不同，糺字凡作糾、糺、統（金史詳校四引會編作「統」），此以漢人輾轉抄寫一字書不見之「乣」，其易訛爲形似之字，如糺紀么……即此亦可推見一般，故揚沙錄撰者之原字，究係「乣」字抑或爲宋人傅會之「糺」字，在未發見原本以前，已不能憑此爲據，即令揚沙錄原寫「糾」字，又何能撼元祖刊本金史曾屢屢見之「乣」字耶。

李有棠遼史紀事本末卷一太祖肇興目於北大濃兀分部一項云：

是年以戶口滋繁，糺轄疏遠，分北達寧額（大濃兀）爲二部，立兩節度使以統之。

陳漢章遼史索隱釋乣轄云：

乣轄，見各本國語解，皆作糺字，無作乣轄者，糺爲糾字別體，字書有之，作乣者或誤字。

一則疑「乣」爲「糺」即糾之別體；一則逕改作「統」字。二氏殆皆不知乣軍者，既無證據或理由以支持其意見，故不復加以辨說。

叁 箭內以下諸家解說之批評

乣字雖見於史書，但乣字之在漢文，實爲生疏初見，康熙字典備考著之。注曰：

「疑卽乣字。」

審此註解，只可說明編纂字典之人，曾見「乣」字之無三點，不作「糸」旁，承認「乣」字非「糺」，而對於乣字則不得其解，遼史及遼史附語解，對於乣字無詳確之說明，故乣字音義問題，爲箭內、羽田、藤田諸氏討論之中心，諸家用力甚勤，尤以箭內用力爲多，然討論未有何結果，是可惜耳，今著各家之論列如次：

一、箭內亘撰遼金時代乣軍考（刊於日本史學雜誌二十編第七號）。

據邵遠平元史類編太祖九年：「乣音冥，遼東君也，凡二十五部族。」又黑韃事略關於蒙古之紀事云：「五十騎謂之一糺。」注：「糺、都由切，卽一隊之謂。」案都由切當音 tu tyu 卽糺字爲乣字之誤，糺爲乣之誤，都由切爲乣字之音。金史百二十一溫迪罕蒲睹傳有迪斡羣牧，金史地理志西京路作乣斡羣牧，是「乣」音「迪」或其相近之音。迪字北京音 ti 廣東音 tik, tek 朝鮮音 chök 是乣字之音當與 tu, tyu, ti 一類之音相近。又從白鳥庫吉之說，以蒙古語有戰字之義之 sago, sari, cherig 訛爲 sache 者，故推定其音爲 tu (tyuti) 其義爲戰或軍之意。

二、羽田亨論乣軍質箭內學士（刊於日本藝文第六年第九號）。

謂元史類編之說據續宏簡錄，其原文作「乣音杳，遼東軍也，凡二十五部族。」是「元史類編之遼東君」乃「遼東軍」之誤。遼史有乣里人名，一作糺里，又作组里。乣字蓋與糺 tsoû, tsü 又组 tsu, tsz 相通。若糺里果爲乣里之誤，則乣雖可有如箭內所主張之發音，而糺里果爲乣里之誤否。又乣字有軍字之意，滿洲語女眞語謂軍曰 cooha，可視爲與乣同義之語，遼史語解云：「乣軍名」，而遼諸軍中之一有名乣軍者，是乣字非有軍字之義也。以乣爲軍之義解之，則其軍之名似可假定爲與遼之護駕軍、屬珊軍等之「護駕」「屬珊」相對應之名稱，然其原語憾無所知。

繼而箭內答羽田之駁論，又謂遼代乣字之音，與得查二字相似，有相通之形跡，續宏簡錄之「乣音杳」，杳當爲「查」之誤，羽田又申問難，箭內再答羽田，論乣字有 če, se, tse, te, tu 及其類似等音，并論遼史語解「乣軍名」卽軍字之義，列舉遼史語解之五事，以爲例證。

（1）「暴里惡人名也」。

（2）「斡魯朵宮帳名」。

（3）「炒伍侕𠛬戰名也」。

（4）「墮瑰門名」。

（5）「撒剌酒樽名」。

今按(1)(4)兩條，不可爲例。(2)條「名」字可能爲「也」字之誤。(3)條所解已誤。惟第(5)之例，使非誤字，即語解文例，可有此一種用法，後詳。

三、藤田豐八釋迦塞赭羯與乣軍(刊日本史林第二卷第四號)。

謂中央亞細亞之 Sogdiana 地方有突厥 (Turk) 或突厥混血種之依蘭 (Iran) 人稱傭兵於他國之勇健戰士曰 Saca, saka 漢字譯寫爲「赭羯」或「柘羯」，契丹之乣軍，當爲柘羯之遺制，其名稱當亦由柘羯而來者也。三朝北盟會編三言金人官名，謂：「孛極烈者，糺官也，猶中國言總管云。」黑韃事略之糺字，即糾字之誤，糾字音「都由切」，極合理解，糾字爲突厥人蒙古人通用之 Tuk, Tugh 一語之音譯，中國之「纛」即是也，一糾者，即一纛，乃一隊之稱，牌子頭之「牌子」，亦與糾纛同出自 Tuk，其人數不定，故黑韃事略之糾，頗難以乣之音義釋之，想遼史兵衛志之乣轄，金史兵志東北路部族糺軍條所見之「石合」，蒙韃備錄諸將功臣條謂「大葛相公，乃紀家人」之「紀」「家」等，同爲 Saka Chaka Taka 一類之音的對譯，皆乣軍之轉訛。

按 Tuk 一語，擬曰一纛或一隊，其事近於乣之事，但非糾即乣軍也。高麗史九：「文宗二十七年五月丁未，西北面兵馬使奏：西女眞酋長曼豆弗等諸蕃，請依東蕃例，分置州郡，……」蕃帥又言：「……告諭三山村中尹夜西老等三十徒酋長，亦皆響應。」原注云：「東蕃黑水人，其種三十，號曰三十徒。」此三十徒，即三十族，三十氏，或三十部落，此義與乣之事亦甚近，但乣之初義不如此。因糾字可訛爲糺，而不能使祖本金史皆訛爲「乣」也。

四、松井等撰契丹之國軍編制及戰術(刊於滿鮮地理歷史研究報告第四)。

謂糺爲乣字之誤，可以推知。遼史乣里作祖里，一作狙里，爲推定乣字音之有力依據。箭內論乣之音近迪，亦能助於此說者，藤田考定續宏簡錄糺音杳，其正確寫法爲「查」，更與祖迪之音相近，於乣字之推定爲便，但未明邵遠平氏如何而得乣音杳之解釋，或因與乣同乙之札字音 Cha 遂推定乣之音爲查(Cha)者歟？又乣字遼史亦通迪歟，如烏古敵烈部亦作烏古迪烈部，即其一例。余謂迪烈部居於今嫩江下游之綽爾河邊，綽爾(Cho'-erh)河名，與迪烈部名之間，頗有關連，然則乣音與迪(Cho)相近之說，與乣音與祖(Chu)狙(Chú)相同之說，可以相助明矣。藤田論乣軍爲柘羯遺制，其稱呼亦相因，不失爲最可注意之一說。因此假定乣之音爲 Chu Chu' 或 Cha。

箭內又於其所撰元代之官制與兵制文中論藤田松井之說，謂糺官爲糾官之訛，不與䚷同，卽非北族通用之 Tuk，幷詳論牌子頭之牌子非䚷。又就松井之說論之，謂北監本遼史李懷秀之契丹名迪輦糺里之糺作組（述按百衲本作俎），若果可據，則羽田所謂祖組之說，松井所謂糺爲乣之譌，乣與祖組有類似之音之說失其根據。

藤田豐八又於日本史學雜志三十七編第九號彙報欄論及乣字，謂箭內羽田所論，皆不能提出證據，又讀烏山喜一之論文，亦具此憾。玆譯藤田之言於左：

在女眞語謂軍爲鈔哈 (Ca'o'-hāh) 女眞字寫作「金平」(Grube, pp. 16,91)，金史「石合」，或卽漢譯鈔哈之異字。在滿洲語謂軍爲 Cooha 與女眞語未全合（固然或爲國語之訛轉），而女眞字「乣」之音爲出 (Grube, pp. 68, 16, 19, 30, 33, 41, 42, 43, 53) 此乣之字形與乣微有差異，但如見女眞文之實際寫法，頗與乣字相似。在 Grube 書中第二册，有：

[illegible]

[illegible]（女眞文）

海西兀者桃溫千戶所指揮僉

事出加謹（漢文）（按此見於羅氏編次之女眞譯語二編頁一）

出加（人名）女眞字寫作「乣朱」此「乣」字形與乣相似，但亦如札，知女眞字爲漢人就漢文中作成，若於雕印之時，或以乣爲乣，或以乣爲札，皆未可知之事也。固然，所謂乣軍之起源在契丹，女眞人不過承嗣，今契丹字「乣」是否有出 Čúh 音，不得而知，設女眞字襲用契丹字，視爲契丹字已有其音，或非全是空想。若此乣或札爲漢人寫女眞字「乣」之誤（多半雕印之誤），關於乣軍遂可認有兩種說法。一視爲乣平 Ču'h-hāh 之漢名，且此語有軍之義，與滿洲語之 Cooha 爲一語。但如前言在女眞語別有金平 Ča'o'-hāh 一語爲軍之義。是則有軍義之契丹語較女眞語更近於滿洲語也。

再者，此乣字在漢語爲翠，卽後世綠旗之先蹤也。自然，在女眞語以出衞 Ču'h-wei 爲靑綠色，寫作「乣为」，此由漢字之翠而來也。(Grube, pp. 33. 91)

若然，則乣軍以旗色而爲軍名，與遼史語解所謂「乣軍名也」相合，但不能證實。故不能放棄乣軍爲漢名 Cooha 之見解。

右爲錢大昕之後，日本人討論乣字之大概，國人尙少有言之者，有之則王國維先生。

五、王氏撰元朝祕史之主因亦兒堅考：「疑主因一語，卽乣軍之對音。」又致藤田書二通論之。第一書略云：

頃從華夷譯語女眞語中見一「%」字(Grube, p. 13)，其女眞字爲「%完」，其音爲「叉安」，其義爲「床」，以此%字當遼金元史中之乣字，似較乣字爲近，此說若中，則乣之音當讀如「叉」，此於祕史與主因對乣軍之說合。何則？蒙古譯中丩母之字讀若英語之 j ，亦讀若 y ，如祕史卷一譯文之主兒乞，直譯作禹兒乞，卷四又作主兒勤，又親征錄作月兒斤，元史太祖紀作要兒斤，世系表作岳里斤，……是蒙古語中「主」與「叉」同讀也。契丹女眞語雖無可考，然如耶律亦爲世里，闍剌亦爲押剌，則此事當與蒙古語無殊。由是言之，則乣之音讀如「主」，亦讀如「歐」，與「杳」聲轉最近，邵氏續宏簡錄「乣音杳」之注，殆有相當之根據，羽田博士疑邵氏但據乣字之偏旁以擬其音，國維寧信昔人取契丹或女眞此字以入漢籍者，正以此字合於漢字諧聲之法則故也。……乣字於「主」「杳」二者外，有「敵」「迪」之音，此又與黑韃事略「都由切」之音相關。……

其致藤田第二書云：

箭內博士韃靼考中徵引多桑及貝勒津書中六種韃靼之名……Couyin（多氏）Kiuin（貝氏）之爲主因塔塔兒，……然則塔塔兒之一種，明初譯祕史時，以「主因」二字表之者，其在拉施特哀丁書中乃爲 Couyin（多氏）Kiuin (貝氏)雖多貝二譯此語首音有 Cou Kin 之殊，然其同爲牙音則一也，……波斯用表音文字，視漢語之用主因竹因竹溫只溫等字表之者，或得其實，然則遼金元三史中之「糺」字，絕非誤字，其或作「乣」者，乃「糺」字之省，其音當讀「居黝反」，其或與「主」「竹」「敵」「迪」等字相通用者，乃其訛變之音。我輩前日之推較比定，未得其正鵠也。此拙著主因考之結論，必當如此。未知有當與否？

按王氏謂主因來自乣軍是也。但以乣軍之爲「居黝反」之「糺」，則殊爲失考。蓋史源板本諸事，王氏固是熟知，然竟未檢遼金史中之「乣」不容爲「糺」字之誤文。已於前節論之，茲不複贅。故此字於遼金以至元修三史時代，在北方雖有一、二作「糺」者，大體上，皆當寫作「乣」，而乣之訛「糺」，在南宋方面，以漢字之傳統關係，則皆以乣爲糺，至於乣軍之轉爲主因，乃後期之事（下詳）。

今總諸家之說，乣字音近查，有 Ča, chu, cou, kin, tə 等音。通於迪敵，至於乣字之義，箭內謂卽當於軍，其依據則遼史語解「乣軍名」一語，然就「乣軍名」之言推求，則當爲遼之諸軍中，有一種名曰乣軍，此點羽田固以之質於箭內，谷文同於羽田之意，但其對語解未能詳讀，箭內列舉遼史語解中五事，以資例證，今按此五事中，僅「斡魯朵宮帳名」「撒剌酒樽名」兩條，略可資說明「考遼史語解乃集紀傳之文以成，斡魯朵在語解中之另一條，卽解曰「宮帳也」，不作「宮帳名」，而撒剌之語乃本之斜涅赤傳，箭內尚未之覺，故僅就方言比較之，不知遼史有直接記錄。按傳文實作「遼言酒樽曰撒剌」，故語解中此兩「名」字，可認爲誤字，今退一步說，姑認其非誤字，而爲特別用法，則語解之文例，此「名」字有兩種用法：

一、撻林官名。撻林爲官之一種，契丹有一種官名曰撻林。

二、撒剌酒樽名。契丹語酒樽曰撒剌，卽撒剌之義爲酒樽。

依箭內之意，此乣軍名卽循第二種解釋，乣軍也。然遼史有明著曰乣軍者，箭內已無可爲解，今縱令其有契丹語漢語可有重複，實不能不承認乣亦可爲諸軍中之一種。乃另有一事實，卽乣如爲軍之義，則契丹之軍隊皆可代之以乣，事實上，則有之稱乣，如遙輦乣，五院乣，黃皮室乣……有之絕不稱乣，如屬珊皮室拽剌等，以是知語解中之「名」字縱非誤字，而是特殊之用法，此「乣軍名」者，仍必屬第一種解釋，卽乣爲軍之一種而非乣字卽當於軍字。且燕北記云：

（契丹）旗上錯成番書「𦙶」字，注曰：「漢語正軍字」。

是漢語軍字，契丹文寫作「𦙶」，與「乣」字字形固遠不相同，以是知此乣字，在遼時之初義，不當於漢文軍字。

肆　乣字之音義

乣字之義，旣不當於漢文「軍」字，已論如前，則乣字之音義，仍待推求，玆分五點論之：

甲　契丹字中之消息

乣字旣非漢文，因先求於現存之契丹字中，檢宣懿哀册由右而左第二十九行，其第五第六兩字，作：

　　关圠

此圠字正楷頗近於遼金史中之乣字，惟乡作土若行書連筆如乣，則乣圠固無區別。且有助於乣字誤糺之說明，試以漢册求其字義，當爲解決此事之捷便途徑，按此字在册文中如第二十九行，册文第三十行卽末行，其最末四字，爲：

　　[illegible]

此四字在兩册文中凡十見（宣懿册五、道宗册五），依其在册文中之位置，正當於漢册之「嗚呼哀哉」四字（亦是宣懿册五、道宗册五），「[illegible]」字爲大，「[illegible]」字爲哀，亦可於册內見之，卽此四字之漢義爲「大哀嗚呼」，參之王靜如先生遼道宗及宣懿哀册初釋與羅氏釋文亦合，今姑認此四字爲已識，在宣懿册第二十八行亦有此「大哀嗚呼」四字，『关圠』兩字，正夾於二「大哀嗚呼」之間，而「关」字王羅並釋爲漢文「天」字，覆按之亦合，於是吾人遂以此種限制，求於漢册。於此吾人須有說明者兩點：

(一)契丹文法或契丹語中之字的次序，本不同於漢文，其語亦非一字一音，洪邁夷堅丙志十八云：

> 契丹小兒初讀書，先以俗語顚倒其文句而習之，至有一字用二、三字者，如「鳥宿池中樹；僧敲月下門。」兩句，其讀時則云：「月明裏，和尙門子打；水底裏樹上老鴉坐。」大率如此（別詳拙撰遼史補注語文考）。

(二)册文非直譯。因此典故雅奧之文字，卽兩嗚呼哀哉間之一段，其文云：

> 載念龍渥，失於姦臣，靑蠅之舊污知妄，白璧之淸輝可珍，如金石之音，默而復振；如鏡鑑之彩，昏而復新；茂集徽册，緬播芳塵，庶乎千載之下，望

神華於閟宮兮，驗聲實於哀文。此段雕飾文字，卽令今日用通行之英文譯之，亦必不能完全按字翻譯，因按字譯之，則轉失其眞意，故契丹册文必是譯其大意，可以推知。

先有此兩點基礎，故吾人於漢册契丹册對勘之工作，亦必須求其大意，而不能泥於字句。檢漢册此段之含義，卽辨白或洗刷宣懿與趙惟一私通一事，（事詳王鼎焚椒錄，讀者可參看之。）稱后實如白玉、明鏡、清輝，而淫私乃受姦臣卽耶律乙辛等之污誣。此一幕悲劇，乃是「大黑蔽天，白日不照。」（王鼎語）「关」之漢義旣爲天，則「𠃌」之漢義，不能不揣之爲：

清，青，蒼，黑

等意。此吾人就契丹字中所得之概念或消息，固不謂其必定如此，試再就遼史所記糺軍者考之。

乙　遼史記糺軍爲青幟軍

遼史（八二）耶律隆運傳云：

宋兵取河東，侵燕，五院糺詳穩奚底，統軍蕭討古等敗歸。

又（八二）蕭討古傳云：

乾亨初，宋侵燕，討古與北院大王奚底拒之，不克，軍潰。

耶律奚底傳不載其戰敗事。景宗紀記云：

乾亨元年三月，詔北院大王奚底，乙室王撒合等戍燕，六月甲午，宋主來侵。丁卯，北院大王奚底統軍使蕭討古乙室王撒合擊之，戰於沙河，失利。

按五院卽北院，六院爲南院（其詳見皮室考）　北院大王，卽五院糺詳穩也。耶律休哥傳亦記此事云：

乾亨元年，北院大王奚底統軍使蕭討古等敗績，南京被圍，帝命休哥代奚底將五院軍往救，遇大敵於高梁河，……

北院大王耶律奚底將五院糺而敗歸，耶律休哥復受命將五院軍往救，可知五院軍與五院糺不同，亦可爲糺字不卽當軍字之一佐證，此役於耶律斜軫傳記之，斜軫傳云：

乾亨初……是年秋，宋下河東，乘勝襲燕，北院大王耶律奚底與蕭討古逆戰，敗績，退屯清河北，斜軫取奚底等青幟軍於得勝口以誘敵，敵果爭赴，斜軫出其後，奮擊敗之，及高梁之戰，與耶律休哥分左右翼夾擊，大敗宋軍。

按乣字不全當於軍字，已論於前，則奚底所將之五院乣軍，乣者，可以推定其指青幟言。奚底所將者為五院下之青旗軍，休哥所將者為五院下之非青旗軍，故前者曰五院乣，而後者曰五院軍。雖同隸五院，然二者有別，至於何等軍隊用青旗而稱乣一點，下詳。

道宗紀：「壽昌五年十一月甲戌，賑南北二乣。」此北南二乣，卽謂五院六院之青旗軍，以此兩院皆有青幟之軍稱乣與不用青幟之餘軍也。

高麗史（九七）金富佾附弟富儀傳云：「富儀未顯時，家僮治圃，得銅印，文曰：『青幢之印』，後考新羅故事，青幢乃左軍也，至是果為左軍帥。」是新羅曾有青幢之左軍也。契丹金山王子竄入高麗之時，曾有女眞黃旗子軍者，與高麗趙冲戰於麟州，亦是以旗色名軍之例。乣軍當是青幟之軍，因軍用黑旗得名，故以黑（青）旗呼其軍，迨夫沿用既久，原義漸失，遂轉具軍之義，因亦簡之曰乣。

丙　契丹重黑色（青）黑讀 Kha-ra

契丹祭天，用青牛白馬，祭天為其原始之薩滿教，天色青蒼，故青為契丹所重。魏書契丹傳云：「其俗以青氈為上服。」卽是重青之實例。在流行薩滿教之草原民族，多以青、蒼、黑為高貴之色，故契丹之遙輦五院六院以至各部族諸軍，有用青幟之勁旅。蒙古曰「庫克蒙古勒」見蒙古源流卷三，張爾田箋證云：「庫克，青也。」突厥曰「闕克突厥」，見闕特勒碑（友人韓儒林先生朱延豐先生並有考釋），白鳥庫吉東胡民族考釋宇文氏之名義，有云：

土耳其語謂青碧曰 Kuk

蒙古語謂青曰　　Koko

可知土耳其語謂天曰 Kuk 云者，亦因天空之蒼蒼而起之語也。

今可見之史料中，不得「青契丹」之名，然稱「黑契丹」之例甚多，如拉施特集史稱遼曰「黑契丹」，高麗史稱遼遺人曰「黑契丹」，西史凡言西遼者，皆稱「黑契丹」（此名亦見西使記），至其所以稱曰黑契丹，正以青色卽黑色，別詳哈刺契丹說。波斯文寫糺軍或主因作 Couyin（多氏）Kiuin（貝氏）其音與 Kuk Koko Kha-ra Čara 皆不相遠。徵於青色之實例，如青牛青氈，實際上，當是黑牛黑氈，殆無容疑，嚴格的區別顏色，青黑自有不同，但世俗稱說，則以黑布稱青布；（華英字典華俄字典等一類之對譯，青黑間亦相混。）而指天之顏色，則是青、蒼、玄、黑通用。故青幟之青，當是指黑而言。青幟軍卽黑旗軍。五院糺爲隸於五院之黑旗軍；六院糺則是隸於六院之黑旗軍也。糺爲黑色，黑讀 Kha-ra，亦卽糺之音爲 Kha-ra Ča-ra 其義爲黑色青色。於此吾人更得一堅強佐證，卽契丹遺糺，入元稱曰「黑軍」，見於元許謙白雲集、黃溍金華文集、元史……等（其事詳見下節），此關於字義方面者。耶律仁先，字糺鄰，小字查剌，見遼史本傳；保衛金都而又降元之糺帥有札剌兒；黑軍仍多名曰「查剌」者，如黑軍總管也先之長子曰查剌，查剌卽襲父職領黑軍之人；襲黑軍總管明里帖木兒之第五子曰哈喇；又黑軍孛迭兒之子曰糺查剌查茶剌，見元史（百五一）石抹孛迭兒傳。新元史（百三五）本傳不載，蒙兀兒史記（四九）本傳謂曰：「子札查剌」。又注云：「舊傳此下更有查茶剌三字，似雜採碑誌以聲同異譯而誤衍。」今姑就此點推繹，有值討論者三項：

一、不論是屠氏之誤改糺作札或筆誤、刊誤，皆可見糺字之易訛而本字原形是糺。

二、設糺查剌與查茶剌是二人，卽孛迭兒之二子、其二子並用一同音不易辨別之名，應是緣黑軍得名殆無疑。

三、設糺查剌查茶剌是一人，卽一名之重複，則糺、查、茶三字同音，亦足證糺音查之說不誣與糺之義爲黑色。

積此種種暗示與各方面之相合，遂使吾人恍然於「哈剌」「查剌」，卽糺之音讀 Kha-ra, Ča-ra。續宏簡錄之「糺音查」（杳爲查之訛，箭內亘氏已曾指出，其精思爲可佩。）一說，爲中日史家審思博考而不得確解者，亦得其根據。關於歷來紛紜不解之寫法與音義，至此可謂證合 (identify)，得非讀史之大快乎！

丁　女眞字中之參證

女眞字「乣为」，在 Grube 書中頁三三，第六二七號，其音讀「出衞」漢義翠也。此「乣」字，在 Grube 書中頁五三、音 Č'uh 出。考金王寂遼東行部志云：

甲戌，次叩畏千戶營，叩畏，漢語，清河也。

此「叩畏」Cou-wei 之語，亦與 Grube 書中所著義爲青翠色之「出衞」Č‘uh-wei 相合。惟此女眞字「乣」，果否與契丹字「乣」有沿襲關係，不能確定。

另女眞字「乣兂」在 Grube 書中頁十三、第二四〇號、其音讀「又安」，義「床」也。此「乣」字在 Grube 書中頁五二、音 Yeú 又。王國維但知此「乣」字字形近「乣」。不知此實女眞字之乣也。巡檢羅氏所編女眞譯語第二編頁十六有女眞館來文：

海西建州乣衞都指揮使哈出哈男瑣奴謹

丹盂更丕乣为舟舌吏芭币乣币氘牛厌矢杀右

又同書頁二六女眞館來文：

建州衞都指揮使哈出哈謹

更丕为舟舌吏芭币乣币矢杀右

此兩段，皆不見於 Grube 書中，今就此兩段參校，因其都指揮使之同是哈出哈，可知建州衞亦得稱曰「建州乣衞」，而此「乣」字之女眞文寫法，即作「乣」，亦即 Grube 書中注曰音又 Yeú 之字。惟此又音之女眞字「乣」，其義固當於「乣」字，讀音方面，尙有當討論者三層：

一、此女眞字「乣」，在 Grube 書中之音「又」，頗疑「又」字本是「乂」Ča字之形誤。因誤爲又形，遂誤成 Yeú 音。本當作「乣音乂 Ča」，多半是 Grube 之誤。

二、設女眞字「乣」，是音又，而非 Grube 之訛，或是以「乣」之字形近於漢文「幼」，於製字之時，牽連用之。亦許因「幼」而誤，即錯認「乣」字爲幼字，因誤音曰「又」。

三、設女眞字「乣」音又 Yeú 正確無訛。而契丹字「乣」之讀法，仍不能定其必是音又 Yeú 因女眞製字之時，雖參契丹之字，當用女眞語音，此可由日本文借用漢字而不讀漢音之例以證明。如鳥居龍藏讀 Ryuzo Torii 不讀 Niao-chü-Lung-tsang。

至於明時之以「乣」字排入漢文行列者，乃以習用已久，已具專義，故以冠於衞所之上，正見其爲軍爲旗之意，同於元人修史之用此字於史。遼金時代，或即以此字通用於公私文書。

箭內亙再論遼金時代之乣軍(答羽田學士刊於日本史學雜誌第二十六編第十號)其乣字音補考一節中第二條云：

乣字則自元末以後，絕跡不用。

又第四條云：

乣字行於遼金時代及元中葉，其後全亡。

今讀女眞譯語，則知箭內之言不然也。

戊　乣字意義之演變

乣字原義，雖爲青（黑）色，以名青幟（黑旗），因有指旗之意，自亦可以指旗下之人，卽軍用黑旗，則有指黑旗軍或兵之意；此輩軍人，由遼入金，爲防邊之勁旅，金源政府，亦甚倚重，其人屯戍邊陲，自相聚結。未與內地多所同化，竟自成一特殊之部族，乣字漸有指民族之意，此點後詳。至於部勒部衆，仍用黑旗，亦卽青幟，乣字之音，仍讀 Ca-ra 查剌，且仍稱之曰乣，卽寫作「乣」字，由金而元，其事可考。惟有一部分乣軍與未降金之一支乣人，在元人記載中，直稱曰「黑軍」。又以時間的積習，乣字用法，漸已與軍相當，而非完全的符合初義，如稱「一隊之謂」。亦嘗有逕稱曰軍者。元時以遼金舊屬曰「漢人」卽「札忽歹」，此名乃與「蠻子」之「囊家歹」相對而言，拉施特集史作 Djarkout，此輩乣人，因是遼金舊屬，故亦稱曰「札忽歹」或「漢人」。陶九成輟耕錄所舉漢人八種：(一)契丹，（二）高麗，（三）女眞，（四）竹因歹，（五）竹里闊歹，（六）竹溫，（七）竹亦歹，（八）渤海（參看陳寅恪先生元代漢人譯名考刊淸華國學論叢二卷一號），卽當時所謂「漢人」者，包有此八種之人，亦卽此八種之人幷有「漢人」之號，契丹高麗女眞爲人所習知，竹因竹溫，史書，未明著其爲何種之人，此王國維所以謂主因卽糺軍之對音。按主因之人，爲乣軍之遺人，但亦有乣漢並列之稱法，如永樂大典所存經世大典站赤太宗元年十一月制所言「乣漢衆官暨降民」之例，或可說乣未包於漢內，然此處之「乣漢衆官」乃指武官文官而說（亦可說漢乃狹義之漢），最低一部分的乣人，應有札忽歹之號。而主因二字，則非「乣軍」之對音，非如王氏所主張之「居黝反之糺」因乣字在金人之寫法，皆作「乣」而不作「糺」。明時女眞館來文，「建州衛」亦作「建州乣衛」，更可知此字之正確寫法作「乣」爲確不可疑，又因女眞館來文之例，可知此字在以後除用於專名種族之義外，仍有稱軍或旗之用法。愚意主因一詞設非由 Ča 轉來，或爲軍字緩讀，如鮮卑語讀「漢」曰「染干」之例，倘是乩字音讀轉爲「主」，亦是「乣人」之對音，較乣軍爲主因對音之說爲勝。

附　乣字輾轉訛歧及乣軍分合表

就以上推論，姑從乣字上溯其原形，下尋其誤歧，約略表列如次，其間輾轉關係，如紙字果以紇而訛抑由扎致誤，札字果由扎而訛抑由紇而訛之類，雖略用虛實線條，仍望讀者勿過拘泥。

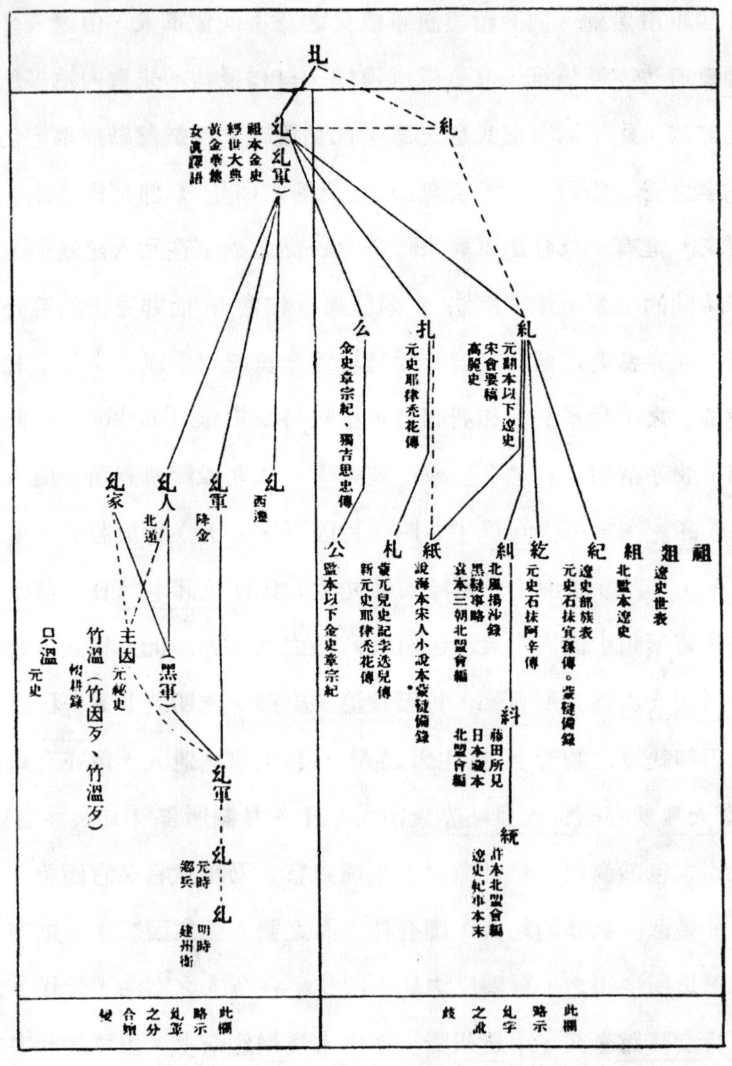

伍 乣軍之起源及其性質

契丹官制，有北面南面之分，北面卽北方或北邊之意，南面卽南方或南邊之意。所謂北方或北邊的，卽其本俗傳統之辦法，游牧生活之舊辦法也，在阿保機建國以前，已是自成體系。及太宗南得燕雲，舊俗不足以鎮攝漢人，遂有南邊的一套辦法，卽所謂南面者，乃習自漢人，此則中原法度也。惟契丹南面諸官，僅爲招徠漢官統攝漢人，已詳拙撰契丹史論證官制篇，其軍國所倚之主要官職，包括軍官在內，悉爲北面，卽全用舊辦法。至於軍隊之部勒，亦一仍本俗，此乣軍者，在遼史之記載，雖始見於天贊，然幷非天贊始有乣軍也，故乣軍之起源，今雖不知其初始，其必源於建國以前，殆無容疑。

契丹之部勒軍隊，沿用游牧舊俗之頭下辦法，卽一頭領之所屬，皆是首領之私兵，頭下之制，吾已於頭下考論之，惟是此種私兵，屬於皇帝個人者，不論職事禁衞或防邊應戰，皆服役國事，至其諸大首領之頭下兵，對於國事，亦非無何任務，遼史兵衞志大首領部族軍條：

> 遼親王大臣，體國如家，征伐之際，往往置私甲以從王事，大者千餘騎，小者數百人，著籍皇府，國有戎政，量分借得三五千騎，常留餘兵爲部族根本。

按所謂「著籍皇府」之頭下兵，雖是隸於某大首領，爲某大首領所私有，然國有戎政，則須出動應敵，故此種辦法，亦可謂曰寓國軍於私甲。惟是此等私甲，有皇府著籍與不著籍之別。

遼史附語解云：

> 遙輦乣、遙輦帳下軍也。其書永興宮分乣、十二行乣、黃皮室乣者倣此。

按元修之遼史，對於頭下，每多隱諱或文飾，如皮室爲太祖之頭下，屬珊爲太后述律氏之頭下，皆易曰帳下幕下或部下，此遙輦帳下軍，可例推之曰遙輦頭下軍也（高麗外記之遙輦帳阿果達卽遙輦乣詳穩），黃皮室乣、黃皮室頭下軍也。此輩乣軍，雖各自有其主，卽其主（首領）之私兵，然皇府（卽國家或中央）有籍，在防內禦外之責任上，似有更重於無籍之餘兵也，其無籍之餘兵，乃眞其主（首領）

之私兵，亦可擬曰𤞑義之頭下。不過此種著籍，要亦不過一數目，最低初期當如此。而契丹之法，丁年十五至五十，全民皆兵，故其不著籍之餘兵，亦可有相當數目，實此著籍與不著籍，皆屬頭下，亦即乣軍仍是頭下兵，惟此種頭下兵，獨用最崇貴之青（黑）色爲幟，以示其優異與重要也。

乣軍旣爲頭下兵之著籍者，其任務方面，有無特殊之點，遼史無明顯記載，今就事例求之，似以邊防之用爲重，兵衞志云：

天贊元年，以戶口滋繁，乣轄疎遠，分北大濃兀爲二部，爲兩節度使以統之（食貨志略同）。

是北大濃兀原統於一節度之下，卽原爲一部，隸一首領，因戶口滋繁，乣轄不便，遂分爲二部，設二節度，由二節度分攝之。按節度使之官，始於李唐，趙翼二十二史劄記嘗論之。唐之節度，旣有其人民，又有其財賦。能自成一單位，終於尾大不掉。契丹之節度，實以舊日大首領之基礎，略參突厥吐屯與唐節度之事（其詳已論於別篇），故吾人仍可目之曰大首領，太祖紀：「天贊元年分迭剌部爲二，斜涅赤爲北院夷離菫，綰思爲南院夷離菫。謂分北大濃兀爲二部，立兩節度以統之。」迭剌部之分爲二院，卽五院六院，意在分化其強大，北大濃兀之立二節度，亦爲便於鎭懾，措詞未同，實際無異，節度使亦同夷離菫，夷離菫爲番語之號，且後改曰大王，故知其爲大首領，節度，則以唐官官名，每爲讀史者所忽，考乣軍設官，有：（一）司徒，（二）詳穩，（三）都監，其都監爲監軍之官，可緩論。司徒詳穩之事。頗有助於乣軍性質之瞭解，營衞志品部條云：

凡戍軍隸節度使，留後戶隸司徒。

節度使較詳穩爲優崇，但有九部都詳穩之目，此見於遼史者，金史地理志烏古里部族節度使，奧屯襄傳作乣詳穩。節度詳穩皆領兵軍官，今乣軍有司徒，有詳穩，可知乣軍有留後戶，有戍軍，所謂留後戶者，卽戍軍以外之餘丁，是則乣軍之爲戍軍可知矣。此輩乣軍在責任上，是分鎭邊圉，以爲王室爪牙。

遼史（百四）耶律昭傳云：

統和中，坐兄國留事，流西北部，會蕭撻凜爲西北路招討使……撻凜曰：「今軍旅甫罷，三邊宴然，惟阻卜伺隙而動，討之則路遠難致，縱之則邊民被掠，增戍兵則餉饋不給，欲苟一時之安，不能終保無變，計將安出？」昭以書答曰：「……夫西北諸部，每當農時，一夫爲偵候，一夫治公田，二夫給乣官之役，大率四丁無一室處，芻牧之事，仰給妻孥。……」

耶律昭所言給乣官之役，當即乣丁，此等人戶，卽屯戍西北之乣軍。

又蕭韓家奴傳載：聖宗時，制問徭役不加於舊，征伐亦不常有，年穀旣登，帑廩旣實，而民重困，豈爲吏者慢，爲民者惰歟？今之徭役，何者最重，何者尤苦？何所蠲省則爲便益？補役之法，何可以復，盜賊之害，何可以止？蕭韓家奴對曰：

臣伏見比年以來，高麗未賓，阻卜尤強，戰守之備，誠不容已。乃者，選富民防邊，自備糧糗，道路脩阻，動淹歲月，比至屯所，費已過半，隻牛單轂，鮮有還者，其無丁之家，倍直傭僦，人憚其勞，半途亡竄，故戍卒之食，多不能給，……或逋役不歸，在軍物故，則復補以少壯，其鴨綠江之東，戍役大率如此，……方今最重之役，無過西戍，雖遇凶年，困弊不至於此，若能徙西戍稍近，則往來不勞，民無深患，……他日南方有變，屯戍遼邈，卒難赴援，……

聖宗紀：「統和十四年四月甲戌，東邊諸乣各置都監。十五年九月丙寅，置東邊戍卒。」此卽蕭韓家奴所稱鴨綠江之戍。耶律朮者傳言其曾爲咸州乣將，卽屯駐咸州之乣詳穩。營衞志部族下云：

特里特勉部，初於八部各二十戶以戍奚，偵候落馬河及速魯河側，置二十詳穩，聖宗以戶口蕃息，置爲部，設節度使，隸南府，戍倒塌嶺，居橐駝岡。

按此防奚之戍戶二十詳穩，就其性質上，卽可擬曰乣詳穩，其使命爲防奚，同於咸州之防女眞。此等戍軍，雖在北邊者，亦可南調應戰也。

陸　遼史所見之各種乣軍

遼史百官志北面軍官條，列乣軍五種：一、十二行乣軍，二、各宮分乣軍，三、遙輦乣軍，四、各部族乣軍，五、羣牧二乣軍，試略論釋於次：

甲　十二行乣

遼史九十耶律義先傳云：

重熙初，補祗候郎君班詳穩，十三年，車駕西征，爲十二行糺都監，戰功最。……

耶律獨顛傳(九二)云：

重熙初，爲左護衛，將禁兵，從伐西夏有功，授十二行糺司徒。

百官志北面軍官條有十二行糺軍，似卽本此而著。箭內亘引百官志之文謂：「十二行糺軍爲何等軍隊，未詳，由其有十二之數觀之，似與十二宮有關係。但又有各宮分糺軍，則知其無關也。」按重熙十三年之時，尙無十二宮之數，箭內殆未究百官志之史源，然此十二行糺者，又果爲何等軍耶？

檢聖宗紀：

太平六年二月戊午，以蕭柳氏徒魯古領西北路十二班軍，奚王府舍利軍。

此蕭柳氏所領之西北路十二班軍，應與以後之十二行糺有關係，疑所謂十二行糺者，平時卽屯戍西北，因親征西夏，遂調用此軍。至於十二之數，亦可討論，儀衞志國仗，有云：

十二神纛

十二旗

十二鼓

又云：「遙輦末主遺制，迎十二神纛，天子旗鼓，置太祖帳前，諸弟剌葛等叛，匀德實縱火焚行宮，皇后命曷魯古救之，止得天子旗鼓，太宗卽位，置旗鼓神纛旗於殿前。」又燕北錄記遼俗每年正月一日，令巫十有二人，鳴鈴執箭，繞帳歌呼以驚鬼（此事遼史著於禮志雜儀），皆用十二數之例，知必有相聯之關係，然不得其所以，考禮志再生儀有云：

凡十有二歲，皇帝本命前一年，季冬之月，擇吉日。……（行再生儀）

按此十有二歲之數，所言本命云云，當是（子）鼠（丑）牛（寅）虎（卯）兔（辰）龍（巳）蛇（午）馬（未）羊（申）猴（酉）鷄（戌）狗（亥）猪之十二屬甚明，據此，則巫用十二之數，或亦代表十二屬，十二神纛者，殆每屬爲一神也。十二神纛，十二旗，爲契丹舊俗之大汗（天子）儀仗，此十二班或十二行糺，似卽隸於十二旗之下者，興宗以天子親征，故調十二行糺赴戰，又就十二行糺軍之司徒，都監，皆以可汗護衛祗候之人充任，亦可令人想像其爲隸於十二旗之軍，然此十二行乣軍，平時則不必爲禁衛，卽由司徒之官可以知之。

乙　宮分乣軍

百官志載各宮分乣軍一條，求之紀傳，僅排押傳，一見永興宮分乣之目，當是撰史者以此例彼，故曰各官分乣也。

遼史（九〇）蕭排押傳云：

統和初，爲左皮室詳穩，……四年……凡軍事有疑，每預參決，尋總永興宮分乣及舍利拽剌二皮室等軍，與樞密使耶律斜軫收復山西所陷城邑。

檢聖宗紀：

統和四年五月庚辰，詔遣詳穩排亞率弘義宮兵及南北皮室郎君，拽剌四軍與……同禦宋兵在山西之未退者。

紀傳所記爲同一事，而彼此歧互，傳作永興宮分乣，紀作弘義宮兵，弘義宮爲太祖之算斡魯朵，永興宮爲太宗之國阿輦斡魯朵，二者必有一誤，是永興宮分乣之名，果否誤寫，尙不能無疑問，縱令排押所統者確爲永興宮乣，或排押所統縱非永興宮乣，而仍有各宮分乣軍，卽承認各宮分乣之存在，而此等宮分，爲可汗歿後之守陵軍，非生時之宮衞，其護衞之意已淡，而同於部族，同於部族，卽須著籍爲乣。

金史（六五）鄆王昂傳云：

天輔六年監護都部降人，處之嶺東，……過上京，諸部皆叛去，惟章愍宮小室韋二部達內地。

卽視宮分同於部族之例；且營衞志載營衞三項：

(一)居有宮衞謂之斡魯朵

(二)出有行營謂之捺鉢

(三)分鎭邊圉謂之部族

若循此意推之，則是中央亦有屯駐邊陲之軍隊，非僅邊部之爲中央捍蔽也，故此宮分乣一項，縱非誤記，亦是邊防軍也。

丙　遙輦乣與各部族乣

箭內之言:「遙輦者,遼皇室祖先之姓氏也,其帳數有九而甚貴,位在御帳之上,遙輦乣軍,殆護衛此九帳之乣軍之謂。」此語似是而實含混,遙輦為耶律(移剌)之前朝,非皇室祖先之姓氏。史稱周武克殷,封紂子武庚以續殷祀,以今言之,可謂曰殷之屬國改服周。或天下改屬於周,殷仍自有其國。阿保機之存遙輦,事正相同,所謂「尊遙輦於御營之上」。為史家之辭,實際則契丹諸部,改服迭剌(移剌亦卽耶律),遙輦仍保有其部,曩雖為共主,後則為部落。百官志分列遙輦乣軍與各部族乣為二,卽未審遙輦之性質。遙輦為前朝可汗之姓氏,亦卽前朝大汗之部名,阿保機以迭剌部而代遙輦,是為耶律之朝,遙輦族帳仍存,族屬雖似尊貴,實則亦是部落,同於五院六院之為部族也。

遼史(七三)耶律海里傳云:

耶律海里,遙輦昭古可汗之裔,太祖傳位,海里與有力焉,初受命,屬籍比局,萌覬覦,而遙輦故族瓦解望,海里多先帝知人之明,而素服太祖威德,獨歸心焉。以故太祖託為耳目,數從征討,旣清內亂,始置遙輦敞穩,命海里領之,天顯初,征渤海,海里將遙輦乣破忽汗城。

按此遙輦敞穩(詳穩)之設與遙輦乣之名,當為百官志列遙輦乣軍之所本,箭內以遙輦乣軍為護衛遙輦九帳之軍,同於宮分軍之任護衛,實宮分乣遙輦乣,性質上,殆同於五院六院及其他部族之乣也。

部族軍之稱乣者,除前引之耶律隆運傳有五院乣外,又耶律隆運附弟德威傳云:

統和初,党項寇邊,一戰卻之,賜劍,許便宜行事,領突呂不迭剌二乣軍,以討平稍古功,眞授招討使。

耶律奴瓜傳云:

統和四年,楊繼業來侵,奴瓜為黃皮室乣都監,……及伐宋有功,遷黃皮室詳穩。

突呂不迭剌黃皮室皆是部族,百官志所謂各部族乣軍者,蓋卽謂此,部族軍之任邊戍者,用靑旗曰乣軍。其不任邊戍者,如撒離葛部備畋獵,稍瓦部掌羅捕,曷木部之冶鐵,固無乣軍,是則部族而非乣者也。

丁　羣牧乣軍

遼史百官志北面軍官有「羣牧二乣軍」，但無徵於紀傳，惟穆宗紀應曆十五年五月壬申：「雅里斯以撻凜蘇二羣牧兵追至柴河，與（室韋）戰，不利。」此二羣牧兵，或卽羣牧二乣軍之所本耶？又北面軍官有特滿軍詳穩司，考金史地理志列舉乣軍十二處，特滿羣牧次第八。金之羣牧，乃沿遼之羣牧而來；金史章宗紀：「承安元年十一月庚寅有特滿羣牧契丹陁鎖德壽反」云云（同年正月，有大鹽濼羣牧使移剌覩敗死事），故遼史百官志北面軍官之特滿軍詳穩司，應是特滿羣牧軍詳穩司也。乃遼史百官志北面邊防官又有特滿軍詳穩司、羣牧軍詳穩司並列，且百官志北面宮官有某宮馬羣司、北面牧廐等官有西路羣牧使司、倒塌嶺西路羣牧使司、渾河北馬羣司、漠南馬羣司、漠北滑水馬羣司、牛羣司等目。以是知遼史所謂羣牧軍詳穩司，並未包舉所有之羣牧。

金史兵志云：

> 金初因遼諸抹而置羣牧，抹之爲言，無蚊蚋美水草之地也。天德間，置迪河斡朵、斡里保（斡里本）、薄速斡、燕恩、兀者（地理志作烏展）五羣牧所皆仍遼舊名。

是迪河斡朵等五羣牧，本是遼之羣牧也。且金人所得羣牧，止是漠南部分。羣牧事別詳，今欲說明者，羣牧並非止二乣。又準金史兵志之言，羣牧亦略同部族，只是名目之別，最低應如明時衞所之外，有所謂「地面」者。或如今日內地行省與西藏蒙古之比。

綜上四段，吾人可仿營衞志之說法，謂曰有乣而部族者，如十二行乣，有部族而乣者，如奚呂不乣之類。

柒　金之乣軍及其官長

女眞以遼之屬部而代遼，其軍隊組織爲（其本俗之）猛安謀克法，不同於契丹，此固爲讀史者所知，然契丹兵馬，則未悉爲女眞體系之改編，反之，在若干方面，轉有襲用契丹之舊制或沿舊制而略變更之。乣軍之名，卽沿契丹之舊，乣軍之人，亦是舊日乣軍之族，簡言之，金之乣軍乃承襲契丹之乣軍而來，惟非契丹全部之乣軍；此點前人殆未注意，而實至關重要者，茲特說明於下。當遼亡之頃，乣軍由於現實之要求，遂自然的分裂爲兩部分：一部分爲不甘投降者；一部分爲降附於金者。而不肯降金之乣，又分爲兩股：一股北遁，由庫烈兒領導；一股西遷，由大石統率。故亡遼諸乣，實際上分化爲三支：

一、遠走西域者。

二、北遁窮朔者。

三、降附於金者。

金之乣軍，卽屬於此第三支者。在契丹之世，乣軍爲抽調出戍之軍，故有管理留後戶之司徒，有管領戍軍之詳穩。至金則固定其任務，專防北邊，尤以西北之蒙古爲對象。此輩屯戍之乣軍，以久在北邊，故金世無所謂留後戶也。因亦無司徒之需要。而僅有統領之節度或詳穩。契丹之遺人遺乣，亦有編爲猛安謀克者，故金之乣軍，雖沿自遼代，在性質上，與遼之乣軍不同。

金史百官志云：

> 諸部族，節度使一員，從三品，統制各部，鎮撫諸軍，餘同州節度，副使一員，從五品。
>
> 諸乣，詳穩一員，從五品，掌戍邊堡，餘同謀克。

同書兵志云：

> 東北路部族乣軍，曰迭剌部（原注：承安三年改爲土魯渾尼石合節度使），曰唐古部（原注：承安三年間改爲部魯火扎石合節度使），二部五乣。
>
> 其他若助魯部族、烏魯古部族、石壘部族、計魯部族、孛特本部族，數皆稱是。
>
> 西北西南二路之乣軍十：曰蘇謨典乣，曰耶剌都乣，曰骨典乣，曰唐古乣，霞馬乣，木典乣，萌古乣，咩乣，胡都乣，凡九。

東北路稱部族，當是設節度，西北西南二路不言部族，但稱乣，當是僅有詳穩也。

檢金源之制，除乣軍之外，無部族節度與詳穩之官，亦卽部族節度與詳穩者，爲乣軍所專有，此乃沿襲遼制而未改，固非新設之官。至人選方面，雖間有用女眞人之例，仍是多求自乣人，金史（九四）內族襄傳云：

故事：諸部節度使及其僚屬，多用乣人，而頗有私縱不法者，議改用諸色人，襄曰：「北邊雖無事，恆須經略之，若杜此門，其後有勞績，何以處之？請如舊」……並嘉納之。

是金廷對於乣軍之管制，乃以乣人統乣人，但求防北之效，未有進一步之統馭。此亦使其得自凝聚之一因素也。

宋會要稿兵十七載：

建炎四年十一月十六日，劉光世奏：招到女眞契丹渤海漢兒一十八人，女眞撒哥主係千人長，契丹屈烈係乣官，渤海高質係百人長，漢兒千人長于坤乣官，劉公亮百人長呂祥，隊首張寬李用，隊下鄭進，盧順，于安仁，張彥，楊蓋，寇春兒，宋彥，崔興，李寶，乞補授官資，卻發付光世使喚。詔女眞撒哥主與補秉義郎，契丹屈烈補承信郎，渤海高質補進武校尉，漢兒于坤補承信郎，劉公亮呂祥補進武校尉，張寬李用幷補進義校尉，鄭進……李寶幷補下班祇應，僉軍張青元通幷補進義校尉，幷送劉光世，收管使喚，內女眞撒哥主，契丹屈烈仍賜姓趙，幷先解到招降女眞三寶胡都胡東永壽四人，已賜姓李，幷改賜姓趙。

按宋人所稱之乣官，當是乣詳穩，就其敍次在千人長之下百人長之上，千人長卽猛安，百人長卽謀克，略與金史百官志所謂「餘同謀克」者合，漢兒千人長于坤與女眞撒哥分列，則乣官劉公亮者，亦可能是漢人。會要又載云：

紹興元年正月二十一日，劉光世言：招降到女眞等自去年十二月二十三日，至今年正月三日，又節次招收到六百六十六人，內簽軍頭首申解前去，乞驗實依例補授名目，優賜犒設及支賜盤纏月糧，乞付光世使喚，詔女眞等補官，自中訓郎至下班祇應有差，簽軍糺官並補效用甲頭，內無姓人賜姓趙，仍並送光世收管軍前使喚。

按宋建炎四年，當金太宗天會八年（宋紹興元年卽金天會九年），時正宋金交戰，故有來降之乣官，又可見乣軍在女眞兵力中，亦佔相當數目。潛研堂集（三四）三答簡齋書云：

金史百官志諸乣詳穩一員，在部族節度使之後諸移里堇司之前，則乣亦部落之稱。

按以金之乣詳穩所統之乣，擬曰部落可也，謂其已是以乣而部族矣。猶之滿清旗人，謂其自成一集團，卽自成一部落或部族可也，但旗非部族之稱。

捌　金代乣軍之分佈及離叛

遼時有東邊之乣，舊戍於鴨綠江一帶，至金已失其對象，故不復見於金史，惟元史有遼東乣軍，亦無佐證以定其必爲舊日之東戍，至若駐於東北西北西南三路之乣軍，則分隸於泰州（東北）應州（西北）桓州（西南）三招討司，此三路之分布，實卽兩路，因所謂西南路者，並非國境之西南，而是間於東北西北之偏南，三路皆在北邊，亦卽金之乣軍，皆聚集於北邊也。

諸乣之名，複見於金史兵志及地理志，略有異同，箭內曾比較之，謂曰：

今將二者比較觀之，部族之名，兵志有萌古而無烏昆神魯，地理志有烏昆神魯而無萌古，兵志有烏魯古，地理志作烏古里，兵志有迭剌，地理志作迪烈女古。至於乣名，兵志有萌骨而無移典，地理志有移典亦無萌骨。金史詳校卷二十曰：「豈先有移典後改萌骨，抑刊訛耶？」殆存疑也。然兵志謂「乣軍十而終則謂凡九，似甚疏漏，而蒙骨移典二乣併存之事實，則似在此間暗示者。但百官志有失魯乣之名，內族襄傳有胡疋乣之名，奥屯襄傳有烏古里乣，皆爲兵志地理志所未載，則金之乣軍之數，似非必限於九處或十處者，要之，此等乣軍，如何分配於各部族之間，殆全不可知。

按烏古里之名，見於地理志，兵志曰烏魯古，實卽一名，漢語無與英語中「l」適當之音，故有「里」「魯」之歧，奥屯襄傳所謂烏古里乣，卽謂烏古里部族之乣，至於失魯乣，胡疋乣，雖未明著於兵志，然兵志東北路部族，迭剌唐古之下，有「二部五乣」之言，則其一部不止一乣，固顯然可知，金史（九四）內族襄傳曰：

（明昌元年）時左丞相夾谷清臣北禦邊，措畫乖方，屬邊事急，命襄代將其衆，時胡疋乣亦叛嘯聚北京臨潢之間，襄至遣人招之，卽降，遂屯臨潢。

東北路招討司置泰州，胡疋乣旣在其附近，且又叛而復降，當是東北路諸乣之一，可推知也。

金史（九三）獨吉思忠傳云：

> 初大定間修築西北屯戍，西自坦舌，東至胡烈么，幾六百里，中間堡障，工役促迫，雖有牆隍，無女牆副堤，思忠增繕用工五十萬，止用屯戍軍卒，役不及民。

此事曾見章宗紀承安五年亦作「胡烈么」，就此段紀事，可知胡烈么者，當卽胡烈乣之誤，監本以下之金史章宗紀之「胡烈么」誤爲「胡烈公」，施國祁金史詳校已言之，謂曰：

> 東至胡烈么，公、元本作么，是。案獨吉思忠傳作么，或卽兵志之移剌乣。

是此胡烈乣亦當爲東北路諸乣之一，茲爲便於省覽，表舉其名如次：

	兵志	地理志	百官志	備注
東北路部族節度使	迭剌 承安三年改爲土魯渾尼石合節度使	迪烈又作迭剌女古		內族襄傳有胡疋乣獨吉思忠傳有胡烈么
	唐古 承安三年改爲部魯火札石合節度使 以上二部五乣，戶五六八五以下六部數亦稱是	唐古		金史食貨志，戶口，迭剌唐古二部五乣戶五千五百八十五口十二萬七千五百四十四（內正口十萬九千四百六十三奴婢口一萬八千八十一）墾田萬六千二十四頃一十七畝牛具五千六十六。
	助魯	助魯		
	烏魯古	烏古里		
	石壘	石壘	失魯乣	
	萌骨			
	計魯	計魯		
	孛特本	孛特本		
		烏昆神魯		
西北西南二	蘇謨典乣	蘇木典乣	慈謨典乣	
	耶剌都乣	耶剌都乣	移剌乣	吳僧哥傳：「僧哥，西南路唐古乙剌乣上沙翥部落人。」
	骨典乣	骨典乣	骨典乣	
	唐古乣	唐古乣	唐古乣	
	霞馬乣	霞馬乣	霞馬乣	溫迪罕蒲覩傳作霞木乣
	木典乣	木典乣	木典乣	
	萌骨乣			

路乣詳釋				
	咩乣	咩乣	咩乣	伯德窊哥傳：「窊哥西南路咩乣奚人」
	胡都乣	胡都乣	胡都乣	
		移典乣	百官志引士民須知某年有慈謨典乣胡都乣霞馬乣無失晉乣移典乣	溫迪罕移室懣傳改移典乣詳穩還烏古里部爲節度使

此輩屯駐北邊之乣軍，章宗泰和南伐時，曾調用南侵。

大金國志（二十一）章宗紀云：

泰和八年……先是泰和六年，帝大發兵侵西北，諸乣、生蕃也，鄰接比，號曰驍騎，有衆三萬，盡數起發侵江南，次年，罷兵，和好如初，諸乣還歸，因賞不均，皆叛北歸。太學生李藻言宮中事，主大怒，勑斷一百，午逢辰白綸田廣明者，亦上書勸北伐，主以爲擅欲興師，窺圖進用，皆杖一百，四人挈其家亡之北地，相與獻謀，又有諸乣輸其力，於是大軍益銳，恐西夏議其後，乃大舉兵攻之。

金史章宗紀不載南伐用乣軍事，然楊雲翼傳(百十)言云：「時金倡議南伐，宣宗以問朝臣，雲翼曰：「……泰和舉天下全力，驅乣軍以爲前鋒，今能之乎？……」可知大金國志所記爲不誣。此等乣人，雖是屯戍北邊，然亦應調赴戰，同於遼時之舊也。蒙韃備錄云：

章宗築新長城，在靜州之北，以唐古乣人戍之，酋首因唐古乣結耶剌都乣木典乣咩乣骨典乣等俱叛，金人伐兵平之，乣人散走，投於韃人。

此言乣人散走投於韃人，正與大金國志所言「皆叛北歸」者合。唐古糺、耶剌都糺等屬西北西南兩路，卽西方之一部分，當於泰和以後，離金而附於蒙古矣。此等北附蒙古之乣人，自隨其叛金而變其防邊之任務，至於東北路之諸乣，仍是依然如舊。然迪烈乣人，有自始未肯降金而以興復爲志者，別詳下章。

金史（百六）朮虎高琪傳云：

大安三年，累官泰州刺史，以乣軍三千屯通化門外，未幾，升縉山縣爲鎮州，以高琪爲防禦使，權元帥右都監，所部乣軍賞賚有差。

按泰州爲東北路治所，是則泰和叛金之乣無東北路者，甚明，王國維據衞紹王紀大安三年十一月紇石烈胡沙虎走還京師，請兵二萬屯宣德，詔與三千人屯嬀川，崇慶元年正月，右副元帥胡沙虎請退軍屯南口，詔數其罪，免之（紇石烈執中傳同），謂高琪之屯縉山，當在胡沙虎免職之後，卽崇慶元年之春。又謂此時中都西北，惟恃此一軍爲重鎮，於至寧元年（癸酉，元太祖八年）曾與元兵接戰於懷來縉山。是其平時屯守，有事應敵，同於往時也。

玖　遼亡以後未肯降金之乣軍

女眞亡遼，諸乣分化爲三支，其中未降於金之兩支：北遁者與西遷者。各自有其光榮經歷，大石一支，以其復國者八十八年，每爲史家所稱道，但言西遼者，多未指明爲遺乣。而北遁之一支，從未爲言乣軍或遼金史者所論及，是誠一段逸史矣。姑著其略如下：

甲　北遁之乣軍及其入元以後之世勳及漢化

元許謙白雲集一總管黑軍石抹公行狀云：

公諱庫祿蒲，姓石抹氏，遼陽大寧人，契丹太祖后蕭氏，能用兵，太祖併一諸部，擊滅鄰國，侵軼中夏，以大其國家，后與有力焉，故世后皆蕭氏，而蕭遂爲右族。金滅契丹，易蕭爲石抹氏。公四世祖庫烈兒，閔宗國淪亡，誓不食金粟，率部落遠徙窮朔，以復仇爲志。曾祖脫羅華察，且招來懷輯，徒衆益盛。祖野仙，饒智略，善騎射，年少任俠尚氣，金聞之，欲縻以爵，深晦匿以自全。太祖皇帝龍興，挺身而歸，出奇計，單騎掩取金東京，金一旦失於重鎮，遂震讋莫能抗王師，從下北京，定幽燕，席卷靑齊，收地數千里，拜御史大夫上將軍，持將擊蠡州，死之。父查剌，剛勇善射，有父風。先是大夫募豪勇士爲前行號「黑軍」，所向無敵，常自將之，至是仍受(授)查剌公御史大夫領黑軍，從下平陽太原，降益都，南征，力戰克敵，直取汴州，從征南京，先登，以功除眞定路達魯花赤兼北京路達魯花赤，公其長子也。……襲父職，授總管黑軍，上知其才，降制略曰……黑軍素畏服，公旣領事，推誠撫下，不弛不苛，練習淬礪，常若赴敵，戊午歲，攻宋襄陽樊城，晝夜苦戰，與從弟度剌立雲梯上，直衝其堞，公手殺千餘人，度剌死之，中統三年，李璮反淄青，公從東討璮濟南，分地以守，璮劇賊皆精悍，數出兵奔突，公常陷陣斬獲以剉其鋒，後獨不敢犯公所部，帥衆攻城，盡銳而進，城上矢石雨注，公不肯避，中飛矢卒。

按石抹庫烈兒之英勇表現，卽率部北遷一段，由庫烈兒脫羅華察以至野仙，祖孫三代，招來懷輯，念念不忘宗國，其精誠堅定，實足比美於大石之西遷。惟大石得西方外緣環境之方便，遂得恢復宗國於萬里之外者近百年，而庫烈兒祖孫，雖內在之信念堅強，獨立窮朔者三代，終不能不依附蒙古以圖恢復，讀史者覩於庫烈兒與大石之經過，能不益信外緣環境影響於歷史之重要耶？野仙所募豪勇士爲前行號「黑軍」者，當卽庫烈兒所率部落與脫羅華察所招來之徒衆，雖未明著曰乣人，實卽契丹之遺乣，此爲歷來史家所未注意，亦卽本論所欲揭發之覆也。

黃溍金華文集二七沿海上副萬戶石抹公神道碑云：

公諱明里帖木兒，別名繼祖，字伯善，迪烈乣人。其先出於梁蕭氏，隋蕭后以族人入於突厥，至遼爲述律氏，仕遼多至顯官。金滅遼，改命爲石抹氏，曰庫烈而者，於公爲六世祖，義不仕金，望日再拜而卒。曰脫羅華察耳者，於公爲五世祖，承先志，亦不仕。其第二子曰也鮮，公高祖也，問父何爲不仕，父語以其故，慨然曰：「兒必復之！」金主聞其才武多智，召爲奚部長，固辭弗獲，乃俾兄瞻德納姑受之，以全其宗，遂遯，去之北山，射狐鼠以食，誓不食金粟，聞太祖皇帝龍興朔漠，乃杖策來歸，謁拜於九斿白旗之下，言東京金人根本之地，得東京則金何（可）圖，上卽命取東京，……得地千里，戶十萬八千，勝兵十萬。進攻北京，三年而克之，得其守將四十有七，城邑二十二，有旨以北京旅（屢）拒王師，當屠，力諫止焉。特授御史大夫，領北京達魯花赤。別募精銳之士萬二千號「黑軍」，以其籍來上，賜金虎符，加上將軍，提控諸路元帥府便宜行事，太祖西征，俾統乣漢黑軍，偕諸將經略中原，徇地至蠡州，死焉。曾祖諱查剌，繼爲御史大夫，統黑軍，定河東陝西諸郡，移師攻益都，城破，衆欲盡殲降者，堅持不可，益都之人，生爲立祠，以黑軍長驅入汴，進拔睢陽，太祖皇帝疇（酬）其勞，授眞定兼北京兩路達魯花赤。祖諱庫祿蒲，以黑軍與從弟度剌攻襄陽樊城，世祖皇帝念其祖父之功，降制褒諭，賜金符爲總管，與叛將戰於濟南，死焉。考諱良輔，以黑軍攻五河及湖南諸部。宋平，論功行賞，賜金虎符，歷蔡州弩軍萬戶，遂以爲沿海上萬戶府副萬戶，累階昭毅大將軍。由昭毅而上，四世有傳在國史……（公）大德七年，以門功入備宿衞，事成宗皇帝爲舍利別赤。……十一年昭毅公以老謝事，詔以公嗣其職。方是時，承平日久，黑軍散落之餘，多已他屬，武宗皇帝卽位，仁宗爲皇太子，上命悉括黑軍以衞東宮，宗戚貴臣弗便，事遂寢。……

據此，多可補前引行狀所未備。庫烈而（行狀中稱庫烈兒）一支，原爲迪烈乣人，子脫羅華察耳（行狀中省曰「脫羅華察」，元史百五〇石抹也先傳誤爲「脫羅畢察兒」，新元史百三五，蒙兀兒史記四九，石抹也先傳，並沿元史之誤，作「脫羅畢察兒」。）卽也鮮（行狀中作「野仙」）之父，也鮮元史本傳作也先，所敍奇計致功及死蠡州等事略同，不復贅。惟記黑軍於張鯨事後，以黑軍爲張氏所私養，與碑狀未合。傳云：

> ……監張鯨等軍征燕南未下州郡至平州鯨稱疾不進，也先執鯨送行在所，帝責之曰：「朕何負汝？」鯨對曰：「臣實病，非敢叛。」帝曰：「今呼汝弟致爲質，當活汝。」鯨諾而宵遁。也先追戮之，致已殺使者應其兄矣。致旣伏誅，也先籍其私養敢死之士萬二千人號「黑軍」者上於朝，賜虎符，進上將軍，以御史大夫提控諸路元帥事，舉遼水之西，灤水之東，悉以付之。

按庫祿蒲行狀與明里帖木兒神道碑所記者雖未明晰說出黑軍爲石抹氏舊部，然此輩黑軍，乃也先之祖若父所統率而來，並經招來懷輯者，其人當全數或絕大多數是遺乣。招募之言，止可認爲是糾合遺乣，不能視爲普通之招募。新元史蒙兀兒史記並沿元史舊傳皆以黑軍爲張氏所私養者，殊爲失考。

元史太祖紀云：

> 太祖十二年八月，詔以木華黎爲太師，封國王，將蒙古乣漢諸軍南征，拔遂城蠡州。冬，克大名府，遂東定益都、淄、登、萊、濰、密等州。

木華黎統率之乣，卽也先私養之黑軍，亦卽庫烈兒統率北遁之遺乣也。所惜元史也先傳竟誤記其黑軍，又忽略其系出迪列乣，但含混稱之曰「遼人」，亦未詳考其遼亡前後之歷史，幾令人不知其爲遺乣矣。甚者竟未勘詳也先之事蹟，乃於同書中又別著一石抹阿辛傳。可見當日史臣對於元事之隔閡與纂修之疏忽也。

元史百五二石抹阿辛傳云：

石抹阿辛，迪烈紇人，歲乙亥，率北京等路民一萬二千餘戶來歸，太師國王木華黎奏授鎮國上將軍御史大夫，從擊蠡州，死焉。子查剌，仍以御史領黑軍，初其父阿辛所將軍皆猛士，衣黑爲號，故曰「黑軍」。

明修元史，不知阿辛卽也先，無可討論，此迪烈乣之誤爲「迪烈紇」，不正啓示吾人乣字易爲傳統漢字所誣誤歟？率一萬二千餘戶來歸之言，正可說明其爲遺乣結合之集團，並非泛泛招募可比。至「黑軍」之號，因猛士衣黑一點，應是後人見其衣黑以爲之解或撰史者之補充，而黑軍之名，當與其悠遠傳統所用之黑旗(青幟)有關。因旗爲軍中標幟亦卽軍隊之象徵代表，乣軍卽黑旗軍者，可能亦衣黑色，因青氈爲契丹上服，舊習固是如此也。清魏源撰元史新編合也先阿辛兩傳而一之，改曰「耶先」，其他人名，亦從改譯，「兒」字并作「爾」，脫羅華察耳「華」字亦沿誤爲「畢」，不著也先系出迪烈乣，黑軍改曰黑衣軍。（辨東京爲北京事，非本題範圍，不具論。）殆未悉乣軍歷史者也。金季豪強嘯聚爲亂，見於金史記載者，有紅襖賊，黑旗賊，花帽軍等。此黑旗一股，疑有遺乣混雜其間，或以忻羨乣軍之雄勇，遂假用黑旗以爲識也。

箭內亙再答羽田論乣軍，刊於日本史學雜誌第二十七編第三號，因商榷「五十騎謂之一乣」問題，自謂露骨的敍其想像。

蒙古之乣，或爲太祖或太宗時，聞契丹人或女眞人述遼金乣軍事，而爲蒙古朝廷之一種計畫，抑或因耶律楚材黏合重山之徒所提議，知遼金乣軍之勇武，遂稱蒙古兵以五十騎而成之一隊爲「乣」歟？不然，則仿遼金乣軍之制，編成軍隊而稱以「乣」者。

箭內殆不知蒙古之乣，乃契丹遺乣之北遁者，其間不但存有連續關係，且庫烈兒以下，世次可序，事蹟可徵也。據明里帖木兒神道碑所載，成宗武宗之世，黑軍已式微，多散落他屬。當是承平日久，屯駐農耕之區，健兒無用武之地，遂漸漸同化也。而同化顯著之例，亦可於該神道碑見之。碑文云：

公（明里帖木兒）初以沿海軍分鎮台州，皇慶元年，又移鎮婺處兩州，馭軍嚴肅而恩意周浹。當揀放而老且貧不能歸者，曲爲之地，使有以自給而達於鄉里，旅殯者累數百，擇地爲叢冢，聚瘞而時祭之……昭毅公（良輔）既老，每懷鄉土之念，捐館之日，家僅存遺書數千卷，公粥其故廬，爲舟車之費，奉柩還葬柳城……公初從昭毅公在四明，師事前進士史先生蒙卿，……四明之學，大抵學六氏而宗楊袁，惟先生上接晏氏之傳，爲學一本朱子，公天資穎悟，凡先生所指授，聞輒領解，然不徒守其空言，而務在明體以達用，自經傳子史，下至名法縱橫天文地理數術方技，異教外書，靡所不通，而韜鈐之祕，則家庭所夙講，商榷古今，亹亹忘倦，治法征謀，如指諸掌……自號「北野兀者」，年踰強仕，卽請納祿……樂台州山水之勝，買田築室而居焉。扁宴休之所曰「抱膝軒」，雅歌賦詩以自娛，……更自號「太平幸民」……所著抱膝軒吟若干卷，清新高古，有作者風。……

今就「良輔」「繼祖」「伯善」等名字，與抱膝軒吟之遺著，安知其是乣軍總管？由庫烈兒至繼祖，七代之間，截然兩段，前五世，仍存契丹遺風，良輔而下，殆同漢人，繼祖尤稱博學能詩，此是同化之實例。而其他之不能重返北荒者，亦當化於漢人羣中無疑也。蕭氏本是舊改之漢姓，而石抹後又稱石氏（參看拙撰契丹女眞漢姓考或錢大昕諸史拾遺五），旣化其習尚，又改其姓氏，殆與漢裔無別矣。

乙　追隨大石之乣軍

大石西遷建國事，遼史附敍於天祚紀末，記云：

耶律大石者，世號爲西遼……自立爲王，率鐵騎二百宵遁，北行三日，過黑水，……西至可敦城，駐北庭都護府，會威武、崇德、會蕃、新、大林、紫河、駞等七州，及大黃室韋、敵剌、王紀剌、茶赤剌、也喜、鼻古德、尼剌、達剌乖、達密里、密兒紀、合主、烏古里、阻卜、普速完、唐古、忽母思、奚的、糺而畢十八部王衆……（宣諭復國）……遂得精兵萬餘，……整旅而西。

關於大石得以遠遷西域之基本武力，此段之記敍，尙是比較詳細，餘則更嫌簡略。如耶律楚材湛然集謂「大石挈衆而亡」，西游錄謂「率衆走西北」。趙子砥燕録言「大石林牙，結集兵馬，已及數十萬。」並是短短數言，語意籠同。西方史家記西遼事者，如世界侵略者傳 (Tarıkh Djihan Kushai) 記載：「相傳黑契丹的可汗離契丹時，從者僅七十人。又據別一說，率軍甚衆，諸突厥部落，相率聚其麾下。」剌失德 (Rashid-eddin 前引寫拉施特) 集史記西遼事，但稱：「訥失太傅（大石林牙）者，西奔，蹤乞兒吉思之地，旋至畏吾兒突厥斯單，曾在其地糾集重兵，盡取突厥斯單全境。」（並見馮譯多桑蒙古史卷一引）並未言其西行大軍，果是由何糾集。惟松漠紀聞有云：

沙子者，蓋不毛之地，……大實之走，凡三晝夜，始得度，故女眞不能窮追；遼御馬數十萬，牧於磧外，女眞以絕遠未之取，皆爲大石所得。

所謂御馬數十萬，當卽漠北羣牧也。

謀夏錄云：

（天祚）入夾山，有司悉以羣牧獻之金人，唯松漠以北者，悉爲大石林牙所有。

遼史食貨志所謂：「松漠以北，舊馬皆爲大石林牙所有。」卽本此而修。羣牧之馬歸大石，羣牧乣軍，應亦隨大石以去。劉祁撰烏古孫北使記云：

昔大石林廝，遼族也，太祖愛其俊辯，賜之妻，而陰蓄異志，因從西征，挈其孥，亡入山後，鳩集羣乣，逕西北，逐水草，居行數載，……入回紇，攘其地而國焉。

是烏古孫仲端奉使之時，尙知大石曾鳩集山後之乣。羣乣云者，或竟是羣牧乣軍之省。大石得此依憑，遂能兵行萬里。參之遼史天祚紀所記，則七州十八部云者，應指遼之西北諸乣也。（十八部中有普速完。檢遼史營衞志有「蒲速盌斡魯朶，應天皇太后置，興隆曰『蒲速盌』，是爲長寧宮。」金史所載羣牧十二處有蒲速斡羣牧。又大石之女曰普速完。此名號之相合，或不止是同取一語，卽取興隆之義，亦許有遺部遺人之關係存於其間。）

俄人 E. Bretschneider 撰中世紀研究有論西遼事云：

關於哈喇契丹一名，並非創用於亞洲西部，而似起源於蒙古人或突厥人，蒙古語和突厥語，哈喇 (Ka-ra) 一字都訓「黑」，爲甚麼蒙古人把這種人稱爲

「黑契丹」，那就沒法知道了。因爲創建黑契丹帝國的是遼的子孫，所以中國記載中稱之爲「西遼」，至於「黑契丹」一名，中國書中都未用過。

Bretschneider 之書，有梁園東先生所譯哈喇契丹一段爲西遼史，并附譯註（商務印書館刊入史地小叢書），梁氏雖指出「黑契丹」之名，曾見於西使記，但何以稱曰「黑契丹」或「哈喇契丹」，則歷來史家未有說明，今知大石西遷之武力爲乣軍，又知乣軍卽黑軍，則其所以稱爲「黑契丹」或「哈喇契丹」之故，亦可因以明白。玆略著其意，別詳哈喇契丹說。

丙　北遁西遷之分野含有民族之因素

天祚朝中，有尖銳對立之黨派，燕王耶律淳以蕭幹與大石之支持，遂自立於燕，號「天錫皇帝」，其事遼史附敍於天祚紀末，所謂「北遼」者也。此北遼政權，與天祚對立，淳死（淳妻）德妃，猶以皇太后稱制，直至金兵入居庸，始被迫出奔。契丹國志十一記其出奔之事云：

> 初蕭后東歸，以避金人，駐松亭關議所往，耶律大石林牙，遼（契丹）人也，欲歸天祚，四軍大王蕭幹，奚人也，欲就奚王府立國，有宣宗駙馬都尉蕭勃迭曰：「今日固合歸天祚，然而有何面目相見，」林牙命左右牽出斬之，傳令軍中，有敢異議者斬，於是遼奚軍列陣相拒而分矣。遼軍從林牙挾蕭后，以歸天祚於夾山，時奚渤海軍從蕭幹留奚王府，幹據府自立，僭號爲「神聖皇帝」國號「大奚」（三朝北盟會編十二引亡遼錄略同）。

大石與蕭幹同爲擁護耶律淳之人，反對天祚朝中之諸蕭，竟於松亭關會議之時，列陣分立。自然是政見之不合，然雙方之分野，最低在兩個領導人間，乃以契丹與奚之種族關係。奚人於宗國絕望之會，轉生民族之自覺，加演一幕「奚國」，不顧客觀環境之惡劣，而恃主觀之信心，必欲建國稱號，亦北方民族史上一曇花也。

金史六七奚王回離保傳曰：

> 太祖入居庸關，蕭妃自古北口出奔，回離保至盧龍嶺，遂留不行，會諸奚吏民於越里部，僭稱帝，改元「天復」，改置官屬，籍渤海奚漢丁壯爲軍。（遼史回離不傳謂設奚、漢、渤海三樞密院。）

越里部卽遙里部，亦卽奚王府之所在。此遙里部之新政府，雖號國「大奚」，然蕭幹曾是四軍（契丹、奚、漢、渤海。）大王，則其屬下非單純之奚人，應是包有契丹不在少數，且經二百年之婚媾，事實上，亦不易辨析甚清。蕭幹自立凡八月，爲其黨耶律阿古哲與其甥乙室八斤等所殺，大奚遂亡。遼史不著其後事，金史謂「回離保死，奚人以次附屬」云云。今按庫烈兒一支之史實，具有左列三條件：

一、未肯降金而北遁。

二、蕭氏（亦卽石抹氏）。

三、金廷曾招也先爲奚部長。也先不肯就，俾其兄瞻德納姑受以全其宗。

準此三點推之，則庫烈兒一支，當是奚王回離保之遺落也。然則大石西遷之一支，與北遁一支之分野，乃分於松亭關會議之破裂，殆有民族之因素存於其間。

拾 乣之由軍而族及其與塔塔兒之關係

庫烈兒所統率之遺乣，旣獨立窮朔者三世，又經招來懷輯，在也先投降蒙古之時或以前，蒙古人當知其聲勢，且泰和以後，留金之西北西南兩路乣軍亦已背金而附於蒙古，此若干驍騎，實已自成一部族，雖投服蒙古，仍不失爲一單位，由蒙古視之，此輩乣人，當自是一民族，故有「乣家」之號，尤其是着重奚人言。蒙韃備錄稱成吉思之大臣元勳：

……又其次曰大葛相公，乃「紀家」人，現留守燕京，次曰劉八者，乃回鶻人。

此「紀家」與回鶻相對應，顯指民族之意，「家」字在當時，更是特定用法，卽指民族之稱。如范仲熊北記有韃靼家、黑水家、奚家之類，紀字爲乣字訛寫。沈曾植元祕史注十引備錄此文，於紀字下注曰：「疑字訛」。

王國維蒙韃備錄箋證云：「紀家，當作乣家，遼史天祚紀之乣而畢，部族表作紀而畢，其證也。」曹元忠蒙韃備錄校注謂：「紀家疑乣軍之訛」，并謂：「大葛相公，卽石抹也先。」王國維主因考以大葛相公爲石抹明安，應以王說爲是。乣爲紀之誤，殆無容疑，惟藤田謂「紀家」當於乣轄石合，按以紀字爲乣是也。乣家非乣轄對音，非石合對音，以乣爲民族而稱乣家。此爲晚金初元之事，不能混爲遼時之糺轄。（又蒙韃備錄言：「同任事燕京等處有乣蠻兒元帥、史元帥、劉元帥等甚衆。」曹元忠校注曰：「乣蠻兒元帥，說海本宋人小說本並作紙蟬兒無師，乃傳寫之譌。」又曰：「耶律禿花傳所謂統萬戶札剌兒劉黑馬史天澤伐金之事，乣蠻兒即札剌兒之駁文也。」）

西北西南之諸乣旣先背金而去，其東北路諸乣留於金源之分（瞻思納卽在此部分內），元祕史稱曰主亦納，主囝，主因。此被稱曰主因者，仍爲金朝武力中鼎足之一，但未與金相終始。元史石抹也先傳所稱：「瞻德納後亦棄金官來歸，爲別失八里達魯花赤，卽是一例。」瞻德納卽也先之兄，也先俾其姑受金官以全其宗者也。

金史完顏綱傳云：

至寧元年，綱行省事於縉山，徒單鎰使人謂綱曰：「高琪駐兵縉山，士皆思奮，與其行省親征，不若益兵爲便。」綱不聽，徒單鎰復使人止之曰：「高琪措畫已定，彼之功卽行省之功。」綱不從，綱至縉山，遂大敗（徒單鎰傳略同）。

此役見於聖武親征錄，元史太祖紀。親征錄云：

癸酉（卽金章宗至寧元年，蒙古太祖八年）秋，上復破之，（宣德德興）遂進軍至懷來，金帥高琪將兵與戰，我軍勝，追至北口，大敗之。死者不可勝計，時金人塹山築寨，悉力爲備，上留怯台薄察頓兵據守，遂將別衆西行，由紫荆口出，金主聞之，遣大將奥屯拒隘勿使及平地，比其至，我衆渡關矣。乃命哲別率衆攻居庸南口，出其不備，破之，進兵至北口，與怯台薄察軍合。

元史太祖紀云：

八年癸酉，秋七月，克宣德府，遂攻德興，拔之，帝進至懷來，及金行省完顏綱，元帥高琪戰敗之，追至古北口，金兵保居庸，詔可忒薄剎守之，遂取涿鹿，帝出紫荆關，敗金兵於五回嶺，拔涿易二州，契丹訛魯不花獻北口，遮別遂取居庸，與可忒薄剎會。

此當日金蒙會戰之經過。按高琪旣爲措畫之將領，則金之軍隊，必有高琪所統率之乢軍，可以推知。王國維更於親征錄所稱金方主帥爲高琪一點（蒙韃備錄同），即以軍中措畫，本出高琪，至稱完顏綱者，乃以綱爲大帥。其言亦頗合理。

元史百七九蕭拜住傳云：

蕭拜住，契丹石抹氏也。曾祖醜奴，……仕金爲古北口屯戍千戶。歲庚午，國兵南下，金將招燈必舍逝，醜奴於暮夜潛領兵三千人力戰，不克，矢中其胸，遂開關，遣使納降，太祖命醜奴襲招燈必舍，追及平灤，降之。因攻取平灤澶順深冀等州……（新元史百八三蕭拜住傳同，惟不著庚午之年。蒙兀兒史記百二四蕭拜住傳改庚午作辛未。）

元祕史續集一云：

羊兒年，成吉思征金國，先取了撫州，經過野狐嶺，又取了宣德府，使者別古亦古捏(克)做頭哨，至居庸關，見守禦的堅固，者別說：「可誘他戰」，於是將軍馬佯回了，金家見了，果然盡出軍馬追襲，直至宣德府山觜行，者別卻翻回來了，將金國陸續來的軍馬殺敗，成吉思中軍隨後到來，將金國的契丹女眞（原文此下有「主亦訥」三字）等緊要的軍馬都勝了，比至居庸，殺了的人，如欄木般堆著，者別將居庸關取了，成吉思入關，至龍虎臺下了營，遣軍攻取北平等郡（明譯）。

又云：

北平被攻時，金王京丞相對金主說：「天地氣位大位子交代的時節敢到了，達達每好生強盛，將咱勇猛的（原文此下有契丹女眞主亦納）軍馬殺絕，可倚仗的居庸關取了（明譯）。

王國維論曰：「祕史記此事承羊兒年成吉思伐金而下，其實此節所記，包含辛未、壬申、癸酉三年之事，即下二節記金人議合，西夏納女事，亦承羊兒年書之，不復紀年。緣祕史本非編年之書，記一事但欲具其本末，而於繫年之法，則所不講，就此點親征之記事自爲辨晳也。成吉思初次伐金之役（自辛未至甲戌），其取居庸也，親征錄繫之癸酉，祕史亦無兩度取居庸之事，而金史衛紹王紀則一書於辛未九月，再書於癸酉七月，承裕傳亦於辛未歲書大元兵入居庸。元史從之。固無論其爲一取或再取，而祕史書敗契丹女眞主因等緊要兵馬，在克宣德之後取居庸之前，則祕史此項記事，正與親征錄癸酉歲記事相當。其爲懷來之役，而非辛未會河之役，其所記取居庸事爲癸酉之事，而非辛未之事，可斷言也。」王氏推定此事爲癸酉懷來之役甚是。主亦納爲主因之語尾變化，主因卽乣軍，質言之，卽石抹醜奴所將之屯戍軍也。

新元史百五三石抹明安傳：

石抹明安，桓州人……太祖七年，大軍克金撫州，金主命紇石烈九斤來援，明安爲裨將，陣於溫根達坂，九斤謂明安曰：「汝嘗至蒙古，識其汗，可往見之，問舉兵之故，彼若不遜，卽詬之。」明安如所戒，太祖使縛以俟命，旣而大敗金兵，太祖召明安詰之曰：「我與汝無怨，奈何衆（重）辱我？」明安曰：「臣欲歸順，恐九斤見疑，故如所戒，得乘機至上前，不然，何以自達？」太祖善其言，釋之。八年，金復遣明安乞和，太祖允之，後來降。

元史百五〇石抹明安傳曰：

石抹明安，桓州人，歲壬申，太祖率師攻破金之撫州，將遂南向，金主命招討紇石烈九斤來援，明安在其麾下。九斤謂之曰：「汝嘗使北方，素識蒙古國主，其往臨陣，問以舉兵之由，不然，卽詬之。」明安初如所教，俄策馬來降。

按兩史所記雖少歧，然石抹明安於元太祖攻撫州之時投降，爲確切史實。而明安爲桓州乣人，卽嘗受命與三合拔都將兵由古北口徇景薊檀順諸州者。

元史百五一石抹孛迭兒傳：

石抹孛迭兒，契丹人，父桃葉兒，徙霸州……仕金爲霸州平曲水寨管民官，太師國王木華黎率師至霸州，孛迭兒迎降。……丁丑，從平益都沂密萊濰。戊寅，從定太原忻代平陽吉隰岢嵐汾石絳州河中潞澤遼沁。辛巳，木華黎承制升，孛迭兒爲龍虎衛上將軍霸州等路元帥，佩金虎符，以黑軍鎭守固安水寨，旣至，令兵士屯田，且耕且戰，披荆棘，立廬舍，數年之間，城市悉完，爲燕京外蔽，……（新元史百三五石抹孛迭兒傳略同）。

按石抹桃葉兒以契丹之奚人仕金，爲管民官，則其管下之人，度必契丹之遺乣也。惜不知其乣名。其子孛迭兒於元兵攻霸州時投降，又從元兵攻略內地，積功爲上將軍，佩金虎符，而以黑軍鎮守固安水寨。此輩黑軍，當是桃葉兒以來之舊部，亦可推知。且此輩黑軍之新任務，乃屯戍以為燕京屏藩，參以前引石抹醜奴屯戍北口為金外蔽之事，當是利用乣軍傳統習慣上之方便。益信前論乣軍主要任務為屯戍之說不誣。黑軍卽乣軍之意，亦得因此例以更明白。（元史本傳謂孛迭兒之子乣查剌、查茶剌，新元史本傳謂是一名之衍，卽一人，已於前晉羲章引之。檢元史九九兵志宿衛條：「世祖中統元年四月，諭隨路管軍萬戶，有舊從萬戶三哥西征軍人，悉遣至京師充防城軍，……乣杳剌軍一百四十五人……」又鎮戍條云：「世祖中統元年五月詔漢軍萬戶各於本管新舊軍內摘發軍人，備衣甲器仗，差官領赴燕京近地屯駐…… 乣吒剌四百六十六人……」新元史九九兵志僅著乣吒剌事，此乣吒剌之軍，應卽孛迭兒之軍。）

先後附元之遺乣，多是契丹（奚）健兒，縱有非契丹人羼於其內。在蒙古看之，乣軍或黑軍者，直是契丹（奚）軍。

元祕史（卷一）云：

> 捕魚兒海子闊連海子兩個海子中間的河名兀兒失温那河邊住的塔塔一種人，俺巴孩將女兒嫁與他，親自送去，被塔塔兒人（原文塔塔兒中之主因種）拿了，送與大金家（明譯）。

日本那珂通世成吉思汗實錄（卽日譯祕史）一云：

> 居於不余兒納兀兒闊連納兀兒二湖間之兀兒失温木連者，有阿亦里兀惕備魯兀惕之塔塔兒之民。俺巴孩合罕與之以女，自送其女前往時，塔塔兒主因之民挐俺巴孩合罕乞塔惕之阿勒壇合罕牽而往時……

乣軍為契丹之軍，其人為契丹（奚）之人，日譯以塔塔兒主因並列，明譯乃謂曰塔塔兒中之主因種，是又何說也？考金史內族襄傳曰：「方德壽之叛，諸乣亦剽掠為民患，襄慮其與之合，乃移諸乣居之近京地，撫慰之，或曰：『乣人與北俗無異，今置內地，或生變，奈何？』襄笑曰：『乣雖雜類，亦我之邊民，若撫以恩，焉能無感，我在此，必不敢動，後果無患，』設明譯為不誤，則乣軍之被稱曰塔塔兒，豈以俗同塔塔耶？又乣為雜類一點，亦可想像其種屬之不單純，如非契丹人之混於乣軍者，且久戍北邊應有婚媾混合之事。

聖武親征錄云：

甲戌（金貞佑二年，元太祖九年）夏四月……斫答遣裨將塔塔兒帥輕騎千潛渡水復背擊守橋衆，大破之，盡奪衣甲器械收馬之近橋者，由是契丹軍勢漸震。

拉施特集史亦記此事，但所記未同，集史云：

叛衆聯合河之彼岸塔塔兒衆千人前後夾攻，大破守橋兵（原注云：「塔塔兒人駐於此地服屬金主」）。

王氏釋之曰：「拉施特集史中之太祖紀與親征錄同出阿兒壇脫卜赤顏」。「塔塔兒一語親征錄譯爲人名，拉施特譯爲種名，且加以注釋，蓋錄誤也。如拉氏所記，當時乣軍蓋分駐於永定河左右，其西畔之契丹人先叛，而東畔之塔塔兒人復起而應之，此軍來自泰州，其兼有此二種人，固自不足異也，蒙古遣三模合拔都明安太保與之合師，亦自有故，蓋三模合爲散只兀人，本與塔塔兒人同居呼倫貝爾二湖之東，而石抹明安，元史云桓州人。蒙韃備錄則云乣家人（原作紀誤）。蓋西北路諸乣中之契丹人，蒙古所以遣此二人者，亦當以其與契丹塔塔兒有連故也。」（按桓州爲西南路招討司治所。）是乣軍以遠戍塔塔之區，與塔塔雜居，及其南來應戰，又與塔塔偕，則其被稱塔塔兒者，亦略可解。

拾壹　乣軍之獨立運動

元史太祖紀：

九年六月，金乣軍斫答等殺主帥率衆來降，詔三模合石抹明安與斫答等圍中都。

新元史太祖紀：

九年夏五月，金主遷於南京，留其太子守忠守中都，帝聞之，怒曰：「既和而復遷，是有疑心，特以和議款我耳。」遣阿刺淺往詰責之，會金乣軍扈金主南遷，至良鄉，金主命輸鎧仗入宮，乣軍怒，殺其帥詳袞，推斫答比涉兒札刺兒三人爲帥來請降。時帝避暑於魚兒濼遣石抹明安撒木合入古北口，與斫答等圍中都。

又李心傳建炎以來朝野雜記乙集十九云：

（貞祐）二年……冬，燕京之乣軍叛，與韃靼共圍燕京。

此蓋保衛中都之乣軍，即東北路諸乣，金史兵志所謂：「宣宗南遷，乣軍叛去，兵勢益弱。」即指此貞祐二年之事。

金史木虎高琪傳云：

（完顏）素蘭奏曰：……去歲都下書生樊知一詣高琪言乣軍不可信，恐生亂，高琪以刀杖決殺之。自是無復敢言軍國利害者，使其黨移剌塔不也爲武寧軍節度使，招乣軍（移剌塔不也傳亦記招徠中都乣軍無功）。初，宣宗將遷南京，欲置乣軍於平州，高琪難之，及遷汴，戒衆多（即抹撚盡忠）厚撫此軍，衆多輒殺乣軍數人，以至於敗，宣宗末年嘗曰：「壞天下者，高琪衆多也。」終身以爲恨云。（盡忠傳亦記其殺乣軍數人，致中都受圍云云。）

此金源晚季，失去最後一批乣軍，即斫答、比涉兒、札剌兒等所統者，竟致亡國，可見乣軍在當日之地位，而金室之屢謀招致，亦足說明其重視與恐懼之心情。在金朝說，未能善於處理，致成此變。就乣軍方面言，背金而後，乃與其已分之乣合兵，此新結合，爲契丹遺人之重聚，是亦促其有新的醞釀或舊的民族意識復興之一重要因素也。

金史宣宗紀：

貞祐三年二月，武清縣巡檢梁佐，柳口鎭巡檢李咬住，以誅乣賊張暉劉永昌等功，進官有差，皆賜姓「完顏」。

又完顏佐傳云：

佐本姓梁氏，初爲武清縣巡檢，完顏咬住本姓李氏，如柳口鎭巡檢，久之，以佐爲都統，皦住副之，屯直沽，貞祐二年，乣軍遣張暉等三人來招佐，佐執之，翌日，劉永昌率衆二十人持文書來，署其年曰「天賜」，佐擲之，麾衆執永昌及暉等，并斬之。

按乣軍背金之後，雖元史記其納款於蒙古，金史則有自署「天賜」年號之記事，且親征錄記其通好遼王之使與遣蒙古使同發，顯然爲獨立復國之運動。張暉劉永昌二人，不詳其身世，但有二點可以注意：

(一)此二人皆漢姓漢名。

(二)署年號爲漢式辦法，而「天賜」又是漢文漢義之號。

基此兩點，參以乣官有劉公亮之人，則張暉劉永昌者，疑是韓延徽康默記一流人物也。

推源乣軍之所以背金獨立，固由於金廷之未善處理，然自度兵馬之雄強，故國之念益盛，加以蒙古之依憑，與大石建國之前例，積內因外緣等條件，又有漢人爲之策畫，遂而不能安於金源也。金史移剌福孫傳云：

> 興定二年，福孫上書曰：「爲今之計，惟先招徠乣人，選擇乣中舊有宿望雄辯者，諭以恩信，彼若內附，然後中都可復，遼東可通。

是則乣軍於背金之後，金源朝臣，仍念念不忘招撫之意，然乣軍終附蒙古以亡金；而「天賜」年號，亦僅此一見而已，乣軍之衆，遂爲蒙古之驅民。

元祕史續集二云：

> 成吉思又對二人（孛斡兒出木合黎）說：「金國的百姓不曾分與你，如今有金國的主因種，你兩人均分，凡好的兒子，教與你擎鷹，美的女子，教與妻子整衣，已前金主曾倚仗著他做近侍 ，將咱達達祖宗廢了 ，你二人是我近侍，卻將他每來使喚者。」（原文作已前金主的倚仗的寵任的又將咱達達的祖宗父親殺了的這契丹的主因種如今賞與我所倚仗的寵任的孛斡兒出木合黎二人者。）

乣軍之衆，既爲孛斡兒出木華黎所分，遂隸於其麾下。追隨從征。

右論乣軍背金附元之事。獨立之意，則因張暉劉永昌而得其消息。獨立之議，張劉應亦參與，或許是主動人物也。因太學生李藻與午逢辰白倫田廣明四人，既先挈其家亡之北地，相與獻謀，又有諸乣輸其力，於是大舉伐夏，是則唐古乣耶剌都乣等背金之時，已有漢人北逃相與獻議之事。晉惠帝時，代人衞操與族子雄及同郡箕澹往依拓跋，拓跋嘗任以國事 ，温公著此事於通鑑 ，胡三省注曰：「衞操箕澹輩，何爲去華就夷如是其早計也 ；中國之人可爲凜凜矣！……晉之無政 ，亦可知矣！」身之慨乎言之，殆亦重有感者焉。

自漢末中原離亂，袁紹據河北，漢人頗有投依軻比能者，永嘉之亂，又多往投於慕容，唐季衰亂，漢人多流於契丹，籌謀畫策，獻身於夷，推其委身於夷之故，固有多端，主要的殆不外中原無政，不能人盡其才，爲淵敺魚，爲叢敺雀，終之坐受其制，由部落言之，則強悍雄勇，固其本色，惟於政治經驗感缺憾，喜得參謀，樂有顧問，一旦時機成熟，遂得起而生事。然此是歷史上之舊事，晚進則有甚者矣。邊陲之族，鄰接文明強國，參謀畫策，無須漢人，況又進而誘之以利，脅之以威，乃所謂邊疆大員者，較之高琪衆多或加劇倍蓰，此近數十年來邊族之所以離心也。方今世趨大同，當如何弘我教化，昌我民治，以得各安其生也。

附 一

北風揚沙錄謂：「（女眞）勃極列，猶中國總管，皆糺（乣）官也。自五戶勃極列，推而上之，至萬戶，皆自統兵。」是揚沙錄撰者，以勃極列爲乣官也。勃極列，bogile, bokile 爲由勃堇 bygin, bogin, bekin 轉來，其義爲首領君長，與滿淸之貝勒爲同一語源。金之部落首長，平時稱勃堇，戰時卽稱曰猛安謀克。故揚沙錄所謂勃極列爲乣官之意，應是宋人之意測或概括的說法，不必是勃極列亦有乣官之號，而勃極列卽猛安謀克所統者，亦不得逕稱曰乣軍。此吾人謂金之猛安謀克與遼之乣軍爲不同也。然乣軍與猛安謀克之所統，並是部落之人，自然可有若干點是相同或相似。若取兩者相同或相似之點立言，猛安謀克亦猶乣官也。惟金時得自遼之乣軍，如西北西南東北三路者，多是契丹奚之人，所以專名（指民族）之用，遂較通名爲更著也。然亦有不專指契丹奚而稱乣者，元史兵志序云：

又有遼東之乣軍，契丹軍，女直軍，高麗軍，雲南之寸白軍，福建之畬軍，則皆不出戍他方者，蓋鄉兵也。

又續宏簡錄云：

乣音杳（查）遼東軍也，凡二十五部族。

是元時之遼東鄉兵有稱乣軍者，此乣軍與寸白軍畬軍相埒，可以視爲遼東軍之專名，但此二十五部族，未必是同一種族，並爲契丹奚之人，因此籠稱乣之軍，縱許在遼時服附契丹，但無從證明其必是契丹奚之人。反之，有以下三點跡象。

一、不出戍他方；且稱鄉兵。

二、與契丹軍女直軍並列。

三、宋人亦稱勃極列曰乣官。

基此三點，不能不承認遼東乣者，爲本地部族，竟使有遼時之東戍卽屯於鴨綠江之遺人或從征乣軍重返遼東者在內，但可以認定大部分是當地部族。明女眞譯語二載女眞館來文云：

海西建州乣衞都指揮使哈出哈男瑣奴謹奏：奴婢祖父，在邊境出力多年了。天順二年五月十三日得的職事，今可憐見奴婢孩子瑣奴要替前職，奏得皇帝知道。

建州爲滿淸所自出，固人所習知，建州非地名而是部族之號，孟森曾反覆申論，見所著明元淸系通紀。此海西建州之稱「乣衞」，應是沿承遼金元而來。今檢明史及英宗天順實錄，並未見「乣衞」之稱，惟世宗嘉靖實錄卷十嘉靖元年正月壬申：「海西建人（人寫本作州是）女直夷人都指揮僉事鎖奴兒等入貢。禮部奏：『各夷原降勑書與年貌不同，疑有奸僞，乞行彼處鎮巡自後嚴覈以聞。』詔可。」此鎖奴兒是否同名或卽瑣奴不可知。在未發見有力之反證以前，不能不承認「乣衞」之稱。明史九〇兵志二衞所目云：

羈縻衞所。洪武永樂間，邊外歸附者，官其長爲都督、都指揮、指揮、千百戶、鎮撫等官，賜以敕書印記，設都司衞所。

又列衞分三百八十四，建州衞次第三。海西建州稱乣，則其他羈縻衞所，如毛憐兀者……等想亦同樣可有此稱法。明時記載中之遼東史蹟，特別是關涉滿淸先世者，屢經焚燬削改而無所存，此女眞館來文，眞可謂吉光片羽矣。

明代衞所入淸編爲綠旗，見淸史稿兵志。淸通考一七九兵考序云：

洎乎……中外一統，復設綠旗營以統漢兵。

又兵考一云：

崇德二年，分漢軍爲二旗，……其旗皆皂色。四年，分漢軍爲四旗：一以皂鑲黄，一以皂鑲白，一以皂鑲紅，一純用皂色。七年，設漢軍八旗，定旗色與滿洲八旗同。

孟森八旗制度考實漢軍佐領考略：

崇德二年七月，分烏眞超哈（漢文稱漢軍）一旗爲兩旗，以昂邦章京（漢文稱總管)石廷柱爲左翼一旗固山額眞,以昂邦章京馬光遠爲右翼一旗固山額眞……初兩固山纛色皆用玄青,至是改馬光遠纛以玄青鑲黃,石廷柱纛以玄青鑲白,王世選纛以玄青鑲紅,巴延纛純用玄青。

是崇德二年以前之漢軍(其前身卽明之衞所),纛用玄青皂色,質言之,卽黑旗也。衞所用黑旗,且亦有稱乣之例,而遼東乣軍號鄉兵,謂曰由遼金之沿襲嬗變,似無不可。

附 二

今冀東灤縣一帶有么姓,族亦甚盛,友人么先生治氣象學,先後講學於蜀中杭州,余嘗以么姓所始詢之,彼轉以問余,愚以固陋,未能多讀兩漢三代之書,尙未發見么姓之始。試檢陳士元姓觿卷三:「幺音同要,一作么。千家姓云:『開封姓』。」又明弘治中有么謙者,湯陰人,官通州訓導,其係籍歷官,並在金人區域之內,仍以不得所始爲憾。么君曾允回鄉時,訪求譜牒以供參稽,兵馬路梗,仍有待於來日。年來就南北各大圖書館所藏族譜家譜中求之,亦未得么氏譜。么氏固是漢人,得姓受氏,宜有可徵,今之未詳,吾人不知也。特以金史有胡烈乣爲胡烈么之誤,因使吾人有探求么姓受氏之興趣,惜以知見甚少,附此志疑。非敢謂憑此偶然之聯想而妄爲議論也。

拾貳 結論

乣軍之事,爲遼金史上之重要問題,以記載之不詳,板本之窳劣,又無詳明之注解,乣字散見於遼金以來史册者,凡寫糺糺糾紇紇么公……等字,字愈歧而事愈晦,幾爲遼金史上不解之問題矣。治史者以史料之限制,語言之隔閡,不能逃於暗中摸索之研求,故此段工事,至爲艱苦而不易有所創獲,此竹汀先生而下,箭內羽田諸人,雖多有討論,而仍莫得其解也。今由板本勘比,事例參驗,證以突厥蒙古之語言,契丹女眞文字之碑誌譯語,與遼金時代之兵馬制度,可得下列諸點:

一、乣軍之乣字不是漢文「糺」字,諸史作糺字者,爲刊誤或傅會。

二、乣字卽代表契丹語 Kha-ra 喀喇或哈喇,漢義爲黑色,亦卽青色。Kha-ra 音轉爲 Ča-ra 查剌,乣字明人注曰:「音查」,查卽 Ča-ra 之首音。今契丹文有「乢」字，或是乣字之原形，即遼金元史中之乣字。

三、遼金時，乣字與「迪」「敵」對音，因迪字朝鮮音讀 Chök 不同於今日北平音之讀 di, ti, 故在當時之迪字音讀，實與 Kha-ra, Ča-ra 相近。

乣字女眞文作「竔」，在 Grube 字典中注曰音叉，「叉」字當是「乂」字之形誤，即當讀曰 Ča 不讀 Yeú；設非「乂」字之誤而確是叉，即在女眞字讀叉，不同於契丹「乣」字之讀查，如日本文借漢字而不讀漢音之例。

四、乣軍之名，本取旗色，因有指旗或旗下人之意；以軍用青幟，故曰青幟軍，亦即黑旗軍。乣軍中人，多有名曰查剌者，當是因乣而名。

五、乣軍之名，因沿用日久，漸具專義，即以乣爲軍或兵之意，乃至乣字指軍指人之意漸著，指色指旗之意轉輕。遼亡北遁之乣，自成獨立之集團；而附金之乣，亦是屯戍北邊，族類集結，乣雖爲軍隊之稱，民族之意尤重，故史謂曰乣家或乣人。

多桑書中有 Kouyin 貝勒津之書作 Kiuin 推之拉施特集史之寫法，必亦相去不遠，此稱漢譯曰「主亦」曰「主因」，即指乣人而言。

乣雖用爲專名，直至明時，仍有稱軍或旗之用法。

六、遼之乣軍，即著籍王府之頭下軍，亦即分鎭邊圉之部族也。因遼之部族，有不任防邊者，故乣不正當於部族。此輩乣軍，平時屯戍邊陲，有事則出而應敵。

遙輦乣、五院乣、六院乣等，性質上，皆是部族乣，不得與皮室埒。

七、女眞亡遼，諸乣分爲三支：一支由庫烈兒統率，祖孫獨立窮朔者三代，不忘宗國，後附於蒙古，似仍沿用其黑旗，故號曰黑軍；一支由大石領導，遠遷西域，建國西遼，當亦用其光榮傳統之黑旗，所以有黑契丹之號。另一支降附於金。

八、降金諸乣，分屯於西北、西南、東北三路，爲金防邊，亦調用作戰，仍沿遼時辦法，由節度使，詳穩統領之。此降金之三路乣軍，先後背金投附蒙古。

九、降金諸乣，其最後一批背金者，在金末兵力中爲比較有力之一部，對於晚金局勢具有決定性之重要。背金以後，合前後附元之乣，威勢益盛，曾有獨立建國之運動。且已有漢人厠與其間，或有籌謀策劃之事。但所圖未成。

十、遼之一乣即一詳穩，所統領者，似無固定之人數。金之詳穩，其地位在千戶之下，百戶之上，則其統領之人數，亦當在千百之間。至於五十騎爲一乣，即一隊者，或二十五部族云云，則是元初之事，然不必是全體一致之編制。明時建州衛亦稱建州乣衛。

乣軍問題，雖自竹汀先生提出，但未作解答，核補遼金史諸家與夫改修元史諸家，並是消極的闕而不論，直至日本人箭內羽田藤田等人，始集中討論，仍有白鳥參加之意見，乃未有正確結果，右論諸點，多是前人所未討論，或討論而未愜者，姑著其梗概如此，用備進而研求之資。故名曰初稿云。

所望方聞博雅，不吝諟正。

出自第二十本下(一九四八年十二月初版,一九六四年一月再版)

元朝與明初的海運

吳緝華

一、元朝海運的興亡
二、明初的海運
三、結　　論

一、元朝海運的興亡

在十三世紀末年和十四世紀初年，中國海上曾有過大量的海運。那時的海運，祇是沿着中國大陸邊緣，不停的，把江南經濟重心徵來的糧餉，運到遼遠的北方去；藉此支持了一個强大帝國，這是元朝！

到了清朝修明史時，竟在河渠志裏說「海運始於元」。明史卷八十六河渠志四海運：

海運始於元。至元中，伯顏用朱清張瑄運糧輸京師，僅四萬餘石。

中國史上的海運，是否像明史所述始於元？我們對這段紀載頗有懷疑。輟耕錄卷十一海運引唐杜甫的詩說：

漁陽豪俠地，擊鼓吹笙竽；雲帆轉遼海，粳稻來東吳。　出塞

幽燕盛用武，供給亦勞哉；吳門持粟帛，汎海凌蓬萊。　昔游

輟耕錄引杜甫這兩首詩的意思，在說明唐朝已有了海運。顧亭林在日知錄裏曾約略說出唐朝海運的概況。日知錄卷二十九：

唐時海運之事，不詳於史。蓋柳城陷沒之後，至開元之初，新立治所，乃轉東南之粟以餉之耳。及其樹藝已成，則不復資於轉運；非若元時以此爲恒制也。

唐朝雖行了一個時期的海運，但不是大量在海上的航運。因唐朝政治重心在長安，已遠離經濟重心的江南，連繫這兩大重心的不是海運，而是一條人工所修成的運河。從運河上的航行，造成了唐朝大帝國。所以唐朝的海運祇是由南方供給北方一部分需要

罷了。丘濬在大學衍義補裏，又說海運在秦時已有了。大學衍義補卷三十四漕輓之宜下：

臣按海運之法，自秦已有之。而唐人亦轉東吳粳稻以給幽燕，然以給邊方之用而已。用之以足國，則始于元焉。

我們看他對秦時海運的解釋。大學衍義補卷三十三漕輓之宜上：

臣按前此未有漕運之名也，而飛輓始于秦。秦以欲攻匈奴之故，致負之粟，輸北河之倉，蓋由海道以入河也。海運在秦時已有之。

據杜甫誦海運的詩，和丘濬及顧亭林對海運的解釋來證明，明史言「海運始於元」，不能使我們相信！但海運到了元朝，已是格外發達，元朝的經濟命運在海運上，這是事實。

海運不是起於元而盛於元，已如上述。現在我們再看元朝海運盛況如何？以及元朝海運何以會這樣興盛？元朝末年海運又是如何衰亡的？這些問題，在這裏繼續加以討論。

元初的海運，元世祖自接受了丞相伯顏的計劃，在至元十九年(一二八二)纔開始命羅璧、朱清、張瑄造船海運京師。元史卷九三食貨志一海運：

元都于燕，去江南極遠，而百司庶府之繁，衛士編民之衆，無不仰給於江南。自丞相伯顏獻海運之言，而江南之糧分為春夏二運。蓋至于京師者，一歲多至三百萬餘石。民無輓輸之勞，國有儲蓄之富，豈非一代之良法歟？……至元十九年，伯顏追憶海道載宋圖籍之事，以為海運可行。於是請于朝廷，命上海總管羅璧朱清張瑄等造平底海船六十艘，運糧四萬六千餘石，從海道至京師。

元朝的京師都於燕，已遠離了經濟重心的江南，所以運輸工作是迫切需要的。元朝海運由羅璧朱清等自至元十九年起運，至元二十年(一二八三)達到直沽。這是元朝初次的海運，雖然僅是四萬六千餘石，不能不說這是元朝海運第一次的成功。因此又設立海運機構，專督海運。元史卷九三食貨志一海運：

是年(至正十九年)十二月立京畿江淮都漕運司二，仍各置分司，以督綱運。……立萬戶府二，以朱清為中萬戶，張瑄為千戶，忙兀得為萬戶府。……二十四年始立行泉府司專掌海運，增置萬戶府二，總為四府。是年遂罷東平河運糧。二十五年內外分置漕運司二，其在外者，於河西務置司領，接運海道糧事。二十八年又用朱清張瑄之請，併四府爲都漕運萬戶府二止令清瑄二人掌之，其屬有千戶百戶等官，分爲各翼以督歲運。

督海運的機構逐漸設立了，海運每年不斷的向北方航行，海運量從四萬六千餘石增至三百餘萬石，而達成元朝海運的空前數字。

元史食貨志海運載運糧的數字很詳細，我們舉出幾個時代的海運數字有顯著變化的做例。自元朝第一次海運四萬六千石成功後，接着便是至元二十一年（一二八四）海運「二十九萬五百石，至者二十七萬五千六百一十石」，二十一年運糧數字已比第一次多出六倍以上。到了至元二十七年(一二九〇)所運的糧，已是「一百五十九萬五千石，至者一百五十一萬三千八百五十六石」，這是元世祖時代海運的最高額。世祖時代過去，接着成宗時代也過去，到了武宗時代至大四年(一三一一)，這時海運數字已是「二百八十七萬三千二百一十二石，至者二百七十七萬三千二百六十六石」，比起元初第一次海運，已多出六十三倍以上。武宗後，又經過仁宗、英宗、泰定帝，到了文宗時代天曆二年(一三二九)，海運是「三百五十二萬二千一百六十三石，至者三百三十四萬三百六石」，這是元史食貨志載海運的最高額了；這時，也是元朝海運的極盛期。然而柯劭忞在新元史裏載海運的最高額，是元順帝至正元年(一三三五)運糧三百八十萬石。新元史卷七十五食貨志八海運：

元統以後，歲運之可考者，至正元年，益以江南之米通計所運得三百八十萬石。

新元史載海運的最高數字，比元史所載的最高額，多出二十七萬七千八百三十七石。海運發展到這時，可以說幾乎已近四百萬石了。元朝國用靠海運的力量，委實可觀！所以元史卷九十七食貨志五海運說：

元自世祖用伯顏之言，歲漕東南粟，由海道以給京師，始自至元二十年，至于天曆至順，由四萬石增至三百萬以上，其所以爲國用者大矣！

元朝海運雖然有了大成功，但海運在海上漂溺損失也是驚人的！（由此埋下明朝中葉後，反對海運的重要原因）柯劭忞對元朝海運的損失，曾加以批評。新元史食貨志五海運：

伯顏建海運之議，事便而費省。然卒有不虞，則舉千百人之命投於不測之淵，非若近世舟航之利，可以保萬全，而無覆溺之患也。今考其事故，糧則一歲所損壞者，多至十餘萬石，少亦四五千石；其軍人水手之漂溺者可知矣。重利而輕民命，豈仁人之政哉！

元朝海運在進行中，不斷的損失，固然是一件慘事！如果我們用另一個觀點來看，海運的興盛，可以增進海上交通的發展，對於航海事業能有更深的認識，這些都是海運的價值。

關於當時海運的航路。元史卷九十三食貨志一海運：

初海運之道自平江劉家港入海，經揚州路通州海門縣黃連沙頭萬里長灘開洋沿山嶼而行，抵淮安路鹽城縣，歷西海州海寧府東海縣密州膠州界，放靈山洋投東北路，多淺沙，行月餘，始抵成山。計其水程，自上海至楊村馬頭，凡一萬三千三百五十里。

這是元朝初年所用的海道。到至元二十九年(一二九二)，朱清等指出原來海道的險惡，又提議開海運新航道。這時距元朝第一次海運起運的至元十九年，已是十年了。元史卷九十三食貨志一海運：

至元二十九年，朱清等言其路險惡，復開生道。自劉家港開洋至撑脚沙轉沙觜至三沙洋子江，過匾檐沙大洪又過萬里長灘放大洋至青水洋，又經黑水洋至成山過劉島至芝罘沙門二島，放萊州大洋抵界河口，其道差爲徑直。

至元二十九年朱清等開新航道後，元史接着說，明年又有千戶殷明略開新道。元史卷九十三食貨志一海運：

明年，千戶殷明略又開新道。從劉家港入海，至崇明州三沙，放洋向東行入黑水大洋，取成山轉西至劉家島，又至登州沙門島，於萊州大洋入界河。當舟行風信有時，自浙西至京師，不過旬日而已，視前二道爲最便云。

這裏說殷明略開新航道，是在至元二十九年朱清等開新航路的第二年。兪正燮在癸巳存稿裏又說殷明略開新道是至元三十年(一二九三)，癸巳存稿卷八海運：

至元三十年，千戶殷明略開新道。

大元海運記載朱清開新路的明年，又經過一段航行後，因不便，殷明略纔開新路。大元海運記卷之下：

明年，又以糧船自劉家港開洋，過黃連沙轉西行駛至膠西投東北取成山，亦為不便。繼委千戶殷明略踏開生路。

孫承澤在春明夢餘錄又說出殷明略開新路是在元順帝至正十三年(一三五四)。春明夢餘錄卷三十七海運：

至正十三年，千戶殷明略又開新道。

關於殷明略開新航路的年代，元史食貨志和癸巳存稿所載與大元海運記和春明夢餘錄有了出入。我們再看這幾條海道的價值，在明史裏的批評是這樣。明史食貨志四海運：

初海道萬三千餘里，最險惡。既而開生道，稍徑直。後殷明略又開新道，尤便。

我們認為史籍所載海道開闢的年代，雖有不同，但他們所載的路程和價值，却是相同。由此我們可知當時的海運路程了。

現在我們要問，元朝海運這樣興盛！它的基礎建立在什麼上？上文述過元朝初次造船行海運者，是羅璧、朱清、張瑄，因此我們先要瞭解這三個人，纔能討論元朝海運建立的基礎。元史卷一百六十六羅璧傳：

羅璧字仲玉，鎮江人，父大義為宋將。璧年十三而孤，長從朱禩孫入蜀，累官武翼大夫，利州西路馬步軍總管。禩孫利荊湖，璧從之至江陵，右丞阿里海牙領軍江陵，璧從禩孫降，授宣武將軍管軍千戶。……四年海盜屏絕，徙鎮上海督造舟六十艘，兩月而畢。至元十二年始運江南糧，而河運弗便。十九年用丞相伯顏言，初通海道漕運抵直沽，以達京城。立運糧萬戶三萬，以璧與朱清張瑄為之。

羅璧是宋朝的舊軍人，降元後曾平過海盜，後徙鎮上海造船運糧，至元十二年（一二七五）即運江南糧，而河運不便，到十九年以朱清張瑄就海道運糧直沽，這是元朝海運初次的成功。海運的成功，朱清張瑄的力量着實不少。這裏，我們要注目的是朱清張瑄二人！元史類編卷二十八羅璧傳附朱清張瑄傳：

朱清者，崇明海盜也。嘗為富家傭，殺人亡命入海島，與嘉定張瑄乘舟抄掠近境。

廣輿圖卷之二：

> 朱清張瑄者，海上亡命也。久爲盜魁，出沒險阻，若風與鬼，劫略商販，人甚苦之。

輟耕錄卷五：

> 宋季年，羣亡賴子相聚乘舟，鈔掠海上，朱清張瑄最爲雄長，陰部曲曹伍之。當時海濱沙民富家以爲苦，崇明鎮特甚。清嘗傭楊氏，夜殺楊氏，盜妻子貨財去。若捕急，輒引舟東行，三日夜得沙門島；又東北過高句麗水口，見文登夷維諸山；又北見燕山與碣石，往來若風與鬼，影迹不可得。稍怠則復來，亡慮十五六返。私念南北海道，此固徑且不逢淺角識之。廷議兵方興，請事招懷，奏可，清瑄即日來，以吏部侍郎左遷七資最下一等授之。令部其徒屬，爲防海民義隸提刑節制水軍。江南既內附，二人者從宰相入見，授金符千戶。時方輓漕東南供京師，運河淤淺，不容大舟，不能百里五十里輒爲堰瀦水，又絕江淮遡泗水，呂梁彭城古稱險處，會通河未鑿，東阿在平道中車運三百里，轉輸艱，而糜費重。二人者，建言海漕事，試之良便至元十九年也。上方注意嚮之。初年不過百萬，後乃至三百萬石。

朱清張瑄是宋朝末年海上的大海盜，他們活動的範圍極其廣闊，在海上的威脅自然不少。到元朝世祖時代，用了招懷的政策，使他們歸附，因而變成海防一大勢力，這是元世祖和丞相伯顏的聰明。至元十九年，二人建言海運，自元初海運成功後，逐漸發達起來，而造成元朝海運空前的成功。現在對他們已有所瞭解，由此可知元朝海運的基礎，是從海盜朱清張瑄等手裏建立起來的。

元朝海運的基礎從海盜的手中建立而成，到了文宗天曆二年海運已達三百五十餘萬石，甚至於到了元順帝至正元年，竟有三百八十餘萬石。然而到順帝至正的晚年，海運突然從最高的數字跌落下來，這是元朝大不幸的預兆。這時又有一些新的海盜勢力起來，而影響了海運。至正八年(一三四八)，如浙東鹽販子方國珍行盜於海上。明史卷一百二十三方國珍傳：

> 方國珍……以販鹽浮海爲業。元至正八年，有蔡亂頭者，行剽海上，有司發兵捕之。國珍怨家告其通寇，國珍殺怨家，遂與兄國璋弟國瑛國珉亡入海，聚衆數千人，劫運艘，梗海道。

至正十三年(一三五三)，浙西鹽販子張士誠的起兵。明史卷一百二十三張士誠傳：

張士誠……有弟三人，並以操舟運鹽爲業。緣私作姦利頗輕財好施，得羣輩心。常鬻鹽諸富家，富家多陵侮之，或負其直而不酬；而弓手邱義尤窘辱士誠甚，士誠忿卽帥諸弟及壯士李伯昇等十八人殺義，並滅諸富家縱火焚其居，入旁郡場招少年起兵。鹽丁方苦重役，遂共推爲主，陷泰州高郵守李齊諭降之，後叛殺行省參政趙璉，並陷興化結砦德勝湖，有衆萬餘。元以萬戶告身招之不受，紿殺李齊，襲據高郵自稱誠王，僭號大周，建元天祐，是歲至正十三年也。

元順帝時代，與元朝對立新興的勢力又起，鹽販子方國珍行劫於海上，張士誠起兵盤踞了江南富饒之地，委實給元朝的打擊不少。這時的元朝，自然也不斷的出兵討伐，終於不能把他們澈底的擊敗。最後元朝還是用了招懷的政策，使他們歸附。明史方國珍傳：

元復以海道漕運萬戶招之，乃受官，尋進行省參政。……元既失江淮，資國珍舟以通海運，重以官爵羈縻之。

明史張士誠傳：

士誠遂決計請降，江浙右丞相達識帖睦邇爲言於朝，授士誠太尉官，其將吏有差……士誠雖去僞號，擅甲兵土地如故。達識帖睦邇在杭與楊完有隙，陰召士誠兵，士誠遣史文炳襲殺完者，遂有杭州。順帝遣使徵糧賜之龍衣御酒，士誠自海道輸糧十一萬石於大都，歲以爲常。

元朝雖用了招懷政策使方國珍和張士誠歸附，因時代的不同，方國珍和張士誠的歸附與元初朱清張瑄的歸附却不同了。他們依然有獨立的勢力，無時不在爲爭取自己的勢力做打算，因此元朝已失去控制江南富饒之地和海上的力量了！

雖然元朝還可以從方國珍和張士誠的手中徵去糧餉，也祗是極少數的十餘萬石。新元史食貨志海運又說：

(至正)十九年，遣兵部尚書伯顏帖木兒、戶部尙書齊履亨徵海運於江浙行省。命張士誠輸米，方國珍具舟，運米十有一萬石至京師。二十年又遣戶部尙書王宗禮等至江浙，二十一年運米如十九年之數。九月又遣兵部尙書徹徹不花、侍郎韓旗往徵海運，二十二年運米十三萬石。是年遣部尙書脫脫察兒、兵部尙書木兒至江浙，二十三年又運米十三萬石。

由順帝至正十九年(一三五九)起，到二十三年(一三六三)，元朝從方國珍張士誠手中徵去的糧，每年都是十餘萬石，比起順帝至正元年海運三百八十餘萬石，相差已是驚人的數字了。元朝把十餘萬石的糧，又看得異常重要，每年都遣朝廷的重臣到方國珍張士誠這裏來徵求。這十餘萬石的糧，又如何來支持元朝末年戰亂的大帝國呢？這時元朝的經濟已是極困窘了！

元末政治已走上衰落的路，天下戰亂，羣雄蜂起；當時除方國珍張士誠外，布販子徐壽輝在江西起兵，卜士的兒子郭子興起兵於淮南，白蓮會的韓林兒稱帝於河南。在這些人中，要算皇覺寺的和尙朱元璋，和沔陽的漁夫陳友諒勢力最爲雄厚。他們一面向元朝進攻，一面彼此間又打着激烈的血戰。那時朱元璋得到最後的勝利；當朱元璋奪取金陵後，在江南的方國珍和張士誠爲了保持個人的勢力，必須要傾全力和朱元璋搏鬪！因此元朝的海運完全走上末路。新元史食貨志海運：

(二十三年)九月又遣戶部侍郎博羅帖木兒監丞賽因不花徵海運於張士誠，士誠託辭拒之，海運遂止於是歲云。

至正二十三年的九月，張士誠拒絕海運，這時他們正與朱元璋決戰的時候。二十七年(一三六七)張士誠戰敗自縊死，方國珍遁海上，後來乞降。從此元朝再也不能夢想從張士誠方國珍的手裏徵去一粒糧了。張士誠與方國珍平定後，朱元璋在金陵即了皇帝位，是爲明朝開國太祖皇帝。江南富饒之地，又盡歸明太祖朱元璋之手了。

我們看，元朝的海運所以會這樣興盛，它的基礎是建立在朱淸張瑄等海盜的身上；到了末年，我們至少站在元朝的時代可以這樣說，新的海盜勢力又起，元朝江南的經濟重心和海上的勢力，又落到方國珍張士誠之手，而又從他們的手中失掉了，甚至於影響到元朝的亡國！

二、明初的海運

明太祖朱元璋在金陵即了皇帝位，這是元順帝至正二十七年的事。至正二十八年(一三六八)，是明太祖洪武元年，而元順帝依然住在燕京城裏做皇帝。但元末起義的羣雄經十餘年的搏鬪，逐漸被明太祖平定。這時，横在太祖面前最重要的事，是大規模北征元朝了！北征的大軍和元軍打着激烈的血戰時，各地軍糧的輸送便是一件大事；因軍餉的接濟，是軍事成功的重要條件。我們從明史食貨志可以見到當時爲了戰爭以及後來各地轉輸的情況。明史卷七十九食貨志三漕運：

洪武元年北伐，命浙江江西及蘇州等九府，運糧三百萬石於汴梁。已而大將軍徐達令忻惇代堅臺五州運糧大同。中書省符下山東行省募水工發萊州洋海倉餉永平衞，其後海運餉北平遼東爲定制。其西北邊則浚開封漕餉陝西，自陝西轉餉寧夏河州。其西南令川貴納米中鹽以省遠運，於時各路皆就近輸，得利便矣。

這一個大規模糧餉的轉輸，全國各地都動員了。但明太祖定了天下後，戰爭也漸漸停息了；國都又正式建在金陵，政治重心就是經濟重心，糧餉可以直接從長江、浙河、淮河等抵達金陵，不像唐、宋、元各朝政治重心遠離經濟的集中地，都要有大量的轉運。因此明初省去了許多南北轉輸的麻煩。當時惟有北方邊疆上的軍事不能鬆弛，海運餉北邊依然不能停止，因此明史食貨志載「其後海運餉北平遼東爲定制」。我們看明初太祖洪武時，南北海運不停的在海上航行，一直到太祖洪武三十年(一三九七)罷海運止，曾沒有間斷過。這是明朝「海陸兼運」前，以及永樂十三年(一四一五)行河運前，所行的海運時期，因此我們可以稱它爲明初的海運。

明初的海運，在明史河渠志海運裏，祇有二百多字的敍述，過於簡略，現在我們根據史籍加以考證。首先請看明初海運的開始和海運的地區。洪武元年（一三六八）二月，明實錄太祖洪武實錄卷二十六：

詔御史大夫湯和還明州造海舟，漕運北征軍餉。

明史卷一百二十六湯和傳：

大軍方北伐，命造舟明州，運糧直沽；海多颶風，輸鎮江而還。

由此可知明初海運，是在洪武元年大軍北征時，湯和即造船北運軍餉，這次航運預計的目的地是直沽，因颶風而轉送於鎮江，這是明初第一次的海運。到了洪武三年（一三七〇）正月，召水工運萊州洋海倉餉永平衞。明實錄太祖洪武實錄卷四十八：

命中書省符下山東行省，召募水工于萊州洋海倉運糧以餉永平衞。時永平軍儲所用數多道途勞于輓運，故有是命。

這裏所載運糧永平衛，和上文引明史食貨志漕運「發萊州洋海倉餉永平衛」是一回事。永平是在山海關內，北直隸省東北角上的地方；因軍事的需要，海運已到了這裏。洪武五年(一三七二)正月又有吳禎運糧遼東。明實錄太祖洪武實錄卷七十一：

僉靖海侯吳禎率舟師運糧遼東，以給軍餉。

洪武六年(一三七三)三月又海運定遼，明實錄太祖洪武實錄卷八十：

命德慶侯廖永忠督運定遼糧儲，仍以戰衣鞾各二萬五千給其軍。

洪武六年四月又運糧定遼和北平，明實錄太祖洪武實錄卷八十一：

詔以蘇州府糧十二萬石，由海道運赴定遼，十萬石運赴北平。以時方用兵遼左及迤北故也。

我們據上文的引證，知明初南北海運，因軍事上的需要所達到的地區，要算北平、永平、遼東及遼東的定遼等地。所以明史食貨志漕運載「發萊州洋海倉餉永平衛，其後海運餉北平遼東爲定制」，是可相信的。然而名山藏漕運記說：

高帝始有天下，用海運顧以給遼左一方而已。

名山藏說明初海運的地區，祇是「遼左一方」，而未述及北平及永平，却與上文的引證有了大差異。在這裏，我們對名山藏的記載應加以懷疑。

我們對明初海運的地區，已略知梗概。關於明初海運糧餉的數量，除了上文引明實錄所載洪武六年四月運糧十二萬石分送定遼北平外，我們再從史籍中，擧幾個海運糧餉的數字來看。皇明泳化類編卷九六漕河：

洪武二年己酉，令戶部於蘇州府太倉糧儲三十萬石，以備海運，供給遼東。

皇明泳化類編述儲糧三十萬石，而皇明世法錄卷五四漕政說：「洪武二年令戶部於蘇州太倉儲糧二千萬石，以備海運，供給遼東」。又據通漕類編及明會要所載儲糧數字都和皇明世法錄同。再看大明會典卷二十八會計四邊糧所載「三十萬石」，與皇明泳化類編相同。但我們知道元朝海運，一年中最多量是三百八十餘萬石，後來明朝行大量河運，每年以四百萬石爲定制。因此我們對「二千萬石」的數字頗有懷疑；所以在這裏我們姑且引皇明泳化類編原文做例。再請看洪武年間其他幾次運糧數字。皇明世法錄漕政：

五年，命海運以餉遼，歲七十萬石。

皇明泳化類編漕河：

十三年庚申，海運糧七十萬石於遼東。

二十二年壬申，令海運蘇州太倉糧米六十萬石，以給遼東官軍。

大明會典會計四邊糧：

二十五年，令海運蘇州太倉米六十萬石，供給遼東官軍，下年同。

國朝憲章類編卷十九漕運：

(二十九年)夏四月，中軍都督僉事朱信言：「比歲海運遼東糧六十萬石，今海舟既多，宜增其數」。上命增十萬石以蘇州府嘉定縣糧米輸於太倉，俾轉運之。

皇明泳化類編漕河：

三十年丁丑，海運七十萬石於遼東。

名山藏漕運記又述明初海運遼東糧餉的數字是：

其時(明初)致七十五萬石。

由上文所見明初海運糧餉的數字，最多是七十五萬石，從未超出一百萬石。以元朝與明初運糧數字來比，已有了大差別。其重要的原因是元朝與明初北方的需要不同，明初海運僅支持了北平、永平、遼東等地軍事上的需要罷了。

明初的海運，每年幾乎以七十餘萬石的糧餉，不停的運到北方去，在這裏我們要問，那時，海上是否是安寧的？明初海運的基礎是怎樣建立的？這些問題，我們也要加以討論。

明史的食貨志漕運及河渠志海運，雖把明初海運敍述了，但沒有說到海運被海上的不安所擾亂。我們知道當明太祖在江南曾把方國珍張士誠平定後，他們的餘黨流竄海島上，勾結倭寇沿海掠奪，是事實。明史卷九十一兵志三海防：

時國珍及張士誠餘衆多竄島嶼間，勾倭爲寇。

我們認爲從明初督海運官員們的事跡中，可窺見明初海上的不安，以及明初海運的基礎是怎樣建立的。我們看洪武元年第一次督海運的湯和。明史湯和傳：

湯和字鼎臣，濠人，與太祖同里……從大軍伐士誠，克太湖水寨，下吳江州圍平江戰於閶門，飛礮傷左臂，召還應天；創愈，復往攻克之，論功賜金帛。初建御史臺，以和爲左御史大夫兼太子諭德。尋拜征南將軍，與副將軍吳禎帥常州長興江陰諸軍討方國珍，渡曹娥江下餘姚上虞取慶元，國珍走入海，追擊敗之，獲其大帥二人，海舟二十五艘，斬馘無算；還定諸屬城，遣使招國珍，國珍詣軍門降，得卒二萬四千，海舟四百餘艘，浙東悉定。

湯和是太祖同里人，太祖起兵時，卽隨從轉戰各地。在開國初年曾拜爲征南將軍，與副將軍吳禎等討平元末握海運勢力的方國珍。太祖卽皇帝位後被封爲「開國輔運推誠宣力武臣榮祿大夫柱國中山侯」，他是一位英勇的武將 。討平方國珍的副將軍吳禎，也曾督過海運，又是一位征倭寇的名將。明史卷一百三十一吳禎傳：

七年海上有警，復充總兵官同都督僉事於顯總江陰四衞舟師出捕倭。至琉球大洋，獲其兵船獻俘京師。自是常往來海道總理軍務，數年海上無寇。

弇山堂別集總督漕運兼巡撫鳳陽等處都御史年表說，靖海侯吳禎死去後，督海運的便是朱壽張赫。弇山堂別集卷六十一卿二表：

太祖有天下，漕東南粟於海，以餉遼東。五年屬靖海侯吳禎，卒後，乃遣都督朱壽張赫領之。

從吳禎到朱壽中間，自然還有其他督運者，而弇山堂別集未載。如上文引洪武六年三月明實錄載廖永忠督運之事，他是在吳禎洪武五年督運以後，朱壽督運之前。現在我們再看廖永忠的事跡。明史卷一百二九廖永忠傳：

張士誠遣舟師薄海安，太祖令永忠還兵水寨禦之。達遂克淮東諸郡，從伐士誠取德淸進克平江。拜中書平章政事，尋充征南副將軍，帥舟師自海道會湯和討降方國珍，進克福州。洪武元年兼同知詹事院事，略定閩中諸郡至延平，破陳友定，尋拜征南將軍，以朱亮祖爲副，由海道取廣東。……六年督舟師出海捕倭。

廖永忠是跟太祖打天下的名將，他曾參加平定張士誠和方國珍的戰役。洪武六年又曾出海捕倭寇。當時又有一位因戰功封爲滎陽侯的鄭遇春，也曾督海運遼東。明史卷一百三十一鄭遇春傳：

洪武三年進同知大都督府事，封滎陽侯，歲祿九百石予世券。明年命駐臨濠開行大都督府坐累奪爵，尋復之。復守朔州，從傅友德平雲南，帥楊文等經略城池屯堡。還京，督金吾諸衞造海船百八十艘運餉遼東。

但明初督海運時間較長的，要算朱壽和張赫，他們因往來海上航運有功，皆封爲侯。洪武二十年(一三八七)十月，明實錄太祖洪武實錄卷一百八十六：

封後軍都督府都督僉事朱壽爲舳艫侯，右軍都督府都督僉事張赫爲航海侯。賜誥劵，其誥文略曰：「咨爾壽，從朕開國多著勳勞，今已年高屢陟風濤之險，服勤漕運以給遼海之軍，既懋厥功，必加崇勸。今特爾壽爲開國輔運推誠宣力武臣治國舳艫侯，食祿二千石，延於子孫世襲封爵，用報爾功，爾其敬哉」。赫誥文與壽同。

明史卷一百三十二藍玉傳附朱壽傳：

朱壽未詳何許人，以萬戶從渡下江東郡邑，進總管；收常婺克武昌，平蘇湖轉戰南北，積功爲橫海衞指揮，進督僉事，與張赫督漕運有功，洪武二十年封舳艫侯，祿二千石。

封爲舳艫侯的朱壽，也是跟太祖打天下轉戰南北的名將，是無可疑義的。我們再看因海運有功封爲航海侯的張赫，他在洪武二十一年(一三八八)九月的一次督海運遼東，曾率官軍八萬二千餘人出海。國朝憲章類編漕運：

洪武二十一年九月，航海侯張赫督江陰等衞官軍八萬二千餘人出海運糧，還自遼東。

督海運的張赫，又是征討倭寇的能將，曾把倭寇擊破於琉球大洋。明史卷一百三十張赫傳：

洪武元年，擢福州衞指揮副使進本衞同知，復命署都指揮司事。是時倭寇出沒海島中，乘間輒傳岸剽掠沿海，居民患苦之。帝數遣使齎詔書諭日本國王，又絕日本貢使，然竟不得倭人要領。赫在海上久，所捕倭不可勝計；最後追寇至琉球大洋與戰，禽其魁十八人，斬首數十級，獲倭船十餘艘，收弓刀器械無算。帝偉赫功，命掌都指揮印，尋調興化衞，召還擢大都督府僉事。會遼東漕運艱，軍食後期，帝深以爲慮，以赫習海道，命督海運事，久之，封航海侯，予世券。前後往來遼東十二年，凡督十運，勞勩備至，軍中賴以無乏。

太祖見到張赫在海上征討倭寇多年，因爲他習海道，而命他督運遼東。前後往來雖有十二年之久，督運十次之多，然而在洪武晚年，督運者，又有都督僉事朱信宣信出現。洪武二十七年(一三九四)二月，明實錄太祖洪武實錄卷二三一：

命江陰衞指揮僉事朱信等，率軍士運糧往遼東。

洪武二十八年(一三九五)三月，明實錄太祖洪武實錄卷二三七：

制諭中軍都督僉事朱信充總兵官，前軍都督僉事宣信充副總兵，率舟師運糧赴遼東，其海運大小官軍悉聽節制。

洪武二十九年(一三九六)三月，明實錄太祖洪武實錄卷二四五：

命中軍都督府都督僉事朱信，前軍都督府都督僉事宣信，總神策橫海蘇州太倉等四十衞，將士八萬餘人，由海道運糧至遼東，以給軍餉。凡賜鈔二十九萬九千九百二十錠。

中軍都督府都督僉事朱信，和前軍都督府都督僉事宣信，自然也是武將。他們在洪武二十九年出海，依然率了將士八萬餘人。他們在這次督海運後，過了一年，到洪武三十年(一三九七)十月，太祖便下令廢止了海運。所以由以上的引證，明初督海運的官員，如湯和、吳禎、廖永忠、鄭遇春、朱壽、張赫、朱信、宣信等人，個個都是武將；他們又多是征伐倭寇的能將。在這裏，我們可以肯定的說，明初海運的基礎是建立在武將的身上！

明初海運的基礎所以建立在武將身上，因明初海運完全是爲了軍事上糧餉的需要；同時還有一個大原因，明初海上是不安寧的。我們知道元朝晚年海運的命運，是握在方國珍張士誠的手裏。當湯和吳禎等把他們平定後，張士誠自殺，方國珍投降，明太祖並沒有因循元朝的做風，把海運交於方國珍等手裏；相反的，他們的餘黨在海上勾結倭寇爲患，所以明初針對着倭寇的侵犯，曾加以討伐，討伐倭寇的將軍都知海道，因此督海運的將軍，大半是征討倭寇的名將。

明初海運在與倭寇的戰亂下，由武將不停的督運北上。倭寇在沿海的掠奪，祇是掠奪，因明太祖平定天下後，軍事的勢力雄厚，已足以控制了這海上的不安，所以倭寇的掠奪，並沒阻止了明初的海運。更顯明的例子，到了洪武晚年，沿海倭寇已被太祖的武將摧毀，倭寇消聲斂跡，海上是相安無事了。明史卷九十一兵志海防：

五年，命浙江福建造海舟防倭。明年從德慶侯廖永忠言，命廣洋江陰橫海水軍四衛增置多櫓快船，無事則巡徼，遇寇以火船薄戰快船逐之。……十七年命信國公湯和巡視海上，築山東江南北浙東西沿海諸城。……二十年，又命和行視閩粵築城增兵……二十三年，從衛卒陳仁言，造蘇州太倉衛海舟，旋令濱海衛所每百戶及巡檢司皆置船二，巡海上盜賊；後從山東都司周彥言，建五總寨於寧海衛，與萊州衛八總寨，共轄小寨四十八；已復命重臣勳戚魏國公徐輝祖等分巡沿海；帝素厭日本詭譎，絕其貢使，故終洪武建文世不爲患。

明初海上的倭寇，被明太祖有計劃的討伐後，終洪武建文時，竟沒有掠奪了。但明初海運，到洪武三十年明太祖却下令廢止了。明初海運的廢止，我們可以大膽的說，絕不是因倭寇爲患而廢止了。

明太祖何以會下令廢止海運？我們認爲最重要的原因是太祖見到海運有漂沒溺死的損害，因而加緊推行屯田政策，後來屯田成功了，纔廢止海運。現在我們看當時海上漂沒溺死的事實。洪武七年(一三七四)六月，明實錄太祖洪武實錄卷九十：

初定遼衛都指揮使馬雲等運糧一萬二千四百石，出海值暴風，覆四十餘舟，漂米四千七百餘石，溺死官軍七百一十七人，馬四十餘疋。上聞之惻然！命有司厚恤死者之家。

海運的漂沒與溺死，實在使明太祖的內心不能忍受，於是加緊實行屯田政策。洪武十五年(一三八二)五月，明實錄太祖洪武實錄卷一四五：

士卒饋運渡海有溺死者，上聞之，命羣臣議屯田之法。諭之曰：「昔遼左之地在元爲富庶，至朕卽位之二年，元臣來歸因時任之。其時有勸復立遼陽行省者，朕以其地早寒，土曠人稀，不欲建置勞民，但立衛以兵戍之。其糧餉歲輸海上，每聞一夫有航海之行，家人懷訣別之意。然事非獲已憂在朕心至其復命士卒無虞，心方釋；然近聞有溺死者，朕終夕不寐，爾等其議屯田之法，以圖長久之利」。

明史卷七十七食貨志一屯田：

又因海運餉遼有溺死者，遂益講屯政；天下衛所州縣軍民皆事墾闢矣。

屯田政策雖在加緊實施，然而一時不能見到大的成效，一直到洪武晚年，遼東的屯田有了燦爛成就，當地由屯田的收成可以自給自足，明太祖纔下令廢止海運。洪武三十

年(一三九七)十月,明實錄太祖洪武實錄卷二百五十五:

> 上諭戶部臣曰:「遼東海運連歲不絕,近聞彼處軍餉頗有贏餘,今後不須轉運,止令。本處軍人屯田自給,其三十一年海運糧米可於太倉鎮海蘇州三衞倉收貯」。仍令左軍都督府移文遼東都司知之。其沙嶺糧儲發軍護守次第運至遼東城中海州衞倉儲之。

明太祖初年因軍事需要所行的海運,到洪武晚年逐漸由自耕自給的屯田代替了;也是明初經過開國的戰亂後,國家漸漸走上安定的階段。我們不論這個時期如何的短暫,甚至於到建文時代燕王喊着「靖難」的口號打進南京,一切又有了新的轉變!但我們不得不承認,這是明朝開國後的一個休養生息時期,明初武將所領導供給軍事需要的海運,也不必要了。

三、結　　論

在中國史上,因時代的不同,往往軍事重心、政治重心、經濟重心不能集中在一起;連繫這幾個分散的重心,完全靠着轉運的工作。轉運的方式又因時代的不同,也有了不同的變化,如陸運、河運、海運等;由於這些連繫的成功,有時竟造成某個時代的強大帝國。唐宋時代的強大是因運河航運的成功,到了元朝大量南北轉運的工作異於唐宋而是在海上。固然海運的開始不是起於元朝,但海運的興盛却在元朝;元朝的海運,在當時算是空前的發達,海運的往來,委實支持了元朝的強盛。元朝過去,是朱元璋所建立的明朝,明朝初年依然行着海運,明初海運又支持了當時北方軍事的需要,這些都是轉運工作的成功!

因爲元朝與明初都是行着海運,所以皇明世法錄卷五四漕政說:「國初海運,因元之故」。元朝與明初誠然都是行海運,我們認爲明初的海運和元朝的海運確有了大差異。如元世祖成功後,國都建於北方的燕京,當時的經濟重心早已移於江南,元朝憑着海上大量的轉運來維持了這個大帝國的政治重心,因爲需要的多,元朝每年海運的最高額竟達三百八十餘萬石。到了明初,明太祖平定天下後,把政治的重心建立在經濟重心集中地的金陵,糧餉的供應,從長江、浙河、淮河等流可以直接抵達金陵,因此在轉運的連繫上,省去許多麻煩。然而明朝的軍事重心是在北方,明太祖在北征元朝時，以及鎮守北方邊緣上軍隊的糧餉，就海運所能達到的地區，如北平、永平、遼東是靠海運的接濟，因此明初海運僅是供應了北方幾個軍事地區的需要，每年中最多的運輸量，祇有七十餘萬石。這是明初與元朝海運供應的地域不同，因而運輸量也有了多寡的差別。

元朝海運因政治重心的需要多，運輸量幾乎已近四百萬石，而元朝海運所以空前的興盛，它的基礎是建立在海盜的身上。當時宋末海盜朱清張瑄的勢力異常雄厚，元世祖用招懷的政策使他們歸附，因此變成元朝海防一大勢力，又利用他們做督運的工作，藉此造成元朝海運燦爛的結果。這與明初海運基礎是不同的。

到了元朝順帝時代，海運又衰亡在新起的海盜手裏。如元末鹽販子方國珍掠奪於海上，和操舟運鹽的張士誠突起，江南的經濟重心和海上，完全落在他們勢力範圍之內了。元朝又用了招懷的政策使他們歸附，然而他們的歸附絕不像元初朱清張瑄的歸附；他們無時不在爲爭取自已的勢力而努力，他們對元朝的歸附，竟是一時的應付罷了。如順帝至正十九年到二十三年，從方國珍張士誠手中討去的糧，每年祇是十餘萬石，比起海運最盛時一年三百八十餘萬石，相差已是驚人的數字了；到至正二十三年後，方國珍張士誠在江南與明太祖打着激烈的血戰時，方國珍張士誠已斷絕供給元朝的糧餉，元朝海運從此完全停止。因而影響到元朝亡國。

明初海運建立的基礎和海運的停止與元朝截然不同，明初海運絕不像元朝的海運起於海盜又亡於海盜。明太祖在開國時把控制元朝末年海運的方國珍張士誠平定，明太祖並沒因循元朝政策，把海運再交到他們手裏。相反的，明太祖把海運的工作建立在征討海盜和倭寇的武將身上，明太祖這些武將，如湯和、吳禎、廖永忠、鄭遇春、朱壽、張赫、朱信、宣信等人，都是明初督海運的主要人物。

張士誠和方國珍的結局，一是自殺，一是投降，他們的餘黨流竄海島上，又勾結倭寇沿海掠奪。海盜與倭寇雖然猖獗於海上，明初海運不像元朝海運是亡於海盜之手，因爲明太祖平定天下後，軍事上的勢力足以控制了這海上的不安，甚至於到了明太祖的晚年，海上的倭寇已被武將摧毀，洪武的末年和建文時代，海上竟沒有掠奪了。明初海運的停止，因明太祖見到海運漂沒溺死的損害，便加緊實行屯田政策，到了洪武末年遼東地區的軍餉可由屯田的成功來代替，所以洪武三十年明太祖竟下令廢止了海運。元朝和明初海運的廢止原因又是不同。

元朝與明初南北的輸送雖然都是海運，但以實際的情況來看，這兩個時代的海運，却是完全不同的。

這篇文章的寫成，承勞貞一師的啓示，貞一師又賜閱一過，有所指正。寫成後，又請教陳槃庵先生，槃庵先生予以斧正，並以癸巳存稿載元朝海運材料見贈。在刊印之前，又有機會蒙全漢昇先生賜閱和指正，獲益良多。在這裏，謹他們致虔誠的謝忱！

出自第二十八本上(一九五七年五月)

黑韃事略中所說窩闊台汗時代胡丞相事跡考

姚從吾

一、引言

西元十三世紀上半期南宋派了幾位觀國有識的使臣，到達蒙古草原和華北的燕京；與新興的蒙古大汗：成吉思汗(元太祖，一二〇六——一二二七。)與窩闊台汗(元太宗，一二二九——一二四一；以上均在位年代。)，辦理外交。通聘問好之外，兼負責觀察這一新興草原帝國的內情與軍事的動向。當時南宋人的文化水準，在同時諸國(如西夏、高麗等。)中，比較優越；派出的使臣，如趙珙、苟夢玉、鄒伸之、程芾、周次說、彭大雅、徐霆等，也都是卓異的幹員，富於覘國的學識。他們所留下來的著述，除苟夢玉的使北錄二冊，徐霆的北征日記等，均已散失外；現存的有趙珙的蒙韃備錄與彭大雅、徐霆合著的黑韃事略：就史料說均極有價值。他們的智慧既高；觀察異國也能細心較量；把握重點，能見其大。就中黑韃事略中分節敍述(註一)當日蒙古人的習俗與蒙古人初到漢地時的橫征暴歛、政治設施；親切具體，尤具有第一流直接史料的價值。這種有心人依據直接觀察與歸納所得而寫成的記載，德國著名的史學方法論家班海穆教授(Prof. E. Bernheim)在他的一九二六年修訂版的歷史學導論(Einfuehrung in die

(註一) 黑韃事略一卷，長約七千字，南宋使臣彭大雅、徐霆合著。成於南宋理宗嘉熙元年丁酉，西元一二三七年。書中頂格者為彭大雅原書；低一格者為徐霆所補。現以王忠慤公遺書中的王靜安先生著黑韃事略箋證本為最佳。彭大雅與徐霆的事跡，靜安先生在跋文中亦有考證，可參看。又近日歐洲漢學家如伯希和(Prof. P. Pelliot)，海尼士(Prof. E. Haenisch)諸教授均甚重視此書與漢字蒙文譯音本元朝秘史。並用阿拉伯字母標記二書中所有節數，(如標黑韃事略第某某節，元朝秘史第某某節。)以便讀者查對。照這個辦法，黑韃事略可分為五十節，元朝秘史可分為二百八十二節。海尼士教授一九四〇年出版的德譯本「元朝秘史」(die geheime Geschichte der Mongolen)(一九四八年再版)，即是使用上述的分節法，甚感方便。茲擬仿行之。

Geschichtswissenschaft) 中，稱爲「當事人直接的觀察與直接的回憶」(unmittelbare Beobachtung und Erinnerung)(註一)。班氏認爲「觀察用心」，「認識客觀」，「記錄最早」的記載，最能表現所記客觀事實的眞象。黑韃事略一書確切具備上述三個條件；所以對於研究元朝初年蒙古人初入中原的種種設施，極有貢獻。本論文擬取黑韃事略(第二十七節)記述蒙古人當時對初得漢地賦歛徵收的情形及所遣胡丞相來燕京黷貨的一段事實；參照現存元初蒙古方面(元朝方面)的直接史料，如蒙文譯音本元朝秘史，及元史，蘇天爵的元文類；元名臣事略等，作一比較的研究；藉以窺見蒙古人初入中原時期，(特別是忽必烈建號大元，西元一二七一以前，)政治設施情況的一斑。

黑韃事略(第二十七節)「蒙古人的賦歛」(原作其賦歛。)條下，記述當時蒙古人對漢地徵賦課稅的情形甚詳。這些描寫，比較蒙文譯音本元朝秘史所記，合而觀之，尤有價值。茲先錄彭大雅與徐霆所記原文如下；再與蒙文譯音本元朝秘史，加以比較。

> 其賦歛，謂之差發。賴馬而乳，須羊而食；皆視民戶畜牧之多寡而征之；猶漢法之上供也。置蘸(王靜安先生從沈乙庵說，認爲即是站字。)之法，則聽諸酋頭項，自定差使之久近。漢民除工匠外，不以男女，歲課；城市丁，絲二十五兩；牛羊，絲五十兩。(原註：謂借過回回銀買給往來使臣食過之數。)鄉農、身絲百兩。米則不以耕稼廣狹，歲戶四石。漕運銀綱，合諸道歲二萬錠。旁蹊曲徑而科歛者，不可勝言。

就上引彭大雅所記，當時蒙古人所行的賦歛制度，(即是差發的辦法)，也可歸爲三種。第一種；「賴馬而養，須羊而食；皆視民戶畜牧之多寡而征之。」這是草地對蒙古各部人的賦歛。第二種，「置蘸之法，聽諸酋頭項自定差使之久近。」這是有關驛站制度的賦歛。第三種，漢民除工匠外，不以男女，歲課；城市丁，絲二十五兩…。鄉農身絲百兩。其餘是額外的苛捐雜稅。這是蒙古人初入漢地時，對已被征服漢人的賦歛。

徐霆在彭大雅所記的後面，也證實了上邊所說的三點。一、他說：「所過沙漠，其地自韃主、僞后、太子、公主，親族而下，各有疆界。其民戶皆出馬羊爲差發。」並認爲「韃人分管草地，各出差發，貴賤，無有一人得免者」。二、又證明各地又出

(註一) 見歷史學導論第三篇方法論(die Arbeitsmittel der Geschichtswissenschaft)，第一章「史源研究」(Quellenkunde)，第九十九葉以下。

一項差發，專爲驛站之需。這兩項都是草地的差發。三、也證明漢地差發，每戶，每丁以銀折絲。「又逐時計其合用之數，科率民戶。」並說：「諸亡國之人，甚以爲苦，怨憤徹天；然終無如之何！」這種十三世紀初年蒙古人對漢地搜刮苛歛的情形，經南宋使臣彭大雅，徐霆的記述，相當詳備；而態度客觀，甚有可信的價值。並且這種戰勝者對新得地區搜刮苛歛的事實，是元史中所常常忽略的。我們應從元人記載中，尋找實事證據，比較研究，說明上述這種情形，以期瞭解金元政權交替之際，天下大亂，社會紊亂的情形。

徐霆在上述報告蒙古人對草地的差發與初到漢地時的苛歛以外，又有一段記胡丞相來燕京黷貨的事實；可與蒙文譯音元朝秘史中若干節互相比證。並且這件事頗與元太宗與耶律楚材的採行兩元政治（即用蒙古法治理蒙古；用漢法治理漢地。）有關。原文如下：

> 韃主不時自草地差官出漢地定差發。霆在燕京，見差胡丞相來黷貨更可畏。下至教學行及乞兒行亦出銀作差發。燕京教學行有詩云：「教學行中要納銀，生徒寥落太清貧；金馬玉堂盧景善，明月清風范子仁！李舍纔容講德子，張齋恰受舞雩人。相將共告胡丞相，免了之時捺殺因！」此可見其賦歛之法。（同上黑韃事略第二十七節。）

這裏有以下的問題，需要確定。第一、黑韃事略中所說的胡丞相是甚麼人？他是不是元朝秘史（漢字譯音本卷四第一三五節；卷八第二〇三節等）中的失吉忽突忽？第二、胡丞相若是失吉忽突忽，他的親自到燕京向市民征稅，是不是蒙古人自有的作風！這種作風，元朝秘史中有沒有記載的明文與法律上的憑藉？牠與蒙古人初到漢地時所行差發制度的影響如何？

二、胡丞相就是元朝秘史中的失吉忽突忽

關於第一個問題，我們認爲胡丞相就是元朝秘史中所說的失吉忽突忽。我們可以分兩個步驟加以證明。第一是元朝秘史中第二〇三節所記失吉忽突忽的官職，行事，時代等，是否都與黑韃事略所記胡丞相的官職、行事、時代等相符合？第二是列舉與黑韃事略同時的漢文記載，如(1)聖武親征錄，(2)元史（二）太宗紀，(3)元史（一

四六）耶律楚材傳，以及與元史耶律楚材傳有因襲關係的宋子貞的中書令耶律公神道碑（元文類卷五十七），蘇天爵的元朝名臣事略（卷五）中書耶律文正王事略等，是否對於胡丞相也卽是忽突忽一事，直接間接都有明白的證據？現在依照上述次序，列舉近日考查所得的結果，如下。

（一）　葉刻本元朝秘史第二〇三節（卷八，頁二十七至三十二）漢文總譯說：

成吉思汗說：「這些駙馬們，並九十五千戶，都已委付了。其中又有功大的官人，(如孛斡兒出，木華黎等，請他們來……）我再賞賜他們。(時失吉忽突忽在斡耳朶內，）因命喚他們去。

失吉忽突忽說：「孛斡兒出、木華黎等功多如誰？又要賞他。我自孩提到你家內，直到長成，不曾離了。我功少如誰？如今用甚麼賞賜我？」(註一)

成吉思汗說：「你曾做我的第六弟(弟)，依我諸弟一般分份子；九次犯罪，不要罰。如今初(平)定了普(徧)(的)百姓，你與我做耳目。但凡你的言語，任誰不許違了。如有盜賊詐僞的事，您懲戒着；可殺的殺，可罰的罰。(普上的斷事官(札兒忽)委付你做着！)

這裏所記失吉忽突忽的職位，可以明顯的看出來；他是成吉思汗宮帳中（汗廷，卽斡耳朶）的普上斷事官。職位略等於現在總統府的秘書長；或者說幕僚長。所以前人都把「普上的斷事官」，譯成漢文中的冢宰或丞相(註二)。蒙古有世官的習慣。職位如「普上斷事官」，除非有大故……不常更換；所以到窩闊台汗時代忽突忽仍任舊職。新元史稱他爲「兩朝斷事官」，事屬可信。(註三)

(註一)　這裏（第二〇三節）的漢文總譯，刪節甚多。但所刪祇是語氣的重複與加强，而大意則並無很大的變改。茲依札奇斯欽先生元朝秘史(原名蒙古秘史)新譯稿本卷八(頁九十一以下)與海尼士元朝秘史德譯本(一九四八再版第九十二頁)加以增補(大意)如下。「我從坐搖籃進您的高門限，直到頷下生長鬚；從用尿布（漢字蒙文譯音作「失額克帖」原譯尿壺，札奇斯欽謂應譯作小兒用之尿布。）進您的金門限，直到嘴上長鬍子；未曾做錯過事。如子輩長睡脚後，如兄弟久在身邊。現在怎樣賞賜我？」又文中括孤內的句子，是依據蒙文漢字譯音追加的。下仿此。

(註二)　斷事官，漢譯冢宰或丞相，可以下列實例，作爲說明。(一)元史(八十五)百官志(一)：「太祖起自朔土，統有其衆；部落野處，非有城郭之制；國俗淳厚，非有庶事之繁。惟以萬戶統軍旅，以斷事官治政刑。任用者不過一二親貴重臣耳。」(二)蘇天爵元文類(六十七)馬祖常禮部尚書馬公神道碑：「國朝天造之始，總裁庶政，悉由斷事官。」從上文的解說看起來，斷事官實卽漢文中的冢宰或丞相。所以王國維先生說：據秘史忽都忽(忽突忽)自太祖時已爲普上斷事官，應有胡丞相之稱。

(註三)　柯鳳蓀先生新元史(一二六)忽都虎傳說：「國初設官至簡，總裁庶政，悉由斷事官。忽都虎爲兩朝斷事官，恩眷尤渥。」這是柯先生歸納研究所得的結果。惟惜新元史所增忽都虎傳甚簡略，更未言及特准管理漢地城市及商定漢地賦稅等事。

至於胡丞相應當是從忽突忽轉譯而來，茲依作者涉獵所及，詳列證據加以說明。忽突忽一名在元朝秘史全部二百八十二節中，有八節說到他。在第一三五與一三七兩節中，稱他做失吉刋忽突忽。餘六節都寫作失吉忽突忽 。「忽突忽」蒙文現在的讀音是 hutuk，是「有福」的意思。失吉或失吉刋是形容詞，或者可以譯作「伶俐」的一類的形容辭。因此失吉忽突忽，通常都寫作忽突忽。更由忽突忽而引出許多漢文的異譯。如忽都虎（元史一四六耶律楚材傳與新元史增傳），忽都忽，或忽都忽乃顏，（聖武親征錄），胡土虎（元史(二)太宗紀），(此外元文類卷五十七耶律中書令神道碑，元朝名臣事略等，依照清乾隆時代的改譯，寫作呼圖克者，係後人追加，均從略）等。至於譯作「胡土虎丞相」，那自可簡稱爲胡丞相了。

（二） 元史(二)太宗紀提到胡土虎的也有以下兩條。(1) 太宗六年甲午（一二三四）秋七月以胡土虎那顏爲中州斷事官。(2) 八年丙申（一二三六）六月（胡土虎）復括中州戶口， 得續戶一百一十餘萬(註一)。秋，七月詔以中原諸州民戶，分賜諸王貴戚。……耶律楚材言非便 ；遂命各位止設達 魯 花赤，朝廷置官吏收其租，頒之。非奉詔，不得徵兵賦。

上引元史太宗紀僅記胡土虎爲中州斷事官，至於他如何處理漢地民戶，如何改定諸王分地等，均語焉不詳。這裏必須取聖武親征錄與元史（一四六）耶律楚材傳，元朝名臣事略等互相補充，綜合研究，方可明白。(註二)

（三） 聖武親征錄：(a) 太宗「甲午（一二三四）始建行宮，大會諸王百官，宣布憲章。遣忽都忽主治漢民」。(b)「乙未（一二三五）忽都忽籍到漢民一百一十一萬有奇。」

(註一) 元史卷二太宗紀六年甲午，七年乙未(一二三五)，文中有兩個胡土虎，實非一人。茲依王靜安先生的研究，說明如下。元史太宗紀：七年「春遣諸王拔都及皇子貴由，皇姪蒙哥征西域；（是卽蒙古兵入匈牙利的第二次西征。）皇子闊端征秦鞏；皇子曲出及胡土虎（百衲本。四部備要本誤作胡上虎）伐宋；唐古征高麗。」十月曲出圍棗陽拔之。遂徇襄鄧，入郢，虜人民，牛馬數萬而還。」聖武親征錄(王忠愨公遺書校注本，頁六十九)於太宗七年乙未(一二三五)則書「遣曲出、忽都都伐宋。忽都忽籍到漢民一百一十一萬有奇。」因爲親征錄將忽都都與忽都忽兩事分記，故引起王靜安先生的注意，並考證元史其他列傳六七篇，乃斷定元史太宗紀六年、七年中之兩個胡土虎，實非一人。六年中的胡土虎，卽胡丞相，也卽是普上斷事官忽突忽。七年隨皇子曲出伐宋的胡土虎，應卽元史卷一〇七宗室世系表(頁九)睿宗皇帝的次子，忽都都大王。原係「兩人，兩事，故親征錄兩記之」。(王氏說，詳見聖武親征錄校注葉六十九。）王先生的研究甚精確，今從之。

(註二) 元朝名臣事略卷五 ：「中書耶律文正王事略」， 這兩段原文註明是依據宋子貞的中書令耶律公神道碑，見蘇天爵編元文類卷五十七。茲取元文類中神道碑校之，除以呼圖克代替忽都忽外，全同。

(四) 元史(一四六)耶律楚材(一一八九——一二四三)傳:(a)「甲午(一二三四)議籍中原民。大臣忽都虎等議:以丁爲戶。楚材曰:『不可。丁逃,則賦無所出。當以戶定之。』爭之再三,卒以戶定。」(b)丙申(一二三六)秋七月,忽都虎以民籍至。(即徐霆到燕京的次年。)帝(窩闊台)議裂州縣賜親王功臣。楚材曰:『裂土分民,易生嫌隙。不如多以金帛與之。』帝曰:『已許,奈何?』楚材曰:『若朝廷置吏,收其貢賦;歲終頒之,使毋擅科徵,可也。』帝然其計。遂定天下賦稅。每二戶出絲一斤,以給國用。五戶出絲一斤,以給諸王功臣湯沐之資。地稅:中田每畝二升又半,上田三升;水田,每畝五升。商稅三十分之一。鹽價:銀一兩四十斤。」

蘇天爵元朝名臣事略卷五,中書耶律文正王(事略),對上說兩事,記述較詳,且有說明。茲爲幫助瞭解,也選錄如下。(A)「甲午(一二三四)詔括戶口,以大臣忽都忽(今本均改爲呼圖克)領之。國初方事進取,所降下者,因以與之。自一社一民各有所主,不相統屬。至是始隸州縣。朝廷共欲以丁爲戶,公獨以爲不可。皆曰:『我朝及西域諸國,莫不以丁爲戶。豈可捨大朝之法,而從亡國之政耶!』公曰:『自古有中原者,未嘗以丁爲戶。若果行之,可輸一年之賦,隨卽逃散矣!』卒從公議。(B)「丙申(一二三六)秋七月,忽都忽以戶口來。上議割分諸州郡,分賜諸王,貴族以爲湯沐邑。公曰:『尾大不掉,易以生隙。不如多與金帛,足以爲恩。」上曰:『業已許之。』公曰:『若樹置官吏,必自朝命;除恒賦外,不令擅自徵斂;差可久也。』從之。是歲始定天下賦稅。……」(以下與元史一四六本傳同。從略。)

總以上所引各節,我們可以獲得下邊的結論。第一,忽突忽在成吉思汗丙寅年(西元一二〇六)建號「成吉思汗」以後,曾因功被任命爲普上斷事官。元初成吉思汗與窩闊台汗時代,設官簡單,普上斷事官,卽譯作冢宰。冢宰卽是丞相。忽突忽曾任太祖,太宗時代的普上斷事官,一般漢文記載中,卽稱他爲丞相。第二,忽突忽,聖武親征錄稱爲忽都忽;元史太宗紀稱爲胡土虎;耶律楚材傳稱爲忽都虎。太宗紀稱他爲胡土虎,他又是冢宰。則燕京的人稱他爲胡丞相,應當是很自然的了。第三,就事實說,忽突忽是掌管判斷民事的普上斷事官。十三世紀初年蒙古人初到漢地「方事進取,所降下者因以與之。」因此「自一社一民,各有所主,不相統屬。」漢地情形當然混亂極了。太宗派忽突忽到漢地處理漢民事務，使各地復歸州縣；因而重定漢地賦稅。揆之當時情勢，各方均合。由上種種，黑韃事略中所說的胡丞相即是元朝秘史第一三五節等的忽突忽，可無問題。

三、胡丞相來漢地徵收差發在元朝秘史中的根據

元朝秘史第一三五節蒙文漢字譯音，成吉思汗封賞功臣，任命忽突忽爲普上斷事官以後；也曾討論到他應該行使的職權。並且忽突忽還曾向成吉思汗提出要求，希望將來佔領長城以內漢地的時候，讓他有權管理漢地住在城池內的百姓。當時成吉思汗曾肯定的答應了他的要求。這一段對於蒙古人在十三世紀上半紀初次佔領漢地時期的施政情形，很有關係，值得加以特別研究。玆鈔錄元朝秘史第二〇三節中一段的總譯原文，如下：

「凡斷了的事，寫在青冊上，已後不許諸人更改。」失吉忽突忽說：「我是最小的弟(弟)，如何敢與衆兄弟一般分份子。若恩賜呵！請將土城內住的百姓與我。」成吉思汗說：「從你自(己)斟酌着要。」(註一)

(註一) 這一節，關涉到十三世紀初年，蒙古人初次侵入長城內漢地時候的土地政策；且爲本論文研究重點的所在。玆特詳爲分析並說明如下。

(1) 這一節就元朝秘史總譯的漢文說，雖與蒙文(蒙文漢字譯音)涵義相近，但不若蒙文用奏請與特准方式，來得鄭重。「『若恩賜呵！請將土城內住的百姓與我。』成吉思汗說：『從你自(己)斟酌着要。』」就這件事的影響說：總譯漢文，實嫌草率，應依下文，酌加訂正。

(2) 蒙文譯音(元朝秘史卷八葉三十一至三十二)，原文如下。

莎余兒㗖阿速　失羅埃　約兀兒㗖禿　巴剌㗖速納察　斡克古宜　㗖罕訥　莎余兒㗖勒
恩賜呵，　土　墻　有的　城子　每處　與的　行　皇帝的　恩賜，
蔑迭禿該　客延　斡赤主兀　額梠　兀格突兒　韓額論　別　耶　邊，赤　察黑剌罷，赤
知者　麼道，　奏　了，　這　言語　裏　自己　身子自的行　你　斟酌了　你
蔑迭　客額罷　(原作別)
知，　說了。

上列蒙文譯音，玆譯成可讀的漢文，如下。「若恩賜呵！將各處有土墻的城子給與我。請皇帝恩許！」這樣奏了。對這個請求，(成吉思汗說)「您隨意自己斟酌吧！」就語氣說，實和上引總譯，內容不全相同。

(3) 德國前柏林大學(一九三三年以後)漢學研究所主任海尼士教授 (Prof. E. Haenisch) 兼通蒙古文，一九四〇年曾把葉德輝刻本元朝秘史譯成德文，名蒙古秘史(Die geheime Geschichte der Mongolen)，在一九四八年的第二版第九十三面中，曾將上邊的句子，依蒙文譯音，譯成以下的德文。

"Wenn Du geruhst, so verfuege als deine Herrschergunst, mir Leute aus den erdumwallten Staedten zu geben!" Auf diese Worte sagte er: "Du hast es dir selbst ueberlegt. Du kannst bestimmen!"

再譯成漢文，則是「若您推恩，請用可汗的恩典，將有土墻的城中百姓賜給我！」由於這種請求，成吉思汗說：「您自己斟酌吧，您自己隨意要！」蒙文中雖然沒有「百姓」字樣，但賜給城池，自然就是賜給住在城池中的百姓。這裏也可以證明元朝秘史的漢譯是一種意譯。大致不差，而表達稍欠親切。

「若恩賜呵，請將土城內住的百姓與我！」這一句話很重要。牠可以代表以下幾種的重要意義。第一，忽突忽這一段話是一二〇六年說的。這時候蒙古人的勢力還沒有達到有城池的漢地；但是已經有擴展到有城池都市地區的可能了。這一句話，就語氣說，忽突忽表現的似是一種請求，一種希望。成吉思汗的回答，「從你自（己）斟酌着要！」也有「看情形，將來與您」的意味。這樣也與當時蒙古人對漢地情形相當模糊，彼此符合（註一）。第二，成吉思汗對於功臣的請求，往往准許，以示誼如一家，富貴同享。元朝秘史中像忽突忽這樣當面請求賞賜的事，也屢見不鮮。如第二一九節（卷九，頁二十六、二十七。），鎖兒罕失刺父子共說：「俺欲要篾兒乞(人)的薛涼格地面，自在下營！」成吉思汗說：「依着您，在那地面內自在下營。」其他如（第二一三節）汪古兒請求「收集巴牙兀惕百姓，自做千戶。」成吉思汗說：「你收集了，做千戶者！」諸如此類，都與忽突忽欲得土城內住的百姓相類似。第三，忽突忽是蒙古的普上斷事官。元朝秘史第 203 節漢文總譯並說：「如今初定了普百姓，（註二）你與我做耳目。但凡你的言語，任誰不許違了。如有盜賊詐偽的事，您懲戒着。可殺的殺，可罰的罰。百姓每(們)分家財的事，你科斷着。凡斷了的事，（與我商量）寫在青冊子上，已後不許諸人更改。」以上自然就是蒙古普上斷事官，漢譯的冢宰或丞相的職責了。所負任務，也就是：(一)與大汗做耳目；(二)懲戒盜賊詐偽的事；(三)科斷百姓們分家財的事。凡斷了的事，得可汗允准後，寫在青冊子上，不許更改。第四，西元一二一五年，中都投降，成吉思汗曾命汪古兒（宮帳厨子），及阿兒孩合撒兒，失吉忽突忽三人往收府庫；計其金帛數目。金守臣將金帛等物來獻。忽突忽獨不受。及歸，成吉思汗問三人曾否受獻？忽突忽說：「從前中都的財物皆屬金主。如今中都金帛已屬成吉思；如何敢擅取！」成吉思汗因責讓汪古兒、阿兒孩合撒兒；賞賜忽突忽。並說：「汝可與我做耳目！」可見忽突忽對於處理漢地城池的事物，也是有

（註一） 元史(一四六)耶律楚材傳：「太祖之世，歲有事於西域，未暇經理中原；官吏多聚斂自私，貲至鉅萬而官無儲備。近臣別迭等言：「漢人無補於國，可悉空其人以爲牧地。」耶律楚材力駁之。保證每歲可得銀五十萬兩，帛八萬匹，粟四十餘萬石，以資國用。試辦一年有效，窩濶台汗大喜，卽日拜中書令。(事詳元史一四六耶律楚材傳，宋子貞神道碑等。)這似是耶律楚材得以管理漢地的原因，事在太宗三年辛卯，(西元一二三一年)。由此也可略知蒙古人在太祖太宗時期，對於漢地情形，實在異常模糊。

（註二） 漢文總譯，作「初定了普百姓」。蒙文「普」作「古兒」，意卽「所有的百姓」。海尼士教授 (Prof. E. Haenisch) 在德文本中譯作 das ganze Volk, 也卽是全部百姓的意思。

辦法，有經驗的。忽突忽的被派檢視中都府庫，也許與他願意管理住在土城內的百姓有關。

自一二一九到一二二五年成吉思汗西征花刺子模，失吉忽突忽仍爲行營幕僚長，隨大軍西征。一二二二年忽突忽曾將蒙古兵三萬與花刺子模新蘇爾丹札蘭丁戰於八魯灣，大敗。兵士死傷甚衆。成吉思汗聞敗訊，曰：「狃於常勝，今敗，當益增閱履矣！」遂親往戰地，以二將不善擇地切責之(註一)。一二二七年成吉思汗死，又二年（一二二九）窩闊台汗繼位。蒙古行世官制，忽突忽仍爲普上斷事官。甲午年(一二三四)五月始建行宮。窩闊台汗大會諸王百官，宣布憲章。秋遣忽突忽主治漢民。次年乙未（一二三五）八月忽突忽籍到漢民一百一十一萬有奇。這時南宋使臣徐霆正在燕京停留，親見胡丞相自草地來燕京征收賦稅。下至教學行及乞兒行，亦出銀作差發。兩相對照，情景眞切。蒙古十三世紀初入漢地時的行徑，與他們對被征服者的苛歛，均可由南宋使臣的報告，得知梗概。這實在是一件極可喜的事情。

四、胡丞相主治漢地民戶與蒙古採行兩元政治的關係

我們既知道忽突忽在成吉思汗建號與大封功臣時期(西元一二〇六年)，即已位至蒙古的普上斷事官，且掌管審判科斷各地百姓分析家財諸事，(即戶口賦稅諸事)；又曾被成吉思汗派爲特使，檢收中都府庫；而且因公正甚得信任。則太宗時被派爲中州(漢地)斷事官，主治漢民，籌畫管理漢地行政，自極合理。忽突忽是聰慧而有學識的人；且極明達政治，公正講理；因此於籍到漢地戶口後，能與耶律楚材等細心合議，擇善而從，而有漢地以戶出賦與地雖分封而治理系統不亂的結果。此事關係重大，若干文獻，上文雖已引用；但這裏是問題的解決與辦法的實施，故不避重複，再分述如下。

甲、忽突忽曾與耶律楚材辨論以戶出賦勝於以丁出賦　甲午（一二三四）議籍中原民戶。大臣忽突忽（原作忽都虎）等都主張以丁爲單位。耶律楚材以契丹世族，

（註一）忽突忽八魯灣的戰敗，詳洪鈞元史譯文證補卷一下；多桑蒙古史(上册)第一卷，第七章（頁一二七以下）。元朝秘史第二五七節(卷續一，頁四十一——四十一)。漢文中元史太祖紀十七年下，聖武親征錄太祖辛巳年下，也略有記述；而親征錄比較詳明。惟親征錄與元史所記西征事，均遲後一年。

任職太祖太宗兩朝，熟習漢地情形，認爲不可。並說：「丁逃，則賦無所出」；當以戶爲單位。大臣忽都虎(卽忽突忽)等皆曰：『我朝及西域諸國，莫不以丁爲戶(單位)，豈可捨大朝之法，而從亡國之政耶？』耶律楚材認爲地域不同，不能强相比附。因曰：『自古有中原者，未嘗以丁爲戶。若果行之，可輸一年之賦，遂卽逃散矣！』互相辯論商討的結果，是「卒從公議。」(以上詳見元史卷一四六耶律楚材傳與元文類卷五十七宋子貞耶律中書令神道碑。並已引見上文第六葉。)以戶定賦，是辦理清查戶口實施前的原則。卽是登記戶口，以戶爲單位。每戶下，再註明人口有多少；壯丁有多少。以戶爲單位，則比較固定，不易變動；壯丁逃亡，尙可責問戶長。而且以戶爲主，則賦斂負擔，尙可分攤；自比以丁爲單位，有伸縮性。若以丁爲單位，實不勝其煩擾；丁逃，則賦稅卽沒有着落了。這是事實問題。忽突忽是有經驗的普上斷事官，辨論比較之下，採取耶律楚材的主張，應當是很自然的。

乙、辨論變更蒙古人佔領漢地後均分土地的習慣　元太宗第八年丙申(一二三六)「秋七月忽突忽以戶口來。」太宗與大臣忽突忽等議，分割漢地州郡，分賜諸王，貴族，以爲湯沐邑。耶律楚材認爲違反漢地習慣，且易滋生流弊，因又持反對態度。曰：『尾大不掉，易以生隙。不如多與金帛，足以爲恩。』太宗等說：『業已答應他們了，怎麼辦？』耶律楚材復曰：『若樹置官吏，必自朝命；除恒賦外，不令擅自徵斂；差可久矣。』太宗等認爲可行，『從之。』又曰：「國初方事進取，所降下者因以與之。自一社一民各有所主，不相統屬。至是始隸州縣。」就上文的報道說，我們對蒙古人初入漢地時期(一二一四——一二六〇)的行動，很明顯的可歸納爲以下的幾個階段。(一)蒙古初次侵入漢地，不分城市、村寨，隨便佔領。佔領之後，照蒙古習慣，卽認爲自己所有；人民成爲俘虜，財物隨意掠取。所以有：「國初方事進取，所降因以與之，自一社一民，各有所主」的紊亂情形。這是第一個階段。(二)後來經過有經驗、有地位的忽突忽親自出馬，治理漢地人民；着手整頓漢地的庶政。他又能與耶律楚材合作，商討辦理，擇善而從。首先決定以戶計賦。從此大家比較心安；不必你爭我奪，總算把這種亂象糾正過來。至是一切仍復隸屬州縣。這是第二個階段。(三)但蒙古人的習慣，戰利品是要大家均分的。當時漢地廣大富庶；蒙古將士虎視耽耽，自然人人皆思染指。窩闊台汗對於佔領如此廣大的漢地，內心不免另有打算。但在表面上自亦不能把漢地視作例外。於是仍有分割州縣，分賜諸王，貴族以爲湯沐邑的辦法。當時城市村鎭已被分佔，分賜辦法的宣布，這在蒙古人看起來，是應該的，也是當時極普遍的現象。但是另一方面，就漢地的習慣說；分佔城市村鎭，有百害而無一利；實在極不合理。這樣做，不但攪亂了已有行政的系統，社會的秩序；也使人心惶惶，不可終日。而且地方秩序紊亂之後，人民逃竄，城鎭爲墟。新主人仍欲享受舊日秩序未亂時的成果，豈非夢想！加以蒙古人素以遊獵掠奪爲生；現在突然間也把漢地州、縣、村、鎭分賜給他們；他們對這批新東西，平日毫無處置的經驗。好像住在熱帶的人，一但獲得大批煤炭、毛皮一樣，勢必手足無措。總之，蒙古人旣不長於管理城鎭農耕地區；這種分封的辦法，自然是行不通的。他們一旦主權在握，卽要爲所欲爲；非把州縣或村鎭騷擾的人民逃散，十室九空，纔會中止。茲舉一實例，以資證明。忽必烈治理漠南漢地的時候（一二五一——一二五九），「邢州(今河北邢台縣。)有兩個答剌罕言於忽必烈曰：「邢吾分地也。受封之初，民萬餘戶。今日減月削，纔五七百戶耳！宜選良吏撫循之！」忽必烈從其言，承制任脫兀脫及張耕爲邢州安撫使，邢乃大治。」(註一)。這就是說，政府把某州某縣分給蒙古貴族後，因爲他們胡搞亂來，一定是日減月削，弄的州縣人民逃散。非等再找到良吏安撫一番以後，地方秩序是不會恢復的。這是第三個階段。(四)這種情形，窩闊台汗與忽突忽應當是早有覺察。但蒙古旣有分地的習慣，一時自不便把漢地宣佈收歸國有，絲毫不分給有功的將士。但如何使雙方皆有利益？這確實是一個迫切的問題。旣到耶律楚材想出了一個補救的辦法；(1)漢地照舊分賜，但不讓分得州縣的蒙古將士，直接干與地方的事務。(2)政府爲他們選派官吏，代收各地應得的貢賦。(3)並且規定除恒賦外，不得中央允准，封君不許擅自科歛。這是一個過渡時期雙方皆利的折衷辦法，因此也是一種很高明的補救辦法；忽突忽與窩闊台汗自然樂於接受了。保持行政系統的完整，應當是第四個階段。

丙、忽突忽丙申年在漢地括戶口，爲的是要改定賦稅，直接治理漢地　元史(一四六)耶律楚材傳：丙申(一二三六)秋七月忽都虎以民籍至。窩闊台汗議割裂州縣賜親王功臣。……遂定天下賦稅。(一)每二戶出絲一斤，以給國用。五戶出絲一斤，

(註一) 詳見元史卷四，世祖本紀一。

以給諸王功臣湯沐之資。(宋子貞耶律楚材神道碑作「以與所賜之家。)(以上城市人民應納的賦稅。)(二)地稅:中田,每畝二升又半。上田,三升;下田二升。水田,每畝五升。(以上有田者或鄉村人民應納的賦稅。)(三)商稅:三十而一。(以上商人應納的賦稅。)(四)鹽價,銀一兩,鹽四十斤。」(公賣制度。)(註一)。拿元史與神道碑比較,「五戶出絲一斤」以下,元史接着說:「以給諸王功臣湯沐之資。」神道碑說:「以與所賜之家,」互相發明,更爲清楚。這是指漢地州縣,分賜諸王貴族以後,耶律楚材代定的「朝廷置吏,收其貢賦,終歲頒之,使勿擅科徵」的辦法。由此可知,元初蒙古人初入中原後,漢地人民就納稅說,大部份所負擔的是兩重義務。或兩種以上的義務。即「兩戶出絲一斤,以給國用。」這是納一份賦稅給中央政府。另外「五戶出絲一斤,以與所賜之家。」是另外再納一份給當時的封君。也卽是給諸王功臣,以供這些人的湯沐之資。此外有時還要出站馬、勞役,以供政府所辦特種政治(如驛站制度等)的需要。

這種新稅法,元史(九十三)食貨志(一)也有記載。鈔集如下,以資比較。元史(卷九十三)食貨志說:

「元初取民,未有定制。其後(世祖以後)大率以唐爲法。其取於內郡者,曰丁稅,曰地稅。此倣唐之租、庸、調也。取於江南者曰秋稅,曰夏稅。此倣唐之兩稅也。丁稅,地稅之法,太宗(一二二九——一二四一)始行之。初太宗每戶科粟二石。後又以兵食不足,增爲四石。至丙申(一二三六)年乃定科徵之法。每丁,歲科粟一石,驅丁五升(王國維黑韃事略箋證第二十七節注云,作五斗。)新戶,丁,驅各半之。老幼不與其間。丁稅少而地稅多者納地稅。地稅少而丁稅多者納丁稅。工匠僧道驗地;官吏商賈驗丁。仍命歲書其數於冊,由課稅所申省以聞。」

又同上,同卷。科差條又說:

「科差之名有二,曰絲科,曰包銀。絲科之法,太宗丙申年(一二三六)始行之。

(註一)「二戶出絲一斤,以供官用。五戶出絲一斤,以與所賜之家。上田每畝稅三升半,中田三升,下田二升。水田五升。商稅三十分之一。鹽,每銀一兩,四十斤。已上以爲永額。」這一段元史卷一四六耶律楚材傳、元文類卷五十七,耶律中書令神道碑、元名臣事略卷五等,均言之,詳上文頁六至七。

每二戶出絲一斤，並隨路絲線顏色輸於官。五戶出絲一斤，並隨路絲線顏色，輸於本位。」

這裏所說，初看似與彭大雅、徐霆所著黑韃事略本節(其賦斂)所記不合。實在是一事的兩端，彼此互相發明。事略所記是丙申年忽突忽未改制以前，蒙古人對漢地賦稅的辦法。則是：漢地除工匠外，不以男女，歲課、城市丁、絲二十五兩；牛羊，絲五十兩。(原註：謂借過回回銀買給往來使臣食過之數。)鄉農，身絲百兩。米，則不以耕稼廣狹，歲戶四石。」這與丙申忽突忽所定新稅法兩者相較。丙申（一二三六）年忽突忽新定的稅法，減輕的多了。因此王國維先生稱「每二戶出絲一斤，以給國用；五戶出絲一斤以給本位諸王，功臣。每丁，歲科粟一石，驅丁，五升；新戶丁驅各半，是丙申年忽突忽新定的賦斂制度。而稱「城市；丁，絲二十五兩，牛羊，絲五十兩；鄉農：身絲百兩，」是為丙申（一二三六）以前的賦斂制度。兩者區別甚大。因此元史（卷九十三）食貨志總序也承認丙申以前沒有辦法，丙申以後雖有辦法，而仍是繁重不合理想。到了忽必烈時代，纔漸趨寬大。因而說：「元初取民，未有定制，及世祖立法，一本於寬」了。由以上的討論，可知蒙古初入漢地後，賦斂制度，相當紊亂，因此鬧成漢地不治的情形。到了忽必烈時代，經過四十餘年（一二一四——一二六〇）因循興革，覺着蒙漢合作實在有利無弊；乃毅然決定實行用漢法治理漢地；纔有「立法一本於寬」的改造。但追究來源，衡量得失，關鍵實在胡丞相（忽突忽）的親自出馬，改正漢地的賦稅。這是蒙古人直接統治漢地成功的開始。此一大事，就黑韃事略與元史食貨志（九十三）所記合併研究，方能明瞭眞象。就大體說，太宗丙申年(一二三六)以前，蒙古人在漢地甚為苛擾；事略所說，「諸亡國之人，甚以為苦；怨憤徹天，然終無如之何，」自係實情。然蒙古賦斂制度初步的調整，實自丙申年（一二三六）忽突忽主治漢地人民，搜括漢地戶口以後始有端倪；問題纔開始獲得解決。因此上述耶律楚材與忽突忽在窩闊台大汗(太宗)前的兩項辨論，實為重要關鍵。蓋丙申以前，漢地戶口制度，一定糟糕已極。到了甲午（一二三四）五月行宮建立，大會諸王百官，宣布憲章；纔開始派遣忽突忽以蒙古普上斷事官的地位，使用太祖允許管理漢地城市百姓的特權，親自出馬，主治漢民。從甲午（一二三四）到丙申（一二三六），初決定漢地以戶計賦。經歷兩年的整理，始以所籍漢民戶口，面覆大汗。

於是始有割分州郡，分賜諸王、貴族，以爲湯沐邑辦法的宣佈。又經耶律楚材的再三力爭，而後始有「朝廷代爲置吏，收其貢賦，歲終頒之，」及「不許額外科歛」的具體規定。這實在是蒙古開始治理漢地決定政策的樞紐。同時我們再看看「近臣別迭等言：漢人無補於國，可悉空其人，使水草茂盛變爲牧地的建議；也賴有耶律公的詳加駁正，又爲想出一種代替辦法，方始打消。當時難關重重，時機嚴迫，事後追思，猶令人心悸。可惜這一重大事件的經過情形，忽突忽方面元朝秘史沒有記載。幸而詳述於元史（一四六）耶律楚材傳與元文類宋子貞的中書令耶律公神道碑。（元名臣事略卷五同。）此事確然可信。今與彭大雅徐霆合著的黑韃事略與元朝秘史（第二〇三節）合而觀之，忽突忽親自主治漢地民戶的關係，與在歷史上的影響，方更明顯。「相將共告胡丞相，免了之時捺殺因。」他的任務，在整頓漢地賦稅，安定漢地人民；苟有請求，尙可斟酌，並非一味專斷；亦自灼然可見。

忽突忽在太宗窩闊台時代，治理漢地人民，政聲卓著；口碑流傳，贏得後人的懷念。忽必烈於丁未（一二四七）年召見張德輝商榷治理漢地事宜。談話時張德輝曾對口溫不花的治軍，忽突忽的治民，認爲有示範作用，大加稱揚。這一大段談話，詳見於蘇天爵編輯的元朝名臣事略與元史(一六三)張德輝傳。茲以名臣事略中「張德輝事略」爲主，參用元史(四)世祖紀；與元史（一六三）張德輝傳，將這次談話原委，轉述如下。

> 歲甲辰(西元一二四四年，卽太宗死後，乃馬眞皇后稱政的第三年。)帝(忽必烈，時爲諸王，年三十歲。)在潛邸，思大有爲於天下。(時漢地不治，)延藩府舊臣及四方文學之士，問以治道。辛亥（一二五一)六月，憲宗(蒙哥汗。)卽位。同母弟惟帝最長且賢，故憲宗盡屬以漠南漢地軍國庶事。遂南駐爪忽都(屠敬山先生認爲卽是多倫附近的金蓮川。)之地。(以上元史卷四世祖紀。)
>
> 歲丁未（一二四七）上(元史本紀作世祖)在王邸，(時仍駐帳和林附近。)遣使來召張德輝。旣見，王從容問曰：「孔子歿已久，今其性安在？」對曰：「聖人與天地終始，無所往而不在。王(元史紀作殿下。)能行聖人之道，卽爲聖人；性固在此帳殿中矣。」(元史本傳作性卽在是矣。)(以上元名臣事略，參用元史本傳。下同。)
>
> 又問：「或云：遼以釋廢，金以儒亡，有諸？」對曰：「遼事臣未周知；金

季乃所親見。宰執(宰相與參知政事。)中雖用一二儒臣，餘則皆武弁世爵。及論軍國大事，又皆不預(元史本傳作「又不使預聞。」)。其內外雜職，以儒進者三十之一，不過閱簿書、聽訟、理財而已。國之存亡，自有任其責者。儒何咎焉。」王悅。因問德輝曰：「祖宗法度具在，而未設施者，甚多。將若之何？」公指御前銀槃喻曰：「創業之主，如制此器。精選白金良匠規而成之，畀付後人，傳之無窮。當求謹厚者司掌，乃永爲寶用。否則，不惟缺壞，亦恐有竊之而去者。」王良久曰：「此正吾心所不忘也！」

又訪問中國人材。德輝因舉魏璠、元裕(卽元好問，金史卷一二六有傳。)李治(元史卷一六〇有傳。)等二十餘人。王屈指數之，間有能道其姓名者。(後二句，元史本傳無。)

王又問：「農家亦勞，何衣食之不贍？」德輝對曰：「農桑天下之本，衣食之所從出。男耕女織，終歲勤苦，擇其精者輸之官；餘粗惡者，將以仰事俯畜。而親民之吏，(不知漢法藏富於民之理)復橫斂以盡之，則民鮮有不凍餒者矣！」

歲戊申（一二四八）公釋奠，致胙於王。王曰：「孔子廟食之禮何居？」(本傳作何如。)對曰：「孔子爲萬代王者師，有國者尊之，則嚴其廟貌，修其時祀。其崇與否，於聖人無所損益；但以此見時君崇儒重道之心何如耳。」王曰：「自今而後，此禮不廢！」王又問曰：「今之典兵與宰民者，爲害孰甚？」對曰：「典兵者軍無紀律，縱使殘暴，所得不償所失，罪固爲重。若司民者頭會箕斂，以毒天下；使祖宗之民，如蹈水火，爲害尤甚。」(以上本傳。)王默然良久曰：「然則奈何？」公曰：「莫若更遣族人（蒙古人）之賢如口溫不花者，使掌兵權；勳舊則如忽都虎(元史本傳。事略聚珍板改爲呼圖克。)者使主民政，則天下皆受其賜矣！」(註一)

就名臣事略與元史張德輝傳所載，這一詳細的談話，到了「天下皆受其賜」，告一結

(註一) 蘇天爵元名臣事略(卷十)「宣慰使張公事略」，第一節下註，見「汲郡王公撰行狀」七字。此「汲郡王公」很可能是當時的多產作家王惲。王惲衞州汲縣人，元史卷一六七有傳，著有秋澗大全集一百卷。然檢四部叢刊初集秋澗大全集中，並無此文。而第四十七卷「行狀」門，也只有五篇短文，沒有張德輝的行狀。可知現存秋澗大全集，實已不全，或已非元時原本。

束。張德輝也於戊申（一二四八）年的夏季，獲得允許，離開了忽必烈的斡耳朵。張德輝是丁未（一二四七）年六月到塞北和林附近謁見忽必烈的。從丁未六月到次年戊申（一二四八）四月，一共住了十個月。他曾將這次的北遊，詳記下來，就是有名的塞北紀行。原文載於王惲著的秋澗大全集卷一百玉堂嘉話(第八)中，原名「張參議耀卿紀行。」詳審這一談話，對於元初政治與文化至關重要。他們不但是談到了中國儒教在中國的地位和儒教與中國民族不可分離的關係；也談到了金朝並非以信從儒教而亡。忽必烈也曾一度很坦白的說出：一方面要維持祖宗的法度；一方面要保有祖宗所創的新基業。那末兩者如何兼容並蓄呢？祇有愼選人材，因地制宜，在不違背蒙古立國精神的條件下，用漢法治理漢地了。於是忽必烈提示了具體的問題：「今之典兵與宰民者爲害孰甚？」因而引出「以族人之賢者如口溫不花掌兵權，以勳舊如忽突忽管民政」的結論。衡諸當時情勢，這一結論，自非偶然。因此忽突忽的卓識與明達，不但是蒙古人所公認，自然也是漢人所公認的了。

總之，十三世紀上半期蒙古人佔領長城以內，第一步着手整理不治的漢地；着手採行用漢法治理漢地；實以窩闊台汗丙申（一二三六）年忽突忽與耶律楚材討論規定漢地賦稅制度開始。這是一種互利的設施。漢地賦稅制度徵收的合理，自然增加了漢地的安定；漢地安定了，也促成賦稅的增收；統治者的蒙古人自然也獲得更多的享受。從此蒙漢合作，客主相安；荆棘已除，大道暢通。到了後來忽必烈的正式推行兩元政治，採行用漢法治理漢地；不過是胡丞相（忽突忽）與耶律楚材合議事業的延長與擴大吧了！

出自第二十八本下(一九五七年五月)

宋蒙釣魚城戰役中熊耳夫人家世及王立與合州獲得保全考(註一)

姚從吾

一、引言

十三世紀若就武力一方面而論，可以說是蒙古族稱霸亞洲與威脅歐洲的時代。一二〇六年成吉思汗統一了整個蒙古，建號大汗。一二一一到一二一四年敗走金朝，佔領中都(北平)。一二一九到一二二五年，他又親率大軍西征花剌子模 。(蒙古第一次西征。) 跟着一二二六年又滅了西夏 ，一二二七年病死 。一二三一年到一二三四年窩闊台汗大舉滅了南遷開封的金國；一二三六到一二四一年他又命拔都、速不台征服俄羅斯 ，波蘭與匈牙利 。前鋒軍（主將爲海都，拜答兒）曾大敗波蘭大公亨利第二 (Herzog Heinrich II.) 於瓦耳施他提 (Wahlstatt，猶言戰場)。(蒙古第二次西征。) 一二五三到一二五八年蒙哥汗又派遣旭烈兀征服報達、波斯，建立伊耳汗國 。(蒙古第三次西征。)同時又命忽必烈遠征大理，從此建立雲南行省。一二七五到一二七六年忽必烈又滅南宋，統一中國。後又征服安南、緬甸。東南亞除了現在印度、印尼以外，大部分均爲蒙古人所統治。這一世紀中蒙古對外戰爭，除征伐日本因受颱風阻止外，可以說是橫行歐亞，一切馬到成功，戰無不克；聲勢煊赫，舉世震驚。祇有一二五八年到一二五九年蒙哥汗大舉伐宋，在南宋四川合州釣魚城下，苦戰不勝，大敗而歸；蒙哥汗即戰死於合州釣魚城下 。這一戰役 ，成了歷史上一個難猜的謎，弄的歐洲學

(註一) 這篇論文曾於四十六年十二月二日，在臺北市南港，中央研究院歷史語言研究所舉辦的四十六年度第四次「學術講論會」宣讀。玆加以補充，發表於此。關於蒙古、南宋爭奪川東合州釣魚山山城的全部材料，著者擬在「余玠評傳」與「宋季合州釣魚城忠蹟考」兩論文中，詳加論述。至於余玠設防山城，對當年蒙古入侵南宋的打擊與影響 ，著者曾有短文 ，名宋余玠設防山城對蒙古入侵的打擊，略言一二。見民國四十四年五月大陸雜誌第十卷第九期（頁二六七到二七一)。

者大都不得其解。既不願輕易相信十三世紀無敵於天下的蒙古大汗，像蒙哥汗這樣的戰略家，會敗死於孱弱的南宋；又不能不承認蒙哥汗戰死不歸，確是事實。因此洪鈞元史譯文證補(卷二)，多桑蒙古史(馮承鈞中譯本上册，一九二五年出版)，以及近人法國東洋史家葛魯賽教授 (Prof. R. Grousset, 一八八五——一九五二) 著的遠東史 (Histoire de l' Extrême—Orient, 一九二九年出版。原書共五篇，馮承鈞譯五篇中的蒙古篇，別爲蒙古史略)，草原的帝國 (L' Empire des Steppes, 一九三九年出版)，對於蒙哥汗一二五九年在四川的戰死，均含糊其詞，不能暢所欲言。德國漢學家，東洋史家傅朗克教授 (Prof. Dr. Otto Franke, 一八六三——一九四六)在他所著五大本的中華通史(Geschichte der Chinesischen Reiches, 1930-1952)的第四册中，知道蒙哥汗是戰死在合州了，但也語焉不詳；而對於蒙古大汗所以戰死的原因，在於余玠的山城設防，仍然是一無所知。(此點當於文後附記中，略言之。)這自然是遠東史中急待彌補的一件重要史事。

至於說到蒙哥汗在釣魚城戰死的影響，那關係就更大了。約略的說，即有以下三點。(1) 延長了南宋的國祚二十餘年(一二五九——一二七九)。(2) 蒙哥汗本人接近蒙古的守舊派，對新得漢地的事情，不甚注意，一向信任皇弟忽必烈聽憑他去處置。忽必烈則是比較進步的親漢派；頗能用心選拔漢人，幫助他解決「漢地不治」的問題。此事醞釀已久，一二五九年蒙哥汗的暴死，卻急轉直下，改變了蒙古人統治東亞漢地的態度。(實際上也就是對中原漢文化的態度。)(3) 忽必烈得以早日即位大汗，很開明的採用了契丹人管理長城以內漢地的成法，正式推行兩元政治；「以漢法治理漢地，用蒙古法治理蒙古」。使中國自三代秦漢到南宋的傳統文化，在蒙古族整個統一了全部中國以後(一二七六到一三六八)，不但未受大量破壞，反而得到意外的尊重。因此蒙哥汗一二五八到一二五九年伐宋與南宋爭奪巴蜀在釣魚城的戰死，不但是對於中國的儒教大同文化，東亞列朝一系的中國歷史是一件奇蹟；即是對於世界史說，也是一件值得注意的大事。

實際上，漢文中現存關於一二五八到一二五九年，蒙古與南宋爭奪巴蜀戰役的史源(直接的史料)與參考資料，是相當豐富的。鄙人曾着手加以搜集，迄至目前，數量已多。這些史料大致可以歸爲下列三類：(一)余玠經營巴蜀，(一二四一到一二五三）。從他受命治蜀，設立招賢館，任用冉璡、冉璞兄弟，張實、王惟忠、朱文炳等，到建立以八柱爲據點的十餘山城，阻止住蒙古的騎兵，保障了巴蜀，蜀人始有安土之心。這是第一組。（二）一二五八年蒙哥汗大擧入蜀伐宋，宋王堅的苦守釣魚城，到一二五九年七月蒙哥汗的戰死。是爲第二組。（三）一二七六年宋都城杭州不守，又二年崖山覆軍，南宋滅亡；重慶陷落，張珏殉國；王立與合州數十萬軍民，國亡力竭，猶得保全。這一期爲第三組。這三組的史料，採自舊元史，宋史、宋季三朝政要，蘇天爵的元文類，元朝名臣事略，元人文集，（如耶律鑄的雙溪醉隱集，姚燧的牧庵集，蘇天爵的滋溪文稿，虞集的道園學古錄等等），嘉慶一統志（有關四川省山城與天池等部份），讀史方輿紀要，地方州縣志，（如張森楷的新修合川縣志）等等。各組史料均相當豐富；就中採自元史，牧庵集（姚燧曾參與此一戰役中招撫王立事），新修合川縣志者尤多。（詳「蒙古與南宋爭奪巴蜀始末史料選輯」。）（註一）因爲新修合川縣志，除鈔自正史者不計外，所述地方掌故，山川形勢，見聞較切，是應當可以相信的。但因地方志的作者，學識博隘不一，行文巧拙不同；又因囿於見聞，不能博考，所述事跡，每與當時各家文集中的有關記載，互相牴牾。不經詳加比較，不易窺見事實的眞象。又因南宋國亡，宋賢著述散失，理宗以後的事跡，語焉不詳，至爲遺憾。本論文擬先取合川縣志釣魚城記中有關「熊耳夫人的家世」與「王立、合州數十萬軍民得以保全」的眞象，依據元史有關列傳，元人文集等，作一比較研究，以資示例。

二、合川志釣魚城記與王立補傳所述熊耳夫人家世考

張森楷新修合川縣志存有兩文，說到當年拯救王立與合州數十萬軍民的熊耳夫人。一文是釣魚城記，相當古老，不云誰作。清乾隆時黃廷桂所修四川通志即收有此文，也沒有注明作者姓名。另一文即是合川張森楷民國二十年在新修合川縣志中增修的王立補傳。兩文就內容說，有因襲的關係；即是王立補傳，大部分鈔自釣魚城記，而文字較佳。現在將說到熊耳夫人的幾點，照錄如下。

（註一）關於「蒙古與南宋爭奪巴蜀始末」的史料與後人的研究，已由著者從事輯錄。依上述三大類，加以排列；計已得五十餘篇，二十餘萬字。獨惜引見於徐乾學通鑑後編及四庫總目提要（卷四十七）的「余玠家傳」，尙未覓得，頗爲悵然！容他日以專刊發表，敬請同好師友的教正。

『宋恭帝德祐元年（一二七五）以合州安撫使張珏有功，遷四川制置副使，知重慶府；以王立爲安撫使，兼知合州代之。立既任事，益嚴守備，兵民相爲腹心。聲息稍綏，即討捕鄰邑之降北者。……(端宗)景炎二年（一二七七）北兵來攻，城圍甚急，王命不通，已三年餘。兼以重慶叛將獻城，張珏被俘；合州益孤危無援。

北兵來攻城者日益衆，且呼告之，曰：「宋已歸我國久矣！爾旣無主，爲誰守乎？」城中之民兇懼，知其禍在頃刻；然皆協力無異謀。立因出誓衆。曰：「某等荷國厚恩，當以死報。其如數十萬生靈何！」言已而泣，衆大痛，咸泣不可仰。顧念憲宗之殂，(事在一二五九年)罪在不赦，又久與東川行院（汪田哥父子等）戰，多殺其兵將有深怨；終無計以解之！

立歸家，愁蹙不食。其家有義妹熊耳夫人者，故北營渠帥妻也，以俘虜來。初至，立召問之。則曰：「妾姓王氏」。立喜曰：「作爲吾妹，侍我之母；待獲爾夫，再俾完聚。」夫人深謝之。立待如同乳之妹，已數年矣。至是見立大憂，亦慮城破禍及；乃正告立曰：「妹實姓李，今成都總帥李德輝，妹之親兄也。若知安撫待我恩禮，必盡心上奏，親來救此一城人民。公謂何如？」

立聞大喜。即令致書德輝，遣儒生楊獬等潛赴成都納欵。夫人仍附鞋一緉（音兩。原注：履一雙曰緉。）爲信，蓋夫人舊爲德輝作鞋有式，德輝甚愛之也。

德輝得書，知妹在釣魚城，喜不自勝，卽遣使赴闕，星馳奏聞。而先遣獬等歸，語立夤夜豎降旗於城上，當卽親領兵至城下受降。』(以上合川縣志名宦八，王立補傳與卷一注引釣魚城記。)

上述合川志所載熊耳夫人的家世，旣非出自直接史料，又無遺留古物如圖譜遺像等，可資憑依；平情分析，證據不足，疑竇甚多，不可盡信。疑竇最顯著者略擧如下。十三世紀中葉以後，南宋與蒙古爭奪巴蜀，乃中原漢族與邊疆蒙古民族間的國際戰爭。所說「北營渠帥之妻」，自是蒙古軍中上級軍官的妻子。王立爲南宋的愛國軍人，那能旣俘北營渠帥的妻子，僅因她自稱姓王，卽輕心加以收容；且使居家侍母，稱爲義妹呢？此其一。至於說「待獲爾夫，再俾完聚」，距今七百年以前，戰亂時期，軍人中竟有如此義士，實在使人難以置信。此其二。李德輝是元朝初年（自西元一二六〇——一二八〇）蒙古漢臣中的名人。不但元史(一六三)有很詳的傳記，而且姚燧牧庵集（卷三十）中有長逾五千字的左丞李忠宣公行狀，蘇天爵所編元朝名臣事略（卷十一）有他的事略，(大部份採自行狀，）與 元文類（卷四十九）也收有姚燧所撰的行狀。我們應該詳加考察，看元人記載中，對於此事，有無可靠的新材料，用資補助。此其三。就合川志釣魚城記或王立補傳所說，熊耳夫人當一二七八年，杭州已降，宋主(恭帝)北遷，張珏被俘；王立與合州數十萬軍民山窮水盡，朝不保夕的時候；忽然以一女子用義妹的身份出現，救了合州城數十萬軍民。這未免戲劇性太强烈了。我們應當考察李德輝的救合州，是專爲外妹的一封書信呢？或是招撫合州是他一貫的主張呢？若僅僅依照上述釣魚城記的說法，反而令人不能相信。此其四。釣魚城記又說熊耳夫人舊爲李德輝作鞋有式。使者傳書至成都，並携鞋一雙，示德輝以爲信。德輝喜不自勝，即挺身到合州受降。意若說不如此，李德輝將不救合州者。這也是傳奇的意味太重了。我們雖不能斷定沒有這一回事，但也尙有斟酌的餘地。至少應該意識到，牠將不是合州得救的主因，而至多只是一個助因。此其五。鄙人留心遼宋金元四朝史，喜讀宋元人文集，且對於蒙古南宋經營巴蜀問題，注意搜集材料，詳加分析；擬撰作論文，就正同好。謹先提出此一問題，依據涉獵所及，就上述四點約爲下列兩項，加以考察，論評如後。

（1） 關於合川志釣魚城記所說熊耳夫人家世者　此事可歸爲以下三點。(一)她是「故北營渠帥的妻子。」以俘虜的身份來到合州。(二)初被召問，自稱姓王，因被主帥王立認爲義妹，得以留住王家，侍奉王太夫人。(三)數年後，合州危急，旦夕不保。她看到王立等的憂愁，也恐城破禍及，乃又自承：「妹實姓李；今成都總帥李德輝，妹之親兄。」「若知安撫待我恩禮，必來救此一城人民。」我們依據這些線索，去尋查有關史料，如元史李德輝傳，元朝名臣事略中的李德輝事略，姚燧牧庵集與元文類中的李忠宣公行狀等，知道李德輝是現在河北省的通縣人。父名朴，三十九歲卒，時德輝方五歲。母親宗氏，持家嚴整，共生三子；長德英，次德芬，三爲德輝 。（以上均見牧庵集行狀。）沒有提到他尙有一位妹妹。但就我國的舊習慣說，國史列傳中不提某人尙有妹妹，也是常有的事；自不能因此即說他沒有妹妹。次查王立，張珏最近數年來對蒙古方面的戰爭。則有度宗咸淳六年(一二七〇)與汪惟正的戰爭；七年，八年，(一二七一——七二) 與蒙古將合剌等的戰爭；德祐三年 (一二七六) 復瀘州的戰爭；但均未提及有熊耳將軍或熊耳夫人。後由賀賁獻金事，研究元初賀氏父子 (賀賁、賀仁傑、賀勝等) 的行事，因在姚燧牧庵集(卷十七)上都留守賀仁傑神道碑中，找到了所謂熊耳夫人的眞實身世。原文如下：

『至元十有一年(一二七四)梅應春擧瀘州降(元)，制卽以其爲安撫使。明年(一二七五)大兵圍重慶；又明年(一二七六)宋制使張珏遣王立潛師襲瀘，取之。醢應春，殺戍將千戶熊耳，而有其妻宗，甚嬖之。宗，王相西川行院李忠宣(德輝)之「外妹」。立後移守合州；行東川院事者，則憲宗帶玉器械合丹、闊里吉思二人。先朝 (憲宗卽蒙哥汗) 陟方乎此，拔將甘心；故合益負險不下。

『宗說立遣張郃輩偕蠟書，間行至成都，請忠宣受降。忠宣從五百人至，立則開壁納之。忠宣以王相罷置其吏，而去。』(餘詳下節。)

這樣，熊耳夫人的家世，我們就完全明白了。(一)她是北軍保衞瀘州的戍將熊耳千戶的夫人。(熊耳應當不是漢姓，也不類蒙古姓，或許是指生長在熊耳山的附近說的。)(二)她旣不姓王，又不姓李，實在姓宗；而是李德輝的外表。外妹，卽是姑表兄妹。這一點就牧庵集的李德輝行狀所述，(可惜元史卷一六三李德輝傳刪去此節，對此全無透露！) 可以完全確定。列擧如下。(一)姚燧李忠宣公行狀明言：「考朴，尙書吏部主事，妣宗夫人。」(二)又說：「吏部君生三十九年，且卒，指公謂宗夫人曰：「是兒其大吾門者，勿憂貧且賤！」(三)「公(德輝)以先(太)夫人剛嚴，其弟「宗亨」有小過，對衆奮杖撻之，不少惜。公若何而歡奉，使未嘗有厲色遽言，其亦能子哉！」(四)蘇天爵元朝名臣事略(卷十一)，左丞李忠宣公事略，也說：「吏部君且卒，指公謂宗夫人曰：「吾爲吏，治獄不任悍鷙刻削，人蒙吾力脫罪罟，齒平民者衆，天或報施善人，是兒其大我門者！」依據上列諸證，則熊耳夫人姓宗，是李德輝的表妹，可無容疑。

(2) 李德輝拯救合州與王立原因的分析　　上述熊耳夫人的身世與遭遇，是兩國交兵時期中，一件富有戲劇性的巧合事體。但是不是就是李德輝決心拯救合州和合州與王立等因以得救的唯一原因呢？則細査元史 (一六三) 李德輝傳，姚燧李忠宣公行狀 (元文類四十九同) 與蘇天爵元朝名臣事略 (卷十一) 等，則知並不如釣魚城記所說的那樣簡單。這一點，不僅牽涉到李德輝與東川帥臣汪惟正，合丹等的地位不同，也反映李德輝、忽必烈對漢地所持不同的政見。從上述史料中，我們知道，李德輝是一向主張與合州，重慶妥協的。他反對用兵，而主張使用招降的方式與合州妥協。這一點正是忽必烈的新國策，而爲憲宗派的蒙古人所不甚贊同的。茲選錄以下幾節，以著梗概。(下文以元史李德輝傳爲主，兼採元朝名臣事略李忠宣事略，牧庵集行狀等。)

(一)『至元十二年(一二七五)詔(德輝)以王相撫蜀。時重慶猶城守不下，朝廷各置行樞密院於東西川，合兵(數)萬人(事略，行狀均有數字)圍之。德輝至成都，兩府爭遣使咨受兵食方略。德輝戒之曰：「宋已亡矣，重慶以彈丸之地，不降何歸？正以公輩利其剽殺，民不得有子女，懼而不來耳！……水陸之師，雷鼓繼進，實堅其不下也。況復軍政不一，相訾紛紛，朝夕敗矣，豈能成功哉?!」』(以上元史一六三本傳，參用牧庵集卷三十行狀。)

結果，恰如李德輝所料，至元十三年(一二七六)張珏使王立復瀘州，殺了熊耳千戶，而有其妻宗氏。北軍圍重慶者潰敗，珏因入重慶就置制副使職，而王立代知合州。這一件事，證明了李德輝在王立未俘獲熊耳夫人以前，他即是主張與重慶、合州妥協的。

(二)『初公撫蜀經東川歸，以爲重慶帥閫受圍，必徵諸屬州兵，盡銳拒守，合州宜虛。誠使人持書曉之，兵隨其後，亦制合一奇也。即出合州俘繫順慶(山城之一，名青居城，余玠徙順慶治所於此，今南充縣南三十五里。)獄者，縱之使歸。語州將張珏以「天子威德遠著，宋室淪亡，三宮皆北。(可汗)聖量含弘，錄功忘過。能早自歸，必取將相，與夏(貴)呂(文德)比。」又爲書反覆譬解，以爲：「汝之爲臣，不親於宋之子孫；合之爲州，不大於宋之天下。彼子孫已舉天下而歸我，其臣顧偃然負阻窮山；而曰：「吾忠於所事」，不亦惑乎？且此州之人，昔不自爲謀者，以國有主，寧死不欲身被不義之名；故爾得制其死命。主今亡矣，猶欲以是行之；則戲下以盜賊遇君，竊君首以徼福一旦，不難也。」其說累數千百言，……珏未及報，而公還王邸。』……(以上行狀，參用元史本傳。)

據此可知李德輝主張與重慶、合州妥協，不僅早有準備，而且也有他自己的一貫的主張。他這一篇勸降書，應當是在至元十四年(一二七七)發表的。時張珏使王立復取瀘洲，元兵潰敗；他自己因得赴重慶就任置制副使，王立代爲合州安撫使；所以張珏、王立對之沒有反應。同年合州王立遣李興、張郃十二人詗（偵）事成都，皆獲之，當斬。德輝從呂埅言，復縱歸，(見元史一六七呂埅傳，)爲書喻王立，其言如喻珏者而益剴切。未幾瀘州復歸北軍。十五年(一二七八)重慶再度被圍，張珏與元將也速觶兒決戰；北兵合擊，珏兵大潰，被俘殉國。合州震驚，王立誓衆痛哭。熊耳夫人乃自言「實不姓王，而姓宗，與成都李相是姑表親。」立大慰，卽再使李興等導幹帥楊獬，懷熊耳夫人所作蠟書，間至成都，向德輝投誠。德輝旣知立誠心歸服，且有外妹來書，卽從數百人親來合州受降。由是可知，李德輝不主用兵，而願與合州，王立妥協，乃是他一貫的主張。熊耳夫人的致書，實僅是一個助因與巧合罷了。總上二事合觀之，則熊耳夫人的家世與她何以被俘，她與王立的眞正關係，以及她對合州數十萬軍民獲得保全的影響與李德輝受降的順利，均可瞭然。那末釣魚城記所說的，她姓王，曾爲王立義妹，曾爲李德輝作鞋有式等等，則知全屬圓謊，臆造；是故事而不是信史了。

三、王立與合州得救的眞因

至於合州守將王立的最後得救，則純是出於元初儒者許衡、呂端善、姚燧諸人的苦心維護。事情的經過，詳見蘇天爵元朝名臣事略(十一)，姚燧牧庵集(十七)賀仁傑神道碑，元史(一六九)賀仁傑傳，元史(一六七)呂埅傳。玆擧各文有關要點如左，以著梗概。

（1） 蘇天爵元朝名臣事略（十一)李忠宣公事略：『公從兵數百人至合，東府害其來爭功 。曰：「前歲公招珏，誠極寬矣 ；竟不見悟，無功而還。今立、珏牙校也，習狙詐不信。特以計致公來，使與吾爭垂成之功，延命晷刻耳；未必定降。」公曰：「前歲合以重慶存，故力可以同惡。今也孤絕，窮而來歸，亦其勢然。我非攘君功者，誠恐汝憒其後服，誣以嘗抗蹕先朝，利其剽奪，快心於屠城也。吾爲國活此民，豈與汝計嫌怨爲哉！」卽單舸濟江薄城下，呼立出降，安集其民而罷置其吏。合人自立而下，家繪像事之。』…(姚燧牧庵集(三十)李忠宣公行狀同。)

關於李德輝受降以後，川東行院與王立的爭持，仍在繼續；且一度勢甚驚險，王立幾乎被殺。經過情形，略述如後。

（2） 姚燧賀仁傑神道碑：「東院恥無功，械立於長安獄，奏殺之。時安西王（忙哥剌、忽必烈第三子，）受詔征漢，比未知合旣下也。自軍中下敎長安、遣姚燧乘傳招之。下，則許貸立死，以爲安撫使。而誅立敕使先至。其日，將醢之；而敎亦至。東院以敕敎違行，死生異也；破械出立，而幽之別室。相府，東院各遣使再請，樞密以帝有成命，不以敎聞。」

東西兩行院互相爭持，各欲快一時的意氣，事情演變至此，可說是危險極了。設非西院（安西王）派遣呂端善親至大都（今北平），面告他們的老師許衡，（姚燧與呂埊（一字端善），賀仁傑，甚至安西王，都是許衡的學生。）許衡面告賀仁傑。賀仁傑因是上都留守，且爲忽必烈大汗的親隨侍衞，可以隨時入帳報告，事將無從挽救了。此事須排列牧庵集賀仁傑神道碑，元史（一六九）賀仁傑傳，元史（一六七）呂埊傳等，參合比較，方更明白。茲以賀仁傑神道碑爲主，參以他傳，引述如左。（引用他傳，字有異文者，另加括弧，以示區別。）

（3）『會西院遣都事呂端善他事至京師，（言於許衡，許衡白留守賀仁傑，）仁傑入聞。帝詰宥（樞）密臣曰：「卿輩以殺人爲嬉（戲）耶？（今召王立），使立生至，則已。死，則汝等從之！」因驛致立，賜金虎符，仍以爲合州安撫使。先師許左相多公力能回天。旣而立來見，謝公曰：「敎活臣於始，賀公活臣於終；惟死以報！」』

據元朝名臣事略（八）許衡於至元十五（一二七八），十六（一二七九）年，正住在大都修授時曆。十五年三月授集賢大學士兼領太史院事。他與他的學生苦心孤詣拯救王立，自是欽敬王立與釣魚城軍民忠烈的行動；鞠躬盡瘁，力竭而後已。這些忠於所事的義行美德，自然是主張行道的儒者像許衡一般人，所樂意幫助的。

二十年爲國家，爲民族，（自一二五九——一二七八）苦守釣魚城的英雄張珏、王立；一個爲國家力戰，被俘自殺；一個苦守力竭，國亡受撫；又經歷種種磨折，終能保全。這些忠蹟，都很值得追念。「慷慨死節易，從容就義難」，張珏、王立、文天祥，均能忠於所事，無忝職守。就中張珏、文天祥力竭國亡，而後與之俱盡，尤爲難能可貴。王立是戰士，而非主帥，戰至最後，忍痛爲合州數十萬軍民就撫，自也是很難得的。

附記：　歐洲學者對於蒙哥汗戰死釣魚城與宋余玠山城設防的認識

西元一二五九年蒙古蒙哥大汗(元憲宗)入蜀伐宋，戰死於合州釣魚山上的釣魚城下；與一二四一年以後宋臣余玠利用巴蜀地形，建築山城，移治設防，因能阻止了蒙古騎兵的入侵。這兩件事是有因果關係的。而且對於蒙古與南宋在中國角逐爭霸的全局，也有着決定性的作用。西方學者與西域史家（如東亞史家、蒙古史家等）對於蒙哥汗戰死一事，多語焉不詳。而對於余玠山城設防，阻止蒙古騎兵南侵一事，則知者尤少。茲就淺學所已知者，略加考查，記述如下。

(一)多桑 (C. d' Ohsson)：蒙古史 (Histoire des Mongols)　這是一部直接採用波斯、阿拉伯文原史料寫成(法文)的蒙古專史。原書四册，一八二四年在巴黎出版。漢文有馮承鈞氏民國二十五年的譯本。譯筆簡明爽朗；前一卷中有校勘補註與考異互證，甚見博識。蒙哥汗入蜀伐宋，戰死釣魚山，見蒙古史第二卷第七章，漢譯本頁二八四到二八八。而余玠治蜀，築新城於釣魚山的偉蹟，則未被提及。因為多桑敍述蒙古伐宋事，曾利用當時已譯成西文的三部中國史書，即是元史四大汗（太祖、太宗、定宗、憲宗）本紀，續通鑑綱目與續弘簡錄（即元史類編）。這三部書，就現代的觀點說，都是轉手的史料；考證既欠精審，引用材料又沒有註明出處，所以每到主要關鍵，即記事模糊，不能憑信。即以漢譯本上册，第二卷第七章，頁二七八，記述蒙哥汗戰死釣魚城一事說，即欠明瞭。原書說：「六月蒙哥屢攻合州不克。七月……蒙古軍數攻城，死傷甚衆。而軍中痢疫盛行，蒙哥亦得疾。八月……蒙哥死於合州城東十里之釣魚山。」又說：「此汗在位八年，壽五十有二。」釣魚山下面原註說：「宋君榮書(一二一頁)謂或傳其中流矢，是語不知何所本。元史謂其死於釣魚山。綱目則謂其死於合州城下。刺失德（拉施特）則謂蒙哥嗜酒。時軍中赤痢盛行，因染疾死。」(手頭無多桑原書。然檢對日人田中萃一郎多桑書日譯岩波文庫本（下卷20頁）註文與馮先生譯文相同，可知這些都是多桑氏的原註。）由上文，可知多桑氏對於蒙哥汗當年戰死的情形，是相當模糊的。第一、「或傳其中流矢死」，他說：「是語不知所本。」這一點馮承鈞先生已代他補充了。卽跟着說：「鈞案，語見續通鑑綱目卷二十一。」第二、他不知道，當時的合州城下，卽是在釣魚山上。因爲南宋自一二四一年，余玠設計，建築了許多山城，就把當時的重要府治、州治，都移到新建的山城了。釣魚城卽在原設合州舊治東北十里許的釣魚山上。因此說，「蒙哥汗死於釣魚山，」也卽是說，他死於合州城下。兩地原是一處。照這樣的山城，最有名的，卽有八處。姚燧牧庵集中稱爲「保蜀八柱。」第三、多桑書中未提及余玠如何經營巴蜀，自然也是美中的不足。

（二）洪鈞：元史譯文證補　洪文卿的名著元史譯文證補三十卷，現存二十卷，原書成於光緒朝壬辰（一八九二）癸巳（一八九三）間，印於一八九七年（陸潤庠序）。原書敍事謹嚴，議論明快，雖然出版已將六十年了；我還是贊成民國二十三年馮承鈞在多桑蒙古史譯本前的說法：「我（馮氏）以爲貝勒津本的拉施特書未漢譯以前，（按應當說：波斯文拉施特原書，未譯成中文以前，）元史譯文證補一書，（仍）是可以參考的。」證補卷二，是「定宗、憲宗本紀補異」。關於憲宗者，證補詳述他被選充可汗的經過及如何處置當時的反對黨，未言憲宗伐宋及在釣魚山戰死事。但據上引馮譯多桑蒙古史（卷二，第七章，漢譯本二八七頁。）知「拉施特謂蒙哥嗜酒，時軍中赤痢盛行，因染疾死。」則是拉施特對蒙哥汗的死，另有不同於漢文記載的說法，可惜洪文卿當時未及注意吧了。

（三）格魯賽（R. Grousset, 一八八五——一九五二）、蒙古史略等　格魯賽是近代法國有名的東亞史家和中國史家。他的著作有遠東史（一九二九），草原的帝國（L' Empire des Steppes，一九三九。日人後藤十三雄譯爲亞細亞遊牧民族史，昭和十八年，卽一九四三年出版），中國通史（有英文本，一九四二）等。馮承鈞氏曾譯遠東史五篇中的蒙古篇爲蒙古史略。（一〇一頁，民國三十三年出版。）就馮氏的譯本說，格魯賽引用伯希和，沙畹諸先生多年研究漢學的心得，寫成蒙古史略，簡要精密，能見其大，甚爲難得。（馮氏認爲遠東史中的中國兩篇，因作者不能自由直接引用中文材料，所以內容頗爲簡陋，……也屬確評。）該書第二卷中有「蒙哥汗時代」（頁四十七到五十一）一章（卽第五章），重在敍述蒙哥汗的被選立，與當時對於西方(歐洲、前亞)的交通關係。僅於下一章（第六章）忽必烈侵宋時說：「蒙哥汗圖謀取宋，然不從長江正面進兵，而從雲南（四川）入手。迨忽必烈兵渡大江，適蒙哥汗之凶問至(一二五九)，忽必烈卽與南宋議和，引軍北還。」（以上頁五十三、五十四大意。）在草原的帝國第二編成吉思汗與蒙古族，第二章成吉思汗的三個繼承者，曾說到蒙哥汗與伐宋戰爭。這裏雖說到勇將孟珙(死於一二四六)，曾如何固守襄陽，爭奪四川如何重要，但未提到余玠駐節重慶，建立山城的功績。雖也說到蒙哥汗圍攻合州(今合川)，因得痢疾，死於合州近傍，而沒有說到釣魚城卽是宋人在釣魚山所築的山城。這些自然也都是美中的遺憾。

(四)傅朗克（Prof. O. Franke, 一八六三——一九四六）在所著中華通史中，對蒙哥汗戰死合州的認識。

傅朗克教授的中華通史，自上古到元末，共五大册。（第一册，自上古到漢末，計四三一頁，1930年出版；第二册，自魏晉到唐末，六〇七頁，1936年出版；第三册爲第一册，第二册的註解與補充，連「引得」共576頁，1937年出版。第四册，自五代遼朝到元亡，595頁，1948出版。第五册爲第四册的註解與補充，連「引得」共354頁，1952出版。）他在第四册第三章（323—324頁)與第五册（註釋本）第170頁以下，曾談到蒙古的圍攻釣魚山與蒙哥汗（憲宗）的戰死。在第五册註釋補充中，也曾討論到歐洲人所知關於蒙哥汗死訊的傳說。並指明最早的傳說，是見於馬哥波羅(Marco Polo)的東方見聞記。玆先述第四册正文(S. 323—324)，並節引第五册註釋，如下。

『三月開始圍攻，至七月不克。時已暑熱，又值雨季，使戰事進行，陷於停頓。蒙哥汗不豫，退至附近山中。不幸因疾而死，相傳所染爲痢疾(Dysenterie)，一說由於箭傷；享壽五十又一。(依歐洲習慣計算。）時爲一二五九年八月十一日。蒙哥汗的死，恰與十八年前（一二四一）窩闊台大汗的死相類；蒙古帝國的現狀爲之一變；南宋因此獲救，也與當年歐洲的獲救相似。』……(以上中華通史第四册，頁323—324)。

第五册註釋本頁一七〇到一七一，對於蒙哥汗的死有以下的補充，也譯述如下。

「據元史類編卷一（譯者按：卷一爲世紀：一、太祖，二、太宗，三、定宗，四、憲宗）頁二十（背面）說：「癸亥，帝崩於釣魚山，……或云爲飛矢所中。」（諸大臣奉梓北還。）又馬可波羅東方見聞記（Yule-Cordier 英譯詳註本），第一册頁 244 到 245 也說：「大汗因箭傷膝骨 (Knie) 而死。」並說：「受傷地是一座要塞，名叫 "Caaju"，後經 Yule 先生考定，正確的名稱，應當卽是合州 (Ho-Tschou)。」……又說：「續通鑑卷一七五（頁六）引重慶志，認爲蒙哥汗的箭傷，蓋由汪德臣受擊飛石而致誤。因中國有關史料，並未說到受傷的事情。」又說：元史（一五五）史天澤傳則說：「戊午（一二五八）秋憲宗伐宋，由西蜀以入。己未（一二五九）夏駐合州之釣魚山，軍中大疫，咸議班師。宋將呂文德以艨艟千餘泝嘉陵江而上，北軍迎戰不利。帝（蒙哥）命天澤禦之。……』（以上直接採自元史史天澤傳。）因此傅朗克卽說：『由是我們可以得一結論：「蒙哥汗攻合州時受傷，後在釣魚山傷重，或因染疫（或爲痢疾 Ruhr）而死。」』（以上中華通史第五册，頁一七〇到一七一）。

總結以上所引，傅朗克敎授的考證，遠較前人爲詳。但也有以下的弱點。第一、他似乎也不知道釣魚山與釣魚城實在是一個地方。第二、他也一樣的沒有提到創立山城設防，因以阻止住蒙古騎兵的余玠。

又，查馬可波羅東方見聞記（Yule-Cordier 本、第一册、頁244；245，一九二六年重印本，）所記此事，則頗爲荒唐。原文說：「成吉思汗克服了許多名城，要塞，最後攻奪 Caaju（合州），膝蓋骨中箭而死。」Yule 先生在注文中指出：「成吉思汗是善終的。這應當是蒙哥汗 (Mongu Khan) 死於合州之誤。」……（以上英文 Yule-Cordier 譯註本，"Travels of Marco Polo" 第一册，頁245。）

總之，歐洲學者對於蒙古史的研究，宋、蒙關係的這一環，所知尙不甚多。卽伯希和先生所主持的「通報」，對於余玠保蜀，山城設防，蒙哥汗戰死釣魚城諸事，也沒有具體的指明。因此著者特將有關這一環的史料，依次蒐輯，編爲專篇，題曰「蒙古與南宋爭奪巴蜀始末」，以資補充。這一專輯將與「余玠評傳」與「宋季合州釣魚城忠蹟考」同時發表。

出自第二十九本下（一九五八年十一月）

略論宋代地方官學和私學的消長

劉　子　健

宋代興學(註一)，奠定了中國文化近千年來廣大和深厚的基礎。配合的因素很多，舉其大者而言：技術上有印刷術的進步和傳播，經濟上有都市和商業繁榮的支持，政治上有政府的注意，社會上有士大夫階層在官在鄉在家族團體中的倡導，甚至窮鄉僻壤，也逐漸出現了三家村的教書匠。這種發展是劃時代的，具有深遠的決定性的。高階層文化的準繩，經過地方的各種教育，廣泛的滲透到平民階層，於是滿街的人，儘管不認得幾個字，也能說得出幾句聖人的話。就這廣泛深遠的滲透而言，地方上的官學，尤其是私學，比起國子監太學重要得多。就文化延續而論，也是如此。蒙古入侵，鄙視儒生。首先挽救這厄運的，是地方軍人。一面向蒙古人妥協，一面培植地方勢力，維持社會秩序，在他們統治的地區內，招士興學(註二)。後來才有元朝的新政策，重開科舉，獎勵儒學。明清兩代，文風更盛，這文化的傳統，更根深蒂固，甚至弄到連改革都困難了。

這個大題目，以往已有不少論著。許多周知的史實，無需再重複。可是多數作

(註一) 選這題目，是紀念和董同龢兄一起辦學的一段因緣。在清華班次低，不認識他。後來在哈佛碰見，常一起在洪煨蓮先生家聊天。他愛吃八寶飯，洪先生送他一個外號，叫"八寶飯教授"，也是暗指科目雖然不同，隔行而能談論到一起，很有意思。因爲相聚的時間不長，相知也不深。兩年前籌辦史丹福大學中國語文研習所(研習這名稱是劉王惠箴取的，董兄以爲得體)，才有機會多接觸。董兄名義是諮詢員，實際上一大半是義務幫忙，見義勇爲，希望美國留學生增加人數，超過以往的紀錄，多讓他們認識中國社會，全部請中國同仁教課，而儘量採用兩國間最有效的教學法，然後再進一步，國內國外的語文教員多通聲氣，從語言學和文法學的觀點，來改善教學法，編製教材。辦了一年，就擴展爲美國各大學的中國語文聯合研習所。學生現近有近五十人之多。而不幸董兄竟已逝世，謹以此題追念。

(註二) 孫克寬，元初儒學(1953)；又蒙古漢軍與漢文化研究(1958)。姚從吾，金元之際元好問對於保全中原學統文化的貢獻，大陸雜誌，卷26，期3，頁1-12；又東北史論叢(1959)，下册，頁376-401，"忽必烈對於漢化態度的分析"

品，側重中央。以中國地區之大，今後的研究實在應該對於地方性的題目，多多努力。有些論者，已往注意到宋代的地方教育，並且指出若干的成就弊端和困難(註一)。本文再提出一些補充修正和分析。其中更著重一個中心問題，就是私學和官學兩方面的前後消長。

第一點，北宋最初的四十年，地方上很少有正式學校。所謂四大書院之稱，言過其實。文獻通考首先承認："是時未有州縣之學，先有鄉黨之學。"接下去却列舉廬山白鹿洞，徐州石鼓書院，應天府書院，和潭州嶽麓書院，說"宋興之初，天下四書院。……此外則又有……嵩陽茅山，後來無聞。獨四書院之名著"(註二)。玉海也提到四大書院，而列舉不同，以爲是白鹿洞，嶽麓，應天，和嵩陽(註三)。其實都是南宋名儒朱熹呂祖謙他們，在若干舊址廢址，重新興辦私學，推崇久已中斷的往事。應天府書院根本是半官性的，不能算鄉黨之學(見下文)。只因名臣范仲淹在那裏讀過書，有文頌揚，所以也在推崇之列(註四)。但根據有關五代的史料，宋會要輯稿，和續資治通鑑長編，一類的史料，可以看出宋初少數書院，規模很有限。對於這些學院，政府經過地方官的申請，只是稍予獎贈而已。無非是賜額，賜國子監書，賜九經，任掌書院者爲小官，或賜官銜仍舊回去教書，或加賜赴闕召見再回去教書的旅費，這時還沒有賜田的。

至於白鹿洞在南宋最有名，而就北宋初期而言，簡直是反證。太平興國二年(979)，"乞賜九經。"三年後，"洞主"自己請求"以其田入官，"換了個小差使到別地方去任職，這書院根本廢了。續長編值得詳引："以江州白鹿洞主明起爲蔡州褒陽縣主簿。白鹿洞在廬山之陽，常聚生徒數百人。李煜僭竊時，割美田數十頃，歲取其租廩給之。選太學之通經者，授以他官，俾領洞事，日爲諸生講誦。至是起建議，

(註一) 趙鐵寒"宋代的州學，"大陸雜誌卷7，期10-11，頁305-309，又頁341-343。

(註二) 文獻通考(萬有文庫本)，卷46，頁431。其說似近於宋會要輯稿，崇儒二，頁41。但續通考的編者，似未見宋會要，卷30，頁3241，反倒引用玉海，見下註。

(註三) 王應麟，玉海(元刊本，1963影印)；卷112，頁30。

(註四) 可參考的文章很多，主要是朱熹，朱文公集，卷20，"申修白鹿洞書院狀，"又卷79，"重修石鼓書院記。"呂祖謙，呂東萊集(續金華叢書本)，卷6，"白鹿洞書院記"概述參見盛朗西，中國書院制度(1943)，頁11-28。又鈴木虎雄"朱子の白鹿洞書院しについて"懷德18期。

以其田入官，故脩之。白鹿洞由是漸廢矣。”(註一)可見這書院本就不是鄉黨之學。既是南唐官方支持，而北宋以文治自詡，何以反倒要收其美田，聽其荒廢呢？這有大小兩套原因，大原因是北宋初平天下，吸取江南文物，並不重用，更不想培養江南人才，例如："平諸國，盡收其圖籍。惟蜀、江南多，得蜀書一萬，江南書一萬餘卷。又下詔開獻書之路。”(註二)而當初南唐興辦的書院，還要向新朝"乞賜九經。"相形之下，可見中央集權之强，地方教育之弱。小原因是這類書院本身的缺點。五代時許多文人，避隱山地，讀書授徒。在廬山一帶的比較最多。但白鹿洞並非純粹儒家作風，洞主這名稱，就能體會到一些駁雜的意味。至於聚的生徒，有的是本地人，有的是避隱的，也有的是亡命的。例如："蒯鼇，宣城人，工屬文……然居鄉博飲無行，不為人士所容。乃去入廬山國學，亡賴尤甚。晚乃勵風操……至後主末，始登仕版。迨國亡，銓授未及，遂不復謀仕……亟隱居廬山，數年卒。”和他同稱廬山三害的另一人更不好學。"盧絳……讀書稍通大旨……每以博奕角觝為事。舉進士不中，遂棄去。為吉州回運務計吏，盜庫金。事覺，乃更儒服亡命江湖間……入廬山白鹿洞書院。猶亡賴，以屠販為事，多脅取同舍生金，又特權貨摡賈於山中，將人短長索賕謝，人皆患苦之。與諸葛濤，蒯濤，號為廬山三害。朱弼為國子助教，將捕治其罪，復亡去。”(註三)宋朝政府對於可能潛伏前朝舊臣，窩藏不法文氓的書院，當然聽其停廢。

第二點，北宋立國以後四十年到八十年間，還並沒有積極的鼓勵地方教育。只是經過官員申請，對於少數私學，予以優待，或准許開辦少數的半官性或官立的學校。幾件事情在咸平四年(1001)配合起來產生一個新政策。首先，因為知州請求，"以國子監經籍，賜潭州岳麓山書院。”同年"邢昺等校訂周禮儀禮公羊穀梁傳正義……命模印頒行……於是九經疏義悉具矣。”這才"詔諸路州縣，有聚徒講誦之所，並賜九經”(註四)。宋論說："咸平四年，詔賜九經於聚徒講誦之所，與州縣學校等，此書院

(註一) 李燾，續資治通鑑長編(1861新定影印本)，卷18，頁9；又卷21，頁5。

(註二) 太平治迹統類(適園叢書本)，卷3，頁1。

(註三) 吳任臣，十國春秋(1962影印淸本)，散見卷28-30。馬令譔，南唐書(淸刊本)，散見卷13-14。蒯盧二人，見十國春秋，卷28，頁12-13；又卷30，頁5-6。

(註四) 續長篇，卷48，頁11；又卷49，頁2及頁9。

之始也”(註一)。這考語很正確。“與州縣學校等”應該是解釋爲等於也算有了州縣學校，這才是書院的開始。通考玉海等說宋初就有書院，不確。

在這時期，應天府書院最大。由私人捐欵發起，却變爲半官性的學校。應天府是宋朝的南京，離京城不遠，不像江南那樣地方，會讓政府不放心。五代戚同文在那裏教書有名。他有七個弟子，兩個兒子都在宋朝任官。大中祥符二年(1009)“府民曹誠，以貲募工，就戚同文所居，造舍百五十間，聚書千餘卷，博延生徒，講習甚盛。府奏其事。上嘉之，詔賜額曰應天府書院，命奉禮郎戚舜賓主之，仍令本府幕職官提舉。又署誠助教。舜賓，同文孫”(註二)對於這半官性的學校，最初也還沒有什麼優待。成立了將近二十年，才詔免“地基稅錢”(註三)。

政府賜田給學校，是仁宗初，天聖元年二年間(1023-1024)才開的例。賜江甯府茅山書院田三頃，並以供學生飲食。這書院後無聞，恐怕是管理不善，經費缺乏，慢慢衰廢了(註四)。最著名的是兗州，知州孫奭建立學舍四十餘間，又以“己俸贍養，”在離任的時候請正式撥給該州“職田十頃”(註五)。這先例成功，才產生更進一步的新政策。地方長官願意興學，可以申請，經中央批准撥田做經費。“命藩輔皆得立學。其後諸傍郡多願立學者，詔悉可之。稍增賜之田，如兗州”(註六)。這裏可以看出先由士大夫階層提倡，政府才慢慢放棄對地方聚徒的警戒心，而用財力來補助。士大夫提倡，願意立學，也並不全是爲了當地居民，其中也有的是爲了他們自己隨任子弟的需要。例如田安，“寄住官員頗多，子弟輩不務肯構，唯咨嘲謔輕薄，鬪諜詞訟……到任後奏乞建置府學……現有本府及諸州修業進士一百三十七人……風俗稍變”(註七)

(註一) 王夫之，宋論(四部叢刊本)，卷3，頁45。

(註二) 續長編，卷71，頁9，又參閱宋會要輯稿，崇儒二，頁2。捐欵興學，可以得官。救災納粟助軍等，也可以得官。將來打算另寫一篇關於宋代捐官的問題。

(註三) 宋會要，崇儒二，頁3。

(註四) 同上，頁14。

(註五) 同上，頁3；宋史卷431儒林傳內關於孫奭事迹，沒提他在兗州興學。也許當時這事不被重視。

(註六) 通考，卷46，頁431。

(註七) 王昶，金石萃編(清刊本)，卷132，頁16-22，范雍在永興軍爲西安府學一牒與中書劄子，時景祐元年，(1034)。

第三點，政府積極的命令地方辦官學，是慶曆四年(1044)慶曆改革時的新政策。那時士大夫階層的發言權已經提高很多，對於宋初國策，能略加改變。雖然慶曆改革，因爲官僚間朋黨之間的爭執，不久就結束了(註一)。但有少數的新政策是繼續下去的，地方興學，卽其一例。可是推行這新政策，地方政府所能籌劃的經費，往往不够，要靠當地私人的力量來捐助。而另一方面，官辦學校已經產生一些壞影響。

這項新政策的來歷，宋會要輯稿說得最淸楚："自明道景祐間累詔州郡立學，賜田給書，學校相繼而興。近制惟藩鎭立學，潁爲支郡，〔蔡〕齊以爲請而特許之……時大郡始有學，而小郡猶未置也。慶曆詔諸路府軍監各令立學，學者二百人以上，許更置縣學"(註二)。各書上關於這個詔書，常常用"慨然"二字，這可能有幾層含義。一是仁宗爲改革派言論所感動；二是仁宗下決心放棄以往消極需要呈請而經特准的政策，積極的創立前所未有的新制度，責成地方政府興學；三是慷慨的用國家財力來供給。但是賜田十頃，實際上是不够發展維持的。有的地方將就的把孔廟擴充一下。就是那樣，也還靠當地士大夫地主階層"率其私錢一百五十萬以助"(註三)。有的地方是把犯法的寺院財產充公，改設學校(註四)或撥用其他涉訟的土地。例如鄆州，所需經費相當大："有美田……訟不解……卽爲奏請，得田二千五百畝有奇，與民耕作，歲輸錢百萬，是爲新田……實三倍於其舊。"爲什麼要這樣多的經費呢？主要是供給學生生活，沒有這新田的時候"新學成，顧苦在後。有田磽瘠，食不能百生。游學之士或自罷去"(註五)游學之中也有弊端。而官廳興建，往往是貪污機會。慨然新定的政策，在第二年就另下詔書查弊："今後有學州縣，毋得輒容非本土人居止聽習。若吏以繕修爲名而歛會民財者，按舉之"(註六)。

(註一) 拙著，歐陽修的治學與從政 (1963)，下編，第五章"慶曆改革及其失敗。"又"An early Sung reformer: Fan Chung Yen," Chinese Thought and Institutions, ed by J. K. Fairbank (1957), pp. 105-131。

(註二) 宋會要崇儒二，頁 3-4。

(註三) 歐陽修，歐陽永叔集(國學基本叢書)，卷5，頁34，"吉州學記，"又參見卷8，頁17-18。

(註四) 金石萃編，卷139，頁19-20，"京兆府府學新移石經記，"唐代就有這辦法。

(註五) 同上，卷139，頁17-19，"鄆州州學新田記。"

(註六) 通考，卷46，頁432。

在這時期，地方官學初興，弊端還不大，而對於各地教育的裨益很多。宋代文化的提高擴展與漸漸的深入民間，實在是這時期才開始的。不過官學興，間接的對於私學的發展並不完全有利。一般而論，私學就不免相形見絀，停留或退居於準備學校性的小規模，不容易再有發展。例如這時期三位最有名的私學教授，石守道，孫復，胡瑗，孫胡兩人都去太學任教，對於太學固然好，而他們自己原有的學校就衰落了。胡瑗的例證，尤其重要。"下湖州取先生之法，以爲太學法，至今著爲令。後十餘年，〔按：是1056年〕先生始來居太學……禮部貢舉歲所得士，先生弟子十常居四五"(註一)。在熙寧年間還有"門人在朝……數十輩"(註二)。但同時"學者非王氏不宗，而先生之學不絕如縷"(註三)。到了南宋初年，已經是要費力搜求，才能找到胡瑗的遺書和往事(註四)。到朱熹時，他說："問安定平日所講論今有傳否？曰並無。……如當初取湖州學法，以爲太學法，今此法無。今日法乃蔡京之法"(註五)。官學易受政治影響而引起弊端，下文再說。這裏是證明最有名的地方私學，從這時期起到南宋初年，反倒有退步的現象。這並不是說全都如此。北宋後半期，洛學蜀學。很有名。這是因爲兩區都有其特殊背景。洛陽是歷代以來的文化中心，致仕的權貴往往聚合一些名士。四川少大亂，經濟又很繁榮。洛蜀而外，就是閩學，官學較少，而沿海大地方民間的經濟條件優厚，因此到了南宋，傳播浙東如江西極一時之盛(註六)。

第四點，王安石變法，如衆周知，目標更大，想用各級學校經常考驗遞升到太學，來根本代替舊有的科舉制度。本文只補充幾點。充實地方官學的主張，不限新法一派。而在新法之下，學校經費仍舊不够。元祐也並沒有全部廢除新法。地方學校應該多有學官的目標，並沒有變。只是經費還是沒有方法增加。而對於新法時的行政弊

(註一) 歐陽永叔集，卷3，頁98-99，"胡瑗墓表"參閱范仲淹，范文正公集(歲寒堂本)，尺牘，卷下，頁3-5；又續長篇，卷184，頁14-15。

(註二) 莊仲方，南宋文範(光緒十四年本)，卷24，頁12，崔敦禮，"平江府教授廳壁記。"參閱宋元學案，卷1，"安定學案。"

(註三) 王梓材，馮雲濠，宋元學案補遺(四明叢書1962影印)，卷1，"安定學案，"頁13。

(註四) 南宋文範，卷47，頁4，汪藻"胡先生言行錄序。"

(註五) 朱熹，朱子語類(宋本明覆刊1962影印)，卷129頁6。

(註六) 參閱何佑森，"兩宋學風之地理分佈"新亞學報卷1期1。

端，却注意改善。換言之，若干基本問題，經過新舊兩派執政，仍舊得不到解決。宋敏求在熙寧元年（1068）說：“州縣有學舍而無學官。四方之士輕去鄉里者，以求師也。諸州置學官，三歲一下，務得士三百人(註一)。蘇軾在翌年說地方學校“唯空名僅存”(註二)。所以熙寧四年(1071)命令各路轉運司選差學官，州軍一律發學田十頃，“有田不及者益之，多者聽如故”到元豐元年(1078)各州有學官者共五十三處。(註三)。更可見要辦得有規模，十頃舊額多半不够的。舊派領袖司馬光也說：“諸州……學校大抵多取丁憂及停閑官員，以爲師長……游戲其間，未嘗講習”(註四)。而元豐年間“諸州學或不置教授。”元祐元年至七年（1086–1092）舊派執政，對選派學官，或用薦舉，或經歷任，或循資考績，多所規定，這裏不必詳說。但結果到了紹聖年間(1094–1097)，還有人說：“今州郡未有學官處，可量士人多寡而增置之。或要長官擇郡官之有學問者兼領。根本困難是地方官學經費少，待遇低，一般官僚風氣“重內輕外”在中央官做，就不肯去外地，更不肯去做清苦的學官。學官不太充實，官學的弊端也少人監督。元祐八年（1093）詔諸州元無縣學處輒創修，及舊學舍損壞，許令人戶備錢物修整者，各杖一百。以尙書省言，外路多違法科，率造學故也”(註五)。擾民取財，當然不對，但經費和維持費，沒有完善的財政和行政管理的制度，也是事實。

第五點，北宋末期，從蔡京假恢復新法之名，而行擅權任私之實起，到他下臺，已無從挽救，直到亡國爲止，這段演化最爲混亂(註六)。地方官學的情形，也是這混亂的縮影。從崇寧元年（1102）起，大舉擴充州學縣學，行三舍法，並增加經費。比新法當初的規模大得多，但從政和元年（1111）前後起反又縮減一些費用，挪去供應君主的浪費，因此大失士人之心。宣和三年（1121），又取消三舍法。而在擴充和增加

(註一) 宋會要，崇儒一，頁30–31。

(註二) 通考，卷31，頁293。

(註三) 宋會要崇儒二，頁5。

(註四) 司馬光，溫國文正集(四部叢刊本)，卷39，頁11，“議學校貢舉狀”。參閱趙汝愚，國朝名臣奏議（宋刊本），卷78–79兩卷。

(註五) 宋會要，崇儒二，頁6。

(註六) 拙著 Reform in Sung China (1959), pp. 9–10 又 80–97。參閱 John Meskill 選編，Wang An Shih, Practical Reformer (1962)。

經費的過程中，弊端大起。官學裏的風紀，也非常差。蔡京最初的目的就不正當。他要利用學校來收買人心，同時限制言論。立黨禁，在官學裏設立“自訟齋”令人“洗腦”，放棄批評性的學說，這是周知的，不必多說。州學縣學裏作文，有“時忌”，更可以看出普通的不自由的束縛。“州縣學考試，未校文字精弱，先問時忌有無。語涉時忌，雖其工不敢取。時忌如曰休兵以息民，節用以豐財，罷不急之務，清入仕之流。諸如此語，熙豐紹聖間〔按：即新法時及復行新法的初期〕，試者共用不忌，今悉絀之”(註一)。這種教育政策的結果，決不會好的。

蔡京的魄力相當大。令“天下皆置學”，至少“二三州共置一學”。因爲“有司病費廣難贍”(註二)。就決定一個大的新政策，除原有學田外，以常平欵項補充，以“戶絕田土物業，契勘養士合用數撥充。如不足，以諸色係官田宅物業補足。”行三舍法(註三)。徽宗還很得意，拒絕批評，詔書裏誇口說：世知以爲官冗，而不知多士以寧之美”(註四)。崇寧二年(1103)，又增置縣學和州縣小學，並規定州縣學校敕令格式。以經費規模制度而論，眞是前所難望的充備。但慢慢的也覺得花費太多，變來變去。大觀四年(1110)，縣學和州縣小學，不再供給飲食。次年修正細節，縣學的教諭等，是州學選差派去的學生，還是算州學的人，“依條給食”或“月給食錢”。政和二年，(1112)有詔書說，“今學校之興……浸失本旨。至參以科舉罷廢，縣學給食之法，害令惑來者非一。”又過了兩年，再令一部份學校“罷支食錢。”最初擴充，撥用常平欵項。後來別的開支增加，常平又感缺乏。“詔訪聞比來學司取撥過戶絕田產房頃畝不少。遂致常平錢本，寖以闕少，有害歛散。可令諸路學事司，取大觀四年前詔諸州以前三年贍學支費過實數內，取支費錢穀最多一年爲準，仍增加五分以備養士外，餘剩田舍，盡數撥還元管係官司。政和三年(1113)，又“詔諸路已撥良田贍學，提舉學事司更不撥還常平價錢。”只是限制不得再另外撥田了(註六)。朝令夕改，尙不止此。

(註一)　通考卷46，頁433。

(註二)　同上，頁431-433。

(註三)　宋會要崇儒二，頁 7-8。

(註四)　同上，職官四，頁14。

(註五)　同上，崇儒二，頁15-16，又頁23。詔見宋大詔令集(影印本)，卷157頁592。

(註六)　同上，崇儒二，頁16又頁20。

宣和三年（1121），根本改變。"詔罷天下三舍。"州學縣學縮減爲舊有的規模，自然也就裁省贍學之費，只保留三舍法前原有的田產。凡是在實行三舍法這些年內所"添置"的田產，一律"拘收"(註一)。拘收到那裏去了呢？其實，因爲賬目不清，管理不嚴，在執行拘收時，"虧欠失陷，"被吞沒的很多。而拘收到的，是"撥借充漕計"(註二)。什麼是漕計呢？原來是君主的浪費奢侈。"神宗皇帝修講常平之政，置提舉官。錢穀充足，不可勝校。崇寧中始取以充學校養士之費。政和中又取以供花石應奉之資。僅費三十年，所有無幾"(註三)這段記載可以看神宗的英明，徽宗眞是個敗家子！同時也看到王安石的新法財政，相當成功，南宋以來的評論，往往有偏見，功則歸諸神宗，過則算在王安石與新黨小人頭上。還有各種記載中，特別罵花石綱。其中罷三舍法，裁減經費，直接影響到士人的待遇，恐怕這惡評的小原因之一。

地方官學，在經費充足的時候，也並沒有辦好。經費增加，行政弊端也增加。大觀二年(1108)有詔："養士之類，舍宇之數費，用之多寡，田業之頃畝，載之圖籍，掌在有司。累年於茲，廢闕不具，失職爲甚"(註四)。於是決定用衙役來幫管。"諸路學費房廊，止是科差剩員一名收掠，其間侵欺盜用，失陷官錢……許依州縣法，召募庫子一名，專行收納。其或少處，亦乞權令本州庫子兼管"。其實，庫子又何嘗一定可靠？至於田產，從頭就有弊端，有勢力的大家，有時"請託州縣，因緣爲姦，"把田產高價賣給官學做贍學田宅(註五)。除了舞弊以外，還有飽食終日的浪費。"州官燕犒，破贍學錢，乃無限定之數，往往廣有支用。對於學生，也"務爲豐腆飲食"(註六)。

在這種情形下，學風怎樣會好？"諸州教授，有或多務出入，罕在學校……有未嘗升堂者，往往止託逐經學諭，撰成口義，傳之諸齋，抄錄上簿而已，未嘗親措一詞於其間。"有的是忙着在校外活動，貼補收入，"爲人撰啓簡牘語之類"(註七)。教授如

(註一) 同上，崇儒二，頁30-31。

(註二) 同上，崇儒卷內未說明，見職官四，頁32。

(註三) 同上，職官四三，頁14-15。

(註四) 宋大詔令集，卷157，頁592。

(註五) 宋會要，崇儒二，頁13-14。

(註六) 同上，崇儒二，頁15，又頁18。

(註七) 同上，崇儒二，頁19，又頁28。

此，學生更糟。其中有"富家子弟，初不知書，第捐數百緡錢，求人試補入學，遂免身役"有近似"官戶"的優待(註一)。政和三年(1113)訂定學規(註二)。但風氣已壞。有的"在學毆鬭爭訟，至或殺人。"多半是家庭利用"學籍"的特殊身份，包攬詞訟，"其父兄盡以辭訴之事付之，校爭錐刀之末。"還有掛名學籍，自己來佃賃官學田產，或"開坊場"(註三)。北宋末期，大規模興辦官學，名爲提倡教育，適得其反。因此秀才之稱，已被人輕視(註四)。但人事消長往往有一種補償律 (Law of Compensation)。官學失敗，而從熙寧以來較爲消沉的私學，又被人重視而逐漸發展起來。整個教育的傳播，還是在推廣。

第六點，南宋的官學，也是沒有解決北宋學制所遺遂的若干問題，學官的品質，學生的風氣，學產的被侵，和經費的困難。另一方面，私人辦的學校，却大量增加，雖然經費也困難，可是教和學的水準一般說來都比較好，甚至比北宋的程度還高。南宋初，急於軍事，教育被認爲"不急之務，"州學縣學多半停辦。建炎二年(1128)規定設置教授的有四十三州。繼而又罷，"任滿更不差人，"將就由科舉出身的行政官吏兼任。後來又再設教官，並且可以和太學的官員互轉。簡而言之，一般不受重視，陷入簡陋停滯的狀況(註五)。舒璘，是奉化人，朱熹，陳傅良的朋友。在他給其他朋友的幾封信中，說明了學官地位之低和學生風氣之差："臘等處江右漕幕，隨行逐隊，無補公家。既罷而不敢傍緣，爲僥倖圖，遂分教於此。始至，士子循習敝陋。舖啜之餘，渙然而散。不惟學不知講，而廉恥亦喪。"以下幾封信，常常提到努力教授兩年，不見成效。還有一信，分析這情形："大抵歙中學校寥落，非吾鄉比。學糧無幾，日給僅四十輩，歲終又以匱告。鄉來，處學〔按即走讀和寄宿生〕，皆苟二餐而

(註一) 通考卷46，頁433。參閱宋會要，崇儒二，頁30。

(註二) 宋會要，崇儒二，頁24，又頁28。

(註三) 參見金石萃編，卷134，頁23-25。蔡京未當權時，在元豐三年，曾有編修諸路學制的經驗，見續長編，卷302，頁6。

(註四) 洪邁，容齋三筆(四部叢刊)，卷2，頁8。

(註五) 宋會要，崇儒二，頁33-34。宋留正(等)，皇宋中興兩朝聖政，卷17，頁10；又卷17，頁6詳見趙鐵寒，"宋代的州學(影印宛重別藏本)，"大陸雜誌，卷7，期10-11，頁305-309又341-343。

去，蕩然不修”(註一)。

經費少，在紹興廿一年(1151)時，曾經討論過。北宋將亡國時，學田盡歸常平司。南宋初年，學田錢糧也歸戶部拘催。都是因爲應付軍事需要。紹興十三年(1143)，雖然明令“諸州軍將舊贍學錢糧，撥還養士，”未必全能做到(註二)。此外，經過變亂，“贍學公田，多爲權勢之家侵佔”(註三)。那時政府也無力與學，只有沿襲老辦法，把買了僧道度牒而後來成爲絕產的、和僧道違法擅置，並無敕額的庵院，一概“撥充贍學之用”(註四)。事隔未久，紹興廿四年(1154)，又發現撥給贍學支用的，又被地方政府撥入別項“侵移兌用”(註五)。據趙鐵寒兄的研究，州學的經費不夠，從北宋中葉起到南宋，靠五種辦法籌措：由地方長官籌措或捐助；將爭訟不決的田產充公斷爲學產；請求轉運使暫借一筆欵，賤價買入鄰郡訟爭的田產，再以收租償還借欵；刻書販賣來補充經費，自給自足；實在無法，請鄉黨父老供給伙食，等於爲他們自己的親友設立膳費獎學金(註六)。這裏再補充很小的幾點。有時，是學生集體自已捐欵買地，但這不過是三五個特例(註七)。許多官學舊房，“久已浸敝，頹障墮級，棟扶樑柱，岌岌搖動，如坐漏舟中”(註八)。就是有好官設法籌措，還得靠本地士紳捐助。有時，計劃新建學址，要經過前後十五年，三任縣令的繼續努力(註九)。根本的原因是政府與多數官僚，認爲“勸學養士，迂闊弗切，何啻虛文？”(註一〇)。官學情形如此不好，但是許多

(註一) 舒璘，舒文靖公類稿(同治本)，卷1，頁 8-9。

(註二) 宋會要，崇儒二，頁32，又頁36-37。

(註三) 李心傳，建炎以來繫年要錄（光緒八年本），卷 162，頁20，參閱通考，卷46，頁434；又宋會要崇儒二，頁38，略同。

(註四) 宋會要，崇儒二，頁38。

(註五) 繫年要錄，卷167，頁2。

(註六) 趙鐵寒，“宋代的州學”大陸雜誌，卷7，期11，頁342-343。

(註七) 董兆熊，南宋文錄錄(光緒本)，卷22，頁1，查籥，“杜御史莘老行狀。”又卷10，頁4，王庭珪“重修安福縣學記。”

(註八) 南宋文範，卷44，頁9，葉適“瑞安縣重修縣學記。”

(註九) 同上註。又傅增湘，宋代蜀文輯存(1943印)，卷61，頁14-15，史容，“儒學記，”又卷67，頁10，楊輔，“遂寧縣遷學記。”

(註一〇) 蜀文輯存，卷60，頁9，梁介，“增贍學田記。”

道學大儒，自辦私學"名賢戾止，士大夫講習之所，自爲建置，"在理宗一朝(1225-1264)尤其多(註一)。此外還有親族社團的組織，辦族學，鄉學，義學。文風之盛，主要不是靠官學，而是靠私學。

最後，略作結語。北宋初期，地方上沒有官學，而有規模的私學也極少。北宋中期，私學興，官學也開始有了。經過慶曆變法，官學漸見增多。經過王安石的新政，更見擴展，凌駕私學之上。但主要限制，官學的經費還是不够，蔡京大事興學，撥用常平欵項，官學極盛。但後來一面減費，一面有弊端，又告不支。最大的失敗還是把學風弄壞，一蹶不振。南宋政府也沒有恢復之道，官學根本沒有中興。教育的重擔，還靠優秀的學者，私人來領導。

附帶贅上私學的演變和分類。富貴之家，延請家館，這不必說。可是清寒子弟而有社會關係的，有時也可以去附讀沾光(註二)。唐人常在佛教寺院讀書(註三)。這途徑在宋代已漸衰微。政府官員甚至會對於和尙讀書發生懷疑。"洪擬……聞有僧聚書數千卷，誦讀晨夜不休。擬識其姦，日是非釋子所爲，異時必挾此之動衆。歸語鍾離令逐出之。其後果謀不軌，卽張懷素"(註四)。私人書院，源起五代，是代佛寺而興的。范仲淹就是一個好例。先在長白山醴泉寺讀書。每天兩升米，十幾根鹽菜，半盂醋，一點鹽。後來就改入應天府書院，生活好得多(註五)。北宋中葉這類清寒出身的名臣，出守地方，往往興辦學校。還有許多賢士，職位不高，却自辦私學。這些人之中，還有更進一步辦族學鄉學義學的。這都是起於北宋中葉，而盛於南宋，在世界社會教育史上放一異彩，而對於近千年來中國文化的滲透平民階層，貢獻最大。

(註一)　續通考，卷50，頁3241。

(註二)　拙著，歐陽修的治學與從政，頁132。

(註三)　嚴耕望，"唐人讀書山林寺院之風尙，"中央研究院歷史語言研究所集刊，第30本，下册，頁689-728。

(註四)　(闕名)，京口耆舊傳(粤雅堂叢書)，卷4，頁15。

(註五)　范文正公集，年譜，頁4；又卷7，頁1-2，南京書院題名記。"參閱彭乘，墨客揮犀(稗海本册34)卷3，頁2。匆忙間寫這稿時，很麻煩傅斯年圖書館王寶先先生，附言誌謝。

出自第三十六本上(一九六五年十二月)

金室完顏氏婚制之試釋

桑　秀　雲

初民社會的婚姻對象，從範圍上來說，大體分爲兩類：一是在本團體以內尋求；一是在本團體以外尋求。前者稱爲內婚，後者稱爲外婚。內婚有種族的內婚，階級的內婚和宗教的內婚。外婚又有兩種情形；一是娶媳擇壻，限定在某一團體之內；二是不加任何限制，任何團體皆可。但唯有金室完顏氏的婚姻，却不屬於上述範疇。他是行外婚制的，但他的婚姻對象不是限制在某一個團體之內，也不是無限制的任何團體皆可，而是有限制的八個團體。下面將就完顏氏的婚姻對象，金室婚姻的縱橫觀，及完顏氏與八婚姻家的婚姻形態之由來及代表之意義加以討論。

一、婚姻對象

金室有「婚姻家」這一個名詞，所謂婚姻家即是與完顏氏互通婚姻的「氏族」。金史卷120：

金昭祖娶徒單氏，后妃之族自此始見。

同書卷63：

世宗昭德皇后烏林荅氏，其先居海羅伊河，世爲烏林荅部長，率部族來歸，居上京，與本朝爲婚姻家。

同書卷101：

駙馬都尉僕散阿海，早籍世姻。

類似的婚姻家一共有八家之多，金史卷64：

自欽懷皇后沒世，中宮虛位久，章宗意屬李氏。而國朝故事皆徒單、唐括、蒲察、拏懶、僕散、紇石烈、烏林荅、烏古論諸部部長之家，世爲婚姻，娶后尙主。

實際上金室諸帝所立之后，並不完全在上述八家之內。而且婚姻對象，也不應該僅限于后，妃嬪也應計入，同時八婚姻家中也有做妃子的，所以后妃同時討論。下面先將金室所立的后妃姓氏統計一下，因后妃之族始於金昭祖娶徒單氏，而昭祖以上的始祖、德帝、安帝、獻祖四人，除始祖所娶爲完顏氏外，其餘三人所娶皆「不知何部人」，所以皆略而不計，而從昭祖起開始計算：

金史卷63：

昭祖威順皇后徒單氏，諱烏古倫都葛，活刺渾水敵魯鄉徒單部人。其父拔炭都魯海。

同書卷65：

昭祖威順皇后生景祖，次曰烏古出；次室達胡末，烏薩札部人，生跋黑、僕里黑、斡里安；次室高麗人，生胡失答烏古出。

昭祖娶三人，一爲威順皇后徒單氏，一爲烏薩札部的達胡末，一爲高麗人。

以下是景祖所娶后妃。金史卷63：

景祖昭肅皇后唐括氏，帥水隈鴉村唐括部人，諱多保眞。父石批德撒骨只，巫者也。

同書卷65：

景祖昭肅皇后生韓國公劾者，次世祖，次沂國公劾孫，次肅宗，次穆宗；次室注思灰，契丹人，生代國公劾眞保；次室溫廸痕氏，名敵本，生虞國公麻頗，隋國公阿離合懣，鄭國公謾都訶劾者。

景祖娶三人，一爲昭肅皇后唐括氏，一爲契丹的注思灰，一爲溫迪痕氏。

以下是世祖所娶后妃。金史卷63：

世祖簡翼皇后拏懶氏，大安元年癸酉歲卒，天會十五年追謚。

同書卷65：

世祖翼簡皇后生康宗，次太祖，次魏王斡帶，次太宗，次遼王斜也；次室徒單氏生衞王斡賽，次魯王斡者；次室僕散氏生漢王烏古乃；次室朮虎氏生魯王闍母；次室朮虎氏生沂王查刺；次室烏古論氏生鄆王昂。

世祖娶六人，一爲翼簡皇后拏懶氏，一爲徒單氏，一爲僕散氏，一爲朮虎氏，另一也爲朮虎氏，一爲烏古論氏。

以下是肅宗所娶后妃。金史卷63：

肅宗靖宣皇后蒲察氏，……天會十五年追諡。

肅宗娶一人，即靖宣皇后蒲察氏。

以下是穆宗所娶后妃。金史卷63：

穆宗貞惠皇后烏古論氏，天會十五年追諡。

穆宗娶一人，即貞惠皇后烏古論氏。

以下是康宗所娶后妃。金史卷63：

康宗敬僖皇后唐括氏，天會十五年追諡。

同書卷66：

康宗敬僖皇后生楚王謀良虎；次室溫都氏生昭武大將軍同刮茁；次室僕散氏坐事早死，生龍虎衞上將軍限可。

康宗娶三人，一爲敬僖皇后唐括氏，一爲溫都氏，一爲僕散氏。

以下是太祖所娶后妃。金史卷4：

（天會）十三年，……二月乙巳，追諡太祖后唐括氏曰聖穆皇后，裴滿氏曰光懿皇后，追册太祖妃僕散氏曰德妃，烏古倫氏曰賢妃。

同書卷63：

太祖光懿皇后裴滿氏，天會十三年追諡。

太祖欽憲皇后紇石烈氏，天會十三年尊爲太皇太后。

太祖宣獻皇后僕散氏，睿宗母也，天會十三年追册曰德妃，大定元年追諡。

崇妃蕭氏。

同書卷69：

太祖聖穆皇后生景宣帝，豐王烏烈，趙王宗傑；光懿皇后生遼王宗幹；欽憲皇后生宋王宗望，陳王宗雋，瀋王訛魯；宣獻皇后生睿宗，幽王訛魯朶；元妃烏古論氏生梁王宗弼，衞王宗強，蜀王宗敏；崇妃蕭氏生紀王習泥烈；息王寧吉，莒王燕孫；娘子獨奴可生鄴王斡忽。

太祖娶七人，一爲聖穆皇后唐括氏，一爲光懿皇后裴滿氏，一爲宣獻皇后（即天會十五年追册之德妃）僕散氏，一爲賢妃或元妃烏古論氏，一爲欽憲皇后紇石烈氏，一爲崇妃蕭氏，尙另有娘子獨奴可。

以下是太宗所娶后妃。金史卷63：

太宗欽仁皇后唐括氏。

太宗娶一人，卽欽仁皇后唐括氏。

以下是熙宗所娶后妃。金史卷63：

熙宗悼平皇后裴滿氏，熙宗卽位封貴妃，天眷元年立爲皇后。

同書卷80：

熙宗……悼平皇后生太子濟安，賢妃生魏王道濟。

同書卷4：

（天眷九年）十一月癸未，殺皇后裴滿氏，召胙王妃撒卯入宮，……癸已，上獵于忽刺渾土溫，遣使殺德妃烏古論氏及夾谷氏、張氏。十二月己酉朔，上至自獵所。丙辰，殺妃裴滿氏於寢殿。

熙宗娶六人，一爲悼平皇后裴滿氏，一爲賢妃，一爲德妃烏古論氏，一爲夾谷氏，一爲張氏，一爲妃裴滿氏。另有胙王妃撒卯。

以下是海陵帝所娶后妃。金史卷5：

海陵……初卽位，封岐國妃徒單氏爲惠妃，後爲皇后。第二娘子大氏封貴妃，第三娘子蕭氏封昭容，耶律氏封脩容。

同書卷82：

海陵后徒單氏生太子光英，元妃大氏生崇王元壽，柔妃唐括氏生宿王矧思阿補，才人南氏生滕王廣陽。

同書卷63：

（海陵）柔妃彌勒姓耶律氏，天德二年使禮部侍郎蕭拱取之于汴。

海陵帝娶七人，一爲皇后徒單氏，一爲貴妃或元妃大氏，一爲昭容蕭氏，一爲脩容耶律氏，一爲柔妃唐括氏，一爲才人南氏，一爲柔妃耶律彌勒。海陵簒位後，强取有夫之婦，從姊妹，再從姊妹，甥女等，因不是正常的婚姻情況，故不列入。

以下是世宗所娶后妃。金史卷63：

世宗昭德皇后烏林荅氏，其先居海羅伊河，世爲烏林荅部長，率族來歸，居上京，與本朝爲婚姻家。

同書卷85：

世宗昭德皇后生顯宗，趙王孰輦，越王斜魯；元妃張氏生鄗王允中，越王允功；元妃李氏生鄭王允蹈，衞紹王允濟，潞王允德；昭儀梁氏生豫王允成，才人石抹氏生夔王允升。孰輦、斜魯皆早卒。

同書卷64：

（大定）二十八年九月，與賢妃石抹氏，德妃徒單氏，柔妃大氏，俱陪葬于坤厚陵。

世宗娶七人，一爲昭德皇后烏林荅氏，一爲元妃張氏，一爲元妃李氏，一爲昭儀梁氏，一爲才人或賢妃石抹氏，一爲德妃徒單氏，一爲柔妃大氏。

以下是章宗所娶后妃。金史卷64：

章宗欽懷皇后蒲察氏，上京路曷速河人也。

同書卷93：

章宗欽懷皇后生絳王洪裕；資明夫人林氏生荊王洪靖；諸姬生榮王洪熙，英王洪衍，壽王洪輝；元妃李氏生葛王忒隣。

同書卷94：

夾谷淸臣……明昌元年，……俄以其女爲昭儀。

同書卷106：

霍王從彝母早死，溫妃石抹氏養之。明昌六年，溫妃薨，上問從彝喪服。

同書卷98：

（泰和八年）十一月，………丁已，衞紹王即位；戊午，章宗內人范氏胎氣有損。大安元年四月，平章政事僕散端、左丞孫即康奏：承御賈氏產期已出三月，有人告元妃李氏令賈氏詐稱有身，詔元妃李氏、承御賈氏皆賜死。

章宗娶九人，一爲欽懷皇后蒲察氏，一爲資明夫人林氏，一爲諸姬失其姓氏，一爲元妃李氏，一爲昭儀夾谷氏，一爲溫妃石抹氏，一爲霍王從彝母不知姓氏，一爲賈氏，一爲范氏。

以下是衞紹王所娶后妃。金史卷64：

衞紹王后徒單氏，大安元年立爲皇后。

衞紹王后徒單氏。

以下是宣宗所娶后妃。金史卷64：

宣宗皇后王氏，中都人，明惠皇后妹也。……初宣宗封翼王，章宗詔諸王求民家子以廣繼嗣。是時，后與龐氏偕入王邸，及見后姊有姿色。又納之。貞裕元年九月，封后爲元妃，姊爲淑妃，龐氏爲眞妃。……貞祐二年七月，賜姓溫敦氏，立爲皇后。……或曰宣宗爲諸王時，莊獻太子母爲正妃，及即位，尊爲皇后。貞祐元年九月詔曰：「元妃某氏，久奉侍於潛藩，已賜封於國號，可立爲皇后。」其名氏蓋不可考也。或又曰：「自王氏姊妹入宮，而后寵衰，尋爲尼，王氏遂立爲后，皆后姊明惠之謀也」。

同卷：

柔妃裴滿氏。

同卷：

宣宗明惠皇后，王皇后之姊也。

同書卷93：

莊獻太子名守忠，宣宗長子也，其母未詳。

同卷：

玄齡或曰莊獻太子母弟，……或曰麗妃史氏所生。

宣宗娶六人，一爲王皇后，一爲明惠皇后，一爲眞妃龐氏，一爲柔妃裴滿氏，一爲莊獻太子母未詳姓氏，一爲麗妃史氏。

以下是哀宗所娶后妃。金史卷64：

哀宗皇后徒單氏。

哀宗后徒單氏。

上面的記述，列成一表，可以更清楚的看出與金室通婚姻諸家的關係。見表一。表中所列后妃共有62人，其中后19人，妃43人。可分爲三個系統：一是與金室通婚姻的八婚姻家，二是八婚姻家以外的女眞氏族，三是女眞氏族以外的其他民族，如高麗

表 1

通婚諸家 ＼ 金室諸帝 ＼ 分期		第一期						第二期						第三期		
		昭祖	景祖	世祖	肅宗	穆宗	康宗	太祖	太宗	熙宗	海陵	世宗	章宗	衛紹	宣宗	哀宗
八婚姻家	徒單氏	威順		V							后	V		后		后
	唐括氏		昭肅				敬僖	聖穆	欽仁		V					
	蒲察氏				靖宣								欽懷			
	拏懶氏			簡翼												
	僕散氏			V			V	宣獻								
	紇石烈氏							欽憲								
	烏林荅氏											昭德				
	烏古論氏			V		貞惠		V		V						
八婚姻家以外之女眞氏族	烏薩札氏	達胡末														
	溫廸痕氏		敵本													
	术虎氏			V V												
	溫敦(都)氏						V									
	裴滿氏							光懿		悼平；V					V	
	夾谷氏									V			V			
	石抹氏											V	V			
其他民族	高麗	V														
	契丹		注思灰													
	蕭氏							V			V					
	張氏									V		V				
	大氏										V	V				
	耶律氏										V V					
	南氏										V					
	高氏											V				
	李氏											V	V			
	梁氏											V				
	林氏												V			
	范氏												V			
	賈氏												V			
	王氏														明惠；王后	
	龎氏														V	
	史氏														V	
	不知姓氏							獨奴可		賢妃			V；諸姬		V	

1. 凡有封號、名字者，皆直接書明于該姓氏之下。

2. 如無封號、名字，則在該姓氏下作V號。

人、契丹人、渤海人、漢人等。第一個系統內，共23人，后15人，妃８人；第二個系統內共13人，后２人，妃11人；第三個系統內共21人，后２人，妃19人，另有五人不知姓氏。

后的總數是19人，其中包括了以後追封的。19人中有15人是出於八婚姻家，其餘四人，有二人是出於八婚姻家以外的女眞氏族裴滿氏，即太祖光懿皇后和熙宗悼平皇后；另二人是宣宗王皇后及其姊明惠皇后。他們二人來自民間，不屬於八婚姻家，根本不得立爲皇后，同時又有了章宗欲立李氏爲后不果的經驗，宣宗乃先賜二位王皇后姓溫敦氏，然後再册封爲后。溫敦氏雖不屬於婚姻家，但也是女眞氏族之一，和裴滿氏地位相等，其對金室的關係，自然比非女眞人來得密切。總計上面金帝諸后，除來自八婚姻家以外，尙有來自裴滿氏和溫敦氏兩家，共是十家。

其次，再討論妃的問題。妃的總數是43人，出於八婚姻家的有８人，（此８人也不是平均分配在八婚姻家之中），出於其他女眞氏族的有11人，來自其他民族的有19人，尙有不知姓氏的五人，也併入此一類。

來自八婚姻家的妃子，是徒單氏２人，唐括氏１人，僕散氏２人，烏古論氏３人。

來自其他民族的19人，這些民族包括了高麗、契丹、渤海、漢人等。出於契丹的：除景祖所娶之注思灰外，尙有蕭氏、耶律氏；出於渤海的：如大氏、高氏、李氏、張氏。其餘的南氏、梁氏、林氏、范氏、賈氏、王氏、龐氏、史氏等，雖不知道他們來自什麼民族，但無疑其中必有一部份是漢人。按照他們出現的先後，可分爲三個時期：一、自昭祖至太祖全無漢人爲妃時期；二、自太宗至章宗，與契丹、渤海的婚姻關係密切時期；三、自章宗以下，以漢人爲妃的趨勢增加時期。

第一期：自昭祖至太祖，昭祖所娶的高麗人，不知姓名；景祖所娶的契丹人注思灰，皆已明白說明。太祖所娶的蕭氏是契丹人；娘子獨奴可，從名字上看也不是漢人。

第二期：自太宗至章宗，太宗雖沒有娶妃的記載，但不表示沒有娶妃這件事。這一期是完顏氏與契丹、渤海婚姻關係密切的時期，例如海陵所娶的二位耶律氏，海陵和世宗皆娶過大氏，海陵的生母也爲大氏。金史卷63：

海陵嫡母徒單氏，宗幹之正室也。徒單無子，次室李氏生長子鄭王充，次室大氏生三子，長卽海陵庶人也。

海陵本人也娶大氏，金史卷76：

撻不野女爲海陵妃。

同卷：

斜也有幼子阿虎里，其妻撻不野女，海陵妃大氏女兄。

其他娶大氏的，如金史卷84，昂傳：

大定初，還自揚州，妻子爲置酒私第，未數行，輒臥不飮。其妻大氏，海陵庶人從母姊也，怪而問之，昂曰：「吾本非嗜酒者，但向時不以酒自晦，則汝弟殺我久矣。今遭遇明時，正當自愛，是以不飮。」聞者稱之。

昂本名奔睹，係景祖弟孛黑之孫。

大氏是什麼民族？金史卷1：

粟末靺鞨始附高麗，姓大氏。李勣破高麗，粟末靺鞨保東牟山，後爲渤海。

洪皓、松漠紀聞：

渤海國……其王舊以大爲姓。

渤海與遼的關係很深，遼史卷2、太祖紀：

天顯元年……二月……丙午，改渤海國爲東丹、忽汗城爲天福，册皇太子倍爲人皇王以主之，以皇弟迭剌爲左大相、渤海老相爲右大相、渤海司徒大素賢爲左次相，耶律羽之爲右次相。……四月……辛卯，人皇王率東丹國僚屬辭。

自遼天顯元年，渤海國就在契丹人的統治之下，二國關係密切。而分別來自兩國和金室完顏氏通婚的大氏和蕭氏，也就比較接近。金史卷63：

（太祖）崇妃蕭氏，……天德二年正月封元妃，是月尊封太妃。海陵母大氏事蕭氏甚謹。海陵簒立……每有宴集，太妃坐上坐，大氏執婦禮、海陵積不能平。及殺宗義等，誣太妃以隱惡，殺之。

其他來自渤海的，尙有世宗元妃張氏、李氏等。洪皓、松漠紀聞：

渤海國……其王舊以大爲姓，右姓曰高、張、楊、竇、烏、李，不過數種。部曲奴婢無姓者皆從其主。

金史卷64：

(世宗) 元妃張氏，父玄徵，母高氏，與世宗母貞懿皇后葭莩親，世宗納爲次室，生趙王永中。

同卷：

(睿宗) 貞懿皇后李氏，世宗母，遼陽人，父雛訛只，仕遼，官至桂州觀察使。

同書卷86：

李石，字子堅，遼陽人，貞懿皇后弟也。……海陵遷都燕京，石隨例入見，海陵指石曰：「此非葛王之舅乎！」葛王謂世宗也。……世宗納石女後宮，生鄭王永蹈，衞紹王永濟，是爲元妃李氏。

李雛訛只、李石父子是渤海人。陳述、金史拾補五種、金史氏族志卷六：

族帳部曲錄云：「李受、渤海人。葛王(世宗)立，以母舅嘗爲參知政事。」受卽石之別名或誤字。

以上數條皆說明金室和契丹、渤海婚姻關係的密切。

第三期：自章宗以下，以漢人爲妃的趨勢增加時期。金史卷64：

初宣宗封翼王，章宗詔諸王求民家子以廣繼嗣。是時，后與龐氏偕入王邸，及見后姊有姿色，又納之。貞祐元年九月，封后爲元妃，姊爲淑妃，龐氏爲眞妃。

所謂民家子，應是漢人無疑。章宗本人也曾求民家子。金史卷64：

(章宗) 元妃李氏師兒，其家……微賤。

其他如衞紹王、哀宗等自然也曾求民家子以廣繼嗣，只是她們沒有重要的事情足資記載，遂被埋沒。

下面討論尙主的諸家。以氏族爲單位。

徒單氏、金史卷5：

(天德四年) 十月……甲申……使殺太祖長公主兀魯，罷杖其夫平章政事徒單恭，封其侍婢忽撻爲國夫人。恭之兄定哥初尙兀魯，定哥死，恭強納焉而不相能。

同書卷92：

左丞相（完顏）希尹、（徒單）克寧母舅……克寧娶宗幹女嘉祥縣主。

同書卷132：

徒單貞……娶遼王宗幹女，海陵同母女弟也。海陵既立，封貞妻平陽長公主。……海陵死，北還，見世宗于中都，詔以貞女爲皇太子妃。

平陽長公主有數個封號。海陵未卽位前，爲梁國公主（註一），海陵既立，封平陽長公主，後降淸平縣主，又封任國公主。海陵貶號，降爲永平縣主，其實皆爲一人。

同書卷120：

徒單公弼，……父府君奴尙熙宗女，加駙馬都尉。……初充奉御。大定二十七年，尙世宗女息國公主。

同卷：

徒單繹，尙熙宗第七女藩國公主。改同知廣寧府事，以母鄂國公主憂不赴，世宗特許。……繹家世貴寵，自曾祖照至繹尙公主者凡四世云。

同書卷130：

海陵既立，以（徒單）阿里出虎爲右副點檢，賜錢絹馬牛羊如其黨，子尣斯剌尙榮國公主合女。

同書卷120：

徒單思忠……曾祖賽補尙景祖女，……父賽一尙熙宗妹。……尙皇弟二女唐國公主。

陳述、金史拾補五種、金史氏族志、卷三：

（徒單）思忠，尙世宗女唐國公主。

以上徒單氏，15個人尙14主。

下面是蒲察氏。金史卷120：

石家奴，蒲察部人，世居案出虎水，祖斛魯短，世祖外孫，桓赧散答之亂，昭肅皇后父母兄弟皆在敵境，斛魯短以計迎還之。石家奴自幼時撫養于太祖家，及長，太祖以女妻之。

註一：陳述：金史拾補五種、金史氏族志、卷三。

同書卷69：

皇統七年四月戊午，左副點檢蒲察阿虎特子尙主，進禮物，賜宴便殿。

同書卷120：

蒲察鼎壽，……欽懷皇后父也，……尙熙宗女鄭國公主。貞元三年，以海陵女弟慶宜公主子加定遠大將軍。………長子辭不失，凡三尙定國、景國、道國公主。

同書卷5：

（正隆六年）二月……辛丑，殺蒲察阿虎迭女叉察。叉察、慶宜公主出，幼鞠宮中，上（海陵）屢欲納之，太后不可，至是以罪殺之。

同書卷120：

蒲察阿虎迭，初授信武將軍，尙海陵姊遼國長公主迪鉢，爲駙馬都尉。遼國薨，繼尙鄧國長公主崔哥。

從上兩條記載看來，蒲察阿虎迭三尙公主，即海陵姊遼國長公主、鄧國長公主，及海陵女弟慶宜公主。

同書卷95：

蒲察通……尋命其子蒲速烈尙備國公主。

以上蒲察氏，6人尙10主。

下面是烏古論氏。金史卷120：

烏古論元忠……父訛論，尙太祖女畢國公主。元忠幼秀異，世宗在潛邸，以長女妻之，後封魯國大長公主。以其子誼尙顯宗長女薛國公主。

同書卷84，張景仁傳：

烏古論元忠，……尙豫國公主，怙寵自任，倨慢朝士。

金史卷120：

（烏古論）誼，本名雄名。大定八年，尙海陵女，宴宗室及六品以上官，命婦預焉。上曰：「此女亦太祖之曾孫，猶朕之女，乃父廢亡，非其女之罪也。」海陵女卒，大定二十一年，尙顯宗女廣平郡主……廣平郡主進封鄴國長公主。

同書卷120：

烏古論粘沒曷，尙睿宗女冀國長公主。

陳述、金史拾補五種、金史氏族志，卷四：

（烏古論）蒲魯虎，娶宋王宗望女昭寧公主什古。

以上蒲察氏，5人尙8主。

下面唐括氏。金史卷120：

唐括德溫……父撻懶，尙康宗女。……德溫善射，尙睿宗皇帝女楚國長公主。

同書卷132：

唐括辯，本名斡骨剌，尙熙宗女代國公主，爲駙馬都尉。

同書卷69：

世宗第五女蜀國公主下蜀唐括鼎，賜宴神龍殿。

同書卷120：

唐括貢……尙世宗第四女吳國公主。

以上唐括氏，5人尙5主。

下面是紇石烈氏。金史卷87：

紇石烈志寧，本名撒曷輦，上京胡塔安人，自五代祖太尉韓赤以來，與國家世爲甥舅，………志寧沈毅有大略，娶梁王宗弼女永安縣主，宗弼於諸壻中最愛之。

同卷：

（世宗）以第十四女下嫁紇石烈志寧子諸神奴，八年十月進幣，宴百官于慶和殿，皇女以婦禮謁見志寧夫婦，坐而受之。

以上紇石烈氏，2人尙2主。

下面是僕散氏。金史卷102：

僕散安貞，本名阿海，以大臣子充奉御。父揆，尙韓國公主，鄭王永蹈同母妹也。永蹈誅，安貞罷歸，召爲符寶祇候，復爲奉御。尙邢國長公主，加駙馬都尉，襲胡土愛割蠻猛安，歷尙衣直長御院通進尙藥副使。

以上僕散氏，2人尙2主。

下面是烏林荅氏。金史卷120：

烏林荅琳，本名留任，尙鄧國公主。

陳述、金史拾補五種、金史氏族志、卷三。

(兀林荅)復，尙世宗第四女。

以上烏林荅氏，2人尙2主。

除去八婚姻家之外，尙有：金史卷76。

蕭玉，奚人……子尙公主。

金史卷14：

(貞祐)二年……三月……庚寅，奉衞紹王公主歸于大元太祖皇帝，是爲公主皇后。

金室的婚姻對象，所謂娶后尙主，來自徒單等八部部長之家；這句話是有問題的。后來自十家，妃有記載的有28家。尙主，在八婚姻家中只有七家尙主，拏懶氏無人尙主；而奚人蕭玉之子和元太祖都是異族，也不在八婚姻家之內。

二、金室婚姻的縱橫觀

從縱的方面來看金室婚姻，即是要明瞭金主所娶后妃與生母的關係，亦即是金室的婆媳關係。金室自始祖至哀宗共十三世，后妃有記載的自第五代昭祖起，歷景祖、世祖、肅宗、穆宗、康宗、太祖、太宗、熙宗、海陵、世宗、章宗、衞紹王、宣宗、哀宗共十五位，分爲九代。在第九代加上景宣皇帝、宗幹、睿宗；第十一代加上顯宗，他們四人雖然未登大寶，但爲了明瞭熙宗、海陵、世宗、和章宗、宣宗所娶后妃與生母的關係，也將他們一倂列上，以便觀察。所分之十三代係：一、始祖；二、德帝；三、安帝；四、獻祖；五、昭祖；六、景祖；七、世祖、肅宗、穆宗；八、康宗、太祖、太宗；九、景宣皇帝、宗幹、睿宗；十、熙宗、海陵、世宗；十一、顯宗、衞紹王；十二、章宗、宣宗；十三、哀宗。將之列成一表，見表二。

表中所示，昭祖威順皇后徒單氏生景祖、景祖昭肅皇后唐括氏，妃注思灰、溫迪痕氏，皆非徒單氏一族。景祖昭肅皇后唐括氏生世祖、肅宗、穆宗等，世祖立翼簡皇后拏懶氏、諸妃徒單氏、僕散氏、二朮虎氏、烏古論氏；肅宗立欽憲皇后蒲察氏，穆宗立貞惠皇后烏古論氏，亦無一人和唐括氏同族。世祖翼簡皇后拏懶氏生康宗、太

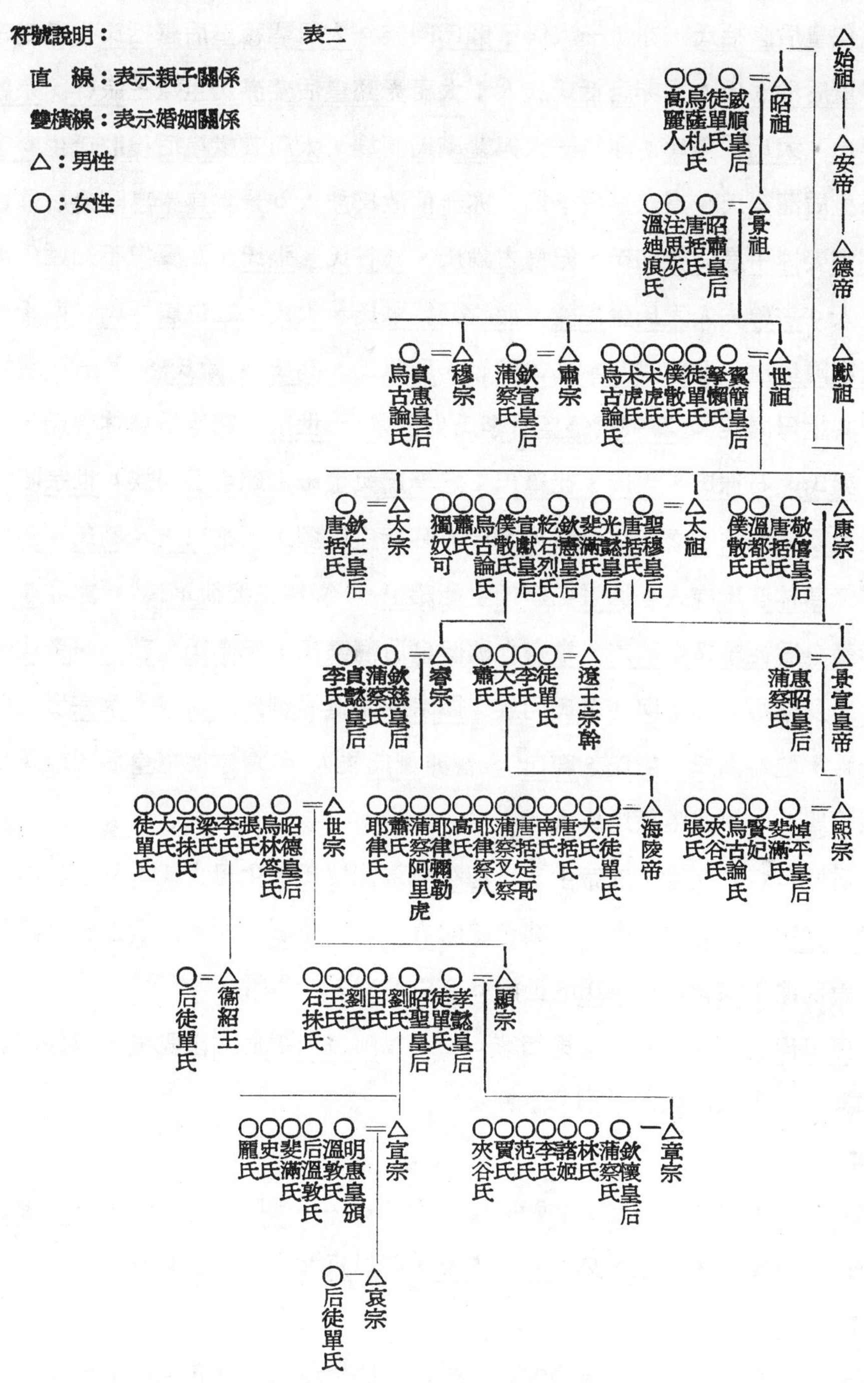

祖、太宗；康宗立敬僖皇后唐括氏，妃溫都氏，僕散氏；太祖聖穆皇后唐括氏，光懿皇后裴滿氏，欽憲皇后紇石烈氏，宣獻皇后僕散氏，妃烏古論氏，蕭氏，娘子獨奴

可；太宗欽仁皇后唐括氏，亦無一人與拏懶氏同族。太祖聖穆皇后唐括氏生景宣帝，景宣娶惠明皇后蒲察氏，亦非唐括氏族人；太祖光懿皇后裴滿氏生遼王宗幹，宗幹娶徒單氏、李氏、大氏、蕭氏，亦無一人與裴滿氏同族，太祖宣獻皇后僕散氏生睿宗，睿宗娶欽慈皇后蒲察氏、貞懿皇后李氏，亦非僕散氏族人。景宣皇帝惠昭皇后蒲察氏生熙宗，熙宗娶悼平皇后裴滿氏、妃烏古論氏、夾谷氏、張氏、及賢妃不知姓氏，亦無裴滿氏族人。宗幹夫人大氏生海陵，海陵娶徒單氏、大氏，二位唐括氏、南氏，蒲察叉察、蒲察阿里虎、耶律察八、耶律彌勒、耶律氏、高氏、蕭氏、及若干從姊妹等；大氏與其生母同族。睿宗貞懿皇后李氏生世宗，世宗昭德皇后烏林荅氏、妃張氏、李氏、梁氏、石抹氏、大氏、徒單氏；妃李氏與生母貞懿皇后同族。世宗昭德皇后烏林荅氏生顯宗，顯宗之孝懿皇后徒單氏、昭聖皇后劉氏，妃田氏、劉氏、王氏、石抹氏；亦無烏林荅氏族人。世宗妃李氏生黼紹王，黼紹王娶徒單氏，亦非李氏一族。顯宗孝懿皇后徒單氏生章宗，章宗立欽懷皇后蒲察氏，妃李氏、范氏、賈氏、夾谷氏、林氏、及諸姬，亦不與徒單氏同族；顯宗昭聖皇后劉氏生章宗，章宗后二位溫敦氏（王氏），妃裴滿氏、史氏、龐氏。皆非劉氏族人。章宗明惠皇后溫敦氏生哀宗，哀宗后徒單氏，亦非溫敦氏族人。

金室有后妃資料的九世十五帝中，只海陵嫡母徒單氏，生母大氏，其后妃中有徒單氏和大氏；世宗母貞懿皇后李氏，其元妃卽貞懿之弟李石之女。這是由於世婚的結果，下面先說明遼王宗幹與徒單氏的世婚。金史卷130：

> 徒單阿里出虎……與宗幹世爲姻家。……以阿里出虎爲右副點檢，賜錢絹馬牛羊如其黨，子朮斯剌尙榮國公主合女。

同書卷132：

> 徒單貞……娶遼王宗幹女，海陵同母女弟也。……海陵旣立，封貞妻平陽長公主。……海陵死，北還，見世宗于中都，詔以貞女爲皇太子妃。

同書卷120：

> 徒單恭，本名斜也。……海陵簒立，海陵后徒單氏斜也女，由是復用。

遼王宗幹娶徒單氏；子海陵帝以徒單氏爲后，女平陽長公主嫁徒單貞；海陵之女榮國公主嫁徒單朮斯剌，徒單貞之女爲海陵太子之妃。

下面再說明世宗和李氏的世婚。世宗的母親和妃皆是李氏。金史卷64：

（睿宗）貞懿皇后李氏，世宗母。遼陽人。父雛訛只，仕遼，官至桂州觀察使。

同書卷86：

李石，字子堅，遼陽人，貞懿皇后弟也。……世宗納石女後宮，生鄭王永蹈，衞紹王永濟，是爲元妃李氏。

世宗與元妃亦爲中表婚。

其次，從橫的方面來看，金主同一代所娶后妃，是否有來自同一氏族。第五代昭祖，第六代景祖，皆沒有同代人以資比較。第七代世祖、肅宗、穆宗三人，世祖與穆宗二人皆娶烏古論氏族之女。第八代康宗、太祖、太宗三人，三后皆來自唐括氏、康宗與太祖又皆娶僕散氏族之女。第九代景宣皇帝、遼王宗幹、睿宗三人，景宣皇帝與睿宗同以蒲察氏之女爲后，遼王宗幹與睿宗又皆以李氏女爲妃。第十代熙宗、海陵、世宗三人，海陵與世宗皆娶徒單氏與大氏爲后妃。第十一代顯宗與衞紹王，二后皆來自徒單氏族，第十二代章宗與宣宗，二人之后妃無來自同一氏族，第十三代哀宗，后徒單氏。

如果縱橫合併觀之，自昭祖起至哀帝止，將每一代皇帝與他們所娶后妃的女眞氏族，列成一表，如表三：

代次	諸帝	女眞氏族									
五	昭祖	徒單									
六	景祖		唐括								
七	世祖　肅宗　穆宗	徒單		拏懶	僕散	烏古論2	蒲察				
八	康宗　太祖　太宗		唐括3		僕散2	烏古論		温都	斐滿	紇石烈	
九	景宣　宗幹　睿宗	徒單					蒲察2				
十	熙宗　海陵　世宗	徒單2	唐括			烏古論	蒲察2		斐滿2		烏林荅
十一	顯宗　衞紹王	徒單									
十二	章宗　宣宗						蒲察	溫敦	斐滿		
十三	哀宗	徒單									

從上表看來，金室對每一氏族似乎有隔一代結婚的傾向。如徒單氏，與金室之第

五、七、九、十一、十三代通婚姻。如唐括氏，與金室之第六、八、十代通婚姻。如蒲察氏，與金室之第七、九代及第十、十二代通婚姻。斐滿氏，與金室之第八、十、十二代通婚姻。因此與金室通婚的諸家似乎分爲兩組，一組爲徒單、僕散、蒲察三氏，與金室奇數代次諸帝通婚；一爲唐括、烏古論、斐滿三氏，與金室偶數代次諸帝通婚，這似乎有婚級制的意義。

所謂的婚級，卽是雙系的親屬團體，存在在澳洲土著中，很早就爲人所知。直至Galton，才看出這一制度中雙系的性質（註一）。到了 Deacon，到了有了更進一步的認識，並發現在 Melanesia 也有婚級制的存在（註二）。直到 Lawrence，才淸楚的了解婚級制在社會組織中的作用（註三）。這一制度，是父系的和母系的親屬團體在半部族和嚴格的外婚制之下交互作用的結果。在澳洲的婚級，分爲二級、四級、八級等。不論那一種，都是基於母系的和父系的親屬團體的組合，這一組合包括了外婚的母系半部族和外婚的父系半部族所形成的一個地域團體。在這一個親屬團體之中的每一父系系列分子，同時在兩個母系半部族中分成兩個交替的世次。以一個男子爲例，這個男子和他的祖父、孫子，以及和他本人、祖父，孫子同一代的男性女性，屬於同一半部族；這個男子的父親、兒子，以及和他父親兒子同輩的男性和女性同屬於另一半部族。而在這兩個半部族所構成的部落中，根據上述原則，又從母系分成另兩個半部族。根據外婚的規則，一個男子所尋求的配偶，應該不屬於同一父系半部族，亦不屬於同一母系半部族（註四）。在 Manus 社會中，分成兩個父系半部族和兩個母系半部族。父系半部族A、B；母系半部族1、2，同時存在。在這個社會中的每一份子同時屬於一個父系半部族和一個母系半部族，因此這一社會中便分成四個不同的級(Section)，卽A1、A2、B1、B2。由於這四級行外婚，所以又稱爲婚級。他們的婚姻關係用下圖來表示：

他們的婚姻關係：

註一：F. Galton: Note on the Australian Marriage Systems, 1889.

註二：A. B. Deacon: The Regulation of Marriage in Ambrym, 1927.

註三：W. E. Lawrence Alternating Generations in Australia, 1937.

註四：Murdock: Social Organization, 1949. P.P. 51-53

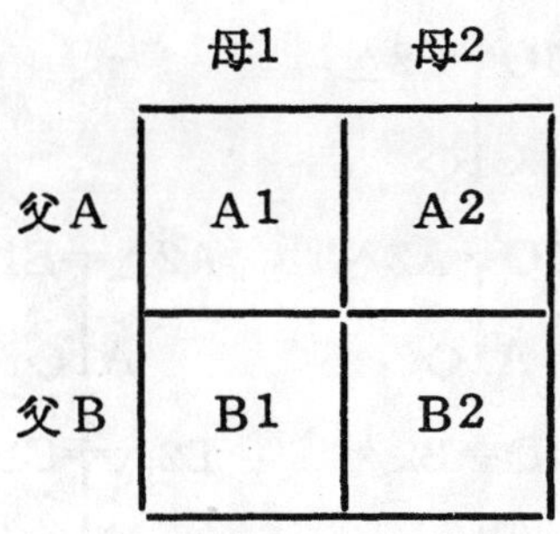

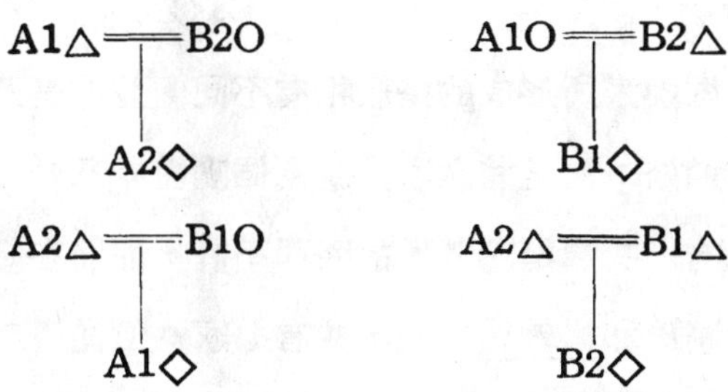

符號說明：△：男性，O：女性，◇：不分性別，＝婚姻關係，| 親子關係

A1不能和同父系的A2結婚，也不能和同母系的B1結婚，只能和B2結婚。所以，A1△娶B2O；A1O嫁B2O，他們的子女則分別屬於A2和B1。其他A2、B1、B2亦然。

在澳洲土著和 Melanesia 中，有六級制。他是分成三個父系半部族 A、B、C，和兩個母系半部族1、2。他們的婚姻關係用下圖來表示：

	母1	母2
父A	A1	A2
父B	B1	B2
父C	C1	C2

A1△═C2O　A1O═C2△
A2◇　C1◇

B1△═A2O　B1O═A2△　A2△═B1O　A2O═B1△
B2◇　A1◇　A1◇　B2◇

C1△═B2O　C1O═B2△　B2△═C1O　B2O═C1△
C2◇　B1◇　B1◇　C2◇

C2△═A1O　C2O═A1△
C1◇　A2◇

但與金室通婚的八婚姻家所形成的婚級稍有不同，並非是八婚姻家中每一家之男女分成兩個團體與金室通婚，而是將八家分爲兩個團體。八婚姻家之中，拏懶氏、紇石烈氏、烏林荅氏皆只有一次通婚記載，故略而不計，而將在婚姻家以外但與金室有一次以上婚姻記錄的斐滿氏和溫敦氏加入，共有七家。但從表三看來，也有例外的情形。如第十代之二位徒單氏；第八代之二位僕散氏；第十代之二位蒲察氏，第七代之二位烏古論氏等。這幾個例外的情形，大都有其原因，下面將分別討論。

第十代中出現之二位徒單氏，一是海陵之后徒單氏，一是世宗德妃徒單氏。海陵之父遼王宗幹，與徒單阿里出虎世爲姻家，故宗幹正室是徒單氏，海陵也娶徒單氏，而海陵的子女也分別娶嫁徒單氏（見前）。故海陵之后徒單氏是世婚的結果。至於世宗之德妃徒單氏，可能是烝報的結果。金人有烝報的習俗（下節詳論）。在陳述、金史拾補五種、金史氏族志、卷三引大金國志十六：

世宗母曰禿丹氏。

世宗生母金史明言是睿宗貞懿皇后李氏，故此處母亦作母輩解。禿丹氏即徒單氏之另寫，世宗之德妃徒單氏，可能即接收母輩禿丹氏而來。

第八代中出現之二位僕散氏，一位是康宗妃僕散氏，另一位是太祖宣獻皇后僕散氏。康宗妃僕散氏可能亦是烝報的結果，因康宗之父世祖有一妃是僕散氏。至於太祖宣獻皇后僕散氏，是睿宗之母。金史卷69：

太祖……宣獻皇后生睿宗，豳王訛魯朶。

同書卷64：

（睿宗）貞懿皇后李氏，世宗母，遼陽人。

從上兩條看來，宣獻皇后僕散氏是世宗的祖母，貞懿皇后李氏是世宗的母親。但在陳述、金史拾補五種、金史氏族表、卷二：僕散氏：

和賚：太尉，女爲世宗母宣獻皇后。

同書卷三、徒單氏、引大金國志十六：

世宗母曰禿丹氏。

同書卷六：李氏：

雛訛只：女爲世宗母貞懿皇后。

上三條記載發生兩個問題，一是世宗有三位母親，二是宣獻皇后變成世宗的母親。

世宗有三位母親，但只有一位生母，金史並曾提及世宗之舅。金史卷86，李石傳

海陵遷都燕京，石隨例入見，海陵指石曰：「此非葛王之舅乎！」葛王謂世宗也。

而李石是貞懿皇后之弟，因此，我們可以肯定的說，世宗的生母是睿宗貞懿皇后李氏。而其他二位宣獻皇后和禿丹氏則係母輩。

根據 Morgan 的調查，初民社會在親屬稱謂方面，有一普遍現象。即稱父之兄弟皆曰父，稱同一輩的人皆爲兄、弟、姊、妹，稱弟兄之子女皆曰子、曰女，因此呼諸母（除生母以外）亦爲母。金人雖沒有呼諸母爲母的直接證明，但有一稱弟兄之子女曰子、曰女的旁證。金史卷120：

（烏古論）誼，本名雄名。大定八年，尙海陵女。宴宗室及六品以上官，命婦預焉。上曰：「此女亦太祖之曾孫，猶朕之女，乃父廢亡，非其罪也。」

世宗與海陵係堂兄弟，他稱海陵之女「猶朕之女」，可見仍保有這種習慣，故呼諸母爲母亦係自然之事。

宣獻皇后由世宗的祖母變爲世宗的母輩，顯然是由於烝報習俗，被睿宗這一代的任何一人（除睿宗外）所接收而成爲睿宗的母輩，這樣雖符合她在婚級中的地位，但最初僕散氏何以能成爲太祖的后妃呢？

根據李玄伯先生在中國古代社會史中討論中國古代婚姻的幾種特殊現象時，提到在中國古代諸侯嫁女，有以姪從嫁的習慣，姪從嫁是烝報的反面，金人有烝報習俗，

僕散氏越級而上嫁給太祖爲妃，似乎有「姪從嫁」的遺意。

前文屢提到金室烝報，這裡順便錄幾則實例。金史卷64：

舊俗：婦女寡居，宗族接續之。

洪皓、松漠紀聞：

悟室者，女眞人。……悟室第三子撻撻，勁勇有智，力兼百人。……挾奴僕十輩入寡孀家烝焉。

同書：

阿骨打八子，正室生繩果，於次爲第五，又生第七子。……長子固碖，側室所生。……繩果死，其妻爲固碖所收，故今主養於固碖家。

金史、卷5：

（貞元元年）十二月……辛未，封所納皇叔曹國王宗敏妃阿懶爲昭妃。

同書卷65：

景祖長子韓國公劾者……韓國公前死，所謂肅宗納劾者之妻加古氏者是也。

肅宗係劾者之弟。

金史卷120：

徒單恭，本名斜也。……兄定哥尙太祖長女兀魯。定哥死，無子，以季弟之子查剌爲後。斜也謀取其兄家財，強納兀魯爲室，而不相能。

同書卷73：

初宗幹納宗雄妻，海陵銜之。

宗幹是太祖庶長子，宗雄是康宗長子。康宗和太祖皆係世祖之子，故宗幹與宗雄是堂兄弟。

同書卷70：

胙王常勝死，熙宗納其妻宮中。頃之，殺悼后及妃數人，將以常勝妻爲后，未果也。

常勝，熙宗皆景宣子。

第十代中之二位僕察氏，二位皆是海陵之妃，一是蒲察叉察，一是蒲察附里虎。蒲察叉察是海陵甥女。金史卷63：

蒲察阿虎迭女叉察，海陵姊慶宜公主所生，嫁秉德之弟特里。秉德誅，當連坐，太后使梧桐請于海陵，由是得免。海陵白太后，欲納叉察，太后曰：「是兒始生，先帝親抱至吾家養之，至于成人。帝雖舅，猶父也，不可。」其後，嫁宗室安達海之子乙刺補，海陵數使人諷乙刺補出之，因而納之。

同書卷5：

（正隆六年）二月……辛丑，殺蒲察阿虎迭女叉察。叉察，慶宜公主出，幼鞠宮中，上（海陵）屢欲納之，太后不可，至是以罪殺之。

蒲察阿里虎、金史卷63：

（海陵）昭妃阿里虎，姓蒲察氏，駙馬都尉沒里野女，初嫁宗盤于（恐係子之誤）阿虎迭，阿虎迭誅；再嫁宗室南家，南家死。是時，南家父突葛速爲元帥都監，在南京，海陵亦從梁王宗弼在南京，欲取阿里虎，突葛速不從，遂止。及簒位，方三日，詔遣阿里虎歸父母家，閱兩月，以婚禮納之。數月特封賢妃，再封昭妃。

海陵娶蒲察叉察及蒲察阿里虎，純係個人行爲。這是憑藉個人權勢，強取人妻，逸出婚姻常規而發生的例外情形。

第十二代的蒲察氏是章宗欽懷皇后；第七代的二位烏古論氏，一是世祖妃烏古論氏，一是穆宗貞惠皇后烏古論氏。這三個例外的情形，可能是婚姻對象無法平衡時所行的一個變通辦法。

產生例外的原因，歸納起來，不外下列四點：

一、由於世婚的關係，世婚即世代爲婚。例如徒單阿里出虎與遼王宗幹世爲婚姻，故宗幹及海陵父子皆娶徒單氏。同一氏族在相連的兩代中出現。

二、金人有中表婚 (Cross Cousin Marriage)，最顯明的例子，金史卷5：

（天德）三年……五月……戊辰，宰臣請益嬪御，以廣嗣續，上命徒單貞語宰臣：前所誅黨人諸婦人中，多朕中表親，欲納之宮中。

世宗娶舅氏李石之女爲妃。金史卷64：

睿宗欽慈皇后蒲察氏，睿宗元配。后之母，太祖之妹也。

睿宗係太祖之子，欽慈皇后之母即睿宗之姑母。即睿宗娶姑母之女也。在中表婚的情形之下，同一氏族不是隔一代出現，而是在相連的兩代中出現。

三、金人有烝報的習慣，烝報也是使同一氏族在相連的兩代中出現。

四、以完顏氏一家與八家通婚，即使分爲婚級制，一家同時要與三家或四家同時通婚，在人數的比例上，不可能保持一個均衡的狀態。因此，不得不有變通的辦法以求適應。例如：在婚姻家以外去尋求配偶，或是在婚姻家以內，而不能顧及到輩份。

下面討論公主下嫁的情形，根據金史，尚主的一共有九家，見婚姻對象節。其中不能排定世次的有徒單繹之母鄂國公主、蒲察辭不失所尚之定國、景國、道國公主，蒲察蒲速烈所尚之衞國公主，烏古論元忠所尚之豫國公主，僕散安貞所尚之邢國長公主，烏林荅琳所尚之鄁國公主，蕭玉之子所尚之公主。其餘的公主或諸帝之女可排成一表，如表四：

表四

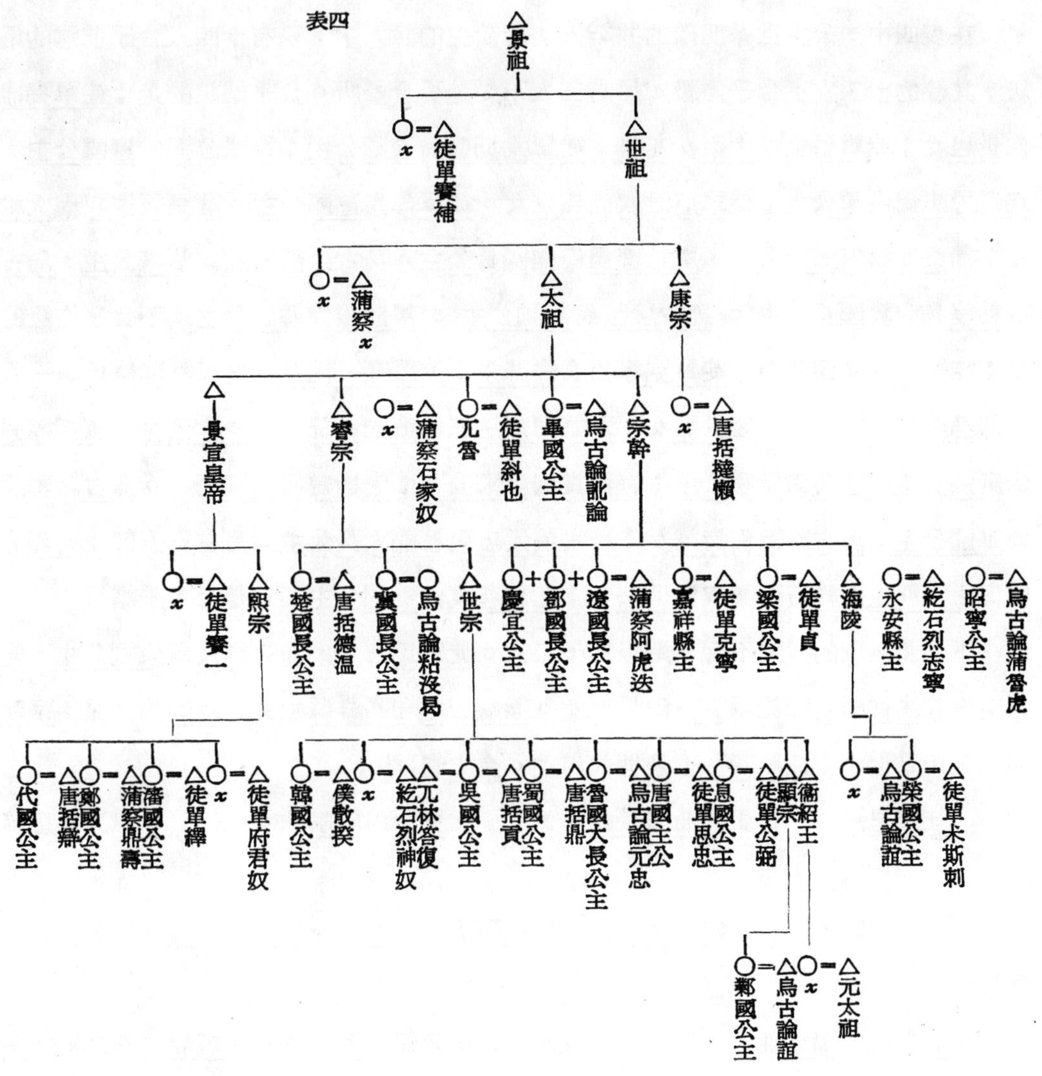

如僅以氏族表示，則可成下表：

代次	諸帝	尚主諸氏族						
七	世祖	徒單						
八	康宗　太祖　太宗		蒲察					
九	景宣　宗幹　睿宗	徒單	蒲察	唐括	烏古論			
十	熙宗　海陵　世宗	徒單7	蒲察	唐括	烏古論2	紇石烈	兀林荅	
十一	顯宗　衞紹王	徒單5	蒲察	唐括7	烏古論2	紇石烈		僕散
十二	章宗　宣宗				烏古論			

在表四中，公主世系明確的共29人，尙公主的諸人中，只有十四人合乎前述的婚級，其餘的十二人不合乎婚級，另有三人不知是否合婚級。合乎婚級的是：徒單賽補尙景祖女；徒單斜也尙太祖女兀魯；徒單忒斯剌尙榮國公主；徒單公弼尙息國公主，徒單思忠尙唐國公主；徒單府君奴尙熙宗女，徒單繹尙潘國公主。蒲察石家奴尙太祖女；蒲察鼎壽尙鄭國公主，唐括德溫尙楚國長公主。烏古論蒲魯虎尙昭寧公主，烏古論粘沒曷尙冀國長公主。烏古論誼尙鄴國公主。僕散揆尙韓國公主。不合乎婚級的是：徒單貞尙梁國公主；徒單克寧尙嘉祥縣主；徒單賽一尙景宣女X。蒲察氏有一人（即蒲察斛魯短之父）娶世祖女；蒲察阿虎迭三尙遼國、鄧國、慶宜公主。唐括撻懶尙康宗女；唐括鼎尙蜀國公主；唐括貢尙吳國公主；唐括辯尙代國公主。烏古論訛論尙畢國公主；烏古論誼尙海陵女；烏古論元忠尙魯國大長公主。另有三人即紇石烈志寧尙永安縣主；紇石烈神奴尙世宗女；兀林荅復尙吳國公主不知是否合乎婚級。

下面將個別的討論不合乎婚級的十二人。徒單氏三人，即徒單貞尙梁國公主，徒單克寧尙嘉祥縣主和徒單賽一尙景宣女。梁國公主和嘉祥縣主皆是宗幹的女兒，宗幹和徒單氏是世婚；徒單賽一也是世代尙主。金史卷120：

> 徒單思忠……曾祖賽補尙景祖女，……父賽一尙熙宗妹。……（思忠）尙皇弟二女唐國公主。

蒲察氏二人，即蒲察石家奴尙太祖女，蒲察阿虎迭尙遼國、鄧國、慶宜三公主。金史卷120：

> 石家奴，蒲察部人，世居案出虎水，祖斛魯短，世祖外孫，桓赧散答之亂，昭肅皇后父母兄弟皆在敵境，斛魯短以計迎還之。石家奴自幼時撫養于太祖家，及長，太祖以女妻之。

上條記載，似乎只有石家奴和他的曾祖二人尙主，其祖父斛魯短及父親皆不見有尙主的記載。斛魯短的母親是金室公主，本人工於計謀，按金室婚姻習慣如世婚，中表婚，斛魯短都是最佳的尙主人選；石家奴之父也應該尙主，不如此，石家奴便沒有理由「自幼時撫養于太祖家」。很可能是石家奴一家世代尙主，而金史對其祖父尙主的記載闕略。

至於蒲察阿虎迭三尙公主。金史卷5：

（正隆六年）二月……辛丑，殺蒲察阿虎迭女叉察。叉察，慶宜公主出，幼鞠宮中。

同書卷120：

蒲察鼎壽，……欽懷皇后父也，……尙熙宗女鄭國公主。貞元三年，以海陵女弟慶宜公主子加定遠大將軍。………長子辭不失，凡三尙定國、景國、道國公主。

蒲察阿虎迭尙慶宜公主，生子蒲察鼎壽，女叉察。蒲察鼎壽尙鄭國公主，叉察爲海陵所納。蒲察鼎壽長子辭不失三尙定國、景國、道國公主；女爲章宗欽懷皇后。這一家是典型的世婚一娶后尙主。因此蒲察石家奴和蒲察阿虎迭因世婚的關係而不合乎婚級。

唐括氏四人：爲唐括撻懶尙康宗女，唐括鼎尙蜀國公主，唐括貢尙吳國公主，唐括辯尙代國公主。唐括撻懶、唐括德溫、唐括鼎、唐括貢祖孫三代尙祖，也是世婚的一例。金史卷120：

唐括德溫……父撻懶，尙康宗女。……德溫善射，尙睿宗皇帝女楚國長公主。

同書卷120：

唐括貢……尙世宗第四女吳國公主。

同書卷61：

世宗第五女蜀國公主下嫁唐括鼎。

陳述、金史拾補五種、金史氏族表、卷五，唐括氏：以鼎、貢係德溫之子。至於唐括辯尙代國公主，則不是世婚的結果。

烏古論氏三人：烏古論訛論尙畢國公主，烏古論誼尙海陵女，烏古論元忠尙魯國大長公主。烏古論訛論，子元忠，元忠子誼。三代尙主，是世婚的結果。

在公主下嫁的情形中，世婚比婚級來的重要。前面資料所示，三、四代連續尙主的例子屢次出現。因此，形成一特殊的現象，即不甚注意輩份。金史卷120：

徒單公弼，父府君奴尙熙宗女，加駙馬都尉………公弼初充奉御，大定二十七年，尙世宗女息國公主。

熙宗與世宗皆是太祖的孫子，他們的女兒，自然屬同一輩份；但分別嫁與府君奴，公弼父子二人，形成姊妹成婆媳，父子成連襟的狀況。

金史卷120：

徒單思忠……曾祖賽補尚景祖女……父賽一尚熙宗妹，……尚皇弟二女唐國公主。

這一家和金室的關係可以如下表示：

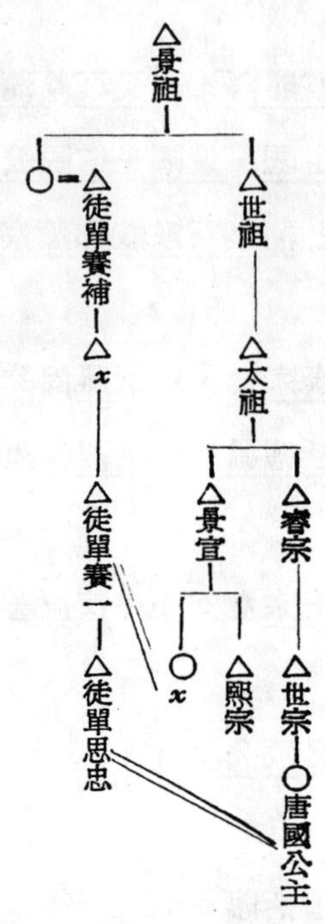

徒單賽補娶景祖女，二家關係從此開始，則賽一應與景宣、睿宗平輩；徒單思忠應與熙宗、世宗平輩。但賽一娶的是熙宗之妹，景宣之女；徒單思忠娶的是世宗之女唐國公主，皆比已身晚一輩。

同卷：

烏古論元忠，……父訛論，尚太祖女畢國公主。元忠幼秀異，世宗在潛邸，以長女妻之，後封魯國大長公主。……以其子誼尚顯宗長女薛國公主。

同卷：

誼本名雄名，大定八年，尚海陵女。……海陵女卒……尚顯宗女廣平郡主。

這一家和金室的婚姻關係如下：

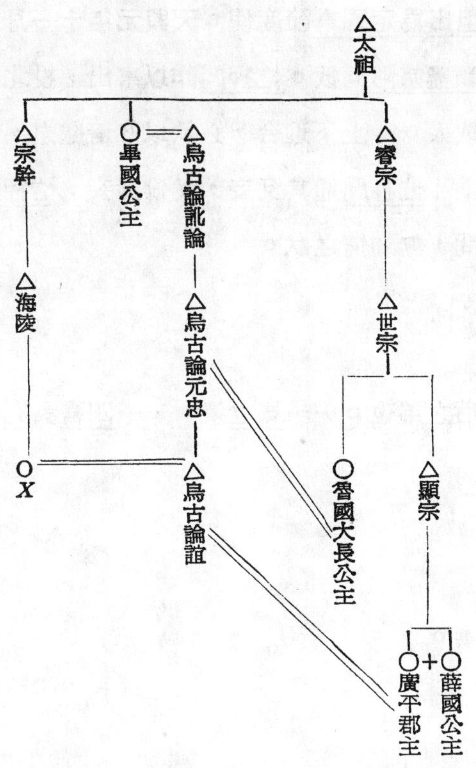

烏古論訛論娶太祖女畢國公主，其子烏古論元忠應與世宗同輩，但元忠娶世宗女魯國大長公主；元忠子烏古論誼，娶海陵女及顯宗女薛國公主、廣平郡主。海陵女是薛國公主和廣平郡主的姑輩。

輩份不同的婚姻，第一例是徒單府君奴和熙宗之女的婚姻在先，故公弼是娶比己身高一輩的；第二例徒單賽一和徒單思忠皆是娶比自己低一輩的；第三例烏古論誼，如從父敍輩份，則與海陵女同輩，薛國公主和廣平郡主皆晚一輩；如從母敍輩份，則與薛國公主、廣平郡主同輩，海陵女較誼高一輩。輩份不同的婚姻，可以高己身一輩，也可以晚己身一輩。形成這種現象的最大原因，可能是在婚姻家和輩份不能兼顧的情形下所產生的一種代替辦法。其次，公主下嫁除了連姻以外，似乎也有政治的目的，如果要拉攏某一氏族，或培植某一氏族，和親是一個很好的方法，因此便不能同時考慮輩份了。

女眞一般氏族（包括完顏氏與八婚姻家在內）的婚姻，是不受任何限制的。下面錄幾條實例，以明大概，金史 101。

僕散端，……子納坦出爲定國軍節度使。天興元年十一月，納坦出之子忙押門與兄石里門及護衞顏盞宗阿同飲。忙押門詐以事出，投北兵省。以刑部郎中趙楠推其家屬，及同飲人。時上下迎合，必欲以知情處之，至於忙押門妻皆被訊掠，其母完顏氏曰：「忙押門通其父妾，父殺此妾，忙押門不自安，遂叛求脫命而已。」委曲推問，無知情之狀。

僕散納坦出娶完顏氏。

同書卷120：

徒單四喜，哀宗皇后之弟也。……崔立變，……四喜妻完顏氏以忠孝卒九十七騎奪曹門而出。

徒單四喜娶完顏氏。

同書卷130：

尹氏，完顏猪兒之妻。

完顏猪兒娶尹氏。

同卷：

蒲察氏，字明秀，鄜州人訥申之女，完顏長樂之妻也。

完顏長樂娶蒲察明秀。

同卷：

溫特罕氏，夫完顏忙哥，五朶幢差提控回里不之子。

完顏忙哥娶溫特罕氏。

陳述，金史拾補五種，金史氏族表，卷二：

(夾谷）胡山，胡里改猛安。娶宗室承元之女阿魯眞爲妻。

夾谷胡山娶完顏阿魯眞。

同上：

(朮虎）布苦德，娶完顏氏，封金源郡夫人。

朮虎布苦德娶完顏氏。

與完顏氏通婚的諸家有：僕散氏、徒單氏、尹氏、蒲察氏、溫特罕氏、夾谷氏、和朮虎氏。

其他各氏族通婚的情形，也可從下面幾條記載看出來。金史卷100：

初貞祐四年十月，詔以兵部尚書簽樞密院事蒲察阿里不孫爲右副元帥。備禦潼關、陝州、次澠池土豪村，兵不戰而潰。阿里不孫逸去，亡所佩處符，變易姓名，匿柘城縣，與其妻妹前韓州刺史合喜男婦紇石烈氏及僕婢三人，僦尼舍居止。合喜母徒單氏聞之，捕執紇石烈，斷其髮，拘之佛寺中，阿里不孫復亡去。

假定合喜的氏族是X，此X表示係蒲察氏、紇石烈氏、徒單氏以外的任一女眞氏族，則上段人的關係可以列爲：

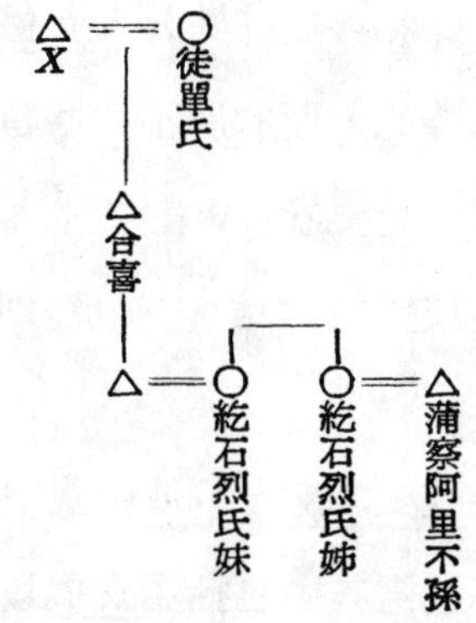

X氏和徒單氏；X氏和紇石烈氏，紇石烈氏和蒲察氏曾經通過婚。

金史卷130：

烏古論氏，伯祥之妹，臨洮總管陀滿胡土門之妻也。

陳述、金史拾補五種。金史氏族志、卷四：

（烏古論）脫歡，尙元憲宗孫女。

同書卷二中所記尨虎氏一家四代之婚娶對象。

（尨虎）布苦德，娶完顏氏。

（尨虎）查剌，娶溫敦氏。

（尨虎）阿散，娶陁滿氏。

（尨虎）筠壽，先娶夾谷氏，後娶徒單氏。

同書卷 2：

（移剌）忒末，與妻石抹氏俱陷於武仙之難。

（移剌）留哥起義後，稱遼王，立妻姚里氏爲妃。

金史卷67：

不朮魯部卜灰……卜灰之屬曰石魯，石魯之母嫁于馳滿部達罕勃菫而爲之妾。

其他女眞氏族的婚姻對象，似乎是沒有什麼限制的。

根據本節縱橫兩方面來看女眞的婚姻：縱的方面，女眞有世婚及中表婚的現象，從橫的方面來看，有類似婚級制的現象。從娶后尙主兩方面來說，娶后似偏向婚級制，而尙主則偏向於世婚。

三、金室婚姻形態之由來：

一般說來，除了海陵娶從姊妹和再從姊妹外，女眞民族是行外婚制的，但作爲王室的完顏氏，因爲環境和地位的特殊，而有所不同。首先討論爲何有婚姻家的產生。

女眞是一個氏族龐大的民族，金史卷120：

金昭祖娶徒單氏，后妃之族自此始見。……然則四十七部之中，亦有不通婚姻者矣。

實際女眞氏族不止四十七部，從金史本紀、列傳中集有95部（註一），這還是保守的數字，陳述集有138部（註二），不過這其中包括了女眞以外的氏族，如沙陀突厥、蒙古、契丹等，但不論如何，其總數必超過四十七部的數目，而金史卷120所謂之四十七部，大概是指彼此知道的，或是有來往的有四十七部之多。而完顏氏在女眞氏族之中，並不算是勢力雄厚的一族。金史卷67：

徒單部之黨，十四部爲一；烏古論部之黨，十四部爲一；蒲察部之黨；七部爲一；完顏部十二而已。

註一：完顏、烏古論、紇（乞）石烈、徒單、女奚烈、兀顏、蒲察、顏盞、溫廸罕（痕）、石抹、奧屯（純）、孛朮（木）魯、移剌、斡勒、納剌、夾谷（加古、夾古）、斐滿、尼忙（厖麗）古、斡准、阿典、阿里侃、溫敦(都)、吾魯、抹顏(撚)、都烈、散答、呵不哈、烏林荅（答）、僕散、朮虎、古里甲、烏延、塢塔、黿故德、越里、速古、鐵泥、騣里、達魯古、烏札薩、納喝(合)、朮甲、唐括、含國、斡準、職德、獨俁水、古鄰、直攦里、復元勒、乙室、迭剌、廸列、撒里（古）、烏虎里、廸烈底、突鞠、唐古、烏古里石壘、斜卯、迭里、附勒根、烏孫、石壘、獨吉、卓魯、赤盞、納蘭、廣吉剌、阻轐、合底忻、山只昆、婆速火、石魯、泯灘、斜出、瑤里、粘割、烏都椀、赤谷、烏古孫、把、余里、蒲鮮、丞、必蘭、伯德、納坦、兀撒、和速、陀滿、蒲聶(烈)、蒲速、業不韋、速不典。

註二：陳述、全史拾補五種。

而金室的始祖，又是一個以外來者的身份參加到完顏氏的氏族裡面。金史卷 1：

> 始祖諱函普，初從高麗來，年已六十餘矣。……始祖居完顏僕幹水涯。……始祖至完顏部，居久之，其部嘗殺它族之人，由是兩族交惡，鬨鬬不能解。完顏部人謂始祖曰：「若能爲部人解此怨，使兩族不相殺；部有賢女，年六十而未嫁，當以相配，仍爲同部。」始祖曰：「諾。」廼自往諭之…………既備償如約，部衆信服之，謝以青牛一， 並許歸六十之婦。始祖乃以青牛爲聘禮而納之，並得其貲產。後生二男，長曰烏魯，次曰斡魯，一女曰注思板，遂爲完顏部人。

宇文懋昭，金志：

> 其初、酋長本新羅人，號完顏氏。

洪皓、松漠紀聞也謂其初酋長乃新羅人。金室的祖先，原不是女眞族，他是一個外來的人。由於他解決了女眞與它族的紛爭，乃得娶部內「年六十而未嫁之賢女」，享受到「仍爲同部」之優待。他以一個外來者的身份，參加到女眞氏族的社會裡，一無憑藉，雖靠自己的智慧；力量成爲完顏氏的一份子，但受到其他氏族的冷淡，甚至歧視，乃是必然的事。金史卷67：

> 烏春、阿跋斯水溫都部人，……由是頗貳於世祖……世祖內畏跋黑，恐羣朋爲變，故曲意懷撫，而欲以婚姻結其歡心，使與約婚。烏春不欲，笑曰：「狗彘之子同處，豈能生育，胡里改與女眞，豈可爲親也。」………烏春之後爲溫敦氏。

呼女眞與胡里改爲狗彘，鄙夷之甚，可見一斑 。他在這樣無憑藉 ，受欺凌的環境之下，要想立足生根，自非經過一番艱苦的奮鬥不可。奮鬥的方法之一，便是聯合拉攏其他的氏族，有的使貴爲部長，有的結爲婚姻，使關係更爲密切，而自成一個團體。爲了使這個團體一直維持下去，因而婚姻的關係也不可中斷，因此形成世婚。爲了使這個團體的力量愈大愈好，因而參加到這個團體的氏族自然也是愈多愈好。參加的氏族既多，婚姻的對象也增加，因人數不能平衡，便有類似婚級制的現象發生。澳洲的婚級制多半是血緣性的；而完顏氏的婚級制似乎是政治性的，故稱之爲類似的婚級制。這其中雖因金人的世婚，烝報習慣而使類似的婚級制稍呈淆亂，但大致仍有軌跡可循，因而形成完顏氏的特殊的婚姻形態。

金室的婚姻對象有所謂「八婚姻家」，雖然大部份娶后尙主皆在八婚姻家以內選擇，但也有例外的情形，以致不符八家之數。后家有十，較八家多出二家；尙主家有九，但因原來八家之中只有七家尙主，所以仍多出二家。既不符「八」之數目，爲何要用「八」？本所前輩陳述先生在契丹史論證稿中提到這個問題，本文引之以爲結束。

> 此「八」之數目，在東北諸族中，似別有其傳統之信仰。原其初起，雖未必源於中原之八卦，而東南西北合四隅爲八方之觀念當已產生，殆卽包有全面之意，「八」之數目，或緣此而見稱說。

出自第三十九本上(一九六九年一月)

金元之際孔元措與「衍聖公職位」在蒙古新朝的繼續

姚從吾

一、引言

金元之際，(約當西曆紀元一二一五年，金朝南遷，蒙古佔領燕京(北平)以後，到一二七一年忽必烈正式建國號曰元以前。)北方塞外遊牧族蒙古騎兵衝入長城以內，中原無統，華北大亂。因是女眞金朝在東亞已接續推行的中華傳統文化，又有岌岌中斷的趨勢。戰亂四起，民不聊生；原有制度、習慣、民間生活，淩亂失序，不能繼續維持。當時的亂象，看宋子貞耶律文正公神道碑所說：「天綱絕，地軸折，人理滅。」(元文類卷五十七)與道藏(洞眞部)金蓮正宗記所記：「當蒙古銳兵之南來也，飲馬則黃河欲竭，鳴鏑而華嶽將崩。玉石俱焚，賢愚並戮。」(金蓮正宗記卷四。)慘象種種，可見一斑。經歷長期混亂，華北中原地區，因爲有了全眞敎邱處機等的維持斡旋，新興的道敎曾繁盛一時，中原人民也由此獲得蒙古新統治者的若干優待。繼而佛敎徒有名僧海雲及西藏國師的支持，也漸漸取得國敎(就蒙古全部說)的地位。儒釋道三大宗敎原是東亞中華儒敎大同文化的三大支柱。論基礎與歷史，自然以儒敎爲第一，佛敎次之，道敎一向被士大夫所輕視。但當蒙古四大汗時代(一二〇六——一二五九)的太祖太宗時期(一二〇六——一二四六)，則全眞敎(新道敎)比較最爲活躍，佛敎次之，儒敎則甚爲暗淡失色。到了西元一二三三年蒙古軍佔領開封，摧毀了殘餘的金朝，因有名詩人元好問的說項，當權派耶律楚材的多方努力，找到了衍聖公孔元措，正統的首席儒敎，方漸漸獲得承前啓後的繼續存在。這一段十三世紀蒙古新朝與「孔敎衍聖公職位」復興的歷史，雖無當年全眞道敎的活躍與佛敎的借重西番勢力，漸漸成爲蒙古人的國敎；但也有一段曲折艱難的經過，而是值得加以追述的。近年來著者研究忽必烈汗尊重儒敎與利用儒者達成中統至元的興盛，因亦從事分析儒敎復興與孔子被尊崇的經過。認爲當年曲阜「孔教」的復興，孔元措的再度得爲蒙古新朝的衍聖公，當歸功於下列的三個因素：一、由於中原儒教傳統勢力的雄厚，因而有元好問、耶律楚材與姚樞等，對於孔元措的推薦。二、由於蒙古可汗素重信仰自由，對宗教普徧尊敬，沒有成見，故太宗、憲宗、忽必烈，雖另有信仰，而對於正統儒教的恢復，視爲當然，無形中給予了同情與維護。三、由於孔子第五十一代孫衍聖公孔元措，在當日學術界頗有地位、人事關係亦佳；他自已又是有識見與有能力的人，因以獲得蒙古可汗的信任與朝野人士的推戴。本論文遵循上述原因，利用近日研讀元史與元人文集所得有關此一小問題的多種材料，寫成簡單報告，以期對於孔元措在蒙古新朝仍得繼續爲衍聖公的一段歷史，有所說明。倘祈知交好友，不吝珠玉，有以教之。

二、孔元措的身事考略

(1)　孔元措未入元以前的仕歷　　孔元措是孔子的五十一代孫，元史無傳。他的行事附見於金史卷一〇五他的祖父孔璠傳中。說他「字夢得：父總，金世宗大定元年（一一六一）襲封衍聖公。明昌元年（一一九〇）（總）卒，子元措襲封，加文林郎。三年（一一九二）四月詔曰：『衍聖公視四品，階止八品，不稱。可超遷中議大夫，永著於令。』四年（一一九三）八月丁未，章宗行釋奠禮，北面再拜；親王百官太學生陪位。承安二年(一一九七)正月詔元措兼曲阜縣令，仍世襲。元措歷事（金）宣宗、哀宗，後歸大元終焉。』」這一段雖是語焉不詳，但「後歸大元終焉」，也指出他曾身經改朝換帝的大亂，而所遭遇的又是東北方面的遊牧民族。這一世變的渡過，衡情度勢，自是異常艱辛的。

幸而熟於金元之際掌故的清朝史學家施國祁(一七〇五——一八二四)先生在所著金史詳校(卷八下)中，「元措歷事宣宗、哀宗，後歸大元終焉」的後面，加了兩大段的補充，對於孔元措的研究，甚感便利。一段是轉引錢大昕的養新錄(卷十三)，說明孔元措曾於金哀宗正大四年（一二二七）利用先世，孔子四十六代孫孔宗翰作的孔氏家譜與四十七代孫孔傳作的祖庭雜記兩部書，在金哀宗正大四年（一二二七）合編成一部祖庭廣記，「仙源文獻，至是始備。」引起了大蒙古國領中書省耶律楚材的注意，奏准皇帝，特命孔元措襲封衍聖公，令赴闕里奉祀。這部祖庭廣記也允許於壬寅年（一二四二）在曲阜「增補校正，重印以廣其傳」。另一段是施氏利用自己的博覽，舉出金史及趙秉文滏水集（卷十二）中的下列三事，把孔元措的行事，加以補充。⑴金史（十四）宣宗紀：「貞祐二年（一二一五）乙亥，詔元措爲太常博士。或言：『宣聖（孔子）墳廟在曲阜，宜遣奉祀』。上念山東寇盜（已起），恐罹其害，故有是命。」⑵金史（十七）哀紀（哀宗）天興元年（一二二三）壬辰，「三月甲午，元人理索元措等二十一家及歸順人家屬。」是編後云：『聖旨於南京（開封）特取，正其官太常博士是也。』」⑶又說：「趙秉文滏水集（卷十二）張左丞（行信，金史一〇七有傳）碑文：『次女嫁孔元措，』則行信爲丈人行。他在正大四年（一二二七）爲祖庭廣記作序時，已再致仕矣。」

⑵ 孔元措金亡入元後再爲衍聖公的經過　今考孔元措於一二三三年金朝滅亡數月後，復得爲蒙古新朝的衍聖公。這一新任命，實得力於當時的名詩人元好問（一一九〇——一二五七）與蒙古漢地當權派耶律楚材（一一八九——一二四三）的推薦與竭力提携。孔元措受到元好問、耶律楚材等當時社會名流的尊重，當基於下列的兩個原因。第一、他是當年孔氏北宗的衍聖公。即是，經靖康大亂以後，仍留在北方，孔子的直系親屬，五十一代孫，金朝公認的衍聖公。第二、是他能著述寫作，編著祖庭廣記，通曉古代雅樂，是一位業有專精的學人。他的受到元好問、耶律楚材，與稍後姚樞（一二〇二——一二七九）們的尊崇，完全是出於天下的公誼，並非私人的阿好。㈠名詩人元好問的推薦孔元措於耶律楚材，事在癸巳（一二三三）蒙古兵佔領金朝南京（開封）的時候。我們知道金哀宗天興元年壬辰（一二三二），三月二十日以後，蒙古兵開始圍攻南京（開封），激戰十六晝夜，死傷以萬計。蒙古主帥知南京不可即下，乃改採大包圍政策。十二月金哀宗以京師糧盡，乃決意出走歸德。第二年（天興二年）癸巳（一二三三）正月金叛將崔立以開封投降蒙古，四月蒙古兵正式入汴（開封）。四月二十二日元好問以當日社會賢達的身份，寫了一封長達八百多字的親筆信，送給蒙古的當權派、契丹人耶律楚材。原信名癸巳寄中書耶律公書，（見元遺山集卷三十九，與蘇天爵元文類卷三十七。）信內開列了當時金朝有地位，有學識的朝野學者五十四人，懇請他對於這五十四人，加以推薦與引用，以助成蒙古新朝的各種建設事業。在這張名單中，元好問推薦的第一位，即是「聖者之後，衍聖公孔元

措」。(二)說到耶律楚材與孔元措的關係,也是久有淵源的。(1)金史(十七)哀宗紀下說:「天興元年(一二三二)三月甲午,大元遣使自鄭州(今河南鄭縣)來諭降。使者立,出國書以授譯史,譯史以授宰相。宰相跪進,上起立受之,以付有司。國書中指名索取翰林學士趙秉文,衍聖公孔元措等二十七家及歸順人家屬等。……」大元這一要求,無疑是出自耶律楚材等人的建議。天興元年,壬辰三月,早於癸巳年四月二十二日一年又一個半月。由是可知耶律楚材的注意孔元措,尙是早於元好問的推薦的。(2)元史(卷二)太宗紀說:「五年癸巳(一二三三)正月庚申(十五日),金主奔歸德,戊辰(二十三日)金元帥崔立以南京(開封)降。夏四月速不台入南京,六月詔以孔子五十一代孫孔元措襲封衍聖公。十二月勅修孔子廟。」後邊的這兩件事自然是也與元好問的上書耶律楚材,有直接的關係。不過耶律楚材是早已認識了孔元措的,四月二十三日上書,六月卽正式發表孔元措爲衍聖公,在時間上可以說只是發生了「催生」的作用。(3)元史(一四六)耶律楚材傳也說:「癸巳(一二三二)汴梁(開封)將下,大將速不台遣使來言:『金人抗拒持久,師多死傷,城下之日,宜屠之。』楚材力爭,帝然之,詔:『罪止完顏氏,餘皆勿問。』時避兵居汴者,得百四十七萬人。楚材又請遣人入城(開封)求孔子後,得五十一代孫元措。奏襲封衍聖公,付以林廟地,命收太常禮樂生。」這一節與上一節是一件事的兩面互記,各有交代,自可憑信。合上述兩事觀之,孔元措經由元好問與耶律楚材的推薦,又得重在蒙古新朝(太宗時代)繼任爲衍聖公,經過情形,甚是明白淸楚。

(3) 入元後重要行事略述 孔元措入元朝繼任衍聖公以後,曾努力爲蒙古新朝制禮作樂,曾請求徵集太常已散失的禮官,樂官與樂工,在曲阜爲朝廷訓練一種樂隊,演習登歌樂等,協助蒙哥大汗(元憲宗)三次祭天。同時也努力從事曲阜孔林重建的工作。據祖庭廣記(卷二)說:他在金章宗明昌元年(一一九〇)襲封時,年十一歲;大概是生於金世宗大定十九年(一一七九),死於元憲宗二年(一二五二)左右,得壽七十二歲以上。(這裏恐尙有待發之覆,暫決定如上文,餘俟詳考。)

三、孔元措入元後的制禮作樂

元史(卷六十八)禮樂志與元史卷七十二祭祀志,多次說到了孔元措復任衍聖公以後，對於「制樂始末」與「祭天典禮」的貢獻。這些反而是全眞教邱處機、李志常們所意想不到，而也是沒有作過的。兩志中對於孔元措幫助元初蒙古可汗制禮作樂的事，記述頗爲詳細，也很有意義。今分別列舉，並加以說明，如下：

(1) 建議收集亡金太常司的禮官與樂工　元史(六十八)樂志「制樂始末」說：「太宗十年（一二三八）十一月宣聖（孔夫子）五十一代孫衍聖公（孔）元措來朝。言於帝曰：『今禮樂散失，燕京南京等處，亡金太常故臣及禮册樂器多（有）存者，乞降旨收錄！』於是降旨：『令各處管民官，如有亡金知禮樂舊人，可倂其家屬，徙赴東平，令（孔）元措領之』。又說：『於本路稅課所給其食。』」這一節是說：「蒙古第二任大汗窩濶台汗的第十年（一二三八），蒙古西征軍統帥拔都，雖是在歐洲仍然進行侵略戰爭；但在國內（蒙古與華北）、長城以內各地，則已逐漸安定。七年（一二三五）「在和林（庫倫附近）建造萬安宮，八年（一二三六）三月落成，諸王各治具來會。」七年（一二三五）「中書省請頒大明曆，從之。」八年（一二三六）正月又「下詔印造交鈔。（卽發行紙幣。）」「三月修復孔子廟及司天臺。」「准許耶律楚材於燕京立編修所，於平陽立經籍所，編集經史，召儒士梁陟充長官，王萬慶、趙著副之。」九年(一二三七)「四月又於和林築掃鄰城，作迦堅茶寒殿。」這些都可以看出，軍事時期已告一段落，文治建設乃逐漸興盛。這時候衍聖公孔元措自曲阜來和林朝見。建議說：「戰亂之後，禮樂制度散失，今燕京、南京（開封）等處，亡金太常掌管宗廟祭祀的舊臣，及禮册、樂器，尙多存留。懇請政府降旨收錄。」於是可汗降旨：「令各處管民官：如有亡金知禮樂舊人，可倂其家屬徙赴東平，令孔元措領之。」卽是交孔元措仍舊掌管。蒙古初年是沒有俸給制度的。這些人的口糧、用費，指定「由本路（東平路）課稅所支付。」我推想這一辦法，頗見巧思，或者也是透過耶律楚材、嚴實父子等人纔能見諸實行的。

(2) 他曾聘請專家在曲阜設立研究班訓練祭天樂隊　元史(六十八)禮樂志又說：「（太宗）十一年(一二三九)（孔）元措奉旨至燕京，得金掌樂許政，掌禮王節及樂工翟剛等九十二人。」又說：「十二年（一二四〇）夏四月，始命製登歌樂，肄習於曲阜宣聖廟。」又說：「十六年（一二四四），這時候元太宗已死，實卽乃馬眞皇后稱制的第三年。）太常用許政所擧大樂令苗蘭詣東平，指授工人，造琴十張，一絃、三絃、五絃、七絃、九絃者各二。」他既已聘請了專掌作樂的專官許政，與專掌禮儀的王節，又集合了樂工翟剛等，共有九十二人。遂開始在曲阜宣聖廟，作登歌樂，依次演習。後來許政又推薦了大樂令苗蘭、指授工人造琴十張。更可見他們對於制禮作樂的愼重。凡是制禮作樂所需要的物品，政府皆允許及時添置，自無問題。

四、孔元措的助成元憲宗時代的郊天大禮

孔元措是金朝的衍聖公，兼太常卿，職責在管理朝廷祭天地等祭祀事宜。蒙古人對祭天極爲重視，他因此建議朝廷，徵集舊日太常樂官、禮官、樂工等在曲阜宣聖廟實地從事肄習。一切設備用器等，均由朝廷頒發或出款製造。這自然是制禮作樂的籌備工作，供大汗（皇帝）祭天時使用的。這一點元史卷七十二祭祀志中，郊祀（祭天）條，設有專章，曾記述元憲宗（蒙哥汗）多次祭天時，孔元措在曲阜所訓練的樂隊，協助祭天並有優異的表現。元史（七十二）祭祀志「郊祀上」說：

⑴ 元興朔漠，代有拜天之禮。衣冠尙質，祭器尙純，帝后親之，宗戚助祭，其意幽深古遠。報本反始，出於自然，而非強爲之也。

⑵ 憲宗即位之二年（一二五二）秋八月八日，始以冕服拜天於日月山（解釋詳下）。

⑶ 其十二日（應即同年八月十二日），「又用孔氏子孫（孔）元措言：『合祭昊天后土』，始大合樂，作牌位，以太祖（成吉思汗）、睿宗（拖雷汗）配享。」（以上元史卷七十二祭祀志，頁三）。

⑷ 元史（六八）禮樂志也說：「元憲宗始用登歌樂祀昊天上帝於日月山、召（曲阜）禮樂人赴日月山應値。祭畢，命驛送樂工還東平。」（以上元史卷六八，禮樂志，制樂始末。）

從上邊所說，元憲宗二年在日月山祭天典禮的隆重，可以想見。蒙古可汗用中原禮節，郊祀天地，可證他們對於中原傳統文化的重視。這裏爲補充元史（七二）祭祀志的不足，須略加考證，以見這一祭禮影響的遠大。一、據元史（一五八）姚樞傳說：「曲阜有太常雅樂。憲宗（一二五二年）命東平守臣，輦其歌工、舞郎、與樂色，俎豆，至日月山。帝（忽必烈）親至觀禮。又飭東平守臣：『員闕充補，無輟肄習。』」

這一節是說：大祭祀時，不但是歌工、舞郎、俎豆等物品，令東平守臣從曲阜用車輦運而來，而且忽必烈親王曾親往觀禮，很感興趣。同時又命令東平守臣（時東平爲忽必烈分地轄區。）「員闕充補，無輟肄習。」二、憲宗在位九年（一二五一——一二五九），據元史（七十二）郊祀志郊禮條說他在日月山祭天，共舉行了三次。如下：⑴憲宗即位之二年（一二五二）秋八月始以冕服拜天於日月山。⑵歲甲寅（一二五四）會諸王顆顆腦兒之西，祭天於其地。」這一次元史㈣憲宗紀說的更爲明白，「四年甲寅（一二五四），是歲會諸王於顆顆腦兒之西，乃祭天於日月山。」⑶祭祀志（七十二）說：「丁巳（七年）（一二五七）秋駐蹕於軍腦兒，祭天於其地。」這一次元史㈣憲宗紀也有補充。說：「秋，駐蹕於軍腦兒，釀馬乳，祭天。」既然都是在日月山祭天，所用禮樂人及祭器、儀仗等，應當是與第一次所用者彼此是相同的。

㈤ 日月山今地略考　這裏的日月山，固定地點，一時不易確定。⑴據屠敬山先生的說法，「山在和林以北，蒙兀語曰：『納剌·赤剌溫山。』見所著蒙兀兒史記，卷六，蒙格可汗（憲宗）本紀（頁六）。⑵中國地名大辭典說：「日月山在今甘肅西寧縣治，西川口外，蒙古語曰『納剌·薩剌。』今猶爲漢蕃互市之所。」這兩種解說，尚難認爲滿意，其詳將再另考。我假定日月山是一個公名，地點不止一處，和「川勒地面」，與「蜀口」一樣。

五、孔元措時期曲阜闕里與孔林的殘破與重建

金元之際，華北受戰亂影響，長期破壞。山東曲阜孔子家廟因寇盜連續，自亦不能幸免。孔元措身爲金元兩朝的衍聖公，既見闕里殘破，自然躬親從事局部的重建。金史(十四)宣宗紀貞祐三年(一二一五)說：「詔以衍聖公孔元措爲太常博士。上初用元措於朝，或言宣聖墳廟在曲阜，宜遣之奉祀。既而上(宣宗)念：『元措聖人之後，山東寇盜縱橫，恐罹其害，是使之奉祀，而反絕之也、』故有是命。」這時候應當是曲阜闕里被寇盜破壞的開始，時在西元一二一五年，即金宣宗南遷開封的第二年。直到一二五二年憲宗祭天於日月山，中間三十七年衍聖公均爲五十一代的孔元措。曲阜闕里（在曲阜城中）與孔林（在曲阜城北）殘破與重建，金元二史中雖無專條記載；但在這時候，名詩人元好問等曾於乙巳年（一二四五，乃馬眞皇后時期）左右親自遊歷曲

阜。元好問且作了曲阜紀行詩十首,以誌所見所聞。這十首詩載於現存元遺山集卷二。淸季金元史專家施國祁首爲作註。我們知道元好問對於孔元措的再仕元朝,是有推薦的功勞的。元氏又是在中原混亂時期,努力維護孔教的社會賢達,對於大亂後曲阜縣闕里與孔林的殘破與重建,自是備極關懷。玆選十首中有關曲阜殘破與重建情形者如下,可以見當年(金元之際)大亂中山東曲阜孔林保全情形的一斑。

⑴ 「荒城臥魯甸,寒日澹平蕪。千年素王宮,突兀此城隅。……今日復何日?南冠預庭趨。隱隱金石聲,恍如夢淸都。偉哉神明觀,欣幸當何如!」(以上選自第一首。)

⑵ 「殿屋圾火餘,瓦礫埋荒基。入門拜壇下,儼然想光儀。」(以上第二首。)

「誰言甲戌(一二一四)亂,烺燼入炎燎。靑烟干雲上,羣鶴空自矯。……神明信扶持,厄運豈易曉。雩臺滿荒榛,逵宮(魯之泉宮)餘曲沼。紛紛閱成壞,何異晏與早。」(以上第三首。)

⑶ 泮宮何所有,舞雩但荒臺。泮水涸已久,北風捲黃埃。顧瞻魯公宮,感極令人哀!……宗周方訖籙,聖師猶眷懷。但欲春服成,風乎詠歸來。我亦淡蕩人,涉世寡所諧。浴沂行有日,一笑心顏開。」(以上第五首。)

⑷ 「白塎(同塔)表佛屋,萬瓦靑粼粼;何年勝果寺,西與姬公鄰。……孟氏非所期,安得揚與荀。丹靑贊神化,舊染爲一新。坐令鐘魚地,再睹籩豆陳。吾謀未及用,勿謂秦無人。」(以上第八首。)

⑸ 「喻彼失相者,倀不知所如;指南一授轡,聖門有修途。陽光照薄暮,尙堪補東隅。悠哉發深省,灑掃今其初。」(以上第九首。)「昨我游魯門,規作孔林篇。聖人與天大,聖道難爲言。所見不一記,來者何述焉。詩成私自媿,小子良斐然。」(以上第十首。)

就上引諸詩說,殘破與重建的跡象,甚爲明顯。詩中充滿失而復得的生趣。言爲心聲,元好問與耶律楚材這番衞道的努力,總算有了結果。他們的心情,自然也就是孔元措的心情。這種心情就是從現存祖庭廣記卷十二,後邊的跋語:「大蒙古國領中書省耶律楚材奏准,皇帝聖旨:『於南京特取襲封孔元措,令赴闕里奉祀。』來時不能挈負祖庭廣記印板,今謹增補校正重開,以廣其傳。壬寅(一二四二)年五月望日。」也是可以看出來的。

金代的政治結構

陶　晉　生

一、引　　言

關於金代的歷史，我們熟知的有兩件事。就是第一，女眞人用了一套相當成功的恩威並施的方法來統治東北和華北，前後約一百二十年。第二、雖然如此，最後他們仍然被中原傳統文化所同化。但是在其他的方面，如疆域的大小，軍事力量的強弱，和國祚的久暫，金代都遠不如元、淸兩代。所以史家對於金代的歷史，不甚注意。然而女眞人征服和統治華北的重要性，在他們代表西元第十世紀以後「征服王朝」在東亞的崛起；也在他們樹立了異族入主中原的模式，而爲後來元、淸兩代所模仿。

所有這些「征服王朝」都面臨著兩面基本的政治問題。第一、怎樣提高部落酋長的權威，以建立中央政府的領導權力，來充分利用人力和資源，從事征服和安撫的工作。第二、在征服了部份或全部中國以後，怎樣建立一個新的國家，而在這個新的國家裡異族的政權能够鞏固和維持。女眞人對於以上這兩個問題所提出來的解決方法，都牽連到增加中央政府的權力，尤其是君主權力的措施。這些措施一部份是從他們部落政治的經驗得來的，一部份是從中國採借的。爲了解決這兩個問題，他們建立了一種特殊的政治結構，既不同於傳統的中國政治結構，也和契丹人的兩元政治結構有差異。本文試圖對於金代的政治結構，作一個初步的分析（註1）。

（註1）所謂結構（structure），簡單的說，是可以觀察得到的政治活動所形成的政治系統。Gabriel A. Almond 在比較政治方面使用「職責」或「職分」（role）及「結構」，而不用「機關」（office）及「制度」(institution)，是因爲他注重在政治中人們的實際行爲，和特定制度的實際表現(performance)。職責和結構牽連到可以觀察得到的人們的行爲，而機關和制度則牽連到法定的規律和理想的規範（ideal norms）。法定的規律和理想的規範可以影響到行爲，但是它們不能完全的描述這些行爲。換言之，Almond 採取的是功能分析的途徑，但是他也注重政治發展（development）。參考 Gabriel A. Almond and G. Bingham Powell, Jr., *Comparative Politics: A Developmental Approach* (Boston and Toronto: Little, Brown and Co., 1966), pp. 21-22。著者在本文中並非描述金代政治結構的靜止（static）狀態，而是試圖分析其演變的過程。

二、早期政治結構的特點及其轉變

1. 建國前的部落政治組織

女眞人在建國以前(西元一一一五年)的政治組織,見於史籍的雖然是零星的記載,仍然可以找尋出一些蛛絲馬跡。

建國前的女眞部落,是由不同姓的若干父系氏族構成(註2)。每一氏族又分爲若干世系羣 (lineages),如完顏氏有十二個世系羣,徒單氏有十四個世系羣(註3)。在西元十一世紀時,各氏族都是獨立的。到了十二世紀初纔有氏族聯盟的雛型。在各氏族之間,甚至各世系羣間原來都不相統率,不斷地互相攻殺(註4)。到了完顏烏古廼(一〇二一至一〇七四)時,鄰近諸部都聽命於完顏氏,遼朝封他作女眞部族節度使。繼承烏古廼的劾里鉢、頗刺淑、盈歌(一〇五三至一一〇三)和烏雅束等,都是有爲的酋長,屢次爲遼朝討平反叛的氏族,其中以盈歌最爲傑出,他「力農積粟,牧馬練兵」,停止向高麗和遼進貢,儼然造成了一個獨立的政治單位(註5)。

建國前的女眞政治組織裡的分工是很原始的。其唯一官職叫做勃極烈,原來就是各氏族的族長,在族內有司法、徵稅的權力。遇有戰事,勃極烈即統率族人作戰(註6),由於缺乏高度的官職分工,族人在有大事的時候都可以參加討論和作決定。當

(註2) 徐夢莘三朝北盟會編(臺北:文海書局影印本,一九六二。以下簡稱會編)卷三,頁五下:「唐時初姓挐。至唐末部落繁盛,共有三十首領,每首領有一姓。通有三十姓」。鄭麟趾高麗史(漢城:延禧大學,一九五五),頁九十一載有向高麗進貢的三十部女眞。參考小川裕人,「三十部女眞に就いて」,東洋學報第二十四卷四號(一九三七),頁五六一至六〇一。

(註3) 脫脫等,金史(百衲本)卷六十七,頁十一:「徒單部之黨十四部爲一,烏古論部之黨,十四部爲一;蒲察部之黨,七部爲一;凡三十五部。完顏部十二而已」。

(註4) 金史卷六十七載有完顏氏桓赧、散達兄弟的作亂,以及溫都烏春、紇石烈鉢恩、烏古論留可、紇石烈阿疎和完顏氏作對的情形。

(註5) 參考陶晉生,「金代初期女眞的漢化」,文史哲學報第十七期(一九六八),頁36。

(註6) 會編卷三,頁五下至六上:「其官名則以九曜二十八宿爲號,曰諳班孛極烈大官人,孛極烈官人。其職曰忒母萬戶,萌眼千戶,毛毛可百人長,蒲里偃牌子頭。孛烈極者,斜官也。猶中國言總管云。自五戶孛極烈推而上之至萬戶孛極烈,皆自統兵。緩則射獵,急則出戰」。參考三上次男,「金朝勃極烈制度考」,東方學報(東京)第十四冊之二及三(一九四三),頁183-214及387-410。

時的人描述這種情形說：

> 國有大事，適野環坐，畫灰而議。自卑者始議，議畢卽漫滅之，人不聞其聲，其密如此。將行軍，大會而飲。使人獻策，主帥聽而擇焉。其合者卽爲將，任其事。師還，又大會。問有功高下，賞之以金若干，舉以示衆。或以爲薄，復增之（註7）。

可見部落中對於重要事件的處理，是集體作決定，由選派的族人去擔當。事情作完以後，職務就解除了。酋長在作戰時雖然統率各氏族的兵士，但指揮權力仍屬於各氏族的領兵官。當時的人描寫女眞初起時的情形說：

> 初，女眞之域，尙無城郭，星散而居。虜主完顏晟（吳乞買）常浴於河，牧於野，其爲君草創，斯可見矣。蓋女眞初起，阿骨打之徒爲君也，粘罕之徒爲臣也，雖有君臣之稱，而無尊卑之別。樂則同享，財則同用。至於舍屋、車馬、衣服、飲食之類，俱無異焉。虜主所獨享惟一殿，名曰乾元殿。此殿之餘，於所居四外栽柳行以作禁圍而已。其殿也，遶壁盡置大炕。平居無事則鎖之。或開之，則與臣下雜坐之於炕，僞后妃躬侍飲食。或虜主復來臣下之家，君臣晏然之際，攜手握臂，咬頭扭耳，至於同樂共舞，莫分尊卑而無間。故譬諸禽獸，情通心一，各無覬覦之意焉（註8）。

建國前的政治組織，應當是在從這種分割的部落（segmentary tribe）演變到中央集權的酋長部落（centralized chiefdom）的過程中（註9）。部落中的政治職責，原來祇有初級的分殊（differentiation），但是在十一世紀末年到十二世紀初年，由於氏族間不斷的兼併，完顏氏逐漸取得了女眞民族內的領導權。而且在征伐鄰邦的時候，俘虜成爲奴隸，社會上遂發生了階級區分（stratification），和較高度的分殊。酋長的權

（註7） 會編卷三，頁七上。

（註8） 同上卷一六六引「金虜節要」，頁五上下。

（註9） 參考 S.N. Eisenstadt, "Primitive Political Systems," *American Anthropologist*, Vol. 61, No.2 (1959), 200-220。

力日漸增強。

2. 太祖太宗時代的勃極烈制度

金太祖（在位：一一一五至一一二三）完顏阿骨打在建國後仍然保留了勃極烈制度，但是從太祖到太宗（在位：一一二三至一一三五）吳乞買時代，這個制度逐漸擴大，增加職責的分殊。官書有這樣的記載：

> 金自景祖始建官屬統諸部，以專征伐，嶷然自爲一國。其官長皆稱曰勃極烈。故太祖以都勃極烈嗣位，太宗以諳版勃極烈居守。諳版，尊大之稱也。其次曰國論忽魯勃極烈；國論言貴，忽魯猶總帥也。又有國論勃極烈，或左右置，所謂國相也。其次諸勃極烈之上，則有國論、乙室、忽魯、移賚、阿買、阿舍、吳、迭之號，以爲陞拜宗室功臣之序焉。其部長曰孛堇，統數部者曰忽魯。凡此至熙宗定官制皆廢（註10）。

在阿骨打建號即位的時候，除了他自己既擁有皇帝的尊號，又是都勃極烈之外，以吳乞買爲諳版勃極烈，國相完顏撒改爲國論勃極烈，辭不失爲阿買勃極烈，弟斜也（杲）爲國論昃勃極烈。諳版勃極烈是皇帝的繼承人。國論勃極烈或國論忽魯勃極烈相當於國務總理大臣，而國論阿買（國務第一）和國論昃（國務第二）勃極烈都是政府裡最重要的官員（註11）。後來陸續增加的各種勃極烈都有不同的職掌。到了太宗天會十年（一一三二）又有了大規模的改組。除了以太祖孫亶爲諳版勃極烈，宗磐爲國論忽魯勃極烈之外，增設了國論左勃極烈（宗幹）和國論右勃極烈（宗翰），而廢止了其他不同稱號的勃極烈。這個改革似乎是依照著唐宋的尙書省組識，而產生了左右勃極烈的名稱和職掌（註12）。

在太祖和太宗在位的時代，女眞的政權有很明顯的二元組織。中央政府中的勃極烈制度是治理東北和黃河以北地區的機關，而都元帥府及其臣屬的樞密院是治理新得到的漢地的組織。天會四年（一一二六）所採用的中國制度，實際上對於中央政權的

（註10）金史卷五十四百官志序言。

（註11）參考三上次男，「前引文」，頁184-192。

（註12）同上，尤其頁397-407。

結構，並沒有作重大的改變。金史中有這樣的記載：

> 初、太祖定燕京，始用漢官宰相，賞左企弓等。置中書省、樞密院于廣寧府，而朝廷宰相自用女眞官號。太宗初年，無所更改。及張敦固伏誅，移置中書、樞密于平州。蔡靖以燕山降，移置燕京，凡漢地選授、調發、租稅，皆承制行之。故自時立愛，劉彥宗及(韓)企先輩，官爲宰相，其職大抵如此也(註13)。

天會十年（一一三二）以後，勃極烈制度祇剩下最高層的幾個職位。女眞政府中其他的部份，顯然逐漸被中國制度所取代。所以到了熙宗初年，勃極烈就正式的廢除了。這個制度的廢除象徵著部落制度不足以應付征服地區廣土衆民的治理工作，一方面女眞統治者不得不採用中原的官僚制度，另一方面在統治階層內部也不容許分權情形的存在影響到中央政府的統治能力。所以出現了走向中央集權的趨勢。

3. 太宗和熙宗的政治改革

太宗於天會十二年正月，即以改定制度詔中外。實際上到了次年太宗去世，熙宗（在位：一一三五至一一四九）即位後，纔正式施行。以國論右勃極烈都元帥宗翰爲太保領三省事；以宗磐爲尙書令，並封爲太師；和以太傅宗幹與以上兩人並領三省事。勃極烈制度廢除的日期並沒有記載，大約是在天會十三年三月(註14)。

熙宗初年開始採取中國的三省制度，在熙宗天眷元年（一一三八）頒行官制的時候纔確實建立(註15)。初成立時，以領三省事權力最大，尙書省的左右丞相次之。侍中、中書令則在丞相下，由丞相兼任，門下、中書省的侍郎亦虛位，位在尙書左右丞之下(註16)。

熙宗時代中央政府的權力擴張，能够直接統治所有的土地人和民。所以在廢了劉豫（一一三七）以後，設立行臺尙書省治理漢地，將樞密院歸併到行臺尙書省內。又設置御史臺。考試制度的採用，要追溯到太宗時代。不過到了熙宗時代纔制度化。阿

(註13) 金史卷七十八，頁八「韓企先傳」。

(註14) 三上次男「前引文」，頁407-409。

(註15) 金史卷四熙宗紀，天眷元年八月甲寅朔條：「頒行官制」。

(註16) 洪皓，鄱陽集（三瑞堂刊本）卷四「跋金國文具錄劄子」。參考三上次男，「金初における三省制度（前篇）」，歷史と文化V（一九六一），頁54-61。

骨打已經注意到應當任用文人爲官員的重要性。吳乞買於天會元年(一一二三)已經開始開科舉,不過到了五年(一一二七)纔正式下詔開貢取士。辦法是分南北選,即北方的漢人(以燕雲十六州和遼東爲主)試詞賦,南方人(原來北宋治下的漢人)試經義。這種方式對於北方的漢人較有利,因爲他們所佔的名額較多,考試的內容也不同。海陵王於天德三年(一一五〇)倂南北選爲一,專試詞賦。地方名額的限制,則到了世宗時期(一一六四)纔取消。到了一一八三年以後,政府纔不再限額取人,但是在一一八八年又恢復設立經義科(註17)。

部落酋長的合法地位,借用中國的皇帝制度而確立和提高。宋人對於這一點也有相當敏銳的觀察:

> 今虜主完顏亶(熙宗)也,自童稚時金人已寇中原,得燕人韓昉及中國儒士教之。其亶之學也,雖不能明經博古,而稍解賦詩翰墨,雅歌儒服,分茶焚香,奕棋戰象,徒失女眞之本態耳。由是與舊功大臣,君臣之道,殊不相合。渠視舊功大臣,則曰:無知夷狄也。舊功大臣視渠,則曰:宛然一漢家少年子也。既如是也,欲上下同心,不亦難乎?又自僭位以來,左右諸儒,日進諂諛,教以宮室之壯,服御之美,妃嬪之盛,燕樂之侈,乘輿之貴,禁衛之嚴,禮義之尊,府庫之限,以盡中國爲君之道。今亶出則淸道警蹕,入則端居九重,舊功大臣,非惟道不相合,如非其時莫得見。瞻望墀階,洞分霄壤矣(註18)。

中國禮儀在熙宗時代採取或增設的,有定太廟,祭孔子廟,復封衍聖公,詳定百官儀制,百官用朝服,皇帝御冠服,用宋樂等。此外又頒曆法,及頒行皇統新律。這些措施,足以表現熙宗時代漢化的迅速。而在異族建立政權,要想取得合法的中國朝代的地位,這些都是必要的措施(註19)。

事實上,太宗在討伐北宋和推翻宋廷的時候,在頒佈的文告裏已經強調女眞人出

(註17) 金史卷五十一選舉志一。

(註18) 同註8。

(註19) 以上參考金史卷四熙宗紀及陶晉生「前引文」,頁46-48。

師中原的目的是弔民伐罪，和建立新的政權的必要。同時儘量安撫新佔領地區的百姓，減輕賦稅徭役（註20）。後來南宋不僅承認金朝，而且向金進貢。金廷希望憑藉這些說服中原百姓，讓他們認爲征服王朝的建立，不過是又一次的改朝換代而已。在這一方面，女眞人和契丹人，甚至蒙古人，在態度上有顯著的不同。

在一一三四年到一一三五年的政治改革以後，中央政府的主要工作，是在削減軍閥和貴族的勢力。結果吳乞買的世系受到了嚴重的打擊，軍閥們大都失去了兵權。同時，中央政府的權力相對的擴大，可以直接治理國內所有的百姓（註21）。

三、官僚制度的形成

1. 海陵王的政治改革

海陵王（在位：一一四九至一一六一）以纂弑得位，對於宗室貴族多所猜忌。他先發制人，消滅了吳乞買子孫的殘餘勢力和很多宗室貴族。皇帝的權力在這些政治屠殺事件以後大爲提高。除了使用暴力對付宗室貴族以外，他又剝奪了很多擁有世襲特權的女眞人的權利和地位，如取消萬戶，廢罷若干猛安謀克之類。同時他又授給忠於他自己的女眞人猛安謀克頭銜，並且特別提拔契丹人和漢人來充任高級官員，一方面塡補和取代了被翦除的宗室貴族的遺缺，另一方面利用官僚集團來抵制殘餘的貴族勢力和保守勢力（註22）。

海陵王有開創新局面的野心和決心。他毅然把國都從僻遠的東北遷移到燕京，毀掉上京宮室，擺脫不文明的環境和殘餘的部落勢力。他還有意在征服南宋以後，恢復汴京爲首都。在社會上他不強迫漢人採取女眞人的髮式和衣著，反而竭力提倡漢文化，如廣建孔子廟，設學校等。在政治方面他也致力於改革，在一一五〇年和一一五六年兩度改定制度。

海陵王於一一五〇年撤消了行臺尙書省和都元帥府，接著又於一一五六年廢除了

（註20） 看大金弔伐錄（四部叢刊本）下，頁十八下至二十上天會四年十二月十二日「行府告諭兩路撫慰指揮」；頁三十五上至三十六下天會五年三月七日「冊大楚皇帝文」；頁四十下至四十六下天會五年三月二十六日「行府告諭亡宋諸路立楚文字」；頁五十四上至五十六上天會六年二月「差劉豫節制諸路總管安撫曉告諸處文字」。

（註21） 參考陶晉生「前引文」，頁46-47。

（註22） 參考同上，頁48-49。

中書和門下兩省。一一五〇年的改革,結果使中央政府完全直接管理國內的全部土地和人民。樞密院代替了都元帥府的地位,但新的樞密院是直屬中央政府的機構(註23)。一一五六年的改革更影響到中國政治制度的發展。中書省在隋唐時代是草擬政令的機構,而門下省有封駁政令的權力。兩者都牽制皇帝的權力。至於尙書省,不過是執行政策的機關而已。北宋時代雖然已經有三省合一的趨勢,而且除了行政機構以外,草擬政令和封駁政令的作用已經減小。但是三省的繼續存在,象徵北宋有著相當開明的政治。宋神宗時期三省的作用仍然是「中書揆而議之,門下審而覆之,尙書承而行之」(註24)。可是到了海陵王當政的時期,作爲一個入主中原的異族統治者,他不必受中國制度的限制,更不用顧及到任何牽制他的權力的制度。同時異族統治者不易瞭解繁複的中國官僚制度的運作,而祇求簡化行政程序和組職(註25)。經過了這次改革後的官僚組織,一直沿用到金末。在這裡應該特別強調,一一五六年的改革是金代力求建立中央集權的專制政體的頂點。這些措施和以下所要提到的令中國政治過程殘暴化的措施,在中國政治史上留下了很大的影響。

海陵王和其他歷史上以篡弒得位的君主相似,在奪得帝位以後,立即展開了有組織的剷除反對派的工作。主要的對象是威脅他的地位的貴族和宗室,尤其是吳乞買的後裔。和這一恐怖手段相似的,是對於高級官員濫施杖刑,一方面提高皇帝的權威,另一方面屈辱傳統的中國士大夫。這種不文明的肉體刑罰,在元、明兩代繼續使用,也就是明代著名的廷杖的嚆矢(註26)。這種現象,可以稱爲政治過程的殘暴化。因爲這一類的恐怖手段在北宋時代已經是絕無僅有的了。

2. 世宗對於鞏固女眞政權的努力

金世宗(在位:一一六一至一一八九)在海陵王南征,華北大亂,盜賊蠭起的時候,自立於北方。不久海陵王兵敗被弒,金世宗就正式成爲金朝的新皇帝。他首先平定契丹人撒八和窩斡的叛亂,又在擊敗南宋北伐的軍隊以後,和南宋議和。然後開始收拾大亂以後的殘局。在強化女眞宗室、貴族以及部民的地位和調和兩種文化方面,世宗的種種措施可以稱爲一種「本土化運動」(nativistic movement)(註27)。這些

(註23) 金史卷一一四,頁八下:「金制,樞密院雖主兵,而節制在尙書省」。參考卷四四兵志。

(註24) 李心傳,建炎以來朝野雜記(聚珍叢書本)甲集卷十「丞相」條。

(註25) 以上參考陶晉生「前引文」頁48-49。

(註26) 參考同上,頁49;陶晉生,金海陵帝的伐宋與采石戰役的考實(臺北:臺灣大學文學院文史叢刊,一九六三),頁15-18。

(註27) 參考陶晉生,「金代中期的女眞本土化運動」,思與言七卷一期(一九七〇),頁328註二。

措施，可以分別從文化，經濟和政治三方面來觀察。

在文化方面，金世宗力圖恢復女眞人的固有文化。其重點是：第一，恢復女眞人原來的尚武精神。世宗增加了田獵活動和軍事訓練，以加強女眞人控制華北的軍事力量。第二，保存純樸的女眞風俗習慣。世宗認爲過度的漢化是招致女眞人生活腐化的主要來源。所以他提倡女眞禮儀、音樂、舞蹈，和服飾的復興。尤其重要的，是他鼓勵女眞文字的使用。第三，改變當時女眞人懶散，不願工作，和崇尚奢侈的不良風氣。世宗禁止平民著用金飾衣物，提倡農耕，禁止酗酒。最後，他還以身作則，在晚年回到東北遊歷，設法鞏固女眞文化的發祥地。

在經濟方面，世宗儘量設法改善女眞人的生活，當時女眞人感染了漢文化，發生文化失調現象，如終日游蕩，不事生產，甚至酗酒賭博，魚肉鄉里，造成了嚴重的社會問題。世宗採取了經濟方面的措施來救濟他們。例如他積極提倡農耕，重新分配土地給貧戶，並且創「物力錢」來徵收房地產稅，以防止豪富大戶經濟勢力的過度膨脹(註28)。

在政治方面，世宗對於女眞宗室和貴族採取保護政策。如恢復很多在海陵王時代失去猛安謀克頭銜的女眞人原有的職位，重用宗室貴族和女眞官員等。三上次男氏曾經指出女眞宗室貴族的政治勢力在海陵王時代的衰微和在世宗時代的再起(註29)。

(註28) 參考同上，頁328–332。

(註29) 本表根據三上次男，「金朝における女眞人外戚の政治、社會的地位」，鈴木俊教授還曆記念東洋史論叢（一九六四），頁136，642，及644作成。

重要官員各民族人數表

官名及民族／朝代	宰執						六部尚書						御史大夫					
	宗室及完顏氏	其他女眞	漢人	契丹	渤海	小計	宗室及完顏氏	其他女眞	漢人	契丹	渤海	小計	宗室及完顏氏	其他女眞	漢人	契丹	渤海	小計
熙宗	13	1	3	2	1	20	7	3	7	0	1	18	2	1	0	0	0	3
海陵	3	7	11	5	2	28	4	9	16	9	0	38	1	1	2	1	1	6
世宗	7	12	11	2	1	33	11	10	27	5	8	61	3	1	3	1	1	9
章宗	5	11	9	1	0	26	1	5	22	1	0	29	2	3	2	1	0	8
衛紹王宣宗	4	11	9	0	0	24	5	15	25	1	0	46	3	3	2	0	0	8
總計	32	42	43	10	4	131	28	42	97	16	9	192	11	9	9	3	2	34

世宗從不用暴力手段來對付宗室和貴族。對於漢人和契丹人則採取防範的態度。例如他曾經說：

女眞、漢人，其實則二。朕即位東京，契丹、漢人皆不往，惟女眞人偕來。此可謂一類乎？

又說：

海陵時，契丹人尤被信任，但終爲叛亂。羣牧使鶴壽、駙馬都尉賽一……，皆被害。鶴壽、賽一等在官時，未嘗與契丹有怨。彼之野心，亦足見也。

當唐括安禮勸世宗對於各種族不宜有分別時，世宗說：「朕非有分別，但善善，惡惡，所以爲治。異時或有邊釁，契丹豈肯與我一心哉」(註30)？

3. 考試制度和女眞進士科

世宗相當重視用人政策。除了督促大臣舉薦人材以外，考試制度也發揮了作用，爲朝廷錄用了大量的漢人，和女眞人合作。這一點將在下文分析。世宗時代的考試制度，實際上是包括漢人和其他各族的考試制度，以及特別爲女眞人設立的考試制度兩部份。現在將女眞進士科的大概情形簡述如下(註31)。

世宗創設「策論進士」即女眞進士科的目的，是用來進用女眞人中間的才智之士，和提倡學習女眞文字。金史選舉志序言說：

金承遼後，凡事欲軼遼世。故進士科目兼採唐宋之法而增損之。其及第出身，視前代特重，而法亦密焉。若夫以策論進士取其國人，而用女眞文字以爲程文，斯蓋就其所長，以收其用。又欲行其國字，使人通習而不廢耳。終金之世，科目得人爲盛。

女眞進士科是和漢人的用人制度平行的理性化的用人政策，具有平衡宗室貴族的作用，不僅爲女眞人開闢了一條新出路而已。

世宗於一一七三年創立「策論進士」以後，最初錄取的女眞進士，大都被任用爲

(註30) 以上見金史卷八十九「唐括安禮傳」。

(註31) 以下參考陶晉生，「金代的女眞進士科」，國立政治大學邊政研究所年報第一期(一九七〇)，頁135-144。

女眞文教授，推廣女眞語文的教育，以及翻譯中國書籍。後來女眞進士也進入政府，在政治舞臺上扮演了重要的角色。其實女眞學校的設立，可以追溯到太祖開始命令創造女眞文字的時代。但是到了世宗時期，女眞學校設立得更普遍，容納的學生更多。例如在準備設立「策論進士」科以前，已經選拔猛安謀克子弟三千人爲學生；後來又選出最佳的一百名到京師繼續攻讀，並且錄用爲政府官員。在設立「策論進士」科的同時，又在各路設女眞府學，在首都設女眞國子學。

女眞考試制度的特點，第一是容易考取，因爲學習女眞文字的人究竟不多。所以到後來有御試二人取一的情形。第二是考取後的仕進途徑，不一定都比漢人進士快。這一點大約意在表示公平。第三是世宗時代規定女眞人要試射藝，以保持尙武精神。不過這項考試到了章宗（在位：一一八九至一二〇八）時代就取消了（註32）。女眞進士的數目遠不如漢人進士多，每次考試中選的進士從未超過五十人。而漢人進士的數目在一一八八年由於不限錄取人數，達到五百八十六人。在一一九七年更高達九百二十五人。

金史中可考的女眞進士，僅得四十九名。其中官至三品以上的達四十二人。在全部女眞官員中，這四十九人並不佔很大的比例。可見女眞進士科祇是增加了女眞才智之士進入政府的新途徑，而沒有取代其他的途徑。但是女眞進士在金代中葉以後的政局上發揮了兩大作用。一個是進士位至宰執的相當多，共有十四人，此外的官員的致也有很好的素質，發揮了安定政局的作用。另一個作用是平衡了從其他途徑出身的女眞官員的勢力，尤其是宗室貴族的勢力。女眞進士的出身和其他女眞官員不同。雖然金世宗特別保障貴族子弟，如準許他們直接參加御試，但是貴族旣然可以很容易的享受其他特權，自然大都無意參加艱難的考試。因此女眞進士大都出身於平民，對於很多問題和宗室貴族有不同的看法。

金代大致以進士充御史，來監視其他的官員。約有一半的女眞進士，曾任臺諫之職。臺諫旣和宰執對立，政治衝突就成了不可避免的事。御史臺遂形成女眞和漢進士的權力中心，也就成了扶植同類的機構。爲了和進士爭權，金末權臣如朮虎高琪等儘量提拔胥吏來排擠進士，造成了用人政策的混亂。

（註32） 金史卷十二泰和七年（一二〇七）十二月丙午條：「詔策論進士免試弓箭，擊毬」。

總之，以考試制度爲中心的官僚組織在金代中期形成了一個重要的安定因素。金世宗創設的女眞進士科，爲女眞人增加了一條政治上的新出路，同時新出現的進士集團平衡了貴族的勢力，爲官僚組織增加了穩定性。

四、新政治結構的特點

金代中央政府的結構，到了海陵王和世宗的時代已經大致定型。金史百官志序言指出：

> 海陵庶人正隆元年（一一五六），罷中書門下省，止置尙書省。自省而下，官司之別，日院、日臺、日府、日司、日寺、日監、日局、日署、日所，各統其屬，以修其職。職有定位，員有常數；紀綱明，庶務擧。是以終金之世，守而不敢變焉。

不過在以後的發展過程中，仍然有所改動。尤其重要的是，在同樣的結構中，不同機構的功用隨著時代的進展而有差異。金代的政府結構是以中央集權的一省（尙書省）爲中心，作爲最高決策和行政機關。翰林院和御史臺分別發揮秘書和監察的作用。人材的晋用，除了通過考試制度以外，另有許多途徑，其中經由薦擧的，可以從宰執、御史臺的推薦出身。吏部的功用，在金末被審官院分了一部份。地方制度分爲路、州、縣及節鎭，加上由諸路總管節制的猛安謀克（註33）。這個政府的結構和宋代的有顯著的不同。首先，金代中央集權的程度超過前代。其次，宋代行政、軍事和財政機構分立，由皇帝各個控制的情形不復存在。金代的樞密院由尙書省節制。至於三司，僅在章宗時代一度設立，此外則職權完全歸於戶部（註34）。現在將金代官僚組織的特點

（註33） 金史百官志是以世宗、章宗時代的官制爲藍本而編纂的，因爲百官志是在明昌初年寫成。看三上次男，「金朝官制史料の文獻的研究と金史百官志所揭官制の年代決定」，歷史と文化Ⅲ（一九五八），頁 34-82。三上次男對於金代的三省制度，尙書省，和地方制度有詳細的硏究。參考「金初における三省制度（前篇）」；「（後篇）」，歷史と文化Ⅵ（一九六三），頁1-92；「金朝における尙書省の硏究（前篇）」，歷史と文化Ⅶ（一九六四），頁1-79；「（後篇）」，歷史と文化Ⅷ（一九六五）頁1-71；「金朝初期の路制に就いて」，北亞細亞學報第二輯（一九四三），頁89-142。

（註34） 金史卷五十五百官志三司條及戶部條。關於金代官制的特點，參考三上次男，「金初における三省制度（前篇）」，頁 158-170。他認爲主要的特點是一、領三省事的設置；二、尙書省組織複雜，宰執人數多；三、門下、中書省的性質與宋制不同。

，分述如下。

1. 皇帝權力的提高

海陵王廢除中書、門下兩省，除去了從隋唐以來中央政府內的三省制度，而以一省取代。政令的形成和封駁的兩個作用遂不復如從前由不同的機構發揮。皇帝在聽取不同意見以後的決策權力因此大爲提高。這一點在下文還要提到。特別值得注意的，是御史臺成爲皇帝的耳目，來監視和糾舉官員，諫院的功用則不如前代。世宗時代，御史由皇帝任命，而不是由宰相推薦。在這方面和北宋不同（註35）。一二一六年陳規上書說：

> 國朝雖設諫官，徒備員耳。每遇奏事，皆令廻避。或兼他職，或爲省部所差，有終任不覿天顏，不出一言而去者。雖有御史，不過責以糾察官吏，照刷案牘，巡視倉庫而已。其事關利害，或政令更革，則皆以爲機密，而不聞萬一（註36）。

陳規雖然認爲御史不預機密，但是如下文所指出，金代的御史，尤其是女眞御史，也有參與密勿的機會。御史臺中漢人和女眞各佔一半，在對付其他官員方面，御史更充份的成了皇帝的工具，如程輝說：「監察、君之耳目」。世宗也說：「監察人君耳目，風聲彈事可也」（註37）。世宗和章宗還屢次以笞杖處罰有虧職守的耳目（註38）。章宗時代監察制度最發達，在地方設提刑司（註39）。下文還要提到，金末近侍局也成爲皇帝的諜報工具，甚至可以監視御史。

另一個皇權提高的現象是海陵王以後杖刑繼續施之於大臣身上。由於杖刑使用的頻繁，它已經可說是成爲金代政治過程中的一個重要制度。杖刑的制度化目的在降低傳統中國士大夫的地位，而皇帝的權威相對的提高（註40）。

（註35） 參考三上次男，「金の御史臺とその政治社會的役割」，頁25-29。

（註36） 金史卷一〇九，頁八下至九上。

（註37） 同上卷九十五「程輝傳」；卷九十六「梁襄傳」。

（註38） 同上卷八頁二上載世宗將監察御史石抹元禮和鄭達卿各笞四十。卷一百頁七下載章宗時監察御史姬端修言事，杖七十。

（註39） 參考三上次男，「金の御史臺とその政治社會的役割」，頁 25-36 第三章「御史臺の實權に關する考察」；及頁 56-61。

（註40） 參考拙著「金代統治中原對於中國政治制度的影響」，待刊。

2. 女眞人壟斷軍事權力

這一點淸楚的表現在猛安謀克的駐防制度上，爲淸代八旗駐防的嚆矢。猛安謀克部民都是駐防屯田的軍戶，有戰事發生的時候，政府就成立臨時性的都元帥府，代替樞密院。金史兵志記載樞密院「每行兵則更爲元帥府，罷則復爲院」。元帥府負責徵兵及統率軍隊出征，兵罷卽解甲歸田。如金初伐宋時置都元帥府，天會六年（一一二八）詔還二帥以鎮方面。元帥府雖然沒有立卽解散，各路却另設兵馬都總管，府州鎭置節度使，沿邊州置防禦使。海陵王取消都元帥府以後，於正隆六年（一一六一）南侵時，組織「三道都統制府」，及左右領軍大都督，將三十二軍。各軍置都總管及副都總管等軍官（註41）。大定三年（一一六三）僕散忠義以丞相兼都元帥，節制諸將（註42）。

女眞將領幾乎全部都是族人，祇有一個渤海人曾經作過高級將領。諸京留守、府尹和都總管的任用次數，也遠較非女眞人爲多（註43）。這些都是女眞統治者確實掌握兵權的明證。

3. 內朝權勢的強大

傳統中國政治系統中，政府的組織裡有一部份原來是管理皇室的家務的。有些重要的官位都是由內朝的侍從或秘書演變而來，此處不必贅述（註44）。在征服王朝統治下，例如遼的制度，很淸楚的劃分成兩個部份，卽南北院的設立，由北院治理契丹人，南院治理漢人。到了金代，最初模仿遼的制度，以樞密院和都元帥府，以及後來的行臺尙書省治理華北，以勃極烈制度和後來的三省六部治理燕雲十六州和東北。這種劃分已經不是純粹的依照種族的區別，而是依地區的不同而從事的。經過了一一五〇年，尤其是一一五六年的政治改革以後，表面上看來女眞人在政治上已經深受漢文化的薰陶，放棄了部落組織，成立中央集權的官僚組織來統治國內各種不內的民族。實

（註41）以上見金史卷四十四兵志。

（註42）同上卷八十七「僕散忠義傳」。

（註43）陶晉生，「前引文」，頁54。

（註44）如漢代的內外朝官。看勞榦，「論漢代的內朝與外朝」，歷史語言研究所集刊第十三本（一九四八），頁227-267；陶希聖、沈任遠，秦漢政治制度（臺北：商務，一九六四年臺一版），頁68-69及91；參考錢穆，中國歷代政治得失（香港；東南印務出版社，一九五二），頁4-9。

際上女眞統治者仍然是偏重女眞人的權益，而歧視漢人的。在稅收方面女眞人享受特別的優待，就是很好的證據（註45）。不僅如此，猛安謀克更發展成爲世襲制度，將這些權益一代代的傳諸後世。猛安謀克部民進入政府，又有特別的途徑。這一點留待下文討論。不過在這裡要指出一點，就是女眞人經由特殊的途徑進入政府，是以內朝爲主，造成內朝由女眞人牢固把持的現象。而且內朝較以前的中國朝代中的內朝的重要性大得多。不僅如此，從內朝以及其他途徑（如策論進士）進入外朝的女眞人，仍然能夠和漢人平分外期的權力。在這種情形之下，漢人自然很難掌握大權了。

內朝的軍事機關殿前都點檢司，和管理皇帝私人事務的宣徽院，是女眞人入仕的主要機構。這些機構也掌握了很大的權力。如隸屬於殿前都點檢司的近侍局在金末的權勢就超過了外朝，而近侍局點不過是五品官而已。金末文士劉祁評論近侍局說：

> 金朝近習之權甚重。置近侍局于宮中，職雖五品，其要密與宰相等，如舊日中書。故多以貴戚世家恩倖者居其職，士大夫不預焉。南渡後人主尤委任，大抵視宰執臺官皆若外人，而所謂心腹，則此局也。其局官以下所謂奉御、奉職輩，本以傳詔旨供使令，而人主委信，反在士大夫右。故大臣要官，往往曲意奉承。或被命外出，帥臣郡守，百計館饋，蓋以其親近易得言也。……又沮壞正人，招賄賂，爲不法。至于大臣退黜，百官得罪，多自局中，御史之權反在其下矣（註46）。

敍述權力超出外朝的情形，非常清晰。近侍局的任務，甚至包括監視外朝的動靜。宣宗（在位：一二一三至一二二三）時平章政事抹撚盡忠指出不應當讓近侍預政，宣宗答道：

> 自世宗、章宗朝，許察外事，非自朕始也。如請謁營私，擬除不當，臺諫不職，非近侍體察，何由知之？盡忠乃謝罪（註47）。

可見耳目之外還有耳目。除了殿前都點檢司和宣徽院，大宗正府也擁有參與決策的權

（註45） 陶晉生，「前引文」，頁52。

（註46） 劉祁，歸潛志（知不足齋叢書本），卷七，頁十三上。

（註47） 金史卷一〇一「抹撚盡忠傳」。

力。金代末期的權臣撒合輦，就是三品官的同判大睦親事（註48）。這也是由於大宗正府管理特別有權勢的宗室的緣故。

4. 女眞與非女眞官員間的制衡

這是征服王朝統治下，爲了防止被統治者勢力過大，影響到統治者地位而想出來的方法。女眞與非女眞官員間的制衡，見下文表一。又據三上次男的統計，最重要的御史臺的官員御史大夫和御史中丞，在金代共有三十名女眞人和三十一名非女眞人擔任。監察御史出巡的時候，是女眞人和漢人各一名共同執行任務（註49）。這個制衡的方法也被後來的元、淸兩代沿襲。在用人方面，女眞人大都從蔭補出身。章宗時代三分之二的官員都以門蔭補敍出身（註50）。至於世襲官（猛安謀克）的世襲方式，不一定是嚴格的父傳子，而是從子姪中，選擇賢能。世宗時宗憲曾經建議猛安謀克有不稱職的應從「弟姪中更擇賢者代之」（註51）。這一點和遼代的世選頗相似。

五、統治階層的構成

1. 統治階層的構成

金代用人制度的特色，誠如選舉志序言所說：「……終金之代，科目得人爲盛。諸宮護衛，及省臺部譯史、令史、通事仕進皆列於正班，斯則唐宋以來之所無者。豈非因時制宜，而以漢法爲依據乎」！根據選舉志，金代用人主要分爲文散官或文資，

（註48） 看同上卷五十六殿前都點檢司及宣徽院條；卷五十五大宗正府條；及卷一一一「撒合輦傳」。

（註49） 三上次男，「金の御史臺とその政治社會的役割」，頁36及6-7。

（註50） 關於蔭補的人數限制，見金史卷五十二選舉志「門蔭之制」。泰和元年（一二〇一）太府監孫復言：「方今在仕者三萬七千餘員，而門廕補敍居三之二。諸司待闕動至累年，蓋以補蔭猥多，流品混淆，本末相舛。至於進納之人，既無勞績，又非科第，而亦廕及子孫，無所分別。欲流之淸，必澄其源。乃更定廕敍法而頒行之」。見同上卷十一泰和元年正月壬子朔條。惟新蔭敍法內容爲何，不見於選舉志。元好問遺山先生文集（四部叢刊本）卷二十七「輔國上將軍京兆府推官康公神道碑銘」載「金朝入仕之路，在近代爲最廣，而出於任子者十之四」（頁十七下）。

（註51） 同上卷七十，「宗憲傳」：「（世宗時）有司言，諸路猛安謀克，怙其世襲，多擾民。請同流官以三十月爲考。詔下尙書省議，宗憲乃上議曰：昔太祖皇帝撫定天下，誓封功臣，襲猛安謀克。今若改爲遷調，非太祖約。臣謂凡猛安謀克，當明核善惡，進賢退不肖。有不職者，其弟姪中更擇賢者代之。上從其議。」

及武散官，後者又稱右職或右選：

金制，文武選皆吏部統之。自從九品至從七品職事官部擬；正七品以上呈省以聽制授。凡進士則授文散官，謂之文資官；自餘皆武散官，謂之右職，又謂之右選。文資則進士爲優，右職則軍功爲優。皆循資有陞降定式，而不可越（註52）。

現在根據金史列傳的人物資料，將金代統治階層的實際構成情形作成統計表，以測驗與前節和選舉志所說的特點，是否符合（註53）。除后妃、孝友、隱逸、列女、方伎、宦者列傳之外，建國前事蹟過於簡單及建國後事蹟不可考的人物，以及宗室中夭折者，都不予計算。又列傳中有些人物雖不見於傳目，而仍有事蹟可考者，併入計算。經過以上的增減，共得六百四十八人（註54）。

按照種族的區別，可以得到統治階層分配的情形如表一。

表一　金代統治階層種族分配表

種　族	女眞			漢人	契丹	渤海	奚	其他	總計
	宗室	完顏氏	其他						
人　數	126	36	162	260	33	19	8	4	648
百分比	19	6	25	40.1	5.1	3	1.2	0.6	100
	50								

（註52）金史卷五十一選舉志。文散官又稱左選。卷八十八「石琚傳」：「世宗謂宰臣曰：……近來左選多不得人。惟石琚爲相時，往往能舉其官；左丞移剌道、參政粘割斡特剌舉右選頗得之。」

（註63）由於金代的文集以金末元初爲多，而且現存碑帖中有關金代的爲數不多，所以祇好取金史列傳的記載，作爲統計的基礎。

（註54）在作統計時首先將全部人物（除后妃、孝友等傳外）編號。計得七二〇人。卷六十五中人物大都在建國前有事業，而且事蹟不盡可考，亦無曾任官職的記載，所以除八人事蹟較詳細的可予計算外，其他十五人皆不列入統計。卷六十六一人，卷六十七中十一人，卷六十八中二人皆與上例相同。金史中人物又有雖立傳而早卒的，自然不必計算。如卷八十二海陵諸子（四人），卷九十三章宗諸子（十人），衛王二子，及卷六十九的宗傑。列傳中頗多不見傳目而事蹟可考的人物，如卷六十五惟鎔、卷六十九合住、卷七十習失等，均列入統計。此外又有事蹟不可考的，如卷七十六（一人）、卷八十（一人）、卷一〇五（二人）、卷一二一（十人）、卷一二二（二人）、卷一二三（三人）、卷一二四（二人）、卷一二六（五人）、卷一三三（一人）等。又有見傳目而事蹟不詳的，如卷一二八「王浩傳」附師夔等，僅將師夔一人列入計算。

女眞官員的人數，恰好等於非女眞官員人數的總和。以上的總人數中，官至三品以上的，共有五百三十人。表二顯示其中女眞官員的數目，超過了非女眞官員的總和：

表二　三品以上官員種族成份分配表

種　族	女眞	漢人	契丹	渤海	奚	其他	總計
人　數	280	195	27	18	7	3	530
百分比	52.8	37	5	3.4	1.3	0.5	100

一般說來，女眞人在任時間較長，而且一人常可以歷任幾個重要的官職。漢人則在任時間較短，任命重要職位的頻率不如女眞人多。在任時間的長短不易統計，而任官的頻率，則著者曾經將熙宗和海陵時代，將相任命次數作過統計。女眞官員的任命次數，依照萬斯同「金將相大臣年表」統計的人物，佔百分之六十二點七（一百三十一次任命），而漢人僅佔百分之十九點一（四十次任命）（註55）

至於金代各種族在統治階層中地位的變動，可以分成四個時期來觀察。茲以三十年爲一代，將金代分爲以下四期：

（Ⅰ）西元一一一五至一一四四年

本期包括從建國至熙宗在位末期，即太祖、太宗和太祖嫡孫熙宗三朝。

（Ⅱ）西元一一四五至一一七四年

本期包括海陵一朝及世宗朝的一半。海陵、世宗和熙宗，同屬於女眞統治者的第三代。

（Ⅲ）西元一一七五至一二〇四年

本期包括世宗在位的下半期，世宗嫡孫章宗朝的大半。

（Ⅳ）西元一二〇五至一二三四年

本期包括章宗朝的末年及衛紹王(在位：一二〇九至一二一三)、宣宗和哀宗（在位：一二二四至一二三四）三朝。

（註55）「金代初期女眞的漢化」，頁53-54。

在將人物納入不同時期的工作裡，自然發生一個官員應依照甚麼標準來斷定屬於那一期的問題。本文中對於這個問題的解決方法，是以一個官員達到最高官位的時間爲準，如果上述標準難於決定，則依照其在某一時期中任職期間的長度和貢獻來作標準（註56）。當然在以下的分期中，某一人物應屬何期，仍不免有武斷的情形發生。

女眞官員和非女眞官員，以及非女眞官員內的構成份子，勢力的消長情形可以參考前文第二節註29的附表。若就金史列傳中的人物來觀察，可參考表三。

表三　金代統治階層構成表（百分比）

民族 / 期別	女眞				漢人	契丹	渤海	奚	其他	總計	統計人數
	宗室	完顏氏	其他	小計							
I 1115–1144	50	5	9	64	28	5	3	—	—	100	106
II 1145–1174	20	4	23	47	35	7	6	3.5	1.5	100	192
III 1175–1204	19	3	20	42	50	5	3	—	—	100	104
IV 1205–1234	6	8	35	49	45	4	0.7	0.3	1	100	246

表三顯示女眞人中間宗室的勢力一直在衰退，而非完顏氏的女眞官員則在金末大量的擁進政府。漢人的勢力也是從第三期開始增強。這種現象和女眞政權極盛時與漢人合作，及末期逐漸腐化，不得不依賴漢人，尤其是地方豪族，有很密切的關係。同時也顯示由於客觀條件和環境的變化，政治結構的構成以及其中各機構的功能也隨著在適應這些變化。

就漢人來說，考試制度是達到政府裡高位的重要途徑。表四指出經由這一途徑出身的官員佔大多數，及其所佔比率在不同期間的變動。

（註56）列傳中人物生卒年資料不全，故不能像 Lipset 和 Bendix 的著作，以出生年爲準。見 Seymour Martin Lipset and Reinhard Bendix, *Social Mobility in Industrial Society* (Berkeley and Los Angeles: University of California Press, 1959), p. 122, Table 4.2 and *passim*。許倬雲則以人物見於左傳的第一次及最後一次之間取其中間數以定其年代。見「春秋戰國間的社會變動」，歷史語言研究所集刊第三十四本下册（一九六三），頁 560。

表四　金代漢人仕進途徑表(百分比)(註57)

途徑／期別	科舉	軍功	其他	總計	統計人數
Ⅰ 1115-1144	40	20	40	100	30
Ⅱ 1145-1174	52	16	32	100	68
Ⅲ 1175-1204	90	—	10	100	52
Ⅳ 1205-1234	58	27	15	100	110

以上第一期中絕對大多數的進士是遼朝的。從第二期起,金朝的進士作官的愈來愈多。第四期軍功類增加,是末期政治腐化,國防鬆懈,以致漢人擴充地方勢力的結果。大部份的進士第一個職位是地方官,或者尙書省令史。

對於契丹、渤海和奚人來說,科舉制度不是他們入仕的重要途徑。金史中祇有一個契丹人和五個渤海人曾徑獲得進士身份。而奚人則從沒有由科舉進入政府的。以上三種民族入仕以經由軍功和蔭補較多(註58)。

女眞人入仕,大都循蔭補和世襲。熙宗時代一品至八品都不限所蔭人數。到了海陵貞元二年(一一五四)纔定蔭敍法,規定從一品到七品都有蔭人的限額,而八品不能用蔭。世宗時代,七品官可蔭一人,五品官許蔭二人。章宗明昌初六品官亦許蔭二人

(註57) 其他類包括薦辟、以吏出身、機緣及資料不明的人物。

(註58) 契丹、渤海、奚人仕進途徑表。

民族	契丹					渤海					奚				
種類／期別	Ⅰ	Ⅱ	Ⅲ	Ⅳ	總計	Ⅰ	Ⅱ	Ⅲ	Ⅳ	總計	Ⅰ	Ⅱ	Ⅲ	Ⅳ	總計
科舉	0	0	0	1	1	0	3	1	1	4	0	0	0	0	0
薦辟	0	3	2	2	7	0	1	0	0	1	0	0	0	0	0
機緣	1	4	3	3	11	0	6	2	1	9	0	1	0	0	1
軍功	3	4	0	2	9	2	1	0	0	3	0	3	0	1	4
不明	1	2	0	2	5	1	0	0	0	1	0	3	0	0	3

。一品官可以蔭子孫至曾孫及弟兄姪孫六人。

右職中牌印，護衛的出職，是在熙宗朝所規定的。世宗時代又定宗室、將軍、宮中諸局承應人、宰相書表、太子護衛、妃護衛、王府祇候郎君、內侍、宰相子、譯史、通事、省祇候、郎君、親軍、驍騎諸格。女眞人又有超遷格（註59）。自定格後，尤以從護衛、奉御出身的是仕進的一大特色。如崇成以宗室子於大定十八年收充奉職，章宗時由護衛屢遷武衛軍都指揮使。又如瞢，大定十年以皇家近親收充東宮護衛，轉十人長，官至尚書右丞（註60）。所謂奉御，泛指殿前都點檢司及宣徽院所屬內廷供奉各局中的官員，尤其是近侍局。茲舉僕散安貞的仕歷爲例：

> 僕散安貞，本名阿海。以大臣子充奉御。父揆尙韓國公主，鄭王永蹈同母妹也。永蹈誅，安貞罷歸。召爲符寶祇候，復爲奉御。尙邢國長公主，加駙馬都尉，襲胡土愛割蠻猛安。歷尙衣直長、御院通進，尙藥副使。丁母憂。起復，轉符寶郎，除同知定海軍節度使事（註61）。

其中符寶祇候屬於殿前都點檢司，尙衣局、尙藥局屬於宣徽院（註62）。從奉御、護衛出身的大都是宗室子和大臣子，以蔭補得官。宿衛親軍則有出身微賤的（註63）。還有一些宗室子直接授將軍，如完顏鄭家「皇統初以宗室子授定遠大將軍，除磁州刺史」（註64）。是甫出身就官至從四品了。宗賢「自護衛未十年位兼將相」，更是迅速（註65）。

（註59）金史卷八十八「唐括安禮傳」：「上（世宗）曰：除授格法不倫。奉職者皆閥閱子孫，朕所知識，有資考出身月日。親軍不以門第收補，無蔭者不至武義不得出職。但以女直人有超遷官資，故出職反在奉職上。天下一家，獨女直有超遷者。何也？安禮對曰：祖宗以來立此格，恐難輒改。」可見宗室貴族子弟多從奉職出身，而普通女眞子弟多補親軍。

（註60）同上卷六十五「崇成傳」；卷六十六「瞢傳」；卷六大定十年二月戊申條，世宗對近臣說：「護衛以後皆是治民之官，其令教以讀書。」丙辰條又說：「護衛十年出爲五品職官，每三日上直，役亦輕矣。豈徒令飽食安臥而已？弓矢不習，將焉用之？」。

（註61）同上卷一〇二本傳。

（註62）同上卷五十六百官志二。

（註63）如僕散師恭。卷一三二本傳。

（註64）同上卷六十五本傳。

（註65）同上卷七〇本傳。

以上所舉的例子中，有一些是先授世襲猛安或謀克，再充護衛的，如宗賢。有的先充護衛，再得到世襲爵位，如紇石烈執中（註66）。世襲猛安謀克是一種爵位，但是本身也有官品，可以作爲入仕的依據。如文：

> 皇統間授世襲謀克，加奉國上將軍，居中京。……貞元元年，除祕書（註67）。

又如爽：「天德三年授世襲猛安，正隆二年（一一五七）除橫海軍節度使」（註68）。茲將女眞人依其入仕途徑列表如下：

表五　金代女眞人仕進途徑表（百分比）（註69）

類別 / 期別	科舉	學校	薦辟及以吏出身	軍功	世襲及蔭緣							總計	統計人數	資料不明人數
					宗室	護衛	奉御祗侯	以宗室子投將軍	世襲猛安謀克	外戚及其他	小計			
Ⅰ 1115-1144	—	—	—	38	47	1.5	—	—	13.5	—	62	100	66	2
Ⅱ 1145-1174	1	2	7	19	13	10	2	5	30	11	71	100	90	2
Ⅲ 1175-1204	5	7	—	5	23	9	21	—	18	12	83	100	43	1
Ⅳ 1205-1234	37	—	3	9	8	16	10	—	8	9	51	100	104	16

由以上的統計，可以知道金代統治階層的構成，是女眞和非女眞官員各佔一半。女眞的出身，大都依賴世襲蔭補和軍功，而漢人的出身則絕對大多數是進士。這些都和本文第四節的分析符合。

（註66）同上卷一三二本傳。

（註67）同上卷七十四本傳。關於猛安謀克的官品和職掌看卷五十七百官志三。

（註68）同上卷六十九本傳。

（註69）表中蔭緣類是廣義的蔭緣，屬於這一類的人物，有一些不是由於出身顯宦之家而得到蔭補的特權的。完顏氏氏族的構成份子，甚至於和皇室親近的部民，都可能被選充護衛和奉御。關於征服王朝統治下蔭緣的意義，請參看 Karl A. Wittfogel, "Public Office in the Liao and the Chinese Examination System," *Harvard Journal of Asiatic Studies* 10(1947),13-40. 在世襲及蔭緣類列入宗室項下的人物，事實上是沒有關於出身記事的人員，但是其爲宗室而入仕則很明白。世襲猛安謀克項，也是除了世襲之職以外，缺乏其他關於出身記事的人物，或先獲得世襲的爵位再出職。在其他項下，如護衛、奉御等也有很多後來取得世襲猛安謀克身份的。

2. 政策決定的幾個實例

政治結構的發展和變遷，可以從政策決定的模式中窺見一斑。在官僚制度尚在樹立的過程中，女眞政權是由完顏氏一個氏族所把持著的。酋長的權力雖然在太祖和太宗的時代已經提高，宗室的勢力却仍舊存在。宗室大臣可以參與決策，甚至可以左右君主的決定。最明顯的一個例子，是太宗立太祖嫡孫亶爲儲貳的決定。在折衝的過程中，太宗不得不採納太祖世系羣的意見。此外劉豫政權的樹立，也是由擁有軍權的宗室一手造成（註70）。這些大臣的權力很明顯的表現在一一三七年討論應否將黃河以南的地區歸還給南宋的會議中：

> 明年（一一三七），撻懶朝京師，倡議以廢齊舊地與宋。熙宗命羣臣議。會東京留守宗雋來朝，與撻懶合力。宗幹等爭之不能得。宗雋曰：我以地與宋，宋必德我。宗憲折之曰：我俘宋人父兄，怨非一日。若復資以土地，是助讐也，何德之有？勿與便。撻懶弟勗亦以爲不可。旣退，撻懶責勗曰：他人尙有從我者，汝乃異議乎？勗曰：苟利國家，豈敢私邪？是時太宗長子宗磐爲宰相，位在宗幹上，撻懶、宗雋附之，竟執議以河南、陝西地與宋（註71）。

在太祖太宗的時代，女眞統治者大約可以劃分爲代表地方分權的軍閥集團和代表中央集權的官僚集團。一一三七年的討論中，很明顯的有一些大臣將政府的利益放在軍閥們的私人利益之上。由於官僚集團的得勝，女眞政權纔得以鞏固（註72）。不過熙宗時代宗室的力量仍然十分強固，幸而這些宗室大都是傾向於中央集權的。軍閥的勢力被削弱後，熙宗時代的軍國大計，都由同一世系的大臣宗弼決定，如復取河南地以及對南宋的和戰。

海陵王纂位以後，對於宗室除了壓制就是防範。同時不得不倚仗非女眞官員，在身邊成立了一個決定政策的小團體。這個小團體的成員並不一定是外朝的高級官員，

（註70） 參考「金代初期女眞的漢化」，頁42–46。

（註71） 金史卷七十七「撻懶傳」。

（註72） 參考「金代初期女眞的漢化」，頁46–47。

而是包括親近的所謂「小人」，如李通、張仲軻、馬欽等漢人，和梁珫等宦官。至於決定的權力則完全操在海陵王一個人的手中（註73）。

世宗時代，官僚制度已經形成及鞏固，政策決定的機構是以外朝的尚書省爲主，在御前討論後，再作決定。例如世宗籌劃「推排物力」政策，在和大臣討論的時候，左丞蒲察通，右丞移剌道和都點檢襄贊成；右相徒單克寧、平章政事唐括安禮和樞密副使宗尹反對（註74）。同樣的討論在章宗時代也可以發現，例如討論應否防備南宋的北伐，參政獨吉思忠、樞密副使完顏匡和大理卿畏也等贊成防備；而太常卿趙之傑、知大興府承暉和御史中丞孟鑄不贊成（註75）。宣宗初即位時辯論是否應當貶抑衛紹王，太師尚書令紇石烈執中，太子少傅奧屯忠孝和侍讀學士蒲察思忠贊成；而反對者包括戶部尚書武都，太子太保張行簡，侍御史完顏訛出、拾遺田庭芳等（註76）。

尚書省，尤其是宰執，在世宗時代可以覆議皇帝的政策和命令，甚至在詔旨已經發出以後，也可以修改。至於其他機構所上的奏議，尚書省也可以審議（註77）。這是一種合議制度，在末期更擴大到包括所有的內外朝官員，來應付緊急事件（註78）。

在以上的實例中，已經可以發現參與決策的機構和官員，在章宗和宣宗的時代，不僅是尚書省和宰執而已。在金代末期，外朝的御史臺和內朝的近侍局的決策權力更是增加。世宗時代所建立的決策模式可說是已經破壞。例如宣宗時河北被蒙古侵略，宣宗和羣臣商討封建有地方勢力的漢人。羣臣中有機種不同的意見。宣宗所採納的是御史中丞完顏伯嘉，右司諫术甲直敦、宣徽使移剌光祖、提點尚食局石抹穆及宰執的建議。這羣人是臺諫和內廷的結合（註79）。正大四年（一二二七）對於蒙古和戰的爭

（註73）參考金海陵帝的伐宋與采石戰役的考實，頁24-29。

（註74）金史卷四十六食貨志。

（註75）同上卷九十八「完顏匡傳」。

（註76）同上卷十三至寧元年九月丁未條及卷一三二「紇石烈執中傳」。

（註77）世宗要求宰執：「……自今朕旨雖出，宜審而行。有未便者，即奏改之。或在下位有言尚書省所行未便，亦當從而改之，毋拒」（金史卷六大定十一年十月甲寅）。參考三上次男，「金朝における尚書省の研究（前篇）」，頁47-50。

（註78）三上次男，「金朝における尚書省の研究（前篇）」，頁 36-38；「（後篇）」，歷史と文化VI（一九六三），頁33-39。

（註79）其他發表意見的有翰林學士承旨徒單鎬等十六人；刑部侍郎奧屯胡撒合等三人；兵部尚書烏林荅與等二十一人。見同上卷一一八「苗道潤傳」。

議中，右司諫陳規和宰執完顏賽不主和，而同判大睦親事撒合輦、監察御史烏古論四和與完顏習顯主戰（註80）。這是內廷和御史臺決策力量增強的又一個例子。

金代末期政策決定最詳細而頗饒興趣的例子是宣宗遷都汴京以後商討猛安謀克戶如何分配土地的問題。當時的參知政事高汝礪本來就不贊成將猛安謀克戶（卽軍戶）也隨著朝廷遷到黃河以南。等到軍戶已經遷徙到黃河以南之後，怎樣將土地分配給他們就成了很大的問題。貞祐三年(一二一五)宰執主張括田，侍御史劉元規上書反對，認爲將「大失衆心」（註81）。於是決定分遣官員向耆老徵求意見，問他們贊成增加官田的賦稅，還是放棄租佃官田。結果老百姓不願負擔過高的租稅，願意將田地交還給政府。高汝礪上奏反對，他說：

> 遷徙軍戶，一時之事也。民佃官田，久遠之計也。河南民地，官田，計數相半。又多全佃官田之家，墳塋莊井，俱在其中，率皆貧民。一旦奪之，何以自活？夫小民易動難安；一時避賊，遂有此言。及其與人，卽前日之主，今還爲客，能勿悔乎？悔則忿心生矣。如山東撥地時，腴田沃壤，盡入勢家，瘠惡者乃付貧戶。無益於軍，而民則有損。至於互相憎疾，至今猶未已。前事不遠，足爲明戒。當倍益官租以給軍糧之半，復以係官荒田牧馬草地，量數付之。則百姓免失業之艱，而官司不必爲厲民之事矣（註82）。

直到金末，屯田的方法始終不能有效的實行。從以上的討論中可以發現括田是一件直接影響老百姓對於政府的信賴和支持的事，如果處理不得當，就會失去民心。當時的宰執是權臣朮虎高琪和女眞人僕散端、漢人高汝礪。女眞官員大抵是贊成括田的。後來經過和老百姓的談話，幾乎實行括田。若不是劉元規和高汝礪提出異議，政府恐怕早就失去老百姓的支持了。由這個例子可以知道女眞政權雖已逐漸腐化，却不得不和

（註80） 同上卷一〇九「陳規傳」及卷一一一「撒合輦傳」。

（註81） 同上卷四十七食貨志。

（註82） 同上卷一〇七「高汝礪傳」。

大多數的漢人妥協(註83)。

六、結　　論

十二世紀初年，東北的女眞人以少數民族入主華北，在將他們的部落政治結構轉變到傳統的中國政治結構的過程中，遭遇到的政治問題是較純粹中國朝代的改換更爲複雜的。他們的解決方法，在歷史上發生了深遠的影響。一方面作爲征服王朝，金代的政治結構被後來的征服王朝——元和淸——所模仿；另一方面女眞人的統治影響和改變了傳統中國的政治結構。

在政治結構的轉變過程中，女眞統治者放棄了部落組織，首先模仿契丹人的兩元政治，接著又取消了這種過渡的政治結構，而走向全盤漢化。由於內部權力鬥爭的壓力和安撫漢地的需要，女眞統治者極力加強中央集權。新的官僚制度是依照唐宋的模型而建立的，它的合法化是以尊重中國傳統價值系統和儒家思想爲基礎。強大的軍事力量配合著借用的中國價値系統、思想和官僚制度，使女眞人足以在中原建立和維持新政權。何況女眞人明瞭與中國社會和政治上中堅份子(elites)合作的必要，通過了考試制度來選擇和任用優秀人材，共同操縱新的政權(註84)。總之，新政權維持猛安謀克制度和一套蔭補的方法，讓女眞人保有特權，加以採用考試制度籠絡漢人，頗能够一時滿足女眞人和非女眞人的需要，和獲得他們的支持。

金代政治結構的一個特色，是表面上完全採用中國制度，而實際上內朝的各種機構特別發達，不斷引進女眞新血來支配政策，和保障異族的特權。雖然金世宗企圖透過女眞進士科來建立理性化的用人制度，這個制度却並沒有發揮很大的功用，來阻止

(註83) 類似的例子如當時討論榷油案，「時右丞相高琪當國，人有請榷油者。高琪主之甚力，詔集百官議。戶部尙書高夔等二十六人同聲曰可，(楊)雲翼與趙秉文、時戬等數人以爲不可，議遂格」(金史卷一一〇「楊雲翼傳」)。

(註84) 傳統官僚政治系統中農民在政治上最不活躍。一般老百姓(即農民)對於政治系統的感覺是曖昧的。他們如果支持政治系統，則是透過社會上的中堅份子(elites)而實行的。看 S.N. Eisenstadt, ***The Political System of Empires*** (New York: The Free Press, 1963), pp. 207-209; David Easton, *A Systems Analysis of Political Life* (New York: John Wiley and Sons, 1965), pp. 227-229。

金末宗室貴族和女眞官員的腐化，以及自私心理的發展。

金代政治結構的缺點，可以從三方面來觀察。第一、改朝換代的工作，停止在建立政權（state-building）的階段，而沒有作任何努力去進一步建立一個種族整合的國家（註85）。誠如劉祁的分析，金朝的衰亡是由於「根本未立」，「偏私族類，疏外漢人」，也就是沒有摒棄自身是享有特權的外來者的想法，澈底開放政權（註86）。第二、和以上的缺點有連帶關係的一點，是女眞政治結構較唐宋爲簡單，取消了制衡的作用，在治術上著重制壓（coercion），因而發生了政治過程的殘暴化。內朝的權力特別強大，更是一種退化的現象（註87）。所以亙金之世，由於政權下的大多數百姓經常對它發生疑懼和不滿的情緒，政治衝突特別頻繁。第三、中央集權強化和政治結構簡單化的的一個結果，是造成金末權臣秉政的現象。金末的三個權臣（紇石烈執中、朮虎高琪和撒合輦），兩個（朮虎高琪和撒合輦）出自內朝。這些權臣破壞了世宗時代所建立的決策制度，更不顧及女眞政權下大多數民族的利益。從以上三個缺點看來，金代的政治結構中雖有很多維繫征服王朝的聰睿發明，却仍具有不少致命的根本缺陷。

（註85） Gabriel A. Almond 把近代國家的建立過程分爲政權建立（state-building）和國家建立（nation-building）兩個層次。很顯然的，金代女眞人僅做到了政權建立而已。看 Gabriel A. Almond and G. Bingham Powell, Jr., *op. cit*, pp. 35-36 and 314。

（註86） 歸潛志卷十二「辨亡」：「……其所以不能長久者，根本不立也。……又偏私族類，疏外漢人。其機密謀謨，雖漢相不得預。人主以至公治天下，其分別如此，望羣下盡力，難哉！」

（註87） 這種現象似即 S. N. Eisenstadt 所謂的「反分殊」（de-defferentiation）。看他所著 "Social Change, Differentiation and Evolution," *American Sociological Review*, 29 (1964), 375-386.

出自第四十一本第四分(一九六九年十二月)

自宋至明政府歲出入中錢銀比例的變動

全　漢　昇

一

自宋（960—1279）至明（1368—1644），中國政府每年的國課收入及國用支出，內容相當複雜，但大體上可以分爲實物和貨幣兩大類。在自宋至明的政府歲出入中，包括有不少的米、麥、絹、布、絲、綿……等實物，但隨着貨幣經濟的發展，金屬貨幣也日漸重要起來。當日流通的金屬貨幣，以金、銀、銅錢爲主。不過黃金本身價值較高而數量較少，事實上在政府歲出入中所佔的地位並不怎樣重要，故本文只把宋明歲出入中的銀兩與錢幣提出來作一比較研究。根據這種研究，我們可以看出，自宋至明，隨着時間的推移，銀、錢在歲出入中先後佔有主次地位的變化。

現在我們先把宋明歲出入中的銀、錢數額比較一下，然後再進一步加以解釋。

二

約四十餘年前，日本加藤繁教授發表他的著作唐宋時代金銀之研究（註一），已經注意到宋代文獻中關于歲出入銀、錢的數字，並根據當日銀、錢的比價，把銀兩折算成錢數，來加以比較。現在根據他的研究，撰成下列數表。

表一　至道三年（997）歲出入錢、銀數

	歲入	歲出
錢	12,325,000(+)貫	16,930,000(+)貫
銀	376,000兩＝錢300,800貫	620,000兩＝錢496,000貫
銀數爲錢數的百分比	2.4	2.9

資料來源：李燾續資治通鑑長編卷九七天禧五年條；加藤繁唐宋時代金銀之研究，上册，頁二〇〇至二〇一。

作 者 註：表中銀數，根據銀一兩爲錢 800 文，折算而成；歲入錢數，則把上供錢1,692,000（+）貫，及榷利所獲（按卽專賣利益收入）11,233,000 貫，加在一起，計算得來。

表二　天禧五年（1021）歲出入錢、銀數

歲　入		歲　出
錢	26,530,000(+)貫	27,140,000(+)貫
銀	883,900(+)兩＝錢1,414,240(+)貫	580,000(+)兩＝錢928,000(+)貫
銀數爲錢數的百分比	5.3	3.4

資料來源：李燾前引書卷九七天禧五年條；加藤繁前引書，上册，頁二〇一至二〇二。

作 者 註：表中銀數，根據銀一兩爲錢1,600文，折算而成。

表三　熙寧年間（1068—77）歲入錢、銀數

錢	60,000,000(+)貫
銀	2,909,086兩＝錢2,909,086貫
銀數爲錢數的百分比	4.85

資料來源：王應麟玉海卷一八〇錢幣引六朝國朝會要；李心傳建炎以來朝野雜記甲集卷一四財賦一；加藤繁前引書，上册，頁二〇三至二〇四。

作 者 註：加藤繁原來根據靖康元年（1126）正月汴京銀一兩換錢 1,500 文的比價，來把表中銀數換算成錢數。可是，根據他後來于昭和十九年（1944）一月在東洋學報第二九期發表的論文，南宋時代銀的流通以及銀和會子的關係（加藤繁中國經濟史考證，吳杰譯，商務印書館，一九六二，第二卷，頁一二八），我們可知熙寧二年（1069）福建銀一兩爲錢 1,000 文。因爲後者在時間上比較接近，故現在根據它來把表中銀數折算成錢數。

表四　元祐元年（1086）歲出入錢、銀數

歲　入		歲　出
錢	48,480,000貫	50,300,000貫
銀	57,000兩＝錢57,000貫	117,000兩＝錢117,000貫
銀數爲錢數的百分比	0.12	0.23

資料來源：蘇轍欒城後集（四部叢刊本）卷一五，頁七，元祐會計錄收支敍；加藤繁前引書，上册，頁二〇四至二〇五。

作者註：按加藤繁原來根據靖康元年正月銀一兩換錢 1,500 文的比價來把銀數折算成錢數，茲改按照寧二年銀一兩換錢 1,000 文的比價來折算。

關于宋代歲出入錢、銀的數字，我們只找到北宋（960—1126）時代的記載。看過上列四表以後，我們可以判斷，在北宋政府歷年的歲出入中，除各種實物以外，就金屬貨幣來說，錢幣所佔的地位要遠在銀兩之上。和歲入錢數比較起來，在天禧五年（1021）銀兩約等于它的百分之五・三，及元祐元年（1086）更低至只有它的百分之〇・一二。就歲出來說，天禧五年銀數只爲錢數的百分之三・四，及元祐元年更低至百分之〇・二三。

三

經過數百年社會經濟的變遷，到了明朝中葉以後，銀、錢在政府歲出入中的比重，和北宋時代完全不同。換句話說，在政府歲出入中，除米、麥、絹、布……等實物以外，每年國課收入和國用支出，都以銀兩爲主，錢幣則降低至無足重輕的地位。明代財政制度有一個特點，即國家財政與宮廷費用完全分開。負責國家財政的機構，名叫戶部，在那裡設有太倉庫（又稱銀庫、太倉銀庫，或太倉），約略相當于現在的國庫，(註二) 其收入主要用于京邊費用，即用來應付中央政費及沿邊國防經費的開支。復次，內廷設有內承運庫，貯銀供宮廷費用，其收入主要來自金花銀（在長江以南交通不便地區，把夏稅秋糧課徵的米、麥，以每石折銀二錢五分的比率來徵收的銀子，每年約爲一百萬兩多點）。除給武臣祿十餘萬兩外，盡供御用。(註三) 現在根據明實錄（中央研究院歷史語言研究所校印，民國五十五年九月初版）及其他記載，把明中葉後太倉歲出入銀、錢數撰成下列數表；但在各表之前，先列表說明明中葉後的銀、錢比價，以便把歲出入的銀兩與銅錢折算成爲同一單位，來加以比較。

表五　明中葉後每兩銀換錢數

年　代	錢數(單位：文)	根　據
隆慶年間(1567–72)	1,000(隆慶金背、火漆錢、鏇邊錢)	明神宗實錄卷一六四，頁六下至七，「萬曆十三年八月丁卯」。
萬曆四年（1576）	1,000(萬曆金背、火漆錢、鏇邊錢)	同上；同書卷四九，頁八下，「萬曆四年四月壬申」；明史卷八一，頁八，食貨志
萬曆十三年(1585)八月	400(嘉靖金背) 500(萬曆金背)	明神宗實錄卷一六四，頁六下至七，「萬曆十三年八月丁卯」。
萬曆十三年(1585)八月後	800(萬曆金背)	同上。
萬曆十五年(1587)六月前	500(嘉靖金背) 800(萬曆金背)	明神宗實錄卷一八七，頁七下，「萬曆十五年六月辛未」。
約萬曆四七年(1619)	1,000	徐孚遠等輯皇明經世文編（臺北市國聯圖書有限公司影印明崇禎年間平露堂刊本）第二九册（卷四八二），頁六〇〇，熊廷弼答李孟白督餉（約撰于萬曆四七年爲兵部右侍郎，經略遼東時，參考明史卷二五九，頁八，熊廷弼傳）。
泰昌元年（1620）	815(泰昌通寶)	明熹宗實錄卷四，頁三載泰昌元年十二月戊申，「工部覆……泰昌通寶……在南應從南議，以百文爲（銀）一錢，在北應從北宜，以六十三文爲一錢。…上是之。」把這裡說的南北方銀錢比價平均計算，可知當日銀每兩約換錢 815 文。
天啓年間（1621—27)	600	楊士聰玉堂薈記（明清史料彙編初集第三册，文海出版社）卷上，頁四一。

表六　萬曆元年（1573）太倉歲出入銀、錢數

歲入	歲出
銀　2,819,153.662兩	2,837,104.278兩
錢　2,677,945文＝銀2,678兩	2,780,666文＝銀2,780(＋)兩
錢數爲銀數的百分比　0.095	0.098

資料來源：明神宗實錄卷二〇，頁六下至七，「萬曆元年十二月辛未」。

作者註：按表中記載的歲出入數，並不是始于萬曆元年正月，終于是年十二月；而是始于隆慶六年（1572）十二月，終于萬曆元年十一月。至于把錢數換算爲銀數，是按照銀一兩換錢1,000文的比率來折算的。

表七　萬曆八年（1580）太倉歲入銀、錢數

銀	2,845,483.4兩
錢	21,765,400文＝銀21,765（＋）兩
錢數爲銀數的百分比	0.76

資料來源：孫承澤春明夢餘錄（古香齋鑒賞袖珍本）卷三五，頁一〇下。

作者註：表中錢數，根據每兩銀換錢1,000文，折算成銀數。

表八　萬曆九年（1581）太倉歲出入銀、錢數

歲入	歲出
銀　3,704,281.6258兩	4,424,730.905兩
錢　21,765,400文＝銀21,765(＋)兩	3,341,650文＝銀3,341(＋)兩
錢數爲銀數的百分比　0.59	0.08

資料來源：陳仁錫輯皇明世法錄（學生書局影印本）卷三六，頁一五下至一六，理財引會計錄（萬曆九年）

作者註：按表中錢數換算爲銀數，是根據銀一兩爲錢1,000文的比率來折算的。

表九 萬曆年間 (1573—1619) 太倉歲入銀、錢數

銀	4,503,000(+)兩
錢	20,800,000(+)文＝銀29,131(+)兩
錢數爲銀數的百分比	0.65

資料來源：明史卷八二，頁一九至二〇，食貨志。

作 者 註：表中錢數，根據銀每兩換錢714文（據表五所載萬曆各年數字平均計算），折算成銀數。

表一〇 泰昌元年 (1620) 太倉歲出入銀、錢數

	歲入	歲出
銀	5,830,246.094983兩	6,086,692.861169兩
錢	39,357,904文＝銀48,292兩	36,606,616文＝銀44,916兩
錢數爲銀數的百分比	0.83	0.74

資料來源：明熹宗實錄卷四，頁二九下至三一，「泰昌元年十二月」。

作 者 註：表中錢數，根據銀一兩換錢815文，折算成銀數。按表中歲入銀、錢數，實錄原文註明「太倉銀庫共收過浙江等處布政司並南北直隸等府州解納稅銀、糧、馬草、絹布、錢鈔、子粒、黃白蠟扣價、船料、商稅、稅契、鹽課、贓罰、事例、富戶協濟、俸糧附餘、遼餉、漕折等項」。在這段記載之前，實錄又說是年全國收入項下有金價銀5,569兩，銀3,023,718.0966177兩，戶口鹽鈔銀259,703.37368兩，牧地子粒銀28,604.07755兩，屯折銀24,822.8876兩，額徵解京鹽課並贓罰等銀1,455,435.79兩，各運司徑解宣（化）、大（同）、山(西)陝(西)等鎮銀259,092.5292兩，廣東、福建、四川、雲南本省留充兵餉銀66,987.08兩，合共銀5,123,932.3346477兩。這可能是不由（至少有一部分不由）太倉銀庫經手的歲入銀數。如果把它和太倉銀庫收過銀數加在一起，是年歲入銀數共爲10,954,178.4296307兩。由此計算，是年歲入錢數只爲銀數的百分之〇・四四。至於表中的歲出銀、錢數，在實錄中註明「太倉共放過京邊遼餉等銀…………銅錢……」。

表一一 天啓元年（1621）太倉歲出入銀、錢數

歲入		歲出
銀	3,252,556.962兩	3,187,899.566545兩
錢	31,019,205文＝銀51,698(+)兩	24,733,065文＝銀41,221(+)兩
錢數爲銀數的百分比	1.6	1.3

資料來源：明熹宗實錄卷一七，頁三一至三二，「天啓元年十二月」。

作者註：據表五，天啓年間每兩銀換錢600文，現在按照這個比率把表中錢數換算爲銀數。由於遼東戰爭爆發，政府自萬曆四十七年(1619)起陸續加徵新餉(即遼餉)，故除表中的歲入銀、錢外，上引實錄緊跟着說天啓元年太倉銀庫又有新餉各項銀兩的收入，計共5,500,188.450007兩。把它和表中銀數加起來，是年太倉歲入銀共爲8,752,745.412007兩。由此計算，是年歲入錢數約爲銀數的百分之〇・五九。復次，除表中的歲出銀、錢外，實錄又說是年共發過新兵餉銀5,381,007.224兩。把兩數加在一起，是年太倉歲出銀共達8,568,906.790545兩。由此計算，是年歲出錢數約爲銀數的百分之〇・四八。此外，實錄又說是年全國收入項下有金價銀5,569兩，銀3,023,718.9966677兩，戶口鹽鈔銀259,703.37368兩，牧地子粒銀28,604.47755兩，屯折銀24,822.8876兩，合共銀3,342,418.7354977兩。如果把它和上述太倉歲入銀數加在一起，是年歲入銀數共爲12,095,164.1455047兩。由此計算是年歲入錢數更低至只爲銀數的百分之〇・四三。

表一二 天啓二年（1622）太倉歲入銀、錢數

項目	數額
銀	2,052,698.07729兩
錢	24,370,512文＝銀40,617(+)兩
錢數爲銀數的百分比	2

資料來源：明熹宗實錄卷二九，頁三一，「天啓二年十二月」。

作者註：表中錢數，根據銀一兩換錢600文，折算成銀錢。除表中銀數外，上引實錄又說是年因徵收新餉而收到的各項銀兩，共達2,916,097.287兩。把兩數加在一起，是年太倉歲入銀共爲4,968,795.36429兩。由此計算，是年歲入錢數只爲銀數的百分之〇・八一。

表一三　天啓三年(1623)太倉歲出銀、錢數

銀	4,493,489.356,014兩
錢	47,779,322文＝銀79632(+)兩
錢數爲銀數的百分比	1.77

資料來源：皇明世法錄卷三六，頁一五下至一六，理財。

作者註：表中錢數換算爲銀錢，是根據每兩銀爲錢600文的比率來折算的。據明熹宗實錄卷四二，頁三一至三二，天啓三年歲入銀多至12,139,934.8(+)兩。由此可以推知，表中所記是年太倉歲出銀數，並沒有把發過新兵餉銀及其他支出計算在一起。如果把這些支出都包括在內，是年歲出銀數當然要遠較表中數字爲大，從而歲出錢數和銀數比較起來，更要小得多。

表一四　天啓五年(1625)太倉歲出入銀、錢數

	歲入	歲出
銀	3,030,725.580104兩	2,854,370.131715兩
錢	80,661,111文＝銀134,435(+)兩	79,021,929文＝銀131,703(+)兩
錢數爲銀數的百分比	4.4	4.6

資料來源：明熹宗實錄卷六六，頁三二下，「天啓五年十二月」。

作者註：表中錢數，按照銀一兩換錢600文的比率，折算成銀數。

表一五　天啓六年(1626)太倉歲出入銀、錢數

	歲入	歲出
銀	3,986,241.712538兩	4,279,417.398201兩
錢	69,553,658文＝銀115,922(+)兩	70,322,022文＝銀117,203(+)兩
錢數爲銀數的百分比	2.9	2.7

資料來源：明熹宗實錄卷七九，頁三四，「天啓六年十二月」。

作者註：表中錢數，按照銀一兩換錢600文的比率，折算成銀數。

根據表六至表一五的記載，我們可以判斷，明代在中葉以後的歲出入中，除實物以外，以銀兩爲主，銅錢常常不及銀兩的百分之一，有時甚至不及千分之一。至於天啓五、六年太倉歲入錢數所以多至等於銀的百分之四四及百分之二·九，歲出所以多至等於銀的百分之四·六及百分之二·七，那是因爲這些銀數並沒有把新餉及其他收支的銀兩包括在內的緣故。除太倉銀庫的歲出入以外，專供宮廷費用的內承運庫，收到的金花銀以及其他銀兩，每年都在一百萬兩以上。如果把這些銀兩和太倉銀庫的歲出入數加在一起，明中葉後政府歲出入的銀數當然更大，和它比較起來，錢幣當然更相形見絀。

明中葉後政府歲出入中銀、錢所佔的比例，和五六百年前的北宋比較起來，可說完全相反。由於銀、錢前後所佔地位的不同，我們可以察知中國貨幣制度前後變遷的消息。換句話說，北宋各地流通的貨幣以銅錢爲主，銀在當日雖然也當作支付手段來行使，可是行使的規模遠不及銅錢那麼大；及明中葉以後，銀兩的使用却特別發達起來，其重要性要遠在銅錢之上。自宋至明的貨幣流通既然有由錢轉而爲銀的趨勢，政府的歲出入自然也因受到影響而發生重大的變化。

四

我們現在要問：爲什麼錢在北宋政府歲出入中曾經作爲主要的支付手段，及明中葉後却變爲無足重輕？銀在北宋歲出入中的重要性本來遠不如錢那麼大，爲什麼到了明中葉後却特別重要起來？

錢在北宋歲出入中所以成爲特別重要的支付手段，主要由于流通量之空前的增大。說到我國錢幣的流通情況，早在西漢(206B.C.—9A.D.)時代已經相當發達。根據漢書食貨志下的記載，自武帝元狩五年 (118B.C.) 至平帝元始(1—5A.D.)年間，約共一百二十年左右，每年平均鑄錢二十三萬餘貫。(註四) 可是，在漢末以後，國家四分五裂的長期間內，由于社會經濟遭受大規模戰爭的破壞，再加上佛教寺院因鑄造佛像而消耗大量的銅，錢便因缺銅而鑄造減少，行使情況大不如前，以致各地市場上都改用絹帛等實物貨幣來交易。其後，隨着隋、唐的統一，到了開元、天寶 (742—755) 的

昇平盛世，錢又復在市場上活躍起來。(註五)由于行使規模的擴大，中唐的理財家劉晏，「自言如見錢流地上。」(註六)

錢在盛唐流通的盛況不過是一個開始，自此以後，北宋更成爲錢幣行使最發達的時代。鑄錢的原料以銅爲主，唐代銅的年產量，多時曾達二百一十九萬餘斤，少時約爲二十六萬餘斤。到了北宋中葉，每年產銅多至五百一十餘萬斤，或六百九十餘萬斤，在元豐元年(1078)更高達一千四百餘萬斤，造成中國歷史上銅產額的最高紀錄。(註七)爲着節省原料的運費，政府多在銅礦採煉地區設監鑄錢。大約由于銅產額多少的不同，唐代一共只設置八個鑄錢監，到了北宋則增加至三十六個。(註八)說到每年鑄錢的數量。在唐天寶(742—755)年間爲327,000貫，其後較爲減少，每年約鑄十餘萬貫。到了北宋，鑄錢數量急劇增加，除了初期每年鑄錢不到一百萬貫以外，在北宋百餘年間，差不多每年鑄錢都在一百萬貫以上，在熙寧六年(1073)以後每年的鑄錢額更超過六百萬貫，約爲唐天寶年間的二十倍。(註九)

北宋中葉大量鑄錢的盛況，到了明代完全烟消雲散。根據洪武二十六年(1393)的則例，當時除南京外，全國各地的爐座，一年共可鑄錢一十八萬九千餘貫。這和宋熙寧六年後每年約鑄錢六百萬貫的數字比較起來，約只爲後者的百分之三多點。事實上，這些爐座並不年年鑄造，就是在鑄造的年頭，也不一定按照定額來鑄。據估計，明朝到十六世紀末爲止的二百餘年間，鑄錢總數一共不過千把萬貫。換句話說，明代頭二百餘年所鑄的錢，不過等于北宋熙寧六年後兩三年的鑄錢額，明代鑄錢額所以銳減，一方面由于銅的缺乏，他方面由于銀的競爭。明朝初葉的貨幣，本來以大明寶鈔爲主。可是這些由明太祖(1368—98)開始發行的寶鈔，由于發行過多，就在他在位的後期，其價值已經不能維持得住而向下低跌。到了明朝中葉，當寶鈔漸漸不能通用的時候，大家便改以錢銀等金屬貨幣來交易。但銅錢本身價值低下，當商業發展，交易量增大的時候，用它來作交換媒介，大家都感到很不方便，因此自然而然的都改以價值較大的銀兩來交易。而且，明代某一皇帝死了，上面刻有他的年號的錢便不再通用，從而價值下跌，或打折扣才能行使。再加上錢法屢次變更，錢的價值不免劇烈波動，使持有者大受損失，故大家都不願用錢，而改以銀來交易。根據靳學顏在隆慶四年(1570)的估計，當日全國各地市場上的交易，就價值來說，用錢作交換媒介的佔

不到百分之十，其餘百分之九十以上都用銀來交易。用錢來做的買賣，不過限于價值微小的零星交易而已。(註一〇)

當明中葉左右銀兩取錢幣的地位而代之的時候，銀的供應量也開始發生變動。對于銀礦的開採和煎煉，宋、明政府每年都按照產額的大小抽取其中一部分，作爲銀課。自十世紀末葉以後，北宋政府每年平均的銀課收入，約爲二十二萬三千餘兩。這雖然比明成祖朝（1402—23）及宣宗朝（1426—34）的銀課爲少，但和明代政府在十四世紀末葉以後一百餘年中每年平均約十萬兩的銀課比較起來，却爲後者的兩倍有多。因此，自北宋至明中葉，中國銀礦的產額可能有減小的趨勢。(註一一)幸而在明人普遍用銀作貨幣以後，日本銀礦產量增加，故在嘉靖（1522—66）年間，通過中、日間的走私貿易，已經有不少銀子自日本輸入中國。(註一二)到了嘉靖四十四年(1565)，西班牙人以西屬美洲爲基地，開始佔據菲律賓。自此以後，直至一八一五年，爲着要加強美、菲間的連繫，西班牙政府每年都派遣兩三艘大帆船(galleon)，橫渡太平洋，來往于墨西哥阿卡普魯可(Acapulco)與菲律賓馬尼拉(Manila)之間。因爲太平洋上有這些大帆船來回船運，美、菲間的貿易自然要發展起來。自十六世紀開始，美洲銀礦出產非常豐富，光是秘魯南部波多西(Potosi) 的銀礦，于一五八一至一六〇〇年間每年平均產銀，約佔當日世界總額的百分之六十多點。這許多產于美洲的銀子，隨着太平洋上大帆船貿易的開展，自然有不少運往菲島。西班牙人到達菲島以後，因爲那裡天然資源還沒有怎樣開發，他們日常生活的消費品，以及自菲向美輸出的大宗商品的中國絲貨（生絲及絲織品），都有賴于中國商人的大量供應。在中國方面，約自明中葉左右開始，因爲普遍以銀作貨幣來交易，對銀需求甚股，大家視銀爲至寶，故爲着要獲取鉅額的利潤，中國商人正好乘機向菲大量輸出，以便把西班牙人自美運菲的銀子，大量賺回本國。每年自菲輸華的銀子，初時約爲數十萬西班牙銀元（卽 peso, 以下簡稱西元）；其後越來越增加，到了十六世紀末葉已經超過一百萬西元；及十七世紀前半，每年更增加至二百萬或二百餘萬西元。(註一三)由于這許多銀子的輸入，明中葉後各地銀供應量自然較前激增，故市場上能够普遍用銀來交易。

根據以上的討論，我們可以斷言，北宋政府歲出入中的錢，所以遠多于銀，主要因爲中國歷代鑄錢的盛況，在北宋達到了最高峯。後來經過數百年的衍變，到明中葉以後，銀在歲出入中的比重所以遠較錢爲大，這是因爲當日鑄錢量大減，銀則因自國外源源流入，供應激增所致。

五

綜括上述，我們可知，錢在北宋政府歲出入中的地位遠在銀兩之上，但到明中葉以後却正正相反，銀在歲出入中所佔的比重特別增大，錢則退居無足重輕的地位。對于銀在明中葉後歲出入中比重的增大，如果把當日銀購買力特別增大這一點也放在一起來考慮，我們更可想見銀在歲出入中所佔地位的重要。在上引拙著宋明間白銀購買力的變動及其原因一文中，作者曾經指出自宋至明白銀購買力上升的趨勢，說明代江南平均每石米價（以銀表示）約爲宋、元間的百分之五十，每匹絹價約爲百分之三八多點，每兩金價約爲百分之六三。綜合起來，我們可以判斷，明代白銀的購買力，約爲宋、元時代的兩倍左右。當然，由于資料的不完備，這只能算是一種非常粗略的估計，但在明季遼東戰事爆發及流寇之亂擴大以前，即在明代物價比較穩定的大部分時間內，銀的購買力要遠較宋代爲大，是沒有什麼疑問的。銀在當日既然具有較大的購買力，自然被人視爲至寶，怪不得不獨各地市場用銀來交易，就政府每年的財政收支，也都用銀而廢錢了。

一九七〇年七月十九日，九龍。

附記：本文曾蒙張德昌先生賜正，特此致謝！

（註一）原著爲日文本，東洋文庫論叢第六，東京大正十五年（1926）。茲根據中譯本，北京中國聯合準備銀行調查室編輯，中國聯合準備銀行發行，民國三十三年六月，上册，頁二〇〇至二〇六。

（註二）明史，百衲本卷七九，頁一四食貨志說：「（正統七年（1442），乃設戶部太倉庫，各省直派剩麥、米，（內府）十庫中綿、絲、絹、布，及馬草、鹽課、關稅，凡折銀者，皆入太倉庫；籍沒家財，變賣田產，追收店錢，援例上納者，亦皆入焉。專以貯銀，故又謂之銀庫。」

（註三）明史卷七八，頁三至四，及卷七九，頁一四，食貨志。

（註四）加藤繁中國經濟史考證，吳杰譯，商務印書館，一九六二，第一卷，頁六五。

（註五）拙著中古自然經濟，中央研究院歷史語言研究所集刊第十本第一分，民國三十七年，頁七三至一七九。

（註六）新唐書，百衲本，卷一四九，頁三，劉晏傳。又參考前引拙著，頁一五二。

（註七）翁文灝氏曾經根據正史及官書記載，研究歷代銅礦產額，玆列表如下：

表一六　唐、宋銅產額

年　　　　代	每年銅產額　（單位：斤）
唐天寶（742—755）年間	2,198.800
元和（806—820）初葉	266,000
太和（827—835）年間	266,000
大中（847—859）年間	655,000
宋皇祐（1049—1053）年間	5,100,834
治平（1064—1067）年間	6,970,834
元豐元年（1078）	14,605,960

資料來源：第二次中國礦業紀要，一九二六，頁一七五至一七六。原書未見，玆引自陳眞編中國近代工業史資料第四輯，北京，一九六一，頁九四六。

（註八）春明夢餘錄卷三八，頁五。

（註九）拙著唐宋政府歲入與貨幣經濟的關係，中央研究院歷史語言研究所集刊第二十本上册，民國三十七年，頁一八九至二二一。

（註一〇）拙著宋明間白銀購買力的變動及其原因，新亞學報（香港九龍，一九六七）第八卷第一期，頁一五七至一八六。

（註一一）拙著明代的銀課與銀產額，新亞書院學術年刊（香港九龍，民國五十六年）第九期，頁二四五至二六七。

（註一二）陳文石明嘉靖年間浙福沿海寇亂與私販貿易的關係，中央研究院歷史語言研究所集刊第三六本上册，民國五十四年，頁三七五至四一八。例如頁三八七引胡宗憲籌海圖編卷四福建事宜說：「漳、潮乃濱海之地，廣、福人以四方客貨預藏于民家，倭至售之。倭人但銀置買，不似西洋人載貨而來，換貨而去也。」又頁三八八引朱紈議處夷賊以明典刑以消禍患事疏說：「又據上虞知縣陳大賓申抄黑鬼番三名，……一名嘛哩丁長……稱：佛郎機十人，與伊一十三人，共漳州、寧波大小七十餘人，駕船在海，將胡椒、銀子換米、布、紬段賣買，往來日本、漳州、寧波之間。……」

（註一三）拙著明季中國與菲律賓間的貿易，香港中文大學中國文化研究所學報（香港九龍，一九六八）第一卷頁二七至四九；明淸間美洲白銀的輸入中國，同上刊物第二卷第一期（一九六九），頁五九至七九。

出自第四十二本第三分（一九七一年九月）

金代的政治衝突

陶晉生

本文旨在觀察及分析金代的各種政治衝突（註一）。金代女眞人以異族入主華北，建立所謂「征服王朝」，在政治上所面臨的問題，較純粹中國的新王朝建立以後的問題更多，而且更複雜，政治衝突因而層出不窮（註二）。在探究這些衝突的時候，可以發覺一方面金代入主中原的過程反映了歷史上改朝換代所發生的問題及解決的方法；另一方面作爲「征服王朝」，金代的治術又和傳統的中國王朝的治術不同，而爲後來蒙古和滿洲王朝所模仿和改進。因此金代入主中原的過程及其治術，特別值得注意。

（註一）政治衝突在本文中的意義，是指人類社會中和同意（consensus）相反對的或互相補充的社會衝突（social conflict）中關於政治的部份。大致和 S. N. Eisenstadt 所用的政治鬥爭（political struggle）一詞的意義相近。即歷史的官僚政治系統（historical bureaucratic political systems）中社會和政治導向（orientations）表現在政治鬥爭上。政治鬥爭的架構，是統治集團和其他主要團體和階層的對立和交互作用（interaction）。看 S. N. Eisenstadt, ***The Political Systems of Empries: The Rise and Fall of the Historical Bureaucratic Societies*** (New York: The Free Press, 1963), pp. 18, 115-116, 156; "Political Struggle in Bureaucratic Societies," ***World Politics***, Vol. IX, No. 1 (1956), 15-36。據 Ralf Dahrendorf 的研究（***Gesellschaft und Freiheit***. München: R. Piper & Co., Verlag, 1962），社會衝突可分爲六種型態（types）：一、職責衝突（Role conflicts）；二、競爭（Competition）；三、階級鬥爭（Class conflicts）；四、少數民族的衝突和「逸出正軌」（Minority conflicts and "deviation"）；五、「比例鬥爭」（"Proportion struggle"）；及國際關係（International relations）。關於 Dahrendorf 的這種分類及馬克斯的階級鬥爭的討論，看 Robert C. Angell, "The Sociology of Human Conflict"，在 Elton B. McNeil (ed.), ***The Nature of Human Conflict*** (Englewood Cliffs, N.J.: Prentice-Hall, Inc., 1965) 中第五章。Lewis A. Coser 認爲 Dahrendorf 過份強調了衝突的重要性，尤其是 Dahrendorf 所說的 "All social life is conflict, because it is change"。看 Coser, ***Continuities in the Study of Social Conflict*** (New York: The Free Press, 1967), pp. 3-5。

（註二）日本學者田村實造氏將中國歷史上異族所建立的王朝分爲民族大遷移後所形成的王朝，和征服王朝。前者指五胡亂華後成立的王朝，後者包括遼金元和清代。看他的「最終講義」，「遊牧民族と農耕民族と歷史的關係」，京都大學，一九六八年。Karl Wittfogel 將前者稱作滲透王朝（Dynasties of infiltration），後者亦爲征服王朝（Dynasties of Conquest）。參看 Karl A. Wittfogel and Feng Chia-sheng, ***History of Chinese Society: Liao*** (907-1125) (Philadelphia, 1949), pp. 24-25。

一、統治階層內部的政治衝突

1. 早期的治理漢地政策

金代初期女眞人治理東北和華北的政策，可以從兩方面來觀察。第一，隨着征服戰爭的進展，女眞人控制下的土地和人民急劇增加，發生原來的政府組織不足以統治新獲得地區的問題。因此女眞征服者不斷的改變他們的政治結構，而且任用了很多東北當地民族的領袖，如契丹官員、渤海、奚以及漢人的豪族，來合作統治這些地區(註三)。太祖完顏阿骨打（西元一〇六八至一一二三）在起兵叛遼的時候，就已經宣佈女眞和渤海「本同一家」。不久又安撫契丹人，決定凡是降附女眞的契丹、漢人、和其他少數民族，都可以得到優待。不少的非女眞人從此獲得了中央和地方政府的官職，甚至得到原來祇有女眞人可以充任的猛安和謀克。在史籍中可以找到二十名漢人，兩名契丹人，五名渤海人，以及兩名奚人在金代初期成爲猛安謀克(註四)。到了太宗吳乞買（在位：一一二三至一一三五）的時代，征服戰爭擴大到華北。遼朝和北宋先後滅亡。在這個時期裡，吳乞買始終坐鎭東北，力求鞏固女眞人在這個地區的控制。他的種種措施，如安撫流民，平定契丹人和漢人的暴動，重新分配土地，救濟災民，減輕遼朝的賦稅和拉平百姓納稅的負擔，解放契丹治下過多的奴隸，以及遷移華北的百姓到東北從事墾殖等等，都收到了安定的效果(註五)。

治理新獲得的領土和人民的政策的另一面，是實行軍事統治和推行「女眞化」運動。除了利用契丹和漢官員以外，女眞猛安謀克，軍帥，都統和後來的總管在很多地區實行軍事控制。在完成征服工作以後，華北的將領們如宗翰（粘罕）和昌（撻懶）等，更企圖同化漢人，命令漢人改著女眞服裝，「薙髮」及採取其他的女眞風俗習慣(註六)。雖然這個運動並不成功，但是伴隨着「女眞化」的強硬措施，補充了上述懷柔政策的不足。

（註 三 ） 關於女眞人的政治結構，參看拙著「金代的政治結構」，歷史語言研究法集刊第四十一本，第四分（一九六九），頁567—593。

（註 四 ） 拙著「金代初期女眞的漢化」，文史哲學報第十七期（一九六八），頁39。

（註 五 ） 同上，頁39。

（註 六 ） 同上，頁44。

2. 關於中央集權的爭執

在女眞人尙未佔領和直接統治華北的時期，尤其是阿骨打仍然在領袖羣雄的時候，女眞人的統治階層是相當團結的。在具有高度組織能力和軍事指揮能力的阿骨打領導之下，女眞戰士全神貫注在對外發展的工作上，因此統治階層的內部並沒有發生甚麼磨擦。卽使阿骨打採用和平的手段來從事初步的中央集權的工作的時候，也沒有受到很大的阻力。例如他很成功的除去了堂兄撒改和斡魯的地方勢力，而任命他們作政府中的高級官員（註七）。

可是到了吳乞買當政的時期，他却不能够像阿骨打那樣對於功臣和大將有充分的約束力。阿骨打的未完成的征服工作，是由宗室子弟如宗望和宗翰等完成的。吳乞買從來沒有離開過東北，無法控制這些大將在華北的活動，更談不上干涉。所以上面所指出的華北的軍事統治的實行和「女眞化」運動的推廣，尤其是恐怖手段的使用，完全操縱在大將們的手裡。宗翰和昌的劃地而治，更促成了一種雛型的封建制度在華北出現。

從太宗吳乞買當政的時候開始，尤其是到了熙宗完顏亶當政的時期（一一三五至一一四九），金朝的大臣和將領，逐漸形成了兩個集團。皇帝領導着行政首長和官僚的集團，主張加強中央集權和採取中原的漢文化和制度。將領和貴族所構成的集團則意欲削弱中央政府的權力，以維持他們在其領地上的權益。

在官僚集團方面，其領導人物如宗幹、希尹和宗憲等，不斷的幫助吳乞買和亶鞏固他們在東北的地位，和採用中國制度和文化來充實新成立的政權。吳乞買和亶的政治改革將部落的政治結構轉變爲中國傳統的官僚制度。同時由於大批文物和人力加女眞人佔領汴京以後流向上京，漢文化對於女眞人的影響日趨顯著，漢官員的重要性也隨着增加（註八）。

在軍閥集團方面，領袖人物如宗翰和昌不斷的擴張他們的地方勢力，而且干涉到中央政府的政策。例如劉豫傀儡政權的成立（一一三〇年），是宗翰和昌兩人經由宗翰的顧問高慶裔的奔走所促成的（註九）。完顏亶的被宗翰等擁立爲吳乞買的繼承人，

（註　七）同上，頁38。

（註　八）同上，頁40–41，46–48；關於漢官員增加的趨勢，參考拙著「金代的政治結構」表三。

（註　九）徐夢莘，三朝北盟會編（臺北，文海書局影印本，一九六二。以下簡稱會編）卷一四一，頁四下至五下引金虜節要。宗翰早在受宋徽欽二帝降時，就曾經表示欲以黃河爲界，不想入主中原。見會編卷七十一頁四。

是因爲「粘罕、悟室（希尹）利於幼小易制，宗翰係伯父，續其母，如已子也，遂共贊成其事」(註一〇)。據金史，熙宗繼位，宗翰功勞最大(註一一)。不過吳乞買在立熙宗爲儲嗣後，以宗翰爲國論右勃極烈兼都元帥，成爲朝廷內的重臣，却剝奪了他在山西一帶的地方勢力。等到高慶裔被誅，宗翰開始失勢，在天會十四年（一一三六）鬱鬱而終。這是軍閥集團所受的第一個打擊(註一二)。

宗翰死後的第二年（一一三七）朝廷就廢除了劉豫。昌主張將劉豫的地盤（即黃河以南的地區）歸還給南宋，在朝廷裏展開激辯。太宗之子宗磐、太祖子宗雋和昌結合，形成一股強大的政治勢力，暫時達到昌的目的(註一三)。有一次宗磐在和宗幹爭執的時候，竟拔刀向宗幹(註一四)。政治衝突的升高，則仍然導源於熙宗的繼承皇位。

3. 以王位繼承問題爲中心的政治衝突

按照女眞風俗，繼承制原來是兄終弟及。表一顯示女眞初起時的繼承狀況。劾里鉢有子十一人，其中祇有烏雅束、阿骨打、魏王斡帶、吳乞買和杲是嫡子。其他如昂等都是庶子。魏王斡帶早死，所以在杲去世後，應當由太祖諸子輪流作皇帝(註一五)。阿骨打的嫡子有宗峻、烏烈和宗傑三人。宗峻和宗傑早卒。烏烈事蹟不可考，可能也先吳乞買而死。按照兄終弟及的習慣，似乎應當由吳乞買的嫡長子宗磐來繼承吳乞買，而輪不到亶。如果立亶是因爲他是太祖嫡孫，那麼就是按照中原習慣了。可是站在宗磐的立場來看，如果按照中原習慣立嫡長，那麼他是吳乞買的嫡長子，更應當是由他來繼位。可是當時吳乞買諸子勢力不够大，所以宗翰、希尹和宗幹（太祖庶長子）決定以亶爲儲貳。宗幹和希尹是和王位無關的（宗幹是庶子，也無意於皇位）。大家聯合起來擁護太祖的嫡孫，用意是想控制局面，不讓吳乞買世系權力太大。因此宗磐痛

（註一〇）同上卷六六，頁三上下引苗耀神麓記。

（註一一）脫脫等，金史（百衲本）卷七十四「宗翰傳」：「初，太宗以斜也爲諳班勃極烈。天會八年，斜也薨，久虛此位。而熙宗，宗峻子，太祖嫡孫。宗幹等不以言太宗，而太宗亦無立熙宗意。宗翰朝京師，謂宗幹曰：儲嗣虛位頗久，合刺先帝嫡孫，當立。不早定之，恐授非其人。遂與宗幹，希尹定議，入言於太宗，請之再三。太宗以宗翰等皆大臣。義不可奪，乃從之。遂立熙宗爲諳班勃極烈。」

（註一二）參看外山軍治，「山西を中心とせる金將宗翰の活躍」，東洋史研究一卷六號一九三六，頁509—532。

（註一三）金史卷七十七「撻懶傳」。

（註一四）同上卷八十二「蕭仲恭傳」。

（註十五）烏雅束的嫡子祇有宗雄一人，據金史卷七十三「宗雄傳」，他卒於天輔六年（一一二二）。

恨宗翰和太祖諸子。不久宗磐害死了宗翰的謀主高慶裔，又和昌勾結，意圖奪取大位。由於他們聯合起來對內鬥爭，自然無力兼顧黃河以南地區的統治，所以主張將這個地區歸還給南宋（一一三八至一一三九）。昌甚至可能想透過秦檜，和南宋建立較友好的關係(註一六)。

天眷二年（一一三九）太祖諸子終於先發制人，翦除了宗磐和宗雋等。這是統治階層中的大衝突，站在宗幹這一邊的有勗、宗秀、宗憲、宗亨和海里等（註一七）。因爲軍閥首領昌也牽涉在內，所以不久昌謀叛，也被捕殺。此外希尹和宗弼衝突，被宗弼害死(註一八)。終於造成了太祖子孫獨霸政權的局面。這一次衝突一直延續到海陵王（在位：一一四九至一一六一）初年，那時候海陵王澈底的消滅了吳乞買的世系，同時兄終弟及的習慣也被中原的父傳子習慣所取代。表一中熙宗、海陵王和世宗雖然同屬一代，而且是堂兄弟，但是海陵王是以篡弑得位，世宗是乘海陵王南侵，中原大亂時自立爲帝，和兄終弟及無關。事實上海陵王是立嫡長子的，而且嫡長繼承制在世宗時期確立。

4. 對於初期內部衝突的三點觀察

從以上所敍述的權力鬥爭裏，可以作以下三點觀察。

第一，金初中央和地方有對立的現象。中央政府的權力不能達到華北軍閥們的勢力範圍裏面，因此中央政府裡的行政首長和官僚力求革新政府的組織，建立鞏固的領導中心，以逐漸削奪大將的權力。在一連串的改革措施中，可以看到凡是和中央集權

（註一六） 參看同上卷七十七「撻懶傳」及卷七十六「宗磐傳」。關於撻懶遣送秦檜回江南，看李心傳，建炎以來繫年要錄（廣雅叢書本。以下簡稱要錄），卷三十八，建炎四年（一一三〇）十月辛未（頁二下至四下）記載秦檜南歸一事，有詳細考證，疑惑是撻懶遣回。其中最堅強的理由有二：一，金人任用秦檜爲執事而不扣留他的家屬作人質。二，秦檜返南宋以後的主和政策，似和他被撻懶任用有關。按撻懶主張以河南地歸宋，後來謀叛事敗，想投奔南宋，都是他想和南宋和平相處的證據。參看拙著，「完顏昌與金初的對中原政策」，幼獅學誌九卷五期（一九七一），1—16。

（註一七） 見金史卷六十六，頁二下及頁四上；卷七十，頁四上及七下；及卷七十二，頁九下。

（註一八） 參看徐炳昶，「校金完顏希尹神道碑書後」，史學集刊第一期（一九三六），頁14及17；並參看會編卷一九七，頁二。

表一 金初王位繼承狀況表(註一九)

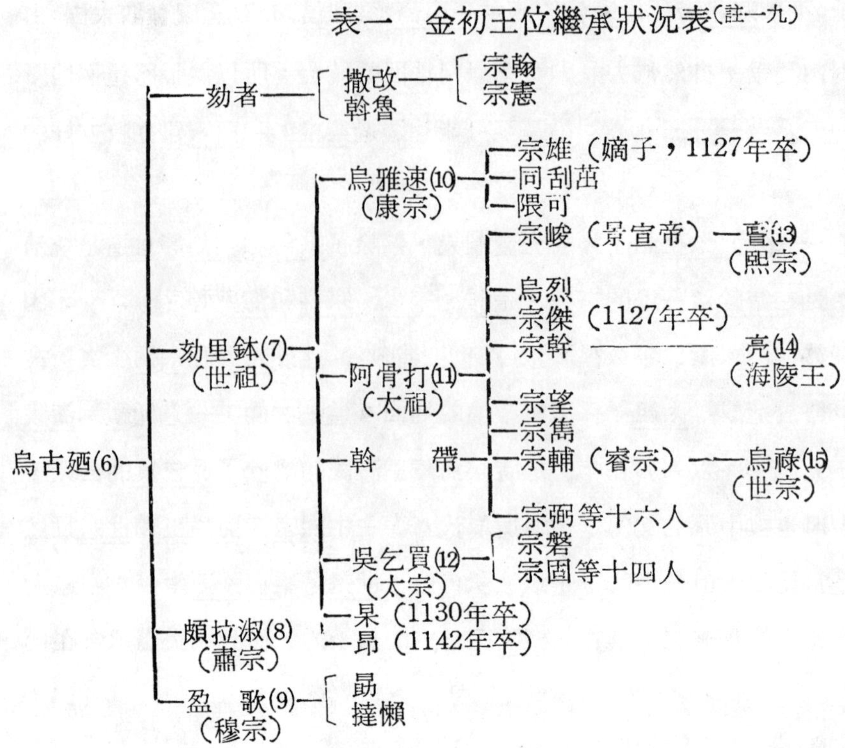

有關的改革,都是根據傳統中國制度實行的。例如和尊崇皇帝有關的典禮,儀制的採用,目的在建立皇帝的權威(註二〇)。結果努力建立長治久安的政治系統的官僚們逐漸得勢,控制了軍閥,非阿骨打世系的宗室和貴族的勢力。

其次,在以上的衝突過程中,由於大量的採用漢制度,造成新官僚結構中職責的高度分工,原來部落政治裏較平等的成份就逐漸消失。金初太祖不要求大臣行跪拜禮(註二一),太宗和部民一同在河裏洗澡的情形,逐漸被君臣間的不平等關係所取代(註二二)。部落政治中原來的大會,是決定國策的重要制度,也逐漸被多頭政治所代替。而在部落政治中所用的殘暴手段,則和中原君主專制成份結合,造成政治上時常使

(註一九) 根據金史卷五十九「宗室表」作成。

(註二〇) 看「金代的政治結構」,頁571—573及下文。

(註二十一) 金史卷七十,頁二下:「凡臣下宴集,太祖嘗赴之。主人拜,上亦答拜。天輔後始正君臣之禮焉。」

(註二十二) 會編卷一六六,頁五上:「初,女眞之域,尚無城郭,星散而居。虜主完顏晟常浴於河,牧於野,其爲君草創,斯可見矣。」

用暴力的情形，也提高了君主專制的程度。

第三，無論中央政府或軍閥控制下的政治機構（如樞密院），都錄用非女眞官員和顧問，以增加領導人物的政治實力。在中央政府裏所錄用的漢化渤海人如楊璞，和漢人如左企弓、韓企先、劉彥宗、時立愛、孟浩、張通古、韓昉和宇文虛中等，不勝枚擧。軍閥們也各有智囊團。如宗望有劉彥宗、宗翰有高慶裔、時立愛和韓企先，希尹有宇文虛中，宗弼有蔡松年等。到了統治階層內部發生政治衝突的時候，這些非女眞官員自然捲入漩渦，其中不少也被翦除。如宗翰的謀主高慶裔，希尹的顧問宇文虛中，和宗磐的同謀蕭慶等。暴力的使用，也就隨着擴展到非女眞官員們的身上。

二、官僚制度形成過程中的問題及衝突

1. 新官僚制度的建立及女眞政權的合法化

金代官僚制度得以建立，是由於從吳乞買以後皇帝和行政首長率領官僚集團不斷的推行政治改革，和控制軍閥集團地方分權的勢力的結果。到了海陵王的時期，新的政治結構完全建立，而且爲後代所因循。這個政治結構是以中原的三省六部制度爲骨幹，加以損益。中央除去中書門下兩省，以尙書省爲主要機構。皇帝的權力提高，軍事權力由女眞人壟斷，同時外朝由女眞人和非女眞人合作治理，內朝則由女眞人把持，形成一種特殊的政治制度。在用人方面，雖然採用了中國的考試制度，但是女眞人大都出身於內朝小官及軍功(註二三)。

大致說來，新的官僚制度是以傳統中國的儒家政治思想爲基礎的。考試制度的採行，就是一個顯明的象徵。此外尊孔子，建太廟及採用中原的典禮儀制，無非表示新政權的成立祇是另一次改朝換代而已。在政治宣傳方面，不斷的強調新政權推翻舊政權是弔民伐罪，而且力圖改善百姓的生活。其目的無非強調新政權的合法(legitimation)(註二四)，以取得中原之大夫至百姓的支持。

雖然如此，新官僚制度所面臨的問題仍是極多的。關於中原百姓叛亂的鎮壓和撫

（註二十三）「金代的政治結構」，頁586—588。

（註二十四）同上，頁572—573。

綏,詳見下文。在本節中要觀察新官僚制度中爲了調和征服者和被征服者中的中堅份子間的歧見,以達到最低限度的同意 (consensus) 的努力,及其所發生的問題。問題的嚴重性則表現在政治衝突上。

2. 女眞統治者和非女眞官員間的衝突

在金代初期,新政權不斷的吸收非女眞來治理新獲得的領土和人民。爲了控制這些非女眞官員,除了給以俸祿和名位以外,大概是用鎭壓的手段來控制他們。例如對於擁有軍權的非女眞將領,及派遣作地方官的人員,常以扣留其家屬爲人質以加強控制(註二五)。另一種手段是以嚴刑峻法來嚇阻對新政權不滿意的份子。除了以處死及放逐來威脅非女眞官員以外,施笞杖於大臣的身上,更收了降低傳統中國士大夫身份之效。

在使用恐怖手段來鎭壓中國官員方面,可以擧宇文虛中、高士談和張鈞兩案爲例。宇文虛中是北宋的官員,被完顏希尹扣留作他的顧問和諸子的家庭教師。他「恃才輕肆,好譏訕。凡見女直人,輒以礦鹵目之。貴人達官,往往積不能平。虛中嘗撰宮殿牓署,本皆嘉美之名;惡虛中者擿其字以爲謗訕朝廷,由是媒孽以成其罪矣」。皇統六年(一一四六)被羅織謀叛罪名處死。由於他提及高士談家裡藏書比他自己還要多,高士談也被株連(註二六)。張鈞是熙宗時代的翰林學士,因草詔不稱旨,被一個契丹人蕭肆告發,而遭熙宗杖殺(註二七)。在鎭壓契丹人方面,有耶律余睹案。耶律余睹降金後,被任命爲高級軍官,後來圖謀聯合契丹和漢人來反抗女眞人,事敗被殺(註二八)。

還有一種相當有效的恐怖手段,是使用杖刑。雖然在金代以前中國已經有笞刑,但杖刑的運用在契丹和女眞的部落裏普遍得多,而且施於大臣身上。阿骨打在金初

(註二十五) 如扣留契丹降將耶律余睹的家屬,看金史卷一三三本傳。

(註二十六) 同上卷七十九「宇文虛中傳」。

(註二十七) 同上卷一二九「蕭肆傳」。要錄卷一五九,頁五下至十上:「翰林學士承旨張鈞爲赦文曰:乃者龍潛我宮。亶大怒,曰:龍若我何?遂杖鈞數百,截其手足而斬之。」

(註二十八) 同上卷一三三本傳。

時常使用這種刑罰。到了熙宗和海陵的時代，也施刑於中國官員。不但如此，海陵王似乎頗欣賞杖刑，據記載在他當政時約有五十個人在朝廷上受了杖刑，這些人包括宰執，高級官員如御史，軍官，和尙，甚至一個厨子和一個公主(註二九)。據南宋派遣到金廷的樓鑰的觀察，「金法，士夫無免捶楚者，太守至撻同知。又聞宰相亦不免，惟以紫褥藉地，少異庶僚耳」。又有一個馬姓校尉對他訴苦說：「官雖甚高，未免捶楚。成甚活路」(註三〇)。樓鑰出使是在西元一一六九年到一一七〇年，正是金世宗當政的所謂「小堯舜」時代，而杖刑的使用竟是如此普遍。杖刑的濫用，使很多士大夫視仕宦爲畏途，如金末文士劉祁說：

……省令史儀體冠帶，抱書進趨，與掾吏不殊。有過輒決杖。惜乎以胥吏待天下士也。故士大夫有氣槩者，往往不就(註三一)。

這種野蠻的刑罰，後來纔叫做「廷杖」，在元、明兩代繼續使用。是屈辱士大夫的有效方法。

在征服王朝的統治下，女眞和非女眞人間的關係是不平等的。除了在政府中可以凌辱非女眞官員，以及不給予平等的競爭機會以外，又不准女眞人和漢人通婚。這些都引起了漢人的不滿情緒。高士談曾有「題禹廟詩」云：

可憐風雨胼胝苦，後世山河屬外人(註三二)。

就這兩句詩看來，他被宇文虛中株連，並不是偶然的。

3. 非女眞官員之間的黨派鬥爭

這一類的政治衝突，主要的發生在燕雲十六州的漢人和北宋系漢人之間。契丹和漢官員間的衝突，則實例很少，如上文提到的張鈞案，是導源於契丹人蕭肄對於張鈞的陷害。渤海人大都和漢人的黨派合流，如張浩、張汝霖父子和蔡松年是一派(註三三)。

(註二十九) 看陶晉生，金海陵帝的伐宋與采石戰役的考實(臺北：臺灣大學文史叢刊，一九六三)，頁15—18。
(註 三 〇) 樓鑰，攻媿集(四部叢刊本)卷一一一，頁十一下及二十四下。
(註三十一) 劉祁，歸潛志(知不足齋叢書本)，卷七，頁十一下。
(註三十二) 元好問，中州集(四部叢刊本)，甲集卷一，頁一上。
(註三十三) 同上卷八十九「孟浩傳」。

燕雲十六州的漢人（簡稱燕人）和北宋系的漢人（簡稱南人）的黨派衝突，和金初女眞人重用燕人的政策有密切的關係。女眞人採取考試制度，無疑的是這些人所建議和策劃的。如劉彥宗在樞密院幫助宗望考選漢官。所以在名額的規定和考試的內容方面，都對於燕人有利。最初北選（即爲燕人擧行的考試）取詞賦進士一百五十人和經義五十人，共二百人，而南選（即南人參加的考試）祇取一百五十人(註三四)。由於這種限制的存在，和金初中原人士無意於科擧，南人要經過了相當長的時間纔能抬頭(註三五)。後來北選錄取詞賦進士七十人，經義三十人，共一百人，不及南選的一百五十人多(註三六)。不過東北和燕地的人口不及中原多，所以在名額方面燕人並不吃虧。金初女眞人比較信任燕人，所用的大都是出身燕地的遼進士和新進士。這些人制定了「磨勘格」來壓抑南人。如趙元在金初被女眞人錄用，「其後朝廷立磨勘格，凡嘗仕宣和者，皆除名籍。元在磨勘中」。趙元原是遼進士，郭藥師爲宋守燕時，趙元掌機宜文字。女眞人取燕，藥師出降。樞密使劉彥宗辟元爲樞密院令史。立磨勘格時，元已官至同知薊州事(註三七)。

表二　金代漢進士依地域分配表（百分比）

期別＼類別		燕雲十六州及東北	中原	總計	統計人數	資料不明
I	1115——1144	90	10	100	10	0
II	1145——1174	64	36	100	14	0
III	1175——1204	42.5	57.5	100	80	0
IV	1205——1234	34.5	65.5	100	52	3

(註三十四)　同上卷五十一「選擧志」。

(註三十五)　同上卷九十七「賀揚庭傳」：「世宗謂揚庭曰：南人礦直敢爲，漢人性姦，臨事多避難。異時南人不習詞賦，中第者少。近年河南，山東人中第者多，殆勝漢人爲官」。此處南人指中原漢人，漢人指燕雲十六州的漢人。

(註三十六)　同註三十四。

(註三十七)　同上卷九〇「趙元傳」。

就具有進士資格的漢官員而言，金初幾乎完全是遼進士和燕地的金進士。後來中原的漢人纔慢慢的抬頭。到了末期，中原進士的數目已經達到了燕地進士的兩倍。依時期的不同，兩種不同進士人數的分配比例如表二。(註三八)

燕人和南人之間的磨擦和傾軋，演變成黨派鬥爭。熙宗時代著名的「田瑴黨禍」，就是一次最劇烈的黨派衝突。如上所述，金初女眞人重用的大都是燕人，這些燕人也通常援引同一地區出身的人。如韓企先爲相，提拔孟浩（灤州人）爲左司員外郎，田瑴（廣寧人）爲吏部侍郎(註三九)。據金史的記載，他們兩人「旣典選，善銓選人物，分別賢否。所引用皆君子」(註四〇)。韓企先還有意讓田瑴將來繼承自己作宰相。當時中原漢人官員蔡松年。是北宋投降金朝的大臣蔡靖之子，想依附田瑴。田瑴却屢次譏諷蔡靖降金的事，刺激蔡松年。因此蔡松年、曹望之(註四一)、許霖和張子周等投靠大臣宗弼，借機詆毀田瑴，說他專擅朝政。宗弼和熙宗於皇統七年（一一四七）把田瑴、奚毅、邢具瞻(註四二)、王植、高鳳庭(註四三)、王傚、趙益興、龔夷鑒等處死；孟浩、

（註三十八）關於統計的基礎及分期的標準，看「金代的政治結構」。根據翟文選修，王樹枏等編纂的奉天通志（一九三四年刋本）卷一五四；李鴻章修，黃彭年纂的畿輔通志（一八八四年刻本）卷三十四；岳濬修，杜詔纂的山通東志（一八三七刻本）卷十五；曾國荃修，王軒纂，山西通志（一八九二刻本）卷十五；田文鏡修，孫灝纂，河南通志（一九一四重印）卷四十五；查郎阿修，沈青崖纂，陝西通志（一七三五刋本）卷三〇；和坤等纂修，熱河志（一九三四鉛印本）卷八十八；升允修，丁禧翰纂，甘肅新通志（九〇九刋本）卷三十九；各地區進士人數如下（若干通志包括原不屬該省進士已除外）：

奉天	37	陝西	82
河北	300	河南	72
山西	354	熱河	13
山東	122	甘肅	6

據此，金代進士似以河北，山西得人爲多。又奉天通志錄女眞進士三十人，契丹二人，渤海一人；熱河志錄女眞進士四人。附此以供參考。

（註三十九）據會編卷二四五引范成大攬轡錄，頁十五下。

（註 四 〇）金史卷八十九「孟浩傳」。

（註四十一）同上卷九十二本傳：「其先臨潢人，遼末移家宣德」。

（註四十二）據中州集卷八，頁一下，邢具瞻是遼西人。蔡松年明秀集（九金人集本）卷二，頁十二下「雲晴過邢嵓夫用舊韻」注作利州龍山人。蔡松年和邢具瞻私交頗篤，如頁十七下有「瑞鷓鴣」詞，題爲「邢嵓夫招游故宮之玉溪館壬戌人日。」卷三頁二上有「乙仰高陽寒食次嵓夫韻」。

（註四十三）據明秀集卷一，頁二十二上，「乙卯歲江上爲高德輝壽」注：德輝名鳳庭，東營安化人。卷三，頁一上下又有「水調歌頭」詞，題爲「高德輝生朝」。「查乙卯歲當熙宗天會十三年（一一三五），遠在黨禍之前。

田穀（瑴弟）、王補、馮煦、王中安（註四四）、和馬柔德（註四五）等三十二人放逐（註四六）。罪名是「敢爲朋黨，誑昧上下，擅行爵賞之權」（註四七）。放逐的人也有死在貶所的，如任才珊（註四八）。當時燕人把持政治，遭致女眞統治者的疑忌。宗弼在聽到韓企先臨終時擧薦田瑴爲繼承人，就曾經說：「此輩可誅」（註四九）。可見田瑴案不是簡單的誣陷能够造成。世宗也曾批評燕人說：

燕人自古忠直者鮮。遼兵至則從遼，宋人至則從宋，本朝至則從本朝。其俗詭隨，有自來矣。雖屢經遷變，而未嘗殘破者，凡以此也。南人勁挺，敢言直諫者多。前有一人見殺，後復一人諫之。甚可尙也（註五〇）。

這一次黨禍的悲慘程度，不但遠過於北宋時代的新舊黨之爭，而且和明代東林黨禍比較起來，也不稍遜。宗弼和熙宗以暴力壓制田瑴派，可以解釋爲「以華制華」政策的運用。而把這種手段和杖刑的濫用合攏來看，也可以說是中國近古史上使用「新暴力」的開端（註五一）。黨禍的結果，是燕人的失勢，南人、渤海人和契丹人的抬頭。渤海人張浩是在「臺省一空」的情形下開始陞官的（註五二）。海陵時代，蔡松年官至丞相（註五三）。

女眞統治者對於漢人的朋黨防範極嚴。世宗曾經加強御史臺的權力，並且任用女眞御史，來糾治結爲朋黨的文武百官。完顏璋被任命爲御史大夫時上奏說：

竊觀文武百官有相爲朋黨者。今在臺，自臣外無女直人。乞不限資考，

（註四十四）　據金史九十六「王賓傳」，王中安是臨潢人。

（註四十五）　據同上卷九十七「馬百祿傳」，馬柔德是通州三河人。

（註四十六）　以上據同上卷四，皇統七年六月丁酉條；卷八十九「孟浩傳」；及范成大攬轡錄。被放逐的官員據遺山集卷二十九，頁三下「忠武任君墓碣銘」，共二十八人。到了大定時復被任用，是由於燕人劉仲洙等進言，見金史卷九十七，「劉仲洙傳」。

（註四十七）　見遺山集卷二十九，頁三下。

（註四十八）　同上。

（註四十九）　金史卷八十八「孟浩傳」。

（註五〇）　同上卷八大定二十三年六月條。

（註五十一）　所謂「新暴力」，是從歐州中古末期歷史上 "new violence" 的出現借用的。看 Norman Cantor, ***Medieval History: The Life and Death of a Civilization.*** (8th ed., New York and London: Macmillan, 1967), pp. 558-571。此處雖然借用這個名詞，却沒有忽略自古以來歷代都有使用暴力的事實。惟自北宋開國以後，即甚少使用暴力。征服王朝建立後，局面又爲之一變。

（註五十二）　金史卷八十三「張浩傳」。

（註五十三）　同上卷一二五「蔡松年傳」。

量材奏擬。上曰：朋黨爲誰？即糾治之。朕選女直人，未得其人，豈以資考爲限。論其人材而已(註五四)。

當時女眞人和契丹人也有結黨的情形，世宗特別「密令體察」(註五五)。爲了怕被人指爲朋黨，內外官都不敢推薦人材(註五六)。章宗時有一個官員犯了罪，向政府辦案人員請託，害得蔡珪等十二人受杖笞之刑及放逐(註五七)。章宗也是痛恨朋黨的，認爲讀書人「多口頰，或相朋黨。昔東漢之士，與宦官分朋，固無足怪。如唐牛僧孺、李德裕宋司馬光、王安石，均爲儒者，而互相排毀，何耶」(註五八)。當時文士趙秉文上書論宰相胥持國當罷，宗室守貞可大用。章宗竟至命令將他問罪，牽連了一起私議的修撰王庭筠、御史周昂、省令史潘豹、鄭贊道及高坦等(註五九)。這些都是由於漢人之間發生了衝突，給統治者造成了很好的分化和壓制的機會。結果統治者加強了對於中國官僚的控制。

三、金代中期的改革運動和女眞政權的穩定

1. 女眞政權的動搖和金世宗的改革運動的發生

海陵王末年，積極準備南侵，他動員大量的軍隊、馬匹和軍糧，絲毫不顧到政局的安定。他的橫徵暴斂和以暴力壓制不滿份子，結果造成了中原情勢的混亂。當正隆六年（一一六一）海陵王率領大軍南下的時候，華北盜賊蠭起，北邊契丹人乘機作亂。甚至很多女眞人也不願意參加南侵，紛紛逃避，或轉而支持殘餘的宗室。金世宗就是在這種情形之下，把握機會，自立爲帝的。

世宗即位以後，致力於安內攘外的工作。一方面平息華北的盜賊，穩定政權；一

(註五十四) 同上卷六十五「璋傳」。

(註五十五) 同上卷八十八「紇石烈良弼傳」：「女直、契丹人，…大率多爲黨與，或稱譽於此，或見毀於彼，所以難也。上曰：朕所以密令體察也。」

(註五十六) 同上卷九十二「曹望之傳」記望之上書論薦擧之法說：「宰相核擢，及其所識；內外官所擧，亦輒不用。或指以爲朋黨。遂不敢復擧。」參考歸潛志卷七，頁八上下所述金末情形。

(註五十七) 同上卷一二五「蔡珪傳」。

(註五十八) 同上卷一二六「王庭筠傳」。

(註五十九) 同上卷一一〇「趙秉文傳」。

方面討平契丹人的叛亂和抵擋南宋的北伐。他當政的初期女眞政權眞是險象環生，岌岌可危。從開國以來女眞人所享的特權，是由強大的武力來維持的。金初在華北推行「女眞化」運動，就曾經引起漢人的反抗，華北的山水寨義兵，一直是南宋爭取合作的對象。不過初期的暴動和反抗，並沒有成功(註六〇)。當海陵王在采石戰役受挫以後，軍心渙散，華北的百姓對於異族統治者的不滿情緒，自然得到了宣洩的機會。於是盜賊蠭起，以致在大定時期（一一六一——一一八九），仍然發生「亂民獨多的」現象。世宗本紀裏記錄了各種大小叛亂事件三十二宗。其中除了大規模的契丹叛亂以外（包括窩斡、蒲速越、和外失剌），女眞人（包括宗室、貴族）的叛亂事件有十宗之多，漢人謀叛及亂言有十八宗，渤海和奚各一宗(註六一)。如果和章宗朝比較，世宗朝的叛

(註六〇) 關於金初華北豪傑和農民反抗異族統治的情形，看尚重濂，「兩宋之際民衆抗敵史研究」，新亞學報第五卷第二期（一九六三），147—238。

(註六十一) 根據金史卷六至卷八將大定時期的叛亂事件列舉如下：

1	大定元年（一一六一）		契丹諸部反。
2	二年	正月辛巳	以兵部尚書可喜等謀反伏誅詔中外。
3		二月甲子	詔都元帥奔睹開府山東經略邊事澤州刺史特末哥及其妻高福娘伏誅。
		九月庚子	契丹窩斡餘衆悉平。
4	三年	二月丙戌	趙景元以亂言伏誅。
5		庚寅	東京僧法通以妖術亂衆，都統府討平之。
6		五月癸卯	河南路都統奚撻不也叛入于宋。
7	四年	正月乙巳	徐州民曹珪討賊江志。
		五月壬子	窩斡餘黨蒲速越伏誅。
8		七月壬辰	故衞王襄妃及其子和尙以妖妄伏誅。
9	五年	四月癸卯	西京留守壽王京謀反獄成特免死杖之。
10		八月巳卯	前宿州防禦使烏林荅剌撒以與宋李世輔交通伏誅。
11	六年	十二月甲午	泰州民合住謀反伏誅。
12	九年	正月戊寅	契丹外失剌等謀叛伏誅。
13		六月庚寅	冀州張和等反伏誅。
14	十一年	四月丁未	歸德府民臧安兒謀反伏誅。
15	十二年	三月丁酉	北京曹貴等謀反伏誅。
16		四月丁巳	西北路納合七斤等謀反伏誅。
17		九月丁亥	鄜州李方謀反伏誅。
18		十一月壬午	同州民屈立等謀反伏誅。
19		十二月丁酉	冀州王瓊等謀反伏誅。
20			德州防禦使文以謀反伏誅。

亂事件是章宗朝的八倍(註六二)。不過對於大定時期的叛亂，似應以較保守的眼光來觀察，而不應當加以誇張。但是這個現象至少反映出世宗當政的初期，女眞政權是處在動盪不安的局勢中(註六三)。

當時的內部問題，先是女眞人倚仗特權，強占土地。女眞人在納稅方面已經享有優待，而且得到政府配給的田地(註六四)。但是豪族仍然不斷的爭取特權或非法圖利。例如大定三年（一一六三）下詔：「宗室私釀者，從轉運司鞫治」(註六五)。明昌元年

21	十三年	閏正月辛酉	洛陽縣賊衆攻盧氏縣，殺縣令李庭才亡入于宋。
22		九月辛亥	大名府僧李智究等謀反伏誅。
23	十八年	三月巳酉	獻州人殷小二等謀反伏誅。
24	十九年	七月癸酉	密州民許通等謀反伏誅。
25		八月丙午	濟南民劉溪忠謀反伏誅。
26	二十年	九月丙子	蒲速椀羣牧老忽謀叛伏誅。
27	二十一年	三月乙丑	遼州民宋忠等亂言伏誅。
28		閏三月巳卯	恩州民鄒明等亂言伏誅。
29	二十二年	十一月丙子	東京留守徒單貞以與海陵逆謀伏誅妻永平縣主子慎思並賜死。
30	二十三年	正月甲午	大邦基伏誅。
31		三月丙子	潞州涉縣人陳圓亂言伏誅。
32		八月乙巳	大名府猛安人馬和尚謀叛伏誅。

牽連的人數，本紀不載。如卷八十八「石琚傳」載大定十一年十二月僧智究作亂案，連坐者四百五十餘人。

(註六十二) 章宗朝謀叛案件祇有四條：

明昌四年	十二月戊戌	定武軍節度使鄭王永蹈以謀反伏誅。
五年	十月庚戌	張汝弼妻高陀斡以謀逆伏誅。
六年	五月乙未	判平陽府事鎬王永中以罪賜死並及二子。
承安元年	十一月庚寅	特滿郡羣牧契丹陁鎖德壽反，泰州軍擊敗之。

(註六十三) 趙翼在廿二史劄記（卷二十八）「大定中亂民獨多條」指出其原因可能是「豈世宗綜覈吏治，凡有姦宄，有司不俱不敢隱，故奏讞獨多耶？抑有司爭欲以發摘邀功，遂以輕作重，以見其勤於吏事耶？」這兩點是互相關聯的。章宗時規定小案件不用報告到朝廷，證明世宗時代有不敢隱匿案件，和有以輕作重的情形。(卷九大定二十九年九月甲子條：制諸盜賊聚集至十人或騎五人以上，所屬移捕盜官捕之，仍遞言省都。三十人以上聞奏。違者杖百)。同時(同上九月壬戌條：詔罷告捕亂言賞人) 政府不鼓勵告發「亂言」案，而這類案件在世宗時代有三宗。因此我們仍然應當注意「世宗紀」的贊語：「刑部歲斷死罪，或十七人，或二十人」。二十人聚集作亂在章宗時代是不報告到朝廷上去的。

(註六十四) 參考「金代初期女眞的漢化」，頁52。

(註六十五) 金史卷四十九「食貨志」四「酒」。

(一一九〇)「禁指託親王、公主奴隸占綱船，侵商旅及妄徵錢債」(註六六)。猛安謀克部民崇尚奢侈，不事生產，與豪族同樣的將土地轉租給漢人(註六七)。豪族更強佔土地，如世宗曾經指出「山後之地皆爲親王公主權勢之家所占，轉租於民」(註六八)。

其次是與漢族相處，利用特權欺壓百姓，及發生種種磨擦。雖然世宗鼓勵御史抨擊仗勢犯法的貴族(註六九)，章宗也禁止強族大姓和所屬官吏交往(註七〇)，但是女眞人仍然時常與官吏勾結，贏得與漢人間發生的法律訴訟(註七一)。例如山西朔州大族壟斷司法，並且擅自更改稅率(註七二)。遼東世襲猛安囂張不法(註七三)。山東壽張地方官無法控制世襲官(卽猛安謀克)的事務(註七四)。陝西猛安謀克欺凌貧民，強奪婦女(註七五)。總之，據當時官吏的報告說，「諸路猛安謀克怙其世襲，多擾民」(註七六)。

第三個問題是女眞人生活漸趨腐化，而且因爲不喜歡工作，遂有不少人淪爲貧民。關於女眞人生活仍腐化，世宗知道得很清楚，他曾經說:「女直人往往徑居要

(註六十六)　同上卷九元年八月癸未朔條。

(註六十七)　這一類的記載在「食貨志」中極多。如卷四十七，大定五年十二月「上以京畿兩猛安民戶不自耕墾，及伐桑棗爲薪鬻之。命大興少尹完顏讓巡察」。大定二十一年正月世宗對宰臣所說的一段話詳下文。參考陶希聖，「金代猛安謀克的土地問題」，食貨一卷八期(一九三五)，頁三四五至三五二。

(註六十八)　金史卷七大定二十年十月壬午條。這一類的記錄極多。如卷四十七大定十七年六月「邢州男子趙迪簡言:隨路不附籍官田及河灘地，皆爲豪強所占，而貧民土瘠稅重，乞遣官拘籍冒佃者」。大定二十一年三月，「陳言者言，豪強之家多占奪田者。上曰:前參政納合椿年占地八百頃。又聞山西田亦多爲權要所占，有一家一口至三十頃者。以故小民無田可耕，徙居陰山之惡地，何以自存?其令占官地十頃以上者，皆括籍入官，將均賜貧民。省臣又奏:椿年、猛安三合，故太師耨盌溫敦思忠孫長壽等親屬計七十餘家，所占地三千餘頃。上曰:至秋，除牛頭地外，仍各給十頃，餘皆拘入官。山後招討司諸括者，亦當同此也。」

(註六十九)　金史卷七大定十二年十一月丙子條:「上以曹國公主家奴犯事，宛平令劉彥弼杖之，主乃折辱令，旣深責公主，又以臺臣徇勢偷安，畏忌不敢言，奪俸一月」。卷七十二「宗尹傳」:世宗至上京，「聞同簽大宗正事宗寧不能撫治上京宗室，宗室子往往不事生業，上謂宗尹曰:汝察其事，宜懲戒之」。

(註　七　〇)　卷九大定二十九年九月丁卯條。

(註七十一)　卷六大定四年九月乙酉條:「上謂宰臣曰:形勢之家，親識訴訟，請屬道達，官吏往往屈法徇情，宜一切禁止。」

(註七十二)　卷七十六「永元傳」:「朔州西境多盜，而猾吏大姓，蠹獄訟，舀亂賦役。」

(註七十三)　歸潛志卷八，頁三下，

(註七十四)　元好問，遺山先生文集(四部叢刊本)卷二十，頁五下至六上。

(註七十五)　金史卷一〇四，「移剌福僧傳」:「部內世襲猛安木𡘮掠民婦女，藏之窟室。人頗聞之，無敢發其罪者。福僧請于節度使，願自效。旣跡得其所在，率衆人索之，得婦女四十三人。木𡘮抵罪。」

(註七十六)　同上卷七十，「宗憲傳」。

達，不知閭閻疾苦」(註七七)。有些宗室子不能勝任官職，世宗仍然以給閒差，拿乾薪的方式來救濟他們(註七八)。大定二十一年（一一八一）世宗對宰臣說：

山東、大名等路，猛安謀克戶之民，往往驕縱，不親稼穡，不令家人農作。盡令漢人佃蒔，取租而已。富家盡服紈綺，酒食遊宴，貧者爭慕效之。欲望家給人足，難矣。近已禁賣奴婢，約其吉凶之禮。更當委官，閱實戶數，計口授地，必令自耕。力不贍者，方許佃於人。仍禁農時飲酒(註七九)。

據次年的調查，猛安謀克戶總計六十一萬零六百二十四，口六百十五萬八千六百三十六。人口數目內正口四百八十一萬二千六百六十九，奴婢一百三十四萬五千九百六十七。平均每戶有奴婢二人以上。田地總計一百六十九萬零三百八十頃，平均每戶有田二・七頃。但宗室將軍戶則與一般女眞人有顯著的分別。這些貴族戶共計一百七十家，而人口則有二萬八千七百九十，包括正口九百八十二，奴婢二萬七千八百八十人。他們擁有田地三千六百八十三又四分之三頃，平均每戶有奴婢一百六十人，田地約二十二頃(註八〇)。可見一般女眞平民所佔田地，在政府所給田地四頃四畝以下，而貴族所有田地則遠過於四頃四畝。貧富懸殊的情形，極爲明顯。世宗曾經指出這種現象說：「南路女直戶，頗有貧者。漢戶租佃田土，所得無幾，費用不給」(註八一)。曹望之曾上書論山東河北猛安謀克與百姓雜處，「民多失業」(註八二)。對於女眞人的懶散，世宗派遣勸農使督促他們工作，對於貧困的女眞人，則採取很多救濟的措施。

以上種種問題，造成了女眞人喪失戰鬥精神的現象。世宗批評猛安謀克，說他們「不習騎射，不任軍旅」(註八三)。一一七〇年世宗以射弓宴款待宋使的時候，比賽射箭，世宗的衞士竟不及宋朝的使臣(註八四)。一一八六年世宗警告大臣們說：「朕聞宋軍自來教習不輟。今我軍專務游惰，卿等勿謂天下旣安，而無防豫之心。一旦有警，

（註七十七） 同上卷八十八「石琚傳」。
（註七十八） 同上：「宗室子或不勝任官事，世宗欲授散官，量與廩祿以贍足之。以問宰臣曰：於前代何如？琚對曰，堯親九族，周家內睦九族，皆帝王盛事也。」
（註七十九） 同上卷四十七「食貨志」二「田制」。
（註 八 〇） 同上卷四十六「食貨志」一「戶口」。
（註八十一） 同上卷八十八「唐括安禮傳」。
（註八十二） 同上卷九十二「曹望之傳」。
（註八十三） 同註八十一。
（註八十四） 同上卷六大定十年正月丙辰條。

軍不可用，顧不敗事耶？其令以時訓練」(註八五)。

這些問題的癥結所在，一方面應當是自從女眞人移居華北以後，享有種種特權，逐漸懶散，而沾染了中原文化後，更是崇尚奢侈，以致入不敷出。另一方面也許是生活方式的變動，使女眞人不能適應中原的都市和農村生活，以致意志消沉，失去了尙武精神。女眞人旣有了這些弱點，自然也促成了漢人和契丹人覬覦政權的野心。而發生了很多的叛亂案件。被統治者的這種反叛趨勢，固然動搖了統治者政權的基礎，却也促使有爲之主世宗和他的大臣們努力解決問題。因此遂有金代中期的改革運動的發生。

2. 和女眞進士科有關的政治衝突

世宗發動的改革運動，是以恢復女眞固有文化爲中心。他企圖以提倡佃獵活動和練習騎射來增強女眞人的戰鬥力，以經濟改革救濟女眞貧民，和保護宗室貴族來強固女眞政權的基礎。但是他也深知不應當一味扶植少數統治者而不顧及大多數被統治者。所以他的經濟改革和政治改革都不是完全爲女眞人謀福利。在政治改革方面，最重要的一個措施是建立理性化的用人制度。其中心項目是設立女眞進士科，吸收女眞平民中的才智之士，來改善女眞官員的素質，及平衡宗室貴族的勢力(註八六)。

女眞進士的身份和氣質與其他官員不同。世宗認爲他們是儒者，「操行清潔，非禮不行。以吏出身者，自幼爲吏，習其貪墨。至於爲政，習性不能遷改。政道興廢，實由於此」(註八七)。又說：「女直人中材傑之士，朕少有識者，蓋亦難得也。新進士如徒單鎰，夾古阿里補、尼龐古鑑輩，皆可用之材也。起身刀筆者雖有力可用，其廉

(註八十五) 同上卷八大定二十六年十一月甲子條。

(註八十六) 關於改革運動，參看三上次男，「金代中期に於ける女眞文化の作興運動」，史學雜誌四十九編九號（一九三八），頁一〇八五至一一三五；姚從吾，「金世宗對於中原漢化與女眞舊俗的態度」，東北史論叢（正中書局，一九五九），下册，頁一一八至一七四；及拙著「金代中期的女眞本土化運動」，思與言七卷六期（一九七〇），頁328—332。關於女眞進士科，參考拙著「金代的女眞進士科」，國立政治大學邊政研究所年報第一期（一九七〇），135—144。

(註八十七) 金史卷八大定二十三年閏十一月戊午條。

介之節，終不及進士」(註八八)。雖然世宗在推行女眞考試制度時，特別保障貴族子弟，准許他們直接參加御試(註八九)，但是貴族旣然可以很容易的憑藉其特權進入政府，自然大都無意於參加艱難的考試。分析四十九名女眞進士的家庭背景，祇有五名是從貴族和官宦家庭出身的。其中有一個甚至拒絕承襲世襲謀克的地位，自願參加公平競爭的考試(註九〇)。可見考試制度的吸引力。這些人對於經由其他途徑出身的官員，可能有輕視的態度。如完顏伯嘉批評金末權臣朮虎高琪說：「高琪武弁出身，固不足論」(註九一)。

金代中期以後，大都以進士充御史來監視其他的官吏(註九二)。約有一半的女眞進士曾經任臺諫之職(註九三)，臺諫旣和宰執對立，政治衝突就成了不可避免的事(註九四)。御史臺成爲女眞進士甚至漢人進士的權力中心，也就成了扶植同類的機構。世宗時曹望之對於擧薦官員的建議大都被採納，方法是「宰執歲擧三品二人，御史大夫以下內外官終秩擧二人」(註九五)。後來女眞進士烏古論仲溫和烏林答乞住等都是御史臺推薦的(註九六)。

新進士和從其他途徑出身的官員的政治衝突，可以擧兩個重要的例子。一個是在章宗和衞紹王兩朝跋扈不臣的紇石烈執中和進士的對立。漢人御史中丞孟鑄在執中初擅權的時候，已經抨擊他「明天子在上，豈容有跋扈之臣」(註九七)。後來又有進士出

(註八十八) 同上二十六年十一月甲辰朔條。

(註八十九) 同上卷五十一「選擧志」。

(註 九 〇) 這五人是徒單鎰，完顏匡，完顏璋，裴滿亨和赤盞尉忻。除了八個進士的出身不明以外，其他三十二人包括少數完顏氏在內，都不是貴族出身。

(註九十一) 金史卷一〇〇「完顏伯嘉傳」。

(註九十二) 同上卷七十三「完顏守貞傳」：「舊制，監察御史凡八員，漢人四員皆進士，而女直四員則文資，右職參注。守貞曰：監察乃淸要之職，流品自異，俱宜一體純用進士。」

(註九十三) 四十九名女眞進士中，曾任臺諫者二十三人，未任此職者十六人。不詳者十人。

(註九十四) 世宗時代御史的任命不由宰相而由皇帝。至明昌三年（一一九二）復由尙書省擬注。看三上次男，「金の御史臺とその政治社會的役制」，歷史上文化，IX（一九六七），頁25—29。

(註九十五) 金史卷九十二「曹望之傳」。

(註九十六) 見諸人本傳。參考「金代的女眞進士科」。

(註九十七) 金史卷一三二「紇石烈執中傳」。

身的女眞人烏古論德升、徒單鎰和漢人張行信屢次彈劾他。以上三人都是御史(註九八)。另一個例子，是宣宗朝的權臣朮虎高琪和進士的衝突。朮虎高琪聯合了近侍局，在宣宗初年合力翦除了紇石烈執中以後，自已也弄權。進士完顏伯嘉、抹撚盡忠、完顏素蘭、張行信、楊雲翼和王擴等屢次彈劾他(註九九)。尤其是完顏素蘭私下向宣宗所進的諍言，使宣宗瞭解高琪的姦惡，埋下後來高琪失勢的種子(註一〇〇)。不過高琪爲了對付進士，儘量提拔胥吏，排擠進士，於是「吏權大盛，勝進士矣」(註一〇一)。高琪又迫害這些進諫的人。如完顏伯嘉、抹撚盡忠和烏古論德升被宣宗斥責。所以金史的編纂者評論道：

> 紇石烈執中之誅，近侍局嘗先事啓之，遂以爲功，陰秉朝政。高琪輩託此輩以自固。後盡忠，德升面責，愈無所忌。未幾，德升罷相，盡忠下獄。自是以後，中外蔽隔，以至于亡(註一〇二)。

抹撚盡忠及其兄吾也以謀叛的罪名處死，就是被朮虎高琪所構陷的(註一〇三)。由於進士出身的官員不像近侍局人員那樣接近皇帝，自然不免受到打擊。章宗和宣宗時代，能够接近皇帝的女眞進士，除了完顏素蘭以外，祇有在世宗朝即充奉御的裴滿亨。章宗曾對他說：「朕左右侍臣，多以門第顯。惟爾繇科甲進，且先朝信臣。國家利害，爲朕盡言」。可是裴滿亨仍是孤立的。他和內侍梁道兒衝突的結果是他被調任外官(註一〇四)。雖然如此，一直到金朝末年，還是有不少的進士敢於向有權勢的人挑戰。例如哀宗聽信了進士陳規和赤盞尉忻的諍言，纔下決心貶抑了撒合輦(註一〇五)。從以

(註九十八) 同上卷一〇九「完顏素蘭傳」：「昔東海時，胡沙虎(執中)跋扈無上。…獨臺臣烏古論德升，張行信彈劾其惡。」又見卷一二三「烏古論德升傳」及卷一三二「紇石烈執中傳」。

(註九十九) 見同上卷一〇九「完顏素蘭傳」，卷一〇〇「完顏伯嘉傳」，卷一〇一「抹撚盡忠傳」，卷一〇四「王擴傳」，卷一〇七「張行信傳」，卷一一〇「楊雲翼傳」。又右相承暉守燕京，城將陷時自盡，還上遺表言高琪誤國。見卷一〇一「承暉傳」。漢人進士攻擊高琪的還有劉元規等。見歸潛志卷七，頁四下。

(註一〇〇) 金史卷一〇九「完顏素蘭傳」。

(註一〇一) 歸潛志卷七，頁四下。劉祁對於這種現象有頗多的描寫，見同卷頁六下及七下。

(註一〇二) 金史卷一〇一「抹撚盡忠傳」。

(註一〇三) 歸潛志卷十頁十上載，高琪「性忌忍，多害其敵己者，殺平章政事抹撚盡忠。」

(註一〇四) 金史卷九十七「裴滿亨傳」。

(註一〇五) 同上卷一〇九「陳規傳」及卷一一五「赤盞尉忻傳。」

上的例子看來，在和權臣對立的時候，女眞進士和漢進士都是合作的，儼然形成頗具影響力的政治力量。不過也有女眞進士和權臣合作，如奧屯忠孝和蒲察思忠依附紇石烈執中(註一〇六)。這種現象自然削弱了進士集團的力量。

總之，以考試制度爲中心的官僚制度，在金代的形成一個重要的安定因素。金世宗創設女眞進士科，不但爲女眞人增加了一條政治上的新出路，而且新形成的進士集團平衡了貴族的勢力，爲官僚制度增加了穩定性。因此進士集團和權臣的對立和衝突，對於整個政治系統來說，是具有建設性的。

3. 章宗時代的政治衝突

世宗以後皇室中發生了一次大衝突，不但影響了金代中期政權的穩定性，而且波及到末期的政局。這一次大衝突，是由於章宗疑忌宗室和李元妃當權所引起的。章宗以世宗的嫡長孫立爲太子的時候，伯父輩趙王永中等已經有了不小的政治勢力(註一〇七)。章宗繼位以後，因細節而認爲永中和鄭王永蹈等「有輕慢心。」不久鄭王被家奴千家奴等的相術，讖記和災祥的邪說所惑，企圖結納大將僕散揆謀叛。事不成，千家奴上變。章宗遂將鄭王處死(註一〇八)。接着永中以言語得罪章宗，也被構陷而賜死。他們的家屬被禁錮達四十年之久，到了金朝末年纔釋放(註一〇九)。

金史的編纂者認爲宗室中所發生的這次慘禍，和李元妃，她的兄弟，以及胥持國干政有密切的關係，宰相完顏守貞亦因此案而被黜。李元妃原來是家中有罪，被沒入宮籍監的女子，大定末以監戶女子入宮作宮女。宮教張建推薦她給章宗，認爲她「最可教」，宦官梁道也稱譽她的才華，勸章宗納爲妃子。章宗「好文辭，妃性慧黠，能作字，知文義；尤善伺候顏色，逆合旨意。遂大愛幸。」明昌四年（一一九三）封爲昭容，次年進封淑妃。兄弟喜兒和鐵哥都被重用。章宗甚至想册立她爲皇后，因羣臣反

(註一〇六) 同上卷一三二「紇石烈執中傳。」

(註一〇七) 世宗的嫡子顯宗突然去世，造成一個繼承的危機。世宗竭力扶植嫡孫璟。趙王永中在皇太子去世的時候已官至樞密使。

(註一〇八) 金史卷八十五「永蹈傳」。

(註一〇九) 同上「永中傳」。永中也迷於術士，見卷八十三「張汝弼傳」。

對，不得已封爲元妃(註一一〇)。當時經童出身的胥持國爲人柔佞有術。知道章宗好色，以秘術邀寵，進而和李元妃內外勾結。金史記載胥持國說：

大爲上請信任，與妃表裡，莞擅朝政。誅鄭王永蹈，鎬王永中，罷黜完顏守貞等事，皆起於李妃、持國。士之好利躁進者，皆趨走其門下。四方爲之語曰：經童作相，監婢爲妃。惡其卑賤庸鄙也(註一一一)。

承安三年(一一九八)御史臺劾奏右司諫張復亨，右拾遺張嘉貞等十人士趨走權門，人戲謂胥門十哲」。於是持國被迫致仕(註一一二)。胥持國的失勢，也許和女眞人與他爭權有關係(註一一三)。章宗死後，平章政事完顏匡和李元妃定策立衞紹王。但是不久匡竟構陷李氏，置於死地(註一一四)。

總之，宗室裡發生的這一件大案的結果，是皇帝疏遠宗室(註一一五)，及漢人勢力的擴張。不過章宗時代政治上的爭執，並非依民族的不同而壁壘分明。如完顏守貞罷官後，漢人名士趙秉文在翰林院，「上書言：願陛下進君子，退小人。上問：君子、小人謂誰？秉文對：君子故相完顏守貞，小人今參知政事胥持國」(註一一六)。又如監察御史宗端修抨擊李氏兄弟最烈：

是時元妃李氏兄弟干預朝政。端脩上書，乞遠小人。上遣李喜兒問端脩小人爲誰，其以姓名對。端脩對曰：小人者李仁惠元弟。仁惠，喜兒賜名也。喜兒不敢隱，具奏之。上雖責喜兒兄弟，而不能去也(註一一七)。

此外還有孫鐸在衞紹王時論李新喜而降官，完顏承暉不附和李新喜、李仁惠(註一一八)。

(註一一〇) 同上卷六十四「元妃李氏傳」。

(註一一一) 同上卷一二九「胥持國傳」。

(註一一二) 同上。

(註一一三) 當時的御史大夫是張暐。但是同上卷一〇六「張暐傳」却不提此事，僅載當年被任爲御史大夫，懇辭不許一事。

(註一一四) 同上卷六十四「元妃李氏傳」；卷九十八「完顏匡傳」。僕散端亦參預此案，見卷一〇一「端傳」。

(註一一五) 同上卷十三「衞紹王紀」：「及永中，永蹈之誅，由是疏忌宗室。」卷一一六「慶山奴傳」：「金朝防近族而用疏屬，故白撒，承立，兀論輩皆腹心倚之。」

(註一一六) 同上卷七十三「守貞傳」。

(註一一七) 同上卷一〇〇「宗端脩傳」。

(註一一八) 同上卷九十九「孫鐸傳」；卷一〇一「承暉傳」。

四、金末政局的混亂

金朝的最後二十年，即宣宗（在位：一二一三至一二二三）和哀宗（在位：一二二四至一二三四）兩朝，因爲受到蒙古鐵騎的壓力，不得已遷都汴京(一二一四)。國勢窮蹇，政治腐化，造成混亂的局勢。世宗改革以後的穩定的政權，演變成毫無效率的官僚制度，既不能控制宗室貴族的勢力，又不能減少遷移到黃河以南成爲寄生蟲的猛安謀克的特權。地方混亂，不得不倚靠新興的漢人。女眞政權對於漢人不發生吸引力，得不到漢人的支持。在金朝覆亡的時後，絕對大多數的漢人都是無動於衷，甚至起來採取報復行動，屠殺女眞人(註一一九)。

1. 女眞人的腐化及政府對他們的保護

女眞人倚仗特殊的地位，爭取特別的權力和利益，並不是金朝末期纔發生的現象。不過在末期由於政府缺乏效率和魄力來加以適當的控制，遂讓宗室貴族和猛安謀克得以非法營利、佔田，和欺凌百姓。女眞統治者的自私和互相維繫更是明顯，例如完顏永錫失潼關，宗室營救他，說：「國之枝葉，已無幾矣。」僅杖一百，罷官(註一二〇)。當時的女眞統治者、豪族和軍人都是奢侈成風，衣服、飲食、車馬，都是極盡豪華的能事(註一二一)。

政府特別保護女眞人，尤其是宗室貴族，而不必要的壓抑漢人，是女眞政權失去漢人支持的主要原因。除了以上所舉的完顏永錫案之外，例如元光二年（一二二三）權御史中丞師安石等劾奏英王守純不實，被抓起來辦罪。雖然皇帝下詔免罪，仍然責罵了他一頓(註一二二)。又如監察御史張特立言「尙書右丞顏盞世魯遣其奴與小民爭田，失大臣體；參知政事徒單兀典諂事近習，得居其位，皆宜罷之。」却被當政者所忌，設法排擠他。高楨等求平章政事完顏白撒以張特立僅彈劾高楨，而不劾同年進士

（註一一九）趙翼在廿二史劄記「金末種人屠戮之慘」條已經指出這一點。宋子貞「中書令耶律公神道碑」載汴京城破，完顏氏盡被屠殺。見蘇天爵，元文類（世界書局本，一九六二），卷五十七，頁十五上。

（註一二〇）金史卷一二二「從坦傳」。

（註一二一）據陳規於貞祐四年（一二一六）上疏，見同上卷一〇九「陳規傳」。

（註一二二）同上卷十六，元光二年九月丁卯條。

王賓，而且劾奏不實爲理由，將他降官(註一二三)。平章政事侯摯言事與白撒意見不合，白撒幾欲將他治罪，因宰相完顏賽不勸解而罷(註一二四)。正大四年(一二二七)吏部郎中楊居仁言事，尙書左丞顏盞世魯以爲僭，也因爲賽不寬解而罷(註一二五)。女眞官員欺凌漢人的例子，還有高庭玉案。當蒙古大軍圍困燕京的時候，河南府治中高庭玉勸主帥溫迪罕福興出師勤王，反而被福興誣陷，指他「有異志」，下獄而死。同時名士龐鑄、雷淵、辛愿和王士衡等都被株連。後來朝廷查明眞相，纔放逐福興(註一二六)。

女眞統治者利用特殊地位和權勢佔奪百姓土地的情形，在章宗時代已經相當嚴重。例如完顏匡「自占濟南、眞定、代州上腴田，百姓舊業，輒奪之，及限外自取。上聞其事，不以爲罪」(註一二七)。泰和四年(一二〇四)括地時，「屯田軍戶多冒名增口，以請官地，及包取民田」。中央政府遷都汴京，軍戶隨從遷到大河以南的有四十二萬餘口，都由政府設法分配土地或計口授糧，情形更是惡化，引起百姓的不滿(註一二八)。

2. 漢人的興起

前文已經提到章宗時李元妃和胥持國干政，所排斥的人物竟包括女眞大臣(如守貞)，就已經是漢人勢力抬頭的表現。尤其在鎬、鄭二王賜死以後，皇帝疏遠宗室，自然不得不倚靠非宗室貴族的女眞人和漢人了。根據統計，漢人在統治階層所佔的比例，在金代末期已經可以和女眞人相等(註一二九)。漢人勢力在地方上尤其增長得快。

漢人興起的最重要的現象，是他們的政治地位逐漸和女眞人接近和趨於平等。在政府裡任官的陞遷能够享受到和女眞人相同的待遇。如貞祐元年(一二一三)宣宗下

(註一二三) 同上卷一二八「張特立傳」。張特立是侯摯所薦擧的。按白撒任平章政事在天興元年(一二三二)。看三上次男，「金朝尙書省研究(後篇)」歷史と文化VII(一九六五)，頁54。

(註一二四) 同上卷一一三「賽不傳」。

(註一二五) 同上。

(註一二六) 歸潛志卷一頁八上；卷四，頁三上下；中州集卷五，頁十三上；金史卷一二七「辛愿傳」。

(註一二七) 金史卷九十八「匡傳」。

(註一二八) 同上卷四十七「食貨志」二「田制」。

(註一二九) 參考「金代的政治結構」，頁585表三。

詔：「應遷加官賞諸色人與本朝人一體」(註一三〇)。三年(一二一五)又重申前令：「諸色人遷官並視女直人。有司妄生分別，以違制論。」這是聽取了戶部郎中奧屯阿虎的意見而採取的措施(註一三一)。在社會方面，女眞人不准和漢人通婚的禁令，也早在章宗時代廢除（一一九一年）(註一三二)。

其次，由於蒙古入侵河北，金廷遷都汴京，黃河以北的地區祇好交給地方的漢豪族治理。因此朝廷封這些豪族爲「十郡王」和「九公」(註一三三)。在他們自己的轄區裡，有軍事民政和徵稅的全權。所以到了金朝覆亡的時候，華北實際上已經成了漢族軍閥割據的局面。

因爲朝廷衰弱，必須依仗漢人，所以女眞統治者不能像前文所述一味保護宗室貴族的權益和任由女眞人爲非作歹。在政治上也可以找到一些漢官員成功的彈劾女眞官員的實例。如監察御史商衡批評哀宗姨郕國夫人干預政事。又劾奏內族慶山奴爲李全所敗，而朝廷不治罪。結果慶山奴因而貶官(註一三四)。比較重要的例證，是前文已經提到過的撒和輦被李大節、陳規和赤盞尉忻等劾奏的案子。金末近侍局的權力特別大，哀宗時竟有策論進士出身的翰林直學士斜卯愛實敢於向它挑戰，批評「近侍權太重，將相大臣不敢與之抗！」雖然他幾乎因此得罪(註一三五)，但是也有成功的例子，如監察御史烏古論石魯剌及尙書右丞師安石抨擊近侍張文壽、仁壽及李麟之受敵饋遺，朝廷遂斥去這些近侍(註一三六)。

五、結　　論

金代初期統治階層內部權力鬥爭的結果，削弱了桀傲不馴的大將和貴族的勢力，提

（註一三〇）金史卷十四貞祐元年十月乙巳條。
（註一三一）同上貞祐三月二月丁酉條。
（註一三二）參考拙著「金元之際女眞與漢人通婚之研究」，列入京都大學，田村博士頌壽東洋史論叢（一九六八），頁711—716。
（註一三三）十郡王見金史卷一一七，頁九上；九公見同上卷一一八，頁三上至四下。
（註一三四）同上卷一二四「商衡傳」。
（註一三五）同上卷一一四「斜卯愛實傳」。
（註一三六）同上卷一一五「完顏奴申傳」；卷一〇八「師安石傳」。惟師安石因此案，被哀宗斥責疽發腦而死

高了中央政府的權威。中央政府的力量遂得以逐漸向華北擴張，終於直接的控制了這個地區。官僚集團和皇帝的勝利，也就是金初統治階層中希望改良政治組織，採取理性化治理漢地政策的一羣人的成功。簡單的說，這一羣人不主張「馬上治天下」。他們建立的新的官僚組織，開創了金朝統治中原的規模。在熙宗和海陵王當政的時代，中央集權的繼續進展和漢化的加深相輔相成，奠定了政治、社會和經濟各方面的基礎。接着世宗極力調和女眞人和漢人間的關係，改善用人政策，遂造成了相當長久的安定局面。

在金代初期的各種政治衝突裡，除了官僚集團和軍閥集團的對立以外，最嚴重的是以皇位繼承爲中心的鬥爭，與漢人中間發生的黨爭所引起女眞統治者對於黨派的暴力壓制。前者雖然以確立嫡長繼承爲結果，却延續到章宗時代。後者則影響到整個金朝的政治過程，甚至在當權者和新女眞進士集團的衝突裡，也引進了暴力。總之，所有這些衝突中，大都沒有遵循妥協及和平的途徑來解決，反而繼續不斷的使用暴力。不僅如此，在日常政治的運行中，經常使用杖刑來鎮懾士大夫，導致傳統中國士大夫地位的急劇下降。以上種種措施一方面使士大夫不願走進仕途，另一方面使願意作官的士大夫對於皇帝唯命是從，不敢有所作爲，終至成爲皇帝的工具。政治過程的殘暴化，否定了黨派間和平爭執的可能性。唐代牛李黨爭和宋代新舊黨爭都沒有演成互相殘殺的的局面，而在金代不但田瑴黨禍中若干士大夫被處死，而且女眞進士和權臣的衝突，也不免流血。新暴力的出現，對於中國傳統政治來說，留下了不可磨滅的影響。著者認爲明代殺戳大臣和東林黨禍株連的慘禍，似乎可以追溯到征服王朝使用暴力的淵源。

雖然如此，政治衝突並不是祇會加強政治的專制化和加速政治的腐化。政治衝突往往具有消弭歧見，達到對於政治問題的妥協，尤其是表達不同政治團體的意見的作用(註一三七)。本文在關於女眞進士科的討論中，就曾強調其在政治上平衡貴族勢力和改良政治的貢獻。

還有一點應當指出的，是金代中期的暴動和叛亂的頻繁，固然影響到世宗初年政

(註一三七) Lewis A. Coser 在其 *The Functions of Social Conflict* (New York: The Free Press, 1954)一書中討論衝突的正面貢獻。他認爲衝突不僅導致社會變遷，而且內部和外部的衝突都在若干方面有促使內部團結的作用。

局的穩定，却也通過這種手段，表達了多數被統治者對於征服王朝統治結構和政策的不滿和反抗（註一三八）。有爲的君主世宗瞭解了這些暴動的本質，所以採取了種種的改革措施。從這個觀點看來，歷史上的暴動和叛亂固然動搖甚至推翻了朝代，但是也促成了改革運動的的實行。世宗推行改革運動就是一個很好的例子。

（註一三八） 在所謂非西方的傳統社會中，叛亂有時候是百姓表達政治意見的一種模式。關於這種意見的討論，參考 Gabriel A. Almond and G. Bingham Powell, Jr., ***Comparative Politics: A Developmental Approach*** (Boston and Toronto: Little, Brown and Co., 1966), p. 82; 及 Max Gluckman, ***Politics, Law, and Ritual in Tribal Society*** (Chicago: Aldine, 1965), pp. 279-285.

出自第四十三本第一分(一九七一年三月)

宋代公使庫、公使錢與公用錢間的關係

林　天　蔚

(一)　問題的提出

宋代各地有「公使庫」之組織。宋史卷一七二「職官志」有「公用錢」一項，宋會要輯稿（以下簡稱輯稿）。「食貨」三十五與六十四有「公使錢」與「公用錢」二種，而其中「食貨」三十五之四十六「公用錢」之上，注明「可移補公使錢內」；似乎三者作用完全相同，其實三者性質迥異。按宋代文獻言「公使庫」較多，卽使兼言「公使錢」，亦未分別二者之關係，據王明淸之揮麈後錄卷一「第六條」：

『太祖旣廢藩鎭，命士人典州，天下忻便。於是置公使庫，使遇過客，必館置供饋，使人無旅寓之嘆，此蓋古人傳食諸侯之義。』

又，朱昇之曲洧舊聞卷二

『祖宗時，州郡雖有公庫………而皆畏淸議。』

至南宋時，李心傳之建炎以來朝野雜記（以下簡稱朝野雜記）甲集卷十七「公使庫」條

『公使庫者，諸道監帥及州軍邊縣與戎帥皆有之。』

另一方面，馬端臨之文獻通考卷二十三「國用考」曾言「公使錢物」却未言「公使庫」。至于其他文獻，卽使言「公使庫」與「公使錢」，亦未解釋二者之關係。

趙甌北素稱善于考史，然廿二史劄記卷二十五「宋制祿之厚」條，曾言「公用錢」，按其文則是引自宋史卷一七二「公用錢」。另外，同書同卷「宋冗官冗費」條，言及「公使錢」，其文則據自宋史「向經傳」，且未分析兩者之異同，因「公使」「公用」，均是「因公使用」之意，最易混淆，令人錯覺「公使錢」與「公用錢」，根本是一物異稱。一九五四年方豪教授出版之宋史，其上册第五章第十節「士大夫之優遇」條，亦是「公用錢」，「公使庫」並列。大概「公使庫」、「公使錢」、「公用錢」三者之作用，實難以劃分之故。

最近，東洋學者佐伯富教授之「宋代の公使錢について」（以下簡稱佐伯之文、

載于東洋學報四十七卷）第七「公使錢の額」，便全是以「公用錢」當作「公使錢」。此外，全文將「公使錢」與「公用錢」合用之例子甚多。又，曾我部靜雄教授之「宋代の公使錢と官妓」（以下簡稱曾我部之文，原載文化廿八卷第三期）注二：亦謂「公用錢」卽「公使錢」之意。其實：「公使庫」是地方機構，但負責籌募與運用「公使錢」，同時，因須籌募經費，故有頗多「營利」的商業行爲，如製「公使酒」，「公使醋」甚至刻書等。至于「公使錢」；則是地方首長與中央執政官或高級職事官之「個人特別津貼」；可說是俸祿的一部份，可以「私入」。至于「公用錢」，則是官署的「特別辦公費」：可以用于招待來往官吏，貢使與犒軍及其他特別用途。主管長官有權使用「公用錢」，但須報銷，如侵呑「公用錢」便成違法，三者性質與作用逈異。

佐伯富與曾我部靜雄二教授對「公使庫」問題，曾作系統之整理，及有極大價値的貢獻，不過，曾我部教授謂「公使錢」是官吏之招待費與交際費。其實，「公使庫」是負責招待來往過客無疑，但招待費與交際費似指「公用錢」更爲合適。佐伯富教授提出「公使庫」是地方財政之制度，暗示宋代在中央集權制度之下，地方權力興起的一種趨向。其實「公使庫」是地方財政機構之一，無可否認，因其在地方籌募經費，但其支配權却全在中央，如輯稿「食貨」六四之一一三記元豐五年三月二十三日

『詔司農寺於大名府公使錢內（按：此應是公用錢）撥錢千緡與相州。

及于恩冀二州公使（用）錢內各撥錢千五百萬與邢、趙、磁三州。』

中央政府可命大名府及恩冀二州撥錢予別州郡，可知支配權仍在中央。又李燾之續資治通鑑長編（以下簡稱長編）記元祐三年閏十二月庚辰

『三省言：職事官俸祿，比官制前雖減，而公使增添頗多，治平歲支十六萬緡，今支七十五萬餘，詔戶部索取。』

旣由「戶部索取」，可知「公使錢」與「公用錢」之支配權仍在中央，那麼，「公使庫」卽使是地方機構，但未能看出是地方權力興起的一種趨向。

至于設立「公使錢」與「公用錢」之動機，最初是「優待士大夫」固無可疑，另一方面，宋代推行交鈔制度，通貨膨脹，不得不推行此種「特別津貼」，以符合實際需要，不無少因。至于古今學者將三者混淆不清的原因，僅分析如下：

(二) 公使錢與公用錢及其他（添支，添給，貼職錢，支破）

散見于宋代文獻中，有關「公使錢」與「公用錢」的記錄，常常混淆不淸，而且缺乏系統之記載與分析，尤其是在輯稿「職官」俸祿條內，往往前稱「公使」(事)，後稱「公用」，至于「公使庫」供給的應是「公用錢」却稱是「公使錢」。這等矛盾與錯誤的記載很多，而且均是一鱗半爪。其中較爲重要的記載有：

(一) 宋史「職官」卷一七二「公用錢」。據其所載之官制應是元豐以前的紀錄

(二) 輯稿「職官」卷五十七之「俸祿」條內

甲：五七之八是元豐以前之紀錄

乙：五七之五五及所引之事類合璧是徽宗時之紀錄

丙：五七之八三是孝宗時之紀錄

(三) 長編甚多零散之紀錄

以上三書記載所有支取「公使錢」之官吏與「公用錢」之數額，並不完全相同，即使以相同職位比較：宋史之「公用錢」與其他各書之「公使錢」之數額，亦互有參差。其中最顯著的是：同一職位的「公用錢」必多于「公使錢」，如：

門下省登聞檢院

宋史「公用錢」：月支五十千（貫）。

輯稿「職官」五十九之九：「公使錢」月支十千（貫）。

兩者相差五倍

使相

宋史「公用錢」：歲給七千貫至萬貫。

輯稿「職官」五十七之五五：宰相，執政官（公使）歲支千貫。

五十七之八三：帥臣（公使）歲支不得過二百貫。

按：使相是節度使而帶宰相，執政銜。帥臣即是節度使。二者未必全等，但大致相同，而最高額之「公用錢」與最低額之「公使錢」相差達五十倍。甚至職位相同的「公使錢」，各書的記錄亦不同，如：

都提舉市易司

長編：歲支二千貫（佐伯之文）。

輯稿「職官」五十七之八：月支二十貫。

兩者相差十倍弱。

三司開封府

長編：歲支萬貫（佐伯之文）。

輯稿「職官」五十七之八：月支百千（貫）。

兩者相差八倍多。

因此，不能不令人懷疑：「公用錢」與「公使錢」應有不同。據宋史卷一七二「職官」公用錢條：

『京師月給者……用盡續給，不限年月，文武常參官，內職知州者，歲給五千至百千凡十三等，皆長吏與通判署籍連署以給用。』

「用盡續給，不限年月」，「長吏與通判署籍連署以給用」，這表示「公用錢」應是官署「特別辦公費」，用時要「副署」，與「公使錢」是首長之個人「特別津貼」不同，前者（公用錢）數額較大，且有「帳籍」，餘數應歸政府，後者（公使錢）則盡入私囊，兩者實有不同，據宋史卷二二三「李用和傳」：

『舊制：刺史以上所賜公使錢，得私入。用和悉用爲軍費。』

按：李用和爲仁宗時永清軍節度觀察留後，以其應得的「公使錢」用爲軍費，遂得美傳。又，宋史卷二二三「向傳範傳」附「向經」

『方鎮別賜公使錢，例私以自用。』

按：向經爲神宗時濰州防禦使，知陳州，由此證明：「公使錢」可自用入于私囊，是官吏的「個人特別津貼」，但另一方面，據長編記慶曆四年二月辛丑：

『權御史中丞拱辰言……滕宗諒在邊盜用公使錢。』

「公使錢」旣可「私入」「自奉」，爲何罪之以「盜」？幸而梁堅有章彈劾滕宗諒盜用者乃是「官錢」，據長編記慶曆四年正月辛未

『監察御史梁堅彈奏：滕宗諒於慶州，用過官錢十六萬貫，有數萬貫不明，必是侵欺不已。』

若再以輯稿參照：此「官錢」即「公用錢」。據輯稿職官六十四「黜降官」記慶曆四

年正月九日

『權知鳳翔府藤宗諒，降……以鄭戩發其前在陝西，過使公用錢。』

按：「公用錢」雖「用盡續給，不限年月」，但用時要「連署」，有帳可稽。藤宗諒所過用之「官錢」十六萬貫，其中有數萬貫不明，（無帳籍可查之意），顯然的：長編誤以「公用錢」作「公使錢」矣，又宋史卷二三九「錢惟濟傳」：

『負公使錢七百餘萬。』

按：錢惟濟以降臣之子，仁宗時爲保靜軍留後，據本傳稱其「喜賓客、豐犒宴、家無餘貲，致負公使錢」。細味「因豐宴犒」。「致負公使錢」，此「公使錢」應是官署之「公用錢」，因「公用錢」多用于「讌會」，「招待來往賓客」。此是宋史誤以「公用錢」作「公使錢」。

所有「公用錢（官錢），「公用物」用時均須報銷（板籍），盜用者有罪，此等例證甚多據輯稿「職官」黜降官條：

『太平興國八年四月十一日，威塞軍節度使，判潁州事曹翰，削奪在身官爵……以盜用官錢。

『慶曆六年七月廿一日，知潞州起居舍人，直龍圖閣尹洙，責隨州節度副使，坐前任渭州，侵使公用錢也。

『熙寧九年十二月廿二日……張諤勒停……。先是，諤判司農寺，有寺吏劉道，盜用官錢。

『元豐七年正月十八日，廣南西路提擧常平等事劉誼，于桂州治廨舍，費官錢萬緡……（致轉運副使均罰銅）。

『宣和元年五月十五日，太府少卿盧法源等各降二官，以不覺察人吏盜印僞造省符，及妄僉押過盜請官錢。』

以上多是地方首長盜用「官錢」（公用錢），或用而無當因而獲罪。同樣理由，竊用「公用物」或借用公庫（用）錢，亦在不許，如長編記嘉祐五年八月乙酉

『罷諸路提點刑獄使臣……先是，同提點刑獄使臣，或有竊公用銀器及樂倡首飾者，議者因言：使臣多不習法吏民事，不可爲監司，故罷之』

又輯稿「職官」黜降官條：

『元祐七年七月廿四日，鄜延第四將宮苑副使向懷德……私役禁軍，借用公庫錢』

此「公庫錢」應是「公使庫」之「公用錢」，因若爲「不合法之公用」，用之有罪，此與個人「因公差使」時所得之「公使錢」不同。不過，官署首長固有「公使錢」，而首長亦同時可運用官署之「公用錢」，用錢之際、職責難分，于是做成「公使」「公用」混淆不清。如長編記大中祥符六年六月

『廣州本無公用錢，而知州月給十萬（百貫），蓋兼備公費。』

此十萬（百貫）應是知州之「公使錢」，因廣州別有「公用錢」。據輯稿「職官」五七之九記同年

『廣州歲取五百千（貫）爲公用。』

李燾是宋代名史學家，其長編對「公使」、「公用」在當時已混淆不淸，若非細心分析，最易蒙蔽，此是產生誤會原因之一。

此外，俸祿之制，唐以前給田（職官田），唐時有田，有俸，宋代官吏之俸祿，除部份職田外，有穀帛，衣物及錢等十餘種。單是錢，已有「俸料」，「月給餐錢」、「公使錢」、「公用錢」、「添支」、「貼職錢」等，有些是個人津貼，有些是官署公費，類別既多，最易混淆，此是產生誤會原因之二。

「公使錢」既有定額（見下文），至眞宗時，因有對遼戰爭及天書封禪影響，財政日見困難。及至「交子」出現，生活程度日高，于是開始有「添支」。「添支」者，似是額外薪俸。又有「添給」，是額外「俸物」。兩者似是官吏之個人津貼，與「公使錢」性質相同。長編記大中祥符六年廣州知州月支十萬，兼備公費（見上文），下續言

『而長吏以其名爲添支。』

「添支」記載頗多。據輯稿「職官」俸祿條

『咸平五年七月，詔增川峽路京朝官使臣等月給添支。

『景德元年十一月十五日，詔留守判官，推官月俸，添給厨料，依開封府判官，推官例頒諸路。

『景德二年正月，令廣南諸州應試銜知州，通判，除給祿事俸外，更准

試例添支錢物。

『大中祥符七年七月，詔吏部尚書王欽若：戶部尚書陳堯叟，月俸支實錢，仍添給三十千……又詔外任官不得挈家屬赴任，許分添支錢贍本家。

『嘉祐二年九月，詔眞定府高陽關安撫總管添支，如陝西路例，並支五十千（貫）。

『熙寧三年八月廿六日，詔司農寺丞，月添支錢十五千（貫）。主簿、京朝十二千（貫），選人十千（貫）。

『元豐三年十月八日，御吏臺言：資政殿學士呂惠卿…月給錢五十千。惠卿又請添支錢十五千。

『元豐四年四月廿二日，詔陝西都轉運司………舊有窠闕文武官料錢、米、麥、添支諸般請受，依舊勘請外，後因軍興，創添員闕，並諸般差使，除身份料錢，米麥外， 餘添支諸般請受， 並權于關東軍或在京支給。

『元豐六年四月十八日，詔前宰臣，執政官，宮觀差遣添支，依知大藩府祿令給之。

大概初時之「添支」、「添給」是額外「俸物」，後來逐成俸祿一部。據王應麟之玉海卷六十六「嘉祐祿令」條

『韓琦言：內外文武官俸入添支，並將校請受………乃命制誥吳奎等六人，卽三司類次爲祿令。』

嘉祐以後仍有添支，大概是幣制之惡性膨脹關係，當時所有俸料支實錢者只是部份，而附以其他實物或鈔。所以幣値貶値之時 ，不能不「再添支」，結果，添支愈多，國家財政愈困難，熙寧變法無補于實事，于是哲宗時，一方面減官俸，一方面調整「公使錢」，其法乃是「添上減下」。據輯稿「職官」俸祿條

『元祐三年閏十二月六日，詔太中大夫以上知判州府，添置公使錢，正任團練使，遙郡防禦使以上至觀察使並分大郡，次郡(之公用錢)。初除次郡，俸錢各減四分之一。移大郡，全給。留後，節度使分大鎭。次鎭，小鎭各遞減五萬。刺史以下，使相以上不減，其刺史至節度使公使錢，

依俸錢分數裁減。』

此種減下不減上的不公政策，尤其是過份重視節度使（邊將），至徽宗時遂引起大臣之不滿。據輯稿「職官」俸祿條記大觀三年九月十一日，臣僚言：

『臣等見編修祿格，伏睹大學士添支，比正任料錢相遼邈，且如觀文殿大學士，節度使，從二品。大學士添支錢三十貫而已，節度使料錢乃四百千（貫），傔從粟帛稱是。或謂大學士自有寄祿官錢，故添支數少。臣等以銀青光祿大夫任觀文殿大學士較之，則通料錢添支不及節度使之半，其厚薄不均明矣。切謂觀文殿大學士，近制非曾任宰相者不除，而節度使或由行伍、或立戰功皆得除授，曾無流品之別，朝廷顧遇大學士豈輕于節度使哉?!』

因此，遂于是年將「公使錢」，「添支」等合而改稱「貼職錢」。據同上書，

『自待制至直閣，皆朝廷遴選，亦有添支。又大學士或守大藩，或領帥權，自有添支，而職錢亦謂添支，其名重複，今欲將職錢改作貼職錢以別之。』

當時將「公使錢」，「添支」爲率而改訂之「貼職錢」，其數目據上書記載如下：

觀文殿大學士	壹百貫
觀文殿學士、資政殿大學士	八十貫
資政殿學士、端明殿學士（內前執政加二十貫）	五十貫
龍圖、天章、寶文、顯謨、徽猷閣學士、樞密直學士	四十貫
龍圖、天章、寶文、徽猷閣直學士	三十貫
龍圖、天章、寶文、徽猷閣待制	二十貫
集賢殿修撰	十五貫
直龍圖閣、秘閣	十　貫

其實「貼職錢」是公使錢另一次調整而已，因政和以後仍有添支之記載（見輯稿俸祿）

南宋以後，盛行「支破」、「支破」者，「破例支給」之意。凡正額「公使錢」

之外，有「添支」。添支之後可破例再「添支」是謂「支破」，或破例越級支給，故常常「支破添支」並稱。如輯稽「職官」俸祿條

『紹興二年十一月二十五日，詔諸學士待制，合請職錢，米麥等。依嘉祐祿令支破，中散大夫以上，提舉在外宮觀，依嘉祐祿令隨資序立等支破添支。

『紹興三年，戶部契勘、前宰相執政官充宮觀差遣，元豐法合依知判諸路州軍府例，支破添支。……太中大夫……依待制以上例支破添支。

『紹興五年二月十五日………曾任節鎮，知州，轉運判官，提舉茶鹽以上，依第三等知州例支破添支。………二十七日，詔中散大夫以上宮觀人，依曾任監察御史例支破添支。

『乾道七年，戶部狀……自來知臨安府帶安撫使請給，格法：除本身料錢外，支破特給添支。』

此等「公使錢」、「貼職錢」、「添支」、「支破」均是官吏的特別津貼，亦可謂之「職務津貼」。固可令人感嘆「宋制祿之厚」，「士大夫之被禮遇」，亦可從俸祿之名目衆多，窺知宋代幣制貶值之一斑矣。

㈢　支領公使錢之官吏與官署之公用錢

根據上文的推論：「公使錢」乃支給予官吏。「公用錢」乃是官署的「特別辦公費」。以此標準，翻查宋史，輯稿及其他各種文獻，發現可支「公使錢」的官吏有下列數種：

壹、宗　　室

凡宗室而領有州郡職事官銜者，可支領「公使錢」。如宋史志一七九「食貨志」

『仁宗寶元中，皇后嬪御各上奉錢五月以助軍費。宗室刺史以上亦納公使錢』。

又，輯稿「帝系」二之十一，記康定三年五月

『是時西鄙用兵，宗室自刺史以上，各納本州公使錢之半。』

宗室支領「公使錢」之額，比一般官吏略多。據輯稿「帝系。」五之二十「宗室雜錄」條

『詔宗室公使……並依元豐條例…元豐別無定宗室公使錢例，只許引用熙寧五年六月朝旨：每年支賜

使相，節度使	各二千貫
節度，觀察留後	各一千貫
觀察使	一千貫
防禦使	七百五十貫
團練使	五百貫
刺史	二百五十貫』

此等「公使錢」並非全給，而是按其遠近而有別，如同書記熙寧六年六月壬子

『增訂諸路州軍公使錢及宗室正任刺史以上之公使錢，……舊制，邊任全給，內藩三分之一。』

當然，其中亦有特別恩賜而例外者：如神宗時濮王宗暉；據輯稿「帝系」二之三十八，記熙寧七年九月七日

『詔嗣濮王宗暉主奉祠事，宜比宗姓使相，郡王，歲增公使錢二千貫。』

又輯稿「食貨」六十四之一一四，記嘉定十四年七月二日：

『詔皇子寧武軍節度使祁國公，歲賜公使錢，特予支三千貫，仍逐月均給。』

按：宗暉時爲奉祠，並無職事差遣，而皇子亦無職事差遣，此等「公使錢」是特別恩賜。

至徽宗時，因現錢不足，改行鈔法。于是宗室的「公使錢」亦折半支給，而另償以絹。據輯稿「帝系」五之二十一，記大觀元年八月二十日

『依熙寧法：宗室刺史以上每年公使，錢絹各半。』

此外，宗室生日亦有「公使錢」賜給。如輯稿「食貨」六四之一一三記淳熙元年一月二十八日：

『詔南班士矩等六人，生日賜公使錢，與依格全給。』

甚至宗正寺之庶官換授，亦請領「公使錢」。據上書同條：

『權知大宗正事不亰言：西南二外宗正司皆有公使錢，物（公使酒，醋），本司日前多是三公，使相，知判。今庶官換領，未有歲賜公使錢者，合行申明。詔不亰官見係遙郡，未應支給，令戶部特支錢五百貫，候轉官至應給日住支。』

至于宗正寺，宗正司亦有官署之「公用錢」。據輯稿「職官」二十「宗正寺」，記大中祥符九年二月

『詔宗正寺：宜令三司每月給公使錢十五千（貫）。』

此「公使錢」並非給予個人，應是「公用錢」之誤。又輯稿「帝系」四，「宗室雜錄」記熙寧三年十二月二日

『詔三司，令左藏庫每年特支錢五千貫充濮王宮公用支使。』

此是濮王府之「公用錢」，至于外地之宗正司亦有官署用之「公用錢」。據輯稿「食貨」六四之一一四記淳熙元年九月

『知南外宗正司趙不敵言：乞依西外宗正司公使庫，歲給錢數，每次給降。』

又，同書同條記紹熙三年二月五日

『西外宗正司乞降度牒充公使錢。』

此等「公使錢」全是「公用錢」之誤，因宗室出主外郡，例有「公使錢」支給，不須申請。「南外宗正司」是南宋時設立，乞依西外宗司之例請給而爲官署之「公用錢」。

宋代不單禮遇士大夫，尤善待宗室。故朱熹曾感嘆：

『宗室俸給一年多一年，駸駸四五十年後何以當之。』（朱子語類卷一一七論財）

貳、官　　吏

最初，支領「公使錢」之官吏：主要是州郡長官（監司）與邊境將帥，如前所引之朝野雜記甲集卷十七「公使庫」條

『公使庫者，諸道監司及州軍邊縣與戎帥皆有之。』

至于諸道監司及州軍首長所得之「公使錢」若干？試根據輯稿「職官」之俸祿

條，記隆興二年十二月廿八日

『戶部契勘在法公使庫供給：（月支）

帥臣	不得過二百貫
監司，知州軍	不得過一百五十貫
通判	不得過八十貫
兵職官監司	不得過三十貫
外縣知縣，丞	不得過十五貫
簿尉，監當官	不得過十貫』

至于刺史以上，如節度使，觀察使，防禦使，團練使等，均爲宗室或宰執所兼領，其「公使錢」較多，大約由（刺史）二百五十貫至二千貫（使相）不等(見前)。至于宋史卷一七二「公用錢」所引刺史由五百貫至一千五百貫，使相竟高達二萬貫。此乃官署之特別辦公費而非個人之「公使錢」因：

（甲）：文獻通考卷廿三：「國用考」

『天聖九年……而公使錢立定額，（每歲）自二百貫至三千貫止。』

此與輯稿「帝系」五「宗室雜錄」所記「公使錢」之數目相近，而「公用錢」因「用盡續給」，故數目較大，致有五百貫而至二萬貫之記載

（乙）：南宋時通貨膨脹，歲出入的數目遠比北宋爲大。因此，北宋官吏所支取之「公使錢」應較南宋爲少，若以帥臣爲例：南宋時不外二百貫（輯稿），而北宋却有二萬貫（佐伯引宋史一七二而認作是公使錢），殊不合理。

此外，中央政府之職事官亦有「公使錢」之給。據輯稿「職官」之「俸祿」條，記大觀三年引用事類合璧

『外任納內，曾任執政官以上，不限內外並給公使錢，大觀文：

曾任宰相（歲支）	一千五百貫
觀文大（學士）、資政、端明（大學士）、曾任宰相執政官	一千貫
餘	七百貫
龍圖至徽猷學士、直學士、待制，樞密直學士及太中大夫	五百貫

以上兼按撫經略或馬步軍都總，都馬都鈐轄各加百貫。』

由此可知中央之宰執至地方首長均有「公使錢」之支給。至于「公用錢」，則任何官署皆有但可考者：

（甲）：宋史卷一七二「公用錢」京師月給者

玉清昭應宮使	百千（貫）
景靈宮使，崇文院	七十千（貫）
會靈觀使	六十千（貫）
祥源觀，都大管勾	五十千（貫）
御史臺	三百千（貫）
大理寺	三百五十千（貫）
刑部	九十六千（貫）
舍人院	二十千（貫）
太常寺	二十五千（貫）
祕閣	二十千（貫）
宗正寺	十五千（貫）
太常禮院，起居院	十千（貫）
門下登聞院，鼓院，官誥院，三班院	各五十千（貫）

（乙）：佐伯富教授從長編中鈎出（見佐伯之文）

三司，開封府	萬千（貫）
司農寺	三千五百千（貫）
將作監	三千（貫）
都水監	二千五百千（貫）
羣牧司，軍器監，都提舉市易司	二千（貫）
刑部，除舊大理寺月支錢外	一千（貫）
國子監	七百千（貫）

至各州軍之「公用錢」，佐伯富教採據長編歸納而言

『內地州軍，大抵由二三百貫而四五百貫左右』

按：佐伯富教授此段作「公使錢」，其實各州軍首長之「公使錢」均有定額，而以官

階爲別，而非以「地」而分，長編所言各地「公使錢」之不同，應是各地「公用錢」之誤。

因「公用錢」是「用盡續給」，故諸州時有增給，如長編：

『大中祥符七年八月己丑，增河南府公用錢五十萬。

『大中祥符八年二月丙寅，增澶州公用錢五十萬，從知州勒懷德之請也

『大中祥符八年三月壬戌，增絳州公使（用）錢五十萬，從知州錢惟濟之請也。』

「公使錢」是歲給，「公用錢」雖亦有歲額，但可月支或季支。據輯稿「食貨」三十五「公用錢」：

『公用錢……例將一年數均十二月支給，及時預備，亦有非便，自今後並許逐季支遣。

『景德元年十一月十五日，以刑部侍郞趙昌言知河陽，月增公用錢十五萬（一百五十貫），特旨也』

叁、將　　帥

所有邊境將帥其所領之「公使錢」，以其職階而別。如節度使，觀察使，防禦使，團練使等，其定額各有不同，已見上文。如單言「給諸將」之「公使錢」則是「公用錢」之誤。如長編記元祐二年正月乙丑

『罷諸將下管設，自今諸將歲賜公使錢五十萬，東南路軍三十萬。每公使十萬，造酒毋過十萬，歲終有餘以繕軍器』

又，同上書記

『熙寧五年十月己丑，詔秦鳳諸路沿邊安撫司，以渭源慶元堡隸鎭洮軍。鎭洮歲賜公使（用）錢三千緡（貫），可權增二千緡

『元豐八年，經制熙河路沿邊財用司言：被旨均定熙河，岷州、通遠軍公使（用）錢，乞以轉運司歲所支四州軍公使數。』

按：邊境帥臣之「公使錢」不外二百貫。以上三節的數目遠超過二百貫甚多，再從內容觀察，顯然是指官署之「公用錢」。

邊境州軍之「公用錢」多用于犒軍。如輯稿「食貨」三十五之四十六，記景德四年十月十四日

『高陽關承受劉樫言：河北用兵之際，優給公使錢，犒設軍校。』

「犒設軍校」非私人之事，此段當然是「公用錢」之誤。又，犒設軍校時，因軍隊多少而費用有所不同，故數額時有增減。據同上書記景德元年九月六日

『詔給北面三路都總管王超公用錢滿萬貫，以用兵故也』

所以軍隊愈多，「公用錢」增加愈多。據長編記大中祥符六年十一月

『詔近京州軍增屯兵處，加給公用錢，以便宴犒。』

于是狄青在陝西，因兵員多，犒宴多，便設法回易以增加「公使（用）錢」了。據河南先生文集卷二十一「論雪部署狄青回易公使錢狀」（轉引自佐伯之文）

『本路自西事以來，所添兵數，主兵臣寮指使，使臣等，數倍于舊。又狄青多與衆官躬親提舉，校閱軍中將校，每有犒設，以此所費益多，若不別將（公使）錢回易，即無由充用。』

甚至邊防重鎮，軍事要衝，亦常請求或別增「公用錢」，即此原故。據長編記大中祥符五年十二月己卯：

『增冀州公用錢五十萬，以其當北路要衝也。』

此外，上文曾引河南府與澶州均于大中祥符七年與八年增加「公用錢」各五十萬，蓋此二地亦邊防重鎮，軍隊衆多之故。同樣理由，如減屯，「公用錢」亦隨之減少。據輯稿「食貨」三十五之四十六，記大中祥符正月四日

『詔差定諸州軍公用錢。有司言：昨減屯兵使命，亦步餘沿邊及當路仍舊外，餘皆減定其數，請降旨施行；從之。』

南宋時，軍隊之「公用錢」取自軍庫，其盈餘可用于勞軍及購戎器，中央從不過問。據朝野雜記甲集卷十七「公使庫」

『惟總領所公使（用）錢，以料取于大軍庫，故斂不及民。然正賜不多，而歲率十數萬，每歲終，上其數于戶部，輒以勞軍，除戎器爲名，版曹知而不詰也。』

(四)　公使錢與公用錢之變質

如上文所述，所謂「公使錢」是官吏個人的「特別津貼」，例可「私入」。至徽宗時改爲「貼職錢」。另一方面，官署之「公用錢」，亦由首長支配。「公用錢」本用于犒宴軍隊，迎送來往官吏，或作其他特別用途，其正額本不多，後由地方政府加以商業運用，以收利潤：如回易，常平倉，製酒，製醋等。佐伯富教授之文可資參考。利潤既大，于是其歲餘，月餘均用于餽送大臣。據輯稿「食貨」二十一之十六，記大觀三年五月十六日

『臣僚上言：訪聞齊州比年以來，公庫供給有歲餘，月餘之稱，皆例册外，別立名目，以爲餽送。』

南宋時，此種「餽送」已相當普遍。據輯稿「職官」四十七之二十四，記紹興五年十月廿五日

『右諫議大夫趙霈言：比年以來，郡守更易不常，固有交印視事，席未暇煖，人復改命……然公帑每遇到罷，依例有餽送，多者數百千，少者亦不下二三百千，初到任既已收授餽送，或移之他郡亦復如之，凡一易守臣，則所費必倍。……乞應守臣，兩易其任，在半年內者，不得重叠受到任餽送。

此種「餽送」，又名「公使苞苴」。據朝野雜記甲集卷十七：「公使庫」。

『蓋祖宗時，以前代牧伯，皆斂于民以佐厨傳，是以製公使錢以給其費，懼及民也，然正賜錢不多，而著令許收遺利，此州郡得以自恣。若帥憲等司，則又有撫邊，備邊等庫，開抵當，賣熟藥，無所不爲，其實以助公使（用）耳。公使苞苴在東南尤甚，揚州一郡，見于帳籍者至十二萬緡……東南帥臣監司到署，號爲上下馬，鄰路皆有餽，計其所得，動輒萬緡。』

而朱文公集卷十八：「按唐仲友第三狀」更明顯指出：

『自兩年以來，却以糴本庫錢撥入軍資庫，軍資庫撥入公使庫，以資供給。公（使）庫之錢既富，乃巧作名色以餽送爲名。』

此種「饋送」，多是監司互送，其實是「公使錢」之演變。據鄭興裔之鄭忠肅奏議遺集：「請禁傳饋疏」：

『近時所有鄰道互送禮，名曰傳饋，賄賂公行……凡帥臣監司到罷號爲上下馬，鄰道皆有饋遺，計其所得、動輒萬緡。……貪墨成風，卽使內外臺司按之，輒曰：此成例也：且曰；此動用公使庫錢，無病國，無厲民也。』

按：宋史卷二二四「鄭興裔傳」載：帝嘗喜其數論事；可知當時「饋送」之風，政府亦認爲不可。據朝野雜記乙集卷十二：「御筆嚴禁監司互送」條：

『嘉泰三年，上御筆嚴禁監司互送之禁，然遠方自如，四年夏、馬使彭輅至成都，制使謝源明，茶使趙善宣留連踰二月，自入境迎迓，以至折俎贈行，以楮幣，錦綵，書籍，藥物計之，所得幾萬緡……是年六月，趙漕自成都運判除四川茶馬，時省攝事已久，朝廷本以省將迎之費，茶漕並置司成都城中，而去送迎迓公用，水脚之費，各司數千緡，舊無所謂壓境錢者，謝用光始創之，趙並不離城中，而「不」（疑有誤）受壓境錢者，玆又可笑也。』

所以，朱熹主張「愛惜官錢」。據朱子語類卷一〇六，「外任」

『因說鄭惠叔愛惜官錢云：某見人將官錢胡使，爲之痛心。兩爲守皆承弊政之後，其所用官錢，並無分明，凡所送遺，並無定例，但隨意所向爲厚薄。問胥吏皆云；有時這般官員過往，或十千或五十千，後番或是這樣又全不送，白休了。某遂云：不得朝廷有個公庫在這裏，送過往官吏，當隨其高下多少與之，乃是公道，豈可把爲自家私恩，于是立爲定例，看什麼官員過往，便用什麼例送與之，却得公溥。』

朱熹所謂之「官錢」便是「公用錢」。當時首長有權支配「公用錢」，不知自愛者遂「假公濟私」。此等記載，見于輯稿「職官」，「黜降官」條中頗多，如

『淳熙九年七月九日，太府少卿，淮西總領葉宏放罷。言者論其……多爲（公使）苞苴，徧遺權貴。

『紹熙五年七月二十日，宇文子震坐任淮東總領，權知鎭江府日，妄用

(公使)錢物，過例饋送。

『紹熙九年三月二十五日，前知潭州劉焞，坐任過例饋送，妄有支費。

『開禧元年十二月十一日，前淮西總領葉籈，特降二級，以妄用公使激賞庫錢物。

『開禧二年三月，降授武功大夫，文州刺史鄭挺，以互送過錢(過定額之公使錢)。

『嘉定六年二月一日，新除知大宗正丞林良予宮觀，以臣僚言其向守嘉興，專事培克，自奉其私，親舊饋送，多支公帑。

『嘉定十七年八月五日，廣東提舉吳昭夫放罷。……昭夫公使庫別置，歷送還人多支錢，或詭名借請饋送，皆有實迹。』

至其甚者，竟有離職之時，席捲公使(用)。據輯稿「職官」之「黜降雜錄」條，記嘉泰四年八月廿八日

『臣僚言：監司郡守……遇有章疏罷黜之命，則稽留省劄，亟遣一介，星馳以報，洎罷命之至，已席捲庫藏，竄易簿書，雍容而去耳。』

以下證據，均錄自輯稿「職官」之「黜降官」

『紹興二十六年二月二十八日，知鎮江府呂愿中召還，席捲公庫，爲臣僚論列。

『慶元元年十一月十二日，福建運副陳公亮放罷。……公亮素無廉聲，昨漕江西，聞改福漕，席捲公用，郡人駭之。

『慶元四年二月十四日，權發蘄州祝禹珪放罷，臣僚言其…席捲公帑。

『慶元六年十一月廿五日，趙彥豔前知南康，席捲公帑。

『嘉泰元年六月廿三日，新知衢州陳㮚放罷、以其……持節閩部……被論罷，席捲而歸。

『嘉定元年正月十七日，江西運判陳鑽，廣行苞苴，席捲公帑。

『嘉定十三年六月十一日，前知筠州趙盛，席捲府庫，稛載而歸。

『嘉定十五年十月五日，知興化軍陳與行罷。……以暫攝郡事，巧立名色，席捲公庫。』

此等「公庫」，「府庫」，「公帑」「財物」，均是公用錢物而藏於公使庫中。地方政府有權動用，只是登記于簿籍報銷而已，故最易作弊。此乃鄭興裔之奏請「禁饋傳」；朱熹之請「愛惜官錢」之由來，亦可說是南宋政風漸趨貪汚之一證。

㈤ 公使庫是管理公用錢的機構

在各地方所設立的「公使庫」，其主要動機是在籌募與運用「公用錢」。據朝野雜記甲集卷十七，「公使庫」

『然正賜錢不多，而著令許收遺利。』

按：「公使錢」既有定額，即使有特旨增加，也非常例，當不會有「正賜」之稱。但「公用錢」却可利用中央「正賜」作資本，而從事其他商業行爲，如回易，常平（佐伯之文）。及開抵當，賣熟藥（朝野雜記），以其利潤助「公使」，所謂「公使」，乃招待來往官吏之款待費（曾我部之文）。而公使酒，公使醋亦不外爲「筵宴」之用，實是因公而用的「公用錢」與個人所得的「公使錢」不同。

「公使庫」有商業行爲，在輯稿中有下列證據：

『大中祥符五年四月十八日，邊肅追奪三任，以前知鎭州，以公費(用)錢質易規利。』（職官六十四之二十二）

此是言以「公使庫」之「公用錢」貿易收利。

『慶曆七年十月十六日，引進果州團練使張亢降（職）……知壽州……以亢奏令軍民以物質公使庫取息錢，以助公用，故特降之』（職官六十五之二）。

此是言「公使庫」有類今日的押店，取息以助公用。可知「公使庫」是運用「公用錢」的機構。

『宣和六年十一月廿三日，知東平府李延熙，前知密州，掊克諸色錢以入公使庫。』（職官六十九之十五）

此是言「公使庫」有高利貸之行爲。

『紹興十四年十月十五日，知廬州鮑琚落職放罷，以臣僚言其……在廬州，結納妖僧，故于治所以符水惑人，得錢入公庫故也。』（職官七十

之廿九)

此是言「公使庫」有符水出售，爲人醫病鎭邪。

『嘉定五年三月廿八日，知和州富嘉謀言……公使庫日收房廊，白地賃錢。』（食貨六十二之七十四)

此是言「公使庫」兼營地產。又，蘇東坡全集「奏議」卷七，「申三省開湖六條狀」

『本州(杭州)公使庫，自來取西湖菱蕩課利錢五百五十四貫充公使(用)』

此是言「公使庫」兼營地方物產。又長編元符元年十二月壬辰

『新除河中府賈青……權杭州日，將所得（罰錢）供給公庫造酒出賣，以收倍息。』

此是言「公使庫」兼售酒取利。又葉德輝之書林淸話卷六

『公使庫所刻之書，准士人納紙墨錢自印。』

此是言「公使庫」兼營印刷。

「公使庫」除有商業行爲，以求增加「公用錢」外，兼儲下列各種「公用品物」

(甲)酒：卽公使酒，輯稿「食貨」二十一「公使酒」有詳細資料。曾我部靜雄及佐伯富二敎授之專文亦有系統的敍述，此等公使酒除配給予官吏作公事上犒宴外，兼可出售營利

(乙)醋：與酒同是「公使庫」所製造。據輯稿「食貨」廿一之十八載建炎元年六月十三日

『訪聞諸路州軍縣鎭酒務公庫，多將酒醋抑配。』

又輯稿「職官」之「黜降官」條。

『宣和七年十一月八日，權發興元府李士式……永不得以知州差遣。…以勒賣醋錢以入公使庫。』

可知醋與酒均是「公使庫」物品之一。三者相連一起。據吳自牧之夢粱錄卷十「本州倉場庫務」條可以證明：

『公使錢庫，公使酒庫……公使醋庫，俱在州衙內。』

(丙)蠟燭與墨，據輯稿「職官」之「黜降官」條

『嘉祐三年三月廿一日，知袁州王逵…以公用蠟燭及墨遺京師要官。』

此等蠟燭墨，雖未言明儲于何處，但因是公用，而且王逵因此而得罪，似是「公使庫」之物。

（丁）公用銅及其他物品，據上書載：

『嘉祐五年七月十一日，禮賓副使段隱……嘗受公用銅洗羅。

『嘉祐六年七月十七日，廣南西路轉運使，度支郎中宋咸，在邕州射銀䃺凡九六九斤，及事覺察，詐收入本司公使簿。』

此等公用銅及入于公使簿中物品，當然是「公使庫」物品無疑。

雖然各州郡設有「公使庫」以備公用，但「公使庫」未必普遍設立，所以能支「公用錢」的機構未必一定有「公使庫」的設立。據宋史卷一七二記淳化元年九月

『詔諸州、軍、監、縣。無公使（庫）處，遇誕節給茶宴錢。』

因此，各地之「公使庫」有若干？尚須細加考查。

㈥　公使庫刻本與各地之公使庫

「公使庫」既是有商業行爲的營利機構，盈利日多，于是有用之于刻書。據輯稿「職官」之「黜降官」：

「淳熙元年三月十八日，吏部郎中宇文紹奕，以前知資州，刻隸書數十本……以爲苞苴，日趨權門。』

地方首長，利用公庫盈餘刻書，以爲（公使）苞苴，後來成爲風氣，而產生板本學上之所謂「公使庫本」。葉德輝之書林清話卷三，列有傳世之公使本達十餘種之多。而王國維更譽此「公使庫本」爲精本，故後世多據之翻刻。據觀堂文集中「五代兩宋監本考」：

『至諸州刊板，天水以後，公庫（公使庫本），郡庠，仍世刊刻。』

「公使庫本」之所以爲後世所重視，因「公使庫」下有專業的印書局負責其事。據瞿鏞之鐵琴銅劍樓書目卷二十，載泉州公使庫印司馬溫公集，舊鈔本卷末題記：

『泉州公使庫印書局淳熙十五年正月內印造到。』

一方面有專業書局負責其事，一方面又因當時所刻之書籍售價高，利潤大，有利可圖，當然更重視其事了。據書林清話卷六：「公使庫本」

『公使庫所刻之書，准士子納紙墨錢自印售，如大易粹言一部（舒州公使庫本），印工，板費不外二貫七百文，但售價八貫文。』

是否所有「公使庫」都附有印書局？未考。按：夢梁錄卷十「本州倉場庫務」條：州衙中與「公使錢庫」，「公使酒庫」，「公使醋庫」相連一起的有「書版庫」。顯然是藏雕板之地，也是准許士人納紙筆墨錢自印書籍之地。那麼，杭州公使庫可能附有印書局。又舒州並非當時最富庶與文化最高的地域。以此推測，設有印書局的公使庫可能很多，尤其是東南沿海及四川之產紙地帶，必附有印書局的設立。進而推測「公使庫」所刻的書必定很多（毛春翔，古書版本常談）。在文化上也有一定份量的影響。

另一方面，全國有若干「公使庫」，可從下列旁證可知：

（甲）：從所刻之公使庫本推知（錄自書林清話），有

一、蘇州公使庫（刻朱文長，吳郡圖經續記三十卷）

二、吉州公使庫，（刻歐陽文忠之六一居士集五十卷）

三、明州公使庫，（刻騎省徐公文集三十卷）

四、沅州公使庫，（刻孔平仲續世說十二卷）

五、舒州公使庫。（刻曾穜大易粹言十二卷）

六、撫州公使庫。（刻禮記鄭注二十卷）

七、舂陵公使庫。（刻河南程氏文集十卷）

八、台州公使庫。（刻顏氏家訓七卷，荀子二十卷）

九、信州公使庫。（刻李復潏水集十六卷）

十、泉州公使庫（刻溫國文正公家傳集八十卷）

十一、鄂州公使庫。（刻花間集十卷）

十二、紹興公使庫。（刻資治通鑑二九四卷，據五代兩宋監本考載，紹興二年，兩浙東路，提舉茶鹽司公使庫下紹興府，餘姚縣刊板。）

（乙）其他史籍所載之「公使庫」有

十三、齊州公使庫。

十四、秦州公使庫。

十五、滄州公使庫。

十六、楚州公使庫。

以上見于輯稿「食貨」二十一「公使酒」條。

十七、和州公使庫（輯稿「食貨」六二之七四：知和州富嘉謀言……今將公庫……）

十八、相州公使庫。

十九、恩州公使庫。

二十、冀州公使庫。

廿一、邢州公使庫。

廿二、趙州公使庫。

廿三、磁州公使庫。

以上見于輯稿「食貨」六十四之一一三。

廿四、大名府公使庫（長編元豐五年三月廿三日）

廿五、果州公使庫。（輯稿「職官」六五之二，果州團練使張亢……令軍民以物質公使庫。）

廿六、江陵府公使庫。（輯稿「職官」六六之九，江陵府通判王伾，周之純，坐公使庫違法）

廿七、廣州公使庫。（輯稿「職官」六六之九九。前知廣州陳繹，坐木觀音像易公使庫檀像）

廿八、密州公使庫。（輯稿「職官」六十九之十五，李延熙前知密州，掊克諸色錢以入公使庫。）

廿九、興元公使庫。（輯稿「職官」六十九之十九，權知興元府李士式……勒賣醋錢以入公使庫。）

三十、荆南公使庫。（輯稿「職官」六十九之廿七，知荆南府李偃……以公庫供饋(蔡京父子），阿附故也。）

卅一、廬州公使庫。（輯稿「職官」七十之十九，知廬州鮑琚……結納妖僧，故于治所以符水惑人，得錢入公庫。

卅二、臨安府公使庫。（輯稿「職官」七十之三十五，戶部侍郎宋貺放罷……以臨安府公使庫等錢那兑。

卅三、靜安府公使庫。(輯稿「職官」七十之四十四，知靜江府呂愿中……席捲公庫。)

卅四、衡州公使庫。(輯稿「職官」七十三之五十九，知衡州余秀實放罷。以……其

擬例數置州用庫，妄破借請，僞作馳送。)

卅五、茂州公使庫。(輯稿「職官」七十五之十五，前知茂州郭公緒……將椿積諸司

備邊錢，轉入軍資公使庫，數目互差。)

卅六、新安公使庫。

卅七、歙州公使庫。

卅八、福州安撫司公使庫。

以上見佐伯富教授之文。

卅九、應天府公使庫。(長編元符元年正月癸酉，前知應天府趙君錫、將公使庫寄納

官錢借使。)

四十、四明公使庫。

四一、鎮江公使庫。

以上見曾我部靜雄教授之文。

當然，宋代所設立之公使庫決不止以上四十一處。又佐伯富教授之專文(七)引長編列有三十七處地方有公使錢額，此等「公使錢」應是「公用錢」，但有「公用錢」使用的地方政府，未必一定設有「公使庫」(見上文)。其次，輯稿「食貨」二十一「公使酒」，列有二四〇處州軍，月給一石至三石製酒，按：公使酒多由「公使庫」製造，但各地仍有酒庫，此酒庫與「公使庫」未必合一，姑存以待他日博雅君子之考證耳。

(七) 後　　記

此稿草成，曾送青山定雄教授 Prof Sadao Aoyama 過目。蒙覆：佐伯富教授復于一九七〇年一月，于史林卷五十三、第一號發表有「宋代の公使庫について」一文，其章節與在東洋學報所發表者大致相同，且未分別三者的關係。故未予引用。謹記。

A COMMENTARY OF THE KUNG SHIH K'U, KUNG SHIH CH'IEN AND KUNG YUNG CH'IEN AND THEIR RELATIONS DURING THE SUNG DYNASTY

LIN Tien-wai

(1)

Kung Shih K'u, Kung Shih Ch'ien and Kung Yung Ch'ien were vastly different in their functions. However, their differences were not clearly indicated in official histories and scholars of the ancient and modern times were often misled. Recently, two Japanese scholars, Professor Tomi Saeki and Professor Shizuo Sogabe, presented special articles to expound them, yet still failed to clarify their characteristics and errors in the professors' interpretations were frequent. In view of this, the author tries to elucidate their characteristics in accordance with Sung Hui Yao Chi Kao (宋會要輯稿), Hsü Tzu Chih T'ung Chien Ch'ang Pien (續資治通鑑長編) and other writings of the people of the Sung Dynasty.

(2)

Kung Shih Ch'ien was the living allowance granted to officials at fixed scales. They could be spent at the discretion of the officials without giving any statement on expenses. On the other hand, Kung Yung Ch'ien was a kind of special grant-in-aid to the central and district governments and the army and it could be re-granted at the presentation of a statement on expenses when it was used up. Its functions were to meet expenses on the entertainments of officials passing through the district concerned, to reward troops and to meet other special official expenditures.

During the late Northern Sung Dynasty, Kung Shih Ch'ien had to be increased as a result of inflation in economics. Accordingly, there were the terms 'T'ien Chih' 添支 (salary), 'T'ien Chi' 添給 (substance) and the like and all of which had once been grouped under the term 'T'ieh Chih Ch'ien (貼職錢) During the Southern Sung period, the amount of Kung Shih C'hien granted to officials was again increased and it was given the name 'Chih Pó', (支破) meaning expenses defrayed for exceptional cases. As a matter of fact, it was only the enlargement of Kung Shih Ch'ien.

(3)

The officials who were entitled to draw Kung Shih Ch'ien were (a) imperial clansmen, (b) provisional officials and (c) generals at national borders. The amount could be drawn ranging from 10,000 cents(文)to 2,000,000 cents according to an official's position in office. On the other hand, Kung Yung Ch'ien was granted to (a) several departments of the central government, (b) all district governments and (c) the army. The average amount granted was around 2–300,000 cents, but the largest amount could be 10,000,000 cents. It would be re-granted at the request of the officials if the allowance was consumed.

Kung Shih Ch'ien was disbursed annually whereas Kung Yung Ch'ien was defrayed monthly. In most cases the sum of Kung Yung Ch'ien was larger than that of Kung Sze Ch'ien.

(4)

Although Kung Yung Ch'ien was a kind of special allowance granted to a governmental department, it could be used at the discretion of the head of the department concerned. Very often the departmental heads made use of the Kung Yung Ch'ien to attain private or personal ends in the name of official duties. This was the main cause that led to the mixing up of Kung Shih Ch'ien and Kung Yung Ch'ien. In addition, Kung Yung Ch'ien could be used in commercial investments to gain profits and the annual surplus from the profits was 'presented as gift' to their superiors by the departmental heads. Consequently, the functions of Kung Yung Ch'ien were gradually changed and corruption became a common practice of the time. On top of all these, most officials took away all the Kung Yung Ch'ien when they left their posts simply by making a lame excuse that the money was Kung Shih Ch'ien.

(5)

Kung Shih K'u was the department in charge of the miscellaneous expenses of a district government. As this department often engaged in the activities of commercial investment, so it could also be regarded as the department of financial affairs of a district government.

Nevertheless, Kung Shih Kú was not generally established; but, as a rule, all district governments were entitled to use Kung Yung Ch'ien. The greater amount of money invested in business by Kung Shih K'u the larger profit gained. Therefore, some district governments made use of the surplus in printing books and this was the origin of the well-known 'Kung Shih K'u K'e Pen'(公使庫刻本) (the Kung Shih K'u Edition).

At present, there are ten types of books printed by Kung Shih K'u being known to the historians. The information gathered from these books and other relevant books revealed that Kung Shih K'u were established in at least forty-one districts. It is believed that this field can be further elaborated when more appropriate information will be gathered in future.

出自第四十五本第一分(一九七四年六月)